The New Testament In the Original Greek

Byzantine Textform

2018

The New Testament In the Original Greek

———————— o ————————

Byzantine Textform
2018

The Greek Text as Compiled & Arranged by
Maurice A. Robinson & William G. Pierpont

Layout
by John Jeffrey Dodson

This compilation is Copyright © 2018 by Maurice A. Robinson

Anyone is permitted to copy and distribute this text or any portion of this text. It may be incorporated in a larger work, and/or quoted from, stored in a database retrieval system, photocopied, reprinted, or otherwise duplicated by anyone without prior notification, permission, compensation to the holder, or any other restrictions. All rights to this text are released to everyone and no one can reduce these rights at any time. Copyright is not claimed nor asserted for either the preface, notes, or the new and revised form of the Greek NT text of this edition, nor for the original form of such as initially released into the public domain by the editors, first as printed textual notes in 1979, continuous-text electronic form 1986–present, and in published editions from 1991, 2005, and 2010.

The permitted use or reproduction of the Greek text or other material contained within this volume (whether by print, electronic media, or other form) does not imply doctrinal or theological agreement by the present editors and publisher with whatever views may be maintained or promulgated by other publishers. For the purpose of assigning responsibility, it is requested that the present editors' names and the title associated with this text as well as this disclaimer be retained in any subsequent reproduction of this material.

English section headings adapted from Paul E. Kretzmann, *The Popular Commentary of the Bible*, 2 vols. (St. Louis: Concordia, 1921–1924), also in the public domain.

Bibliographic information published by the Deutsche Nationalbibliothek
The Deutsche Nationalbibliothek lists this publication in the Deutsche Nationalbibliografie; detailed bibliographic data are available on the Internet at http://dnb.d-nb.de.

Front photo: Byzantine minuscule leaf
(Luke 23:7b–14a), ca. 12th century, *Gregory-Aland* 2878
Courtesy of Donald L. Brake

ISBN 978-3-95776-100-2

VTR Publications
Gogolstr. 33, 90475 Nürnberg, Germany
info@vtr-online.com, http://www.vtr-online.com

Table of Contents

Preface v

I The Four Gospels
ΚΑΤΑ ΜΑΤΘΑΙΟΝ • According to Matthew 3
ΚΑΤΑ ΜΑΡΚΟΝ • According to Mark 82
ΚΑΤΑ ΛΟΥΚΑΝ • According to Luke 137
ΚΑΤΑ ΙΩΑΝΝΗΝ • According to John 224

II The Book of Acts and the General Epistles
ΠΡΑΞΕΙΣ ΑΠΟΣΤΟΛΩΝ • Acts of the Apostles 291
ΙΑΚΩΒΟΥ • Of James 375
ΠΕΤΡΟΥ Α • First of Peter 383
ΠΕΤΡΟΥ Β • Second of Peter 392
ΙΩΑΝΝΟΥ Α • First of John 398
ΙΩΑΝΝΟΥ Β • Second of John 406
ΙΩΑΝΝΟΥ Γ • Third of John 408
ΙΟΥΔΑ • Of Jude 410

III The Pauline Epistles
ΠΡΟΣ ΡΩΜΑΙΟΥΣ • To the Romans 415
ΠΡΟΣ ΚΟΡΙΝΘΙΟΥΣ Α • First to the Corinthians 444
ΠΡΟΣ ΚΟΡΙΝΘΙΟΥΣ Β • Second to the Corinthians 473
ΠΡΟΣ ΓΑΛΑΤΑΣ • To the Galatians 492
ΠΡΟΣ ΕΦΕΣΙΟΥΣ • To the Ephesians 502
ΠΡΟΣ ΦΙΛΙΠΠΗΣΙΟΥΣ • To the Philippians 513
ΠΡΟΣ ΚΟΛΑΣΣΑΕΙΣ • To the Colossians 521
ΠΡΟΣ ΘΕΣΣΑΛΟΝΙΚΕΙΣ Α • First to the Thessalonians ... 529
ΠΡΟΣ ΘΕΣΣΑΛΟΝΙΚΕΙΣ Β • Second to the Thessalonians 536
ΠΡΟΣ ΕΒΡΑΙΟΥΣ • To the Hebrews 540
ΠΡΟΣ ΤΙΜΟΘΕΟΝ Α • First to Timothy 562
ΠΡΟΣ ΤΙΜΟΘΕΟΝ Β • Second to Timothy 571
ΠΡΟΣ ΤΙΤΟΝ • To Titus 578
ΠΡΟΣ ΦΙΛΗΜΟΝΑ • To Philemon 582

IV The Book of Revelation
ΑΠΟΚΑΛΥΨΙΣ ΙΩΑΝΝΟΥ • Revelation of John 587

IT would be an object worthy of much labour to give even one sentence of the Bible more accurately, to bring forward the words of even one passage with more correctness....It is for those who value God's word that I have prepared it,—for those, who, resting on the precious blood of Christ, desire to know more accurately what that word teaches;—and may God graciously grant His blessing on its being used by such.

> Samuel P. Tregelles, *The Book of Revelation, Translated from the Ancient Greek Text* (London: Samuel Bagster and Sons, 1849), xxii–xxiii.

Preface

The Need for the Present Edition

Almost as soon as the Robinson-Pierpont Byzantine Textform 2005 volume appeared,[1] some readers requested specific formats to serve various needs. The present edition fulfills a desired goal to provide an affordable Greek New Testament in flexible binding that will be useful for both students and scholars of the Greek New Testament. Accompanied by a stable representation of the Greek text of the New Testament according to its more dominant transmissional form, this edition should be a valuable help for both elementary and advanced learners.

The need for such an edition is obvious: currently available editions of the Greek New Testament either represent the predominantly Alexandrian-based critical text,[2] the partially deficient form of the Byzantine Textform found in the so-called *Textus Receptus* editions,[3] the liturgically and predominantly lectionary-based

---

[1]Maurice A. Robinson and William G. Pierpont, eds., *The New Testament in the Original Greek: Byzantine Textform 2005* (Southborough MA: Chilton Book Publishing, 2005); cf. also Maurice A. Robinson, William G. Pierpont, and John Jeffrey Dodson, eds., *The Greek New Testament for Beginning Readers: Byzantine Textform* (Nürnberg: VTR, 2010), which includes the same base text (with minor diacritical errors corrected), along with helps for readers including verb parsing data and lexical definitions for the various Greek words.

[2]Barbara and Kurt Aland et al., eds., *The Greek New Testament* [UBS] (Stuttgart: Deutsche Bibelgesellschaft, 4th rev. ed., 1994; 5th rev. ed., 2014); idem, *Nestle-Aland: Novum Testamentum Graece* (Stuttgart: Deutsche Bibelgesellschaft, 27th ed., 1993; 28th ed., 2012); Michael Holmes, ed., *The Greek New Testament: SBL Edition* (Atlanta: SBL, 2010); Holger Strutwolf et al., eds., *Novum Testamentum Graece: Editio Critica Maior. Die Apostelgeschichte / The Acts of the Apostles*, 4 vols. (Stuttgart: Deutsche Bibelgesellschaft, 2017); Dirk Jongkind and Peter Williams, eds., *The Greek New Testament, Produced at Tyndale House, Cambridge* (Wheaton IL: Crossway, 2017). The text of these editions remains predominantly Alexandrian in nature, although various Western, Caesarean, and even Byzantine readings appear sporadically, along with some conjectural readings (in the NA, UBS, and ECM editions) that lack all Greek manuscript support.

[3]The most currently available version of such is F. H. A. Scrivener, *Η ΚΑΙΝΗ ΔΙΑΘΗΚΗ: The Greek Text underlying the English Authorized Version of 1611* (London: Trinitarian Bible Society, n. d. [1976; re-typeset without notes from the original edition, Cam-

form of the Byzantine Textform as currently circulated by the Greek Orthodox Church,[4] the edition principally based upon a quantitative/stemmatic approach,[5] or editions based upon the late and recensional Kr/fam35 group.[6] There simply was no small-size edition for popular use that primarily would reflect the general consensus of Byzantine continuous-text manuscripts as previously printed in the larger RP2005 or RP2010 formats. The present edition fills that void in a manner that should be convenient for most readers as they seek to utilize such for study and ministry purposes.

The Upper and Lower Apparatuses

The present format basically follows that of the 2005 edition: the main text represents either the clearly dominant Byzantine consensus text or (when the Byzantine manuscripts are more seriously divided) a general Byzantine consensus text. In the latter case, alter-

---

bridge: University Press, 1881, 1894]). Whether in this or any other printed *Textus Receptus* edition, many readings are printed in the main text that do not represent the dominant Byzantine consensus, nor even come close to such, but instead reflect numerous minority and weakly supported readings, as well as some readings that have no actual Greek manuscript support, but instead were rendered into Greek from Latin-based sources (both manuscript and commentary).

[4]B. Antoniades, ed., *Η ΚΑΙΝΗ ΔΙΑΘΗΚΗ* (Athens: Εκδοτικη Παραγωγή Εκδοσεῖ Σταμουλη, 2004 rep ed. [Constantinople: Orthodox Patriarchate, ¹1904, ²1912]). This edition has severe deficiencies due to its abandonment of many actual lectionary readings (and even readings otherwise dominant among continuous-text manuscripts) in favor of the inclusion of numerous weakly attested readings, including some from various *Textus Receptus* editions that have little or no actual manuscript support. This problem today is further compounded in some electronic and printed editions of the Antoniades text due to a failure to indicate such areas of weak support by the use of small type (as Antoniades originally had done in his printed editions of 1904 and 1912); this then misleads readers (especially online) into presuming that those weakly supported readings carry the same level of authority as all other portions of that text—a view that manifestly is not correct.

[5]Zane C. Hodges and Arthur L. Farstad, *The Greek New Testament according to the Majority Text* (Nashville: Thomas Nelson, 1st ed., 1982; 2nd ed., 1985).

[6]See the following electronic editions based on the Kr/fam35 group: (1) Wilbur N. Pickering at <www.walkinhiscommandments.com/pickering2.htm>, (2) Paul Anderson at <www.bgnt.net>, and (3) Roderic L. Mullen, Simon Crisp, and D. C. Parker, eds., *The Gospel according to John in the Byzantine Tradition*, at <iohannes.com/byzantine/index.html> (also in printed form, Stuttgart: Deutsche Bibelgesellschaft, 2007). All internet sites accessed August 2017. The latter uses the precise text of MS 35 as its base; the Pickering and Anderson editions closely follow but deviate slightly from that particular manuscript.

native Byzantine readings (including some numerical abbreviations within the book of Revelation) appear in an apparatus at the foot of the page, where each alternative is denoted by a lower-case letter; such upper apparatus readings should be considered near-equal alternatives to that appearing in the main Byzantine text. At Ac 24.6–8 and the Pericope Adulterae (Jn 7.53–8.11), longer Byzantine alternative readings appear; in the latter, the main text displays what von Soden termed the μ5 form of that passage, whereas the marginal alternative presents his μ6 form.[7]

In a very few instances some previously marginal Byzantine readings now appear as the main text of this edition, with their earlier main text readings displaced to the upper apparatus. For most readers the relatively few changes will barely be noticed.

Variant readings found in the Nestle-Aland 27th and 28th critical texts as well as ECM Acts are displayed in a separate lower apparatus where each variant is denoted by an Arabic numeral.[8] Whenever both apparatuses appear on a page, the Byzantine alternate apparatus always appears first. In three locations in the lower apparatus (Ac 13.32 ECM, Ac 16.12 NA$^{27/28}$, and 2Pet 3.10 NA^{28}), the critical editions are cited as having for their main text a conjecture *(cj)* that lacks Greek manuscript support. Although other Greek manuscripts at such locations also may differ from the primary Byzantine text, these are not noted since they do not comprise the main text of the respective Nestle-Aland editions.

In either apparatus, instances of substitution, transposition, or addition are cited in full, with sufficient context provided for clarity. Where the NA/UBS editions enclose words, phrases, or whole verse segments in single [ ] or double ⟦ ⟧ brackets, these are indicated in the

---

[7]See Herman Freiherr von Soden, "Die Textgeschichte der Perikope von der Ehebrecherin (Jo 7.53–8.11)," in his *Die Schriften des Neuen Testaments in ihrer ältesten erreichbaren Textgestalt*, 2 vols. in 4 parts (Göttingen: Vandenhoeck und Ruprecht, 1911–1913) 1:1, 486–524; along with his extensive discussion of the PA as represented among the Byzantine MSS, 1:2, 712–806.

[8]Although orthographic differences from NA^{27} are indicated in the lower apparatus, the many adjustments in NA^{28} involving various degrees of orthographic standardization are not cited for reasons of space. Otherwise, whenever NA^{27}, NA^{28}, or ECM Acts differ individually from the Byzantine main text, these are noted separately in the lower apparatus.

lower apparatus, even when the Greek text cited remains identical to that of the main Byzantine reading.

Words, phrases or (in the Nestle-Aland text) whole verses omitted in relation to the main Byzantine text are indicated by a dash (−). However, minor orthographic variants (movable final letters, accentuation, capitalization, and alternative punctuation) generally are not recorded in either apparatus.

Verse Number Alterations

In some printed editions and translations, Mt 23.13–14 appears in an order opposite that of the Byzantine Textform; the present edition retains a consecutive numerical sequence according to its own order of material. Similarly, the doxology commonly published as Rom 16.25–27 appears in the Byzantine Textform at the end of Rom 14.23, where it has been renumbered as Rom 14.24–26 (in the Byzantine Textform the epistle concludes at Rom 16.24).

In four instances in the Byzantine main text (Lk 17.36, Ac 8.37, Ac 15.34, Ac 24.7), a separate verse number appears, followed immediately by the next sequential verse number. These indicate lengthy portions of text present in some early Textus Receptus printed editions and various translations which never were representative of the primary Byzantine Textform. In these instances, the verse number is retained for reference purposes, solely to preserve the traditional numbering of the remaining verses within the affected chapters.

The Order of the Canonical New Testament Books

Although various arrangements of the New Testament books are found among the Greek manuscripts, a particular "canonical order" was preferred during early Greek transmissional history, evidenced among various early papyri and manuscripts, as well as in the AD 367 Festal Letter of Athanasius and the AD 360/363 list of canonical books attributed to the Laodicean Council.[9]

---

[9] See David Trobisch, *The First Edition of the New Testament* (Oxford: University Press, 2000), 21–38, especially 28; Daniel J. Theron, *Evidence of Tradition* (Grand Rapids: Baker, 1958), 116–117 (Cyril of Jerusalem), 118–119 (Athanasius), 124–125 (Laodicea); Brooke Foss Westcott, *A General Survey of the History of the Canon of the New Testament*, 6th ed. (Cambridge and London: Macmillan and Co., 1889), Appendix D,

The present edition reproduces the early Greek "canonical order" for the New Testament books as follows: Gospels, Acts and General Epistles, Pauline Epistles, and Revelation.[10] In each category, the individual books follow the familiar order, except that in the Pauline Epistles, Hebrews stands between Second Thessalonians and First Timothy, intentionally separating Paul's local church epistles from those written to individuals. [11]

Orthography

Except for variant spellings of proper nouns that may reflect authorial preference (e.g., Μωσῆς/Μωϋσῆς, Ἱεροσολυμα/Ἱερουσαλημ, etc.), the Greek orthography has been standardized throughout. Movable final Nu is always present, so also movable final Sigma for ουτως (but not for αχρι or μεχρι). Compound forms reflect phonetic assimilation, with ἐν- becoming ἐγ-, συν- becoming συγ-, συζ-, συλ-, or συσ- and -λημπ- or -λημψ- becoming -ληπ- and -ληψ-.

English Section Headings

Throughout the New Testament, English headings mark out specific sections according to their particular themes. These headings were

---

539–579; especially 540–541 (Laodicea), 545–546 (John of Damascus), 549–550 (Cyril of Jerusalem), 552–553 (Codex Alexandrinus), 554–555 (Athanasius), 559–560 (Leontius); but see 431–439 in regard to the possible inauthenticity of the Laodicean list.

[10] This same early canonical order also appeared not only in the early critical edition of von Soden (*Die Schriften*, vol. 2), but also those of Tischendorf, Tregelles, and Westcott-Hort. See Constantinus Tischendorf, *Novum Testamentum Graece*, 2 vols. (Leipzig: Giesecke und Devrient, 1869–72); Samuel P. Tregelles, *The Greek New Testament: Edited from Ancient Authorities, with their Various Readings in Full*, 2 vols. (London: Samuel Bagster and Sons, 1857–1879); Brooke Foss Westcott and Fenton John Anthony Hort, *The New Testament in the Original Greek* (London: Macmillan, 1881).

[11] See William H. P. Hatch, "The Position of Hebrews in the Canon of the New Testament," *HTR* 29 (1936) 133–151, with the early canonical placement of Hebrews before First Timothy discussed on 136–143. As Hatch notes, this order is found among early and geographically diverse Greek manuscripts, fathers, and versions, and was retained within some manuscripts over many centuries. Due to his views regarding textual theory, Hatch termed the earlier order "Alexandrian," and the later more familiar "Western" (or early Latin) order he termed "Byzantine" (143, 149–150), solely due to the mass of later Byzantine manuscripts that had adopted the Western order. Yet in fact, Hatch's data show the early Greek canonical order among many of its witnesses as clearly and authentically "Byzantine"; only much later did Byzantine Greek manuscripts finally adopt the Western order.

adapted from the public domain set by Paul E. Kretzmann, *Popular Commentary of the Bible,* 2 vols. (St. Louis: Concordia, 1921–1924).

A Final Word

It is hoped that the present edition of the Greek New Testament according to the generally dominant Byzantine consensus will be useful and profitable to those who use it to proclaim the Gospel of our Lord and Savior Jesus Christ in fulfillment of his command that "repentance and forgiveness of sins should be proclaimed in his name to all nations" (Lk 24.47); that we should "proclaim the gospel to the whole creation" (Mk 16.15); and that we should "make disciples of all nations, ... teaching them to observe all things that I have commanded you" (Mt 28.20).

Ἀμήν· Ναί, ἔρχου κύριε Ἰησοῦ

MAURICE A. ROBINSON
JOHN JEFFREY DODSON

Part I

The Four Gospels

ΚΑΤΑ ΜΑΤΘΑΙΟΝ
According to Matthew

The Genealogy of Christ

Βίβλος γενέσεως Ἰησοῦ χριστοῦ, υἱοῦ Δαυίδ, υἱοῦ Ἀβραάμ. 2 Ἀβραὰμ ἐγέννησεν τὸν Ἰσαάκ· Ἰσαὰκ δὲ ἐγέννησεν τὸν Ἰακώβ· Ἰακὼβ δὲ ἐγέννησεν τὸν Ἰούδαν καὶ τοὺς ἀδελφοὺς αὐτοῦ· 3 Ἰούδας δὲ ἐγέννησεν τὸν Φαρὲς καὶ τὸν Ζαρὰ ἐκ τῆς Θάμαρ· Φαρὲς δὲ ἐγέννησεν τὸν Ἐσρώμ· Ἐσρὼμ δὲ ἐγέννησεν τὸν Ἀράμ· 4 Ἀρὰμ δὲ ἐγέννησεν τὸν Ἀμιναδάβ· Ἀμιναδὰβ δὲ ἐγέννησεν τὸν Ναασσών· Ναασσὼν δὲ ἐγέννησεν τὸν Σαλμών· 5 Σαλμὼν δὲ ἐγέννησεν τὸν Βοὸζ ἐκ[1] τῆς Ῥαχάβ· Βοὸζ δὲ[2] ἐγέννησεν τὸν Ὠβὴδ ἐκ[3] τῆς Ῥούθ· Ὠβὴδ δὲ[4] ἐγέννησεν τὸν Ἰεσσαί· 6 Ἰεσσαὶ δὲ ἐγέννησεν τὸν Δαυὶδ τὸν βασιλέα.

Δαυὶδ δὲ ὁ βασιλεὺς[5] ἐγέννησεν τὸν Σολομῶνα ἐκ τῆς τοῦ Οὐρίου· 7 Σολομὼν δὲ ἐγέννησεν τὸν Ῥοβοάμ· Ῥοβοὰμ δὲ ἐγέννησεν τὸν Ἀβιά· Ἀβιὰ δὲ ἐγέννησεν τὸν Ἀσά·[6] 8 Ἀσὰ[7] δὲ ἐγέννησεν τὸν Ἰωσαφάτ· Ἰωσαφὰτ δὲ ἐγέννησεν τὸν Ἰωράμ· Ἰωρὰμ δὲ ἐγέννησεν τὸν Ὀζίαν· 9 Ὀζίας δὲ ἐγέννησεν τὸν Ἰωάθαμ· Ἰωάθαμ δὲ ἐγέννησεν τὸν Ἄχαζ· Ἄχαζ δὲ ἐγέννησεν τὸν Ἐζεκίαν· 10 Ἐζεκίας δὲ ἐγέννησεν τὸν Μανασσῆ· Μανασσῆς δὲ ἐγέννησεν τὸν Ἀμών· Ἀμὼν[8] δὲ ἐγέννησεν

---

[1] Βοὸζ ἐκ • Βόες ἐκ   [2] Βοὸζ δὲ • Βόες δὲ   [3] Ὠβὴδ ἐκ • Ἰωβὴδ ἐκ   [4] Ὠβὴδ δὲ • Ἰωβὴδ δὲ   [5] ὁ βασιλεὺς • —   [6] Ἀσά • Ἀσάφ   [7] Ἀσὰ • Ἀσὰφ   [8] Ἀμών Ἀμὼν • Ἀμώς Ἀμὼς

τὸν Ἰωσίαν· 11 Ἰωσίας δὲ ἐγέννησεν τὸν Ἰεχονίαν καὶ τοὺς ἀδελφοὺς αὐτοῦ, ἐπὶ τῆς μετοικεσίας Βαβυλῶνος.

12 Μετὰ δὲ τὴν μετοικεσίαν Βαβυλῶνος, Ἰεχονίας ἐγέννησεν τὸν Σαλαθιήλ· Σαλαθιὴλ δὲ ἐγέννησεν τὸν Ζοροβάβελ· 13 Ζοροβάβελ δὲ ἐγέννησεν τὸν Ἀβιούδ· Ἀβιοὺδ δὲ ἐγέννησεν τὸν Ἐλιακείμ· Ἐλιακεὶμ[1] δὲ ἐγέννησεν τὸν Ἀζώρ· 14 Ἀζὼρ δὲ ἐγέννησεν τὸν Σαδώκ· Σαδὼκ δὲ ἐγέννησεν τὸν Ἀχείμ· Ἀχεὶμ[2] δὲ ἐγέννησεν τὸν Ἐλιούδ· 15 Ἐλιοὺδ δὲ ἐγέννησεν τὸν Ἐλεάζαρ· Ἐλεάζαρ δὲ ἐγέννησεν τὸν Ματθάν· Ματθὰν δὲ ἐγέννησεν τὸν Ἰακώβ· 16 Ἰακὼβ δὲ ἐγέννησεν τὸν Ἰωσὴφ τὸν ἄνδρα Μαρίας, ἐξ ἧς ἐγεννήθη Ἰησοῦς, ὁ λεγόμενος χριστός.

17 Πᾶσαι οὖν αἱ γενεαὶ ἀπὸ Ἀβραὰμ ἕως Δαυὶδ γενεαὶ δεκατέσσαρες· καὶ ἀπὸ Δαυὶδ ἕως τῆς μετοικεσίας Βαβυλῶνος, γενεαὶ δεκατέσσαρες· καὶ ἀπὸ τῆς μετοικεσίας Βαβυλῶνος ἕως τοῦ χριστοῦ, γενεαὶ δεκατέσσαρες.

The Annunciation to Joseph and the Birth of Jesus

18 Τοῦ δὲ Ἰησοῦ χριστοῦ ἡ γέννησις[3] οὕτως ἦν. Μνηστευθείσης γὰρ[4] τῆς μητρὸς αὐτοῦ Μαρίας τῷ Ἰωσήφ, πρὶν ἢ συνελθεῖν αὐτούς, εὑρέθη ἐν γαστρὶ ἔχουσα ἐκ πνεύματος ἁγίου. 19 Ἰωσὴφ δὲ ὁ ἀνὴρ αὐτῆς, δίκαιος ὤν, καὶ μὴ θέλων αὐτὴν παραδειγματίσαι,[5] ἐβουλήθη λάθρᾳ ἀπολῦσαι αὐτήν. 20 Ταῦτα δὲ αὐτοῦ ἐνθυμηθέντος, ἰδού, ἄγγελος κυρίου κατ᾽ ὄναρ ἐφάνη αὐτῷ, λέγων, Ἰωσήφ, υἱὸς Δαυίδ, μὴ φοβηθῇς παραλαβεῖν Μαριὰμ[6] τὴν γυναῖκά σου· τὸ γὰρ ἐν αὐτῇ γεννηθὲν ἐκ πνεύματός ἐστιν ἁγίου. 21 Τέξεται δὲ υἱόν, καὶ καλέσεις τὸ ὄνομα αὐτοῦ Ἰησοῦν· αὐτὸς γὰρ σώσει τὸν λαὸν αὐτοῦ ἀπὸ τῶν ἁμαρτιῶν αὐτῶν. 22 Τοῦτο δὲ ὅλον γέγονεν, ἵνα πληρωθῇ τὸ ῥηθὲν ὑπὸ τοῦ κυρίου[7] διὰ τοῦ προφήτου, λέγοντος, 23 Ἰδού, ἡ παρθένος ἐν γαστρὶ ἕξει καὶ τέξεται υἱόν, καὶ καλέσουσιν τὸ ὄνομα αὐτοῦ Ἐμμανουήλ, ὅ

---

[1] Ἐλιακείμ Ἐλιακεὶμ • Ἐλιακίμ Ἐλιακὶμ [2] Ἀχείμ Ἀχεὶμ • Ἀχίμ Ἀχὶμ [3] γέννησις • γένεσις [4] γὰρ • — [5] παραδειγματίσαι • δειγματίσαι [6] Μαριὰμ • Μαρίαν [7] τοῦ κυρίου • κυρίου

ἐστιν μεθερμηνευόμενον, Μεθ' ἡμῶν ὁ θεός. 24 Διεγερθεὶς¹ δὲ ὁ Ἰωσὴφ ἀπὸ τοῦ ὕπνου, ἐποίησεν ὡς προσέταξεν αὐτῷ ὁ ἄγγελος κυρίου· καὶ παρέλαβεν τὴν γυναῖκα αὐτοῦ, 25 καὶ οὐκ ἐγίνωσκεν αὐτὴν ἕως οὗ ἔτεκεν τὸν υἱὸν αὐτῆς τὸν πρωτότοκον·² καὶ ἐκάλεσεν τὸ ὄνομα αὐτοῦ Ἰησοῦν.

The Magi from the East

2 Τοῦ δὲ Ἰησοῦ γεννηθέντος ἐν Βηθλεὲμ τῆς Ἰουδαίας, ἐν ἡμέραις Ἡρῴδου τοῦ βασιλέως, ἰδού, μάγοι ἀπὸ ἀνατολῶν παρεγένοντο εἰς Ἱεροσόλυμα, 2 λέγοντες, Ποῦ ἐστὶν ὁ τεχθεὶς βασιλεὺς τῶν Ἰουδαίων; Εἴδομεν γὰρ αὐτοῦ τὸν ἀστέρα ἐν τῇ ἀνατολῇ, καὶ ἤλθομεν προσκυνῆσαι αὐτῷ. 3 Ἀκούσας δὲ Ἡρῴδης ὁ βασιλεὺς³ ἐταράχθη, καὶ πᾶσα Ἱεροσόλυμα μετ' αὐτοῦ· 4 καὶ συναγαγὼν πάντας τοὺς ἀρχιερεῖς καὶ γραμματεῖς τοῦ λαοῦ, ἐπυνθάνετο παρ' αὐτῶν ποῦ ὁ χριστὸς γεννᾶται. 5 Οἱ δὲ εἶπον⁴ αὐτῷ, Ἐν Βηθλεὲμ τῆς Ἰουδαίας· οὕτως γὰρ γέγραπται διὰ τοῦ προφήτου, 6 Καὶ σὺ Βηθλεέμ, γῆ Ἰούδα, οὐδαμῶς ἐλαχίστη εἶ ἐν τοῖς ἡγεμόσιν Ἰούδα· ἐκ σοῦ γὰρ ἐξελεύσεται ἡγούμενος, ὅστις ποιμανεῖ τὸν λαόν μου τὸν Ἰσραήλ. 7 Τότε Ἡρῴδης, λάθρᾳ καλέσας τοὺς μάγους, ἠκρίβωσεν παρ' αὐτῶν τὸν χρόνον τοῦ φαινομένου ἀστέρος. 8 Καὶ πέμψας αὐτοὺς εἰς Βηθλεὲμ εἶπεν, Πορευθέντες ἀκριβῶς ἐξετάσατε⁵ περὶ τοῦ παιδίου· ἐπὰν δὲ εὕρητε, ἀπαγγείλατέ μοι, ὅπως κἀγὼ ἐλθὼν προσκυνήσω αὐτῷ. 9 Οἱ δὲ ἀκούσαντες τοῦ βασιλέως ἐπορεύθησαν· καὶ ἰδού, ὁ ἀστήρ, ὃν εἶδον ἐν τῇ ἀνατολῇ, προῆγεν αὐτούς, ἕως ἐλθὼν ἔστη⁶ ἐπάνω οὗ ἦν τὸ παιδίον. 10 Ἰδόντες δὲ τὸν ἀστέρα, ἐχάρησαν χαρὰν μεγάλην σφόδρα. 11 Καὶ ἐλθόντες εἰς τὴν οἰκίαν, εἶδον τὸ παιδίον μετὰ Μαρίας τῆς μητρὸς αὐτοῦ, καὶ πεσόντες προσεκύνησαν αὐτῷ, καὶ ἀνοίξαντες τοὺς θησαυροὺς αὐτῶν προσήνεγκαν αὐτῷ δῶρα, χρυσὸν καὶ λίβανον καὶ σμύρναν.

---

1 Διεγερθεὶς • Ἐγερθεὶς   2 τὸν υἱὸν αὐτῆς τὸν πρωτότοκον • υἱόν   3 Ἡρῴδης ὁ βασιλεὺς • ὁ βασιλεὺς Ἡρῴδης   4 εἶπον • εἶπαν   5 ἀκριβῶς ἐξετάσατε • ἐξετάσατε ἀκριβῶς   6 ἔστη • ἐστάθη

12 Καὶ χρηματισθέντες κατ' ὄναρ μὴ ἀνακάμψαι πρὸς Ἡρῴδην, δι' ἄλλης ὁδοῦ ἀνεχώρησαν εἰς τὴν χώραν αὐτῶν.

The Flight into Egypt and the Return to Nazareth

13 Ἀναχωρησάντων δὲ αὐτῶν, ἰδού, ἄγγελος κυρίου φαίνεται κατ' ὄναρ τῷ Ἰωσήφ, λέγων, Ἐγερθεὶς παράλαβε τὸ παιδίον καὶ τὴν μητέρα αὐτοῦ, καὶ φεῦγε εἰς Αἴγυπτον, καὶ ἴσθι ἐκεῖ ἕως ἂν εἴπω σοί· μέλλει γὰρ Ἡρῴδης ζητεῖν τὸ παιδίον, τοῦ ἀπολέσαι αὐτό. 14 Ὁ δὲ ἐγερθεὶς παρέλαβεν τὸ παιδίον καὶ τὴν μητέρα αὐτοῦ νυκτός, καὶ ἀνεχώρησεν εἰς Αἴγυπτον, 15 καὶ ἦν ἐκεῖ ἕως τῆς τελευτῆς Ἡρῴδου· ἵνα πληρωθῇ τὸ ῥηθὲν ὑπὸ τοῦ κυρίου¹ διὰ τοῦ προφήτου, λέγοντος, Ἐξ Αἰγύπτου ἐκάλεσα τὸν υἱόν μου. 16 Τότε Ἡρῴδης, ἰδὼν ὅτι ἐνεπαίχθη ὑπὸ τῶν μάγων, ἐθυμώθη λίαν, καὶ ἀποστείλας ἀνεῖλεν πάντας τοὺς παῖδας τοὺς ἐν Βηθλεὲμ καὶ ἐν πᾶσιν τοῖς ὁρίοις αὐτῆς, ἀπὸ διετοῦς καὶ κατωτέρω, κατὰ τὸν χρόνον ὃν ἠκρίβωσεν παρὰ τῶν μάγων. 17 Τότε ἐπληρώθη τὸ ῥηθὲν ὑπὸ² Ἰερεμίου τοῦ προφήτου, λέγοντος, 18 Φωνὴ ἐν Ῥαμᾶ ἠκούσθη, θρῆνος καὶ³ κλαυθμὸς καὶ ὀδυρμὸς πολύς, Ῥαχὴλ κλαίουσα τὰ τέκνα αὐτῆς, καὶ οὐκ ἤθελεν παρακληθῆναι, ὅτι οὐκ εἰσίν. 19 Τελευτήσαντος δὲ τοῦ Ἡρῴδου, ἰδού, ἄγγελος κυρίου κατ' ὄναρ φαίνεται⁴ τῷ Ἰωσὴφ ἐν Αἰγύπτῳ, 20 λέγων, Ἐγερθεὶς παράλαβε τὸ παιδίον καὶ τὴν μητέρα αὐτοῦ, καὶ πορεύου εἰς γῆν Ἰσραήλ· τεθνήκασιν γὰρ οἱ ζητοῦντες τὴν ψυχὴν τοῦ παιδίου. 21 Ὁ δὲ ἐγερθεὶς παρέλαβεν τὸ παιδίον καὶ τὴν μητέρα αὐτοῦ, καὶ ἦλθεν⁵ εἰς γῆν Ἰσραήλ. 22 Ἀκούσας δὲ ὅτι Ἀρχέλαος βασιλεύει ἐπὶ⁶ τῆς Ἰουδαίας ἀντὶ Ἡρῴδου τοῦ πατρὸς αὐτοῦ,⁷ ἐφοβήθη ἐκεῖ ἀπελθεῖν· χρηματισθεὶς δὲ κατ' ὄναρ, ἀνεχώρησεν εἰς τὰ μέρη τῆς Γαλιλαίας, 23 καὶ ἐλθὼν κατῴκησεν εἰς πόλιν λεγομένην Ναζαρέτ· ὅπως πληρωθῇ τὸ ῥηθὲν διὰ τῶν προφητῶν, ὅτι Ναζωραῖος κληθήσεται.

---

¹ τοῦ κυρίου • κυρίου   ² ὑπὸ • διὰ   ³ θρῆνος καὶ • —   ⁴ κατ' ὄναρ φαίνεται • φαίνεται κατ' ὄναρ   ⁵ ἦλθεν • εἰσῆλθεν   ⁶ ἐπὶ • —   ⁷ Ἡρῴδου τοῦ πατρὸς αὐτοῦ • τοῦ πατρὸς αὐτοῦ Ἡρῴδου

The Ministry of John the Baptist

3 Ἐν δὲ ταῖς ἡμέραις ἐκείναις παραγίνεται Ἰωάννης ὁ βαπτιστής, κηρύσσων ἐν τῇ ἐρήμῳ τῆς Ἰουδαίας, 2 καὶ[1] λέγων, Μετανοεῖτε· ἤγγικεν γὰρ ἡ βασιλεία τῶν οὐρανῶν. 3 Οὗτος γάρ ἐστιν ὁ ῥηθεὶς ὑπὸ[2] Ἡσαΐου τοῦ προφήτου, λέγοντος, Φωνὴ βοῶντος ἐν τῇ ἐρήμῳ, Ἑτοιμάσατε τὴν ὁδὸν κυρίου· εὐθείας ποιεῖτε τὰς τρίβους αὐτοῦ. 4 Αὐτὸς δὲ ὁ Ἰωάννης εἶχεν τὸ ἔνδυμα αὐτοῦ ἀπὸ τριχῶν καμήλου, καὶ ζώνην δερματίνην περὶ τὴν ὀσφὺν αὐτοῦ· ἡ δὲ τροφὴ αὐτοῦ ἦν[3] ἀκρίδες καὶ μέλι ἄγριον. 5 Τότε ἐξεπορεύετο πρὸς αὐτὸν Ἱεροσόλυμα καὶ πᾶσα ἡ Ἰουδαία καὶ πᾶσα ἡ περίχωρος τοῦ Ἰορδάνου· 6 καὶ ἐβαπτίζοντο ἐν τῷ Ἰορδάνῃ ὑπ'[4] αὐτοῦ, ἐξομολογούμενοι τὰς ἁμαρτίας αὐτῶν. 7 Ἰδὼν δὲ πολλοὺς τῶν Φαρισαίων καὶ Σαδδουκαίων ἐρχομένους ἐπὶ τὸ βάπτισμα αὐτοῦ, εἶπεν αὐτοῖς, Γεννήματα ἐχιδνῶν, τίς ὑπέδειξεν ὑμῖν φυγεῖν ἀπὸ τῆς μελλούσης ὀργῆς; 8 Ποιήσατε οὖν καρπὸν ἄξιον τῆς μετανοίας· 9 καὶ μὴ δόξητε λέγειν ἐν ἑαυτοῖς, Πατέρα ἔχομεν τὸν Ἀβραάμ· λέγω γὰρ ὑμῖν ὅτι δύναται ὁ θεὸς ἐκ τῶν λίθων τούτων ἐγεῖραι τέκνα τῷ Ἀβραάμ. 10 Ἤδη δὲ καὶ ἡ[5] ἀξίνη πρὸς τὴν ῥίζαν τῶν δένδρων κεῖται· πᾶν οὖν δένδρον μὴ ποιοῦν καρπὸν καλὸν ἐκκόπτεται καὶ εἰς πῦρ βάλλεται. 11 Ἐγὼ μὲν βαπτίζω ὑμᾶς[6] ἐν ὕδατι εἰς μετάνοιαν· ὁ δὲ ὀπίσω μου ἐρχόμενος ἰσχυρότερός μού ἐστιν, οὗ οὐκ εἰμὶ ἱκανὸς τὰ ὑποδήματα βαστάσαι· αὐτὸς ὑμᾶς βαπτίσει ἐν πνεύματι ἁγίῳ.[7] 12 Οὗ τὸ πτύον ἐν τῇ χειρὶ αὐτοῦ, καὶ διακαθαριεῖ τὴν ἅλωνα αὐτοῦ, καὶ συνάξει τὸν σῖτον αὐτοῦ εἰς τὴν ἀποθήκην, τὸ δὲ ἄχυρον κατακαύσει πυρὶ ἀσβέστῳ.

The Baptism of Jesus

13 Τότε παραγίνεται ὁ Ἰησοῦς ἀπὸ τῆς Γαλιλαίας ἐπὶ τὸν Ἰορδάνην πρὸς τὸν Ἰωάννην, τοῦ βαπτισθῆναι ὑπ' αὐτοῦ. 14 Ὁ δὲ Ἰωάννης διεκώλυεν αὐτόν, λέγων, Ἐγὼ χρείαν ἔχω ὑπὸ σοῦ

---

[1] καὶ • [καὶ] [2] ὑπὸ • διὰ [3] αὐτοῦ ἦν • ἦν αὐτοῦ [4] ὑπ' • ποταμῷ ὑπ' [5] καὶ ἡ • ἡ [6] βαπτίζω ὑμᾶς • ὑμᾶς βαπτίζω [7] ἁγίῳ • ἁγίῳ καὶ πυρί

βαπτισθῆναι, καὶ σὺ ἔρχῃ πρός με; 15 Ἀποκριθεὶς δὲ ὁ Ἰησοῦς εἶπεν πρὸς αὐτόν, Ἄφες ἄρτι· οὕτως γὰρ πρέπον ἐστὶν ἡμῖν πληρῶσαι πᾶσαν δικαιοσύνην. Τότε ἀφίησιν αὐτόν. 16 Καὶ βαπτισθεὶς¹ ὁ Ἰησοῦς ἀνέβη εὐθὺς² ἀπὸ τοῦ ὕδατος· καὶ ἰδού, ἀνεῴχθησαν αὐτῷ³ οἱ οὐρανοί, καὶ εἶδεν τὸ πνεῦμα τοῦ⁴ θεοῦ καταβαῖνον ὡσεὶ περιστερὰν καὶ ἐρχόμενον⁵ ἐπ᾽ αὐτόν. 17 Καὶ ἰδού, φωνὴ ἐκ τῶν οὐρανῶν, λέγουσα, Οὗτός ἐστιν ὁ υἱός μου ὁ ἀγαπητός, ἐν ᾧ εὐδόκησα.

The Temptation in the Wilderness

4 Τότε ὁ Ἰησοῦς ἀνήχθη εἰς τὴν ἔρημον ὑπὸ τοῦ πνεύματος, πειρασθῆναι ὑπὸ τοῦ διαβόλου. 2 Καὶ νηστεύσας ἡμέρας τεσσαράκοντα καὶ νύκτας τεσσαράκοντα,⁶ ὕστερον ἐπείνασεν. 3 Καὶ προσελθὼν αὐτῷ ὁ πειράζων εἶπεν,⁷ Εἰ υἱὸς εἶ τοῦ θεοῦ, εἰπὲ ἵνα οἱ λίθοι οὗτοι ἄρτοι γένωνται. 4 Ὁ δὲ ἀποκριθεὶς εἶπεν, Γέγραπται, Οὐκ ἐπ᾽ ἄρτῳ μόνῳ ζήσεται ἄνθρωπος,⁸ ἀλλ᾽ ἐπὶ παντὶ ῥήματι ἐκπορευομένῳ διὰ στόματος θεοῦ. 5 Τότε παραλαμβάνει αὐτὸν ὁ διάβολος εἰς τὴν ἁγίαν πόλιν, καὶ ἵστησιν⁹ αὐτὸν ἐπὶ τὸ πτερύγιον τοῦ ἱεροῦ, 6 καὶ λέγει αὐτῷ, Εἰ υἱὸς εἶ τοῦ θεοῦ, βάλε σεαυτὸν κάτω· γέγραπται γὰρ ὅτι Τοῖς ἀγγέλοις αὐτοῦ ἐντελεῖται περὶ σοῦ· καί, Ἐπὶ χειρῶν ἀροῦσίν σε, μήποτε προσκόψῃς πρὸς λίθον τὸν πόδα σοῦ. 7 Ἔφη αὐτῷ ὁ Ἰησοῦς, Πάλιν γέγραπται, Οὐκ ἐκπειράσεις κύριον τὸν θεόν σου. 8 Πάλιν παραλαμβάνει αὐτὸν ὁ διάβολος εἰς ὄρος ὑψηλὸν λίαν, καὶ δείκνυσιν αὐτῷ πάσας τὰς βασιλείας τοῦ κόσμου καὶ τὴν δόξαν αὐτῶν, 9 καὶ λέγει¹⁰ αὐτῷ, Ταῦτα πάντα σοι¹¹ δώσω, ἐὰν πεσὼν προσκυνήσῃς μοι. 10 Τότε λέγει αὐτῷ ὁ Ἰησοῦς, Ὕπαγε ὀπίσω μου,¹² Σατανᾶ· γέγραπται γάρ, Κύριον τὸν θεόν σου προσκυνήσεις, καὶ αὐτῷ μόνῳ

---

¹ Καὶ βαπτισθεὶς • Βαπτισθεὶς δὲ   ² ἀνέβη εὐθὺς • εὐθὺς ἀνέβη   ³ ἀνεῴχθησαν αὐτῷ • ἠνεῴχθησαν [αὐτῷ]   ⁴ τὸ πνεῦμα τοῦ • [τὸ] πνεῦμα [τοῦ]   ⁵ καὶ ἐρχόμενον • [καὶ] ἐρχόμενον   ⁶ τεσσαράκοντα καὶ νύκτας τεσσαράκοντα • τεσσεράκοντα καὶ νύκτας τεσσεράκοντα   ⁷ αὐτῷ ὁ πειράζων εἶπεν • ὁ πειράζων εἶπεν αὐτῷ   ⁸ ἄνθρωπος • ὁ ἄνθρωπος   ⁹ ἵστησιν • ἔστησεν   ¹⁰ λέγει • εἶπεν   ¹¹ πάντα σοι • σοι πάντα   ¹² ὀπίσω μου • —

λατρεύσεις. 11 Τότε ἀφίησιν αὐτὸν ὁ διάβολος· καὶ ἰδού, ἄγγελοι προσῆλθον καὶ διηκόνουν αὐτῷ.

The Beginning of the Galilean Ministry and the Call of the Four

12 Ἀκούσας δὲ ὁ Ἰησοῦς[1] ὅτι Ἰωάννης παρεδόθη, ἀνεχώρησεν εἰς τὴν Γαλιλαίαν· 13 καὶ καταλιπὼν τὴν Ναζαρέτ,[2] ἐλθὼν κατῴκησεν εἰς Καπερναοὺμ[3] τὴν παραθαλασσίαν, ἐν ὁρίοις Ζαβουλὼν καὶ Νεφθαλείμ·[4] 14 ἵνα πληρωθῇ τὸ ῥηθὲν διὰ Ἠσαΐου τοῦ προφήτου, λέγοντος, 15 Γῆ Ζαβουλὼν καὶ γῆ Νεφθαλείμ,[5] ὁδὸν θαλάσσης, πέραν τοῦ Ἰορδάνου, Γαλιλαία τῶν ἐθνῶν, 16 ὁ λαὸς ὁ καθήμενος ἐν σκότει εἶδεν φῶς[6] μέγα, καὶ τοῖς καθημένοις ἐν χώρᾳ καὶ σκιᾷ θανάτου, φῶς ἀνέτειλεν αὐτοῖς.

17 Ἀπὸ τότε ἤρξατο ὁ Ἰησοῦς κηρύσσειν καὶ λέγειν, Μετανοεῖτε· ἤγγικεν γὰρ ἡ βασιλεία τῶν οὐρανῶν.

18 Περιπατῶν δὲ παρὰ τὴν θάλασσαν τῆς Γαλιλαίας εἶδεν δύο ἀδελφούς, Σίμωνα τὸν λεγόμενον Πέτρον, καὶ Ἀνδρέαν τὸν ἀδελφὸν αὐτοῦ, βάλλοντας ἀμφίβληστρον εἰς τὴν θάλασσαν· ἦσαν γὰρ ἁλιεῖς. 19 Καὶ λέγει αὐτοῖς, Δεῦτε ὀπίσω μου, καὶ ποιήσω ὑμᾶς ἁλιεῖς ἀνθρώπων. 20 Οἱ δὲ εὐθέως ἀφέντες τὰ δίκτυα ἠκολούθησαν αὐτῷ. 21 Καὶ προβὰς ἐκεῖθεν, εἶδεν ἄλλους δύο ἀδελφούς, Ἰάκωβον τὸν τοῦ Ζεβεδαίου καὶ Ἰωάννην τὸν ἀδελφὸν αὐτοῦ, ἐν τῷ πλοίῳ μετὰ Ζεβεδαίου τοῦ πατρὸς αὐτῶν, καταρτίζοντας τὰ δίκτυα αὐτῶν· καὶ ἐκάλεσεν αὐτούς. 22 Οἱ δὲ εὐθέως ἀφέντες τὸ πλοῖον καὶ τὸν πατέρα αὐτῶν ἠκολούθησαν αὐτῷ.

23 Καὶ περιῆγεν ὅλην τὴν Γαλιλαίαν ὁ Ἰησοῦς,[7] διδάσκων ἐν ταῖς συναγωγαῖς αὐτῶν, καὶ κηρύσσων τὸ εὐαγγέλιον τῆς βασιλείας, καὶ θεραπεύων πᾶσαν νόσον καὶ πᾶσαν μαλακίαν ἐν τῷ λαῷ. 24 Καὶ ἀπῆλθεν ἡ ἀκοὴ αὐτοῦ εἰς ὅλην τὴν Συρίαν· καὶ προσήνεγκαν αὐτῷ πάντας τοὺς κακῶς ἔχοντας, ποικίλαις

---

[1] ὁ Ἰησοῦς • — [2] Ναζαρέτ • Ναζαρὰ [3] Καπερναοὺμ • Καφαρναοὺμ
[4] Νεφθαλείμ • Νεφθαλίμ [5] Νεφθαλείμ • Νεφθαλίμ [6] εἶδεν φῶς • φῶς εἶδεν
[7] ὅλην τὴν Γαλιλαίαν ὁ Ἰησοῦς • ἐν ὅλῃ τῇ Γαλιλαίᾳ

νόσοις καὶ βασάνοις συνεχομένους, καὶ δαιμονιζομένους,¹ καὶ σεληνιαζομένους, καὶ παραλυτικούς· καὶ ἐθεράπευσεν αὐτούς. 25 Καὶ ἠκολούθησαν αὐτῷ ὄχλοι πολλοὶ ἀπὸ τῆς Γαλιλαίας καὶ Δεκαπόλεως καὶ Ἱεροσολύμων καὶ Ἰουδαίας καὶ πέραν τοῦ Ἰορδάνου.

The Beatitudes

5 Ἰδὼν δὲ τοὺς ὄχλους, ἀνέβη εἰς τὸ ὄρος· καὶ καθίσαντος αὐτοῦ, προσῆλθον² αὐτῷ οἱ μαθηταὶ αὐτοῦ· 2 καὶ ἀνοίξας τὸ στόμα αὐτοῦ, ἐδίδασκεν αὐτούς, λέγων,

3 Μακάριοι οἱ πτωχοὶ τῷ πνεύματι· ὅτι αὐτῶν ἐστιν ἡ βασιλεία τῶν οὐρανῶν.

4 Μακάριοι οἱ πενθοῦντες· ὅτι αὐτοὶ παρακληθήσονται.

5 Μακάριοι οἱ πραεῖς· ὅτι αὐτοὶ κληρονομήσουσιν τὴν γῆν.

6 Μακάριοι οἱ πεινῶντες καὶ διψῶντες τὴν δικαιοσύνην· ὅτι αὐτοὶ χορτασθήσονται.

7 Μακάριοι οἱ ἐλεήμονες· ὅτι αὐτοὶ ἐλεηθήσονται.

8 Μακάριοι οἱ καθαροὶ τῇ καρδίᾳ· ὅτι αὐτοὶ τὸν θεὸν ὄψονται.

9 Μακάριοι οἱ εἰρηνοποιοί· ὅτι αὐτοὶ υἱοὶ θεοῦ κληθήσονται.

10 Μακάριοι οἱ δεδιωγμένοι ἕνεκεν δικαιοσύνης· ὅτι αὐτῶν ἐστιν ἡ βασιλεία τῶν οὐρανῶν.

11 Μακάριοί ἐστε, ὅταν ὀνειδίσωσιν ὑμᾶς καὶ διώξωσιν, καὶ εἴπωσιν πᾶν πονηρὸν ῥῆμα³ καθ' ὑμῶν ψευδόμενοι,⁴ ἕνεκεν ἐμοῦ. 12 Χαίρετε καὶ ἀγαλλιᾶσθε, ὅτι ὁ μισθὸς ὑμῶν πολὺς ἐν τοῖς οὐρανοῖς· οὕτως γὰρ ἐδίωξαν τοὺς προφήτας τοὺς πρὸ ὑμῶν.

The Chief Functions of Believers in the World

13 Ὑμεῖς ἐστε τὸ ἅλας τῆς γῆς· ἐὰν δὲ τὸ ἅλας μωρανθῇ, ἐν τίνι ἁλισθήσεται; Εἰς οὐδὲν ἰσχύει ἔτι, εἰ μὴ βληθῆναι ἔξω καὶ⁵ καταπατεῖσθαι ὑπὸ τῶν ἀνθρώπων. 14 Ὑμεῖς ἐστε τὸ

---

¹ καὶ δαιμονιζομένους • [καὶ] δαιμονιζομένους   ² προσῆλθον • προσῆλθαν
³ ῥῆμα • —   ⁴ ψευδόμενοι • [ψευδόμενοι]   ⁵ βληθῆναι ἔξω καὶ • βληθὲν ἔξω

φῶς τοῦ κόσμου· οὐ δύναται πόλις κρυβῆναι ἐπάνω ὄρους κειμένη· 15 οὐδὲ καίουσιν λύχνον καὶ τιθέασιν αὐτὸν ὑπὸ τὸν μόδιον, ἀλλ' ἐπὶ τὴν λυχνίαν, καὶ λάμπει πᾶσιν τοῖς ἐν τῇ οἰκίᾳ. 16 Οὕτως λαμψάτω τὸ φῶς ὑμῶν ἔμπροσθεν τῶν ἀνθρώπων, ὅπως ἴδωσιν ὑμῶν τὰ καλὰ ἔργα, καὶ δοξάσωσιν τὸν πατέρα ὑμῶν τὸν ἐν τοῖς οὐρανοῖς.

Jesus Confirms and Expounds the Law of Moses

17 Μὴ νομίσητε ὅτι ἦλθον καταλῦσαι τὸν νόμον ἢ τοὺς προφήτας· οὐκ ἦλθον καταλῦσαι ἀλλὰ πληρῶσαι. 18 Ἀμὴν γὰρ λέγω ὑμῖν, ἕως ἂν παρέλθῃ ὁ οὐρανὸς καὶ ἡ γῆ, ἰῶτα ἓν ἢ μία κεραία οὐ μὴ παρέλθῃ ἀπὸ τοῦ νόμου, ἕως ἂν πάντα γένηται. 19 Ὃς ἐὰν οὖν λύσῃ μίαν τῶν ἐντολῶν τούτων τῶν ἐλαχίστων, καὶ διδάξῃ οὕτως τοὺς ἀνθρώπους, ἐλάχιστος κληθήσεται ἐν τῇ βασιλείᾳ τῶν οὐρανῶν· ὃς δ' ἂν ποιήσῃ καὶ διδάξῃ, οὗτος μέγας κληθήσεται ἐν τῇ βασιλείᾳ τῶν οὐρανῶν. 20 Λέγω γὰρ ὑμῖν ὅτι ἐὰν μὴ περισσεύσῃ ἡ δικαιοσύνη ὑμῶν [1] πλεῖον τῶν γραμματέων καὶ Φαρισαίων, οὐ μὴ εἰσέλθητε εἰς τὴν βασιλείαν τῶν οὐρανῶν.

21 Ἠκούσατε ὅτι ἐρρέθη τοῖς ἀρχαίοις, Οὐ φονεύσεις· ὃς δ' ἂν φονεύσῃ, ἔνοχος ἔσται τῇ κρίσει· 22 ἐγὼ δὲ λέγω ὑμῖν ὅτι πᾶς ὁ ὀργιζόμενος τῷ ἀδελφῷ αὐτοῦ εἰκῇ [2] ἔνοχος ἔσται τῇ κρίσει· ὃς δ' ἂν εἴπῃ τῷ ἀδελφῷ αὐτοῦ, Ῥακά, ἔνοχος ἔσται τῷ συνεδρίῳ· ὃς δ' ἂν εἴπῃ, Μωρέ, ἔνοχος ἔσται εἰς τὴν γέενναν τοῦ πυρός. 23 Ἐὰν οὖν προσφέρῃς τὸ δῶρόν σου ἐπὶ τὸ θυσιαστήριον, καὶ ἐκεῖ [3] μνησθῇς ὅτι ὁ ἀδελφός σου ἔχει τι κατὰ σοῦ, 24 ἄφες ἐκεῖ τὸ δῶρόν σου ἔμπροσθεν τοῦ θυσιαστηρίου, καὶ ὕπαγε, πρῶτον διαλλάγηθι τῷ ἀδελφῷ σου, καὶ τότε ἐλθὼν πρόσφερε τὸ δῶρόν σου. 25 Ἴσθι εὐνοῶν τῷ ἀντιδίκῳ σου ταχύ, ἕως ὅτου εἶ ἐν τῇ ὁδῷ μετ' αὐτοῦ, [4] μήποτέ σε παραδῷ ὁ ἀντίδικος τῷ κριτῇ, καὶ ὁ κριτής σε παραδῷ τῷ [5]

---

[1] ἡ δικαιοσύνη ὑμῶν • ὑμῶν ἡ δικαιοσύνη   [2] εἰκῇ • —   [3] καὶ ἐκεῖ • κἀκεῖ
[4] ἐν τῇ ὁδῷ μετ' αὐτοῦ • μετ' αὐτοῦ ἐν τῇ ὁδῷ   [5] σε παραδῷ τῷ • τῷ

ὑπηρέτῃ, καὶ εἰς φυλακὴν βληθήσῃ. 26 Ἀμὴν λέγω σοι, οὐ μὴ ἐξέλθῃς ἐκεῖθεν, ἕως ἂν ἀποδῷς τὸν ἔσχατον κοδράντην.

27 Ἠκούσατε ὅτι ἐρρέθη, Οὐ μοιχεύσεις· 28 ἐγὼ δὲ λέγω ὑμῖν ὅτι πᾶς ὁ βλέπων γυναῖκα πρὸς τὸ ἐπιθυμῆσαι αὐτὴν ἤδη ἐμοίχευσεν αὐτὴν ἐν τῇ καρδίᾳ αὐτοῦ. 29 Εἰ δὲ ὁ ὀφθαλμός σου ὁ δεξιὸς σκανδαλίζει σε, ἔξελε αὐτὸν καὶ βάλε ἀπὸ σοῦ· συμφέρει γάρ σοι ἵνα ἀπόληται ἓν τῶν μελῶν σου, καὶ μὴ ὅλον τὸ σῶμά σου βληθῇ εἰς γέενναν. 30 Καὶ εἰ ἡ δεξιά σου χεὶρ σκανδαλίζει σε, ἔκκοψον αὐτὴν καὶ βάλε ἀπὸ σοῦ· συμφέρει γάρ σοι ἵνα ἀπόληται ἓν τῶν μελῶν σου, καὶ μὴ ὅλον τὸ σῶμά σου βληθῇ εἰς γέενναν.¹ 31 Ἐρρέθη δὲ ὅτι² Ὃς ἂν ἀπολύσῃ τὴν γυναῖκα αὐτοῦ, δότω αὐτῇ ἀποστάσιον· 32 ἐγὼ δὲ λέγω ὑμῖν ὅτι ὃς ἂν ἀπολύσῃ³ τὴν γυναῖκα αὐτοῦ, παρεκτὸς λόγου πορνείας, ποιεῖ αὐτὴν μοιχᾶσθαι·⁴ καὶ ὃς ἐὰν ἀπολελυμένην γαμήσῃ μοιχᾶται.

33 Πάλιν ἠκούσατε ὅτι ἐρρέθη τοῖς ἀρχαίοις, Οὐκ ἐπιορκήσεις, ἀποδώσεις δὲ τῷ κυρίῳ τοὺς ὅρκους σου· 34 ἐγὼ δὲ λέγω ὑμῖν μὴ ὀμόσαι ὅλως· μήτε ἐν τῷ οὐρανῷ, ὅτι θρόνος ἐστὶν τοῦ θεοῦ· 35 μήτε ἐν τῇ γῇ, ὅτι ὑποπόδιόν ἐστιν τῶν ποδῶν αὐτοῦ· μήτε εἰς Ἱεροσόλυμα, ὅτι πόλις ἐστὶν τοῦ μεγάλου βασιλέως· 36 μήτε ἐν τῇ κεφαλῇ σου ὀμόσῃς, ὅτι οὐ δύνασαι μίαν τρίχα λευκὴν ἢ μέλαιναν ποιῆσαι.⁵ 37 Ἔστω δὲ ὁ λόγος ὑμῶν, ναὶ ναί, οὒ οὔ· τὸ δὲ περισσὸν τούτων ἐκ τοῦ πονηροῦ ἐστιν.

The Law of Love toward the Enemy

38 Ἠκούσατε ὅτι ἐρρέθη, Ὀφθαλμὸν ἀντὶ ὀφθαλμοῦ, καὶ ὀδόντα ἀντὶ ὀδόντος· 39 ἐγὼ δὲ λέγω ὑμῖν μὴ ἀντιστῆναι τῷ πονηρῷ· ἀλλ᾽ ὅστις σε ῥαπίσει ἐπὶ⁶ τὴν δεξιὰν σιαγόνα,ᵃ στρέψον⁷ αὐτῷ καὶ τὴν ἄλλην· 40 καὶ τῷ θέλοντί σοι κριθῆναι

ᵃ σιαγόνα • σου σιαγόνα

---

¹ βληθῇ εἰς γέενναν • εἰς γέενναν ἀπέλθῃ ² ὅτι • — ³ ὃς ἂν ἀπολύσῃ • πᾶς ὁ ἀπολύων ⁴ μοιχᾶσθαι • μοιχευθῆναι ⁵ ἢ μέλαιναν ποιῆσαι • ποιῆσαι ἢ μέλαιναν ⁶ ῥαπίσει ἐπὶ • ῥαπίζει εἰς ⁷ στρέψον • [σου] στρέψον

καὶ τὸν χιτῶνά σου λαβεῖν, ἄφες αὐτῷ καὶ τὸ ἱμάτιον· 41 καὶ ὅστις σε ἀγγαρεύσει μίλιον ἕν, ὕπαγε μετ' αὐτοῦ δύο. 42 Τῷ αἰτοῦντί σε δίδου·[1] καὶ τὸν θέλοντα ἀπὸ σοῦ δανείσασθαι[2] μὴ ἀποστραφῇς.

43 Ἠκούσατε ὅτι ἐρρέθη, Ἀγαπήσεις τὸν πλησίον σου, καὶ μισήσεις τὸν ἐχθρόν σου· 44 ἐγὼ δὲ λέγω ὑμῖν, Ἀγαπᾶτε τοὺς ἐχθροὺς ὑμῶν, εὐλογεῖτε τοὺς καταρωμένους ὑμᾶς, καλῶς ποιεῖτε τοῖς μισοῦσιν ὑμᾶς,[3] καὶ προσεύχεσθε ὑπὲρ τῶν ἐπηρεαζόντων ὑμᾶς, καὶ[4] διωκόντων ὑμᾶς· 45 ὅπως γένησθε υἱοὶ τοῦ πατρὸς ὑμῶν τοῦ ἐν τοῖς[a,][5] οὐρανοῖς, ὅτι τὸν ἥλιον αὐτοῦ ἀνατέλλει ἐπὶ πονηροὺς καὶ ἀγαθούς, καὶ βρέχει ἐπὶ δικαίους καὶ ἀδίκους. 46 Ἐὰν γὰρ ἀγαπήσητε τοὺς ἀγαπῶντας ὑμᾶς, τίνα μισθὸν ἔχετε; Οὐχὶ καὶ οἱ τελῶναι τὸ αὐτὸ ποιοῦσιν; 47 Καὶ ἐὰν ἀσπάσησθε τοὺς φίλους[6] ὑμῶν μόνον, τί περισσὸν ποιεῖτε; Οὐχὶ καὶ οἱ τελῶναι οὕτως[7] ποιοῦσιν; 48 Ἔσεσθε οὖν ὑμεῖς τέλειοι, ὥσπερ[8] ὁ πατὴρ ὑμῶν ὁ ἐν τοῖς οὐρανοῖς[9] τέλειός ἐστιν.

On Giving of Alms, Praying, and Fasting

6 Προσέχετε τὴν ἐλεημοσύνην[10] ὑμῶν μὴ ποιεῖν ἔμπροσθεν τῶν ἀνθρώπων, πρὸς τὸ θεαθῆναι αὐτοῖς· εἰ δὲ μήγε,[11] μισθὸν οὐκ ἔχετε παρὰ τῷ πατρὶ ὑμῶν τῷ ἐν τοῖς οὐρανοῖς.

2 Ὅταν οὖν ποιῇς ἐλεημοσύνην, μὴ σαλπίσῃς ἔμπροσθέν σου, ὥσπερ οἱ ὑποκριταὶ ποιοῦσιν ἐν ταῖς συναγωγαῖς καὶ ἐν ταῖς ῥύμαις, ὅπως δοξασθῶσιν ὑπὸ τῶν ἀνθρώπων· ἀμὴν λέγω ὑμῖν, ἀπέχουσιν τὸν μισθὸν αὐτῶν. 3 Σοῦ δὲ ποιοῦντος ἐλεημοσύνην, μὴ γνώτω ἡ ἀριστερά σου τί ποιεῖ ἡ δεξιά σου,

---

[a] τοῖς • —

[1] δίδου • δός   [2] δανείσασθαι • δανίσασθαι   [3] εὐλογεῖτε τοὺς καταρωμένους ὑμᾶς καλῶς ποιεῖτε τοῖς μισοῦσιν ὑμᾶς • —   [4] ἐπηρεαζόντων ὑμᾶς καὶ • —   [5] τοῖς • —   [6] φίλους • ἀδελφοὺς   [7] τελῶναι οὕτως • ἐθνικοὶ τὸ αὐτὸ   [8] ὥσπερ • ὡς   [9] ἐν τοῖς οὐρανοῖς • οὐράνιος   [10] τὴν ἐλεημοσύνην • [δὲ] τὴν δικαιοσύνην   [11] μήγε • μή γε

4 ὅπως ᾖ σου ἡ ἐλεημοσύνη ἐν τῷ κρυπτῷ· καὶ ὁ πατήρ σου ὁ βλέπων ἐν τῷ κρυπτῷ αὐτὸς¹ ἀποδώσει σοι ἐν τῷ φανερῷ.²

5 Καὶ ὅταν προσεύχῃ, οὐκ ἔσῃ ὥσπερ³ οἱ ὑποκριταί, ὅτι φιλοῦσιν ἐν ταῖς συναγωγαῖς καὶ ἐν ταῖς γωνίαις τῶν πλατειῶν ἑστῶτες προσεύχεσθαι, ὅπως ἂν⁴ φανῶσιν τοῖς ἀνθρώποις· ἀμὴν λέγω ὑμῖν ὅτι ἀπέχουσιν⁵ τὸν μισθὸν αὐτῶν. 6 Σὺ δέ, ὅταν προσεύχῃ, εἴσελθε εἰς τὸ ταμιεῖόν⁶ σου, καὶ κλείσας τὴν θύραν σου, πρόσευξαι τῷ πατρί σου τῷ ἐν τῷ κρυπτῷ· καὶ ὁ πατήρ σου ὁ βλέπων ἐν τῷ κρυπτῷ ἀποδώσει σοι ἐν τῷ φανερῷ.⁷ 7 Προσευχόμενοι δὲ μὴ βαττολογήσητε,⁸ ὥσπερ οἱ ἐθνικοί· δοκοῦσιν γὰρ ὅτι ἐν τῇ πολυλογίᾳ αὐτῶν εἰσακουσθήσονται. 8 Μὴ οὖν ὁμοιωθῆτε αὐτοῖς· οἶδεν γὰρ ὁ πατὴρ ὑμῶν ὧν χρείαν ἔχετε, πρὸ τοῦ ὑμᾶς αἰτῆσαι αὐτόν. 9 Οὕτως οὖν προσεύχεσθε ὑμεῖς· Πάτερ ἡμῶν ὁ ἐν τοῖς οὐρανοῖς, ἁγιασθήτω τὸ ὄνομά σου. 10 Ἐλθέτω ἡ βασιλεία σου. Γενηθήτω τὸ θέλημά σου, ὡς ἐν οὐρανῷ, καὶ ἐπὶ τῆς⁹ γῆς. 11 Τὸν ἄρτον ἡμῶν τὸν ἐπιούσιον δὸς ἡμῖν σήμερον. 12 Καὶ ἄφες ἡμῖν τὰ ὀφειλήματα ἡμῶν, ὡς καὶ ἡμεῖς ἀφίεμεν¹⁰ τοῖς ὀφειλέταις ἡμῶν. 13 Καὶ μὴ εἰσενέγκῃς ἡμᾶς εἰς πειρασμόν, ἀλλὰ ῥῦσαι ἡμᾶς ἀπὸ τοῦ πονηροῦ. Ὅτι σοῦ ἐστιν ἡ βασιλεία καὶ ἡ δύναμις καὶ ἡ δόξα εἰς τοὺς αἰῶνας. Ἀμήν.¹¹ 14 Ἐὰν γὰρ ἀφῆτε τοῖς ἀνθρώποις τὰ παραπτώματα αὐτῶν, ἀφήσει καὶ ὑμῖν ὁ πατὴρ ὑμῶν ὁ οὐράνιος· 15 ἐὰν δὲ μὴ ἀφῆτε τοῖς ἀνθρώποις τὰ παραπτώματα αὐτῶν,¹² οὐδὲ ὁ πατὴρ ὑμῶν ἀφήσει τὰ παραπτώματα ὑμῶν.

16 Ὅταν δὲ νηστεύητε, μὴ γίνεσθε ὥσπερ¹³ οἱ ὑποκριταὶ σκυθρωποί· ἀφανίζουσιν γὰρ τὰ πρόσωπα αὐτῶν, ὅπως φανῶσιν τοῖς ἀνθρώποις νηστεύοντες· ἀμὴν λέγω ὑμῖν ὅτι¹⁴ ἀπέχουσιν τὸν μισθὸν αὐτῶν. 17 Σὺ δὲ νηστεύων ἄλειψαί

---

¹ αὐτὸς • — ² ἐν τῷ φανερῷ • — ³ προσεύχῃ οὐκ ἔσῃ ὥσπερ • προσεύχησθε οὐκ ἔσεσθε ὡς ⁴ ἂν • — ⁵ ὅτι ἀπέχουσιν • ἀπέχουσιν ⁶ ταμιεῖον • ταμεῖον ⁷ ἐν τῷ φανερῷ • — ⁸ βαττολογήσητε • βατταλογήσητε ⁹ τῆς • —
¹⁰ ἀφίεμεν • ἀφήκαμεν ¹¹ Ὅτι σοῦ ἐστιν ἡ βασιλεία καὶ ἡ δύναμις καὶ ἡ δόξα εἰς τοὺς αἰῶνας Ἀμήν • — ¹² τὰ παραπτώματα αὐτῶν • — ¹³ ὥσπερ • ὡς
¹⁴ ὅτι • —

σου τὴν κεφαλήν, καὶ τὸ πρόσωπόν σου νίψαι, 18 ὅπως μὴ φανῇς τοῖς ἀνθρώποις νηστεύων, ἀλλὰ τῷ πατρί σου τῷ ἐν τῷ κρυπτῷ· καὶ¹ ὁ πατήρ σου ὁ βλέπων ἐν τῷ κρυπτῷ ἀποδώσει² σοι.

Warning against Covetousness and Care

19 Μὴ θησαυρίζετε ὑμῖν θησαυροὺς ἐπὶ τῆς γῆς, ὅπου σὴς καὶ βρῶσις ἀφανίζει, καὶ ὅπου κλέπται διορύσσουσιν καὶ κλέπτουσιν· 20 θησαυρίζετε δὲ ὑμῖν θησαυροὺς ἐν οὐρανῷ, ὅπου οὔτε σὴς οὔτε βρῶσις ἀφανίζει, καὶ ὅπου κλέπται οὐ διορύσσουσιν οὐδὲ κλέπτουσιν. 21 Ὅπου γάρ ἐστιν ὁ θησαυρὸς ὑμῶν, ἐκεῖ³ ἔσται καὶ ἡ καρδία ὑμῶν.⁴ 22 Ὁ λύχνος τοῦ σώματός ἐστιν ὁ ὀφθαλμός· ἐὰν οὖν ὁ⁵ ὀφθαλμός σου ἁπλοῦς ᾖ,⁶ ὅλον τὸ σῶμά σου φωτεινὸν ἔσται· 23 ἐὰν δὲ ὁ ὀφθαλμός σου πονηρὸς ᾖ, ὅλον τὸ σῶμά σου σκοτεινὸν ἔσται. Εἰ οὖν τὸ φῶς τὸ ἐν σοὶ σκότος ἐστίν, τὸ σκότος πόσον; 24 Οὐδεὶς δύναται δυσὶν κυρίοις δουλεύειν· ἢ γὰρ τὸν ἕνα μισήσει, καὶ τὸν ἕτερον ἀγαπήσει· ἢ ἑνὸς ἀνθέξεται, καὶ τοῦ ἑτέρου καταφρονήσει. Οὐ δύνασθε θεῷ δουλεύειν καὶ μαμωνᾷ. 25 Διὰ τοῦτο λέγω ὑμῖν, μὴ μεριμνᾶτε τῇ ψυχῇ ὑμῶν, τί φάγητε καὶ τί πίητε·⁷ μηδὲ τῷ σώματι ὑμῶν, τί ἐνδύσησθε. Οὐχὶ ἡ ψυχὴ πλεῖόν ἐστιν τῆς τροφῆς, καὶ τὸ σῶμα τοῦ ἐνδύματος; 26 Ἐμβλέψατε εἰς τὰ πετεινὰ τοῦ οὐρανοῦ, ὅτι οὐ σπείρουσιν, οὐδὲ θερίζουσιν, οὐδὲ συνάγουσιν εἰς ἀποθήκας, καὶ ὁ πατὴρ ὑμῶν ὁ οὐράνιος τρέφει αὐτά· οὐχ ὑμεῖς μᾶλλον διαφέρετε αὐτῶν; 27 Τίς δὲ ἐξ ὑμῶν μεριμνῶν δύναται προσθεῖναι ἐπὶ τὴν ἡλικίαν αὐτοῦ πῆχυν ἕνα; 28 Καὶ περὶ ἐνδύματος τί μεριμνᾶτε; Καταμάθετε τὰ κρίνα τοῦ ἀγροῦ, πῶς αὐξάνει· οὐ κοπιᾷ, οὐδὲ νήθει·⁸ 29 λέγω δὲ ὑμῖν ὅτι οὐδὲ Σολομὼν ἐν πάσῃ τῇ δόξῃ αὐτοῦ περιεβάλετο ὡς ἓν τούτων. 30 Εἰ δὲ τὸν χόρτον τοῦ ἀγροῦ, σήμερον ὄντα, καὶ αὔριον εἰς κλίβανον βαλλόμενον, ὁ

---

¹ κρυπτῷ καὶ • κρυφαίῳ καὶ   ² κρυπτῷ ἀποδώσει • κρυφαίῳ ἀποδώσει
³ ὑμῶν ἐκεῖ • σου ἐκεῖ   ⁴ καρδία ὑμῶν • καρδία σου   ⁵ οὖν ὁ • οὖν ᾖ ὁ   ⁶ ᾖ •
—   ⁷ καὶ τί πίητε • [ἢ τί πίητε]   ⁸ αὐξάνει οὐ κοπιᾷ οὐδὲ νήθει • αὐξάνουσιν οὐ κοπιῶσιν οὐδὲ νήθουσιν

θεὸς οὕτως ἀμφιέννυσιν, οὐ πολλῷ μᾶλλον ὑμᾶς, ὀλιγόπιστοι; 31 Μὴ οὖν μεριμνήσητε, λέγοντες, Τί φάγωμεν, ἢ τί πίωμεν, ἢ τί περιβαλώμεθα; 32 Πάντα γὰρ ταῦτα τὰ ἔθνη ἐπιζητεῖ·[1] οἶδεν γὰρ ὁ πατὴρ ὑμῶν ὁ οὐράνιος ὅτι χρῄζετε τούτων ἁπάντων. 33 Ζητεῖτε δὲ πρῶτον τὴν βασιλείαν τοῦ θεοῦ[2] καὶ τὴν δικαιοσύνην αὐτοῦ, καὶ ταῦτα πάντα προστεθήσεται ὑμῖν. 34 Μὴ οὖν μεριμνήσητε εἰς τὴν αὔριον· ἡ γὰρ αὔριον μεριμνήσει τὰ[3] ἑαυτῆς. Ἀρκετὸν τῇ ἡμέρᾳ ἡ κακία αὐτῆς.

Warning against Unauthorized Judging and Admonition to Persevere in Prayer

7 Μὴ κρίνετε, ἵνα μὴ κριθῆτε· 2 ἐν ᾧ γὰρ κρίματι κρίνετε, κριθήσεσθε· καὶ ἐν ᾧ μέτρῳ μετρεῖτε, μετρηθήσεται ὑμῖν. 3 Τί δὲ βλέπεις τὸ κάρφος τὸ ἐν τῷ ὀφθαλμῷ τοῦ ἀδελφοῦ σου, τὴν δὲ ἐν τῷ σῷ ὀφθαλμῷ δοκὸν οὐ κατανοεῖς; 4 Ἢ πῶς ἐρεῖς τῷ ἀδελφῷ σου, Ἄφες ἐκβάλω τὸ κάρφος ἀπὸ[4] τοῦ ὀφθαλμοῦ σου· καὶ ἰδού, ἡ δοκὸς ἐν τῷ ὀφθαλμῷ σου; 5 Ὑποκριτά, ἔκβαλε πρῶτον τὴν δοκὸν ἐκ τοῦ ὀφθαλμοῦ σου,[5] καὶ τότε διαβλέψεις ἐκβαλεῖν τὸ κάρφος ἐκ τοῦ ὀφθαλμοῦ τοῦ ἀδελφοῦ σου.

6 Μὴ δῶτε τὸ ἅγιον τοῖς κυσίν· μηδὲ βάλητε τοὺς μαργαρίτας ὑμῶν ἔμπροσθεν τῶν χοίρων, μήποτε καταπατήσωσιν[6] αὐτοὺς ἐν τοῖς ποσὶν αὐτῶν, καὶ στραφέντες ῥήξωσιν ὑμᾶς.

7 Αἰτεῖτε, καὶ δοθήσεται ὑμῖν· ζητεῖτε, καὶ εὑρήσετε· κρούετε, καὶ ἀνοιγήσεται ὑμῖν. 8 Πᾶς γὰρ ὁ αἰτῶν λαμβάνει, καὶ ὁ ζητῶν εὑρίσκει, καὶ τῷ κρούοντι ἀνοιγήσεται. 9 Ἢ τίς ἐστιν ἐξ ὑμῶν ἄνθρωπος, ὃν ἐὰν αἰτήσῃ[7] ὁ υἱὸς αὐτοῦ ἄρτον, μὴ λίθον ἐπιδώσει αὐτῷ; 10 Καὶ ἐὰν ἰχθὺν αἰτήσῃ,[8] μὴ ὄφιν ἐπιδώσει αὐτῷ; 11 Εἰ οὖν ὑμεῖς, πονηροὶ ὄντες, οἴδατε δόματα ἀγαθὰ διδόναι τοῖς τέκνοις ὑμῶν, πόσῳ μᾶλλον ὁ πατὴρ ὑμῶν ὁ ἐν τοῖς οὐρανοῖς δώσει ἀγαθὰ τοῖς αἰτοῦσιν αὐτόν; 12 Πάντα

---

[1] *ἐπιζητεῖ* • *ἐπιζητοῦσιν*   [2] *τοῦ θεοῦ* • [*τοῦ θεοῦ*]   [3] *τὰ* • —   [4] *ἀπὸ* • *ἐκ*   [5] *τὴν δοκὸν ἐκ τοῦ ὀφθαλμοῦ σου* • *ἐκ τοῦ ὀφθαλμοῦ σου τὴν δοκόν*   [6] *καταπατήσωσιν* • *καταπατήσουσιν*   [7] *ἐὰν αἰτήσῃ* • *αἰτήσει*   [8] *Καὶ ἐὰν ἰχθὺν αἰτήσῃ* • *Ἢ καὶ ἰχθὺν αἰτήσει*

οὖν ὅσα ἂν¹ θέλητε ἵνα ποιῶσιν ὑμῖν οἱ ἄνθρωποι, οὕτως καὶ ὑμεῖς ποιεῖτε αὐτοῖς· οὗτος γάρ ἐστιν ὁ νόμος καὶ οἱ προφῆται.

The Conclusion of the Sermon

13 Εἰσέλθετε² διὰ τῆς στενῆς πύλης· ὅτι πλατεῖα ἡ πύλη, καὶ εὐρύχωρος ἡ ὁδὸς ἡ ἀπάγουσα εἰς τὴν ἀπώλειαν, καὶ πολλοί εἰσιν οἱ εἰσερχόμενοι δι᾽ αὐτῆς· 14 τί στενὴ ἡ πύλη, καὶ τεθλιμμένη ἡ ὁδὸς ἡ ἀπάγουσα εἰς τὴν ζωήν, καὶ ὀλίγοι εἰσὶν οἱ εὑρίσκοντες αὐτήν. 15 Προσέχετε δὲ ἀπὸ³ τῶν ψευδοπροφητῶν, οἵτινες ἔρχονται πρὸς ὑμᾶς ἐν ἐνδύμασιν προβάτων, ἔσωθεν δέ εἰσιν λύκοι ἅρπαγες. 16 Ἀπὸ τῶν καρπῶν αὐτῶν ἐπιγνώσεσθε αὐτούς· μήτι συλλέγουσιν ἀπὸ ἀκανθῶν σταφυλήν,⁴ ἢ ἀπὸ τριβόλων σῦκα; 17 Οὕτως πᾶν δένδρον ἀγαθὸν καρποὺς καλοὺς ποιεῖ· τὸ δὲ σαπρὸν δένδρον καρποὺς πονηροὺς ποιεῖ. 18 Οὐ δύναται δένδρον ἀγαθὸν καρποὺς πονηροὺς ποιεῖν, οὐδὲ δένδρον σαπρὸν καρποὺς καλοὺς ποιεῖν. 19 Πᾶν δένδρον μὴ ποιοῦν καρπὸν καλὸν ἐκκόπτεται καὶ εἰς πῦρ βάλλεται. 20 Ἄρα γε ἀπὸ τῶν καρπῶν αὐτῶν ἐπιγνώσεσθε αὐτούς. 21 Οὐ πᾶς ὁ λέγων μοι, Κύριε, κύριε, εἰσελεύσεται εἰς τὴν βασιλείαν τῶν οὐρανῶν· ἀλλ᾽ ὁ ποιῶν τὸ θέλημα τοῦ πατρός μου τοῦ ἐν οὐρανοῖς.⁵ 22 Πολλοὶ ἐροῦσίν μοι ἐν ἐκείνῃ τῇ ἡμέρᾳ, Κύριε, κύριε, οὐ τῷ σῷ ὀνόματι προεφητεύσαμεν,⁶ καὶ τῷ σῷ ὀνόματι δαιμόνια ἐξεβάλομεν, καὶ τῷ σῷ ὀνόματι δυνάμεις πολλὰς ἐποιήσαμεν; 23 Καὶ τότε ὁμολογήσω αὐτοῖς ὅτι Οὐδέποτε ἔγνων ὑμᾶς· ἀποχωρεῖτε ἀπ᾽ ἐμοῦ οἱ ἐργαζόμενοι τὴν ἀνομίαν. 24 Πᾶς οὖν ὅστις ἀκούει μου τοὺς λόγους τούτους καὶ ποιεῖ αὐτούς, ὁμοιώσω αὐτὸν⁷ ἀνδρὶ φρονίμῳ, ὅστις ᾠκοδόμησεν τὴν οἰκίαν αὐτοῦ⁸ ἐπὶ τὴν πέτραν· 25 καὶ κατέβη ἡ βροχὴ καὶ ἦλθον οἱ ποταμοὶ καὶ ἔπνευσαν οἱ ἄνεμοι, καὶ προσέπεσον⁹ τῇ οἰκίᾳ ἐκείνῃ, καὶ οὐκ ἔπεσεν· τεθεμελίωτο γὰρ ἐπὶ τὴν πέτραν.

---

1 ἂν • ἐάν   2 Εἰσέλθετε • Εἰσέλθατε   3 δὲ ἀπὸ • ἀπὸ   4 σταφυλήν • σταφυλάς
5 οὐρανοῖς • τοῖς οὐρανοῖς   6 προεφητεύσαμεν • ἐπροφητεύσαμεν   7 ὁμοιώσω
αὐτὸν • ὁμοιωθήσεται   8 τὴν οἰκίαν αὐτοῦ • αὐτοῦ τὴν οἰκίαν   9 προσέπεσον •
προσέπεσαν

26 Καὶ πᾶς ὁ ἀκούων μου τοὺς λόγους τούτους καὶ μὴ ποιῶν αὐτούς, ὁμοιωθήσεται ἀνδρὶ μωρῷ, ὅστις ᾠκοδόμησεν τὴν οἰκίαν αὐτοῦ¹ ἐπὶ τὴν ἄμμον· 27 καὶ κατέβη ἡ βροχὴ καὶ ἦλθον οἱ ποταμοὶ καὶ ἔπνευσαν οἱ ἄνεμοι, καὶ προσέκοψαν τῇ οἰκίᾳ ἐκείνῃ, καὶ ἔπεσεν· καὶ ἦν ἡ πτῶσις αὐτῆς μεγάλη.

28 Καὶ ἐγένετο ὅτε συνετέλεσεν² ὁ Ἰησοῦς τοὺς λόγους τούτους, ἐξεπλήσσοντο οἱ ὄχλοι ἐπὶ τῇ διδαχῇ αὐτοῦ· 29 ἦν γὰρ διδάσκων αὐτοὺς ὡς ἐξουσίαν ἔχων, καὶ οὐχ ὡς οἱ γραμματεῖς.³

The Healing of the Leper

8 Καταβάντι δὲ αὐτῷ⁴ ἀπὸ τοῦ ὄρους, ἠκολούθησαν αὐτῷ ὄχλοι πολλοί· 2 καὶ ἰδού, λεπρὸς ἐλθὼν⁵ προσεκύνει αὐτῷ, λέγων, Κύριε, ἐὰν θέλῃς, δύνασαί με καθαρίσαι. 3 Καὶ ἐκτείνας τὴν χεῖρα, ἥψατο αὐτοῦ ὁ Ἰησοῦς,⁶ λέγων, Θέλω, καθαρίσθητι. Καὶ εὐθέως ἐκαθαρίσθη αὐτοῦ ἡ λέπρα. 4 Καὶ λέγει αὐτῷ ὁ Ἰησοῦς, Ὅρα μηδενὶ εἴπῃς· ἀλλὰ ὕπαγε, σεαυτὸν δεῖξον τῷ ἱερεῖ, καὶ προσένεγκε⁷ τὸ δῶρον ὃ προσέταξεν Μωσῆς,⁸ εἰς μαρτύριον αὐτοῖς.

The Centurion of Capernaum

5 Εἰσελθόντι δὲ αὐτῷ⁹ εἰς Καπερναούμ,¹⁰ προσῆλθεν αὐτῷ ἑκατόνταρχος παρακαλῶν αὐτόν, 6 καὶ λέγων, Κύριε, ὁ παῖς μου βέβληται ἐν τῇ οἰκίᾳ παραλυτικός, δεινῶς βασανιζόμενος. 7 Καὶ λέγει αὐτῷ ὁ Ἰησοῦς,¹¹ Ἐγὼ ἐλθὼν θεραπεύσω αὐτόν. 8 Καὶ ἀποκριθεὶς ὁ ἑκατόνταρχος ἔφη, Κύριε, οὐκ εἰμὶ ἱκανὸς ἵνα μου ὑπὸ τὴν στέγην εἰσέλθῃς· ἀλλὰ μόνον εἰπὲ λόγῳ, καὶ ἰαθήσεται ὁ παῖς μου. 9 Καὶ γὰρ ἐγὼ ἄνθρωπός εἰμι ὑπὸ ἐξουσίαν, ἔχων ὑπ' ἐμαυτὸν στρατιώτας· καὶ λέγω τούτῳ, Πορεύθητι, καὶ πορεύεται· καὶ ἄλλῳ, Ἔρχου, καὶ ἔρχεται· καὶ τῷ δούλῳ μου, Ποίησον τοῦτο, καὶ ποιεῖ. 10 Ἀκούσας δὲ ὁ

---

¹ τὴν οἰκίαν αὐτοῦ • αὐτοῦ τὴν οἰκίαν ² συνετέλεσεν • ἐτέλεσεν
³ γραμματεῖς • γραμματεῖς αὐτῶν ⁴ Καταβάντι δὲ αὐτῷ • Καταβάντος δὲ αὐτοῦ ⁵ ἐλθὼν • προσελθὼν ⁶ ὁ Ἰησοῦς • — ⁷ προσένεγκε • προσένεγκον ⁸ Μωσῆς • Μωϋσῆς ⁹ Εἰσελθόντι δὲ αὐτῷ • Εἰσελθόντος δὲ αὐτοῦ ¹⁰ Καπερναούμ • Καφαρναούμ ¹¹ ὁ Ἰησοῦς • —

Ἰησοῦς ἐθαύμασεν, καὶ εἶπεν τοῖς ἀκολουθοῦσιν, Ἀμὴν λέγω ὑμῖν, οὐδὲ ἐν τῷ Ἰσραὴλ τοσαύτην πίστιν¹ εὗρον. 11 Λέγω δὲ ὑμῖν ὅτι πολλοὶ ἀπὸ ἀνατολῶν καὶ δυσμῶν ἥξουσιν, καὶ ἀνακλιθήσονται μετὰ Ἀβραὰμ καὶ Ἰσαὰκ καὶ Ἰακὼβ ἐν τῇ βασιλείᾳ τῶν οὐρανῶν· 12 οἱ δὲ υἱοὶ τῆς βασιλείας ἐκβληθήσονται εἰς τὸ σκότος τὸ ἐξώτερον· ἐκεῖ ἔσται ὁ κλαυθμὸς καὶ ὁ βρυγμὸς τῶν ὀδόντων. 13 Καὶ εἶπεν ὁ Ἰησοῦς τῷ ἑκατοντάρχῃ, Ὕπαγε, καὶ ὡς² ἐπίστευσας γενηθήτω σοι. Καὶ ἰάθη ὁ παῖς αὐτοῦ³ ἐν τῇ ὥρᾳ ἐκείνῃ.

Various Miracles of Healing

14 Καὶ ἐλθὼν ὁ Ἰησοῦς εἰς τὴν οἰκίαν Πέτρου, εἶδεν τὴν πενθερὰν αὐτοῦ βεβλημένην καὶ πυρέσσουσαν, 15 καὶ ἥψατο τῆς χειρὸς αὐτῆς, καὶ ἀφῆκεν αὐτὴν ὁ πυρετός· καὶ ἠγέρθη, καὶ διηκόνει αὐτῷ. 16 Ὀψίας δὲ γενομένης προσήνεγκαν αὐτῷ δαιμονιζομένους πολλούς· καὶ ἐξέβαλεν τὰ πνεύματα λόγῳ, καὶ πάντας τοὺς κακῶς ἔχοντας ἐθεράπευσεν· 17 ὅπως πληρωθῇ τὸ ῥηθὲν διὰ Ἠσαΐου τοῦ προφήτου, λέγοντος, Αὐτὸς τὰς ἀσθενείας ἡμῶν ἔλαβεν, καὶ τὰς νόσους ἐβάστασεν.

Following Jesus

18 Ἰδὼν δὲ ὁ Ἰησοῦς πολλοὺς ὄχλους⁴ περὶ αὐτόν, ἐκέλευσεν ἀπελθεῖν εἰς τὸ πέραν. 19 Καὶ προσελθὼν εἷς γραμματεὺς εἶπεν αὐτῷ, Διδάσκαλε, ἀκολουθήσω σοι ὅπου ἐὰν ἀπέρχῃ. 20 Καὶ λέγει αὐτῷ ὁ Ἰησοῦς, Αἱ ἀλώπεκες φωλεοὺς ἔχουσιν, καὶ τὰ πετεινὰ τοῦ οὐρανοῦ κατασκηνώσεις· ὁ δὲ υἱὸς τοῦ ἀνθρώπου οὐκ ἔχει ποῦ τὴν κεφαλὴν κλίνῃ. 21 Ἕτερος δὲ τῶν μαθητῶν αὐτοῦ⁵ εἶπεν αὐτῷ, Κύριε, ἐπίτρεψόν μοι πρῶτον ἀπελθεῖν καὶ θάψαι τὸν πατέρα μου. 22 Ὁ δὲ Ἰησοῦς εἶπεν⁶ αὐτῷ, Ἀκολούθει μοι, καὶ ἄφες τοὺς νεκροὺς θάψαι τοὺς ἑαυτῶν νεκρούς.

---

1 οὐδὲ ἐν τῷ Ἰσραὴλ τοσαύτην πίστιν • παρ' οὐδενὶ τοσαύτην πίστιν ἐν τῷ Ἰσραὴλ   2 καὶ ὡς • ὡς   3 αὐτοῦ • [αὐτοῦ]   4 πολλοὺς ὄχλους • ὄχλον   5 αὐτοῦ • [αὐτοῦ]   6 εἶπεν • λέγει

The Storm on the Lake

23 Καὶ ἐμβάντι αὐτῷ εἰς τὸ πλοῖον, ἠκολούθησαν αὐτῷ οἱ μαθηταὶ αὐτοῦ. 24 Καὶ ἰδού, σεισμὸς μέγας ἐγένετο ἐν τῇ θαλάσσῃ, ὥστε τὸ πλοῖον καλύπτεσθαι ὑπὸ τῶν κυμάτων· αὐτὸς δὲ ἐκάθευδεν. 25 Καὶ προσελθόντες οἱ μαθηταὶ [1] ἤγειραν αὐτόν, λέγοντες, Κύριε, σῶσον ἡμᾶς, [2] ἀπολλύμεθα. 26 Καὶ λέγει αὐτοῖς, Τί δειλοί ἐστε, ὀλιγόπιστοι; Τότε ἐγερθεὶς ἐπετίμησεν τοῖς ἀνέμοις καὶ τῇ θαλάσσῃ, καὶ ἐγένετο γαλήνη μεγάλη. 27 Οἱ δὲ ἄνθρωποι ἐθαύμασαν, λέγοντες, Ποταπός ἐστιν οὗτος, ὅτι καὶ οἱ ἄνεμοι καὶ ἡ θάλασσα ὑπακούουσιν αὐτῷ; [3]

Jesus and the Gergesenes

28 Καὶ ἐλθόντι αὐτῷ [4] εἰς τὸ πέραν εἰς τὴν χώραν τῶν Γεργεσηνῶν, [5] ὑπήντησαν αὐτῷ δύο δαιμονιζόμενοι ἐκ τῶν μνημείων ἐξερχόμενοι, χαλεποὶ λίαν, ὥστε μὴ ἰσχύειν τινὰ παρελθεῖν διὰ τῆς ὁδοῦ ἐκείνης· 29 καὶ ἰδού, ἔκραξαν λέγοντες, Τί ἡμῖν καὶ σοί, Ἰησοῦ [6] υἱὲ τοῦ θεοῦ; Ἦλθες ὧδε πρὸ καιροῦ βασανίσαι ἡμᾶς; 30 Ἦν δὲ μακρὰν ἀπ' αὐτῶν ἀγέλη χοίρων πολλῶν βοσκομένη. 31 Οἱ δὲ δαίμονες παρεκάλουν αὐτόν, λέγοντες, Εἰ ἐκβάλλεις ἡμᾶς, ἐπίτρεψον ἡμῖν ἀπελθεῖν [7] εἰς τὴν ἀγέλην τῶν χοίρων. 32 Καὶ εἶπεν αὐτοῖς, Ὑπάγετε. Οἱ δὲ ἐξελθόντες ἀπῆλθον εἰς τὴν ἀγέλην τῶν χοίρων· [8] καὶ ἰδού, ὥρμησεν πᾶσα ἡ ἀγέλη τῶν χοίρων κατὰ [9] τοῦ κρημνοῦ εἰς τὴν θάλασσαν, καὶ ἀπέθανον ἐν τοῖς ὕδασιν. 33 Οἱ δὲ βόσκοντες ἔφυγον, καὶ ἀπελθόντες εἰς τὴν πόλιν ἀπήγγειλαν πάντα, καὶ τὰ τῶν δαιμονιζομένων. 34 Καὶ ἰδού, πᾶσα ἡ πόλις ἐξῆλθεν εἰς συνάντησιν [10] τῷ Ἰησοῦ· καὶ ἰδόντες αὐτόν, παρεκάλεσαν ὅπως μεταβῇ ἀπὸ τῶν ὁρίων αὐτῶν.

---

[1] *οἱ μαθηταὶ* • — [2] *ἡμᾶς* • — [3] *ὑπακούουσιν αὐτῷ* • *αὐτῷ ὑπακούουσιν*
[4] *ἐλθόντι αὐτῷ* • *ἐλθόντος αὐτοῦ* [5] *Γεργεσηνῶν* • *Γαδαρηνῶν* [6] *Ἰησοῦ* • —
[7] *ἐπίτρεψον ἡμῖν ἀπελθεῖν* • *ἀπόστειλον ἡμᾶς* [8] *τὴν ἀγέλην τῶν χοίρων* • *τοὺς χοίρους* [9] *τῶν χοίρων κατὰ* • *κατὰ* [10] *συνάντησιν* • *ὑπάντησιν*

The Healing of the Paralytic

9 Καὶ ἐμβὰς εἰς τὸ¹ πλοῖον διεπέρασεν καὶ ἦλθεν εἰς τὴν ἰδίαν πόλιν. 2 Καὶ ἰδού, προσέφερον αὐτῷ παραλυτικὸν ἐπὶ κλίνης βεβλημένον· καὶ ἰδὼν ὁ Ἰησοῦς τὴν πίστιν αὐτῶν εἶπεν τῷ παραλυτικῷ, Θάρσει, τέκνον· ἀφέωνταί σοι αἱ ἁμαρτίαι σου.² 3 Καὶ ἰδού, τινὲς τῶν γραμματέων εἶπον³ ἐν ἑαυτοῖς, Οὗτος βλασφημεῖ. 4 Καὶ ἰδὼν ᵃ ὁ Ἰησοῦς τὰς ἐνθυμήσεις αὐτῶν εἶπεν, Ἵνα τί⁴ ὑμεῖς⁵ ἐνθυμεῖσθε πονηρὰ ἐν ταῖς καρδίαις ὑμῶν; 5 Τί γάρ ἐστιν εὐκοπώτερον, εἰπεῖν, Ἀφέωνταί⁶ σου ᵇ αἱ ἁμαρτίαι· ἢ εἰπεῖν, Ἔγειραι⁷ καὶ περιπάτει; 6 Ἵνα δὲ εἰδῆτε, ὅτι ἐξουσίαν ἔχει ὁ υἱὸς τοῦ ἀνθρώπου ἐπὶ τῆς γῆς ἀφιέναι ἁμαρτίας—τότε λέγει τῷ παραλυτικῷ—Ἐγερθεὶς ἆρόν σου τὴν κλίνην, καὶ ὕπαγε εἰς τὸν οἶκόν σου. 7 Καὶ ἐγερθεὶς ἀπῆλθεν εἰς τὸν οἶκον αὐτοῦ. 8 Ἰδόντες δὲ οἱ ὄχλοι ἐθαύμασαν,⁸ καὶ ἐδόξασαν τὸν θεόν, τὸν δόντα ἐξουσίαν τοιαύτην τοῖς ἀνθρώποις.

The Call of Matthew and His Feast

9 Καὶ παράγων ὁ Ἰησοῦς ἐκεῖθεν εἶδεν ἄνθρωπον καθήμενον ἐπὶ τὸ τελώνιον, Ματθαῖον⁹ λεγόμενον, καὶ λέγει αὐτῷ, Ἀκολούθει μοι. Καὶ ἀναστὰς ἠκολούθησεν αὐτῷ.

10 Καὶ ἐγένετο αὐτοῦ ἀνακειμένου ἐν τῇ οἰκίᾳ, καὶ ἰδού, πολλοὶ τελῶναι καὶ ἁμαρτωλοὶ ἐλθόντες συνανέκειντο τῷ Ἰησοῦ καὶ τοῖς μαθηταῖς αὐτοῦ. 11 Καὶ ἰδόντες οἱ Φαρισαῖοι εἶπον¹⁰ τοῖς μαθηταῖς αὐτοῦ, Διὰ τί μετὰ τῶν τελωνῶν καὶ ἁμαρτωλῶν ἐσθίει ὁ διδάσκαλος ὑμῶν; 12 Ὁ δὲ Ἰησοῦς¹¹ ἀκούσας εἶπεν αὐτοῖς,¹² Οὐ χρείαν ἔχουσιν οἱ ἰσχύοντες ἰατροῦ, ἀλλ' οἱ κακῶς ἔχοντες. 13 Πορευθέντες δὲ μάθετε τί

ᵃ ἰδὼν • εἰδὼς ᵇ σου • σοι

1 τὸ • — 2 ἀφέωνταί σοι αἱ ἁμαρτίαι σου • ἀφίενταί σου αἱ ἁμαρτίαι 3 εἶπον • εἶπαν 4 Ἵνα τί • Ἱνατί 5 ὑμεῖς • — 6 Ἀφέωνταί • Ἀφίενταί 7 Ἔγειραι • Ἔγειρε 8 ἐθαύμασαν • ἐφοβήθησαν 9 Ματθαῖον • Μαθθαῖον 10 εἶπον • ἔλεγον 11 Ἰησοῦς • — 12 αὐτοῖς • —

ἐστιν, Ἔλεον¹ θέλω, καὶ οὐ θυσίαν· οὐ γὰρ ἦλθον καλέσαι δικαίους, ἀλλὰ ἁμαρτωλοὺς εἰς μετάνοιαν.²

14 Τότε προσέρχονται αὐτῷ οἱ μαθηταὶ Ἰωάννου, λέγοντες, Διὰ τί ἡμεῖς καὶ οἱ Φαρισαῖοι νηστεύομεν πολλά,³ οἱ δὲ μαθηταί σου οὐ νηστεύουσιν; 15 Καὶ εἶπεν αὐτοῖς ὁ Ἰησοῦς, Μὴ δύνανται οἱ υἱοὶ τοῦ νυμφῶνος πενθεῖν, ἐφ' ὅσον μετ' αὐτῶν ἐστιν ὁ νυμφίος; Ἐλεύσονται δὲ ἡμέραι ὅταν ἀπαρθῇ ἀπ' αὐτῶν ὁ νυμφίος, καὶ τότε νηστεύσουσιν. 16 Οὐδεὶς δὲ ἐπιβάλλει ἐπίβλημα ῥάκους ἀγνάφου ἐπὶ ἱματίῳ παλαιῷ· αἴρει γὰρ τὸ πλήρωμα αὐτοῦ ἀπὸ τοῦ ἱματίου, καὶ χεῖρον σχίσμα γίνεται. 17 Οὐδὲ βάλλουσιν οἶνον νέον εἰς ἀσκοὺς παλαιούς· εἰ δὲ μήγε,⁴ ῥήγνυνται οἱ ἀσκοί, καὶ ὁ οἶνος ἐκχεῖται, καὶ οἱ ἀσκοὶ ἀπολοῦνται·⁵ ἀλλὰ βάλλουσιν οἶνον νέον εἰς ἀσκοὺς καινούς, καὶ ἀμφότεροι συντηροῦνται.

The Daughter of Jairus

18 Ταῦτα αὐτοῦ λαλοῦντος αὐτοῖς, ἰδού, ἄρχων εἷς ἐλθὼν προσεκύνει αὐτῷ, λέγων ὅτι Ἡ θυγάτηρ μου ἄρτι ἐτελεύτησεν· ἀλλὰ ἐλθὼν ἐπίθες τὴν χεῖρά σου ἐπ' αὐτήν, καὶ ζήσεται. 19 Καὶ ἐγερθεὶς ὁ Ἰησοῦς ἠκολούθησεν αὐτῷ καὶ οἱ μαθηταὶ αὐτοῦ. 20 Καὶ ἰδού, γυνὴ αἱμορροοῦσα δώδεκα ἔτη, προσελθοῦσα ὄπισθεν, ἥψατο τοῦ κρασπέδου τοῦ ἱματίου αὐτοῦ. 21 Ἔλεγεν γὰρ ἐν ἑαυτῇ, Ἐὰν μόνον ἅψωμαι τοῦ ἱματίου αὐτοῦ, σωθήσομαι. 22 Ὁ δὲ Ἰησοῦς ἐπιστραφεὶς⁶ καὶ ἰδὼν αὐτὴν εἶπεν, Θάρσει, θύγατερ· ἡ πίστις σου σέσωκέν σε. Καὶ ἐσώθη ἡ γυνὴ ἀπὸ τῆς ὥρας ἐκείνης. 23 Καὶ ἐλθὼν ὁ Ἰησοῦς εἰς τὴν οἰκίαν τοῦ ἄρχοντος, καὶ ἰδὼν τοὺς αὐλητὰς καὶ τὸν ὄχλον θορυβούμενον, 24 λέγει αὐτοῖς,⁷ Ἀναχωρεῖτε· οὐ γὰρ ἀπέθανεν τὸ κοράσιον, ἀλλὰ καθεύδει. Καὶ κατεγέλων αὐτοῦ. 25 Ὅτε δὲ ἐξεβλήθη ὁ ὄχλος, εἰσελθὼν ἐκράτησεν τῆς χειρὸς αὐτῆς, καὶ ἠγέρθη τὸ κοράσιον. 26 Καὶ ἐξῆλθεν ἡ φήμη αὕτη εἰς ὅλην τὴν γῆν ἐκείνην.

---

¹ Ἔλεον • Ἔλεος ² εἰς μετάνοιαν • — ³ πολλά • [πολλά] ⁴ μήγε • μή γε
⁵ ἀπολοῦνται • ἀπόλλυνται ⁶ ἐπιστραφεὶς • στραφεὶς ⁷ λέγει αὐτοῖς • ἔλεγεν

Further Miracles of That Day

27 Καὶ παράγοντι ἐκεῖθεν τῷ Ἰησοῦ, ἠκολούθησαν αὐτῷ[1] δύο τυφλοί, κράζοντες καὶ λέγοντες, Ἐλέησον ἡμᾶς, υἱὲ[a,2] Δαυίδ. 28 Ἐλθόντι δὲ εἰς τὴν οἰκίαν, προσῆλθον αὐτῷ οἱ τυφλοί, καὶ λέγει αὐτοῖς ὁ Ἰησοῦς, Πιστεύετε ὅτι δύναμαι τοῦτο ποιῆσαι; Λέγουσιν αὐτῷ, Ναί, κύριε. 29 Τότε ἥψατο τῶν ὀφθαλμῶν αὐτῶν, λέγων, Κατὰ τὴν πίστιν ὑμῶν γενηθήτω ὑμῖν. 30 Καὶ ἀνεῴχθησαν[3] αὐτῶν οἱ ὀφθαλμοί· καὶ ἐνεβριμήσατο[4] αὐτοῖς ὁ Ἰησοῦς, λέγων, Ὁρᾶτε μηδεὶς γινωσκέτω. 31 Οἱ δὲ ἐξελθόντες διεφήμισαν αὐτὸν ἐν ὅλῃ τῇ γῇ ἐκείνῃ. 32 Αὐτῶν δὲ ἐξερχομένων, ἰδού, προσήνεγκαν αὐτῷ ἄνθρωπον κωφὸν δαιμονιζόμενον. 33 Καὶ ἐκβληθέντος τοῦ δαιμονίου, ἐλάλησεν ὁ κωφός· καὶ ἐθαύμασαν οἱ ὄχλοι, λέγοντες, Οὐδέποτε ἐφάνη οὕτως ἐν τῷ Ἰσραήλ. 34 Οἱ δὲ Φαρισαῖοι ἔλεγον, Ἐν τῷ ἄρχοντι τῶν δαιμονίων ἐκβάλλει τὰ δαιμόνια.

Continuation of Jesus' Teaching and Healing Ministry

35 Καὶ περιῆγεν ὁ Ἰησοῦς τὰς πόλεις πάσας καὶ τὰς κώμας, διδάσκων ἐν ταῖς συναγωγαῖς αὐτῶν, καὶ κηρύσσων τὸ εὐαγγέλιον τῆς βασιλείας, καὶ θεραπεύων πᾶσαν νόσον καὶ πᾶσαν μαλακίαν ἐν τῷ λαῷ.[5] 36 Ἰδὼν δὲ τοὺς ὄχλους, ἐσπλαγχνίσθη περὶ αὐτῶν, ὅτι ἦσαν ἐσκυλμένοι καὶ ἐρριμμένοι ὡσεὶ πρόβατα μὴ ἔχοντα ποιμένα. 37 Τότε λέγει τοῖς μαθηταῖς αὐτοῦ, Ὁ μὲν θερισμὸς πολύς, οἱ δὲ ἐργάται ὀλίγοι· 38 δεήθητε οὖν τοῦ κυρίου τοῦ θερισμοῦ, ὅπως ἐκβάλῃ ἐργάτας εἰς τὸν θερισμὸν αὐτοῦ.

The Commission to the Twelve

10 Καὶ προσκαλεσάμενος τοὺς δώδεκα μαθητὰς αὐτοῦ, ἔδωκεν αὐτοῖς ἐξουσίαν πνευμάτων ἀκαθάρτων, ὥστε

---

[a] υἱὲ • υἱός

[1] αὐτῷ • [αὐτῷ]   [2] υἱὲ • υἱός   [3] ἀνεῴχθησαν • ἠνεῴχθησαν   [4] ἐνεβριμήσατο • ἐνεβριμήθη   [5] ἐν τῷ λαῷ • —

ἐκβάλλειν αὐτά, καὶ θεραπεύειν πᾶσαν νόσον καὶ πᾶσαν μαλακίαν.

2 Τῶν δὲ δώδεκα ἀποστόλων τὰ ὀνόματά ἐστιν ταῦτα· πρῶτος Σίμων ὁ λεγόμενος Πέτρος, καὶ Ἀνδρέας ὁ ἀδελφὸς αὐτοῦ· Ἰάκωβος¹ ὁ τοῦ Ζεβεδαίου, καὶ Ἰωάννης ὁ ἀδελφὸς αὐτοῦ· 3 Φίλιππος, καὶ Βαρθολομαῖος· Θωμᾶς, καὶ Ματθαῖος² ὁ τελώνης· Ἰάκωβος ὁ τοῦ Ἀλφαίου, καὶ Λεββαῖος ὁ ἐπικληθεὶς³ Θαδδαῖος· 4 Σίμων ὁ Κανανίτης,⁴ καὶ Ἰούδας⁵ Ἰσκαριώτης ὁ καὶ παραδοὺς αὐτόν.

5 Τούτους τοὺς δώδεκα ἀπέστειλεν ὁ Ἰησοῦς, παραγγείλας αὐτοῖς, λέγων, Εἰς ὁδὸν ἐθνῶν μὴ ἀπέλθητε, καὶ εἰς πόλιν Σαμαρειτῶν⁶ μὴ εἰσέλθητε· 6 πορεύεσθε δὲ μᾶλλον πρὸς τὰ πρόβατα τὰ ἀπολωλότα οἴκου Ἰσραήλ. 7 Πορευόμενοι δὲ κηρύσσετε, λέγοντες ὅτι Ἤγγικεν ἡ βασιλεία τῶν οὐρανῶν. 8 Ἀσθενοῦντας θεραπεύετε, λεπροὺς⁷ καθαρίζετε, δαιμόνια ἐκβάλλετε· δωρεὰν ἐλάβετε, δωρεὰν δότε. 9 Μὴ κτήσησθε χρυσόν, μηδὲ ἄργυρον, μηδὲ χαλκὸν εἰς τὰς ζώνας ὑμῶν, 10 μὴ πήραν εἰς ὁδόν, μηδὲ δύο χιτῶνας, μηδὲ ὑποδήματα, μηδὲ ῥάβδους·⁸ ἄξιος γὰρ ὁ ἐργάτης τῆς τροφῆς αὐτοῦ ἐστιν.⁹ 11 Εἰς ἣν δ' ἂν πόλιν ἢ κώμην εἰσέλθητε, ἐξετάσατε τίς ἐν αὐτῇ ἄξιός ἐστιν· κἀκεῖ μείνατε, ἕως ἂν ἐξέλθητε. 12 Εἰσερχόμενοι δὲ εἰς τὴν οἰκίαν, ἀσπάσασθε αὐτήν. 13 Καὶ ἐὰν μὲν ᾖ ἡ οἰκία ἀξία, ἐλθέτω¹⁰ ἡ εἰρήνη ὑμῶν ἐπ' αὐτήν· ἐὰν δὲ μὴ ᾖ ἀξία, ἡ εἰρήνη ὑμῶν πρὸς ὑμᾶς ἐπιστραφήτω. 14 Καὶ ὃς ἐὰν¹¹ μὴ δέξηται ὑμᾶς μηδὲ ἀκούσῃ τοὺς λόγους ὑμῶν, ἐξερχόμενοι¹² τῆς οἰκίας ἢ τῆς πόλεως ἐκείνης, ἐκτινάξατε τὸν κονιορτὸν τῶν ποδῶν ὑμῶν. 15 Ἀμὴν λέγω ὑμῖν, ἀνεκτότερον ἔσται γῇ Σοδόμων καὶ Γομόρρων ἐν ἡμέρᾳ κρίσεως, ἢ τῇ πόλει ἐκείνῃ.

---

¹ Ἰάκωβος • καὶ Ἰάκωβος   ² Ματθαῖος • Μαθθαῖος   ³ Λεββαῖος ὁ ἐπικληθεὶς • —   ⁴ Κανανίτης • Καναναῖος   ⁵ Ἰούδας • Ἰούδας ὁ   ⁶ Σαμαρειτῶν • Σαμαριτῶν   ⁷ λεπροὺς • νεκροὺς ἐγείρετε λεπροὺς   ⁸ ῥάβδους • ῥάβδον   ⁹ ἐστιν • —   ¹⁰ ἐλθέτω • ἐλθάτω   ¹¹ ἐὰν • ἂν   ¹² ἐξερχόμενοι • ἐξερχόμενοι ἔξω

The Perils of Apostleship

16 Ἰδού, ἐγὼ ἀποστέλλω ὑμᾶς ὡς πρόβατα ἐν μέσῳ λύκων· γίνεσθε οὖν φρόνιμοι ὡς οἱ ὄφεις, καὶ ἀκέραιοι ὡς αἱ περιστεραί. **17** Προσέχετε δὲ ἀπὸ τῶν ἀνθρώπων· παραδώσουσιν γὰρ ὑμᾶς εἰς συνέδρια, καὶ ἐν ταῖς συναγωγαῖς αὐτῶν μαστιγώσουσιν ὑμᾶς· **18** καὶ ἐπὶ ἡγεμόνας δὲ καὶ βασιλεῖς ἀχθήσεσθε ἕνεκεν ἐμοῦ, εἰς μαρτύριον αὐτοῖς καὶ τοῖς ἔθνεσιν. **19** Ὅταν δὲ παραδιδῶσιν¹ ὑμᾶς, μὴ μεριμνήσητε πῶς ἢ τί λαλήσητε· δοθήσεται γὰρ ὑμῖν ἐν ἐκείνῃ τῇ ὥρᾳ τί λαλήσετε·² **20** οὐ γὰρ ὑμεῖς ἐστὲ οἱ λαλοῦντες, ἀλλὰ τὸ πνεῦμα τοῦ πατρὸς ὑμῶν τὸ λαλοῦν ἐν ὑμῖν. **21** Παραδώσει δὲ ἀδελφὸς ἀδελφὸν εἰς θάνατον, καὶ πατὴρ τέκνον· καὶ ἐπαναστήσονται τέκνα ἐπὶ γονεῖς, καὶ θανατώσουσιν αὐτούς. **22** Καὶ ἔσεσθε μισούμενοι ὑπὸ πάντων διὰ τὸ ὄνομά μου· ὁ δὲ ὑπομείνας εἰς τέλος, οὗτος σωθήσεται. **23** Ὅταν δὲ διώκωσιν ὑμᾶς ἐν τῇ πόλει ταύτῃ, φεύγετε εἰς τὴν ἄλλην·³ ἀμὴν γὰρ λέγω ὑμῖν, οὐ μὴ τελέσητε τὰς πόλεις τοῦ Ἰσραήλ, ἕως ἂν ἔλθῃ ὁ υἱὸς τοῦ ἀνθρώπου.

24 Οὐκ ἔστιν μαθητὴς ὑπὲρ τὸν διδάσκαλον, οὐδὲ δοῦλος ὑπὲρ τὸν κύριον αὐτοῦ. **25** Ἀρκετὸν τῷ μαθητῇ ἵνα γένηται ὡς ὁ διδάσκαλος αὐτοῦ, καὶ ὁ δοῦλος ὡς ὁ κύριος αὐτοῦ. Εἰ τὸν οἰκοδεσπότην Βεελζεβοὺλ ἐκάλεσαν,⁴ πόσῳ μᾶλλον τοὺς οἰκειακοὺς⁵ αὐτοῦ;

Fearless Confession Demanded

26 Μὴ οὖν φοβηθῆτε αὐτούς· οὐδὲν γάρ ἐστιν κεκαλυμμένον ὃ οὐκ ἀποκαλυφθήσεται, καὶ κρυπτὸν ὃ οὐ γνωσθήσεται. **27** Ὃ λέγω ὑμῖν ἐν τῇ σκοτίᾳ, εἴπατε ἐν τῷ φωτί· καὶ ὃ εἰς τὸ οὖς ἀκούετε, κηρύξατε ἐπὶ τῶν δωμάτων. **28** Καὶ μὴ φοβεῖσθε ἀπὸ τῶν ἀποκτενόντων⁶ τὸ σῶμα, τὴν δὲ ψυχὴν μὴ δυναμένων ἀποκτεῖναι· φοβήθητε⁷ δὲ μᾶλλον τὸν δυνάμενον καὶ τὴν

---

1 παραδιδῶσιν • παραδῶσιν   2 λαλήσετε • λαλήσητε   3 ἄλλην • ἑτέραν
4 ἐκάλεσαν • ἐπεκάλεσαν   5 οἰκειακοὺς • οἰκιακοὺς   6 ἀποκτενόντων • ἀποκτεννόντων   7 φοβήθητε • φοβεῖσθε

ψυχὴν ᵃ καὶ τὸ ᵇ, ¹ σῶμα ἀπολέσαι ἐν γεέννῃ. 29 Οὐχὶ δύο στρουθία ἀσσαρίου πωλεῖται; Καὶ ἓν ἐξ αὐτῶν οὐ πεσεῖται ἐπὶ τὴν γῆν ἄνευ τοῦ πατρὸς ὑμῶν· 30 ὑμῶν δὲ καὶ αἱ τρίχες τῆς κεφαλῆς πᾶσαι ἠριθμημέναι εἰσίν. 31 Μὴ οὖν φοβηθῆτε· ² πολλῶν στρουθίων διαφέρετε ὑμεῖς. 32 Πᾶς οὖν ὅστις ὁμολογήσει ἐν ἐμοὶ ἔμπροσθεν τῶν ἀνθρώπων, ὁμολογήσω κἀγὼ ἐν αὐτῷ ἔμπροσθεν τοῦ πατρός μου τοῦ ἐν οὐρανοῖς. ³ 33 Ὅστις δ' ἂν ἀρνήσηταί με ἔμπροσθεν τῶν ἀνθρώπων, ἀρνήσομαι αὐτὸν κἀγὼ ⁴ ἔμπροσθεν τοῦ πατρός μου τοῦ ἐν οὐρανοῖς. ⁵

34 Μὴ νομίσητε ὅτι ἦλθον βαλεῖν εἰρήνην ἐπὶ τὴν γῆν· οὐκ ἦλθον βαλεῖν εἰρήνην, ἀλλὰ μάχαιραν. 35 ᵀἮλθον γὰρ διχάσαι ἄνθρωπον κατὰ τοῦ πατρὸς αὐτοῦ, καὶ θυγατέρα κατὰ τῆς μητρὸς αὐτῆς, καὶ νύμφην κατὰ τῆς πενθερᾶς αὐτῆς· 36 καὶ ἐχθροὶ τοῦ ἀνθρώπου οἱ οἰκειακοὶ ⁶ αὐτοῦ.

Perfect Consecration Required

37 Ὁ φιλῶν πατέρα ἢ μητέρα ὑπὲρ ἐμέ, οὐκ ἔστιν μου ἄξιος· καὶ ὁ φιλῶν υἱὸν ἢ θυγατέρα ὑπὲρ ἐμέ, οὐκ ἔστιν μου ἄξιος· 38 καὶ ὃς οὐ λαμβάνει τὸν σταυρὸν αὐτοῦ καὶ ἀκολουθεῖ ὀπίσω μου, οὐκ ἔστιν μου ἄξιος. 39 Ὁ εὑρὼν τὴν ψυχὴν αὐτοῦ ἀπολέσει αὐτήν· καὶ ὁ ἀπολέσας τὴν ψυχὴν αὐτοῦ ἕνεκεν ἐμοῦ εὑρήσει αὐτήν.

40 Ὁ δεχόμενος ὑμᾶς ἐμὲ δέχεται· καὶ ὁ ἐμὲ δεχόμενος δέχεται τὸν ἀποστείλαντά με. 41 Ὁ δεχόμενος προφήτην εἰς ὄνομα προφήτου μισθὸν προφήτου λήψεται· καὶ ⁷ ὁ δεχόμενος δίκαιον εἰς ὄνομα δικαίου μισθὸν δικαίου λήψεται. ⁸ 42 Καὶ ὃς ἐὰν ⁹ ποτίσῃ ἕνα τῶν μικρῶν τούτων ποτήριον ψυχροῦ

ᵃ τὴν ψυχὴν • ψυχὴν   ᵇ καὶ τὸ • καὶ

¹ τὴν ψυχὴν καὶ τὸ • ψυχὴν καὶ   ² φοβηθῆτε • φοβεῖσθε   ³ οὐρανοῖς • [τοῖς] οὐρανοῖς   ⁴ αὐτὸν κἀγὼ • κἀγὼ αὐτὸν   ⁵ οὐρανοῖς • [τοῖς] οὐρανοῖς   ⁶ οἰκειακοὶ • οἰκιακοὶ   ⁷ λήψεται καὶ • λήμψεται καὶ   ⁸ δικαίου λήψεται • δικαίου λήμψεται   ⁹ ἐὰν • ἂν

μόνον εἰς ὄνομα μαθητοῦ, ἀμὴν λέγω ὑμῖν, οὐ μὴ ἀπολέσῃ τὸν μισθὸν αὐτοῦ.

John the Baptist's Disciples Come to Jesus

11 Καὶ ἐγένετο ὅτε ἐτέλεσεν ὁ Ἰησοῦς διατάσσων τοῖς δώδεκα μαθηταῖς αὐτοῦ, μετέβη ἐκεῖθεν τοῦ διδάσκειν καὶ κηρύσσειν ἐν ταῖς πόλεσιν αὐτῶν. 2 Ὁ δὲ Ἰωάννης ἀκούσας ἐν τῷ δεσμωτηρίῳ τὰ ἔργα τοῦ χριστοῦ, πέμψας δύο[1] τῶν μαθητῶν αὐτοῦ, 3 εἶπεν αὐτῷ, Σὺ εἶ ὁ ἐρχόμενος, ἢ ἕτερον προσδοκῶμεν; 4 Καὶ ἀποκριθεὶς ὁ Ἰησοῦς εἶπεν αὐτοῖς, Πορευθέντες ἀπαγγείλατε Ἰωάννῃ ἃ ἀκούετε καὶ βλέπετε· 5 τυφλοὶ ἀναβλέπουσιν, καὶ χωλοὶ περιπατοῦσιν, λεπροὶ καθαρίζονται, καὶ κωφοὶ ἀκούουσιν, νεκροὶ[2] ἐγείρονται, καὶ πτωχοὶ εὐαγγελίζονται· 6 καὶ μακάριός ἐστιν, ὃς ἐὰν μὴ σκανδαλισθῇ ἐν ἐμοί.

Jesus' Testimony Concerning John

7 Τούτων δὲ πορευομένων, ἤρξατο ὁ Ἰησοῦς λέγειν τοῖς ὄχλοις περὶ Ἰωάννου, Τί ἐξήλθετε[3] εἰς τὴν ἔρημον θεάσασθαι; Κάλαμον ὑπὸ ἀνέμου σαλευόμενον; 8 Ἀλλὰ τί ἐξήλθετε[4] ἰδεῖν; Ἄνθρωπον ἐν μαλακοῖς ἱματίοις[5] ἠμφιεσμένον; Ἰδού, οἱ τὰ μαλακὰ φοροῦντες ἐν τοῖς οἴκοις τῶν βασιλείων[a,6] εἰσίν. 9 Ἀλλὰ τί ἐξήλθετε[7] ἰδεῖν; Προφήτην; Ναί, λέγω ὑμῖν, καὶ περισσότερον προφήτου. 10 Οὗτος γάρ[8] ἐστιν περὶ οὗ γέγραπται, Ἰδού, ἐγὼ ἀποστέλλω τὸν ἄγγελόν μου πρὸ προσώπου σου, ὃς κατασκευάσει τὴν ὁδόν σου ἔμπροσθέν σου. 11 Ἀμὴν λέγω ὑμῖν, οὐκ ἐγήγερται ἐν γεννητοῖς γυναικῶν μείζων Ἰωάννου τοῦ βαπτιστοῦ· ὁ δὲ μικρότερος ἐν τῇ βασιλείᾳ τῶν οὐρανῶν μείζων αὐτοῦ ἐστιν. 12 Ἀπὸ δὲ τῶν ἡμερῶν Ἰωάννου τοῦ βαπτιστοῦ ἕως ἄρτι ἡ βασιλεία τῶν οὐρανῶν βιάζεται, καὶ βιασταὶ ἁρπάζουσιν αὐτήν. 13 Πάντες γὰρ οἱ

---

a βασιλείων • βασιλέων

1 δύο • διά   2 νεκροὶ • καὶ νεκροὶ   3 ἐξήλθετε • ἐξήλθατε   4 ἐξήλθετε • ἐξήλθατε   5 ἱματίοις • —   6 βασιλείων • βασιλέων   7 ἐξήλθετε • ἐξήλθατε   8 γάρ • —

προφῆται καὶ ὁ νόμος ἕως Ἰωάννου προεφήτευσαν· ¹ 14 καὶ εἰ θέλετε δέξασθαι, αὐτός ἐστιν Ἠλίας ὁ μέλλων ἔρχεσθαι. 15 Ὁ ἔχων ὦτα ἀκούειν ² ἀκουέτω. 16 Τίνι δὲ ὁμοιώσω τὴν γενεὰν ταύτην; Ὁμοία ἐστὶν παιδίοις ἐν ἀγοραῖς ᵃ καθημένοις, καὶ προσφωνοῦσιν τοῖς ἑταίροις ᵇ αὐτῶν, ³ 17 καὶ λέγουσιν, ⁴ Ηὐλήσαμεν ὑμῖν, καὶ οὐκ ὠρχήσασθε· ἐθρηνήσαμεν ὑμῖν, ⁵ καὶ οὐκ ἐκόψασθε. 18 Ἦλθεν γὰρ Ἰωάννης μήτε ἐσθίων μήτε πίνων, καὶ λέγουσιν, Δαιμόνιον ἔχει. 19 Ἦλθεν ὁ υἱὸς τοῦ ἀνθρώπου ἐσθίων καὶ πίνων, καὶ λέγουσιν, Ἰδού, ἄνθρωπος φάγος καὶ οἰνοπότης, τελωνῶν φίλος καὶ ἁμαρτωλῶν. Καὶ ἐδικαιώθη ἡ σοφία ἀπὸ τῶν τέκνων ⁶ αὐτῆς.

The Woe upon the Galilean Cities

20 Τότε ἤρξατο ὀνειδίζειν τὰς πόλεις ἐν αἷς ἐγένοντο αἱ πλεῖσται δυνάμεις αὐτοῦ, ὅτι οὐ μετενόησαν. 21 Οὐαί σοι, Χοραζίν, οὐαί σοι, Βηθσαϊδά, ᶜ ὅτι εἰ ἐν Τύρῳ καὶ Σιδῶνι ἐγένοντο αἱ δυνάμεις αἱ γενόμεναι ἐν ὑμῖν, πάλαι ἂν ἐν σάκκῳ καὶ σποδῷ μετενόησαν. 22 Πλὴν λέγω ὑμῖν, Τύρῳ καὶ Σιδῶνι ἀνεκτότερον ἔσται ἐν ἡμέρᾳ κρίσεως, ἢ ὑμῖν. 23 Καὶ σύ, Καπερναούμ, ἡ ⁷ ἕως τοῦ ⁸ οὐρανοῦ ὑψωθεῖσα, ᵈ,⁹ ἕως Ἅδου καταβιβασθήσῃ· ¹⁰ ὅτι εἰ ἐν Σοδόμοις ἐγένοντο ¹¹ αἱ δυνάμεις αἱ γενόμεναι ἐν σοί, ἔμειναν ¹² ἂν μέχρι τῆς σήμερον. 24 Πλὴν λέγω ὑμῖν ὅτι γῇ Σοδόμων ἀνεκτότερον ἔσται ἐν ἡμέρᾳ κρίσεως, ἢ σοί.

The Gospel Call

25 Ἐν ἐκείνῳ τῷ καιρῷ ἀποκριθεὶς ὁ Ἰησοῦς εἶπεν, Ἐξομολογοῦμαί σοι, πάτερ, κύριε τοῦ οὐρανοῦ καὶ τῆς γῆς, ὅτι

ᵃ ἀγοραῖς • ἀγορᾷ   ᵇ ἑταίροις • ἑτέροις   ᶜ Βηθσαϊδά • Βηθσαϊδάν
ᵈ ὑψωθεῖσα • ὑψωθῇς

---

¹ προεφήτευσαν • ἐπροφήτευσαν   ² ἀκούειν • —   ³ ἐν ἀγοραῖς καθημένοις καὶ προσφωνοῦσιν τοῖς ἑταίροις αὐτῶν • καθημένοις ἐν ταῖς ἀγοραῖς ἃ προσφωνοῦντα τοῖς ἑτέροις   ⁴ καὶ λέγουσιν • λέγουσιν   ⁵ ἐθρηνήσαμεν ὑμῖν • ἐθρηνήσαμεν   ⁶ τέκνων • ἔργων   ⁷ Καπερναούμ ἡ • Καφαρναούμ μὴ   ⁸ τοῦ • — 9 ὑψωθεῖσα • ὑψωθῇς   ¹⁰ καταβιβασθήσῃ • καταβήσῃ   ¹¹ ἐγένοντο • ἐγενήθησαν   ¹² ἔμειναν • ἔμεινεν

ἀπέκρυψας¹ ταῦτα ἀπὸ σοφῶν καὶ συνετῶν, καὶ ἀπεκάλυψας αὐτὰ νηπίοις. 26 Ναί, ὁ πατήρ, ὅτι οὕτως ἐγένετο εὐδοκία² ἔμπροσθέν σου. 27 Πάντα μοι παρεδόθη ὑπὸ τοῦ πατρός μου· καὶ οὐδεὶς ἐπιγινώσκει τὸν υἱόν, εἰ μὴ ὁ πατήρ· οὐδὲ τὸν πατέρα τις ἐπιγινώσκει, εἰ μὴ ὁ υἱός, καὶ ᾧ ἐὰν βούληται ὁ υἱὸς ἀποκαλύψαι. 28 Δεῦτε πρός με πάντες οἱ κοπιῶντες καὶ πεφορτισμένοι, κἀγὼ ἀναπαύσω ὑμᾶς. 29 Ἄρατε τὸν ζυγόν μου ἐφ᾽ ὑμᾶς καὶ μάθετε ἀπ᾽ ἐμοῦ, ὅτι πρᾷός³ εἰμι καὶ ταπεινὸς τῇ καρδίᾳ· καὶ εὑρήσετε ἀνάπαυσιν ταῖς ψυχαῖς ὑμῶν. 30 Ὁ γὰρ ζυγός μου χρηστός, καὶ τὸ φορτίον μου ἐλαφρόν ἐστιν.

The Lord of the Sabbath

12 Ἐν ἐκείνῳ τῷ καιρῷ ἐπορεύθη ὁ Ἰησοῦς τοῖς σάββασιν διὰ τῶν σπορίμων· οἱ δὲ μαθηταὶ αὐτοῦ ἐπείνασαν, καὶ ἤρξαντο τίλλειν στάχυας καὶ ἐσθίειν. 2 Οἱ δὲ Φαρισαῖοι ἰδόντες εἶπον⁴ αὐτῷ, Ἰδού, οἱ μαθηταί σου ποιοῦσιν ὃ οὐκ ἔξεστιν ποιεῖν ἐν σαββάτῳ. 3 Ὁ δὲ εἶπεν αὐτοῖς, Οὐκ ἀνέγνωτε τί ἐποίησεν Δαυίδ, ὅτε ἐπείνασεν αὐτὸς⁵ καὶ οἱ μετ᾽ αὐτοῦ· 4 πῶς εἰσῆλθεν εἰς τὸν οἶκον τοῦ θεοῦ, καὶ τοὺς ἄρτους τῆς προθέσεως ἔφαγεν, οὓς⁶ οὐκ ἐξὸν ἦν αὐτῷ φαγεῖν, οὐδὲ τοῖς μετ᾽ αὐτοῦ, εἰ μὴ τοῖς ἱερεῦσιν μόνοις; 5 Ἢ οὐκ ἀνέγνωτε ἐν τῷ νόμῳ, ὅτι τοῖς σάββασιν οἱ ἱερεῖς ἐν τῷ ἱερῷ τὸ σάββατον βεβηλοῦσιν, καὶ ἀναίτιοί εἰσιν; 6 Λέγω δὲ ὑμῖν ὅτι τοῦ ἱεροῦ μεῖζόν ἐστιν ὧδε. 7 Εἰ δὲ ἐγνώκειτε τί ἐστιν, Ἔλεον⁷ θέλω καὶ οὐ θυσίαν, οὐκ ἂν κατεδικάσατε τοὺς ἀναιτίους. 8 Κύριος γάρ ἐστιν τοῦ σαββάτου ὁ υἱὸς τοῦ ἀνθρώπου.

9 Καὶ μεταβὰς ἐκεῖθεν ἦλθεν εἰς τὴν συναγωγὴν αὐτῶν. 10 Καὶ ἰδού, ἄνθρωπος ἦν τὴν⁸ χεῖρα ἔχων ξηράν· καὶ ἐπηρώτησαν αὐτόν, λέγοντες, Εἰ ἔξεστιν τοῖς σάββασιν θεραπεύειν;⁹ ἵνα κατηγορήσωσιν αὐτοῦ. 11 Ὁ δὲ εἶπεν αὐτοῖς, Τίς ἔσται ἐξ ὑμῶν ἄνθρωπος, ὃς ἕξει πρόβατον ἕν, καὶ ἐὰν

---

1 ἀπέκρυψας • ἔκρυψας   2 ἐγένετο εὐδοκία • εὐδοκία ἐγένετο   3 πρᾷός • πραΰς
4 εἶπον • εἶπαν   5 αὐτὸς • —   6 ἔφαγεν οὓς • ἔφαγον ὃ   7 Ἔλεον • Ἔλεος
8 ἦν τὴν • —   9 θεραπεύειν • θεραπεῦσαι

ἐμπέσῃ τοῦτο τοῖς σάββασιν εἰς βόθυνον, οὐχὶ κρατήσει αὐτὸ καὶ ἐγερεῖ; 12 Πόσῳ οὖν διαφέρει ἄνθρωπος προβάτου. Ὥστε ἔξεστιν τοῖς σάββασιν καλῶς ποιεῖν. 13 Τότε λέγει τῷ ἀνθρώπῳ, Ἔκτεινον τὴν χεῖρά σου.¹ Καὶ ἐξέτεινεν, καὶ ἀποκατεστάθη² ὑγιὴς ὡς ἡ ἄλλη.

The Enmity of the Pharisees and Jesus' Answer

14 Οἱ δὲ³ Φαρισαῖοι συμβούλιον ἔλαβον κατ᾽ αὐτοῦ ἐξελθόντες,⁴ ὅπως αὐτὸν ἀπολέσωσιν. 15 Ὁ δὲ Ἰησοῦς γνοὺς ἀνεχώρησεν ἐκεῖθεν· καὶ ἠκολούθησαν αὐτῷ ὄχλοι⁵ πολλοί, καὶ ἐθεράπευσεν αὐτοὺς πάντας, 16 καὶ ἐπετίμησεν αὐτοῖς, ἵνα μὴ φανερὸν αὐτὸν ποιήσωσιν· 17 ὅπως⁶ πληρωθῇ τὸ ῥηθὲν διὰ Ἠσαΐου τοῦ προφήτου, λέγοντος, 18 Ἰδού, ὁ παῖς μου ὃν ᾑρέτισα· ὁ ἀγαπητός μου εἰς ὃν εὐδόκησεν ἡ ψυχή μου· θήσω τὸ πνεῦμά μου ἐπ᾽ αὐτόν, καὶ κρίσιν τοῖς ἔθνεσιν ἀπαγγελεῖ. 19 Οὐκ ἐρίσει, οὐδὲ κραυγάσει· οὐδὲ ἀκούσει τις ἐν ταῖς πλατείαις τὴν φωνὴν αὐτοῦ. 20 Κάλαμον συντετριμμένον οὐ κατεάξει, καὶ λίνον τυφόμενον οὐ σβέσει· ἕως ἂν ἐκβάλῃ εἰς νῖκος τὴν κρίσιν. 21 Καὶ τῷ ὀνόματι αὐτοῦ ἔθνη ἐλπιοῦσιν.

22 Τότε προσηνέχθη αὐτῷ δαιμονιζόμενος, τυφλὸς καὶ κωφός· καὶ ἐθεράπευσεν αὐτόν, ὥστε τὸν τυφλὸν καὶ κωφὸν καὶ⁷ λαλεῖν καὶ βλέπειν. 23 Καὶ ἐξίσταντο πάντες οἱ ὄχλοι καὶ ἔλεγον, Μήτι οὗτός ἐστιν ὁ υἱὸς Δαυίδ; 24 Οἱ δὲ Φαρισαῖοι ἀκούσαντες εἶπον, Οὗτος οὐκ ἐκβάλλει τὰ δαιμόνια, εἰ μὴ ἐν τῷ Βεελζεβοὺλ ἄρχοντι τῶν δαιμονίων. 25 Εἰδὼς δὲ ὁ Ἰησοῦς⁸ τὰς ἐνθυμήσεις αὐτῶν εἶπεν αὐτοῖς, Πᾶσα βασιλεία μερισθεῖσα καθ᾽ ἑαυτῆς ἐρημοῦται· καὶ πᾶσα πόλις ἢ οἰκία μερισθεῖσα καθ᾽ ἑαυτῆς οὐ σταθήσεται. 26 Καὶ εἰ ὁ Σατανᾶς τὸν Σατανᾶν ἐκβάλλει, ἐφ᾽ ἑαυτὸν ἐμερίσθη· πῶς οὖν σταθήσεται ἡ βασιλεία αὐτοῦ; 27 Καὶ εἰ ἐγὼ ἐν Βεελζεβοὺλ ἐκβάλλω τὰ δαιμόνια, οἱ υἱοὶ ὑμῶν ἐν τίνι ἐκβάλλουσιν; Διὰ τοῦτο αὐτοὶ

---

¹ τὴν χεῖρά σου • σου τὴν χεῖρα   ² ἀποκατεστάθη • ἀπεκατεστάθη   ³ Οἱ δὲ • Ἐξελθόντες δὲ οἱ   ⁴ ἐξελθόντες • —   ⁵ ὄχλοι • [ὄχλοι]   ⁶ ὅπως • ἵνα   ⁷ τυφλὸν καὶ κωφὸν καὶ • κωφὸν   ⁸ ὁ Ἰησοῦς • —

ὑμῶν ἔσονται κριταί.¹ 28 Εἰ δὲ ἐν πνεύματι θεοῦ ἐγὼ ἐκβάλλω τὰ δαιμόνια, ἄρα ἔφθασεν ἐφ᾽ ὑμᾶς ἡ βασιλεία τοῦ θεοῦ. 29 Ἢ πῶς δύναταί τις εἰσελθεῖν εἰς τὴν οἰκίαν τοῦ ἰσχυροῦ καὶ τὰ σκεύη αὐτοῦ διαρπάσαι,² ἐὰν μὴ πρῶτον δήσῃ τὸν ἰσχυρόν; Καὶ τότε τὴν οἰκίαν αὐτοῦ διαρπάσει. 30 Ὁ μὴ ὢν μετ᾽ ἐμοῦ κατ᾽ ἐμοῦ ἐστιν· καὶ ὁ μὴ συνάγων μετ᾽ ἐμοῦ σκορπίζει.

The Sin against the Holy Spirit

31 Διὰ τοῦτο λέγω ὑμῖν, Πᾶσα ἁμαρτία καὶ βλασφημία ἀφεθήσεται τοῖς ἀνθρώποις· ἡ δὲ τοῦ πνεύματος βλασφημία οὐκ ἀφεθήσεται τοῖς ἀνθρώποις.³ 32 Καὶ ὃς ἐὰν εἴπῃ λόγον κατὰ τοῦ υἱοῦ τοῦ ἀνθρώπου, ἀφεθήσεται αὐτῷ· ὃς δ᾽ ἂν εἴπῃ κατὰ τοῦ πνεύματος τοῦ ἁγίου, οὐκ ἀφεθήσεται αὐτῷ, οὔτε ἐν τῷ νῦν⁴ αἰῶνι οὔτε ἐν τῷ μέλλοντι. 33 Ἢ ποιήσατε τὸ δένδρον καλόν, καὶ τὸν καρπὸν αὐτοῦ καλόν, ἢ ποιήσατε τὸ δένδρον σαπρόν, καὶ τὸν καρπὸν αὐτοῦ σαπρόν· ἐκ γὰρ τοῦ καρποῦ τὸ δένδρον γινώσκεται. 34 Γεννήματα ἐχιδνῶν, πῶς δύνασθε ἀγαθὰ λαλεῖν, πονηροὶ ὄντες; Ἐκ γὰρ τοῦ περισσεύματος τῆς καρδίας τὸ στόμα λαλεῖ. 35 Ὁ ἀγαθὸς ἄνθρωπος ἐκ τοῦ ἀγαθοῦ θησαυροῦ ἐκβάλλει ἀγαθά· καὶ ὁ πονηρὸς ἄνθρωπος ἐκ τοῦ πονηροῦ θησαυροῦ ἐκβάλλει πονηρά. 36 Λέγω δὲ ὑμῖν ὅτι πᾶν ῥῆμα ἀργόν, ὃ ἐὰν λαλήσωσιν⁵ οἱ ἄνθρωποι, ἀποδώσουσιν περὶ αὐτοῦ λόγον ἐν ἡμέρᾳ κρίσεως. 37 Ἐκ γὰρ τῶν λόγων σου δικαιωθήσῃ, καὶ ἐκ τῶν λόγων σου καταδικασθήσῃ.

The Sign from Heaven and a Warning

38 Τότε ἀπεκρίθησάν τινες⁶ τῶν γραμματέων καὶ Φαρισαίων, λέγοντες, Διδάσκαλε, θέλομεν ἀπὸ σοῦ σημεῖον ἰδεῖν. 39 Ὁ δὲ ἀποκριθεὶς εἶπεν αὐτοῖς, Γενεὰ πονηρὰ καὶ μοιχαλὶς σημεῖον ἐπιζητεῖ· καὶ σημεῖον οὐ δοθήσεται αὐτῇ, εἰ μὴ τὸ σημεῖον Ἰωνᾶ τοῦ προφήτου. 40 Ὥσπερ γὰρ ἦν Ἰωνᾶς ἐν τῇ κοιλίᾳ τοῦ κήτους τρεῖς ἡμέρας καὶ τρεῖς νύκτας, οὕτως

---

1 ὑμῶν ἔσονται κριταί • κριταὶ ἔσονται ὑμῶν   *2 διαρπάσαι • ἁρπάσαι*   *3 οὐκ ἀφεθήσεται τοῖς ἀνθρώποις • οὐκ ἀφεθήσεται*   *4 τῷ νῦν • τούτῳ τῷ*   *5 ἐὰν λαλήσωσιν • λαλήσουσιν*   *6 τινες • αὐτῷ τινες*

ἔσται ὁ υἱὸς τοῦ ἀνθρώπου ἐν τῇ καρδίᾳ τῆς γῆς τρεῖς ἡμέρας καὶ τρεῖς νύκτας. 41 Ἄνδρες Νινευῖται ἀναστήσονται ἐν τῇ κρίσει μετὰ τῆς γενεᾶς ταύτης καὶ κατακρινοῦσιν αὐτήν· ὅτι μετενόησαν εἰς τὸ κήρυγμα Ἰωνᾶ, καὶ ἰδού, πλεῖον Ἰωνᾶ ὧδε. 42 Βασίλισσα νότου ἐγερθήσεται ἐν τῇ κρίσει μετὰ τῆς γενεᾶς ταύτης καὶ κατακρινεῖ αὐτήν· ὅτι ἦλθεν ἐκ τῶν περάτων τῆς γῆς ἀκοῦσαι τὴν σοφίαν Σολομῶνος· καὶ ἰδού, πλεῖον Σολομῶνος ὧδε. 43 Ὅταν δὲ τὸ ἀκάθαρτον πνεῦμα ἐξέλθῃ ἀπὸ τοῦ ἀνθρώπου, διέρχεται δι' ἀνύδρων τόπων, ζητοῦν ἀνάπαυσιν, καὶ οὐχ εὑρίσκει. 44 Τότε λέγει, Ἐπιστρέψω εἰς¹ τὸν οἶκόν μου ὅθεν² ἐξῆλθον. Καὶ ἐλθὸν εὑρίσκει σχολάζοντα, σεσαρωμένον καὶ κεκοσμημένον. 45 Τότε πορεύεται καὶ παραλαμβάνει μεθ' ἑαυτοῦ ἑπτὰ ἕτερα πνεύματα πονηρότερα ἑαυτοῦ, καὶ εἰσελθόντα κατοικεῖ ἐκεῖ· καὶ γίνεται τὰ ἔσχατα τοῦ ἀνθρώπου ἐκείνου χείρονα τῶν πρώτων. Οὕτως ἔσται καὶ τῇ γενεᾷ ταύτῃ τῇ πονηρᾷ.

Jesus' Relatives

46 Ἔτι δὲ³ αὐτοῦ λαλοῦντος τοῖς ὄχλοις, ἰδού, ἡ μήτηρ καὶ οἱ ἀδελφοὶ αὐτοῦ εἱστήκεισαν ἔξω, ζητοῦντες αὐτῷ λαλῆσαι. 47 Εἶπεν⁴ δέ τις αὐτῷ, Ἰδού, ἡ μήτηρ σου καὶ οἱ ἀδελφοί σου ἔξω ἑστήκασιν, ζητοῦντές σοι λαλῆσαι.⁵ 48 Ὁ δὲ ἀποκριθεὶς εἶπεν τῷ εἰπόντι⁶ αὐτῷ, Τίς ἐστιν ἡ μήτηρ μου; Καὶ τίνες εἰσὶν οἱ ἀδελφοί μου; 49 Καὶ ἐκτείνας τὴν χεῖρα αὐτοῦ ἐπὶ τοὺς μαθητὰς αὐτοῦ εἶπεν, Ἰδού, ἡ μήτηρ μου καὶ οἱ ἀδελφοί μου. 50 Ὅστις γὰρ ἂν ποιήσῃ τὸ θέλημα τοῦ πατρός μου τοῦ ἐν οὐρανοῖς, αὐτός μου ἀδελφὸς καὶ ἀδελφὴ καὶ μήτηρ ἐστίν.

The Parable of the Sower

13 Ἐν δὲ⁷ τῇ ἡμέρᾳ ἐκείνῃ ἐξελθὼν ὁ Ἰησοῦς ἀπὸ⁸ τῆς οἰκίας ἐκάθητο παρὰ τὴν θάλασσαν. 2 Καὶ συνήχθησαν πρὸς αὐτὸν ὄχλοι πολλοί, ὥστε αὐτὸν εἰς τὸ⁹

---

¹ *Ἐπιστρέψω εἰς* • *Εἰς*   ² *ὅθεν* • *ἐπιστρέψω ὅθεν*   ³ *δὲ* • —   ⁴ *Εἶπεν* • *[Εἶπεν*
⁵ *λαλῆσαι* • *λαλῆσαι]*   ⁶ *εἰπόντι* • *λέγοντι*   ⁷ *δὲ* • —   ⁸ *ἀπὸ* • —   ⁹ *τὸ* • —

πλοῖον ἐμβάντα καθῆσθαι· καὶ πᾶς ὁ ὄχλος ἐπὶ τὸν αἰγιαλὸν εἱστήκει. 3 Καὶ ἐλάλησεν αὐτοῖς πολλὰ ἐν παραβολαῖς, λέγων, Ἰδού, ἐξῆλθεν ὁ σπείρων τοῦ σπείρειν.[a] 4 Καὶ ἐν τῷ σπείρειν αὐτόν, ἃ μὲν ἔπεσεν παρὰ τὴν ὁδόν, καὶ ἦλθεν τὰ πετεινὰ καὶ[1] κατέφαγεν αὐτά. 5 Ἄλλα δὲ ἔπεσεν ἐπὶ τὰ πετρώδη, ὅπου οὐκ εἶχεν γῆν πολλήν· καὶ εὐθέως ἐξανέτειλεν, διὰ τὸ μὴ ἔχειν βάθος γῆς· 6 ἡλίου δὲ ἀνατείλαντος ἐκαυματίσθη, καὶ διὰ τὸ μὴ ἔχειν ῥίζαν ἐξηράνθη. 7 Ἄλλα δὲ ἔπεσεν ἐπὶ τὰς ἀκάνθας, καὶ ἀνέβησαν αἱ ἄκανθαι καὶ ἀπέπνιξαν[2] αὐτά. 8 Ἄλλα δὲ ἔπεσεν ἐπὶ τὴν γῆν τὴν καλήν· καὶ ἐδίδου καρπόν, ὃ μὲν ἑκατόν, ὃ δὲ ἑξήκοντα, ὃ δὲ τριάκοντα. 9 Ὁ ἔχων ὦτα ἀκούειν[3] ἀκουέτω.

10 Καὶ προσελθόντες οἱ μαθηταὶ εἶπον[4] αὐτῷ, Διὰ τί ἐν παραβολαῖς λαλεῖς αὐτοῖς; 11 Ὁ δὲ ἀποκριθεὶς εἶπεν αὐτοῖς ὅτι Ὑμῖν δέδοται γνῶναι τὰ μυστήρια τῆς βασιλείας τῶν οὐρανῶν, ἐκείνοις δὲ οὐ δέδοται. 12 Ὅστις γὰρ ἔχει, δοθήσεται αὐτῷ καὶ περισσευθήσεται· ὅστις δὲ οὐκ ἔχει, καὶ ὃ ἔχει ἀρθήσεται ἀπ' αὐτοῦ. 13 Διὰ τοῦτο ἐν παραβολαῖς αὐτοῖς λαλῶ, ὅτι βλέποντες οὐ βλέπουσιν, καὶ ἀκούοντες οὐκ ἀκούουσιν, οὐδὲ συνιοῦσιν. 14 Καὶ ἀναπληροῦται αὐτοῖς ἡ προφητεία Ἠσαΐου, ἡ λέγουσα, Ἀκοῇ ἀκούσετε, καὶ οὐ μὴ συνῆτε· καὶ βλέποντες βλέψετε, καὶ οὐ μὴ ἴδητε. 15 Ἐπαχύνθη γὰρ ἡ καρδία τοῦ λαοῦ τούτου, καὶ τοῖς ὠσὶν βαρέως ἤκουσαν, καὶ τοὺς ὀφθαλμοὺς αὐτῶν ἐκάμμυσαν· μήποτε ἴδωσιν τοῖς ὀφθαλμοῖς, καὶ τοῖς ὠσὶν ἀκούσωσιν, καὶ τῇ καρδίᾳ συνῶσιν, καὶ ἐπιστρέψωσιν, καὶ ἰάσομαι[b] αὐτούς. 16 Ὑμῶν δὲ μακάριοι οἱ ὀφθαλμοί, ὅτι βλέπουσιν· καὶ τὰ ὦτα ὑμῶν, ὅτι ἀκούει.[5] 17 Ἀμὴν γὰρ λέγω ὑμῖν ὅτι πολλοὶ προφῆται καὶ δίκαιοι ἐπεθύμησαν ἰδεῖν ἃ βλέπετε, καὶ οὐκ εἶδον·[6] καὶ ἀκοῦσαι ἃ ἀκούετε, καὶ οὐκ ἤκουσαν. 18 Ὑμεῖς οὖν ἀκούσατε τὴν παραβολὴν τοῦ σπείροντος.[7] 19 Παντὸς ἀκούοντος τὸν λόγον τῆς

---

[a] σπείρειν • σπεῖραι   [b] ἰάσομαι • ἰάσωμαι

[1] ἦλθεν τὰ πετεινὰ καὶ • ἐλθόντα τὰ πετεινὰ   [2] ἀπέπνιξαν • ἔπνιξαν   [3] ἀκούειν • —   [4] εἶπον • εἶπαν   [5] ἀκούει • ἀκούουσιν   [6] εἶδον • εἶδαν   [7] σπείροντος • σπείραντος

βασιλείας καὶ μὴ συνιέντος, ἔρχεται ὁ πονηρός, καὶ ἁρπάζει τὸ ἐσπαρμένον ἐν τῇ καρδίᾳ αὐτοῦ· οὗτός ἐστιν ὁ παρὰ τὴν ὁδὸν σπαρείς. 20 Ὁ δὲ ἐπὶ τὰ πετρώδη σπαρείς, οὗτός ἐστιν ὁ τὸν λόγον ἀκούων, καὶ εὐθὺς μετὰ χαρᾶς λαμβάνων αὐτόν· 21 οὐκ ἔχει δὲ ῥίζαν ἐν ἑαυτῷ, ἀλλὰ πρόσκαιρός ἐστιν· γενομένης δὲ θλίψεως ἢ διωγμοῦ διὰ τὸν λόγον, εὐθὺς σκανδαλίζεται. 22 Ὁ δὲ εἰς τὰς ἀκάνθας σπαρείς, οὗτός ἐστιν ὁ τὸν λόγον ἀκούων, καὶ ἡ μέριμνα τοῦ αἰῶνος τούτου¹ καὶ ἡ ἀπάτη τοῦ πλούτου συμπνίγει τὸν λόγον, καὶ ἄκαρπος γίνεται. 23 Ὁ δὲ ἐπὶ τὴν γῆν τὴν καλὴν² σπαρείς, οὗτός ἐστιν ὁ τὸν λόγον ἀκούων καὶ συνιών·³ ὃς δὴ καρποφορεῖ, καὶ ποιεῖ ὁ μὲν ἑκατόν, ὁ δὲ ἑξήκοντα, ὁ δὲ τριάκοντα.⁴

The Parable of the Tares, and Other Parables

24 Ἄλλην παραβολὴν παρέθηκεν αὐτοῖς, λέγων, Ὡμοιώθη ἡ βασιλεία τῶν οὐρανῶν ἀνθρώπῳ σπείροντι⁵ καλὸν σπέρμα ἐν τῷ ἀγρῷ αὐτοῦ· 25 ἐν δὲ τῷ καθεύδειν τοὺς ἀνθρώπους, ἦλθεν αὐτοῦ ὁ ἐχθρὸς καὶ ἔσπειρεν⁶ ζιζάνια ἀνὰ μέσον τοῦ σίτου, καὶ ἀπῆλθεν. 26 Ὅτε δὲ ἐβλάστησεν ὁ χόρτος καὶ καρπὸν ἐποίησεν, τότε ἐφάνη καὶ τὰ ζιζάνια. 27 Προσελθόντες δὲ οἱ δοῦλοι τοῦ οἰκοδεσπότου εἶπον αὐτῷ, Κύριε, οὐχὶ καλὸν σπέρμα ἔσπειρας ἐν τῷ σῷ ἀγρῷ; Πόθεν οὖν ἔχει ζιζάνια; 28 Ὁ δὲ ἔφη αὐτοῖς, Ἐχθρὸς ἄνθρωπος τοῦτο ἐποίησεν. Οἱ δὲ δοῦλοι εἶπον⁷ αὐτῷ, Θέλεις οὖν ἀπελθόντες συλλέξομεν[a, 8] αὐτά; 29 Ὁ δὲ ἔφη,⁹ Οὔ· μήποτε, συλλέγοντες τὰ ζιζάνια, ἐκριζώσητε ἅμα αὐτοῖς τὸν σῖτον. 30 Ἄφετε συναυξάνεσθαι ἀμφότερα μέχρι¹⁰ τοῦ θερισμοῦ· καὶ ἐν καιρῷ τοῦ θερισμοῦ ἐρῶ τοῖς θερισταῖς, Συλλέξατε πρῶτον τὰ ζιζάνια, καὶ δήσατε αὐτὰ εἰς δέσμας πρὸς τὸ κατακαῦσαι αὐτά· τὸν δὲ σῖτον συναγάγετε εἰς τὴν ἀποθήκην μου.

---

[a] συλλέξομεν • συλλέξωμεν

---

1 τούτου • —   2 γῆν τὴν καλὴν • καλὴν γῆν   3 συνιών • συνιείς   4 ὁ μὲν... ὁ δὲ... ὁ δὲ • ὁ μὲν... ὃ δὲ... ὃ δὲ   5 σπείροντι • σπείραντι   6 ἔσπειρεν • ἐπέσπειρεν   7 εἶπον • λέγουσιν   8 συλλέξομεν • συλλέξωμεν   9 ἔφη • φησιν   10 μέχρι • ἕως

MATTHEW 13.31–13.43

31 Ἄλλην παραβολὴν παρέθηκεν αὐτοῖς, λέγων, Ὁμοία ἐστὶν ἡ βασιλεία τῶν οὐρανῶν κόκκῳ σινάπεως, ὃν λαβὼν ἄνθρωπος ἔσπειρεν ἐν τῷ ἀγρῷ αὐτοῦ· 32 ὃ μικρότερον μέν ἐστιν πάντων τῶν σπερμάτων· ὅταν δὲ αὐξηθῇ, μεῖζον τῶν λαχάνων ἐστίν, καὶ γίνεται δένδρον, ὥστε ἐλθεῖν τὰ πετεινὰ τοῦ οὐρανοῦ καὶ κατασκηνοῦν ἐν τοῖς κλάδοις αὐτοῦ.

33 Ἄλλην παραβολὴν ἐλάλησεν αὐτοῖς, Ὁμοία ἐστὶν ἡ βασιλεία τῶν οὐρανῶν ζύμῃ, ἣν λαβοῦσα γυνὴ ἔκρυψεν ᵃ, ¹ εἰς ἀλεύρου σάτα τρία, ἕως οὗ ἐζυμώθη ὅλον.

34 Ταῦτα πάντα ἐλάλησεν ὁ Ἰησοῦς ἐν παραβολαῖς τοῖς ὄχλοις, καὶ χωρὶς παραβολῆς οὐκ ² ἐλάλει αὐτοῖς· 35 ὅπως πληρωθῇ τὸ ῥηθὲν διὰ τοῦ προφήτου, λέγοντος, Ἀνοίξω ἐν παραβολαῖς τὸ στόμα μου, ἐρεύξομαι κεκρυμμένα ἀπὸ καταβολῆς κόσμου. ³

36 Τότε ἀφεὶς τοὺς ὄχλους ἦλθεν εἰς τὴν οἰκίαν ὁ Ἰησοῦς· ⁴ καὶ προσῆλθον αὐτῷ οἱ μαθηταὶ αὐτοῦ, λέγοντες, Φράσον ⁵ ἡμῖν τὴν παραβολὴν τῶν ζιζανίων τοῦ ἀγροῦ. 37 Ὁ δὲ ἀποκριθεὶς εἶπεν αὐτοῖς, ⁶ Ὁ σπείρων τὸ καλὸν σπέρμα ἐστὶν ὁ υἱὸς τοῦ ἀνθρώπου· 38 ὁ δὲ ἀγρός ἐστιν ὁ κόσμος· τὸ δὲ καλὸν σπέρμα, οὗτοί εἰσιν οἱ υἱοὶ τῆς βασιλείας· τὰ δὲ ζιζάνιά εἰσιν οἱ υἱοὶ τοῦ πονηροῦ· 39 ὁ δὲ ἐχθρὸς ὁ σπείρας αὐτά ἐστιν ὁ διάβολος· ὁ δὲ θερισμὸς συντέλεια τοῦ ⁷ αἰῶνός ἐστιν· οἱ δὲ θερισταὶ ἄγγελοί εἰσιν. 40 Ὥσπερ οὖν συλλέγεται τὰ ζιζάνια καὶ πυρὶ καίεται, ⁸ οὕτως ἔσται ἐν τῇ συντελείᾳ τοῦ αἰῶνος τούτου. ⁹ 41 Ἀποστελεῖ ὁ υἱὸς τοῦ ἀνθρώπου τοὺς ἀγγέλους αὐτοῦ, καὶ συλλέξουσιν ἐκ τῆς βασιλείας αὐτοῦ πάντα τὰ σκάνδαλα καὶ τοὺς ποιοῦντας τὴν ἀνομίαν, 42 καὶ βαλοῦσιν αὐτοὺς εἰς τὴν κάμινον τοῦ πυρός· ἐκεῖ ἔσται ὁ κλαυθμὸς καὶ ὁ βρυγμὸς τῶν ὀδόντων. 43 Τότε οἱ δίκαιοι ἐκλάμψουσιν ὡς ὁ ἥλιος ἐν τῇ βασιλείᾳ τοῦ πατρὸς αὐτῶν. Ὁ ἔχων ὦτα ἀκούειν ¹⁰ ἀκουέτω.

ᵃ ἔκρυψεν • ἐνέκρυψεν

1 ἔκρυψεν • ἐνέκρυψεν   2 οὐκ • οὐδὲν   3 κόσμου • [κόσμου]   4 ὁ Ἰησοῦς • —
5 Φράσον • Διασάφησον   6 αὐτοῖς • —   7 τοῦ • —   8 καίεται • [κατα]καίεται
9 τούτου • —   10 ἀκούειν • —

44 Πάλιν¹ ὁμοία ἐστὶν ἡ βασιλεία τῶν οὐρανῶν θησαυρῷ κεκρυμμένῳ ἐν τῷ ἀγρῷ, ὃν εὑρὼν ἄνθρωπος ἔκρυψεν· καὶ ἀπὸ τῆς χαρᾶς αὐτοῦ ὑπάγει, καὶ πάντα ὅσα ἔχει πωλεῖ,² καὶ ἀγοράζει τὸν ἀγρὸν ἐκεῖνον. 45 Πάλιν ὁμοία ἐστὶν ἡ βασιλεία τῶν οὐρανῶν ἀνθρώπῳ ἐμπόρῳ ζητοῦντι καλοὺς μαργαρίτας· 46 ὃς εὑρὼν³ ἕνα πολύτιμον μαργαρίτην, ἀπελθὼν πέπρακεν πάντα ὅσα εἶχεν, καὶ ἠγόρασεν αὐτόν.

47 Πάλιν ὁμοία ἐστὶν ἡ βασιλεία τῶν οὐρανῶν σαγήνῃ βληθείσῃ εἰς τὴν θάλασσαν, καὶ ἐκ παντὸς γένους συναγαγούσῃ· 48 ἥν, ὅτε ἐπληρώθη, ἀναβιβάσαντες ἐπὶ τὸν αἰγιαλόν, καὶ καθίσαντες, συνέλεξαν τὰ καλὰ εἰς ἀγγεῖα,⁴ τὰ δὲ σαπρὰ ἔξω ἔβαλον. 49 Οὕτως ἔσται ἐν τῇ συντελείᾳ τοῦ αἰῶνος· ἐξελεύσονται οἱ ἄγγελοι, καὶ ἀφοριοῦσιν τοὺς πονηροὺς ἐκ μέσου τῶν δικαίων, 50 καὶ βαλοῦσιν αὐτοὺς εἰς τὴν κάμινον τοῦ πυρός· ἐκεῖ ἔσται ὁ κλαυθμὸς καὶ ὁ βρυγμὸς τῶν ὀδόντων.

51 Λέγει αὐτοῖς ὁ Ἰησοῦς,⁵ Συνήκατε ταῦτα πάντα; Λέγουσιν αὐτῷ, Ναί, κύριε.⁶ 52 Ὁ δὲ εἶπεν αὐτοῖς, Διὰ τοῦτο πᾶς γραμματεὺς μαθητευθεὶς εἰς τὴν βασιλείαν⁷ τῶν οὐρανῶν ὅμοιός ἐστιν ἀνθρώπῳ οἰκοδεσπότῃ, ὅστις ἐκβάλλει ἐκ τοῦ θησαυροῦ αὐτοῦ καινὰ καὶ παλαιά.

A Visit to Nazareth

53 Καὶ ἐγένετο ὅτε ἐτέλεσεν ὁ Ἰησοῦς τὰς παραβολὰς ταύτας, μετῆρεν ἐκεῖθεν· 54 καὶ ἐλθὼν εἰς τὴν πατρίδα αὐτοῦ ἐδίδασκεν αὐτοὺς ἐν τῇ συναγωγῇ αὐτῶν, ὥστε ἐκπλήττεσθαι⁸ αὐτοὺς καὶ λέγειν, Πόθεν τούτῳ ἡ σοφία αὕτη καὶ αἱ δυνάμεις; 55 Οὐχ οὗτός ἐστιν ὁ τοῦ τέκτονος υἱός; Οὐχὶ⁹ ἡ μήτηρ αὐτοῦ λέγεται Μαριάμ, καὶ οἱ ἀδελφοὶ αὐτοῦ Ἰάκωβος καὶ Ἰωσῆς¹⁰ καὶ Σίμων καὶ Ἰούδας; 56 Καὶ αἱ ἀδελφαὶ αὐτοῦ οὐχὶ πᾶσαι

---

1 Πάλιν • — 2 πάντα ὅσα ἔχει πωλεῖ • πωλεῖ πάντα ὅσα ἔχει 3 ὃς εὑρὼν • εὑρὼν δὲ 4 ἀγγεῖα • ἄγγη 5 Λέγει αὐτοῖς ὁ Ἰησοῦς • — 6 κύριε • — 7 εἰς τὴν βασιλείαν • τῇ βασιλείᾳ 8 ἐκπλήττεσθαι • ἐκπλήσσεσθαι 9 Οὐχὶ • Οὐχ 10 Ἰωσῆς • Ἰωσήφ

πρὸς ἡμᾶς εἰσίν; Πόθεν οὖν τούτῳ ταῦτα πάντα; 57 Καὶ ἐσκανδαλίζοντο ἐν αὐτῷ. Ὁ δὲ Ἰησοῦς εἶπεν αὐτοῖς, Οὐκ ἔστιν προφήτης ἄτιμος, εἰ μὴ ἐν τῇ πατρίδι αὐτοῦ καὶ¹ ἐν τῇ οἰκίᾳ αὐτοῦ. 58 Καὶ οὐκ ἐποίησεν ἐκεῖ δυνάμεις πολλάς, διὰ τὴν ἀπιστίαν αὐτῶν.

The Death of John the Baptist

14 Ἐν ἐκείνῳ τῷ καιρῷ ἤκουσεν Ἡρῴδης ὁ τετράρχης² τὴν ἀκοὴν Ἰησοῦ, 2 καὶ εἶπεν τοῖς παισὶν αὐτοῦ, Οὗτός ἐστιν Ἰωάννης ὁ βαπτιστής· αὐτὸς ἠγέρθη ἀπὸ τῶν νεκρῶν, καὶ διὰ τοῦτο αἱ δυνάμεις ἐνεργοῦσιν ἐν αὐτῷ. 3 Ὁ γὰρ Ἡρῴδης κρατήσας τὸν Ἰωάννην ἔδησεν αὐτὸν καὶ ἔθετο ἐν φυλακῇ,³ διὰ Ἡρῳδιάδα τὴν γυναῖκα Φιλίππου τοῦ ἀδελφοῦ αὐτοῦ. 4 Ἔλεγεν γὰρ αὐτῷ ὁ Ἰωάννης,⁴ Οὐκ ἔξεστίν σοι ἔχειν αὐτήν. 5 Καὶ θέλων αὐτὸν ἀποκτεῖναι, ἐφοβήθη τὸν ὄχλον, ὅτι ὡς προφήτην αὐτὸν εἶχον. 6 Γενεσίων δὲ ἀγομένων⁵ τοῦ Ἡρῴδου, ὠρχήσατο ἡ θυγάτηρ τῆς Ἡρῳδιάδος ἐν τῷ μέσῳ, καὶ ἤρεσεν τῷ Ἡρῴδῃ· 7 ὅθεν μεθ' ὅρκου ὡμολόγησεν αὐτῇ δοῦναι ὃ ἐὰν αἰτήσηται. 8 Ἡ δέ, προβιβασθεῖσα ὑπὸ τῆς μητρὸς αὐτῆς, Δός μοι, φησίν, ὧδε ἐπὶ πίνακι τὴν κεφαλὴν Ἰωάννου τοῦ βαπτιστοῦ. 9 Καὶ ἐλυπήθη⁶ ὁ βασιλεύς, διὰ δὲ⁷ τοὺς ὅρκους καὶ τοὺς συνανακειμένους ἐκέλευσεν δοθῆναι· 10 καὶ πέμψας ἀπεκεφάλισεν τὸν⁸ Ἰωάννην ἐν τῇ φυλακῇ. 11 Καὶ ἠνέχθη ἡ κεφαλὴ αὐτοῦ ἐπὶ πίνακι, καὶ ἐδόθη τῷ κορασίῳ· καὶ ἤνεγκεν τῇ μητρὶ αὐτῆς. 12 Καὶ προσελθόντες οἱ μαθηταὶ αὐτοῦ ἦραν τὸ σῶμα,⁹ καὶ ἔθαψαν αὐτό·¹⁰ καὶ ἐλθόντες ἀπήγγειλαν τῷ Ἰησοῦ.

The Feeding of the Five Thousand

13 Καὶ ἀκούσας¹¹ ὁ Ἰησοῦς ἀνεχώρησεν ἐκεῖθεν ἐν πλοίῳ εἰς ἔρημον τόπον κατ' ἰδίαν· καὶ ἀκούσαντες οἱ ὄχλοι

---

1 αὐτοῦ καὶ • καὶ   2 τετράρχης • τετραάρχης   3 αὐτὸν καὶ ἔθετο ἐν φυλακῇ • [αὐτὸν] καὶ ἐν φυλακῇ ἀπέθετο   4 αὐτῷ ὁ Ἰωάννης • ὁ Ἰωάννης αὐτῷ   5 Γενεσίων δὲ ἀγομένων • Γενεσίοις δὲ γενομένοις   6 ἐλυπήθη • λυπηθεὶς   7 δὲ — 8 τὸν • [τὸν]   9 σῶμα • πτῶμα   10 αὐτό • αὐτό[ν]   11 Καὶ ἀκούσας • Ἀκούσας δὲ

ἠκολούθησαν αὐτῷ πεζῇ ἀπὸ τῶν πόλεων. 14 Καὶ ἐξελθὼν ὁ Ἰησοῦς[1] εἶδεν πολὺν ὄχλον, καὶ ἐσπλαγχνίσθη ἐπ' αὐτοῖς, καὶ ἐθεράπευσεν τοὺς ἀρρώστους αὐτῶν. 15 Ὀψίας δὲ γενομένης, προσῆλθον αὐτῷ οἱ μαθηταὶ αὐτοῦ,[2] λέγοντες, Ἔρημός ἐστιν ὁ τόπος, καὶ ἡ ὥρα ἤδη παρῆλθεν· ἀπόλυσον τοὺς ὄχλους, ἵνα ἀπελθόντες εἰς τὰς κώμας ἀγοράσωσιν ἑαυτοῖς βρώματα. 16 Ὁ δὲ Ἰησοῦς[3] εἶπεν αὐτοῖς, Οὐ χρείαν ἔχουσιν ἀπελθεῖν· δότε αὐτοῖς ὑμεῖς φαγεῖν. 17 Οἱ δὲ λέγουσιν αὐτῷ, Οὐκ ἔχομεν ὧδε εἰ μὴ πέντε ἄρτους καὶ δύο ἰχθύας. 18 Ὁ δὲ εἶπεν, Φέρετέ μοι αὐτοὺς ὧδε.[4] 19 Καὶ κελεύσας τοὺς ὄχλους ἀνακλιθῆναι ἐπὶ τοὺς χόρτους,[5] λαβὼν τοὺς πέντε ἄρτους καὶ τοὺς δύο ἰχθύας, ἀναβλέψας εἰς τὸν οὐρανόν, εὐλόγησεν, καὶ κλάσας ἔδωκεν τοῖς μαθηταῖς τοὺς ἄρτους, οἱ δὲ μαθηταὶ τοῖς ὄχλοις. 20 Καὶ ἔφαγον πάντες, καὶ ἐχορτάσθησαν· καὶ ἦραν τὸ περισσεῦον τῶν κλασμάτων, δώδεκα κοφίνους πλήρεις. 21 Οἱ δὲ ἐσθίοντες ἦσαν ἄνδρες ὡσεὶ πεντακισχίλιοι, χωρὶς γυναικῶν καὶ παιδίων.

Jesus Walks on the Sea

22 Καὶ εὐθέως ἠνάγκασεν ὁ Ἰησοῦς[6] τοὺς μαθητὰς ἐμβῆναι εἰς τὸ πλοῖον, καὶ προάγειν αὐτὸν εἰς τὸ πέραν, ἕως οὗ ἀπολύσῃ τοὺς ὄχλους. 23 Καὶ ἀπολύσας τοὺς ὄχλους, ἀνέβη εἰς τὸ ὄρος κατ' ἰδίαν προσεύξασθαι· ὀψίας δὲ γενομένης, μόνος ἦν ἐκεῖ. 24 Τὸ δὲ πλοῖον ἤδη μέσον τῆς θαλάσσης ἦν,[7] βασανιζόμενον ὑπὸ τῶν κυμάτων· ἦν γὰρ ἐναντίος ὁ ἄνεμος. 25 Τετάρτῃ δὲ φυλακῇ τῆς νυκτὸς ἀπῆλθεν[8] πρὸς αὐτοὺς ὁ Ἰησοῦς,[9] περιπατῶν ἐπὶ τῆς θαλάσσης.[10] 26 Καὶ ἰδόντες αὐτὸν οἱ μαθηταὶ[11] ἐπὶ τὴν θάλασσαν[12] περιπατοῦντα ἐταράχθησαν, λέγοντες ὅτι Φάντασμά ἐστιν· καὶ ἀπὸ τοῦ φόβου ἔκραξαν. 27 Εὐθέως[13] δὲ ἐλάλησεν αὐτοῖς ὁ Ἰησοῦς,[14] λέγων, Θαρσεῖτε·

---

[1] ὁ Ἰησοῦς • — [2] αὐτοῦ • — [3] Ἰησοῦς • [Ἰησοῦς] [4] αὐτοὺς ὧδε • ὧδε αὐτούς [5] τοὺς χόρτους • τοῦ χόρτου [6] ὁ Ἰησοῦς • — [7] μέσον τῆς θαλάσσης ἦν • σταδίους πολλοὺς ἀπὸ τῆς γῆς ἀπεῖχεν [8] ἀπῆλθεν • ἦλθεν [9] ὁ Ἰησοῦς • — [10] τῆς θαλάσσης • τὴν θάλασσαν [11] Καὶ ἰδόντες αὐτὸν οἱ μαθηταὶ • Οἱ δὲ μαθηταὶ ἰδόντες αὐτὸν [12] τὴν θάλασσαν • τῆς θαλάσσης [13] Εὐθέως • Εὐθὺς [14] αὐτοῖς ὁ Ἰησοῦς • [ὁ Ἰησοῦς] αὐτοῖς

ἐγώ εἰμι· μὴ φοβεῖσθε. 28 Ἀποκριθεὶς δὲ αὐτῷ ὁ Πέτρος εἶπεν, Κύριε, εἰ σὺ εἶ, κέλευσόν με πρός σε ἐλθεῖν¹ ἐπὶ τὰ ὕδατα. 29 Ὁ δὲ εἶπεν, Ἐλθέ. Καὶ καταβὰς ἀπὸ τοῦ πλοίου ὁ Πέτρος² περιεπάτησεν ἐπὶ τὰ ὕδατα, ἐλθεῖν³ πρὸς τὸν Ἰησοῦν. 30 Βλέπων δὲ τὸν ἄνεμον ἰσχυρὸν⁴ ἐφοβήθη· καὶ ἀρξάμενος καταποντίζεσθαι ἔκραξεν, λέγων, Κύριε, σῶσόν με. 31 Εὐθέως δὲ ὁ Ἰησοῦς ἐκτείνας τὴν χεῖρα ἐπελάβετο αὐτοῦ, καὶ λέγει αὐτῷ, Ὀλιγόπιστε, εἰς τί ἐδίστασας; 32 Καὶ ἐμβάντων⁵ αὐτῶν εἰς τὸ πλοῖον, ἐκόπασεν ὁ ἄνεμος· 33 οἱ δὲ ἐν τῷ πλοίῳ ἐλθόντες⁶ προσεκύνησαν αὐτῷ, λέγοντες, Ἀληθῶς θεοῦ υἱὸς εἶ.

34 Καὶ διαπεράσαντες ἦλθον εἰς τὴν γῆν⁷ Γεννησαρέτ. 35 Καὶ ἐπιγνόντες αὐτὸν οἱ ἄνδρες τοῦ τόπου ἐκείνου ἀπέστειλαν εἰς ὅλην τὴν περίχωρον ἐκείνην, καὶ προσήνεγκαν αὐτῷ πάντας τοὺς κακῶς ἔχοντας· 36 καὶ παρεκάλουν αὐτόν, ἵνα μόνον ἅψωνται τοῦ κρασπέδου τοῦ ἱματίου αὐτοῦ· καὶ ὅσοι ἥψαντο διεσώθησαν.

A Lesson Concerning Defilement

15 Τότε προσέρχονται τῷ Ἰησοῦ οἱ⁸ ἀπὸ Ἱεροσολύμων γραμματεῖς καὶ Φαρισαῖοι,⁹ λέγοντες, 2 Διὰ τί οἱ μαθηταί σου παραβαίνουσιν τὴν παράδοσιν τῶν πρεσβυτέρων; Οὐ γὰρ νίπτονται τὰς χεῖρας αὐτῶν, ¹⁰ ὅταν ἄρτον ἐσθίωσιν. 3 Ὁ δὲ ἀποκριθεὶς εἶπεν αὐτοῖς, Διὰ τί καὶ ὑμεῖς παραβαίνετε τὴν ἐντολὴν τοῦ θεοῦ διὰ τὴν παράδοσιν ὑμῶν; 4 Ὁ γὰρ θεὸς ἐνετείλατο, λέγων,¹¹ Τίμα τὸν πατέρα καὶ τὴν μητέρα· καί, Ὁ κακολογῶν πατέρα ἢ μητέρα θανάτῳ τελευτάτω· 5 ὑμεῖς δὲ λέγετε, Ὃς ἂν εἴπῃ τῷ πατρὶ ἢ τῇ μητρί, Δῶρον, ὃ ἐὰν ἐξ ἐμοῦ ὠφεληθῇς, καὶ¹² οὐ μὴ τιμήσῃ¹³ τὸν πατέρα αὐτοῦ ἢ

---

¹ πρός σε ἐλθεῖν • ἐλθεῖν πρός σε ² ὁ Πέτρος • [ὁ] Πέτρος ³ ἐλθεῖν • καὶ ἦλθεν ⁴ ἰσχυρὸν • [ἰσχυρὸν] ⁵ ἐμβάντων • ἀναβάντων ⁶ ἐλθόντες • — ⁷ εἰς τὴν γῆν • ἐπὶ τὴν γῆν εἰς ⁸ οἱ • — ⁹ γραμματεῖς καὶ Φαρισαῖοι • Φαρισαῖοι καὶ γραμματεῖς ¹⁰ αὐτῶν • [αὐτῶν] ¹¹ ἐνετείλατο λέγων • εἶπεν ¹² καὶ • — ¹³ τιμήσῃ • τιμήσει

τὴν μητέρα¹ αὐτοῦ· 6 καὶ ἠκυρώσατε τὴν ἐντολὴν² τοῦ θεοῦ διὰ τὴν παράδοσιν ὑμῶν· 7 ὑποκριταί, καλῶς προεφήτευσεν³ περὶ ὑμῶν Ἡσαΐας, λέγων, 8 Ἐγγίζει μοι⁴ ὁ λαὸς οὗτος τῷ στόματι αὐτῶν, καὶ⁵ τοῖς χείλεσίν με τιμᾷ, ἡ δὲ καρδία αὐτῶν πόρρω ἀπέχει ἀπ' ἐμοῦ. 9 Μάτην δὲ σέβονταί με, διδάσκοντες διδασκαλίας ἐντάλματα ἀνθρώπων. 10 Καὶ προσκαλεσάμενος τὸν ὄχλον, εἶπεν αὐτοῖς, Ἀκούετε καὶ συνίετε. 11 Οὐ τὸ εἰσερχόμενον εἰς τὸ στόμα κοινοῖ τὸν ἄνθρωπον· ἀλλὰ τὸ ἐκπορευόμενον ἐκ τοῦ στόματος, τοῦτο κοινοῖ τὸν ἄνθρωπον. 12 Τότε προσελθόντες οἱ μαθηταὶ αὐτοῦ εἶπον⁶ αὐτῷ, Οἶδας ὅτι οἱ Φαρισαῖοι ἀκούσαντες τὸν λόγον ἐσκανδαλίσθησαν; 13 Ὁ δὲ ἀποκριθεὶς εἶπεν, Πᾶσα φυτεία, ἣν οὐκ ἐφύτευσεν ὁ πατήρ μου ὁ οὐράνιος, ἐκριζωθήσεται. 14 Ἄφετε αὐτούς· ὁδηγοί εἰσιν τυφλοὶ τυφλῶν·⁷ τυφλὸς δὲ τυφλὸν ἐὰν ὁδηγῇ, ἀμφότεροι εἰς βόθυνον πεσοῦνται. 15 Ἀποκριθεὶς δὲ ὁ Πέτρος εἶπεν αὐτῷ, Φράσον ἡμῖν τὴν παραβολὴν ταύτην.⁸ 16 Ὁ δὲ Ἰησοῦς⁹ εἶπεν, Ἀκμὴν καὶ ὑμεῖς ἀσύνετοί ἐστε; 17 Οὔπω¹⁰ νοεῖτε ὅτι πᾶν τὸ εἰσπορευόμενον εἰς τὸ στόμα εἰς τὴν κοιλίαν χωρεῖ, καὶ εἰς ἀφεδρῶνα ἐκβάλλεται; 18 Τὰ δὲ ἐκπορευόμενα ἐκ τοῦ στόματος ἐκ τῆς καρδίας ἐξέρχεται, κἀκεῖνα κοινοῖ τὸν ἄνθρωπον. 19 Ἐκ γὰρ τῆς καρδίας ἐξέρχονται διαλογισμοὶ πονηροί, φόνοι, μοιχεῖαι, πορνεῖαι, κλοπαί, ψευδομαρτυρίαι, βλασφημίαι· 20 ταῦτά ἐστιν τὰ κοινοῦντα τὸν ἄνθρωπον· τὸ δὲ ἀνίπτοις χερσὶν φαγεῖν οὐ κοινοῖ τὸν ἄνθρωπον.

The Syrophoenician Woman

21 Καὶ ἐξελθὼν ἐκεῖθεν ὁ Ἰησοῦς ἀνεχώρησεν εἰς τὰ μέρη Τύρου καὶ Σιδῶνος. 22 Καὶ ἰδού, γυνὴ Χαναναία ἀπὸ τῶν ὁρίων ἐκείνων ἐξελθοῦσα ἐκραύγασεν αὐτῷ,¹¹ λέγουσα, Ἐλέησόν με, κύριε, υἱὲ¹² Δαυίδ· ἡ θυγάτηρ μου κακῶς δαιμονίζεται.

---

¹ αὐτοῦ ἢ τὴν μητέρα • — ² τὴν ἐντολὴν • τὸν λόγον ³ προεφήτευσεν • ἐπροφήτευσεν ⁴ Ἐγγίζει μοι • — ⁵ τῷ στόματι αὐτῶν καὶ • — ⁶ αὐτοῦ εἶπον • λέγουσιν ⁷ ὁδηγοί εἰσιν τυφλοὶ τυφλῶν • τυφλοί εἰσιν ὁδηγοὶ [τυφλῶν] ⁸ ταύτην • [ταύτην] ⁹ Ἰησοῦς • — ¹⁰ Οὔπω • Οὐ ¹¹ ἐκραύγασεν αὐτῷ • ἔκραζεν ¹² υἱὲ • υἱὸς

23 Ὁ δὲ οὐκ ἀπεκρίθη αὐτῇ λόγον. Καὶ προσελθόντες οἱ μαθηταὶ αὐτοῦ ἠρώτων[1] αὐτόν, λέγοντες, Ἀπόλυσον αὐτήν, ὅτι κράζει ὄπισθεν ἡμῶν. 24 Ὁ δὲ ἀποκριθεὶς εἶπεν, Οὐκ ἀπεστάλην εἰ μὴ εἰς τὰ πρόβατα τὰ ἀπολωλότα οἴκου Ἰσραήλ. 25 Ἡ δὲ ἐλθοῦσα προσεκύνησεν[2] αὐτῷ λέγουσα, Κύριε, βοήθει μοι. 26 Ὁ δὲ ἀποκριθεὶς εἶπεν, Οὐκ ἔστιν καλὸν λαβεῖν τὸν ἄρτον τῶν τέκνων καὶ βαλεῖν τοῖς κυναρίοις. 27 Ἡ δὲ εἶπεν, Ναί, κύριε· καὶ γὰρ τὰ κυνάρια ἐσθίει ἀπὸ τῶν ψιχίων τῶν πιπτόντων ἀπὸ τῆς τραπέζης τῶν κυρίων αὐτῶν. 28 Τότε ἀποκριθεὶς ὁ Ἰησοῦς εἶπεν αὐτῇ, Ὦ γύναι, μεγάλη σου ἡ πίστις· γενηθήτω σοι ὡς θέλεις. Καὶ ἰάθη ἡ θυγάτηρ αὐτῆς ἀπὸ τῆς ὥρας ἐκείνης.

The Feeding of the Four Thousand

29 Καὶ μεταβὰς ἐκεῖθεν ὁ Ἰησοῦς ἦλθεν παρὰ τὴν θάλασσαν τῆς Γαλιλαίας· καὶ ἀναβὰς εἰς τὸ ὄρος ἐκάθητο ἐκεῖ. 30 Καὶ προσῆλθον αὐτῷ ὄχλοι πολλοί, ἔχοντες μεθ᾽ ἑαυτῶν χωλούς, τυφλούς, κωφούς, κυλλούς,[3] καὶ ἑτέρους πολλούς, καὶ ἔρριψαν αὐτοὺς παρὰ τοὺς πόδας τοῦ Ἰησοῦ[4] καὶ ἐθεράπευσεν αὐτούς· 31 ὥστε τοὺς ὄχλους[5] θαυμάσαι, βλέποντας κωφοὺς λαλοῦντας, κυλλοὺς ὑγιεῖς, χωλοὺς[6] περιπατοῦντας, καὶ τυφλοὺς βλέποντας· καὶ ἐδόξασαν τὸν θεὸν Ἰσραήλ.

32 Ὁ δὲ Ἰησοῦς προσκαλεσάμενος τοὺς μαθητὰς αὐτοῦ εἶπεν, Σπλαγχνίζομαι ἐπὶ τὸν ὄχλον, ὅτι ἤδη ἡμέραι τρεῖς προσμένουσίν μοι, καὶ οὐκ ἔχουσιν τί φάγωσιν· καὶ ἀπολῦσαι αὐτοὺς νήστεις οὐ θέλω, μήποτε ἐκλυθῶσιν ἐν τῇ ὁδῷ. 33 Καὶ λέγουσιν αὐτῷ οἱ μαθηταὶ αὐτοῦ,[7] Πόθεν ἡμῖν ἐν ἐρημίᾳ ἄρτοι τοσοῦτοι, ὥστε χορτάσαι ὄχλον τοσοῦτον; 34 Καὶ λέγει αὐτοῖς ὁ Ἰησοῦς, Πόσους ἄρτους ἔχετε; Οἱ δὲ εἶπον,[8] Ἑπτά, καὶ ὀλίγα ἰχθύδια. 35 Καὶ ἐκέλευσεν τοῖς ὄχλοις[9] ἀναπεσεῖν ἐπὶ τὴν γῆν· 36 καὶ λαβὼν[10] τοὺς ἑπτὰ ἄρτους

---

[1] *ἠρώτων* • *ἠρώτουν*   [2] *προσεκύνησεν* • *προσεκύνει*   [3] *κωφοὺς κυλλούς* • *κυλλοὺς κωφούς*   [4] *τοῦ Ἰησοῦ* • *αὐτοῦ*   [5] *τοὺς ὄχλους* • *τὸν ὄχλον*   [6] *χωλοὺς* • *καὶ χωλοὺς*   [7] *αὐτοῦ* • —   [8] *εἶπον* • *εἶπαν*   [9] *ἐκέλευσεν τοῖς ὄχλοις* • *παραγγείλας τῷ ὄχλῳ*   [10] *καὶ λαβὼν* • *ἔλαβεν*

καὶ τοὺς ἰχθύας, εὐχαριστήσας¹ ἔκλασεν, καὶ ἔδωκεν² τοῖς μαθηταῖς αὐτοῦ,³ οἱ δὲ μαθηταὶ τῷ ὄχλῳ.⁴ 37 Καὶ ἔφαγον πάντες καὶ ἐχορτάσθησαν· καὶ ἦραν τὸ⁵ περισσεῦον τῶν κλασμάτων, ἑπτὰ⁶ σπυρίδας πλήρεις. 38 Οἱ δὲ ἐσθίοντες ἦσαν τετρακισχίλιοι ἄνδρες, χωρὶς γυναικῶν καὶ παιδίων. 39 Καὶ ἀπολύσας τοὺς ὄχλους ἐνέβη ᵃ εἰς τὸ πλοῖον, καὶ ἦλθεν εἰς τὰ ὅρια Μαγδαλά.⁷

The Demand for a Sign

16 Καὶ προσελθόντες οἱ Φαρισαῖοι καὶ Σαδδουκαῖοι πειράζοντες ἐπηρώτησαν αὐτὸν σημεῖον ἐκ τοῦ οὐρανοῦ ἐπιδεῖξαι αὐτοῖς. 2 Ὁ δὲ ἀποκριθεὶς εἶπεν αὐτοῖς, Ὀψίας⁸ γενομένης λέγετε, Εὐδία· πυρράζει γὰρ ὁ οὐρανός. 3 Καὶ πρωΐ, Σήμερον χειμών· πυρράζει γὰρ στυγνάζων ὁ οὐρανός. Ὑποκριταί,⁹ τὸ μὲν πρόσωπον τοῦ οὐρανοῦ γινώσκετε διακρίνειν, τὰ δὲ σημεῖα τῶν καιρῶν οὐ δύνασθε;¹⁰ 4 Γενεὰ πονηρὰ καὶ μοιχαλὶς σημεῖον ἐπιζητεῖ· καὶ σημεῖον οὐ δοθήσεται αὐτῇ, εἰ μὴ τὸ σημεῖον Ἰωνᾶ τοῦ προφήτου.¹¹ Καὶ καταλιπὼν αὐτούς, ἀπῆλθεν.

The Leaven of the Pharisees

5 Καὶ ἐλθόντες οἱ μαθηταὶ αὐτοῦ¹² εἰς τὸ πέραν ἐπελάθοντο ἄρτους λαβεῖν. 6 Ὁ δὲ Ἰησοῦς εἶπεν αὐτοῖς, Ὁρᾶτε καὶ προσέχετε ἀπὸ τῆς ζύμης τῶν Φαρισαίων καὶ Σαδδουκαίων. 7 Οἱ δὲ διελογίζοντο ἐν ἑαυτοῖς, λέγοντες ὅτι Ἄρτους οὐκ ἐλάβομεν. 8 Γνοὺς δὲ ὁ Ἰησοῦς εἶπεν αὐτοῖς,¹³ Τί διαλογίζεσθε ἐν ἑαυτοῖς, ὀλιγόπιστοι, ὅτι ἄρτους οὐκ ἐλάβετε;¹⁴ 9 Οὔπω νοεῖτε, οὐδὲ μνημονεύετε τοὺς πέντε ἄρτους τῶν πεντακισχιλίων, καὶ πόσους κοφίνους ἐλάβετε; 10 Οὐδὲ τοὺς ἑπτὰ ἄρτους τῶν τετρακισχιλίων, καὶ πόσας

ᵃ ἐνέβη • ἀνέβη

¹ εὐχαριστήσας • καὶ εὐχαριστήσας   ² ἔδωκεν • ἐδίδου   ³ αὐτοῦ • —   ⁴ τῷ ὄχλῳ • τοῖς ὄχλοις   ⁵ ἦραν τὸ • τὸ   ⁶ ἑπτὰ • ἦραν ἑπτὰ   ⁷ Μαγδαλά • Μαγαδάν   ⁸ Ὀψίας • [Ὀψίας   ⁹ Ὑποκριταί • —   ¹⁰ δύνασθε • δύνασθε]   ¹¹ τοῦ προφήτου • —   ¹² αὐτοῦ • —   ¹³ αὐτοῖς • —   ¹⁴ ἐλάβετε • ἔχετε

σπυρίδας ἐλάβετε; 11 Πῶς οὐ νοεῖτε, ὅτι οὐ περὶ ἄρτου¹ εἶπον ὑμῖν προσέχειν² ἀπὸ τῆς ζύμης τῶν Φαρισαίων καὶ Σαδδουκαίων; 12 Τότε συνῆκαν ὅτι οὐκ εἶπεν προσέχειν ἀπὸ τῆς ζύμης τοῦ ἄρτου,³ ἀλλὰ ἀπὸ τῆς διδαχῆς τῶν Φαρισαίων καὶ Σαδδουκαίων.

"Christ the Son of the Living God"

13 Ἐλθὼν δὲ ὁ Ἰησοῦς εἰς τὰ μέρη Καισαρείας τῆς Φιλίππου ἠρώτα τοὺς μαθητὰς αὐτοῦ, λέγων, Τίνα με⁴ λέγουσιν οἱ ἄνθρωποι εἶναι, τὸν υἱὸν τοῦ ἀνθρώπου; 14 Οἱ δὲ εἶπον,⁵ Οἱ μὲν Ἰωάννην τὸν βαπτιστήν· ἄλλοι δὲ Ἠλίαν· ἕτεροι δὲ Ἰερεμίαν, ἢ ἕνα τῶν προφητῶν. 15 Λέγει αὐτοῖς, Ὑμεῖς δὲ τίνα με λέγετε εἶναι; 16 Ἀποκριθεὶς δὲ Σίμων Πέτρος εἶπεν, Σὺ εἶ ὁ χριστὸς ὁ υἱὸς τοῦ θεοῦ τοῦ ζῶντος. 17 Καὶ ἀποκριθεὶς⁶ ὁ Ἰησοῦς εἶπεν αὐτῷ, Μακάριος εἶ, Σίμων Βαριωνᾶ, ὅτι σὰρξ καὶ αἷμα οὐκ ἀπεκάλυψέν σοι, ἀλλ' ὁ πατήρ μου ὁ ἐν τοῖς οὐρανοῖς. 18 Κἀγὼ δέ σοι λέγω, ὅτι σὺ εἶ Πέτρος, καὶ ἐπὶ ταύτῃ τῇ πέτρᾳ οἰκοδομήσω μου τὴν ἐκκλησίαν, καὶ πύλαι Ἅδου οὐ κατισχύσουσιν αὐτῆς. 19 Καὶ δώσω⁷ σοὶ τὰς κλεῖς⁸ τῆς βασιλείας τῶν οὐρανῶν· καὶ ὃ ἐὰν δήσῃς ἐπὶ τῆς γῆς, ἔσται δεδεμένον ἐν τοῖς οὐρανοῖς· καὶ ὃ ἐὰν λύσῃς ἐπὶ τῆς γῆς, ἔσται λελυμένον ἐν τοῖς οὐρανοῖς. 20 Τότε διεστείλατο τοῖς μαθηταῖς αὐτοῦ⁹ ἵνα μηδενὶ εἴπωσιν ὅτι αὐτός ἐστιν Ἰησοῦς¹⁰ ὁ χριστός.

Jesus' First Prophecy Concerning His Passion

21 Ἀπὸ τότε ἤρξατο ὁ Ἰησοῦς δεικνύειν τοῖς μαθηταῖς αὐτοῦ ὅτι δεῖ αὐτὸν ἀπελθεῖν εἰς Ἱεροσόλυμα,¹¹ καὶ πολλὰ παθεῖν ἀπὸ τῶν πρεσβυτέρων καὶ ἀρχιερέων καὶ γραμματέων, καὶ ἀποκτανθῆναι, καὶ τῇ τρίτῃ ἡμέρᾳ ἐγερθῆναι. 22 Καὶ προσλαβόμενος αὐτὸν ὁ Πέτρος ἤρξατο ἐπιτιμᾷν αὐτῷ λέγων, Ἵλεώς σοι, κύριε· οὐ μὴ ἔσται σοι τοῦτο. 23 Ὁ δὲ στραφεὶς

---

1 ἄρτου • ἄρτων   2 προσέχειν • προσέχετε δὲ   3 τοῦ ἄρτου • τῶν ἄρτων   4 με • — 5 εἶπον • εἶπαν   6 Καὶ ἀποκριθεὶς • Ἀποκριθεὶς δὲ   7 Καὶ δώσω • Δώσω 8 κλεῖς • κλεῖδας   9 αὐτοῦ • —   10 Ἰησοῦς • —   11 ἀπελθεῖν εἰς Ἱεροσόλυμα • εἰς Ἱεροσόλυμα ἀπελθεῖν

εἶπεν τῷ Πέτρῳ, Ὕπαγε ὀπίσω μου, Σατανᾶ, σκάνδαλόν μου εἶ· ¹ ὅτι οὐ φρονεῖς τὰ τοῦ θεοῦ, ἀλλὰ τὰ τῶν ἀνθρώπων. 24 Τότε ὁ Ἰησοῦς εἶπεν τοῖς μαθηταῖς αὐτοῦ, Εἴ τις θέλει ὀπίσω μου ἐλθεῖν, ἀπαρνησάσθω ἑαυτόν, καὶ ἀράτω τὸν σταυρὸν αὐτοῦ, καὶ ἀκολουθείτω μοι. 25 Ὃς γὰρ ἂν θέλῃ ² τὴν ψυχὴν αὐτοῦ σῶσαι, ἀπολέσει αὐτήν· ὃς δ' ἂν ἀπολέσῃ τὴν ψυχὴν αὐτοῦ ἕνεκεν ἐμοῦ εὑρήσει αὐτήν· 26 τί γὰρ ὠφελεῖται ³ ἄνθρωπος ἐὰν τὸν κόσμον ὅλον κερδήσῃ, τὴν δὲ ψυχὴν αὐτοῦ ζημιωθῇ; Ἢ τί δώσει ἄνθρωπος ἀντάλλαγμα τῆς ψυχῆς αὐτοῦ; 27 Μέλλει γὰρ ὁ υἱὸς τοῦ ἀνθρώπου ἔρχεσθαι ἐν τῇ δόξῃ τοῦ πατρὸς αὐτοῦ μετὰ τῶν ἀγγέλων αὐτοῦ, καὶ τότε ἀποδώσει ἑκάστῳ κατὰ τὴν πρᾶξιν αὐτοῦ. 28 Ἀμὴν λέγω ὑμῖν, εἰσίν ⁴ τινες ὧδε ⁵ ἑστῶτες, ⁶ οἵτινες οὐ μὴ γεύσωνται θανάτου, ἕως ἂν ἴδωσιν τὸν υἱὸν τοῦ ἀνθρώπου ἐρχόμενον ἐν τῇ βασιλείᾳ αὐτοῦ.

The Transfiguration of Jesus

17 Καὶ μεθ' ἡμέρας ἓξ παραλαμβάνει ὁ Ἰησοῦς τὸν Πέτρον καὶ Ἰάκωβον καὶ Ἰωάννην τὸν ἀδελφὸν αὐτοῦ, καὶ ἀναφέρει αὐτοὺς εἰς ὄρος ὑψηλὸν κατ' ἰδίαν. 2 Καὶ μετεμορφώθη ἔμπροσθεν αὐτῶν, καὶ ἔλαμψεν τὸ πρόσωπον αὐτοῦ ὡς ὁ ἥλιος, τὰ δὲ ἱμάτια αὐτοῦ ἐγένοντο ᵃ, ⁷ λευκὰ ὡς τὸ φῶς. 3 Καὶ ἰδού, ὤφθησαν ⁸ αὐτοῖς Μωσῆς ⁹ καὶ Ἠλίας, μετ' αὐτοῦ συλλαλοῦντες. ¹⁰ 4 Ἀποκριθεὶς δὲ ὁ Πέτρος εἶπεν τῷ Ἰησοῦ, Κύριε, καλόν ἐστιν ἡμᾶς ὧδε εἶναι· εἰ θέλεις, ποιήσωμεν ¹¹ ὧδε τρεῖς σκηνάς, σοὶ μίαν, καὶ Μωσῇ ¹² μίαν, καὶ μίαν Ἠλίᾳ. ¹³ 5 Ἔτι αὐτοῦ λαλοῦντος, ἰδού, νεφέλη φωτεινὴ ἐπεσκίασεν αὐτούς· καὶ ἰδού, φωνὴ ἐκ τῆς νεφέλης, λέγουσα, Οὗτός ἐστιν ὁ υἱός μου ὁ ἀγαπητός, ἐν ᾧ εὐδόκησα·

ᵃ ἐγένοντο • ἐγένετο

---

¹ μου εἶ • εἶ ἐμοῦ   ² ἂν θέλῃ • ἐὰν θέλῃ   ³ ὠφελεῖται • ὠφεληθήσεται   ⁴ εἰσίν • ὅτι εἰσίν   ⁵ ὧδε • τῶν ὧδε   ⁶ ἑστῶτες • ἑστώτων   ⁷ ἐγένοντο • ἐγένετο   ⁸ ὤφθησαν • ὤφθη   ⁹ Μωσῆς • Μωϋσῆς   ¹⁰ μετ' αὐτοῦ συλλαλοῦντες • συλλαλοῦντες μετ' αὐτοῦ   ¹¹ ποιήσωμεν • ποιήσω   ¹² Μωσῇ • Μωϋσεῖ   ¹³ μίαν Ἠλίᾳ • Ἠλίᾳ μίαν

αὐτοῦ ἀκούετε.¹ 6 Καὶ ἀκούσαντες οἱ μαθηταὶ ἔπεσον² ἐπὶ πρόσωπον αὐτῶν, καὶ ἐφοβήθησαν σφόδρα. 7 Καὶ προσελθὼν³ ὁ Ἰησοῦς ἥψατο αὐτῶν καὶ⁴ εἶπεν, Ἐγέρθητε καὶ μὴ φοβεῖσθε. 8 Ἐπάραντες δὲ τοὺς ὀφθαλμοὺς αὐτῶν, οὐδένα εἶδον, εἰ μὴ τὸν⁵ Ἰησοῦν μόνον.

9 Καὶ καταβαινόντων αὐτῶν ἐκ τοῦ ὄρους, ἐνετείλατο αὐτοῖς ὁ Ἰησοῦς, λέγων, Μηδενὶ εἴπητε τὸ ὅραμα, ἕως οὗ ὁ υἱὸς τοῦ ἀνθρώπου ἐκ νεκρῶν ἀναστῇ.⁵ 10 Καὶ ἐπηρώτησαν αὐτὸν οἱ μαθηταὶ αὐτοῦ⁷ λέγοντες, Τί οὖν οἱ γραμματεῖς λέγουσιν ὅτι Ἠλίαν δεῖ ἐλθεῖν πρῶτον; 11 Ὁ δὲ Ἰησοῦς⁸ ἀποκριθεὶς εἶπεν αὐτοῖς,⁹ Ἠλίας μὲν ἔρχεται πρῶτον,¹⁰ καὶ ἀποκαταστήσει πάντα· 12 λέγω δὲ ὑμῖν ὅτι Ἠλίας ἤδη ἦλθεν, καὶ οὐκ ἐπέγνωσαν αὐτόν, ἀλλὰ ἐποίησαν ἐν αὐτῷ ὅσα ἠθέλησαν· οὕτως καὶ ὁ υἱὸς τοῦ ἀνθρώπου μέλλει πάσχειν ὑπ' αὐτῶν. 13 Τότε συνῆκαν οἱ μαθηταὶ ὅτι περὶ Ἰωάννου τοῦ βαπτιστοῦ εἶπεν αὐτοῖς.

The Healing of a Boy with a Demon

14 Καὶ ἐλθόντων αὐτῶν¹¹ πρὸς τὸν ὄχλον, προσῆλθεν αὐτῷ ἄνθρωπος γονυπετῶν αὐτὸν 15 καὶ λέγων, Κύριε, ἐλέησόν μου τὸν υἱόν, ὅτι σεληνιάζεται καὶ κακῶς πάσχει· πολλάκις γὰρ πίπτει εἰς τὸ πῦρ, καὶ πολλάκις εἰς τὸ ὕδωρ. 16 Καὶ προσήνεγκα αὐτὸν τοῖς μαθηταῖς σου, καὶ οὐκ ἠδυνήθησαν αὐτὸν θεραπεῦσαι. 17 Ἀποκριθεὶς δὲ ὁ Ἰησοῦς εἶπεν, Ὦ γενεὰ ἄπιστος καὶ διεστραμμένη, ἕως πότε ἔσομαι μεθ' ὑμῶν;¹² Ἕως πότε ἀνέξομαι ὑμῶν; Φέρετέ μοι αὐτὸν ὧδε. 18 Καὶ ἐπετίμησεν αὐτῷ ὁ Ἰησοῦς, καὶ ἐξῆλθεν ἀπ' αὐτοῦ τὸ δαιμόνιον, καὶ ἐθεραπεύθη ὁ παῖς ἀπὸ τῆς ὥρας ἐκείνης. 19 Τότε προσελθόντες οἱ μαθηταὶ τῷ Ἰησοῦ κατ' ἰδίαν εἶπον, Διὰ τί ἡμεῖς οὐκ ἠδυνήθημεν ἐκβαλεῖν αὐτό; 20 Ὁ δὲ

---

1 αὐτοῦ ἀκούετε • ἀκούετε αὐτοῦ 2 ἔπεσον • ἔπεσαν 3 προσελθὼν • προσῆλθεν 4 ἥψατο αὐτῶν καὶ • καὶ ἁψάμενος αὐτῶν 5 τὸν • αὐτὸν 6 ἀναστῇ • ἐγερθῇ 7 αὐτοῦ • — 8 Ἰησοῦς • — 9 αὐτοῖς • — 10 πρῶτον • — 11 αὐτῶν • — 12 ἔσομαι μεθ' ὑμῶν • μεθ' ὑμῶν ἔσομαι

Ἰησοῦς εἶπεν¹ αὐτοῖς, Διὰ τὴν ἀπιστίαν² ὑμῶν. Ἀμὴν γὰρ λέγω ὑμῖν, ἐὰν ἔχητε πίστιν ὡς κόκκον σινάπεως, ἐρεῖτε τῷ ὄρει τούτῳ, Μετάβηθι ἐντεῦθεν³ ἐκεῖ, καὶ μεταβήσεται· καὶ οὐδὲν ἀδυνατήσει ὑμῖν. **21** Τοῦτο δὲ τὸ γένος οὐκ ἐκπορεύεται εἰ μὴ ἐν προσευχῇ καὶ νηστείᾳ.⁴

Jesus Foretells His Passion and Pays the Temple-Tax

22 Ἀναστρεφομένων⁵ δὲ αὐτῶν ἐν τῇ Γαλιλαίᾳ, εἶπεν αὐτοῖς ὁ Ἰησοῦς, Μέλλει ὁ υἱὸς τοῦ ἀνθρώπου παραδίδοσθαι εἰς χεῖρας ἀνθρώπων, **23** καὶ ἀποκτενοῦσιν αὐτόν, καὶ τῇ τρίτῃ ἡμέρᾳ ἐγερθήσεται. Καὶ ἐλυπήθησαν σφόδρα.

24 Ἐλθόντων δὲ αὐτῶν εἰς Καπερναούμ,⁶ προσῆλθον οἱ τὰ δίδραχμα λαμβάνοντες τῷ Πέτρῳ καὶ εἶπον,⁷ Ὁ διδάσκαλος ὑμῶν οὐ τελεῖ τὰ⁸ δίδραχμα; **25** Λέγει, Ναί. Καὶ ὅτε εἰσῆλθεν⁹ εἰς τὴν οἰκίαν, προέφθασεν αὐτὸν ὁ Ἰησοῦς, λέγων, Τί σοι δοκεῖ, Σίμων; Οἱ βασιλεῖς τῆς γῆς ἀπὸ τίνων λαμβάνουσιν τέλη ἢ κῆνσον; Ἀπὸ τῶν υἱῶν αὐτῶν, ἢ ἀπὸ τῶν ἀλλοτρίων; **26** Λέγει αὐτῷ ὁ Πέτρος,¹⁰ Ἀπὸ τῶν ἀλλοτρίων. Ἔφη αὐτῷ ὁ Ἰησοῦς, Ἄρα γε ἐλεύθεροί εἰσιν οἱ υἱοί. **27** Ἵνα δὲ μὴ σκανδαλίσωμεν αὐτούς, πορευθεὶς εἰς τὴν¹¹ θάλασσαν βάλε ἄγκιστρον, καὶ τὸν ἀναβαίνοντα ᵃ,¹² πρῶτον ἰχθὺν ἆρον· καὶ ἀνοίξας τὸ στόμα αὐτοῦ, εὑρήσεις στατῆρα· ἐκεῖνον λαβὼν δὸς αὐτοῖς ἀντὶ ἐμοῦ καὶ σοῦ.

The Greatest in the Kingdom of Heaven

18 Ἐν ἐκείνῃ τῇ ὥρᾳ προσῆλθον οἱ μαθηταὶ τῷ Ἰησοῦ, λέγοντες, Τίς ἄρα μείζων ἐστὶν ἐν τῇ βασιλείᾳ τῶν οὐρανῶν; **2** Καὶ προσκαλεσάμενος ὁ Ἰησοῦς¹³ παιδίον ἔστησεν αὐτὸ ἐν μέσῳ αὐτῶν, **3** καὶ εἶπεν, Ἀμὴν λέγω ὑμῖν, ἐὰν

ᵃ ἀναβαίνοντα • ἀναβάντα

---

¹ Ἰησοῦς εἶπεν • λέγει   ² ἀπιστίαν • ὀλιγοπιστίαν   ³ Μετάβηθι ἐντεῦθεν • Μετάβα ἔνθεν   ⁴ 17.21 • —   ⁵ Ἀναστρεφομένων • Συστρεφομένων   ⁶ Καπερναούμ • Καφαρναούμ   ⁷ εἶπον • εἶπαν   ⁸ τελεῖ τὰ • τελεῖ [τὰ]   ⁹ ὅτε εἰσῆλθεν • ἐλθόντα   ¹⁰ Λέγει αὐτῷ ὁ Πέτρος • Εἰπόντος δέ   ¹¹ τὴν • —   ¹² ἀναβαίνοντα • ἀναβάντα   ¹³ ὁ Ἰησοῦς • —

μὴ στραφῆτε καὶ γένησθε ὡς τὰ παιδία, οὐ μὴ εἰσέλθητε εἰς τὴν βασιλείαν τῶν οὐρανῶν. 4 Ὅστις οὖν ταπεινώσει ἑαυτὸν ὡς τὸ παιδίον τοῦτο, οὗτός ἐστιν ὁ μείζων ἐν τῇ βασιλείᾳ τῶν οὐρανῶν. 5 Καὶ ὃς ἐὰν δέξηται παιδίον τοιοῦτον ἓν¹ ἐπὶ τῷ ὀνόματί μου, ἐμὲ δέχεται· 6 ὃς δ' ἂν σκανδαλίσῃ ἕνα τῶν μικρῶν τούτων τῶν πιστευόντων εἰς ἐμέ, συμφέρει αὐτῷ ἵνα κρεμασθῇ μύλος ὀνικὸς εἰς τὸν² τράχηλον αὐτοῦ, καὶ καταποντισθῇ ἐν τῷ πελάγει τῆς θαλάσσης. 7 Οὐαὶ τῷ κόσμῳ ἀπὸ τῶν σκανδάλων· ἀνάγκη γάρ ἐστιν³ ἐλθεῖν τὰ σκάνδαλα· πλὴν οὐαὶ τῷ ἀνθρώπῳ ἐκείνῳ,⁴ δι' οὗ τὸ σκάνδαλον ἔρχεται. 8 Εἰ δὲ ἡ χείρ σου ἢ ὁ πούς σου σκανδαλίζει σε, ἔκκοψον αὐτὰ⁵ καὶ βάλε ἀπὸ σοῦ· καλόν σοι ἐστὶν εἰσελθεῖν εἰς τὴν ζωὴν χωλὸν ἢ κυλλόν,⁶ ἢ δύο χεῖρας ἢ δύο πόδας ἔχοντα βληθῆναι εἰς τὸ πῦρ τὸ αἰώνιον. 9 Καὶ εἰ ὁ ὀφθαλμός σου σκανδαλίζει σε, ἔξελε αὐτὸν καὶ βάλε ἀπὸ σοῦ· καλόν σοι ἐστὶν μονόφθαλμον εἰς τὴν ζωὴν εἰσελθεῖν, ἢ δύο ὀφθαλμοὺς ἔχοντα βληθῆναι εἰς τὴν γέενναν τοῦ πυρός. 10 Ὁρᾶτε μὴ καταφρονήσητε ἑνὸς τῶν μικρῶν τούτων. λέγω γὰρ ὑμῖν ὅτι οἱ ἄγγελοι αὐτῶν ἐν οὐρανοῖς διὰ παντὸς βλέπουσιν τὸ πρόσωπον τοῦ πατρός μου τοῦ ἐν οὐρανοῖς. 11 Ἦλθεν γὰρ ὁ υἱὸς τοῦ ἀνθρώπου σῶσαι τὸ ἀπολωλός.⁷ 12 Τί ὑμῖν δοκεῖ; Ἐὰν γένηταί τινι ἀνθρώπῳ ἑκατὸν πρόβατα, καὶ πλανηθῇ ἓν ἐξ αὐτῶν· οὐχὶ ἀφεὶς⁸ τὰ ἐνενήκοντα ἐννέα, ἐπὶ τὰ ὄρη πορευθεὶς⁹ ζητεῖ τὸ πλανώμενον; 13 Καὶ ἐὰν γένηται εὑρεῖν αὐτό, ἀμὴν λέγω ὑμῖν ὅτι χαίρει ἐπ' αὐτῷ μᾶλλον, ἢ ἐπὶ τοῖς ἐνενήκοντα ἐννέα τοῖς μὴ πεπλανημένοις. 14 Οὕτως οὐκ ἔστιν θέλημα ἔμπροσθεν τοῦ πατρὸς ὑμῶν τοῦ ἐν οὐρανοῖς, ἵνα ἀπόληται εἷς¹⁰ τῶν μικρῶν τούτων.

---

1 παιδίον τοιοῦτον ἓν • ἓν παιδίον τοιοῦτο   2 εἰς τὸν • περὶ τὸν   3 ἐστιν • —
4 ἐκείνῳ • —   5 αὐτὰ • αὐτὸν   6 χωλὸν ἢ κυλλόν • κυλλὸν ἢ χωλόν   7 18.11 •
— 8 ἀφεὶς • ἀφήσει   9 πορευθεὶς • καὶ πορευθεὶς   10 εἷς • ἓν

How to Deal with an Erring Brother

15 Ἐὰν δὲ ἁμαρτήσῃ εἰς σὲ¹ ὁ ἀδελφός σου, ὕπαγε καὶ ἔλεγξον² αὐτὸν μεταξὺ σοῦ καὶ αὐτοῦ μόνου. Ἐάν σου ἀκούσῃ, ἐκέρδησας τὸν ἀδελφόν σου· 16 ἐὰν δὲ μὴ ἀκούσῃ, παράλαβε μετὰ σοῦ ἔτι ἕνα ἢ δύο, ἵνα ἐπὶ στόματος δύο μαρτύρων ἢ τριῶν σταθῇ πᾶν ῥῆμα· 17 ἐὰν δὲ παρακούσῃ αὐτῶν, εἰπὲ τῇ ἐκκλησίᾳ· ἐὰν δὲ καὶ τῆς ἐκκλησίας παρακούσῃ, ἔστω σοι ὥσπερ ὁ ἐθνικὸς καὶ ὁ τελώνης. 18 Ἀμὴν λέγω ὑμῖν, ὅσα ἐὰν δήσητε ἐπὶ τῆς γῆς, ἔσται δεδεμένα ἐν τῷ³ οὐρανῷ· καὶ ὅσα ἐὰν λύσητε ἐπὶ τῆς γῆς, ἔσται λελυμένα ἐν τῷ⁴ οὐρανῷ. 19 Πάλιν ἀμὴν⁵ λέγω ὑμῖν ὅτι ἐὰν δύο ὑμῶν συμφωνήσωσιν⁶ ἐπὶ τῆς γῆς περὶ παντὸς πράγματος οὗ ἐὰν αἰτήσωνται, γενήσεται αὐτοῖς παρὰ τοῦ πατρός μου τοῦ ἐν οὐρανοῖς. 20 Οὗ γάρ εἰσιν δύο ἢ τρεῖς συνηγμένοι εἰς τὸ ἐμὸν ὄνομα, ἐκεῖ εἰμὶ ἐν μέσῳ αὐτῶν.

21 Τότε προσελθὼν αὐτῷ ὁ Πέτρος εἶπεν,⁷ Κύριε, ποσάκις ἁμαρτήσει εἰς ἐμὲ ὁ ἀδελφός μου, καὶ ἀφήσω αὐτῷ; Ἕως ἑπτάκις; 22 Λέγει αὐτῷ ὁ Ἰησοῦς, Οὐ λέγω σοι ἕως ἑπτάκις, ἀλλ'⁸ ἕως ἑβδομηκοντάκις ἑπτά.

Parable of the Unmerciful Bondservant

23 Διὰ τοῦτο ὡμοιώθη ἡ βασιλεία τῶν οὐρανῶν ἀνθρώπῳ βασιλεῖ, ὃς ἠθέλησεν συνᾶραι λόγον μετὰ τῶν δούλων αὐτοῦ. 24 Ἀρξαμένου δὲ αὐτοῦ συναίρειν, προσηνέχθη αὐτῷ εἷς ὀφειλέτης μυρίων ταλάντων. 25 Μὴ ἔχοντος δὲ αὐτοῦ ἀποδοῦναι ἐκέλευσεν αὐτὸν ὁ κύριος αὐτοῦ πραθῆναι,⁹ καὶ τὴν γυναῖκα αὐτοῦ καὶ¹⁰ τὰ τέκνα, καὶ πάντα ὅσα εἶχεν,¹¹ καὶ ἀποδοθῆναι. 26 Πεσὼν οὖν ὁ δοῦλος προσεκύνει αὐτῷ, λέγων, Κύριε,¹² μακροθύμησον ἐπ' ἐμοί, καὶ πάντα σοι ἀποδώσω.¹³ 27 Σπλαγχνισθεὶς δὲ ὁ κύριος τοῦ δούλου ἐκείνου ἀπέλυσεν

---

¹ εἰς σὲ • [εἰς σὲ]   ² καὶ ἔλεγξον • ἔλεγχον   ³ δεδεμένα ἐν τῷ • δεδεμένα ἐν
⁴ λελυμένα ἐν τῷ • λελυμένα ἐν   ⁵ ἀμὴν • [ἀμὴν]   ⁶ ὑμῶν συμφωνήσωσιν •
συμφωνήσωσιν ἐξ ὑμῶν   ⁷ αὐτῷ ὁ Πέτρος εἶπεν • ὁ Πέτρος εἶπεν αὐτῷ
⁸ ἀλλ' • ἀλλὰ   ⁹ αὐτοῦ πραθῆναι • πραθῆναι   ¹⁰ αὐτοῦ καὶ • καὶ   ¹¹ εἶχεν •
ἔχει   ¹² Κύριε • —   ¹³ σοι ἀποδώσω • ἀποδώσω σοι

αὐτόν, καὶ τὸ δάνειον ἀφῆκεν αὐτῷ. 28 Ἐξελθὼν δὲ ὁ δοῦλος ἐκεῖνος εὗρεν ἕνα τῶν συνδούλων αὐτοῦ, ὃς ὤφειλεν αὐτῷ ἑκατὸν δηνάρια, καὶ κρατήσας αὐτὸν ἔπνιγεν, λέγων, Ἀπόδος μοι¹ εἴ τι ὀφείλεις. 29 Πεσὼν οὖν ὁ σύνδουλος αὐτοῦ εἰς τοὺς πόδας αὐτοῦ² παρεκάλει αὐτόν, λέγων, Μακροθύμησον ἐπ᾽ ἐμοί, καὶ ἀποδώσω σοι. 30 Ὁ δὲ οὐκ ἤθελεν, ἀλλὰ ἀπελθὼν ἔβαλεν αὐτὸν εἰς φυλακήν, ἕως οὗ³ ἀποδῷ τὸ ὀφειλόμενον. 31 Ἰδόντες δὲ⁴ οἱ σύνδουλοι αὐτοῦ τὰ γενόμενα ἐλυπήθησαν σφόδρα· καὶ ἐλθόντες διεσάφησαν τῷ κυρίῳ ἑαυτῶν πάντα τὰ γενόμενα. 32 Τότε προσκαλεσάμενος αὐτὸν ὁ κύριος αὐτοῦ λέγει αὐτῷ, Δοῦλε πονηρέ, πᾶσαν τὴν ὀφειλὴν ἐκείνην ἀφῆκά σοι, ἐπεὶ παρεκάλεσάς με· 33 οὐκ ἔδει καὶ σὲ ἐλεῆσαι τὸν σύνδουλόν σου, ὡς καὶ ἐγώ⁵ σε ἠλέησα; 34 Καὶ ὀργισθεὶς ὁ κύριος αὐτοῦ παρέδωκεν αὐτὸν τοῖς βασανισταῖς, ἕως οὗ ἀποδῷ πᾶν τὸ ὀφειλόμενον αὐτῷ.⁶ 35 Οὕτως καὶ ὁ πατήρ μου ὁ ἐπουράνιος⁷ ποιήσει ὑμῖν, ἐὰν μὴ ἀφῆτε ἕκαστος τῷ ἀδελφῷ αὐτοῦ ἀπὸ τῶν καρδιῶν ὑμῶν τὰ παραπτώματα αὐτῶν.⁸

On Marriage and Divorce

19 Καὶ ἐγένετο ὅτε ἐτέλεσεν ὁ Ἰησοῦς τοὺς λόγους τούτους, μετῆρεν ἀπὸ τῆς Γαλιλαίας, καὶ ἦλθεν εἰς τὰ ὅρια τῆς Ἰουδαίας πέραν τοῦ Ἰορδάνου. 2 Καὶ ἠκολούθησαν αὐτῷ ὄχλοι πολλοί, καὶ ἐθεράπευσεν αὐτοὺς ἐκεῖ. 3 Καὶ προσῆλθον αὐτῷ οἱ⁹ Φαρισαῖοι πειράζοντες αὐτόν, καὶ λέγοντες αὐτῷ, Εἰ¹⁰ ἔξεστιν ἀνθρώπῳ ἀπολῦσαι τὴν γυναῖκα αὐτοῦ κατὰ πᾶσαν αἰτίαν; 4 Ὁ δὲ ἀποκριθεὶς εἶπεν αὐτοῖς,¹¹ Οὐκ ἀνέγνωτε ὅτι ὁ ποιήσας¹² ἀπ᾽ ἀρχῆς ἄρσεν καὶ θῆλυ ἐποίησεν αὐτούς, 5 καὶ εἶπεν, Ἕνεκεν¹³ τούτου καταλείψει ἄνθρωπος τὸν πατέρα ᵃ καὶ τὴν μητέρα, καὶ

ᵃ πατέρα • πατέρα αὐτοῦ

---

1 μοι • — 2 εἰς τοὺς πόδας αὐτοῦ • — 3 οὗ • — 4 δὲ • οὖν 5 καὶ ἐγώ • κἀγώ 6 αὐτῷ • — 7 ἐπουράνιος • οὐράνιος 8 τὰ παραπτώματα αὐτῶν • — 9 οἱ • — 10 αὐτῷ Εἰ • Εἰ 11 αὐτοῖς • — 12 ποιήσας • κτίσας 13 Ἕνεκεν • Ἕνεκα

προσκολληθήσεται[a,1] τῇ γυναικὶ αὐτοῦ, καὶ ἔσονται οἱ δύο εἰς σάρκα μίαν; 6 Ὥστε οὐκέτι εἰσὶν δύο, ἀλλὰ σὰρξ μία. Ὁ οὖν ὁ θεὸς συνέζευξεν, ἄνθρωπος μὴ χωριζέτω. 7 Λέγουσιν αὐτῷ, Τί οὖν Μωσῆς[2] ἐνετείλατο δοῦναι βιβλίον ἀποστασίου, καὶ ἀπολῦσαι αὐτήν;[3] 8 Λέγει αὐτοῖς ὅτι Μωσῆς[4] πρὸς τὴν σκληροκαρδίαν ὑμῶν ἐπέτρεψεν ὑμῖν ἀπολῦσαι τὰς γυναῖκας ὑμῶν· ἀπ' ἀρχῆς δὲ οὐ γέγονεν οὕτως. 9 Λέγω δὲ ὑμῖν ὅτι ὃς ἂν ἀπολύσῃ τὴν γυναῖκα αὐτοῦ, μὴ ἐπὶ πορνείᾳ, καὶ γαμήσῃ ἄλλην, μοιχᾶται· καὶ ὁ ἀπολελυμένην γαμήσας μοιχᾶται.[5] 10 Λέγουσιν αὐτῷ οἱ μαθηταὶ αὐτοῦ,[6] Εἰ οὕτως ἐστὶν ἡ αἰτία τοῦ ἀνθρώπου μετὰ τῆς γυναικός, οὐ συμφέρει γαμῆσαι. 11 Ὁ δὲ εἶπεν αὐτοῖς, Οὐ πάντες χωροῦσιν τὸν λόγον τοῦτον,[7] ἀλλ' οἷς δέδοται. 12 Εἰσὶν γὰρ εὐνοῦχοι, οἵτινες ἐκ κοιλίας μητρὸς ἐγεννήθησαν οὕτως· καί εἰσιν εὐνοῦχοι, οἵτινες εὐνουχίσθησαν ὑπὸ τῶν ἀνθρώπων· καί εἰσιν εὐνοῦχοι, οἵτινες εὐνούχισαν ἑαυτοὺς διὰ τὴν βασιλείαν τῶν οὐρανῶν. Ὁ δυνάμενος χωρεῖν χωρείτω.

Jesus Blessing Little Children

13 Τότε προσηνέχθη[8] αὐτῷ παιδία, ἵνα τὰς χεῖρας ἐπιθῇ αὐτοῖς, καὶ προσεύξηται· οἱ δὲ μαθηταὶ ἐπετίμησαν αὐτοῖς. 14 Ὁ δὲ Ἰησοῦς εἶπεν, Ἄφετε τὰ παιδία, καὶ μὴ κωλύετε αὐτὰ ἐλθεῖν πρός με· τῶν γὰρ τοιούτων ἐστὶν ἡ βασιλεία τῶν οὐρανῶν. 15 Καὶ ἐπιθεὶς αὐτοῖς τὰς χεῖρας,[9] ἐπορεύθη ἐκεῖθεν.

The Dangers of Riches

16 Καὶ ἰδού, εἷς προσελθὼν εἶπεν αὐτῷ,[10] Διδάσκαλε ἀγαθέ,[11] τί ἀγαθὸν ποιήσω, ἵνα ἔχω[12] ζωὴν αἰώνιον; 17 Ὁ δὲ εἶπεν

---

[a] προσκολληθήσεται • κολληθήσεται

---

[1] προσκολληθήσεται • κολληθήσεται   [2] Μωσῆς • Μωϋσῆς   [3] αὐτήν • [αὐτήν]   [4] Μωσῆς • Μωϋσῆς   [5] καὶ ὁ ἀπολελυμένην γαμήσας μοιχᾶται • —   [6] αὐτοῦ • [αὐτοῦ]   [7] τοῦτον • [τοῦτον]   [8] προσηνέχθη • προσηνέχθησαν   [9] αὐτοῖς τὰς χεῖρας • τὰς χεῖρας αὐτοῖς   [10] εἶπεν αὐτῷ • αὐτῷ εἶπεν   [11] ἀγαθέ • —   [12] ἔχω • σχῶ

αὐτῷ, Τί με λέγεις ἀγαθόν; ¹ Οὐδεὶς ἀγαθός, εἰ μὴ εἷς, ὁ θεός. ² Εἰ δὲ θέλεις εἰσελθεῖν εἰς τὴν ζωήν,³ τήρησον τὰς ἐντολάς. 18 Λέγει αὐτῷ, Ποίας; Ὁ δὲ Ἰησοῦς εἶπεν, Τὸ Οὐ φονεύσεις· οὐ μοιχεύσεις· οὐ κλέψεις· οὐ ψευδομαρτυρήσεις· 19 τίμα τὸν πατέρα καὶ τὴν μητέρα· καί, ἀγαπήσεις τὸν πλησίον σου ὡς σεαυτόν. 20 Λέγει αὐτῷ ὁ νεανίσκος, Πάντα ταῦτα ἐφυλαξάμην ἐκ νεότητός μου·⁴ τί ἔτι ὑστερῶ; 21 Ἔφη αὐτῷ ὁ Ἰησοῦς, Εἰ θέλεις τέλειος εἶναι, ὕπαγε, πώλησόν σου τὰ ὑπάρχοντα καὶ δὸς πτωχοῖς,⁵ καὶ ἕξεις θησαυρὸν ἐν οὐρανῷ·⁶ καὶ δεῦρο, ἀκολούθει μοι. 22 Ἀκούσας δὲ ὁ νεανίσκος τὸν λόγον ἀπῆλθεν λυπούμενος· ἦν γὰρ ἔχων κτήματα πολλά.

23 Ὁ δὲ Ἰησοῦς εἶπεν τοῖς μαθηταῖς αὐτοῦ, Ἀμὴν λέγω ὑμῖν ὅτι δυσκόλως πλούσιος⁷ εἰσελεύσεται εἰς τὴν βασιλείαν τῶν οὐρανῶν. 24 Πάλιν δὲ λέγω ὑμῖν, εὐκοπώτερόν ἐστιν κάμηλον διὰ τρυπήματος ῥαφίδος διελθεῖν, ἢ πλούσιον εἰς⁸ τὴν βασιλείαν τοῦ θεοῦ εἰσελθεῖν.⁹ 25 Ἀκούσαντες δὲ οἱ μαθηταὶ αὐτοῦ¹⁰ ἐξεπλήσσοντο σφόδρα, λέγοντες, Τίς ἄρα δύναται σωθῆναι; 26 Ἐμβλέψας δὲ ὁ Ἰησοῦς εἶπεν αὐτοῖς, Παρὰ ἀνθρώποις τοῦτο ἀδύνατόν ἐστιν, παρὰ δὲ θεῷ πάντα δυνατά.ᵃ

The Reward of the Apostles

27 Τότε ἀποκριθεὶς ὁ Πέτρος εἶπεν αὐτῷ, Ἰδού, ἡμεῖς ἀφήκαμεν πάντα καὶ ἠκολουθήσαμέν σοι· τί ἄρα ἔσται ἡμῖν; 28 Ὁ δὲ Ἰησοῦς εἶπεν αὐτοῖς, Ἀμὴν λέγω ὑμῖν ὅτι ὑμεῖς οἱ ἀκολουθήσαντές μοι, ἐν τῇ παλιγγενεσίᾳ ὅταν καθίσῃ ὁ υἱὸς τοῦ ἀνθρώπου ἐπὶ θρόνου δόξης αὐτοῦ, καθίσεσθε¹¹ καὶ ὑμεῖς ἐπὶ δώδεκα θρόνους, κρίνοντες τὰς δώδεκα φυλὰς τοῦ Ἰσραήλ.

ᵃ δυνατά • δυνατά ἐστιν

---

¹ λέγεις ἀγαθόν • ἐρωτᾷς περὶ τοῦ ἀγαθοῦ   ² Οὐδεὶς ἀγαθός εἰ μὴ εἷς ὁ θεός • Εἷς ἐστιν ὁ ἀγαθός   ³ εἰσελθεῖν εἰς τὴν ζωήν • εἰς τὴν ζωὴν εἰσελθεῖν   ⁴ ἐφυλαξάμην ἐκ νεότητός μου • ἐφύλαξα   ⁵ πτωχοῖς • [τοῖς] πτωχοῖς   ⁶ οὐρανῷ • οὐρανοῖς   ⁷ δυσκόλως πλούσιος • πλούσιος δυσκόλως   ⁸ εἰς • εἰσελθεῖν εἰς   ⁹ εἰσελθεῖν • —   ¹⁰ αὐτοῦ • —   ¹¹ καθίσεσθε • καθήσεσθε

29 Καὶ πᾶς ὃς¹ ἀφῆκεν οἰκίας, ἢ ἀδελφούς, ἢ ἀδελφάς, ἢ πατέρα, ἢ μητέρα, ἢ γυναῖκα,² ἢ τέκνα, ἢ ἀγρούς, ἕνεκεν τοῦ ὀνόματός μου, ἑκατονταπλασίονα λήψεται,³ καὶ ζωὴν αἰώνιον κληρονομήσει. 30 Πολλοὶ δὲ ἔσονται πρῶτοι ἔσχατοι, καὶ ἔσχατοι πρῶτοι.

Parable of the Laborers in the Vineyard

20 Ὁμοία γάρ ἐστιν ἡ βασιλεία τῶν οὐρανῶν ἀνθρώπῳ οἰκοδεσπότῃ, ὅστις ἐξῆλθεν ἅμα πρωῒ μισθώσασθαι ἐργάτας εἰς τὸν ἀμπελῶνα αὐτοῦ. 2 Καὶ συμφωνήσας⁴ μετὰ τῶν ἐργατῶν ἐκ δηναρίου τὴν ἡμέραν, ἀπέστειλεν αὐτοὺς εἰς τὸν ἀμπελῶνα αὐτοῦ. 3 Καὶ ἐξελθὼν περὶ τρίτην ὥραν, εἶδεν ἄλλους ἑστῶτας ἐν τῇ ἀγορᾷ ἀργούς· 4 καὶ ἐκείνοις εἶπεν, Ὑπάγετε καὶ ὑμεῖς εἰς τὸν ἀμπελῶνα, καὶ ὃ ἐὰν ᾖ δίκαιον δώσω ὑμῖν. 5 Οἱ δὲ ἀπῆλθον. Πάλιν ἐξελθὼν⁵ περὶ ἕκτην καὶ ἐνάτην ὥραν, ἐποίησεν ὡσαύτως. 6 Περὶ δὲ τὴν ἑνδεκάτην ὥραν⁶ ἐξελθών, εὗρεν ἄλλους ἑστῶτας ἀργούς,⁷ καὶ λέγει αὐτοῖς, Τί ὧδε ἑστήκατε ὅλην τὴν ἡμέραν ἀργοί; 7 Λέγουσιν αὐτῷ, Ὅτι οὐδεὶς ἡμᾶς ἐμισθώσατο. Λέγει αὐτοῖς, Ὑπάγετε καὶ ὑμεῖς εἰς τὸν ἀμπελῶνα, καὶ ὃ ἐὰν ᾖ δίκαιον λήψεσθε.⁸ 8 Ὀψίας δὲ γενομένης λέγει ὁ κύριος τοῦ ἀμπελῶνος τῷ ἐπιτρόπῳ αὐτοῦ, Κάλεσον τοὺς ἐργάτας, καὶ ἀπόδος αὐτοῖς τὸν μισθόν, ἀρξάμενος ἀπὸ τῶν ἐσχάτων ἕως τῶν πρώτων. 9 Καὶ ἐλθόντες οἱ περὶ τὴν ἑνδεκάτην ὥραν ἔλαβον ἀνὰ δηνάριον. 10 Ἐλθόντες δὲ⁹ οἱ πρῶτοι ἐνόμισαν ὅτι πλείονα¹⁰ λήψονται· ¹¹ καὶ ἔλαβον καὶ αὐτοὶ ἀνὰ δηνάριον.¹² 11 Λαβόντες δὲ ἐγόγγυζον κατὰ τοῦ οἰκοδεσπότου, 12 λέγοντες ὅτι¹³ Οὗτοι οἱ ἔσχατοι μίαν ὥραν ἐποίησαν, καὶ ἴσους ἡμῖν αὐτοὺς ἐποίησας, τοῖς βαστάσασιν τὸ βάρος τῆς ἡμέρας καὶ τὸν καύσωνα. 13 Ὁ δὲ ἀποκριθεὶς εἶπεν ἑνὶ αὐτῶν,¹⁴ Ἑταῖρε, οὐκ ἀδικῶ σε· οὐχὶ δηναρίου

---

¹ ὃς • ὅστις ² ἢ γυναῖκα • — ³ λήψεται • λήμψεται ⁴ Καὶ συμφωνήσας • Συμφωνήσας δὲ ⁵ ἐξελθὼν • [δὲ] ἐξελθὼν ⁶ ὥραν • — ⁷ ἀργούς • — ⁸ καὶ ὃ ἐὰν ᾖ δίκαιον λήψεσθε • — ⁹ Ἐλθόντες δὲ • Καὶ ἐλθόντες ¹⁰ πλείονα • πλεῖον ¹¹ λήψονται • λήμψονται ¹² καὶ αὐτοὶ ἀνὰ δηνάριον • [τὸ] ἀνὰ δηνάριον καὶ αὐτοί ¹³ ὅτι • — ¹⁴ εἶπεν ἑνὶ αὐτῶν • ἑνὶ αὐτῶν εἶπεν

συνεφώνησάς μοι; 14 Ἆρον τὸ σὸν καὶ ὕπαγε· θέλω δὲ τούτῳ τῷ ἐσχάτῳ δοῦναι ὡς καὶ σοί. 15 Ἢ¹ οὐκ ἔξεστίν μοι ποιῆσαι ὃ θέλω² ἐν τοῖς ἐμοῖς; Εἰ³ ὁ ὀφθαλμός σου πονηρός ἐστιν, ὅτι ἐγὼ ἀγαθός εἰμι; 16 Οὕτως ἔσονται οἱ ἔσχατοι πρῶτοι, καὶ οἱ πρῶτοι ἔσχατοι· πολλοὶ γάρ εἰσιν κλητοί, ὀλίγοι δὲ ἐκλεκτοί.⁴

Jesus Again Foretells His Passion

17 Καὶ ἀναβαίνων ὁ Ἰησοῦς εἰς Ἱεροσόλυμα παρέλαβεν τοὺς δώδεκα μαθητὰς⁵ κατ' ἰδίαν ἐν τῇ ὁδῷ, καὶ⁶ εἶπεν αὐτοῖς, 18 Ἰδού, ἀναβαίνομεν εἰς Ἱεροσόλυμα, καὶ ὁ υἱὸς τοῦ ἀνθρώπου παραδοθήσεται τοῖς ἀρχιερεῦσιν καὶ γραμματεῦσιν, καὶ κατακρινοῦσιν αὐτὸν θανάτῳ, 19 καὶ παραδώσουσιν αὐτὸν τοῖς ἔθνεσιν εἰς τὸ ἐμπαῖξαι καὶ μαστιγῶσαι καὶ σταυρῶσαι· καὶ τῇ τρίτῃ ἡμέρᾳ ἀναστήσεται.⁷

The Requests of the Sons of Zebedee

20 Τότε προσῆλθεν αὐτῷ ἡ μήτηρ τῶν υἱῶν Ζεβεδαίου μετὰ τῶν υἱῶν αὐτῆς, προσκυνοῦσα καὶ αἰτοῦσά τι παρ'⁸ αὐτοῦ. 21 Ὁ δὲ εἶπεν αὐτῇ, Τί θέλεις; Λέγει αὐτῷ, Εἰπὲ ἵνα καθίσωσιν οὗτοι οἱ δύο υἱοί μου, εἷς ἐκ δεξιῶν σου, καὶ εἷς ἐξ εὐωνύμων σου, ἐν τῇ βασιλείᾳ σου. 22 Ἀποκριθεὶς δὲ ὁ Ἰησοῦς εἶπεν, Οὐκ οἴδατε τί αἰτεῖσθε. Δύνασθε πιεῖν τὸ ποτήριον ὃ ἐγὼ μέλλω πίνειν, ἢ τὸ βάπτισμα ὃ ἐγὼ βαπτίζομαι βαπτισθῆναι;⁹ Λέγουσιν αὐτῷ, Δυνάμεθα. 23 Καὶ λέγει¹⁰ αὐτοῖς, Τὸ μὲν ποτήριόν μου πίεσθε, καὶ τὸ βάπτισμα ὃ ἐγὼ βαπτίζομαι βαπτισθήσεσθε·¹¹ τὸ δὲ καθίσαι ἐκ δεξιῶν μου καὶ ἐξ εὐωνύμων μου οὐκ¹² ἔστιν ἐμὸν δοῦναι,¹³ ἀλλ' οἷς ἡτοίμασται ὑπὸ τοῦ πατρός μου. 24 Καὶ ἀκούσαντες οἱ δέκα ἠγανάκτησαν περὶ τῶν δύο ἀδελφῶν. 25 Ὁ δὲ Ἰησοῦς προσκαλεσάμενος αὐτοὺς εἶπεν, Οἴδατε ὅτι οἱ

---

1 Ἢ • [Ἢ]   2 ποιῆσαι ὃ θέλω • ὃ θέλω ποιῆσαι   3 Εἰ • Ἢ   4 πολλοὶ γάρ εἰσιν κλητοί ὀλίγοι δὲ ἐκλεκτοί • —   5 μαθητὰς • [μαθητὰς]   6 ἐν τῇ ὁδῷ καὶ • καὶ ἐν τῇ ὁδῷ   7 ἀναστήσεται • ἐγερθήσεται   8 παρ' • ἀπ'   9 ἢ τὸ βάπτισμα ὃ ἐγὼ βαπτίζομαι βαπτισθῆναι • —   10 Καὶ λέγει • Λέγει   11 καὶ τὸ βάπτισμα ὃ ἐγὼ βαπτίζομαι βαπτισθήσεσθε • —   12 μου οὐκ • οὐκ   13 δοῦναι • [τοῦτο] δοῦναι

ἄρχοντες τῶν ἐθνῶν κατακυριεύουσιν αὐτῶν, καὶ οἱ μεγάλοι κατεξουσιάζουσιν αὐτῶν. 26 Οὐχ οὕτως δὲ¹ ἔσται ἐν ὑμῖν· ἀλλ' ὃς ἐὰν θέλῃ ἐν ὑμῖν μέγας γενέσθαι ἔσται ὑμῶν διάκονος· 27 καὶ ὃς ἐὰν² θέλῃ ἐν ὑμῖν εἶναι πρῶτος, ἔστω³ ὑμῶν δοῦλος· 28 ὥσπερ ὁ υἱὸς τοῦ ἀνθρώπου οὐκ ἦλθεν διακονηθῆναι, ἀλλὰ διακονῆσαι, καὶ δοῦναι τὴν ψυχὴν αὐτοῦ λύτρον ἀντὶ πολλῶν.

Healing of Two Blind Men

29 Καὶ ἐκπορευομένων αὐτῶν ἀπὸ Ἰεριχώ, ἠκολούθησεν αὐτῷ ὄχλος πολύς. 30 Καὶ ἰδού, δύο τυφλοὶ καθήμενοι παρὰ τὴν ὁδόν, ἀκούσαντες ὅτι Ἰησοῦς παράγει, ἔκραξαν, λέγοντες, Ἐλέησον ἡμᾶς, κύριε,⁴ υἱὸς Δαυίδ. 31 Ὁ δὲ ὄχλος ἐπετίμησεν αὐτοῖς ἵνα σιωπήσωσιν. Οἱ δὲ μεῖζον ἔκραζον,⁵ λέγοντες, Ἐλέησον ἡμᾶς, κύριε, υἱὸς Δαυίδ. 32 Καὶ στὰς ὁ Ἰησοῦς ἐφώνησεν αὐτούς, καὶ εἶπεν, Τί θέλετε ποιήσω ὑμῖν; 33 Λέγουσιν αὐτῷ, Κύριε, ἵνα ἀνοιχθῶσιν ἡμῶν οἱ ὀφθαλμοί.⁶ 34 Σπλαγχνισθεὶς δὲ ὁ Ἰησοῦς ἥψατο τῶν ὀφθαλμῶν⁷ αὐτῶν· καὶ εὐθέως ἀνέβλεψαν αὐτῶν οἱ ὀφθαλμοί,⁸ καὶ ἠκολούθησαν αὐτῷ.

Jesus' Entry into Jerusalem

21 Καὶ ὅτε ἤγγισαν εἰς Ἱεροσόλυμα, καὶ ἦλθον εἰς Βηθσφαγὴᵃ πρὸς⁹ τὸ ὄρος τῶν Ἐλαιῶν, τότε ὁ¹⁰ Ἰησοῦς ἀπέστειλεν δύο μαθητάς, 2 λέγων αὐτοῖς, Πορεύθητε¹¹ εἰς τὴν κώμην τὴν ἀπέναντι¹² ὑμῶν, καὶ εὐθέως εὑρήσετε ὄνον δεδεμένην, καὶ πῶλον μετ' αὐτῆς· λύσαντες ἀγάγετέ μοι. 3 Καὶ ἐάν τις ὑμῖν εἴπῃ τι, ἐρεῖτε ὅτι Ὁ κύριος αὐτῶν χρείαν ἔχει· εὐθέως δὲ ἀποστέλλει¹³ αὐτούς. 4 Τοῦτο δὲ ὅλον¹⁴ γέγονεν, ἵνα πληρωθῇ τὸ ῥηθὲν διὰ τοῦ προφήτου,

---

ᵃ *Βηθσφαγὴ • Βηθφαγῆ*

---

¹ δὲ • — ² ἐὰν • ἂν ³ ἔστω • ἔσται ⁴ κύριε • [κύριε] ⁵ ἔκραζον • ἔκραξαν ⁶ ἀνοιχθῶσιν ἡμῶν οἱ ὀφθαλμοί • ἀνοιγῶσιν οἱ ὀφθαλμοὶ ἡμῶν ⁷ ὀφθαλμῶν • ὀμμάτων ⁸ αὐτῶν οἱ ὀφθαλμοί • — ⁹ Βηθσφαγὴ πρὸς • Βηθφαγὴ εἰς ¹⁰ ὁ • — ¹¹ Πορεύθητε • Πορεύεσθε ¹² ἀπέναντι • κατέναντι ¹³ εὐθέως δὲ ἀποστέλλει • εὐθὺς δὲ ἀποστελεῖ ¹⁴ ὅλον • —

λέγοντος, 5 Εἴπατε τῇ θυγατρὶ Σιών, Ἰδού, ὁ βασιλεύς σου ἔρχεταί σοι, πραῢς καὶ ἐπιβεβηκὼς ἐπὶ ὄνον καὶ πῶλον¹ υἱὸν ὑποζυγίου. 6 Πορευθέντες δὲ οἱ μαθηταί, καὶ ποιήσαντες καθὼς προσέταξεν² αὐτοῖς ὁ Ἰησοῦς, 7 ἤγαγον τὴν ὄνον καὶ τὸν πῶλον· καὶ ἐπέθηκαν ἐπάνω³ αὐτῶν τὰ ἱμάτια αὐτῶν, καὶ⁴ ἐπεκάθισεν ἐπάνω αὐτῶν. 8 Ὁ δὲ πλεῖστος ὄχλος ἔστρωσαν ἑαυτῶν τὰ ἱμάτια ἐν τῇ ὁδῷ· ἄλλοι δὲ ἔκοπτον κλάδους ἀπὸ τῶν δένδρων, καὶ ἐστρώννυον ἐν τῇ ὁδῷ. 9 Οἱ δὲ ὄχλοι οἱ προάγοντες καὶ⁵ οἱ ἀκολουθοῦντες ἔκραζον, λέγοντες, Ὡσαννὰ τῷ υἱῷ Δαυίδ· εὐλογημένος ὁ ἐρχόμενος ἐν ὀνόματι κυρίου. Ὡσαννὰ ἐν τοῖς ὑψίστοις. 10 Καὶ εἰσελθόντος αὐτοῦ εἰς Ἱεροσόλυμα, ἐσείσθη πᾶσα ἡ πόλις, λέγουσα, Τίς ἐστιν οὗτος; 11 Οἱ δὲ ὄχλοι ἔλεγον, Οὗτός ἐστιν Ἰησοῦς ὁ προφήτης,⁶ ὁ ἀπὸ Ναζαρὲτ⁷ τῆς Γαλιλαίας.

Jesus Visits the Temple

12 Καὶ εἰσῆλθεν ὁ⁸ Ἰησοῦς εἰς τὸ ἱερὸν τοῦ θεοῦ,⁹ καὶ ἐξέβαλεν πάντας τοὺς πωλοῦντας καὶ ἀγοράζοντας ἐν τῷ ἱερῷ, καὶ τὰς τραπέζας τῶν κολλυβιστῶν κατέστρεψεν, καὶ τὰς καθέδρας τῶν πωλούντων τὰς περιστεράς. 13 Καὶ λέγει αὐτοῖς, Γέγραπται, Ὁ οἶκός μου οἶκος προσευχῆς κληθήσεται· ὑμεῖς δὲ αὐτὸν ἐποιήσατε¹⁰ σπήλαιον λῃστῶν. 14 Καὶ προσῆλθον αὐτῷ χωλοὶ καὶ τυφλοὶ¹¹ ἐν τῷ ἱερῷ· καὶ ἐθεράπευσεν αὐτούς. 15 Ἰδόντες δὲ οἱ ἀρχιερεῖς καὶ οἱ γραμματεῖς τὰ θαυμάσια ἃ ἐποίησεν, καὶ τοὺς παῖδας κράζοντας¹² ἐν τῷ ἱερῷ, καὶ λέγοντας, Ὡσαννὰ τῷ υἱῷ Δαυίδ, ἠγανάκτησαν, 16 καὶ εἶπον¹³ αὐτῷ, Ἀκούεις τί οὗτοι λέγουσιν; Ὁ δὲ Ἰησοῦς λέγει αὐτοῖς, Ναί· οὐδέποτε ἀνέγνωτε ὅτι Ἐκ στόματος νηπίων καὶ θηλαζόντων κατηρτίσω αἶνον;

---

1 πῶλον • ἐπὶ πῶλον 2 προσέταξεν • συνέταξεν 3 ἐπέθηκαν ἐπάνω • ἐπέθηκαν ἐπ' 4 αὐτῶν καὶ • καὶ 5 καὶ • αὐτὸν καὶ 6 Ἰησοῦς ὁ προφήτης • ὁ προφήτης Ἰησοῦς 7 Ναζαρὲτ • Ναζαρὲθ 8 ὁ • — 9 τοῦ θεοῦ • — 10 ἐποιήσατε • ποιεῖτε 11 χωλοὶ καὶ τυφλοὶ • τυφλοὶ καὶ χωλοὶ 12 κράζοντας • τοὺς κράζοντας 13 εἶπον • εἶπαν

The Cursing of the Fig-Tree

17 Καὶ καταλιπὼν αὐτοὺς ἐξῆλθεν ἔξω τῆς πόλεως εἰς Βηθανίαν, καὶ ηὐλίσθη ἐκεῖ. 18 Πρωΐας *¹* δὲ ἐπανάγων εἰς τὴν πόλιν, ἐπείνασεν. 19 Καὶ ἰδὼν συκῆν μίαν ἐπὶ τῆς ὁδοῦ, ἦλθεν ἐπ᾽ αὐτήν, καὶ οὐδὲν εὗρεν ἐν αὐτῇ εἰ μὴ φύλλα μόνον· καὶ λέγει αὐτῇ, Μηκέτι ἐκ σοῦ καρπὸς γένηται εἰς τὸν αἰῶνα. Καὶ ἐξηράνθη παραχρῆμα ἡ συκῆ. 20 Καὶ ἰδόντες οἱ μαθηταὶ ἐθαύμασαν, λέγοντες, Πῶς παραχρῆμα ἐξηράνθη ἡ συκῆ; 21 Ἀποκριθεὶς δὲ ὁ Ἰησοῦς εἶπεν αὐτοῖς, Ἀμὴν λέγω ὑμῖν, ἐὰν ἔχητε πίστιν, καὶ μὴ διακριθῆτε, οὐ μόνον τὸ τῆς συκῆς ποιήσετε, ἀλλὰ κἂν τῷ ὄρει τούτῳ εἴπητε, Ἄρθητι, καὶ βλήθητι εἰς τὴν θάλασσαν, γενήσεται. 22 Καὶ πάντα ὅσα ἐὰν *ᵃ, ²* αἰτήσητε ἐν τῇ προσευχῇ, πιστεύοντες, λήψεσθε. *³*

The Authority of Jesus

23 Καὶ ἐλθόντι αὐτῷ *⁴* εἰς τὸ ἱερόν, προσῆλθον αὐτῷ διδάσκοντι οἱ ἀρχιερεῖς καὶ οἱ πρεσβύτεροι τοῦ λαοῦ, λέγοντες, Ἐν ποίᾳ ἐξουσίᾳ ταῦτα ποιεῖς; Καὶ τίς σοι ἔδωκεν τὴν ἐξουσίαν ταύτην; 24 Ἀποκριθεὶς δὲ ὁ Ἰησοῦς εἶπεν αὐτοῖς, Ἐρωτήσω ὑμᾶς κἀγὼ λόγον ἕνα, ὃν ἐὰν εἴπητέ μοι, κἀγὼ ὑμῖν ἐρῶ ἐν ποίᾳ ἐξουσίᾳ ταῦτα ποιῶ. 25 Τὸ βάπτισμα Ἰωάννου *⁵* πόθεν ἦν; Ἐξ οὐρανοῦ ἢ ἐξ ἀνθρώπων; Οἱ δὲ διελογίζοντο παρ᾽ *⁶* ἑαυτοῖς, λέγοντες, Ἐὰν εἴπωμεν, Ἐξ οὐρανοῦ, ἐρεῖ ἡμῖν, Διὰ τί οὖν οὐκ ἐπιστεύσατε αὐτῷ; 26 Ἐὰν δὲ εἴπωμεν, Ἐξ ἀνθρώπων, φοβούμεθα τὸν ὄχλον· πάντες γὰρ ἔχουσιν τὸν Ἰωάννην ὡς προφήτην. *⁷* 27 Καὶ ἀποκριθέντες τῷ Ἰησοῦ εἶπον, *⁸* Οὐκ οἴδαμεν. Ἔφη αὐτοῖς καὶ αὐτός, Οὐδὲ ἐγὼ λέγω ὑμῖν ἐν ποίᾳ ἐξουσίᾳ ταῦτα ποιῶ.

ᵃ ἐὰν • ἂν

¹ Πρωΐας • Πρωῒ   ² ἐὰν • ἂν   ³ λήψεσθε • λήμψεσθε   ⁴ ἐλθόντι αὐτῷ • ἐλθόντος αὐτοῦ   ⁵ Ἰωάννου • τὸ Ἰωάννου   ⁶ παρ᾽ • ἐν   ⁷ ἔχουσιν τὸν Ἰωάννην ὡς προφήτην • ὡς προφήτην ἔχουσιν τὸν Ἰωάννην   ⁸ εἶπον • εἶπαν

The Parable of the Two Sons

28 Τί δὲ ὑμῖν δοκεῖ; Ἄνθρωπος εἶχεν τέκνα δύο, καὶ προσελθὼν τῷ πρώτῳ εἶπεν, Τέκνον, ὕπαγε, σήμερον ἐργάζου ἐν τῷ ἀμπελῶνί μου.[1] **29** Ὁ δὲ ἀποκριθεὶς εἶπεν, Οὐ θέλω· ὕστερον δὲ μεταμεληθείς, ἀπῆλθεν. **30** Καὶ προσελθὼν τῷ δευτέρῳ[a,2] εἶπεν ὡσαύτως. Ὁ δὲ ἀποκριθεὶς εἶπεν, Ἐγώ, κύριε· καὶ οὐκ ἀπῆλθεν. **31** Τίς ἐκ τῶν δύο ἐποίησεν τὸ θέλημα τοῦ πατρός; Λέγουσιν αὐτῷ,[3] Ὁ πρῶτος. Λέγει αὐτοῖς ὁ Ἰησοῦς, Ἀμὴν λέγω ὑμῖν ὅτι οἱ τελῶναι καὶ αἱ πόρναι προάγουσιν ὑμᾶς εἰς τὴν βασιλείαν τοῦ θεοῦ. **32** Ἦλθεν γὰρ πρὸς ὑμᾶς Ἰωάννης[4] ἐν ὁδῷ δικαιοσύνης, καὶ οὐκ ἐπιστεύσατε αὐτῷ· οἱ δὲ τελῶναι καὶ αἱ πόρναι ἐπίστευσαν αὐτῷ· ὑμεῖς δὲ ἰδόντες οὐ[5] μετεμελήθητε ὕστερον τοῦ πιστεῦσαι αὐτῷ.

The Parable of the Wicked Husbandmen

33 Ἄλλην παραβολὴν ἀκούσατε. Ἄνθρωπός τις[b,6] ἦν οἰκοδεσπότης, ὅστις ἐφύτευσεν ἀμπελῶνα, καὶ φραγμὸν αὐτῷ περιέθηκεν, καὶ ὤρυξεν ἐν αὐτῷ ληνόν, καὶ ᾠκοδόμησεν πύργον, καὶ ἐξέδοτο[7] αὐτὸν γεωργοῖς, καὶ ἀπεδήμησεν. **34** Ὅτε δὲ ἤγγισεν ὁ καιρὸς τῶν καρπῶν, ἀπέστειλεν τοὺς δούλους αὐτοῦ πρὸς τοὺς γεωργούς, λαβεῖν τοὺς καρποὺς αὐτοῦ. **35** Καὶ λαβόντες οἱ γεωργοὶ τοὺς δούλους αὐτοῦ, ὃν μὲν ἔδειραν, ὃν δὲ ἀπέκτειναν, ὃν δὲ ἐλιθοβόλησαν. **36** Πάλιν ἀπέστειλεν ἄλλους δούλους πλείονας τῶν πρώτων· καὶ ἐποίησαν αὐτοῖς ὡσαύτως. **37** Ὕστερον δὲ ἀπέστειλεν πρὸς αὐτοὺς τὸν υἱὸν αὐτοῦ, λέγων, Ἐντραπήσονται τὸν υἱόν μου. **38** Οἱ δὲ γεωργοὶ ἰδόντες τὸν υἱὸν εἶπον ἐν ἑαυτοῖς, Οὗτός ἐστιν ὁ κληρονόμος· δεῦτε, ἀποκτείνωμεν αὐτόν, καὶ κατάσχωμεν[8] τὴν κληρονομίαν αὐτοῦ. **39** Καὶ λαβόντες αὐτὸν ἐξέβαλον ἔξω τοῦ ἀμπελῶνος καὶ ἀπέκτειναν. **40** Ὅταν οὖν ἔλθῃ ὁ κύριος

---

[a] δευτέρῳ • ἑτέρῳ   [b] τις • —

---

[1] μου • —   [2] Καὶ προσελθὼν τῷ δευτέρῳ • Προσελθὼν δὲ τῷ ἑτέρῳ   [3] αὐτῷ • —   [4] πρὸς ὑμᾶς Ἰωάννης • Ἰωάννης πρὸς ὑμᾶς   [5] οὐ • οὐδὲ   [6] τις • —   [7] ἐξέδοτο • ἐξέδετο   [8] κατάσχωμεν • σχῶμεν

τοῦ ἀμπελῶνος, τί ποιήσει τοῖς γεωργοῖς ἐκείνοις; 41 Λέγουσιν αὐτῷ, Κακοὺς κακῶς ἀπολέσει αὐτούς, καὶ τὸν ἀμπελῶνα ἐκδώσεται ἄλλοις γεωργοῖς, οἵτινες ἀποδώσουσιν αὐτῷ τοὺς καρποὺς ἐν τοῖς καιροῖς αὐτῶν. 42 Λέγει αὐτοῖς ὁ Ἰησοῦς, Οὐδέποτε ἀνέγνωτε ἐν ταῖς γραφαῖς, Λίθον ὃν ἀπεδοκίμασαν οἱ οἰκοδομοῦντες, οὗτος ἐγενήθη εἰς κεφαλὴν γωνίας· παρὰ κυρίου ἐγένετο αὕτη, καὶ ἔστιν θαυμαστὴ ἐν ὀφθαλμοῖς ἡμῶν; 43 Διὰ τοῦτο λέγω ὑμῖν ὅτι ἀρθήσεται ἀφ' ὑμῶν ἡ βασιλεία τοῦ θεοῦ, καὶ δοθήσεται ἔθνει ποιοῦντι τοὺς καρποὺς αὐτῆς. 44 Καὶ [1] ὁ πεσὼν ἐπὶ τὸν λίθον τοῦτον συνθλασθήσεται· ἐφ' ὃν δ' ἂν πέσῃ, λικμήσει αὐτόν. [2] 45 Καὶ ἀκούσαντες οἱ ἀρχιερεῖς καὶ οἱ Φαρισαῖοι τὰς παραβολὰς αὐτοῦ ἔγνωσαν ὅτι περὶ αὐτῶν λέγει. 46 Καὶ ζητοῦντες αὐτὸν κρατῆσαι, ἐφοβήθησαν τοὺς ὄχλους, ἐπειδὴ ὡς [3] προφήτην αὐτὸν εἶχον.

The Parable of the Marriage Feast

22 Καὶ ἀποκριθεὶς ὁ Ἰησοῦς πάλιν εἶπεν αὐτοῖς ἐν παραβολαῖς, [4] λέγων, 2 Ὡμοιώθη ἡ βασιλεία τῶν οὐρανῶν ἀνθρώπῳ βασιλεῖ, ὅστις ἐποίησεν γάμους τῷ υἱῷ αὐτοῦ· 3 καὶ ἀπέστειλεν τοὺς δούλους αὐτοῦ καλέσαι τοὺς κεκλημένους εἰς τοὺς γάμους, καὶ οὐκ ἤθελον ἐλθεῖν. 4 Πάλιν ἀπέστειλεν ἄλλους δούλους, λέγων, Εἴπατε τοῖς κεκλημένοις. Ἰδού, τὸ ἄριστόν μου ἡτοίμασα, [5] οἱ ταῦροί μου καὶ τὰ σιτιστὰ τεθυμένα, καὶ πάντα ἔτοιμα· δεῦτε εἰς τοὺς γάμους. 5 Οἱ δὲ ἀμελήσαντες ἀπῆλθον, ὁ μὲν [6] εἰς τὸν ἴδιον ἀγρόν, ὁ δὲ εἰς [7] τὴν ἐμπορίαν αὐτοῦ· 6 οἱ δὲ λοιποὶ κρατήσαντες τοὺς δούλους αὐτοῦ ὕβρισαν καὶ ἀπέκτειναν. 7 Καὶ ἀκούσας ὁ βασιλεὺς ἐκεῖνος [8] ὠργίσθη, καὶ πέμψας τὰ στρατεύματα αὐτοῦ ἀπώλεσεν τοὺς φονεῖς ἐκείνους, καὶ τὴν πόλιν αὐτῶν ἐνέπρησεν. 8 Τότε λέγει τοῖς δούλοις αὐτοῦ, Ὁ μὲν γάμος ἕτοιμός ἐστιν, οἱ δὲ κεκλημένοι οὐκ ἦσαν ἄξιοι. 9 Πορεύεσθε

---

[1] Καὶ • [Καὶ   [2] αὐτόν • αὐτόν]   [3] ἐπειδὴ ὡς • ἐπεὶ εἰς   [4] αὐτοῖς ἐν παραβολαῖς • ἐν παραβολαῖς αὐτοῖς   [5] ἡτοίμασα • ἡτοίμακα   [6] ὁ μὲν • ὃς μὲν   [7] ὁ δὲ εἰς • ὃς δὲ ἐπὶ   [8] Καὶ ἀκούσας ὁ βασιλεὺς ἐκεῖνος • Ὁ δὲ βασιλεὺς

οὖν ἐπὶ τὰς διεξόδους τῶν ὁδῶν, καὶ ὅσους ἂν ᵃ· ¹ εὕρητε, καλέσατε εἰς τοὺς γάμους. **10** Καὶ ἐξελθόντες οἱ δοῦλοι ἐκεῖνοι εἰς τὰς ὁδοὺς συνήγαγον πάντας ὅσους ² εὗρον, πονηρούς τε καὶ ἀγαθούς· καὶ ἐπλήσθη ὁ γάμος ἀνακειμένων. **11** Εἰσελθὼν δὲ ὁ βασιλεὺς θεάσασθαι τοὺς ἀνακειμένους εἶδεν ἐκεῖ ἄνθρωπον οὐκ ἐνδεδυμένον ἔνδυμα γάμου· **12** καὶ λέγει αὐτῷ, Ἑταῖρε, πῶς εἰσῆλθες ὧδε μὴ ἔχων ἔνδυμα γάμου; Ὁ δὲ ἐφιμώθη. **13** Τότε εἶπεν ὁ βασιλεὺς ³ τοῖς διακόνοις, Δήσαντες αὐτοῦ πόδας καὶ χεῖρας, ᵇ ἄρατε αὐτὸν καὶ ἐκβάλετε ⁴ εἰς τὸ σκότος τὸ ἐξώτερον· ἐκεῖ ἔσται ὁ κλαυθμὸς καὶ ὁ βρυγμὸς τῶν ὀδόντων. **14** Πολλοὶ γάρ εἰσιν κλητοί, ὀλίγοι δὲ ἐκλεκτοί.

The Question Concerning Tribute

15 Τότε πορευθέντες οἱ Φαρισαῖοι συμβούλιον ἔλαβον ὅπως αὐτὸν παγιδεύσωσιν ἐν λόγῳ. **16** Καὶ ἀποστέλλουσιν αὐτῷ τοὺς μαθητὰς αὐτῶν μετὰ τῶν Ἡρῳδιανῶν, λέγοντες, Διδάσκαλε, οἴδαμεν ὅτι ἀληθὴς εἶ, καὶ τὴν ὁδὸν τοῦ θεοῦ ἐν ἀληθείᾳ διδάσκεις, καὶ οὐ μέλει σοι περὶ οὐδενός· οὐ γὰρ βλέπεις εἰς πρόσωπον ἀνθρώπων. **17** Εἰπὲ οὖν ἡμῖν, τί σοι δοκεῖ; Ἔξεστιν δοῦναι κῆνσον Καίσαρι, ἢ οὔ; **18** Γνοὺς δὲ ὁ Ἰησοῦς τὴν πονηρίαν αὐτῶν εἶπεν, Τί με πειράζετε, ὑποκριταί; **19** Ἐπιδείξατέ μοι τὸ νόμισμα τοῦ κήνσου. Οἱ δὲ προσήνεγκαν αὐτῷ δηνάριον. **20** Καὶ λέγει αὐτοῖς, Τίνος ἡ εἰκὼν αὕτη καὶ ἡ ἐπιγραφή; **21** Λέγουσιν αὐτῷ, Καίσαρος. Τότε λέγει αὐτοῖς, Ἀπόδοτε οὖν τὰ Καίσαρος Καίσαρι, καὶ τὰ τοῦ θεοῦ τῷ θεῷ. **22** Καὶ ἀκούσαντες ἐθαύμασαν· καὶ ἀφέντες αὐτὸν ἀπῆλθον. ⁵

The Question of the Sadducees

23 Ἐν ἐκείνῃ τῇ ἡμέρᾳ προσῆλθον αὐτῷ Σαδδουκαῖοι, οἱ ᶜ· ⁶ λέγοντες μὴ εἶναι ἀνάστασιν, καὶ ἐπηρώτησαν αὐτόν, **24** λέγοντες, Διδάσκαλε, Μωσῆς ⁷ εἶπεν, Ἐάν τις ἀποθάνῃ μὴ

ᵃ ἂν • ἐάν   ᵇ πόδας καὶ χεῖρας • χεῖρας καὶ πόδας   ᶜ οἱ • —

1 ἂν • ἐάν   *2* ὅσους • οὓς   *3* εἶπεν ὁ βασιλεὺς • ὁ βασιλεὺς εἶπεν   *4* ἄρατε αὐτὸν καὶ ἐκβάλετε • ἐκβάλετε αὐτὸν   *5* ἀπῆλθον • ἀπῆλθαν   *6* οἱ • —   *7* Μωσῆς • Μωϋσῆς

ἔχων τέκνα, ἐπιγαμβρεύσει ὁ ἀδελφὸς αὐτοῦ τὴν γυναῖκα αὐτοῦ, καὶ ἀναστήσει σπέρμα τῷ ἀδελφῷ αὐτοῦ. 25 Ἦσαν δὲ παρ' ἡμῖν ἑπτὰ ἀδελφοί· καὶ ὁ πρῶτος γαμήσας [1] ἐτελεύτησεν· καὶ μὴ ἔχων σπέρμα, ἀφῆκεν τὴν γυναῖκα αὐτοῦ τῷ ἀδελφῷ αὐτοῦ. 26 Ὁμοίως καὶ ὁ δεύτερος, καὶ ὁ τρίτος, ἕως τῶν ἑπτά. 27 Ὕστερον δὲ πάντων ἀπέθανεν καὶ [2] ἡ γυνή. 28 Ἐν τῇ οὖν ἀναστάσει, [3] τίνος τῶν ἑπτὰ ἔσται γυνή; Πάντες γὰρ ἔσχον αὐτήν. 29 Ἀποκριθεὶς δὲ ὁ Ἰησοῦς εἶπεν αὐτοῖς, Πλανᾶσθε, μὴ εἰδότες τὰς γραφάς, μηδὲ τὴν δύναμιν τοῦ θεοῦ. 30 Ἐν γὰρ τῇ ἀναστάσει οὔτε γαμοῦσιν, οὔτε ἐκγαμίζονται, [4] ἀλλ' ὡς ἄγγελοι τοῦ θεοῦ ἐν [5] οὐρανῷ εἰσιν. 31 Περὶ δὲ τῆς ἀναστάσεως τῶν νεκρῶν, οὐκ ἀνέγνωτε τὸ ῥηθὲν ὑμῖν ὑπὸ τοῦ θεοῦ, λέγοντος, 32 Ἐγώ εἰμι ὁ θεὸς Ἀβραάμ, καὶ ὁ θεὸς Ἰσαάκ, καὶ ὁ θεὸς Ἰακώβ; Οὐκ ἔστιν ὁ θεὸς θεὸς [6] νεκρῶν, ἀλλὰ ζώντων. 33 Καὶ ἀκούσαντες οἱ ὄχλοι ἐξεπλήσσοντο ἐπὶ τῇ διδαχῇ αὐτοῦ.

The Silencing of the Pharisees

34 Οἱ δὲ Φαρισαῖοι, ἀκούσαντες ὅτι ἐφίμωσεν τοὺς Σαδδουκαίους, συνήχθησαν ἐπὶ τὸ αὐτό. 35 Καὶ ἐπηρώτησεν εἷς ἐξ αὐτῶν νομικός, [7] πειράζων αὐτόν, καὶ λέγων, [8] 36 Διδάσκαλε, ποία ἐντολὴ μεγάλη ἐν τῷ νόμῳ; 37 Ὁ δὲ Ἰησοῦς [9] ἔφη αὐτῷ, Ἀγαπήσεις κύριον τὸν θεόν σου, ἐν ὅλῃ καρδίᾳ [10] σου, καὶ ἐν ὅλῃ ψυχῇ [11] σου, καὶ ἐν ὅλῃ τῇ διανοίᾳ σου. 38 Αὕτη ἐστὶν πρώτη καὶ μεγάλη [12] ἐντολή. 39 Δευτέρα δὲ ὁμοία αὐτῇ, [a] Ἀγαπήσεις τὸν πλησίον σου ὡς σεαυτόν. 40 Ἐν ταύταις ταῖς δυσὶν ἐντολαῖς ὅλος ὁ νόμος καὶ [13] οἱ προφῆται κρέμανται. [14]

41 Συνηγμένων δὲ τῶν Φαρισαίων, ἐπηρώτησεν αὐτοὺς ὁ Ἰησοῦς, 42 λέγων, Τί ὑμῖν δοκεῖ περὶ τοῦ χριστοῦ; Τίνος υἱός

---

[a] αὐτῇ • αὔτη

[1] γαμήσας • γήμας   [2] καὶ • —   [3] οὖν ἀναστάσει • ἀναστάσει οὖν
[4] ἐκγαμίζονται • γαμίζονται   [5] τοῦ θεοῦ ἐν • ἐν τῷ   [6] ὁ θεὸς θεὸς • [ὁ] θεὸς   [7] νομικός • [νομικός]   [8] καὶ λέγων • —   [9] Ἰησοῦς • —   [10] καρδίᾳ • τῇ καρδίᾳ   [11] ψυχῇ • τῇ ψυχῇ   [12] πρώτη καὶ μεγάλη • ἡ μεγάλη καὶ πρώτη
[13] καὶ • κρέμαται καὶ   [14] κρέμανται • —

ἐστιν; Λέγουσιν αὐτῷ, Τοῦ Δαυίδ. 43 Λέγει αὐτοῖς, Πῶς οὖν Δαυὶδ ἐν πνεύματι κύριον αὐτὸν καλεῖ,¹ λέγων, 44 Εἶπεν ὁ² κύριος τῷ κυρίῳ μου, Κάθου ἐκ δεξιῶν μου, ἕως ἂν θῶ τοὺς ἐχθρούς σου ὑποπόδιον³ τῶν ποδῶν σου; 45 Εἰ οὖν Δαυὶδ καλεῖ αὐτὸν κύριον, πῶς υἱὸς αὐτοῦ ἐστιν; 46 Καὶ οὐδεὶς ἐδύνατο αὐτῷ ἀποκριθῆναι⁴ λόγον· οὐδὲ ἐτόλμησέν τις ἀπ᾽ ἐκείνης τῆς ἡμέρας ἐπερωτῆσαι αὐτὸν οὐκέτι.

The Inordinate Ambition of the Pharisees

23 Τότε ὁ Ἰησοῦς ἐλάλησεν τοῖς ὄχλοις καὶ τοῖς μαθηταῖς αὐτοῦ, 2 λέγων, Ἐπὶ τῆς Μωσέως⁵ καθέδρας ἐκάθισαν οἱ γραμματεῖς καὶ οἱ Φαρισαῖοι· 3 πάντα οὖν ὅσα ἐὰν εἴπωσιν ὑμῖν τηρεῖν, τηρεῖτε καὶ ποιεῖτε·⁶ κατὰ δὲ τὰ ἔργα αὐτῶν μὴ ποιεῖτε, λέγουσιν γὰρ καὶ οὐ ποιοῦσιν. 4 Δεσμεύουσιν γὰρ⁷ φορτία βαρέα καὶ δυσβάστακτα,⁸ καὶ ἐπιτιθέασιν ἐπὶ τοὺς ὤμους τῶν ἀνθρώπων, τῷ δὲ⁹ δακτύλῳ αὐτῶν οὐ θέλουσιν κινῆσαι αὐτά. 5 Πάντα δὲ τὰ ἔργα αὐτῶν ποιοῦσιν πρὸς τὸ θεαθῆναι τοῖς ἀνθρώποις· πλατύνουσιν δὲ¹⁰ τὰ φυλακτήρια αὐτῶν, καὶ μεγαλύνουσιν τὰ κράσπεδα τῶν ἱματίων αὐτῶν·¹¹ 6 φιλοῦσίν τε¹² τὴν πρωτοκλισίαν ἐν τοῖς δείπνοις, καὶ τὰς πρωτοκαθεδρίας ἐν ταῖς συναγωγαῖς, 7 καὶ τοὺς ἀσπασμοὺς ἐν ταῖς ἀγοραῖς, καὶ καλεῖσθαι ὑπὸ τῶν ἀνθρώπων, Ῥαββί, ῥαββί·¹³ 8 ὑμεῖς δὲ μὴ κληθῆτε Ῥαββί· εἷς γάρ ἐστιν ὑμῶν ὁ καθηγητής, ὁ χριστός·¹⁴ πάντες δὲ ὑμεῖς ἀδελφοί ἐστε. 9 Καὶ πατέρα μὴ καλέσητε ὑμῶν ἐπὶ τῆς γῆς· εἷς γάρ ἐστιν ὁ πατὴρ ὑμῶν, ὁ ἐν τοῖς οὐρανοῖς.¹⁵ 10 Μηδὲ κληθῆτε καθηγηταί· εἷς γὰρ ὑμῶν ἐστιν ὁ καθηγητής,¹⁶ ὁ χριστός. 11 Ὁ δὲ μείζων

---

1 κύριον αὐτὸν καλεῖ • καλεῖ αὐτὸν κύριον   2 ὁ • —   3 ὑποπόδιον • ὑποκάτω   4 αὐτῷ ἀποκριθῆναι • ἀποκριθῆναι αὐτῷ   5 Μωσέως • Μωϋσέως   6 τηρεῖν τηρεῖτε καὶ ποιεῖτε • ποιήσατε καὶ τηρεῖτε   7 γὰρ • δὲ   8 καὶ δυσβάστακτα • [καὶ δυσβάστακτα]   9 τῷ δὲ • αὐτοὶ δὲ τῷ   10 πλατύνουσιν δὲ • πλατύνουσιν γὰρ   11 τῶν ἱματίων αὐτῶν • —   12 τε • δὲ   13 Ῥαββί ῥαββί • Ῥαββί   14 καθηγητής ὁ χριστός • διδάσκαλος   15 ὁ πατὴρ ὑμῶν ὁ ἐν τοῖς οὐρανοῖς • ὑμῶν ὁ πατὴρ ὁ οὐράνιος   16 εἷς γὰρ ὑμῶν ἐστιν ὁ καθηγητής • ὅτι καθηγητὴς ὑμῶν ἐστιν εἷς

ὑμῶν ἔσται ὑμῶν διάκονος. **12** Ὅστις δὲ ὑψώσει ἑαυτόν, ταπεινωθήσεται· καὶ ὅστις ταπεινώσει ἑαυτόν, ὑψωθήσεται.

The Woes upon the Hypocrisy of the Pharisees

13 Οὐαὶ δὲ ὑμῖν, γραμματεῖς καὶ Φαρισαῖοι, ὑποκριταί, ὅτι κατεσθίετε τὰς οἰκίας τῶν χηρῶν, καὶ προφάσει μακρὰ προσευχόμενοι· διὰ τοῦτο λήψεσθε περισσότερον κρίμα.[1] **14** Οὐαὶ ὑμῖν, γραμματεῖς καὶ Φαρισαῖοι, ὑποκριταί, ὅτι[2] κλείετε τὴν βασιλείαν τῶν οὐρανῶν ἔμπροσθεν τῶν ἀνθρώπων· ὑμεῖς γὰρ οὐκ εἰσέρχεσθε, οὐδὲ τοὺς εἰσερχομένους ἀφίετε εἰσελθεῖν.

15 Οὐαὶ ὑμῖν, γραμματεῖς καὶ Φαρισαῖοι, ὑποκριταί, ὅτι περιάγετε τὴν θάλασσαν καὶ τὴν ξηρὰν ποιῆσαι ἕνα προσήλυτον, καὶ ὅταν γένηται, ποιεῖτε αὐτὸν υἱὸν γεέννης διπλότερον ὑμῶν.

16 Οὐαὶ ὑμῖν, ὁδηγοὶ τυφλοί, οἱ λέγοντες, Ὃς ἂν ὀμόσῃ ἐν τῷ ναῷ, οὐδέν ἐστιν· ὃς δ' ἂν ὀμόσῃ ἐν τῷ χρυσῷ τοῦ ναοῦ, ὀφείλει. **17** Μωροὶ καὶ τυφλοί· τίς γὰρ μείζων ἐστίν, ὁ χρυσός, ἢ ὁ ναὸς ὁ ἁγιάζων[3] τὸν χρυσόν; **18** Καί, Ὃς ἐὰν[4] ὀμόσῃ ἐν τῷ θυσιαστηρίῳ, οὐδέν ἐστιν· ὃς δ' ἂν ὀμόσῃ ἐν τῷ δώρῳ τῷ ἐπάνω αὐτοῦ, ὀφείλει. **19** Μωροὶ καὶ[5] τυφλοί· τί γὰρ μεῖζον, τὸ δῶρον, ἢ τὸ θυσιαστήριον τὸ ἁγιάζον τὸ δῶρον; **20** Ὁ οὖν ὀμόσας ἐν τῷ θυσιαστηρίῳ ὀμνύει ἐν αὐτῷ καὶ ἐν πᾶσιν τοῖς ἐπάνω αὐτοῦ· **21** καὶ ὁ ὀμόσας ἐν τῷ ναῷ ὀμνύει ἐν αὐτῷ καὶ ἐν τῷ κατοικήσαντι[6] αὐτόν· **22** καὶ ὁ ὀμόσας ἐν τῷ οὐρανῷ ὀμνύει ἐν τῷ θρόνῳ τοῦ θεοῦ καὶ ἐν τῷ καθημένῳ ἐπάνω αὐτοῦ.

23 Οὐαὶ ὑμῖν, γραμματεῖς καὶ Φαρισαῖοι, ὑποκριταί, ὅτι ἀποδεκατοῦτε τὸ ἡδύοσμον καὶ τὸ ἄνηθον καὶ τὸ κύμινον, καὶ ἀφήκατε τὰ βαρύτερα τοῦ νόμου, τὴν κρίσιν καὶ τὸν ἔλεον[7] καὶ τὴν πίστιν· ταῦτα ἔδει[8] ποιῆσαι, κἀκεῖνα μὴ ἀφιέναι.

---

[1] κατεσθίετε τὰς οἰκίας τῶν χηρῶν, καὶ προφάσει μακρὰ προσευχόμενοι· διὰ τοῦτο λήψεσθε περισσότερον κρίμα • — [2] Οὐαὶ ὑμῖν, γραμματεῖς καὶ Φαρισαῖοι, ὑποκριταί, ὅτι • — [3] ἁγιάζων • ἁγιάσας [4] ἐὰν • ἂν [5] Μωροὶ καὶ • — [6] κατοικήσαντι • κατοικοῦντι [7] τὸν ἔλεον • τὸ ἔλεος [8] ἔδει • [δὲ] ἔδει

24 Ὁδηγοὶ τυφλοί, οἱ διϋλίζοντες τὸν κώνωπα, τὴν δὲ κάμηλον καταπίνοντες.

25 Οὐαὶ ὑμῖν, γραμματεῖς καὶ Φαρισαῖοι, ὑποκριταί, ὅτι καθαρίζετε τὸ ἔξωθεν τοῦ ποτηρίου καὶ τῆς παροψίδος, ἔσωθεν δὲ γέμουσιν ἐξ ἁρπαγῆς καὶ ἀδικίας.¹ **26** Φαρισαῖε τυφλέ, καθάρισον πρῶτον τὸ ἐντὸς τοῦ ποτηρίου καὶ τῆς παροψίδος,² ἵνα γένηται καὶ τὸ ἐκτὸς αὐτῶν³ καθαρόν.

27 Οὐαὶ ὑμῖν, γραμματεῖς καὶ Φαρισαῖοι, ὑποκριταί, ὅτι παρομοιάζετε τάφοις κεκονιαμένοις, οἵτινες ἔξωθεν μὲν φαίνονται ὡραῖοι, ἔσωθεν δὲ γέμουσιν ὀστέων νεκρῶν καὶ πάσης ἀκαθαρσίας. **28** Οὕτως καὶ ὑμεῖς ἔξωθεν μὲν φαίνεσθε τοῖς ἀνθρώποις δίκαιοι, ἔσωθεν δὲ μεστοί ἐστε⁴ ὑποκρίσεως καὶ ἀνομίας.

29 Οὐαὶ ὑμῖν, γραμματεῖς καὶ Φαρισαῖοι, ὑποκριταί, ὅτι οἰκοδομεῖτε τοὺς τάφους τῶν προφητῶν, καὶ κοσμεῖτε τὰ μνημεῖα τῶν δικαίων, **30** καὶ λέγετε, Εἰ ἦμεν ἐν⁵ ταῖς ἡμέραις τῶν πατέρων ἡμῶν, οὐκ ἂν ἦμεν κοινωνοὶ αὐτῶν⁶ ἐν τῷ αἵματι τῶν προφητῶν. **31** Ὥστε μαρτυρεῖτε ἑαυτοῖς ὅτι υἱοί ἐστε τῶν φονευσάντων τοὺς προφήτας· **32** καὶ ὑμεῖς πληρώσατε τὸ μέτρον τῶν πατέρων ὑμῶν. **33** Ὄφεις, γεννήματα ἐχιδνῶν, πῶς φύγητε ἀπὸ τῆς κρίσεως τῆς γεέννης;

The Recapitulation and the Lament over Jerusalem

34 Διὰ τοῦτο, ἰδού, ἐγὼ ἀποστέλλω πρὸς ὑμᾶς προφήτας καὶ σοφοὺς καὶ γραμματεῖς· καὶ ἐξ αὐτῶν ἀποκτενεῖτε⁷ καὶ σταυρώσετε, καὶ ἐξ αὐτῶν μαστιγώσετε ἐν ταῖς συναγωγαῖς ὑμῶν καὶ διώξετε ἀπὸ πόλεως εἰς πόλιν· **35** ὅπως ἔλθῃ ἐφ' ὑμᾶς πᾶν αἷμα δίκαιον ἐκχυνόμενον⁸ ἐπὶ τῆς γῆς, ἀπὸ τοῦ αἵματος Ἄβελ τοῦ δικαίου ἕως τοῦ αἵματος Ζαχαρίου υἱοῦ Βαραχίου, ὃν ἐφονεύσατε μεταξὺ τοῦ ναοῦ καὶ τοῦ θυσιαστηρίου.

---

1 ἀδικίας • ἀκρασίας   2 καὶ τῆς παροψίδος • —   3 αὐτῶν • αὐτοῦ   4 μεστοί ἐστε • ἐστε μεστοί   5 ἦμεν ἐν • ἤμεθα ἐν   6 ἦμεν κοινωνοὶ αὐτῶν • ἤμεθα αὐτῶν κοινωνοὶ   7 καὶ ἐξ αὐτῶν ἀποκτενεῖτε • ἐξ αὐτῶν ἀποκτενεῖτε   8 ἐκχυνόμενον • ἐκχυννόμενον

36 Ἀμὴν λέγω ὑμῖν ὅτι¹ ἥξει πάντα ταῦτα^(a, 2) ἐπὶ τὴν γενεὰν ταύτην.

37 Ἱερουσαλήμ, Ἱερουσαλήμ, ἡ ἀποκτένουσα^(b, 3) τοὺς προφήτας καὶ λιθοβολοῦσα τοὺς ἀπεσταλμένους πρὸς αὐτήν, ποσάκις ἠθέλησα ἐπισυναγαγεῖν τὰ τέκνα σου, ὃν τρόπον ἐπισυνάγει ὄρνις⁴ τὰ νοσσία ἑαυτῆς⁵ ὑπὸ τὰς πτέρυγας, καὶ οὐκ ἠθελήσατε. 38 Ἰδού, ἀφίεται ὑμῖν ὁ οἶκος ὑμῶν ἔρημος. 39 Λέγω γὰρ ὑμῖν, οὐ μή με ἴδητε ἀπ᾽ ἄρτι ἕως ἂν εἴπητε, Εὐλογημένος ὁ ἐρχόμενος ἐν ὀνόματι κυρίου.

The Judgment of God upon Jerusalem and upon the World

24 Καὶ ἐξελθὼν ὁ Ἰησοῦς ἐπορεύετο ἀπὸ τοῦ ἱεροῦ·⁶ καὶ προσῆλθον οἱ μαθηταὶ αὐτοῦ ἐπιδεῖξαι αὐτῷ τὰς οἰκοδομὰς τοῦ ἱεροῦ. 2 Ὁ δὲ Ἰησοῦς⁷ εἶπεν αὐτοῖς, Οὐ βλέπετε πάντα ταῦτα;^(c, 8) Ἀμὴν λέγω ὑμῖν, οὐ μὴ ἀφεθῇ ὧδε λίθος ἐπὶ λίθον, ὃς οὐ καταλυθήσεται.

3 Καθημένου δὲ αὐτοῦ ἐπὶ τοῦ ὄρους τῶν Ἐλαιῶν, προσῆλθον αὐτῷ οἱ μαθηταὶ κατ᾽ ἰδίαν, λέγοντες, Εἰπὲ ἡμῖν, πότε ταῦτα ἔσται; Καὶ τί τὸ σημεῖον τῆς σῆς παρουσίας, καὶ τῆς συντελείας⁹ τοῦ αἰῶνος; 4 Καὶ ἀποκριθεὶς ὁ Ἰησοῦς εἶπεν αὐτοῖς, Βλέπετε μή τις ὑμᾶς πλανήσῃ. 5 Πολλοὶ γὰρ ἐλεύσονται ἐπὶ τῷ ὀνόματί μου, λέγοντες, Ἐγώ εἰμι ὁ χριστός· καὶ πολλοὺς πλανήσουσιν. 6 Μελλήσετε δὲ ἀκούειν πολέμους καὶ ἀκοὰς πολέμων· ὁρᾶτε, μὴ θροεῖσθε· δεῖ γὰρ πάντα¹⁰ γενέσθαι, ἀλλ᾽ οὔπω ἐστὶν τὸ τέλος. 7 Ἐγερθήσεται γὰρ ἔθνος ἐπὶ ἔθνος, καὶ βασιλεία ἐπὶ βασιλείαν· καὶ ἔσονται λιμοὶ καὶ λοιμοὶ καὶ¹¹ σεισμοὶ κατὰ τόπους. 8 Πάντα δὲ ταῦτα ἀρχὴ ὠδίνων. 9 Τότε παραδώσουσιν ὑμᾶς εἰς θλίψιν, καὶ ἀποκτενοῦσιν ὑμᾶς.

---

[a] πάντα ταῦτα • ταῦτα πάντα   [b] ἀποκτένουσα • ἀποκτείνουσα   [c] πάντα ταῦτα • ταῦτα πάντα

---

[1] ὅτι • —   [2] πάντα ταῦτα • ταῦτα πάντα   [3] ἀποκτένουσα • ἀποκτείνουσα   [4] ἐπισυνάγει ὄρνις • ὄρνις ἐπισυνάγει   [5] ἑαυτῆς • αὐτῆς   [6] ἐπορεύετο ἀπὸ τοῦ ἱεροῦ • ἀπὸ τοῦ ἱεροῦ ἐπορεύετο   [7] Ἰησοῦς • ἀποκριθεὶς   [8] πάντα ταῦτα • ταῦτα πάντα   [9] τῆς συντελείας • συντελείας   [10] πάντα • —   [11] λοιμοὶ καὶ •

Καὶ ἔσεσθε μισούμενοι ὑπὸ πάντων τῶν ἐθνῶν διὰ τὸ ὄνομά μου. 10 Καὶ τότε σκανδαλισθήσονται πολλοί, καὶ ἀλλήλους παραδώσουσιν, καὶ μισήσουσιν ἀλλήλους. 11 Καὶ πολλοὶ ψευδοπροφῆται ἐγερθήσονται, καὶ πλανήσουσιν πολλούς. 12 Καὶ διὰ τὸ πληθυνθῆναι τὴν ἀνομίαν, ψυγήσεται ἡ ἀγάπη τῶν πολλῶν· 13 ὁ δὲ ὑπομείνας εἰς τέλος, οὗτος σωθήσεται. 14 Καὶ κηρυχθήσεται τοῦτο τὸ εὐαγγέλιον τῆς βασιλείας ἐν ὅλῃ τῇ οἰκουμένῃ εἰς μαρτύριον πᾶσιν τοῖς ἔθνεσιν· καὶ τότε ἥξει τὸ τέλος.

15 Ὅταν οὖν ἴδητε τὸ βδέλυγμα τῆς ἐρημώσεως, τὸ ῥηθὲν διὰ Δανιὴλ τοῦ προφήτου, ἑστὼς¹ ἐν τόπῳ ἁγίῳ—ὁ ἀναγινώσκων νοείτω— 16 τότε οἱ ἐν τῇ Ἰουδαίᾳ φευγέτωσαν ἐπὶ² τὰ ὄρη· 17 ὁ ἐπὶ τοῦ δώματος μὴ καταβαινέτω³ ἆραι τὰ ἐκ τῆς οἰκίας αὐτοῦ· 18 καὶ ὁ ἐν τῷ ἀγρῷ μὴ ἐπιστρεψάτω ὀπίσω ἆραι τὰ ἱμάτια⁴ αὐτοῦ. 19 Οὐαὶ δὲ ταῖς ἐν γαστρὶ ἐχούσαις καὶ ταῖς θηλαζούσαις ἐν ἐκείναις ταῖς ἡμέραις. 20 Προσεύχεσθε δὲ ἵνα μὴ γένηται ἡ φυγὴ ὑμῶν χειμῶνος, μηδὲ σαββάτῳ. 21 Ἔσται γὰρ τότε θλίψις μεγάλη, οἵα οὐ γέγονεν ἀπ' ἀρχῆς κόσμου ἕως τοῦ νῦν, οὐδ' οὐ μὴ γένηται. 22 Καὶ εἰ μὴ ἐκολοβώθησαν αἱ ἡμέραι ἐκεῖναι, οὐκ ἂν ἐσώθη πᾶσα σάρξ· διὰ δὲ τοὺς ἐκλεκτοὺς κολοβωθήσονται αἱ ἡμέραι ἐκεῖναι. 23 Τότε ἐάν τις ὑμῖν εἴπῃ, Ἰδού, ὧδε ὁ χριστός, ἢ ὧδε, μὴ πιστεύσητε. 24 Ἐγερθήσονται γὰρ ψευδόχριστοι καὶ ψευδοπροφῆται, καὶ δώσουσιν σημεῖα μεγάλα καὶ τέρατα, ὥστε πλανῆσαι, εἰ δυνατόν, καὶ τοὺς ἐκλεκτούς. 25 Ἰδού, προείρηκα ὑμῖν. 26 Ἐὰν οὖν εἴπωσιν ὑμῖν, Ἰδού, ἐν τῇ ἐρήμῳ ἐστίν, μὴ ἐξέλθητε· Ἰδού, ἐν τοῖς ταμείοις, μὴ πιστεύσητε. 27 Ὥσπερ γὰρ ἡ ἀστραπὴ ἐξέρχεται ἀπὸ ἀνατολῶν καὶ φαίνεται ἕως δυσμῶν, οὕτως ἔσται καὶ ἡ ᵃ,⁵ παρουσία τοῦ υἱοῦ τοῦ ἀνθρώπου. 28 Ὅπου γὰρ⁶ ἐὰν ᾖ τὸ πτῶμα, ἐκεῖ συναχθήσονται οἱ ἀετοί.

ᵃ καὶ ἡ • ἡ

---

¹ ἑστὼς • ἑστὸς   ² ἐπὶ • εἰς   ³ καταβαινέτω • καπαβάτω   ⁴ τὰ ἱμάτια • τὸ ἱμάτιον   ⁵ καὶ ἡ • ἡ   ⁶ γὰρ • —

29 Εὐθέως δὲ μετὰ τὴν θλίψιν τῶν ἡμερῶν ἐκείνων, ὁ ἥλιος σκοτισθήσεται, καὶ ἡ σελήνη οὐ δώσει τὸ φέγγος αὐτῆς, καὶ οἱ ἀστέρες πεσοῦνται ἀπὸ τοῦ οὐρανοῦ, καὶ αἱ δυνάμεις τῶν οὐρανῶν σαλευθήσονται. 30 Καὶ τότε φανήσεται τὸ σημεῖον τοῦ υἱοῦ τοῦ ἀνθρώπου ἐν τῷ [1] οὐρανῷ· καὶ τότε κόψονται πᾶσαι αἱ φυλαὶ τῆς γῆς, καὶ ὄψονται τὸν υἱὸν τοῦ ἀνθρώπου ἐρχόμενον ἐπὶ τῶν νεφελῶν τοῦ οὐρανοῦ μετὰ δυνάμεως καὶ δόξης πολλῆς. 31 Καὶ ἀποστελεῖ τοὺς ἀγγέλους αὐτοῦ μετὰ σάλπιγγος φωνῆς [2] μεγάλης, καὶ ἐπισυνάξουσιν τοὺς ἐκλεκτοὺς αὐτοῦ ἐκ τῶν τεσσάρων ἀνέμων, ἀπ' ἄκρων οὐρανῶν ἕως [3] ἄκρων αὐτῶν.

32 Ἀπὸ δὲ τῆς συκῆς μάθετε τὴν παραβολήν· ὅταν ἤδη ὁ κλάδος αὐτῆς γένηται ἁπαλός, καὶ τὰ φύλλα ἐκφύῃ, γινώσκετε ὅτι ἐγγὺς τὸ θέρος· 33 οὕτως καὶ ὑμεῖς, ὅταν ἴδητε ταῦτα πάντα,[a],[4] γινώσκετε ὅτι ἐγγύς ἐστιν ἐπὶ θύραις. 34 Ἀμὴν λέγω ὑμῖν, οὐ [5] μὴ παρέλθῃ ἡ γενεὰ αὕτη, ἕως ἂν πάντα ταῦτα γένηται. 35 Ὁ οὐρανὸς καὶ ἡ γῆ παρελεύσονται,[6] οἱ δὲ λόγοι μου οὐ μὴ παρέλθωσιν. 36 Περὶ δὲ τῆς ἡμέρας ἐκείνης καὶ ὥρας οὐδεὶς οἶδεν, οὐδὲ οἱ ἄγγελοι τῶν οὐρανῶν, εἰ μὴ ὁ πατήρ μου [7] μόνος. 37 Ὥσπερ δὲ [8] αἱ ἡμέραι τοῦ Νῶε, οὕτως ἔσται καὶ [9] ἡ παρουσία τοῦ υἱοῦ τοῦ ἀνθρώπου. 38 Ὥσπερ [10] γὰρ ἦσαν ἐν ταῖς ἡμέραις [11] ταῖς πρὸ τοῦ κατακλυσμοῦ τρώγοντες καὶ πίνοντες, γαμοῦντες καὶ ἐκγαμίζοντες,[12] ἄχρι ἧς ἡμέρας εἰσῆλθεν Νῶε εἰς τὴν κιβωτόν, 39 καὶ οὐκ ἔγνωσαν, ἕως ἦλθεν ὁ κατακλυσμὸς καὶ ἦρεν ἅπαντας, οὕτως ἔσται καὶ ἡ [13] παρουσία τοῦ υἱοῦ τοῦ ἀνθρώπου. 40 Τότε δύο ἔσονται ἐν τῷ ἀγρῷ· ὁ [14] εἷς παραλαμβάνεται, καὶ ὁ [15] εἷς ἀφίεται. 41 Δύο

---

[a] ταῦτα πάντα • πάντα ταῦτα

[1] τῷ • —   [2] φωνῆς • —   [3] ἕως • ἕως [τῶν]   [4] ταῦτα πάντα • πάντα ταῦτα   [5] οὐ • ὅτι οὐ   [6] παρελεύσονται • παρελεύσεται   [7] εἰ μὴ ὁ πατήρ μου • οὐδὲ ὁ υἱός, εἰ μὴ ὁ πατὴρ   [8] δὲ • γὰρ   [9] καὶ • —   [10] Ὥσπερ • Ὡς   [11] ἡμέραις • ἡμέραις [ἐκείναις]   [12] ἐκγαμίζοντες • γαμίζοντες   [13] καὶ ἡ • [καὶ] ἡ   [14] ἀγρῷ ὁ • ἀγρῷ   [15] καὶ ὁ • καὶ

ἀλήθουσαι ἐν τῷ μύλωνι· [1] μία παραλαμβάνεται, καὶ μία ἀφίεται.

The Need for Watchfulness

42 Γρηγορεῖτε οὖν, ὅτι οὐκ οἴδατε ποίᾳ ὥρᾳ [2] ὁ κύριος ὑμῶν ἔρχεται. 43 Ἐκεῖνο δὲ γινώσκετε, ὅτι εἰ ᾔδει ὁ οἰκοδεσπότης ποίᾳ φυλακῇ ὁ κλέπτης ἔρχεται, ἐγρηγόρησεν ἄν, καὶ οὐκ ἂν εἴασεν διορυγῆναι [3] τὴν οἰκίαν αὐτοῦ. 44 Διὰ τοῦτο καὶ ὑμεῖς γίνεσθε ἕτοιμοι· ὅτι ᾗ ὥρᾳ οὐ δοκεῖτε [4] ὁ υἱὸς τοῦ ἀνθρώπου ἔρχεται. 45 Τίς ἄρα ἐστὶν ὁ πιστὸς δοῦλος καὶ φρόνιμος, ὃν κατέστησεν ὁ κύριος αὐτοῦ ἐπὶ τῆς θεραπείας αὐτοῦ, τοῦ διδόναι [5] αὐτοῖς τὴν τροφὴν ἐν καιρῷ; 46 Μακάριος ὁ δοῦλος ἐκεῖνος, ὃν ἐλθὼν ὁ κύριος αὐτοῦ εὑρήσει ποιοῦντα οὕτως. [6] 47 Ἀμὴν λέγω ὑμῖν ὅτι ἐπὶ πᾶσιν τοῖς ὑπάρχουσιν αὐτοῦ καταστήσει αὐτόν. 48 Ἐὰν δὲ εἴπῃ ὁ κακὸς δοῦλος ἐκεῖνος ἐν τῇ καρδίᾳ αὐτοῦ, Χρονίζει ὁ κύριός μου [7] ἐλθεῖν, [8] 49 καὶ ἄρξηται τύπτειν τοὺς συνδούλους, [9] ἐσθίειν δὲ καὶ πίνειν [10] μετὰ τῶν μεθυόντων, 50 ἥξει ὁ κύριος τοῦ δούλου ἐκείνου ἐν ἡμέρᾳ ᾗ οὐ προσδοκᾷ, καὶ ἐν ὥρᾳ ᾗ οὐ γινώσκει, 51 καὶ διχοτομήσει αὐτόν, καὶ τὸ μέρος αὐτοῦ μετὰ τῶν ὑποκριτῶν θήσει· ἐκεῖ ἔσται ὁ κλαυθμὸς καὶ ὁ βρυγμὸς τῶν ὀδόντων.

The Parable of the Ten Virgins

25 Τότε ὁμοιωθήσεται ἡ βασιλεία τῶν οὐρανῶν δέκα παρθένοις, αἵτινες λαβοῦσαι τὰς λαμπάδας αὐτῶν [11] ἐξῆλθον εἰς ἀπάντησιν [12] τοῦ νυμφίου. 2 Πέντε δὲ ἦσαν ἐξ αὐτῶν [13] φρόνιμοι, καὶ αἱ πέντε μωραί. [14] 3 Αἵτινες [15] μωραί, λαβοῦσαι τὰς λαμπάδας αὐτῶν, οὐκ ἔλαβον μεθ' ἑαυτῶν ἔλαιον· 4 αἱ δὲ φρόνιμοι ἔλαβον ἔλαιον ἐν τοῖς ἀγγείοις

---

[1] μύλωνι • μύλῳ [2] ὥρᾳ • ἡμέρᾳ [3] διορυγῆναι • διορυχθῆναι [4] ὥρᾳ οὐ δοκεῖτε • οὐ δοκεῖτε ὥρᾳ [5] αὐτοῦ ἐπὶ τῆς θεραπείας αὐτοῦ τοῦ διδόναι • ἐπὶ τῆς οἰκετείας αὐτοῦ τοῦ δοῦναι [6] ποιοῦντα οὕτως • οὕτως ποιοῦντα [7] ὁ κύριός μου • μου ὁ κύριος [8] ἐλθεῖν • — [9] συνδούλους • συνδούλους αὐτοῦ [10] ἐσθίειν δὲ καὶ πίνειν • ἐσθίῃ δὲ καὶ πίνῃ [11] αὐτῶν • ἑαυτῶν [12] ἀπάντησιν • ὑπάντησιν [13] ἦσαν ἐξ αὐτῶν • ἐξ αὐτῶν ἦσαν [14] φρόνιμοι καὶ αἱ πέντε μωραί • μωραὶ καὶ πέντε φρόνιμοι [15] Αἵτινες • Αἱ γὰρ

αὐτῶν¹ μετὰ τῶν λαμπάδων αὐτῶν.² 5 Χρονίζοντος δὲ τοῦ νυμφίου, ἐνύσταξαν πᾶσαι καὶ ἐκάθευδον. 6 Μέσης δὲ νυκτὸς κραυγὴ γέγονεν, Ἰδού, ὁ νυμφίος ἔρχεται,³ ἐξέρχεσθε εἰς ἀπάντησιν αὐτοῦ.⁴ 7 Τότε ἠγέρθησαν πᾶσαι αἱ παρθένοι ἐκεῖναι, καὶ ἐκόσμησαν τὰς λαμπάδας αὐτῶν.⁵ 8 Αἱ δὲ μωραὶ ταῖς φρονίμοις εἶπον,⁶ Δότε ἡμῖν ἐκ τοῦ ἐλαίου ὑμῶν, ὅτι αἱ λαμπάδες ἡμῶν σβέννυνται. 9 Ἀπεκρίθησαν δὲ αἱ φρόνιμοι, λέγουσαι, Μήποτε οὐκ⁷ ἀρκέσῃ ἡμῖν καὶ ὑμῖν· πορεύεσθε δὲ μᾶλλον⁸ πρὸς τοὺς πωλοῦντας καὶ ἀγοράσατε ἑαυταῖς. 10 Ἀπερχομένων δὲ αὐτῶν ἀγοράσαι, ἦλθεν ὁ νυμφίος· καὶ αἱ ἕτοιμοι εἰσῆλθον μετ' αὐτοῦ εἰς τοὺς γάμους, καὶ ἐκλείσθη ἡ θύρα. 11 Ὕστερον δὲ ἔρχονται καὶ αἱ λοιπαὶ παρθένοι, λέγουσαι, Κύριε, κύριε, ἄνοιξον ἡμῖν. 12 Ὁ δὲ ἀποκριθεὶς εἶπεν, Ἀμὴν λέγω ὑμῖν, οὐκ οἶδα ὑμᾶς. 13 Γρηγορεῖτε οὖν, ὅτι οὐκ οἴδατε τὴν ἡμέραν οὐδὲ τὴν ὥραν, ἐν ᾗ ὁ υἱὸς τοῦ ἀνθρώπου ἔρχεται.⁹

The Parable of the Talents

14 Ὥσπερ γὰρ ἄνθρωπος ἀποδημῶν ἐκάλεσεν τοὺς ἰδίους δούλους, καὶ παρέδωκεν αὐτοῖς τὰ ὑπάρχοντα αὐτοῦ· 15 καὶ ᾧ μὲν ἔδωκεν πέντε τάλαντα, ᾧ δὲ δύο, ᾧ δὲ ἕν, ἑκάστῳ κατὰ τὴν ἰδίαν δύναμιν· καὶ ἀπεδήμησεν εὐθέως. 16 Πορευθεὶς δὲ¹⁰ ὁ τὰ πέντε τάλαντα λαβὼν εἰργάσατο¹¹ ἐν αὐτοῖς, καὶ ἐποίησεν ἄλλα πέντε τάλαντα.¹² 17 Ὡσαύτως καὶ ὁ¹³ τὰ δύο ἐκέρδησεν καὶ αὐτὸς¹⁴ ἄλλα δύο. 18 Ὁ δὲ τὸ ἓν λαβὼν ἀπελθὼν ὤρυξεν ἐν τῇ γῇ, καὶ ἀπέκρυψεν¹⁵ τὸ ἀργύριον τοῦ κυρίου αὐτοῦ. 19 Μετὰ δὲ χρόνον πολὺν¹⁶ ἔρχεται ὁ κύριος τῶν δούλων ἐκείνων, καὶ συναίρει μετ' αὐτῶν λόγον.¹⁷ 20 Καὶ προσελθὼν ὁ τὰ πέντε τάλαντα λαβὼν προσήνεγκεν ἄλλα πέντε τάλαντα,

---

1 ἀγγείοις αὐτῶν • ἀγγείοις   *2 λαμπάδων αὐτῶν • λαμπάδων ἑαυτῶν*
3 ἔρχεται • —   *4 αὐτοῦ • [αὐτοῦ]*   *5 αὐτῶν • ἑαυτῶν*   *6 εἶπον • εἶπαν*   *7 οὐκ •*
οὐ μὴ   *8 δὲ μᾶλλον • μᾶλλον*   *9 ἐν ᾗ ὁ υἱὸς τοῦ ἀνθρώπου ἔρχεται • —*   *10 δὲ •*
—   *11 εἰργάσατο • ἠργάσατο*   *12 ἐποίησεν ἄλλα πέντε τάλαντα • ἐκέρδησεν*
ἄλλα πέντε   *13 καὶ ὁ • ὁ*   *14 καὶ αὐτὸς • —*   *15 ἐν τῇ γῇ καὶ ἀπέκρυψεν • γῆν*
καὶ ἔκρυψεν   *16 χρόνον πολὺν • πολὺν χρόνον*   *17 μετ' αὐτῶν λόγον • λόγον*
μετ' αὐτῶν

λέγων, Κύριε, πέντε τάλαντά μοι παρέδωκας· ἴδε, ἄλλα πέντε τάλαντα ἐκέρδησα ἐπ' αὐτοῖς.¹ 21 Ἔφη δὲ² αὐτῷ ὁ κύριος αὐτοῦ, Εὖ, δοῦλε ἀγαθὲ καὶ πιστέ, ἐπὶ ὀλίγα ἦς πιστός, ἐπὶ πολλῶν σε καταστήσω· εἴσελθε εἰς τὴν χαρὰν τοῦ κυρίου σου. 22 Προσελθὼν δὲ³ καὶ ὁ τὰ δύο τάλαντα λαβὼν⁴ εἶπεν, Κύριε, δύο τάλαντά μοι παρέδωκας· ἴδε, ἄλλα δύο τάλαντα ἐκέρδησα ἐπ' αὐτοῖς.⁵ 23 Ἔφη αὐτῷ ὁ κύριος αὐτοῦ, Εὖ, δοῦλε ἀγαθὲ καὶ πιστέ, ἐπὶ ὀλίγα ἦς πιστός, ἐπὶ πολλῶν σε καταστήσω· εἴσελθε εἰς τὴν χαρὰν τοῦ κυρίου σου. 24 Προσελθὼν δὲ καὶ ὁ τὸ ἓν τάλαντον εἰληφὼς εἶπεν, Κύριε, ἔγνων σε ὅτι σκληρὸς εἶ ἄνθρωπος, θερίζων ὅπου οὐκ ἔσπειρας, καὶ συνάγων ὅθεν οὐ διεσκόρπισας· 25 καὶ φοβηθείς, ἀπελθὼν ἔκρυψα τὸ τάλαντόν σου ἐν τῇ γῇ· ἴδε, ἔχεις τὸ σόν. 26 Ἀποκριθεὶς δὲ ὁ κύριος αὐτοῦ εἶπεν αὐτῷ, Πονηρὲ δοῦλε καὶ ὀκνηρέ, ᾔδεις ὅτι θερίζω ὅπου οὐκ ἔσπειρα, καὶ συνάγω ὅθεν οὐ διεσκόρπισα· 27 ἔδει οὖν σε⁶ βαλεῖν τὸ ἀργύριόν⁷ μου τοῖς τραπεζίταις, καὶ ἐλθὼν ἐγὼ ἐκομισάμην ἂν τὸ ἐμὸν σὺν τόκῳ. 28 Ἄρατε οὖν ἀπ' αὐτοῦ τὸ τάλαντον, καὶ δότε τῷ ἔχοντι τὰ δέκα τάλαντα. 29 Τῷ γὰρ ἔχοντι παντὶ δοθήσεται καὶ περισσευθήσεται· ἀπὸ δὲ τοῦ⁸ μὴ ἔχοντος, καὶ ὃ ἔχει ἀρθήσεται ἀπ' αὐτοῦ. 30 Καὶ τὸν ἀχρεῖον δοῦλον ἐκβάλετε εἰς τὸ σκότος τὸ ἐξώτερον. Ἐκεῖ ἔσται ὁ κλαυθμὸς καὶ ὁ βρυγμὸς τῶν ὀδόντων.

The Last Judgment

31 Ὅταν δὲ ἔλθῃ ὁ υἱὸς τοῦ ἀνθρώπου ἐν τῇ δόξῃ αὐτοῦ, καὶ πάντες οἱ ἅγιοι⁹ ἄγγελοι μετ' αὐτοῦ, τότε καθίσει ἐπὶ θρόνου δόξης αὐτοῦ, 32 καὶ συναχθήσεται¹⁰ ἔμπροσθεν αὐτοῦ πάντα τὰ ἔθνη, καὶ ἀφοριεῖ¹¹ αὐτοὺς ἀπ' ἀλλήλων, ὥσπερ ὁ ποιμὴν ἀφορίζει τὰ πρόβατα ἀπὸ τῶν ἐρίφων· 33 καὶ στήσει τὰ μὲν πρόβατα ἐκ δεξιῶν αὐτοῦ, τὰ δὲ ἐρίφια ἐξ εὐωνύμων. 34 Τότε ἐρεῖ ὁ βασιλεὺς τοῖς ἐκ δεξιῶν αὐτοῦ,

---

1 ἐπ' αὐτοῖς • — 2 δὲ • — 3 δὲ • [δὲ] 4 λαβὼν • — 5 ἐπ' αὐτοῖς • — 6 οὖν σε • σε οὖν 7 τὸ ἀργύριόν • τὰ ἀργύριά 8 ἀπὸ δὲ τοῦ • τοῦ δὲ 9 ἅγιοι • — 10 συναχθήσεται • συναχθήσονται 11 ἀφοριεῖ • ἀφορίσει

Δεῦτε, οἱ εὐλογημένοι τοῦ πατρός μου, κληρονομήσατε τὴν ἡτοιμασμένην ὑμῖν βασιλείαν ἀπὸ καταβολῆς κόσμου. 35 Ἐπείνασα γάρ, καὶ ἐδώκατέ μοι φαγεῖν· ἐδίψησα, καὶ ἐποτίσατέ με· ξένος ἤμην, καὶ συνηγάγετέ με· 36 γυμνός, καὶ περιεβάλετέ με· ἠσθένησα, καὶ ἐπεσκέψασθέ με· ἐν φυλακῇ ἤμην, καὶ ἤλθετε[1] πρός με. 37 Τότε ἀποκριθήσονται αὐτῷ οἱ δίκαιοι, λέγοντες, Κύριε, πότε σὲ εἴδομεν πεινῶντα, καὶ ἐθρέψαμεν; Ἢ διψῶντα, καὶ ἐποτίσαμεν; 38 Πότε δέ σε εἴδομεν ξένον, καὶ συνηγάγομεν; Ἢ γυμνόν, καὶ περιεβάλομεν; 39 Πότε δέ σε εἴδομεν ἀσθενῆ,[2] ἢ ἐν φυλακῇ, καὶ ἤλθομεν πρός σε; 40 Καὶ ἀποκριθεὶς ὁ βασιλεὺς ἐρεῖ αὐτοῖς, Ἀμὴν λέγω ὑμῖν, ἐφ' ὅσον ἐποιήσατε ἑνὶ τούτων τῶν ἀδελφῶν μου τῶν ἐλαχίστων, ἐμοὶ ἐποιήσατε. 41 Τότε ἐρεῖ καὶ τοῖς ἐξ εὐωνύμων, Πορεύεσθε ἀπ' ἐμοῦ, οἱ[3] κατηραμένοι, εἰς τὸ πῦρ τὸ αἰώνιον, τὸ ἡτοιμασμένον τῷ διαβόλῳ καὶ τοῖς ἀγγέλοις αὐτοῦ. 42 Ἐπείνασα γάρ, καὶ οὐκ ἐδώκατέ μοι φαγεῖν· ἐδίψησα, καὶ οὐκ ἐποτίσατέ με· 43 ξένος ἤμην, καὶ οὐ συνηγάγετέ με· γυμνός, καὶ οὐ περιεβάλετέ με· ἀσθενής, καὶ ἐν φυλακῇ, καὶ οὐκ ἐπεσκέψασθέ με. 44 Τότε ἀποκριθήσονται καὶ αὐτοί, λέγοντες, Κύριε, πότε σὲ εἴδομεν πεινῶντα, ἢ διψῶντα, ἢ ξένον, ἢ γυμνόν, ἢ ἀσθενῆ, ἢ ἐν φυλακῇ, καὶ οὐ διηκονήσαμέν σοι; 45 Τότε ἀποκριθήσεται αὐτοῖς, λέγων, Ἀμὴν λέγω ὑμῖν, ἐφ' ὅσον οὐκ ἐποιήσατε ἑνὶ τούτων τῶν ἐλαχίστων, οὐδὲ ἐμοὶ ἐποιήσατε. 46 Καὶ ἀπελεύσονται οὗτοι εἰς κόλασιν αἰώνιον· οἱ δὲ δίκαιοι εἰς ζωὴν αἰώνιον.

Events Preceding the Last Passover

26 Καὶ ἐγένετο ὅτε ἐτέλεσεν ὁ Ἰησοῦς πάντας τοὺς λόγους τούτους, εἶπεν τοῖς μαθηταῖς αὐτοῦ, 2 Οἴδατε ὅτι μετὰ δύο ἡμέρας τὸ Πάσχα γίνεται, καὶ ὁ υἱὸς τοῦ ἀνθρώπου παραδίδοται εἰς τὸ σταυρωθῆναι. 3 Τότε συνήχθησαν οἱ ἀρχιερεῖς καὶ οἱ γραμματεῖς καὶ οἱ[4] πρεσβύτεροι τοῦ λαοῦ εἰς τὴν αὐλὴν τοῦ ἀρχιερέως τοῦ λεγομένου Καϊάφα, 4 καὶ

---

[1] ἤλθετε • ἤλθατε [2] ἀσθενῆ • ἀσθενοῦντα [3] οἱ • [οἱ] [4] γραμματεῖς καὶ οἱ •

συνεβουλεύσαντο ἵνα τὸν Ἰησοῦν δόλῳ κρατήσωσιν καὶ ἀποκτείνωσιν. 5 Ἔλεγον δέ, Μὴ ἐν τῇ ἑορτῇ, ἵνα μὴ θόρυβος γένηται ἐν τῷ λαῷ. 6 Τοῦ δὲ Ἰησοῦ γενομένου ἐν Βηθανίᾳ ἐν οἰκίᾳ Σίμωνος τοῦ λεπροῦ, 7 προσῆλθεν αὐτῷ γυνὴ ἀλάβαστρον μύρου ἔχουσα¹ βαρυτίμου, καὶ κατέχεεν ἐπὶ τὴν κεφαλὴν² αὐτοῦ ἀνακειμένου. 8 Ἰδόντες δὲ οἱ μαθηταὶ αὐτοῦ³ ἠγανάκτησαν, λέγοντες, Εἰς τί ἡ ἀπώλεια αὕτη; 9 Ἠδύνατο⁴ γὰρ τοῦτο τὸ μύρον⁵ πραθῆναι πολλοῦ, καὶ δοθῆναι πτωχοῖς.ᵃ 10 Γνοὺς δὲ ὁ Ἰησοῦς εἶπεν αὐτοῖς, Τί κόπους παρέχετε τῇ γυναικί; Ἔργον γὰρ καλὸν εἰργάσατο⁶ εἰς ἐμέ. 11 Πάντοτε γὰρ τοὺς πτωχοὺςᵇ ἔχετε μεθ' ἑαυτῶν, ἐμὲ δὲ οὐ πάντοτε ἔχετε. 12 Βαλοῦσα γὰρ αὕτη τὸ μύρον τοῦτο ἐπὶ τοῦ σώματός μου, πρὸς τὸ ἐνταφιάσαι με ἐποίησεν. 13 Ἀμὴν λέγω ὑμῖν, ὅπου ἐὰν κηρυχθῇ τὸ εὐαγγέλιον τοῦτο ἐν ὅλῳ τῷ κόσμῳ, λαληθήσεται καὶ ὃ ἐποίησεν αὕτη εἰς μνημόσυνον αὐτῆς. 14 Τότε πορευθεὶς εἷς τῶν δώδεκα, ὁ λεγόμενος Ἰούδας Ἰσκαριώτης, πρὸς τοὺς ἀρχιερεῖς, 15 εἶπεν, Τί θέλετέ μοι δοῦναι, κἀγὼᶜ ὑμῖν παραδώσω αὐτόν; Οἱ δὲ ἔστησαν αὐτῷ τριάκοντα ἀργύρια, 16 καὶ ἀπὸ τότε ἐζήτει εὐκαιρίαν ἵνα αὐτὸν παραδῷ.

17 Τῇ δὲ πρώτῃ τῶν ἀζύμων προσῆλθον οἱ μαθηταὶ τῷ Ἰησοῦ, λέγοντες αὐτῷ,⁷ Ποῦ θέλεις ἑτοιμάσομένᵈ,⁸ σοι φαγεῖν τὸ Πάσχα; 18 Ὁ δὲ εἶπεν, Ὑπάγετε εἰς τὴν πόλιν πρὸς τὸν δεῖνα, καὶ εἴπατε αὐτῷ, Ὁ διδάσκαλος λέγει, Ὁ καιρός μου ἐγγύς ἐστιν· πρός σε ποιῶ τὸ Πάσχα μετὰ τῶν μαθητῶν μου. 19 Καὶ ἐποίησαν οἱ μαθηταὶ ὡς συνέταξεν αὐτοῖς ὁ Ἰησοῦς, καὶ ἡτοίμασαν τὸ Πάσχα.

ᵃ πτωχοῖς • τοῖς πτωχοῖς   ᵇ Πάντοτε γὰρ τοὺς πτωχοὺς • Τοὺς πτωχοὺς γὰρ πάντοτε   ᶜ κἀγὼ • καὶ ἐγὼ   ᵈ ἑτοιμάσομέν • ἑταιμάσωμέν

¹ ἀλάβαστρον μύρου ἔχουσα • ἔχουσα ἀλάβαστρον μύρου   ² τὴν κεφαλὴν • τῆς κεφαλῆς   ³ αὐτοῦ • —   ⁴ Ἠδύνατο • Ἐδύνατο   ⁵ τὸ μύρον • —   ⁶ εἰργάσατο • ἠργάσατο   ⁷ αὐτῷ • —   ⁸ ἑτοιμάσομέν • ἑτοιμάσωμέν

The Passover Meal and the Institution of the Lord's Supper

20 Ὀψίας δὲ γενομένης ἀνέκειτο μετὰ τῶν δώδεκα. 21 Καὶ ἐσθιόντων αὐτῶν εἶπεν, Ἀμὴν λέγω ὑμῖν ὅτι εἷς ἐξ ὑμῶν παραδώσει με. 22 Καὶ λυπούμενοι σφόδρα ἤρξαντο λέγειν αὐτῷ ἕκαστος αὐτῶν,[1] Μήτι ἐγώ εἰμι, κύριε; 23 Ὁ δὲ ἀποκριθεὶς εἶπεν, Ὁ ἐμβάψας μετ' ἐμοῦ ἐν τῷ τρυβλίῳ τὴν χεῖρα,[2] οὗτός με παραδώσει. 24 Ὁ μὲν υἱὸς τοῦ ἀνθρώπου ὑπάγει, καθὼς γέγραπται περὶ αὐτοῦ· οὐαὶ δὲ τῷ ἀνθρώπῳ ἐκείνῳ δι' οὗ ὁ υἱὸς τοῦ ἀνθρώπου παραδίδοται· καλὸν ἦν αὐτῷ εἰ οὐκ ἐγεννήθη ὁ ἄνθρωπος ἐκεῖνος. 25 Ἀποκριθεὶς δὲ Ἰούδας ὁ παραδιδοὺς αὐτὸν εἶπεν, Μήτι ἐγώ εἰμι, ῥαββί; Λέγει αὐτῷ, Σὺ εἶπας. 26 Ἐσθιόντων δὲ αὐτῶν, λαβὼν ὁ Ἰησοῦς τὸν[3] ἄρτον, καὶ εὐχαριστήσας[4] ἔκλασεν καὶ ἐδίδου[5] τοῖς μαθηταῖς, καὶ εἶπεν,[6] Λάβετε, φάγετε· τοῦτό ἐστιν τὸ σῶμά μου. 27 Καὶ λαβὼν τὸ[7] ποτήριον καὶ εὐχαριστήσας ἔδωκεν αὐτοῖς, λέγων, Πίετε ἐξ αὐτοῦ πάντες· 28 τοῦτο γάρ ἐστιν τὸ αἷμά μου, τὸ τῆς καινῆς[8] διαθήκης, τὸ περὶ πολλῶν ἐκχυνόμενον[9] εἰς ἄφεσιν ἁμαρτιῶν. 29 Λέγω δὲ ὑμῖν ὅτι[10] οὐ μὴ πίω ἀπ' ἄρτι ἐκ τούτου τοῦ γεννήματος[11] τῆς ἀμπέλου, ἕως τῆς ἡμέρας ἐκείνης ὅταν αὐτὸ πίνω μεθ' ὑμῶν καινὸν ἐν τῇ βασιλείᾳ τοῦ πατρός μου.

Events at Gethsemane

30 Καὶ ὑμνήσαντες ἐξῆλθον εἰς τὸ ὄρος τῶν Ἐλαιῶν.

31 Τότε λέγει αὐτοῖς ὁ Ἰησοῦς, Πάντες ὑμεῖς σκανδαλισθήσεσθε ἐν ἐμοὶ ἐν τῇ νυκτὶ ταύτῃ· γέγραπται γάρ, Πατάξω τὸν ποιμένα, καὶ διασκορπισθήσεται[12] τὰ πρόβατα τῆς ποίμνης. 32 Μετὰ δὲ τὸ ἐγερθῆναί με, προάξω ὑμᾶς εἰς τὴν Γαλιλαίαν. 33 Ἀποκριθεὶς δὲ ὁ Πέτρος εἶπεν αὐτῷ, Εἰ πάντες σκανδαλισθήσονται ἐν σοί, ἐγὼ δὲ οὐδέποτε [a, 13]

---

a δὲ οὐδέποτε • οὐδέποτε

---

1 ἕκαστος αὐτῶν • εἷς ἕκαστος   2 ἐν τῷ τρυβλίῳ τὴν χεῖρα • τὴν χεῖρα ἐν τῷ τρυβλίῳ   3 τὸν • —   4 εὐχαριστήσας • εὐλογήσας   5 ἐδίδου • δοὺς   6 καὶ εἶπεν • εἶπεν   7 τὸ • —   8 τὸ τῆς καινῆς • τῆς   9 ἐκχυνόμενον • ἐκχυννόμενον   10 ὅτι • —   11 γεννήματος • γενήματος   12 διασκορπισθήσεται • διασκορπισθήσονται   13 δὲ οὐδέποτε • οὐδέποτε

σκανδαλισθήσομαι. 34 Ἔφη αὐτῷ ὁ Ἰησοῦς, Ἀμὴν λέγω σοι ὅτι ἐν ταύτῃ τῇ νυκτί, πρὶν ἀλέκτορα φωνῆσαι, τρὶς ἀπαρνήσῃ με. 35 Λέγει αὐτῷ ὁ Πέτρος, Κἂν δέῃ με σὺν σοὶ ἀποθανεῖν, οὐ μή σε ἀπαρνήσωμαι.[a, 1] Ὁμοίως δὲ[2] καὶ πάντες οἱ μαθηταὶ εἶπον.[3]

36 Τότε ἔρχεται μετ' αὐτῶν ὁ Ἰησοῦς εἰς χωρίον λεγόμενον Γεθσημανῆ,[4] καὶ λέγει τοῖς μαθηταῖς, Καθίσατε αὐτοῦ, ἕως οὗ[5] ἀπελθὼν προσεύξωμαι ἐκεῖ.[6] 37 Καὶ παραλαβὼν τὸν Πέτρον καὶ τοὺς δύο υἱοὺς Ζεβεδαίου, ἤρξατο λυπεῖσθαι καὶ ἀδημονεῖν. 38 Τότε λέγει αὐτοῖς ὁ Ἰησοῦς,[7] Περίλυπός ἐστιν ἡ ψυχή μου ἕως θανάτου· μείνατε ὧδε καὶ γρηγορεῖτε μετ' ἐμοῦ. 39 Καὶ προσελθὼν[8] μικρόν, ἔπεσεν ἐπὶ πρόσωπον αὐτοῦ προσευχόμενος καὶ λέγων, Πάτερ μου, εἰ δυνατόν ἐστιν, παρελθέτω[9] ἀπ' ἐμοῦ τὸ ποτήριον· τοῦτο· πλὴν οὐχ ὡς ἐγὼ θέλω, ἀλλ' ὡς σύ. 40 Καὶ ἔρχεται πρὸς τοὺς μαθητὰς καὶ εὑρίσκει αὐτοὺς καθεύδοντας, καὶ λέγει τῷ Πέτρῳ, Οὕτως οὐκ ἰσχύσατε μίαν ὥραν γρηγορῆσαι μετ' ἐμοῦ; 41 Γρηγορεῖτε καὶ προσεύχεσθε, ἵνα μὴ εἰσέλθητε εἰς πειρασμόν. Τὸ μὲν πνεῦμα πρόθυμον, ἡ δὲ σὰρξ ἀσθενής. 42 Πάλιν ἐκ δευτέρου ἀπελθὼν προσηύξατο, λέγων, Πάτερ μου, εἰ οὐ δύναται τοῦτο τὸ ποτήριον παρελθεῖν ἀπ' ἐμοῦ,[10] ἐὰν μὴ αὐτὸ πίω, γενηθήτω τὸ θέλημά σου. 43 Καὶ ἐλθὼν εὑρίσκει αὐτοὺς πάλιν[11] καθεύδοντας· ἦσαν γὰρ αὐτῶν οἱ ὀφθαλμοὶ βεβαρημένοι. 44 Καὶ ἀφεὶς αὐτοὺς ἀπελθὼν πάλιν[12] προσηύξατο ἐκ τρίτου, τὸν αὐτὸν λόγον εἰπών.[13] 45 Τότε ἔρχεται πρὸς τοὺς μαθητὰς αὐτοῦ,[14] καὶ λέγει αὐτοῖς, Καθεύδετε τὸ[15] λοιπὸν καὶ ἀναπαύεσθε. Ἰδού, ἤγγικεν ἡ ὥρα, καὶ ὁ υἱὸς τοῦ ἀνθρώπου

---

[a] ἀπαρνήσωμαι • ἀπαρνήσομαι

---

[1] ἀπαρνήσωμαι • ἀπαρνήσομαι   [2] δὲ • —   [3] εἶπον • εἶπαν   [4] Γεθσημανῆ • Γεθσημανί   [5] οὗ • [οὗ]   [6] προσεύξωμαι ἐκεῖ • ἐκεῖ προσεύξωμαι   [7] ὁ Ἰησοῦς • —   [8] προσελθὼν • προελθὼν   [9] παρελθέτω • παρελθάτω   [10] τὸ ποτήριον παρελθεῖν ἀπ' ἐμοῦ • παρελθεῖν   [11] εὑρίσκει αὐτοὺς πάλιν • πάλιν εὗρεν αὐτοὺς   [12] ἀπελθὼν πάλιν • πάλιν ἀπελθὼν   [13] εἰπών • εἰπὼν πάλιν   [14] αὐτοῦ • —   [15] τὸ • [τὸ]

παραδίδοται εἰς χεῖρας ἁμαρτωλῶν. 46 Ἐγείρεσθε, ἄγωμεν. Ἰδού, ἤγγικεν ὁ παραδιδούς με.

The Betrayal and Arrest

47 Καὶ ἔτι αὐτοῦ λαλοῦντος, ἰδού, Ἰούδας, εἷς τῶν δώδεκα, ἦλθεν καὶ μετ' αὐτοῦ ὄχλος πολὺς μετὰ μαχαιρῶν καὶ ξύλων, ἀπὸ τῶν ἀρχιερέων καὶ πρεσβυτέρων τοῦ λαοῦ. 48 Ὁ δὲ παραδιδοὺς αὐτὸν ἔδωκεν αὐτοῖς σημεῖον, λέγων, Ὃν ἂν φιλήσω, αὐτός ἐστιν· κρατήσατε αὐτόν. 49 Καὶ εὐθέως προσελθὼν τῷ Ἰησοῦ εἶπεν, Χαῖρε, ῥαββί· καὶ κατεφίλησεν αὐτόν. 50 Ὁ δὲ Ἰησοῦς εἶπεν αὐτῷ, Ἑταῖρε, ἐφ' ᾧ[1] πάρει; Τότε προσελθόντες ἐπέβαλον τὰς χεῖρας ἐπὶ τὸν Ἰησοῦν, καὶ ἐκράτησαν αὐτόν. 51 Καὶ ἰδού, εἷς τῶν μετὰ Ἰησοῦ, ἐκτείνας τὴν χεῖρα, ἀπέσπασεν τὴν μάχαιραν αὐτοῦ, καὶ πατάξας τὸν δοῦλον τοῦ ἀρχιερέως ἀφεῖλεν αὐτοῦ τὸ ὠτίον. 52 Τότε λέγει αὐτῷ ὁ Ἰησοῦς, Ἀπόστρεψόν σου τὴν μάχαιραν[2] εἰς τὸν τόπον αὐτῆς· πάντες γὰρ οἱ λαβόντες μάχαιραν ἐν μαχαίρᾳ ἀποθανοῦνται.[3] 53 Ἢ δοκεῖς ὅτι οὐ δύναμαι ἄρτι[4] παρακαλέσαι τὸν πατέρα μου, καὶ παραστήσει μοι πλείους ἢ δώδεκα λεγεῶνας[5] ἀγγέλων; 54 Πῶς οὖν πληρωθῶσιν αἱ γραφαί, ὅτι οὕτως δεῖ γενέσθαι; 55 Ἐν ἐκείνῃ τῇ ὥρᾳ εἶπεν ὁ Ἰησοῦς τοῖς ὄχλοις, Ὡς ἐπὶ λῃστὴν ἐξήλθετε[6] μετὰ μαχαιρῶν καὶ ξύλων συλλαβεῖν με; Καθ' ἡμέραν πρὸς ὑμᾶς ἐκαθεζόμην διδάσκων ἐν τῷ ἱερῷ,[7] καὶ οὐκ ἐκρατήσατέ με. 56 Τοῦτο δὲ ὅλον γέγονεν, ἵνα πληρωθῶσιν αἱ γραφαὶ τῶν προφητῶν. Τότε οἱ μαθηταὶ πάντες ἀφέντες αὐτὸν ἔφυγον.

The Trial before Caiaphas and the Denial of Peter

57 Οἱ δὲ κρατήσαντες τὸν Ἰησοῦν ἀπήγαγον πρὸς Καϊάφαν τὸν ἀρχιερέα, ὅπου οἱ γραμματεῖς καὶ οἱ πρεσβύτεροι συνήχθησαν. 58 Ὁ δὲ Πέτρος ἠκολούθει αὐτῷ ἀπὸ μακρόθεν,

---

[1] ᾧ • ὅ [2] σου τὴν μάχαιραν • τὴν μάχαιράν σου [3] μαχαίρᾳ ἀποθανοῦνται • μαχαίρῃ ἀπολοῦνται [4] ἄρτι • — [5] πλείους ἢ δώδεκα λεγεῶνας • ἄρτι πλείω δώδεκα λεγιῶνας [6] ἐξήλθετε • ἐξήλθατε [7] πρὸς ὑμᾶς ἐκαθεζόμην διδάσκων ἐν τῷ ἱερῷ • ἐν τῷ ἱερῷ ἐκαθεζόμην διδάσκων

ἕως τῆς αὐλῆς τοῦ ἀρχιερέως· καὶ εἰσελθὼν ἔσω ἐκάθητο μετὰ τῶν ὑπηρετῶν, ἰδεῖν τὸ τέλος. 59 Οἱ δὲ ἀρχιερεῖς καὶ οἱ πρεσβύτεροι καὶ [1] τὸ συνέδριον ὅλον ἐζήτουν ψευδομαρτυρίαν κατὰ τοῦ Ἰησοῦ, ὅπως θανατώσωσιν αὐτόν, [2] 60 καὶ οὐχ εὗρον. Καὶ πολλῶν [3] ψευδομαρτύρων προσελθόντων, οὐχ εὗρον. [4] 61 Ὕστερον δὲ προσελθόντες δύο ψευδομάρτυρες [5] εἶπον, [6] Οὗτος ἔφη, Δύναμαι καταλῦσαι τὸν ναὸν τοῦ θεοῦ, καὶ διὰ τριῶν ἡμερῶν οἰκοδομῆσαι αὐτόν. [7] 62 Καὶ ἀναστὰς ὁ ἀρχιερεὺς εἶπεν αὐτῷ, Οὐδὲν ἀποκρίνῃ; Τί οὗτοί σου καταμαρτυροῦσιν; 63 Ὁ δὲ Ἰησοῦς ἐσιώπα. Καὶ ἀποκριθεὶς [8] ὁ ἀρχιερεὺς εἶπεν αὐτῷ, Ἐξορκίζω σε κατὰ τοῦ θεοῦ τοῦ ζῶντος, ἵνα ἡμῖν εἴπῃς εἰ σὺ εἶ ὁ χριστός, ὁ υἱὸς τοῦ θεοῦ. 64 Λέγει αὐτῷ ὁ Ἰησοῦς, Σὺ εἶπας. Πλὴν λέγω ὑμῖν, ἀπ᾽ ἄρτι ὄψεσθε τὸν υἱὸν τοῦ ἀνθρώπου καθήμενον ἐκ δεξιῶν τῆς δυνάμεως καὶ ἐρχόμενον ἐπὶ τῶν νεφελῶν τοῦ οὐρανοῦ. 65 Τότε ὁ ἀρχιερεὺς διέρρηξεν τὰ ἱμάτια αὐτοῦ, λέγων ὅτι [9] Ἐβλασφήμησεν· τί ἔτι χρείαν ἔχομεν μαρτύρων; Ἴδε, νῦν ἠκούσατε τὴν βλασφημίαν αὐτοῦ. [10] 66 Τί ὑμῖν δοκεῖ; Οἱ δὲ ἀποκριθέντες εἶπον, [11] Ἔνοχος θανάτου ἐστίν. 67 Τότε ἐνέπτυσαν εἰς τὸ πρόσωπον αὐτοῦ καὶ ἐκολάφισαν αὐτόν· οἱ δὲ ἐρράπισαν, [12] 68 λέγοντες, Προφήτευσον ἡμῖν, χριστέ. Τίς ἐστιν ὁ παίσας σε;

69 Ὁ δὲ Πέτρος ἔξω ἐκάθητο [13] ἐν τῇ αὐλῇ· καὶ προσῆλθεν αὐτῷ μία παιδίσκη, λέγουσα, Καὶ σὺ ἦσθα μετὰ Ἰησοῦ τοῦ Γαλιλαίου. 70 Ὁ δὲ ἠρνήσατο ἔμπροσθεν αὐτῶν [14] πάντων, λέγων, Οὐκ οἶδα τί λέγεις. 71 Ἐξελθόντα δὲ αὐτὸν εἰς [15] τὸν πυλῶνα, εἶδεν αὐτὸν ἄλλη, καὶ λέγει αὐτοῖς ἐκεῖ, Καὶ [16] οὗτος ἦν μετὰ Ἰησοῦ τοῦ Ναζωραίου. 72 Καὶ πάλιν ἠρνήσατο μεθ᾽ [17] ὅρκου ὅτι Οὐκ οἶδα τὸν ἄνθρωπον. 73 Μετὰ μικρὸν δὲ

---

[1] *οἱ πρεσβύτεροι καὶ* • —   [2] *θανατώσωσιν αὐτόν* • *αὐτὸν θανατώσωσιν*
[3] *Καὶ πολλῶν* • *πολλῶν*   [4] *ψευδομαρτύρων προσελθόντων οὐχ εὗρον* •
προσελθόντων ψευδομαρτύρων   [5] *ψευδομάρτυρες* • —   [6] *εἶπον* • *εἶπαν*
[7] *αὐτόν* • —   [8] *ἀποκριθεὶς* • —   [9] *ὅτι* • —   [10] *βλασφημίαν αὐτοῦ* • *βλασφημίαν*
[11] *εἶπον* • *εἶπαν*   [12] *ἐρράπισαν* • *ἐράπισαν*   [13] *ἔξω ἐκάθητο* • *ἐκάθητο ἔξω*
[14] *αὐτῶν* • —   [15] *αὐτὸν εἰς* • *εἰς*   [16] *αὐτοῖς ἐκεῖ Καὶ* • *τοῖς ἐκεῖ*   [17] *μεθ᾽* •
μετὰ

προσελθόντες οἱ ἑστῶτες εἶπον τῷ Πέτρῳ, Ἀληθῶς καὶ σὺ ἐξ αὐτῶν εἶ· καὶ γὰρ ἡ λαλιά σου δῆλόν σε ποιεῖ. 74 Τότε ἤρξατο καταθεματίζειν καὶ ὀμνύειν ὅτι Οὐκ οἶδα τὸν ἄνθρωπον. Καὶ εὐθέως ἀλέκτωρ ἐφώνησεν. 75 Καὶ ἐμνήσθη ὁ Πέτρος τοῦ ῥήματος τοῦ Ἰησοῦ εἰρηκότος αὐτῷ¹ ὅτι Πρὶν ἀλέκτορα φωνῆσαι, τρὶς ἀπαρνήσῃ με. Καὶ ἐξελθὼν ἔξω ἔκλαυσεν πικρῶς.

The End of Judas

27 Πρωΐας δὲ γενομένης, συμβούλιον ἔλαβον πάντες οἱ ἀρχιερεῖς καὶ οἱ πρεσβύτεροι τοῦ λαοῦ κατὰ τοῦ Ἰησοῦ, ὥστε θανατῶσαι αὐτόν· 2 καὶ δήσαντες αὐτὸν ἀπήγαγον καὶ παρέδωκαν αὐτὸν Ποντίῳ² Πιλάτῳ τῷ ἡγεμόνι.

3 Τότε ἰδὼν Ἰούδας ὁ παραδιδοὺς αὐτὸν ὅτι κατεκρίθη, μεταμεληθεὶς ἀπέστρεψεν³ τὰ τριάκοντα ἀργύρια τοῖς ἀρχιερεῦσιν καὶ τοῖς πρεσβυτέροις,⁴ 4 λέγων, Ἥμαρτον παραδοὺς αἷμα ἀθῷον. Οἱ δὲ εἶπον,⁵ Τί πρὸς ἡμᾶς; Σὺ ὄψει.⁶ 5 Καὶ ῥίψας τὰ ἀργύρια ἐν τῷ ναῷ,⁷ ἀνεχώρησεν· καὶ ἀπελθὼν ἀπήγξατο. 6 Οἱ δὲ ἀρχιερεῖς λαβόντες τὰ ἀργύρια εἶπον,⁸ Οὐκ ἔξεστιν βαλεῖν αὐτὰ εἰς τὸν κορβανᾶν, ἐπεὶ τιμὴ αἵματός ἐστιν. 7 Συμβούλιον δὲ λαβόντες ἠγόρασαν ἐξ αὐτῶν τὸν ἀγρὸν τοῦ κεραμέως, εἰς ταφὴν τοῖς ξένοις. 8 Διὸ ἐκλήθη ὁ ἀγρὸς ἐκεῖνος Ἀγρὸς Αἵματος, ἕως τῆς σήμερον. 9 Τότε ἐπληρώθη τὸ ῥηθὲν διὰ Ἰερεμίου τοῦ προφήτου, λέγοντος, Καὶ ἔλαβον τὰ τριάκοντα ἀργύρια, τὴν τιμὴν τοῦ τετιμημένου, ὃν ἐτιμήσαντο ἀπὸ υἱῶν Ἰσραήλ· 10 καὶ ἔδωκαν αὐτὰ εἰς τὸν ἀγρὸν τοῦ κεραμέως, καθὰ συνέταξέν μοι κύριος.

The Trial before Pilate

11 Ὁ δὲ Ἰησοῦς ἔστη⁹ ἔμπροσθεν τοῦ ἡγεμόνος· καὶ ἐπηρώτησεν αὐτὸν ὁ ἡγεμών, λέγων, Σὺ εἶ ὁ βασιλεὺς τῶν Ἰουδαίων; Ὁ δὲ Ἰησοῦς ἔφη αὐτῷ,¹⁰ Σὺ λέγεις. 12 Καὶ

---

1 *τοῦ Ἰησοῦ εἰρηκότος αὐτῷ* • *Ἰησοῦ εἰρηκότος*   2 *αὐτὸν Ποντίῳ* • —
3 *ἀπέστρεψεν* • *ἔστρεψεν*   4 *τοῖς πρεσβυτέροις* • *πρεσβυτέροις*   5 *εἶπον* • *εἶπαν*
6 *ὄψει* • *ὄψῃ*   7 *ἐν τῷ ναῷ* • *εἰς τὸν ναόν*   8 *εἶπον* • *εἶπαν*   9 *ἔστη* • *ἐστάθη*
10 *αὐτῷ* • —

ἐν τῷ κατηγορεῖσθαι αὐτὸν ὑπὸ τῶν ἀρχιερέων καὶ τῶν πρεσβυτέρων,[1] οὐδὲν ἀπεκρίνατο. 13 Τότε λέγει αὐτῷ ὁ Πιλάτος, Οὐκ ἀκούεις πόσα σου καταμαρτυροῦσιν; 14 Καὶ οὐκ ἀπεκρίθη αὐτῷ πρὸς οὐδὲ ἓν ῥῆμα, ὥστε θαυμάζειν τὸν ἡγεμόνα λίαν. 15 Κατὰ δὲ ἑορτὴν εἰώθει ὁ ἡγεμὼν ἀπολύειν ἕνα τῷ ὄχλῳ δέσμιον, ὃν ἤθελον. 16 Εἶχον δὲ τότε δέσμιον ἐπίσημον, λεγόμενον Βαραββᾶν.[2] 17 Συνηγμένων οὖν αὐτῶν, εἶπεν αὐτοῖς ὁ Πιλάτος, Τίνα θέλετε ἀπολύσω ὑμῖν; Βαραββᾶν,[3] ἢ Ἰησοῦν τὸν λεγόμενον χριστόν; 18 Ἤιδει γὰρ ὅτι διὰ φθόνον παρέδωκαν αὐτόν. 19 Καθημένου δὲ αὐτοῦ ἐπὶ τοῦ βήματος, ἀπέστειλεν πρὸς αὐτὸν ἡ γυνὴ αὐτοῦ, λέγουσα, Μηδέν σοι καὶ τῷ δικαίῳ ἐκείνῳ· πολλὰ γὰρ ἔπαθον σήμερον κατ' ὄναρ δι' αὐτόν. 20 Οἱ δὲ ἀρχιερεῖς καὶ οἱ πρεσβύτεροι ἔπεισαν τοὺς ὄχλους ἵνα αἰτήσωνται τὸν Βαραββᾶν, τὸν δὲ Ἰησοῦν ἀπολέσωσιν. 21 Ἀποκριθεὶς δὲ ὁ ἡγεμὼν εἶπεν αὐτοῖς, Τίνα θέλετε ἀπὸ τῶν δύο ἀπολύσω ὑμῖν; Οἱ δὲ εἶπον,[4] Βαραββᾶν. 22 Λέγει αὐτοῖς ὁ Πιλάτος, Τί οὖν ποιήσω Ἰησοῦν τὸν λεγόμενον χριστόν; Λέγουσιν αὐτῷ[5] πάντες, Σταυρωθήτω. 23 Ὁ δὲ ἡγεμὼν[6] ἔφη, Τί γὰρ κακὸν ἐποίησεν; Οἱ δὲ περισσῶς ἔκραζον, λέγοντες, Σταυρωθήτω. 24 Ἰδὼν δὲ ὁ Πιλάτος ὅτι οὐδὲν ὠφελεῖ, ἀλλὰ μᾶλλον θόρυβος γίνεται, λαβὼν ὕδωρ, ἀπενίψατο τὰς χεῖρας ἀπέναντι τοῦ ὄχλου, λέγων, Ἀθῷός εἰμι ἀπὸ τοῦ αἵματος τοῦ δικαίου[7] τούτου· ὑμεῖς ὄψεσθε. 25 Καὶ ἀποκριθεὶς πᾶς ὁ λαὸς εἶπεν, Τὸ αἷμα αὐτοῦ ἐφ' ἡμᾶς καὶ ἐπὶ τὰ τέκνα ἡμῶν. 26 Τότε ἀπέλυσεν αὐτοῖς τὸν Βαραββᾶν· τὸν δὲ Ἰησοῦν φραγελλώσας παρέδωκεν ἵνα σταυρωθῇ.

27 Τότε οἱ στρατιῶται τοῦ ἡγεμόνος, παραλαβόντες τὸν Ἰησοῦν εἰς τὸ πραιτώριον, συνήγαγον ἐπ' αὐτὸν ὅλην τὴν σπεῖραν· 28 καὶ ἐκδύσαντες αὐτόν, περιέθηκαν αὐτῷ χλαμύδα κοκκίνην.[8] 29 Καὶ πλέξαντες στέφανον ἐξ ἀκανθῶν, ἐπέθηκαν

---

[1] τῶν πρεσβυτέρων • πρεσβυτέρων [2] Βαραββᾶν • [Ἰησοῦν] Βαραββᾶν
[3] Βαραββᾶν • [Ἰησοῦν τὸν] Βαραββᾶν [4] εἶπον • εἶπαν Τὸν [5] αὐτῷ • —
[6] ἡγεμὼν • — [7] τοῦ δικαίου • — [8] περιέθηκαν αὐτῷ χλαμύδα κοκκίνην • χλαμύδα κοκκίνην περιέθηκαν αὐτῷ

ἐπὶ τὴν κεφαλὴν¹ αὐτοῦ, καὶ κάλαμον ἐπὶ τὴν δεξιὰν² αὐτοῦ· καὶ γονυπετήσαντες ἔμπροσθεν αὐτοῦ ἐνέπαιζον³ αὐτῷ, λέγοντες, Χαῖρε, ὁ βασιλεὺς⁴ τῶν Ἰουδαίων· 30 καὶ ἐμπτύσαντες εἰς αὐτόν, ἔλαβον τὸν κάλαμον, καὶ ἔτυπτον εἰς τὴν κεφαλὴν αὐτοῦ.

The Crucifixion and Death of Jesus

31 Καὶ ὅτε ἐνέπαιξαν αὐτῷ, ἐξέδυσαν αὐτὸν τὴν χλαμύδα, καὶ ἐνέδυσαν αὐτὸν τὰ ἱμάτια αὐτοῦ, καὶ ἀπήγαγον αὐτὸν εἰς τὸ σταυρῶσαι. 32 Ἐξερχόμενοι δὲ εὗρον ἄνθρωπον Κυρηναῖον, ὀνόματι Σίμωνα· τοῦτον ἠγγάρευσαν ἵνα ἄρῃ τὸν σταυρὸν αὐτοῦ. 33 Καὶ ἐλθόντες εἰς τόπον λεγόμενον Γολγοθᾶ, ὅ ἐστιν λεγόμενος Κρανίου Τόπος,⁵ 34 ἔδωκαν αὐτῷ πιεῖν ὄξος⁶ μετὰ χολῆς μεμιγμένον· καὶ γευσάμενος οὐκ ἤθελεν⁷ πιεῖν. 35 Σταυρώσαντες δὲ αὐτόν, διεμερίσαντο τὰ ἱμάτια αὐτοῦ, βάλλοντες κλῆρον. 36 Καὶ καθήμενοι ἐτήρουν αὐτὸν ἐκεῖ. 37 Καὶ ἐπέθηκαν ἐπάνω τῆς κεφαλῆς αὐτοῦ τὴν αἰτίαν αὐτοῦ γεγραμμένην, Οὗτός ἐστιν Ἰησοῦς ὁ βασιλεὺς τῶν Ἰουδαίων. 38 Τότε σταυροῦνται σὺν αὐτῷ δύο λῃσταί, εἷς ἐκ δεξιῶν καὶ εἷς ἐξ εὐωνύμων. 39 Οἱ δὲ παραπορευόμενοι ἐβλασφήμουν αὐτόν, κινοῦντες τὰς κεφαλὰς αὐτῶν, 40 καὶ λέγοντες, Ὁ καταλύων τὸν ναὸν καὶ ἐν τρισὶν ἡμέραις οἰκοδομῶν, σῶσον σεαυτόν· εἰ υἱὸς εἶ τοῦ θεοῦ, κατάβηθι⁸ ἀπὸ τοῦ σταυροῦ. 41 Ὁμοίως δὲ⁹ καὶ οἱ ἀρχιερεῖς ἐμπαίζοντες μετὰ τῶν γραμματέων καὶ πρεσβυτέρων καὶ Φαρισαίων¹⁰ ἔλεγον, 42 Ἄλλους ἔσωσεν, ἑαυτὸν οὐ δύναται σῶσαι. Εἰ¹¹ βασιλεὺς Ἰσραήλ ἐστιν, καταβάτω νῦν ἀπὸ τοῦ σταυροῦ, καὶ πιστεύσομεν ἐπ' αὐτῷ.¹² 43 Πέποιθεν ἐπὶ τὸν θεόν· ῥυσάσθω νῦν αὐτόν,¹³ εἰ θέλει αὐτόν. Εἶπεν γὰρ ὅτι θεοῦ εἰμι υἱός. 44 Τὸ

---

[1] τὴν κεφαλὴν • τῆς κεφαλῆς [2] ἐπὶ τὴν δεξιὰν • ἐν τῇ δεξιᾷ [3] ἐνέπαιζον • ἐνέπαιξαν [4] ὁ βασιλεὺς • βασιλεῦ [5] λεγόμενος Κρανίου Τόπος • Κρανίου Τόπος λεγόμενος [6] ὄξος • οἶνον [7] ἤθελεν • ἠθέλησεν [8] κατάβηθι • [καὶ] κατάβηθι [9] δὲ • — [10] καὶ Φαρισαίων • — [11] Εἰ • — [12] αὐτῷ • αὐτόν [13] νῦν αὐτόν • νῦν

δ' αὐτὸ καὶ οἱ λῃσταὶ οἱ συσταυρωθέντες αὐτῷ¹ ὠνείδιζον αὐτόν.
45 Ἀπὸ δὲ ἕκτης ὥρας σκότος ἐγένετο ἐπὶ πᾶσαν τὴν γῆν ἕως ὥρας ἐνάτης. 46 Περὶ δὲ τὴν ἐνάτην ὥραν ἀνεβόησεν ὁ Ἰησοῦς φωνῇ μεγάλῃ, λέγων, Ἠλί, Ἠλί, λιμὰ² σαβαχθανί; Τοῦτ' ἔστιν, Θεέ μου, Θεέ μου, ἵνα τί³ με ἐγκατέλιπες; 47 Τινὲς δὲ τῶν ἐκεῖ ἑστώτων⁴ ἀκούσαντες ἔλεγον ὅτι Ἠλίαν φωνεῖ οὗτος. 48 Καὶ εὐθέως δραμὼν εἷς ἐξ αὐτῶν, καὶ λαβὼν σπόγγον, πλήσας τε ὄξους, καὶ περιθεὶς καλάμῳ, ἐπότιζεν αὐτόν. 49 Οἱ δὲ λοιποὶ ἔλεγον, Ἄφες, ἴδωμεν εἰ ἔρχεται Ἠλίας σώσων αὐτόν. 50 Ὁ δὲ Ἰησοῦς πάλιν κράξας φωνῇ μεγάλῃ ἀφῆκεν τὸ πνεῦμα. 51 Καὶ ἰδού, τὸ καταπέτασμα τοῦ ναοῦ ἐσχίσθη εἰς δύο ἀπὸ ἄνωθεν ἕως κάτω·⁵ καὶ ἡ γῆ ἐσείσθη· καὶ αἱ πέτραι ἐσχίσθησαν· 52 καὶ τὰ μνημεῖα ἀνεῴχθησαν· καὶ πολλὰ σώματα τῶν κεκοιμημένων ἁγίων ἠγέρθη·⁶ 53 καὶ ἐξελθόντες ἐκ τῶν μνημείων μετὰ τὴν ἔγερσιν αὐτοῦ εἰσῆλθον εἰς τὴν ἁγίαν πόλιν, καὶ ἐνεφανίσθησαν πολλοῖς. 54 Ὁ δὲ ἑκατόνταρχος καὶ οἱ μετ' αὐτοῦ τηροῦντες τὸν Ἰησοῦν, ἰδόντες τὸν σεισμὸν καὶ τὰ γενόμενα, ἐφοβήθησαν σφόδρα, λέγοντες, Ἀληθῶς θεοῦ υἱὸς ἦν οὗτος. 55 Ἦσαν δὲ ἐκεῖ γυναῖκες πολλαὶ ἀπὸ μακρόθεν θεωροῦσαι, αἵτινες ἠκολούθησαν τῷ Ἰησοῦ ἀπὸ τῆς Γαλιλαίας, διακονοῦσαι αὐτῷ, 56 ἐν αἷς ἦν Μαρία ἡ Μαγδαληνή, καὶ Μαρία ἡ τοῦ Ἰακώβου καὶ Ἰωσῆ⁷ μήτηρ, καὶ ἡ μήτηρ τῶν υἱῶν Ζεβεδαίου.

The Burial of Jesus

57 Ὀψίας δὲ γενομένης, ἦλθεν ἄνθρωπος πλούσιος ἀπὸ Ἀριμαθαίας, τοὔνομα Ἰωσήφ, ὃς καὶ αὐτὸς ἐμαθήτευσεν⁸ τῷ Ἰησοῦ· 58 οὗτος προσελθὼν τῷ Πιλάτῳ, ᾐτήσατο τὸ σῶμα τοῦ Ἰησοῦ. Τότε ὁ Πιλάτος ἐκέλευσεν ἀποδοθῆναι τὸ σῶμα.⁹ 59 Καὶ λαβὼν τὸ σῶμα ὁ Ἰωσὴφ ἐνετύλιξεν αὐτὸ σινδόνι¹⁰

---

¹ αὐτῷ • σὺν αὐτῷ   ² λιμὰ • λεμα   ³ ἵνα τί • ἱνοτί   ⁴ ἑστώτων • ἑστηκότων
⁵ εἰς δύο ἀπὸ ἄνωθεν ἕως κάτω • ἀπ' ἄνωθεν ἕως κάτω εἰς δύο   ⁶ ἠγέρθη •
ἠγέρθησαν   ⁷ Ἰωσῆ • Ἰωσὴφ   ⁸ ἐμαθήτευσεν • ἐμαθητεύθη   ⁹ ἀποδοθῆναι
τὸ σῶμα • ἀποδοθῆναι   ¹⁰ σινδόνι • [ἐν] σινδόνι

καθαρᾷ, 60 καὶ ἔθηκεν αὐτὸ ἐν τῷ καινῷ αὐτοῦ μνημείῳ, ὃ ἐλατόμησεν ἐν τῇ πέτρᾳ· καὶ προσκυλίσας λίθον μέγαν τῇ θύρᾳ τοῦ μνημείου, ἀπῆλθεν. 61 Ἦν δὲ ἐκεῖ Μαρία ἡ¹ Μαγδαληνή, καὶ ἡ ἄλλη Μαρία, καθήμεναι ἀπέναντι τοῦ τάφου.

62 Τῇ δὲ ἐπαύριον, ἥτις ἐστὶν μετὰ τὴν Παρασκευήν, συνήχθησαν οἱ ἀρχιερεῖς καὶ οἱ Φαρισαῖοι πρὸς Πιλάτον, 63 λέγοντες, Κύριε, ἐμνήσθημεν ὅτι ἐκεῖνος ὁ πλάνος εἶπεν ἔτι ζῶν, Μετὰ τρεῖς ἡμέρας ἐγείρομαι. 64 Κέλευσον οὖν ἀσφαλισθῆναι τὸν τάφον ἕως τῆς τρίτης ἡμέρας· μήποτε ἐλθόντες οἱ μαθηταὶ αὐτοῦ νυκτὸς² κλέψωσιν αὐτόν, καὶ εἴπωσιν τῷ λαῷ, Ἠγέρθη ἀπὸ τῶν νεκρῶν· καὶ ἔσται ἡ ἐσχάτη πλάνη χείρων τῆς πρώτης. 65 Ἔφη δὲ³ αὐτοῖς ὁ Πιλάτος, Ἔχετε κουστωδίαν· ὑπάγετε, ἀσφαλίσασθε ὡς οἴδατε. 66 Οἱ δὲ πορευθέντες ἠσφαλίσαντο τὸν τάφον, σφραγίσαντες τὸν λίθον, μετὰ τῆς κουστωδίας.

The Resurrection of Jesus

28 Ὀψὲ δὲ σαββάτων, τῇ ἐπιφωσκούσῃ εἰς μίαν σαββάτων, ἦλθεν Μαρία ἡ⁴ Μαγδαληνή, καὶ ἡ ἄλλη Μαρία, θεωρῆσαι τὸν τάφον. 2 Καὶ ἰδού, σεισμὸς ἐγένετο μέγας· ἄγγελος γὰρ κυρίου καταβὰς ἐξ οὐρανοῦ, προσελθὼν⁵ ἀπεκύλισεν τὸν λίθον ἀπὸ τῆς θύρας,⁶ καὶ ἐκάθητο ἐπάνω αὐτοῦ. 3 Ἦν δὲ ἡ ἰδέα⁷ αὐτοῦ ὡς ἀστραπή, καὶ τὸ ἔνδυμα αὐτοῦ λευκὸν ὡσεὶ⁸ χιών. 4 Ἀπὸ δὲ τοῦ φόβου αὐτοῦ ἐσείσθησαν οἱ τηροῦντες καὶ ἐγένοντο ὡσεὶ⁹ νεκροί. 5 Ἀποκριθεὶς δὲ ὁ ἄγγελος εἶπεν ταῖς γυναιξίν, Μὴ φοβεῖσθε ὑμεῖς· οἶδα γὰρ ὅτι Ἰησοῦν τὸν ἐσταυρωμένον ζητεῖτε. 6 Οὐκ ἔστιν ὧδε· ἠγέρθη γάρ, καθὼς εἶπεν. Δεῦτε, ἴδετε τὸν τόπον ὅπου ἔκειτο ὁ κύριος.¹⁰ 7 Καὶ ταχὺ πορευθεῖσαι εἴπατε τοῖς μαθηταῖς αὐτοῦ ὅτι Ἠγέρθη ἀπὸ τῶν νεκρῶν· καὶ ἰδού, προάγει ὑμᾶς εἰς τὴν Γαλιλαίαν· ἐκεῖ αὐτὸν ὄψεσθε·

---

1 Μαρία ἡ • Μαριὰμ ἡ   2 νυκτὸς • —   3 δὲ • —   4 Μαρία ἡ • Μαριὰμ ἡ
5 προσελθὼν • καὶ προσελθὼν   6 ἀπὸ τῆς θύρας • —   7 ἰδέα • εἰδέα   8 ὡσεὶ •
ὡς   9 ἐγένοντο ὡσεὶ • ἐγενήθησαν ὡς   10 ὁ κύριος • —

ἰδού, εἶπον ὑμῖν. 8 Καὶ ἐξελθοῦσαι¹ ταχὺ ἀπὸ τοῦ μνημείου μετὰ φόβου καὶ χαρᾶς μεγάλης, ἔδραμον ἀπαγγεῖλαι τοῖς μαθηταῖς αὐτοῦ. 9 Ὡς δὲ ἐπορεύοντο ἀπαγγεῖλαι τοῖς μαθηταῖς αὐτοῦ,² καὶ ἰδού, Ἰησοῦς ἀπήντησεν³ αὐταῖς, λέγων, Χαίρετε. Αἱ δὲ προσελθοῦσαι ἐκράτησαν αὐτοῦ τοὺς πόδας, καὶ προσεκύνησαν αὐτῷ. 10 Τότε λέγει αὐταῖς ὁ Ἰησοῦς· Μὴ φοβεῖσθε· ὑπάγετε, ἀπαγγείλατε τοῖς ἀδελφοῖς μου ἵνα ἀπέλθωσιν εἰς τὴν Γαλιλαίαν, καὶ ἐκεῖ^(a, 4) με ὄψονται.

11 Πορευομένων δὲ αὐτῶν, ἰδού, τινὲς τῆς κουστωδίας ἐλθόντες εἰς τὴν πόλιν ἀπήγγειλαν τοῖς ἀρχιερεῦσιν ἅπαντα τὰ γενόμενα. 12 Καὶ συναχθέντες μετὰ τῶν πρεσβυτέρων, συμβούλιόν τε λαβόντες, ἀργύρια ἱκανὰ ἔδωκαν τοῖς στρατιώταις, 13 λέγοντες, Εἴπατε ὅτι Οἱ μαθηταὶ αὐτοῦ νυκτὸς ἐλθόντες ἔκλεψαν αὐτὸν ἡμῶν κοιμωμένων. 14 Καὶ ἐὰν ἀκουσθῇ τοῦτο ἐπὶ τοῦ ἡγεμόνος, ἡμεῖς πείσομεν αὐτόν,⁵ καὶ ὑμᾶς ἀμερίμνους ποιήσομεν. 15 Οἱ δὲ λαβόντες τὰ ἀργύρια ἐποίησαν ὡς ἐδιδάχθησαν. Καὶ διεφημίσθη ὁ λόγος οὗτος παρὰ Ἰουδαίοις μέχρι τῆς σήμερον.⁶

The Great Missionary Command

16 Οἱ δὲ ἕνδεκα μαθηταὶ ἐπορεύθησαν εἰς τὴν Γαλιλαίαν, εἰς τὸ ὄρος οὗ ἐτάξατο αὐτοῖς ὁ Ἰησοῦς. 17 Καὶ ἰδόντες αὐτὸν προσεκύνησαν αὐτῷ·⁷ οἱ δὲ ἐδίστασαν. 18 Καὶ προσελθὼν ὁ Ἰησοῦς ἐλάλησεν αὐτοῖς, λέγων, Ἐδόθη μοι πᾶσα ἐξουσία ἐν οὐρανῷ καὶ ἐπὶ γῆς.⁸ 19 Πορευθέντες μαθητεύσατε⁹ πάντα τὰ ἔθνη, βαπτίζοντες αὐτοὺς εἰς τὸ ὄνομα τοῦ Πατρὸς καὶ τοῦ Υἱοῦ καὶ τοῦ Ἁγίου Πνεύματος· 20 διδάσκοντες αὐτοὺς τηρεῖν πάντα ὅσα ἐνετειλάμην ὑμῖν· καὶ ἰδού, ἐγὼ μεθ' ὑμῶν εἰμι πάσας τὰς ἡμέρας ἕως τῆς συντελείας τοῦ αἰῶνος. Ἀμήν.¹⁰

---

a καὶ ἐκεῖ • κἀκεῖ

---

1 ἐξελθοῦσαι • ἀπελθοῦσαι   2 Ὡς δὲ ἐπορεύοντο ἀπαγγεῖλαι τοῖς μαθηταῖς αὐτοῦ • —   3 ἀπήντησεν • ὑπήντησεν   4 καὶ ἐκεῖ • κἀκεῖ   5 αὐτόν • [αὐτόν]   6 σήμερον • σήμερον [ἡμέρας]   7 αὐτῷ • —   8 γῆς • [τῆς] γῆς   9 μαθητεύσατε • οὖν μαθητεύσατε   10 Ἀμήν • —

ΚΑΤΑ ΜΑΡΚΟΝ
According to Mark

The Ministry of John the Baptist

Ἀρχὴ τοῦ εὐαγγελίου Ἰησοῦ χριστοῦ, υἱοῦ τοῦ θεοῦ.¹ 2 Ὡς² γέγραπται ἐν τοῖς προφήταις,³ Ἰδού, ἐγὼ⁴ ἀποστέλλω τὸν ἄγγελόν μου πρὸ προσώπου σου, ὃς κατασκευάσει τὴν ὁδόν σου ἔμπροσθέν σου.⁵ 3 Φωνὴ βοῶντος ἐν τῇ ἐρήμῳ, Ἑτοιμάσατε τὴν ὁδὸν κυρίου· εὐθείας ποιεῖτε τὰς τρίβους αὐτοῦ. 4 Ἐγένετο Ἰωάννης βαπτίζων⁶ ἐν τῇ ἐρήμῳ, καὶ κηρύσσων βάπτισμα μετανοίας εἰς ἄφεσιν ἁμαρτιῶν. 5 Καὶ ἐξεπορεύετο πρὸς αὐτὸν πᾶσα ἡ Ἰουδαία χώρα, καὶ οἱ Ἱεροσολυμῖται, καὶ ἐβαπτίζοντο πάντες⁷ ἐν τῷ Ἰορδάνῃ ποταμῷ ὑπ' αὐτοῦ,⁸ ἐξομολογούμενοι τὰς ἁμαρτίας αὐτῶν. 6 Ἦν δὲ⁹ ὁ Ἰωάννης ἐνδεδυμένος τρίχας καμήλου, καὶ ζώνην δερματίνην περὶ τὴν ὀσφὺν αὐτοῦ, καὶ ἐσθίων ἀκρίδας καὶ μέλι ἄγριον. 7 Καὶ ἐκήρυσσεν, λέγων, Ἔρχεται ὁ ἰσχυρότερός μου ὀπίσω μου, οὗ οὐκ εἰμὶ ἱκανὸς κύψας λῦσαι τὸν ἱμάντα τῶν ὑποδημάτων αὐτοῦ. 8 Ἐγὼ μὲν¹⁰ ἐβάπτισα ὑμᾶς ἐν ὕδατι·¹¹ αὐτὸς δὲ βαπτίσει ὑμᾶς ἐν πνεύματι ἁγίῳ.

---

¹ υἱοῦ τοῦ θεοῦ • [υἱοῦ θεοῦ]   ² Ὡς • Καθὼς   ³ τοῖς προφήταις • τῷ Ἠσαΐᾳ τῷ προφήτῃ   ⁴ ἐγὼ • —   ⁵ ἔμπροσθέν σου • —   ⁶ βαπτίζων • [ὁ] βαπτίζων   ⁷ καὶ ἐβαπτίζοντο πάντες • πάντες καὶ ἐβαπτίζοντο   ⁸ ἐν τῷ Ἰορδάνῃ ποταμῷ ὑπ' αὐτοῦ • ὑπ' αὐτοῦ ἐν τῷ Ἰορδάνῃ ποταμῷ   ⁹ Ἦν δὲ • Καὶ ἦν   ¹⁰ μὲν • —   ¹¹ ὑμᾶς ἐν ὕδατι • ὑμᾶς ὕδατι

The Baptism of Jesus and the Beginning of His Ministry

9 Καὶ ἐγένετο ἐν ἐκείναις ταῖς ἡμέραις, ἦλθεν Ἰησοῦς ἀπὸ Ναζαρὲτ τῆς Γαλιλαίας, καὶ ἐβαπτίσθη ὑπὸ Ἰωάννου εἰς τὸν Ἰορδάνην. *¹* 10 Καὶ εὐθέως *²* ἀναβαίνων ἀπὸ *³* τοῦ ὕδατος, εἶδεν σχιζομένους τοὺς οὐρανούς, καὶ τὸ πνεῦμα ὡσεὶ *ᵃ, ⁴* περιστερὰν καταβαῖνον ἐπ' *⁵* αὐτόν· 11 καὶ φωνὴ ἐγένετο ἐκ τῶν οὐρανῶν, Σὺ εἶ ὁ υἱός μου ὁ ἀγαπητός, ἐν ᾧ *⁶* εὐδόκησα.

12 Καὶ εὐθὺς τὸ πνεῦμα αὐτὸν ἐκβάλλει εἰς τὴν ἔρημον. 13 Καὶ ἦν ἐκεῖ *⁷* ἐν τῇ ἐρήμῳ ἡμέρας τεσσαράκοντα *⁸* πειραζόμενος ὑπὸ τοῦ Σατανᾶ, καὶ ἦν μετὰ τῶν θηρίων, καὶ οἱ ἄγγελοι διηκόνουν αὐτῷ.

14 Μετὰ δὲ τὸ παραδοθῆναι τὸν Ἰωάννην, ἦλθεν ὁ Ἰησοῦς εἰς τὴν Γαλιλαίαν, κηρύσσων τὸ εὐαγγέλιον τῆς βασιλείας *⁹* τοῦ θεοῦ, 15 καὶ λέγων ὅτι Πεπλήρωται ὁ καιρός, καὶ ἤγγικεν ἡ βασιλεία τοῦ θεοῦ· μετανοεῖτε, καὶ πιστεύετε ἐν τῷ εὐαγγελίῳ.

16 Περιπατῶν δὲ *¹⁰* παρὰ τὴν θάλασσαν τῆς Γαλιλαίας εἶδεν Σίμωνα καὶ Ἀνδρέαν τὸν ἀδελφὸν αὐτοῦ τοῦ *¹¹* Σίμωνος βάλλοντας ἀμφίβληστρον *¹²* ἐν τῇ θαλάσσῃ· ἦσαν γὰρ ἁλιεῖς. 17 Καὶ εἶπεν αὐτοῖς ὁ Ἰησοῦς, Δεῦτε ὀπίσω μου, καὶ ποιήσω ὑμᾶς γενέσθαι ἁλιεῖς ἀνθρώπων. 18 Καὶ εὐθέως *¹³* ἀφέντες τὰ δίκτυα αὐτῶν, *¹⁴* ἠκολούθησαν αὐτῷ. 19 Καὶ προβὰς ἐκεῖθεν *¹⁵* ὀλίγον, εἶδεν Ἰάκωβον τὸν τοῦ Ζεβεδαίου, καὶ Ἰωάννην τὸν ἀδελφὸν αὐτοῦ, καὶ αὐτοὺς ἐν τῷ πλοίῳ καταρτίζοντας τὰ δίκτυα. 20 Καὶ εὐθέως *¹⁶* ἐκάλεσεν αὐτούς· καὶ ἀφέντες τὸν πατέρα αὐτῶν Ζεβεδαῖον ἐν τῷ πλοίῳ μετὰ τῶν μισθωτῶν ἀπῆλθον ὀπίσω αὐτοῦ.

ᵃ ὡσεὶ • ὡς

---

1 ὑπὸ Ἰωάννου εἰς τὸν Ἰορδάνην • εἰς τὸν Ἰορδάνην ὑπὸ Ἰωάννου   *2* εὐθέως • εὐθὺς   *3* ἀπὸ • ἐκ   *4* ὡσεὶ • ὡς   *5* ἐπ' • εἰς   *6* ᾧ • σοὶ   *7* ἐκεῖ • —   *8* ἡμέρας τεσσαράκοντα • τεσσεράκοντα ἡμέρας   *9* τῆς βασιλείας • —   *10* Περιπατῶν δὲ • Καὶ παράγων   *11* αὐτοῦ τοῦ • —   *12* βάλλοντας ἀμφίβληστρον • ἀμφιβάλλοντας   *13* εὐθέως • εὐθὺς   *14* αὐτῶν • —   *15* ἐκεῖθεν • —   *16* εὐθέως • εὐθὺς

Preaching and Healing in Capernaum

21 Καὶ εἰσπορεύονται εἰς Καπερναούμ· καὶ εὐθέως[1] τοῖς σάββασιν εἰσελθὼν εἰς τὴν συναγωγήν, ἐδίδασκεν. **22** Καὶ ἐξεπλήσσοντο ἐπὶ τῇ διδαχῇ αὐτοῦ· ἦν γὰρ διδάσκων αὐτοὺς ὡς ἐξουσίαν ἔχων, καὶ οὐχ ὡς οἱ γραμματεῖς. **23** Καὶ ἦν[2] ἐν τῇ συναγωγῇ αὐτῶν ἄνθρωπος ἐν πνεύματι ἀκαθάρτῳ, καὶ ἀνέκραξεν, **24** λέγων, Ἔα,[3] τί ἡμῖν καὶ σοί, Ἰησοῦ Ναζαρηνέ; Ἦλθες ἀπολέσαι ἡμᾶς; Οἶδά σε τίς εἶ, ὁ ἅγιος τοῦ θεοῦ. **25** Καὶ ἐπετίμησεν αὐτῷ ὁ Ἰησοῦς, λέγων, Φιμώθητι, καὶ ἔξελθε ἐξ αὐτοῦ. **26** Καὶ σπαράξαν αὐτὸν τὸ πνεῦμα τὸ ἀκάθαρτον καὶ κράξαν[4] φωνῇ μεγάλῃ, ἐξῆλθεν ἐξ αὐτοῦ. **27** Καὶ ἐθαμβήθησαν πάντες,[5] ὥστε συζητεῖν πρὸς ἑαυτούς, λέγοντας, Τί ἐστιν τοῦτο; Τίς ἡ διδαχὴ ἡ καινὴ αὕτη, ὅτι[6] κατ᾽ ἐξουσίαν καὶ τοῖς πνεύμασιν τοῖς ἀκαθάρτοις ἐπιτάσσει, καὶ ὑπακούουσιν αὐτῷ; **28** Ἐξῆλθεν δὲ[7] ἡ ἀκοὴ αὐτοῦ εὐθὺς εἰς[8] ὅλην τὴν περίχωρον τῆς Γαλιλαίας.

29 Καὶ εὐθέως[9] ἐκ τῆς συναγωγῆς ἐξελθόντες, ἦλθον εἰς τὴν οἰκίαν Σίμωνος καὶ Ἀνδρέου, μετὰ Ἰακώβου καὶ Ἰωάννου. **30** Ἡ δὲ πενθερὰ Σίμωνος κατέκειτο πυρέσσουσα, καὶ εὐθέως[10] λέγουσιν αὐτῷ περὶ αὐτῆς· **31** καὶ προσελθὼν ἤγειρεν αὐτήν, κρατήσας τῆς χειρὸς αὐτῆς·[11] καὶ ἀφῆκεν αὐτὴν ὁ πυρετὸς εὐθέως,[12] καὶ διηκόνει αὐτοῖς.

32 Ὀψίας δὲ γενομένης, ὅτε ἔδυ ὁ ἥλιος, ἔφερον πρὸς αὐτὸν πάντας τοὺς κακῶς ἔχοντας καὶ τοὺς δαιμονιζομένους· **33** καὶ ἡ πόλις ὅλη ἐπισυνηγμένη ἦν[13] πρὸς τὴν θύραν. **34** Καὶ ἐθεράπευσεν πολλοὺς κακῶς ἔχοντας ποικίλαις νόσοις, καὶ δαιμόνια πολλὰ ἐξέβαλεν, καὶ οὐκ ἤφιεν λαλεῖν τὰ δαιμόνια, ὅτι ᾔδεισαν αὐτόν.[a]

---

[a] *αὐτόν* • *αὐτὸν χριστὸν εἶναι*

[1] *Καπερναούμ καὶ εὐθέως* • *Καφαρναούμ καὶ εὐθὺς*   [2] *ἦν* • *εὐθὺς ἦν*   [3] *Ἔα* • — [4] *κράξαν* • *φωνῆσαν*   [5] *πάντες* • *ἅπαντες*   [6] *Τίς ἡ διδαχὴ ἡ καινὴ αὕτη ὅτι* • *Διδαχὴ καινὴ*   [7] *Ἐξῆλθεν δὲ* • *Καὶ ἐξῆλθεν*   [8] *εἰς* • *πανταχοῦ εἰς*   [9] *εὐθέως* • *εὐθὺς*   [10] *εὐθέως* • *εὐθὺς*   [11] *αὐτῆς* • — [12] *εὐθέως* • — [13] *ἡ πόλις ὅλη ἐπισυνηγμένη ἦν* • *ἦν ὅλη ἡ πόλις ἐπισυνηγμένη*

35 Καὶ πρωῒ ἔννυχον¹ λίαν ἀναστὰς ἐξῆλθεν, καὶ ἀπῆλθεν εἰς ἔρημον τόπον, κἀκεῖ προσηύχετο. 36 Καὶ κατεδίωξαν² αὐτὸν ὁ³ Σίμων καὶ οἱ μετ' αὐτοῦ· 37 καὶ εὑρόντες αὐτὸν⁴ λέγουσιν αὐτῷ ὅτι Πάντες σε ζητοῦσιν.⁵ 38 Καὶ λέγει αὐτοῖς, Ἄγωμεν⁶ εἰς τὰς ἐχομένας κωμοπόλεις, ἵνα καὶ ἐκεῖ κηρύξω· εἰς τοῦτο γὰρ ἐξελήλυθα.⁷

The Healing of a Leper

39 Καὶ ἦν⁸ κηρύσσων ἐν ταῖς συναγωγαῖς⁹ αὐτῶν εἰς ὅλην τὴν Γαλιλαίαν, καὶ τὰ δαιμόνια ἐκβάλλων.

40 Καὶ ἔρχεται πρὸς αὐτὸν λεπρός, παρακαλῶν αὐτὸν καὶ γονυπετῶν αὐτόν,¹⁰ καὶ λέγων αὐτῷ ὅτι Ἐὰν θέλῃς, δύνασαί με καθαρίσαι. 41 Ὁ δὲ Ἰησοῦς¹¹ σπλαγχνισθείς, ἐκτείνας τὴν χεῖρα, ἥψατο αὐτοῦ,¹² καὶ λέγει αὐτῷ, Θέλω, καθαρίσθητι. 42 Καὶ εἰπόντος αὐτοῦ¹³ εὐθέως¹⁴ ἀπῆλθεν ἀπ' αὐτοῦ ἡ λέπρα, καὶ ἐκαθαρίσθη. 43 Καὶ ἐμβριμησάμενος αὐτῷ, εὐθέως¹⁵ ἐξέβαλεν αὐτόν, 44 καὶ λέγει αὐτῷ, Ὅρα μηδενὶ μηδὲν εἴπῃς· ἀλλ'¹⁶ ὕπαγε, σεαυτὸν δεῖξον τῷ ἱερεῖ, καὶ προσένεγκε περὶ τοῦ καθαρισμοῦ σου ἃ προσέταξεν Μωσῆς,¹⁷ εἰς μαρτύριον αὐτοῖς. 45 Ὁ δὲ ἐξελθὼν ἤρξατο κηρύσσειν πολλὰ καὶ διαφημίζειν τὸν λόγον, ὥστε μηκέτι αὐτὸν δύνασθαι φανερῶς εἰς πόλιν εἰσελθεῖν, ἀλλ' ἔξω ἐν¹⁸ ἐρήμοις τόποις ἦν· καὶ ἤρχοντο πρὸς αὐτὸν πανταχόθεν.¹⁹

Healing the Paralytic

2 Καὶ εἰσῆλθεν²⁰ πάλιν εἰς Καπερναοὺμ²¹ δι' ἡμερῶν· καὶ ἠκούσθη²² ὅτι εἰς οἶκόν²³ ἐστιν. 2 Καὶ εὐθέως²⁴ συνήχθησαν πολλοί, ὥστε μηκέτι χωρεῖν μηδὲ τὰ πρὸς τὴν

---

1 ἔννυχον • ἔννυχα   2 κατεδίωξαν • κατεδίωξεν   3 ὁ • —   4 εὑρόντες αὐτὸν • εὗρον αὐτὸν καὶ   5 σε ζητοῦσιν • ζητοῦσίν σε   6 Ἄγωμεν • Ἄγωμεν ἀλλαχοῦ   7 ἐξελήλυθα • ἐξῆλθον   8 ἦν • ἦλθεν   9 ἐν ταῖς συναγωγαῖς • εἰς τὰς συναγωγὰς   10 καὶ γονυπετῶν αὐτόν • [καὶ γονυπετῶν]   11 Ὁ δὲ Ἰησοῦς • Καὶ   12 ἥψατο αὐτοῦ • αὐτοῦ ἥψατο   13 εἰπόντος αὐτοῦ • —   14 εὐθέως • εὐθὺς   15 εὐθέως • εὐθὺς   16 ἀλλ' • ἀλλὰ   17 Μωσῆς • Μωϋσῆς   18 ἐν • ἐπ'   19 πανταχόθεν • πάντοθεν   20 εἰσῆλθεν • εἰσελθὼν   21 Καπερναοὺμ • Καφαρναοὺμ   22 καὶ ἠκούσθη • ἠκούσθη   23 εἰς οἶκόν • ἐν οἴκῳ   24 εἰθέως • —

θύραν· καὶ ἐλάλει αὐτοῖς τὸν λόγον. 3 Καὶ ἔρχονται πρὸς αὐτόν, παραλυτικὸν φέροντες, ¹ αἰρόμενον ὑπὸ τεσσάρων. 4 Καὶ μὴ δυνάμενοι προσεγγίσαι ² αὐτῷ διὰ τὸν ὄχλον, ἀπεστέγασαν τὴν στέγην ὅπου ἦν, καὶ ἐξορύξαντες χαλῶσιν τὸν κράββατον ᵃ ἐφ' ᾧ ³ ὁ παραλυτικὸς κατέκειτο. 5 Ἰδὼν δὲ ⁴ ὁ Ἰησοῦς τὴν πίστιν αὐτῶν λέγει τῷ παραλυτικῷ, Τέκνον, ἀφέωνταί σοι αἱ ἁμαρτίαι σου. ⁵ 6 Ἦσαν δέ τινες τῶν γραμματέων ἐκεῖ καθήμενοι, καὶ διαλογιζόμενοι ἐν ταῖς καρδίαις αὐτῶν, 7 Τί οὗτος οὕτως λαλεῖ βλασφημίας; ⁶ Τίς δύναται ἀφιέναι ἁμαρτίας εἰ μὴ εἷς, ὁ θεός; 8 Καὶ εὐθέως ⁷ ἐπιγνοὺς ὁ Ἰησοῦς τῷ πνεύματι αὐτοῦ ὅτι οὕτως αὐτοὶ ⁸ διαλογίζονται ἐν ἑαυτοῖς, εἶπεν ⁹ αὐτοῖς, Τί ταῦτα διαλογίζεσθε ἐν ταῖς καρδίαις ὑμῶν; 9 Τί ἐστιν εὐκοπώτερον, εἰπεῖν τῷ παραλυτικῷ, Ἀφέωνταί ¹⁰ σου αἱ ἁμαρτίαι, ἢ εἰπεῖν, Ἔγειραι, ᵇ, ¹¹ καὶ ἆρόν σου τὸν κράββατον, ᶜ, ¹² καὶ περιπάτει; 10 Ἵνα δὲ εἰδῆτε ὅτι ἐξουσίαν ἔχει ὁ υἱὸς τοῦ ἀνθρώπου ἀφιέναι ἐπὶ τῆς γῆς ᵈ ἁμαρτίας ¹³—λέγει τῷ παραλυτικῷ— 11 Σοὶ λέγω, ἔγειραι ᵉ καὶ ¹⁴ ἆρον τὸν κράββατόν ᶠ, ¹⁵ σου, καὶ ὕπαγε εἰς τὸν οἶκόν σου. 12 Καὶ ἠγέρθη εὐθέως, καὶ ¹⁶ ἄρας τὸν κράββατον, ᵍ, ¹⁷ ἐξῆλθεν ἐναντίον ¹⁸ πάντων· ὥστε ἐξίστασθαι πάντας, καὶ δοξάζειν τὸν θεόν, λέγοντας ὅτι Οὐδέποτε οὕτως ¹⁹ εἴδομεν.

ᵃ κράββατον • κράβαττον   ᵇ Ἔγειραι • Ἔγειρε   ᶜ κράββατον • κράβαττον
ᵈ ἀφιέναι ἐπὶ τῆς γῆς • ἐπὶ τῆς γῆς ἀφιέναι   ᵉ ἔγειραι • ἔγειρε   ᶠ κράββατόν •
κράβαττόν   ᵍ κράββατον • κράβαττον

---

¹ πρὸς αὐτόν παραλυτικὸν φέροντες • φέροντες πρὸς αὐτόν παραλυτικόν
² προσεγγίσαι • προσενέγκαι   ³ κράββατον ἐφ' ᾧ • κράβαττον ὅπου   ⁴ Ἰδὼν δὲ • Καὶ ἰδὼν   ⁵ ἀφέωνταί σοι αἱ ἁμαρτίαι σου • ἀφίενταί σου αἱ ἁμαρτίαι
⁶ λαλεῖ βλασφημίας; • λαλεῖ; Βλασφημεῖ.   ⁷ εὐθέως • εὐθὺς   ⁸ αὐτοὶ • —
⁹ εἶπεν • λέγει   ¹⁰ Ἀφέωνταί • Ἀφίενταί   ¹¹ Ἔγειραι • Ἔγειρε   ¹² σου τὸν κράββατον • τὸν κράβαττόν σου   ¹³ ἐπὶ τῆς γῆς ἁμαρτίας • ἁμαρτίας ἐπὶ τῆς γῆς   ¹⁴ ἔγειραι καὶ • ἔγειρε   ¹⁵ κράββατόν • κράβαττόν   ¹⁶ εὐθέως καὶ • καὶ εὐθὺς   ¹⁷ κράββατον • κράβαττον   ¹⁸ ἐναντίον • ἔμπροσθεν   ¹⁹ Οὐδέποτε οὕτως • Οὕτως οὐδέποτε

The Calling of Levi and the Dinner at His House

13 Καὶ ἐξῆλθεν πάλιν παρὰ τὴν θάλασσαν· καὶ πᾶς ὁ ὄχλος ἤρχετο πρὸς αὐτόν, καὶ ἐδίδασκεν αὐτούς. 14 Καὶ παράγων εἶδεν Λευῒ^{a, 1} τὸν τοῦ Ἀλφαίου καθήμενον ἐπὶ τὸ τελώνιον, καὶ λέγει αὐτῷ, Ἀκολούθει μοι. Καὶ ἀναστὰς ἠκολούθησεν αὐτῷ. 15 Καὶ ἐγένετο ἐν τῷ² κατακεῖσθαι αὐτὸν ἐν τῇ οἰκίᾳ αὐτοῦ, καὶ πολλοὶ τελῶναι καὶ ἁμαρτωλοὶ συνανέκειντο τῷ Ἰησοῦ καὶ τοῖς μαθηταῖς αὐτοῦ· ἦσαν γὰρ πολλοί, καὶ ἠκολούθησαν³ αὐτῷ. 16 Καὶ οἱ γραμματεῖς καὶ οἱ Φαρισαῖοι,⁴ ἰδόντες αὐτὸν ἐσθίοντα⁵ μετὰ τῶν τελωνῶν καὶ ἁμαρτωλῶν, ἔλεγον⁶ τοῖς μαθηταῖς αὐτοῦ, Τί⁷ ὅτι μετὰ τῶν τελωνῶν καὶ ἁμαρτωλῶν ἐσθίει καὶ πίνει;⁸ 17 Καὶ ἀκούσας ὁ Ἰησοῦς λέγει αὐτοῖς, Οὐ⁹ χρείαν ἔχουσιν οἱ ἰσχύοντες ἰατροῦ, ἀλλ᾽ οἱ κακῶς ἔχοντες. Οὐκ ἦλθον καλέσαι δικαίους, ἀλλὰ ἁμαρτωλοὺς εἰς μετάνοιαν.¹⁰

18 Καὶ ἦσαν οἱ μαθηταὶ Ἰωάννου καὶ οἱ τῶν Φαρισαίων νηστεύοντες·¹¹ καὶ ἔρχονται καὶ λέγουσιν αὐτῷ, Διὰ τί οἱ μαθηταὶ Ἰωάννου καὶ οἱ τῶν Φαρισαίων νηστεύουσιν,¹² οἱ δὲ σοὶ μαθηταὶ οὐ νηστεύουσιν; 19 Καὶ εἶπεν αὐτοῖς ὁ Ἰησοῦς, Μὴ δύνανται οἱ υἱοὶ τοῦ νυμφῶνος, ἐν ᾧ ὁ νυμφίος μετ᾽ αὐτῶν ἐστιν, νηστεύειν; Ὅσον χρόνον μεθ᾽ ἑαυτῶν ἔχουσιν τὸν νυμφίον,¹³ οὐ δύνανται νηστεύειν· 20 ἐλεύσονται δὲ ἡμέραι ὅταν ἀπαρθῇ ἀπ᾽ αὐτῶν ὁ νυμφίος, καὶ τότε νηστεύσουσιν ἐν ἐκείναις ταῖς ἡμέραις.¹⁴ 21 Καὶ οὐδεὶς¹⁵ ἐπίβλημα ῥάκους ἀγνάφου ἐπιρράπτει ἐπὶ ἱματίῳ παλαιῷ·¹⁶ εἰ δὲ μή, αἴρει τὸ

---

^a Λευῒ • Λευῒν

---

¹ Λευῒ • Λευῒν   ² ἐγένετο ἐν τῷ • γίνεται   ³ ἠκολούθησαν • ἠκολούθουν   ⁴ καὶ οἱ Φαρισαῖοι • τῶν Φαρισαίων   ⁵ αὐτὸν ἐσθίοντα • ὅτι ἐσθίει   ⁶ τελωνῶν καὶ ἁμαρτωλῶν ἔλεγον • ἁμαρτωλῶν καὶ τελωνῶν, ἔλεγον   ⁷ Τί • —   ⁸ καὶ πίνει • —   ⁹ Οὐ • [ὅτι] Οὐ   ¹⁰ εἰς μετάνοιαν • —   ¹¹ τῶν Φαρισαίων νηστεύοντες • Φαρισαῖοι νηστεύοντες   ¹² τῶν Φαρισαίων νηστεύουσιν • μαθηταὶ τῶν Φαρισαίων νηστεύουσιν   ¹³ μεθ᾽ ἑαυτῶν ἔχουσιν τὸν νυμφίον • ἔχουσιν τὸν νυμφίον μετ᾽ αὐτῶν   ¹⁴ ἐκείναις ταῖς ἡμέραις • ἐκείνῃ τῇ ἡμέρᾳ   ¹⁵ Καὶ οὐδεὶς • Οὐδεὶς   ¹⁶ ἐπιρράπτει ἐπὶ ἱματίῳ παλαιῷ • ἐπιράπτει ἐπὶ ἱμάτιον παλαιόν

πλήρωμα αὐτοῦ¹ τὸ καινὸν τοῦ παλαιοῦ, καὶ χεῖρον σχίσμα γίνεται. 22 Καὶ οὐδεὶς βάλλει οἶνον νέον εἰς ἀσκοὺς παλαιούς· εἰ δὲ μή, ῥήσσει² ὁ οἶνος ὁ νέος³ τοὺς ἀσκούς, καὶ ὁ οἶνος ἐκχεῖται⁴ καὶ οἱ ἀσκοὶ ἀπολοῦνται·⁵ ἀλλὰ οἶνον νέον εἰς ἀσκοὺς καινοὺς βλητέον.⁶

The Lord of the Sabbath

23 Καὶ ἐγένετο παραπορεύεσθαι αὐτὸν⁷ ἐν τοῖς σάββασιν διὰ⁸ τῶν σπορίμων, καὶ ἤρξαντο οἱ μαθηταὶ αὐτοῦ⁹ ὁδὸν ποιεῖν τίλλοντες τοὺς στάχυας. 24 Καὶ οἱ Φαρισαῖοι ἔλεγον αὐτῷ, Ἴδε, τί ποιοῦσιν ἐν¹⁰ τοῖς σάββασιν ὃ οὐκ ἔξεστιν; 25 Καὶ αὐτὸς ἔλεγεν¹¹ αὐτοῖς, Οὐδέποτε ἀνέγνωτε τί ἐποίησεν Δαυίδ, ὅτε χρείαν ἔσχεν καὶ ἐπείνασεν αὐτὸς καὶ οἱ μετ' αὐτοῦ; 26 Πῶς εἰσῆλθεν εἰς τὸν οἶκον τοῦ θεοῦ ἐπὶ Ἀβιάθαρ ἀρχιερέως, καὶ τοὺς ἄρτους τῆς προθέσεως ἔφαγεν, οὓς οὐκ ἔξεστιν φαγεῖν εἰ μὴ τοῖς ἱερεῦσιν,¹² καὶ ἔδωκεν καὶ τοῖς σὺν αὐτῷ οὖσιν; 27 Καὶ ἔλεγεν αὐτοῖς, Τὸ σάββατον διὰ τὸν ἄνθρωπον ἐγένετο, οὐχ¹³ ὁ ἄνθρωπος διὰ τὸ σάββατον· 28 ὥστε κύριός ἐστιν ὁ υἱὸς τοῦ ἀνθρώπου καὶ τοῦ σαββάτου.

Healing the Withered Hand

3 Καὶ εἰσῆλθεν πάλιν εἰς τὴν συναγωγήν, καὶ ἦν ἐκεῖ ἄνθρωπος ἐξηραμμένην ἔχων τὴν χεῖρα. 2 Καὶ παρετήρουν αὐτὸν εἰ τοῖς σάββασιν θεραπεύσει αὐτόν, ἵνα κατηγορήσωσιν αὐτοῦ. 3 Καὶ λέγει τῷ ἀνθρώπῳ τῷ ἐξηραμμένην ἔχοντι τὴν χεῖρα, Ἔγειραι¹⁴ εἰς τὸ μέσον. 4 Καὶ λέγει αὐτοῖς, Ἔξεστιν τοῖς σάββασιν ἀγαθοποιῆσαι¹⁵ ἢ κακοποιῆσαι; Ψυχὴν σῶσαι ἢ ἀποκτεῖναι; Οἱ δὲ ἐσιώπων. 5 Καὶ περιβλεψάμενος αὐτοὺς μετ' ὀργῆς, συλλυπούμενος ἐπὶ τῇ πωρώσει τῆς καρδίας αὐτῶν, λέγει τῷ ἀνθρώπῳ, Ἔκτεινον

---

[1] αὐτοῦ • ἀπ' αὐτοῦ   [2] ῥήσσει • ῥήξει   [3] ὁ νέος • —   [4] ἐκχεῖται • ἀπόλλυται   [5] ἀπολοῦνται • —   [6] βλητέον • —   [7] παραπορεύεσθαι αὐτὸν • αὐτὸν   [8] διὰ • παραπορεύεσθαι διὰ   [9] ἤρξαντο οἱ μαθηταὶ αὐτοῦ • οἱ μαθηταὶ αὐτοῦ ἤρξαντο   [10] ἐν • —   [11] αὐτὸς ἔλεγεν • λέγει   [12] τοῖς ἱερεῦσιν • τοὺς ἱερεῖς   [13] οὐχ • καὶ οὐχ   [14] ἐξηραμμένην ἔχοντι τὴν χεῖρα Ἔγειραι • τὴν ξηρὰν χεῖρα ἔχοντι Ἔγειρε   [15] ἀγαθοποιῆσαι • ἀγαθὸν ποιῆσαι

τὴν χεῖρά σου.¹ Καὶ ἐξέτεινεν, καὶ ἀποκατεστάθη ᵃ,² ἡ χεὶρ αὐτοῦ ὑγιὴς ὡς ἡ ἄλλη.³ 6 Καὶ ἐξελθόντες οἱ Φαρισαῖοι εὐθέως⁴ μετὰ τῶν Ἡρῳδιανῶν συμβούλιον ἐποίουν⁵ κατ' αὐτοῦ, ὅπως αὐτὸν ἀπολέσωσιν.

Miracles by the Seaside

7 Καὶ ὁ Ἰησοῦς ἀνεχώρησεν μετὰ⁶ τῶν μαθητῶν αὐτοῦ πρὸς⁷ τὴν θάλασσαν· καὶ πολὺ πλῆθος ἀπὸ τῆς Γαλιλαίας ἠκολούθησαν ᵇ αὐτῷ,⁸ καὶ ἀπὸ τῆς Ἰουδαίας, 8 καὶ ἀπὸ Ἱεροσολύμων, καὶ ἀπὸ τῆς Ἰδουμαίας, καὶ πέραν τοῦ Ἰορδάνου, καὶ οἱ⁹ περὶ Τύρον καὶ Σιδῶνα, πλῆθος πολύ, ἀκούσαντες¹⁰ ὅσα ἐποίει, ἦλθον πρὸς αὐτόν. 9 Καὶ εἶπεν τοῖς μαθηταῖς αὐτοῦ ἵνα πλοιάριον προσκαρτερῇ αὐτῷ διὰ τὸν ὄχλον, ἵνα μὴ θλίβωσιν αὐτόν. 10 Πολλοὺς γὰρ ἐθεράπευσεν, ὥστε ἐπιπίπτειν αὐτῷ, ἵνα αὐτοῦ ἅψωνται, ὅσοι εἶχον μάστιγας. 11 Καὶ τὰ πνεύματα τὰ ἀκάθαρτα, ὅταν αὐτὸν ἐθεώρει, προσέπιπτεν¹¹ αὐτῷ, καὶ ἔκραζεν, λέγοντα¹² ὅτι Σὺ εἶ ὁ υἱὸς τοῦ θεοῦ. 12 Καὶ πολλὰ ἐπετίμα αὐτοῖς ἵνα μὴ φανερὸν αὐτὸν¹³ ποιήσωσιν.

13 Καὶ ἀναβαίνει εἰς τὸ ὄρος, καὶ προσκαλεῖται οὓς ἤθελεν αὐτός· καὶ ἀπῆλθον πρὸς αὐτόν. 14 Καὶ ἐποίησεν δώδεκα,¹⁴ ἵνα ὦσιν μετ' αὐτοῦ, καὶ ἵνα ἀποστέλλῃ αὐτοὺς κηρύσσειν, 15 καὶ ἔχειν ἐξουσίαν θεραπεύειν τὰς νόσους, καὶ¹⁵ ἐκβάλλειν τὰ δαιμόνια· 16 καὶ ἐπέθηκεν τῷ Σίμωνι ὄνομα¹⁶ Πέτρον· 17 καὶ Ἰάκωβον τὸν τοῦ Ζεβεδαίου, καὶ Ἰωάννην τὸν ἀδελφὸν

ᵃ ἀποκατεστάθη • ἀπεκατεστάθη   ᵇ ἠκολούθησαν • ἠκολούθησεν

---

¹ σου • —   ² ἀποκατεστάθη • ἀπεκατεστάθη   ³ ὑγιὴς ὡς ἡ ἄλλη • —
⁴ εὐθέως • εὐθὺς   ⁵ ἐποίουν • ἐδίδουν   ⁶ ἀνεχώρησεν μετὰ • μετὰ   ⁷ πρὸς • ἀνεχώρησεν πρὸς   ⁸ ἠκολούθησαν αὐτῷ • [ἠκολούθησεν]   ⁹ οἱ •
¹⁰ ἀκούσαντες • ἀκούοντες   ¹¹ ἐθεώρει προσέπιπτεν • ἐθεώρουν προσέπιπτον
¹² ἔκραζεν λέγοντα • ἔκραζον λέγοντες   ¹³ φανερὸν αὐτὸν • αὐτὸν φανερὸν
¹⁴ δώδεκα • δώδεκα [οὓς καὶ ἀποστόλους ὠνόμασεν]   ¹⁵ θεραπεύειν τὰς νόσους καὶ • —   ¹⁶ καὶ ἐπέθηκεν τῷ Σίμωνι ὄνομα • [καὶ ἐποίησεν τοὺς δώδεκα] καὶ ἐπέθηκεν ὄνομα τῷ Σίμωνι

τοῦ Ἰακώβου· καὶ ἐπέθηκεν αὐτοῖς ὀνόματα Βοανεργές,¹ ὅ ἐστιν, Υἱοὶ Βροντῆς· 18 καὶ Ἀνδρέαν, καὶ Φίλιππον, καὶ Βαρθολομαῖον, καὶ Ματθαῖον,² καὶ Θωμᾶν, καὶ Ἰάκωβον τὸν τοῦ Ἀλφαίου, καὶ Θαδδαῖον, καὶ Σίμωνα τὸν Κανανίτην,³ 19 καὶ Ἰούδαν Ἰσκαριώτην,⁴ ὃς καὶ παρέδωκεν αὐτόν.

Καὶ ἔρχονται⁵ εἰς οἶκον· 20 καὶ συνέρχεται πάλιν ὄχλος,⁶ ὥστε μὴ δύνασθαι αὐτοὺς μήτε⁷ ἄρτον φαγεῖν. 21 Καὶ ἀκούσαντες οἱ παρ᾽ αὐτοῦ ἐξῆλθον κρατῆσαι αὐτόν· ἔλεγον γὰρ ὅτι Ἐξέστη.

Discourse on the Casting Out of Demons

22 Καὶ οἱ γραμματεῖς οἱ ἀπὸ Ἱεροσολύμων καταβάντες ἔλεγον ὅτι Βεελζεβοὺλ ἔχει, καὶ ὅτι Ἐν τῷ ἄρχοντι τῶν δαιμονίων ἐκβάλλει τὰ δαιμόνια. 23 Καὶ προσκαλεσάμενος αὐτούς, ἐν παραβολαῖς ἔλεγεν αὐτοῖς, Πῶς δύναται Σατανᾶς Σατανᾶν ἐκβάλλειν; 24 Καὶ ἐὰν βασιλεία ἐφ᾽ ἑαυτὴν μερισθῇ, οὐ δύναται σταθῆναι ἡ βασιλεία ἐκείνη. 25 Καὶ ἐὰν οἰκία ἐφ᾽ ἑαυτὴν μερισθῇ, οὐ δύναται σταθῆναι ἡ οἰκία ἐκείνη.⁸ 26 Καὶ εἰ ὁ Σατανᾶς ἀνέστη ἐφ᾽ ἑαυτὸν καὶ μεμέρισται,⁹ οὐ δύναται σταθῆναι,¹⁰ ἀλλὰ τέλος ἔχει. 27 Οὐδεὶς δύναται¹¹ τὰ σκεύη τοῦ ἰσχυροῦ, εἰσελθὼν εἰς τὴν οἰκίαν¹² αὐτοῦ, διαρπάσαι, ἐὰν μὴ πρῶτον τὸν ἰσχυρὸν δήσῃ, καὶ τότε τὴν οἰκίαν αὐτοῦ διαρπάσῃ.ᵃ, ¹³ 28 Ἀμὴν λέγω ὑμῖν ὅτι πάντα ἀφεθήσεται τὰ ἁμαρτήματα τοῖς υἱοῖς τῶν ἀνθρώπων,¹⁴ καὶ¹⁵ βλασφημίαι ὅσας ἂν¹⁶ βλασφημήσωσιν· 29 ὃς δ᾽ ἂν βλασφημήσῃ εἰς τὸ πνεῦμα τὸ ἅγιον, οὐκ ἔχει ἄφεσιν εἰς τὸν αἰῶνα, ἀλλ᾽¹⁷ ἔνοχός

ᵃ διαρπάσῃ • διαρπάσει

---

¹ ὀνόματα Βοανεργές • ὀνόμα[τα] Βοανηργές   ² Ματθαῖον • Μαθθαῖον   ³ Κανανίτην • Καναναῖον   ⁴ Ἰσκαριώτην • Ἰσκαριώθ   ⁵ ἔρχονται • ἔρχεται   ⁶ ὄχλος • [ὁ] ὄχλος   ⁷ μήτε • μηδὲ   ⁸ δύναται σταθῆναι ἡ οἰκία ἐκείνη • δυνήσεται ἡ οἰκία ἐκείνη σταθῆναι   ⁹ μεμέρισται • ἐμερίσθη   ¹⁰ σταθῆναι • στῆναι   ¹¹ Οὐδεὶς δύναται • Ἀλλ᾽ οὐ δύναται οὐδεὶς   ¹² τὰ σκεύη τοῦ ἰσχυροῦ εἰσελθὼν εἰς τὴν οἰκίαν • εἰς τὴν οἰκίαν τοῦ ἰσχυροῦ εἰσελθὼν τὰ σκεύη   ¹³ διαρπάσῃ • διαρπάσει   ¹⁴ τὰ ἁμαρτήματα τοῖς υἱοῖς τῶν ἀνθρώπων • τοῖς υἱοῖς τῶν ἀνθρώπων τὰ ἁμαρτήματα   ¹⁵ καὶ • καὶ αἱ   ¹⁶ ὅσας ἂν • ὅσα ἐὰν   ¹⁷ ἀλλ᾽ • ἀλλὰ

ἐστιν αἰωνίου κρίσεως.¹ 30 Ὅτι ἔλεγον, Πνεῦμα ἀκάθαρτον ἔχει.

31 Ἔρχονται οὖν² οἱ ἀδελφοὶ καὶ ἡ μήτηρ αὐτοῦ,³ καὶ ἔξω ἑστῶτες⁴ ἀπέστειλαν πρὸς αὐτόν, φωνοῦντες⁵ αὐτόν. 32 Καὶ ἐκάθητο ὄχλος περὶ αὐτόν·⁶ εἶπον δὲ⁷ αὐτῷ, Ἰδού, ἡ μήτηρ σου καὶ οἱ ἀδελφοί σου καὶ αἱ ἀδελφαί σου⁸ ἔξω ζητοῦσίν σε. 33 Καὶ ἀπεκρίθη αὐτοῖς λέγων,⁹ Τίς ἐστιν ἡ μήτηρ μου ἢ οἱ¹⁰ ἀδελφοί μου;¹¹ 34 Καὶ περιβλεψάμενος κύκλῳ τοὺς περὶ αὐτὸν¹² καθημένους, λέγει, Ἴδε, ἡ μήτηρ μου καὶ οἱ ἀδελφοί μου. 35 Ὃς γὰρ¹³ ἂν ποιήσῃ τὸ θέλημα τοῦ θεοῦ, οὗτος ἀδελφός μου καὶ ἀδελφή μου¹⁴ καὶ μήτηρ ἐστίν.

Teaching by Means of Parables

4 Καὶ πάλιν ἤρξατο διδάσκειν παρὰ τὴν θάλασσαν. Καὶ συνήχθη¹⁵ πρὸς αὐτὸν ὄχλος πολύς,¹⁶ ὥστε αὐτὸν ἐμβάντα εἰς τὸ πλοῖον¹⁷ καθῆσθαι ἐν τῇ θαλάσσῃ· καὶ πᾶς ὁ ὄχλος πρὸς τὴν θάλασσαν ἐπὶ τῆς γῆς ἦν.¹⁸ 2 Καὶ ἐδίδασκεν αὐτοὺς ἐν παραβολαῖς πολλά, καὶ ἔλεγεν αὐτοῖς ἐν τῇ διδαχῇ αὐτοῦ, 3 Ἀκούετε· ἰδού, ἐξῆλθεν ὁ σπείρων τοῦ¹⁹ σπεῖραι. 4 Καὶ ἐγένετο ἐν τῷ σπείρειν, ὃ μὲν ἔπεσεν παρὰ τὴν ὁδόν, καὶ ἦλθεν τὰ πετεινὰ καὶ κατέφαγεν αὐτό. 5 Ἄλλο δὲ²⁰ ἔπεσεν ἐπὶ τὸ πετρῶδες, ὅπου οὐκ εἶχεν γῆν πολλήν· καὶ εὐθέως²¹ ἐξανέτειλεν, διὰ τὸ μὴ ἔχειν βάθος γῆς· 6 ἡλίου δὲ ἀνατείλαντος²² ἐκαυματίσθη, καὶ διὰ τὸ μὴ ἔχειν ῥίζαν ἐξηράνθη. 7 Καὶ ἄλλο ἔπεσεν εἰς τὰς ἀκάνθας, καὶ ἀνέβησαν αἱ ἄκανθαι, καὶ συνέπνιξαν αὐτό, καὶ καρπὸν οὐκ ἔδωκεν.

---

¹ κρίσεως • ἁμαρτήματος   ² Ἔρχονται οὖν • Καὶ ἔρχεται   ³ οἱ ἀδελφοὶ καὶ ἡ μήτηρ αὐτοῦ • ἡ μήτηρ αὐτοῦ καὶ οἱ ἀδελφοὶ αὐτοῦ   ⁴ ἑστῶτες • στήκοντες   ⁵ φωνοῦντες • καλοῦντες   ⁶ ὄχλος περὶ αὐτόν • περὶ αὐτὸν ὄχλος   ⁷ εἶπον δὲ • καὶ λέγουσιν   ⁸ καὶ αἱ ἀδελφαί σου • [καὶ αἱ ἀδελφαί σου]   ⁹ ἀπεκρίθη αὐτοῖς λέγων • ἀποκριθεὶς αὐτοῖς λέγει   ¹⁰ ἢ οἱ • καὶ οἱ   ¹¹ ἀδελφοί μου • ἀδελφοί [μου]   ¹² κύκλῳ τοὺς περὶ αὐτὸν • τοὺς περὶ αὐτὸν κύκλῳ   ¹³ γὰρ • [γὰρ]   ¹⁴ ἀδελφή μου • ἀδελφὴ   ¹⁵ συνήχθη • συνάγεται   ¹⁶ πολύς • πλεῖστος   ¹⁷ ἐμβάντα εἰς τὸ πλοῖον • εἰς πλοῖον ἐμβάντα   ¹⁸ ἦν • ἦσαν   ¹⁹ τοῦ • —   ²⁰ Ἄλλο δὲ • Καὶ ἄλλο   ²¹ εὐθέως • εὐθὺς   ²² ἡλίου δὲ ἀνατείλαντος • καὶ ὅτε ἀνέτειλεν ὁ ἥλιος

8 Καὶ ἄλλο¹ ἔπεσεν εἰς τὴν γῆν τὴν καλήν· καὶ ἐδίδου καρπὸν ἀναβαίνοντα καὶ αὐξάνοντα,² καὶ ἔφερεν ἐν τριάκοντα, καὶ ἐν ἑξήκοντα, καὶ ἐν ἑκατόν.³ **9** Καὶ ἔλεγεν, Ὁ ἔχων⁴ ὦτα ἀκούειν ἀκουέτω. **10** Ὅτε δὲ ἐγένετο καταμόνας, ἠρώτησαν⁵ αὐτὸν οἱ περὶ αὐτὸν σὺν τοῖς δώδεκα τὴν παραβολήν.⁶ **11** Καὶ ἔλεγεν αὐτοῖς, Ὑμῖν δέδοται γνῶναι τὸ μυστήριον⁷ τῆς βασιλείας τοῦ θεοῦ· ἐκείνοις δὲ τοῖς ἔξω, ἐν παραβολαῖς τὰ πάντα γίνεται· **12** ἵνα βλέποντες βλέπωσιν, καὶ μὴ ἴδωσιν· καὶ ἀκούοντες ἀκούωσιν, καὶ μὴ συνιῶσιν· μήποτε ἐπιστρέψωσιν, καὶ ἀφεθῇ αὐτοῖς τὰ ἁμαρτήματα.⁸ **13** Καὶ λέγει αὐτοῖς, Οὐκ οἴδατε τὴν παραβολὴν ταύτην; Καὶ πῶς πάσας τὰς παραβολὰς γνώσεσθε; **14** Ὁ σπείρων τὸν λόγον σπείρει. **15** Οὗτοι δέ εἰσιν οἱ παρὰ τὴν ὁδόν, ὅπου σπείρεται ὁ λόγος, καὶ ὅταν ἀκούσωσιν, εὐθέως⁹ ἔρχεται ὁ Σατανᾶς καὶ αἴρει τὸν λόγον τὸν ἐσπαρμένον ἐν ταῖς καρδίαις αὐτῶν.¹⁰ **16** Καὶ οὗτοί εἰσιν ὁμοίως¹¹ οἱ ἐπὶ τὰ πετρώδη σπειρόμενοι, οἵ, ὅταν ἀκούσωσιν τὸν λόγον, εὐθέως¹² μετὰ χαρᾶς λαμβάνουσιν αὐτόν, **17** καὶ οὐκ ἔχουσιν ῥίζαν ἐν ἑαυτοῖς, ἀλλὰ πρόσκαιροί εἰσιν· εἶτα γενομένης θλίψεως ἢ διωγμοῦ διὰ τὸν λόγον, εὐθέως¹³ σκανδαλίζονται. **18** Καὶ οὗτοί¹⁴ εἰσιν οἱ εἰς τὰς ἀκάνθας σπειρόμενοι, οἱ τὸν¹⁵ λόγον ἀκούοντες,¹⁶ **19** καὶ αἱ μέριμναι τοῦ αἰῶνος τούτου,¹⁷ καὶ ἡ ἀπάτη τοῦ πλούτου, καὶ αἱ περὶ τὰ λοιπὰ ἐπιθυμίαι εἰσπορευόμεναι συμπνίγουσιν τὸν λόγον, καὶ ἄκαρπος γίνεται. **20** Καὶ οὗτοί¹⁸ εἰσιν οἱ ἐπὶ τὴν γῆν τὴν καλὴν σπαρέντες, οἵτινες ἀκούουσιν τὸν λόγον, καὶ παραδέχονται,

---

¹ ἄλλο • ἄλλα   ² αὐξάνοντα • αὐξανόμενα   ³ ἐν...ἐν...ἐν • ἐν...ἐν...ἐν   ⁴ Ὁ ἔχων • Ὃς ἔχει   ⁵ Ὅτε δὲ ἐγένετο καταμόνας ἠρώτησαν • Καὶ ὅτε ἐγένετο κατὰ μόνας ἠρώτων   ⁶ τὴν παραβολήν • τὰς παραβολάς   ⁷ δέδοται γνῶναι τὸ μυστήριον • τὸ μυστήριον δέδοται   ⁸ τὰ ἁμαρτήματα • —   ⁹ εὐθέως • εὐθὺς   ¹⁰ ἐν ταῖς καρδίαις αὐτῶν • εἰς αὐτούς   ¹¹ ὁμοίως • —   ¹² εὐθέως • εὐθὺς   ¹³ εὐθέως • εὐθὺς   ¹⁴ οὗτοί • ἄλλοι   ¹⁵ οἱ τὸν • οὗτοί εἰσιν οἱ τὸν   ¹⁶ ἀκούοντες • ἀκούσαντες   ¹⁷ τούτου • —   ¹⁸ οὗτοί • ἐκεῖνοι

καὶ καρποφοροῦσιν, ἐν τριάκοντα, καὶ ἐν ἑξήκοντα, καὶ ἐν ἑκατόν. ¹ 21 Καὶ ἔλεγεν αὐτοῖς, Μήτι ὁ λύχνος ἔρχεται² ἵνα ὑπὸ τὸν μόδιον τεθῇ ἢ ὑπὸ τὴν κλίνην; Οὐχ ἵνα ἐπὶ τὴν λυχνίαν ἐπιτεθῇ;³ 22 Οὐ γάρ ἐστίν τι κρυπτόν, ὃ ἐὰν μὴ⁴ φανερωθῇ· οὐδὲ ἐγένετο ἀπόκρυφον, ἀλλ᾽ ἵνα εἰς φανερὸν ἔλθῃ.⁵ 23 Εἴ τις ἔχει ὦτα ἀκούειν ἀκουέτω. 24 Καὶ ἔλεγεν αὐτοῖς, Βλέπετε τί ἀκούετε. Ἐν ᾧ μέτρῳ μετρεῖτε μετρηθήσεται ὑμῖν, καὶ προστεθήσεται ὑμῖν τοῖς ἀκούουσιν.⁶ 25 Ὃς γὰρ ἂν ἔχῃ,⁷ δοθήσεται αὐτῷ· καὶ ὃς οὐκ ἔχει, καὶ ὃ ἔχει ἀρθήσεται ἀπ᾽ αὐτοῦ.

26 Καὶ ἔλεγεν, Οὕτως ἐστὶν ἡ βασιλεία τοῦ θεοῦ, ὡς ἐὰν⁸ ἄνθρωπος βάλῃ τὸν σπόρον ἐπὶ τῆς γῆς, 27 καὶ καθεύδῃ καὶ ἐγείρηται νύκτα καὶ ἡμέραν, καὶ ὁ σπόρος βλαστάνῃ⁹ καὶ μηκύνηται ὡς οὐκ οἶδεν αὐτός. 28 Αὐτομάτη γὰρ¹⁰ ἡ γῆ καρποφορεῖ, πρῶτον χόρτον, εἶτα στάχυν, εἶτα πλήρη¹¹ σῖτον ἐν τῷ στάχυϊ. 29 Ὅταν δὲ παραδῷ¹² ὁ καρπός, εὐθέως¹³ ἀποστέλλει τὸ δρέπανον, ὅτι παρέστηκεν ὁ θερισμός.

30 Καὶ ἔλεγεν, Τίνι ὁμοιώσωμεν ᵃ, ¹⁴ τὴν βασιλείαν τοῦ θεοῦ; Ἢ ἐν ποίᾳ παραβολῇ παραβάλωμεν αὐτήν;¹⁵ 31 Ὡς κόκκον¹⁶ σινάπεως, ὅς, ὅταν σπαρῇ ἐπὶ τῆς γῆς, μικρότερος¹⁷ πάντων τῶν σπερμάτων ἐστὶν¹⁸ τῶν ἐπὶ τῆς γῆς· 32 καὶ ὅταν σπαρῇ, ἀναβαίνει, καὶ γίνεται πάντων τῶν λαχάνων μείζων,¹⁹ καὶ ποιεῖ κλάδους μεγάλους, ὥστε δύνασθαι ὑπὸ τὴν σκιὰν αὐτοῦ τὰ πετεινὰ τοῦ οὐρανοῦ κατασκηνοῦν. 33 Καὶ τοιαύταις παραβολαῖς πολλαῖς ἐλάλει αὐτοῖς τὸν λόγον, καθὼς

ᵃ ὁμοιώσωμεν • ὁμοιώσομεν

---

1 ἐν...ἐν...ἐν • ἐν...ἐν...ἐν   2 ὁ λύχνος ἔρχεται • ἔρχεται ὁ λύχνος   3 ἐπιτεθῇ • τεθῇ   4 τι κρυπτόν ὃ ἐὰν μὴ • κρυπτόν ἐὰν μὴ ἵνα   5 εἰς φανερὸν ἔλθῃ • ἔλθῃ εἰς φανερόν   6 τοῖς ἀκούουσιν • —   7 ἂν ἔχῃ • ἔχει   8 ἐὰν • — 9 βλαστάνῃ • βλαστᾷ   10 γὰρ • —   11 πλήρη • πλήρη[ς]   12 παραδῷ • παραδοῖ   13 εὐθέως • εὐθὺς   14 Τίνι ὁμοιώσωμεν • Πῶς ὁμοιώσωμεν   15 ποίᾳ παραβολῇ παραβάλωμεν αὐτήν • τίνι αὐτὴν παραβολῇ θῶμεν   16 κόκκον • κόκκῳ   17 μικρότερος • μικρότερον ὄν   18 ἐστὶν • —   19 πάντων τῶν λαχάνων μείζων • μεῖζον πάντων τῶν λαχάνων

ἐδύναντο ¹ ἀκούειν· 34 χωρὶς δὲ παραβολῆς οὐκ ἐλάλει αὐτοῖς· κατ' ἰδίαν δὲ τοῖς μαθηταῖς αὐτοῦ ² ἐπέλυεν πάντα.

Jesus Stilling the Tempest

35 Καὶ λέγει αὐτοῖς ἐν ἐκείνῃ τῇ ἡμέρᾳ, ὀψίας γενομένης, Διέλθωμεν εἰς τὸ πέραν. 36 Καὶ ἀφέντες τὸν ὄχλον, παραλαμβάνουσιν αὐτὸν ὡς ἦν ἐν τῷ πλοίῳ. Καὶ ἄλλα δὲ πλοιάρια ³ ἦν μετ' αὐτοῦ. 37 Καὶ γίνεται λαῖλαψ ἀνέμου μεγάλη· ⁴ τὰ δὲ ⁵ κύματα ἐπέβαλλεν ᵃ εἰς τὸ πλοῖον, ὥστε αὐτὸ ἤδη γεμίζεσθαι. ⁶ 38 Καὶ ἦν αὐτὸς ἐπὶ τῇ ⁷ πρύμνῃ ἐπὶ τὸ προσκεφάλαιον καθεύδων· καὶ διεγείρουσιν ⁸ αὐτόν, καὶ λέγουσιν αὐτῷ, Διδάσκαλε, οὐ μέλει σοι ὅτι ἀπολλύμεθα; 39 Καὶ διεγερθεὶς ἐπετίμησεν τῷ ἀνέμῳ, καὶ εἶπεν τῇ θαλάσσῃ, Σιώπα, πεφίμωσο. Καὶ ἐκόπασεν ὁ ἄνεμος, καὶ ἐγένετο γαλήνη μεγάλη. 40 Καὶ εἶπεν αὐτοῖς, Τί δειλοί ἐστε οὕτως; Πῶς οὐκ ⁹ ἔχετε πίστιν; 41 Καὶ ἐφοβήθησαν φόβον μέγαν, καὶ ἔλεγον πρὸς ἀλλήλους, Τίς ἄρα οὗτός ἐστιν, ὅτι καὶ ὁ ἄνεμος καὶ ἡ θάλασσα ὑπακούουσιν ¹⁰ αὐτῷ;

The Healing of a Demon-Possessed Man

5 Καὶ ἦλθον εἰς τὸ πέραν τῆς θαλάσσης, εἰς τὴν χώραν τῶν Γαδαρηνῶν. ¹¹ 2 Καὶ ἐξελθόντι αὐτῷ ¹² ἐκ τοῦ πλοίου, εὐθέως ἀπήντησεν ¹³ αὐτῷ ἐκ τῶν μνημείων ἄνθρωπος ἐν πνεύματι ἀκαθάρτῳ, 3 ὃς τὴν κατοίκησιν εἶχεν ἐν τοῖς μνήμασιν· καὶ οὔτε ἁλύσεσιν ¹⁴ οὐδεὶς ἐδύνατο αὐτὸν δῆσαι, 4 διὰ τὸ αὐτὸν πολλάκις πέδαις καὶ ἁλύσεσιν δεδέσθαι, καὶ διεσπᾶσθαι ὑπ' αὐτοῦ τὰς ἁλύσεις, καὶ τὰς πέδας συντετρίφθαι· καὶ οὐδεὶς αὐτὸν ἴσχυεν ¹⁵ δαμάσαι· 5 καὶ διὰ παντός, νυκτὸς

ᵃ ἐπέβαλλεν • ἐπέβαλεν

¹ ἐδύναντο • ἠδύναντο   ² μαθηταῖς αὐτοῦ • ἰδίοις μαθηταῖς   ³ δὲ πλοιάρια • πλοῖα   ⁴ ἀνέμου μεγάλη • μεγάλη ἀνέμου   ⁵ τὰ δὲ • καὶ τὰ   ⁶ αὐτὸ ἤδη γεμίζεσθαι • ἤδη γεμίζεσθαι τὸ πλοῖον   ⁷ ἦν αὐτὸς ἐπὶ τῇ • αὐτὸς ἦν ἐν τῇ   ⁸ διεγείρουσιν • ἐγείρουσιν   ⁹ ἐστε οὕτως; Πῶς οὐκ • ἐστε; Οὔπω   ¹⁰ ὑπακούουσιν • ὑπακούει   ¹¹ Γαδαρηνῶν • Γερασηνῶν   ¹² ἐξελθόντι αὐτῷ • ἐξελθόντος αὐτοῦ   ¹³ εὐθέως ἀπήντησεν • εὐθὺς ὑπήντησεν   ¹⁴ οὔτε ἁλύσεσιν • οὐδὲ ἁλύσει οὐκέτι   ¹⁵ αὐτὸν ἴσχυεν • ἴσχυεν αὐτὸν

καὶ ἡμέρας, ἐν τοῖς ὄρεσιν¹ καὶ ἐν τοῖς μνήμασιν² ἦν κράζων καὶ κατακόπτων ἑαυτὸν λίθοις. 6 Ἰδὼν δὲ³ τὸν Ἰησοῦν ἀπὸ μακρόθεν, ἔδραμεν καὶ προσεκύνησεν αὐτῷ, 7 καὶ κράξας φωνῇ μεγάλῃ εἶπεν,⁴ Τί ἐμοὶ καὶ σοί, Ἰησοῦ, υἱὲ τοῦ θεοῦ τοῦ ὑψίστου; Ὁρκίζω σε τὸν θεόν, μή με βασανίσῃς. 8 Ἔλεγεν γὰρ αὐτῷ, Ἔξελθε, τὸ πνεῦμα τὸ ἀκάθαρτον, ἐκ τοῦ ἀνθρώπου. 9 Καὶ ἐπηρώτα αὐτόν, Τί σοι ὄνομα;⁵ Καὶ ἀπεκρίθη, λέγων,⁶ Λεγεὼν⁷ ὄνομά μοι, ὅτι πολλοί ἐσμεν. 10 Καὶ παρεκάλει αὐτὸν πολλὰ ἵνα μὴ αὐτοὺς⁸ ἀποστείλῃ ἔξω τῆς χώρας. 11 Ἦν δὲ ἐκεῖ πρὸς τῷ ὄρει ἀγέλη χοίρων μεγάλη βοσκομένη· 12 καὶ παρεκάλεσαν αὐτὸν πάντες οἱ δαίμονες,⁹ λέγοντες, Πέμψον ἡμᾶς εἰς τοὺς χοίρους, ἵνα εἰς αὐτοὺς εἰσέλθωμεν. 13 Καὶ ἐπέτρεψεν αὐτοῖς εὐθέως ὁ Ἰησοῦς.¹⁰ Καὶ ἐξελθόντα τὰ πνεύματα τὰ ἀκάθαρτα εἰσῆλθον εἰς τοὺς χοίρους· καὶ ὥρμησεν ἡ ἀγέλη κατὰ τοῦ κρημνοῦ εἰς τὴν θάλασσαν· ἦσαν δὲ¹¹ ὡς δισχίλιοι· καὶ ἐπνίγοντο ἐν τῇ θαλάσσῃ. 14 Οἱ δὲ¹² βόσκοντες τοὺς χοίρους¹³ ἔφυγον, καὶ ἀνήγγειλαν¹⁴ εἰς τὴν πόλιν καὶ εἰς τοὺς ἀγρούς. Καὶ ἐξῆλθον¹⁵ ἰδεῖν τί ἐστιν τὸ γεγονός· 15 καὶ ἔρχονται πρὸς τὸν Ἰησοῦν, καὶ θεωροῦσιν τὸν δαιμονιζόμενον καθήμενον καὶ ἱματισμένον¹⁶ καὶ σωφρονοῦντα, τὸν ἐσχηκότα τὸν Λεγεῶνα·¹⁷ καὶ ἐφοβήθησαν. 16 Διηγήσαντο δὲ¹⁸ αὐτοῖς οἱ ἰδόντες πῶς ἐγένετο τῷ δαιμονιζομένῳ, καὶ περὶ τῶν χοίρων. 17 Καὶ ἤρξαντο παρακαλεῖν αὐτὸν ἀπελθεῖν ἀπὸ τῶν ὁρίων αὐτῶν. 18 Καὶ ἐμβάντος¹⁹ αὐτοῦ εἰς τὸ πλοῖον, παρεκάλει αὐτὸν ὁ δαιμονισθείς, ἵνα ᾖ μετ' αὐτοῦ.²⁰ 19 Ὁ δὲ Ἰησοῦς²¹ οὐκ ἀφῆκεν αὐτόν, ἀλλὰ λέγει αὐτῷ, Ὕπαγε εἰς τὸν οἶκόν σου πρὸς τοὺς σούς, καὶ ἀνάγγειλον²² αὐτοῖς ὅσα σοι ὁ κύριος²³

---

1 ὄρεσιν • μνήμασιν   2 μνήμασιν • ὄρεσιν   3 Ἰδὼν δὲ • Καὶ ἰδὼν   4 εἶπεν • λέγει   5 σοι ὄνομα • ὄνομά σοι   6 ἀπεκρίθη λέγων • λέγει αὐτῷ   7 Λεγεὼν • Λεγιὼν   8 αὐτοὺς • αὐτὰ   9 πάντες οἱ δαίμονες • —   10 εὐθέως ὁ Ἰησοῦς • —   11 ἦσαν δὲ • —   12 Οἱ δὲ • Καὶ οἱ   13 τοὺς χοίρους • αὐτοὺς   14 ἀνήγγειλαν • ἀπήγγειλαν   15 ἐξῆλθον • ἦλθον   16 καθήμενον καὶ ἱματισμένον • καθήμενον ἱματισμένον   17 Λεγεῶνα • Λεγιῶνα   18 Διηγήσαντο δὲ • Καὶ διηγήσαντο   19 ἐμβάντος • ἐμβαίνοντος   20 ᾖ μετ' αὐτοῦ • μετ' αὐτοῦ ᾖ   21 Ὁ δὲ Ἰησοῦς • Καὶ   22 ἀνάγγειλον • ἀπάγγειλον   23 σοι ὁ κύριος • ὁ κύριός σοι

πεποίηκεν, καὶ ἠλέησέν σε. 20 Καὶ ἀπῆλθεν καὶ ἤρξατο κηρύσσειν ἐν τῇ Δεκαπόλει ὅσα ἐποίησεν αὐτῷ ὁ Ἰησοῦς· καὶ πάντες ἐθαύμαζον.

Raising of the Daughter of Jairus

21 Καὶ διαπεράσαντος τοῦ Ἰησοῦ ἐν τῷ πλοίῳ[1] πάλιν εἰς τὸ πέραν, συνήχθη ὄχλος πολὺς ἐπ' αὐτόν, καὶ ἦν παρὰ τὴν θάλασσαν. 22 Καὶ ἰδού,[2] ἔρχεται εἷς τῶν ἀρχισυναγώγων, ὀνόματι Ἰάειρος,[3] καὶ ἰδὼν αὐτόν, πίπτει πρὸς τοὺς πόδας αὐτοῦ, 23 καὶ παρεκάλει[4] αὐτὸν πολλά, λέγων ὅτι Τὸ θυγάτριόν μου ἐσχάτως ἔχει· ἵνα ἐλθὼν ἐπιθῇς αὐτῇ τὰς χεῖρας, ὅπως[5] σωθῇ καὶ ζήσεται.[6] 24 Καὶ ἀπῆλθεν μετ' αὐτοῦ· καὶ ἠκολούθει αὐτῷ ὄχλος πολύς, καὶ συνέθλιβον αὐτόν.

25 Καὶ γυνή τις[7] οὖσα ἐν ῥύσει αἵματος ἔτη δώδεκα,[8] 26 καὶ πολλὰ παθοῦσα ὑπὸ πολλῶν ἰατρῶν, καὶ δαπανήσασα τὰ παρ' αὐτῆς πάντα, καὶ μηδὲν ὠφεληθεῖσα, ἀλλὰ μᾶλλον εἰς τὸ χεῖρον ἐλθοῦσα, 27 ἀκούσασα περὶ τοῦ Ἰησοῦ, ἐλθοῦσα ἐν τῷ ὄχλῳ ὄπισθεν, ἥψατο τοῦ ἱματίου αὐτοῦ· 28 ἔλεγεν γὰρ ὅτι Κἂν[9] τῶν ἱματίων αὐτοῦ ἅψωμαι,[10] σωθήσομαι. 29 Καὶ εὐθέως[11] ἐξηράνθη ἡ πηγὴ τοῦ αἵματος αὐτῆς, καὶ ἔγνω τῷ σώματι ὅτι ἴαται ἀπὸ τῆς μάστιγος. 30 Καὶ εὐθέως[12] ὁ Ἰησοῦς ἐπιγνοὺς ἐν ἑαυτῷ τὴν ἐξ αὐτοῦ δύναμιν ἐξελθοῦσαν, ἐπιστραφεὶς ἐν τῷ ὄχλῳ, ἔλεγεν, Τίς μου ἥψατο τῶν ἱματίων; 31 Καὶ ἔλεγον αὐτῷ οἱ μαθηταὶ αὐτοῦ, Βλέπεις τὸν ὄχλον συνθλίβοντά σε, καὶ λέγεις, Τίς μου ἥψατο; 32 Καὶ περιεβλέπετο ἰδεῖν τὴν τοῦτο ποιήσασαν. 33 Ἡ δὲ γυνὴ φοβηθεῖσα καὶ τρέμουσα, εἰδυῖα ὃ γέγονεν ἐπ'[13] αὐτῇ, ἦλθεν καὶ προσέπεσεν αὐτῷ, καὶ εἶπεν αὐτῷ πᾶσαν τὴν ἀλήθειαν. 34 Ὁ δὲ εἶπεν αὐτῇ, Θύγατερ,[14] ἡ πίστις σου σέσωκέν σε· ὕπαγε εἰς εἰρήνην, καὶ ἴσθι ὑγιὴς ἀπὸ τῆς μάστιγός σου.

---

[1] ἐν τῷ πλοίῳ • [ἐν τῷ πλοίῳ]   [2] ἰδού • —   [3] Ἰάειρος • Ἰάϊρος   [4] παρεκάλει • παρακαλεῖ   [5] αὐτῇ τὰς χεῖρας ὅπως • τὰς χεῖρας αὐτῇ ἵνα   [6] ζήσεται • ζήσῃ   [7] τις • —   [8] ἔτη δώδεκα • δώδεκα ἔτη   [9] Κἂν • Ἐὰν ἅψωμαι κἂν   [10] ἅψωμαι • —   [11] εὐθέως • εὐθὺς   [12] εὐθέως • εὐθὺς   [13] ἐπ' • —   [14] Θύγατερ • Θυγάτηρ

35 Ἔτι αὐτοῦ λαλοῦντος, ἔρχονται ἀπὸ τοῦ ἀρχισυναγώγου, λέγοντες ὅτι Ἡ θυγάτηρ σου ἀπέθανεν· τί ἔτι σκύλλεις τὸν διδάσκαλον; 36 Ὁ δὲ Ἰησοῦς εὐθέως ἀκούσας[1] τὸν λόγον λαλούμενον λέγει τῷ ἀρχισυναγώγῳ, Μὴ φοβοῦ· μόνον πίστευε. 37 Καὶ οὐκ ἀφῆκεν οὐδένα αὐτῷ[2] συνακολουθῆσαι, εἰ μὴ Πέτρον[3] καὶ Ἰάκωβον καὶ Ἰωάννην τὸν ἀδελφὸν Ἰακώβου. 38 Καὶ ἔρχεται[4] εἰς τὸν οἶκον τοῦ ἀρχισυναγώγου, καὶ θεωρεῖ θόρυβον, κλαίοντας[5] καὶ ἀλαλάζοντας πολλά. 39 Καὶ εἰσελθὼν λέγει αὐτοῖς, Τί θορυβεῖσθε καὶ κλαίετε; Τὸ παιδίον οὐκ ἀπέθανεν, ἀλλὰ καθεύδει. 40 Καὶ κατεγέλων αὐτοῦ. Ὁ[6] δέ, ἐκβαλὼν πάντας, παραλαμβάνει τὸν πατέρα τοῦ παιδίου καὶ τὴν μητέρα καὶ τοὺς μετ' αὐτοῦ, καὶ εἰσπορεύεται ὅπου ἦν τὸ παιδίον ἀνακείμενον.[7] 41 Καὶ κρατήσας τῆς χειρὸς τοῦ παιδίου, λέγει αὐτῇ, Ταλιθά, κοῦμι·[8] ὅ ἐστιν μεθερμηνευόμενον, Τὸ κοράσιον, σοὶ λέγω, ἔγειραι.[9] 42 Καὶ εὐθέως[10] ἀνέστη τὸ κοράσιον καὶ περιεπάτει, ἦν γὰρ ἐτῶν δώδεκα· καὶ ἐξέστησαν ἐκστάσει[11] μεγάλῃ. 43 Καὶ διεστείλατο αὐτοῖς πολλὰ ἵνα μηδεὶς γνῷ[12] τοῦτο· καὶ εἶπεν δοθῆναι αὐτῇ φαγεῖν.

Jesus at Nazareth

6 Καὶ ἐξῆλθεν ἐκεῖθεν, καὶ ἦλθεν[13] εἰς τὴν πατρίδα αὐτοῦ· καὶ ἀκολουθοῦσιν αὐτῷ οἱ μαθηταὶ αὐτοῦ. 2 Καὶ γενομένου σαββάτου, ἤρξατο ἐν τῇ συναγωγῇ διδάσκειν·[14] καὶ πολλοὶ ἀκούοντες ἐξεπλήσσοντο, λέγοντες, Πόθεν τούτῳ ταῦτα; Καὶ τίς ἡ σοφία ἡ δοθεῖσα αὐτῷ, καὶ[15] δυνάμεις τοιαῦται διὰ τῶν χειρῶν αὐτοῦ γίνονται;[16] 3 Οὐχ οὗτός ἐστιν ὁ τέκτων, ὁ υἱὸς Μαρίας,[17] ἀδελφὸς δὲ[18] Ἰακώβου καὶ Ἰωσῆ[19]

---

[1] εὐθέως ἀκούσας • παρακούσας   [2] αὐτῷ • μετ' αὐτοῦ   [3] Πέτρον • τὸν Πέτρον   [4] ἔρχεται • ἔρχονται   [5] κλαίοντας • καὶ κλαίοντας   [6] Ὁ • Αὐτὸς   [7] ἀνακείμενον • —   [8] κοῦμι • κοῦμ   [9] ἔγειραι • ἔγειρε   [10] εὐθέως • εὐθὺς   [11] ἐκστάσει • [εὐθὺς] ἐκστάσει   [12] γνῷ • γνοῖ   [13] ἦλθεν • ἔρχεται   [14] ἐν τῇ συναγωγῇ διδάσκειν • διδάσκειν ἐν τῇ συναγωγῇ   [15] αὐτῷ καὶ • τούτῳ καὶ αἱ   [16] γίνονται • γινόμεναι   [17] Μαρίας • τῆς Μαρίας   [18] ἀδελφὸς δὲ • καὶ ἀδελφὸς   [19] Ἰωσῆ • Ἰωσῆτος

καὶ Ἰούδα καὶ Σίμωνος; Καὶ οὐκ εἰσὶν αἱ ἀδελφαὶ αὐτοῦ ὧδε πρὸς ἡμᾶς; Καὶ ἐσκανδαλίζοντο ἐν αὐτῷ. 4 Ἔλεγεν δὲ¹ αὐτοῖς ὁ Ἰησοῦς ὅτι Οὐκ ἔστιν προφήτης ἄτιμος, εἰ μὴ ἐν τῇ πατρίδι αὐτοῦ, καὶ ἐν τοῖς συγγενέσιν² καὶ ἐν τῇ οἰκίᾳ αὐτοῦ. 5 Καὶ οὐκ ἠδύνατο ἐκεῖ οὐδεμίαν δύναμιν ποιῆσαι,³ εἰ μὴ ὀλίγοις ἀρρώστοις ἐπιθεὶς τὰς χεῖρας, ἐθεράπευσεν.

The Mission of the Twelve

6 Καὶ ἐθαύμαζεν διὰ τὴν ἀπιστίαν αὐτῶν. Καὶ περιῆγεν τὰς κώμας κύκλῳ διδάσκων.

7 Καὶ προσκαλεῖται τοὺς δώδεκα, καὶ ἤρξατο αὐτοὺς ἀποστέλλειν δύο δύο, καὶ ἐδίδου αὐτοῖς ἐξουσίαν τῶν πνευμάτων τῶν ἀκαθάρτων. 8 Καὶ παρήγγειλεν αὐτοῖς ἵνα μηδὲν αἴρωσιν εἰς ὁδόν, εἰ μὴ ῥάβδον μόνον· μὴ πήραν, μὴ ἄρτον,⁴ μὴ εἰς τὴν ζώνην χαλκόν· 9 ἀλλ᾽⁵ ὑποδεδεμένους σανδάλια· καὶ μὴ ἐνδύσησθε δύο χιτῶνας. 10 Καὶ ἔλεγεν αὐτοῖς, Ὅπου ἐὰν εἰσέλθητε εἰς οἰκίαν, ἐκεῖ μένετε ἕως ἂν ἐξέλθητε ἐκεῖθεν. 11 Καὶ ὅσοι ἂν μὴ δέξωνται⁶ ὑμᾶς, μηδὲ ἀκούσωσιν ὑμῶν, ἐκπορευόμενοι ἐκεῖθεν, ἐκτινάξατε τὸν χοῦν τὸν ὑποκάτω τῶν ποδῶν ὑμῶν εἰς μαρτύριον αὐτοῖς. Ἀμὴν λέγω ὑμῖν, ἀνεκτότερον ἔσται Σοδόμοις ἢ Γομόρροις ἐν ἡμέρᾳ κρίσεως, ἢ τῇ πόλει ἐκείνῃ.⁷ 12 Καὶ ἐξελθόντες ἐκήρυσσον ἵνα μετανοήσωσιν·⁸ 13 καὶ δαιμόνια πολλὰ ἐξέβαλλον, καὶ ἤλειφον ἐλαίῳ πολλοὺς ἀρρώστους καὶ ἐθεράπευον.

Death of John the Baptist

14 Καὶ ἤκουσεν ὁ βασιλεὺς Ἡρῴδης, φανερὸν γὰρ ἐγένετο τὸ ὄνομα αὐτοῦ, καὶ ἔλεγεν⁹ ὅτι Ἰωάννης ὁ βαπτίζων ἐκ νεκρῶν ἠγέρθη,¹⁰ καὶ διὰ τοῦτο ἐνεργοῦσιν αἱ δυνάμεις ἐν

---

1 Ἔλεγεν δὲ • Καὶ ἔλεγεν   2 συγγενέσιν • συγγενεῦσιν αὐτοῦ   3 ἠδύνατο ἐκεῖ οὐδεμίαν δύναμιν ποιῆσαι • ἐδύνατο ἐκεῖ ποιῆσαι οὐδεμίαν δύναμιν   4 πήραν μὴ ἄρτον • ἄρτον μὴ πήραν   5 ἀλλ᾽ • ἀλλὰ   6 ὅσοι ἂν μὴ δέξωνται • ὃς ἂν τόπος μὴ δέξηται   7 Ἀμὴν λέγω ὑμῖν ἀνεκτότερον ἔσται Σοδόμοις ἢ Γομόρροις ἐν ἡμέρᾳ κρίσεως ἢ τῇ πόλει ἐκείνῃ • —   8 ἐκήρυσσον ἵνα μετανοήσωσιν • ἐκήρυξαν ἵνα μετανοῶσιν   9 ἔλεγεν • ἔλεγον   10 ἐκ νεκρῶν ἠγέρθη • ἐγήγερται ἐκ νεκρῶν

αὐτῷ. 15 Ἄλλοι ἔλεγον¹ ὅτι Ἠλίας ἐστίν· ἄλλοι δὲ ἔλεγον ὅτι Προφήτης ἐστίν, ὡς² εἷς τῶν προφητῶν. 16 Ἀκούσας δὲ Ἡρῴδης ᵃ εἶπεν ὅτι³ Ὃν ἐγὼ ἀπεκεφάλισα Ἰωάννην, οὗτός ἐστιν· αὐτὸς ἠγέρθη ἐκ νεκρῶν.⁴ 17 Αὐτὸς γὰρ ὁ Ἡρῴδης ἀποστείλας ἐκράτησεν τὸν Ἰωάννην, καὶ ἔδησεν αὐτὸν ἐν φυλακῇ, διὰ Ἡρῳδιάδα τὴν γυναῖκα Φιλίππου τοῦ ἀδελφοῦ αὐτοῦ, ὅτι αὐτὴν ἐγάμησεν. 18 Ἔλεγεν γὰρ ὁ Ἰωάννης τῷ Ἡρῴδῃ ὅτι Οὐκ ἔξεστίν σοι ἔχειν τὴν γυναῖκα τοῦ ἀδελφοῦ σου. 19 Ἡ δὲ Ἡρῳδιὰς ἐνεῖχεν αὐτῷ, καὶ ἤθελεν αὐτὸν ἀποκτεῖναι· καὶ οὐκ ἠδύνατο· 20 ὁ γὰρ Ἡρῴδης ἐφοβεῖτο τὸν Ἰωάννην, εἰδὼς αὐτὸν ἄνδρα δίκαιον καὶ ἅγιον, καὶ συνετήρει αὐτόν· καὶ ἀκούσας αὐτοῦ, πολλὰ ἐποίει,⁵ καὶ ἡδέως αὐτοῦ ἤκουεν. 21 Καὶ γενομένης ἡμέρας εὐκαίρου, ὅτε Ἡρῴδης τοῖς γενεσίοις αὐτοῦ δεῖπνον ἐποίει⁶ τοῖς μεγιστᾶσιν αὐτοῦ καὶ τοῖς χιλιάρχοις καὶ τοῖς πρώτοις τῆς Γαλιλαίας, 22 καὶ εἰσελθούσης τῆς θυγατρὸς αὐτῆς τῆς⁷ Ἡρῳδιάδος καὶ ὀρχησαμένης, καὶ ἀρεσάσης⁸ τῷ Ἡρῴδῃ καὶ τοῖς συνανακειμένοις, εἶπεν ὁ βασιλεὺς τῷ κορασίῳ, Αἴτησόν με ὃ ἐὰν θέλῃς, καὶ δώσω σοί· 23 καὶ ὤμοσεν αὐτῇ ὅτι Ὅ⁹ ἐάν με αἰτήσῃς, δώσω σοί, ἕως ἡμίσους τῆς βασιλείας μου. 24 Ἡ δὲ ἐξελθοῦσα¹⁰ εἶπεν τῇ μητρὶ αὐτῆς, Τί αἰτήσομαι;¹¹ Ἡ δὲ εἶπεν, Τὴν κεφαλὴν Ἰωάννου τοῦ βαπτιστοῦ.¹² 25 Καὶ εἰσελθοῦσα εὐθέως¹³ μετὰ σπουδῆς πρὸς τὸν βασιλέα, ᾐτήσατο, λέγουσα, Θέλω ἵνα μοι δῷς ἐξαυτῆς¹⁴ ἐπὶ πίνακι τὴν κεφαλὴν Ἰωάννου τοῦ βαπτιστοῦ. 26 Καὶ περίλυπος γενόμενος ὁ βασιλεύς, διὰ τοὺς ὅρκους καὶ τοὺς συνανακειμένους¹⁵ οὐκ ἠθέλησεν αὐτὴν ἀθετῆσαι.¹⁶

ᵃ Ἡρῴδης • ὁ Ἡρῴδης

1 Ἄλλοι ἔλεγον • Ἄλλοι δὲ ἔλεγον   2 ἐστίν ὡς • ὡς   3 Ἡρῴδης εἶπεν ὅτι • ὁ Ἡρῴδης ἔλεγεν   4 ἐστιν αὐτὸς ἠγέρθη ἐκ νεκρῶν • ἠγέρθη   5 ἐποίει • ἠπόρει   6 ἐποίει • ἐποίησεν   7 αὐτῆς τῆς • αὐτοῦ   8 καὶ ἀρεσάσης • ἤρεσεν   9 ὅτι Ὅ • [πολλὰ] Ὅ τι   10 Ἡ δὲ ἐξελθοῦσα • Καὶ ἐξελθοῦσα   11 αἰτήσομαι • αἰτήσωμαι   12 βαπτιστοῦ • βαπτίζοντος   13 εὐθέως • εὐθὺς   14 μοι δῷς ἐξαυτῆς • ἐξαυτῆς δῷς μοι   15 συνανακειμένους • ἀνακειμένους   16 αὐτὴν ἀθετῆσαι • ἀθετῆσαι αὐτήν

27 Καὶ εὐθέως¹ ἀποστείλας ὁ βασιλεὺς σπεκουλάτορα ἐπέταξεν ἐνεχθῆναι² τὴν κεφαλὴν αὐτοῦ. 28 Ὁ δὲ³ ἀπελθὼν ἀπεκεφάλισεν αὐτὸν ἐν τῇ φυλακῇ, καὶ ἤνεγκεν τὴν κεφαλὴν αὐτοῦ ἐπὶ πίνακι, καὶ ἔδωκεν αὐτὴν τῷ κορασίῳ· καὶ τὸ κοράσιον ἔδωκεν αὐτὴν τῇ μητρὶ αὐτῆς. 29 Καὶ ἀκούσαντες οἱ μαθηταὶ αὐτοῦ ἦλθον, καὶ ἦραν τὸ πτῶμα αὐτοῦ, καὶ ἔθηκαν αὐτὸ ἐν μνημείῳ.

30 Καὶ συνάγονται οἱ ἀπόστολοι πρὸς τὸν Ἰησοῦν, καὶ ἀπήγγειλαν αὐτῷ πάντα, καὶ⁴ ὅσα ἐποίησαν καὶ ὅσα ἐδίδαξαν. 31 Καὶ εἶπεν⁵ αὐτοῖς, Δεῦτε ὑμεῖς αὐτοὶ κατ' ἰδίαν εἰς ἔρημον τόπον, καὶ ἀναπαύεσθε⁶ ὀλίγον. Ἦσαν γὰρ οἱ ἐρχόμενοι καὶ οἱ ὑπάγοντες πολλοί, καὶ οὐδὲ φαγεῖν εὐκαίρουν. 32 Καὶ ἀπῆλθον εἰς ἔρημον τόπον τῷ πλοίῳ⁷ κατ' ἰδίαν.

The Feeding of the Five Thousand

33 Καὶ εἶδον αὐτοὺς ὑπάγοντας καὶ ἐπέγνωσαν αὐτὸν πολλοί,⁸ καὶ πεζῇ ἀπὸ πασῶν τῶν πόλεων συνέδραμον ἐκεῖ, καὶ προῆλθον αὐτούς, καὶ συνῆλθον πρὸς αὐτόν.⁹ 34 Καὶ ἐξελθὼν εἶδεν ὁ Ἰησοῦς¹⁰ πολὺν ὄχλον, καὶ ἐσπλαγχνίσθη ἐπ' αὐτοῖς,¹¹ ὅτι ἦσαν ὡς πρόβατα μὴ ἔχοντα ποιμένα· καὶ ἤρξατο διδάσκειν αὐτοὺς πολλά. 35 Καὶ ἤδη ὥρας πολλῆς γενομένης, προσελθόντες αὐτῷ οἱ μαθηταὶ αὐτοῦ λέγουσιν¹² ὅτι Ἔρημός ἐστιν ὁ τόπος, καὶ ἤδη ὥρα πολλή· 36 ἀπόλυσον αὐτούς, ἵνα ἀπελθόντες εἰς τοὺς κύκλῳ ἀγροὺς καὶ κώμας ἀγοράσωσιν ἑαυτοῖς ἄρτους. Τί γὰρ φάγωσιν οὐκ ἔχουσιν.¹³ 37 Ὁ δὲ ἀποκριθεὶς εἶπεν αὐτοῖς, Δότε αὐτοῖς ὑμεῖς φαγεῖν. Καὶ λέγουσιν αὐτῷ, Ἀπελθόντες ἀγοράσωμεν δηναρίων διακοσίων ἄρτους, καὶ δῶμεν¹⁴ αὐτοῖς φαγεῖν; 38 Ὁ δὲ λέγει αὐτοῖς, Πόσους ἄρτους ἔχετε; Ὑπάγετε καὶ ἴδετε.¹⁵ Καὶ

---

¹ εὐθέως • εὐθὺς ² ἐνεχθῆναι • ἐνέγκαι ³ Ὁ δὲ • Καὶ ⁴ πάντα καὶ • πάντα
⁵ εἶπεν • λέγει ⁶ ἀναπαύεσθε • ἀναπαύσασθε ⁷ εἰς ἔρημον τόπον τῷ πλοίῳ • ἐν τῷ πλοίῳ εἰς ἔρημον τόπον ⁸ αὐτὸν πολλοί • πολλοί ⁹ καὶ συνῆλθον πρὸς αὐτόν • — ¹⁰ ὁ Ἰησοῦς • — ¹¹ αὐτοῖς • αὐτούς ¹² λέγουσιν • ἔλεγον
¹³ ἄρτους Τί γὰρ φάγωσιν οὐκ ἔχουσιν • τί φάγωσιν ¹⁴ δῶμεν • δώσομεν
¹⁵ καὶ ἴδετε • ἴδετε

γνόντες λέγουσιν, Πέντε, καὶ δύο ἰχθύας. 39 Καὶ ἐπέταξεν αὐτοῖς ἀνακλῖναι πάντας συμπόσια συμπόσια ἐπὶ τῷ χλωρῷ χόρτῳ. 40 Καὶ ἀνέπεσον[1] πρασιαὶ πρασιαί, ἀνὰ ἑκατὸν καὶ ἀνὰ[2] πεντήκοντα. 41 Καὶ λαβὼν τοὺς πέντε ἄρτους καὶ τοὺς δύο ἰχθύας, ἀναβλέψας εἰς τὸν οὐρανόν, εὐλόγησεν, καὶ κατέκλασεν τοὺς ἄρτους, καὶ ἐδίδου τοῖς μαθηταῖς αὐτοῦ[3] ἵνα παραθῶσιν[4] αὐτοῖς· καὶ τοὺς δύο ἰχθύας ἐμέρισεν πᾶσιν. 42 Καὶ ἔφαγον πάντες, καὶ ἐχορτάσθησαν· 43 καὶ ἦραν κλασμάτων δώδεκα κοφίνους πλήρεις,[5] καὶ ἀπὸ τῶν ἰχθύων. 44 Καὶ ἦσαν οἱ φαγόντες τοὺς ἄρτους[6] πεντακισχίλιοι ἄνδρες.

Jesus Walking on the Sea and His Return to Galilee

45 Καὶ εὐθέως[7] ἠνάγκασεν τοὺς μαθητὰς αὐτοῦ ἐμβῆναι εἰς τὸ πλοῖον, καὶ προάγειν εἰς τὸ πέραν πρὸς Βηθσαϊδάν, ἕως αὐτὸς ἀπολύσῃ[8] τὸν ὄχλον. 46 Καὶ ἀποταξάμενος αὐτοῖς, ἀπῆλθεν εἰς τὸ ὄρος προσεύξασθαι. 47 Καὶ ὀψίας γενομένης, ἦν τὸ πλοῖον ἐν μέσῳ τῆς θαλάσσης, καὶ αὐτὸς μόνος ἐπὶ τῆς γῆς. 48 Καὶ εἶδεν[9] αὐτοὺς βασανιζομένους ἐν τῷ ἐλαύνειν, ἦν γὰρ ὁ ἄνεμος ἐναντίος αὐτοῖς, καὶ περὶ[10] τετάρτην φυλακὴν τῆς νυκτὸς ἔρχεται πρὸς αὐτούς, περιπατῶν ἐπὶ τῆς θαλάσσης· καὶ ἤθελεν παρελθεῖν αὐτούς. 49 Οἱ δέ, ἰδόντες αὐτὸν περιπατοῦντα ἐπὶ τῆς θαλάσσης,[11] ἔδοξαν φάντασμα εἶναι,[12] καὶ ἀνέκραξαν· 50 πάντες γὰρ αὐτὸν εἶδον, καὶ ἐταράχθησαν. Καὶ εὐθέως[13] ἐλάλησεν μετ' αὐτῶν, καὶ λέγει αὐτοῖς, Θαρσεῖτε· ἐγώ εἰμι, μὴ φοβεῖσθε. 51 Καὶ ἀνέβη πρὸς αὐτοὺς εἰς τὸ πλοῖον, καὶ ἐκόπασεν ὁ ἄνεμος· καὶ λίαν ἐκπερισσοῦ[14] ἐν ἑαυτοῖς ἐξίσταντο, καὶ ἐθαύμαζον.[15] 52 Οὐ γὰρ συνῆκαν ἐπὶ τοῖς ἄρτοις· ἦν γὰρ[16] αὐτῶν ἡ καρδία πεπωρωμένη.

---

[1] *ἀνέπεσον • ἀνέπεσαν* [2] *ἀνὰ ἑκατὸν καὶ ἀνὰ • κατὰ ἑκατὸν καὶ κατὰ* [3] *αὐτοῦ • [αὐτοῦ]* [4] *παραθῶσιν • παρατιθῶσιν* [5] *κλασμάτων δώδεκα κοφίνους πλήρεις • κλάσματα δώδεκα κοφίνων πληρώματα* [6] *τοὺς ἄρτους • [τοὺς ἄρτους]* [7] *εὐθέως • εὐθὺς* [8] *ἀπολύσῃ • ἀπολύει* [9] *εἶδεν • ἰδὼν* [10] *καὶ περὶ • περὶ* [11] *περιπατοῦντα ἐπὶ τῆς θαλάσσης • ἐπὶ τῆς θαλάσσης περιπατοῦντα* [12] *φάντασμα εἶναι • ὅτι Φάντασμά ἐστιν* [13] *Καὶ εὐθέως • Ὁ δὲ εὐθὺς* [14] *ἐκπερισσοῦ • [ἐκ περισσοῦ]* [15] *καὶ ἐθαύμαζον • —* [16] *ἦν γὰρ • ἀλλ' ἦν*

53 Καὶ διαπεράσαντες ἦλθον ἐπὶ τὴν γῆν¹ Γεννησαρέτ, καὶ προσωρμίσθησαν. 54 Καὶ ἐξελθόντων αὐτῶν ἐκ τοῦ πλοίου, εὐθέως² ἐπιγνόντες αὐτόν, 55 περιδραμόντες³ ὅλην τὴν περίχωρον⁴ ἐκείνην, ἤρξαντο⁵ ἐπὶ τοῖς κραββάτοις⁶ τοὺς κακῶς ἔχοντας περιφέρειν, ὅπου ἤκουον ὅτι ἐκεῖ⁷ ἐστιν. 56 Καὶ ὅπου ἂν εἰσεπορεύετο εἰς κώμας ἢ πόλεις ἢ⁸ ἀγρούς, ἐν ταῖς ἀγοραῖς ἐτίθουν⁹ τοὺς ἀσθενοῦντας, καὶ παρεκάλουν αὐτὸν ἵνα κἂν τοῦ κρασπέδου τοῦ ἱματίου αὐτοῦ ἅψωνται· καὶ ὅσοι ἂν ἥπτοντο¹⁰ αὐτοῦ ἐσῴζοντο.

Concerning Ceremonial Washings

7 Καὶ συνάγονται πρὸς αὐτὸν οἱ Φαρισαῖοι, καί τινες τῶν γραμματέων, ἐλθόντες ἀπὸ Ἱεροσολύμων· 2 καὶ ἰδόντες τινὰς τῶν μαθητῶν αὐτοῦ κοιναῖς¹¹ χερσίν, τοῦτ᾽ ἔστιν ἀνίπτοις, ἐσθίοντας ἄρτους ἐμέμψαντο.¹² 3 Οἱ γὰρ Φαρισαῖοι καὶ πάντες οἱ Ἰουδαῖοι, ἐὰν μὴ πυγμῇ νίψωνται τὰς χεῖρας, οὐκ ἐσθίουσιν, κρατοῦντες τὴν παράδοσιν τῶν πρεσβυτέρων· 4 καὶ ἀπὸ¹³ ἀγορᾶς, ἐὰν μὴ βαπτίσωνται, οὐκ ἐσθίουσιν· καὶ ἄλλα πολλά ἐστιν ἃ παρέλαβον κρατεῖν, βαπτισμοὺς ποτηρίων καὶ ξεστῶν καὶ χαλκίων καὶ κλινῶν.¹⁴ 5 Ἔπειτα¹⁵ ἐπερωτῶσιν αὐτὸν οἱ Φαρισαῖοι καὶ οἱ γραμματεῖς, Διὰ τί οἱ μαθηταί σου οὐ περιπατοῦσιν¹⁶ κατὰ τὴν παράδοσιν τῶν πρεσβυτέρων, ἀλλὰ ἀνίπτοις¹⁷ χερσὶν ἐσθίουσιν τὸν ἄρτον; 6 Ὁ δὲ ἀποκριθεὶς¹⁸ εἶπεν αὐτοῖς ὅτι¹⁹ Καλῶς προεφήτευσεν²⁰ Ἡσαΐας περὶ ὑμῶν τῶν ὑποκριτῶν, ὡς γέγραπται, Οὗτος²¹ ὁ λαὸς τοῖς χείλεσίν με τιμᾷ, ἡ δὲ καρδία αὐτῶν πόρρω ἀπέχει ἀπ᾽ ἐμοῦ. 7 Μάτην δὲ σέβονταί με, διδάσκοντες διδασκαλίας ἐντάλματα ἀνθρώπων.

---

¹ ἦλθον ἐπὶ τὴν γῆν • ἐπὶ τὴν γῆν ἦλθον εἰς   ² εὐθέως • εὐθὺς
³ περιδραμόντες • περιέδραμον   ⁴ περίχωρον • χώραν   ⁵ ἤρξαντο • καὶ ἤρξαντο   ⁶ κραββάτοις • κραβάττοις   ⁷ ἐκεῖ • —   ⁸ πόλεις ἢ • εἰς πόλεις ἢ εἰς   ⁹ ἐτίθουν • ἐτίθεσαν   ¹⁰ ἥπτοντο • ἥψαντο   ¹¹ κοιναῖς • ὅτι κοιναῖς
¹² ἐσθίοντας ἄρτους ἐμέμψαντο • ἐσθίουσιν τοὺς ἄρτους   ¹³ ἀπὸ • ἀπ᾽   ¹⁴ καὶ κλινῶν • [καὶ κλινῶν]   ¹⁵ Ἔπειτα • Καὶ   ¹⁶ οἱ μαθηταί σου οὐ περιπατοῦσιν • οὐ περιπατοῦσιν οἱ μαθηταί σου   ¹⁷ ἀνίπτοις • κοιναῖς   ¹⁸ ἀποκριθεὶς • —
¹⁹ ὅτι • —   ²⁰ προεφήτευσεν • ἐπροφήτευσεν   ²¹ Οὗτος • [ὅτι] Οὗτος

8 Ἀφέντες γὰρ ¹ τὴν ἐντολὴν τοῦ θεοῦ, κρατεῖτε τὴν παράδοσιν τῶν ἀνθρώπων, βαπτισμοὺς ξεστῶν καὶ ποτηρίων· καὶ ἄλλα παρόμοια τοιαῦτα πολλὰ ποιεῖτε. ² 9 Καὶ ἔλεγεν αὐτοῖς, Καλῶς ἀθετεῖτε τὴν ἐντολὴν τοῦ θεοῦ, ἵνα τὴν παράδοσιν ὑμῶν τηρήσητε. ³ 10 Μωσῆς ⁴ γὰρ εἶπεν, Τίμα τὸν πατέρα σου καὶ τὴν μητέρα σου· καί, Ὁ κακολογῶν πατέρα ἢ μητέρα θανάτῳ τελευτάτω· 11 ὑμεῖς δὲ λέγετε, Ἐὰν εἴπῃ ἄνθρωπος τῷ πατρὶ ἢ τῇ μητρί, Κορβᾶν, ὅ ἐστιν, δῶρον, ὃ ἐὰν ἐξ ἐμοῦ ὠφεληθῇς· 12 καὶ ⁵ οὐκέτι ἀφίετε αὐτὸν οὐδὲν ποιῆσαι τῷ πατρὶ αὐτοῦ ἢ ⁶ τῇ μητρὶ αὐτοῦ, ⁷ 13 ἀκυροῦντες τὸν λόγον τοῦ θεοῦ τῇ παραδόσει ὑμῶν ᾗ παρεδώκατε· καὶ παρόμοια τοιαῦτα πολλὰ ποιεῖτε.

Jesus' Denunciation of the Pharisees

14 Καὶ προσκαλεσάμενος πάντα ⁸ τὸν ὄχλον, ἔλεγεν αὐτοῖς, Ἀκούετέ ⁹ μου πάντες, καὶ συνίετε. ¹⁰ 15 Οὐδέν ἐστιν ἔξωθεν τοῦ ἀνθρώπου εἰσπορευόμενον εἰς αὐτόν, ὃ δύναται αὐτὸν κοινῶσαι· ¹¹ ἀλλὰ τὰ ἐκπορευόμενα ἀπ' αὐτοῦ, ἐκεῖνά ¹² ἐστιν τὰ κοινοῦντα τὸν ἄνθρωπον. 16 Εἴ τις ἔχει ὦτα ἀκούειν ἀκουέτω. ¹³ 17 Καὶ ὅτε εἰσῆλθεν εἰς οἶκον ἀπὸ τοῦ ὄχλου, ἐπηρώτων αὐτὸν οἱ μαθηταὶ αὐτοῦ περὶ τῆς παραβολῆς. ¹⁴ 18 Καὶ λέγει αὐτοῖς, Οὕτως καὶ ὑμεῖς ἀσύνετοί ἐστε; Οὐ νοεῖτε ὅτι πᾶν τὸ ἔξωθεν εἰσπορευόμενον εἰς τὸν ἄνθρωπον οὐ δύναται αὐτὸν κοινῶσαι, 19 ὅτι οὐκ εἰσπορεύεται αὐτοῦ εἰς τὴν καρδίαν, ἀλλ' εἰς τὴν κοιλίαν, καὶ εἰς τὸν ἀφεδρῶνα ἐκπορεύεται, καθαρίζον ¹⁵ πάντα τὰ βρώματα. 20 Ἔλεγεν δὲ ὅτι Τὸ ἐκ τοῦ ἀνθρώπου ἐκπορευόμενον, ἐκεῖνο κοινοῖ τὸν ἄνθρωπον. 21 Ἔσωθεν γάρ, ἐκ τῆς καρδίας τῶν ἀνθρώπων οἱ διαλογισμοὶ οἱ κακοὶ ἐκπορεύονται, μοιχεῖαι, πορνεῖαι, ¹⁶

---

1 γὰρ • — 2 βαπτισμοὺς ξεστῶν καὶ ποτηρίων καὶ ἄλλα παρόμοια τοιαῦτα πολλὰ ποιεῖτε • — 3 τηρήσητε • στήσητε 4 Μωσῆς • Μωϋσῆς 5 καὶ • — 6 αὐτοῦ ἢ • ἢ 7 μητρὶ αὐτοῦ • μητρί 8 πάντα • πάλιν 9 Ἀκούετέ • Ἀκούσατέ 10 συνίετε • σύνετε 11 αὐτὸν κοινῶσαι • κοινῶσαι αὐτόν 12 ἐκπορευόμενα ἀπ' αὐτοῦ ἐκεῖνά • ἐκ τοῦ ἀνθρώπου ἐκπορευόμενά 13 7.16 • — 14 περὶ τῆς παραβολῆς • τὴν παραβολήν 15 καθαρίζον • καθαρίζων 16 μοιχεῖαι πορνεῖαι • πορνεῖαι κλοπαί

φόνοι, 22 κλοπαί,¹ πλεονεξίαι, πονηρίαι, δόλος, ἀσέλγεια, ὀφθαλμὸς πονηρός, βλασφημία, ὑπερηφανία, ἀφροσύνη· 23 πάντα ταῦτα τὰ πονηρὰ ἔσωθεν ἐκπορεύεται, καὶ κοινοῖ τὸν ἄνθρωπον.

The Syrophoenician Woman

24 Καὶ ἐκεῖθεν² ἀναστὰς ἀπῆλθεν εἰς τὰ μεθόρια Τύρου καὶ Σιδῶνος.³ Καὶ εἰσελθὼν εἰς οἰκίαν, οὐδένα ἤθελεν γνῶναι, καὶ οὐκ ἠδυνήθη λαθεῖν. 25 Ἀκούσασα γὰρ⁴ γυνὴ περὶ αὐτοῦ, ἧς εἶχεν τὸ θυγάτριον αὐτῆς πνεῦμα ἀκάθαρτον, ἐλθοῦσα προσέπεσεν πρὸς τοὺς πόδας αὐτοῦ· 26 ἦν δὲ ἡ γυνὴ Ἑλληνίς, Συραφοινίκισσα⁵ τῷ γένει· καὶ ἠρώτα αὐτὸν ἵνα τὸ δαιμόνιον ἐκβάλῃ ἐκ τῆς θυγατρὸς αὐτῆς. 27 Ὁ δὲ Ἰησοῦς εἶπεν⁶ αὐτῇ, Ἄφες πρῶτον χορτασθῆναι τὰ τέκνα· οὐ γὰρ καλόν ἐστιν⁷ λαβεῖν τὸν ἄρτον τῶν τέκνων καὶ βαλεῖν τοῖς κυναρίοις.⁸ 28 Ἡ δὲ ἀπεκρίθη καὶ λέγει αὐτῷ, Ναί, κύριε· καὶ γὰρ⁹ τὰ κυνάρια ὑποκάτω τῆς τραπέζης ἐσθίει¹⁰ ἀπὸ τῶν ψιχίων τῶν παιδίων. 29 Καὶ εἶπεν αὐτῇ, Διὰ τοῦτον τὸν λόγον ὕπαγε· ἐξελήλυθεν τὸ δαιμόνιον ἐκ τῆς θυγατρός σου.¹¹ 30 Καὶ ἀπελθοῦσα εἰς τὸν οἶκον αὐτῆς, εὗρεν τὸ δαιμόνιον ἐξεληλυθός, καὶ τὴν θυγατέρα βεβλημένην ἐπὶ τῆς κλίνης.¹²

Healing of the Deaf Man

31 Καὶ πάλιν ἐξελθὼν ἐκ τῶν ὁρίων Τύρου καὶ Σιδῶνος, ἦλθεν πρὸς¹³ τὴν θάλασσαν τῆς Γαλιλαίας, ἀνὰ μέσον τῶν ὁρίων Δεκαπόλεως. 32 Καὶ φέρουσιν αὐτῷ κωφὸν

---

¹ κλοπαί • μοιχεῖαι   ² Καὶ ἐκεῖθεν • Ἐκεῖθεν δὲ   ³ μεθόρια Τύρου καὶ Σιδῶνος • ὅρια Τύρου   ⁴ Ἀκούσασα γὰρ • Ἀλλ' εὐθὺς ἀκούσασα   ⁵ ἦν δὲ ἡ γυνὴ Ἑλληνίς Συραφοινίκισσα • ἡ δὲ γυνὴ ἦν Ἑλληνίς Συροφοινίκισσα   ⁶ Ὁ δὲ Ἰησοῦς εἶπεν • Καὶ ἔλεγεν   ⁷ καλόν ἐστιν • ἐστιν καλόν   ⁸ βαλεῖν τοῖς κυναρίοις • τοῖς κυναρίοις βαλεῖν   ⁹ Ναί κύριε καὶ γὰρ • Κύριε καὶ   ¹⁰ ἐσθίει • ἐσθίουσιν   ¹¹ τὸ δαιμόνιον ἐκ τῆς θυγατρός σου • ἐκ τῆς θυγατρός σου τὸ δαιμόνιον   ¹² δαιμόνιον ἐξεληλυθός καὶ τὴν θυγατέρα βεβλημένην ἐπὶ τῆς κλίνης • παιδίον βεβλημένον ἐπὶ τὴν κλίνην καὶ τὸ δαιμόνιον ἐξεληλυθός   ¹³ καὶ Σιδῶνος ἦλθεν πρὸς • ἦλθεν διὰ Σιδῶνος εἰς

μογγιλάλον,ᵃ,¹ καὶ παρακαλοῦσιν αὐτὸν ἵνα ἐπιθῇ αὐτῷ τὴν χεῖρα. 33 Καὶ ἀπολαβόμενος αὐτὸν ἀπὸ τοῦ ὄχλου κατ' ἰδίαν, ἔβαλεν τοὺς δακτύλους αὐτοῦ εἰς τὰ ὦτα αὐτοῦ, καὶ πτύσας ἥψατο τῆς γλώσσης αὐτοῦ, 34 καὶ ἀναβλέψας εἰς τὸν οὐρανόν, ἐστέναξεν, καὶ λέγει αὐτῷ, Ἐφφαθά, ὅ ἐστιν, Διανοίχθητι. 35 Καὶ εὐθέως διηνοίχθησαν² αὐτοῦ αἱ ἀκοαί· καὶ ἐλύθη ὁ δεσμὸς τῆς γλώσσης αὐτοῦ, καὶ ἐλάλει ὀρθῶς. 36 Καὶ διεστείλατο αὐτοῖς ἵνα μηδενὶ εἴπωσιν·³ ὅσον δὲ αὐτὸς αὐτοῖς διεστέλλετο,⁴ μᾶλλον περισσότερον ἐκήρυσσον. 37 Καὶ ὑπερπερισσῶς ἐξεπλήσσοντο, λέγοντες, Καλῶς πάντα πεποίηκεν· καὶ τοὺς κωφοὺς ποιεῖ ἀκούειν, καὶ τοὺς ἀλάλους⁵ λαλεῖν.

The Feeding of the Four Thousand

8 Ἐν ἐκείναις ταῖς ἡμέραις, παμπόλλου⁶ ὄχλου ὄντος, καὶ μὴ ἐχόντων τί φάγωσιν, προσκαλεσάμενος ὁ Ἰησοῦς⁷ τοὺς μαθητὰς αὐτοῦ⁸ λέγει αὐτοῖς, 2 Σπλαγχνίζομαι ἐπὶ τὸν ὄχλον, ὅτι ἤδη ἡμέραιᵇ τρεῖς προσμένουσίν μοι, καὶ οὐκ ἔχουσιν τί φάγωσιν· 3 καὶ ἐὰν ἀπολύσω αὐτοὺς νήστεις εἰς οἶκον αὐτῶν, ἐκλυθήσονται ἐν τῇ ὁδῷ· τινὲς γὰρ⁹ αὐτῶν μακρόθεν ἥκουσιν.¹⁰ 4 Καὶ ἀπεκρίθησαν αὐτῷ οἱ μαθηταὶ αὐτοῦ, Πόθεν¹¹ τούτους δυνήσεταί τις ὧδε χορτάσαι ἄρτων ἐπ' ἐρημίας; 5 Καὶ ἐπηρώτα¹² αὐτούς, Πόσους ἔχετε ἄρτους; Οἱ δὲ εἶπον,¹³ Ἑπτά. 6 Καὶ παρήγγειλεν¹⁴ τῷ ὄχλῳ ἀναπεσεῖν ἐπὶ τῆς γῆς· καὶ λαβὼν τοὺς ἑπτὰ ἄρτους, εὐχαριστήσας ἔκλασεν καὶ ἐδίδου τοῖς μαθηταῖς αὐτοῦ, ἵνα παραθῶσιν·¹⁵ καὶ παρέθηκαν τῷ ὄχλῳ. 7 Καὶ εἶχον ἰχθύδια ὀλίγα· καὶ εὐλογήσας εἶπεν

ᵃ μογγιλάλον • μογιλάλον   ᵇ ἡμέραι • ἡμέρας

---

¹ μογγιλάλον • καὶ μογιλάλον   ² εὐθέως διηνοίχθησαν • [εὐθέως] ἠνοίγησαν
³ εἴπωσιν • λέγωσιν   ⁴ αὐτὸς αὐτοῖς διεστέλλετο • αὐτοῖς διεστέλλετο αὐτοὶ
⁵ τοὺς ἀλάλους • [τοὺς] ἀλάλους   ⁶ παμπόλλου • πάλιν πολλοῦ   ⁷ ὁ Ἰησοῦς •
— 8 αὐτοῦ • —   ⁹ τινὲς γὰρ • καί τινες   ¹⁰ μακρόθεν ἥκουσιν • ἀπὸ μακρόθεν
ἥκασιν   ¹¹ Πόθεν • ὅτι Πόθεν   ¹² ἐπηρώτα • ἠρώτα   ¹³ εἶπον • εἶπαν
¹⁴ παρήγγειλεν • παραγγέλλει   ¹⁵ παραθῶσιν • παρατιθῶσιν

παραθεῖναι ᵃ καὶ αὐτά. ¹ 8 Ἔφαγον δέ, ² καὶ ἐχορτάσθησαν· καὶ ἦραν περισσεύματα κλασμάτων ἑπτὰ σπυρίδας. 9 Ἦσαν δὲ οἱ φαγόντες ³ ὡς τετρακισχίλιοι· καὶ ἀπέλυσεν αὐτούς.

The Leaven of the Pharisees

10 Καὶ εὐθέως ⁴ ἐμβὰς εἰς τὸ πλοῖον μετὰ τῶν μαθητῶν αὐτοῦ, ἦλθεν εἰς τὰ μέρη Δαλμανουθά.

11 Καὶ ἐξῆλθον οἱ Φαρισαῖοι, καὶ ἤρξαντο συζητεῖν αὐτῷ, ζητοῦντες παρ' αὐτοῦ σημεῖον ἀπὸ τοῦ οὐρανοῦ, πειράζοντες αὐτόν. 12 Καὶ ἀναστενάξας τῷ πνεύματι αὐτοῦ λέγει, Τί ἡ γενεὰ αὕτη σημεῖον ἐπιζητεῖ; ⁵ Ἀμὴν λέγω ὑμῖν, εἰ δοθήσεται τῇ γενεᾷ ταύτῃ σημεῖον. 13 Καὶ ἀφεὶς αὐτούς, ἐμβὰς πάλιν εἰς ᵇ πλοῖον, ⁶ ἀπῆλθεν εἰς τὸ πέραν.

14 Καὶ ἐπελάθοντο λαβεῖν ἄρτους, καὶ εἰ μὴ ἕνα ἄρτον οὐκ εἶχον μεθ' ἑαυτῶν ἐν τῷ πλοίῳ. 15 Καὶ διεστέλλετο αὐτοῖς, λέγων, Ὁρᾶτε, βλέπετε ἀπὸ τῆς ζύμης τῶν Φαρισαίων καὶ τῆς ζύμης Ἡρῴδου. 16 Καὶ διελογίζοντο πρὸς ἀλλήλους, λέγοντες ⁷ ὅτι Ἄρτους οὐκ ἔχομεν. ⁸ 17 Καὶ γνοὺς ὁ Ἰησοῦς ⁹ λέγει αὐτοῖς, Τί διαλογίζεσθε ὅτι ἄρτους οὐκ ἔχετε; Οὔπω νοεῖτε, οὐδὲ συνίετε; Ἔτι ¹⁰ πεπωρωμένην ἔχετε τὴν καρδίαν ὑμῶν; 18 Ὀφθαλμοὺς ἔχοντες οὐ βλέπετε; Καὶ ὦτα ἔχοντες οὐκ ἀκούετε; Καὶ οὐ μνημονεύετε; 19 Ὅτε τοὺς πέντε ἄρτους ἔκλασα εἰς τοὺς πεντακισχιλίους, πόσους κοφίνους πλήρεις κλασμάτων ¹¹ ἤρατε; Λέγουσιν αὐτῷ, Δώδεκα. 20 Ὅτε δὲ τοὺς ¹² ἑπτὰ εἰς τοὺς τετρακισχιλίους, πόσων σπυρίδων πληρώματα κλασμάτων ἤρατε; Οἱ δὲ εἶπον, ¹³ Ἑπτά. 21 Καὶ ἔλεγεν αὐτοῖς, Πῶς οὐ ¹⁴ συνίετε;

ᵃ παραθεῖναι • παραθῆναι   ᵇ εἰς • εἰς τὸ

¹ εἶπεν παραθεῖναι καὶ αὐτά • αὐτὰ εἶπεν καὶ ταῦτα παρατιθέναι   ² Ἔφαγον δέ • Καὶ ἔφαγον   ³ οἱ φαγόντες • —   ⁴ εὐθέως • εὐθὺς   ⁵ σημεῖον ἐπιζητεῖ • ζητεῖ σημεῖον   ⁶ ἐμβὰς πάλιν εἰς πλοῖον • πάλιν ἐμβὰς   ⁷ λέγοντες • —   ⁸ ἔχομεν • ἔχουσιν   ⁹ ὁ Ἰησοῦς • —   ¹⁰ Ἔτι • —   ¹¹ πλήρεις κλασμάτων • κλασμάτων πλήρεις   ¹² δὲ τοὺς • τοὺς   ¹³ Οἱ δὲ εἶπον • Καὶ λέγουσιν [αὐτῷ]   ¹⁴ Πῶς οὐ • Οὔπω

The Blind Man of Bethsaida

22 Καὶ ἔρχεται¹ εἰς Βηθσαϊδάν. Καὶ φέρουσιν αὐτῷ τυφλόν, καὶ παρακαλοῦσιν αὐτὸν ἵνα αὐτοῦ ἅψηται. 23 Καὶ ἐπιλαβόμενος τῆς χειρὸς τοῦ τυφλοῦ, ἐξήγαγεν² αὐτὸν ἔξω τῆς κώμης· καὶ πτύσας εἰς τὰ ὄμματα αὐτοῦ, ἐπιθεὶς τὰς χεῖρας αὐτῷ, ἐπηρώτα αὐτὸν εἴ τι βλέπει.³ 24 Καὶ ἀναβλέψας ἔλεγεν, Βλέπω τοὺς ἀνθρώπους, ὅτι ὡς δένδρα ὁρῶ περιπατοῦντας. 25 Εἶτα πάλιν ἐπέθηκεν τὰς χεῖρας ἐπὶ τοὺς ὀφθαλμοὺς αὐτοῦ, καὶ ἐποίησεν αὐτὸν ἀναβλέψαι.⁴ Καὶ ἀποκατεστάθη,⁵ καὶ ἐνέβλεψεν ᵃ, ⁶ τηλαυγῶς ἅπαντας.⁷ 26 Καὶ ἀπέστειλεν αὐτὸν εἰς τὸν ᵇ, ⁸ οἶκον αὐτοῦ, λέγων, Μηδὲ εἰς τὴν κώμην εἰσέλθῃς, μηδὲ εἴπῃς τινὶ ἐν τῇ κώμῃ.⁹

Jesus the Christ and His Service

27 Καὶ ἐξῆλθεν ὁ Ἰησοῦς καὶ οἱ μαθηταὶ αὐτοῦ εἰς τὰς κώμας Καισαρείας τῆς Φιλίππου· καὶ ἐν τῇ ὁδῷ ἐπηρώτα τοὺς μαθητὰς αὐτοῦ, λέγων αὐτοῖς, Τίνα με λέγουσιν οἱ ἄνθρωποι εἶναι; 28 Οἱ δὲ ἀπεκρίθησαν,¹⁰ Ἰωάννην τὸν βαπτιστήν· καὶ ἄλλοι Ἠλίαν· ἄλλοι δὲ ἕνα¹¹ τῶν προφητῶν. 29 Καὶ αὐτὸς λέγει αὐτοῖς,¹² Ὑμεῖς δὲ τίνα με λέγετε εἶναι; Ἀποκριθεὶς δὲ ὁ¹³ Πέτρος λέγει αὐτῷ, Σὺ εἶ ὁ χριστός. 30 Καὶ ἐπετίμησεν αὐτοῖς, ἵνα μηδενὶ λέγωσιν περὶ αὐτοῦ. 31 Καὶ ἤρξατο διδάσκειν αὐτούς, ὅτι δεῖ τὸν υἱὸν τοῦ ἀνθρώπου πολλὰ παθεῖν, καὶ ἀποδοκιμασθῆναι ἀπὸ¹⁴ τῶν πρεσβυτέρων καὶ τῶν ἀρχιερέων καὶ τῶν γραμματέων, καὶ ἀποκτανθῆναι, καὶ μετὰ τρεῖς ἡμέρας ἀναστῆναι· 32 καὶ παρρησίᾳ τὸν λόγον ἐλάλει. Καὶ προσλαβόμενος αὐτὸν ὁ Πέτρος¹⁵ ἤρξατο ἐπιτιμᾶν αὐτῷ. 33 Ὁ δὲ ἐπιστραφείς, καὶ ἰδὼν τοὺς μαθητὰς αὐτοῦ,

---

ᵃ ἐνέβλεψεν • ἀνέβλεψεν   ᵇ τὸν • —

---

1 ἔρχεται • ἔρχονται   2 ἐξήγαγεν • ἐξήνεγκεν   3 εἴ τι βλέπει. • Εἴ τι βλέπεις;   4 ἐποίησεν αὐτὸν ἀναβλέψαι • διέβλεψεν   5 ἀποκατεστάθη • ἀπεκατέστη   6 ἐνέβλεψεν • ἐνέβλεπεν   7 ἅπαντας • ἅπαντα   8 τὸν • —   9 μηδὲ εἴπῃς τινὶ ἐν τῇ κώμῃ • —   10 ἀπεκρίθησαν • εἶπαν αὐτῷ λέγοντες [ὅτι]   11 ἕνα • ὅτι εἷς   12 λέγει αὐτοῖς • ἐπηρώτα αὐτούς   13 δὲ ὁ • ὁ   14 ἀπὸ • ὑπὸ   15 αὐτὸν ὁ Πέτρος • ὁ Πέτρος αὐτὸν

ἐπετίμησεν τῷ Πέτρῳ, λέγων,¹ Ὕπαγε ὀπίσω μου, Σατανᾶ· ὅτι οὐ φρονεῖς τὰ τοῦ θεοῦ, ἀλλὰ τὰ τῶν ἀνθρώπων. 34 Καὶ προσκαλεσάμενος τὸν ὄχλον σὺν τοῖς μαθηταῖς αὐτοῦ, εἶπεν αὐτοῖς, Ὅστις² θέλει ὀπίσω μου ἀκολουθεῖν, ἀπαρνησάσθω ἑαυτόν, καὶ ἀράτω τὸν σταυρὸν αὐτοῦ, καὶ ἀκολουθείτω μοι. 35 Ὃς γὰρ ἂν θέλῃ³ τὴν ψυχὴν αὐτοῦ σῶσαι, ἀπολέσει αὐτήν· ὃς δ᾽ ἂν ἀπολέσῃ⁴ τὴν ἑαυτοῦ ψυχὴν⁵ ἕνεκεν ἐμοῦ καὶ τοῦ εὐαγγελίου, οὗτος⁶ σώσει αὐτήν. 36 Τί γὰρ ὠφελήσει⁷ ἄνθρωπον, ἐὰν κερδήσῃ⁸ τὸν κόσμον ὅλον, καὶ ζημιωθῇ⁹ τὴν ψυχὴν αὐτοῦ; 37 Ἤ τί δώσει¹⁰ ἄνθρωπος ἀντάλλαγμα τῆς ψυχῆς αὐτοῦ; 38 Ὃς γὰρ ἐὰν ᵃ ἐπαισχυνθῇ με καὶ τοὺς ἐμοὺς λόγους ἐν τῇ γενεᾷ ταύτῃ τῇ μοιχαλίδι καὶ ἁμαρτωλῷ, καὶ ὁ υἱὸς τοῦ ἀνθρώπου ἐπαισχυνθήσεται αὐτόν, ὅταν ἔλθῃ ἐν τῇ δόξῃ τοῦ πατρὸς αὐτοῦ μετὰ τῶν ἀγγέλων τῶν ἁγίων.

The Transfiguration of Jesus

9 Καὶ ἔλεγεν αὐτοῖς, Ἀμὴν λέγω ὑμῖν ὅτι εἰσίν τινες τῶν ὧδε¹¹ ἑστηκότων, οἵτινες οὐ μὴ γεύσωνται θανάτου, ἕως ἂν ἴδωσιν τὴν βασιλείαν τοῦ θεοῦ ἐληλυθυῖαν ἐν δυνάμει.

2 Καὶ μεθ᾽¹² ἡμέρας ἓξ παραλαμβάνει ὁ Ἰησοῦς τὸν Πέτρον καὶ τὸν Ἰάκωβον καὶ Ἰωάννην,ᵇ, ¹³ καὶ ἀναφέρει αὐτοὺς εἰς ὄρος ὑψηλὸν κατ᾽ ἰδίαν μόνους. Καὶ μετεμορφώθη ἔμπροσθεν αὐτῶν, 3 καὶ τὰ ἱμάτια αὐτοῦ ἐγένοντο ᶜ, ¹⁴ στίλβοντα, λευκὰ λίαν ὡς χιών,¹⁵ οἷα γναφεὺς ἐπὶ τῆς γῆς οὐ δύναται λευκᾶναι.¹⁶ 4 Καὶ ὤφθη αὐτοῖς Ἠλίας σὺν Μωσῇ,ᵈ, ¹⁷ καὶ ἦσαν συλλαλοῦντες τῷ Ἰησοῦ. 5 Καὶ ἀποκριθεὶς ὁ Πέτρος λέγει τῷ Ἰησοῦ, Ῥαββί, καλόν ἐστιν ἡμᾶς ὧδε εἶναι· καὶ

ᵃ ἐὰν • ἂν ᵇ Ἰωάννην • τὸν Ἰωάννην ᶜ ἐγένοντο • ἐγένετο ᵈ Μωσῇ • Μωσεῖ

---

¹ τῷ Πέτρῳ λέγων • Πέτρῳ καὶ λέγει ² Ὅστις • Εἴ τις ³ ἂν θέλῃ • ἐὰν θέλῃ ⁴ ἀπολέσῃ • ἀπολέσει ⁵ ἑαυτοῦ ψυχὴν • ψυχὴν αὐτοῦ ⁶ οὗτος • — ⁷ ὠφελήσει • ὠφελεῖ ⁸ ἐὰν κερδήσῃ • κερδῆσαι ⁹ ζημιωθῇ • ζημιωθῆναι ¹⁰ Ἤ τί δώσει • Τί γὰρ δοῖ ¹¹ τῶν ὧδε • ὧδε τῶν ¹² μεθ᾽ • μετὰ ¹³ Ἰωάννην • τὸν Ἰωάννην ¹⁴ ἐγένοντο • ἐγένετο ¹⁵ ὡς χιών • — ¹⁶ λευκᾶναι • οὕτως λευκᾶναι ¹⁷ Μωσῇ • Μωϋσεῖ

ποιήσωμεν σκηνὰς τρεῖς, ¹ σοὶ μίαν, καὶ Μωσῇ ᵃ, ² μίαν, καὶ Ἠλίᾳ μίαν. 6 Οὐ γὰρ ᾔδει τί λαλήσει· ἦσαν γὰρ ἔκφοβοι. ³ 7 Καὶ ἐγένετο νεφέλη ἐπισκιάζουσα αὐτοῖς· καὶ ἦλθεν ⁴ φωνὴ ἐκ τῆς νεφέλης, Οὗτός ἐστιν ὁ υἱός μου ὁ ἀγαπητός· αὐτοῦ ἀκούετε. ⁵ 8 Καὶ ἐξάπινα περιβλεψάμενοι, οὐκέτι οὐδένα εἶδον, ἀλλὰ τὸν Ἰησοῦν μόνον μεθ' ἑαυτῶν.

9 Καταβαινόντων δὲ αὐτῶν ἀπὸ ⁶ τοῦ ὄρους, διεστείλατο αὐτοῖς ἵνα μηδενὶ διηγήσωνται ἃ εἶδον, ⁷ εἰ μὴ ὅταν ὁ υἱὸς τοῦ ἀνθρώπου ἐκ νεκρῶν ἀναστῇ. 10 Καὶ τὸν λόγον ἐκράτησαν πρὸς ἑαυτούς, συζητοῦντες τί ἐστιν τὸ ἐκ νεκρῶν ἀναστῆναι.

11 Καὶ ἐπηρώτων αὐτόν, λέγοντες ὅτι Λέγουσιν οἱ γραμματεῖς ὅτι Ἠλίαν δεῖ ἐλθεῖν πρῶτον; 12 Ὁ δὲ ἀποκριθείς, εἶπεν ⁸ αὐτοῖς, Ἠλίας μὲν ἐλθὼν πρῶτον, ἀποκαθιστᾷ ⁹ πάντα· καὶ πῶς γέγραπται ἐπὶ τὸν υἱὸν τοῦ ἀνθρώπου, ἵνα πολλὰ πάθῃ καὶ ἐξουδενωθῇ. ¹⁰ 13 Ἀλλὰ λέγω ὑμῖν ὅτι καὶ Ἠλίας ἐλήλυθεν, καὶ ἐποίησαν αὐτῷ ὅσα ἠθέλησαν, ¹¹ καθὼς γέγραπται ἐπ' αὐτόν.

Casting Out an Unclean Spirit

14 Καὶ ἐλθὼν ¹² πρὸς τοὺς μαθητάς, εἶδεν ¹³ ὄχλον πολὺν περὶ αὐτούς, καὶ γραμματεῖς συζητοῦντας αὐτοῖς. ¹⁴ 15 Καὶ εὐθέως ¹⁵ πᾶς ὁ ὄχλος ἰδὼν αὐτὸν ἐξεθαμβήθη, ¹⁶ καὶ προστρέχοντες ἠσπάζοντο αὐτόν. 16 Καὶ ἐπηρώτησεν τοὺς γραμματεῖς, ¹⁷ Τί συζητεῖτε πρὸς αὐτούς; 17 Καὶ ἀποκριθεὶς ¹⁸ εἷς ἐκ τοῦ ὄχλου εἶπεν, ¹⁹ Διδάσκαλε, ἤνεγκα τὸν υἱόν μου πρός σε, ἔχοντα πνεῦμα ἄλαλον. 18 Καὶ ὅπου ἂν ²⁰ αὐτὸν

ᵃ Μωσῇ • Μωσεῖ

---

¹ σκηνὰς τρεῖς • τρεῖς σκηνάς   ² Μωσῇ • Μωϋσεῖ   ³ λαλήσει ἦσαν γὰρ ἔκφοβοι • ἀποκριθῇ ἔκφοβοι γὰρ ἐγένοντο   ⁴ ἦλθεν • ἐγένετο   ⁵ αὐτοῦ ἀκούετε • ἀκούετε αὐτοῦ   ⁶ Καταβαινόντων δὲ αὐτῶν ἀπὸ • Καὶ καταβαινόντων αὐτῶν ἐκ   ⁷ διηγήσωνται ἃ εἶδον • ἃ εἶδον διηγήσωνται   ⁸ ἀποκριθεὶς εἶπεν • ἔφη   ⁹ ἀποκαθιστᾷ • ἀποκαθιστάνει   ¹⁰ ἐξουδενωθῇ • ἐξουδενηθῇ   ¹¹ ἠθέλησαν • ἤθελον   ¹² ἐλθὼν • ἐλθόντες   ¹³ εἶδεν • εἶδον   ¹⁴ αὐτοῖς • πρὸς αὐτούς   ¹⁵ εὐθέως • εὐθὺς   ¹⁶ ἰδὼν αὐτὸν ἐξεθαμβήθη • ἰδόντες αὐτὸν ἐξεθαμβήθησαν   ¹⁷ τοὺς γραμματεῖς • αὐτούς   ¹⁸ ἀποκριθεὶς • ἀπεκρίθη αὐτῷ   ¹⁹ εἶπεν • —   ²⁰ ἂν • ἐὰν

καταλάβῃ, ῥήσσει αὐτόν· καὶ ἀφρίζει, καὶ τρίζει τοὺς ὀδόντας αὐτοῦ, [1] καὶ ξηραίνεται· καὶ εἶπον [2] τοῖς μαθηταῖς σου ἵνα αὐτὸ ἐκβάλωσιν, καὶ οὐκ ἴσχυσαν. 19 Ὁ δὲ ἀποκριθεὶς αὐτῷ [3] λέγει, Ὦ γενεὰ ἄπιστος, ἕως πότε πρὸς ὑμᾶς ἔσομαι; Ἕως πότε ἀνέξομαι ὑμῶν; Φέρετε αὐτὸν πρός με. 20 Καὶ ἤνεγκαν αὐτὸν πρὸς αὐτόν· καὶ ἰδὼν αὐτόν, εὐθέως τὸ πνεῦμα ἐσπάραξεν [4] αὐτόν· καὶ πεσὼν ἐπὶ τῆς γῆς, ἐκυλίετο ἀφρίζων. 21 Καὶ ἐπηρώτησεν τὸν πατέρα αὐτοῦ, Πόσος χρόνος ἐστίν, ὡς τοῦτο γέγονεν αὐτῷ; Ὁ δὲ εἶπεν, Παιδιόθεν. [5] 22 Καὶ πολλάκις αὐτὸν καὶ εἰς τὸ πῦρ [6] ἔβαλεν καὶ εἰς ὕδατα, ἵνα ἀπολέσῃ αὐτόν· ἀλλ᾽ εἴ τι δύνασαι, [7] βοήθησον ἡμῖν, σπλαγχνισθεὶς ἐφ᾽ ἡμᾶς. 23 Ὁ δὲ Ἰησοῦς εἶπεν αὐτῷ, Τὸ εἰ δύνασαι πιστεῦσαι, [8] πάντα δυνατὰ τῷ πιστεύοντι. 24 Καὶ εὐθέως [9] κράξας ὁ πατὴρ τοῦ παιδίου, μετὰ δακρύων [10] ἔλεγεν, Πιστεύω, κύριε, [11] βοήθει μου τῇ ἀπιστίᾳ. 25 Ἰδὼν δὲ ὁ Ἰησοῦς ὅτι ἐπισυντρέχει ὄχλος, ἐπετίμησεν τῷ πνεύματι τῷ ἀκαθάρτῳ, λέγων αὐτῷ, Τὸ πνεῦμα τὸ ἄλαλον καὶ κωφόν, [12] ἐγώ σοι ἐπιτάσσω, [13] ἔξελθε ἐξ αὐτοῦ, καὶ μηκέτι εἰσέλθῃς εἰς αὐτόν. 26 Καὶ κράξαν, [14] καὶ πολλὰ σπαράξαν αὐτόν, [15] ἐξῆλθεν· καὶ ἐγένετο ὡσεὶ νεκρός, ὥστε πολλοὺς [16] λέγειν ὅτι ἀπέθανεν. 27 Ὁ δὲ Ἰησοῦς κρατήσας αὐτὸν τῆς χειρός, [17] ἤγειρεν αὐτόν· καὶ ἀνέστη. 28 Καὶ εἰσελθόντα αὐτὸν [18] εἰς οἶκον, οἱ μαθηταὶ αὐτοῦ ἐπηρώτων αὐτὸν κατ᾽ ἰδίαν [19] ὅτι Ἡμεῖς οὐκ ἠδυνήθημεν ἐκβαλεῖν αὐτό; 29 Καὶ εἶπεν αὐτοῖς, Τοῦτο τὸ γένος ἐν οὐδενὶ δύναται ἐξελθεῖν, εἰ μὴ ἐν προσευχῇ καὶ νηστείᾳ. [20]

---

[1] αὐτοῦ • — [2] εἶπον • εἶπα [3] αὐτῷ • αὐτοῖς [4] εὐθέως τὸ πνεῦμα ἐσπάραξεν • τὸ πνεῦμα εὐθὺς συνεσπάραξεν [5] Παιδιόθεν • Ἐκ παιδιόθεν [6] αὐτὸν καὶ εἰς τὸ πῦρ • καὶ εἰς πῦρ αὐτὸν [7] δύνασαι • δύνῃ [8] δύνασαι πιστεῦσαι • δύνῃ [9] Καὶ εὐθέως • Εὐθὺς [10] μετὰ δακρύων • — [11] κύριε • — [12] πνεῦμα τὸ ἄλαλον καὶ κωφόν • ἄλαλον καὶ κωφὸν πνεῦμα [13] σοι ἐπιτάσσω • ἐπιτάσσω σοι [14] κράξαν • κράξας [15] σπαράξαν αὐτόν • σπαράξας [16] πολλοὺς • τοὺς πολλοὺς [17] αὐτὸν τῆς χειρός • τῆς χειρὸς αὐτοῦ [18] εἰσελθόντα αὐτὸν • εἰσελθόντος αὐτοῦ [19] ἐπηρώτων αὐτὸν κατ᾽ ἰδίαν • κατ᾽ ἰδίαν ἐπηρώτων αὐτὸν [20] καὶ νηστείᾳ • —

The Last Discourses of Jesus in Galilee

30 Καὶ ἐκεῖθεν¹ ἐξελθόντες παρεπορεύοντο διὰ τῆς Γαλιλαίας· καὶ οὐκ ἤθελεν ἵνα τις γνῷ.² 31 Ἐδίδασκεν γὰρ τοὺς μαθητὰς αὐτοῦ, καὶ ἔλεγεν αὐτοῖς ὅτι Ὁ υἱὸς τοῦ ἀνθρώπου παραδίδοται εἰς χεῖρας ἀνθρώπων, καὶ ἀποκτενοῦσιν αὐτόν· καὶ ἀποκτανθείς, τῇ τρίτῃ ἡμέρᾳ³ ἀναστήσεται. 32 Οἱ δὲ ἠγνόουν τὸ ῥῆμα, καὶ ἐφοβοῦντο αὐτὸν ἐπερωτῆσαι.

33 Καὶ ἦλθεν εἰς Καπερναούμ·⁴ καὶ ἐν τῇ οἰκίᾳ γενόμενος ἐπηρώτα αὐτούς, Τί ἐν τῇ ὁδῷ πρὸς ἑαυτοὺς⁵ διελογίζεσθε; 34 Οἱ δὲ ἐσιώπων· πρὸς ἀλλήλους γὰρ διελέχθησαν ἐν τῇ ὁδῷ, τίς μείζων. 35 Καὶ καθίσας ἐφώνησεν τοὺς δώδεκα, καὶ λέγει αὐτοῖς, Εἴ τις θέλει πρῶτος εἶναι, ἔσται πάντων ἔσχατος, καὶ πάντων διάκονος. 36 Καὶ λαβὼν παιδίον, ἔστησεν αὐτὸ ἐν μέσῳ αὐτῶν· καὶ ἐναγκαλισάμενος αὐτό, εἶπεν αὐτοῖς· 37 Ὃς ἐὰν ἓν⁶ τῶν τοιούτων παιδίων δέξηται ἐπὶ τῷ ὀνόματί μου, ἐμὲ δέχεται· καὶ ὃς ἐὰν ἐμὲ δέξηται,⁷ οὐκ ἐμὲ δέχεται, ἀλλὰ τὸν ἀποστείλαντά με.

38 Ἀπεκρίθη δὲ αὐτῷ Ἰωάννης,ᵃ λέγων,⁸ Διδάσκαλε, εἴδομέν τινα τῷ⁹ ὀνόματί σου ἐκβάλλοντα δαιμόνια, ὃς οὐκ ἀκολουθεῖ ἡμῖν· καὶ ἐκωλύσαμεν¹⁰ αὐτόν, ὅτι οὐκ ἀκολουθεῖ¹¹ ἡμῖν. 39 Ὁ δὲ Ἰησοῦς εἶπεν, Μὴ κωλύετε αὐτόν· οὐδεὶς γάρ ἐστιν ὃς ποιήσει δύναμιν ἐπὶ τῷ ὀνόματί μου, καὶ δυνήσεται ταχὺ κακολογῆσαί με. 40 Ὃς γὰρ οὐκ ἔστιν καθ' ὑμῶν ὑπὲρ ὑμῶν¹² ἐστιν. 41 Ὃς γὰρ ἂν ποτίσῃ ὑμᾶς ποτήριον ὕδατος ἐν ὀνόματί μου,¹³ ὅτι χριστοῦ ἐστέ, ἀμὴν λέγω ὑμῖν, οὐ¹⁴ μὴ ἀπολέσῃ τὸν μισθὸν αὐτοῦ. 42 Καὶ ὃς ἐὰν¹⁵ σκανδαλίσῃ ἕνα

ᵃ Ἰωάννης • ὁ Ἰωάννης

---

1 Καὶ ἐκεῖθεν • Κἀκεῖθεν   2 γνῷ • γνοῖ   3 τῇ τρίτῃ ἡμέρᾳ • μετὰ τρεῖς ἡμέρας   4 ἦλθεν εἰς Καπερναούμ • ἦλθον εἰς Καφαρναούμ   5 πρὸς ἑαυτοὺς • —   6 ἐὰν ἓν • ἂν ἓν   7 ἐὰν ἐμὲ δέξηται • ἂν ἐμὲ δέχηται   8 Ἀπεκρίθη δὲ αὐτῷ Ἰωάννης λέγων • Ἔφη αὐτῷ ὁ Ἰωάννης   9 τῷ • ἐν τῷ   10 ὃς οὐκ ἀκολουθεῖ ἡμῖν καὶ ἐκωλύσαμεν • καὶ ἐκωλύομεν   11 ὅτι οὐκ ἀκολουθεῖ • ὅτι οὐκ ἠκολούθει   12 ὑμῶν ὑπὲρ ὑμῶν • ἡμῶν ὑπὲρ ἡμῶν   13 μου • —   14 οὐ • ὅτι οὐ   15 ἐὰν • ἂν

τῶν μικρῶν τῶν πιστευόντων εἰς ἐμέ,¹ καλόν ἐστιν αὐτῷ μᾶλλον εἰ περίκειται λίθος μυλικὸς² περὶ τὸν τράχηλον αὐτοῦ, καὶ βέβληται εἰς τὴν θάλασσαν. 43 Καὶ ἐὰν σκανδαλίζῃ σε ἡ χείρ σου, ἀπόκοψον αὐτήν· καλόν σοι ἐστὶν³ κυλλὸν εἰς τὴν ζωὴν εἰσελθεῖν,⁴ ἢ τὰς δύο χεῖρας ἔχοντα ἀπελθεῖν εἰς τὴν γέενναν, εἰς τὸ πῦρ τὸ ἄσβεστον, 44 ὅπου ὁ σκώληξ αὐτῶν οὐ τελευτᾷ, καὶ τὸ πῦρ οὐ σβέννυται.⁵ 45 Καὶ ἐὰν ὁ πούς σου σκανδαλίζῃ σε, ἀπόκοψον αὐτόν· καλόν ἐστίν σοι ᵃ, ⁶ εἰσελθεῖν εἰς τὴν ζωὴν χωλόν, ἢ τοὺς δύο πόδας ἔχοντα βληθῆναι εἰς τὴν γέενναν, εἰς τὸ πῦρ τὸ ἄσβεστον,⁷ 46 ὅπου ὁ σκώληξ αὐτῶν οὐ τελευτᾷ, καὶ τὸ πῦρ οὐ σβέννυται.⁸ 47 Καὶ ἐὰν ὁ ὀφθαλμός σου σκανδαλίζῃ σε, ἔκβαλε αὐτόν· καλόν σοι⁹ ἐστὶν μονόφθαλμον εἰσελθεῖν εἰς τὴν βασιλείαν τοῦ θεοῦ, ἢ δύο ὀφθαλμοὺς ἔχοντα βληθῆναι εἰς τὴν γέενναν τοῦ πυρός,¹⁰ 48 ὅπου ὁ σκώληξ αὐτῶν οὐ τελευτᾷ, καὶ τὸ πῦρ οὐ σβέννυται. 49 Πᾶς γὰρ πυρὶ ἁλισθήσεται, καὶ πᾶσα θυσία ἁλὶ ἁλισθήσεται.¹¹ 50 Καλὸν τὸ ἅλας· ἐὰν δὲ τὸ ἅλας ἄναλον γένηται, ἐν τίνι αὐτὸ ἀρτύσετε; Ἔχετε ἐν ἑαυτοῖς ἅλας, καὶ¹² εἰρηνεύετε ἐν ἀλλήλοις.

A Question concerning Divorce

10 Κἀκεῖθεν¹³ ἀναστὰς ἔρχεται εἰς τὰ ὅρια τῆς Ἰουδαίας διὰ τοῦ¹⁴ πέραν τοῦ Ἰορδάνου· καὶ συμπορεύονται πάλιν ὄχλοι πρὸς αὐτόν· καί, ὡς εἰώθει, πάλιν ἐδίδασκεν αὐτούς. 2 Καὶ προσελθόντες Φαρισαῖοι ᵇ ἐπηρώτησαν¹⁵ αὐτόν, Εἰ ἔξεστιν ἀνδρὶ γυναῖκα ἀπολῦσαι, πειράζοντες αὐτόν. 3 Ὁ δὲ ἀποκριθεὶς εἶπεν αὐτοῖς, Τί ὑμῖν ἐνετείλατο Μωσῆς;¹⁶ 4 Οἱ δὲ εἶπον, Μωσῆς ἐπέτρεψεν¹⁷ βιβλίον ἀποστασίου γράψαι, καὶ

ᵃ σοι • σε   ᵇ Φαρισαῖοι • οἱ Φαρισαῖοι

¹ τῶν πιστευόντων εἰς ἐμέ • τούτων τῶν πιστευόντων [εἰς ἐμέ]   ² λίθος μυλικὸς • μύλος ὀνικὸς   ³ σοι ἐστὶν • ἐστίν σε   ⁴ εἰς τὴν ζωὴν εἰσελθεῖν • εἰσελθεῖν εἰς τὴν ζωήν   ⁵ 9.44 • —   ⁶ σοι • σε   ⁷ εἰς τὸ πῦρ τὸ ἄσβεστον • —   ⁸ 9.46 • —   ⁹ σοι • σέ   ¹⁰ τοῦ πυρός • —   ¹¹ καὶ πᾶσα θυσία ἁλὶ ἁλισθήσεται • —   ¹² ἅλας καὶ • ἅλα καὶ   ¹³ Κἀκεῖθεν • Καὶ ἐκεῖθεν   ¹⁴ διὰ τοῦ • [καὶ]   ¹⁵ ἐπηρώτησαν • ἐπηρώτων   ¹⁶ Μωσῆς • Μωϋσῆς   ¹⁷ εἶπον Μωσῆς ἐπέτρεψεν • εἶπαν Ἐπέτρεψεν Μωϋσῆς

ἀπολῦσαι. 5 Καὶ ἀποκριθεὶς ὁ [1] Ἰησοῦς εἶπεν αὐτοῖς, Πρὸς τὴν σκληροκαρδίαν ὑμῶν ἔγραψεν ὑμῖν τὴν ἐντολὴν ταύτην· 6 ἀπὸ δὲ ἀρχῆς κτίσεως, ἄρσεν καὶ θῆλυ ἐποίησεν αὐτοὺς ὁ θεός.[2] 7 Ἕνεκεν τούτου καταλείψει ἄνθρωπος τὸν πατέρα αὐτοῦ καὶ τὴν μητέρα, καὶ προσκολληθήσεται πρὸς τὴν γυναῖκα αὐτοῦ,[3] 8 καὶ ἔσονται οἱ δύο εἰς σάρκα μίαν. Ὥστε οὐκέτι εἰσὶν δύο, ἀλλὰ μία σάρξ. 9 Ὁ οὖν ὁ θεὸς συνέζευξεν, ἄνθρωπος μὴ χωριζέτω. 10 Καὶ ἐν τῇ οἰκίᾳ[4] πάλιν οἱ μαθηταὶ αὐτοῦ περὶ τοῦ αὐτοῦ ἐπηρώτησαν[5] αὐτόν. 11 Καὶ λέγει αὐτοῖς, Ὃς ἐὰν[6] ἀπολύσῃ τὴν γυναῖκα αὐτοῦ καὶ γαμήσῃ ἄλλην, μοιχᾶται ἐπ᾽ αὐτήν· 12 καὶ ἐὰν γυνὴ ἀπολύσῃ[7] τὸν ἄνδρα αὐτῆς καὶ γαμηθῇ ἄλλῳ,[8] μοιχᾶται.

Jesus Blesses Little Children

13 Καὶ προσέφερον αὐτῷ παιδία, ἵνα ἅψηται αὐτῶν·[9] οἱ δὲ μαθηταὶ ἐπετίμων τοῖς προσφέρουσιν.[10] 14 Ἰδὼν δὲ ὁ Ἰησοῦς ἠγανάκτησεν, καὶ εἶπεν αὐτοῖς, Ἄφετε τὰ παιδία ἔρχεσθαι πρός με· μὴ κωλύετε αὐτά· τῶν γὰρ τοιούτων ἐστὶν ἡ βασιλεία τοῦ θεοῦ. 15 Ἀμὴν λέγω ὑμῖν, ὃς ἐὰν[11] μὴ δέξηται τὴν βασιλείαν τοῦ θεοῦ ὡς παιδίον, οὐ μὴ εἰσέλθῃ εἰς αὐτήν. 16 Καὶ ἐναγκαλισάμενος αὐτά, τιθεὶς[12] τὰς χεῖρας ἐπ᾽ αὐτά, εὐλόγει αὐτά.[13]

The Rich Young Man

17 Καὶ ἐκπορευομένου αὐτοῦ εἰς ὁδόν, προσδραμὼν εἷς καὶ γονυπετήσας αὐτὸν ἐπηρώτα αὐτόν, Διδάσκαλε ἀγαθέ, τί ποιήσω ἵνα ζωὴν αἰώνιον κληρονομήσω; 18 Ὁ δὲ Ἰησοῦς εἶπεν αὐτῷ, Τί με λέγεις ἀγαθόν; Οὐδεὶς ἀγαθός, εἰ μὴ εἷς, ὁ θεός. 19 Τὰς ἐντολὰς οἶδας, Μὴ μοιχεύσῃς, μὴ φονεύσῃς,[14]

---

[1] Καὶ ἀποκριθεὶς ὁ • Ὁ δὲ   [2] ὁ θεός • —   [3] καὶ προσκολληθήσεται πρὸς τὴν γυναῖκα αὐτοῦ • [καὶ προσκολληθήσεται πρὸς τὴν γυναῖκα αὐτοῦ]   [4] ἐν τῇ οἰκίᾳ • εἰς τὴν οἰκίαν   [5] αὐτοῦ περὶ τοῦ αὐτοῦ ἐπηρώτησαν • περὶ τούτου ἐπηρώτων   [6] ἐὰν • ἂν   [7] γυνὴ ἀπολύσῃ • αὐτὴ ἀπολύσασα   [8] καὶ γαμηθῇ ἄλλῳ • γαμήσῃ ἄλλον   [9] ἅψηται αὐτῶν • αὐτῶν ἅψηται   [10] ἐπετίμων τοῖς προσφέρουσιν • ἐπετίμησαν αὐτοῖς   [11] ἐὰν • ἂν   [12] τιθεὶς • κατευλόγει τιθεὶς   [13] εὐλόγει αὐτά • —   [14] μοιχεύσῃς μὴ φονεύσῃς • φονεύσῃς μὴ μοιχεύσῃς

μὴ κλέψῃς, μὴ ψευδομαρτυρήσῃς, μὴ ἀποστερήσῃς, τίμα τὸν πατέρα σου καὶ τὴν μητέρα. 20 Ὁ δὲ ἀποκριθεὶς εἶπεν¹ αὐτῷ, Διδάσκαλε, ταῦτα πάντα ἐφυλαξάμην ἐκ νεότητός μου. 21 Ὁ δὲ Ἰησοῦς ἐμβλέψας αὐτῷ ἠγάπησεν αὐτόν, καὶ εἶπεν αὐτῷ, Ἕν σοι² ὑστερεῖ· ὕπαγε, ὅσα ἔχεις πώλησον, καὶ δὸς πτωχοῖς,³ καὶ ἕξεις θησαυρὸν ἐν οὐρανῷ· καὶ δεῦρο, ἀκολούθει μοι, ἄρας τὸν σταυρόν.⁴ 22 Ὁ δὲ στυγνάσας ἐπὶ τῷ λόγῳ ἀπῆλθεν λυπούμενος· ἦν γὰρ ἔχων κτήματα πολλά.

23 Καὶ περιβλεψάμενος ὁ Ἰησοῦς λέγει τοῖς μαθηταῖς αὐτοῦ, Πῶς δυσκόλως οἱ τὰ χρήματα ἔχοντες εἰς τὴν βασιλείαν τοῦ θεοῦ εἰσελεύσονται. 24 Οἱ δὲ μαθηταὶ ἐθαμβοῦντο ἐπὶ τοῖς λόγοις αὐτοῦ. Ὁ δὲ Ἰησοῦς πάλιν ἀποκριθεὶς λέγει αὐτοῖς, Τέκνα, πῶς δύσκολόν ἐστιν τοὺς πεποιθότας ἐπὶ χρήμασιν⁵ εἰς τὴν βασιλείαν τοῦ θεοῦ εἰσελθεῖν. 25 Εὐκοπώτερόν ἐστιν κάμηλον διὰ τῆς τρυμαλιᾶς τῆς ῥαφίδος εἰσελθεῖν,⁶ ἢ πλούσιον εἰς τὴν βασιλείαν τοῦ θεοῦ εἰσελθεῖν. 26 Οἱ δὲ περισσῶς ἐξεπλήσσοντο, λέγοντες πρὸς ἑαυτούς, Καὶ τίς δύναται σωθῆναι; 27 Ἐμβλέψας δὲ⁷ αὐτοῖς ὁ Ἰησοῦς λέγει, Παρὰ ἀνθρώποις ἀδύνατον, ἀλλ' οὐ παρὰ θεῷ· πάντα γὰρ δυνατά ἐστιν⁸ παρὰ τῷ θεῷ. 28 Ἤρξατο ὁ Πέτρος λέγειν⁹ αὐτῷ, Ἰδού, ἡμεῖς ἀφήκαμεν πάντα καὶ ἠκολουθήσαμέν¹⁰ σοι. 29 Ἀποκριθεὶς^a ὁ Ἰησοῦς εἶπεν,¹¹ Ἀμὴν λέγω ὑμῖν, οὐδείς ἐστιν ὃς ἀφῆκεν οἰκίαν, ἢ ἀδελφούς, ἢ ἀδελφάς, ἢ πατέρα, ἢ μητέρα, ἢ γυναῖκα,¹² ἢ τέκνα, ἢ ἀγρούς, ἕνεκεν ἐμοῦ καὶ ἕνεκεν τοῦ^b εὐαγγελίου, 30 ἐὰν μὴ λάβῃ ἑκατονταπλασίονα νῦν ἐν τῷ καιρῷ τούτῳ, οἰκίας καὶ ἀδελφοὺς καὶ ἀδελφὰς καὶ μητέρας καὶ τέκνα καὶ ἀγρούς, μετὰ διωγμῶν, καὶ ἐν τῷ αἰῶνι

---

^a Ἀποκριθεὶς • Ἀποκριθεὶς δὲ   ^b ἕνεκεν τοῦ • τοῦ

¹ ἀποκριθεὶς εἶπεν • ἔφη   ² σοι • σε   ³ πτωχοῖς • [τοῖς] πτωχοῖς   ⁴ ἄρας τὸν σταυρόν • —   ⁵ τοὺς πεποιθότας ἐπὶ χρήμασιν • —   ⁶ τῆς τρυμαλιᾶς τῆς ῥαφίδος εἰσελθεῖν • [τῆς] τρυμαλιᾶς [τῆς] ῥαφίδος διελθεῖν   ⁷ δὲ • —   ⁸ ἐστιν • — ⁹ ὁ Πέτρος λέγειν • λέγειν ὁ Πέτρος   ¹⁰ ἠκολουθήσαμέν • ἠκολουθήκαμέν   ¹¹ Ἀποκριθεὶς ὁ Ἰησοῦς εἶπεν • Ἔφη ὁ Ἰησοῦς   ¹² πατέρα ἢ μητέρα ἢ γυναῖκα • μητέρα ἢ πατέρα

τῷ ἐρχομένῳ ζωὴν αἰώνιον. 31 Πολλοὶ δὲ ἔσονται πρῶτοι ἔσχατοι, καὶ ἔσχατοι [a, 1] πρῶτοι.

Priority in Christ's Kingdom

32 Ἦσαν δὲ ἐν τῇ ὁδῷ ἀναβαίνοντες εἰς Ἱεροσόλυμα· καὶ ἦν προάγων αὐτοὺς ὁ Ἰησοῦς, καὶ ἐθαμβοῦντο, καὶ ἀκολουθοῦντες [2] ἐφοβοῦντο. Καὶ παραλαβὼν πάλιν τοὺς δώδεκα, ἤρξατο αὐτοῖς λέγειν τὰ μέλλοντα αὐτῷ συμβαίνειν· 33 ὅτι Ἰδού, ἀναβαίνομεν εἰς Ἱεροσόλυμα, καὶ ὁ υἱὸς τοῦ ἀνθρώπου παραδοθήσεται τοῖς ἀρχιερεῦσιν καὶ γραμματεῦσιν, [3] καὶ κατακρινοῦσιν αὐτὸν θανάτῳ, καὶ παραδώσουσιν αὐτὸν τοῖς ἔθνεσιν, 34 καὶ ἐμπαίξουσιν αὐτῷ, καὶ μαστιγώσουσιν αὐτόν, καὶ ἐμπτύσουσιν αὐτῷ, [4] καὶ ἀποκτενοῦσιν αὐτόν· καὶ τῇ τρίτῃ ἡμέρᾳ [5] ἀναστήσεται.

35 Καὶ προσπορεύονται αὐτῷ Ἰάκωβος καὶ Ἰωάννης οἱ υἱοὶ Ζεβεδαίου, λέγοντες, [6] Διδάσκαλε, θέλομεν ἵνα ὃ ἐὰν αἰτήσωμεν, [7] ποιήσῃς ἡμῖν. 36 Ὁ δὲ εἶπεν αὐτοῖς, Τί θέλετε ποιῆσαί με [8] ὑμῖν; 37 Οἱ δὲ εἶπον [9] αὐτῷ, Δὸς ἡμῖν, ἵνα εἷς ἐκ δεξιῶν σου [10] καὶ εἷς ἐξ εὐωνύμων σου [11] καθίσωμεν ἐν τῇ δόξῃ σου. 38 Ὁ δὲ Ἰησοῦς εἶπεν αὐτοῖς, Οὐκ οἴδατε τί αἰτεῖσθε. Δύνασθε πιεῖν τὸ ποτήριον ὃ ἐγὼ πίνω, καὶ [12] τὸ βάπτισμα ὃ ἐγὼ βαπτίζομαι βαπτισθῆναι; 39 Οἱ δὲ εἶπον [13] αὐτῷ, Δυνάμεθα. Ὁ δὲ Ἰησοῦς εἶπεν αὐτοῖς, Τὸ μὲν [14] ποτήριον ὃ ἐγὼ πίνω πίεσθε, καὶ τὸ βάπτισμα ὃ ἐγὼ βαπτίζομαι βαπτισθήσεσθε· 40 τὸ δὲ καθίσαι ἐκ δεξιῶν μου καὶ [15] ἐξ εὐωνύμων οὐκ ἔστιν ἐμὸν δοῦναι, ἀλλ' οἷς ἡτοίμασται. 41 Καὶ ἀκούσαντες οἱ δέκα ἤρξαντο ἀγανακτεῖν περὶ Ἰακώβου καὶ Ἰωάννου. 42 Ὁ δὲ

---

[a] καὶ ἔσχατοι • καὶ οἱ ἔσχατοι

---

[1] καὶ ἔσχατοι • καὶ [οἱ] ἔσχατοι   [2] καὶ ἀκολουθοῦντες • οἱ δὲ ἀκολουθοῦντες   [3] γραμματεῦσιν • τοῖς γραμματεῦσιν   [4] μαστιγώσουσιν αὐτόν καὶ ἐμπτύσουσιν αὐτῷ • ἐμπτύσουσιν αὐτῷ καὶ μαστιγώσουσιν αὐτόν   [5] αὐτόν καὶ τῇ τρίτῃ ἡμέρᾳ • καὶ μετὰ τρεῖς ἡμέρας   [6] λέγοντες • λέγοντες αὐτῷ   [7] αἰτήσωμεν • αἰτήσωμέν σε   [8] ποιῆσαί με • [με] ποιήσω   [9] εἶπον • εἶπαν   [10] ἐκ δεξιῶν σου • σου ἐκ δεξιῶν   [11] εὐωνύμων σου • ἀριστερῶν   [12] καὶ • ἢ   [13] εἶπον • εἶπαν   [14] μὲν • —   [15] καὶ • ἢ

Ἰησοῦς προσκαλεσάμενος αὐτοὺς¹ λέγει αὐτοῖς, Οἴδατε ὅτι οἱ δοκοῦντες ἄρχειν τῶν ἐθνῶν κατακυριεύουσιν αὐτῶν, καὶ οἱ μεγάλοι αὐτῶν κατεξουσιάζουσιν αὐτῶν. 43 Οὐχ οὕτως δὲ ἔσται ἐν² ὑμῖν· ἀλλ' ὃς ἐὰν θέλῃ γενέσθαι μέγας³ ἐν ὑμῖν ἔσται ὑμῶν διάκονος· 44 καὶ ὃς ἐὰν θέλῃ ὑμῶν γενέσθαι⁴ πρῶτος, ἔσται πάντων δοῦλος. 45 Καὶ γὰρ ὁ υἱὸς τοῦ ἀνθρώπου οὐκ ἦλθεν διακονηθῆναι, ἀλλὰ διακονῆσαι, καὶ δοῦναι τὴν ψυχὴν αὐτοῦ λύτρον ἀντὶ πολλῶν.

The Healing of Bartimaeus

46 Καὶ ἔρχονται εἰς Ἰεριχώ· καὶ ἐκπορευομένου αὐτοῦ ἀπὸ Ἰεριχώ, καὶ τῶν μαθητῶν αὐτοῦ, καὶ ὄχλου ἱκανοῦ, υἱὸς⁵ Τιμαίου Βαρτίμαιος ὁ τυφλὸς⁶ ἐκάθητο παρὰ τὴν ὁδὸν προσαιτῶν.⁷ 47 Καὶ ἀκούσας ὅτι Ἰησοῦς ὁ Ναζωραῖός⁸ ἐστιν, ἤρξατο κράζειν καὶ λέγειν, Ὁ υἱὸς⁹ Δαυίδ, Ἰησοῦ, ἐλέησόν με. 48 Καὶ ἐπετίμων αὐτῷ πολλοί, ἵνα σιωπήσῃ· ὁ δὲ πολλῷ μᾶλλον ἔκραζεν, Υἱὲ Δαυίδ, ἐλέησόν με. 49 Καὶ στὰς ὁ Ἰησοῦς εἶπεν αὐτὸν φωνηθῆναι·¹⁰ καὶ φωνοῦσιν τὸν τυφλόν, λέγοντες αὐτῷ, Θάρσει· ἔγειραι,¹¹ φωνεῖ σε. 50 Ὁ δὲ ἀποβαλὼν τὸ ἱμάτιον αὐτοῦ ἀναστὰς¹² ἦλθεν πρὸς τὸν Ἰησοῦν. 51 Καὶ ἀποκριθεὶς λέγει αὐτῷ ὁ Ἰησοῦς,¹³ Τί θέλεις ποιήσω σοί;¹⁴ Ὁ δὲ τυφλὸς εἶπεν αὐτῷ, Ῥαββουνί, ἵνα ἀναβλέψω. 52 Ὁ δὲ¹⁵ Ἰησοῦς εἶπεν αὐτῷ, Ὕπαγε· ἡ πίστις σου σέσωκέν σε. Καὶ εὐθέως¹⁶ ἀνέβλεψεν, καὶ ἠκολούθει τῷ Ἰησοῦ¹⁷ ἐν τῇ ὁδῷ.

---

¹ *Ὁ δὲ Ἰησοῦς προσκαλεσάμενος αὐτοὺς* • *Καὶ προσκαλεσάμενος αὐτοὺς ὁ Ἰησοῦς*   ² *ἔσται ἐν* • *ἐστιν ἐν*   ³ *ἐὰν θέλῃ γενέσθαι μέγας* • *ἂν θέλῃ μέγας γενέσθαι*   ⁴ *ἐὰν θέλῃ ὑμῶν γενέσθαι* • *ἂν θέλῃ ἐν ὑμῖν εἶναι*   ⁵ *υἱὸς* • *ὁ υἱὸς*   ⁶ *ὁ τυφλὸς* • *τυφλὸς προσαίτης*   ⁷ *προσαιτῶν* • — ⁸ *Ναζωραῖός* • *Ναζαρηνός*   ⁹ *Ὁ υἱὸς* • *Υἱὲ*   ¹⁰ *αὐτὸν φωνηθῆναι* • *Φωνήσατε αὐτόν*   ¹¹ *ἔγειραι* • *ἔγειρε*   ¹² *ἀναστὰς* • *ἀναπηδήσας*   ¹³ *λέγει αὐτῷ ὁ Ἰησοῦς* • *αὐτῷ ὁ Ἰησοῦς εἶπεν*   ¹⁴ *θέλεις ποιήσω σοί* • *σοι θέλεις ποιήσω*   ¹⁵ *Ὁ δὲ* • *Καὶ ὁ*   ¹⁶ *εὐθέως* • *εὐθὺς*   ¹⁷ *τῷ Ἰησοῦ* • *αὐτῷ*

Jesus' Entry into Jerusalem

11 Καὶ ὅτε ἐγγίζουσιν εἰς Ἱερουσαλήμ, εἰς Βηθσφαγὴ [a,1] καὶ Βηθανίαν, πρὸς τὸ ὄρος τῶν Ἐλαιῶν, ἀποστέλλει δύο τῶν μαθητῶν αὐτοῦ, 2 καὶ λέγει αὐτοῖς, Ὑπάγετε εἰς τὴν κώμην τὴν κατέναντι ὑμῶν· καὶ εὐθέως [2] εἰσπορευόμενοι εἰς αὐτὴν εὑρήσετε πῶλον δεδεμένον, ἐφ' ὃν οὐδεὶς ἀνθρώπων κεκάθικεν· λύσαντες αὐτὸν ἀγάγετε. [3] 3 Καὶ ἐάν τις ὑμῖν εἴπῃ, Τί ποιεῖτε τοῦτο; εἴπατε ὅτι [4] Ὁ κύριος αὐτοῦ χρείαν ἔχει· καὶ εὐθέως [5] αὐτὸν ἀποστέλλει ὧδε. [6] 4 Ἀπῆλθον δὲ [7] καὶ εὗρον πῶλον [b] δεδεμένον πρὸς τὴν [8] θύραν ἔξω ἐπὶ τοῦ ἀμφόδου, καὶ λύουσιν αὐτόν. 5 Καί τινες τῶν ἐκεῖ ἑστηκότων ἔλεγον αὐτοῖς, Τί ποιεῖτε λύοντες τὸν πῶλον; 6 Οἱ δὲ εἶπον [9] αὐτοῖς καθὼς ἐνετείλατο [10] ὁ Ἰησοῦς· καὶ ἀφῆκαν αὐτούς. 7 Καὶ ἤγαγον [11] τὸν πῶλον πρὸς τὸν Ἰησοῦν· καὶ ἐπέβαλον [12] αὐτῷ τὰ ἱμάτια αὐτῶν, καὶ ἐκάθισεν ἐπ' αὐτῷ. [13] 8 Πολλοὶ δὲ τὰ [14] ἱμάτια αὐτῶν ἔστρωσαν εἰς τὴν ὁδόν· ἄλλοι δὲ στοιβάδας ἔκοπτον [15] ἐκ τῶν δένδρων, καὶ ἐστρώννυον εἰς τὴν ὁδόν. [16] 9 Καὶ οἱ προάγοντες καὶ οἱ ἀκολουθοῦντες ἔκραζον, λέγοντες, [17] Ὡσαννά· εὐλογημένος ὁ ἐρχόμενος ἐν ὀνόματι κυρίου. 10 Εὐλογημένη ἡ ἐρχομένη βασιλεία ἐν ὀνόματι κυρίου [18] τοῦ πατρὸς ἡμῶν Δαυίδ. Ὡσαννὰ ἐν τοῖς ὑψίστοις.

11 Καὶ εἰσῆλθεν εἰς Ἱεροσόλυμα ὁ Ἰησοῦς, καὶ [19] εἰς τὸ ἱερόν· καὶ περιβλεψάμενος πάντα, ὀψίας ἤδη οὔσης τῆς ὥρας, ἐξῆλθεν εἰς Βηθανίαν μετὰ τῶν δώδεκα.

---

[a] *Βηθσφαγὴ* • *Βηθφαγὴ*   [b] *πῶλον* • *τὸν πῶλον*

[1] *Ἱερουσαλήμ εἰς Βηθσφαγὴ* • *Ἱεροσόλυμα εἰς Βηθφαγὴ*   [2] *εὐθέως* • *εὐθὺς*
[3] *ἀνθρώπων κεκάθικεν λύσαντες αὐτὸν ἀγάγετε* • *οὔπω ἀνθρώπων ἐκάθισεν λύσατε αὐτὸν καὶ φέρετε*   [4] *ὅτι* • —   [5] *εὐθέως* • *εὐθὺς*   [6] *ὧδε* • *πάλιν ὧδε*
[7] *Ἀπῆλθον δὲ* • *Καὶ ἀπῆλθον*   [8] *τὴν* • —   [9] *εἶπον* • *εἶπαν*   [10] *ἐνετείλατο* • *εἶπεν*   [11] *ἤγαγον* • *φέρουσιν*   [12] *ἐπέβαλον* • *ἐπιβάλλουσιν*   [13] *ἐπ' αὐτῷ* • *ἐπ' αὐτόν*   [14] *Πολλοὶ δὲ τὰ* • *Καὶ πολλοὶ τὰ*   [15] *στοιβάδας ἔκοπτον* • *στιβάδας κόψαντες*   [16] *δένδρων καὶ ἐστρώννυον εἰς τὴν ὁδόν* • *ἀγρῶν*   [17] *λέγοντες* • — [18] *ἐν ὀνόματι κυρίου* • —   [19] *ὁ Ἰησοῦς καὶ* • —

The Miracle of the Fig-Tree

12 Καὶ τῇ ἐπαύριον ἐξελθόντων αὐτῶν ἀπὸ Βηθανίας, ἐπείνασεν. 13 Καὶ ἰδὼν συκῆν μακρόθεν,[1] ἔχουσαν φύλλα, ἦλθεν εἰ ἄρα εὑρήσει τι[2] ἐν αὐτῇ· καὶ ἐλθὼν ἐπ' αὐτήν, οὐδὲν εὗρεν εἰ μὴ φύλλα· οὐ γὰρ ἦν καιρὸς[3] σύκων. 14 Καὶ ἀποκριθεὶς ὁ Ἰησοῦς[4] εἶπεν αὐτῇ, Μηκέτι ἐκ σοῦ εἰς τὸν αἰῶνα[5] μηδεὶς καρπὸν φάγοι. Καὶ ἤκουον οἱ μαθηταὶ αὐτοῦ.

15 Καὶ ἔρχονται εἰς Ἱεροσόλυμα· καὶ εἰσελθὼν ὁ Ἰησοῦς[6] εἰς τὸ ἱερὸν ἤρξατο ἐκβάλλειν τοὺς πωλοῦντας καὶ ἀγοράζοντας[7] ἐν τῷ ἱερῷ· καὶ τὰς τραπέζας τῶν κολλυβιστῶν, καὶ τὰς καθέδρας τῶν πωλούντων τὰς περιστερὰς κατέστρεψεν· 16 καὶ οὐκ ἤφιεν ἵνα τις διενέγκῃ σκεῦος διὰ τοῦ ἱεροῦ. 17 Καὶ ἐδίδασκεν, λέγων[8] αὐτοῖς, Οὐ γέγραπται ὅτι Ὁ οἶκός μου οἶκος προσευχῆς κληθήσεται πᾶσιν τοῖς ἔθνεσιν; Ὑμεῖς δὲ ἐποιήσατε[9] αὐτὸν σπήλαιον λῃστῶν. 18 Καὶ ἤκουσαν οἱ γραμματεῖς καὶ οἱ ἀρχιερεῖς,[10] καὶ ἐζήτουν πῶς αὐτὸν ἀπολέσωσιν· ἐφοβοῦντο γὰρ αὐτόν, ὅτι πᾶς[11] ὁ ὄχλος ἐξεπλήσσετο ἐπὶ τῇ διδαχῇ αὐτοῦ.

19 Καὶ ὅτε[12] ὀψὲ ἐγένετο, ἐξεπορεύετο[13] ἔξω τῆς πόλεως.

20 Καὶ πρωῒ παραπορευόμενοι,[14] εἶδον τὴν συκῆν ἐξηραμμένην ἐκ ῥιζῶν. 21 Καὶ ἀναμνησθεὶς ὁ Πέτρος λέγει αὐτῷ, Ῥαββί, ἴδε, ἡ συκῆ ἣν κατηράσω ἐξήρανται. 22 Καὶ ἀποκριθεὶς ὁ Ἰησοῦς λέγει αὐτοῖς, Ἔχετε πίστιν θεοῦ. 23 Ἀμὴν γὰρ[15] λέγω ὑμῖν ὅτι ὃς ἂν εἴπῃ τῷ ὄρει τούτῳ, Ἄρθητι, καὶ βλήθητι εἰς τὴν θάλασσαν, καὶ μὴ διακριθῇ ἐν τῇ καρδίᾳ αὐτοῦ, ἀλλὰ πιστεύσῃ[16] ὅτι ἃ λέγει[17] γίνεται· ἔσται αὐτῷ ὃ ἐὰν εἴπῃ.[18] 24 Διὰ τοῦτο λέγω ὑμῖν, Πάντα ὅσα ἂν προσευχόμενοι

---

[1] μακρόθεν • ἀπὸ μακρόθεν [2] εὑρήσει τι • τι εὑρήσει [3] οὐ γὰρ ἦν καιρὸς • ὁ γὰρ καιρὸς οὐκ ἦν [4] ὁ Ἰησοῦς • — [5] ἐκ σοῦ εἰς τὸν αἰῶνα • εἰς τὸν αἰῶνα ἐκ σοῦ [6] ὁ Ἰησοῦς • — [7] ἀγοράζοντας • τοὺς ἀγοράζοντας [8] λέγων • καὶ ἔλεγεν [9] ἐποιήσατε • πεποιήκατε [10] γραμματεῖς καὶ οἱ ἀρχιερεῖς • ἀρχιερεῖς καὶ οἱ γραμματεῖς [11] ὅτι πᾶς • πᾶς γὰρ [12] ὅτε • ὅταν [13] ἐξεπορεύετο • ἐξεπορεύοντο [14] πρωῒ παραπορευόμενοι • παραπορευόμενοι πρωΐ [15] γὰρ • — [16] πιστεύσῃ • πιστεύῃ [17] ἃ λέγει • ὃ λαλεῖ [18] ὃ ἐὰν εἴπῃ • —

αἰτῆσθε,[a,1] πιστεύετε ὅτι λαμβάνετε,[2] καὶ ἔσται ὑμῖν. 25 Καὶ ὅταν στήκητε[3] προσευχόμενοι, ἀφίετε εἴ τι ἔχετε κατά τινος· ἵνα καὶ ὁ πατὴρ ὑμῶν ὁ ἐν τοῖς οὐρανοῖς ἀφῇ ὑμῖν τὰ παραπτώματα ὑμῶν. 26 Εἰ δὲ ὑμεῖς οὐκ ἀφίετε, οὐδὲ ὁ πατὴρ ὑμῶν ὁ ἐν τοῖς οὐρανοῖς ἀφήσει τὰ παραπτώματα ὑμῶν.[4]

The Question concerning Jesus' Authority

27 Καὶ ἔρχονται πάλιν εἰς Ἱεροσόλυμα· καὶ ἐν τῷ ἱερῷ περιπατοῦντος αὐτοῦ, ἔρχονται πρὸς αὐτὸν οἱ ἀρχιερεῖς καὶ οἱ γραμματεῖς καὶ οἱ πρεσβύτεροι, 28 καὶ λέγουσιν[5] αὐτῷ, Ἐν ποίᾳ ἐξουσίᾳ ταῦτα ποιεῖς; Καὶ τίς[6] σοι τὴν ἐξουσίαν ταύτην ἔδωκεν[7] ἵνα ταῦτα ποιῇς; 29 Ὁ δὲ Ἰησοῦς ἀποκριθεὶς[8] εἶπεν αὐτοῖς, Ἐπερωτήσω ὑμᾶς καὶ ἐγὼ[9] ἕνα λόγον, καὶ ἀποκρίθητέ μοι, καὶ ἐρῶ ὑμῖν ἐν ποίᾳ ἐξουσίᾳ ταῦτα ποιῶ. 30 Τὸ βάπτισμα Ἰωάννου[10] ἐξ οὐρανοῦ ἦν, ἢ ἐξ ἀνθρώπων; Ἀποκρίθητέ μοι. 31 Καὶ ἐλογίζοντο[11] πρὸς ἑαυτούς, λέγοντες, Ἐὰν εἴπωμεν, Ἐξ οὐρανοῦ, ἐρεῖ, Διὰ τί οὖν[12] οὐκ ἐπιστεύσατε αὐτῷ; 32 Ἀλλ᾿[13] εἴπωμεν, Ἐξ ἀνθρώπων, ἐφοβοῦντο τὸν λαόν·[14] ἅπαντες γὰρ εἶχον τὸν Ἰωάννην, ὅτι ὄντως[15] προφήτης ἦν. 33 Καὶ ἀποκριθέντες λέγουσιν τῷ Ἰησοῦ,[16] Οὐκ οἴδαμεν. Καὶ ὁ Ἰησοῦς ἀποκριθεὶς[17] λέγει αὐτοῖς, Οὐδὲ ἐγὼ λέγω ὑμῖν ἐν ποίᾳ ἐξουσίᾳ ταῦτα ποιῶ.

The Parable of the Vineyard

12 Καὶ ἤρξατο αὐτοῖς ἐν παραβολαῖς λέγειν,[18] Ἀμπελῶνα ἐφύτευσεν ἄνθρωπος,[19] καὶ περιέθηκεν φραγμόν, καὶ ὤρυξεν ὑπολήνιον, καὶ ᾠκοδόμησεν πύργον, καὶ ἐξέδοτο[20]

---

[a] αἰτῆσθε • αἰτεῖσθε

[1] ἂν προσευχόμενοι αἰτῆσθε • προσεύχεσθε καὶ αἰτεῖσθε [2] λαμβάνετε • ἐλάβετε
[3] στήκητε • στήκετε [4] 11.26 • — [5] λέγουσιν • ἔλεγον [6] Καὶ τίς • Ἡ τίς
[7] τὴν ἐξουσίαν ταύτην ἔδωκεν • ἔδωκεν τὴν ἐξουσίαν ταύτην [8] ἀποκριθεὶς •
— [9] καὶ ἐγὼ • — [10] Ἰωάννου • τὸ Ἰωάννου [11] ἐλογίζοντο • διελογίζοντο
[12] οὖν • [οὖν] [13] Ἀλλ᾿ • Ἀλλὰ [14] λαόν • ὄχλον [15] ὅτι ὄντως • ὄντως ὅτι
[16] λέγουσιν τῷ Ἰησοῦ • τῷ Ἰησοῦ λέγουσιν [17] ἀποκριθεὶς • — [18] λέγειν •
λαλεῖν [19] ἐφύτευσεν ἄνθρωπος • ἄνθρωπος ἐφύτευσεν [20] ἐξέδοτο • ἐξέδετο

αὐτὸν γεωργοῖς, καὶ ἀπεδήμησεν. 2 Καὶ ἀπέστειλεν πρὸς τοὺς γεωργοὺς τῷ καιρῷ δοῦλον, ἵνα παρὰ τῶν γεωργῶν λάβῃ ἀπὸ τοῦ καρποῦ¹ τοῦ ἀμπελῶνος. 3 Οἱ δὲ² λαβόντες αὐτὸν ἔδειραν, καὶ ἀπέστειλαν κενόν. 4 Καὶ πάλιν ἀπέστειλεν πρὸς αὐτοὺς ἄλλον δοῦλον· κἀκεῖνον λιθοβολήσαντες³ ἐκεφαλαίωσαν,⁴ καὶ ἀπέστειλαν ἠτιμωμένον.⁵ 5 Καὶ πάλιν⁶ ἄλλον ἀπέστειλεν· κἀκεῖνον ἀπέκτειναν· καὶ πολλοὺς ἄλλους, τοὺς μὲν δέροντες, τοὺς δὲ ἀποκτένοντες.⁷ 6 Ἔτι οὖν⁸ ἕνα υἱὸν ἔχων⁹ ἀγαπητὸν αὐτοῦ,¹⁰ ἀπέστειλεν καὶ¹¹ αὐτὸν πρὸς αὐτοὺς ἔσχατον,¹² λέγων ὅτι Ἐντραπήσονται τὸν υἱόν μου. 7 Ἐκεῖνοι δὲ οἱ γεωργοὶ εἶπον πρὸς ἑαυτοὺς¹³ ὅτι Οὗτός ἐστιν ὁ κληρονόμος· δεῦτε, ἀποκτείνωμεν αὐτόν, καὶ ἡμῶν ἔσται ἡ κληρονομία. 8 Καὶ λαβόντες αὐτὸν ἀπέκτειναν,¹⁴ καὶ ἐξέβαλον¹⁵ ἔξω τοῦ ἀμπελῶνος. 9 Τί οὖν¹⁶ ποιήσει ὁ κύριος τοῦ ἀμπελῶνος; Ἐλεύσεται καὶ ἀπολέσει τοὺς γεωργούς, καὶ δώσει τὸν ἀμπελῶνα ἄλλοις. 10 Οὐδὲ τὴν γραφὴν ταύτην ἀνέγνωτε, Λίθον ὃν ἀπεδοκίμασαν οἱ οἰκοδομοῦντες, οὗτος ἐγενήθη εἰς κεφαλὴν γωνίας· 11 παρὰ κυρίου ἐγένετο αὕτη, καὶ ἔστιν θαυμαστὴ ἐν ὀφθαλμοῖς ἡμῶν; 12 Καὶ ἐζήτουν αὐτὸν κρατῆσαι, καὶ ἐφοβήθησαν τὸν ὄχλον· ἔγνωσαν γὰρ ὅτι πρὸς αὐτοὺς τὴν παραβολὴν εἶπεν· καὶ ἀφέντες αὐτὸν ἀπῆλθον.

Various Questions Proposed to Jesus

13 Καὶ ἀποστέλλουσιν πρὸς αὐτόν τινας τῶν Φαρισαίων καὶ τῶν Ἡρῳδιανῶν, ἵνα αὐτὸν ἀγρεύσωσιν λόγῳ. 14 Οἱ δὲ ἐλθόντες¹⁷ λέγουσιν αὐτῷ, Διδάσκαλε, οἴδαμεν ὅτι ἀληθὴς εἶ, καὶ οὐ μέλει σοι περὶ οὐδενός· οὐ γὰρ βλέπεις εἰς πρόσωπον ἀνθρώπων, ἀλλ' ἐπ' ἀληθείας τὴν ὁδὸν τοῦ θεοῦ διδάσκεις.

---

¹ τοῦ καρποῦ • τῶν καρπῶν   ² Οἱ δὲ • Καὶ   ³ λιθοβολήσαντες • —
⁴ ἐκεφαλαίωσαν • ἐκεφαλίωσαν   ⁵ ἀπέστειλαν ἠτιμωμένον • ἠτίμασαν
⁶ πάλιν • —   ⁷ τοὺς μὲν δέροντες τοὺς δὲ ἀποκτένοντες • οὓς μὲν δέροντες οὓς
δὲ ἀποκτέννοντες   ⁸ οὖν • —   ⁹ υἱὸν ἔχων • εἶχεν υἱὸν   ¹⁰ αὐτοῦ • —   ¹¹ καὶ •
—   ¹² πρὸς αὐτοὺς ἔσχατον • ἔσχατον πρὸς αὐτούς   ¹³ εἶπον πρὸς ἑαυτοὺς •
πρὸς ἑαυτοὺς εἶπαν   ¹⁴ αὐτὸν ἀπέκτειναν • ἀπέκτειναν αὐτόν   ¹⁵ ἐξέβαλον •
ἐξέβαλον αὐτὸν   ¹⁶ οὖν • [οὖν]   ¹⁷ Οἱ δὲ ἐλθόντες • Καὶ ἐλθόντες

Ἔξεστιν κῆνσον Καίσαρι δοῦναι,¹ ἢ οὔ; 15 Δῶμεν, ἢ μὴ δῶμεν; Ὁ δὲ εἰδὼς αὐτῶν τὴν ὑπόκρισιν εἶπεν αὐτοῖς, Τί με πειράζετε; Φέρετέ μοι δηνάριον, ἵνα ἴδω. 16 Οἱ δὲ ἤνεγκαν. Καὶ λέγει αὐτοῖς, Τίνος ἡ εἰκὼν αὕτη καὶ ἡ ἐπιγραφή; Οἱ δὲ εἶπον² αὐτῷ, Καίσαρος. 17 Καὶ ἀποκριθεὶς ὁ³ Ἰησοῦς εἶπεν αὐτοῖς, Ἀπόδοτε τὰ Καίσαρος⁴ Καίσαρι, καὶ τὰ τοῦ θεοῦ τῷ θεῷ. Καὶ ἐθαύμασαν⁵ ἐπ' αὐτῷ.

18 Καὶ ἔρχονται Σαδδουκαῖοι πρὸς αὐτόν, οἵτινες λέγουσιν ἀνάστασιν μὴ εἶναι· καὶ ἐπηρώτησαν⁶ αὐτόν, λέγοντες, 19 Διδάσκαλε, Μωσῆς⁷ ἔγραψεν ἡμῖν ὅτι Ἐάν τινος ἀδελφὸς ἀποθάνῃ, καὶ καταλίπῃ γυναῖκα, καὶ τέκνα μὴ ἀφῇ,⁸ ἵνα λάβῃ ὁ ἀδελφὸς αὐτοῦ τὴν γυναῖκα αὐτοῦ, καὶ⁹ ἐξαναστήσῃ σπέρμα τῷ ἀδελφῷ αὐτοῦ. 20 Ἑπτὰ ἀδελφοὶ ἦσαν· καὶ ὁ πρῶτος ἔλαβεν γυναῖκα, καὶ ἀποθνῄσκων οὐκ ἀφῆκεν σπέρμα· 21 καὶ ὁ δεύτερος ἔλαβεν αὐτήν, καὶ ἀπέθανεν, καὶ οὐδὲ αὐτὸς ἀφῆκεν¹⁰ σπέρμα· καὶ ὁ τρίτος ὡσαύτως. 22 Καὶ ἔλαβον αὐτὴν¹¹ οἱ ἑπτά, καὶ οὐκ¹² ἀφῆκαν σπέρμα. Ἐσχάτη¹³ πάντων ἀπέθανεν καὶ ἡ γυνή.¹⁴ 23 Ἐν τῇ ἀναστάσει, ὅταν ἀναστῶσιν,¹⁵ τίνος αὐτῶν ἔσται γυνή; Οἱ γὰρ ἑπτὰ ἔσχον αὐτὴν γυναῖκα. 24 Καὶ ἀποκριθεὶς ὁ Ἰησοῦς εἶπεν αὐτοῖς,¹⁶ Οὐ διὰ τοῦτο πλανᾶσθε, μὴ εἰδότες τὰς γραφάς, μηδὲ τὴν δύναμιν τοῦ θεοῦ; 25 Ὅταν γὰρ ἐκ νεκρῶν ἀναστῶσιν, οὔτε γαμοῦσιν, οὔτε γαμίσκονται,¹⁷ ἀλλ' εἰσὶν ὡς ἄγγελοι οἱ¹⁸ ἐν τοῖς οὐρανοῖς. 26 Περὶ δὲ τῶν νεκρῶν, ὅτι ἐγείρονται, οὐκ ἀνέγνωτε ἐν τῇ βίβλῳ Μωσέως, [a, 19] ἐπὶ τοῦ βάτου, ὡς²⁰ εἶπεν

---

[a] Μωσέως • Μωϋσέως

---

¹ κῆνσον Καίσαρι δοῦναι • δοῦναι κῆνσον Καίσαρι   ² εἶπον • εἶπαν   ³ Καὶ ἀποκριθεὶς ὁ • Ὁ δὲ   ⁴ Ἀπόδοτε τὰ Καίσαρος • Τὰ Καίσαρος ἀπόδοτε   ⁵ ἐθαύμασαν • ἐξεθαύμαζον   ⁶ ἐπηρώτησαν • ἐπηρώτων   ⁷ Μωσῆς • Μωϋσῆς   ⁸ τέκνα μὴ ἀφῇ • μὴ ἀφῇ τέκνον   ⁹ αὐτοῦ καὶ • καὶ   ¹⁰ καὶ οὐδὲ αὐτὸς ἀφῆκεν • μὴ καταλιπὼν   ¹¹ ἔλαβον αὐτὴν • —   ¹² καὶ οὐκ • οὐκ   ¹³ Ἐσχάτη • Ἔσχατον   ¹⁴ ἀπέθανεν καὶ ἡ γυνή • καὶ ἡ γυνὴ ἀπέθανεν   ¹⁵ ὅταν ἀναστῶσιν • [ὅταν ἀναστῶσιν]   ¹⁶ Καὶ ἀποκριθεὶς ὁ Ἰησοῦς εἶπεν αὐτοῖς • Ἔφη αὐτοῖς ὁ Ἰησοῦς   ¹⁷ γαμίσκονται • γαμίζονται   ¹⁸ οἱ • —   ¹⁹ Μωσέως • Μωϋσέως   ²⁰ ὡς • πῶς

αὐτῷ ὁ θεός, λέγων, Ἐγὼ ὁ θεὸς Ἀβραάμ, καὶ ὁ θεὸς Ἰσαάκ,¹ καὶ ὁ θεὸς Ἰακώβ;² **27** Οὐκ ἔστιν ὁ³ θεὸς νεκρῶν, ἀλλὰ θεὸς ζώντων·⁴ ὑμεῖς οὖν⁵ πολὺ πλανᾶσθε.

28 Καὶ προσελθὼν εἷς τῶν γραμματέων, ἀκούσας αὐτῶν συζητούντων, εἰδὼς⁶ ὅτι καλῶς αὐτοῖς ἀπεκρίθη,⁷ ἐπηρώτησεν αὐτόν, Ποία ἐστὶν πρώτη πάντων ἐντολή;⁸ **29** Ὁ δὲ Ἰησοῦς ἀπεκρίθη αὐτῷ⁹ ὅτι Πρώτη πάντων τῶν ἐντολῶν,¹⁰ Ἄκουε, Ἰσραήλ· κύριος ὁ θεὸς ἡμῶν, κύριος εἷς ἐστίν· **30** καὶ ἀγαπήσεις κύριον τὸν θεόν σου ἐξ ὅλης τῆς καρδίας σου, καὶ ἐξ ὅλης τῆς ψυχῆς σου, καὶ ἐξ ὅλης τῆς διανοίας σου, καὶ ἐξ ὅλης τῆς ἰσχύος σου. Αὕτη πρώτη ἐντολή.¹¹ **31** Καὶ δευτέρα ὁμοία¹² αὕτη, Ἀγαπήσεις τὸν πλησίον σου ὡς σεαυτόν. Μείζων τούτων ἄλλη ἐντολὴ οὐκ ἔστιν. **32** Καὶ εἶπεν αὐτῷ ὁ γραμματεύς, Καλῶς, διδάσκαλε, ἐπ' ἀληθείας εἶπας¹³ ὅτι εἷς ἐστιν, καὶ οὐκ ἔστιν ἄλλος πλὴν αὐτοῦ· **33** καὶ τὸ ἀγαπᾶν αὐτὸν ἐξ ὅλης τῆς καρδίας, καὶ ἐξ ὅλης τῆς συνέσεως, καὶ ἐξ ὅλης τῆς ψυχῆς, καὶ ἐξ ὅλης τῆς¹⁴ ἰσχύος, καὶ τὸ ἀγαπᾶν τὸν πλησίον ὡς ἑαυτόν, πλεῖόν¹⁵ ἐστιν πάντων τῶν ὁλοκαυτωμάτων καὶ θυσιῶν. **34** Καὶ ὁ Ἰησοῦς ἰδὼν αὐτὸν ὅτι¹⁶ νουνεχῶς ἀπεκρίθη, εἶπεν αὐτῷ, Οὐ μακρὰν εἶ ἀπὸ τῆς βασιλείας τοῦ θεοῦ. Καὶ οὐδεὶς οὐκέτι ἐτόλμα αὐτὸν ἐπερωτῆσαι.

David's Son and Lord

35 Καὶ ἀποκριθεὶς ὁ Ἰησοῦς ἔλεγεν, διδάσκων ἐν τῷ ἱερῷ, Πῶς λέγουσιν οἱ γραμματεῖς ὅτι ὁ χριστὸς υἱός ἐστιν Δαυίδ;¹⁷ **36** Αὐτὸς γὰρ¹⁸ Δαυὶδ εἶπεν ἐν πνεύματι ἁγίῳ,¹⁹ Λέγει ὁ²⁰ κύριος τῷ κυρίῳ μου, Κάθου ἐκ δεξιῶν μου, ἕως ἂν θῶ τοὺς

---

¹ ὁ θεὸς Ἰσαάκ • [ὁ] θεὸς Ἰσαάκ   ² ὁ θεὸς Ἰακώβ • [ὁ] θεὸς Ἰακώβ   ³ ὁ •
— ⁴ θεὸς ζώντων • ζώντων   ⁵ ὑμεῖς οὖν • —   ⁶ εἰδὼς • ἰδὼν   ⁷ αὐτοῖς ἀπεκρίθη • ἀπεκρίθη αὐτοῖς   ⁸ πρώτη πάντων ἐντολή • ἐντολὴ πρώτη πάντων
⁹ Ὁ δὲ Ἰησοῦς ἀπεκρίθη αὐτῷ • Ἀπεκρίθη ὁ Ἰησοῦς   ¹⁰ πάντων τῶν ἐντολῶν •
ἐστίν   ¹¹ Αὕτη πρώτη ἐντολή • —   ¹² Καὶ δευτέρα ὁμοία • Δευτέρα   ¹³ εἶπας •
εἶπες   ¹⁴ ψυχῆς καὶ ἐξ ὅλης τῆς • —   ¹⁵ πλεῖόν • περισσότερόν   ¹⁶ αὐτὸν ὅτι •
[αὐτὸν] ὅτι   ¹⁷ ἐστιν Δαυίδ • Δαυίδ ἐστιν   ¹⁸ γὰρ • —   ¹⁹ πνεύματι ἁγίῳ •
τῷ πνεύματι τῷ ἁγίῳ   ²⁰ Λέγει ὁ • Εἶπεν

ἐχθρούς σου ὑποπόδιον ¹ τῶν ποδῶν σου. 37 Αὐτὸς οὖν ² Δαυὶδ λέγει αὐτὸν κύριον· καὶ πόθεν υἱὸς αὐτοῦ ἐστιν; ³ Καὶ ὁ ⁴ πολὺς ὄχλος ἤκουεν αὐτοῦ ἡδέως.

38 Καὶ ἔλεγεν αὐτοῖς ἐν τῇ διδαχῇ αὐτοῦ, ⁵ Βλέπετε ἀπὸ τῶν γραμματέων, τῶν θελόντων ἐν στολαῖς περιπατεῖν, καὶ ἀσπασμοὺς ἐν ταῖς ἀγοραῖς, 39 καὶ πρωτοκαθεδρίας ἐν ταῖς συναγωγαῖς, καὶ πρωτοκλισίας ἐν τοῖς δείπνοις· 40 οἱ κατεσθίοντες τὰς οἰκίας τῶν χηρῶν, καὶ προφάσει μακρὰ προσευχόμενοι· οὗτοι λήψονται ⁶ περισσότερον κρίμα.

41 Καὶ καθίσας ὁ Ἰησοῦς ⁷ κατέναντι τοῦ γαζοφυλακίου ἐθεώρει πῶς ὁ ὄχλος βάλλει χαλκὸν εἰς τὸ γαζοφυλάκιον· καὶ πολλοὶ πλούσιοι ἔβαλλον πολλά. 42 Καὶ ἐλθοῦσα μία χήρα πτωχὴ ἔβαλεν λεπτὰ δύο, ὅ ἐστιν κοδράντης. 43 Καὶ προσκαλεσάμενος τοὺς μαθητὰς αὐτοῦ, λέγει ⁸ αὐτοῖς, Ἀμὴν λέγω ὑμῖν ὅτι ἡ χήρα αὕτη ἡ πτωχὴ πλεῖον πάντων βέβληκεν ⁹ τῶν βαλλόντων ᵃ εἰς τὸ γαζοφυλάκιον· 44 πάντες γὰρ ἐκ τοῦ περισσεύοντος αὐτοῖς ἔβαλον· αὕτη δὲ ἐκ τῆς ὑστερήσεως αὐτῆς πάντα ὅσα εἶχεν ἔβαλεν, ὅλον τὸν βίον αὐτῆς.

Jesus Foretells the Destruction of Jerusalem and the End of the World

13 Καὶ ἐκπορευομένου αὐτοῦ ἐκ τοῦ ἱεροῦ, λέγει αὐτῷ εἷς τῶν μαθητῶν αὐτοῦ, Διδάσκαλε, ἴδε, ποταποὶ λίθοι καὶ ποταπαὶ οἰκοδομαί. 2 Καὶ ὁ Ἰησοῦς ἀποκριθεὶς ¹⁰ εἶπεν αὐτῷ, Βλέπεις ταύτας τὰς μεγάλας οἰκοδομάς; Οὐ μὴ ἀφεθῇ λίθος ἐπὶ λίθῳ, ¹¹ ὃς οὐ μὴ καταλυθῇ.

3 Καὶ καθημένου αὐτοῦ εἰς τὸ ὄρος τῶν Ἐλαιῶν κατέναντι τοῦ ἱεροῦ, ἐπηρώτων ¹² αὐτὸν κατ' ἰδίαν Πέτρος καὶ Ἰάκωβος καὶ Ἰωάννης καὶ Ἀνδρέας, 4 Εἰπὲ ¹³ ἡμῖν, πότε ταῦτα ἔσται;

ᵃ βαλλόντων • βαλόντων

1 ὑποπόδιον • ὑποκάτω   2 οὖν • —   3 υἱὸς αὐτοῦ ἐστιν • αὐτοῦ ἐστιν υἱός
4 ὁ • [ὁ]   5 ἔλεγεν αὐτοῖς ἐν τῇ διδαχῇ αὐτοῦ • ἐν τῇ διδαχῇ αὐτοῦ ἔλεγεν
6 λήψονται • λήμψονται   7 ὁ Ἰησοῦς • —   8 λέγει • εἶπεν   9 βέβληκεν • ἔβαλεν
10 ἀποκριθεὶς • —   11 λίθος ἐπὶ λίθῳ • ὧδε λίθος ἐπὶ λίθον   12 ἐπηρώτων •
ἐπηρώτα   13 Εἰπὲ • Εἰπὸν

Καὶ τί τὸ σημεῖον ὅταν μέλλῃ πάντα ταῦτα συντελεῖσθαι; [1] 5 Ὁ δὲ Ἰησοῦς ἀποκριθεὶς αὐτοῖς ἤρξατο λέγειν, [2] Βλέπετε μή τις ὑμᾶς πλανήσῃ. 6 Πολλοὶ γὰρ [3] ἐλεύσονται ἐπὶ τῷ ὀνόματί μου, λέγοντες ὅτι Ἐγώ εἰμι· καὶ πολλοὺς πλανήσουσιν. 7 Ὅταν δὲ ἀκούσητε πολέμους καὶ ἀκοὰς πολέμων, μὴ θροεῖσθε· δεῖ γὰρ [4] γενέσθαι, ἀλλ᾽ οὔπω τὸ τέλος. 8 Ἐγερθήσεται γὰρ ἔθνος ἐπὶ ἔθνος, [5] καὶ βασιλεία ἐπὶ βασιλείαν· καὶ ἔσονται σεισμοὶ [6] κατὰ τόπους, καὶ ἔσονται λιμοὶ καὶ ταραχαί· ἀρχαὶ [7] ὠδίνων ταῦτα.

9 Βλέπετε δὲ ὑμεῖς ἑαυτούς· παραδώσουσιν γὰρ [8] ὑμᾶς εἰς συνέδρια, καὶ εἰς συναγωγὰς δαρήσεσθε, καὶ ἐπὶ ἡγεμόνων καὶ βασιλέων σταθήσεσθε ἕνεκεν ἐμοῦ, εἰς μαρτύριον αὐτοῖς. 10 Καὶ εἰς πάντα τὰ ἔθνη δεῖ πρῶτον [9] κηρυχθῆναι τὸ εὐαγγέλιον. 11 Ὅταν δὲ ἀγάγωσιν [10] ὑμᾶς παραδιδόντες, μὴ προμεριμνᾶτε τί λαλήσητε, μηδὲ μελετᾶτε· [11] ἀλλ᾽ ὃ ἐὰν δοθῇ ὑμῖν ἐν ἐκείνῃ τῇ ὥρᾳ, τοῦτο λαλεῖτε· οὐ γάρ ἐστε ὑμεῖς οἱ λαλοῦντες, ἀλλὰ τὸ πνεῦμα τὸ ἅγιον. 12 Παραδώσει δὲ [12] ἀδελφὸς ἀδελφὸν εἰς θάνατον, καὶ πατὴρ τέκνον· καὶ ἐπαναστήσονται τέκνα ἐπὶ γονεῖς, καὶ θανατώσουσιν αὐτούς. 13 Καὶ ἔσεσθε μισούμενοι ὑπὸ πάντων διὰ τὸ ὄνομά μου· ὁ δὲ ὑπομείνας εἰς τέλος, οὗτος σωθήσεται.

14 Ὅταν δὲ ἴδητε τὸ βδέλυγμα τῆς ἐρημώσεως, τὸ ῥηθὲν ὑπὸ Δανιὴλ τοῦ προφήτου, [13] ἑστὼς [14] ὅπου οὐ δεῖ—ὁ ἀναγινώσκων νοείτω—τότε οἱ ἐν τῇ Ἰουδαίᾳ φευγέτωσαν εἰς τὰ ὄρη· 15 ὁ δὲ [15] ἐπὶ τοῦ δώματος μὴ καταβάτω εἰς τὴν οἰκίαν, [16] μηδὲ εἰσελθέτω [17] ἆραί τι ἐκ τῆς οἰκίας αὐτοῦ· 16 καὶ ὁ εἰς τὸν ἀγρὸν ὢν [18] μὴ ἐπιστρεψάτω εἰς τὰ ὀπίσω, ἆραι τὸ ἱμάτιον αὐτοῦ. 17 Οὐαὶ δὲ ταῖς ἐν γαστρὶ ἐχούσαις καὶ ταῖς

---

[1] πάντα ταῦτα συντελεῖσθαι • ταῦτα συντελεῖσθαι πάντα   [2] ἀποκριθεὶς αὐτοῖς ἤρξατο λέγειν • ἤρξατο λέγειν αὐτοῖς   [3] γὰρ • —   [4] γὰρ • —   [5] ἐπὶ ἔθνος • ἐπ᾽ ἔθνος   [6] καὶ ἔσονται σεισμοὶ • ἔσονται σεισμοὶ   [7] καὶ ἔσονται λιμοὶ καὶ ταραχαί ἀρχαὶ • ἔσονται λιμοί ἀρχὴ   [8] γὰρ • —   [9] δεῖ πρῶτον • πρῶτον δεῖ   [10] Ὅταν δὲ ἀγάγωσιν • Καὶ ὅταν ἄγωσιν   [11] μηδὲ μελετᾶτε • —   [12] Παραδώσει δὲ • Καὶ παραδώσει   [13] τὸ ῥηθὲν ὑπὸ Δανιὴλ τοῦ προφήτου • —   [14] ἑστὼς • ἑστηκότα   [15] δὲ • [δὲ]   [16] εἰς τὴν οἰκίαν • —   [17] εἰσελθέτω • εἰσελθάτω   [18] ὢν • —

θηλαζούσαις ἐν ἐκείναις ταῖς ἡμέραις. 18 Προσεύχεσθε δὲ ἵνα μὴ γένηται ἡ φυγὴ ὑμῶν[1] χειμῶνος. 19 Ἔσονται γὰρ αἱ ἡμέραι ἐκεῖναι θλίψις, οἵα οὐ γέγονεν τοιαύτη ἀπ' ἀρχῆς κτίσεως ἧς[2] ἔκτισεν ὁ θεὸς ἕως τοῦ νῦν, καὶ οὐ μὴ γένηται. 20 Καὶ εἰ μὴ κύριος ἐκολόβωσεν[3] τὰς ἡμέρας, οὐκ ἂν ἐσώθη πᾶσα σάρξ· ἀλλὰ διὰ τοὺς ἐκλεκτούς, οὓς ἐξελέξατο, ἐκολόβωσεν τὰς ἡμέρας. 21 Τότε[a,4] ἐάν τις ὑμῖν εἴπῃ, Ἰδού, ὧδε[5] ὁ χριστός, ἢ Ἰδού,[6] ἐκεῖ, μὴ πιστεύετε. 22 Ἐγερθήσονται γὰρ ψευδόχριστοι καὶ ψευδοπροφῆται, καὶ δώσουσιν σημεῖα καὶ τέρατα, πρὸς τὸ ἀποπλανᾶν, εἰ δυνατόν, καὶ τοὺς[7] ἐκλεκτούς. 23 Ὑμεῖς δὲ βλέπετε· ἰδού,[8] προείρηκα ὑμῖν πάντα.

24 Ἀλλ'[9] ἐν ἐκείναις ταῖς ἡμέραις, μετὰ τὴν θλίψιν ἐκείνην, ὁ ἥλιος σκοτισθήσεται, καὶ ἡ σελήνη οὐ δώσει τὸ φέγγος αὐτῆς, 25 καὶ οἱ ἀστέρες τοῦ οὐρανοῦ ἔσονται[10] ἐκπίπτοντες,[11] καὶ αἱ δυνάμεις αἱ ἐν τοῖς οὐρανοῖς σαλευθήσονται. 26 Καὶ τότε ὄψονται τὸν υἱὸν τοῦ ἀνθρώπου ἐρχόμενον ἐν νεφέλαις μετὰ δυνάμεως πολλῆς καὶ δόξης. 27 Καὶ τότε ἀποστελεῖ τοὺς ἀγγέλους αὐτοῦ, καὶ[12] ἐπισυνάξει τοὺς ἐκλεκτοὺς αὐτοῦ ἐκ[13] τῶν τεσσάρων ἀνέμων, ἀπ' ἄκρου γῆς ἕως ἄκρου οὐρανοῦ.

28 Ἀπὸ δὲ τῆς συκῆς μάθετε τὴν παραβολήν· ὅταν αὐτῆς ἤδη ὁ κλάδος[14] ἁπαλὸς γένηται, καὶ ἐκφύῃ τὰ φύλλα, γινώσκετε ὅτι ἐγγὺς τὸ θέρος ἐστίν· 29 οὕτως καὶ ὑμεῖς, ὅταν ταῦτα ἴδητε[15] γινόμενα, γινώσκετε ὅτι ἐγγύς ἐστιν ἐπὶ θύραις. 30 Ἀμὴν λέγω ὑμῖν ὅτι οὐ μὴ παρέλθῃ ἡ γενεὰ αὕτη, μέχρι[16] οὗ πάντα ταῦτα[17] γένηται. 31 Ὁ οὐρανὸς καὶ ἡ γῆ παρελεύσεται,[b,18] οἱ δὲ λόγοι μου οὐ μὴ παρέλθωσιν.[19]

---

[a] Τότε • Καὶ τότε   [b] παρελεύσεται • παρελεύσονται

[1] ἡ φυγὴ ὑμῶν • —   [2] ἧς • ἣν   [3] κύριος ἐκολόβωσεν • ἐκολόβωσεν κύριος
[4] Τότε • Καὶ τότε   [5] Ἰδού ὧδε • Ἴδε ὧδε   [6] ἢ Ἰδού • Ἴδε   [7] καὶ τοὺς • τοὺς   [8] ἰδού • —   [9] Ἀλλ' • Ἀλλὰ   [10] τοῦ οὐρανοῦ ἔσονται • ἔσονται ἐκ τοῦ οὐρανοῦ   [11] ἐκπίπτοντες • πίπτοντες   [12] αὐτοῦ καὶ • καὶ   [13] αὐτοῦ ἐκ • [αὐτοῦ] ἐκ   [14] αὐτῆς ἤδη ὁ κλάδος • ἤδη ὁ κλάδος αὐτῆς   [15] ταῦτα ἴδητε • ἴδητε ταῦτα   [16] μέχρι • μέχρις   [17] πάντα ταῦτα • ταῦτα πάντα   [18] παρελεύσεται • παρελεύσονται   [19] παρέλθωσιν • παρελεύσονται

32 Περὶ δὲ τῆς ἡμέρας ἐκείνης ἢ ὥρας¹ οὐδεὶς οἶδεν, οὐδὲ οἱ ἄγγελοι οἱ ἐν² οὐρανῷ, οὐδὲ ὁ υἱός, εἰ μὴ ὁ πατήρ. 33 Βλέπετε, ἀγρυπνεῖτε καὶ προσεύχεσθε·³ οὐκ οἴδατε γὰρ πότε ὁ καιρός ἐστιν. 34 Ὡς ἄνθρωπος ἀπόδημος ἀφεὶς τὴν οἰκίαν αὐτοῦ, καὶ δοὺς τοῖς δούλοις αὐτοῦ τὴν ἐξουσίαν, καὶ ἑκάστῳ⁴ τὸ ἔργον αὐτοῦ, καὶ τῷ θυρωρῷ ἐνετείλατο ἵνα γρηγορῇ. 35 Γρηγορεῖτε οὖν· οὐκ οἴδατε γὰρ πότε ὁ κύριος τῆς οἰκίας ἔρχεται, ὀψέ, ἢ μεσονυκτίου,⁵ ἢ ἀλεκτοροφωνίας, ἢ πρωΐ· 36 μὴ ἐλθὼν ἐξαίφνης εὕρῃ ὑμᾶς καθεύδοντας. 37 Ἃ⁶ δὲ ὑμῖν λέγω πᾶσιν λέγω, Γρηγορεῖτε.

The Anointing of Jesus

14 Ἦν δὲ τὸ Πάσχα καὶ τὰ ἄζυμα μετὰ δύο ἡμέρας· καὶ ἐζήτουν οἱ ἀρχιερεῖς καὶ οἱ γραμματεῖς πῶς αὐτὸν ἐν δόλῳ κρατήσαντες ἀποκτείνωσιν. 2 Ἔλεγον δέ,⁷ Μὴ ἐν τῇ ἑορτῇ, μήποτε θόρυβος ἔσται⁸ τοῦ λαοῦ.

3 Καὶ ὄντος αὐτοῦ ἐν Βηθανίᾳ, ἐν τῇ οἰκίᾳ Σίμωνος τοῦ λεπροῦ, κατακειμένου αὐτοῦ, ἦλθεν γυνὴ ἔχουσα ἀλάβαστρον μύρου νάρδου πιστικῆς πολυτελοῦς· καὶ συντρίψασα τὸ ᵃ, ⁹ ἀλάβαστρον, κατέχεεν αὐτοῦ κατὰ¹⁰ τῆς κεφαλῆς. 4 Ἦσαν δέ τινες ἀγανακτοῦντες πρὸς ἑαυτούς, καὶ λέγοντες,¹¹ Εἰς τί ἡ ἀπώλεια αὕτη τοῦ μύρου γέγονεν; 5 Ἠδύνατο γὰρ τοῦτο¹² πραθῆναι ἐπάνω τριακοσίων δηναρίων,¹³ καὶ δοθῆναι τοῖς πτωχοῖς. Καὶ ἐνεβριμῶντο αὐτῇ. 6 Ὁ δὲ Ἰησοῦς εἶπεν, Ἄφετε αὐτήν· τί αὐτῇ κόπους παρέχετε; Καλὸν ἔργον εἰργάσατο¹⁴ ἐν ἐμοί. 7 Πάντοτε γὰρ τοὺς πτωχοὺς ἔχετε μεθ᾿ ἑαυτῶν, καὶ ὅταν θέλητε δύνασθε αὐτοὺς¹⁵ εὖ ποιῆσαι· ἐμὲ δὲ οὐ πάντοτε ἔχετε.

ᵃ τὸ • τὸν

¹ ὥρας • τῆς ὥρας ² οἱ ἐν • ἐν ³ καὶ προσεύχεσθε • — ⁴ καὶ ἑκάστῳ • ἑκάστῳ ⁵ ὀψέ ἢ μεσονυκτίου • ἢ ὀψέ ἢ μεσονύκτιον ⁶ Ἃ • Ὃ ⁷ δέ • γάρ ⁸ θόρυβος ἔσται • ἔσται θόρυβος ⁹ καὶ συντρίψασα τὸ • συντρίψασα τὴν ¹⁰ κατὰ • — ¹¹ καὶ λέγοντες • — ¹² τοῦτο • τοῦτο τὸ μύρον ¹³ τριακοσίων δηναρίων • δηναρίων τριακοσίων ¹⁴ εἰργάσατο • ἠργάσατο ¹⁵ αὐτοὺς • αὐτοῖς

8 Ὃ ἔσχεν αὕτη¹ ἐποίησεν· προέλαβεν μυρίσαι μου τὸ σῶμα² εἰς τὸν ἐνταφιασμόν. 9 Ἀμὴν λέγω ᵃ,³ ὑμῖν, ὅπου ἐὰν κηρυχθῇ τὸ εὐαγγέλιον τοῦτο⁴ εἰς ὅλον τὸν κόσμον, καὶ ὃ ἐποίησεν αὕτη λαληθήσεται εἰς μνημόσυνον αὐτῆς.

The Preparation for, and the Celebration of, the Passover

10 Καὶ ὁ Ἰούδας ὁ Ἰσκαριώτης,⁵ εἷς τῶν δώδεκα, ἀπῆλθεν πρὸς τοὺς ἀρχιερεῖς, ἵνα παραδῷ αὐτὸν⁶ αὐτοῖς. 11 Οἱ δὲ ἀκούσαντες ἐχάρησαν, καὶ ἐπηγγείλαντο αὐτῷ ἀργύριον δοῦναι, καὶ ἐζήτει πῶς εὐκαίρως αὐτὸν παραδῷ.⁷

12 Καὶ τῇ πρώτῃ ἡμέρᾳ τῶν ἀζύμων, ὅτε τὸ Πάσχα ἔθυον, λέγουσιν αὐτῷ οἱ μαθηταὶ αὐτοῦ, Ποῦ θέλεις ἀπελθόντες ἑτοιμάσωμενᵇ ἵνα φάγῃς τὸ Πάσχα; 13 Καὶ ἀποστέλλει δύο τῶν μαθητῶν αὐτοῦ, καὶ λέγει αὐτοῖς, Ὑπάγετε εἰς τὴν πόλιν, καὶ ἀπαντήσει ὑμῖν ἄνθρωπος κεράμιον ὕδατος βαστάζων· ἀκολουθήσατε αὐτῷ, 14 καὶ ὅπου ἐὰν εἰσέλθῃ, εἴπατε τῷ οἰκοδεσπότῃ ὅτι Ὁ διδάσκαλος λέγει, Ποῦ ἐστιν τὸ κατάλυμα,⁸ ὅπου τὸ Πάσχα μετὰ τῶν μαθητῶν μου φάγω; 15 Καὶ αὐτὸς ὑμῖν δείξει ἀνώγεονᶜ,⁹ μέγα ἐστρωμένον ἕτοιμον· ἐκεῖ¹⁰ ἑτοιμάσατε ἡμῖν. 16 Καὶ ἐξῆλθον οἱ μαθηταὶ αὐτοῦ,¹¹ καὶ ἦλθον εἰς τὴν πόλιν, καὶ εὗρον καθὼς εἶπεν αὐτοῖς, καὶ ἡτοίμασαν τὸ Πάσχα.

17 Καὶ ὀψίας γενομένης ἔρχεται μετὰ τῶν δώδεκα. 18 Καὶ ἀνακειμένων αὐτῶν καὶ ἐσθιόντων, εἶπεν ὁ Ἰησοῦς,¹² Ἀμὴν λέγω ὑμῖν ὅτι εἷς ἐξ ὑμῶν παραδώσει με, ὁ ἐσθίων μετ' ἐμοῦ. 19 Οἱ δὲ¹³ ἤρξαντο λυπεῖσθαι, καὶ λέγειν αὐτῷ εἷς καθ'¹⁴ εἷς, Μήτι ἐγώ; Καὶ ἄλλος,¹⁵ Μήτι ἐγώ; 20 Ὁ δὲ ἀποκριθεὶς¹⁶ εἶπεν

ᵃ λέγω • δὲ λέγω   ᵇ ἑτοιμάσωμεν • ἑτοιμάσομεν   ᶜ ἀνώγεον • ἀνάγαιον

---

1 αὕτη • —   2 μου τὸ σῶμα • τὸ σῶμά μου   3 λέγω • δὲ λέγω   4 τοῦτο • —   5 ὁ Ἰούδας ὁ Ἰσκαριώτης • Ἰούδας Ἰσκαριὼθ ὁ   6 παραδῷ αὐτὸν • αὐτὸν παραδοῖ   7 εὐκαίρως αὐτὸν παραδῷ • αὐτὸν εὐκαίρως παραδοῖ   8 κατάλυμα • κατάλυμά μου   9 ἀνώγεον • ἀνάγαιον   10 ἐκεῖ • καὶ ἐκεῖ   11 αὐτοῦ • —   12 εἶπεν ὁ Ἰησοῦς • ὁ Ἰησοῦς εἶπεν   13 Οἱ δὲ • —   14 καθ' • κατὰ   15 Μήτι ἐγώ Καὶ ἄλλος • —   16 ἀποκριθεὶς • —

αὐτοῖς, Εἷς ἐκ¹ τῶν δώδεκα, ὁ ἐμβαπτόμενος μετ' ἐμοῦ εἰς τὸ τρυβλίον. 21 Ὁ μὲν² υἱὸς τοῦ ἀνθρώπου ὑπάγει, καθὼς γέγραπται περὶ αὐτοῦ· οὐαὶ δὲ τῷ ἀνθρώπῳ ἐκείνῳ δι' οὗ ὁ υἱὸς τοῦ ἀνθρώπου παραδίδοται· καλὸν ἦν³ αὐτῷ εἰ οὐκ ἐγεννήθη ὁ ἄνθρωπος ἐκεῖνος. 22 Καὶ ἐσθιόντων αὐτῶν, λαβὼν ὁ Ἰησοῦς⁴ ἄρτον, εὐλογήσας ἔκλασεν καὶ ἔδωκεν αὐτοῖς, καὶ εἶπεν, Λάβετε, φάγετε·⁵ τοῦτό ἐστιν τὸ σῶμά μου. 23 Καὶ λαβὼν τὸ⁶ ποτήριον, εὐχαριστήσας ἔδωκεν αὐτοῖς, καὶ ἔπιον ἐξ αὐτοῦ πάντες. 24 Καὶ εἶπεν αὐτοῖς, Τοῦτό ἐστιν τὸ αἷμά μου, τὸ τῆς καινῆς⁷ διαθήκης, τὸ περὶ πολλῶν ἐκχυνόμενον.⁸ 25 Ἀμὴν λέγω ὑμῖν ὅτι οὐκέτι οὐ μὴ πίω ἐκ τοῦ γενήματος τῆς ἀμπέλου, ἕως τῆς ἡμέρας ἐκείνης ὅταν αὐτὸ πίνω καινὸν ἐν τῇ βασιλείᾳ τοῦ θεοῦ.

The Passion in Gethsemane

26 Καὶ ὑμνήσαντες ἐξῆλθον εἰς τὸ ὄρος τῶν Ἐλαιῶν.

27 Καὶ λέγει αὐτοῖς ὁ Ἰησοῦς ὅτι Πάντες σκανδαλισθήσεσθε ἐν ἐμοὶ ἐν τῇ νυκτὶ ταύτῃ·⁹ ὅτι γέγραπται, Πατάξω τὸν ποιμένα, καὶ διασκορπισθήσεται τὰ πρόβατα.¹⁰ 28 Ἀλλὰ μετὰ τὸ ἐγερθῆναί με, προάξω ὑμᾶς εἰς τὴν Γαλιλαίαν. 29 Ὁ δὲ Πέτρος ἔφη αὐτῷ, Καὶ εἰ¹¹ πάντες σκανδαλισθήσονται, ἀλλ' οὐκ ἐγώ. 30 Καὶ λέγει αὐτῷ ὁ Ἰησοῦς, Ἀμὴν λέγω σοι ὅτι σὺ σήμερον ἐν τῇ νυκτὶ ταύτῃ,¹² πρὶν ἢ δὶς ἀλέκτορα φωνῆσαι, τρὶς ἀπαρνήσῃ με.¹³ 31 Ὁ δὲ ἐκπερισσοῦ ἔλεγεν μᾶλλον,¹⁴ Ἐάν με δέῃ¹⁵ συναποθανεῖν σοι, οὐ μή σε ἀπαρνήσωμαι.¹⁶ Ὡσαύτως δὲ καὶ πάντες ἔλεγον.

---

¹ ἐκ •— ² Ὁ μὲν • Ὅτι ὁ μὲν ³ ἦν •— ⁴ ὁ Ἰησοῦς •— ⁵ φάγετε •— ⁶ τὸ •— ⁷ τὸ τῆς καινῆς · τῆς ⁸ περὶ πολλῶν ἐκχυνόμενον · ἐκχυννόμενον ὑπὲρ πολλῶν ⁹ ἐν ἐμοὶ ἐν τῇ νυκτὶ ταύτῃ •— ¹⁰ διασκορπισθήσεται τὰ πρόβατα · τὰ πρόβατα διασκορπισθήσονται ¹¹ Καὶ εἰ · Εἰ καὶ ¹² ἐν τῇ νυκτὶ ταύτῃ · ταύτῃ τῇ νυκτί ¹³ ἀπαρνήσῃ με · με ἀπαρνήσῃ ¹⁴ ἐκπερισσοῦ ἔλεγεν μᾶλλον · ἐκπερισσῶς ἐλάλει ¹⁵ με δέῃ · δέῃ με ¹⁶ ἀπαρνήσωμαι · ἀπαρνήσομαι

32 Καὶ ἔρχονται εἰς χωρίον οὗ τὸ ὄνομα Γεθσημανῆ, [1] καὶ λέγει τοῖς μαθηταῖς αὐτοῦ, Καθίσατε ὧδε, ἕως προσεύξωμαι. 33 Καὶ παραλαμβάνει τὸν Πέτρον καὶ Ἰάκωβον [2] καὶ Ἰωάννην [3] μεθ᾿ ἑαυτοῦ, [4] καὶ ἤρξατο ἐκθαμβεῖσθαι καὶ ἀδημονεῖν. 34 Καὶ λέγει αὐτοῖς, Περίλυπός ἐστιν ἡ ψυχή μου ἕως θανάτου· μείνατε ὧδε καὶ γρηγορεῖτε. 35 Καὶ προσελθὼν [5] μικρόν, ἔπεσεν [6] ἐπὶ τῆς γῆς, καὶ προσηύχετο ἵνα, εἰ δυνατόν ἐστιν, παρέλθῃ ἀπ᾿ αὐτοῦ ἡ ὥρα. 36 Καὶ ἔλεγεν, Ἀββᾶ, ὁ πατήρ, πάντα δυνατά σοι. Παρένεγκε τὸ ποτήριον ἀπ᾿ ἐμοῦ τοῦτο· [7] ἀλλ᾿ οὐ τί ἐγὼ θέλω, ἀλλὰ τί σύ. 37 Καὶ ἔρχεται καὶ εὑρίσκει αὐτοὺς καθεύδοντας, καὶ λέγει τῷ Πέτρῳ, Σίμων, καθεύδεις; Οὐκ ἴσχυσας μίαν ὥραν γρηγορῆσαι; 38 Γρηγορεῖτε καὶ προσεύχεσθε, ἵνα μὴ εἰσέλθητε [8] εἰς πειρασμόν. Τὸ μὲν πνεῦμα πρόθυμον, ἡ δὲ σὰρξ ἀσθενής. 39 Καὶ πάλιν ἀπελθὼν προσηύξατο, τὸν αὐτὸν λόγον εἰπών. 40 Καὶ ὑποστρέψας εὗρεν αὐτοὺς πάλιν [9] καθεύδοντας· ἦσαν γὰρ οἱ ὀφθαλμοὶ αὐτῶν [10] βεβαρημένοι, [11] καὶ οὐκ ᾔδεισαν τί αὐτῷ ἀποκριθῶσιν. [12] 41 Καὶ ἔρχεται τὸ τρίτον, καὶ λέγει αὐτοῖς, Καθεύδετε λοιπὸν [13] καὶ ἀναπαύεσθε. Ἀπέχει· ἦλθεν ἡ ὥρα. Ἰδού, παραδίδοται ὁ υἱὸς τοῦ ἀνθρώπου εἰς τὰς χεῖρας τῶν ἁμαρτωλῶν. 42 Ἐγείρεσθε, ἄγωμεν. Ἰδού, ὁ παραδιδούς με ἤγγικεν.

The Capture of Jesus

43 Καὶ εὐθέως, [14] ἔτι αὐτοῦ λαλοῦντος, παραγίνεται Ἰούδας, εἷς ὢν [15] τῶν δώδεκα, καὶ μετ᾿ αὐτοῦ ὄχλος πολὺς [16] μετὰ μαχαιρῶν καὶ ξύλων, παρὰ τῶν ἀρχιερέων καὶ τῶν γραμματέων καὶ τῶν πρεσβυτέρων. 44 Δεδώκει δὲ ὁ παραδιδοὺς αὐτὸν σύσσημον αὐτοῖς, λέγων, Ὃν ἂν φιλήσω,

---

[1] *Γεθσημανῆ* • *Γεθσημανί*   [2] *Ἰάκωβον* • *[τὸν] Ἰάκωβον*   [3] *Ἰωάννην* • *[τὸν] Ἰωάννην*   [4] *μεθ᾿ ἑαυτοῦ* • *μετ᾿ αὐτοῦ*   [5] *προσελθὼν* • *προελθὼν*   [6] *ἔπεσεν* • *ἔπιπτεν*   [7] *ἀπ᾿ ἐμοῦ τοῦτο* • *τοῦτο ἀπ᾿ ἐμοῦ*   [8] *εἰσέλθητε* • *ἔλθητε*   [9] *ὑποστρέψας εὗρεν αὐτοὺς πάλιν* • *πάλιν ἐλθὼν εὗρεν αὐτοὺς*   [10] *οἱ ὀφθαλμοὶ αὐτῶν* • *αὐτῶν οἱ ὀφθαλμοὶ*   [11] *βεβαρημένοι* • *καταβαρυνόμενοι*   [12] *αὐτῷ ἀποκριθῶσιν* • *ἀποκριθῶσιν αὐτῷ*   [13] *λοιπὸν* • *τὸ λοιπὸν*   [14] *εὐθέως* • *εὐθύς*   [15] *ὢν* • *—*   [16] *πολὺς* • *—*

αὐτός ἐστιν· κρατήσατε αὐτόν, καὶ ἀπαγάγετε[1] ἀσφαλῶς. 45 Καὶ ἐλθών, εὐθέως[2] προσελθὼν αὐτῷ λέγει αὐτῷ, Ῥαββί,[3] ῥαββί· καὶ κατεφίλησεν αὐτόν. 46 Οἱ δὲ ἐπέβαλον ἐπ' αὐτὸν[4] τὰς χεῖρας αὐτῶν,[5] καὶ ἐκράτησαν αὐτόν. 47 Εἷς δέ τις[6] τῶν παρεστηκότων σπασάμενος τὴν μάχαιραν ἔπαισεν τὸν δοῦλον τοῦ ἀρχιερέως, καὶ ἀφεῖλεν αὐτοῦ τὸ ὠτίον.[7] 48 Καὶ ἀποκριθεὶς ὁ Ἰησοῦς εἶπεν αὐτοῖς, Ὡς ἐπὶ λῃστὴν ἐξήλθετε[8] μετὰ μαχαιρῶν καὶ ξύλων συλλαβεῖν με; 49 Καθ' ἡμέραν ἤμην πρὸς ὑμᾶς ἐν τῷ ἱερῷ διδάσκων, καὶ οὐκ ἐκρατήσατέ με· ἀλλ' ἵνα πληρωθῶσιν αἱ γραφαί. 50 Καὶ ἀφέντες αὐτὸν πάντες ἔφυγον.[9]

51 Καὶ εἷς τις νεανίσκος ἠκολούθησεν[10] αὐτῷ, περιβεβλημένος σινδόνα ἐπὶ γυμνοῦ. Καὶ κρατοῦσιν αὐτὸν οἱ νεανίσκοι·[11] 52 ὁ δὲ καταλιπὼν τὴν σινδόνα γυμνὸς ἔφυγεν ἀπ' αὐτῶν.[12]

The Trial before the High Priest

53 Καὶ ἀπήγαγον τὸν Ἰησοῦν πρὸς τὸν ἀρχιερέα· καὶ συνέρχονται αὐτῷ[13] πάντες οἱ ἀρχιερεῖς καὶ οἱ πρεσβύτεροι καὶ οἱ γραμματεῖς. 54 Καὶ ὁ Πέτρος ἀπὸ μακρόθεν ἠκολούθησεν αὐτῷ ἕως ἔσω εἰς τὴν αὐλὴν τοῦ ἀρχιερέως· καὶ ἦν συγκαθήμενος μετὰ τῶν ὑπηρετῶν, καὶ θερμαινόμενος πρὸς τὸ φῶς. 55 Οἱ δὲ ἀρχιερεῖς καὶ ὅλον τὸ συνέδριον ἐζήτουν κατὰ τοῦ Ἰησοῦ μαρτυρίαν, εἰς τὸ θανατῶσαι αὐτόν, καὶ οὐχ εὕρισκον.[14] 56 Πολλοὶ γὰρ ἐψευδομαρτύρουν κατ' αὐτοῦ, καὶ ἴσαι αἱ μαρτυρίαι οὐκ ἦσαν. 57 Καί τινες ἀναστάντες ἐψευδομαρτύρουν κατ' αὐτοῦ, λέγοντες 58 ὅτι Ἡμεῖς ἠκούσαμεν αὐτοῦ λέγοντος ὅτι Ἐγὼ καταλύσω τὸν ναὸν τοῦτον τὸν χειροποίητον, καὶ διὰ τριῶν ἡμερῶν ἄλλον ἀχειροποίητον οἰκοδομήσω. 59 Καὶ οὐδὲ οὕτως ἴση ἦν ἡ

---

[1] ἀπαγάγετε • ἀπάγετε [2] εὐθέως • εὐθὺς [3] αὐτῷ Ῥαββί • — [4] ἐπ' αὐτὸν • — [5] αὐτῶν • αὐτῷ [6] τις • [τις] [7] ὠτίον • ὠτάριον [8] ἐξήλθετε • ἐξήλθατε [9] πάντες ἔφυγον • ἔφυγον πάντες [10] εἷς τις νεανίσκος ἠκολούθησεν • νεανίσκος τις συνηκολούθει [11] οἱ νεανίσκοι • — [12] ἀπ' αὐτῶν • — [13] αὐτῷ • — [14] εὕρισκον • ηὕρισκον

μαρτυρία αὐτῶν. 60 Καὶ ἀναστὰς ὁ ἀρχιερεὺς εἰς μέσον ἐπηρώτησεν τὸν Ἰησοῦν, λέγων, Οὐκ ἀποκρίνῃ οὐδέν; Τί οὗτοί σου καταμαρτυροῦσιν; 61 Ὁ δὲ ἐσιώπα, καὶ οὐδὲν ἀπεκρίνατο.[1] Πάλιν ὁ ἀρχιερεὺς ἐπηρώτα αὐτόν, καὶ λέγει αὐτῷ, Σὺ εἶ ὁ χριστός, ὁ υἱὸς τοῦ εὐλογητοῦ; 62 Ὁ δὲ Ἰησοῦς εἶπεν, Ἐγώ εἰμι. Καὶ ὄψεσθε τὸν υἱὸν τοῦ ἀνθρώπου ἐκ δεξιῶν καθήμενον τῆς δυνάμεως, καὶ ἐρχόμενον μετὰ τῶν νεφελῶν τοῦ οὐρανοῦ. 63 Ὁ δὲ ἀρχιερεὺς διαρρήξας τοὺς χιτῶνας αὐτοῦ λέγει, Τί ἔτι χρείαν ἔχομεν μαρτύρων; 64 Ἠκούσατε τῆς βλασφημίας. Τί ὑμῖν φαίνεται; Οἱ δὲ πάντες κατέκριναν αὐτὸν εἶναι ἔνοχον[2] θανάτου. 65 Καὶ ἤρξαντό τινες ἐμπτύειν αὐτῷ, καὶ περικαλύπτειν τὸ πρόσωπον αὐτοῦ,[3] καὶ κολαφίζειν αὐτόν, καὶ λέγειν αὐτῷ, Προφήτευσον. Καὶ οἱ ὑπηρέται ῥαπίσμασιν αὐτὸν ἔβαλλον.[a, 4]

The Denial of Peter

66 Καὶ ὄντος τοῦ Πέτρου ἐν τῇ αὐλῇ κάτω,[5] ἔρχεται μία τῶν παιδισκῶν τοῦ ἀρχιερέως, 67 καὶ ἰδοῦσα τὸν Πέτρον θερμαινόμενον, ἐμβλέψασα αὐτῷ λέγει, Καὶ σὺ μετὰ τοῦ Ναζαρηνοῦ Ἰησοῦ ἦσθα.[6] 68 Ὁ δὲ ἠρνήσατο, λέγων, Οὐκ[7] οἶδα, οὐδὲ[b, 8] ἐπίσταμαι τί σὺ[9] λέγεις. Καὶ ἐξῆλθεν ἔξω εἰς τὸ προαύλιον· καὶ ἀλέκτωρ ἐφώνησεν.[10] 69 Καὶ ἡ παιδίσκη ἰδοῦσα αὐτὸν πάλιν ἤρξατο[11] λέγειν τοῖς παρεστηκόσιν[12] ὅτι Οὗτος ἐξ αὐτῶν ἐστίν. 70 Ὁ δὲ πάλιν ἠρνεῖτο. Καὶ μετὰ μικρὸν πάλιν οἱ παρεστῶτες ἔλεγον τῷ Πέτρῳ, Ἀληθῶς ἐξ αὐτῶν εἶ· καὶ γὰρ Γαλιλαῖος εἶ, καὶ ἡ λαλιά σου ὁμοιάζει.[13] 71 Ὁ δὲ ἤρξατο ἀναθεματίζειν καὶ ὀμνύναι ὅτι Οὐκ οἶδα τὸν ἄνθρωπον τοῦτον ὃν λέγετε. 72 Καὶ ἐκ[14] δευτέρου ἀλέκτωρ ἐφώνησεν.

---

[a] ἔβαλλον • ἔβαλον [b] οὐδὲ • οὔτε

[1] οὐδὲν ἀπεκρίνατο • οὐκ ἀπεκρίνατο οὐδέν [2] εἶναι ἔνοχον • ἔνοχον εἶναι
[3] τὸ πρόσωπον αὐτοῦ • αὐτοῦ τὸ πρόσωπον [4] ἔβαλλον • ἔλαβον [5] ἐν τῇ αὐλῇ κάτω • κάτω ἐν τῇ αὐλῇ [6] Ἰησοῦ ἦσθα • ἦσθα τοῦ Ἰησοῦ [7] Οὐκ • Οὔτε
[8] οὐδὲ • οὔτε [9] τί σὺ • σὺ τί [10] καὶ ἀλέκτωρ ἐφώνησεν • [καὶ ἀλέκτωρ ἐφώνησεν] [11] πάλιν ἤρξατο • ἤρξατο πάλιν [12] παρεστηκόσιν • παρεστῶσιν
[13] καὶ ἡ λαλιά σου ὁμοιάζει • — [14] ἐκ • εὐθὺς ἐκ

Καὶ ἀνεμνήσθη ὁ Πέτρος τὸ ῥῆμα ὃ εἶπεν ¹ αὐτῷ ὁ Ἰησοῦς ὅτι Πρὶν ἀλέκτορα φωνῆσαι δίς, ἀπαρνήσῃ με τρίς. ² Καὶ ἐπιβαλὼν ἔκλαιεν.

The Trial before Pilate

15 Καὶ εὐθέως ἐπὶ τὸ ³ πρωῒ συμβούλιον ποιήσαντες οἱ ἀρχιερεῖς μετὰ τῶν πρεσβυτέρων καὶ γραμματέων, καὶ ὅλον τὸ συνέδριον, δήσαντες τὸν Ἰησοῦν ἀπήνεγκαν καὶ παρέδωκαν τῷ ⁴ Πιλάτῳ. 2 Καὶ ἐπηρώτησεν αὐτὸν ὁ Πιλάτος, Σὺ εἶ ὁ βασιλεὺς τῶν Ἰουδαίων; Ὁ δὲ ἀποκριθεὶς εἶπεν αὐτῷ, ⁵ Σὺ λέγεις. 3 Καὶ κατηγόρουν αὐτοῦ οἱ ἀρχιερεῖς πολλά· 4 ὁ δὲ Πιλάτος πάλιν ἐπηρώτησεν ⁶ αὐτόν, λέγων, Οὐκ ἀποκρίνῃ οὐδέν; Ἴδε, πόσα σου καταμαρτυροῦσιν. ⁷ 5 Ὁ δὲ Ἰησοῦς οὐκέτι οὐδὲν ἀπεκρίθη, ὥστε θαυμάζειν τὸν Πιλάτον.

6 Κατὰ δὲ ἑορτὴν ἀπέλυεν αὐτοῖς ἕνα δέσμιον, ὅνπερ ᾐτοῦντο. ⁸ 7 Ἦν δὲ ὁ λεγόμενος Βαραββᾶς μετὰ τῶν συστασιαστῶν ⁹ δεδεμένος, οἵτινες ἐν τῇ στάσει φόνον πεποιήκεισαν. 8 Καὶ ἀναβοήσας ¹⁰ ὁ ὄχλος ἤρξατο αἰτεῖσθαι καθὼς ἀεὶ ¹¹ ἐποίει αὐτοῖς. 9 Ὁ δὲ Πιλάτος ἀπεκρίθη αὐτοῖς, λέγων, Θέλετε ἀπολύσω ὑμῖν τὸν βασιλέα τῶν Ἰουδαίων; 10 Ἐγίνωσκεν γὰρ ὅτι διὰ φθόνον παραδεδώκεισαν αὐτὸν οἱ ἀρχιερεῖς. 11 Οἱ δὲ ἀρχιερεῖς ἀνέσεισαν τὸν ὄχλον ἵνα μᾶλλον τὸν Βαραββᾶν ἀπολύσῃ αὐτοῖς. 12 Ὁ δὲ Πιλάτος ἀποκριθεὶς πάλιν εἶπεν ¹² αὐτοῖς, Τί οὖν θέλετε ποιήσω ὃν λέγετε ¹³ βασιλέα τῶν Ἰουδαίων; 13 Οἱ δὲ πάλιν ἔκραξαν, Σταύρωσον αὐτόν. 14 Ὁ δὲ Πιλάτος ἔλεγεν αὐτοῖς, Τί γὰρ κακὸν ἐποίησεν; ¹⁴ Οἱ δὲ περισσοτέρως ¹⁵ ἔκραξαν, Σταύρωσον αὐτόν.

---

¹ ὃ εἶπεν • ὡς εἶπεν   ² ἀπαρνήσῃ με τρίς • τρίς με ἀπαρνήσῃ   ³ εὐθέως ἐπὶ τὸ • εὐθὺς   ⁴ τῷ • —   ⁵ εἶπεν αὐτῷ • αὐτῷ λέγει   ⁶ ἐπηρώτησεν • ἐπηρώτα   ⁷ καταμαρτυροῦσιν • κατηγοροῦσιν   ⁸ ὅνπερ ᾐτοῦντο • ὃν παρῃτοῦντο   ⁹ συστασιαστῶν • στασιαστῶν   ¹⁰ ἀναβοήσας • ἀναβὰς   ¹¹ ἀεὶ • —   ¹² ἀποκριθεὶς πάλιν εἶπεν • πάλιν ἀποκριθεὶς ἔλεγεν   ¹³ θέλετε ποιήσω ὃν λέγετε • [θέλετε] ποιήσω [ὃν λέγετε] τὸν   ¹⁴ κακὸν ἐποίησεν • ἐποίησεν κακόν   ¹⁵ περισσοτέρως • περισσῶς

Condemnation, Crucifixion, and Death of Jesus

15 Ὁ δὲ Πιλάτος βουλόμενος τῷ ὄχλῳ τὸ ἱκανὸν ποιῆσαι, ἀπέλυσεν αὐτοῖς τὸν Βαραββᾶν· καὶ παρέδωκεν τὸν Ἰησοῦν φραγελλώσας ἵνα σταυρωθῇ. 16 Οἱ δὲ στρατιῶται ἀπήγαγον αὐτὸν ἔσω τῆς αὐλῆς, ὅ ἐστιν πραιτώριον, καὶ συγκαλοῦσιν ὅλην τὴν σπεῖραν. 17 Καὶ ἐνδύουσιν [1] αὐτὸν πορφύραν, καὶ περιτιθέασιν αὐτῷ πλέξαντες ἀκάνθινον στέφανον, 18 καὶ ἤρξαντο ἀσπάζεσθαι αὐτόν, Χαῖρε, ὁ βασιλεὺς [a, 2] τῶν Ἰουδαίων· 19 καὶ ἔτυπτον αὐτοῦ τὴν κεφαλὴν καλάμῳ, καὶ ἐνέπτυον αὐτῷ, καὶ τιθέντες τὰ γόνατα προσεκύνουν αὐτῷ. 20 Καὶ ὅτε ἐνέπαιξαν αὐτῷ, ἐξέδυσαν αὐτὸν τὴν πορφύραν, καὶ ἐνέδυσαν αὐτὸν τὰ ἱμάτια τὰ ἴδια, [3] καὶ ἐξάγουσιν αὐτὸν ἵνα σταυρώσωσιν αὐτόν.

21 Καὶ ἀγγαρεύουσιν παράγοντά τινα Σίμωνα Κυρηναῖον, ἐρχόμενον ἀπ᾽ ἀγροῦ, τὸν πατέρα Ἀλεξάνδρου καὶ Ῥούφου, ἵνα ἄρῃ τὸν σταυρὸν αὐτοῦ. 22 Καὶ φέρουσιν αὐτὸν ἐπὶ Γολγοθᾶ [4] τόπον, ὅ ἐστιν μεθερμηνευόμενον Κρανίου Τόπος. 23 Καὶ ἐδίδουν αὐτῷ πιεῖν [5] ἐσμυρνισμένον οἶνον· ὁ [6] δὲ οὐκ ἔλαβεν. 24 Καὶ σταυρώσαντες αὐτόν, [7] διαμερίζονται τὰ ἱμάτια αὐτοῦ, βάλλοντες κλῆρον ἐπ᾽ αὐτά, τίς τί ἄρῃ. 25 Ἦν δὲ ὥρα τρίτη, καὶ ἐσταύρωσαν αὐτόν. 26 Καὶ ἦν ἡ ἐπιγραφὴ τῆς αἰτίας αὐτοῦ ἐπιγεγραμμένη, Ὁ βασιλεὺς τῶν Ἰουδαίων. 27 Καὶ σὺν αὐτῷ σταυροῦσιν δύο λῃστάς, ἕνα ἐκ δεξιῶν καὶ ἕνα ἐξ εὐωνύμων αὐτοῦ. 28 Καὶ ἐπληρώθη ἡ γραφὴ ἡ λέγουσα, Καὶ μετὰ ἀνόμων ἐλογίσθη. [8] 29 Καὶ οἱ παραπορευόμενοι ἐβλασφήμουν αὐτόν, κινοῦντες τὰς κεφαλὰς αὐτῶν, καὶ λέγοντες, Οὐά, ὁ καταλύων τὸν ναὸν καὶ ἐν τρισὶν ἡμέραις οἰκοδομῶν, [9] 30 σῶσον σεαυτόν, καὶ κατάβα [10] ἀπὸ τοῦ σταυροῦ. 31 Ὁμοίως καὶ οἱ ἀρχιερεῖς

---

[a] ὁ βασιλεὺς • βασιλεῦ

[1] ἐνδύουσιν • ἐνδιδύσκουσιν   [2] ὁ βασιλεὺς • βασιλεῦ   [3] τὰ ἴδια • αὐτοῦ
[4] Γολγοθᾶ • τὸν Γολγοθᾶν   [5] πιεῖν • —   [6] ὁ • ὃς   [7] σταυρώσαντες αὐτόν •
σταυροῦσιν αὐτὸν καὶ   [8] 15.28 • —   [9] ἐν τρισὶν ἡμέραις οἰκοδομῶν •
οἰκοδομῶν ἐν τρισὶν ἡμέραις   [10] καὶ κατάβα • καταβὰς

ἐμπαίζοντες πρὸς ἀλλήλους μετὰ τῶν γραμματέων ἔλεγον, Ἄλλους ἔσωσεν, ἑαυτὸν οὐ δύναται σῶσαι. 32 Ὁ χριστὸς ὁ βασιλεὺς τοῦ Ἰσραὴλ [1] καταβάτω νῦν ἀπὸ τοῦ σταυροῦ, ἵνα ἴδωμεν καὶ πιστεύσωμεν αὐτῷ. [a, 2] Καὶ οἱ συνεσταυρωμένοι [3] αὐτῷ ὠνείδιζον αὐτόν. 33 Γενομένης δὲ [4] ὥρας ἕκτης, σκότος ἐγένετο ἐφ᾽ ὅλην τὴν γῆν ἕως ὥρας ἐνάτης. 34 Καὶ τῇ ὥρᾳ τῇ ἐνάτῃ [5] ἐβόησεν ὁ Ἰησοῦς φωνῇ μεγάλῃ, λέγων, [6] Ἐλωΐ, Ἐλωΐ, λιμὰ [7] σαβαχθανί; Ὅ ἐστιν μεθερμηνευόμενον, Ὁ θεός μου, ὁ θεός μου, εἰς τί με ἐγκατέλιπες; [8] 35 Καί τινες τῶν παρεστηκότων ἀκούσαντες ἔλεγον, Ἰδού, [9] Ἠλίαν φωνεῖ. 36 Δραμὼν δὲ εἷς, καὶ [10] γεμίσας σπόγγον ὄξους, περιθείς τε [11] καλάμῳ, ἐπότιζεν αὐτόν, λέγων, Ἄφετε, ἴδωμεν εἰ ἔρχεται Ἠλίας καθελεῖν αὐτόν. 37 Ὁ δὲ Ἰησοῦς ἀφεὶς φωνὴν μεγάλην ἐξέπνευσεν.

The Burial of Jesus

38 Καὶ τὸ καταπέτασμα τοῦ ναοῦ ἐσχίσθη εἰς δύο ἀπὸ [12] ἄνωθεν ἕως κάτω. 39 Ἰδὼν δὲ ὁ κεντυρίων ὁ παρεστηκὼς ἐξ ἐναντίας αὐτοῦ ὅτι οὕτως κράξας [13] ἐξέπνευσεν, εἶπεν, Ἀληθῶς ὁ ἄνθρωπος οὗτος [14] υἱὸς ἦν θεοῦ. [15] 40 Ἦσαν δὲ καὶ γυναῖκες ἀπὸ μακρόθεν θεωροῦσαι, ἐν αἷς ἦν [16] καὶ Μαρία ἡ Μαγδαληνή, καὶ Μαρία ἡ τοῦ Ἰακώβου [17] τοῦ μικροῦ καὶ Ἰωσῆ [18] μήτηρ, καὶ Σαλώμη, 41 αἳ καί, [19] ὅτε ἦν ἐν τῇ Γαλιλαίᾳ, ἠκολούθουν αὐτῷ, καὶ διηκόνουν αὐτῷ, καὶ ἄλλαι πολλαὶ αἱ συναναβᾶσαι αὐτῷ εἰς Ἱεροσόλυμα.

42 Καὶ ἤδη ὀψίας γενομένης, ἐπεὶ ἦν Παρασκευή, ὅ ἐστιν προσάββατον, [b] 43 ἦλθεν Ἰωσὴφ ὁ [20] ἀπὸ Ἀριμαθαίας,

---

[a] πιστεύσωμεν αὐτῷ • πιστεύσωμεν [b] προσάββατον • πρὸς σάββατον

---

[1] τοῦ Ἰσραὴλ • Ἰσραὴλ [2] πιστεύσωμεν αὐτῷ • πιστεύσωμεν
[3] συνεσταυρωμένοι • συνεσταυρωμένοι σὺν [4] Γενομένης δὲ • Καὶ γενομένης
[5] ὥρᾳ τῇ ἐνάτῃ • ἐνάτῃ ὥρᾳ [6] λέγων • — [7] λιμὰ • λεμα [8] με ἐγκατέλιπες • ἐγκατέλιπές με [9] Ἰδού • Ἴδε [10] εἷς καὶ • τις [καὶ] [11] τε • — [12] ἀπὸ • ἀπ᾽
[13] κράξας • — [14] ὁ ἄνθρωπος οὗτος • οὗτος ὁ ἄνθρωπος [15] ἦν θεοῦ • θεοῦ ἦν [16] ἦν • — [17] τοῦ Ἰακώβου • Ἰακώβου [18] Ἰωσῆ • Ἰωσῆτος [19] αἳ καί • αἵ [20] ἦλθεν Ἰωσὴφ ὁ • ἐλθὼν Ἰωσὴφ [ὁ]

εὐσχήμων βουλευτής, ὃς καὶ αὐτὸς ἦν προσδεχόμενος τὴν βασιλείαν τοῦ θεοῦ· τολμήσας εἰσῆλθεν πρὸς Πιλάτον,¹ καὶ ᾐτήσατο τὸ σῶμα τοῦ Ἰησοῦ. 44 Ὁ δὲ Πιλάτος ἐθαύμασεν εἰ ἤδη τέθνηκεν· καὶ προσκαλεσάμενος τὸν κεντυρίωνα, ἐπηρώτησεν αὐτὸν εἰ πάλαι ἀπέθανεν. 45 Καὶ γνοὺς ἀπὸ τοῦ κεντυρίωνος, ἐδωρήσατο τὸ σῶμα² τῷ Ἰωσήφ. 46 Καὶ ἀγοράσας σινδόνα, καὶ καθελὼν³ αὐτόν, ἐνείλησεν τῇ σινδόνι, καὶ κατέθηκεν⁴ αὐτὸν ἐν μνημείῳ, ὃ ἦν λελατομημένον ἐκ πέτρας· καὶ προσεκύλισεν λίθον ἐπὶ τὴν θύραν τοῦ μνημείου. 47 Ἡ δὲ Μαρία ἡ Μαγδαληνὴ καὶ Μαρία Ἰωσῆ⁵ ἐθεώρουν ποῦ τίθεται.⁶

The Resurrection of Jesus

16 Καὶ διαγενομένου τοῦ σαββάτου, Μαρία ἡ Μαγδαληνὴ καὶ Μαρία Ἰακώβου[a],⁷ καὶ Σαλώμη ἠγόρασαν ἀρώματα, ἵνα ἐλθοῦσαι ἀλείψωσιν αὐτόν. 2 Καὶ λίαν πρωῒ τῆς μιᾶς⁸ σαββάτων ἔρχονται ἐπὶ τὸ μνημεῖον, ἀνατείλαντος τοῦ ἡλίου. 3 Καὶ ἔλεγον πρὸς ἑαυτάς, Τίς ἀποκυλίσει ἡμῖν τὸν λίθον ἐκ τῆς θύρας τοῦ μνημείου; 4 Καὶ ἀναβλέψασαι θεωροῦσιν ὅτι ἀποκεκύλισται ὁ λίθος· ἦν γὰρ μέγας σφόδρα. 5 Καὶ εἰσελθοῦσαι εἰς τὸ μνημεῖον, εἶδον νεανίσκον καθήμενον ἐν τοῖς δεξιοῖς, περιβεβλημένον στολὴν λευκήν· καὶ ἐξεθαμβήθησαν. 6 Ὁ δὲ λέγει αὐταῖς, Μὴ ἐκθαμβεῖσθε· Ἰησοῦν ζητεῖτε τὸν Ναζαρηνὸν τὸν ἐσταυρωμένον· ἠγέρθη, οὐκ ἔστιν ὧδε· ἴδε, ὁ τόπος ὅπου ἔθηκαν αὐτόν. 7 Ἀλλ᾽⁹ ὑπάγετε, εἴπατε τοῖς μαθηταῖς αὐτοῦ καὶ τῷ Πέτρῳ ὅτι Προάγει ὑμᾶς εἰς τὴν Γαλιλαίαν· ἐκεῖ αὐτὸν ὄψεσθε, καθὼς εἶπεν ὑμῖν. 8 Καὶ ἐξελθοῦσαι ἔφυγον ἀπὸ τοῦ μνημείου· εἶχεν δὲ¹⁰ αὐτὰς

---

[a] Ἰακώβου • ἡ τοῦ Ἰακώβου

---

1 Πιλάτον • τὸν Πιλᾶτον   2 σῶμα • πτῶμα   3 καὶ καθελὼν • καθελὼν
4 κατέθηκεν • ἔθηκεν   5 Ἰωσῆ • ἡ Ἰωσῆτος   6 τίθεται • τέθειται   7 Ἰακώβου •
ἡ [τοῦ] Ἰακώβου   8 τῆς μιᾶς • τῇ μιᾷ τῶν   9 Ἀλλ᾽ • Ἀλλὰ   10 δὲ • γὰρ

τρόμος καὶ ἔκστασις· καὶ οὐδενὶ οὐδὲν εἶπον,¹ ἐφοβοῦντο γάρ.²

The Appearances and the Ascension of Jesus

9 Ἀναστὰς³ δὲ πρωῒ πρώτῃ σαββάτου ἐφάνη πρῶτον Μαρίᾳ τῇ Μαγδαληνῇ, ἀφ᾽⁴ ἧς ἐκβεβλήκει ἑπτὰ δαιμόνια. 10 Ἐκείνη πορευθεῖσα ἀπήγγειλεν τοῖς μετ᾽ αὐτοῦ γενομένοις, πενθοῦσιν καὶ κλαίουσιν. 11 Κἀκεῖνοι ἀκούσαντες ὅτι ζῇ καὶ ἐθεάθη ὑπ᾽ αὐτῆς ἠπίστησαν.
12 Μετὰ δὲ ταῦτα δυσὶν ἐξ αὐτῶν περιπατοῦσιν ἐφανερώθη ἐν ἑτέρᾳ μορφῇ, πορευομένοις εἰς ἀγρόν. 13 Κἀκεῖνοι ἀπελθόντες ἀπήγγειλαν τοῖς λοιποῖς· οὐδὲ ἐκείνοις ἐπίστευσαν.
14 Ὕστερον ἀνακειμένοις⁵ αὐτοῖς τοῖς ἕνδεκα ἐφανερώθη, καὶ ὠνείδισεν τὴν ἀπιστίαν αὐτῶν καὶ σκληροκαρδίαν, ὅτι τοῖς θεασαμένοις αὐτὸν ἐγηγερμένον οὐκ ἐπίστευσαν. 15 Καὶ εἶπεν αὐτοῖς, Πορευθέντες εἰς τὸν κόσμον ἅπαντα, κηρύξατε τὸ εὐαγγέλιον πάσῃ τῇ κτίσει. 16 Ὁ πιστεύσας καὶ βαπτισθεὶς σωθήσεται· ὁ δὲ ἀπιστήσας κατακριθήσεται. 17 Σημεῖα δὲ τοῖς πιστεύσασιν ταῦτα παρακολουθήσει· ἐν τῷ ὀνόματί μου δαιμόνια ἐκβαλοῦσιν· γλώσσαις λαλήσουσιν καιναῖς· 18 ὄφεις⁶ ἀροῦσιν· κἂν θανάσιμόν τι πίωσιν, οὐ μὴ αὐτοὺς βλάψῃ· ἐπὶ ἀρρώστους χεῖρας ἐπιθήσουσιν, καὶ καλῶς ἕξουσιν.
19 Ὁ μὲν οὖν κύριος,⁷ μετὰ τὸ λαλῆσαι αὐτοῖς, ἀνελήφθη⁸ εἰς τὸν οὐρανόν, καὶ ἐκάθισεν ἐκ δεξιῶν τοῦ θεοῦ. 20 Ἐκεῖνοι δὲ ἐξελθόντες ἐκήρυξαν πανταχοῦ, τοῦ κυρίου συνεργοῦντος, καὶ τὸν λόγον βεβαιοῦντος διὰ τῶν ἐπακολουθούντων σημείων. Ἀμήν.⁹

---

¹ εἶπον • εἶπαν   ² γάρ • γάρ + ⟦SHORTER ENDING⟧   ³ Ἀναστὰς • ⟦Ἀναστὰς
⁴ ἀφ᾽ • παρ᾽   ⁵ ἀνακειμένοις • [δὲ] ἀνακειμένοις   ⁶ ὄφεις • [καὶ ἐν ταῖς χερσὶν] ὄφεις   ⁷ κύριος • κύριος Ἰησοῦς   ⁸ ἀνελήφθη • ἀνελήμφθη   ⁹ σημείων. Ἀμήν • σημείων.⟧

ΚΑΤΑ ΛΟΥΚΑΝ
According to Luke

The Preface to the Gospel

Ἐπειδήπερ πολλοὶ ἐπεχείρησαν ἀνατάξασθαι διήγησιν περὶ τῶν πεπληροφορημένων ἐν ἡμῖν πραγμάτων, 2 καθὼς παρέδοσαν ἡμῖν οἱ ἀπ' ἀρχῆς αὐτόπται καὶ ὑπηρέται γενόμενοι τοῦ λόγου, 3 ἔδοξεν κἀμοί, παρηκολουθηκότι ἄνωθεν πᾶσιν ἀκριβῶς, καθεξῆς σοι γράψαι, κράτιστε Θεόφιλε, 4 ἵνα ἐπιγνῷς περὶ ὧν κατηχήθης λόγων τὴν ἀσφάλειαν.

The Announcement of John the Baptist's Birth

5 Ἐγένετο ἐν ταῖς ἡμέραις Ἡρῴδου τοῦ [1] βασιλέως τῆς Ἰουδαίας ἱερεύς τις ὀνόματι Ζαχαρίας, ἐξ ἐφημερίας Ἀβιά· καὶ ἡ γυνὴ αὐτοῦ [2] ἐκ τῶν θυγατέρων Ἀαρών, καὶ τὸ ὄνομα αὐτῆς Ἐλισάβετ. 6 Ἦσαν δὲ δίκαιοι ἀμφότεροι ἐνώπιον [3] τοῦ θεοῦ, πορευόμενοι ἐν πάσαις ταῖς ἐντολαῖς καὶ δικαιώμασιν τοῦ κυρίου ἄμεμπτοι. 7 Καὶ οὐκ ἦν αὐτοῖς τέκνον, καθότι ἡ Ἐλισάβετ ἦν [4] στεῖρα, καὶ ἀμφότεροι προβεβηκότες ἐν ταῖς ἡμέραις αὐτῶν ἦσαν.

8 Ἐγένετο δὲ ἐν τῷ ἱερατεύειν αὐτὸν ἐν τῇ τάξει τῆς ἐφημερίας αὐτοῦ ἔναντι τοῦ θεοῦ, 9 κατὰ τὸ ἔθος τῆς ἱερατείας, ἔλαχεν τοῦ θυμιᾶσαι εἰσελθὼν εἰς τὸν ναὸν τοῦ κυρίου.

---

[1] τοῦ • —   [2] ἡ γυνὴ αὐτοῦ • γυνὴ αὐτῷ   [3] ἐνώπιον • ἐναντίον   [4] ἡ Ἐλισάβετ ἦν • ἦν ἡ Ἐλισάβετ

10 Καὶ πᾶν τὸ πλῆθος ἦν τοῦ λαοῦ προσευχόμενον ἔξω τῇ ὥρᾳ τοῦ θυμιάματος. 11 Ὤφθη δὲ αὐτῷ ἄγγελος κυρίου, ἑστὼς ἐκ δεξιῶν τοῦ θυσιαστηρίου τοῦ θυμιάματος. 12 Καὶ ἐταράχθη Ζαχαρίας ἰδών, καὶ φόβος ἐπέπεσεν ἐπ᾽ αὐτόν. 13 Εἶπεν δὲ πρὸς αὐτὸν ὁ ἄγγελος, Μὴ φοβοῦ, Ζαχαρία· διότι εἰσηκούσθη ἡ δέησίς σου, καὶ ἡ γυνή σου Ἐλισάβετ γεννήσει υἱόν σοι, καὶ καλέσεις τὸ ὄνομα αὐτοῦ Ἰωάννην. 14 Καὶ ἔσται χαρά σοι καὶ ἀγαλλίασις, καὶ πολλοὶ ἐπὶ τῇ γεννήσει[1] αὐτοῦ χαρήσονται. 15 Ἔσται γὰρ μέγας ἐνώπιον τοῦ[a,2] κυρίου, καὶ οἶνον καὶ σίκερα οὐ μὴ πίῃ, καὶ πνεύματος ἁγίου πλησθήσεται ἔτι ἐκ κοιλίας μητρὸς αὐτοῦ. 16 Καὶ πολλοὺς τῶν υἱῶν Ἰσραὴλ ἐπιστρέψει ἐπὶ κύριον τὸν θεὸν αὐτῶν· 17 καὶ αὐτὸς προελεύσεται ἐνώπιον αὐτοῦ ἐν πνεύματι καὶ δυνάμει Ἠλίου, ἐπιστρέψαι καρδίας πατέρων ἐπὶ τέκνα, καὶ ἀπειθεῖς ἐν φρονήσει δικαίων, ἑτοιμάσαι κυρίῳ λαὸν κατεσκευασμένον. 18 Καὶ εἶπεν Ζαχαρίας πρὸς τὸν ἄγγελον, Κατὰ τί γνώσομαι τοῦτο; Ἐγὼ γάρ εἰμι πρεσβύτης, καὶ ἡ γυνή μου προβεβηκυῖα ἐν ταῖς ἡμέραις αὐτῆς. 19 Καὶ ἀποκριθεὶς ὁ ἄγγελος εἶπεν αὐτῷ, Ἐγώ εἰμι Γαβριὴλ ὁ παρεστηκὼς ἐνώπιον τοῦ θεοῦ· καὶ ἀπεστάλην λαλῆσαι πρός σε, καὶ εὐαγγελίσασθαί σοι ταῦτα. 20 Καὶ ἰδού, ἔσῃ σιωπῶν καὶ μὴ δυνάμενος λαλῆσαι, ἄχρι ἧς ἡμέρας γένηται ταῦτα, ἀνθ᾽ ὧν οὐκ ἐπίστευσας τοῖς λόγοις μου, οἵτινες πληρωθήσονται εἰς τὸν καιρὸν αὐτῶν. 21 Καὶ ἦν ὁ λαὸς προσδοκῶν τὸν Ζαχαρίαν· καὶ ἐθαύμαζον ἐν τῷ χρονίζειν αὐτὸν ἐν τῷ ναῷ.[3] 22 Ἐξελθὼν δὲ οὐκ ἠδύνατο[4] λαλῆσαι αὐτοῖς· καὶ ἐπέγνωσαν ὅτι ὀπτασίαν ἑώρακεν ἐν τῷ ναῷ· καὶ αὐτὸς ἦν διανεύων αὐτοῖς, καὶ διέμενεν κωφός. 23 Καὶ ἐγένετο, ὡς ἐπλήσθησαν αἱ ἡμέραι τῆς λειτουργίας αὐτοῦ, ἀπῆλθεν εἰς τὸν οἶκον αὐτοῦ.

24 Μετὰ δὲ ταύτας τὰς ἡμέρας συνέλαβεν Ἐλισάβετ ἡ γυνὴ αὐτοῦ, καὶ περιέκρυβεν ἑαυτὴν μῆνας πέντε, λέγουσα

---

[a] τοῦ • —

---

[1] γεννήσει • γενέσει   [2] τοῦ • [τοῦ]   [3] αὐτὸν ἐν τῷ ναῷ • ἐν τῷ ναῷ αὐτόν
[4] ἠδύνατο • ἐδύνατο

25 ὅτι Οὕτως μοι πεποίηκεν ὁ¹ κύριος ἐν ἡμέραις αἷς ἐπεῖδεν ἀφελεῖν τὸ² ὄνειδός μου ἐν ἀνθρώποις.

The Annunciation to Mary

26 Ἐν δὲ τῷ μηνὶ τῷ ἕκτῳ ἀπεστάλη ὁ ἄγγελος Γαβριὴλ ὑπὸ³ τοῦ θεοῦ εἰς πόλιν τῆς Γαλιλαίας, ᾗ ὄνομα Ναζαρέτ,⁴ 27 πρὸς παρθένον μεμνηστευμένην⁵ ἀνδρί, ᾧ ὄνομα Ἰωσήφ, ἐξ οἴκου Δαυίδ· καὶ τὸ ὄνομα τῆς παρθένου Μαριάμ. 28 Καὶ εἰσελθὼν ὁ ἄγγελος⁶ πρὸς αὐτὴν εἶπεν, Χαῖρε, κεχαριτωμένη· ὁ κύριος μετὰ σοῦ, εὐλογημένη σὺ ἐν γυναιξίν.⁷ 29 Ἡ δὲ ἰδοῦσα⁸ διεταράχθη ἐπὶ τῷ λόγῳ αὐτοῦ,⁹ καὶ διελογίζετο ποταπὸς εἴη ὁ ἀσπασμὸς οὗτος. 30 Καὶ εἶπεν ὁ ἄγγελος αὐτῇ, Μὴ φοβοῦ, Μαριάμ· εὗρες γὰρ χάριν παρὰ τῷ θεῷ. 31 Καὶ ἰδού, συλλήψῃ¹⁰ ἐν γαστρί, καὶ τέξῃ υἱόν, καὶ καλέσεις τὸ ὄνομα αὐτοῦ Ἰησοῦν. 32 Οὗτος ἔσται μέγας, καὶ υἱὸς ὑψίστου κληθήσεται· καὶ δώσει αὐτῷ κύριος ὁ θεὸς τὸν θρόνον Δαυὶδ τοῦ πατρὸς αὐτοῦ, 33 καὶ βασιλεύσει ἐπὶ τὸν οἶκον Ἰακὼβ εἰς τοὺς αἰῶνας, καὶ τῆς βασιλείας αὐτοῦ οὐκ ἔσται τέλος. 34 Εἶπεν δὲ Μαριὰμ πρὸς τὸν ἄγγελον, Πῶς ἔσται τοῦτο, ἐπεὶ ἄνδρα οὐ γινώσκω; 35 Καὶ ἀποκριθεὶς ὁ ἄγγελος εἶπεν αὐτῇ, Πνεῦμα ἅγιον ἐπελεύσεται ἐπὶ σέ, καὶ δύναμις ὑψίστου ἐπισκιάσει σοι· διὸ καὶ τὸ γεννώμενον ἅγιον κληθήσεται υἱὸς θεοῦ. 36 Καὶ ἰδού, Ἐλισάβετ ἡ συγγενής¹¹ σου, καὶ αὐτὴ συνειληφυῖα¹² υἱὸν ἐν γήρει αὐτῆς· καὶ οὗτος μὴν ἕκτος ἐστὶν αὐτῇ τῇ καλουμένῃ στείρᾳ. 37 Ὅτι οὐκ ἀδυνατήσει παρὰ τῷ θεῷ¹³ πᾶν ῥῆμα. 38 Εἶπεν δὲ Μαριάμ, Ἰδού, ἡ δούλη κυρίου· γένοιτό μοι κατὰ τὸ ῥῆμά σου. Καὶ ἀπῆλθεν ἀπ' αὐτῆς ὁ ἄγγελος.

Mary's Visit to Elizabeth

39 Ἀναστᾶσα δὲ Μαριὰμ ἐν ταῖς ἡμέραις ταύταις ἐπορεύθη εἰς τὴν ὀρεινὴν μετὰ σπουδῆς, εἰς πόλιν Ἰούδα, 40 καὶ

---

1 ὁ • — 2 τὸ • — 3 ὑπὸ • ἀπὸ 4 Ναζαρέτ • Ναζαρέθ 5 μεμνηστευμένην • ἐμνηστευμένην 6 ὁ ἄγγελος • — 7 εὐλογημένη σὺ ἐν γυναιξίν • — 8 ἰδοῦσα • — 9 διεταράχθη ἐπὶ τῷ λόγῳ αὐτοῦ • ἐπὶ τῷ λόγῳ διεταράχθη 10 συλλήψῃ • συλλήμψῃ 11 συγγενής • συγγενίς 12 συνειληφυῖα • συνείληφεν 13 τῷ θεῷ • τοῦ θεοῦ

εἰσῆλθεν εἰς τὸν οἶκον Ζαχαρίου, καὶ ἠσπάσατο τὴν Ἐλισάβετ. 41 Καὶ ἐγένετο ὡς ἤκουσεν ἡ Ἐλισάβετ τὸν ἀσπασμὸν τῆς Μαρίας,[1] ἐσκίρτησεν τὸ βρέφος ἐν τῇ κοιλίᾳ αὐτῆς· καὶ ἐπλήσθη πνεύματος ἁγίου ἡ Ἐλισάβετ, 42 καὶ ἀνεφώνησεν φωνῇ[2] μεγάλῃ, καὶ εἶπεν, Εὐλογημένη σὺ ἐν γυναιξίν, καὶ εὐλογημένος ὁ καρπὸς τῆς κοιλίας σου. 43 Καὶ πόθεν μοι τοῦτο, ἵνα ἔλθῃ ἡ μήτηρ τοῦ κυρίου μου πρός με;[3] 44 Ἰδοὺ γάρ, ὡς ἐγένετο ἡ φωνὴ τοῦ ἀσπασμοῦ σου εἰς τὰ ὦτά μου, ἐσκίρτησεν τὸ βρέφος ἐν ἀγαλλιάσει[4] ἐν τῇ κοιλίᾳ μου. 45 Καὶ μακαρία ἡ πιστεύσασα, ὅτι ἔσται τελείωσις τοῖς λελαλημένοις αὐτῇ παρὰ κυρίου. 46 Καὶ εἶπεν Μαριάμ, Μεγαλύνει ἡ ψυχή μου τὸν κύριον, 47 καὶ ἠγαλλίασεν τὸ πνεῦμά μου ἐπὶ τῷ θεῷ τῷ σωτῆρί μου. 48 Ὅτι ἐπέβλεψεν ἐπὶ τὴν ταπείνωσιν τῆς δούλης αὐτοῦ. Ἰδοὺ γάρ, ἀπὸ τοῦ νῦν μακαριοῦσίν με πᾶσαι αἱ γενεαί. 49 Ὅτι ἐποίησέν μοι μεγαλεῖα[5] ὁ δυνατός, καὶ ἅγιον τὸ ὄνομα αὐτοῦ. 50 Καὶ τὸ ἔλεος αὐτοῦ εἰς γενεὰς γενεῶν[6] τοῖς φοβουμένοις αὐτόν. 51 Ἐποίησεν κράτος ἐν βραχίονι αὐτοῦ· διεσκόρπισεν ὑπερηφάνους διανοίᾳ καρδίας αὐτῶν. 52 Καθεῖλεν δυνάστας ἀπὸ θρόνων, καὶ ὕψωσεν ταπεινούς. 53 Πεινῶντας ἐνέπλησεν ἀγαθῶν, καὶ πλουτοῦντας ἐξαπέστειλεν κενούς. 54 Ἀντελάβετο Ἰσραὴλ παιδὸς αὐτοῦ, μνησθῆναι ἐλέους, 55 καθὼς ἐλάλησεν πρὸς τοὺς πατέρας ἡμῶν, τῷ Ἀβραὰμ καὶ τῷ σπέρματι αὐτοῦ εἰς τὸν αἰῶνα.

56 Ἔμεινεν δὲ Μαριὰμ σὺν αὐτῇ ὡσεὶ[7] μῆνας τρεῖς, καὶ ὑπέστρεψεν εἰς τὸν οἶκον αὐτῆς.

The Birth of John the Baptist

57 Τῇ δὲ Ἐλισάβετ ἐπλήσθη ὁ χρόνος τοῦ τεκεῖν αὐτήν, καὶ ἐγέννησεν υἱόν. 58 Καὶ ἤκουσαν οἱ περίοικοι καὶ οἱ συγγενεῖς αὐτῆς ὅτι ἐμεγάλυνεν κύριος τὸ ἔλεος αὐτοῦ μετ᾽ αὐτῆς, καὶ συνέχαιρον αὐτῇ. 59 Καὶ ἐγένετο ἐν τῇ ὀγδόῃ ἡμέρᾳ,[8] ἦλθον

---

[1] ἡ Ἐλισάβετ τὸν ἀσπασμὸν τῆς Μαρίας • τὸν ἀσπασμὸν τῆς Μαρίας ἡ Ἐλισάβετ [2] φωνῇ • κραυγῇ [3] με • ἐμέ [4] τὸ βρέφος ἐν ἀγαλλιάσει • ἐν ἀγαλλιάσει τὸ βρέφος [5] μεγαλεῖα • μεγάλα [6] γενεῶν • καὶ γενεὰς [7] ὡσεὶ • ὡς [8] ὀγδόῃ ἡμέρᾳ • ἡμέρᾳ τῇ ὀγδόῃ

περιτεμεῖν τὸ παιδίον· καὶ ἐκάλουν αὐτὸ ἐπὶ τῷ ὀνόματι τοῦ πατρὸς αὐτοῦ Ζαχαρίαν. 60 Καὶ ἀποκριθεῖσα ἡ μήτηρ αὐτοῦ εἶπεν, Οὐχί, ἀλλὰ κληθήσεται Ἰωάννης. 61 Καὶ εἶπον¹ πρὸς αὐτὴν ὅτι Οὐδείς ἐστιν ἐν τῇ συγγενείᾳ² σου ὃς καλεῖται τῷ ὀνόματι τούτῳ. 62 Ἐνένευον δὲ τῷ πατρὶ αὐτοῦ, τὸ τί ἂν θέλοι καλεῖσθαι αὐτόν.³ 63 Καὶ αἰτήσας πινακίδιον ἔγραψεν, λέγων, Ἰωάννης ἐστὶν τὸ⁴ ὄνομα αὐτοῦ· καὶ ἐθαύμασαν πάντες. 64 Ἀνεῴχθη δὲ τὸ στόμα αὐτοῦ παραχρῆμα καὶ ἡ γλῶσσα αὐτοῦ, καὶ ἐλάλει εὐλογῶν τὸν θεόν. 65 Καὶ ἐγένετο ἐπὶ πάντας φόβος τοὺς περιοικοῦντας αὐτούς· καὶ ἐν ὅλῃ τῇ ὀρεινῇ τῆς Ἰουδαίας διελαλεῖτο πάντα τὰ ῥήματα ταῦτα. 66 Καὶ ἔθεντο πάντες οἱ ἀκούσαντες ἐν τῇ καρδίᾳ αὐτῶν, λέγοντες, Τί ἄρα τὸ παιδίον τοῦτο ἔσται; Καὶ χεὶρ⁵ κυρίου ἦν μετ' αὐτοῦ.

67 Καὶ Ζαχαρίας ὁ πατὴρ αὐτοῦ ἐπλήσθη πνεύματος ἁγίου, καὶ προεφήτευσεν,⁶ λέγων, 68 Εὐλογητὸς κύριος ὁ θεὸς τοῦ Ἰσραήλ, ὅτι ἐπεσκέψατο καὶ ἐποίησεν λύτρωσιν τῷ λαῷ αὐτοῦ, 69 καὶ ἤγειρεν κέρας σωτηρίας ἡμῖν ἐν τῷ οἴκῳ Δαυὶδ τοῦ⁷ παιδὸς αὐτοῦ— 70 καθὼς ἐλάλησεν διὰ στόματος τῶν ἁγίων τῶν ἀπ'⁸ αἰῶνος προφητῶν αὐτοῦ— 71 σωτηρίαν ἐξ ἐχθρῶν ἡμῶν, καὶ ἐκ χειρὸς πάντων τῶν μισούντων ἡμᾶς· 72 ποιῆσαι ἔλεος μετὰ τῶν πατέρων ἡμῶν, καὶ μνησθῆναι διαθήκης ἁγίας αὐτοῦ, 73 ὅρκον ὃν ὤμοσεν πρὸς Ἀβραὰμ τὸν πατέρα ἡμῶν, τοῦ δοῦναι ἡμῖν, 74 ἀφόβως, ἐκ χειρὸς τῶν ἐχθρῶν ἡμῶν⁹ ῥυσθέντας, λατρεύειν αὐτῷ 75 ἐν ὁσιότητι καὶ δικαιοσύνῃ ἐνώπιον αὐτοῦ πάσας τὰς ἡμέρας τῆς ζωῆς¹⁰ ἡμῶν. 76 Καὶ σύ,¹¹ παιδίον, προφήτης ὑψίστου κληθήσῃ· προπορεύσῃ γὰρ πρὸ προσώπου¹² κυρίου ἑτοιμάσαι ὁδοὺς αὐτοῦ· 77 τοῦ δοῦναι γνῶσιν σωτηρίας τῷ λαῷ αὐτοῦ ἐν ἀφέσει ἁμαρτιῶν αὐτῶν, 78 διὰ σπλάγχνα ἐλέους θεοῦ ἡμῶν, ἐν οἷς ἐπεσκέψατο¹³

---

¹ εἶπον • εἶπαν   ² ἐν τῇ συγγενείᾳ • ἐκ τῆς συγγενείας   ³ αὐτόν • αὐτό   ⁴ τὸ • — ⁵ χεὶρ • γὰρ χεὶρ   ⁶ προεφήτευσεν • ἐπροφήτευσεν   ⁷ τῷ οἴκῳ Δαυὶδ τοῦ • οἴκῳ Δαυὶδ   ⁸ τῶν ἀπ' • ἀπ'   ⁹ τῶν ἐχθρῶν ἡμῶν • ἐχθρῶν   ¹⁰ πάσας τὰς ἡμέρας τῆς ζωῆς • πάσαις ταῖς ἡμέραις   ¹¹ σύ • σὺ δέ   ¹² πρὸ προσώπου • ἐνώπιον   ¹³ ἐπεσκέψατο • ἐπισκέψεται

ἡμᾶς ἀνατολὴ ἐξ ὕψους, 79 ἐπιφᾶναι τοῖς ἐν σκότει καὶ σκιᾷ θανάτου καθημένοις, τοῦ κατευθῦναι τοὺς πόδας ἡμῶν εἰς ὁδὸν εἰρήνης.

80 Τὸ δὲ παιδίον ηὔξανεν καὶ ἐκραταιοῦτο πνεύματι, καὶ ἦν ἐν ταῖς ἐρήμοις ἕως ἡμέρας ἀναδείξεως αὐτοῦ πρὸς τὸν Ἰσραήλ.

The Birth of Jesus and the Adoration of the Shepherds

2 Ἐγένετο δὲ ἐν ταῖς ἡμέραις ἐκείναις, ἐξῆλθεν δόγμα παρὰ Καίσαρος Αὐγούστου, ἀπογράφεσθαι πᾶσαν τὴν οἰκουμένην. 2 Αὕτη ἡ¹ ἀπογραφὴ πρώτη ἐγένετο ἡγεμονεύοντος τῆς Συρίας Κυρηνίου. 3 Καὶ ἐπορεύοντο πάντες ἀπογράφεσθαι, ἕκαστος εἰς τὴν ἰδίαν² πόλιν. 4 Ἀνέβη δὲ καὶ Ἰωσὴφ ἀπὸ τῆς Γαλιλαίας, ἐκ πόλεως Ναζαρέτ,³ εἰς τὴν Ἰουδαίαν, εἰς πόλιν Δαυίδ, ἥτις καλεῖται Βηθλέεμ, διὰ τὸ εἶναι αὐτὸν ἐξ οἴκου καὶ πατριᾶς Δαυίδ, 5 ἀπογράψασθαι σὺν Μαριὰμ τῇ μεμνηστευμένῃ αὐτῷ γυναικί,⁴ οὔσῃ ἐγκύῳ. 6 Ἐγένετο δὲ ἐν τῷ εἶναι αὐτοὺς ἐκεῖ, ἐπλήσθησαν αἱ ἡμέραι τοῦ τεκεῖν αὐτήν. 7 Καὶ ἔτεκεν τὸν υἱὸν αὐτῆς τὸν πρωτότοκον, καὶ ἐσπαργάνωσεν αὐτόν, καὶ ἀνέκλινεν αὐτὸν ἐν τῇ⁵ φάτνῃ, διότι οὐκ ἦν αὐτοῖς τόπος ἐν τῷ καταλύματι.

8 Καὶ ποιμένες ἦσαν ἐν τῇ χώρᾳ τῇ αὐτῇ ἀγραυλοῦντες καὶ φυλάσσοντες φυλακὰς τῆς νυκτὸς ἐπὶ τὴν ποίμνην αὐτῶν. 9 Καὶ ἰδού,⁶ ἄγγελος κυρίου ἐπέστη αὐτοῖς, καὶ δόξα κυρίου περιέλαμψεν αὐτούς· καὶ ἐφοβήθησαν φόβον μέγαν. 10 Καὶ εἶπεν αὐτοῖς ὁ ἄγγελος, Μὴ φοβεῖσθε· ἰδοὺ γάρ, εὐαγγελίζομαι ὑμῖν χαρὰν μεγάλην, ἥτις ἔσται παντὶ τῷ λαῷ· 11 ὅτι ἐτέχθη ὑμῖν σήμερον σωτήρ, ὅς ἐστιν χριστὸς κύριος, ἐν πόλει Δαυίδ. 12 Καὶ τοῦτο ὑμῖν τὸ σημεῖον· εὑρήσετε βρέφος ἐσπαργανωμένον, κείμενον⁷ ἐν φάτνῃ. 13 Καὶ ἐξαίφνης ἐγένετο σὺν τῷ ἀγγέλῳ πλῆθος στρατιᾶς οὐρανίου, αἰνούντων τὸν θεόν, καὶ λεγόντων, 14 Δόξα ἐν ὑψίστοις θεῷ, καὶ ἐπὶ γῆς εἰρήνη· ἐν ἀνθρώποις εὐδοκία.⁸

---

¹ ἡ • — ² ἰδίαν • ἑαυτοῦ ³ Ναζαρέτ • Ναζαρέθ ⁴ μεμνηστευμένῃ αὐτῷ γυναικί • ἐμνηστευμένῃ αὐτῷ ⁵ τῇ • — ⁶ ἰδού • — ⁷ κείμενον • καὶ κείμενον ⁸ εὐδοκία • εὐδοκίας

15 Καὶ ἐγένετο, ὡς ἀπῆλθον ἀπ' αὐτῶν εἰς τὸν οὐρανὸν οἱ ἄγγελοι, καὶ οἱ ἄνθρωποι¹ οἱ ποιμένες εἶπον² πρὸς ἀλλήλους, Διέλθωμεν δὴ ἕως Βηθλέεμ, καὶ ἴδωμεν τὸ ῥῆμα τοῦτο τὸ γεγονός, ὃ ὁ κύριος ἐγνώρισεν ἡμῖν. 16 Καὶ ἦλθον³ σπεύσαντες, καὶ ἀνεῦρον⁴ τήν τε Μαριὰμ καὶ τὸν Ἰωσήφ, καὶ τὸ βρέφος κείμενον ἐν τῇ φάτνῃ. 17 Ἰδόντες δὲ διεγνώρισαν⁵ περὶ τοῦ ῥήματος τοῦ λαληθέντος αὐτοῖς περὶ τοῦ παιδίου τούτου. 18 Καὶ πάντες οἱ ἀκούσαντες ἐθαύμασαν περὶ τῶν λαληθέντων ὑπὸ τῶν ποιμένων πρὸς αὐτούς. 19 Ἡ δὲ Μαριὰμ πάντα συνετήρει τὰ ῥήματα ταῦτα, συμβάλλουσα ἐν τῇ καρδίᾳ αὐτῆς. 20 Καὶ ὑπέστρεψαν οἱ ποιμένες, δοξάζοντες καὶ αἰνοῦντες τὸν θεὸν ἐπὶ πᾶσιν οἷς ἤκουσαν καὶ εἶδον, καθὼς ἐλαλήθη πρὸς αὐτούς.

The Circumcision and Presentation of Jesus

21 Καὶ ὅτε ἐπλήσθησαν ἡμέραι ὀκτὼ τοῦ περιτεμεῖν αὐτόν, καὶ ἐκλήθη τὸ ὄνομα αὐτοῦ Ἰησοῦς, τὸ κληθὲν ὑπὸ τοῦ ἀγγέλου πρὸ τοῦ συλληφθῆναι⁶ αὐτὸν ἐν τῇ κοιλίᾳ.

22 Καὶ ὅτε ἐπλήσθησαν αἱ ἡμέραι τοῦ καθαρισμοῦ αὐτῶν κατὰ τὸν νόμον Μωσέως,⁷ ἀνήγαγον αὐτὸν εἰς Ἱεροσόλυμα, παραστῆσαι τῷ κυρίῳ— 23 καθὼς γέγραπται ἐν νόμῳ κυρίου ὅτι Πᾶν ἄρσεν διανοῖγον μήτραν ἅγιον τῷ κυρίῳ κληθήσεται— 24 καὶ τοῦ δοῦναι θυσίαν κατὰ τὸ εἰρημένον ἐν νόμῳ⁸ κυρίου, Ζεῦγος τρυγόνων ἢ δύο νεοσσοὺς⁹ περιστερῶν. 25 Καὶ ἰδού, ἦν ἄνθρωπος¹⁰ ἐν Ἱερουσαλήμ, ᾧ ὄνομα Συμεών, καὶ ὁ ἄνθρωπος οὗτος δίκαιος καὶ εὐλαβής, προσδεχόμενος παράκλησιν τοῦ Ἰσραήλ, καὶ πνεῦμα ἦν ἅγιον ἐπ' αὐτόν. 26 Καὶ ἦν αὐτῷ κεχρηματισμένον ὑπὸ τοῦ πνεύματος τοῦ ἁγίου, μὴ ἰδεῖν θάνατον πρὶν ἢ¹¹ ἴδῃ τὸν χριστὸν κυρίου. 27 Καὶ ἦλθεν ἐν τῷ πνεύματι εἰς τὸ ἱερόν· καὶ ἐν τῷ εἰσαγαγεῖν τοὺς γονεῖς τὸ παιδίον Ἰησοῦν, τοῦ ποιῆσαι αὐτοὺς κατὰ τὸ

---

¹ καὶ οἱ ἄνθρωποι • — ² εἶπον • ἐλάλουν ³ ἦλθον • ἦλθαν ⁴ ἀνεῦρον • ἀνεῦραν ⁵ διεγνώρισαν • ἐγνώρισαν ⁶ συλληφθῆναι • συλλημφθῆναι ⁷ Μωσέως • Μωϋσέως ⁸ νόμῳ • τῷ νόμῳ ⁹ νεοσσοὺς • νοσσοὺς ¹⁰ ἦν ἄνθρωπος • ἄνθρωπος ἦν ¹¹ ἢ • [ἢ] ἂν

εἰθισμένον τοῦ νόμου περὶ αὐτοῦ, 28 καὶ αὐτὸς ἐδέξατο αὐτὸ εἰς τὰς ἀγκάλας αὐτοῦ,¹ καὶ εὐλόγησεν τὸν θεόν, καὶ εἶπεν, 29 Νῦν ἀπολύεις τὸν δοῦλόν σου, δέσποτα, κατὰ τὸ ῥῆμά σου, ἐν εἰρήνῃ· 30 ὅτι εἶδον οἱ ὀφθαλμοί μου τὸ σωτήριόν σου, 31 ὃ ἡτοίμασας κατὰ πρόσωπον πάντων τῶν λαῶν· 32 φῶς εἰς ἀποκάλυψιν ἐθνῶν, καὶ δόξαν λαοῦ σου Ἰσραήλ. 33 Καὶ ἦν Ἰωσὴφ καὶ ἡ μήτηρ αὐτοῦ² θαυμάζοντες ἐπὶ τοῖς λαλουμένοις περὶ αὐτοῦ. 34 Καὶ εὐλόγησεν αὐτοὺς Συμεών, καὶ εἶπεν πρὸς Μαριὰμ τὴν μητέρα αὐτοῦ, Ἰδού, οὗτος κεῖται εἰς πτῶσιν καὶ ἀνάστασιν πολλῶν ἐν τῷ Ἰσραήλ, καὶ εἰς σημεῖον ἀντιλεγόμενον· 35 καὶ σοῦ δὲ³ αὐτῆς τὴν ψυχὴν διελεύσεται ῥομφαία· ὅπως ἂν ἀποκαλυφθῶσιν ἐκ πολλῶν καρδιῶν διαλογισμοί. 36 Καὶ ἦν Ἄννα προφῆτις, θυγάτηρ Φανουήλ, ἐκ φυλῆς Ἀσήρ—αὕτη προβεβηκυῖα ἐν ἡμέραις πολλαῖς, ζήσασα ἔτη μετὰ ἀνδρὸς⁴ ἑπτὰ ἀπὸ τῆς παρθενίας αὐτῆς, 37 καὶ αὕτη χήρα ὡς⁵ ἐτῶν ὀγδοήκοντα τεσσάρων—ἢ οὐκ ἀφίστατο ἀπὸ⁶ τοῦ ἱεροῦ, νηστείαις καὶ δεήσεσιν λατρεύουσα νύκτα καὶ ἡμέραν. 38 Καὶ αὕτη αὐτῇ⁷ τῇ ὥρᾳ ἐπιστᾶσα ἀνθωμολογεῖτο τῷ κυρίῳ,⁸ καὶ ἐλάλει περὶ αὐτοῦ πᾶσιν τοῖς προσδεχομένοις λύτρωσιν ἐν⁹ Ἱερουσαλήμ. 39 Καὶ ὡς ἐτέλεσαν ἅπαντα¹⁰ τὰ κατὰ τὸν νόμον κυρίου, ὑπέστρεψαν¹¹ εἰς τὴν Γαλιλαίαν, εἰς τὴν πόλιν¹² ἑαυτῶν Ναζαρέτ.¹³

40 Τὸ δὲ παιδίον ηὔξανεν, καὶ ἐκραταιοῦτο πνεύματι,¹⁴ πληρούμενον σοφίας·¹⁵ καὶ χάρις θεοῦ ἦν ἐπ' αὐτό.

The Young Jesus in the Temple

41 Καὶ ἐπορεύοντο οἱ γονεῖς αὐτοῦ κατ' ἔτος εἰς Ἱερουσαλὴμ τῇ ἑορτῇ τοῦ Πάσχα. 42 Καὶ ὅτε ἐγένετο ἐτῶν δώδεκα, ἀναβάντων¹⁶ αὐτῶν εἰς Ἱεροσόλυμα¹⁷ κατὰ τὸ ἔθος τῆς ἑορτῆς, 43 καὶ τελειωσάντων τὰς ἡμέρας, ἐν τῷ

---

¹ αὐτοῦ • — ² Ἰωσὴφ καὶ ἡ μήτηρ αὐτοῦ • ὁ πατὴρ αὐτοῦ καὶ ἡ μήτηρ ³ δὲ • [δὲ] ⁴ ἔτη μετὰ ἀνδρὸς • μετὰ ἀνδρὸς ἔτη ⁵ ὡς • ἕως ⁶ ἀπὸ • — ⁷ αὕτη αὐτῇ • αὐτῇ ⁸ κυρίῳ • θεῷ ⁹ ἐν • — ¹⁰ ἅπαντα • πάντα ¹¹ ὑπέστρεψαν • ἐπέστρεψαν ¹² τὴν πόλιν • πόλιν ¹³ Ναζαρέτ • Ναζαρέθ ¹⁴ πνεύματι • — ¹⁵ σοφίας • σοφίᾳ ¹⁶ ἀναβάντων • ἀναβαινόντων ¹⁷ εἰς Ἱεροσόλυμα • —

ὑποστρέφειν αὐτούς, ὑπέμεινεν Ἰησοῦς ὁ παῖς ἐν Ἱερουσαλήμ· καὶ οὐκ ἔγνω Ἰωσὴφ καὶ ἡ μήτηρ¹ αὐτοῦ· 44 νομίσαντες δὲ αὐτὸν ἐν τῇ συνοδίᾳ εἶναι,² ἦλθον ἡμέρας ὁδόν, καὶ ἀνεζήτουν αὐτὸν ἐν τοῖς συγγενέσιν καὶ ἐν³ τοῖς γνωστοῖς· 45 καὶ μὴ εὑρόντες αὐτόν, ὑπέστρεψαν⁴ εἰς Ἱερουσαλήμ, ζητοῦντες⁵ αὐτόν. 46 Καὶ ἐγένετο, μεθ'⁶ ἡμέρας τρεῖς εὗρον αὐτὸν ἐν τῷ ἱερῷ, καθεζόμενον ἐν μέσῳ τῶν διδασκάλων, καὶ ἀκούοντα αὐτῶν, καὶ ἐπερωτῶντα αὐτούς. 47 Ἐξίσταντο δὲ πάντες οἱ ἀκούοντες αὐτοῦ ἐπὶ τῇ συνέσει καὶ ταῖς ἀποκρίσεσιν αὐτοῦ. 48 Καὶ ἰδόντες αὐτὸν ἐξεπλάγησαν· καὶ πρὸς⁷ αὐτὸν ἡ μήτηρ αὐτοῦ εἶπεν,⁸ Τέκνον, τί ἐποίησας ἡμῖν οὕτως; Ἰδού, ὁ πατήρ σου κἀγὼ ὀδυνώμενοι ἐζητοῦμέν σε. 49 Καὶ εἶπεν πρὸς αὐτούς, Τί ὅτι ἐζητεῖτέ με; Οὐκ ᾔδειτε ὅτι ἐν τοῖς τοῦ πατρός μου δεῖ εἶναί με; 50 Καὶ αὐτοὶ οὐ συνῆκαν τὸ ῥῆμα ὃ ἐλάλησεν αὐτοῖς. 51 Καὶ κατέβη μετ' αὐτῶν, καὶ ἦλθεν εἰς Ναζαρέτ·⁹ καὶ ἦν ὑποτασσόμενος αὐτοῖς. Καὶ ἡ μήτηρ αὐτοῦ διετήρει πάντα τὰ ῥήματα ταῦτα¹⁰ ἐν τῇ καρδίᾳ αὐτῆς.

52 Καὶ Ἰησοῦς προέκοπτεν σοφίᾳ¹¹ καὶ ἡλικίᾳ, καὶ χάριτι παρὰ θεῷ καὶ ἀνθρώποις.

The Ministry of John the Baptist

3 Ἐν ἔτει δὲ πεντεκαιδεκάτῳ τῆς ἡγεμονίας Τιβερίου Καίσαρος, ἡγεμονεύοντος Ποντίου Πιλάτου τῆς Ἰουδαίας, καὶ τετραρχοῦντος¹² τῆς Γαλιλαίας Ἡρῴδου, Φιλίππου δὲ τοῦ ἀδελφοῦ αὐτοῦ τετραρχοῦντος¹³ τῆς Ἰτουραίας καὶ Τραχωνίτιδος χώρας, καὶ Λυσανίου τῆς Ἀβιληνῆς τετραρχοῦντος,¹⁴ 2 ἐπὶ ἀρχιερέως Ἄννα καὶ Καϊάφα, ἐγένετο ῥῆμα θεοῦ ἐπὶ Ἰωάννην τὸν Ζαχαρίου υἱὸν ἐν τῇ ἐρήμῳ. 3 Καὶ ἦλθεν εἰς πᾶσαν τὴν¹⁵ περίχωρον τοῦ Ἰορδάνου,

---

1 ἔγνω Ἰωσὴφ καὶ ἡ μήτηρ • ἔγνωσαν οἱ γονεῖς   2 ἐν τῇ συνοδίᾳ εἶναι • εἶναι ἐν τῇ συνοδίᾳ   3 συγγενέσιν καὶ ἐν • συγγενεῦσιν καὶ   4 αὐτόν ὑπέστρεψαν • ὑπέστρεψαν   5 ζητοῦντες • ἀναζητοῦντες   6 μεθ' • μετὰ   7 πρὸς • εἶπεν πρὸς   8 εἶπεν • —   9 Ναζαρέτ • Ναζαρέθ   10 ταῦτα • —   11 σοφίᾳ • [ἐν τῇ] σοφίᾳ   12 καὶ τετραρχοῦντος • καὶ τετρααρχοῦντος   13 αὐτοῦ τετραρχοῦντος • αὐτοῦ τετρααρχοῦντος   14 Ἀβιληνῆς τετραρχοῦντος • Ἀβιληνῆς τετρααρχοῦντος   15 τὴν • [τὴν]

κηρύσσων βάπτισμα μετανοίας εἰς ἄφεσιν ἁμαρτιῶν· 4 ὡς γέγραπται ἐν βίβλῳ λόγων Ἠσαΐου τοῦ προφήτου, λέγοντος, ¹ Φωνὴ βοῶντος ἐν τῇ ἐρήμῳ, Ἑτοιμάσατε τὴν ὁδὸν κυρίου· εὐθείας ποιεῖτε τὰς τρίβους αὐτοῦ. 5 Πᾶσα φάραγξ πληρωθήσεται, καὶ πᾶν ὄρος καὶ βουνὸς ταπεινωθήσεται· καὶ ἔσται τὰ σκολιὰ εἰς εὐθεῖαν, καὶ αἱ τραχεῖαι εἰς ὁδοὺς λείας· 6 καὶ ὄψεται πᾶσα σὰρξ τὸ σωτήριον τοῦ θεοῦ.

7 Ἔλεγεν οὖν τοῖς ἐκπορευομένοις ὄχλοις βαπτισθῆναι ὑπ' αὐτοῦ, Γεννήματα ἐχιδνῶν, τίς ὑπέδειξεν ὑμῖν φυγεῖν ἀπὸ τῆς μελλούσης ὀργῆς; 8 Ποιήσατε οὖν καρποὺς ἀξίους τῆς μετανοίας· καὶ μὴ ἄρξησθε λέγειν ἐν ἑαυτοῖς, Πατέρα ἔχομεν τὸν Ἀβραάμ· λέγω γὰρ ὑμῖν ὅτι δύναται ὁ θεὸς ἐκ τῶν λίθων τούτων ἐγεῖραι τέκνα τῷ Ἀβραάμ. 9 Ἤδη δὲ καὶ ἡ ἀξίνη πρὸς τὴν ῥίζαν τῶν δένδρων κεῖται· πᾶν οὖν δένδρον μὴ ποιοῦν καρπὸν καλὸν ἐκκόπτεται καὶ εἰς πῦρ βάλλεται. 10 Καὶ ἐπηρώτων αὐτὸν οἱ ὄχλοι λέγοντες, Τί οὖν ποιήσομεν; ² 11 Ἀποκριθεὶς δὲ λέγει ³ αὐτοῖς, Ὁ ἔχων δύο χιτῶνας μεταδότω τῷ μὴ ἔχοντι· καὶ ὁ ἔχων βρώματα ὁμοίως ποιείτω. 12 Ἦλθον δὲ καὶ τελῶναι βαπτισθῆναι, καὶ εἶπον ⁴ πρὸς αὐτόν, Διδάσκαλε, τί ποιήσομεν; ⁵ 13 Ὁ δὲ εἶπεν πρὸς αὐτούς, Μηδὲν πλέον παρὰ τὸ διατεταγμένον ὑμῖν πράσσετε. 14 Ἐπηρώτων δὲ αὐτὸν καὶ στρατευόμενοι, λέγοντες, Καὶ ἡμεῖς τί ποιήσομεν; ⁶ Καὶ εἶπεν πρὸς αὐτούς, ⁷ Μηδένα διασείσητε, μηδὲ συκοφαντήσητε· καὶ ἀρκεῖσθε τοῖς ὀψωνίοις ὑμῶν.

15 Προσδοκῶντος δὲ τοῦ λαοῦ, καὶ διαλογιζομένων πάντων ἐν ταῖς καρδίαις αὐτῶν περὶ τοῦ Ἰωάννου, μήποτε αὐτὸς εἴη ὁ χριστός, 16 ἀπεκρίνατο ὁ Ἰωάννης, ἅπασιν λέγων, ⁸ Ἐγὼ μὲν ὕδατι βαπτίζω ὑμᾶς· ἔρχεται δὲ ὁ ἰσχυρότερός μου, οὗ οὐκ εἰμὶ ἱκανὸς λῦσαι τὸν ἱμάντα τῶν ὑποδημάτων αὐτοῦ· αὐτὸς ὑμᾶς βαπτίσει ἐν πνεύματι ἁγίῳ καὶ πυρί· 17 οὗ τὸ πτύον ἐν τῇ χειρὶ

---

¹ λέγοντος • — ² ποιήσομεν • ποιήσωμεν ³ λέγει • ἔλεγεν ⁴ εἶπον • εἶπαν
⁵ ποιήσομεν • ποιήσωμεν ⁶ Καὶ ἡμεῖς τί ποιήσομεν • Τί ποιήσωμεν καὶ ἡμεῖς
⁷ πρὸς αὐτούς • αὐτοῖς ⁸ ὁ Ἰωάννης ἅπασιν λέγων • λέγων πᾶσιν ὁ Ἰωάννης

αὐτοῦ, καὶ διακαθαριεῖ¹ τὴν ἅλωνα αὐτοῦ, καὶ συνάξει² τὸν σῖτον εἰς τὴν ἀποθήκην αὐτοῦ, τὸ δὲ ἄχυρον κατακαύσει πυρὶ ἀσβέστῳ.

18 Πολλὰ μὲν οὖν καὶ ἕτερα παρακαλῶν εὐηγγελίζετο τὸν λαόν· 19 ὁ δὲ Ἡρῴδης ὁ τετράρχης,³ ἐλεγχόμενος ὑπ᾽ αὐτοῦ περὶ Ἡρῳδιάδος τῆς γυναικὸς τοῦ ἀδελφοῦ αὐτοῦ, καὶ περὶ πάντων ὧν ἐποίησεν πονηρῶν ὁ Ἡρῴδης, 20 προσέθηκεν καὶ τοῦτο ἐπὶ πᾶσιν, καὶ κατέκλεισεν⁴ τὸν Ἰωάννην ἐν τῇ⁵ φυλακῇ.

The Baptism and Genealogy of Jesus

21 Ἐγένετο δὲ ἐν τῷ βαπτισθῆναι ἅπαντα τὸν λαόν, καὶ Ἰησοῦ βαπτισθέντος καὶ προσευχομένου, ἀνεῳχθῆναι τὸν οὐρανόν, 22 καὶ καταβῆναι τὸ πνεῦμα τὸ ἅγιον σωματικῷ εἴδει ὡσεὶ⁶ περιστερὰν ἐπ᾽ αὐτόν, καὶ φωνὴν ἐξ οὐρανοῦ γενέσθαι, λέγουσαν, ⁷ Σὺ εἶ ὁ υἱός μου ὁ ἀγαπητός, ἐν σοὶ εὐδόκησα.

23 Καὶ αὐτὸς ἦν ὁ Ἰησοῦς⁸ ὡσεὶ ἐτῶν τριάκοντα ἀρχόμενος,⁹ ὢν—ὡς ἐνομίζετο—υἱὸς¹⁰ Ἰωσήφ, τοῦ Ἡλί, 24 τοῦ Ματθάτ,¹¹ τοῦ Λευΐ, τοῦ Μελχί, τοῦ Ἰαννά,¹² τοῦ Ἰωσήφ, 25 τοῦ Ματταθίου, τοῦ Ἀμώς, τοῦ Ναούμ, τοῦ Ἐσλί, τοῦ Ναγγαί, 26 τοῦ Μαάθ, τοῦ Ματταθίου, τοῦ Σεμεΐ,[a] τοῦ Ἰωσήφ, τοῦ Ἰούδα,¹³ 27 τοῦ Ἰωανάν,[b] τοῦ Ῥησά, τοῦ Ζοροβάβελ, τοῦ Σαλαθιήλ, τοῦ Νηρί, 28 τοῦ Μελχί, τοῦ Ἀδδί, τοῦ Κωσάμ, τοῦ Ἐλμωδάμ,¹⁴ τοῦ Ἤρ, 29 τοῦ Ἰωσή,¹⁵ τοῦ Ἐλιέζερ, τοῦ Ἰωρείμ, τοῦ Ματθάτ,¹⁶ τοῦ Λευΐ, 30 τοῦ Συμεών, τοῦ Ἰούδα, τοῦ Ἰωσήφ, τοῦ Ἰωνάν, τοῦ Ἐλιακείμ,¹⁷

---

[a] Σεμεΐ • Σεμεεΐ   [b] Ἰωανάν • Ἰωαννᾶ

---

¹ καὶ διακαθαριεῖ • διακαθᾶραι   ² συνάξει • συναγαγεῖν   ³ τετράρχης • τετραάρχης   ⁴ καὶ κατέκλεισεν • [καὶ] κατέκλεισεν   ⁵ τῇ • —   ⁶ ὡσεὶ • ὡς   ⁷ λέγουσαν • —   ⁸ ὁ Ἰησοῦς • Ἰησοῦς   ⁹ ὡσεὶ ἐτῶν τριάκοντα ἀρχόμενος • ἀρχόμενος ὡσεὶ ἐτῶν τριάκοντα   ¹⁰ ὡς ἐνομίζετο υἱός • υἱός ὡς ἐνομίζετο   ¹¹ Ματθάτ • Μαθθάτ   ¹² Ἰαννά • Ἰανναί   ¹³ Σεμεΐ τοῦ Ἰωσήφ τοῦ Ἰούδα • Σεμεΐν τοῦ Ἰωσήχ τοῦ Ἰωδά   ¹⁴ Ἐλμωδάμ • Ἐλμαδάμ   ¹⁵ Ἰωσή • Ἰησοῦ   ¹⁶ Ἰωρείμ τοῦ Ματθάτ • Ἰωρίμ τοῦ Μαθθάτ   ¹⁷ Ἰωνάν τοῦ Ἐλιακείμ • Ἰωνάμ τοῦ Ἐλιακίμ

31 τοῦ Μελεᾶ, τοῦ Μαϊνάν,¹ τοῦ Ματταθά, τοῦ Ναθάν,² τοῦ Δαυίδ, **32** τοῦ Ἰεσσαί, τοῦ Ὠβήδ, τοῦ Βοόζ, τοῦ Σαλμών,³ τοῦ Ναασσών, **33** τοῦ Ἀμιναδάβ, τοῦ Ἀράμ,ᵃ,⁴ τοῦ Ἑσρώμ, τοῦ Φαρές, τοῦ Ἰούδα, **34** τοῦ Ἰακώβ, τοῦ Ἰσαάκ, τοῦ Ἀβραάμ, τοῦ Θάρα,ᵇ τοῦ Ναχώρ, **35** τοῦ Σερούχ, τοῦ Ῥαγαῦ, τοῦ Φάλεγ,ᶜ,⁵ τοῦ Ἐβέρ, τοῦ Σαλά, **36** τοῦ Καϊνάν,⁶ τοῦ Ἀρφαξάδ, τοῦ Σήμ, τοῦ Νῶε, τοῦ Λάμεχ, **37** τοῦ Μαθουσάλα, τοῦ Ἐνώχ, τοῦ Ἰαρέδ,⁷ τοῦ Μαλελεήλ, τοῦ Καϊνάν,⁸ **38** τοῦ Ἐνώς, τοῦ Σήθ, τοῦ Ἀδάμ, τοῦ θεοῦ.

The Temptation of Jesus

4 Ἰησοῦς δὲ πνεύματος ἁγίου πλήρης⁹ ὑπέστρεψεν ἀπὸ τοῦ Ἰορδάνου, καὶ ἤγετο ἐν τῷ πνεύματι εἰς τὴν ἔρημον,¹⁰ **2** ἡμέρας τεσσαράκοντα¹¹ πειραζόμενος ὑπὸ τοῦ διαβόλου. Καὶ οὐκ ἔφαγεν οὐδὲν ἐν ταῖς ἡμέραις ἐκείναις· καὶ συντελεσθεισῶν αὐτῶν, ὕστερον¹² ἐπείνασεν. **3** Καὶ εἶπεν¹³ αὐτῷ ὁ διάβολος, Εἰ υἱὸς εἶ τοῦ θεοῦ, εἰπὲ τῷ λίθῳ τούτῳ ἵνα γένηται ἄρτος. **4** Καὶ ἀπεκρίθη Ἰησοῦς πρὸς αὐτόν,¹⁴ λέγων,¹⁵ Γέγραπται ὅτι Οὐκ ἐπ' ἄρτῳ μόνῳ ζήσεται ἄνθρωπος,ᵈ,¹⁶ ἀλλ' ἐπὶ παντὶ ῥήματι θεοῦ.¹⁷ **5** Καὶ ἀναγαγὼν αὐτὸν ὁ διάβολος εἰς ὄρος ὑψηλὸν¹⁸ ἔδειξεν αὐτῷ πάσας τὰς βασιλείας τῆς οἰκουμένης ἐν στιγμῇ χρόνου. **6** Καὶ εἶπεν αὐτῷ ὁ διάβολος, Σοὶ δώσω τὴν ἐξουσίαν ταύτην ἅπασαν καὶ τὴν δόξαν αὐτῶν· ὅτι ἐμοὶ παραδέδοται, καὶ ᾧ ἐὰν θέλω δίδωμι αὐτήν. **7** Σὺ οὖν ἐὰν προσκυνήσῃς ἐνώπιον ἐμοῦ, ἔσται σοῦ πᾶσα.

ᵃ Ἀράμ, • Ἀράμ, τοῦ Ἰωράμ,   ᵇ Θάρα • Θάρρα   ᶜ Φάλεγ • Φαλέκ
ᵈ ἄνθρωπος • ὁ ἄνθρωπος

¹ Μαϊνάν • Μεννά   ² Ναθάν • Ναθάμ   ³ Ὠβήδ τοῦ Βοόζ τοῦ Σαλμών • Ἰωβήδ τοῦ Βόος τοῦ Σαλά   ⁴ Ἀράμ • Ἀδμίν τοῦ Ἀρνί   ⁵ Φάλεγ • Φαλέκ   ⁶ Καϊνάν • Καϊνάμ   ⁷ Ἰαρέδ • Ἰάρετ   ⁸ Καϊνάν • Καϊνάμ   ⁹ πνεύματος ἁγίου πλήρης • πλήρης πνεύματος ἁγίου   ¹⁰ εἰς τὴν ἔρημον • ἐν τῇ ἐρήμῳ   ¹¹ τεσσαράκοντα • τεσσεράκοντα   ¹² ὕστερον • —   ¹³ Καὶ εἶπεν • Εἶπεν δὲ   ¹⁴ Ἰησοῦς πρὸς αὐτόν • πρὸς αὐτὸν ὁ Ἰησοῦς   ¹⁵ λέγων • —   ¹⁶ ἄνθρωπος • ὁ ἄνθρωπος   ¹⁷ ἀλλ' ἐπὶ παντὶ ῥήματι θεοῦ • —   ¹⁸ ὁ διάβολος εἰς ὄρος ὑψηλὸν • —

8 Καὶ ἀποκριθεὶς αὐτῷ εἶπεν ὁ Ἰησοῦς, [1] Ὕπαγε ὀπίσω μου, Σατανᾶ· [2] γέγραπται, Προσκυνήσεις κύριον τὸν θεόν σου, [3] καὶ αὐτῷ μόνῳ λατρεύσεις. **9** Καὶ ἤγαγεν [4] αὐτὸν εἰς Ἰερουσαλήμ, καὶ ἔστησεν αὐτὸν ἐπὶ [5] τὸ πτερύγιον τοῦ ἱεροῦ, καὶ εἶπεν αὐτῷ, Εἰ υἱὸς εἶ τοῦ θεοῦ, βάλε σεαυτὸν ἐντεῦθεν κάτω· **10** γέγραπται γὰρ ὅτι Τοῖς ἀγγέλοις αὐτοῦ ἐντελεῖται περὶ σοῦ, τοῦ διαφυλάξαι σε· **11** καί, Ἐπὶ [6] χειρῶν ἀροῦσίν σε, μήποτε προσκόψῃς πρὸς λίθον τὸν πόδα σου. **12** Καὶ ἀποκριθεὶς εἶπεν αὐτῷ ὁ Ἰησοῦς ὅτι Εἴρηται, Οὐκ ἐκπειράσεις κύριον τὸν θεόν σου. **13** Καὶ συντελέσας πάντα πειρασμὸν ὁ διάβολος ἀπέστη ἀπ' αὐτοῦ ἄχρι καιροῦ.

The Beginning of Jesus' Ministry and His Teaching in Nazareth

14 Καὶ ὑπέστρεψεν ὁ Ἰησοῦς ἐν τῇ δυνάμει τοῦ πνεύματος εἰς τὴν Γαλιλαίαν· καὶ φήμη ἐξῆλθεν καθ' ὅλης τῆς περιχώρου περὶ αὐτοῦ. **15** Καὶ αὐτὸς ἐδίδασκεν ἐν ταῖς συναγωγαῖς αὐτῶν, δοξαζόμενος ὑπὸ πάντων.

16 Καὶ ἦλθεν εἰς τὴν Ναζαρέτ, [7] οὗ ἦν τεθραμμένος· καὶ εἰσῆλθεν, κατὰ τὸ εἰωθὸς αὐτῷ, ἐν τῇ ἡμέρᾳ τῶν σαββάτων εἰς τὴν συναγωγήν, καὶ ἀνέστη ἀναγνῶναι. **17** Καὶ ἐπεδόθη αὐτῷ βιβλίον Ἠσαΐου τοῦ προφήτου. [8] Καὶ ἀναπτύξας τὸ βιβλίον, εὗρεν τὸν τόπον οὗ ἦν γεγραμμένον, **18** Πνεῦμα κυρίου ἐπ' ἐμέ, οὗ εἵνεκεν ἔχρισέν με εὐαγγελίσασθαι πτωχοῖς· ἀπέσταλκέν με ἰάσασθαι τοὺς συντετριμμένους τὴν καρδίαν· [9] κηρύξαι αἰχμαλώτοις ἄφεσιν, καὶ τυφλοῖς ἀνάβλεψιν, ἀποστεῖλαι τεθραυσμένους ἐν ἀφέσει, **19** κηρύξαι ἐνιαυτὸν κυρίου δεκτόν. **20** Καὶ πτύξας τὸ βιβλίον, ἀποδοὺς τῷ ὑπηρέτῃ, ἐκάθισεν· καὶ πάντων ἐν τῇ συναγωγῇ οἱ ὀφθαλμοὶ [10] ἦσαν ἀτενίζοντες αὐτῷ. **21** Ἤρξατο δὲ λέγειν πρὸς αὐτοὺς ὅτι Σήμερον πεπλήρωται

---

1 αὐτῷ εἶπεν ὁ Ἰησοῦς • ὁ Ἰησοῦς εἶπεν αὐτῷ   2 Ὕπαγε ὀπίσω μου Σατανᾶ • — 3 Προσκυνήσεις κύριον τὸν θεόν σου • Κύριον τὸν θεόν σου προσκυνήσεις   4 Καὶ ἤγαγεν • Ἤγαγεν δὲ   5 αὐτὸν ἐπὶ • ἐπὶ   6 Ἐπὶ • ὅτι Ἐπὶ   7 τὴν Ναζαρέτ • Ναζαρά   8 Ἠσαΐου τοῦ προφήτου • τοῦ προφήτου Ἠσαΐου   9 ἰάσασθαι τοὺς συντετριμμένους τὴν καρδίαν • —   10 ἐν τῇ συναγωγῇ οἱ ὀφθαλμοὶ • οἱ ὀφθαλμοὶ ἐν τῇ συναγωγῇ

ἡ γραφὴ αὕτη ἐν τοῖς ὠσὶν ὑμῶν. 22 Καὶ πάντες ἐμαρτύρουν αὐτῷ, καὶ ἐθαύμαζον ἐπὶ τοῖς λόγοις τῆς χάριτος τοῖς ἐκπορευομένοις ἐκ τοῦ στόματος αὐτοῦ, καὶ ἔλεγον, Οὐχ οὗτός ἐστιν ὁ υἱὸς Ἰωσήφ; [1] 23 Καὶ εἶπεν πρὸς αὐτούς, Πάντως ἐρεῖτέ μοι τὴν παραβολὴν ταύτην, Ἰατρέ, θεράπευσον σεαυτόν· ὅσα ἠκούσαμεν γενόμενα ἐν τῇ Καπερναούμ,[2] ποίησον καὶ ὧδε ἐν τῇ πατρίδι σου. 24 Εἶπεν δέ, Ἀμὴν λέγω ὑμῖν ὅτι οὐδεὶς προφήτης δεκτός ἐστιν ἐν τῇ πατρίδι αὐτοῦ. 25 Ἐπ' ἀληθείας δὲ λέγω ὑμῖν, πολλαὶ χῆραι ἦσαν ἐν ταῖς ἡμέραις Ἠλίου ἐν τῷ Ἰσραήλ, ὅτε ἐκλείσθη ὁ οὐρανὸς ἐπὶ ἔτη τρία καὶ μῆνας ἕξ, ὡς ἐγένετο λιμὸς μέγας ἐπὶ πᾶσαν τὴν γῆν· 26 καὶ πρὸς οὐδεμίαν αὐτῶν ἐπέμφθη Ἠλίας, εἰ μὴ εἰς Σάρεπτα τῆς Σιδῶνος[3] πρὸς γυναῖκα χήραν. 27 Καὶ πολλοὶ λεπροὶ ἦσαν ἐπὶ Ἐλισσαίου τοῦ προφήτου ἐν τῷ Ἰσραήλ·[4] καὶ οὐδεὶς αὐτῶν ἐκαθαρίσθη, εἰ μὴ Νεεμὰν[5] ὁ Σύρος. 28 Καὶ ἐπλήσθησαν πάντες θυμοῦ ἐν τῇ συναγωγῇ, ἀκούοντες ταῦτα, 29 καὶ ἀναστάντες ἐξέβαλον αὐτὸν ἔξω τῆς πόλεως, καὶ ἤγαγον αὐτὸν ἕως ὀφρύος τοῦ ὄρους ἐφ' οὗ ἡ πόλις αὐτῶν ᾠκοδόμητο, εἰς τὸ[6] κατακρημνίσαι αὐτόν. 30 Αὐτὸς δὲ διελθὼν διὰ μέσου αὐτῶν ἐπορεύετο.

31 Καὶ κατῆλθεν εἰς Καπερναοὺμ[7] πόλιν τῆς Γαλιλαίας· καὶ ἦν διδάσκων αὐτοὺς ἐν τοῖς σάββασιν. 32 Καὶ ἐξεπλήσσοντο ἐπὶ τῇ διδαχῇ αὐτοῦ, ὅτι ἐν ἐξουσίᾳ ἦν ὁ λόγος αὐτοῦ.

Healing of a Demon-Possessed Man and Other Miracles
33 Καὶ ἐν τῇ συναγωγῇ ἦν ἄνθρωπος ἔχων πνεῦμα δαιμονίου ἀκαθάρτου, καὶ ἀνέκραξεν φωνῇ μεγάλῃ, 34 λέγων,[8] Ἔα, τί ἡμῖν καὶ σοί, Ἰησοῦ Ναζαρηνέ; Ἦλθες ἀπολέσαι ἡμᾶς; Οἶδά σε τίς εἶ, ὁ ἅγιος τοῦ θεοῦ. 35 Καὶ ἐπετίμησεν αὐτῷ ὁ Ἰησοῦς, λέγων, Φιμώθητι, καὶ ἔξελθε ἐξ[9] αὐτοῦ. Καὶ ῥίψαν αὐτὸν τὸ δαιμόνιον εἰς μέσον[10] ἐξῆλθεν ἀπ' αὐτοῦ, μηδὲν βλάψαν

---

[1] *Οὐχ οὗτός ἐστιν ὁ υἱὸς Ἰωσήφ* • *Οὐχὶ υἱός ἐστιν Ἰωσὴφ οὗτος*   [2] *ἐν τῇ Καπερναούμ* • *εἰς τὴν Καφαρναούμ*   [3] *Σιδῶνος* • *Σιδωνίας*   [4] *ἐπὶ Ἐλισσαίου τοῦ προφήτου ἐν τῷ Ἰσραήλ* • *ἐν τῷ Ἰσραὴλ ἐπὶ Ἐλισαίου τοῦ προφήτου*   [5] *Νεεμὰν* • *Ναιμὰν*   [6] *αὐτῶν ᾠκοδόμητο εἰς τὸ* • *ᾠκοδόμητο αὐτῶν ὥστε*   [7] *Καπερναοὺμ* • *Καφαρναοὺμ*   [8] *λέγων* • —   [9] *ἐξ* • *ἀπ'*   [10] *μέσον* • *τὸ μέσον*

αὐτόν. 36 Καὶ ἐγένετο θάμβος ἐπὶ πάντας, καὶ συνελάλουν πρὸς ἀλλήλους, λέγοντες, Τίς ὁ λόγος οὗτος, ὅτι ἐν ἐξουσίᾳ καὶ δυνάμει ἐπιτάσσει τοῖς ἀκαθάρτοις πνεύμασιν, καὶ ἐξέρχονται; 37 Καὶ ἐξεπορεύετο ἦχος περὶ αὐτοῦ εἰς πάντα τόπον τῆς περιχώρου.

38 Ἀναστὰς δὲ ἐκ[1] τῆς συναγωγῆς, εἰσῆλθεν εἰς τὴν οἰκίαν Σίμωνος· πενθερὰ δὲ τοῦ Σίμωνος ἦν συνεχομένη πυρετῷ μεγάλῳ· καὶ ἠρώτησαν αὐτὸν περὶ αὐτῆς. 39 Καὶ ἐπιστὰς ἐπάνω αὐτῆς, ἐπετίμησεν τῷ πυρετῷ, καὶ ἀφῆκεν αὐτήν· παραχρῆμα δὲ ἀναστᾶσα διηκόνει αὐτοῖς.

40 Δύνοντος δὲ τοῦ ἡλίου, πάντες[2] ὅσοι εἶχον ἀσθενοῦντας νόσοις ποικίλαις ἤγαγον αὐτοὺς πρὸς αὐτόν· ὁ δὲ ἑνὶ ἑκάστῳ αὐτῶν τὰς χεῖρας ἐπιθεὶς ἐθεράπευσεν[3] αὐτούς. 41 Ἐξήρχετο δὲ καὶ δαιμόνια ἀπὸ πολλῶν, κράζοντα[a,4] καὶ λέγοντα ὅτι Σὺ εἶ ὁ χριστός[5] ὁ υἱὸς τοῦ θεοῦ. Καὶ ἐπιτιμῶν οὐκ εἴα αὐτὰ λαλεῖν, ὅτι ᾔδεισαν τὸν χριστὸν αὐτὸν εἶναι.

42 Γενομένης δὲ ἡμέρας, ἐξελθὼν ἐπορεύθη εἰς ἔρημον τόπον, καὶ οἱ ὄχλοι ἐπεζήτουν αὐτόν, καὶ ἦλθον ἕως αὐτοῦ, καὶ κατεῖχον αὐτὸν τοῦ μὴ πορεύεσθαι ἀπ' αὐτῶν. 43 Ὁ δὲ εἶπεν πρὸς αὐτοὺς ὅτι Καὶ ταῖς ἑτέραις πόλεσιν εὐαγγελίσασθαί με δεῖ τὴν βασιλείαν τοῦ θεοῦ· ὅτι εἰς τοῦτο ἀπέσταλμαι.[6]

44 Καὶ ἦν κηρύσσων ἐν ταῖς συναγωγαῖς τῆς Γαλιλαίας.[7]

The Miraculous Catch of Fishes and the Call of the First Disciples

5 Ἐγένετο δὲ ἐν τῷ τὸν ὄχλον ἐπικεῖσθαι αὐτῷ τοῦ ἀκούειν[8] τὸν λόγον τοῦ θεοῦ, καὶ αὐτὸς ἦν ἑστὼς παρὰ τὴν λίμνην Γεννησαρέτ· 2 καὶ εἶδεν δύο πλοῖα ἑστῶτα παρὰ τὴν λίμνην· οἱ δὲ ἁλιεῖς ἀποβάντες ἀπ' αὐτῶν ἀπέπλυναν[9] τὰ δίκτυα.

---

[a] κράζοντα • κραυγάζοντα

[1] ἐκ • ἀπό   [2] πάντες • ἅπαντες   [3] ἐπιθεὶς ἐθεράπευσεν • ἐπιτιθεὶς ἐθεράπευεν   [4] κράζοντα • κρ[αυγ]άζοντα   [5] ὁ χριστὸς • —   [6] εἰς τοῦτο ἀπέσταλμαι • ἐπὶ τοῦτο ἀπεστάλην   [7] ἐν ταῖς συναγωγαῖς τῆς Γαλιλαίας • εἰς τὰς συναγωγὰς τῆς Ἰουδαίας   [8] τοῦ ἀκούειν • καὶ ἀκούειν   [9] ἀποβάντες ἀπ' αὐτῶν ἀπέπλυναν • ἀπ' αὐτῶν ἀποβάντες ἔπλυνον

3 Ἐμβὰς δὲ εἰς ἓν τῶν πλοίων, ὃ ἦν τοῦ Σίμωνος,[1] ἠρώτησεν αὐτὸν ἀπὸ τῆς γῆς ἐπαναγαγεῖν ὀλίγον. Καὶ καθίσας ἐδίδασκεν ἐκ τοῦ πλοίου[2] τοὺς ὄχλους. 4 Ὡς δὲ ἐπαύσατο λαλῶν, εἶπεν πρὸς τὸν Σίμωνα, Ἐπανάγαγε εἰς τὸ βάθος, καὶ χαλάσατε τὰ δίκτυα ὑμῶν εἰς ἄγραν. 5 Καὶ ἀποκριθεὶς ὁ Σίμων εἶπεν αὐτῷ,[3] Ἐπιστάτα, δι᾽ ὅλης τῆς[4] νυκτὸς κοπιάσαντες οὐδὲν ἐλάβομεν· ἐπὶ δὲ τῷ ῥήματί σου χαλάσω τὸ δίκτυον.[5] 6 Καὶ τοῦτο ποιήσαντες, συνέκλεισαν πλῆθος ἰχθύων πολύ· διερρήγνυτο δὲ τὸ δίκτυον[6] αὐτῶν· 7 καὶ κατένευσαν τοῖς μετόχοις τοῖς ἐν[7] τῷ ἑτέρῳ πλοίῳ, τοῦ ἐλθόντας συλλαβέσθαι αὐτοῖς· καὶ ἦλθον καὶ ἔπλησαν ἀμφότερα τὰ πλοῖα, ὥστε βυθίζεσθαι αὐτά. 8 Ἰδὼν δὲ Σίμων Πέτρος προσέπεσεν τοῖς γόνασιν Ἰησοῦ, λέγων, Ἔξελθε ἀπ᾽ ἐμοῦ, ὅτι ἀνὴρ ἁμαρτωλός εἰμι, κύριε. 9 Θάμβος γὰρ περιέσχεν αὐτὸν καὶ πάντας τοὺς σὺν αὐτῷ, ἐπὶ τῇ ἄγρᾳ τῶν ἰχθύων ᾗ[8] συνέλαβον· 10 ὁμοίως δὲ καὶ Ἰάκωβον καὶ Ἰωάννην, υἱοὺς Ζεβεδαίου, οἳ ἦσαν κοινωνοὶ τῷ Σίμωνι. Καὶ εἶπεν πρὸς τὸν Σίμωνα ὁ Ἰησοῦς, Μὴ φοβοῦ· ἀπὸ τοῦ νῦν ἀνθρώπους ἔσῃ ζωγρῶν. 11 Καὶ καταγαγόντες τὰ πλοῖα ἐπὶ τὴν γῆν, ἀφέντες ἅπαντα,[9] ἠκολούθησαν αὐτῷ.

The Healing of a Leper and of a Paralytic

12 Καὶ ἐγένετο, ἐν τῷ εἶναι αὐτὸν ἐν μιᾷ τῶν πόλεων, καὶ ἰδού, ἀνὴρ πλήρης λέπρας· καὶ ἰδὼν[10] τὸν Ἰησοῦν, πεσὼν ἐπὶ πρόσωπον, ἐδεήθη αὐτοῦ, λέγων, Κύριε, ἐὰν θέλῃς, δύνασαί με καθαρίσαι. 13 Καὶ ἐκτείνας τὴν χεῖρα ἥψατο αὐτοῦ, εἰπών,[11] Θέλω, καθαρίσθητι. Καὶ εὐθέως ἡ λέπρα ἀπῆλθεν ἀπ᾽ αὐτοῦ. 14 Καὶ αὐτὸς παρήγγειλεν αὐτῷ μηδενὶ εἰπεῖν· ἀλλὰ ἀπελθὼν δεῖξον σεαυτὸν τῷ ἱερεῖ, καὶ προσένεγκε περὶ τοῦ καθαρισμοῦ σου, καθὼς προσέταξεν Μωσῆς,[12] εἰς μαρτύριον αὐτοῖς. 15 Διήρχετο δὲ μᾶλλον ὁ λόγος περὶ αὐτοῦ· καὶ συνήρχοντο

---

[1] τοῦ Σίμωνος • Σίμωνος   [2] Καὶ καθίσας ἐδίδασκεν ἐκ τοῦ πλοίου • Καθίσας δὲ ἐκ τοῦ πλοίου ἐδίδασκεν   [3] ὁ Σίμων εἶπεν αὐτῷ • Σίμων εἶπεν   [4] τῆς • — [5] τὸ δίκτυον • τὰ δίκτυα   [6] διερρήγνυτο δὲ τὸ δίκτυον • διερρήσσετο δὲ τὰ δίκτυα   [7] τοῖς ἐν • ἐν   [8] ᾗ • ὧν   [9] ἅπαντα • πάντα   [10] καὶ ἰδὼν • ἰδὼν δὲ   [11] εἰπών • λέγων   [12] Μωσῆς • Μωϋσῆς

ὄχλοι πολλοὶ ἀκούειν, καὶ θεραπεύεσθαι ὑπ' αὐτοῦ¹ ἀπὸ τῶν ἀσθενειῶν αὐτῶν. 16 Αὐτὸς δὲ ἦν ὑποχωρῶν ἐν ταῖς ἐρήμοις καὶ προσευχόμενος.

17 Καὶ ἐγένετο ἐν μιᾷ τῶν ἡμερῶν, καὶ αὐτὸς ἦν διδάσκων· καὶ ἦσαν καθήμενοι Φαρισαῖοι καὶ νομοδιδάσκαλοι, οἳ ἦσαν ἐληλυθότες ἐκ πάσης κώμης τῆς Γαλιλαίας καὶ Ἰουδαίας καὶ Ἰερουσαλήμ· καὶ δύναμις κυρίου ἦν εἰς τὸ ἰᾶσθαι αὐτούς.² 18 Καὶ ἰδού, ἄνδρες φέροντες ἐπὶ κλίνης ἄνθρωπον ὃς ἦν παραλελυμένος, καὶ ἐζήτουν αὐτὸν εἰσενεγκεῖν καὶ θεῖναι ἐνώπιον³ αὐτοῦ· 19 καὶ μὴ εὑρόντες ποίας εἰσενέγκωσιν αὐτὸν διὰ τὸν ὄχλον, ἀναβάντες ἐπὶ τὸ δῶμα, διὰ τῶν κεράμων καθῆκαν αὐτὸν σὺν τῷ κλινιδίῳ εἰς τὸ μέσον ἔμπροσθεν τοῦ Ἰησοῦ. 20 Καὶ ἰδὼν τὴν πίστιν αὐτῶν, εἶπεν αὐτῷ,⁴ Ἄνθρωπε, ἀφέωνταί σοι αἱ ἁμαρτίαι σου. 21 Καὶ ἤρξαντο διαλογίζεσθαι οἱ γραμματεῖς καὶ οἱ Φαρισαῖοι, λέγοντες, Τίς ἐστιν οὗτος ὃς λαλεῖ βλασφημίας; Τίς δύναται ἀφιέναι ἁμαρτίας,⁵ εἰ μὴ μόνος ὁ θεός; 22 Ἐπιγνοὺς δὲ ὁ Ἰησοῦς τοὺς διαλογισμοὺς αὐτῶν ἀποκριθεὶς εἶπεν πρὸς αὐτούς, Τί διαλογίζεσθε ἐν ταῖς καρδίαις ὑμῶν; 23 Τί ἐστιν εὐκοπώτερον, εἰπεῖν, Ἀφέωνταί σοι αἱ ἁμαρτίαι σου, ἢ εἰπεῖν, Ἔγειραι⁶ καὶ περιπάτει; 24 Ἵνα δὲ εἰδῆτε ὅτι ἐξουσίαν ἔχει ὁ υἱὸς τοῦ ἀνθρώπου⁷ ἐπὶ τῆς γῆς ἀφιέναι ἁμαρτίας—εἶπεν τῷ παραλελυμένῳ—Σοὶ λέγω, ἔγειραι,⁸ καὶ ἄρας τὸ κλινίδιόν σου, πορεύου εἰς τὸν οἶκόν σου. 25 Καὶ παραχρῆμα ἀναστὰς ἐνώπιον αὐτῶν, ἄρας ἐφ' ὃ κατέκειτο, ἀπῆλθεν εἰς τὸν οἶκον αὐτοῦ, δοξάζων τὸν θεόν. 26 Καὶ ἔκστασις ἔλαβεν ἅπαντας, καὶ ἐδόξαζον τὸν θεόν, καὶ ἐπλήσθησαν φόβου, λέγοντες ὅτι Εἴδομεν παράδοξα σήμερον.

The Call of Levi and the Discourse Concerning Jesus' Ministry

27 Καὶ μετὰ ταῦτα ἐξῆλθεν, καὶ ἐθεάσατο τελώνην, ὀνόματι Λευΐν, καθήμενον ἐπὶ τὸ τελώνιον, καὶ εἶπεν αὐτῷ, Ἀκολούθει

---

1 ὑπ' αὐτοῦ • — *2 αὐτούς • αὐτόν*   *3 ἐνώπιον • [αὐτὸν] ἐνώπιον*   *4 αὐτῷ •* — *5 ἀφιέναι ἁμαρτίας • ἁμαρτίας ἀφεῖναι*   *6 Ἔγειραι • Ἔγειρε*   *7 ἐξουσίαν ἔχει ὁ υἱὸς τοῦ ἀνθρώπου • ὁ υἱὸς τοῦ ἀνθρώπου ἐξουσίαν ἔχει*   *8 ἔγειραι • ἔγειρε*

μοι. **28** Καὶ καταλιπὼν ἅπαντα, [1] ἀναστὰς ἠκολούθησεν [2] αὐτῷ. **29** Καὶ ἐποίησεν δοχὴν μεγάλην Λευῒς αὐτῷ ἐν τῇ οἰκίᾳ αὐτοῦ· καὶ ἦν ὄχλος τελωνῶν πολύς, [3] καὶ ἄλλων οἳ ἦσαν μετ' αὐτῶν κατακείμενοι. **30** Καὶ ἐγόγγυζον οἱ γραμματεῖς αὐτῶν καὶ οἱ Φαρισαῖοι [4] πρὸς τοὺς μαθητὰς αὐτοῦ, λέγοντες, Διὰ τί μετὰ τῶν[a] τελωνῶν καὶ ἁμαρτωλῶν ἐσθίετε καὶ πίνετε; **31** Καὶ ἀποκριθεὶς ὁ Ἰησοῦς εἶπεν πρὸς αὐτούς, Οὐ χρείαν ἔχουσιν οἱ ὑγιαίνοντες ἰατροῦ, ἀλλ' [5] οἱ κακῶς ἔχοντες. **32** Οὐκ ἐλήλυθα καλέσαι δικαίους, ἀλλὰ ἁμαρτωλοὺς εἰς μετάνοιαν. **33** Οἱ δὲ εἶπον [6] πρὸς αὐτόν, Διὰ τί οἱ [7] μαθηταὶ Ἰωάννου νηστεύουσιν πυκνά, καὶ δεήσεις ποιοῦνται, ὁμοίως καὶ οἱ τῶν Φαρισαίων· οἱ δὲ σοὶ ἐσθίουσιν καὶ πίνουσιν; **34** Ὁ δὲ εἶπεν [8] πρὸς αὐτούς, Μὴ δύνασθε τοὺς υἱοὺς τοῦ νυμφῶνος, ἐν ᾧ ὁ νυμφίος μετ' αὐτῶν ἐστιν, ποιῆσαι νηστεύειν; [9] **35** Ἐλεύσονται δὲ ἡμέραι, καὶ ὅταν ἀπαρθῇ ἀπ' αὐτῶν ὁ νυμφίος, τότε νηστεύσουσιν ἐν ἐκείναις ταῖς ἡμέραις. **36** Ἔλεγεν δὲ καὶ παραβολὴν πρὸς αὐτοὺς ὅτι Οὐδεὶς ἐπίβλημα ἱματίου καινοῦ [10] ἐπιβάλλει ἐπὶ ἱμάτιον παλαιόν· εἰ δὲ μήγε, [11] καὶ τὸ καινὸν σχίζει, [12] καὶ τῷ παλαιῷ οὐ συμφωνεῖ [13] τὸ ἀπὸ τοῦ καινοῦ. **37** Καὶ οὐδεὶς βάλλει οἶνον νέον εἰς ἀσκοὺς παλαιούς· εἰ δὲ μήγε, [14] ῥήξει ὁ νέος οἶνος [15] τοὺς ἀσκούς, καὶ αὐτὸς ἐκχυθήσεται, καὶ οἱ ἀσκοὶ ἀπολοῦνται. **38** Ἀλλὰ οἶνον νέον εἰς ἀσκοὺς καινοὺς βλητέον, καὶ ἀμφότεροι συντηροῦνται. [16] **39** Καὶ [17] οὐδεὶς πιὼν παλαιὸν εὐθέως [18] θέλει νέον· λέγει γάρ, Ὁ παλαιὸς χρηστότερός [19] ἐστιν.

---

[a] τῶν • —

---

[1] ἅπαντα • πάντα [2] ἠκολούθησεν • ἠκολούθει [3] τελωνῶν πολύς • πολὺς τελωνῶν [4] γραμματεῖς αὐτῶν καὶ οἱ Φαρισαῖοι • Φαρισαῖοι καὶ οἱ γραμματεῖς αὐτῶν [5] ἀλλ' • ἀλλὰ [6] εἶπον • εἶπαν [7] Διὰ τί οἱ • Οἱ [8] εἶπεν • Ἰησοῦς εἶπεν [9] νηστεύειν • νηστεῦσαι [10] ἱματίου καινοῦ • ἀπὸ ἱματίου καινοῦ σχίσας [11] μήγε • μή γε [12] σχίζει • σχίσει [13] συμφωνεῖ • συμφωνήσει τὸ ἐπίβλημα [14] μήγε • μή γε [15] ὁ νέος οἶνος • ὁ οἶνος ὁ νέος [16] καὶ ἀμφότεροι συντηροῦνται • — [17] Καὶ • [Καὶ] [18] εὐθέως • — [19] χρηστότερός • χρηστός

Disputes Concerning Sabbath Observance

6 Ἐγένετο δὲ ἐν σαββάτῳ δευτεροπρώτῳ[1] διαπορεύεσθαι αὐτὸν διὰ τῶν[2] σπορίμων· καὶ ἔτιλλον οἱ μαθηταὶ αὐτοῦ τοὺς στάχυας, καὶ ἤσθιον,[3] ψώχοντες ταῖς χερσίν. 2 Τινὲς δὲ τῶν Φαρισαίων εἶπον αὐτοῖς,[4] Τί ποιεῖτε ὃ οὐκ ἔξεστιν ποιεῖν ἐν[5] τοῖς σάββασιν; 3 Καὶ ἀποκριθεὶς πρὸς αὐτοὺς εἶπεν ὁ Ἰησοῦς, Οὐδὲ τοῦτο ἀνέγνωτε, ὃ ἐποίησεν Δαυίδ, ὁπότε[6] ἐπείνασεν αὐτὸς καὶ οἱ μετ' αὐτοῦ ὄντες;[7] 4 Ὡς[8] εἰσῆλθεν εἰς τὸν οἶκον τοῦ θεοῦ, καὶ τοὺς ἄρτους τῆς προθέσεως ἔλαβεν, καὶ[9] ἔφαγεν, καὶ ἔδωκεν καὶ τοῖς[10] μετ' αὐτοῦ, οὓς οὐκ ἔξεστιν φαγεῖν εἰ μὴ μόνους τοὺς ἱερεῖς; 5 Καὶ ἔλεγεν αὐτοῖς ὅτι[11] Κύριός ἐστιν ὁ υἱὸς τοῦ ἀνθρώπου καὶ τοῦ σαββάτου.[12]

6 Ἐγένετο δὲ καὶ ἐν[13] ἑτέρῳ σαββάτῳ εἰσελθεῖν αὐτὸν εἰς τὴν συναγωγὴν καὶ διδάσκειν· καὶ ἦν ἐκεῖ ἄνθρωπος,[14] καὶ ἡ χεὶρ αὐτοῦ ἡ δεξιὰ ἦν ξηρά. 7 Παρετήρουν δὲ[15] οἱ γραμματεῖς καὶ οἱ Φαρισαῖοι, εἰ ἐν τῷ σαββάτῳ θεραπεύσει·[16] ἵνα εὕρωσιν κατηγορίαν[17] αὐτοῦ. 8 Αὐτὸς δὲ ᾔδει τοὺς διαλογισμοὺς αὐτῶν, καὶ εἶπεν τῷ ἀνθρώπῳ[18] τῷ ξηρὰν ἔχοντι τὴν χεῖρα, Ἔγειραι,[19] καὶ στῆθι εἰς τὸ μέσον. Ὁ δὲ[20] ἀναστὰς ἔστη. 9 Εἶπεν οὖν[21] ὁ Ἰησοῦς πρὸς αὐτούς, Ἐπερωτήσω[22] ὑμᾶς τί, Ἔξεστιν[23] τοῖς σάββασιν[24] ἀγαθοποιῆσαι ἢ κακοποιῆσαι; Ψυχὴν σῶσαι ἢ ἀποκτεῖναι;[25] 10 Καὶ περιβλεψάμενος πάντας αὐτούς, εἶπεν αὐτῷ, Ἔκτεινον τὴν χεῖρά σου. Ὁ δὲ ἐποίησεν καὶ ἀποκατεστάθη[26] ἡ χεὶρ αὐτοῦ ὑγιὴς ὡς ἡ ἄλλη.[27] 11 Αὐτοὶ

---

[1] δευτεροπρώτῳ •   [2] τῶν •   [3] τοὺς στάχυας καὶ ἤσθιον • καὶ ἤσθιον τοὺς στάχυας   [4] εἶπον αὐτοῖς • εἶπαν   [5] ποιεῖν ἐν •   [6] ὁπότε • ὅτε   [7] ὄντες • [ὄντες]   [8] Ὡς • [Ὡς]   [9] ἔλαβεν καὶ • λαβὼν   [10] καὶ τοῖς • τοῖς   [11] ὅτι •   [12] ὁ υἱὸς τοῦ ἀνθρώπου καὶ τοῦ σαββάτου • τοῦ σαββάτου ὁ υἱὸς τοῦ ἀνθρώπου   [13] καὶ ἐν • ἐν   [14] ἐκεῖ ἄνθρωπος • ἄνθρωπος ἐκεῖ   [15] Παρετήρουν δὲ • Παρετηροῦντο δὲ αὐτὸν   [16] θεραπεύσει • θεραπεύει   [17] κατηγορίαν • κατηγορεῖν   [18] καὶ εἶπεν τῷ ἀνθρώπῳ • εἶπεν δὲ τῷ ἀνδρὶ   [19] Ἔγειραι • Ἔγειρε   [20] Ὁ δὲ • Καὶ   [21] οὖν • δὲ   [22] Ἐπερωτήσω • Ἐπερωτῶ   [23] ὑμᾶς τί, Ἔξεστιν • ὑμᾶς, Εἰ ἔξεστιν   [24] τοῖς σάββασιν • τῷ σαββάτῳ   [25] ἀποκτεῖναι • ἀπολέσαι   [26] ἀποκατεστάθη • ἀπεκατεστάθη   [27] ὑγιὴς ὡς ἡ ἄλλη • —

δὲ ἐπλήσθησαν ἀνοίας· καὶ διελάλουν πρὸς ἀλλήλους, τί ἂν ποιήσειαν¹ τῷ Ἰησοῦ.

12 Ἐγένετο δὲ ἐν ταῖς ἡμέραις ταύταις ἐξῆλθεν² εἰς τὸ ὄρος προσεύξασθαι· καὶ ἦν διανυκτερεύων ἐν τῇ προσευχῇ τοῦ θεοῦ.

The Twelve Apostles

13 Καὶ ὅτε ἐγένετο ἡμέρα, προσεφώνησεν τοὺς μαθητὰς αὐτοῦ· καὶ ἐκλεξάμενος ἀπ' αὐτῶν δώδεκα, οὓς καὶ ἀποστόλους ὠνόμασεν, 14 Σίμωνα ὃν καὶ ὠνόμασεν Πέτρον, καὶ Ἀνδρέαν τὸν ἀδελφὸν αὐτοῦ, Ἰάκωβον³ καὶ Ἰωάννην, Φίλιππον⁴ καὶ Βαρθολομαῖον, 15 Ματθαῖον⁵ καὶ Θωμᾶν, Ἰάκωβον τὸν τοῦ⁶ Ἁλφαίου, καὶ Σίμωνα τὸν καλούμενον Ζηλωτήν, 16 Ἰούδαν Ἰακώβου,⁷ καὶ Ἰούδαν Ἰσκαριώτην,⁸ ὃς καὶ⁹ ἐγένετο προδότης.

Miracles of Healing and Preaching

17 Καὶ καταβὰς μετ' αὐτῶν, ἔστη ἐπὶ τόπου πεδινοῦ, καὶ ὄχλος μαθητῶν¹⁰ αὐτοῦ, καὶ πλῆθος πολὺ τοῦ λαοῦ ἀπὸ πάσης τῆς Ἰουδαίας καὶ Ἱερουσαλήμ, καὶ τῆς παραλίου Τύρου καὶ Σιδῶνος, οἳ ἦλθον ἀκοῦσαι αὐτοῦ, καὶ ἰαθῆναι ἀπὸ τῶν νόσων αὐτῶν· 18 καὶ οἱ ὀχλούμενοι¹¹ ὑπὸ [a, 12] πνευμάτων ἀκαθάρτων, καὶ ἐθεραπεύοντο.¹³ 19 Καὶ πᾶς ὁ ὄχλος ἐζήτει¹⁴ ἅπτεσθαι αὐτοῦ· ὅτι δύναμις παρ' αὐτοῦ ἐξήρχετο καὶ ἰᾶτο πάντας.

20 Καὶ αὐτὸς ἐπάρας τοὺς ὀφθαλμοὺς αὐτοῦ εἰς τοὺς μαθητὰς αὐτοῦ ἔλεγεν,

Μακάριοι οἱ πτωχοί, ὅτι ὑμετέρα ἐστὶν ἡ βασιλεία τοῦ θεοῦ.

21 Μακάριοι οἱ πεινῶντες νῦν, ὅτι χορτασθήσεσθε.

Μακάριοι οἱ κλαίοντες νῦν, ὅτι γελάσετε.

---

a ὑπὸ • ἀπὸ

1 ποιήσειαν • ποιήσαιεν   2 ἐξῆλθεν • ἐξελθεῖν αὐτὸν   3 Ἰάκωβον • καὶ Ἰάκωβον   4 Φίλιππον • καὶ Φίλιππον   5 Ματθαῖον • καὶ Μαθθαῖον   6 Ἰάκωβον τὸν τοῦ • καὶ Ἰάκωβον   7 Ἰούδαν Ἰακώβου • καὶ Ἰούδαν Ἰακώβου   8 Ἰσκαριώτην • Ἰσκαριώθ   9 ὃς καὶ • ὃς   10 μαθητῶν • πολὺς μαθητῶν   11 ὀχλούμενοι • ἐνοχλούμενοι   12 ὑπὸ • ἀπὸ   13 καὶ ἐθεραπεύοντο • ἐθεραπεύοντο   14 ἐζήτει • ἐζήτουν

22 Μακάριοί ἐστε, ὅταν μισήσωσιν ὑμᾶς οἱ ἄνθρωποι, καὶ ὅταν ἀφορίσωσιν ὑμᾶς, καὶ ὀνειδίσωσιν, καὶ ἐκβάλωσιν τὸ ὄνομα ὑμῶν ὡς πονηρόν, ἕνεκα τοῦ υἱοῦ τοῦ ἀνθρώπου. 23 Χάρητε ἐν ἐκείνῃ τῇ ἡμέρᾳ καὶ σκιρτήσατε· ἰδοὺ γάρ, ὁ μισθὸς ὑμῶν πολὺς ἐν τῷ οὐρανῷ· κατὰ ταῦτα¹ γὰρ ἐποίουν τοῖς προφήταις οἱ πατέρες αὐτῶν. 24 Πλὴν οὐαὶ ὑμῖν τοῖς πλουσίοις, ὅτι ἀπέχετε τὴν παράκλησιν ὑμῶν. 25 Οὐαὶ ὑμῖν, οἱ ἐμπεπλησμένοι,² ὅτι πεινάσετε. Οὐαὶ ὑμῖν, οἱ γελῶντες³ νῦν, ὅτι πενθήσετε καὶ κλαύσετε. 26 Οὐαὶ ὅταν καλῶς ὑμᾶς εἴπωσιν ᵃ,⁴ οἱ ἄνθρωποι· κατὰ ταῦτα⁵ γὰρ ἐποίουν τοῖς ψευδοπροφήταις οἱ πατέρες αὐτῶν.

27 Ἀλλ᾽ ᵇ,⁶ ὑμῖν λέγω τοῖς ἀκούουσιν, Ἀγαπᾶτε τοὺς ἐχθροὺς ὑμῶν, καλῶς ποιεῖτε τοῖς μισοῦσιν ὑμᾶς, 28 εὐλογεῖτε τοὺς καταρωμένους ὑμῖν,⁷ προσεύχεσθε ὑπὲρ⁸ τῶν ἐπηρεαζόντων ὑμᾶς. 29 Τῷ τύπτοντί σε ἐπὶ τὴν σιαγόνα, πάρεχε καὶ τὴν ἄλλην· καὶ ἀπὸ τοῦ αἴροντός σου τὸ ἱμάτιον, καὶ τὸν χιτῶνα μὴ κωλύσῃς. 30 Παντὶ δὲ τῷ⁹ αἰτοῦντί σε δίδου· καὶ ἀπὸ τοῦ αἴροντος τὰ σὰ μὴ ἀπαίτει. 31 Καὶ καθὼς θέλετε ἵνα ποιῶσιν ὑμῖν οἱ ἄνθρωποι, καὶ ὑμεῖς¹⁰ ποιεῖτε αὐτοῖς ὁμοίως. 32 Καὶ εἰ ἀγαπᾶτε τοὺς ἀγαπῶντας ὑμᾶς, ποία ὑμῖν χάρις ἐστίν; Καὶ γὰρ οἱ ἁμαρτωλοὶ τοὺς ἀγαπῶντας αὐτοὺς ἀγαπῶσιν. 33 Καὶ ἐὰν¹¹ ἀγαθοποιῆτε τοὺς ἀγαθοποιοῦντας ὑμᾶς, ποία ὑμῖν χάρις ἐστίν; Καὶ γὰρ¹² οἱ ἁμαρτωλοὶ τὸ αὐτὸ ποιοῦσιν. 34 Καὶ ἐὰν δανείζητε¹³ παρ᾽ ὧν ἐλπίζετε ἀπολαβεῖν,¹⁴ ποία ὑμῖν χάρις ἐστίν;¹⁵ Καὶ γὰρ¹⁶ ἁμαρτωλοὶ ἁμαρτωλοῖς δανείζουσιν,¹⁷ ἵνα ἀπολάβωσιν τὰ ἴσα. 35 Πλὴν

ᵃ εἴπωσιν • εἴπωσιν πάντες   ᵇ Ἀλλ᾽ • Ἀλλὰ

1 ταῦτα • τὰ αὐτά   2 ἐμπεπλησμένοι • ἐμπεπλησμένοι νῦν   3 ὑμῖν οἱ γελῶντες • οἱ γελῶντες   4 καλῶς ὑμᾶς εἴπωσιν • ὑμᾶς καλῶς εἴπωσιν πάντες   5 ταῦτα • τὰ αὐτά   6 Ἀλλ᾽ • Ἀλλὰ   7 ὑμῖν • ὑμᾶς   8 ὑπὲρ • περὶ   9 δὲ τῷ • —   10 καὶ ὑμεῖς • —   11 ἐὰν • [γὰρ] ἐὰν   12 γὰρ • —   13 δανείζητε • δανίσητε   14 ἀπολαβεῖν • λαβεῖν   15 ἐστίν • [ἐστίν]   16 γὰρ • —   17 δανείζουσιν • δανίζουσιν

ἀγαπᾶτε τοὺς ἐχθροὺς ὑμῶν, καὶ ἀγαθοποιεῖτε, καὶ δανείζετε,[1] μηδὲν ἀπελπίζοντες· καὶ ἔσται ὁ μισθὸς ὑμῶν πολύς, καὶ ἔσεσθε υἱοὶ ὑψίστου· ὅτι αὐτὸς χρηστός ἐστιν ἐπὶ τοὺς ἀχαρίστους καὶ πονηρούς. 36 Γίνεσθε οὖν[2] οἰκτίρμονες, καθὼς καὶ[3] ὁ πατὴρ ὑμῶν οἰκτίρμων ἐστίν. 37 Καὶ μὴ κρίνετε, καὶ οὐ μὴ κριθῆτε.[4] Μὴ καταδικάζετε, καὶ οὐ μὴ καταδικασθῆτε· ἀπολύετε, καὶ ἀπολυθήσεσθε· 38 δίδοτε, καὶ δοθήσεται ὑμῖν· μέτρον καλόν, πεπιεσμένον καὶ σεσαλευμένον[5] καὶ ὑπερεκχυνόμενον[6] δώσουσιν εἰς τὸν κόλπον ὑμῶν. Τῷ γὰρ αὐτῷ μέτρῳ ᾧ[7] μετρεῖτε ἀντιμετρηθήσεται ὑμῖν.

39 Εἶπεν δὲ[8] παραβολὴν αὐτοῖς, Μήτι δύναται τυφλὸς τυφλὸν ὁδηγεῖν; Οὐχὶ ἀμφότεροι εἰς βόθυνον πεσοῦνται;[9] 40 Οὐκ ἔστιν μαθητὴς ὑπὲρ τὸν διδάσκαλον αὐτοῦ· κατηρτισμένος[10] δὲ πᾶς ἔσται ὡς ὁ διδάσκαλος αὐτοῦ. 41 Τί δὲ βλέπεις τὸ κάρφος τὸ ἐν τῷ ὀφθαλμῷ τοῦ ἀδελφοῦ σου, τὴν δὲ δοκὸν τὴν ἐν τῷ ἰδίῳ ὀφθαλμῷ οὐ κατανοεῖς; 42 Ἢ[11] πῶς δύνασαι λέγειν τῷ ἀδελφῷ σου, Ἀδελφέ, ἄφες ἐκβάλω τὸ κάρφος τὸ ἐν τῷ ὀφθαλμῷ σου, αὐτὸς τὴν ἐν τῷ ὀφθαλμῷ σου δοκὸν οὐ βλέπων; Ὑποκριτά, ἔκβαλε πρῶτον τὴν δοκὸν ἐκ τοῦ ὀφθαλμοῦ σου, καὶ τότε διαβλέψεις ἐκβαλεῖν τὸ[12] κάρφος τὸ ἐν τῷ ὀφθαλμῷ τοῦ ἀδελφοῦ σου.[13] 43 Οὐ γάρ ἐστιν δένδρον καλὸν ποιοῦν καρπὸν σαπρόν· οὐδὲ[14] δένδρον σαπρὸν ποιοῦν καρπὸν καλόν. 44 Ἕκαστον γὰρ δένδρον ἐκ τοῦ ἰδίου καρποῦ γινώσκεται. Οὐ γὰρ ἐξ ἀκανθῶν συλλέγουσιν σῦκα, οὐδὲ ἐκ βάτου τρυγῶσιν σταφυλήν.[15] 45 Ὁ ἀγαθὸς ἄνθρωπος ἐκ τοῦ ἀγαθοῦ θησαυροῦ τῆς καρδίας αὐτοῦ προφέρει τὸ ἀγαθόν,[16] καὶ ὁ πονηρὸς ἄνθρωπος[17] ἐκ τοῦ

---

[1] δανείζετε • δανίζετε   [2] οὖν • —   [3] καὶ • [καὶ]   [4] κριθῆτε • κριθῆτε. Καὶ   [5] καὶ σεσαλευμένον • σεσαλευμένον   [6] καὶ ὑπερεκχυνόμενον • ὑπερεκχυννόμενον   [7] Τῷ γὰρ αὐτῷ μέτρῳ ᾧ • ᾯ γὰρ μέτρῳ   [8] δὲ • δὲ καὶ   [9] πεσοῦνται • ἐμπεσοῦνται   [10] αὐτοῦ κατηρτισμένος • κατηρτισμένος   [11] Ἢ • —   [12] ἐκβαλεῖν τὸ • τὸ   [13] ἀδελφοῦ σου • ἀδελφοῦ σου ἐκβαλεῖν   [14] οὐδὲ • οὐδὲ πάλιν   [15] τρυγῶσιν σταφυλήν • σταφυλὴν τρυγῶσιν   [16] αὐτοῦ προφέρει τὸ ἀγαθόν • προφέρει τὸ ἀγαθόν   [17] πονηρὸς ἄνθρωπος • πονηρὸς

πονηροῦ θησαυροῦ τῆς καρδίας αὐτοῦ¹ προφέρει τὸ πονηρόν· ἐκ γὰρ τοῦ περισσεύματος τῆς² καρδίας λαλεῖ τὸ στόμα αὐτοῦ.

46 Τί δέ με καλεῖτε, Κύριε, κύριε, καὶ οὐ ποιεῖτε ἃ λέγω; 47 Πᾶς ὁ ἐρχόμενος πρός με καὶ ἀκούων μου τῶν λόγων καὶ ποιῶν αὐτούς, ὑποδείξω ὑμῖν τίνι ἐστὶν ὅμοιος· 48 ὅμοιός ἐστιν ἀνθρώπῳ οἰκοδομοῦντι οἰκίαν, ὃς ἔσκαψεν καὶ ἐβάθυνεν, καὶ ἔθηκεν θεμέλιον ἐπὶ τὴν πέτραν· πλημμύρας³ δὲ γενομένης, προσέρρηξεν⁴ ὁ ποταμὸς τῇ οἰκίᾳ ἐκείνῃ, καὶ οὐκ ἴσχυσεν σαλεῦσαι αὐτήν· τεθεμελίωτο γὰρ ἐπὶ τὴν πέτραν.⁵ 49 Ὁ δὲ ἀκούσας καὶ μὴ ποιήσας ὅμοιός ἐστιν ἀνθρώπῳ οἰκοδομήσαντι οἰκίαν ἐπὶ τὴν γῆν χωρὶς θεμελίου· ᾗ προσέρρηξεν⁶ ὁ ποταμός, καὶ εὐθέως ἔπεσεν,⁷ καὶ ἐγένετο τὸ ῥῆγμα τῆς οἰκίας ἐκείνης μέγα.

The Centurion of Capernaum

7 Ἐπεὶ δὲ⁸ ἐπλήρωσεν πάντα τὰ ῥήματα αὐτοῦ εἰς τὰς ἀκοὰς τοῦ λαοῦ, εἰσῆλθεν εἰς Καπερναούμ.⁹

2 Ἑκατοντάρχου δέ τινος δοῦλος κακῶς ἔχων ἔμελλεν¹⁰ τελευτᾶν, ὃς ἦν αὐτῷ ἔντιμος. 3 Ἀκούσας δὲ περὶ τοῦ Ἰησοῦ, ἀπέστειλεν πρὸς αὐτὸν πρεσβυτέρους τῶν Ἰουδαίων, ἐρωτῶν αὐτὸν ὅπως ἐλθὼν διασώσῃ τὸν δοῦλον αὐτοῦ. 4 Οἱ δέ, παραγενόμενοι πρὸς τὸν Ἰησοῦν, παρεκάλουν αὐτὸν σπουδαίως, λέγοντες ὅτι ἄξιός ἐστιν ᾧ παρέξει¹¹ τοῦτο· 5 ἀγαπᾷ γὰρ τὸ ἔθνος ἡμῶν, καὶ τὴν συναγωγὴν αὐτὸς ᾠκοδόμησεν ἡμῖν. 6 Ὁ δὲ Ἰησοῦς ἐπορεύετο σὺν αὐτοῖς. Ἤδη δὲ αὐτοῦ οὐ μακρὰν ἀπέχοντος ἀπὸ τῆς οἰκίας, ἔπεμψεν πρὸς αὐτὸν ὁ ἑκατόνταρχος φίλους,¹² λέγων αὐτῷ, Κύριε,

---

1 *πονηροῦ θησαυροῦ τῆς καρδίας αὐτοῦ • πονηροῦ* 2 *τοῦ περισσεύματος τῆς • περισσεύματος* 3 *πλημμύρας • πλημμύρης* 4 *προσέρρηξεν • προσέρηξεν* 5 *τεθεμελίωτο γὰρ ἐπὶ τὴν πέτραν • διὰ τὸ καλῶς οἰκοδομῆσθαι αὐτήν* 6 *προσέρρηξεν • προσέρηξεν* 7 *εὐθέως ἔπεσεν • εὐθὺς συνέπεσεν* 8 *Ἐπεὶ δὲ • Ἐπειδὴ* 9 *Καπερναούμ • Καφαρναούμ* 10 *ἔμελλεν • ἤμελλεν* 11 *παρέξει • παρέξῃ* 12 *πρὸς αὐτὸν ὁ ἑκατόνταρχος φίλους • φίλους ὁ ἑκατοντάρχης*

μὴ σκύλλου· οὐ γάρ εἰμι ἱκανὸς¹ ἵνα ὑπὸ τὴν στέγην μου ᵃ εἰσέλθῃς· 7 διὸ οὐδὲ ἐμαυτὸν ἠξίωσα πρός σε ἐλθεῖν· ἀλλ'² εἰπὲ λόγῳ, καὶ ἰαθήσεται³ ὁ παῖς μου. 8 Καὶ γὰρ ἐγὼ ἄνθρωπός εἰμι ὑπὸ ἐξουσίαν τασσόμενος, ἔχων ὑπ' ἐμαυτὸν στρατιώτας, καὶ λέγω τούτῳ, Πορεύθητι, καὶ πορεύεται· καὶ ἄλλῳ, Ἔρχου, καὶ ἔρχεται· καὶ τῷ δούλῳ μου, Ποίησον τοῦτο, καὶ ποιεῖ. 9 Ἀκούσας δὲ ταῦτα ὁ Ἰησοῦς ἐθαύμασεν αὐτόν, καὶ στραφεὶς τῷ ἀκολουθοῦντι αὐτῷ ὄχλῳ εἶπεν, Λέγω ὑμῖν, οὔτε ᵇ,⁴ ἐν τῷ Ἰσραὴλ τοσαύτην πίστιν εὗρον. 10 Καὶ ὑποστρέψαντες οἱ πεμφθέντες εἰς τὸν οἶκον⁵ εὗρον τὸν ἀσθενοῦντα⁶ δοῦλον ὑγιαίνοντα.

Raising of the Widow's Son

11 Καὶ ἐγένετο ἐν τῷ ᶜ ἑξῆς, ἐπορεύετο⁷ εἰς πόλιν καλουμένην Ναΐν· καὶ συνεπορεύοντο αὐτῷ οἱ μαθηταὶ αὐτοῦ ἱκανοί,⁸ καὶ ὄχλος πολύς. 12 Ὡς δὲ ἤγγισεν τῇ πύλῃ τῆς πόλεως, καὶ ἰδού, ἐξεκομίζετο τεθνηκώς, υἱὸς μονογενὴς⁹ τῇ μητρὶ αὐτοῦ, καὶ αὐτὴ χήρα· ᵈ,¹⁰ καὶ ὄχλος τῆς πόλεως ἱκανὸς σὺν¹¹ αὐτῇ. 13 Καὶ ἰδὼν αὐτὴν ὁ κύριος ἐσπλαγχνίσθη ἐπ' αὐτῇ, καὶ εἶπεν αὐτῇ, Μὴ κλαῖε. 14 Καὶ προσελθὼν ἥψατο τῆς σοροῦ· οἱ δὲ βαστάζοντες ἔστησαν. Καὶ εἶπεν, Νεανίσκε, σοὶ λέγω, ἐγέρθητι. 15 Καὶ ἀνεκάθισεν ὁ νεκρός, καὶ ἤρξατο λαλεῖν. Καὶ ἔδωκεν αὐτὸν τῇ μητρὶ αὐτοῦ. 16 Ἔλαβεν δὲ φόβος πάντας, καὶ ἐδόξαζον τὸν θεόν, λέγοντες ὅτι Προφήτης μέγας ἐγήγερται¹² ἐν ἡμῖν, καὶ ὅτι Ἐπεσκέψατο ὁ θεὸς τὸν λαὸν αὐτοῦ. 17 Καὶ ἐξῆλθεν ὁ λόγος οὗτος ἐν ὅλῃ τῇ Ἰουδαίᾳ περὶ αὐτοῦ, καὶ ἐν πάσῃ¹³ τῇ περιχώρῳ.

ᵃ ὑπὸ τὴν στέγην μου • μου ὑπὸ τὴν στέγην   ᵇ οὔτε • οὐδὲ   ᶜ τῷ • τῇ   ᵈ χήρα • ἦν χήρα

¹ εἰμι ἱκανὸς • ἱκανός εἰμι   ² ἀλλ' • ἀλλὰ   ³ ἰαθήσεται • ἰαθήτω   ⁴ οὔτε • οὐδὲ
⁵ οἱ πεμφθέντες εἰς τὸν οἶκον • εἰς τὸν οἶκον οἱ πεμφθέντες   ⁶ ἀσθενοῦντα •
— ⁷ ἐπορεύετο • ἐπορεύθη   ⁸ ἱκανοί • —   ⁹ υἱὸς μονογενὴς • μονογενὴς υἱὸς
¹⁰ χήρα • ἦν χήρα   ¹¹ σὺν • ἦν σὺν   ¹² ἐγήγερται • ἠγέρθη   ¹³ ἐν πάσῃ • πάσῃ

Those Sent by John the Baptist

18 Καὶ ἀπήγγειλαν Ἰωάννῃ οἱ μαθηταὶ αὐτοῦ περὶ πάντων τούτων. 19 Καὶ προσκαλεσάμενος δύο τινὰς τῶν μαθητῶν αὐτοῦ ὁ Ἰωάννης ἔπεμψεν πρὸς τὸν Ἰησοῦν,[1] λέγων, Σὺ εἶ ὁ ἐρχόμενος, ἢ ἄλλον προσδοκῶμεν; 20 Παραγενόμενοι δὲ πρὸς αὐτὸν οἱ ἄνδρες εἶπον,[2] Ἰωάννης ὁ βαπτιστὴς ἀπέσταλκεν[3] ἡμᾶς πρός σε, λέγων, Σὺ εἶ ὁ ἐρχόμενος, ἢ ἄλλον προσδοκῶμεν; 21 Ἐν αὐτῇ δὲ[4] τῇ ὥρᾳ ἐθεράπευσεν πολλοὺς ἀπὸ νόσων καὶ μαστίγων καὶ πνευμάτων πονηρῶν, καὶ τυφλοῖς πολλοῖς ἐχαρίσατο τὸ[5] βλέπειν. 22 Καὶ ἀποκριθεὶς ὁ Ἰησοῦς[6] εἶπεν αὐτοῖς, Πορευθέντες ἀπαγγείλατε Ἰωάννῃ ἃ εἴδετε καὶ ἠκούσατε· ὅτι[7] τυφλοὶ ἀναβλέπουσιν, χωλοὶ περιπατοῦσιν, λεπροὶ καθαρίζονται, κωφοὶ[8] ἀκούουσιν, νεκροὶ ἐγείρονται, πτωχοὶ εὐαγγελίζονται· 23 καὶ μακάριός ἐστιν, ὃς ἐὰν μὴ σκανδαλισθῇ ἐν ἐμοί.

24 Ἀπελθόντων δὲ τῶν ἀγγέλων Ἰωάννου, ἤρξατο λέγειν τοῖς ὄχλοις[9] περὶ Ἰωάννου, Τί ἐξεληλύθατε[10] εἰς τὴν ἔρημον θεάσασθαι; Κάλαμον ὑπὸ ἀνέμου σαλευόμενον; 25 Ἀλλὰ τί ἐξεληλύθατε[11] ἰδεῖν; Ἄνθρωπον ἐν μαλακοῖς ἱματίοις ἠμφιεσμένον; Ἰδού, οἱ ἐν ἱματισμῷ ἐνδόξῳ καὶ τρυφῇ ὑπάρχοντες ἐν τοῖς βασιλείοις εἰσίν. 26 Ἀλλὰ τί ἐξεληλύθατε[12] ἰδεῖν; Προφήτην; Ναί, λέγω ὑμῖν, καὶ περισσότερον προφήτου. 27 Οὗτός ἐστιν περὶ οὗ γέγραπται, Ἰδού, ἐγὼ[13] ἀποστέλλω τὸν ἄγγελόν μου πρὸ προσώπου σου, ὃς κατασκευάσει τὴν ὁδόν σου ἔμπροσθέν σου. 28 Λέγω γὰρ[14] ὑμῖν, μείζων ἐν γεννητοῖς γυναικῶν προφήτης Ἰωάννου τοῦ βαπτιστοῦ[15] οὐδείς ἐστιν· ὁ δὲ μικρότερος ἐν τῇ βασιλείᾳ τοῦ θεοῦ μείζων αὐτοῦ ἐστιν. 29 Καὶ πᾶς ὁ λαὸς ἀκούσας καὶ οἱ τελῶναι ἐδικαίωσαν τὸν θεόν, βαπτισθέντες τὸ βάπτισμα

---

[1] Ἰησοῦν • κύριον   [2] εἶπον • εἶπαν   [3] ἀπέσταλκεν • ἀπέστειλεν   [4] αὐτῇ δὲ • ἐκείνῃ   [5] τὸ •   [6] ὁ Ἰησοῦς • —   [7] ὅτι • —   [8] κωφοὶ • καὶ κωφοὶ   [9] τοῖς ὄχλοις • πρὸς τοὺς ὄχλους   [10] ἐξεληλύθατε • ἐξήλθατε   [11] ἐξεληλύθατε • ἐξήλθατε   [12] ἐξεληλύθατε • ἐξήλθατε   [13] ἐγὼ • —   [14] γὰρ • —   [15] προφήτης Ἰωάννου τοῦ βαπτιστοῦ • Ἰωάννου

Ἰωάννου· 30 οἱ δὲ Φαρισαῖοι καὶ οἱ νομικοὶ τὴν βουλὴν τοῦ θεοῦ ἠθέτησαν εἰς ἑαυτούς, μὴ βαπτισθέντες ὑπ' αὐτοῦ. 31 Τίνι οὖν ὁμοιώσω τοὺς ἀνθρώπους τῆς γενεᾶς ταύτης, καὶ τίνι εἰσὶν ὅμοιοι; 32 Ὅμοιοί εἰσιν παιδίοις τοῖς ἐν ἀγορᾷ καθημένοις, καὶ προσφωνοῦσιν ἀλλήλοις, καὶ λέγουσιν,[1] Ηὐλήσαμεν ὑμῖν, καὶ οὐκ ὠρχήσασθε· ἐθρηνήσαμεν ὑμῖν,[2] καὶ οὐκ ἐκλαύσατε. 33 Ἐλήλυθεν γὰρ Ἰωάννης ὁ βαπτιστὴς μήτε ἄρτον ἐσθίων[3] μήτε οἶνον πίνων,[4] καὶ λέγετε, Δαιμόνιον ἔχει· 34 ἐλήλυθεν ὁ υἱὸς τοῦ ἀνθρώπου ἐσθίων καὶ πίνων, καὶ λέγετε, Ἰδού, ἄνθρωπος φάγος καὶ οἰνοπότης, φίλος τελωνῶν καὶ ἁμαρτωλῶν. 35 Καὶ ἐδικαιώθη ἡ σοφία ἀπὸ τῶν τέκνων αὐτῆς πάντων.[5]

The First Anointing of Jesus

36 Ἠρώτα δέ τις αὐτὸν τῶν Φαρισαίων ἵνα φάγῃ μετ' αὐτοῦ· καὶ εἰσελθὼν εἰς τὴν οἰκίαν[6] τοῦ Φαρισαίου ἀνεκλίθη.[7] 37 Καὶ ἰδού, γυνὴ ἐν τῇ πόλει, ἥτις ἦν[8] ἁμαρτωλός, ἐπιγνοῦσα[a,9] ὅτι ἀνάκειται[10] ἐν τῇ οἰκίᾳ τοῦ Φαρισαίου, κομίσασα ἀλάβαστρον μύρου, 38 καὶ στᾶσα παρὰ[11] τοὺς πόδας αὐτοῦ ὀπίσω κλαίουσα,[12] ἤρξατο βρέχειν τοὺς πόδας αὐτοῦ τοῖς δάκρυσιν,[13] καὶ ταῖς θριξὶν τῆς κεφαλῆς αὐτῆς ἐξέμασσεν, καὶ κατεφίλει τοὺς πόδας αὐτοῦ, καὶ ἤλειφεν τῷ μύρῳ. 39 Ἰδὼν δὲ ὁ Φαρισαῖος ὁ καλέσας αὐτὸν εἶπεν ἐν ἑαυτῷ λέγων, Οὗτος, εἰ ἦν προφήτης, ἐγίνωσκεν ἂν τίς καὶ ποταπὴ ἡ γυνὴ ἥτις ἅπτεται αὐτοῦ, ὅτι ἁμαρτωλός ἐστιν. 40 Καὶ ἀποκριθεὶς ὁ Ἰησοῦς εἶπεν πρὸς αὐτόν, Σίμων, ἔχω σοί τι εἰπεῖν. Ὁ δέ φησιν,

---

[a] ἐπιγνοῦσα • καὶ ἐπιγνοῦσα

---

[1] καὶ λέγουσιν • ἃ λέγει   [2] ἐθρηνήσαμεν ὑμῖν • ἐθρηνήσαμεν   [3] μήτε ἄρτον ἐσθίων • μὴ ἐσθίων ἄρτον   [4] οἶνον πίνων • πίνων οἶνον   [5] τῶν τέκνων αὐτῆς πάντων • πάντων τῶν τέκνων αὐτῆς   [6] τὴν οἰκίαν • τὸν οἶκον   [7] ἀνεκλίθη • κατεκλίθη   [8] ἐν τῇ πόλει ἥτις ἦν • ἥτις ἦν ἐν τῇ πόλει   [9] ἐπιγνοῦσα • καὶ ἐπιγνοῦσα   [10] ἀνάκειται • κατάκειται   [11] παρὰ • ὀπίσω παρὰ   [12] ὀπίσω κλαίουσα • κλαίουσα τοῖς δάκρυσιν   [13] τοῖς δάκρυσιν • —

Διδάσκαλε, εἰπέ.¹ 41 Δύο χρεωφειλέται ἦσαν δανειστῇ² τινί· ὁ εἷς ὤφειλεν δηνάρια πεντακόσια, ὁ δὲ ἕτερος πεντήκοντα. 42 Μὴ ἐχόντων δὲ³ αὐτῶν ἀποδοῦναι, ἀμφοτέροις ἐχαρίσατο. Τίς οὖν αὐτῶν, εἰπέ, πλεῖον αὐτὸν ἀγαπήσει;⁴ 43 Ἀποκριθεὶς δὲ ὁ⁵ Σίμων εἶπεν, Ὑπολαμβάνω ὅτι ᾧ τὸ πλεῖον ἐχαρίσατο. Ὁ δὲ εἶπεν αὐτῷ, Ὀρθῶς ἔκρινας. 44 Καὶ στραφεὶς πρὸς τὴν γυναῖκα, τῷ Σίμωνι ἔφη, Βλέπεις ταύτην τὴν γυναῖκα; Εἰσῆλθόν σου εἰς τὴν οἰκίαν, ὕδωρ ἐπὶ τοὺς πόδας μου⁶ οὐκ ἔδωκας· αὕτη δὲ τοῖς δάκρυσιν ἔβρεξέν μου τοὺς πόδας, καὶ ταῖς θριξὶν τῆς κεφαλῆς⁷ αὐτῆς ἐξέμαξεν. 45 Φίλημά μοι οὐκ ἔδωκας· αὕτη δέ, ἀφ' ἧς εἰσῆλθον, οὐ διέλιπεν καταφιλοῦσά μου τοὺς πόδας. 46 Ἐλαίῳ τὴν κεφαλήν μου οὐκ ἤλειψας· αὕτη δὲ μύρῳ ἤλειψέν μου τοὺς πόδας.ᵃ,⁸ 47 Οὗ χάριν, λέγω σοι, ἀφέωνται αἱ ἁμαρτίαι αὐτῆς αἱ πολλαί, ὅτι ἠγάπησεν πολύ· ᾧ δὲ ὀλίγον ἀφίεται, ὀλίγον ἀγαπᾷ. 48 Εἶπεν δὲ αὐτῇ, Ἀφέωνταί σου αἱ ἁμαρτίαι. 49 Καὶ ἤρξαντο οἱ συνανακείμενοι λέγειν ἐν ἑαυτοῖς, Τίς οὗτός ἐστιν ὃς καὶ ἁμαρτίας ἀφίησιν; 50 Εἶπεν δὲ πρὸς τὴν γυναῖκα, Ἡ πίστις σου σέσωκέν σε· πορεύου εἰς εἰρήνην.

Teaching in Parables

8 Καὶ ἐγένετο ἐν τῷ καθεξῆς, καὶ αὐτὸς διώδευεν κατὰ πόλιν καὶ κώμην, κηρύσσων καὶ εὐαγγελιζόμενος τὴν βασιλείαν τοῦ θεοῦ· καὶ οἱ δώδεκα σὺν αὐτῷ, 2 καὶ γυναῖκές τινες αἳ ἦσαν τεθεραπευμέναι ἀπὸ πνευμάτων πονηρῶν καὶ ἀσθενειῶν, Μαρία ἡ καλουμένη Μαγδαληνή, ἀφ' ἧς δαιμόνια ἑπτὰ ἐξεληλύθει, 3 καὶ Ἰωάννα γυνὴ Χουζᾶ ἐπιτρόπου Ἡρῴδου, καὶ Σουσάννα,ᵇ καὶ ἕτεραι πολλαί, αἵτινες διηκόνουν αὐτοῖς ἀπὸ⁹ τῶν ὑπαρχόντων αὐταῖς.

ᵃ μου τοὺς πόδας • τοὺς πόδας μου   ᵇ Σουσάννα • Σωσάννα

---

1 φησιν Διδάσκαλε εἰπέ • Διδάσκαλε εἰπέ φησίν   2 χρεωφειλέται ἦσαν δανειστῇ • χρεοφειλέται ἦσαν δανιστῇ   3 δὲ • —   4 εἰπέ πλεῖον αὐτὸν ἀγαπήσει • πλεῖον ἀγαπήσει αὐτόν   5 δὲ ὁ • —   6 ἐπὶ τοὺς πόδας μου • μοι ἐπὶ πόδας   7 τῆς κεφαλῆς • —   8 μου τοὺς πόδας • τοὺς πόδας μου   9 ἀπὸ • ἐκ

4 Συνιόντος δὲ ὄχλου πολλοῦ, καὶ τῶν κατὰ πόλιν ἐπιπορευομένων πρὸς αὐτόν, εἶπεν διὰ παραβολῆς, 5 Ἐξῆλθεν ὁ σπείρων τοῦ σπεῖραι τὸν σπόρον αὐτοῦ. Καὶ ἐν τῷ σπείρειν αὐτόν, ὃ μὲν ἔπεσεν παρὰ τὴν ὁδόν, καὶ κατεπατήθη, καὶ τὰ πετεινὰ τοῦ οὐρανοῦ κατέφαγεν αὐτό. 6 Καὶ ἕτερον ἔπεσεν¹ ἐπὶ τὴν πέτραν, καὶ φυὲν ἐξηράνθη, διὰ τὸ μὴ ἔχειν ἰκμάδα. 7 Καὶ ἕτερον ἔπεσεν ἐν μέσῳ τῶν ἀκανθῶν, καὶ συμφυεῖσαι αἱ ἄκανθαι ἀπέπνιξαν αὐτό. 8 Καὶ ἕτερον ἔπεσεν εἰς τὴν γῆν τὴν ἀγαθήν, καὶ φυὲν ἐποίησεν καρπὸν ἑκατονταπλασίονα. Ταῦτα λέγων ἐφώνει, Ὁ ἔχων ὦτα ἀκούειν ἀκουέτω.

9 Ἐπηρώτων δὲ αὐτὸν οἱ μαθηταὶ αὐτοῦ, λέγοντες,² Τίς εἴη ἡ παραβολὴ αὕτη;³ 10 Ὁ δὲ εἶπεν, Ὑμῖν δέδοται γνῶναι τὰ μυστήρια τῆς βασιλείας τοῦ θεοῦ· τοῖς δὲ λοιποῖς ἐν παραβολαῖς, ἵνα βλέποντες μὴ βλέπωσιν, καὶ ἀκούοντες μὴ συνιῶσιν. 11 Ἔστιν δὲ αὕτη ἡ παραβολή· Ὁ σπόρος ἐστὶν ὁ λόγος τοῦ θεοῦ. 12 Οἱ δὲ παρὰ τὴν ὁδὸν εἰσὶν οἱ ἀκούοντες,⁴ εἶτα ἔρχεται ὁ διάβολος καὶ αἴρει τὸν λόγον ἀπὸ τῆς καρδίας αὐτῶν, ἵνα μὴ πιστεύσαντες σωθῶσιν. 13 Οἱ δὲ ἐπὶ τῆς πέτρας οἵ, ὅταν ἀκούσωσιν, μετὰ χαρᾶς δέχονται τὸν λόγον, καὶ οὗτοι ῥίζαν οὐκ ἔχουσιν, οἳ πρὸς καιρὸν πιστεύουσιν, καὶ ἐν καιρῷ πειρασμοῦ ἀφίστανται. 14 Τὸ δὲ εἰς τὰς ἀκάνθας πεσόν, οὗτοί εἰσιν οἱ ἀκούσαντες, καὶ ὑπὸ μεριμνῶν καὶ πλούτου καὶ ἡδονῶν τοῦ βίου πορευόμενοι συμπνίγονται, καὶ οὐ τελεσφοροῦσιν. 15 Τὸ δὲ ἐν τῇ καλῇ γῇ, οὗτοί εἰσιν οἵτινες ἐν καρδίᾳ καλῇ καὶ ἀγαθῇ, ἀκούσαντες τὸν λόγον κατέχουσιν, καὶ καρποφοροῦσιν ἐν ὑπομονῇ.

16 Οὐδεὶς δὲ λύχνον ἅψας καλύπτει αὐτὸν σκεύει, ἢ ὑποκάτω κλίνης τίθησιν, ἀλλ᾽ ἐπὶ λυχνίας ἐπιτίθησιν,⁵ ἵνα οἱ εἰσπορευόμενοι βλέπωσιν τὸ φῶς. 17 Οὐ γάρ ἐστιν κρυπτόν, ὃ οὐ φανερὸν γενήσεται· οὐδὲ ἀπόκρυφον, ὃ οὐ γνωσθήσεται⁶ καὶ εἰς φανερὸν ἔλθῃ. 18 Βλέπετε οὖν πῶς ἀκούετε· ὃς γὰρ

---

¹ ἔπεσεν • κατέπεσεν ² λέγοντες • — ³ εἴη ἡ παραβολὴ αὕτη • αὕτη εἴη ἡ παραβολή ⁴ ἀκούοντες • ἀκούσαντες ⁵ ἐπιτίθησιν • τίθησιν ⁶ γνωσθήσεται • μὴ γνωσθῇ

ἐὰν¹ ἔχῃ, δοθήσεται αὐτῷ· καὶ ὃς ἐὰν μὴ² ἔχῃ, καὶ ὃ δοκεῖ ἔχειν ἀρθήσεται ἀπ' αὐτοῦ.

19 Παρεγένοντο³ δὲ πρὸς αὐτὸν ἡ μήτηρ καὶ οἱ ἀδελφοὶ αὐτοῦ, καὶ οὐκ ἠδύναντο συντυχεῖν αὐτῷ διὰ τὸν ὄχλον. 20 Καὶ ἀπηγγέλη αὐτῷ, λεγόντων,⁴ Ἡ μήτηρ σου καὶ οἱ ἀδελφοί σου ἑστήκασιν ἔξω, ἰδεῖν σε θέλοντες.⁵ 21 Ὁ δὲ ἀποκριθεὶς εἶπεν πρὸς αὐτούς, Μήτηρ μου καὶ ἀδελφοί μου οὗτοί εἰσιν, οἱ τὸν λόγον τοῦ θεοῦ ἀκούοντες καὶ ποιοῦντες αὐτόν.⁶

The Storm on the Sea

22 Καὶ ἐγένετο⁷ ἐν μιᾷ τῶν ἡμερῶν, καὶ αὐτὸς ἐνέβη εἰς πλοῖον καὶ οἱ μαθηταὶ αὐτοῦ, καὶ εἶπεν πρὸς αὐτούς, Διέλθωμεν εἰς τὸ πέραν τῆς λίμνης. Καὶ ἀνήχθησαν. 23 Πλεόντων δὲ αὐτῶν ἀφύπνωσεν· καὶ κατέβη λαῖλαψ ἀνέμου εἰς τὴν λίμνην, καὶ συνεπληροῦντο, καὶ ἐκινδύνευον. 24 Προσελθόντες δὲ διήγειραν αὐτόν, λέγοντες, Ἐπιστάτα, ἐπιστάτα, ἀπολλύμεθα. Ὁ δὲ ἐγερθεὶς⁸ ἐπετίμησεν τῷ ἀνέμῳ καὶ τῷ κλύδωνι τοῦ ὕδατος· καὶ ἐπαύσαντο, καὶ ἐγένετο γαλήνη. 25 Εἶπεν δὲ αὐτοῖς, Ποῦ ἐστιν ἡ⁹ πίστις ὑμῶν; Φοβηθέντες δὲ ἐθαύμασαν, λέγοντες πρὸς ἀλλήλους, Τίς ἄρα οὗτός ἐστιν, ὅτι καὶ τοῖς ἀνέμοις ἐπιτάσσει καὶ τῷ ὕδατι, καὶ ὑπακούουσιν αὐτῷ;

In the Country of the Gadarenes

26 Καὶ κατέπλευσαν εἰς τὴν χώραν τῶν Γαδαρηνῶν,¹⁰ ἥτις ἐστὶν ἀντιπέραν¹¹ τῆς Γαλιλαίας. 27 Ἐξελθόντι δὲ αὐτῷ ἐπὶ τὴν γῆν, ὑπήντησεν αὐτῷ ἀνήρ¹² τις ἐκ τῆς πόλεως, ὃς εἶχεν¹³ δαιμόνια ἐκ χρόνων ἱκανῶν, καὶ¹⁴ ἱμάτιον οὐκ ἐνεδιδύσκετο,¹⁵ καὶ ἐν οἰκίᾳ οὐκ ἔμενεν, ἀλλ' ἐν τοῖς μνήμασιν. 28 Ἰδὼν δὲ τὸν Ἰησοῦν, καὶ ἀνακράξας,¹⁶ προσέπεσεν αὐτῷ, καὶ

---

1 γὰρ ἐὰν • ἂν γὰρ   2 ἐὰν μὴ • ἂν μὴ   3 Παρεγένοντο • Παρεγένετο   4 Καὶ ἀπηγγέλη αὐτῷ λεγόντων • Ἀπηγγέλη δὲ αὐτῷ   5 σε θέλοντες • θέλοντές σε   6 αὐτόν • —   7 Καὶ ἐγένετο • Ἐγένετο δὲ   8 ἐγερθεὶς • διεγερθεὶς   9 ἐστιν ἡ • ἡ   10 Γαδαρηνῶν • Γερασηνῶν   11 ἀντιπέραν • ἀντιπέρα   12 αὐτῷ ἀνήρ • ἀνήρ   13 ὃς εἶχεν • ἔχων   14 ἐκ χρόνων ἱκανῶν καὶ • καὶ χρόνῳ ἱκανῷ   15 ἱμάτιον οὐκ ἐνεδιδύσκετο • οὐκ ἐνεδύσατο ἱμάτιον   16 καὶ ἀνακράξας • ἀνακράξας

φωνῇ μεγάλῃ εἶπεν, Τί ἐμοὶ καὶ σοί, Ἰησοῦ, υἱὲ τοῦ θεοῦ τοῦ ὑψίστου; Δέομαί σου, μή με βασανίσῃς. 29 Παρήγγειλεν γὰρ τῷ πνεύματι τῷ ἀκαθάρτῳ ἐξελθεῖν ἀπὸ τοῦ ἀνθρώπου· πολλοῖς γὰρ χρόνοις συνηρπάκει αὐτόν, καὶ ἐδεσμεῖτο¹ ἁλύσεσιν καὶ πέδαις φυλασσόμενος, καὶ διαρρήσσων τὰ δεσμὰ ἠλαύνετο ὑπὸ τοῦ δαίμονος² εἰς τὰς ἐρήμους. 30 Ἐπηρώτησεν δὲ αὐτὸν ὁ Ἰησοῦς, λέγων,³ Τί σοι ἐστὶν ὄνομα;⁴ Ὁ δὲ εἶπεν, Λεγεών,⁵ ὅτι δαιμόνια πολλὰ εἰσῆλθεν⁶ εἰς αὐτόν. 31 Καὶ παρεκάλει⁷ αὐτὸν ἵνα μὴ ἐπιτάξῃ αὐτοῖς εἰς τὴν ἄβυσσον ἀπελθεῖν. 32 Ἦν δὲ ἐκεῖ ἀγέλη χοίρων ἱκανῶν βοσκομένων⁸ ἐν τῷ ὄρει· καὶ παρεκάλουν⁹ αὐτὸν ἵνα ἐπιτρέψῃ αὐτοῖς εἰς ἐκείνους εἰσελθεῖν. Καὶ ἐπέτρεψεν αὐτοῖς. 33 Ἐξελθόντα δὲ τὰ δαιμόνια ἀπὸ τοῦ ἀνθρώπου εἰσῆλθον εἰς τοὺς χοίρους· καὶ ὥρμησεν ἡ ἀγέλη κατὰ τοῦ κρημνοῦ εἰς τὴν λίμνην, καὶ ἀπεπνίγη. 34 Ἰδόντες δὲ οἱ βόσκοντες τὸ γεγενημένον¹⁰ ἔφυγον, καὶ ἀπήγγειλαν εἰς τὴν πόλιν καὶ εἰς τοὺς ἀγρούς. 35 Ἐξῆλθον δὲ ἰδεῖν τὸ γεγονός· καὶ ἦλθον πρὸς τὸν Ἰησοῦν, καὶ εὗρον καθήμενον τὸν ἄνθρωπον ἀφ' οὗ τὰ δαιμόνια ἐξεληλύθει,¹¹ ἱματισμένον καὶ σωφρονοῦντα, παρὰ τοὺς πόδας τοῦ Ἰησοῦ· καὶ ἐφοβήθησαν. 36 Ἀπήγγειλαν δὲ αὐτοῖς καὶ¹² οἱ ἰδόντες πῶς ἐσώθη ὁ δαιμονισθείς. 37 Καὶ ἠρώτησαν¹³ αὐτὸν ἅπαν τὸ πλῆθος τῆς περιχώρου τῶν Γαδαρηνῶν¹⁴ ἀπελθεῖν ἀπ' αὐτῶν, ὅτι φόβῳ μεγάλῳ συνείχοντο· αὐτὸς δὲ ἐμβὰς εἰς τὸ πλοῖον¹⁵ ὑπέστρεψεν. 38 Ἐδέετο¹⁶ δὲ αὐτοῦ ὁ ἀνὴρ ἀφ' οὗ ἐξεληλύθει τὰ δαιμόνια εἶναι σὺν αὐτῷ. Ἀπέλυσεν δὲ αὐτὸν ὁ Ἰησοῦς¹⁷ λέγων, 39 Ὑπόστρεφε εἰς τὸν οἶκόν σου, καὶ διηγοῦ ὅσα ἐποίησέν σοι¹⁸ ὁ θεός. Καὶ ἀπῆλθεν, καθ' ὅλην τὴν πόλιν κηρύσσων ὅσα ἐποίησεν αὐτῷ ὁ Ἰησοῦς.

---

¹ ἐδεσμεῖτο • ἐδεσμεύετο   ² δαίμονος • δαιμονίου   ³ λέγων • —   ⁴ ἐστὶν ὄνομα • ὄνομά ἐστιν   ⁵ Λεγεών • Λεγιών   ⁶ δαιμόνια πολλὰ εἰσῆλθεν • εἰσῆλθεν δαιμόνια πολλὰ   ⁷ παρεκάλει • παρεκάλουν   ⁸ βοσκομένων • βοσκομένη   ⁹ παρεκάλουν • παρεκάλεσαν   ¹⁰ γεγενημένον • γεγονὸς   ¹¹ ἐξεληλύθει • ἐξῆλθεν   ¹² καὶ • —   ¹³ ἠρώτησαν • ἠρώτησεν   ¹⁴ Γαδαρηνῶν • Γερασηνῶν   ¹⁵ τὸ πλοῖον • πλοῖον   ¹⁶ Ἐδέετο • Ἐδεῖτο   ¹⁷ ὁ Ἰησοῦς • —   ¹⁸ ἐποίησέν σοι • σοι ἐποίησεν

The Woman with an Issue of Blood and Jairus' Daughter

40 Ἐγένετο δὲ ἐν τῷ ὑποστρέψαι¹ τὸν Ἰησοῦν, ἀπεδέξατο αὐτὸν ὁ ὄχλος· ἦσαν γὰρ πάντες προσδοκῶντες αὐτόν. **41** Καὶ ἰδού, ἦλθεν ἀνὴρ ᾧ ὄνομα Ἰάειρος, καὶ αὐτὸς² ἄρχων τῆς συναγωγῆς ὑπῆρχεν, καὶ πεσὼν παρὰ τοὺς πόδας τοῦ³ Ἰησοῦ παρεκάλει αὐτὸν εἰσελθεῖν εἰς τὸν οἶκον αὐτοῦ· **42** ὅτι θυγάτηρ μονογενὴς ἦν αὐτῷ ὡς ἐτῶν δώδεκα, καὶ αὕτη ᵃ,⁴ ἀπέθνῃσκεν. Ἐν δὲ τῷ ὑπάγειν αὐτὸν οἱ ὄχλοι συνέπνιγον αὐτόν.

43 Καὶ γυνὴ οὖσα ἐν ῥύσει αἵματος ἀπὸ ἐτῶν δώδεκα, ἥτις ἰατροῖς προσαναλώσασα ὅλον τὸν βίον⁵ οὐκ ἴσχυσεν ὑπ'⁶ οὐδενὸς θεραπευθῆναι, **44** προσελθοῦσα ὄπισθεν, ἥψατο τοῦ κρασπέδου τοῦ ἱματίου αὐτοῦ· καὶ παραχρῆμα ἔστη ἡ ῥύσις τοῦ αἵματος αὐτῆς. **45** Καὶ εἶπεν ὁ Ἰησοῦς, Τίς ὁ ἁψάμενός μου; Ἀρνουμένων δὲ πάντων, εἶπεν ὁ Πέτρος καὶ οἱ μετ' αὐτοῦ,⁷ Ἐπιστάτα, οἱ ὄχλοι συνέχουσίν σε καὶ ἀποθλίβουσιν, καὶ λέγεις, Τίς ὁ ἁψάμενός μου;⁸ **46** Ὁ δὲ Ἰησοῦς εἶπεν, Ἥψατό μού τις· ἐγὼ γὰρ ἔγνων δύναμιν ἐξελθοῦσαν⁹ ἀπ' ἐμοῦ. **47** Ἰδοῦσα δὲ ἡ γυνὴ ὅτι οὐκ ἔλαθεν, τρέμουσα ἦλθεν, καὶ προσπεσοῦσα αὐτῷ, δι' ἣν αἰτίαν ἥψατο αὐτοῦ ἀπήγγειλεν αὐτῷ ἐνώπιον¹⁰ παντὸς τοῦ λαοῦ, καὶ ὡς ἰάθη παραχρῆμα. **48** Ὁ δὲ εἶπεν αὐτῇ, Θάρσει, θύγατερ,¹¹ ἡ πίστις σου σέσωκέν σε· πορεύου εἰς εἰρήνην.

49 Ἔτι αὐτοῦ λαλοῦντος, ἔρχεταί τις παρὰ τοῦ ἀρχισυναγώγου, λέγων αὐτῷ¹² ὅτι Τέθνηκεν ἡ θυγάτηρ σου· μὴ¹³ σκύλλε τὸν διδάσκαλον. **50** Ὁ δὲ Ἰησοῦς ἀκούσας ἀπεκρίθη αὐτῷ, λέγων,¹⁴ Μὴ φοβοῦ· μόνον πίστευε,¹⁵ καὶ σωθήσεται. **51** Ἐλθὼν δὲ εἰς τὴν οἰκίαν, οὐκ ἀφῆκεν εἰσελθεῖν

ᵃ αὕτη • αὐτὴ

1 Ἐγένετο δὲ ἐν τῷ ὑποστρέψαι • Ἐν δὲ τῷ ὑποστρέφειν 2 Ἰάειρος καὶ αὐτὸς • Ἰάϊρος καὶ οὗτος 3 τοῦ • [τοῦ] 4 αὕτη • αὐτὴ 5 ἰατροῖς προσαναλώσασα ὅλον τὸν βίον • [ἰατροῖς προσαναλώσασα ὅλον τὸν βίον] 6 ὑπ' • ἀπ' 7 καὶ οἱ μετ' αὐτοῦ • — 8 καὶ λέγεις Τίς ὁ ἁψάμενός μου • — 9 ἐξελθοῦσαν • ἐξεληλυθυῖαν 10 αὐτῷ ἐνώπιον • ἐνώπιον 11 Θάρσει θύγατερ • Θυγάτηρ 12 αὐτῷ • — 13 μὴ • μηκέτι 14 λέγων • — 15 πίστευε • πίστευσον

οὐδένα,¹ εἰ μὴ Πέτρον καὶ Ἰωάννην καὶ Ἰάκωβον, καὶ τὸν πατέρα τῆς παιδὸς καὶ τὴν μητέρα. 52 Ἔκλαιον δὲ πάντες, καὶ ἐκόπτοντο αὐτήν. Ὁ δὲ εἶπεν, Μὴ κλαίετε· οὐκ² ἀπέθανεν, ἀλλὰ καθεύδει. 53 Καὶ κατεγέλων αὐτοῦ, εἰδότες ὅτι ἀπέθανεν. 54 Αὐτὸς δὲ ἐκβαλὼν ἔξω πάντας, καὶ³ κρατήσας τῆς χειρὸς αὐτῆς, ἐφώνησεν λέγων, Ἡ παῖς, ἐγείρου. ⁴ 55 Καὶ ἐπέστρεψεν τὸ πνεῦμα αὐτῆς, καὶ ἀνέστη παραχρῆμα· καὶ διέταξεν αὐτῇ δοθῆναι φαγεῖν. 56 Καὶ ἐξέστησαν οἱ γονεῖς αὐτῆς· ὁ δὲ παρήγγειλεν αὐτοῖς μηδενὶ εἰπεῖν τὸ γεγονός.

The Mission of the Twelve

9 Συγκαλεσάμενος δὲ τοὺς δώδεκα, ἔδωκεν αὐτοῖς δύναμιν καὶ ἐξουσίαν ἐπὶ πάντα τὰ δαιμόνια, καὶ νόσους θεραπεύειν. 2 Καὶ ἀπέστειλεν αὐτοὺς κηρύσσειν τὴν βασιλείαν τοῦ θεοῦ, καὶ ἰᾶσθαι τοὺς ἀσθενοῦντας.⁵ 3 Καὶ εἶπεν πρὸς αὐτούς, Μηδὲν αἴρετε εἰς τὴν ὁδόν· μήτε ῥάβδους,⁶ μήτε πήραν, μήτε ἄρτον, μήτε ἀργύριον, μήτε ἀνὰ⁷ δύο χιτῶνας ἔχειν. 4 Καὶ εἰς ἣν ἂν οἰκίαν εἰσέλθητε, ἐκεῖ μένετε, καὶ ἐκεῖθεν ἐξέρχεσθε. 5 Καὶ ὅσοι ἐὰν μὴ δέξωνται⁸ ὑμᾶς, ἐξερχόμενοι ἀπὸ τῆς πόλεως ἐκείνης καὶ τὸν⁹ κονιορτὸν ἀπὸ τῶν ποδῶν ὑμῶν ἀποτινάξατε¹⁰ εἰς μαρτύριον ἐπ' αὐτούς. 6 Ἐξερχόμενοι δὲ διήρχοντο κατὰ τὰς κώμας, εὐαγγελιζόμενοι καὶ θεραπεύοντες πανταχοῦ.

7 Ἤκουσεν δὲ Ἡρῴδης ὁ τετράρχης¹¹ τὰ γινόμενα ὑπ' αὐτοῦ¹² πάντα· καὶ διηπόρει, διὰ τὸ λέγεσθαι ὑπό τινων ὅτι Ἰωάννης ἐγήγερται¹³ ἐκ νεκρῶν· 8 ὑπό τινων δὲ ὅτι Ἠλίας ἐφάνη· ἄλλων δὲ ὅτι Προφήτης εἷς¹⁴ τῶν ἀρχαίων ἀνέστη. 9 Καὶ εἶπεν Ἡρῴδης,¹⁵ Ἰωάννην ἐγὼ ἀπεκεφάλισα· τίς δέ ἐστιν οὗτος, περὶ οὗ ἐγὼ ἀκούω¹⁶ τοιαῦτα; Καὶ ἐζήτει ἰδεῖν αὐτόν.

---

1 οὐδένα • τινα σὺν αὐτῷ   2 οὐκ • οὐ γὰρ   3 ἐκβαλὼν ἔξω πάντας καὶ • — 4 ἐγείρου • ἔγειρε   5 τοὺς ἀσθενοῦντας • [τοὺς ἀσθενεῖς]   6 ῥάβδους • ῥάβδον   7 ἀνὰ • [ἀνὰ]   8 ἐὰν μὴ δέξωνται • ἂν μὴ δέχωνται   9 καὶ τὸν • τὸν 10 ἀποτινάξατε • ἀποτινάσσετε   11 τετράρχης • τετραάρχης   12 ὑπ' αὐτοῦ • — 13 ἐγήγερται • ἠγέρθη   14 εἷς • τις   15 Καὶ εἶπεν Ἡρῴδης • Εἶπεν δὲ Ἡρῴδης 16 ἐγὼ ἀκούω • ἀκούω

The Feeding of the Five Thousand

10 Καὶ ὑποστρέψαντες οἱ ἀπόστολοι διηγήσαντο αὐτῷ ὅσα ἐποίησαν. Καὶ παραλαβὼν αὐτούς, ὑπεχώρησεν κατ' ἰδίαν εἰς τόπον ἔρημον [1] πόλεως καλουμένης Βηθσαϊδάν. [2] 11 Οἱ δὲ ὄχλοι γνόντες ἠκολούθησαν αὐτῷ· καὶ δεξάμενος [3] αὐτούς, ἐλάλει αὐτοῖς περὶ τῆς βασιλείας τοῦ θεοῦ, καὶ τοὺς χρείαν ἔχοντας θεραπείας ἰᾶτο. 12 Ἡ δὲ ἡμέρα ἤρξατο κλίνειν· προσελθόντες δὲ οἱ δώδεκα εἶπον [4] αὐτῷ, Ἀπόλυσον τὸν ὄχλον, ἵνα ἀπελθόντες [5] εἰς τὰς κύκλῳ κώμας καὶ τοὺς [6] ἀγροὺς καταλύσωσιν, καὶ εὕρωσιν ἐπισιτισμόν· ὅτι ὧδε ἐν ἐρήμῳ τόπῳ ἐσμέν. 13 Εἶπεν δὲ πρὸς αὐτούς, Δότε αὐτοῖς ὑμεῖς φαγεῖν. Οἱ δὲ εἶπον, [7] Οὐκ εἰσὶν ἡμῖν πλεῖον ἢ πέντε ἄρτοι [8] καὶ ἰχθύες δύο, εἰ μήτι πορευθέντες ἡμεῖς ἀγοράσωμεν εἰς πάντα τὸν λαὸν τοῦτον βρώματα. 14 Ἦσαν γὰρ ὡσεὶ ἄνδρες πεντακισχίλιοι. Εἶπεν δὲ πρὸς τοὺς μαθητὰς αὐτοῦ, Κατακλίνατε αὐτοὺς κλισίας ἀνὰ [9] πεντήκοντα. 15 Καὶ ἐποίησαν οὕτως, καὶ ἀνέκλιναν [10] ἅπαντας. 16 Λαβὼν δὲ τοὺς πέντε ἄρτους καὶ τοὺς δύο ἰχθύας, ἀναβλέψας εἰς τὸν οὐρανόν, εὐλόγησεν αὐτούς, καὶ κατέκλασεν, καὶ ἐδίδου τοῖς μαθηταῖς παρατιθέναι [11] τῷ ὄχλῳ. 17 Καὶ ἔφαγον καὶ ἐχορτάσθησαν πάντες· καὶ ἤρθη τὸ περισσεῦσαν αὐτοῖς κλασμάτων, κόφινοι δώδεκα.

Peter's Confession and Jesus' Answer

18 Καὶ ἐγένετο ἐν τῷ εἶναι αὐτὸν προσευχόμενον καταμόνας, [12] συνῆσαν αὐτῷ οἱ μαθηταί· καὶ ἐπηρώτησεν αὐτούς, λέγων, Τίνα με λέγουσιν οἱ ὄχλοι εἶναι; 19 Οἱ δὲ ἀποκριθέντες εἶπον, [13] Ἰωάννην τὸν βαπτιστήν· ἄλλοι δὲ Ἠλίαν· ἄλλοι δὲ ὅτι Προφήτης τις τῶν ἀρχαίων ἀνέστη. 20 Εἶπεν δὲ αὐτοῖς, Ὑμεῖς δὲ τίνα με λέγετε εἶναι; Ἀποκριθεὶς

---

[1] τόπον ἔρημον • —   [2] πόλεως καλουμένης Βηθσαϊδάν • πόλιν καλουμένην Βηθσαϊδὰ   [3] δεξάμενος • ἀποδεξάμενος   [4] εἶπον • εἶπαν   [5] ἀπελθόντες • πορευθέντες   [6] τοὺς • —   [7] εἶπον • εἶπαν   [8] πέντε ἄρτοι • ἄρτοι πέντε   [9] ἀνὰ • [ὡσεὶ] ἀνὰ   [10] ἀνέκλιναν • κατέκλιναν   [11] παρατιθέναι • παραθεῖναι   [12] καταμόνας • κατὰ μόνας   [13] εἶπον • εἶπαν

δὲ ὁ Πέτρος ¹ εἶπεν, Τὸν χριστὸν τοῦ θεοῦ. 21 Ὁ δὲ ἐπιτιμήσας αὐτοῖς παρήγγειλεν μηδενὶ εἰπεῖν ² τοῦτο, 22 εἰπὼν ὅτι Δεῖ τὸν υἱὸν τοῦ ἀνθρώπου πολλὰ παθεῖν, καὶ ἀποδοκιμασθῆναι ἀπὸ τῶν πρεσβυτέρων καὶ ἀρχιερέων καὶ γραμματέων, καὶ ἀποκτανθῆναι, καὶ τῇ τρίτῃ ἡμέρᾳ ἀναστῆναι. ᵃ, ³ 23 Ἔλεγεν δὲ πρὸς πάντας, Εἴ τις θέλει ὀπίσω μου ἐλθεῖν, ἀπαρνησάσθω ⁴ ἑαυτόν, καὶ ἀράτω τὸν σταυρὸν αὐτοῦ, ⁵ καὶ ἀκολουθείτω μοι. 24 Ὃς γὰρ ἐὰν ⁶ θέλῃ τὴν ψυχὴν αὐτοῦ σῶσαι, ἀπολέσει αὐτήν· ὃς δ᾽ ἂν ἀπολέσῃ τὴν ψυχὴν αὐτοῦ ἕνεκεν ἐμοῦ, οὗτος σώσει αὐτήν. 25 Τί γὰρ ὠφελεῖται ἄνθρωπος, κερδήσας τὸν κόσμον ὅλον, ἑαυτὸν δὲ ἀπολέσας ἢ ζημιωθείς; 26 Ὃς γὰρ ἂν ἐπαισχυνθῇ με καὶ τοὺς ἐμοὺς λόγους, τοῦτον ὁ υἱὸς τοῦ ἀνθρώπου ἐπαισχυνθήσεται, ὅταν ἔλθῃ ἐν τῇ δόξῃ αὐτοῦ καὶ τοῦ πατρὸς καὶ τῶν ἁγίων ἀγγέλων. 27 Λέγω δὲ ὑμῖν ἀληθῶς, εἰσίν τινες τῶν ὧδε ἑστώτων, ⁷ οἳ οὐ μὴ γεύσωνται θανάτου, ἕως ἂν ἴδωσιν τὴν βασιλείαν τοῦ θεοῦ.

The Transfiguration

28 Ἐγένετο δὲ μετὰ τοὺς λόγους τούτους ὡσεὶ ἡμέραι ὀκτώ, καὶ παραλαβὼν ⁸ Πέτρον καὶ Ἰωάννην καὶ Ἰάκωβον, ἀνέβη εἰς τὸ ὄρος προσεύξασθαι. 29 Καὶ ἐγένετο, ἐν τῷ προσεύχεσθαι αὐτόν, τὸ εἶδος τοῦ προσώπου αὐτοῦ ἕτερον, καὶ ὁ ἱματισμὸς αὐτοῦ λευκὸς ἐξαστράπτων. 30 Καὶ ἰδού, ἄνδρες δύο συνελάλουν αὐτῷ, οἵτινες ἦσαν Μωσῆς ⁹ καὶ Ἠλίας, 31 οἳ ὀφθέντες ἐν δόξῃ ἔλεγον τὴν ἔξοδον αὐτοῦ ἣν ἔμελλεν ¹⁰ πληροῦν ἐν Ἱερουσαλήμ. 32 Ὁ δὲ Πέτρος καὶ οἱ σὺν αὐτῷ ἦσαν βεβαρημένοι ὕπνῳ· διαγρηγορήσαντες δὲ εἶδον τὴν δόξαν αὐτοῦ, καὶ τοὺς δύο ἄνδρας τοὺς συνεστῶτας αὐτῷ. 33 Καὶ

ᵃ ἀναστῆναι • ἐγερθῆναι

¹ Ἀποκριθεὶς δὲ ὁ Πέτρος • Πέτρος δὲ ἀποκριθεὶς   ² εἰπεῖν • λέγειν
³ ἀναστῆναι • ἐγερθῆναι   ⁴ ἐλθεῖν ἀπαρνησάσθω • ἔρχεσθαι ἀρνησάσθω
⁵ αὐτοῦ • αὐτοῦ καθ᾽ ἡμέραν   ⁶ ἐὰν • ἂν   ⁷ ὧδε ἑστώτων • αὐτοῦ ἑστηκότων
⁸ καὶ παραλαβὼν • [καὶ] παραλαβὼν   ⁹ Μωσῆς • Μωϋσῆς   ¹⁰ ἔμελλεν • ἤμελλεν

ἐγένετο, ἐν τῷ διαχωρίζεσθαι αὐτοὺς ἀπ' αὐτοῦ, εἶπεν Πέτρος ¹ πρὸς τὸν Ἰησοῦν, Ἐπιστάτα, καλόν ἐστιν ἡμᾶς ὧδε εἶναι· καὶ ποιήσωμεν σκηνὰς τρεῖς, μίαν σοί, καὶ μίαν Μωσῇ, ᵃ,² καὶ μίαν Ἠλίᾳ· μὴ εἰδὼς ὃ λέγει. 34 Ταῦτα δὲ αὐτοῦ λέγοντος, ἐγένετο νεφέλη καὶ ἐπεσκίασεν ³ αὐτούς· ἐφοβήθησαν δὲ ἐν τῷ ἐκείνους εἰσελθεῖν ⁴ εἰς τὴν νεφέλην. 35 Καὶ φωνὴ ἐγένετο ἐκ τῆς νεφέλης, λέγουσα, Οὗτός ἐστιν ὁ υἱός μου ὁ ἀγαπητός· ⁵ αὐτοῦ ἀκούετε. 36 Καὶ ἐν τῷ γενέσθαι τὴν φωνήν, εὑρέθη ὁ ⁶ Ἰησοῦς μόνος. Καὶ αὐτοὶ ἐσίγησαν, καὶ οὐδενὶ ἀπήγγειλαν ἐν ἐκείναις ταῖς ἡμέραις οὐδὲν ὧν ἑωράκασιν. ⁷

The Healing of the Boy with the Unclean Spirit

37 Ἐγένετο δὲ ἐν ⁸ τῇ ἑξῆς ἡμέρᾳ, κατελθόντων αὐτῶν ἀπὸ τοῦ ὄρους, συνήντησεν αὐτῷ ὄχλος πολύς. 38 Καὶ ἰδού, ἀνὴρ ἀπὸ τοῦ ὄχλου ἀνεβόησεν, ⁹ λέγων, Διδάσκαλε, δέομαί σου, ἐπίβλεψαι ᵇ ἐπὶ τὸν υἱόν μου, ὅτι μονογενής ἐστίν μοι· ¹⁰ 39 καὶ ἰδού, πνεῦμα λαμβάνει αὐτόν, καὶ ἐξαίφνης κράζει, καὶ σπαράσσει αὐτὸν μετὰ ἀφροῦ, καὶ μόγις ἀποχωρεῖ ἀπ' αὐτοῦ, συντρῖβον αὐτόν. 40 Καὶ ἐδεήθην τῶν μαθητῶν σου ἵνα ἐκβάλωσιν αὐτό, καὶ οὐκ ἠδυνήθησαν. 41 Ἀποκριθεὶς δὲ ὁ Ἰησοῦς εἶπεν, Ὦ γενεὰ ἄπιστος καὶ διεστραμμένη, ἕως πότε ἔσομαι πρὸς ὑμᾶς, καὶ ἀνέξομαι ὑμῶν; Προσάγαγε τὸν υἱόν σου ὧδε. ¹¹ 42 Ἔτι δὲ προσερχομένου αὐτοῦ, ἔρρηξεν αὐτὸν τὸ δαιμόνιον καὶ συνεσπάραξεν· ἐπετίμησεν δὲ ὁ Ἰησοῦς τῷ πνεύματι τῷ ἀκαθάρτῳ, καὶ ἰάσατο τὸν παῖδα, καὶ ἀπέδωκεν αὐτὸν τῷ πατρὶ αὐτοῦ. 43 Ἐξεπλήσσοντο δὲ πάντες ἐπὶ τῇ μεγαλειότητι τοῦ θεοῦ.

Πάντων δὲ θαυμαζόντων ἐπὶ πᾶσιν οἷς ἐποίησεν ὁ Ἰησοῦς, ¹² εἶπεν πρὸς τοὺς μαθητὰς αὐτοῦ, 44 Θέσθε ὑμεῖς εἰς

ᵃ Μωσῇ • Μωσεῖ   ᵇ ἐπίβλεψαι • ἐπίβλεψον

---

¹ Πέτρος • ὁ Πέτρος   ² Μωσῇ • Μωϋσεῖ   ³ ἐπεσκίασεν • ἐπεσκίαζεν
⁴ ἐκείνους εἰσελθεῖν • εἰσελθεῖν αὐτοὺς   ⁵ ἀγαπητός • ἐκλελεγμένος   ⁶ ὁ •
— ⁷ ἑωράκασιν • ἑώρακαν   ⁸ ἐν • —   ⁹ ἀνεβόησεν • ἐβόησεν   ¹⁰ ἐστίν
μοι • μοί ἐστιν   ¹¹ τὸν υἱόν σου ὧδε • ὧδε τὸν υἱόν σου   ¹² ἐποίησεν ὁ Ἰησοῦς •
ἐποίει

τὰ ὦτα ὑμῶν τοὺς λόγους τούτους· ὁ γὰρ υἱὸς τοῦ ἀνθρώπου μέλλει παραδίδοσθαι εἰς χεῖρας ἀνθρώπων. 45 Οἱ δὲ ἠγνόουν τὸ ῥῆμα τοῦτο, καὶ ἦν παρακεκαλυμμένον ἀπ' αὐτῶν, ἵνα μὴ αἴσθωνται αὐτό· καὶ ἐφοβοῦντο ἐρωτῆσαι αὐτὸν περὶ τοῦ ῥήματος τούτου.

Lessons in Humility

46 Εἰσῆλθεν δὲ διαλογισμὸς ἐν αὐτοῖς, τὸ τίς ἂν εἴη μείζων αὐτῶν. 47 Ὁ δὲ Ἰησοῦς ἰδὼν[1] τὸν διαλογισμὸν τῆς καρδίας αὐτῶν, ἐπιλαβόμενος παιδίου,[2] ἔστησεν αὐτὸ παρ' ἑαυτῷ, 48 καὶ εἶπεν αὐτοῖς, Ὃς ἐὰν δέξηται τοῦτο τὸ παιδίον ἐπὶ τῷ ὀνόματί μου ἐμὲ δέχεται· καὶ ὃς ἐὰν ἐμὲ[3] δέξηται δέχεται τὸν ἀποστείλαντά με· ὁ γὰρ μικρότερος ἐν πᾶσιν ὑμῖν ὑπάρχων οὗτος ἔσται[4] μέγας.

49 Ἀποκριθεὶς δὲ ὁ[5] Ἰωάννης εἶπεν, Ἐπιστάτα, εἴδομέν τινα ἐπὶ[6] τῷ ὀνόματί σου ἐκβάλλοντα δαιμόνια· καὶ ἐκωλύσαμεν[7] αὐτόν, ὅτι οὐκ ἀκολουθεῖ μεθ' ἡμῶν. 50 Καὶ εἶπεν[8] πρὸς αὐτὸν ὁ Ἰησοῦς, Μὴ κωλύετε· ὃς γὰρ οὐκ ἔστιν καθ' ἡμῶν ὑπὲρ ἡμῶν[9] ἐστιν.

51 Ἐγένετο δὲ ἐν τῷ συμπληροῦσθαι τὰς ἡμέρας τῆς ἀναλήψεως[10] αὐτοῦ, καὶ αὐτὸς τὸ πρόσωπον αὐτοῦ ἐστήριξεν[11] τοῦ πορεύεσθαι εἰς Ἱερουσαλήμ, 52 καὶ ἀπέστειλεν ἀγγέλους πρὸ προσώπου αὐτοῦ· καὶ πορευθέντες εἰσῆλθον εἰς κώμην Σαμαρειτῶν, ὥστε[12] ἑτοιμάσαι αὐτῷ. 53 Καὶ οὐκ ἐδέξαντο αὐτόν, ὅτι τὸ πρόσωπον αὐτοῦ ἦν πορευόμενον εἰς Ἱερουσαλήμ. 54 Ἰδόντες δὲ οἱ μαθηταὶ αὐτοῦ[13] Ἰάκωβος καὶ Ἰωάννης εἶπον,[14] Κύριε, θέλεις εἴπωμεν πῦρ καταβῆναι ἀπὸ τοῦ οὐρανοῦ, καὶ ἀναλῶσαι αὐτούς, ὡς καὶ Ἠλίας ἐποίησεν;[15] 55 Στραφεὶς δὲ ἐπετίμησεν αὐτοῖς, καὶ

---

[1] ἰδὼν • εἰδὼς   [2] παιδίου • παιδίον   [3] ἐὰν ἐμὲ • ἂν ἐμὲ   [4] ἔσται • ἐστιν   [5] ὁ • —
[6] ἐπὶ • ἐν   [7] ἐκωλύσαμεν • ἐκωλύομεν   [8] Καὶ εἶπεν • Εἶπεν δὲ   [9] ἡμῶν ὑπὲρ ἡμῶν • ὑμῶν ὑπὲρ ὑμῶν   [10] ἀναλήψεως • ἀναλήμψεως   [11] αὐτοῦ ἐστήριξεν • ἐστήρισεν   [12] Σαμαρειτῶν ὥστε • Σαμαριτῶν ὡς   [13] αὐτοῦ • —   [14] εἶπον • εἶπαν   [15] ὡς καὶ Ἠλίας ἐποίησεν • —

εἶπεν, Οὐκ οἴδατε οἵου πνεύματός ἐστε ὑμεῖς· [a,1] 56 ὁ γὰρ υἱὸς τοῦ ἀνθρώπου οὐκ ἦλθεν ψυχὰς ἀνθρώπων ἀπολέσαι, ἀλλὰ σῶσαι. [b,2] Καὶ ἐπορεύθησαν εἰς ἑτέραν κώμην.

True Discipleship

57 Ἐγένετο δὲ[3] πορευομένων αὐτῶν ἐν τῇ ὁδῷ, εἶπέν τις πρὸς αὐτόν, Ἀκολουθήσω σοι ὅπου ἂν [c,4] ἀπέρχῃ, κύριε.[5] 58 Καὶ εἶπεν αὐτῷ ὁ Ἰησοῦς, Αἱ ἀλώπεκες φωλεοὺς ἔχουσιν, καὶ τὰ πετεινὰ τοῦ οὐρανοῦ κατασκηνώσεις· ὁ δὲ υἱὸς τοῦ ἀνθρώπου οὐκ ἔχει ποῦ τὴν κεφαλὴν κλίνῃ. 59 Εἶπεν δὲ πρὸς ἕτερον, Ἀκολούθει μοι. Ὁ δὲ εἶπεν, Κύριε,[6] ἐπίτρεψόν μοι ἀπελθόντι πρῶτον θάψαι τὸν πατέρα μου. 60 Εἶπεν δὲ αὐτῷ ὁ Ἰησοῦς,[7] Ἄφες τοὺς νεκροὺς θάψαι τοὺς ἑαυτῶν νεκρούς· σὺ δὲ ἀπελθὼν διάγγελλε τὴν βασιλείαν τοῦ θεοῦ. 61 Εἶπεν δὲ καὶ ἕτερος, Ἀκολουθήσω σοι, κύριε· πρῶτον δὲ ἐπίτρεψόν μοι ἀποτάξασθαι τοῖς εἰς τὸν οἶκόν μου. 62 Εἶπεν δὲ ὁ Ἰησοῦς πρὸς αὐτόν,[8] Οὐδείς, ἐπιβαλὼν τὴν χεῖρα αὐτοῦ[9] ἐπ᾽ ἄροτρον, καὶ βλέπων εἰς τὰ ὀπίσω, εὔθετός ἐστιν εἰς τὴν βασιλείαν[10] τοῦ θεοῦ.

The Mission of the Seventy

10 Μετὰ δὲ ταῦτα ἀνέδειξεν ὁ κύριος καὶ ἑτέρους ἑβδομήκοντα,[11] καὶ ἀπέστειλεν αὐτοὺς ἀνὰ δύο[12] πρὸ προσώπου αὐτοῦ εἰς πᾶσαν πόλιν καὶ τόπον οὗ ἔμελλεν[13] αὐτὸς ἔρχεσθαι. 2 Ἔλεγεν οὖν πρὸς[14] αὐτούς, Ὁ μὲν θερισμὸς πολύς, οἱ δὲ ἐργάται ὀλίγοι· δεήθητε οὖν τοῦ κυρίου τοῦ

---

[a] καὶ εἶπεν Οὐκ οἴδατε οἵου πνεύματός ἐστε ὑμεῖς • — [b] ὁ γὰρ υἱὸς τοῦ ἀνθρώπου οὐκ ἦλθεν ψυχὰς ἀνθρώπων ἀπολέσαι ἀλλὰ σῶσαι • — [c] ἂν • ἐὰν

[1] καὶ εἶπεν Οὐκ οἴδατε οἵου πνεύματός ἐστε ὑμεῖς • — [2] ὁ γὰρ υἱὸς τοῦ ἀνθρώπου οὐκ ἦλθεν ψυχὰς ἀνθρώπων ἀπολέσαι ἀλλὰ σῶσαι • — [3] Ἐγένετο δὲ • Καὶ [4] ἂν • ἐὰν [5] κύριε • — [6] Κύριε • [Κύριε] [7] ὁ Ἰησοῦς • — [8] ὁ Ἰησοῦς πρὸς αὐτόν • [πρὸς αὐτὸν] ὁ Ἰησοῦς [9] αὐτοῦ • — [10] εἰς τὴν βασιλείαν • τῇ βασιλείᾳ [11] καὶ ἑτέρους ἑβδομήκοντα • ἑτέρους ἑβδομήκοντα [δύο] [12] ἀνὰ δύο • ἀνὰ δύο [δύο] [13] ἔμελλεν • ἤμελλεν [14] οὖν πρὸς • δὲ πρὸς

θερισμοῦ, ὅπως ἐκβάλῃ ἐργάτας¹ εἰς τὸν θερισμὸν αὐτοῦ. 3 Ὑπάγετε· ἰδού, ἐγὼ² ἀποστέλλω ὑμᾶς ὡς ἄρνας ἐν μέσῳ λύκων. 4 Μὴ βαστάζετε βαλάντιον,³ μὴ πήραν, μηδὲ⁴ ὑποδήματα· καὶ μηδένα κατὰ τὴν ὁδὸν ἀσπάσησθε. 5 Εἰς ἣν δ' ἂν οἰκίαν εἰσέρχησθε,⁵ πρῶτον λέγετε, Εἰρήνη τῷ οἴκῳ τούτῳ. 6 Καὶ ἐὰν ᾖ ἐκεῖ⁶ υἱὸς εἰρήνης, ἐπαναπαύσεται⁷ ἐπ' αὐτὸν ἡ εἰρήνη ὑμῶν· εἰ δὲ μήγε,⁸ ἐφ' ὑμᾶς ἀνακάμψει. 7 Ἐν αὐτῇ δὲ τῇ οἰκίᾳ μένετε, ἐσθίοντες καὶ πίνοντες τὰ παρ' αὐτῶν· ἄξιος γὰρ ὁ ἐργάτης τοῦ μισθοῦ αὐτοῦ ἐστίν.⁹ Μὴ μεταβαίνετε ἐξ οἰκίας εἰς οἰκίαν. 8 Καὶ εἰς ἣν ἂν πόλιν εἰσέρχησθε, καὶ δέχωνται ὑμᾶς, ἐσθίετε τὰ παρατιθέμενα ὑμῖν, 9 καὶ θεραπεύετε τοὺς ἐν αὐτῇ ἀσθενεῖς, καὶ λέγετε αὐτοῖς, Ἤγγικεν ἐφ' ὑμᾶς ἡ βασιλεία τοῦ θεοῦ. 10 Εἰς ἣν δ' ἂν πόλιν εἰσέρχησθε,¹⁰ καὶ μὴ δέχωνται ὑμᾶς, ἐξελθόντες εἰς τὰς πλατείας αὐτῆς εἴπατε, 11 Καὶ τὸν κονιορτὸν τὸν κολληθέντα ἡμῖν ἐκ τῆς πόλεως ὑμῶν ἀπομασσόμεθα¹¹ ὑμῖν· πλὴν τοῦτο γινώσκετε, ὅτι ἤγγικεν ἐφ' ὑμᾶς¹² ἡ βασιλεία τοῦ θεοῦ. 12 Λέγω ὑμῖν ὅτι Σοδόμοις ἐν τῇ ἡμέρᾳ ἐκείνῃ ἀνεκτότερον ἔσται, ἢ τῇ πόλει ἐκείνῃ. 13 Οὐαί σοι, Χοραζίν, οὐαί σοι, Βηθσαϊδά· ὅτι εἰ ἐν Τύρῳ καὶ Σιδῶνι ἐγένοντο¹³ αἱ δυνάμεις αἱ γενόμεναι ἐν ὑμῖν, πάλαι ἂν ἐν σάκκῳ καὶ σποδῷ καθήμεναι¹⁴ μετενόησαν. 14 Πλὴν Τύρῳ καὶ Σιδῶνι ἀνεκτότερον ἔσται ἐν τῇ κρίσει, ἢ ὑμῖν. 15 Καὶ σύ, Καπερναούμ, ἡ¹⁵ ἕως τοῦ οὐρανοῦ ὑψωθεῖσα,¹⁶ ἕως Ἅδου καταβιβασθήσῃ.¹⁷ 16 Ὁ ἀκούων ὑμῶν ἐμοῦ ἀκούει· καὶ ὁ ἀθετῶν ὑμᾶς ἐμὲ ἀθετεῖ· ὁ δὲ ἐμὲ ἀθετῶν ἀθετεῖ τὸν ἀποστείλαντά με.

---

¹ *ἐκβάλῃ ἐργάτας* • *ἐργάτας ἐκβάλῃ*   ² *ἐγὼ* • —   ³ *βαλάντιον* • *βαλλάντιον*
⁴ *μηδὲ* • *μὴ*   ⁵ *οἰκίαν εἰσέρχησθε* • *εἰσέλθητε οἰκίαν*   ⁶ *ᾖ ἐκεῖ* • *ἐκεῖ ᾖ*   ⁷ *ἐπαναπαύσεται* • *ἐπαναπαήσεται*   ⁸ *μήγε* • *μή γε*   ⁹ *ἐστίν* • —
¹⁰ *εἰσέρχησθε* • *εἰσέλθητε*   ¹¹ *ἀπομασσόμεθα* • *εἰς τοὺς πόδας ἀπομασσόμεθα*
¹² *ἐφ' ὑμᾶς* • —   ¹³ *ἐγένοντο* • *ἐγενήθησαν*   ¹⁴ *καθήμεναι* • *καθήμενοι*
¹⁵ *Καπερναούμ ἡ* • *Καφαρναούμ μὴ*   ¹⁶ *τοῦ οὐρανοῦ ὑψωθεῖσα* • *οὐρανοῦ ὑψωθήσῃ*   ¹⁷ *Ἅδου καταβιβασθήσῃ* • *τοῦ Ἅδου καταβήσῃ*

17 Ὑπέστρεψαν δὲ οἱ ἑβδομήκοντα¹ μετὰ χαρᾶς, λέγοντες, Κύριε, καὶ τὰ δαιμόνια ὑποτάσσεται ἡμῖν ἐν τῷ ὀνόματί σου. 18 Εἶπεν δὲ αὐτοῖς, Ἐθεώρουν τὸν Σατανᾶν ὡς ἀστραπὴν ἐκ τοῦ οὐρανοῦ πεσόντα. 19 Ἰδού, δίδωμι² ὑμῖν τὴν ἐξουσίαν τοῦ πατεῖν ἐπάνω ὄφεων καὶ σκορπίων, καὶ ἐπὶ πᾶσαν τὴν δύναμιν τοῦ ἐχθροῦ· καὶ οὐδὲν ὑμᾶς οὐ μὴ ἀδικήσῃ. 20 Πλὴν ἐν τούτῳ μὴ χαίρετε ὅτι τὰ πνεύματα ὑμῖν ὑποτάσσεται· χαίρετε δὲ ὅτι τὰ ὀνόματα ὑμῶν ἐγράφη³ ἐν τοῖς οὐρανοῖς.

21 Ἐν αὐτῇ τῇ ὥρᾳ ἠγαλλιάσατο τῷ πνεύματι⁴ ὁ Ἰησοῦς,⁵ καὶ εἶπεν, Ἐξομολογοῦμαί σοι, πάτερ, κύριε τοῦ οὐρανοῦ καὶ τῆς γῆς, ὅτι ἀπέκρυψας ταῦτα ἀπὸ σοφῶν καὶ συνετῶν, καὶ ἀπεκάλυψας αὐτὰ νηπίοις. Ναί, ὁ πατήρ, ὅτι οὕτως ἐγένετο εὐδοκία⁶ ἔμπροσθέν σου. 22 Καὶ στραφεὶς πρὸς τοὺς μαθητὰς εἶπεν,⁷ Πάντα μοι παρεδόθη ὑπὸ τοῦ πατρός μου· καὶ οὐδεὶς γινώσκει τίς ἐστιν ὁ υἱός, εἰ μὴ ὁ πατήρ, καὶ τίς ἐστιν ὁ πατήρ, εἰ μὴ ὁ υἱός, καὶ ᾧ ἐὰν βούληται ὁ υἱὸς ἀποκαλύψαι.

The Good Samaritan

23 Καὶ στραφεὶς πρὸς τοὺς μαθητὰς κατ' ἰδίαν εἶπεν, Μακάριοι οἱ ὀφθαλμοὶ οἱ βλέποντες ἃ βλέπετε. 24 Λέγω γὰρ ὑμῖν ὅτι πολλοὶ προφῆται καὶ βασιλεῖς ἠθέλησαν ἰδεῖν ἃ ὑμεῖς βλέπετε, καὶ οὐκ εἶδον·⁸ καὶ ἀκοῦσαι ἃ ἀκούετε, καὶ οὐκ ἤκουσαν.

25 Καὶ ἰδού, νομικός τις ἀνέστη, ἐκπειράζων αὐτόν, καὶ λέγων,⁹ Διδάσκαλε, τί ποιήσας ζωὴν αἰώνιον κληρονομήσω; 26 Ὁ δὲ εἶπεν πρὸς αὐτόν, Ἐν τῷ νόμῳ τί γέγραπται; Πῶς ἀναγινώσκεις; 27 Ὁ δὲ ἀποκριθεὶς εἶπεν, Ἀγαπήσεις κύριον τὸν θεόν σου, ἐξ ὅλης τῆς καρδίας¹⁰ σου, καὶ ἐξ ὅλης τῆς ψυχῆς σου, καὶ ἐξ ὅλης τῆς ἰσχύος σου, καὶ ἐξ ὅλης τῆς διανοίας¹¹ σου· καὶ τὸν πλησίον σου ὡς σεαυτόν. 28 Εἶπεν

---

1 ἑβδομήκοντα • ἑβδομήκοντα [δύο]   2 δίδωμι • δέδωκα   3 ἐγράφη • ἐγγέγραπται   4 τῷ πνεύματι • [ἐν] τῷ πνεύματι τῷ ἁγίῳ   5 ὁ Ἰησοῦς • —   6 ἐγένετο εὐδοκία • εὐδοκία ἐγένετο   7 Καὶ στραφεὶς πρὸς τοὺς μαθητὰς εἶπεν • — 8 εἶδον • εἶδαν   9 καὶ λέγων • λέγων   10 τῆς καρδίας • [τῆς] καρδίας 11 ἐξ ὅλης τῆς ψυχῆς σου καὶ ἐξ ὅλης τῆς ἰσχύος σου καὶ ἐξ ὅλης τῆς διανοίας • ἐν ὅλῃ τῇ ψυχῇ σου καὶ ἐν ὅλῃ τῇ ἰσχύϊ σου καὶ ἐν ὅλῃ τῇ διανοίᾳ

δὲ αὐτῷ, Ὀρθῶς ἀπεκρίθης· τοῦτο ποίει, καὶ ζήσῃ. 29 Ὁ δὲ θέλων δικαιοῦν¹ ἑαυτὸν εἶπεν πρὸς τὸν Ἰησοῦν, Καὶ τίς ἐστίν μου πλησίον; 30 Ὑπολαβὼν δὲ² ὁ Ἰησοῦς εἶπεν, Ἄνθρωπός τις κατέβαινεν ἀπὸ Ἰερουσαλὴμ εἰς Ἰεριχώ, καὶ λῃσταῖς περιέπεσεν, οἳ καὶ ἐκδύσαντες αὐτὸν καὶ πληγὰς ἐπιθέντες ἀπῆλθον, ἀφέντες ἡμιθανῆ τυγχάνοντα.³ 31 Κατὰ συγκυρίαν δὲ ἱερεύς τις κατέβαινεν ἐν τῇ ὁδῷ ἐκείνῃ· καὶ ἰδὼν αὐτὸν ἀντιπαρῆλθεν. 32 Ὁμοίως δὲ καὶ Λευίτης γενόμενος⁴ κατὰ τὸν τόπον ἐλθὼν καὶ ἰδὼν ἀντιπαρῆλθεν. 33 Σαμαρείτης⁵ δέ τις ὁδεύων ἦλθεν κατ' αὐτόν, καὶ ἰδὼν αὐτὸν ἐσπλαγχνίσθη,⁶ 34 καὶ προσελθὼν κατέδησεν τὰ τραύματα αὐτοῦ, ἐπιχέων ἔλαιον καὶ οἶνον· ἐπιβιβάσας δὲ αὐτὸν ἐπὶ τὸ ἴδιον κτῆνος, ἤγαγεν αὐτὸν εἰς πανδοχεῖον, καὶ ἐπεμελήθη αὐτοῦ. 35 Καὶ ἐπὶ τὴν αὔριον ἐξελθών,⁷ ἐκβαλὼν δύο δηνάρια ἔδωκεν⁸ τῷ πανδοχεῖ, καὶ εἶπεν αὐτῷ,⁹ Ἐπιμελήθητι αὐτοῦ· καὶ ὅ τι ἂν προσδαπανήσῃς, ἐγὼ ἐν τῷ ἐπανέρχεσθαί με ἀποδώσω σοι. 36 Τίς οὖν¹⁰ τούτων τῶν τριῶν πλησίον δοκεῖ σοι γεγονέναι τοῦ ἐμπεσόντος εἰς τοὺς λῃστάς; 37 Ὁ δὲ εἶπεν, Ὁ ποιήσας τὸ ἔλεος μετ' αὐτοῦ. Εἶπεν οὖν¹¹ αὐτῷ ὁ Ἰησοῦς, Πορεύου, καὶ σὺ ποίει ὁμοίως.

Mary and Martha

38 Ἐγένετο δὲ ἐν¹² τῷ πορεύεσθαι αὐτούς, καὶ¹³ αὐτὸς εἰσῆλθεν εἰς κώμην τινά· γυνὴ δέ τις ὀνόματι Μάρθα ὑπεδέξατο αὐτὸν εἰς τὸν οἶκον αὐτῆς.¹⁴ 39 Καὶ τῇδε ἦν ἀδελφὴ καλουμένη Μαρία, ἣ¹⁵ καὶ παρακαθίσασα παρὰ¹⁶ τοὺς πόδας τοῦ Ἰησοῦ¹⁷ ἤκουεν τὸν λόγον αὐτοῦ. 40 Ἡ δὲ Μάρθα περιεσπᾶτο περὶ πολλὴν διακονίαν· ἐπιστᾶσα δὲ εἶπεν, Κύριε, οὐ μέλει σοι ὅτι ἡ ἀδελφή μου μόνην με κατέλειπεν¹⁸ διακονεῖν; Εἰπὲ οὖν

---

¹ δικαιοῦν • δικαιῶσαι   ² δὲ •   — ³ τυγχάνοντα •   — ⁴ γενόμενος • [γενόμενος]   ⁵ Σαμαρείτης • Σαμαρίτης   ⁶ αὐτὸν ἐσπλαγχνίσθη • ἐσπλαγχνίσθη   ⁷ ἐξελθών •   — ⁸ δύο δηνάρια ἔδωκεν • ἔδωκεν δύο δηνάρια   ⁹ αὐτῷ •   — ¹⁰ οὖν •   — ¹¹ οὖν • δὲ   ¹² Ἐγένετο δὲ ἐν • Ἐν δὲ   ¹³ καὶ •   — ¹⁴ εἰς τὸν οἶκον αὐτῆς • —   ¹⁵ Μαρία ἣ • Μαριάμ [ἣ]   ¹⁶ παρακαθίσασα παρὰ • παρακαθεσθεῖσα πρὸς   ¹⁷ Ἰησοῦ • κυρίου   ¹⁸ κατέλειπεν • κατέλιπεν

αὐτῇ ἵνα μοι συναντιλάβηται. 41 Ἀποκριθεὶς δὲ εἶπεν αὐτῇ ὁ Ἰησοῦς,¹ Μάρθα, Μάρθα, μεριμνᾷς καὶ τυρβάζῃ² περὶ πολλά· 42 ἑνὸς δέ ἐστιν χρεία· Μαρία δὲ³ τὴν ἀγαθὴν μερίδα ἐξελέξατο, ἥτις οὐκ ἀφαιρεθήσεται ἀπ'⁴ αὐτῆς.

A Lesson in Prayer

11 Καὶ ἐγένετο ἐν τῷ εἶναι αὐτὸν ἐν τόπῳ τινὶ προσευχόμενον, ὡς ἐπαύσατο, εἶπέν τις τῶν μαθητῶν αὐτοῦ πρὸς αὐτόν, Κύριε, δίδαξον ἡμᾶς προσεύχεσθαι, καθὼς καὶ Ἰωάννης ἐδίδαξεν τοὺς μαθητὰς αὐτοῦ. 2 Εἶπεν δὲ αὐτοῖς, Ὅταν προσεύχησθε, λέγετε, Πάτερ ἡμῶν ὁ ἐν τοῖς οὐρανοῖς,⁵ ἁγιασθήτω τὸ ὄνομά σου. Ἐλθέτω ἡ βασιλεία σου. Γενηθήτω τὸ θέλημά σου, ὡς ἐν οὐρανῷ, καὶ ἐπὶ τῆς γῆς.⁶ 3 Τὸν ἄρτον ἡμῶν τὸν ἐπιούσιον δίδου ἡμῖν τὸ καθ' ἡμέραν. 4 Καὶ ἄφες ἡμῖν τὰς ἁμαρτίας ἡμῶν, καὶ γὰρ αὐτοὶ ἀφίεμεν⁷ παντὶ ὀφείλοντι ἡμῖν. Καὶ μὴ εἰσενέγκῃς ἡμᾶς εἰς πειρασμόν, ἀλλὰ ῥῦσαι ἡμᾶς ἀπὸ τοῦ πονηροῦ.⁸

5 Καὶ εἶπεν πρὸς αὐτούς, Τίς ἐξ ὑμῶν ἕξει φίλον, καὶ πορεύσεται πρὸς αὐτὸν μεσονυκτίου, καὶ εἴπῃ αὐτῷ, Φίλε, χρῆσόν μοι τρεῖς ἄρτους, 6 ἐπειδὴ φίλος⁹ παρεγένετο ἐξ ὁδοῦ πρός με, καὶ οὐκ ἔχω ὃ παραθήσω αὐτῷ· 7 κἀκεῖνος ἔσωθεν ἀποκριθεὶς εἴπῃ, Μή μοι κόπους πάρεχε· ἤδη ἡ θύρα κέκλεισται, καὶ τὰ παιδία μου μετ' ἐμοῦ εἰς τὴν κοίτην εἰσίν· οὐ δύναμαι ἀναστὰς δοῦναί σοι. 8 Λέγω ὑμῖν, εἰ καὶ οὐ δώσει αὐτῷ ἀναστάς, διὰ τὸ εἶναι αὐτοῦ φίλον,¹⁰ διά γε τὴν ἀναίδειαν αὐτοῦ ἐγερθεὶς δώσει αὐτῷ ὅσον¹¹ χρῄζει. 9 Κἀγὼ ὑμῖν λέγω, αἰτεῖτε, καὶ δοθήσεται ὑμῖν· ζητεῖτε, καὶ εὑρήσετε· κρούετε, καὶ ἀνοιγήσεται ὑμῖν. 10 Πᾶς γὰρ ὁ αἰτῶν λαμβάνει· καὶ ὁ ζητῶν εὑρίσκει· καὶ τῷ κρούοντι ἀνοιγήσεται.¹² 11 Τίνα δὲ ὑμῶν¹³ τὸν πατέρα αἰτήσει ὁ υἱὸς ἄρτον, μὴ λίθον ἐπιδώσει

---

*1 Ἰησοῦς • κύριος   2 τυρβάζῃ • θορυβάζῃ   3 Μαρία δὲ • Μαριὰμ γὰρ   4 ἀπ' •
— 5 ἡμῶν ὁ ἐν τοῖς οὐρανοῖς • —   6 Γενηθήτω τὸ θέλημά σου ὡς ἐν οὐρανῷ καὶ ἐπὶ τῆς γῆς • —   7 ἀφίεμεν • ἀφίομεν   8 ἀλλὰ ῥῦσαι ἡμᾶς ἀπὸ τοῦ πονηροῦ •
— 9 φίλος • φίλος μου   10 αὐτοῦ φίλον • φίλον αὐτοῦ   11 ὅσον • ὅσων
12 ἀνοιγήσεται • ἀνοιγ[ήσ]εται   13 ὑμῶν • ἐξ ὑμῶν*

αὐτῷ; ¹ Ἢ καὶ ἰχθύν, μὴ ² ἀντὶ ἰχθύος ὄφιν ἐπιδώσει αὐτῷ; ³ 12 Ἢ καὶ ἐὰν αἰτήσῃ ᾠόν, μὴ ⁴ ἐπιδώσει αὐτῷ σκορπίον; 13 Εἰ οὖν ὑμεῖς πονηροὶ ὑπάρχοντες οἴδατε δόματα ἀγαθὰ διδόναι τοῖς τέκνοις ὑμῶν, πόσῳ μᾶλλον ὁ πατὴρ ὁ ἐξ ⁵ οὐρανοῦ δώσει πνεῦμα ἅγιον τοῖς αἰτοῦσιν αὐτόν;

Jesus Casts Out a Demon and Rebukes the Pharisees

14 Καὶ ἦν ἐκβάλλων δαιμόνιον, καὶ αὐτὸ ἦν ⁶ κωφόν. Ἐγένετο δέ, τοῦ δαιμονίου ἐξελθόντος, ἐλάλησεν ὁ κωφός· καὶ ἐθαύμασαν οἱ ὄχλοι. 15 Τινὲς δὲ ἐξ αὐτῶν εἶπον, Ἐν Βεελζεβοὺλ ἄρχοντι ⁷ τῶν δαιμονίων ἐκβάλλει τὰ δαιμόνια. 16 Ἕτεροι δὲ πειράζοντες σημεῖον παρ' αὐτοῦ ἐζήτουν ἐξ οὐρανοῦ. ⁸ 17 Αὐτὸς δὲ εἰδὼς αὐτῶν τὰ διανοήματα εἶπεν αὐτοῖς, Πᾶσα βασιλεία ἐφ' ἑαυτὴν διαμερισθεῖσα ἐρημοῦται· καὶ οἶκος ἐπὶ οἶκον, πίπτει. 18 Εἰ δὲ καὶ ὁ Σατανᾶς ἐφ' ἑαυτὸν διεμερίσθη, πῶς σταθήσεται ἡ βασιλεία αὐτοῦ; Ὅτι λέγετε, Ἐν Βεελζεβοὺλ ἐκβάλλειν με τὰ δαιμόνια. 19 Εἰ δὲ ἐγὼ ἐν Βεελζεβοὺλ ἐκβάλλω τὰ δαιμόνια, οἱ υἱοὶ ὑμῶν ἐν τίνι ἐκβάλλουσιν; Διὰ τοῦτο κριταὶ ὑμῶν αὐτοὶ ⁹ ἔσονται. 20 Εἰ δὲ ἐν δακτύλῳ θεοῦ ἐκβάλλω ¹⁰ τὰ δαιμόνια, ἄρα ἔφθασεν ἐφ' ὑμᾶς ἡ βασιλεία τοῦ θεοῦ. 21 Ὅταν ὁ ἰσχυρὸς καθωπλισμένος φυλάσσῃ τὴν ἑαυτοῦ αὐλήν, ἐν εἰρήνῃ ἐστὶν τὰ ὑπάρχοντα αὐτοῦ· 22 ἐπὰν δὲ ὁ ¹¹ ἰσχυρότερος αὐτοῦ ἐπελθὼν νικήσῃ αὐτόν, τὴν πανοπλίαν αὐτοῦ αἴρει ἐφ' ᾗ ἐπεποίθει, καὶ τὰ σκῦλα αὐτοῦ διαδίδωσιν. 23 Ὁ μὴ ὢν μετ' ἐμοῦ κατ' ἐμοῦ ἐστιν· καὶ ὁ μὴ συνάγων μετ' ἐμοῦ σκορπίζει. 24 Ὅταν τὸ ἀκάθαρτον πνεῦμα ἐξέλθῃ ἀπὸ τοῦ ἀνθρώπου, διέρχεται δι' ἀνύδρων τόπων, ζητοῦν ἀνάπαυσιν· καὶ μὴ εὑρίσκον λέγει, ¹² Ὑποστρέψω εἰς τὸν οἶκόν μου ὅθεν ἐξῆλθον. 25 Καὶ ἐλθὸν εὑρίσκει σεσαρωμένον καὶ κεκοσμημένον. 26 Τότε πορεύεται

---

¹ ἄρτον μὴ λίθον ἐπιδώσει αὐτῷ • — ² Ἢ καὶ ἰχθύν μὴ • ἰχθύν καὶ ³ ἐπιδώσει αὐτῷ • αὐτῷ ἐπιδώσει ⁴ ἐὰν αἰτήσῃ ᾠόν μὴ • αἰτήσει ᾠόν ⁵ ὁ ἐξ • [ὁ] ἐξ ⁶ καὶ αὐτὸ ἦν • [καὶ αὐτὸ ἦν] ⁷ ἄρχοντι • τῷ ἄρχοντι ⁸ παρ' αὐτοῦ ἐζήτουν ἐξ οὐρανοῦ • ἐξ οὐρανοῦ ἐζήτουν παρ' αὐτοῦ ⁹ κριταὶ ὑμῶν αὐτοὶ • αὐτοὶ ὑμῶν κριταὶ ¹⁰ ἐκβάλλω • [ἐγὼ] ἐκβάλλω ¹¹ ὁ • — ¹² λέγει • [τότε] λέγει

καὶ παραλαμβάνει ἑπτὰ ἕτερα¹ πνεύματα πονηρότερα ἑαυτοῦ, καὶ ἐλθόντα² κατοικεῖ ἐκεῖ· καὶ γίνεται τὰ ἔσχατα τοῦ ἀνθρώπου ἐκείνου χείρονα τῶν πρώτων.

27 Ἐγένετο δὲ ἐν τῷ λέγειν αὐτὸν ταῦτα, ἐπάρασά τις γυνὴ φωνὴν³ ἐκ τοῦ ὄχλου εἶπεν αὐτῷ, Μακαρία ἡ κοιλία ἡ βαστάσασά σε, καὶ μαστοὶ οὓς ἐθήλασας. 28 Αὐτὸς δὲ εἶπεν, Μενοῦνγε⁴ μακάριοι οἱ ἀκούοντες τὸν λόγον τοῦ θεοῦ καὶ φυλάσσοντες αὐτόν.⁵

The Sign of Jonah

29 Τῶν δὲ ὄχλων ἐπαθροιζομένων ἤρξατο λέγειν, Ἡ γενεὰ αὕτη πονηρά⁶ ἐστιν· σημεῖον ἐπιζητεῖ,⁷ καὶ σημεῖον οὐ δοθήσεται αὐτῇ, εἰ μὴ τὸ σημεῖον Ἰωνᾶ τοῦ προφήτου.⁸ 30 Καθὼς γὰρ ἐγένετο Ἰωνᾶς σημεῖον τοῖς Νινευΐταις,⁹ οὕτως ἔσται καὶ ὁ υἱὸς τοῦ ἀνθρώπου τῇ γενεᾷ ταύτῃ. 31 Βασίλισσα νότου ἐγερθήσεται ἐν τῇ κρίσει μετὰ τῶν ἀνδρῶν τῆς γενεᾶς ταύτης, καὶ κατακρινεῖ αὐτούς· ὅτι ἦλθεν ἐκ τῶν περάτων τῆς γῆς ἀκοῦσαι τὴν σοφίαν Σολομῶνος, καὶ ἰδού, πλεῖον Σολομῶνος ὧδε. 32 Ἄνδρες Νινευῒ[a, 10] ἀναστήσονται ἐν τῇ κρίσει μετὰ τῆς γενεᾶς ταύτης καὶ κατακρινοῦσιν αὐτήν· ὅτι μετενόησαν εἰς τὸ κήρυγμα Ἰωνᾶ, καὶ ἰδού, πλεῖον Ἰωνᾶ ὧδε.

33 Οὐδεὶς δὲ¹¹ λύχνον ἅψας εἰς κρύπτην τίθησιν, οὐδὲ ὑπὸ τὸν μόδιον,¹² ἀλλ᾽ ἐπὶ τὴν λυχνίαν, ἵνα οἱ εἰσπορευόμενοι τὸ φέγγος¹³ βλέπωσιν. 34 Ὁ λύχνος τοῦ σώματός ἐστιν ὁ ὀφθαλμός·¹⁴ ὅταν οὖν¹⁵ ὁ ὀφθαλμός σου ἁπλοῦς ᾖ, καὶ ὅλον τὸ σῶμά σου φωτεινόν ἐστιν· ἐπὰν δὲ πονηρὸς ᾖ, καὶ τὸ σῶμά σου σκοτεινόν. 35 Σκόπει οὖν μὴ τὸ φῶς τὸ ἐν σοὶ σκότος

---

[a] Νινευῒ • Νινευῖται

---

¹ ἑπτὰ ἕτερα • ἕτερα   ² καὶ ἐλθόντα • ἑπτά καὶ εἰσελθόντα   ³ γυνὴ φωνὴν • φωνὴν γυνὴ   ⁴ Μενοῦνγε • Μενοῦν   ⁵ αὐτόν • —   ⁶ πονηρά • γενεὰ πονηρά   ⁷ ἐπιζητεῖ • ζητεῖ   ⁸ τοῦ προφήτου • —   ⁹ σημεῖον τοῖς Νινευΐταις • τοῖς Νινευΐταις σημεῖον   ¹⁰ Νινευῒ • Νινευῖται   ¹¹ δὲ • —   ¹² οὐδὲ ὑπὸ τὸν μόδιον • [οὐδὲ ὑπὸ τὸν μόδιον]   ¹³ φέγγος • φῶς   ¹⁴ ἐστιν ὁ ὀφθαλμός • ἐστιν ὁ ὀφθαλμός σου   ¹⁵ οὖν • —

ἐστίν. 36 Εἰ οὖν τὸ σῶμά σου ὅλον φωτεινόν, μὴ ἔχον τι μέρος[1] σκοτεινόν, ἔσται φωτεινὸν ὅλον, ὡς ὅταν ὁ λύχνος τῇ ἀστραπῇ φωτίζῃ σε.

Woes upon the Pharisees and Experts in the Jewish Law
37 Ἐν δὲ τῷ λαλῆσαι, ἠρώτα αὐτὸν Φαρισαῖός τις[2] ὅπως ἀριστήσῃ παρ' αὐτῷ· εἰσελθὼν δὲ ἀνέπεσεν. 38 Ὁ δὲ Φαρισαῖος ἰδὼν ἐθαύμασεν ὅτι οὐ πρῶτον ἐβαπτίσθη πρὸ τοῦ ἀρίστου. 39 Εἶπεν δὲ ὁ κύριος πρὸς αὐτόν, Νῦν ὑμεῖς οἱ Φαρισαῖοι τὸ ἔξωθεν τοῦ ποτηρίου καὶ τοῦ πίνακος καθαρίζετε, τὸ δὲ ἔσωθεν ὑμῶν γέμει ἁρπαγῆς καὶ πονηρίας. 40 Ἄφρονες, οὐχ ὁ ποιήσας τὸ ἔξωθεν καὶ τὸ ἔσωθεν ἐποίησεν; 41 Πλὴν τὰ ἐνόντα δότε ἐλεημοσύνην· καὶ ἰδού, πάντα καθαρὰ ὑμῖν ἐστιν.

42 Ἀλλ'[3] οὐαὶ ὑμῖν τοῖς Φαρισαίοις, ὅτι ἀποδεκατοῦτε τὸ ἡδύοσμον καὶ τὸ πήγανον καὶ πᾶν λάχανον, καὶ παρέρχεσθε τὴν κρίσιν καὶ τὴν ἀγάπην τοῦ θεοῦ· ταῦτα ἔδει[4] ποιῆσαι, κἀκεῖνα μὴ ἀφιέναι.[5] 43 Οὐαὶ ὑμῖν τοῖς Φαρισαίοις, ὅτι ἀγαπᾶτε τὴν πρωτοκαθεδρίαν ἐν ταῖς συναγωγαῖς, καὶ τοὺς ἀσπασμοὺς ἐν ταῖς ἀγοραῖς. 44 Οὐαὶ ὑμῖν, γραμματεῖς καὶ Φαρισαῖοι, ὑποκριταί,[6] ὅτι ἐστὲ ὡς τὰ μνημεῖα τὰ ἄδηλα, καὶ οἱ ἄνθρωποι περιπατοῦντες[7] ἐπάνω οὐκ οἴδασιν.

45 Ἀποκριθεὶς δέ τις τῶν νομικῶν λέγει αὐτῷ, Διδάσκαλε, ταῦτα λέγων καὶ ἡμᾶς ὑβρίζεις. 46 Ὁ δὲ εἶπεν, Καὶ ὑμῖν τοῖς νομικοῖς οὐαί, ὅτι φορτίζετε τοὺς ἀνθρώπους φορτία δυσβάστακτα, καὶ αὐτοὶ ἑνὶ τῶν δακτύλων ὑμῶν οὐ προσψαύετε τοῖς φορτίοις. 47 Οὐαὶ ὑμῖν, ὅτι οἰκοδομεῖτε τὰ μνημεῖα τῶν προφητῶν, οἱ δὲ πατέρες ὑμῶν ἀπέκτειναν αὐτούς. 48 Ἄρα μαρτυρεῖτε[8] καὶ συνευδοκεῖτε τοῖς ἔργοις τῶν πατέρων ὑμῶν· ὅτι αὐτοὶ μὲν ἀπέκτειναν αὐτούς, ὑμεῖς δὲ οἰκοδομεῖτε αὐτῶν τὰ μνημεῖα.[9] 49 Διὰ τοῦτο καὶ ἡ σοφία τοῦ θεοῦ εἶπεν, Ἀποστελῶ εἰς αὐτοὺς προφήτας καὶ ἀποστόλους,

---

[1] τι μέρος • μέρος τι   [2] ἠρώτα αὐτὸν Φαρισαῖός τις • ἐρωτᾷ αὐτὸν Φαρισαῖος
[3] Ἀλλ' • Ἀλλὰ   [4] ἔδει • δὲ ἔδει   [5] ἀφιέναι • παρεῖναι   [6] γραμματεῖς καὶ Φαρισαῖοι ὑποκριταί • —   [7] περιπατοῦντες • [οἱ] περιπατοῦντες
[8] μαρτυρεῖτε • μάρτυρές ἐστε   [9] αὐτῶν τὰ μνημεῖα • —

καὶ ἐξ αὐτῶν ἀποκτενοῦσιν καὶ ἐκδιώξουσιν·¹ 50 ἵνα ἐκζητηθῇ τὸ αἷμα πάντων τῶν προφητῶν τὸ ἐκχυνόμενον² ἀπὸ καταβολῆς κόσμου ἀπὸ τῆς γενεᾶς ταύτης, 51 ἀπὸ τοῦ³ αἵματος Ἄβελ ἕως τοῦ⁴ αἵματος Ζαχαρίου τοῦ ἀπολομένου μεταξὺ τοῦ θυσιαστηρίου καὶ τοῦ οἴκου. Ναί, λέγω ὑμῖν, ἐκζητηθήσεται ἀπὸ τῆς γενεᾶς ταύτης. 52 Οὐαὶ ὑμῖν τοῖς νομικοῖς, ὅτι ἤρατε τὴν κλεῖδα τῆς γνώσεως· αὐτοὶ οὐκ εἰσήλθετε,⁵ καὶ τοὺς εἰσερχομένους ἐκωλύσατε.

53 Λέγοντος δὲ αὐτοῦ ταῦτα πρὸς αὐτούς,⁶ ἤρξαντο οἱ γραμματεῖς καὶ οἱ Φαρισαῖοι δεινῶς ἐνέχειν, καὶ ἀποστοματίζειν αὐτὸν περὶ πλειόνων, 54 ἐνεδρεύοντες αὐτόν, ζητοῦντες⁷ θηρεῦσαί τι ἐκ τοῦ στόματος αὐτοῦ, ἵνα κατηγορήσωσιν αὐτοῦ.⁸

Warning against Hypocrisy and Covetousness

12 Ἐν οἷς ἐπισυναχθεισῶν τῶν μυριάδων τοῦ ὄχλου, ὥστε καταπατεῖν ἀλλήλους, ἤρξατο λέγειν πρὸς τοὺς μαθητὰς αὐτοῦ πρῶτον, Προσέχετε ἑαυτοῖς ἀπὸ τῆς ζύμης τῶν Φαρισαίων, ἥτις ἐστὶν ὑπόκρισις.⁹ 2 Οὐδὲν δὲ συγκεκαλυμμένον ἐστὶν ὃ οὐκ ἀποκαλυφθήσεται, καὶ κρυπτὸν ὃ οὐ γνωσθήσεται. 3 Ἀνθ' ὧν ὅσα ἐν τῇ σκοτίᾳ εἴπατε, ἐν τῷ φωτὶ ἀκουσθήσεται· καὶ ὃ πρὸς τὸ οὖς ἐλαλήσατε ἐν τοῖς ταμείοις, κηρυχθήσεται ἐπὶ τῶν δωμάτων. 4 Λέγω δὲ ὑμῖν τοῖς φίλοις μου, Μὴ φοβηθῆτε ἀπὸ τῶν ἀποκτενόντων¹⁰ τὸ σῶμα, καὶ μετὰ ταῦτα μὴ ἐχόντων περισσότερόν τι ποιῆσαι. 5 Ὑποδείξω δὲ ὑμῖν τίνα φοβηθῆτε· φοβήθητε τὸν μετὰ τὸ ἀποκτεῖναι ἐξουσίαν ἔχοντα¹¹ ἐμβαλεῖν εἰς τὴν γέενναν· ναί, λέγω ὑμῖν, τοῦτον φοβήθητε. 6 Οὐχὶ πέντε στρουθία πωλεῖται¹² ἀσσαρίων δύο; Καὶ ἓν ἐξ αὐτῶν οὐκ ἔστιν

---

1 ἐκδιώξουσιν • διώξουσιν   2 ἐκχυνόμενον • ἐκκεχυμένον   3 ἀπὸ τοῦ • ἀπὸ
4 ἕως τοῦ • ἕως   5 εἰσήλθετε • εἰσήλθατε   6 Λέγοντος δὲ αὐτοῦ ταῦτα πρὸς
αὐτούς • Κἀκεῖθεν ἐξελθόντος αὐτοῦ   7 ζητοῦντες • —   8 ἵνα κατηγορήσωσιν
αὐτοῦ • —   9 τῶν Φαρισαίων ἥτις ἐστὶν ὑπόκρισις • ἥτις ἐστὶν ὑπόκρισις τῶν
Φαρισαίων   10 ἀποκτενόντων • ἀποκτεινόντων   11 ἐξουσίαν ἔχοντα • ἔχοντα
ἐξουσίαν   12 πωλεῖται • πωλοῦνται

ἐπιλελησμένον ἐνώπιον τοῦ θεοῦ. 7 Ἀλλὰ καὶ αἱ τρίχες τῆς κεφαλῆς ὑμῶν πᾶσαι ἠρίθμηνται. Μὴ οὖν¹ φοβεῖσθε· πολλῶν στρουθίων διαφέρετε. 8 Λέγω δὲ ὑμῖν, Πᾶς ὃς ἂν ὁμολογήσῃ ἐν ἐμοὶ ἔμπροσθεν τῶν ἀνθρώπων, καὶ ὁ υἱὸς τοῦ ἀνθρώπου ὁμολογήσει ἐν αὐτῷ ἔμπροσθεν τῶν ἀγγέλων τοῦ θεοῦ· 9 ὁ δὲ ἀρνησάμενός με ἐνώπιον τῶν ἀνθρώπων ἀπαρνηθήσεται ἐνώπιον τῶν ἀγγέλων τοῦ θεοῦ. 10 Καὶ πᾶς ὃς ἐρεῖ λόγον εἰς τὸν υἱὸν τοῦ ἀνθρώπου, ἀφεθήσεται αὐτῷ· τῷ δὲ εἰς τὸ ἅγιον πνεῦμα βλασφημήσαντι οὐκ ἀφεθήσεται. 11 Ὅταν δὲ προσφέρωσιν² ὑμᾶς ἐπὶ τὰς συναγωγὰς καὶ τὰς ἀρχὰς καὶ τὰς ἐξουσίας, μὴ μεριμνᾶτε³ πῶς ἢ τί ἀπολογήσησθε, ἢ τί εἴπητε· 12 τὸ γὰρ ἅγιον πνεῦμα διδάξει ὑμᾶς ἐν αὐτῇ τῇ ὥρᾳ, ἃ δεῖ εἰπεῖν.

13 Εἶπεν δέ τις αὐτῷ ἐκ τοῦ ὄχλου,⁴ Διδάσκαλε, εἰπὲ τῷ ἀδελφῷ μου μερίσασθαι μετ' ἐμοῦ τὴν κληρονομίαν. 14 Ὁ δὲ εἶπεν αὐτῷ, Ἄνθρωπε, τίς με κατέστησεν δικαστὴν⁵ ἢ μεριστὴν ἐφ' ὑμᾶς; 15 Εἶπεν δὲ πρὸς αὐτούς, Ὁρᾶτε καὶ φυλάσσεσθε ἀπὸ τῆς⁶ πλεονεξίας· ὅτι οὐκ ἐν τῷ περισσεύειν τινὶ ἡ ζωὴ αὐτῷ⁷ ἐστὶν ἐκ τῶν ὑπαρχόντων αὐτοῦ.⁸ 16 Εἶπεν δὲ παραβολὴν πρὸς αὐτούς, λέγων, Ἀνθρώπου τινὸς πλουσίου εὐφόρησεν ἡ χώρα· 17 καὶ διελογίζετο ἐν ἑαυτῷ λέγων, Τί ποιήσω, ὅτι οὐκ ἔχω ποῦ συνάξω τοὺς καρπούς μου; 18 Καὶ εἶπεν, Τοῦτο ποιήσω· καθελῶ μου τὰς ἀποθήκας, καὶ μείζονας οἰκοδομήσω, καὶ συνάξω ἐκεῖ πάντα τὰ γενήματά μου⁹ καὶ τὰ ἀγαθά μου. 19 Καὶ ἐρῶ τῇ ψυχῇ μου, Ψυχή, ἔχεις πολλὰ ἀγαθὰ κείμενα εἰς ἔτη πολλά· ἀναπαύου, φάγε, πίε, εὐφραίνου. 20 Εἶπεν δὲ αὐτῷ ὁ θεός, Ἄφρον,¹⁰ ταύτῃ τῇ νυκτὶ τὴν ψυχήν σου ἀπαιτοῦσιν ἀπὸ σοῦ· ἃ δὲ ἡτοίμασας, τίνι ἔσται; 21 Οὕτως ὁ θησαυρίζων ἑαυτῷ, καὶ μὴ εἰς θεὸν πλουτῶν.

---

1 οὖν • — 2 προσφέρωσιν • εἰσφέρωσιν 3 μεριμνᾶτε • μεριμνήσητε 4 αὐτῷ ἐκ τοῦ ὄχλου • ἐκ τοῦ ὄχλου αὐτῷ 5 δικαστὴν • κριτὴν 6 τῆς • πάσης 7 αὐτῷ • αὐτοῦ 8 αὐτοῦ • αὐτῷ 9 τὰ γενήματά μου • τὸν σῖτον 10 Ἄφρον • Ἄφρων

Of Trust in God and Preparation for Christ's Coming

22 Εἶπεν δὲ πρὸς τοὺς μαθητὰς αὐτοῦ,[1] Διὰ τοῦτο ὑμῖν λέγω,[2] μὴ μεριμνᾶτε τῇ ψυχῇ ὑμῶν,[3] τί φάγητε· μηδὲ τῷ σώματι, τί ἐνδύσησθε. **23** Ἡ ψυχὴ[4] πλεῖόν ἐστιν τῆς τροφῆς, καὶ τὸ σῶμα τοῦ ἐνδύματος. **24** Κατανοήσατε τοὺς κόρακας, ὅτι οὐ σπείρουσιν, οὐδὲ θερίζουσιν, οἷς οὐκ ἔστιν ταμεῖον οὐδὲ ἀποθήκη, καὶ ὁ θεὸς τρέφει αὐτούς· πόσῳ μᾶλλον ὑμεῖς διαφέρετε τῶν πετεινῶν; **25** Τίς δὲ ἐξ ὑμῶν μεριμνῶν δύναται προσθεῖναι[a] ἐπὶ[5] τὴν ἡλικίαν αὐτοῦ πῆχυν ἕνα;[6] **26** Εἰ οὖν οὔτε[7] ἐλάχιστον δύνασθε, τί περὶ τῶν λοιπῶν μεριμνᾶτε; **27** Κατανοήσατε τὰ κρίνα πῶς αὐξάνει· οὐ κοπιᾷ, οὐδὲ νήθει· λέγω δὲ ὑμῖν, οὐδὲ Σολομὼν ἐν πάσῃ τῇ δόξῃ αὐτοῦ περιεβάλετο ὡς ἓν τούτων. **28** Εἰ δὲ τὸν χόρτον ἐν τῷ ἀγρῷ σήμερον ὄντα,[8] καὶ αὔριον εἰς κλίβανον βαλλόμενον, ὁ θεὸς οὕτως ἀμφιέννυσιν,[9] πόσῳ μᾶλλον ὑμᾶς, ὀλιγόπιστοι; **29** Καὶ ὑμεῖς μὴ ζητεῖτε τί φάγητε, ἢ[10] τί πίητε· καὶ μὴ μετεωρίζεσθε. **30** Ταῦτα γὰρ πάντα τὰ ἔθνη τοῦ κόσμου ἐπιζητεῖ·[11] ὑμῶν δὲ ὁ πατὴρ οἶδεν ὅτι χρῄζετε τούτων. **31** Πλὴν ζητεῖτε τὴν βασιλείαν τοῦ θεοῦ, καὶ ταῦτα πάντα[12] προστεθήσεται ὑμῖν. **32** Μὴ φοβοῦ, τὸ μικρὸν ποίμνιον· ὅτι εὐδόκησεν ὁ πατὴρ ὑμῶν δοῦναι ὑμῖν τὴν βασιλείαν. **33** Πωλήσατε τὰ ὑπάρχοντα ὑμῶν καὶ δότε ἐλεημοσύνην. Ποιήσατε ἑαυτοῖς βαλάντια[13] μὴ παλαιούμενα, θησαυρὸν ἀνέκλειπτον ἐν τοῖς οὐρανοῖς, ὅπου κλέπτης οὐκ ἐγγίζει, οὐδὲ σὴς διαφθείρει· **34** ὅπου γάρ ἐστιν ὁ θησαυρὸς ὑμῶν, ἐκεῖ καὶ ἡ καρδία ὑμῶν ἔσται.

35 Ἔστωσαν ὑμῶν αἱ ὀσφύες περιεζωσμέναι, καὶ οἱ λύχνοι καιόμενοι· **36** καὶ ὑμεῖς ὅμοιοι ἀνθρώποις προσδεχομένοις τὸν κύριον ἑαυτῶν, πότε ἀναλύσῃ ἐκ τῶν γάμων, ἵνα, ἐλθόντος καὶ

---

[a] προσθεῖναι • προσθῆναι

1 αὐτοῦ • [αὐτοῦ]   2 ὑμῖν λέγω • λέγω ὑμῖν   3 ὑμῶν • —   4 ψυχὴ • γὰρ ψυχὴ   5 προσθεῖναι ἐπὶ • ἐπὶ   6 πῆχυν ἕνα • προσθεῖναι πῆχυν   7 οὔτε • οὐδὲ   8 τὸν χόρτον ἐν τῷ ἀγρῷ σήμερον ὄντα • ἐν ἀγρῷ τὸν χόρτον ὄντα σήμερον   9 ἀμφιέννυσιν • ἀμφιέζει   10 ἢ • καὶ   11 ἐπιζητεῖ • ἐπιζητοῦσιν   12 τοῦ θεοῦ καὶ ταῦτα πάντα • αὐτοῦ καὶ ταῦτα   13 βαλάντια • βαλλάντια

κρούσαντος, εὐθέως ἀνοίξωσιν αὐτῷ. 37 Μακάριοι οἱ δοῦλοι ἐκεῖνοι, οὓς ἐλθὼν ὁ κύριος εὑρήσει γρηγοροῦντας· ἀμὴν λέγω ὑμῖν ὅτι περιζώσεται καὶ ἀνακλινεῖ αὐτούς, καὶ παρελθὼν διακονήσει αὐτοῖς. 38 Καὶ ἐὰν ἔλθῃ ἐν τῇ δευτέρᾳ φυλακῇ, καὶ¹ ἐν τῇ τρίτῃ φυλακῇ ἔλθῃ, καὶ εὕρῃ οὕτως, μακάριοί εἰσιν οἱ δοῦλοι² ἐκεῖνοι. 39 Τοῦτο δὲ γινώσκετε, ὅτι εἰ ᾔδει ὁ οἰκοδεσπότης ποίᾳ ὥρᾳ ὁ κλέπτης ἔρχεται, ἐγρηγόρησεν ἄν, καὶ³ οὐκ ἂν ἀφῆκεν διορυγῆναι⁴ τὸν οἶκον αὐτοῦ. 40 Καὶ ὑμεῖς οὖν⁵ γίνεσθε ἕτοιμοι· ὅτι ᾗ ὥρᾳ οὐ δοκεῖτε ὁ υἱὸς τοῦ ἀνθρώπου ἔρχεται.

41 Εἶπεν δὲ αὐτῷ⁶ ὁ Πέτρος, Κύριε, πρὸς ἡμᾶς τὴν παραβολὴν ταύτην λέγεις, ἢ καὶ πρὸς πάντας; 42 Εἶπεν δὲ⁷ ὁ κύριος, Τίς ἄρα ἐστὶν ὁ πιστὸς οἰκονόμος καὶ φρόνιμος,⁸ ὃν καταστήσει ὁ κύριος ἐπὶ τῆς θεραπείας αὐτοῦ, τοῦ διδόναι ἐν καιρῷ τὸ⁹ σιτομέτριον; 43 Μακάριος ὁ δοῦλος ἐκεῖνος, ὃν ἐλθὼν ὁ κύριος αὐτοῦ εὑρήσει ποιοῦντα οὕτως. 44 Ἀληθῶς λέγω ὑμῖν ὅτι ἐπὶ πᾶσιν τοῖς ὑπάρχουσιν αὐτοῦ καταστήσει αὐτόν. 45 Ἐὰν δὲ εἴπῃ ὁ δοῦλος ἐκεῖνος ἐν τῇ καρδίᾳ αὐτοῦ, Χρονίζει ὁ κύριός μου ἔρχεσθαι, καὶ ἄρξηται τύπτειν τοὺς παῖδας καὶ τὰς παιδίσκας, ἐσθίειν τε καὶ πίνειν καὶ μεθύσκεσθαι· 46 ἥξει ὁ κύριος τοῦ δούλου ἐκείνου ἐν ἡμέρᾳ ᾗ οὐ προσδοκᾷ, καὶ ἐν ὥρᾳ ᾗ οὐ γινώσκει, καὶ διχοτομήσει αὐτόν, καὶ τὸ μέρος αὐτοῦ μετὰ τῶν ἀπίστων θήσει. 47 Ἐκεῖνος δὲ ὁ δοῦλος ὁ γνοὺς τὸ θέλημα τοῦ κυρίου ἑαυτοῦ,¹⁰ καὶ μὴ ἑτοιμάσας μηδὲ¹¹ ποιήσας πρὸς τὸ θέλημα αὐτοῦ, δαρήσεται πολλάς· 48 ὁ δὲ μὴ γνούς, ποιήσας δὲ ἄξια πληγῶν, δαρήσεται ὀλίγας. Παντὶ δὲ ᾧ ἐδόθη πολύ, πολὺ ζητηθήσεται παρ' αὐτοῦ· καὶ ᾧ παρέθεντο πολύ, περισσότερον αἰτήσουσιν αὐτόν.

49 Πῦρ ἦλθον βαλεῖν εἰς¹² τὴν γῆν, καὶ τί θέλω εἰ ἤδη ἀνήφθη; 50 Βάπτισμα δὲ ἔχω βαπτισθῆναι, καὶ πῶς συνέχομαι

---

¹ Καὶ ἐὰν ἔλθῃ ἐν τῇ δευτέρᾳ φυλακῇ καὶ • Κἂν ἐν τῇ δευτέρᾳ κἂν   ² οἱ δοῦλοι •
— ³ ἐγρηγόρησεν ἄν καὶ • —   ⁴ διορυγῆναι • διορυχθῆναι   ⁵ οὖν • —
⁶ αὐτῷ • —   ⁷ Εἶπεν δὲ • Καὶ εἶπεν   ⁸ καὶ φρόνιμος • ὁ φρόνιμος   ⁹ τὸ • [τὸ]
¹⁰ ἑαυτοῦ • αὐτοῦ   ¹¹ μηδὲ • ἢ   ¹² εἰς • ἐπὶ

ἕως οὗ¹ τελεσθῇ. 51 Δοκεῖτε ὅτι εἰρήνην παρεγενόμην δοῦναι ἐν τῇ γῇ; Οὐχί, λέγω ὑμῖν, ἀλλ' ἢ διαμερισμόν. 52 Ἔσονται γὰρ ἀπὸ τοῦ νῦν πέντε ἐν οἴκῳ ἑνὶ² διαμεμερισμένοι, τρεῖς ἐπὶ δυσίν, καὶ δύο ἐπὶ τρισίν. 53 Διαμερισθήσεται³ πατὴρ ἐπὶ υἱῷ, καὶ υἱὸς ἐπὶ πατρί· μήτηρ ἐπὶ θυγατρί,⁴ καὶ θυγάτηρ ἐπὶ μητρί·⁵ πενθερὰ ἐπὶ τὴν νύμφην αὐτῆς, καὶ νύμφη ἐπὶ τὴν πενθερὰν αὐτῆς.⁶ 54 Ἔλεγεν δὲ καὶ τοῖς ὄχλοις, Ὅταν ἴδητε τὴν⁷ νεφέλην ἀνατέλλουσαν ἀπὸ⁸ δυσμῶν, εὐθέως λέγετε, Ὄμβρος⁹ ἔρχεται· καὶ γίνεται οὕτως. 55 Καὶ ὅταν νότον πνέοντα, λέγετε ὅτι Καύσων ἔσται· καὶ γίνεται. 56 Ὑποκριταί, τὸ πρόσωπον τῆς γῆς καὶ τοῦ οὐρανοῦ οἴδατε δοκιμάζειν· τὸν δὲ καιρὸν¹⁰ τοῦτον πῶς οὐ δοκιμάζετε;¹¹ 57 Τί δὲ καὶ ἀφ' ἑαυτῶν οὐ κρίνετε τὸ δίκαιον; 58 Ὡς γὰρ ὑπάγεις μετὰ τοῦ ἀντιδίκου σου ἐπ' ἄρχοντα, ἐν τῇ ὁδῷ δὸς ἐργασίαν ἀπηλλάχθαι ἀπ' αὐτοῦ· μήποτε κατασύρῃ σε πρὸς τὸν κριτήν, καὶ ὁ κριτής σε παραδῷ¹² τῷ πράκτορι, καὶ ὁ πράκτωρ σε βάλῃ¹³ εἰς φυλακήν. 59 Λέγω σοι, οὐ μὴ ἐξέλθῃς ἐκεῖθεν, ἕως οὗ καὶ τὸν¹⁴ ἔσχατον λεπτὸν ἀποδῷς.

Admonitions to Repentance

13 Παρῆσαν δέ τινες ἐν αὐτῷ τῷ καιρῷ ἀπαγγέλλοντες αὐτῷ περὶ τῶν Γαλιλαίων, ὧν τὸ αἷμα Πιλάτος ἔμιξεν μετὰ τῶν θυσιῶν αὐτῶν. 2 Καὶ ἀποκριθεὶς ὁ Ἰησοῦς¹⁵ εἶπεν αὐτοῖς, Δοκεῖτε ὅτι οἱ Γαλιλαῖοι οὗτοι ἁμαρτωλοὶ παρὰ πάντας τοὺς Γαλιλαίους ἐγένοντο, ὅτι τοιαῦτα¹⁶ πεπόνθασιν; 3 Οὐχί, λέγω ὑμῖν· ἀλλ' ἐὰν μὴ μετανοῆτε, πάντες ὡσαύτως¹⁷ ἀπολεῖσθε. 4 Ἢ ἐκεῖνοι οἱ δέκα καὶ ὀκτώ,¹⁸ ἐφ' οὓς ἔπεσεν ὁ πύργος ἐν τῷ Σιλωὰμ καὶ ἀπέκτεινεν αὐτούς, δοκεῖτε ὅτι

---

1 οὗ • ὅτου   2 οἴκῳ ἑνὶ • ἑνὶ οἴκῳ   3 Διαμερισθήσεται • Διαμερισθήσονται   4 θυγατρί • τὴν θυγατέρα   5 μητρί • τὴν μητέρα   6 πενθερὰν αὐτῆς • πενθεράν   7 τὴν • [τὴν]   8 ἀπὸ • ἐπὶ   9 Ὄμβρος • ὅτι Ὄμβρος   10 δὲ καιρὸν • καιρὸν δὲ   11 οὐ δοκιμάζετε • οὐκ οἴδατε δοκιμάζειν   12 παραδῷ • παραδώσει   13 βάλῃ • βαλεῖ   14 οὗ καὶ τὸν • καὶ τὸ   15 ὁ Ἰησοῦς • —   16 τοιαῦτα • ταῦτα   17 ὡσαύτως • ὁμοίως   18 δέκα καὶ ὀκτώ • δεκαοκτώ

οὗτοι¹ ὀφειλέται ἐγένοντο παρὰ πάντας ἀνθρώπους² τοὺς κατοικοῦντας ἐν³ Ἱερουσαλήμ; 5 Οὐχί, λέγω ὑμῖν· ἀλλ᾽ ἐὰν μὴ μετανοῆτε, πάντες ὁμοίως⁴ ἀπολεῖσθε. 6 Ἔλεγεν δὲ ταύτην τὴν παραβολήν· Συκῆν εἶχέν τις ἐν τῷ⁵ ἀμπελῶνι αὐτοῦ πεφυτευμένην·⁶ καὶ ἦλθεν ζητῶν καρπὸν ἐν αὐτῇ, καὶ οὐχ εὗρεν. 7 Εἶπεν δὲ πρὸς τὸν ἀμπελουργόν, Ἰδού, τρία ἔτη ἔρχομαι⁷ ζητῶν καρπὸν ἐν τῇ συκῇ ταύτῃ, καὶ οὐχ εὑρίσκω· ἔκκοψον αὐτήν·⁸ ἵνα τί⁹ καὶ τὴν γῆν καταργεῖ; 8 Ὁ δὲ ἀποκριθεὶς λέγει αὐτῷ, Κύριε, ἄφες αὐτὴν καὶ τοῦτο τὸ ἔτος, ἕως ὅτου σκάψω περὶ αὐτήν, καὶ βάλω κόπρια· 9 κἂν μὲν ποιήσῃ καρπόν· εἰ δὲ μήγε, εἰς τὸ μέλλον¹⁰ ἐκκόψεις αὐτήν.

The Crippled Woman Healed

10 Ἦν δὲ διδάσκων ἐν μιᾷ τῶν συναγωγῶν ἐν τοῖς σάββασιν· 11 καὶ ἰδού, γυνὴ ἦν πνεῦμα¹¹ ἔχουσα ἀσθενείας ἔτη δέκα καὶ ὀκτώ,¹² καὶ ἦν συγκύπτουσα, καὶ μὴ δυναμένη ἀνακύψαι εἰς τὸ παντελές. 12 Ἰδὼν δὲ αὐτὴν ὁ Ἰησοῦς προσεφώνησεν, καὶ εἶπεν αὐτῇ, Γύναι, ἀπολέλυσαι τῆς ἀσθενείας σου. 13 Καὶ ἐπέθηκεν αὐτῇ τὰς χεῖρας· καὶ παραχρῆμα ἀνωρθώθη, καὶ ἐδόξαζεν τὸν θεόν. 14 Ἀποκριθεὶς δὲ ὁ ἀρχισυνάγωγος, ἀγανακτῶν ὅτι τῷ σαββάτῳ ἐθεράπευσεν ὁ Ἰησοῦς, ἔλεγεν τῷ ὄχλῳ, Ἓξ¹³ ἡμέραι εἰσὶν ἐν αἷς δεῖ ἐργάζεσθαι· ἐν ταύταις¹⁴ οὖν ἐρχόμενοι θεραπεύεσθε, καὶ μὴ τῇ ἡμέρᾳ τοῦ σαββάτου. 15 Ἀπεκρίθη οὖν¹⁵ αὐτῷ ὁ κύριος, καὶ εἶπεν, Ὑποκριταί, ἕκαστος ὑμῶν τῷ σαββάτῳ οὐ λύει τὸν βοῦν αὐτοῦ ἢ τὸν ὄνον ἀπὸ τῆς φάτνης, καὶ ἀπαγαγὼν ποτίζει; 16 Ταύτην δέ, θυγατέρα Ἀβραὰμ οὖσαν, ἣν ἔδησεν ὁ Σατανᾶς, ἰδού, δέκα καὶ ὀκτὼ ἔτη, οὐκ ἔδει λυθῆναι ἀπὸ τοῦ δεσμοῦ τούτου τῇ ἡμέρᾳ τοῦ σαββάτου; 17 Καὶ ταῦτα λέγοντος αὐτοῦ,

---

¹ οὗτοι • αὐτοὶ   ² ἀνθρώπους • τοὺς ἀνθρώπους   ³ κατοικοῦντας ἐν • κατοικοῦντας   ⁴ ὁμοίως • ὡσαύτως   ⁵ ἐν τῷ • πεφυτευμένην ἐν τῷ   ⁶ πεφυτευμένην • —   ⁷ ἔρχομαι • ἀφ᾽ οὗ ἔρχομαι   ⁸ αὐτήν • [οὖν] αὐτήν   ⁹ ἵνα τί • ἱνατί   ¹⁰ εἰ δὲ μήγε εἰς τὸ μέλλον • εἰς τὸ μέλλον εἰ δὲ μή γε   ¹¹ ἦν πνεῦμα • πνεῦμα   ¹² δέκα καὶ ὀκτώ • δεκαοκτώ   ¹³ Ἓξ • ὅτι Ἓξ   ¹⁴ ταύταις • αὐταῖς   ¹⁵ οὖν • δὲ

κατησχύνοντο πάντες οἱ ἀντικείμενοι αὐτῷ· καὶ πᾶς ὁ ὄχλος ἔχαιρεν ἐπὶ πᾶσιν τοῖς ἐνδόξοις τοῖς γινομένοις ὑπ' αὐτοῦ.

Parables and Teachings

18 Ἔλεγεν δέ,[1] Τίνι ὁμοία ἐστὶν ἡ βασιλεία τοῦ θεοῦ; Καὶ τίνι ὁμοιώσω αὐτήν; 19 Ὁμοία ἐστὶν κόκκῳ σινάπεως, ὃν λαβὼν ἄνθρωπος ἔβαλεν εἰς κῆπον ἑαυτοῦ· καὶ ηὔξησεν, καὶ ἐγένετο εἰς δένδρον μέγα,[2] καὶ τὰ πετεινὰ τοῦ οὐρανοῦ κατεσκήνωσεν ἐν τοῖς κλάδοις αὐτοῦ. 20 Πάλιν[3] εἶπεν, Τίνι ὁμοιώσω τὴν βασιλείαν τοῦ θεοῦ; 21 Ὁμοία ἐστὶν ζύμῃ, ἣν λαβοῦσα γυνὴ ἐνέκρυψεν[4] εἰς ἀλεύρου σάτα τρία, ἕως οὗ ἐζυμώθη ὅλον. 22 Καὶ διεπορεύετο κατὰ πόλεις καὶ κώμας διδάσκων, καὶ πορείαν ποιούμενος εἰς Ἱερουσαλήμ.[5] 23 Εἶπεν δέ τις αὐτῷ, Κύριε, εἰ ὀλίγοι οἱ σῳζόμενοι; Ὁ δὲ εἶπεν πρὸς αὐτούς, 24 Ἀγωνίζεσθε εἰσελθεῖν διὰ τῆς στενῆς πύλης·[6] ὅτι πολλοί, λέγω ὑμῖν, ζητήσουσιν εἰσελθεῖν, καὶ οὐκ ἰσχύσουσιν. 25 Ἀφ' οὗ ἂν ἐγερθῇ ὁ οἰκοδεσπότης καὶ ἀποκλείσῃ τὴν θύραν, καὶ ἄρξησθε ἔξω ἑστάναι καὶ κρούειν τὴν θύραν, λέγοντες, Κύριε, κύριε,[7] ἄνοιξον ἡμῖν· καὶ ἀποκριθεὶς ἐρεῖ ὑμῖν, Οὐκ οἶδα ὑμᾶς, πόθεν ἐστέ· 26 τότε ἄρξεσθε λέγειν, Ἐφάγομεν ἐνώπιόν σου καὶ ἐπίομεν, καὶ ἐν ταῖς πλατείαις ἡμῶν ἐδίδαξας. 27 Καὶ ἐρεῖ, Λέγω[8] ὑμῖν, οὐκ οἶδα ὑμᾶς[9] πόθεν ἐστέ· ἀπόστητε ἀπ' ἐμοῦ πάντες οἱ ἐργάται τῆς[10] ἀδικίας. 28 Ἐκεῖ ἔσται ὁ κλαυθμὸς καὶ ὁ βρυγμὸς τῶν ὀδόντων, ὅταν ὄψησθε Ἀβραὰμ καὶ Ἰσαὰκ καὶ Ἰακὼβ καὶ πάντας τοὺς προφήτας ἐν τῇ βασιλείᾳ τοῦ θεοῦ, ὑμᾶς δὲ ἐκβαλλομένους ἔξω. 29 Καὶ ἥξουσιν ἀπὸ ἀνατολῶν καὶ δυσμῶν, καὶ βορρᾶ[11] καὶ νότου, καὶ ἀνακλιθήσονται ἐν τῇ βασιλείᾳ τοῦ θεοῦ. 30 Καὶ ἰδού, εἰσὶν ἔσχατοι οἳ ἔσονται πρῶτοι, καὶ εἰσὶν πρῶτοι οἳ ἔσονται ἔσχατοι.

---

1 δέ • οὖν   2 μέγα • —   3 Πάλιν • Καὶ πάλιν   4 ἐνέκρυψεν • [ἐν]έκρυψεν   5 Ἱερουσαλήμ • Ἱεροσόλυμα   6 πύλης • θύρας   7 Κύριε κύριε • Κύριε   8 Λέγω • λέγων   9 ὑμᾶς • [ὑμᾶς]   10 οἱ ἐργάται τῆς • ἐργάται   11 βορρᾶ • ἀπὸ βορρᾶ

31 Ἐν αὐτῇ τῇ ἡμέρᾳ προσῆλθόν¹ τινες Φαρισαῖοι, λέγοντες αὐτῷ, Ἔξελθε καὶ πορεύου ἐντεῦθεν, ὅτι Ἡρῴδης θέλει σε ἀποκτεῖναι. 32 Καὶ εἶπεν αὐτοῖς, Πορευθέντες εἴπατε τῇ ἀλώπεκι ταύτῃ, Ἰδού, ἐκβάλλω δαιμόνια καὶ ἰάσεις ἐπιτελῶ² σήμερον καὶ αὔριον, καὶ τῇ τρίτῃ τελειοῦμαι. 33 Πλὴν δεῖ με σήμερον καὶ αὔριον καὶ τῇ ἐχομένῃ πορεύεσθαι· ὅτι οὐκ ἐνδέχεται προφήτην ἀπολέσθαι ἔξω Ἱερουσαλήμ. 34 Ἱερουσαλήμ, Ἱερουσαλήμ, ἡ ἀποκτένουσα ᵃ,³ τοὺς προφήτας καὶ λιθοβολοῦσα τοὺς ἀπεσταλμένους πρὸς αὐτήν, ποσάκις ἠθέλησα ἐπισυνάξαι τὰ τέκνα σου, ὃν τρόπον ὄρνις τὴν ἑαυτῆς νοσσιὰν ὑπὸ τὰς πτέρυγας, καὶ οὐκ ἠθελήσατε. 35 Ἰδού, ἀφίεται ὑμῖν ὁ οἶκος ὑμῶν ἔρημος.⁴ Λέγω δὲ⁵ ὑμῖν ὅτι⁶ οὐ μή με ἴδητε⁷ ἕως ἂν ἥξει, ὅτε⁸ εἴπητε, Εὐλογημένος ὁ ἐρχόμενος ἐν ὀνόματι κυρίου.

Jesus the Guest of a Pharisee

14 Καὶ ἐγένετο ἐν τῷ ἐλθεῖν αὐτὸν εἰς οἶκόν τινος τῶν ἀρχόντων τῶν Φαρισαίων⁹ σαββάτῳ φαγεῖν ἄρτον, καὶ αὐτοὶ ἦσαν παρατηρούμενοι αὐτόν. 2 Καὶ ἰδού, ἄνθρωπός τις ἦν ὑδρωπικὸς ἔμπροσθεν αὐτοῦ. 3 Καὶ ἀποκριθεὶς ὁ Ἰησοῦς εἶπεν πρὸς τοὺς νομικοὺς καὶ Φαρισαίους, λέγων, Εἰ¹⁰ ἔξεστιν τῷ σαββάτῳ θεραπεύειν;¹¹ 4 Οἱ δὲ ἡσύχασαν. Καὶ ἐπιλαβόμενος ἰάσατο αὐτόν, καὶ ἀπέλυσεν. 5 Καὶ ἀποκριθεὶς¹² πρὸς αὐτοὺς εἶπεν, Τίνος ὑμῶν υἱὸς ἢ βοῦς εἰς φρέαρ ἐμπεσεῖται,¹³ καὶ οὐκ εὐθέως ἀνασπάσει αὐτὸν ἐν τῇ¹⁴ ἡμέρᾳ τοῦ σαββάτου; 6 Καὶ οὐκ ἴσχυσαν ἀνταποκριθῆναι αὐτῷ¹⁵ πρὸς ταῦτα.

7 Ἔλεγεν δὲ πρὸς τοὺς κεκλημένους παραβολήν, ἐπέχων πῶς τὰς πρωτοκλισίας ἐξελέγοντο, λέγων πρὸς αὐτούς,

---

ᵃ ἀποκτένουσα • ἀποκτείνουσα

---

¹ ἡμέρᾳ προσῆλθόν • ὥρᾳ προσῆλθάν   ² ἐπιτελῶ • ἀποτελῶ   ³ ἀποκτένουσα • ἀποκτείνουσα   ⁴ ἔρημος • —   ⁵ δὲ • [δὲ]   ⁶ ὅτι • —   ⁷ με ἴδητε • ἴδητέ με   ⁸ ἂν ἥξει ὅτε • [ἥξει ὅτε]   ⁹ τῶν Φαρισαίων • [τῶν] Φαρισαίων   ¹⁰ Εἰ • —   ¹¹ θεραπεύειν • θεραπεῦσαι ἢ οὔ   ¹² ἀποκριθεὶς • —   ¹³ ἐμπεσεῖται • πεσεῖται   ¹⁴ τῇ • —   ¹⁵ αὐτῷ • —

8 Ὅταν κληθῇς ὑπό τινος εἰς γάμους, μὴ κατακλιθῇς εἰς τὴν πρωτοκλισίαν· μήποτε ἐντιμότερός σου ᾖ κεκλημένος ὑπ' αὐτοῦ, 9 καὶ ἐλθὼν ὁ σὲ καὶ αὐτὸν καλέσας ἐρεῖ σοι, Δὸς τούτῳ τόπον· καὶ τότε ἄρξῃ μετ'¹ αἰσχύνης τὸν ἔσχατον τόπον κατέχειν. 10 Ἀλλ' ὅταν κληθῇς, πορευθεὶς ἀνάπεσε εἰς τὸν ἔσχατον τόπον· ἵνα, ὅταν ἔλθῃ ὁ κεκληκώς σε, εἴπῃ² σοι, Φίλε, προσανάβηθι ἀνώτερον· τότε ἔσται σοι δόξα ἐνώπιον τῶν³ συνανακειμένων σοι. 11 Ὅτι πᾶς ὁ ὑψῶν ἑαυτὸν ταπεινωθήσεται, καὶ ὁ ταπεινῶν ἑαυτὸν ὑψωθήσεται.

12 Ἔλεγεν δὲ καὶ τῷ κεκληκότι αὐτόν, Ὅταν ποιῇς ἄριστον ἢ δεῖπνον, μὴ φώνει τοὺς φίλους σου, μηδὲ τοὺς ἀδελφούς σου, μηδὲ τοὺς συγγενεῖς σου, μηδὲ γείτονας πλουσίους· μήποτε καὶ αὐτοί σε ἀντικαλέσωσιν,⁴ καὶ γένηταί σοι ἀνταπόδομα.⁵ 13 Ἀλλ' ὅταν ποιῇς δοχήν,⁶ κάλει πτωχούς, ἀναπήρους,⁷ χωλούς, τυφλούς· 14 καὶ μακάριος ἔσῃ, ὅτι οὐκ ἔχουσιν ἀνταποδοῦναί σοι· ἀνταποδοθήσεται γάρ σοι ἐν τῇ ἀναστάσει τῶν δικαίων.

The Great Supper

15 Ἀκούσας δέ τις τῶν συνανακειμένων ταῦτα εἶπεν αὐτῷ, Μακάριος, ὃς φάγεται ἄριστον⁸ ἐν τῇ βασιλείᾳ τοῦ θεοῦ. 16 Ὁ δὲ εἶπεν αὐτῷ, Ἄνθρωπός τις ἐποίησεν⁹ δεῖπνον μέγα, καὶ ἐκάλεσεν πολλούς· 17 καὶ ἀπέστειλεν τὸν δοῦλον αὐτοῦ τῇ ὥρᾳ τοῦ δείπνου εἰπεῖν τοῖς κεκλημένοις, Ἔρχεσθε, ὅτι ἤδη ἕτοιμά ἐστιν πάντα.¹⁰ 18 Καὶ ἤρξαντο ἀπὸ μιᾶς παραιτεῖσθαι πάντες.¹¹ Ὁ πρῶτος εἶπεν αὐτῷ, Ἀγρὸν ἠγόρασα, καὶ ἔχω ἀνάγκην ἐξελθεῖν καὶ¹² ἰδεῖν αὐτόν· ἐρωτῶ σε, ἔχε με παρῃτημένον. 19 Καὶ ἕτερος εἶπεν, Ζεύγη βοῶν ἠγόρασα πέντε, καὶ πορεύομαι δοκιμάσαι αὐτά· ἐρωτῶ σε, ἔχε με παρῃτημένον. 20 Καὶ ἕτερος εἶπεν, Γυναῖκα ἔγημα, καὶ διὰ

---

1 μετ' • μετὰ   2 εἴπῃ • ἐρεῖ   3 τῶν • πάντων τῶν   4 σε ἀντικαλέσωσιν • ἀντικαλέσωσίν σε   5 σοι ἀνταπόδομα • ἀνταπόδομά σοι   6 ποιῇς δοχήν • δοχὴν ποιῇς   7 ἀναπήρους • ἀναπείρους   8 ὃς φάγεται ἄριστον • ὅστις φάγεται ἄρτον   9 ἐποίησεν • ἐποίει   10 πάντα • —   11 παραιτεῖσθαι πάντες • πάντες παραιτεῖσθαι   12 ἐξελθεῖν καὶ • ἐξελθὼν

τοῦτο οὐ δύναμαι ἐλθεῖν. 21 Καὶ παραγενόμενος ὁ δοῦλος ἐκεῖνος¹ ἀπήγγειλεν τῷ κυρίῳ αὐτοῦ ταῦτα. Τότε ὀργισθεὶς ὁ οἰκοδεσπότης εἶπεν τῷ δούλῳ αὐτοῦ, Ἔξελθε ταχέως εἰς τὰς πλατείας καὶ ῥύμας τῆς πόλεως, καὶ τοὺς πτωχοὺς καὶ ἀναπήρους² καὶ χωλοὺς καὶ τυφλοὺς³ εἰσάγαγε ὧδε. 22 Καὶ εἶπεν ὁ δοῦλος, Κύριε, γέγονεν ὡς⁴ ἐπέταξας, καὶ ἔτι τόπος ἐστίν. 23 Καὶ εἶπεν ὁ κύριος πρὸς τὸν δοῦλον, Ἔξελθε εἰς τὰς ὁδοὺς καὶ φραγμούς, καὶ ἀνάγκασον εἰσελθεῖν, ἵνα γεμισθῇ ὁ οἶκός μου.⁵ 24 Λέγω γὰρ ὑμῖν ὅτι οὐδεὶς τῶν ἀνδρῶν ἐκείνων τῶν κεκλημένων γεύσεταί μου τοῦ δείπνου. Πολλοὶ γάρ εἰσιν κλητοί, ὀλίγοι δὲ ἐκλεκτοί. ᵃ' ⁶

The Obligations of Discipleship

25 Συνεπορεύοντο δὲ αὐτῷ ὄχλοι πολλοί· καὶ στραφεὶς εἶπεν πρὸς αὐτούς, 26 Εἴ τις ἔρχεται πρός με, καὶ οὐ μισεῖ τὸν πατέρα αὐτοῦ, καὶ⁷ τὴν μητέρα, καὶ τὴν γυναῖκα, καὶ τὰ τέκνα, καὶ τοὺς ἀδελφούς, καὶ τὰς ἀδελφάς, ἔτι δὲ⁸ καὶ τὴν ἑαυτοῦ ψυχήν,⁹ οὐ δύναταί μου μαθητὴς εἶναι.¹⁰ 27 Καὶ ὅστις¹¹ οὐ βαστάζει τὸν σταυρὸν αὐτοῦ¹² καὶ ἔρχεται ὀπίσω μου, οὐ δύναται εἶναί μου μαθητής. 28 Τίς γὰρ ἐξ ὑμῶν, ὁ¹³ θέλων πύργον οἰκοδομῆσαι, οὐχὶ πρῶτον καθίσας ψηφίζει τὴν δαπάνην, εἰ ἔχει τὰ¹⁴ εἰς ᵇ ἀπαρτισμόν; 29 Ἵνα μήποτε, θέντος αὐτοῦ θεμέλιον καὶ μὴ ἰσχύοντος ἐκτελέσαι, πάντες οἱ θεωροῦντες ἄρξωνται ἐμπαίζειν αὐτῷ,¹⁵ 30 λέγοντες, ὅτι Οὗτος ὁ ἄνθρωπος ἤρξατο οἰκοδομεῖν, καὶ οὐκ ἴσχυσεν ἐκτελέσαι. 31 Ἢ τίς βασιλεὺς πορευόμενος συμβαλεῖν ἑτέρῳ βασιλεῖ¹⁶ εἰς πόλεμον οὐχὶ καθίσας πρῶτον βουλεύεται¹⁷

ᵃ *Πολλοὶ γάρ εἰσιν κλητοί ὀλίγοι δὲ ἐκλεκτοί •* — ᵇ *εἰς • πρὸς*

---

¹ ἐκεῖνος • — ² ἀναπήρους • ἀναπείρους ³ χωλοὺς καὶ τυφλοὺς • τυφλοὺς καὶ χωλοὺς ⁴ ὡς • ὃ ⁵ ὁ οἶκός μου • μου ὁ οἶκος ⁶ Πολλοὶ γάρ εἰσιν κλητοί ὀλίγοι δὲ ἐκλεκτοί • — ⁷ αὐτοῦ καὶ • ἑαυτοῦ καὶ ⁸ δὲ • τε ⁹ ἑαυτοῦ ψυχήν • ψυχὴν ἑαυτοῦ ¹⁰ μου μαθητὴς εἶναι • εἶναί μου μαθητής ¹¹ Καὶ ὅστις • Ὅστις ¹² αὐτοῦ • ἑαυτοῦ ¹³ ὁ • — ¹⁴ τὰ • — ¹⁵ ἐμπαίζειν αὐτῷ • αὐτῷ ἐμπαίζειν ¹⁶ συμβαλεῖν ἑτέρῳ βασιλεῖ • ἑτέρῳ βασιλεῖ συμβαλεῖν ¹⁷ βουλεύεται • βουλεύσεται

εἰ δυνατός ἐστιν ἐν δέκα χιλιάσιν ἀπαντῆσαι¹ τῷ μετὰ εἴκοσι χιλιάδων ἐρχομένῳ ἐπ' αὐτόν; 32 Εἰ δὲ μήγε,² ἔτι πόρρω αὐτοῦ³ ὄντος, πρεσβείαν ἀποστείλας ἐρωτᾷ τὰ πρὸς εἰρήνην. 33 Οὕτως οὖν πᾶς ἐξ ὑμῶν ὃς οὐκ ἀποτάσσεται πᾶσιν τοῖς ἑαυτοῦ ὑπάρχουσιν, οὐ δύναταί μου εἶναι⁴ μαθητής. 34 Καλὸν⁵ τὸ ἅλας· ἐὰν δὲ⁶ τὸ ἅλας μωρανθῇ, ἐν τίνι ἀρτυθήσεται; 35 Οὔτε εἰς γῆν οὔτε εἰς κοπρίαν εὔθετόν ἐστιν· ἔξω βάλλουσιν αὐτό. Ὁ ἔχων ὦτα ἀκούειν ἀκουέτω.

Parables of the Love of Jesus to the Lost

15 Ἦσαν δὲ ἐγγίζοντες αὐτῷ⁷ πάντες οἱ τελῶναι καὶ οἱ ἁμαρτωλοί, ἀκούειν αὐτοῦ. 2 Καὶ διεγόγγυζον οἱ Φαρισαῖοι⁸ καὶ οἱ γραμματεῖς λέγοντες ὅτι Οὗτος ἁμαρτωλοὺς προσδέχεται, καὶ συνεσθίει αὐτοῖς.

3 Εἶπεν δὲ πρὸς αὐτοὺς τὴν παραβολὴν ταύτην, λέγων, 4 Τίς ἄνθρωπος ἐξ ὑμῶν ἔχων ἑκατὸν πρόβατα, καὶ ἀπολέσας ἓν ἐξ αὐτῶν,⁹ οὐ καταλείπει τὰ ἐνενήκοντα ἐννέα ἐν τῇ ἐρήμῳ, καὶ πορεύεται ἐπὶ τὸ ἀπολωλός, ἕως εὕρῃ αὐτό; 5 Καὶ εὑρὼν ἐπιτίθησιν ἐπὶ τοὺς ὤμους ἑαυτοῦ¹⁰ χαίρων. 6 Καὶ ἐλθὼν εἰς τὸν οἶκον, συγκαλεῖ τοὺς φίλους καὶ τοὺς γείτονας, λέγων αὐτοῖς, Συγχάρητέ μοι, ὅτι εὗρον τὸ πρόβατόν μου τὸ ἀπολωλός. 7 Λέγω ὑμῖν ὅτι οὕτως χαρὰ ἔσται ἐν τῷ οὐρανῷ¹¹ ἐπὶ ἑνὶ ἁμαρτωλῷ μετανοοῦντι, ἢ ἐπὶ ἐνενήκοντα ἐννέα δικαίοις, οἵτινες οὐ χρείαν ἔχουσιν μετανοίας.

8 Ἢ τίς γυνὴ δραχμὰς ἔχουσα δέκα, ἐὰν ἀπολέσῃ δραχμὴν μίαν, οὐχὶ ἅπτει λύχνον, καὶ σαροῖ τὴν οἰκίαν, καὶ ζητεῖ ἐπιμελῶς ἕως ὅτου¹² εὕρῃ; 9 Καὶ εὑροῦσα συγκαλεῖται¹³ τὰς φίλας καὶ τὰς γείτονας,¹⁴ λέγουσα, Συγχάρητέ μοι, ὅτι εὗρον

---

1 ἀπαντῆσαι • ὑπαντῆσαι   2 μήγε • μή γε   3 πόρρω αὐτοῦ • αὐτοῦ πόρρω   4 μου εἶναι • εἶναί μου   5 Καλὸν • Καλὸν οὖν   6 δὲ • δὲ καὶ   7 ἐγγίζοντες αὐτῷ • αὐτῷ ἐγγίζοντες   8 Φαρισαῖοι • τε Φαρισαῖοι   9 ἓν ἐξ αὐτῶν • ἐξ αὐτῶν ἓν   10 ἑαυτοῦ • αὐτοῦ   11 ἔσται ἐν τῷ οὐρανῷ • ἐν τῷ οὐρανῷ ἔσται   12 ὅτου • οὗ   13 συγκαλεῖται • συγκαλεῖ   14 τὰς γείτονας • γείτονας

τὴν δραχμὴν ἣν ἀπώλεσα. 10 Οὕτως, λέγω ὑμῖν, χαρὰ γίνεται¹ ἐνώπιον τῶν ἀγγέλων τοῦ θεοῦ ἐπὶ ἑνὶ ἁμαρτωλῷ μετανοοῦντι.

The Prodigal Son

11 Εἶπεν δέ, Ἄνθρωπός τις εἶχεν δύο υἱούς· 12 καὶ εἶπεν ὁ νεώτερος αὐτῶν τῷ πατρί, Πάτερ, δός μοι τὸ ἐπιβάλλον μέρος τῆς οὐσίας. Καὶ διεῖλεν² αὐτοῖς τὸν βίον. 13 Καὶ μετ᾽ οὐ πολλὰς ἡμέρας συναγαγὼν ἅπαντα³ ὁ νεώτερος υἱὸς ἀπεδήμησεν εἰς χώραν μακράν, καὶ ἐκεῖ διεσκόρπισεν τὴν οὐσίαν αὐτοῦ, ζῶν ἀσώτως. 14 Δαπανήσαντος δὲ αὐτοῦ πάντα, ἐγένετο λιμὸς ἰσχυρὸς⁴ κατὰ τὴν χώραν ἐκείνην, καὶ αὐτὸς ἤρξατο ὑστερεῖσθαι. 15 Καὶ πορευθεὶς ἐκολλήθη ἑνὶ τῶν πολιτῶν τῆς χώρας ἐκείνης· καὶ ἔπεμψεν αὐτὸν εἰς τοὺς ἀγροὺς αὐτοῦ βόσκειν χοίρους. 16 Καὶ ἐπεθύμει γεμίσαι τὴν κοιλίαν αὐτοῦ ἀπὸ⁵ τῶν κερατίων ὧν ἤσθιον οἱ χοῖροι· καὶ οὐδεὶς ἐδίδου αὐτῷ. 17 Εἰς ἑαυτὸν δὲ ἐλθὼν εἶπεν,⁶ Πόσοι μίσθιοι τοῦ πατρός μου περισσεύουσιν⁷ ἄρτων, ἐγὼ δὲ λιμῷ ἀπόλλυμαι·⁸ 18 ἀναστὰς πορεύσομαι πρὸς τὸν πατέρα μου, καὶ ἐρῶ αὐτῷ, Πάτερ, ἥμαρτον εἰς τὸν οὐρανὸν καὶ ἐνώπιόν σου· 19 καὶ⁹ οὐκέτι εἰμὶ ἄξιος κληθῆναι υἱός σου· ποίησόν με ὡς ἕνα τῶν μισθίων σου. 20 Καὶ ἀναστὰς ἦλθεν πρὸς τὸν πατέρα αὐτοῦ.ᵃ,¹⁰ Ἔτι δὲ αὐτοῦ μακρὰν ἀπέχοντος, εἶδεν αὐτὸν ὁ πατὴρ αὐτοῦ, καὶ ἐσπλαγχνίσθη, καὶ δραμὼν ἐπέπεσεν ἐπὶ τὸν τράχηλον αὐτοῦ, καὶ κατεφίλησεν αὐτόν. 21 Εἶπεν δὲ αὐτῷ ὁ υἱός,¹¹ Πάτερ, ἥμαρτον εἰς τὸν οὐρανὸν καὶ ἐνώπιόν σου, καὶ οὐκέτι¹² εἰμὶ ἄξιος κληθῆναι υἱός σου. 22 Εἶπεν δὲ ὁ πατὴρ πρὸς τοὺς δούλους αὐτοῦ, Ἐξενέγκατε τὴν¹³ στολὴν τὴν πρώτην καὶ ἐνδύσατε αὐτόν, καὶ δότε

ᵃ πατέρα αὐτοῦ • πατέρα ἑαυτοῦ

---

¹ χαρὰ γίνεται • γίνεται χαρά   ² Καὶ διεῖλεν • Ὁ δὲ διεῖλεν   ³ ἅπαντα • πάντα   ⁴ ἰσχυρὸς • ἰσχυρά   ⁵ γεμίσαι τὴν κοιλίαν αὐτοῦ ἀπὸ • χορτασθῆναι ἐκ   ⁶ εἶπεν • ἔφη   ⁷ περισσεύουσιν • περισσεύονται   ⁸ ἀπόλλυμαι • ὧδε ἀπόλλυμαι   ⁹ καὶ • —   ¹⁰ πατέρα αὐτοῦ • πατέρα ἑαυτοῦ   ¹¹ αὐτῷ ὁ υἱός • ὁ υἱὸς αὐτῷ   ¹² καὶ οὐκέτι • οὐκέτι   ¹³ Ἐξενέγκατε τὴν • Ταχὺ ἐξενέγκατε

δακτύλιον εἰς τὴν χεῖρα αὐτοῦ, καὶ ὑποδήματα εἰς τοὺς πόδας· 23 καὶ ἐνέγκαντες[1] τὸν μόσχον τὸν σιτευτὸν θύσατε, καὶ φαγόντες εὐφρανθῶμεν· 24 ὅτι οὗτος ὁ υἱός μου νεκρὸς ἦν, καὶ ἀνέζησεν· καὶ ἀπολωλὼς ἦν,[2] καὶ εὑρέθη. Καὶ ἤρξαντο εὐφραίνεσθαι. 25 Ἦν δὲ ὁ υἱὸς αὐτοῦ ὁ πρεσβύτερος ἐν ἀγρῷ· καὶ ὡς ἐρχόμενος ἤγγισεν τῇ οἰκίᾳ, ἤκουσεν συμφωνίας καὶ χορῶν. 26 Καὶ προσκαλεσάμενος ἕνα τῶν παίδων, ἐπυνθάνετο τί εἴη[3] ταῦτα. 27 Ὁ δὲ εἶπεν αὐτῷ ὅτι Ὁ ἀδελφός σου ἥκει· καὶ ἔθυσεν ὁ πατήρ σου τὸν μόσχον τὸν σιτευτόν, ὅτι ὑγιαίνοντα αὐτὸν ἀπέλαβεν. 28 Ὠργίσθη δέ, καὶ οὐκ ἤθελεν εἰσελθεῖν· ὁ οὖν[4] πατὴρ αὐτοῦ ἐξελθὼν παρεκάλει αὐτόν. 29 Ὁ δὲ ἀποκριθεὶς εἶπεν τῷ πατρί,[5] Ἰδού, τοσαῦτα ἔτη δουλεύω σοι, καὶ οὐδέποτε ἐντολήν σου παρῆλθον, καὶ ἐμοὶ οὐδέποτε ἔδωκας ἔριφον, ἵνα μετὰ τῶν φίλων μου εὐφρανθῶ. 30 Ὅτε δὲ ὁ υἱός σου οὗτος ὁ καταφαγών σου τὸν βίον μετὰ πορνῶν ἦλθεν, ἔθυσας αὐτῷ τὸν μόσχον τὸν σιτευτόν.[6] 31 Ὁ δὲ εἶπεν αὐτῷ, Τέκνον, σὺ πάντοτε μετ' ἐμοῦ εἶ, καὶ πάντα τὰ ἐμὰ σά ἐστιν. 32 Εὐφρανθῆναι δὲ καὶ χαρῆναι ἔδει· ὅτι ὁ ἀδελφός σου οὗτος νεκρὸς ἦν, καὶ ἀνέζησεν· καὶ ἀπολωλὼς ἦν,[7] καὶ εὑρέθη.

The Parable of the Unjust Steward and Its Lessons

16 Ἔλεγεν δὲ καὶ πρὸς τοὺς μαθητὰς αὐτοῦ,[8] Ἄνθρωπός τις ἦν πλούσιος, ὃς εἶχεν οἰκονόμον· καὶ οὗτος διεβλήθη αὐτῷ ὡς διασκορπίζων τὰ ὑπάρχοντα αὐτοῦ. 2 Καὶ φωνήσας αὐτὸν εἶπεν αὐτῷ, Τί τοῦτο ἀκούω περὶ σοῦ; Ἀπόδος τὸν λόγον τῆς οἰκονομίας σου· οὐ γὰρ δυνήσῃ[9] ἔτι οἰκονομεῖν. 3 Εἶπεν δὲ ἐν ἑαυτῷ ὁ οἰκονόμος, Τί ποιήσω, ὅτι ὁ κύριός μου ἀφαιρεῖται τὴν οἰκονομίαν ἀπ' ἐμοῦ; Σκάπτειν οὐκ ἰσχύω, ἐπαιτεῖν αἰσχύνομαι. 4 Ἔγνων τί ποιήσω, ἵνα, ὅταν μετασταθῶ τῆς[10] οἰκονομίας, δέξωνταί με εἰς τοὺς οἴκους αὐτῶν.

---

[1] ἐνέγκαντες • φέρετε   [2] καὶ ἀπολωλὼς ἦν • ἦν ἀπολωλώς   [3] εἴη • ἂν εἴη
[4] οὖν • δὲ   [5] πατρί • πατρὶ αὐτοῦ   [6] μόσχον τὸν σιτευτόν • σιτευτὸν μόσχον
[7] ἀνέζησεν καὶ ἀπολωλὼς ἦν • ἔζησεν καὶ ἀπολωλὼς   [8] μαθητὰς αὐτοῦ • μαθητάς   [9] δυνήσῃ • δύνῃ   [10] τῆς • ἐκ τῆς

5 Καὶ προσκαλεσάμενος ἕνα ἕκαστον τῶν χρεωφειλετῶν¹ τοῦ κυρίου ἑαυτοῦ, ἔλεγεν τῷ πρώτῳ, Πόσον ὀφείλεις τῷ κυρίῳ μου; 6 Ὁ δὲ εἶπεν, Ἑκατὸν βάτους ἐλαίου. Καὶ εἶπεν² αὐτῷ, Δέξαι σου τὸ γράμμα,³ καὶ καθίσας ταχέως γράψον πεντήκοντα. 7 Ἔπειτα ἑτέρῳ εἶπεν, Σὺ δὲ πόσον ὀφείλεις; Ὁ δὲ εἶπεν, Ἑκατὸν κόρους σίτου. Καὶ λέγει⁴ αὐτῷ, Δέξαι σου τὸ γράμμα,⁵ καὶ γράψον ὀγδοήκοντα. 8 Καὶ ἐπῄνεσεν ὁ κύριος τὸν οἰκονόμον τῆς ἀδικίας ὅτι φρονίμως ἐποίησεν· ὅτι οἱ υἱοὶ τοῦ αἰῶνος τούτου φρονιμώτεροι ὑπὲρ τοὺς υἱοὺς τοῦ φωτὸς εἰς τὴν γενεὰν τὴν ἑαυτῶν εἰσίν. 9 Κἀγὼ⁶ ὑμῖν λέγω, Ποιήσατε ἑαυτοῖς⁷ φίλους ἐκ τοῦ μαμωνᾶ τῆς ἀδικίας, ἵνα, ὅταν ἐκλίπητε,⁸ δέξωνται ὑμᾶς εἰς τὰς αἰωνίους σκηνάς. 10 Ὁ πιστὸς ἐν ἐλαχίστῳ καὶ ἐν πολλῷ πιστός ἐστιν, καὶ ὁ ἐν ἐλαχίστῳ ἄδικος καὶ ἐν πολλῷ ἄδικός ἐστιν. 11 Εἰ οὖν ἐν τῷ ἀδίκῳ μαμωνᾷ πιστοὶ οὐκ ἐγένεσθε, τὸ ἀληθινὸν τίς ὑμῖν πιστεύσει; 12 Καὶ εἰ ἐν τῷ ἀλλοτρίῳ πιστοὶ οὐκ ἐγένεσθε, τὸ ὑμέτερον τίς ὑμῖν δώσει; 13 Οὐδεὶς οἰκέτης δύναται δυσὶν κυρίοις δουλεύειν· ἢ γὰρ τὸν ἕνα μισήσει, καὶ τὸν ἕτερον ἀγαπήσει· ἢ ἑνὸς ἀνθέξεται, καὶ τοῦ ἑτέρου καταφρονήσει. Οὐ δύνασθε θεῷ δουλεύειν καὶ μαμωνᾷ.

14 Ἤκουον δὲ ταῦτα πάντα καὶ οἱ⁹ Φαρισαῖοι φιλάργυροι ὑπάρχοντες, καὶ ἐξεμυκτήριζον αὐτόν. 15 Καὶ εἶπεν αὐτοῖς, Ὑμεῖς ἐστε οἱ δικαιοῦντες ἑαυτοὺς ἐνώπιον τῶν ἀνθρώπων, ὁ δὲ θεὸς γινώσκει τὰς καρδίας ὑμῶν· ὅτι τὸ ἐν ἀνθρώποις ὑψηλὸν βδέλυγμα ἐνώπιον τοῦ θεοῦ. 16 Ὁ νόμος καὶ οἱ προφῆται ἕως¹⁰ Ἰωάννου· ἀπὸ τότε ἡ βασιλεία τοῦ θεοῦ εὐαγγελίζεται, καὶ πᾶς εἰς αὐτὴν βιάζεται. 17 Εὐκοπώτερον δέ ἐστιν τὸν οὐρανὸν καὶ τὴν γῆν παρελθεῖν, ἢ τοῦ νόμου μίαν κεραίαν πεσεῖν. 18 Πᾶς ὁ ἀπολύων τὴν γυναῖκα αὐτοῦ καὶ

---

¹ χρεωφειλετῶν • χρεοφειλετῶν   ² Καὶ εἶπεν • Ὁ δὲ εἶπεν   ³ τὸ γράμμα • τὰ γράμματα   ⁴ Καὶ λέγει • Λέγει   ⁵ τὸ γράμμα • τὰ γράμματα   ⁶ Κἀγὼ • Καὶ ἐγὼ   ⁷ Ποιήσατε ἑαυτοῖς • Ἑαυτοῖς ποιήσατε   ⁸ ἐκλίπητε • ἐκλίπῃ   ⁹ καὶ οἱ • οἱ   ¹⁰ ἕως • μέχρι

γαμῶν ἑτέραν μοιχεύει· καὶ πᾶς¹ ὁ ἀπολελυμένην ἀπὸ ἀνδρὸς γαμῶν μοιχεύει.

The Rich Man and Lazarus, the Beggar

19 Ἄνθρωπος δέ τις ἦν πλούσιος, καὶ ἐνεδιδύσκετο πορφύραν καὶ βύσσον, εὐφραινόμενος καθ᾽ ἡμέραν λαμπρῶς. 20 Πτωχὸς δέ τις ἦν ὀνόματι Λάζαρος, ὃς² ἐβέβλητο πρὸς τὸν πυλῶνα αὐτοῦ ἡλκωμένος³ 21 καὶ ἐπιθυμῶν χορτασθῆναι ἀπὸ τῶν ψιχίων⁴ τῶν πιπτόντων ἀπὸ τῆς τραπέζης τοῦ πλουσίου· ἀλλὰ καὶ οἱ κύνες ἐρχόμενοι ἀπέλειχον⁵ τὰ ἕλκη αὐτοῦ. 22 Ἐγένετο δὲ ἀποθανεῖν τὸν πτωχόν, καὶ ἀπενεχθῆναι αὐτὸν ὑπὸ τῶν ἀγγέλων εἰς τὸν κόλπον Ἀβραάμ· ἀπέθανεν δὲ καὶ ὁ πλούσιος, καὶ ἐτάφη. 23 Καὶ ἐν τῷ Ἅδῃ ἐπάρας τοὺς ὀφθαλμοὺς αὐτοῦ, ὑπάρχων ἐν βασάνοις, ὁρᾷ τὸν⁶ Ἀβραὰμ ἀπὸ μακρόθεν, καὶ Λάζαρον ἐν τοῖς κόλποις αὐτοῦ. 24 Καὶ αὐτὸς φωνήσας εἶπεν, Πάτερ Ἀβραάμ, ἐλέησόν με, καὶ πέμψον Λάζαρον, ἵνα βάψῃ τὸ ἄκρον τοῦ δακτύλου αὐτοῦ ὕδατος, καὶ καταψύξῃ τὴν γλῶσσάν μου· ὅτι ὀδυνῶμαι ἐν τῇ φλογὶ ταύτῃ. 25 Εἶπεν δὲ Ἀβραάμ, Τέκνον, μνήσθητι ὅτι ἀπέλαβες σὺ τὰ⁷ ἀγαθά σου ἐν τῇ ζωῇ σου, καὶ Λάζαρος ὁμοίως τὰ κακά· νῦν δὲ ὧδε παρακαλεῖται, σὺ δὲ ὀδυνᾶσαι. 26 Καὶ ἐπὶ⁸ πᾶσιν τούτοις, μεταξὺ ἡμῶν καὶ ὑμῶν χάσμα μέγα ἐστήρικται, ὅπως οἱ θέλοντες διαβῆναι ἔνθεν πρὸς ὑμᾶς μὴ δύνωνται, μηδὲ οἱ ἐκεῖθεν⁹ πρὸς ἡμᾶς διαπερῶσιν. 27 Εἶπεν δέ, Ἐρωτῶ οὖν σε,¹⁰ πάτερ, ἵνα πέμψῃς αὐτὸν εἰς τὸν οἶκον τοῦ πατρός μου, 28 ἔχω γὰρ πέντε ἀδελφούς, ὅπως διαμαρτύρηται αὐτοῖς, ἵνα μὴ καὶ αὐτοὶ ἔλθωσιν εἰς τὸν τόπον τοῦτον τῆς βασάνου. 29 Λέγει αὐτῷ¹¹ Ἀβραάμ, Ἔχουσιν Μωσέα¹² καὶ τοὺς προφήτας· ἀκουσάτωσαν αὐτῶν. 30 Ὁ δὲ εἶπεν, Οὐχί, πάτερ Ἀβραάμ· ἀλλ᾽ ἐάν τις ἀπὸ νεκρῶν πορευθῇ πρὸς αὐτούς, μετανοήσουσιν. 31 Εἶπεν δὲ αὐτῷ, Εἰ Μωσέως¹³ καὶ τῶν

---
¹ καὶ πᾶς • καὶ   ² ἦν ὀνόματι Λάζαρος ὃς • ὀνόματι Λάζαρος   ³ ἡλκωμένος • εἱλκωμένος   ⁴ τῶν ψιχίων • —   ⁵ ἀπέλειχον • ἐπέλειχον   ⁶ τὸν • —   ⁷ σὺ τὰ • τὰ   ⁸ ἐπὶ • ἐν   ⁹ οἱ ἐκεῖθεν • ἐκεῖθεν   ¹⁰ οὖν σε • σε οὖν   ¹¹ Λέγει αὐτῷ • Λέγει δὲ   ¹² Μωσέα • Μωϋσέα   ¹³ Μωσέως • Μωϋσέως

προφητῶν οὐκ ἀκούουσιν, οὐδέ,[1] ἐάν τις ἐκ νεκρῶν ἀναστῇ, πεισθήσονται.

A Lesson on Offenses and Forgiveness

17 Εἶπεν δὲ πρὸς τοὺς μαθητάς,[2] Ἀνένδεκτόν ἐστιν τοῦ μὴ ἐλθεῖν τὰ σκάνδαλα·[3] οὐαὶ δὲ[4] δι' οὗ ἔρχεται. 2 Λυσιτελεῖ αὐτῷ εἰ μύλος ὀνικὸς[5] περίκειται περὶ τὸν τράχηλον αὐτοῦ, καὶ ἔρριπται εἰς τὴν θάλασσαν, ἢ ἵνα σκανδαλίσῃ ἕνα τῶν μικρῶν τούτων.[6] 3 Προσέχετε ἑαυτοῖς. Ἐὰν δὲ ἁμάρτῃ εἰς σὲ[7] ὁ ἀδελφός σου, ἐπιτίμησον αὐτῷ· καὶ ἐὰν μετανοήσῃ, ἄφες αὐτῷ. 4 Καὶ ἐὰν ἑπτάκις τῆς ἡμέρας ἁμάρτῃ[8] εἰς σέ, καὶ ἑπτάκις τῆς ἡμέρας ἐπιστρέψῃ,[9] λέγων, Μετανοῶ, ἀφήσεις αὐτῷ. 5 Καὶ εἶπον[10] οἱ ἀπόστολοι τῷ κυρίῳ, Πρόσθες ἡμῖν πίστιν. 6 Εἶπεν δὲ ὁ κύριος, Εἰ ἔχετε πίστιν ὡς κόκκον σινάπεως, ἐλέγετε ἂν τῇ συκαμίνῳ ταύτῃ,[11] Ἐκριζώθητι, καὶ φυτεύθητι ἐν τῇ θαλάσσῃ· καὶ ὑπήκουσεν ἂν ὑμῖν. 7 Τίς δὲ ἐξ ὑμῶν δοῦλον ἔχων ἀροτριῶντα ἢ ποιμαίνοντα, ὃς εἰσελθόντι ἐκ τοῦ ἀγροῦ ἐρεῖ[12] εὐθέως, Παρελθὼν ἀνάπεσε· 8 ἀλλ' οὐχὶ ἐρεῖ αὐτῷ, Ἑτοίμασον τί δειπνήσω, καὶ περιζωσάμενος διακόνει μοι, ἕως φάγω καὶ πίω· καὶ μετὰ ταῦτα φάγεσαι καὶ πίεσαι σύ; 9 Μὴ χάριν ἔχει[13] τῷ δούλῳ ἐκείνῳ[14] ὅτι ἐποίησεν τὰ διαταχθέντα; Οὐ δοκῶ.[15] 10 Οὕτως καὶ ὑμεῖς, ὅταν ποιήσητε πάντα τὰ διαταχθέντα ὑμῖν, λέγετε ὅτι Δοῦλοι ἀχρεῖοί ἐσμεν· ὅτι ὃ ὀφείλομεν [a],[16] ποιῆσαι πεποιήκαμεν.

---

[a] ὀφείλομεν • ὠφείλομεν

---

[1] οὐδέ • οὐδ' [2] μαθητάς • μαθητὰς αὐτοῦ [3] μὴ ἐλθεῖν τὰ σκάνδαλα • τὰ σκάνδαλα μὴ ἐλθεῖν [4] οὐαὶ δὲ • πλὴν οὐαὶ [5] μύλος ὀνικὸς • λίθος μυλικὸς [6] ἕνα τῶν μικρῶν τούτων • τῶν μικρῶν τούτων ἕνα [7] δὲ ἁμάρτῃ εἰς σὲ • ἁμάρτῃ [8] ἁμάρτῃ • ἁμαρτήσῃ [9] τῆς ἡμέρας ἐπιστρέψῃ • ἐπιστρέψῃ πρός σέ [10] εἶπον • εἶπαν [11] ταύτῃ • [ταύτῃ] [12] ἐρεῖ • ἐρεῖ αὐτῷ [13] χάριν ἔχει • ἔχει χάριν [14] ἐκείνῳ • — [15] Οὐ δοκῶ • — [16] ὅτι ὃ ὀφείλομεν • ὃ ὠφείλομεν

The Ten Lepers

11 Καὶ ἐγένετο ἐν τῷ πορεύεσθαι αὐτὸν [1] εἰς Ἰερουσαλήμ, καὶ αὐτὸς διήρχετο διὰ μέσου [2] Σαμαρείας καὶ Γαλιλαίας. **12** Καὶ εἰσερχομένου αὐτοῦ εἴς τινα κώμην, ἀπήντησαν αὐτῷ [3] δέκα λεπροὶ ἄνδρες, οἳ ἔστησαν πόρρωθεν· **13** καὶ αὐτοὶ ἦραν φωνήν, λέγοντες, Ἰησοῦ, ἐπιστάτα, ἐλέησον ἡμᾶς. **14** Καὶ ἰδὼν εἶπεν αὐτοῖς, Πορευθέντες ἐπιδείξατε ἑαυτοὺς τοῖς ἱερεῦσιν. Καὶ ἐγένετο ἐν τῷ ὑπάγειν αὐτούς, ἐκαθαρίσθησαν. **15** Εἷς δὲ ἐξ αὐτῶν, ἰδὼν ὅτι ἰάθη, ὑπέστρεψεν, μετὰ φωνῆς μεγάλης δοξάζων τὸν θεόν· **16** καὶ ἔπεσεν ἐπὶ πρόσωπον παρὰ τοὺς πόδας αὐτοῦ, εὐχαριστῶν αὐτῷ· καὶ αὐτὸς ἦν Σαμαρείτης. [4] **17** Ἀποκριθεὶς δὲ ὁ Ἰησοῦς εἶπεν, Οὐχὶ οἱ δέκα ἐκαθαρίσθησαν; Οἱ δὲ ἐννέα ποῦ; **18** Οὐχ εὑρέθησαν ὑποστρέψαντες δοῦναι δόξαν τῷ θεῷ, εἰ μὴ ὁ ἀλλογενὴς οὗτος; **19** Καὶ εἶπεν αὐτῷ, Ἀναστὰς πορεύου· ἡ πίστις σου σέσωκέν σε.

Concerning the Kingdom of God and the Coming of Christ

20 Ἐπερωτηθεὶς δὲ ὑπὸ τῶν Φαρισαίων, πότε ἔρχεται ἡ βασιλεία τοῦ θεοῦ, ἀπεκρίθη αὐτοῖς καὶ εἶπεν, Οὐκ ἔρχεται ἡ βασιλεία τοῦ θεοῦ μετὰ παρατηρήσεως· **21** οὐδὲ ἐροῦσιν, Ἰδοὺ ὧδε, ἤ, Ἰδοὺ ἐκεῖ. [5] Ἰδοὺ γάρ, ἡ βασιλεία τοῦ θεοῦ ἐντὸς ὑμῶν ἐστίν.

22 Εἶπεν δὲ πρὸς τοὺς μαθητάς, Ἐλεύσονται ἡμέραι ὅτε ἐπιθυμήσετε μίαν τῶν ἡμερῶν τοῦ υἱοῦ τοῦ ἀνθρώπου ἰδεῖν, καὶ οὐκ ὄψεσθε. **23** Καὶ ἐροῦσιν ὑμῖν, Ἰδοὺ ὧδε, ἤ, Ἰδοὺ ἐκεῖ· [6] μὴ ἀπέλθητε, μηδὲ διώξητε. **24** Ὥσπερ γὰρ ἡ ἀστραπὴ ἡ ἀστράπτουσα [7] ἐκ τῆς ὑπ' οὐρανὸν εἰς [8] τὴν ὑπ' οὐρανὸν λάμπει, οὕτως ἔσται ὁ υἱὸς τοῦ ἀνθρώπου ἐν τῇ ἡμέρᾳ αὐτοῦ. [9] **25** Πρῶτον δὲ δεῖ αὐτὸν πολλὰ παθεῖν καὶ ἀποδοκιμασθῆναι ἀπὸ τῆς γενεᾶς ταύτης. **26** Καὶ καθὼς ἐγένετο ἐν ταῖς ἡμέραις Νῶε, οὕτως ἔσται καὶ ἐν ταῖς ἡμέραις τοῦ υἱοῦ τοῦ ἀνθρώπου.

---

[1] αὐτὸν • —   [2] μέσου • μέσον   [3] αὐτῷ • [αὐτῷ]   [4] Σαμαρείτης • Σαμαρίτης   [5] Ἰδοὺ ἐκεῖ • Ἐκεῖ   [6] ὧδε ἤ Ἰδοὺ ἐκεῖ • ἐκεῖ [ἤ] Ἰδοὺ ὧδε   [7] ἡ ἀστράπτουσα • ἀστράπτουσα   [8] ὑπ' οὐρανὸν εἰς • ὑπὸ τὸν οὐρανὸν εἰς   [9] ἐν τῇ ἡμέρᾳ αὐτοῦ • [ἐν τῇ ἡμέρᾳ αὐτοῦ]

ΚΑΤΑ ΛΟΥΚΑΝ

27 Ἤσθιον, ἔπινον, ἐγάμουν, ἐξεγαμίζοντο,[1] ἄχρι ἧς ἡμέρας εἰσῆλθεν Νῶε εἰς τὴν κιβωτόν, καὶ ἦλθεν ὁ κατακλυσμός, καὶ ἀπώλεσεν ἅπαντας.[2] 28 Ὁμοίως καὶ ὡς[3] ἐγένετο ἐν ταῖς ἡμέραις Λώτ· ἤσθιον, ἔπινον, ἠγόραζον, ἐπώλουν, ἐφύτευον, ᾠκοδόμουν· 29 ᾗ δὲ ἡμέρᾳ ἐξῆλθεν Λὼτ ἀπὸ Σοδόμων, ἔβρεξεν πῦρ καὶ θεῖον ἀπ᾽ οὐρανοῦ, καὶ ἀπώλεσεν ἅπαντας·[4] 30 κατὰ ταῦτα[5] ἔσται ᾗ ἡμέρᾳ ὁ υἱὸς τοῦ ἀνθρώπου ἀποκαλύπτεται. 31 Ἐν ἐκείνῃ τῇ ἡμέρᾳ, ὃς ἔσται ἐπὶ τοῦ δώματος, καὶ τὰ σκεύη αὐτοῦ ἐν τῇ οἰκίᾳ, μὴ καταβάτω ἆραι αὐτά· καὶ ὁ ἐν τῷ[6] ἀγρῷ ὁμοίως μὴ ἐπιστρεψάτω εἰς τὰ ὀπίσω. 32 Μνημονεύετε τῆς γυναικὸς Λώτ. 33 Ὃς ἐὰν ζητήσῃ τὴν ψυχὴν αὐτοῦ σῶσαι[7] ἀπολέσει αὐτήν· καὶ ὃς ἐὰν[8] ἀπολέσῃ αὐτὴν[9] ζῳογονήσει αὐτήν. 34 Λέγω ὑμῖν, ταύτῃ τῇ νυκτὶ ἔσονται δύο ἐπὶ κλίνης μιᾶς· εἷς παραληφθήσεται,[10] καὶ ὁ ἕτερος ἀφεθήσεται. 35 Δύο ἔσονται[11] ἀλήθουσαι ἐπὶ τὸ αὐτό· μία παραληφθήσεται, καὶ ἡ[12] ἑτέρα ἀφεθήσεται. 36 37 Καὶ ἀποκριθέντες λέγουσιν αὐτῷ, Ποῦ, κύριε; Ὁ δὲ εἶπεν αὐτοῖς, Ὅπου τὸ σῶμα, ἐκεῖ συναχθήσονται οἱ ἀετοί.[13]

The Unjust Judge

18 Ἔλεγεν δὲ καὶ παραβολὴν[14] αὐτοῖς πρὸς τὸ δεῖν πάντοτε προσεύχεσθαι,[15] καὶ μὴ ἐκκακεῖν,[16] 2 λέγων, Κριτής τις ἦν ἔν τινι πόλει, τὸν θεὸν μὴ φοβούμενος, καὶ ἄνθρωπον μὴ ἐντρεπόμενος· 3 χήρα δὲ ἦν ἐν τῇ πόλει ἐκείνῃ, καὶ ἤρχετο πρὸς αὐτόν, λέγουσα, Ἐκδίκησόν με ἀπὸ τοῦ ἀντιδίκου μου. 4 Καὶ οὐκ ἠθέλησεν[17] ἐπὶ χρόνον· μετὰ δὲ ταῦτα εἶπεν ἐν ἑαυτῷ, Εἰ καὶ τὸν θεὸν οὐ φοβοῦμαι, καὶ ἄνθρωπον οὐκ[18] ἐντρέπομαι·

---

[1] ἐξεγαμίζοντο • ἐγαμίζοντο [2] ἅπαντας • πάντας [3] καὶ ὡς • καθὼς
[4] ἅπαντας • πάντας [5] ταῦτα • τὰ αὐτά [6] τῷ • — [7] σῶσαι • περιποιήσασθαι
[8] καὶ ὃς ἐὰν • ὃς δ᾽ ἂν [9] ἀπολέσῃ αὐτὴν • ἀπολέσῃ [10] εἷς παραληφθήσεται • ὁ εἷς παραλημφθήσεται [11] Δύο ἔσονται • Ἔσονται δύο [12] μία παραληφθήσεται καὶ ἡ • ἡ μία παραλημφθήσεται ἡ δὲ [13] συναχθήσονται οἱ ἀετοί • καὶ οἱ ἀετοὶ ἐπισυναχθήσονται [14] καὶ παραβολὴν • παραβολὴν [15] προσεύχεσθαι • προσεύχεσθαι αὐτοὺς [16] ἐκκακεῖν • ἐγκακεῖν [17] ἠθέλησεν • ἤθελεν [18] καὶ ἄνθρωπον οὐκ • οὐδὲ ἄνθρωπον

5 διά γε τὸ παρέχειν μοι κόπον τὴν χήραν ταύτην, ἐκδικήσω αὐτήν, ἵνα μὴ εἰς τέλος ἐρχομένη ὑποπιάζῃ¹ με. 6 Εἶπεν δὲ ὁ κύριος, Ἀκούσατε τί ὁ κριτὴς τῆς ἀδικίας λέγει. 7 Ὁ δὲ θεὸς οὐ μὴ ποιήσῃ ᵃ τὴν ἐκδίκησιν τῶν ἐκλεκτῶν αὐτοῦ τῶν βοώντων πρὸς αὐτὸν² ἡμέρας καὶ νυκτός, καὶ μακροθυμῶν³ ἐπ' αὐτοῖς; 8 Λέγω ὑμῖν ὅτι ποιήσει τὴν ἐκδίκησιν αὐτῶν ἐν τάχει. Πλὴν ὁ υἱὸς τοῦ ἀνθρώπου ἐλθὼν ἆρα εὑρήσει τὴν πίστιν ἐπὶ τῆς γῆς;

The Pharisee and the Tax-Collector

9 Εἶπεν δὲ πρός⁴ τινας τοὺς πεποιθότας ἐφ' ἑαυτοῖς ὅτι εἰσὶν δίκαιοι, καὶ ἐξουθενοῦντας τοὺς λοιπούς, τὴν παραβολὴν ταύτην· 10 Ἄνθρωποι δύο ἀνέβησαν εἰς τὸ ἱερὸν προσεύξασθαι· ὁ εἷς Φαρισαῖος, καὶ ὁ ἕτερος τελώνης. 11 Ὁ Φαρισαῖος σταθεὶς πρὸς ἑαυτὸν ταῦτα προσηύχετο, Ὁ θεός, εὐχαριστῶ σοι ὅτι οὐκ εἰμὶ ὥσπερ οἱ λοιποὶ τῶν ἀνθρώπων, ἅρπαγες, ἄδικοι, μοιχοί, ἢ καὶ ὡς οὗτος ὁ τελώνης. 12 Νηστεύω δὶς τοῦ σαββάτου, ἀποδεκατῶ πάντα ὅσα κτῶμαι. 13 Καὶ ὁ⁵ τελώνης μακρόθεν ἑστὼς οὐκ ἤθελεν οὐδὲ τοὺς ὀφθαλμοὺς εἰς τὸν οὐρανὸν ἐπᾶραι,⁶ ἀλλ' ἔτυπτεν εἰς⁷ τὸ στῆθος αὐτοῦ, λέγων, Ὁ θεός, ἱλάσθητί μοι τῷ ἁμαρτωλῷ. 14 Λέγω ὑμῖν, κατέβη οὗτος δεδικαιωμένος εἰς τὸν οἶκον αὐτοῦ ἢ γὰρ ἐκεῖνος·⁸ ὅτι πᾶς ὁ ὑψῶν ἑαυτὸν ταπεινωθήσεται, ὁ δὲ ταπεινῶν ἑαυτὸν ὑψωθήσεται.

Jesus Blesses Little Children

15 Προσέφερον δὲ αὐτῷ καὶ τὰ βρέφη, ἵνα αὐτῶν ἅπτηται· ἰδόντες δὲ οἱ μαθηταὶ ἐπετίμησαν⁹ αὐτοῖς. 16 Ὁ δὲ Ἰησοῦς προσκαλεσάμενος αὐτὰ εἶπεν, ¹⁰ Ἄφετε τὰ παιδία ἔρχεσθαι πρός με, καὶ μὴ κωλύετε αὐτά· τῶν γὰρ τοιούτων ἐστὶν ἡ

ᵃ ποιήσῃ • ποιήσει

---

¹ ὑποπιάζῃ • ὑπωπιάζῃ   ² πρὸς αὐτὸν • αὐτῷ   ³ μακροθυμῶν • μακροθυμεῖ
⁴ πρός • καὶ πρός   ⁵ Καὶ ὁ • Ὁ δὲ   ⁶ εἰς τὸν οὐρανὸν ἐπᾶραι • ἐπᾶραι εἰς τὸν οὐρανόν   ⁷ ἔτυπτεν εἰς • ἔτυπτεν   ⁸ ἢ γὰρ ἐκεῖνος • παρ' ἐκεῖνον
⁹ ἐπετίμησαν • ἐπετίμων   ¹⁰ προσκαλεσάμενος αὐτὰ εἶπεν • προσεκαλέσατο αὐτὰ λέγων

βασιλεία τοῦ θεοῦ. 17 Ἀμὴν λέγω ὑμῖν, ὃς ἐὰν [1] μὴ δέξηται τὴν βασιλείαν τοῦ θεοῦ ὡς παιδίον, οὐ μὴ εἰσέλθῃ εἰς αὐτήν.

Denying All for Jesus' Sake

18 Καὶ ἐπηρώτησέν τις αὐτὸν ἄρχων, λέγων, Διδάσκαλε ἀγαθέ, τί ποιήσας ζωὴν αἰώνιον κληρονομήσω; 19 Εἶπεν δὲ αὐτῷ ὁ Ἰησοῦς, Τί με λέγεις ἀγαθόν; Οὐδεὶς ἀγαθός, εἰ μὴ εἷς, ὁ θεός. 20 Τὰς ἐντολὰς οἶδας, Μὴ μοιχεύσῃς, μὴ φονεύσῃς, μὴ κλέψῃς, μὴ ψευδομαρτυρήσῃς, τίμα τὸν πατέρα σου καὶ τὴν μητέρα σου.[2] 21 Ὁ δὲ εἶπεν, Ταῦτα πάντα ἐφυλαξάμην[3] ἐκ νεότητός μου.[4] 22 Ἀκούσας δὲ ταῦτα[5] ὁ Ἰησοῦς εἶπεν αὐτῷ, Ἔτι ἕν σοι λείπει· πάντα ὅσα ἔχεις πώλησον, καὶ διάδος πτωχοῖς, καὶ ἕξεις θησαυρὸν ἐν οὐρανῷ·[6] καὶ δεῦρο, ἀκολούθει μοι. 23 Ὁ δὲ ἀκούσας ταῦτα περίλυπος ἐγένετο·[7] ἦν γὰρ πλούσιος σφόδρα. 24 Ἰδὼν δὲ αὐτὸν ὁ Ἰησοῦς περίλυπον γενόμενον[8] εἶπεν, Πῶς δυσκόλως οἱ τὰ χρήματα ἔχοντες εἰσελεύσονται[9] εἰς τὴν βασιλείαν τοῦ θεοῦ.[10] 25 Εὐκοπώτερον γάρ ἐστιν κάμηλον διὰ τρυμαλιᾶς ῥαφίδος[11] εἰσελθεῖν, ἢ πλούσιον εἰς τὴν βασιλείαν τοῦ θεοῦ εἰσελθεῖν. 26 Εἶπον[12] δὲ οἱ ἀκούσαντες, Καὶ τίς δύναται σωθῆναι; 27 Ὁ δὲ εἶπεν, Τὰ ἀδύνατα παρὰ ἀνθρώποις δυνατά ἐστιν παρὰ τῷ θεῷ.[13] 28 Εἶπεν δὲ Πέτρος,[14] Ἰδού, ἡμεῖς ἀφήκαμεν πάντα καὶ[15] ἠκολουθήσαμέν σοι. 29 Ὁ δὲ εἶπεν αὐτοῖς, Ἀμὴν λέγω ὑμῖν ὅτι οὐδείς ἐστιν ὃς ἀφῆκεν οἰκίαν, ἢ γονεῖς,[16] ἢ ἀδελφούς, ἢ γυναῖκα,[17] ἢ τέκνα, ἕνεκεν τῆς βασιλείας τοῦ θεοῦ, 30 ὃς οὐ μὴ ἀπολάβῃ[18] πολλαπλασίονα ἐν τῷ καιρῷ τούτῳ, καὶ ἐν τῷ αἰῶνι τῷ ἐρχομένῳ ζωὴν αἰώνιον.

---

[1] ἐὰν • ἂν [2] μητέρα σου • μητέρα [3] ἐφυλαξάμην • ἐφύλαξα [4] μου • —
[5] ταῦτα • — [6] οὐρανῷ • [τοῖς] οὐρανοῖς [7] ἐγένετο • ἐγενήθη [8] περίλυπον γενόμενον • [περίλυπον γενόμενον] [9] εἰσελεύσονται • — [10] θεοῦ • θεοῦ εἰσπορεύονται [11] τρυμαλιᾶς ῥαφίδος • τρήματος βελόνης [12] Εἶπον • Εἶπαν [13] ἐστιν παρὰ τῷ θεῷ • παρὰ τῷ θεῷ ἐστιν [14] Πέτρος • ὁ Πέτρος
[15] ἀφήκαμεν πάντα καὶ • ἀφέντες τὰ ἴδια [16] γονεῖς • γυναῖκα [17] γυναῖκα • γονεῖς [18] οὐ μὴ ἀπολάβῃ • οὐχὶ μὴ [ἀπο]λάβῃ

The Lord's Third Prediction of His Passion

31 Παραλαβὼν δὲ τοὺς δώδεκα, εἶπεν πρὸς αὐτούς, Ἰδού, ἀναβαίνομεν εἰς Ἱεροσόλυμα,¹ καὶ τελεσθήσεται πάντα τὰ γεγραμμένα διὰ τῶν προφητῶν τῷ υἱῷ τοῦ ἀνθρώπου. **32** Παραδοθήσεται γὰρ τοῖς ἔθνεσιν, καὶ ἐμπαιχθήσεται, καὶ ὑβρισθήσεται, καὶ ἐμπτυσθήσεται, **33** καὶ μαστιγώσαντες ἀποκτενοῦσιν αὐτόν· καὶ τῇ ἡμέρᾳ τῇ τρίτῃ ἀναστήσεται. **34** Καὶ αὐτοὶ οὐδὲν τούτων συνῆκαν, καὶ ἦν τὸ ῥῆμα τοῦτο κεκρυμμένον ἀπ᾽ αὐτῶν, καὶ οὐκ ἐγίνωσκον τὰ λεγόμενα.

The Blind Man of Jericho

35 Ἐγένετο δὲ ἐν τῷ ἐγγίζειν αὐτὸν εἰς Ἰεριχώ, τυφλός τις ἐκάθητο παρὰ τὴν ὁδὸν προσαιτῶν·² **36** ἀκούσας δὲ ὄχλου διαπορευομένου, ἐπυνθάνετο τί εἴη τοῦτο. **37** Ἀπήγγειλαν δὲ αὐτῷ ὅτι Ἰησοῦς ὁ Ναζωραῖος παρέρχεται. **38** Καὶ ἐβόησεν, λέγων, Ἰησοῦ, υἱὲ Δαυίδ, ἐλέησόν με. **39** Καὶ οἱ προάγοντες ἐπετίμων αὐτῷ ἵνα σιωπήσῃ·³ αὐτὸς δὲ πολλῷ μᾶλλον ἔκραζεν, Υἱὲ Δαυίδ, ἐλέησόν με. **40** Σταθεὶς δὲ ὁ Ἰησοῦς ἐκέλευσεν αὐτὸν ἀχθῆναι πρὸς αὐτόν· ἐγγίσαντος δὲ αὐτοῦ ἐπηρώτησεν αὐτόν, **41** λέγων,⁴ Τί σοι θέλεις ποιήσω; Ὁ δὲ εἶπεν, Κύριε, ἵνα ἀναβλέψω. **42** Καὶ ὁ Ἰησοῦς εἶπεν αὐτῷ, Ἀνάβλεψον· ἡ πίστις σου σέσωκέν σε. **43** Καὶ παραχρῆμα ἀνέβλεψεν, καὶ ἠκολούθει αὐτῷ, δοξάζων τὸν θεόν· καὶ πᾶς ὁ λαὸς ἰδὼν ἔδωκεν αἶνον τῷ θεῷ.

Zacchaeus the Tax-Collector

19 Καὶ εἰσελθὼν διήρχετο τὴν Ἰεριχώ. **2** Καὶ ἰδού, ἀνὴρ ὀνόματι καλούμενος Ζακχαῖος, καὶ αὐτὸς ἦν ἀρχιτελώνης, καὶ οὗτος ἦν⁵ πλούσιος. **3** Καὶ ἐζήτει ἰδεῖν τὸν Ἰησοῦν τίς ἐστιν, καὶ οὐκ ἠδύνατο ἀπὸ τοῦ ὄχλου, ὅτι τῇ ἡλικίᾳ μικρὸς ἦν. **4** Καὶ προδραμὼν ἔμπροσθεν⁶ ἀνέβη

---

1 Ἱεροσόλυμα • Ἱερουσαλήμ   **2** προσαιτῶν • ἐπαι-ῶν   **3** σιωπήσῃ • σιγήσῃ
4 λέγων • —   **5** οὗτος ἦν • αὐτὸς   **6** ἔμπροσθεν • εἰς τὸ ἔμπροσθεν

ἐπὶ συκομωραίαν¹ ἵνα ἴδῃ αὐτόν· ὅτι ἐκείνης ᵃ ἔμελλεν² διέρχεσθαι. 5 Καὶ ὡς ἦλθεν ἐπὶ τὸν τόπον, ἀναβλέψας ὁ Ἰησοῦς εἶδεν αὐτόν, καὶ³ εἶπεν πρὸς αὐτόν, Ζακχαῖε, σπεύσας κατάβηθι· σήμερον γὰρ ἐν τῷ οἴκῳ σου δεῖ με μεῖναι. 6 Καὶ σπεύσας κατέβη, καὶ ὑπεδέξατο αὐτὸν χαίρων. 7 Καὶ ἰδόντες πάντες διεγόγγυζον, λέγοντες ὅτι Παρὰ ἁμαρτωλῷ ἀνδρὶ εἰσῆλθεν καταλῦσαι. 8 Σταθεὶς δὲ Ζακχαῖος εἶπεν πρὸς τὸν κύριον, Ἰδού, τὰ ἡμίση⁴ τῶν ὑπαρχόντων μου, κύριε,⁵ δίδωμι τοῖς πτωχοῖς·⁶ καὶ εἴ τινός τι ἐσυκοφάντησα, ἀποδίδωμι τετραπλοῦν. 9 Εἶπεν δὲ πρὸς αὐτὸν ὁ Ἰησοῦς ὅτι Σήμερον σωτηρία τῷ οἴκῳ τούτῳ ἐγένετο, καθότι καὶ αὐτὸς υἱὸς Ἀβραάμ ἐστιν. 10 Ἦλθεν γὰρ ὁ υἱὸς τοῦ ἀνθρώπου ζητῆσαι καὶ σῶσαι τὸ ἀπολωλός.

The Parable of the Talents

11 Ἀκουόντων δὲ αὐτῶν ταῦτα, προσθεὶς εἶπεν παραβολήν, διὰ τὸ ἐγγὺς αὐτὸν εἶναι Ἱερουσαλήμ,⁷ καὶ δοκεῖν αὐτοὺς ὅτι παραχρῆμα μέλλει ἡ βασιλεία τοῦ θεοῦ ἀναφαίνεσθαι. 12 Εἶπεν οὖν, Ἄνθρωπός τις εὐγενὴς ἐπορεύθη εἰς χώραν μακράν, λαβεῖν ἑαυτῷ βασιλείαν, καὶ ὑποστρέψαι. 13 Καλέσας δὲ δέκα δούλους ἑαυτοῦ, ἔδωκεν αὐτοῖς δέκα μνᾶς, καὶ εἶπεν πρὸς αὐτούς, Πραγματεύσασθε ἕως⁸ ἔρχομαι. 14 Οἱ δὲ πολῖται αὐτοῦ ἐμίσουν αὐτόν, καὶ ἀπέστειλαν πρεσβείαν ὀπίσω αὐτοῦ, λέγοντες, Οὐ θέλομεν τοῦτον βασιλεῦσαι ἐφ' ἡμᾶς. 15 Καὶ ἐγένετο ἐν τῷ ἐπανελθεῖν αὐτὸν λαβόντα τὴν βασιλείαν, καὶ εἶπεν ᵇ φωνηθῆναι αὐτῷ τοὺς δούλους τούτους, οἷς ἔδωκεν⁹ τὸ ἀργύριον, ἵνα γνῷ τίς τί διεπραγματεύσατο.¹⁰ 16 Παρεγένετο δὲ ὁ πρῶτος, λέγων, Κύριε, ἡ μνᾶ σου προσειργάσατο δέκα¹¹

ᵃ ἐκείνης • δι' ἐκείνης   ᵇ καὶ εἶπεν • εἶπεν

---

¹ συκομωραίαν • συκομορέαν   ² ἔμελλεν • ἤμελλεν   ³ εἶδεν αὐτόν καὶ • — ⁴ ἡμίση • ἡμίσιά μου   ⁵ μου κύριε • κύριε   ⁶ δίδωμι τοῖς πτωχοῖς • τοῖς πτωχοῖς δίδωμι   ⁷ αὐτὸν εἶναι Ἱερουσαλήμ • εἶναι Ἱερουσαλὴμ αὐτόν ⁸ ἕως • ἐν ᾧ   ⁹ ἔδωκεν • δεδώκει   ¹⁰ γνῷ τίς τί διεπραγματεύσατο • γνοῖ τί διεπραγματεύσαντο   ¹¹ προσειργάσατο δέκα • δέκα προσηργάσατο

μνᾶς. 17 Καὶ εἶπεν αὐτῷ, Εὖ,¹ ἀγαθὲ δοῦλε· ὅτι ἐν ἐλαχίστῳ πιστὸς ἐγένου, ἴσθι ἐξουσίαν ἔχων ἐπάνω δέκα πόλεων. 18 Καὶ ἦλθεν ὁ δεύτερος, λέγων, Κύριε, ἡ μνᾶ σου² ἐποίησεν πέντε μνᾶς. 19 Εἶπεν δὲ καὶ τούτῳ, Καὶ σὺ γίνου ἐπάνω³ πέντε πόλεων. 20 Καὶ ἕτερος⁴ ἦλθεν, λέγων, Κύριε, ἰδού, ἡ μνᾶ σου, ἣν εἶχον ἀποκειμένην ἐν σουδαρίῳ· 21 ἐφοβούμην γάρ σε, ὅτι ἄνθρωπος αὐστηρὸς εἶ· αἴρεις ὃ οὐκ ἔθηκας, καὶ θερίζεις ὃ οὐκ ἔσπειρας. 22 Λέγει δὲ⁵ αὐτῷ, Ἐκ τοῦ στόματός σου κρινῶ σε, πονηρὲ δοῦλε. Ἤιδεις ὅτι ἐγὼ ἄνθρωπος αὐστηρός εἰμι, αἴρων ὃ οὐκ ἔθηκα, καὶ θερίζων ὃ οὐκ ἔσπειρα· 23 καὶ διὰ τί οὐκ ἔδωκας τὸ ἀργύριόν μου⁶ ἐπὶ τράπεζαν, καὶ ἐγὼ⁷ ἐλθὼν σὺν τόκῳ ἂν ἔπραξα αὐτό;⁸ 24 Καὶ τοῖς παρεστῶσιν εἶπεν, Ἄρατε ἀπ' αὐτοῦ τὴν μνᾶν, καὶ δότε τῷ τὰς δέκα μνᾶς ἔχοντι. 25 Καὶ εἶπον⁹ αὐτῷ, Κύριε, ἔχει δέκα μνᾶς. 26 Λέγω γὰρ¹⁰ ὑμῖν ὅτι παντὶ τῷ ἔχοντι δοθήσεται· ἀπὸ δὲ τοῦ μὴ ἔχοντος, καὶ ὃ ἔχει ἀρθήσεται ἀπ' αὐτοῦ.¹¹ 27 Πλὴν τοὺς ἐχθρούς μου ἐκείνους,¹² τοὺς μὴ θελήσαντάς με βασιλεῦσαι ἐπ' αὐτούς, ἀγάγετε ὧδε, καὶ κατασφάξατε ἔμπροσθέν¹³ μου.

Jesus' Entry into Jerusalem

28 Καὶ εἰπὼν ταῦτα, ἐπορεύετο ἔμπροσθεν, ἀναβαίνων εἰς Ἱεροσόλυμα.

29 Καὶ ἐγένετο ὡς ἤγγισεν εἰς Βηθσφαγὴ ᵃ καὶ Βηθανίαν¹⁴ πρὸς τὸ ὄρος τὸ καλούμενον Ἐλαιῶν, ἀπέστειλεν δύο τῶν μαθητῶν αὐτοῦ,¹⁵ 30 εἰπών,¹⁶ Ὑπάγετε εἰς τὴν κατέναντι κώμην· ἐν ᾗ εἰσπορευόμενοι εὑρήσετε πῶλον δεδεμένον, ἐφ' ὃν οὐδεὶς πώποτε ἀνθρώπων ἐκάθισεν· λύσαντες¹⁷ αὐτὸν ἀγάγετε. 31 Καὶ ἐάν τις ὑμᾶς ἐρωτᾷ, Διὰ τί λύετε; οὕτως

ᵃ Βηθσφαγὴ • Βηθφαγὴ

---

¹ Εὖ • Εὖγε   ² Κύριε ἡ μνᾶ σου • Ἡ μνᾶ σου κύριε   ³ γίνου ἐπάνω • ἐπάνω γίνου   ⁴ ἕτερος • ὁ ἕτερος   ⁵ δὲ • —   ⁶ τὸ ἀργύριόν μου • μου τὸ ἀργύριον   ⁷ καὶ ἐγὼ • κἀγὼ   ⁸ ἔπραξα αὐτό • αὐτὸ ἔπραξα   ⁹ εἶπον • εἶπαν   ¹⁰ γὰρ • — ¹¹ ἀπ' αὐτοῦ • —   ¹² ἐκείνους • τούτους   ¹³ ἔμπροσθέν • αὐτοὺς ἔμπροσθέν   ¹⁴ Βηθσφαγὴ καὶ Βηθανίαν • Βηθφαγὴ καὶ Βηθανία[ν]   ¹⁵ αὐτοῦ • — ¹⁶ εἰπών • λέγων   ¹⁷ λύσαντες • καὶ λύσαντες

ἐρεῖτε αὐτῷ ¹ ὅτι Ὁ κύριος αὐτοῦ χρείαν ἔχει. 32 Ἀπελθόντες δὲ οἱ ἀπεσταλμένοι εὗρον καθὼς εἶπεν αὐτοῖς. 33 Λυόντων δὲ αὐτῶν τὸν πῶλον, εἶπον ² οἱ κύριοι αὐτοῦ πρὸς αὐτούς, Τί λύετε τὸν πῶλον; 34 Οἱ δὲ εἶπον, ³ Ὁ κύριος αὐτοῦ χρείαν ἔχει. 35 Καὶ ἤγαγον αὐτὸν πρὸς τὸν Ἰησοῦν· καὶ ἐπιρρίψαντες ἑαυτῶν ⁴ τὰ ἱμάτια ἐπὶ τὸν πῶλον, ἐπεβίβασαν τὸν Ἰησοῦν. 36 Πορευομένου δὲ αὐτοῦ, ὑπεστρώννυον τὰ ἱμάτια αὐτῶν ἐν τῇ ὁδῷ. 37 Ἐγγίζοντος δὲ αὐτοῦ ἤδη πρὸς τῇ καταβάσει τοῦ ὄρους τῶν Ἐλαιῶν, ἤρξαντο ἅπαν τὸ πλῆθος τῶν μαθητῶν χαίροντες αἰνεῖν τὸν θεὸν φωνῇ μεγάλῃ περὶ πασῶν ὧν εἶδον δυνάμεων, 38 λέγοντες,

Εὐλογημένος ὁ ἐρχόμενος βασιλεὺς ⁵ ἐν ὀνόματι κυρίου· εἰρήνη ἐν οὐρανῷ, ⁶ καὶ δόξα ἐν ὑψίστοις.

39 Καί τινες τῶν Φαρισαίων ἀπὸ τοῦ ὄχλου εἶπον ⁷ πρὸς αὐτόν, Διδάσκαλε, ἐπιτίμησον τοῖς μαθηταῖς σου. 40 Καὶ ἀποκριθεὶς εἶπεν αὐτοῖς, ⁸ Λέγω ὑμῖν ὅτι ⁹ ἐὰν οὗτοι σιωπήσωσιν, ¹⁰ οἱ λίθοι κεκράξονται. ¹¹

41 Καὶ ὡς ἤγγισεν, ἰδὼν τὴν πόλιν, ἔκλαυσεν ἐπ' αὐτῇ, ¹² 42 λέγων ὅτι Εἰ ἔγνως καὶ σύ, καί γε ¹³ ἐν τῇ ἡμέρᾳ σου ταύτῃ, ¹⁴ τὰ πρὸς εἰρήνην σου· ¹⁵ νῦν δὲ ἐκρύβη ἀπὸ ὀφθαλμῶν σου. 43 Ὅτι ἥξουσιν ἡμέραι ἐπὶ σέ, καὶ περιβαλοῦσιν ¹⁶ οἱ ἐχθροί σου χάρακά σοι, καὶ περικυκλώσουσίν σε, καὶ συνέξουσίν σε πάντοθεν, 44 καὶ ἐδαφιοῦσίν σε καὶ τὰ τέκνα σου ἐν σοί, καὶ οὐκ ἀφήσουσιν ἐν σοὶ λίθον ἐπὶ λίθῳ· ¹⁷ ἀνθ' ὧν οὐκ ἔγνως τὸν καιρὸν τῆς ἐπισκοπῆς σου.

45 Καὶ εἰσελθὼν εἰς τὸ ἱερόν, ἤρξατο ἐκβάλλειν τοὺς πωλοῦντας ἐν αὐτῷ καὶ ἀγοράζοντας, ¹⁸ 46 λέγων αὐτοῖς, Γέγραπται, Ὁ ¹⁹ οἶκός μου οἶκος προσευχῆς ἐστίν· ²⁰ ὑμεῖς δὲ

¹ αὐτῷ • — ² εἶπον • εἶπαν ³ εἶπον • εἶπαν ὅτι ⁴ ἐπιρρίψαντες ἑαυτῶν • ἐπιρίψαντες αὐτῶν ⁵ βασιλεὺς · ὁ βασιλεὺς ⁶ εἰρήνη ἐν οὐρανῷ • ἐν οὐρανῷ εἰρήνη ⁷ εἶπον • εἶπαν ⁸ αὐτοῖς • — ⁹ ὅτι • — ¹⁰ σιωπήσωσιν · σιωπήσουσιν ¹¹ κεκράξονται · κράξουσιν ¹² αὐτῇ · αὐτήν ¹³ καὶ σύ καί γε • — ¹⁴ σου ταύτῃ · ταύτῃ καὶ σὺ ¹⁵ εἰρήνην σου · εἰρήνην ¹⁶ περιβαλοῦσιν · παρεμβαλοῦσιν ¹⁷ ἐν σοὶ λίθον ἐπὶ λίθῳ · λίθον ἐπὶ λίθον ἐν σοί ¹⁸ ἐν αὐτῷ καὶ ἀγοράζοντας • — ¹⁹ Ὁ • Καὶ ἔσται ὁ ²⁰ ἐστίν • —

αὐτὸν ἐποιήσατε σπήλαιον ληστῶν. 47 Καὶ ἦν διδάσκων τὸ καθ' ἡμέραν ἐν τῷ ἱερῷ· οἱ δὲ ἀρχιερεῖς καὶ οἱ γραμματεῖς ἐζήτουν αὐτὸν ἀπολέσαι, καὶ οἱ πρῶτοι τοῦ λαοῦ· 48 καὶ οὐχ εὕρισκον τὸ τί ποιήσωσιν, ὁ λαὸς γὰρ ἅπας ἐξεκρέματο αὐτοῦ ἀκούων.

The Authority of Jesus

20 Καὶ ἐγένετο ἐν μιᾷ τῶν ἡμερῶν ἐκείνων, [1] διδάσκοντος αὐτοῦ τὸν λαὸν ἐν τῷ ἱερῷ καὶ εὐαγγελιζομένου, ἐπέστησαν οἱ ἱερεῖς [2] καὶ οἱ γραμματεῖς σὺν τοῖς πρεσβυτέροις, 2 καὶ εἶπον πρὸς αὐτόν, λέγοντες, Εἰπὲ [3] ἡμῖν, ἐν ποίᾳ ἐξουσίᾳ ταῦτα ποιεῖς, ἢ τίς ἐστιν ὁ δούς σοι τὴν ἐξουσίαν ταύτην; 3 Ἀποκριθεὶς δὲ εἶπεν πρὸς αὐτούς, Ἐρωτήσω ὑμᾶς κἀγὼ ἕνα [4] λόγον, καὶ εἴπατέ μοι· 4 Τὸ βάπτισμα Ἰωάννου ἐξ οὐρανοῦ ἦν, ἢ ἐξ ἀνθρώπων; 5 Οἱ δὲ συνελογίσαντο πρὸς ἑαυτούς, λέγοντες ὅτι Ἐὰν εἴπωμεν, Ἐξ οὐρανοῦ, ἐρεῖ, Διὰ τί οὐκ ἐπιστεύσατε αὐτῷ; 6 Ἐὰν δὲ εἴπωμεν, Ἐξ ἀνθρώπων, πᾶς ὁ λαὸς [5] καταλιθάσει ἡμᾶς· πεπεισμένος γάρ ἐστιν Ἰωάννην προφήτην εἶναι. 7 Καὶ ἀπεκρίθησαν μὴ εἰδέναι πόθεν. 8 Καὶ ὁ Ἰησοῦς εἶπεν αὐτοῖς, Οὐδὲ ἐγὼ λέγω ὑμῖν ἐν ποίᾳ ἐξουσίᾳ ταῦτα ποιῶ.

9 Ἤρξατο δὲ πρὸς τὸν λαὸν λέγειν τὴν παραβολὴν ταύτην· Ἄνθρωπος ἐφύτευσεν [6] ἀμπελῶνα, καὶ ἐξέδοτο [7] αὐτὸν γεωργοῖς, καὶ ἀπεδήμησεν χρόνους ἱκανούς· 10 καὶ ἐν [8] καιρῷ ἀπέστειλεν πρὸς τοὺς γεωργοὺς δοῦλον, ἵνα ἀπὸ τοῦ καρποῦ τοῦ ἀμπελῶνος δῶσιν [9] αὐτῷ. Οἱ δὲ γεωργοὶ δείραντες αὐτὸν ἐξαπέστειλαν [10] κενόν. 11 Καὶ προσέθετο πέμψαι ἕτερον [11] δοῦλον· οἱ δὲ κἀκεῖνον δείραντες καὶ ἀτιμάσαντες ἐξαπέστειλαν κενόν. 12 Καὶ προσέθετο πέμψαι τρίτον· [12] οἱ δὲ καὶ τοῦτον τραυματίσαντες ἐξέβαλον. 13 Εἶπεν δὲ ὁ κύριος τοῦ

---

1 ἐκείνων • — 2 ἱερεῖς • ἀρχιερεῖς 3 εἶπον πρὸς αὐτόν λέγοντες Εἰπὲ • εἶπαν λέγοντες πρὸς αὐτόν Εἰπὸν 4 ἕνα • — 5 πᾶς ὁ λαὸς • ὁ λαὸς ἅπας 6 ἐφύτευσεν • [τις] ἐφύτευσεν 7 ἐξέδοτο • ἐξέδετο 8 ἐν • — 9 δῶσιν • δώσουσιν 10 δείραντες αὐτὸν ἐξαπέστειλαν • ἐξαπέστειλαν αὐτὸν δείραντες 11 πέμψαι ἕτερον • ἕτερον πέμψαι 12 πέμψαι τρίτον • τρίτον πέμψαι

ἀμπελῶνος, Τί ποιήσω; Πέμψω τὸν υἱόν μου τὸν ἀγαπητόν· ἴσως τοῦτον ἰδόντες¹ ἐντραπήσονται. 14 Ἰδόντες δὲ αὐτὸν οἱ γεωργοὶ διελογίζοντο πρὸς ἑαυτούς,² λέγοντες, Οὗτός ἐστιν ὁ κληρονόμος· δεῦτε,³ ἀποκτείνωμεν αὐτόν, ἵνα ἡμῶν γένηται ἡ κληρονομία. 15 Καὶ ἐκβαλόντες αὐτὸν ἔξω τοῦ ἀμπελῶνος, ἀπέκτειναν. Τί οὖν ποιήσει αὐτοῖς ὁ κύριος τοῦ ἀμπελῶνος; 16 Ἐλεύσεται καὶ ἀπολέσει τοὺς γεωργοὺς τούτους, καὶ δώσει τὸν ἀμπελῶνα ἄλλοις. Ἀκούσαντες δὲ εἶπον,⁴ Μὴ γένοιτο. 17 Ὁ δὲ ἐμβλέψας αὐτοῖς εἶπεν, Τί οὖν ἐστιν τὸ γεγραμμένον τοῦτο, Λίθον ὃν ἀπεδοκίμασαν οἱ οἰκοδομοῦντες, οὗτος ἐγενήθη εἰς κεφαλὴν γωνίας; 18 Πᾶς ὁ πεσὼν ἐπ᾽ ἐκεῖνον τὸν λίθον συνθλασθήσεται· ἐφ᾽ ὃν δ᾽ ἂν πέσῃ, λικμήσει αὐτόν.

The Pharisees and Sadducees Confounded

19 Καὶ ἐζήτησαν οἱ ἀρχιερεῖς καὶ οἱ γραμματεῖς⁵ ἐπιβαλεῖν ἐπ᾽ αὐτὸν τὰς χεῖρας ἐν αὐτῇ τῇ ὥρᾳ, καὶ ἐφοβήθησαν·⁶ ἔγνωσαν γὰρ ὅτι πρὸς αὐτοὺς τὴν παραβολὴν ταύτην εἶπεν.⁷ 20 Καὶ παρατηρήσαντες ἀπέστειλαν ἐγκαθέτους, ὑποκρινομένους ἑαυτοὺς δικαίους εἶναι, ἵνα ἐπιλάβωνται αὐτοῦ λόγου, εἰς τὸ⁸ παραδοῦναι αὐτὸν τῇ ἀρχῇ καὶ τῇ ἐξουσίᾳ τοῦ ἡγεμόνος. 21 Καὶ ἐπηρώτησαν αὐτόν, λέγοντες, Διδάσκαλε, οἴδαμεν ὅτι ὀρθῶς λέγεις καὶ διδάσκεις· καὶ οὐ λαμβάνεις πρόσωπον, ἀλλ᾽ ἐπ᾽ ἀληθείας τὴν ὁδὸν τοῦ θεοῦ διδάσκεις. 22 Ἔξεστιν ἡμῖν⁹ Καίσαρι φόρον δοῦναι, ἢ οὔ; 23 Κατανοήσας δὲ αὐτῶν τὴν πανουργίαν, εἶπεν πρὸς αὐτούς, Τί με πειράζετε;¹⁰ 24 Ἐπιδείξατέ¹¹ μοι δηνάριον· τίνος ἔχει εἰκόνα καὶ ἐπιγραφήν; Ἀποκριθέντες δὲ εἶπον,¹² Καίσαρος. 25 Ὁ δὲ εἶπεν αὐτοῖς,¹³ Ἀπόδοτε τοίνυν¹⁴ τὰ Καίσαρος Καίσαρι, καὶ τὰ τοῦ θεοῦ τῷ θεῷ. 26 Καὶ οὐκ

---

1 ἰδόντες • — 2 ἑαυτούς • ἀλλήλους 3 δεῦτε • — 4 εἶπον • εἶπαν 5 ἀρχιερεῖς καὶ οἱ γραμματεῖς • γραμματεῖς καὶ οἱ ἀρχιερεῖς 6 ἐφοβήθησαν • ἐφοβήθησαν τὸν λαόν 7 τὴν παραβολὴν ταύτην εἶπεν • εἶπεν τὴν παραβολὴν ταύτην 8 εἰς τὸ • ὥστε 9 ἡμῖν • ἡμᾶς 10 Τί με πειράζετε • — 11 Ἐπιδείξατέ • Δείξατέ 12 Ἀποκριθέντες δὲ εἶπον • Οἱ δὲ εἶπαν 13 αὐτοῖς • πρὸς αὐτούς 14 Ἀπόδοτε τοίνυν • Τοίνυν ἀπόδοτε

ἴσχυσαν ἐπιλαβέσθαι αὐτοῦ ῥήματος ἐναντίον τοῦ λαοῦ· καὶ θαυμάσαντες ἐπὶ τῇ ἀποκρίσει αὐτοῦ, ἐσίγησαν.

27 Προσελθόντες δέ τινες τῶν Σαδδουκαίων, οἱ ἀντιλέγοντες[1] ἀνάστασιν μὴ εἶναι, ἐπηρώτησαν αὐτόν, 28 λέγοντες, Διδάσκαλε, Μωσῆς[2] ἔγραψεν ἡμῖν, Ἐάν τινος ἀδελφὸς ἀποθάνῃ ἔχων γυναῖκα, καὶ οὗτος ἄτεκνος ἀποθάνῃ, ἵνα[3] λάβῃ ὁ ἀδελφὸς αὐτοῦ τὴν γυναῖκα, καὶ ἐξαναστήσῃ σπέρμα τῷ ἀδελφῷ αὐτοῦ. 29 Ἑπτὰ οὖν ἀδελφοὶ ἦσαν· καὶ ὁ πρῶτος λαβὼν γυναῖκα, ἀπέθανεν ἄτεκνος· 30 καὶ ἔλαβεν[4] ὁ δεύτερος τὴν γυναῖκα, καὶ οὗτος ἀπέθανεν ἄτεκνος.[5] 31 Καὶ ὁ τρίτος ἔλαβεν αὐτὴν ὡσαύτως.[6] Ὡσαύτως δὲ καὶ οἱ ἑπτά· οὐ κατέλιπον τέκνα, καὶ ἀπέθανον. 32 Ὕστερον δὲ[a] πάντων[7] ἀπέθανεν καὶ ἡ γυνή.[8] 33 Ἐν τῇ οὖν[9] ἀναστάσει, τίνος αὐτῶν γίνεται γυνή; Οἱ γὰρ ἑπτὰ ἔσχον αὐτὴν γυναῖκα. 34 Καὶ ἀποκριθεὶς[10] εἶπεν αὐτοῖς ὁ Ἰησοῦς, Οἱ υἱοὶ τοῦ αἰῶνος τούτου γαμοῦσιν καὶ ἐκγαμίσκονται·[11] 35 οἱ δὲ καταξιωθέντες τοῦ αἰῶνος ἐκείνου τυχεῖν καὶ τῆς ἀναστάσεως τῆς ἐκ νεκρῶν οὔτε γαμοῦσιν οὔτε ἐκγαμίζονται·[12] 36 οὔτε[13] γὰρ ἀποθανεῖν ἔτι δύνανται· ἰσάγγελοι γάρ εἰσιν, καὶ υἱοί εἰσιν τοῦ[14] θεοῦ, τῆς ἀναστάσεως υἱοὶ ὄντες. 37 Ὅτι δὲ ἐγείρονται οἱ νεκροί, καὶ Μωσῆς[b, 15] ἐμήνυσεν ἐπὶ τῆς βάτου, ὡς λέγει, Κύριον τὸν θεὸν Ἀβραὰμ καὶ τὸν θεὸν Ἰσαὰκ[16] καὶ τὸν θεὸν Ἰακώβ.[17] 38 Θεὸς δὲ οὐκ ἔστιν νεκρῶν, ἀλλὰ ζώντων· πάντες γὰρ αὐτῷ ζῶσιν. 39 Ἀποκριθέντες δέ τινες τῶν γραμματέων εἶπον,[18] Διδάσκαλε, καλῶς εἶπας. 40 Οὐκέτι δὲ[19] ἐτόλμων ἐπερωτᾶν αὐτὸν οὐδέν.

---

[a] δὲ • —   [b] Μωσῆς • Μωϋσῆς

---

[1] ἀντιλέγοντες • [ἀντι]λέγοντες   [2] Μωσῆς • Μωϋσῆς   [3] ἀποθάνῃ ἵνα • ᾖ ἵνα   [4] ἔλαβεν • —   [5] τὴν γυναῖκα καὶ οὗτος ἀπέθανεν ἄτεκνος • —   [6] αὐτὴν ὡσαύτως • αὐτήν   [7] δὲ πάντων • —   [8] ἀπέθανεν καὶ ἡ γυνή • καὶ ἡ γυνὴ ἀπέθανεν   [9] Ἐν τῇ οὖν • Ἡ γυνὴ οὖν ἐν τῇ   [10] ἀποκριθεὶς • —   [11] ἐκγαμίσκονται • γαμίσκονται   [12] ἐκγαμίζονται • γαμίζονται   [13] οὔτε • οὐδὲ   [14] τοῦ • —   [15] Μωσῆς • Μωϋσῆς   [16] καὶ τὸν θεὸν Ἰσαὰκ • καὶ θεὸν Ἰσαὰκ   [17] καὶ τὸν θεὸν Ἰακώβ • καὶ θεὸν Ἰακώβ   [18] εἶπον • εἶπαν   [19] δὲ • γὰρ

41 Εἶπεν δὲ πρὸς αὐτούς, Πῶς λέγουσιν τὸν χριστὸν υἱὸν Δαυὶδ εἶναι;¹ 42 Καὶ αὐτὸς² Δαυὶδ λέγει ἐν βίβλῳ ψαλμῶν, Εἶπεν ὁ³ κύριος τῷ κυρίῳ μου, Κάθου ἐκ δεξιῶν μου, 43 ἕως ἂν θῶ τοὺς ἐχθρούς σου ὑποπόδιον τῶν ποδῶν σου. 44 Δαυὶδ οὖν κύριον αὐτὸν καλεῖ, καὶ πῶς υἱὸς αὐτοῦ⁴ ἐστιν;

45 Ἀκούοντος δὲ παντὸς τοῦ λαοῦ, εἶπεν τοῖς μαθηταῖς αὐτοῦ,⁵ 46 Προσέχετε ἀπὸ τῶν γραμματέων τῶν θελόντων περιπατεῖν ἐν στολαῖς, καὶ φιλούντων ἀσπασμοὺς ἐν ταῖς ἀγοραῖς, καὶ πρωτοκαθεδρίας ἐν ταῖς συναγωγαῖς, καὶ πρωτοκλισίας ἐν τοῖς δείπνοις· 47 οἳ κατεσθίουσιν τὰς οἰκίας τῶν χηρῶν, καὶ προφάσει μακρὰ προσεύχονται. Οὗτοι λήψονται⁶ περισσότερον κρίμα.

The Widow's Gift

21 Ἀναβλέψας δὲ εἶδεν τοὺς βάλλοντας τὰ δῶρα αὐτῶν εἰς τὸ γαζοφυλάκιον⁷ πλουσίους· 2 εἶδεν δέ τινα καὶ⁸ χήραν πενιχρὰν βάλλουσαν ἐκεῖ δύο λεπτά,⁹ 3 καὶ εἶπεν, Ἀληθῶς λέγω ὑμῖν ὅτι ἡ χήρα ἡ πτωχὴ αὕτη¹⁰ πλεῖον πάντων ἔβαλεν· 4 ἅπαντες¹¹ γὰρ οὗτοι ἐκ τοῦ περισσεύοντος αὐτοῖς ἔβαλον εἰς τὰ δῶρα τοῦ θεοῦ·¹² αὕτη δὲ ἐκ τοῦ ὑστερήματος αὐτῆς ἅπαντα¹³ τὸν βίον ὃν εἶχεν ἔβαλεν.

The Destruction of Jerusalem and the End of the World

5 Καί τινων λεγόντων περὶ τοῦ ἱεροῦ, ὅτι λίθοις καλοῖς καὶ ἀναθήμασιν κεκόσμηται, εἶπεν, 6 Ταῦτα ἃ θεωρεῖτε, ἐλεύσονται ἡμέραι ἐν αἷς οὐκ ἀφεθήσεται λίθος ἐπὶ λίθῳ, ὃς οὐ καταλυθήσεται. 7 Ἐπηρώτησαν δὲ αὐτόν, λέγοντες, Διδάσκαλε, πότε οὖν ταῦτα ἔσται; Καὶ τί τὸ σημεῖον ὅταν μέλλῃ ταῦτα γίνεσθαι; 8 Ὁ δὲ εἶπεν, Βλέπετε μὴ πλανηθῆτε· πολλοὶ γὰρ ἐλεύσονται ἐπὶ τῷ ὀνόματί μου, λέγοντες ὅτι¹⁴

---

¹ υἱὸν Δαυὶδ εἶναι • εἶναι Δαυὶδ υἱόν   ² Καὶ αὐτὸς • Αὐτὸς γὰρ   ³ ὁ • —   ⁴ υἱὸς αὐτοῦ • αὐτοῦ υἱός   ⁵ αὐτοῦ • [αὐτοῦ]   ⁶ λήψονται • λήμψονται   ⁷ τὰ δῶρα αὐτῶν εἰς τὸ γαζοφυλάκιον • εἰς τὸ γαζοφυλάκιον τὰ δῶρα αὐτῶν   ⁸ καὶ • —
⁹ δύο λεπτά • λεπτὰ δύο   ¹⁰ ἡ πτωχὴ αὕτη • αὕτη ἡ πτωχὴ   ¹¹ ἅπαντες • πάντες   ¹² τοῦ θεοῦ • —   ¹³ ἅπαντα • πάντα   ¹⁴ ὅτι • —

Ἐγώ εἰμι· καί, Ὁ καιρὸς ἤγγικεν, μὴ οὖν[1] πορευθῆτε ὀπίσω αὐτῶν. 9 Ὅταν δὲ ἀκούσητε πολέμους καὶ ἀκαταστασίας, μὴ πτοηθῆτε· δεῖ γὰρ ταῦτα γενέσθαι πρῶτον, ἀλλ᾽ οὐκ εὐθέως τὸ τέλος.

10 Τότε ἔλεγεν αὐτοῖς, Ἐγερθήσεται ἔθνος ἐπὶ ἔθνος,[2] καὶ βασιλεία ἐπὶ βασιλείαν· 11 σεισμοί τε μεγάλοι κατὰ τόπους καὶ[3] λιμοὶ καὶ λοιμοὶ ἔσονται, φόβητρά τε καὶ σημεῖα ἀπ᾽ οὐρανοῦ[4] μεγάλα ἔσται. 12 Πρὸ δὲ τούτων πάντων ἐπιβαλοῦσιν ἐφ᾽ ὑμᾶς τὰς χεῖρας αὐτῶν, καὶ διώξουσιν, παραδιδόντες εἰς συναγωγὰς[5] καὶ φυλακάς, ἀγομένους[6] ἐπὶ βασιλεῖς καὶ ἡγεμόνας, ἕνεκεν τοῦ ὀνόματός μου. 13 Ἀποβήσεται δὲ[7] ὑμῖν εἰς μαρτύριον. 14 Θέσθε οὖν εἰς τὰς καρδίας[8] ὑμῶν μὴ προμελετᾶν ἀπολογηθῆναι· 15 ἐγὼ γὰρ δώσω ὑμῖν στόμα καὶ σοφίαν, ᾗ οὐ δυνήσονται ἀντειπεῖν οὐδὲ ἀντιστῆναι πάντες[9] οἱ ἀντικείμενοι ὑμῖν. 16 Παραδοθήσεσθε δὲ καὶ ὑπὸ γονέων καὶ συγγενῶν καὶ φίλων καὶ ἀδελφῶν,[10] καὶ θανατώσουσιν ἐξ ὑμῶν. 17 Καὶ ἔσεσθε μισούμενοι ὑπὸ πάντων διὰ τὸ ὄνομά μου. 18 Καὶ θρὶξ ἐκ τῆς κεφαλῆς ὑμῶν οὐ μὴ ἀπόληται. 19 Ἐν τῇ ὑπομονῇ ὑμῶν κτήσασθε τὰς ψυχὰς ὑμῶν.

20 Ὅταν δὲ ἴδητε κυκλουμένην ὑπὸ στρατοπέδων τὴν[11] Ἰερουσαλήμ, τότε γνῶτε ὅτι ἤγγικεν ἡ ἐρήμωσις αὐτῆς. 21 Τότε οἱ ἐν τῇ Ἰουδαίᾳ φευγέτωσαν εἰς τὰ ὄρη· καὶ οἱ ἐν μέσῳ αὐτῆς ἐκχωρείτωσαν· καὶ οἱ ἐν ταῖς χώραις μὴ εἰσερχέσθωσαν εἰς αὐτήν. 22 Ὅτι ἡμέραι ἐκδικήσεως αὗταί εἰσιν, τοῦ πλησθῆναι[a] πάντα τὰ γεγραμμένα. 23 Οὐαὶ δὲ[12] ταῖς ἐν γαστρὶ ἐχούσαις καὶ ταῖς θηλαζούσαις ἐν ἐκείναις ταῖς ἡμέραις· ἔσται γὰρ ἀνάγκη μεγάλη ἐπὶ τῆς γῆς, καὶ ὀργὴ ἐν

---

[a] πλησθῆναι • πληρωθῆναι

[1] οὖν • — [2] ἐπὶ ἔθνος • ἐπ᾽ ἔθνος [3] κατὰ τόπους καὶ • καὶ κατὰ τόπους [4] σημεῖα ἀπ᾽ οὐρανοῦ • ἀπ᾽ οὐρανοῦ σημεῖα [5] συναγωγὰς • τὰς συναγωγὰς [6] ἀγομένους • ἀπαγομένους [7] δὲ • — [8] Θέσθε οὖν εἰς τὰς καρδίας • Θέτε οὖν ἐν ταῖς καρδίαις [9] ἀντειπεῖν οὐδὲ ἀντιστῆναι πάντες • ἀντιστῆναι ἢ ἀντειπεῖν ἅπαντες [10] συγγενῶν καὶ φίλων καὶ ἀδελφῶν • ἀδελφῶν καὶ συγγενῶν καὶ φίλων [11] τὴν • — [12] δὲ • —

τῷ¹ λαῷ τούτῳ. 24 Καὶ πεσοῦνται στόματι μαχαίρας,² καὶ αἰχμαλωτισθήσονται εἰς πάντα τὰ ἔθνη·³ καὶ Ἱερουσαλὴμ ἔσται πατουμένη ὑπὸ ἐθνῶν, ἄχρι⁴ πληρωθῶσιν καιροὶ ἐθνῶν.

25 Καὶ ἔσται⁵ σημεῖα ἐν ἡλίῳ καὶ σελήνῃ καὶ ἄστροις, καὶ ἐπὶ τῆς γῆς συνοχὴ ἐθνῶν ἐν ἀπορίᾳ, ἠχούσης⁶ θαλάσσης καὶ σάλου, 26 ἀποψυχόντων ἀνθρώπων ἀπὸ φόβου καὶ προσδοκίας τῶν ἐπερχομένων τῇ οἰκουμένῃ· αἱ γὰρ δυνάμεις τῶν οὐρανῶν σαλευθήσονται. 27 Καὶ τότε ὄψονται τὸν υἱὸν τοῦ ἀνθρώπου ἐρχόμενον ἐν νεφέλῃ μετὰ δυνάμεως καὶ δόξης πολλῆς. 28 Ἀρχομένων δὲ τούτων γίνεσθαι, ἀνακύψατε καὶ ἐπάρατε τὰς κεφαλὰς ὑμῶν· διότι ἐγγίζει ἡ ἀπολύτρωσις ὑμῶν.

29 Καὶ εἶπεν παραβολὴν αὐτοῖς, Ἴδετε τὴν συκῆν καὶ πάντα τὰ δένδρα· 30 ὅταν προβάλωσιν ἤδη, βλέποντες ἀφ᾽ ἑαυτῶν γινώσκετε ὅτι ἤδη ἐγγὺς τὸ θέρος ἐστίν. 31 Οὕτως καὶ ὑμεῖς, ὅταν ἴδητε ταῦτα γινόμενα, γινώσκετε ὅτι ἐγγύς ἐστιν ἡ βασιλεία τοῦ θεοῦ. 32 Ἀμὴν λέγω ὑμῖν ὅτι οὐ μὴ παρέλθῃ ἡ γενεὰ αὕτη, ἕως ἂν πάντα γένηται. 33 Ὁ οὐρανὸς καὶ ἡ γῆ παρελεύσονται, οἱ δὲ λόγοι μου οὐ μὴ παρέλθωσιν.⁷

34 Προσέχετε δὲ ἑαυτοῖς, μήποτε βαρηθῶσιν ὑμῶν αἱ καρδίαι ἐν κραιπάλῃ καὶ μέθῃ καὶ μερίμναις βιωτικαῖς, καὶ αἰφνίδιος ἐφ᾽ ὑμᾶς ἐπιστῇ⁸ ἡ ἡμέρα ἐκείνη· 35 ὡς παγὶς γὰρ ἐπελεύσεται⁹ ἐπὶ πάντας τοὺς καθημένους ἐπὶ πρόσωπον πάσης τῆς γῆς. 36 Ἀγρυπνεῖτε οὖν¹⁰ ἐν παντὶ καιρῷ δεόμενοι, ἵνα καταξιωθῆτε¹¹ ἐκφυγεῖν πάντα¹² τὰ μέλλοντα γίνεσθαι, καὶ σταθῆναι ἔμπροσθεν τοῦ υἱοῦ τοῦ ἀνθρώπου.

37 Ἦν δὲ τὰς ἡμέρας ἐν τῷ ἱερῷ διδάσκων· τὰς δὲ νύκτας ἐξερχόμενος ηὐλίζετο εἰς τὸ ὄρος τὸ καλούμενον Ἐλαιῶν. 38 Καὶ πᾶς ὁ λαὸς ὤρθριζεν πρὸς αὐτὸν ἐν τῷ ἱερῷ ἀκούειν αὐτοῦ.

---

¹ ἐν τῷ • τῷ ² μαχαίρας • μαχαίρης ³ πάντα τὰ ἔθνη • τὰ ἔθνη πάντα ⁴ ἄχρι • ἄχρι οὗ ⁵ ἔσται • ἔσονται ⁶ ἠχούσης • ἤχους ⁷ παρέλθωσιν • παρελεύσονται ⁸ αἰφνίδιος ἐφ᾽ ὑμᾶς ἐπιστῇ • ἐπιστῇ ἐφ᾽ ὑμᾶς αἰφνίδιος ⁹ γὰρ ἐπελεύσεται • ἐπεισελεύσεται γὰρ ¹⁰ οὖν • δὲ ¹¹ καταξιωθῆτε • κατισχύσητε ¹² πάντα • ταῦτα πάντα

The Preparation for, and the Celebration of, the Passover

22 Ἤγγιζεν δὲ ἡ ἑορτὴ τῶν ἀζύμων, ἡ λεγομένη Πάσχα. 2 Καὶ ἐζήτουν οἱ ἀρχιερεῖς καὶ οἱ γραμματεῖς τὸ πῶς ἀνέλωσιν αὐτόν· ἐφοβοῦντο γὰρ τὸν λαόν. 3 Εἰσῆλθεν δὲ Σατανᾶς εἰς Ἰούδαν τὸν ἐπικαλούμενον¹ Ἰσκαριώτην, ὄντα ἐκ τοῦ ἀριθμοῦ τῶν δώδεκα. 4 Καὶ ἀπελθὼν συνελάλησεν τοῖς ἀρχιερεῦσιν καὶ στρατηγοῖς τὸ πῶς αὐτὸν παραδῷ αὐτοῖς.² 5 Καὶ ἐχάρησαν, καὶ συνέθεντο αὐτῷ ἀργύριον δοῦναι. 6 Καὶ ἐξωμολόγησεν καὶ ἐζήτει εὐκαιρίαν τοῦ παραδοῦναι αὐτὸν αὐτοῖς ἄτερ ὄχλου.³
7 Ἦλθεν δὲ ἡ ἡμέρα τῶν ἀζύμων, ἐν⁴ ᾗ ἔδει θύεσθαι τὸ Πάσχα. 8 Καὶ ἀπέστειλεν Πέτρον καὶ Ἰωάννην, εἰπών, Πορευθέντες ἑτοιμάσατε ἡμῖν τὸ Πάσχα, ἵνα φάγωμεν. 9 Οἱ δὲ εἶπον⁵ αὐτῷ, Ποῦ θέλεις ἑτοιμάσομεν; ᵃ, ⁶ 10 Ὁ δὲ εἶπεν αὐτοῖς, Ἰδού, εἰσελθόντων ὑμῶν εἰς τὴν πόλιν, συναντήσει ὑμῖν ἄνθρωπος κεράμιον ὕδατος βαστάζων· ἀκολουθήσατε αὐτῷ εἰς τὴν οἰκίαν οὗ⁷ εἰσπορεύεται. 11 Καὶ ἐρεῖτε τῷ οἰκοδεσπότῃ τῆς οἰκίας, Λέγει σοι ὁ διδάσκαλος, Ποῦ ἐστιν τὸ κατάλυμα, ὅπου τὸ Πάσχα μετὰ τῶν μαθητῶν μου φάγω; 12 Κἀκεῖνος ὑμῖν δείξει ἀνώγεον⁸ μέγα ἐστρωμένον· ἐκεῖ ἑτοιμάσατε. 13 Ἀπελθόντες δὲ εὗρον καθὼς εἴρηκεν⁹ αὐτοῖς, καὶ ἡτοίμασαν τὸ Πάσχα.

14 Καὶ ὅτε ἐγένετο ἡ ὥρα, ἀνέπεσεν, καὶ οἱ δώδεκα¹⁰ ἀπόστολοι σὺν αὐτῷ. 15 Καὶ εἶπεν πρὸς αὐτούς, Ἐπιθυμίᾳ ἐπεθύμησα τοῦτο τὸ Πάσχα φαγεῖν μεθ᾽ ὑμῶν πρὸ τοῦ με παθεῖν· 16 λέγω γὰρ ὑμῖν ὅτι οὐκέτι¹¹ οὐ μὴ φάγω ἐξ αὐτοῦ,¹² ἕως ὅτου πληρωθῇ ἐν τῇ βασιλείᾳ τοῦ θεοῦ. 17 Καὶ δεξάμενος ποτήριον, εὐχαριστήσας εἶπεν, Λάβετε τοῦτο, καὶ διαμερίσατε

ᵃ ἑτοιμάσομεν • ἑτοιμάσωμεν

---

¹ ἐπικαλούμενον • καλούμενον ² αὐτὸν παραδῷ αὐτοῖς • αὐτοῖς παραδῷ αὐτόν ³ αὐτοῖς ἄτερ ὄχλου • ἄτερ ὄχλου αὐτοῖς ⁴ ἐν • [ἐν] ⁵ εἶπον • εἶπαν ⁶ ἑτοιμάσομεν • ἑτοιμάσωμεν ⁷ οὗ • εἰς ἥν ⁸ ἀνώγεον • ἀνάγαιον ⁹ εἴρηκεν • εἰρήκει ¹⁰ δώδεκα • — ¹¹ οὐκέτι • — ¹² ἐξ αὐτοῦ • αὐτό

ἑαυτοῖς· ¹ 18 λέγω γὰρ ὑμῖν ὅτι ² οὐ μὴ πίω ἀπὸ ³ τοῦ γενήματος τῆς ἀμπέλου, ἕως ὅτου ⁴ ἡ βασιλεία τοῦ θεοῦ ἔλθῃ. 19 Καὶ λαβὼν ἄρτον, εὐχαριστήσας ἔκλασεν καὶ ἔδωκεν αὐτοῖς, λέγων, Τοῦτό ἐστιν τὸ σῶμά μου τὸ ὑπὲρ ὑμῶν διδόμενον· τοῦτο ποιεῖτε εἰς τὴν ἐμὴν ἀνάμνησιν. 20 Ὡσαύτως καὶ τὸ ποτήριον ⁵ μετὰ τὸ δειπνῆσαι, λέγων, Τοῦτο τὸ ποτήριον ἡ καινὴ διαθήκη ἐν τῷ αἵματί μου, τὸ ὑπὲρ ὑμῶν ἐκχυνόμενον. ⁶ 21 Πλὴν ἰδού, ἡ χεὶρ τοῦ παραδιδόντος με μετ' ἐμοῦ ἐπὶ τῆς τραπέζης. 22 Καὶ ὁ μὲν υἱὸς ⁷ τοῦ ἀνθρώπου πορεύεται κατὰ τὸ ὡρισμένον· ⁸ πλὴν οὐαὶ τῷ ἀνθρώπῳ ἐκείνῳ δι' οὗ παραδίδοται. 23 Καὶ αὐτοὶ ἤρξαντο συζητεῖν πρὸς ἑαυτοὺς τὸ τίς ἄρα εἴη ἐξ αὐτῶν ὁ τοῦτο μέλλων πράσσειν.

A Lesson on Humility

24 Ἐγένετο δὲ καὶ φιλονεικία ἐν αὐτοῖς τὸ τίς αὐτῶν δοκεῖ εἶναι μείζων. 25 Ὁ δὲ εἶπεν αὐτοῖς, Οἱ βασιλεῖς τῶν ἐθνῶν κυριεύουσιν αὐτῶν, καὶ οἱ ἐξουσιάζοντες αὐτῶν εὐεργέται καλοῦνται. 26 Ὑμεῖς δὲ οὐχ οὕτως· ἀλλ' ὁ μείζων ἐν ὑμῖν γενέσθω ⁹ ὡς ὁ νεώτερος· καὶ ὁ ἡγούμενος ὡς ὁ διακονῶν. 27 Τίς γὰρ μείζων, ὁ ἀνακείμενος ἢ ὁ διακονῶν; Οὐχὶ ὁ ἀνακείμενος; Ἐγὼ δέ εἰμι ἐν μέσῳ ὑμῶν ¹⁰ ὡς ὁ διακονῶν. 28 Ὑμεῖς δέ ἐστε οἱ διαμεμενηκότες μετ' ἐμοῦ ἐν τοῖς πειρασμοῖς μου· 29 κἀγὼ διατίθεμαι ὑμῖν, καθὼς διέθετό μοι ὁ πατήρ μου, βασιλείαν, 30 ἵνα ἐσθίητε ¹¹ καὶ πίνητε ἐπὶ τῆς τραπέζης μου ᵃ, ¹² καὶ καθίσεσθε ¹³ ἐπὶ θρόνων, κρίνοντες τὰς δώδεκα φυλὰς ¹⁴ τοῦ Ἰσραήλ.

ᵃ μου • μου ἐν τῇ βασιλείᾳ μου

1 ἑαυτοῖς • εἰς ἑαυτούς   2 ὅτι • [ὅτι]   3 ἀπὸ • ἀπὸ τοῦ νῦν ἀπὸ   4 ὅτου • οὗ   5 Ὡσαύτως καὶ τὸ ποτήριον • Καὶ τὸ ποτήριον ὡσαύτως   6 ἐκχυνόμενον • ἐκχυννόμενον   7 Καὶ ὁ μὲν υἱὸς • Ὅτι ὁ υἱὸς μὲν   8 πορεύεται κατὰ τὸ ὡρισμένον • κατὰ τὸ ὡρισμένον πορεύεται   9 γενέσθω • γινέσθω   10 εἰμι ἐν μέσῳ ὑμῶν • ἐν μέσῳ ὑμῶν εἰμι   11 ἐσθίητε • ἔσθητε   12 μου • μου ἐν τῇ βασιλείᾳ μου   13 καθίσεσθε • καθήσεσθε   14 κρίνοντες τὰς δώδεκα φυλὰς • τὰς δώδεκα φυλὰς κρίνοντες

The Walk to Gethsemane and the Agony

31 Εἶπεν δὲ ὁ κύριος,¹ Σίμων, Σίμων, ἰδού, ὁ Σατανᾶς ἐξῃτήσατο ὑμᾶς, τοῦ σινιάσαι ὡς τὸν σῖτον· 32 ἐγὼ δὲ ἐδεήθην περὶ σοῦ, ἵνα μὴ ἐκλίπῃ ᵃ ἡ πίστις σου· καὶ σύ ποτε ἐπιστρέψας στήριξον² τοὺς ἀδελφούς σου. 33 Ὁ δὲ εἶπεν αὐτῷ, Κύριε, μετὰ σοῦ ἕτοιμός εἰμι καὶ εἰς φυλακὴν καὶ εἰς θάνατον πορεύεσθαι. 34 Ὁ δὲ εἶπεν, Λέγω σοι, Πέτρε, οὐ μὴ φωνήσῃ³ σήμερον ἀλέκτωρ, πρὶν ἢ⁴ τρὶς ἀπαρνήσῃ μὴ εἰδέναι με.⁵

35 Καὶ εἶπεν αὐτοῖς, Ὅτε ἀπέστειλα ὑμᾶς ἄτερ βαλαντίου⁶ καὶ πήρας καὶ ὑποδημάτων, μή τινος ὑστερήσατε; Οἱ δὲ εἶπον,⁷ Οὐθενός. 36 Εἶπεν οὖν⁸ αὐτοῖς, Ἀλλὰ νῦν ὁ ἔχων βαλάντιον⁹ ἀράτω, ὁμοίως καὶ πήραν· καὶ ὁ μὴ ἔχων, πωλήσει¹⁰ τὸ ἱμάτιον αὐτοῦ, καὶ ἀγοράσει¹¹ μάχαιραν. 37 Λέγω γὰρ ὑμῖν ὅτι ἔτι¹² τοῦτο τὸ γεγραμμένον δεῖ τελεσθῆναι ἐν ἐμοί, τὸ Καὶ μετὰ ἀνόμων ἐλογίσθη· καὶ γὰρ τὰ¹³ περὶ ἐμοῦ τέλος ἔχει. 38 Οἱ δὲ εἶπον,¹⁴ Κύριε, ἰδού, μάχαιραι ὧδε δύο. Ὁ δὲ εἶπεν αὐτοῖς, Ἱκανόν ἐστιν.

39 Καὶ ἐξελθὼν ἐπορεύθη κατὰ τὸ ἔθος εἰς τὸ ὄρος τῶν Ἐλαιῶν· ἠκολούθησαν δὲ αὐτῷ καὶ οἱ μαθηταὶ αὐτοῦ.¹⁵ 40 Γενόμενος δὲ ἐπὶ τοῦ τόπου, εἶπεν αὐτοῖς, Προσεύχεσθε μὴ εἰσελθεῖν εἰς πειρασμόν. 41 Καὶ αὐτὸς ἀπεσπάσθη ἀπ' αὐτῶν ὡσεὶ λίθου βολήν, καὶ θεὶς τὰ γόνατα προσηύχετο, 42 λέγων, Πάτερ, εἰ βούλει παρενεγκεῖν τὸ ποτήριον τοῦτο¹⁶ ἀπ' ἐμοῦ· πλὴν μὴ τὸ θέλημά μου, ἀλλὰ τὸ σὸν γενέσθω. ᵇ,¹⁷ 43 Ὤφθη¹⁸ δὲ αὐτῷ ἄγγελος ἀπ' οὐρανοῦ ἐνισχύων αὐτόν. 44 Καὶ γενόμενος ἐν ἀγωνίᾳ, ἐκτενέστερον προσηύχετο. Ἐγένετο δὲ¹⁹

ᵃ ἐκλίπῃ • ἐκλείπῃ   ᵇ γενέσθω • γινέσθω

---

¹ Εἶπεν δὲ ὁ κύριος • —   ² στήριξον • στήρισον   ³ οὐ μὴ φωνήσῃ • οὐ φωνήσει   ⁴ πρὶν ἢ • ἕως   ⁵ ἀπαρνήσῃ μὴ εἰδέναι με • με ἀπαρνήσῃ εἰδέναι   ⁶ βαλαντίου • βαλλαντίου   ⁷ εἶπον • εἶπαν   ⁸ οὖν • δὲ   ⁹ βαλάντιον • βαλλάντιον   ¹⁰ πωλήσει • πωλησάτω   ¹¹ ἀγοράσει • ἀγορασάτω   ¹² ἔτι • —   ¹³ τὰ • τὸ   ¹⁴ εἶπον • εἶπαν   ¹⁵ αὐτοῦ • —   ¹⁶ παρενεγκεῖν τὸ ποτήριον τοῦτο • παρένεγκε τοῦτο τὸ ποτήριον   ¹⁷ γενέσθω • γινέσθω   ¹⁸ Ὤφθη • ⟦Ὤφθη   ¹⁹ Ἐγένετο δὲ • Καὶ ἐγένετο

ὁ ἱδρὼς αὐτοῦ ὡσεὶ θρόμβοι αἵματος καταβαίνοντες ἐπὶ τὴν γῆν.[1] 45 Καὶ ἀναστὰς ἀπὸ τῆς προσευχῆς, ἐλθὼν πρὸς τοὺς μαθητὰς εὗρεν αὐτοὺς κοιμωμένους[2] ἀπὸ τῆς λύπης, 46 καὶ εἶπεν αὐτοῖς, Τί καθεύδετε; Ἀναστάντες προσεύχεσθε, ἵνα μὴ εἰσέλθητε εἰς πειρασμόν.

47 Ἔτι δὲ[3] αὐτοῦ λαλοῦντος, ἰδού, ὄχλος καὶ ὁ λεγόμενος Ἰούδας, εἷς τῶν δώδεκα, προήρχετο αὐτούς, καὶ ἤγγισεν τῷ Ἰησοῦ φιλῆσαι αὐτόν. 48 Ὁ δὲ Ἰησοῦς[4] εἶπεν αὐτῷ, Ἰούδα, φιλήματι τὸν υἱὸν τοῦ ἀνθρώπου παραδίδως; 49 Ἰδόντες δὲ οἱ περὶ αὐτὸν τὸ ἐσόμενον εἶπον αὐτῷ,[5] Κύριε, εἰ πατάξομεν ἐν μαχαίρᾳ;[6] 50 Καὶ ἐπάταξεν εἷς τις ἐξ αὐτῶν τὸν δοῦλον τοῦ ἀρχιερέως,[7] καὶ ἀφεῖλεν αὐτοῦ τὸ οὖς[8] τὸ δεξιόν. 51 Ἀποκριθεὶς δὲ ὁ Ἰησοῦς εἶπεν, Ἐᾶτε ἕως τούτου. Καὶ ἁψάμενος τοῦ ὠτίου αὐτοῦ,[9] ἰάσατο αὐτόν. 52 Εἶπεν δὲ ὁ[10] Ἰησοῦς πρὸς τοὺς παραγενομένους ἐπ᾽ αὐτὸν ἀρχιερεῖς καὶ στρατηγοὺς τοῦ ἱεροῦ καὶ πρεσβυτέρους, Ὡς ἐπὶ λῃστὴν ἐξεληλύθατε[11] μετὰ μαχαιρῶν καὶ ξύλων; 53 Καθ᾽ ἡμέραν ὄντος μου μεθ᾽ ὑμῶν ἐν τῷ ἱερῷ, οὐκ ἐξετείνατε τὰς χεῖρας ἐπ᾽ ἐμέ. Ἀλλ᾽ αὕτη ὑμῶν ἐστιν[12] ἡ ὥρα, καὶ ἡ ἐξουσία τοῦ σκότους.

Jesus before Caiaphas and The Denial of Peter

54 Συλλαβόντες δὲ αὐτὸν ἤγαγον, καὶ εἰσήγαγον αὐτὸν εἰς τὸν οἶκον[13] τοῦ ἀρχιερέως· ὁ δὲ Πέτρος ἠκολούθει μακρόθεν. 55 Ἁψάντων[14] δὲ πῦρ ἐν μέσῳ τῆς αὐλῆς, καὶ συγκαθισάντων αὐτῶν, ἐκάθητο[15] ὁ Πέτρος ἐν μέσῳ αὐτῶν.[16] 56 Ἰδοῦσα δὲ αὐτὸν παιδίσκη τις καθήμενον πρὸς τὸ φῶς, καὶ ἀτενίσασα

---

[1] *γῆν* • *γῆν*] [2] *αὐτοὺς κοιμωμένους* • *κοιμωμένους αὐτοὺς* [3] *δὲ* • — [4] *Ὁ δὲ Ἰησοῦς* • *Ἰησοῦς δὲ* [5] *εἶπον αὐτῷ* • *εἶπαν* [6] *μαχαίρᾳ* • *μαχαίρῃ* [7] *τὸν δοῦλον τοῦ ἀρχιερέως* • *τοῦ ἀρχιερέως τὸν δοῦλον* [8] *αὐτοῦ τὸ οὖς* • *τὸ οὖς αὐτοῦ* [9] *αὐτοῦ* • — [10] *ὁ* • — [11] *ἐξεληλύθατε* • *ἐξήλθατε* [12] *ὑμῶν ἐστιν* • *ἐστὶν ὑμῶν* [13] *αὐτὸν εἰς τὸν οἶκον* • *εἰς τὴν οἰκίαν* [14] *Ἁψάντων* • *Περιαψάντων* [15] *αὐτῶν ἐκάθητο* • *ἐκάθητο* [16] *ἐν μέσῳ αὐτῶν* • *μέσος αὐτῶν*

αὐτῷ, εἶπεν, Καὶ οὗτος σὺν αὐτῷ ἦν. 57 Ὁ δὲ ἠρνήσατο αὐτόν,¹ λέγων, Γύναι, οὐκ οἶδα αὐτόν.² 58 Καὶ μετὰ βραχὺ ἕτερος ἰδὼν αὐτὸν ἔφη, Καὶ σὺ ἐξ αὐτῶν εἶ. Ὁ δὲ Πέτρος εἶπεν,³ Ἄνθρωπε, οὐκ εἰμί. 59 Καὶ διαστάσης ὡσεὶ ὥρας μιᾶς, ἄλλος τις διϊσχυρίζετο, λέγων, Ἐπ' ἀληθείας καὶ οὗτος μετ' αὐτοῦ ἦν· καὶ γὰρ Γαλιλαῖός ἐστιν. 60 Εἶπεν δὲ ὁ Πέτρος, Ἄνθρωπε, οὐκ οἶδα ὃ λέγεις. Καὶ παραχρῆμα, ἔτι λαλοῦντος αὐτοῦ, ἐφώνησεν ἀλέκτωρ. 61 Καὶ στραφεὶς ὁ κύριος ἐνέβλεψεν τῷ Πέτρῳ. Καὶ ὑπεμνήσθη ὁ Πέτρος τοῦ λόγου⁴ τοῦ κυρίου, ὡς εἶπεν αὐτῷ ὅτι Πρὶν ἀλέκτορα φωνῆσαι, ἀπαρνήσῃ⁵ με τρίς. 62 Καὶ ἐξελθὼν ἔξω ὁ Πέτρος⁶ ἔκλαυσεν πικρῶς.

63 Καὶ οἱ ἄνδρες οἱ συνέχοντες τὸν Ἰησοῦν⁷ ἐνέπαιζον αὐτῷ, δέροντες. 64 Καὶ περικαλύψαντες αὐτόν, ἔτυπτον αὐτοῦ τὸ πρόσωπον, καὶ ἐπηρώτων αὐτόν,⁸ λέγοντες, Προφήτευσον. Τίς ἐστιν ὁ παίσας σε; 65 Καὶ ἕτερα πολλὰ βλασφημοῦντες ἔλεγον εἰς αὐτόν.

66 Καὶ ὡς ἐγένετο ἡμέρα, συνήχθη τὸ πρεσβυτέριον τοῦ λαοῦ, ἀρχιερεῖς⁹ καὶ γραμματεῖς, καὶ ἀνήγαγον¹⁰ αὐτὸν εἰς τὸ συνέδριον αὐτῶν, λέγοντες, 67 Εἰ σὺ εἶ ὁ χριστός, εἰπὲ¹¹ ἡμῖν. Εἶπεν δὲ αὐτοῖς, Ἐὰν ὑμῖν εἴπω, οὐ μὴ πιστεύσητε· 68 ἐὰν δὲ καὶ¹² ἐρωτήσω, οὐ μὴ ἀποκριθῆτέ μοι, ἢ ἀπολύσητε.¹³ 69 Ἀπὸ τοῦ νῦν ἔσται¹⁴ ὁ υἱὸς τοῦ ἀνθρώπου καθήμενος ἐκ δεξιῶν τῆς δυνάμεως τοῦ θεοῦ. 70 Εἶπον¹⁵ δὲ πάντες, Σὺ οὖν εἶ ὁ υἱὸς τοῦ θεοῦ; Ὁ δὲ πρὸς αὐτοὺς ἔφη, Ὑμεῖς λέγετε ὅτι ἐγώ εἰμι. 71 Οἱ δὲ εἶπον,¹⁶ Τί ἔτι χρείαν ἔχομεν μαρτυρίας;¹⁷ Αὐτοὶ γὰρ ἠκούσαμεν ἀπὸ τοῦ στόματος αὐτοῦ.

---

¹ ἠρνήσατο αὐτόν • ἠρνήσατο ² Γύναι οὐκ οἶδα αὐτόν • Οὐκ οἶδα αὐτόν γύναι ³ εἶπεν • ἔφη ⁴ λόγου • ῥήματος ⁵ ἀπαρνήσῃ • σήμερον ἀπαρνήσῃ ⁶ ὁ Πέτρος • — ⁷ τὸν Ἰησοῦν • αὐτὸν ⁸ ἔτυπτον αὐτοῦ τὸ πρόσωπον καὶ ἐπηρώτων αὐτόν • ἐπηρώτων ⁹ ἀρχιερεῖς • ἀρχιερεῖς τε ¹⁰ ἀνήγαγον • ἀπήγαγον ¹¹ εἰπὲ • εἰπὸν ¹² καὶ • — ¹³ μοι ἢ ἀπολύσητε • — ¹⁴ ἔσται • δὲ ἔσται ¹⁵ Εἶπον • Εἶπαν ¹⁶ εἶπον • εἶπαν ¹⁷ χρείαν ἔχομεν μαρτυρίας • ἔχομεν μαρτυρίας χρείαν

The Trial before Pilate

23 Καὶ ἀναστὰν ἅπαν τὸ πλῆθος αὐτῶν, ἤγαγον αὐτὸν ἐπὶ τὸν Πιλάτον. **2** Ἤρξαντο δὲ κατηγορεῖν αὐτοῦ, λέγοντες, Τοῦτον εὕρομεν[1] διαστρέφοντα τὸ ἔθνος,[2] καὶ κωλύοντα Καίσαρι φόρους[3] διδόναι, λέγοντα[4] ἑαυτὸν χριστὸν βασιλέα εἶναι. **3** Ὁ δὲ Πιλάτος ἐπηρώτησεν[5] αὐτόν, λέγων, Σὺ εἶ ὁ βασιλεὺς τῶν Ἰουδαίων; Ὁ δὲ ἀποκριθεὶς αὐτῷ ἔφη, Σὺ λέγεις. **4** Ὁ δὲ Πιλάτος εἶπεν πρὸς τοὺς ἀρχιερεῖς καὶ τοὺς ὄχλους, Οὐδὲν εὑρίσκω αἴτιον ἐν τῷ ἀνθρώπῳ τούτῳ. **5** Οἱ δὲ ἐπίσχυον, λέγοντες ὅτι Ἀνασείει τὸν λαόν, διδάσκων καθ᾽ ὅλης τῆς Ἰουδαίας, ἀρξάμενος[6] ἀπὸ τῆς Γαλιλαίας ἕως ὧδε. **6** Πιλάτος δὲ ἀκούσας Γαλιλαίαν[7] ἐπηρώτησεν εἰ ὁ ἄνθρωπος Γαλιλαῖός ἐστιν. **7** Καὶ ἐπιγνοὺς ὅτι ἐκ τῆς ἐξουσίας Ἡρῴδου ἐστίν, ἀνέπεμψεν αὐτὸν πρὸς Ἡρῴδην, ὄντα καὶ αὐτὸν ἐν Ἱεροσολύμοις ἐν ταύταις ταῖς ἡμέραις.

8 Ὁ δὲ Ἡρῴδης ἰδὼν τὸν Ἰησοῦν ἐχάρη λίαν· ἦν γὰρ θέλων ἐξ ἱκανοῦ[8] ἰδεῖν αὐτόν, διὰ τὸ ἀκούειν πολλὰ[9] περὶ αὐτοῦ· καὶ ἤλπιζέν τι σημεῖον ἰδεῖν ὑπ᾽ αὐτοῦ γινόμενον. **9** Ἐπηρώτα δὲ αὐτὸν ἐν λόγοις ἱκανοῖς· αὐτὸς δὲ οὐδὲν ἀπεκρίνατο αὐτῷ. **10** Εἰστήκεισαν δὲ οἱ ἀρχιερεῖς καὶ οἱ γραμματεῖς, εὐτόνως κατηγοροῦντες αὐτοῦ. **11** Ἐξουθενήσας δὲ αὐτὸν ὁ[10] Ἡρῴδης σὺν τοῖς στρατεύμασιν αὐτοῦ, καὶ ἐμπαίξας, περιβαλὼν αὐτὸν ἐσθῆτα[11] λαμπράν, ἀνέπεμψεν αὐτὸν τῷ Πιλάτῳ. **12** Ἐγένοντο δὲ φίλοι ὅ τε Πιλάτος καὶ ὁ Ἡρῴδης[12] ἐν αὐτῇ τῇ ἡμέρᾳ μετ᾽ ἀλλήλων· προϋπῆρχον γὰρ ἐν ἔχθρᾳ ὄντες πρὸς ἑαυτούς.[13]

13 Πιλάτος δὲ συγκαλεσάμενος τοὺς ἀρχιερεῖς καὶ τοὺς ἄρχοντας καὶ τὸν λαόν, **14** εἶπεν πρὸς αὐτούς, Προσηνέγκατέ μοι τὸν ἄνθρωπον τοῦτον, ὡς ἀποστρέφοντα τὸν λαόν· καὶ ἰδού, ἐγὼ ἐνώπιον ὑμῶν ἀνακρίνας οὐδὲν[14] εὗρον ἐν τῷ

---

[1] εὕρομεν • εὕραμεν [2] ἔθνος • ἔθνος ἡμῶν [3] Καίσαρι φόρους • φόρους Καίσαρι [4] λέγοντα • καὶ λέγοντα [5] ἐπηρώτησεν • ἠρώτησεν [6] ἀρξάμενος • καὶ ἀρξάμενος [7] Γαλιλαίαν • — [8] θέλων ἐξ ἱκανοῦ • ἐξ ἱκανῶν χρόνων θέλων [9] πολλὰ • — [10] ὁ • [καὶ] ὁ [11] αὐτὸν ἐσθῆτα • ἐσθῆτα [12] Πιλάτος καὶ ὁ Ἡρῴδης • Ἡρῴδης καὶ ὁ Πιλᾶτος [13] ἑαυτούς • αὐτούς [14] οὐδὲν • οὐθὲν

ἀνθρώπῳ τούτῳ αἴτιον ὧν κατηγορεῖτε κατ' αὐτοῦ· 15 ἀλλ' οὐδὲ Ἡρῴδης· ἀνέπεμψα γὰρ ὑμᾶς πρὸς αὐτόν,[1] καὶ ἰδού, οὐδὲν ἄξιον θανάτου ἐστὶν πεπραγμένον αὐτῷ. 16 Παιδεύσας οὖν αὐτὸν ἀπολύσω. 17 Ἀνάγκην δὲ εἶχεν ἀπολύειν αὐτοῖς κατὰ ἑορτὴν ἕνα.[2] 18 Ἀνέκραξαν[3] δὲ παμπληθεί, λέγοντες, Αἶρε τοῦτον, ἀπόλυσον δὲ ἡμῖν Βαραββᾶν·[4] 19 ὅστις ἦν διὰ στάσιν τινὰ γενομένην ἐν τῇ πόλει καὶ φόνον βεβλημένος εἰς φυλακήν.[5] 20 Πάλιν οὖν[6] ὁ Πιλάτος προσεφώνησεν,[7] θέλων ἀπολῦσαι τὸν Ἰησοῦν. 21 Οἱ δὲ ἐπεφώνουν, λέγοντες, Σταύρωσον, σταύρωσον[8] αὐτόν. 22 Ὁ δὲ τρίτον εἶπεν πρὸς αὐτούς, Τί γὰρ κακὸν ἐποίησεν οὗτος; Οὐδὲν αἴτιον θανάτου εὗρον ἐν αὐτῷ· παιδεύσας οὖν αὐτὸν ἀπολύσω. 23 Οἱ δὲ ἐπέκειντο φωναῖς μεγάλαις, αἰτούμενοι αὐτὸν σταυρωθῆναι· καὶ κατίσχυον αἱ φωναὶ αὐτῶν καὶ τῶν ἀρχιερέων.[9] 24 Ὁ δὲ[10] Πιλάτος ἐπέκρινεν γενέσθαι τὸ αἴτημα αὐτῶν. 25 Ἀπέλυσεν δὲ τὸν διὰ στάσιν καὶ φόνον βεβλημένον εἰς τὴν[11] φυλακήν, ὃν ᾐτοῦντο· τὸν δὲ Ἰησοῦν παρέδωκεν τῷ θελήματι αὐτῶν.

The Crucifixion, Death, and Burial of Jesus

26 Καὶ ὡς ἀπήγαγον αὐτόν, ἐπιλαβόμενοι Σίμωνός τινος Κυρηναίου ἐρχομένου[12] ἀπ' ἀγροῦ, ἐπέθηκαν αὐτῷ τὸν σταυρόν, φέρειν ὄπισθεν τοῦ Ἰησοῦ.

27 Ἠκολούθει δὲ αὐτῷ πολὺ πλῆθος τοῦ λαοῦ, καὶ γυναικῶν αἳ καὶ ἐκόπτοντο[13] καὶ ἐθρήνουν αὐτόν. 28 Στραφεὶς δὲ πρὸς αὐτὰς ὁ[14] Ἰησοῦς εἶπεν, Θυγατέρες Ἱερουσαλήμ, μὴ κλαίετε ἐπ' ἐμέ, πλὴν ἐφ' ἑαυτὰς κλαίετε καὶ ἐπὶ τὰ τέκνα ὑμῶν. 29 Ὅτι ἰδού, ἔρχονται ἡμέραι ἐν αἷς ἐροῦσιν, Μακάριαι αἱ στεῖραι, καὶ κοιλίαι αἳ οὐκ[15] ἐγέννησαν, καὶ μαστοὶ οἳ οὐκ

---

[1] ἀνέπεμψα γὰρ ὑμᾶς πρὸς αὐτόν • ἀνέπεμψεν γὰρ αὐτὸν πρὸς ἡμᾶς   [2] 23.17 •
— [3] Ἀνέκραξαν • Ἀνέκραγον   [4] Βαραββᾶν • τὸν Βαραββᾶν   [5] βεβλημένος εἰς φυλακήν • βληθεὶς ἐν τῇ φυλακῇ   [6] οὖν • δὲ   [7] προσεφώνησεν • προσεφώνησεν αὐτοῖς   [8] Σταύρωσον σταύρωσον • Σταύρου σταύρου   [9] καὶ τῶν ἀρχιερέων •
— [10] Ὁ δὲ • Καὶ   [11] τὴν • — [12] Σίμωνός τινος Κυρηναίου ἐρχομένου • Σίμωνά τινα Κυρηναῖον ἐρχόμενον   [13] καὶ ἐκόπτοντο • ἐκόπτοντο   [14] ὁ • [ὁ]
[15] κοιλίαι αἳ οὐκ • αἱ κοιλίαι αἳ οὐκ

ἐθήλασαν.¹ 30 Τότε ἄρξονται λέγειν τοῖς ὄρεσιν, Πέσετε ἐφ᾽ ἡμᾶς· καὶ τοῖς βουνοῖς, Καλύψατε ἡμᾶς. 31 Ὅτι εἰ ἐν τῷ ὑγρῷ ξύλῳ ταῦτα ποιοῦσιν, ἐν τῷ ξηρῷ τί γένηται; 32 Ἤγοντο δὲ καὶ ἕτεροι δύο κακοῦργοι² σὺν αὐτῷ ἀναιρεθῆναι. 33 Καὶ ὅτε ἀπῆλθον³ ἐπὶ τὸν τόπον τὸν καλούμενον Κρανίον, ἐκεῖ ἐσταύρωσαν αὐτόν, καὶ τοὺς κακούργους, ὃν μὲν ἐκ δεξιῶν, ὃν δὲ ἐξ ἀριστερῶν. 34 Ὁ⁴ δὲ Ἰησοῦς ἔλεγεν, Πάτερ, ἄφες αὐτοῖς· οὐ γὰρ οἴδασιν τί ποιοῦσιν.⁵ Διαμεριζόμενοι δὲ τὰ ἱμάτια αὐτοῦ, ἔβαλον κλῆρον.⁶ 35 Καὶ εἱστήκει ὁ λαὸς θεωρῶν. Ἐξεμυκτήριζον δὲ καὶ οἱ ἄρχοντες σὺν αὐτοῖς,⁷ λέγοντες, Ἄλλους ἔσωσεν, σωσάτω ἑαυτόν, εἰ οὗτός ἐστιν ὁ χριστός, ὁ τοῦ θεοῦ⁸ ἐκλεκτός. 36 Ἐνέπαιζον⁹ δὲ αὐτῷ καὶ οἱ στρατιῶται, προσερχόμενοι καὶ ὄξος¹⁰ προσφέροντες αὐτῷ, 37 καὶ λέγοντες, Εἰ σὺ εἶ ὁ βασιλεὺς τῶν Ἰουδαίων, σῶσον σεαυτόν. 38 Ἦν δὲ καὶ ἐπιγραφὴ γεγραμμένη¹¹ ἐπ᾽ αὐτῷ γράμμασιν Ἑλληνικοῖς καὶ Ῥωμαϊκοῖς καὶ Ἑβραϊκοῖς, Οὗτός ἐστιν¹² ὁ βασιλεὺς τῶν Ἰουδαίων.¹³

39 Εἷς δὲ τῶν κρεμασθέντων κακούργων ἐβλασφήμει αὐτόν, λέγων, Εἰ σὺ¹⁴ εἶ ὁ χριστός, σῶσον σεαυτὸν καὶ ἡμᾶς. 40 Ἀποκριθεὶς δὲ ὁ ἕτερος ἐπετίμα αὐτῷ, λέγων,¹⁵ Οὐδὲ φοβῇ σὺ τὸν θεόν, ὅτι ἐν τῷ αὐτῷ κρίματι εἶ; 41 Καὶ ἡμεῖς μὲν δικαίως, ἄξια γὰρ ὧν ἐπράξαμεν ἀπολαμβάνομεν· οὗτος δὲ οὐδὲν ἄτοπον ἔπραξεν. 42 Καὶ ἔλεγεν τῷ Ἰησοῦ, Μνήσθητί¹⁶ μου, κύριε,¹⁷ ὅταν ἔλθῃς ἐν τῇ βασιλείᾳ¹⁸ σου. 43 Καὶ εἶπεν αὐτῷ ὁ Ἰησοῦς,¹⁹ Ἀμὴν λέγω σοι,²⁰ σήμερον μετ᾽ ἐμοῦ ἔσῃ ἐν τῷ παραδείσῳ.

---

¹ ἐθήλασαν • ἔθρεψαν   ² δύο κακοῦργοι • κακοῦργοι δύο   ³ ἀπῆλθον • ἦλθον
⁴ Ὁ • [[Ὁ   ⁵ ποιοῦσιν • ποιοῦσιν]]   ⁶ κλῆρον • κλήρους   ⁷ σὺν αὐτοῖς •
— ⁸ ὁ τοῦ θεοῦ • τοῦ θεοῦ ὁ   ⁹ Ἐνέπαιζον • Ἐνέπαιξαν   ¹⁰ καὶ ὄξος •
ὄξος   ¹¹ γεγραμμένη • —   ¹² γράμμασιν Ἑλληνικοῖς καὶ Ῥωμαϊκοῖς καὶ
Ἑβραϊκοῖς Οὗτός ἐστιν • —   ¹³ Ἰουδαίων • Ἰουδαίων οὗτος   ¹⁴ Εἰ σὺ • Οὐχὶ
σὺ   ¹⁵ ἐπετίμα αὐτῷ λέγων • ἐπιτιμῶν αὐτῷ ἔφη   ¹⁶ τῷ Ἰησοῦ Μνήσθητί •
Ἰησοῦ μνήσθητί   ¹⁷ κύριε • —   ¹⁸ ἐν τῇ βασιλείᾳ • εἰς τὴν βασιλείαν   ¹⁹ ὁ
Ἰησοῦς • —   ²⁰ λέγω σοι • σοι λέγω

44 Ἦν δὲ¹ ὡσεὶ ὥρα ἕκτη, καὶ σκότος ἐγένετο ἐφ' ὅλην τὴν γῆν ἕως ὥρας ἐνάτης. **45** Καὶ ἐσκοτίσθη ὁ ἥλιος,² καὶ ἐσχίσθη³ τὸ καταπέτασμα τοῦ ναοῦ μέσον. **46** Καὶ φωνήσας φωνῇ μεγάλῃ ὁ Ἰησοῦς εἶπεν, Πάτερ, εἰς χεῖράς σου παραθήσομαι⁴ τὸ πνεῦμά μου· καὶ ταῦτα⁵ εἰπὼν ἐξέπνευσεν. **47** Ἰδὼν δὲ ὁ ἑκατόνταρχος⁶ τὸ γενόμενον, ἐδόξασεν⁷ τὸν θεόν, λέγων, Ὄντως ὁ ἄνθρωπος οὗτος δίκαιος ἦν. **48** Καὶ πάντες οἱ συμπαραγενόμενοι ὄχλοι ἐπὶ τὴν θεωρίαν ταύτην, θεωροῦντες⁸ τὰ γενόμενα, τύπτοντες ἑαυτῶν⁹ τὰ στήθη ὑπέστρεφον. **49** Εἱστήκεισαν δὲ πάντες οἱ γνωστοὶ αὐτοῦ¹⁰ μακρόθεν, καὶ γυναῖκες αἱ συνακολουθήσασαι¹¹ αὐτῷ ἀπὸ τῆς Γαλιλαίας, ὁρῶσαι ταῦτα.

50 Καὶ ἰδού, ἀνὴρ ὀνόματι Ἰωσήφ, βουλευτὴς ὑπάρχων,¹² ἀνὴρ ἀγαθὸς καὶ δίκαιος— **51** οὗτος οὐκ ἦν συγκατατεθειμένος τῇ βουλῇ καὶ τῇ πράξει αὐτῶν—ἀπὸ Ἀριμαθαίας πόλεως τῶν Ἰουδαίων, ὃς καὶ προσεδέχετο καὶ αὐτὸς¹³ τὴν βασιλείαν τοῦ θεοῦ· **52** οὗτος προσελθὼν τῷ Πιλάτῳ ᾐτήσατο τὸ σῶμα τοῦ Ἰησοῦ. **53** Καὶ καθελὼν αὐτὸ¹⁴ ἐνετύλιξεν αὐτὸ σινδόνι, καὶ ἔθηκεν αὐτὸ ἐν¹⁵ μνήματι λαξευτῷ, οὗ οὐκ ἦν οὐδέπω οὐδεὶς¹⁶ κείμενος. **54** Καὶ ἡμέρα ἦν Παρασκευή,¹⁷ σάββατον ἐπέφωσκεν. **55** Κατακολουθήσασαι δὲ γυναῖκες,¹⁸ αἵτινες ἦσαν συνεληλυθυῖαι αὐτῷ ἐκ τῆς Γαλιλαίας,¹⁹ ἐθεάσαντο τὸ μνημεῖον, καὶ ὡς ἐτέθη τὸ σῶμα αὐτοῦ. **56** Ὑποστρέψασαι δὲ ἡτοίμασαν ἀρώματα καὶ μύρα. Καὶ τὸ μὲν σάββατον ἡσύχασαν κατὰ τὴν ἐντολήν.

---

1 Ἦν δὲ • Καὶ ἦν ἤδη   2 Καὶ ἐσκοτίσθη ὁ ἥλιος • Τοῦ ἡλίου ἐκλιπόντος   3 καὶ ἐσχίσθη • ἐσχίσθη δὲ   4 παραθήσομαι • παρατίθεμαι   5 καὶ ταῦτα • τοῦτο δὲ   6 ἑκατόνταρχος • ἑκατοντάρχης   7 ἐδόξασεν • ἐδόξαζεν   8 θεωροῦντες • θεωρήσαντες   9 ἑαυτῶν • —   10 αὐτοῦ • αὐτῷ ἀπὸ   11 συνακολουθήσασαι • συνακολουθοῦσαι   12 ὑπάρχων • ὑπάρχων [καὶ]   13 καὶ προσεδέχετο καὶ αὐτὸς • προσεδέχετο   14 καθελὼν αὐτὸ • καθελὼν   15 αὐτὸ ἐν • αὐτὸν ἐν   16 οὐδέπω οὐδεὶς • οὐδεὶς οὔπω   17 Παρασκευή • Παρασκευῆς καὶ   18 γυναῖκες • αἱ γυναῖκες   19 αὐτῷ ἐκ τῆς Γαλιλαίας • ἐκ τῆς Γαλιλαίας αὐτῷ

ΚΑΤΑ ΛΟΥΚΑΝ

The Resurrection of Jesus

24 Τῇ δὲ μιᾷ τῶν σαββάτων, ὄρθρου βαθέος,[a] ἦλθον ἐπὶ τὸ μνῆμα,[1] φέρουσαι ἃ ἡτοίμασαν ἀρώματα, καί τινες σὺν αὐταῖς.[2] **2** Εὗρον δὲ τὸν λίθον ἀποκεκυλισμένον ἀπὸ τοῦ μνημείου. **3** Καὶ εἰσελθοῦσαι[3] οὐχ εὗρον τὸ σῶμα τοῦ κυρίου Ἰησοῦ. **4** Καὶ ἐγένετο ἐν τῷ διαπορεῖσθαι[4] αὐτὰς περὶ τούτου, καὶ ἰδού, ἄνδρες δύο ἐπέστησαν αὐταῖς ἐν ἐσθήσεσιν ἀστραπτούσαις·[5] **5** ἐμφόβων δὲ γενομένων αὐτῶν, καὶ κλινουσῶν τὸ πρόσωπον[6] εἰς τὴν γῆν, εἶπον[7] πρὸς αὐτάς, Τί ζητεῖτε τὸν ζῶντα μετὰ τῶν νεκρῶν; **6** Οὐκ ἔστιν ὧδε, ἀλλ᾽[8] ἠγέρθη· μνήσθητε ὡς ἐλάλησεν ὑμῖν, ἔτι ὢν ἐν τῇ Γαλιλαίᾳ, **7** λέγων ὅτι δεῖ τὸν υἱὸν τοῦ ἀνθρώπου[9] παραδοθῆναι εἰς χεῖρας ἀνθρώπων ἁμαρτωλῶν, καὶ σταυρωθῆναι, καὶ τῇ τρίτῃ ἡμέρᾳ ἀναστῆναι. **8** Καὶ ἐμνήσθησαν τῶν ῥημάτων αὐτοῦ, **9** καὶ ὑποστρέψασαι ἀπὸ τοῦ μνημείου, ἀπήγγειλαν ταῦτα πάντα τοῖς ἕνδεκα καὶ πᾶσιν τοῖς λοιποῖς. **10** Ἦσαν δὲ ἡ Μαγδαληνὴ Μαρία καὶ Ἰωάννα καὶ Μαρία Ἰακώβου,[b, 10] καὶ αἱ λοιπαὶ σὺν αὐταῖς, αἳ ἔλεγον[11] πρὸς τοὺς ἀποστόλους ταῦτα. **11** Καὶ ἐφάνησαν ἐνώπιον αὐτῶν ὡσεὶ λῆρος τὰ ῥήματα αὐτῶν, καὶ[12] ἠπίστουν αὐταῖς. **12** Ὁ δὲ Πέτρος ἀναστὰς ἔδραμεν ἐπὶ τὸ μνημεῖον, καὶ παρακύψας βλέπει τὰ ὀθόνια κείμενα[13] μόνα· καὶ ἀπῆλθεν πρὸς ἑαυτὸν θαυμάζων τὸ γεγονός.

The Emmaus Disciples

13 Καὶ ἰδού, δύο ἐξ αὐτῶν ἦσαν πορευόμενοι ἐν αὐτῇ τῇ ἡμέρᾳ[14] εἰς κώμην ἀπέχουσαν σταδίους ἑξήκοντα ἀπὸ Ἱερουσαλήμ, ᾗ ὄνομα Ἐμμαούς. **14** Καὶ αὐτοὶ ὡμίλουν πρὸς

---

[a] βαθέος • βαθέως   [b] Ἰακώβου • ἡ Ἰακώβου

---

[1] βαθέος ἦλθον ἐπὶ τὸ μνῆμα • βαθέως ἐπὶ τὸ μνῆμα ἦλθον   [2] καί τινες σὺν αὐταῖς • —   [3] Καὶ εἰσελθοῦσαι • Εἰσελθοῦσαι δὲ   [4] διαπορεῖσθαι • ἀπορεῖσθαι   [5] ἐσθήσεσιν ἀστραπτούσαις • ἐσθῆτι ἀστραπτούσῃ   [6] τὸ πρόσωπον • τὰ πρόσωπα   [7] εἶπον • εἶπαν   [8] ἀλλ᾽ • ἀλλὰ   [9] ὅτι δεῖ τὸν υἱὸν τοῦ ἀνθρώπου • τὸν υἱὸν τοῦ ἀνθρώπου ὅτι δεῖ   [10] Ἰακώβου • ἡ Ἰακώβου   [11] αἳ ἔλεγον • ἔλεγον   [12] αὐτῶν καὶ • ταῦτα καὶ   [13] κείμενα • —   [14] ἦσαν πορευόμενοι ἐν αὐτῇ τῇ ἡμέρᾳ • ἐν αὐτῇ τῇ ἡμέρᾳ ἦσαν πορευόμενοι

ἀλλήλους περὶ πάντων τῶν συμβεβηκότων τούτων. 15 Καὶ ἐγένετο ἐν τῷ ὁμιλεῖν αὐτοὺς καὶ συζητεῖν, καὶ αὐτὸς ὁ¹ Ἰησοῦς ἐγγίσας συνεπορεύετο αὐτοῖς. 16 Οἱ δὲ ὀφθαλμοὶ αὐτῶν ἐκρατοῦντο τοῦ μὴ ἐπιγνῶναι αὐτόν. 17 Εἶπεν δὲ πρὸς αὐτούς, Τίνες οἱ λόγοι οὗτοι οὓς ἀντιβάλλετε πρὸς ἀλλήλους περιπατοῦντες, καί ἐστε² σκυθρωποί; 18 Ἀποκριθεὶς δὲ ὁ εἷς, ᾧ ὄνομα³ Κλεοπᾶς, εἶπεν πρὸς αὐτόν, Σὺ μόνος παροικεῖς Ἰερουσαλήμ, καὶ οὐκ ἔγνως τὰ γενόμενα ἐν αὐτῇ ἐν ταῖς ἡμέραις ταύταις; 19 Καὶ εἶπεν αὐτοῖς, Ποῖα; Οἱ δὲ εἶπον⁴ αὐτῷ, Τὰ περὶ Ἰησοῦ τοῦ Ναζωραίου,⁵ ὃς ἐγένετο ἀνὴρ προφήτης δυνατὸς ἐν ἔργῳ καὶ λόγῳ ἐναντίον τοῦ θεοῦ καὶ παντὸς τοῦ λαοῦ· 20 ὅπως τε παρέδωκαν αὐτὸν οἱ ἀρχιερεῖς καὶ οἱ ἄρχοντες ἡμῶν εἰς κρίμα θανάτου, καὶ ἐσταύρωσαν αὐτόν. 21 Ἡμεῖς δὲ ἠλπίζομεν ὅτι αὐτός ἐστιν ὁ μέλλων λυτροῦσθαι τὸν Ἰσραήλ. Ἀλλά γε σὺν⁶ πᾶσιν τούτοις τρίτην ταύτην ἡμέραν ἄγει σήμερον⁷ ἀφ' οὗ ταῦτα ἐγένετο. 22 Ἀλλὰ καὶ γυναῖκές τινες ἐξ ἡμῶν ἐξέστησαν ἡμᾶς, γενόμεναι ὄρθριαι⁸ ἐπὶ τὸ μνημεῖον· 23 καὶ μὴ εὑροῦσαι τὸ σῶμα αὐτοῦ, ἦλθον λέγουσαι καὶ ὀπτασίαν ἀγγέλων ἑωρακέναι, οἳ λέγουσιν αὐτὸν ζῆν. 24 Καὶ ἀπῆλθόν τινες τῶν σὺν ἡμῖν ἐπὶ τὸ μνημεῖον, καὶ εὗρον οὕτως καθὼς καὶ αἱ γυναῖκες εἶπον· αὐτὸν δὲ οὐκ εἶδον. 25 Καὶ αὐτὸς εἶπεν πρὸς αὐτούς, Ὦ ἀνόητοι καὶ βραδεῖς τῇ καρδίᾳ τοῦ πιστεύειν ἐπὶ πᾶσιν οἷς ἐλάλησαν οἱ προφῆται· 26 οὐχὶ ταῦτα ἔδει παθεῖν τὸν χριστόν, καὶ εἰσελθεῖν εἰς τὴν δόξαν αὐτοῦ; 27 Καὶ ἀρξάμενος ἀπὸ Μωσέως⁹ καὶ ἀπὸ πάντων τῶν προφητῶν, διηρμήνευεν¹⁰ αὐτοῖς ἐν πάσαις ταῖς γραφαῖς τὰ περὶ ἑαυτοῦ. 28 Καὶ ἤγγισαν εἰς τὴν κώμην οὗ ἐπορεύοντο· καὶ αὐτὸς προσεποιεῖτο πορρωτέρω¹¹ πορεύεσθαι. 29 Καὶ παρεβιάσαντο αὐτόν, λέγοντες, Μεῖνον μεθ' ἡμῶν, ὅτι πρὸς ἑσπέραν ἐστίν, καὶ κέκλικεν ἡ¹² ἡμέρα. Καὶ εἰσῆλθεν τοῦ

---

¹ ὁ • — ² ἐστε • ἐστάθησαν ³ ὁ εἷς ᾧ ὄνομα • εἷς ὀνόματι ⁴ εἶπον • εἶπαν ⁵ Ναζωραίου • Ναζαρηνοῦ ⁶ σὺν • καὶ σὺν ⁷ σήμερον • —
⁸ ὄρθριαι • ὀρθριναὶ ⁹ Μωσέως • Μωϋσέως ¹⁰ διηρμήνευεν • διερμήνευσεν
¹¹ προσεποιεῖτο πορρωτέρω • προσεποιήσατο πορρώτερον ¹² ἡ • ἤδη ἡ

μεῖναι σὺν αὐτοῖς. 30 Καὶ ἐγένετο ἐν τῷ κατακλιθῆναι αὐτὸν μετ' αὐτῶν, λαβὼν τὸν ἄρτον εὐλόγησεν, καὶ κλάσας ἐπεδίδου αὐτοῖς. 31 Αὐτῶν δὲ διηνοίχθησαν οἱ ὀφθαλμοί, καὶ ἐπέγνωσαν αὐτόν· καὶ αὐτὸς ἄφαντος ἐγένετο ἀπ' αὐτῶν. 32 Καὶ εἶπον¹ πρὸς ἀλλήλους, Οὐχὶ ἡ καρδία ἡμῶν καιομένη ἦν ἐν ἡμῖν,² ὡς ἐλάλει ἡμῖν ἐν τῇ ὁδῷ, καὶ ὡς³ διήνοιγεν ἡμῖν τὰς γραφάς; 33 Καὶ ἀναστάντες αὐτῇ τῇ ὥρᾳ ὑπέστρεψαν εἰς Ἱερουσαλήμ, καὶ εὗρον συνηθροισμένους⁴ τοὺς ἕνδεκα καὶ τοὺς σὺν αὐτοῖς, 34 λέγοντας ὅτι Ἠγέρθη ὁ κύριος ὄντως,⁵ καὶ ὤφθη Σίμωνι. 35 Καὶ αὐτοὶ ἐξηγοῦντο τὰ ἐν τῇ ὁδῷ, καὶ ὡς ἐγνώσθη αὐτοῖς ἐν τῇ κλάσει τοῦ ἄρτου.

The Last Appearances of Jesus

36 Ταῦτα δὲ αὐτῶν λαλούντων, αὐτὸς ὁ Ἰησοῦς⁶ ἔστη ἐν μέσῳ αὐτῶν, καὶ λέγει αὐτοῖς, Εἰρήνη ὑμῖν. 37 Πτοηθέντες δὲ καὶ ἔμφοβοι γενόμενοι ἐδόκουν πνεῦμα θεωρεῖν. 38 Καὶ εἶπεν αὐτοῖς, Τί τεταραγμένοι ἐστέ, καὶ διὰ τί διαλογισμοὶ ἀναβαίνουσιν ἐν ταῖς καρδίαις⁷ ὑμῶν; 39 Ἴδετε τὰς χεῖράς μου καὶ τοὺς πόδας μου, ὅτι αὐτὸς ἐγώ εἰμι·⁸ ψηλαφήσατέ με καὶ ἴδετε, ὅτι πνεῦμα σάρκα καὶ ὀστέα οὐκ ἔχει, καθὼς ἐμὲ θεωρεῖτε ἔχοντα. 40 Καὶ τοῦτο εἰπὼν ἐπέδειξεν⁹ αὐτοῖς τὰς χεῖρας καὶ τοὺς πόδας. 41 Ἔτι δὲ ἀπιστούντων αὐτῶν ἀπὸ τῆς χαρᾶς καὶ θαυμαζόντων, εἶπεν αὐτοῖς, Ἔχετέ τι βρώσιμον ἐνθάδε; 42 Οἱ δὲ ἐπέδωκαν αὐτῷ ἰχθύος ὀπτοῦ μέρος, καὶ ἀπὸ μελισσίου κηρίου.¹⁰ 43 Καὶ λαβὼν ἐνώπιον αὐτῶν ἔφαγεν.

44 Εἶπεν δὲ αὐτοῖς,¹¹ Οὗτοι οἱ λόγοι¹² οὓς ἐλάλησα πρὸς ὑμᾶς ἔτι ὢν σὺν ὑμῖν, ὅτι δεῖ πληρωθῆναι πάντα τὰ γεγραμμένα ἐν τῷ νόμῳ Μωσέως καὶ¹³ προφήταις καὶ ψαλμοῖς περὶ ἐμοῦ. 45 Τότε διήνοιξεν αὐτῶν τὸν νοῦν, τοῦ συνιέναι τὰς γραφάς· 46 καὶ εἶπεν αὐτοῖς ὅτι Οὕτως γέγραπται, καὶ οὕτως

---

¹ εἶπον • εἶπαν ² ἐν ἡμῖν • [ἐν ἡμῖν] ³ καὶ ὡς • ὡς ⁴ συνηθροισμένους • ἠθροισμένους ⁵ Ἠγέρθη ὁ κύριος ὄντως • Ὄντως ἠγέρθη ὁ κύριος ⁶ ὁ Ἰησοῦς • — ⁷ ταῖς καρδίαις • τῇ καρδίᾳ ⁸ αὐτὸς ἐγώ εἰμι • ἐγώ εἰμι αὐτός ⁹ ἐπέδειξεν • ἔδειξεν ¹⁰ καὶ ἀπὸ μελισσίου κηρίου • — ¹¹ αὐτοῖς • πρὸς αὐτούς ¹² λόγοι • λόγοι μου ¹³ Μωσέως καὶ • Μωϋσέως καὶ τοῖς

ἔδει¹ παθεῖν τὸν χριστόν, καὶ ἀναστῆναι ἐκ νεκρῶν τῇ τρίτῃ ἡμέρᾳ, 47 καὶ κηρυχθῆναι ἐπὶ τῷ ὀνόματι αὐτοῦ μετάνοιαν καὶ ἄφεσιν² ἁμαρτιῶν εἰς πάντα τὰ ἔθνη, ἀρξάμενον³ ἀπὸ Ἱερουσαλήμ. 48 Ὑμεῖς δέ ἐστε⁴ μάρτυρες τούτων. 49 Καὶ ἰδού,⁵ ἐγὼ ἀποστέλλω τὴν ἐπαγγελίαν τοῦ πατρός μου ἐφ᾽ ὑμᾶς· ὑμεῖς δὲ καθίσατε ἐν τῇ πόλει Ἱερουσαλήμ,⁶ ἕως οὗ ἐνδύσησθε δύναμιν ἐξ ὕψους.⁷

50 Ἐξήγαγεν δὲ αὐτοὺς ἔξω ἕως εἰς⁸ Βηθανίαν· καὶ ἐπάρας τὰς χεῖρας αὐτοῦ εὐλόγησεν αὐτούς. 51 Καὶ ἐγένετο ἐν τῷ εὐλογεῖν αὐτὸν αὐτούς, διέστη ἀπ᾽ αὐτῶν, καὶ ἀνεφέρετο εἰς τὸν οὐρανόν. 52 Καὶ αὐτοὶ προσκυνήσαντες αὐτόν, ὑπέστρεψαν εἰς Ἱερουσαλὴμ μετὰ χαρᾶς μεγάλης· 53 καὶ ἦσαν διὰ παντὸς ἐν τῷ ἱερῷ, αἰνοῦντες καὶ⁹ εὐλογοῦντες τὸν θεόν. Ἀμήν.¹⁰

---

¹ καὶ οὕτως ἔδει • — ² καὶ ἄφεσιν • εἰς ἄφεσιν ³ ἀρξάμενον • ἀρξάμενοι
⁴ δέ ἐστε • — ⁵ ἰδού • [ἰδού] ⁶ Ἱερουσαλήμ • — ⁷ δύναμιν ἐξ ὕψους •
ἐξ ὕψους δύναμιν ⁸ ἔξω ἕως εἰς • [ἔξω] ἕως πρὸς ⁹ αἰνοῦντες καὶ • —
¹⁰ Ἀμήν • —

ΚΑΤΑ ΙΩΑΝΝΗΝ
According to John

The Word Became Flesh

Ἐν ἀρχῇ ἦν ὁ λόγος, καὶ ὁ λόγος ἦν πρὸς τὸν θεόν, καὶ θεὸς ἦν ὁ λόγος. 2 Οὗτος ἦν ἐν ἀρχῇ πρὸς τὸν θεόν. 3 Πάντα δι' αὐτοῦ ἐγένετο, καὶ χωρὶς αὐτοῦ ἐγένετο οὐδὲ ἓν ὃ γέγονεν. 4 Ἐν αὐτῷ ζωὴ ἦν, καὶ ἡ ζωὴ ἦν τὸ φῶς τῶν ἀνθρώπων, 5 καὶ τὸ φῶς ἐν τῇ σκοτίᾳ φαίνει, καὶ ἡ σκοτία αὐτὸ οὐ κατέλαβεν. 6 Ἐγένετο ἄνθρωπος ἀπεσταλμένος παρὰ θεοῦ, ὄνομα αὐτῷ Ἰωάννης. 7 Οὗτος ἦλθεν εἰς μαρτυρίαν, ἵνα μαρτυρήσῃ περὶ τοῦ φωτός, ἵνα πάντες πιστεύσωσιν δι' αὐτοῦ. 8 Οὐκ ἦν ἐκεῖνος τὸ φῶς, ἀλλ' ἵνα μαρτυρήσῃ περὶ τοῦ φωτός. 9 Ἦν τὸ φῶς τὸ ἀληθινόν, ὃ φωτίζει πάντα ἄνθρωπον ἐρχόμενον εἰς τὸν κόσμον. 10 Ἐν τῷ κόσμῳ ἦν, καὶ ὁ κόσμος δι' αὐτοῦ ἐγένετο, καὶ ὁ κόσμος αὐτὸν οὐκ ἔγνω. 11 Εἰς τὰ ἴδια ἦλθεν, καὶ οἱ ἴδιοι αὐτὸν οὐ παρέλαβον. 12 Ὅσοι δὲ ἔλαβον αὐτόν, ἔδωκεν αὐτοῖς ἐξουσίαν τέκνα θεοῦ γενέσθαι, τοῖς πιστεύουσιν εἰς τὸ ὄνομα αὐτοῦ· 13 οἳ οὐκ ἐξ αἱμάτων, οὐδὲ ἐκ θελήματος σαρκός, οὐδὲ ἐκ θελήματος ἀνδρός, ἀλλ' ἐκ θεοῦ ἐγεννήθησαν. 14 Καὶ ὁ λόγος σὰρξ ἐγένετο, καὶ ἐσκήνωσεν ἐν ἡμῖν—καὶ ἐθεασάμεθα τὴν δόξαν αὐτοῦ, δόξαν ὡς μονογενοῦς παρὰ πατρός—πλήρης χάριτος καὶ ἀληθείας. 15 Ἰωάννης μαρτυρεῖ περὶ αὐτοῦ, καὶ κέκραγεν λέγων, Οὗτος ἦν ὃν εἶπον, Ὁ ὀπίσω μου ἐρχόμενος ἔμπροσθέν μου γέγονεν· ὅτι πρῶτός μου ἦν. 16 Καὶ ἐκ¹ τοῦ πληρώματος αὐτοῦ ἡμεῖς πάντες ἐλάβομεν, καὶ χάριν ἀντὶ χάριτος. 17 Ὅτι ὁ νόμος διὰ Μωσέως² ἐδόθη, ἡ χάρις καὶ ἡ ἀλήθεια διὰ Ἰησοῦ χριστοῦ ἐγένετο. 18 Θεὸν οὐδεὶς ἑώρακεν πώποτε· ὁ μονογενὴς υἱός,³ ὁ ὢν εἰς τὸν κόλπον τοῦ πατρός, ἐκεῖνος ἐξηγήσατο.

The Testimony of John the Baptist

19 Καὶ αὕτη ἐστὶν ἡ μαρτυρία τοῦ Ἰωάννου, ὅτε ἀπέστειλαν οἱ⁴ Ἰουδαῖοι ἐξ Ἱεροσολύμων ἱερεῖς καὶ Λευίτας ἵνα ἐρωτήσωσιν αὐτόν, Σὺ τίς εἶ; 20 Καὶ ὡμολόγησεν, καὶ οὐκ ἠρνήσατο· καὶ ὡμολόγησεν ὅτι Οὐκ εἰμὶ ἐγὼ⁵ ὁ χριστός. 21 Καὶ ἠρώτησαν αὐτόν, Τί οὖν; Ἠλίας εἶ σύ;⁶ Καὶ λέγει, Οὐκ εἰμί. Ὁ προφήτης εἶ σύ; Καὶ ἀπεκρίθη, Οὔ. 22 Εἶπον⁷ οὖν αὐτῷ, Τίς εἶ; Ἵνα ἀπόκρισιν δῶμεν τοῖς πέμψασιν ἡμᾶς. Τί λέγεις περὶ σεαυτοῦ; 23 Ἔφη, Ἐγὼ φωνὴ βοῶντος ἐν τῇ ἐρήμῳ, Εὐθύνατε τὴν ὁδὸν κυρίου, καθὼς εἶπεν Ἡσαΐας ὁ προφήτης. 24 Καὶ οἱ⁸ ἀπεσταλμένοι ἦσαν ἐκ τῶν Φαρισαίων. 25 Καὶ ἠρώτησαν αὐτόν, καὶ εἶπον⁹ αὐτῷ, Τί οὖν βαπτίζεις, εἰ σὺ οὐκ εἶ ὁ χριστός, οὔτε Ἠλίας, οὔτε¹⁰ ὁ προφήτης; 26 Ἀπεκρίθη αὐτοῖς ὁ Ἰωάννης λέγων, Ἐγὼ βαπτίζω ἐν ὕδατι· μέσος δὲ¹¹ ὑμῶν ἕστηκεν ὃν ὑμεῖς οὐκ οἴδατε. 27 Αὐτός ἐστιν¹² ὁ ὀπίσω μου ἐρχόμενος, ὃς ἔμπροσθέν μου γέγονεν·¹³ οὗ ἐγὼ οὐκ εἰμὶ¹⁴ ἄξιος ἵνα λύσω αὐτοῦ τὸν ἱμάντα τοῦ ὑποδήματος. 28 Ταῦτα ἐν Βηθανίᾳ ἐγένετο πέραν τοῦ Ἰορδάνου, ὅπου ἦν Ἰωάννης¹⁵ βαπτίζων.

29 Τῇ ἐπαύριον βλέπει[a] τὸν Ἰησοῦν ἐρχόμενον πρὸς αὐτόν, καὶ λέγει, Ἴδε ὁ ἀμνὸς τοῦ θεοῦ, ὁ αἴρων τὴν ἁμαρτίαν

---

[a] βλέπει • βλέπει ὁ Ἰωάννης

---

1 Καὶ ἐκ • Ὅτι ἐκ   2 Μωσέως • Μωϋσέως   3 ὁ μονογενὴς υἱός • μονογενὴς θεός   4 οἱ • [πρὸς αὐτὸν] οἱ   5 Οὐκ εἰμὶ ἐγὼ • Ἐγὼ οὐκ εἰμὶ   6 Ἠλίας εἶ σύ • Σὺ Ἠλίας εἶ   7 Εἶπον • Εἶπαν   8 οἱ • —   9 εἶπον • εἶπαν   10 οὔτε Ἠλίας οὔτε • οὐδὲ Ἠλίας οὐδὲ   11 δὲ • —   12 Αὐτός ἐστιν • —   13 ὃς ἔμπροσθέν μου γέγονεν • —   14 ἐγὼ οὐκ εἰμὶ • οὐκ εἰμὶ [ἐγὼ]   15 Ἰωάννης • ὁ Ἰωάννης

τοῦ κόσμου. 30 Οὗτός ἐστιν περὶ¹ οὗ ἐγὼ εἶπον, Ὀπίσω μου ἔρχεται ἀνὴρ ὃς ἔμπροσθέν μου γέγονεν, ὅτι πρῶτός μου ἦν. 31 Κἀγὼ οὐκ ᾔδειν αὐτόν· ἀλλ᾽ ἵνα φανερωθῇ τῷ Ἰσραήλ, διὰ τοῦτο ἦλθον ἐγὼ ἐν τῷ ὕδατι² βαπτίζων. 32 Καὶ ἐμαρτύρησεν Ἰωάννης λέγων ὅτι Τεθέαμαι τὸ πνεῦμα καταβαῖνον ὡσεὶ ᵃ,³ περιστερὰν ἐξ οὐρανοῦ, καὶ ἔμεινεν ἐπ᾽ αὐτόν. 33 Κἀγὼ οὐκ ᾔδειν αὐτόν· ἀλλ᾽ ὁ πέμψας με βαπτίζειν ἐν ὕδατι, ἐκεῖνός μοι εἶπεν, Ἐφ᾽ ὃν ἂν ἴδῃς τὸ πνεῦμα καταβαῖνον καὶ μένον ἐπ᾽ αὐτόν, οὗτός ἐστιν ὁ βαπτίζων ἐν πνεύματι ἁγίῳ. 34 Κἀγὼ ἑώρακα, καὶ μεμαρτύρηκα ὅτι οὗτός ἐστιν ὁ υἱὸς τοῦ θεοῦ.

The First Disciples of Jesus

35 Τῇ ἐπαύριον πάλιν εἱστήκει ὁ Ἰωάννης, καὶ ἐκ τῶν μαθητῶν αὐτοῦ δύο· 36 καὶ ἐμβλέψας τῷ Ἰησοῦ περιπατοῦντι, λέγει, Ἴδε ὁ ἀμνὸς τοῦ θεοῦ. 37 Καὶ ἤκουσαν αὐτοῦ οἱ δύο μαθηταὶ⁴ λαλοῦντος, καὶ ἠκολούθησαν τῷ Ἰησοῦ. 38 Στραφεὶς δὲ ὁ Ἰησοῦς καὶ θεασάμενος αὐτοὺς ἀκολουθοῦντας, λέγει αὐτοῖς, Τί ζητεῖτε; Οἱ δὲ εἶπον⁵ αὐτῷ, Ῥαββί—ὃ λέγεται ἑρμηνευόμενον,⁶ Διδάσκαλε—ποῦ μένεις; 39 Λέγει αὐτοῖς, Ἔρχεσθε καὶ ἴδετε.⁷ Ἦλθον καὶ εἶδον⁸ ποῦ μένει· καὶ παρ᾽ αὐτῷ ἔμειναν τὴν ἡμέραν ἐκείνην· ὥρα ἦν ὡς δεκάτη. 40 Ἦν Ἀνδρέας ὁ ἀδελφὸς Σίμωνος Πέτρου εἷς ἐκ τῶν δύο τῶν ἀκουσάντων παρὰ Ἰωάννου καὶ ἀκολουθησάντων αὐτῷ. 41 Εὑρίσκει οὗτος πρῶτος⁹ τὸν ἀδελφὸν τὸν ἴδιον Σίμωνα, καὶ λέγει αὐτῷ, Εὑρήκαμεν τὸν Μεσίαν¹⁰—ὅ ἐστιν μεθερμηνευόμενον, χριστός. 42 Καὶ¹¹ ἤγαγεν αὐτὸν πρὸς τὸν Ἰησοῦν. Ἐμβλέψας ᵇ αὐτῷ ὁ Ἰησοῦς εἶπεν, Σὺ εἶ Σίμων ὁ υἱὸς Ἰωνᾶ·¹² σὺ κληθήσῃ Κηφᾶς—ὃ ἑρμηνεύεται Πέτρος.

ᵃ ὡσεὶ • ὡς   ᵇ Ἐμβλέψας • Ἐμβλέψας δὲ

¹ περὶ • ὑπὲρ   ² τῷ ὕδατι • ὕδατι   ³ ὡσεὶ • ὡς   ⁴ αὐτοῦ οἱ δύο μαθηταὶ • οἱ δύο μαθηταὶ αὐτοῦ   ⁵ εἶπον • εἶπαν   ⁶ ἑρμηνευόμενον • μεθερμηνευόμενον   ⁷ ἴδετε • ὄψεσθε   ⁸ Ἦλθον καὶ εἶδον • Ἦλθαν οὖν καὶ εἶδαν   ⁹ πρῶτος • πρῶτον   ¹⁰ Μεσίαν • Μεσσίαν   ¹¹ Καὶ • —   ¹² Ἰωνᾶ • Ἰωάννου

43 Τῇ ἐπαύριον ἠθέλησεν ἐξελθεῖν εἰς τὴν Γαλιλαίαν, καὶ εὑρίσκει Φίλιππον, καὶ λέγει αὐτῷ ὁ Ἰησοῦς, ᵃ Ἀκολούθει μοι. 44 Ἦν δὲ ὁ Φίλιππος ἀπὸ Βηθσαϊδά, ἐκ τῆς πόλεως Ἀνδρέου καὶ Πέτρου. 45 Εὑρίσκει Φίλιππος τὸν Ναθαναήλ, καὶ λέγει αὐτῷ, Ὃν ἔγραψεν Μωσῆς¹ ἐν τῷ νόμῳ καὶ οἱ προφῆται εὑρήκαμεν, Ἰησοῦν τὸν υἱὸν² τοῦ Ἰωσὴφ τὸν ἀπὸ Ναζαρέτ. 46 Καὶ εἶπεν αὐτῷ Ναθαναήλ, Ἐκ Ναζαρὲτ δύναταί τι ἀγαθὸν εἶναι; Λέγει αὐτῷ Φίλιππος,³ Ἔρχου καὶ ἴδε. 47 Εἶδεν ὁ Ἰησοῦς τὸν Ναθαναὴλ ἐρχόμενον πρὸς αὐτόν, καὶ λέγει περὶ αὐτοῦ, Ἴδε ἀληθῶς Ἰσραηλίτης, ἐν ᾧ δόλος οὐκ ἔστιν. 48 Λέγει αὐτῷ Ναθαναήλ, Πόθεν με γινώσκεις; Ἀπεκρίθη Ἰησοῦς καὶ εἶπεν αὐτῷ, Πρὸ τοῦ σε Φίλιππον φωνῆσαι, ὄντα ὑπὸ τὴν συκῆν, εἶδόν σε. 49 Ἀπεκρίθη Ναθαναὴλ καὶ λέγει αὐτῷ,⁴ Ῥαββί, σὺ εἶ ὁ υἱὸς τοῦ θεοῦ, σὺ εἶ ὁ βασιλεὺς⁵ τοῦ Ἰσραήλ. 50 Ἀπεκρίθη Ἰησοῦς καὶ εἶπεν αὐτῷ, Ὅτι εἶπόν σοι, Εἶδόν⁶ σε ὑποκάτω τῆς συκῆς, πιστεύεις; Μείζω τούτων ὄψει.⁷ 51 Καὶ λέγει αὐτῷ, Ἀμὴν ἀμὴν λέγω ὑμῖν, ἀπ' ἄρτι⁸ ὄψεσθε τὸν οὐρανὸν ἀνεῳγότα, καὶ τοὺς ἀγγέλους τοῦ θεοῦ ἀναβαίνοντας καὶ καταβαίνοντας ἐπὶ τὸν υἱὸν τοῦ ἀνθρώπου.

The Marriage at Cana

2 Καὶ τῇ ἡμέρᾳ τῇ τρίτῃ γάμος ἐγένετο ἐν Κανᾷ τῆς Γαλιλαίας, καὶ ἦν ἡ μήτηρ τοῦ Ἰησοῦ ἐκεῖ· 2 ἐκλήθη δὲ καὶ ὁ Ἰησοῦς καὶ οἱ μαθηταὶ αὐτοῦ εἰς τὸν γάμον. 3 Καὶ ὑστερήσαντος οἴνου, λέγει ἡ μήτηρ τοῦ Ἰησοῦ πρὸς αὐτόν, Οἶνον οὐκ ἔχουσιν. 4 Λέγει⁹ αὐτῇ ὁ Ἰησοῦς, Τί ἐμοὶ καὶ σοί, γύναι; Οὔπω ἥκει ἡ ὥρα μου. 5 Λέγει ἡ μήτηρ αὐτοῦ τοῖς διακόνοις, Ὅ τι ἂν λέγῃ ὑμῖν, ποιήσατε. 6 Ἦσαν δὲ ἐκεῖ ὑδρίαι λίθιναι ἓξ κείμεναι κατὰ¹⁰ τὸν καθαρισμὸν τῶν Ἰουδαίων,

---

ᵃ ὁ Ἰησοῦς • —

1 Μωσῆς • Μωϋσῆς   2 τὸν υἱὸν • υἱὸν   3 Φίλιππος • [ὁ] Φίλιππος
4 Ναθαναὴλ καὶ λέγει αὐτῷ • αὐτῷ Ναθαναήλ   5 εἶ ὁ βασιλεὺς • βασιλεὺς εἶ   6 Εἶδόν • ὅτι εἶδόν   7 ὄψει • ὄψῃ   8 ἀπ' ἄρτι • —   9 Λέγει • [Καὶ] λέγει
10 ὑδρίαι λίθιναι ἓξ κείμεναι κατὰ • λίθιναι ὑδρίαι ἓξ κατὰ

χωροῦσαι¹ ἀνὰ μετρητὰς δύο ἢ τρεῖς. 7 Λέγει αὐτοῖς ὁ Ἰησοῦς, Γεμίσατε τὰς ὑδρίας ὕδατος. Καὶ ἐγέμισαν αὐτὰς ἕως ἄνω. 8 Καὶ λέγει αὐτοῖς, Ἀντλήσατε νῦν, καὶ φέρετε τῷ ἀρχιτρικλίνῳ. Καὶ ἤνεγκαν.² 9 Ὡς δὲ ἐγεύσατο ὁ ἀρχιτρίκλινος τὸ ὕδωρ οἶνον γεγενημένον, καὶ οὐκ ᾔδει πόθεν ἐστίν—οἱ δὲ διάκονοι ᾔδεισαν οἱ ἠντληκότες τὸ ὕδωρ—φωνεῖ τὸν νυμφίον ὁ ἀρχιτρίκλινος, 10 καὶ λέγει αὐτῷ, Πᾶς ἄνθρωπος πρῶτον τὸν καλὸν οἶνον τίθησιν, καὶ ὅταν μεθυσθῶσιν, τότε³ τὸν ἐλάσσω· σὺ τετήρηκας τὸν καλὸν οἶνον ἕως ἄρτι. 11 Ταύτην ἐποίησεν τὴν ἀρχὴν⁴ τῶν σημείων ὁ Ἰησοῦς ἐν Κανᾷ τῆς Γαλιλαίας, καὶ ἐφανέρωσεν τὴν δόξαν αὐτοῦ· καὶ ἐπίστευσαν εἰς αὐτὸν οἱ μαθηταὶ αὐτοῦ.

The Purging of the Temple and Its Results

12 Μετὰ τοῦτο κατέβη εἰς Καπερναούμ,⁵ αὐτὸς καὶ ἡ μήτηρ αὐτοῦ, καὶ οἱ ἀδελφοὶ αὐτοῦ,⁶ καὶ οἱ μαθηταὶ αὐτοῦ· καὶ ἐκεῖ ἔμειναν οὐ πολλὰς ἡμέρας.

13 Καὶ ἐγγὺς ἦν τὸ Πάσχα τῶν Ἰουδαίων, καὶ ἀνέβη εἰς Ἱεροσόλυμα ὁ Ἰησοῦς. 14 Καὶ εὗρεν ἐν τῷ ἱερῷ τοὺς πωλοῦντας βόας καὶ πρόβατα καὶ περιστεράς, καὶ τοὺς κερματιστὰς καθημένους. 15 Καὶ ποιήσας φραγέλλιον ἐκ σχοινίων πάντας ἐξέβαλεν ἐκ τοῦ ἱεροῦ, τά τε πρόβατα καὶ τοὺς βόας· καὶ τῶν κολλυβιστῶν ἐξέχεεν τὸ κέρμα, καὶ τὰς τραπέζας ἀνέστρεψεν·⁷ 16 καὶ τοῖς τὰς περιστερὰς πωλοῦσιν εἶπεν, Ἄρατε ταῦτα ἐντεῦθεν· μὴ ποιεῖτε τὸν οἶκον τοῦ πατρός μου οἶκον ἐμπορίου. 17 Ἐμνήσθησαν δὲ⁸ οἱ μαθηταὶ αὐτοῦ ὅτι γεγραμμένον ἐστίν, Ὁ ζῆλος τοῦ οἴκου σου καταφάγεταί με. 18 Ἀπεκρίθησαν οὖν οἱ Ἰουδαῖοι καὶ εἶπον⁹ αὐτῷ, Τί σημεῖον δεικνύεις ἡμῖν, ὅτι ταῦτα ποιεῖς; 19 Ἀπεκρίθη Ἰησοῦς καὶ εἶπεν αὐτοῖς, Λύσατε τὸν ναὸν τοῦτον, καὶ ἐν τρισὶν ἡμέραις ἐγερῶ αὐτόν. 20 Εἶπον¹⁰ οὖν οἱ Ἰουδαῖοι, Τεσσαράκοντα¹¹

---

¹ χωροῦσαι • κείμεναι χωροῦσαι   ² Καὶ ἤνεγκαν • Οἱ δὲ ἤνεγκαν   ³ τότε •
— ⁴ τὴν ἀρχὴν • ἀρχὴν   ⁵ Καπερναούμ • Καφαρναούμ   ⁶ ἀδελφοὶ αὐτοῦ •
ἀδελφοὶ [αὐτοῦ]   ⁷ ἀνέστρεψεν • ἀνέτρεψεν   ⁸ δὲ • —   ⁹ εἶπον • εἶπαν
¹⁰ Εἶπον • Εἶπαν   ¹¹ Τεσσαράκοντα • Τεσσεράκοντα

καὶ ἓξ ἔτεσιν ᾠκοδομήθη¹ ὁ ναὸς οὗτος, καὶ σὺ ἐν τρισὶν ἡμέραις ἐγερεῖς αὐτόν; 21 Ἐκεῖνος δὲ ἔλεγεν περὶ τοῦ ναοῦ τοῦ σώματος αὐτοῦ. 22 Ὅτε οὖν ἠγέρθη ἐκ νεκρῶν, ἐμνήσθησαν οἱ μαθηταὶ αὐτοῦ ὅτι τοῦτο ἔλεγεν· καὶ ἐπίστευσαν τῇ γραφῇ, καὶ τῷ λόγῳ ᾧ² εἶπεν ὁ Ἰησοῦς.
23 Ὡς δὲ ἦν ἐν τοῖς Ἱεροσολύμοις ἐν τῷ Πάσχα, ἐν τῇ ἑορτῇ, πολλοὶ ἐπίστευσαν εἰς τὸ ὄνομα αὐτοῦ, θεωροῦντες αὐτοῦ τὰ σημεῖα ἃ ἐποίει. 24 Αὐτὸς δὲ ὁ³ Ἰησοῦς οὐκ ἐπίστευεν ἑαυτὸν⁴ αὐτοῖς, διὰ τὸ αὐτὸν γινώσκειν πάντας, 25 καὶ ὅτι οὐ χρείαν εἶχεν ἵνα τις μαρτυρήσῃ περὶ τοῦ ἀνθρώπου· αὐτὸς γὰρ ἐγίνωσκεν τί ἦν ἐν τῷ ἀνθρώπῳ.

The Visit of Nicodemus

3 Ἦν δὲ ἄνθρωπος ἐκ τῶν Φαρισαίων, Νικόδημος ὄνομα αὐτῷ, ἄρχων τῶν Ἰουδαίων· 2 οὗτος ἦλθεν πρὸς αὐτὸν ᵃ νυκτός, καὶ εἶπεν αὐτῷ, Ῥαββί, οἴδαμεν ὅτι ἀπὸ θεοῦ ἐλήλυθας διδάσκαλος· οὐδεὶς γὰρ ταῦτα τὰ σημεῖα δύναται⁵ ποιεῖν ἃ σὺ ποιεῖς, ἐὰν μὴ ᾖ ὁ θεὸς μετ' αὐτοῦ. 3 Ἀπεκρίθη ὁ⁶ Ἰησοῦς καὶ εἶπεν αὐτῷ, Ἀμὴν ἀμὴν λέγω σοι, ἐὰν μή τις γεννηθῇ ἄνωθεν, οὐ δύναται ἰδεῖν τὴν βασιλείαν τοῦ θεοῦ. 4 Λέγει πρὸς αὐτὸν ὁ⁷ Νικόδημος, Πῶς δύναται ἄνθρωπος γεννηθῆναι γέρων ὤν; Μὴ δύναται εἰς τὴν κοιλίαν τῆς μητρὸς αὐτοῦ δεύτερον εἰσελθεῖν καὶ γεννηθῆναι; 5 Ἀπεκρίθη Ἰησοῦς, Ἀμὴν ἀμὴν λέγω σοι, ἐὰν μή τις γεννηθῇ ἐξ ὕδατος καὶ πνεύματος, οὐ δύναται εἰσελθεῖν εἰς τὴν βασιλείαν τοῦ θεοῦ. 6 Τὸ γεγεννημένον ἐκ τῆς σαρκὸς σάρξ ἐστιν· καὶ τὸ γεγεννημένον ἐκ τοῦ πνεύματος πνεῦμά ἐστιν. 7 Μὴ θαυμάσῃς ὅτι εἶπόν σοι, Δεῖ ὑμᾶς γεννηθῆναι ἄνωθεν. 8 Τὸ πνεῦμα ὅπου θέλει πνεῖ, καὶ τὴν φωνὴν αὐτοῦ ἀκούεις, ἀλλ' οὐκ οἶδας πόθεν ἔρχεται καὶ ποῦ ὑπάγει· οὕτως ἐστὶν πᾶς ὁ γεγεννημένος ἐκ τοῦ πνεύματος. 9 Ἀπεκρίθη Νικόδημος καὶ εἶπεν αὐτῷ, Πῶς δύναται ταῦτα γενέσθαι;

ᵃ αὐτὸν • τὸν Ἰησοῦν

1 ᾠκοδομήθη • οἰκοδομήθη   2 ᾧ • ὃν   3 ὁ • —   4 ἑαυτὸν • αὐτὸν   5 ταῦτα τὰ σημεῖα δύναται • δύναται ταῦτα τὰ σημεῖα   6 ὁ • —   7 ὁ • [ὁ]

10 Ἀπεκρίθη Ἰησοῦς καὶ εἶπεν αὐτῷ, Σὺ εἶ ὁ διδάσκαλος τοῦ Ἰσραήλ, καὶ ταῦτα οὐ γινώσκεις; **11** Ἀμὴν ἀμὴν λέγω σοι ὅτι ὃ οἴδαμεν λαλοῦμεν, καὶ ὃ ἑωράκαμεν μαρτυροῦμεν· καὶ τὴν μαρτυρίαν ἡμῶν οὐ λαμβάνετε. **12** Εἰ τὰ ἐπίγεια εἶπον ὑμῖν καὶ οὐ πιστεύετε, πῶς, ἐὰν εἴπω ὑμῖν τὰ ἐπουράνια, πιστεύσετε; **13** Καὶ οὐδεὶς ἀναβέβηκεν εἰς τὸν οὐρανόν, εἰ μὴ ὁ ἐκ τοῦ οὐρανοῦ καταβάς, ὁ υἱὸς τοῦ ἀνθρώπου ὁ ὢν ἐν τῷ οὐρανῷ.[1] **14** Καὶ καθὼς Μωσῆς[2] ὕψωσεν τὸν ὄφιν ἐν τῇ ἐρήμῳ, οὕτως ὑψωθῆναι δεῖ τὸν υἱὸν τοῦ ἀνθρώπου· **15** ἵνα πᾶς ὁ πιστεύων εἰς αὐτὸν[3] μὴ ἀπόληται, ἀλλ'[4] ἔχῃ ζωὴν αἰώνιον.

16 Οὕτως γὰρ ἠγάπησεν ὁ θεὸς τὸν κόσμον, ὥστε τὸν υἱὸν αὐτοῦ[5] τὸν μονογενῆ ἔδωκεν, ἵνα πᾶς ὁ πιστεύων εἰς αὐτὸν μὴ ἀπόληται, ἀλλ' ἔχῃ ζωὴν αἰώνιον. **17** Οὐ γὰρ ἀπέστειλεν ὁ θεὸς τὸν υἱὸν αὐτοῦ εἰς[6] τὸν κόσμον ἵνα κρίνῃ τὸν κόσμον, ἀλλ' ἵνα σωθῇ ὁ κόσμος δι' αὐτοῦ. **18** Ὁ πιστεύων εἰς αὐτὸν οὐ κρίνεται· ὁ δὲ μὴ πιστεύων ἤδη κέκριται, ὅτι μὴ πεπίστευκεν εἰς τὸ ὄνομα τοῦ μονογενοῦς υἱοῦ τοῦ θεοῦ. **19** Αὕτη δέ ἐστιν ἡ κρίσις, ὅτι τὸ φῶς ἐλήλυθεν εἰς τὸν κόσμον, καὶ ἠγάπησαν οἱ ἄνθρωποι μᾶλλον τὸ σκότος ἢ τὸ φῶς· ἦν γὰρ πονηρὰ αὐτῶν[7] τὰ ἔργα. **20** Πᾶς γὰρ ὁ φαῦλα πράσσων μισεῖ τὸ φῶς, καὶ οὐκ ἔρχεται πρὸς τὸ φῶς, ἵνα μὴ ἐλεγχθῇ τὰ ἔργα αὐτοῦ. **21** Ὁ δὲ ποιῶν τὴν ἀλήθειαν ἔρχεται πρὸς τὸ φῶς, ἵνα φανερωθῇ αὐτοῦ τὰ ἔργα, ὅτι ἐν θεῷ ἐστιν εἰργασμένα.

John's Second Testimony of Jesus

22 Μετὰ ταῦτα ἦλθεν ὁ Ἰησοῦς καὶ οἱ μαθηταὶ αὐτοῦ εἰς τὴν Ἰουδαίαν γῆν· καὶ ἐκεῖ διέτριβεν μετ' αὐτῶν καὶ ἐβάπτιζεν. **23** Ἦν δὲ καὶ Ἰωάννης[8] βαπτίζων ἐν Αἰνὼν ἐγγὺς τοῦ Σαλήμ,[a,9] ὅτι ὕδατα πολλὰ ἦν ἐκεῖ· καὶ παρεγίνοντο καὶ ἐβαπτίζοντο. **24** Οὔπω γὰρ ἦν βεβλημένος εἰς τὴν φυλακὴν ὁ

---

[a] Σαλήμ • Σαλείμ

---

[1] ὁ ὢν ἐν τῷ οὐρανῷ • — [2] Μωσῆς • Μωϋσῆς [3] εἰς αὐτὸν • ἐν αὐτῷ [4] μὴ ἀπόληται ἀλλ' • — [5] αὐτοῦ • — [6] αὐτοῦ εἰς • εἰς [7] πονηρὰ αὐτῶν • αὐτῶν πονηρὰ [8] Ἰωάννης • ὁ Ἰωάννης [9] Σαλήμ • Σαλείμ

Ἰωάννης. 25 Ἐγένετο οὖν ζήτησις ἐκ τῶν μαθητῶν Ἰωάννου μετὰ Ἰουδαίου περὶ καθαρισμοῦ. 26 Καὶ ἦλθον πρὸς τὸν Ἰωάννην καὶ εἶπον[1] αὐτῷ, Ῥαββί, ὃς ἦν μετὰ σοῦ πέραν τοῦ Ἰορδάνου, ᾧ σὺ μεμαρτύρηκας, ἴδε οὗτος βαπτίζει, καὶ πάντες ἔρχονται πρὸς αὐτόν. 27 Ἀπεκρίθη Ἰωάννης καὶ εἶπεν, Οὐ δύναται ἄνθρωπος λαμβάνειν οὐδέν,[2] ἐὰν μὴ ᾖ δεδομένον αὐτῷ ἐκ τοῦ οὐρανοῦ. 28 Αὐτοὶ ὑμεῖς μαρτυρεῖτε[3] ὅτι εἶπον, Οὐκ[4] εἰμὶ ἐγὼ ὁ χριστός, ἀλλ᾽ ὅτι Ἀπεσταλμένος εἰμὶ ἔμπροσθεν ἐκείνου. 29 Ὁ ἔχων τὴν νύμφην, νυμφίος ἐστίν· ὁ δὲ φίλος τοῦ νυμφίου, ὁ ἑστηκὼς καὶ ἀκούων αὐτοῦ, χαρᾷ χαίρει διὰ τὴν φωνὴν τοῦ νυμφίου· αὕτη οὖν ἡ χαρὰ ἡ ἐμὴ πεπλήρωται. 30 Ἐκεῖνον δεῖ αὐξάνειν, ἐμὲ δὲ ἐλαττοῦσθαι.

31 Ὁ ἄνωθεν ἐρχόμενος ἐπάνω πάντων ἐστίν. Ὁ ὢν ἐκ τῆς γῆς, ἐκ τῆς γῆς ἐστιν, καὶ ἐκ τῆς γῆς λαλεῖ· ὁ ἐκ τοῦ οὐρανοῦ ἐρχόμενος ἐπάνω πάντων ἐστίν.[5] 32 Καὶ ὃ[6] ἑώρακεν καὶ ἤκουσεν, τοῦτο μαρτυρεῖ· καὶ τὴν μαρτυρίαν αὐτοῦ οὐδεὶς λαμβάνει. 33 Ὁ λαβὼν αὐτοῦ τὴν μαρτυρίαν ἐσφράγισεν ὅτι ὁ θεὸς ἀληθής ἐστιν. 34 Ὃν γὰρ ἀπέστειλεν ὁ θεός, τὰ ῥήματα τοῦ θεοῦ λαλεῖ· οὐ γὰρ ἐκ μέτρου δίδωσιν ὁ θεὸς τὸ[7] πνεῦμα. 35 Ὁ πατὴρ ἀγαπᾷ τὸν υἱόν, καὶ πάντα δέδωκεν ἐν τῇ χειρὶ αὐτοῦ. 36 Ὁ πιστεύων εἰς τὸν υἱὸν ἔχει ζωὴν αἰώνιον· ὁ δὲ ἀπειθῶν τῷ υἱῷ, οὐκ ὄψεται ζωήν,[a] ἀλλ᾽ ἡ ὀργὴ τοῦ θεοῦ μένει ἐπ᾽ αὐτόν.

Jesus and the Woman of Samaria

4 Ὡς οὖν ἔγνω ὁ κύριος[8] ὅτι ἤκουσαν οἱ Φαρισαῖοι ὅτι Ἰησοῦς πλείονας μαθητὰς ποιεῖ καὶ βαπτίζει ἢ Ἰωάννης— 2 καίτοιγε Ἰησοῦς αὐτὸς οὐκ ἐβάπτιζεν, ἀλλ᾽ οἱ μαθηταὶ αὐτοῦ— 3 ἀφῆκεν τὴν Ἰουδαίαν, καὶ ἀπῆλθεν εἰς[9] τὴν Γαλιλαίαν. 4 Ἔδει δὲ αὐτὸν διέρχεσθαι διὰ τῆς Σαμαρείας.

---

[a] ζωήν • τὴν ζωήν

---

[1] εἶπον • εἶπαν   [2] οὐδέν • οὐδὲ ἕν   [3] μαρτυρεῖτε • μοι μαρτυρεῖτε   [4] Οὐκ • [ὅτι] Οὐκ   [5] οὐρανοῦ ἐρχόμενος ἐπάνω πάντων ἐστίν • οὐρανοῦ ἐρχόμενος [ἐπάνω πάντων ἐστίν]   [6] Καὶ ὃ • Ὃ   [7] ὁ θεὸς τὸ • τὸ   [8] κύριος • Ἰησοῦς   [9] εἰς • πάλιν εἰς

5 Ἔρχεται οὖν εἰς πόλιν τῆς Σαμαρείας λεγομένην Συχάρ, πλησίον τοῦ χωρίου ὃ ἔδωκεν Ἰακὼβ Ἰωσὴφ [1] τῷ υἱῷ αὐτοῦ· 6 ἦν δὲ ἐκεῖ πηγὴ τοῦ Ἰακώβ. Ὁ οὖν Ἰησοῦς κεκοπιακὼς ἐκ τῆς ὁδοιπορίας ἐκαθέζετο οὕτως ἐπὶ τῇ πηγῇ. Ὥρα ἦν ὡσεὶ [2] ἕκτη. 7 Ἔρχεται γυνὴ ἐκ τῆς Σαμαρείας ἀντλῆσαι ὕδωρ· λέγει αὐτῇ ὁ Ἰησοῦς, Δός μοι πιεῖν. [3] 8 Οἱ γὰρ μαθηταὶ αὐτοῦ ἀπεληλύθεισαν εἰς τὴν πόλιν, ἵνα τροφὰς ἀγοράσωσιν. 9 Λέγει οὖν αὐτῷ ἡ γυνὴ ἡ Σαμαρεῖτις, [4] Πῶς σὺ Ἰουδαῖος ὢν παρ' ἐμοῦ πιεῖν [5] αἰτεῖς, οὔσης γυναικὸς Σαμαρείτιδος; [6]—Οὐ γὰρ συγχρῶνται Ἰουδαῖοι Σαμαρείταις. [7] 10 Ἀπεκρίθη Ἰησοῦς καὶ εἶπεν αὐτῇ, Εἰ ᾔδεις τὴν δωρεὰν τοῦ θεοῦ, καὶ τίς ἐστιν ὁ λέγων σοι, Δός μοι πιεῖν, [8] σὺ ἂν ᾔτησας αὐτόν, καὶ ἔδωκεν ἄν σοι ὕδωρ ζῶν. 11 Λέγει αὐτῷ ἡ γυνή, [9] Κύριε, οὔτε ἄντλημα ἔχεις, καὶ τὸ φρέαρ ἐστὶν βαθύ· πόθεν οὖν ἔχεις τὸ ὕδωρ τὸ ζῶν; 12 Μὴ σὺ μείζων εἶ τοῦ πατρὸς ἡμῶν Ἰακώβ, ὃς ἔδωκεν ἡμῖν τὸ φρέαρ, καὶ αὐτὸς ἐξ αὐτοῦ ἔπιεν, καὶ οἱ υἱοὶ αὐτοῦ, καὶ τὰ θρέμματα αὐτοῦ; 13 Ἀπεκρίθη Ἰησοῦς καὶ εἶπεν αὐτῇ, Πᾶς ὁ πίνων ἐκ τοῦ ὕδατος τούτου, διψήσει πάλιν· 14 ὃς δ' ἂν πίῃ ἐκ τοῦ ὕδατος οὗ ἐγὼ δώσω αὐτῷ, οὐ μὴ διψήσῃ [10] εἰς τὸν αἰῶνα· ἀλλὰ τὸ ὕδωρ ὃ δώσω αὐτῷ γενήσεται ἐν αὐτῷ πηγὴ ὕδατος ἁλλομένου εἰς ζωὴν αἰώνιον. 15 Λέγει πρὸς αὐτὸν ἡ γυνή, Κύριε, δός μοι τοῦτο τὸ ὕδωρ, ἵνα μὴ διψῶ, μηδὲ ἔρχομαι [11] ἐνθάδε ἀντλεῖν. 16 Λέγει αὐτῇ ὁ Ἰησοῦς, [12] Ὕπαγε, φώνησον τὸν ἄνδρα σοῦ, καὶ ἐλθὲ ἐνθάδε. 17 Ἀπεκρίθη ἡ γυνὴ καὶ εἶπεν, [13] Οὐκ ἔχω ἄνδρα. Λέγει αὐτῇ ὁ Ἰησοῦς, Καλῶς εἶπας ὅτι Ἄνδρα οὐκ ἔχω· 18 πέντε γὰρ ἄνδρας ἔσχες, καὶ νῦν ὃν ἔχεις οὐκ ἔστιν σου ἀνήρ· τοῦτο ἀληθὲς εἴρηκας. 19 Λέγει αὐτῷ ἡ γυνή, Κύριε, θεωρῶ ὅτι προφήτης εἶ σύ. 20 Οἱ πατέρες ἡμῶν ἐν τῷ ὄρει τούτῳ προσεκύνησαν· καὶ ὑμεῖς λέγετε ὅτι ἐν

---

[1] Ἰωσὴφ • [τῷ] Ἰωσὴφ [2] ὡσεὶ • ὡς [3] πιεῖν • πεῖν [4] Σαμαρεῖτις • Σαμαρῖτις
[5] πιεῖν • πεῖν [6] οὔσης γυναικὸς Σαμαρείτιδος • γυναικὸς Σαμαρίτιδος οὔσης
[7] Σαμαρείταις • Σαμαρίταις [8] πιεῖν • πεῖν [9] ἡ γυνή • [ἡ γυνή] [10] διψήσῃ •
διψήσει [11] ἔρχομαι • διέρχωμαι [12] ὁ Ἰησοῦς • — [13] εἶπεν • εἶπεν αὐτῷ

Ἱεροσολύμοις ἐστὶν ὁ τόπος ὅπου δεῖ προσκυνεῖν.[1] 21 Λέγει αὐτῇ ὁ Ἰησοῦς, Γύναι, πίστευσόν μοι[2] ὅτι ἔρχεται ὥρα, ὅτε οὔτε ἐν τῷ ὄρει τούτῳ οὔτε ἐν Ἱεροσολύμοις προσκυνήσετε τῷ πατρί. 22 Ὑμεῖς προσκυνεῖτε ὃ οὐκ οἴδατε· ἡμεῖς προσκυνοῦμεν ὃ οἴδαμεν· ὅτι ἡ σωτηρία ἐκ τῶν Ἰουδαίων ἐστίν. 23 Ἀλλ᾽[3] ἔρχεται ὥρα καὶ νῦν ἐστιν, ὅτε οἱ ἀληθινοὶ προσκυνηταὶ προσκυνήσουσιν τῷ πατρὶ ἐν πνεύματι καὶ ἀληθείᾳ· καὶ γὰρ ὁ πατὴρ τοιούτους ζητεῖ τοὺς προσκυνοῦντας αὐτόν. 24 Πνεῦμα ὁ θεός· καὶ τοὺς προσκυνοῦντας αὐτόν, ἐν πνεύματι καὶ ἀληθείᾳ δεῖ προσκυνεῖν. 25 Λέγει αὐτῷ ἡ γυνή, Οἶδα ὅτι Μεσίας[4] ἔρχεται—ὁ λεγόμενος χριστός· ὅταν ἔλθῃ ἐκεῖνος, ἀναγγελεῖ ἡμῖν πάντα.[5] 26 Λέγει αὐτῇ ὁ Ἰησοῦς, Ἐγώ εἰμι, ὁ λαλῶν σοι.

27 Καὶ ἐπὶ τούτῳ ἦλθον[6] οἱ μαθηταὶ αὐτοῦ, καὶ ἐθαύμασαν[7] ὅτι μετὰ γυναικὸς ἐλάλει· οὐδεὶς μέντοι εἶπεν, Τί ζητεῖς; ἤ, Τί λαλεῖς μετ᾽ αὐτῆς; 28 Ἀφῆκεν οὖν τὴν ὑδρίαν αὐτῆς ἡ γυνή, καὶ ἀπῆλθεν εἰς τὴν πόλιν, καὶ λέγει τοῖς ἀνθρώποις, 29 Δεῦτε, ἴδετε ἄνθρωπον, ὃς εἶπέν μοι πάντα ὅσα ἐποίησα· μήτι οὗτός ἐστιν ὁ χριστός; 30 Ἐξῆλθον ἐκ τῆς πόλεως, καὶ ἤρχοντο πρὸς αὐτόν. 31 Ἐν δὲ[8] τῷ μεταξὺ ἠρώτων αὐτὸν οἱ μαθηταί, λέγοντες, Ῥαββί, φάγε. 32 Ὁ δὲ εἶπεν αὐτοῖς, Ἐγὼ βρῶσιν ἔχω φαγεῖν ἣν ὑμεῖς οὐκ οἴδατε. 33 Ἔλεγον οὖν οἱ μαθηταὶ πρὸς ἀλλήλους, Μή τις ἤνεγκεν αὐτῷ φαγεῖν; 34 Λέγει αὐτοῖς ὁ Ἰησοῦς, Ἐμὸν βρῶμά ἐστιν, ἵνα ποιῶ[9] τὸ θέλημα τοῦ πέμψαντός με, καὶ τελειώσω αὐτοῦ τὸ ἔργον. 35 Οὐχ ὑμεῖς λέγετε ὅτι Ἔτι τετράμηνός ἐστιν, καὶ ὁ θερισμὸς ἔρχεται; Ἰδού, λέγω ὑμῖν, ἐπάρατε τοὺς ὀφθαλμοὺς ὑμῶν, καὶ θεάσασθε τὰς χώρας, ὅτι λευκαί εἰσιν πρὸς θερισμὸν ἤδη. 36 Καὶ ὁ θερίζων μισθὸν[10] λαμβάνει, καὶ συνάγει καρπὸν εἰς ζωὴν αἰώνιον· ἵνα καὶ[11] ὁ σπείρων ὁμοῦ χαίρῃ καὶ ὁ θερίζων.

---

[1] δεῖ προσκυνεῖν • προσκυνεῖν δεῖ   [2] Γύναι πίστευσόν μοι • Πίστευέ μοι γύναι
[3] Ἀλλ᾽ • Ἀλλὰ   [4] Μεσίας • Μεσσίας   [5] πάντα • ἅπαντα   [6] ἦλθον • ἦλθαν
[7] ἐθαύμασαν • ἐθαύμαζον   [8] δὲ • —   [9] ποιῶ • ποιήσω   [10] Καὶ ὁ θερίζων μισθὸν • Ὁ θερίζων μισθὸν   [11] ἵνα καὶ • ἵνα

37 Ἐν γὰρ τούτῳ ὁ λόγος ἐστὶν ὁ ἀληθινός, ¹ ὅτι Ἄλλος ἐστὶν ὁ σπείρων, καὶ ἄλλος ὁ θερίζων. 38 Ἐγὼ ἀπέστειλα ὑμᾶς θερίζειν ὃ οὐχ ὑμεῖς κεκοπιάκατε· ἄλλοι κεκοπιάκασιν, καὶ ὑμεῖς εἰς τὸν κόπον αὐτῶν εἰσεληλύθατε. 39 Ἐκ δὲ τῆς πόλεως ἐκείνης πολλοὶ ἐπίστευσαν εἰς αὐτὸν τῶν Σαμαρειτῶν ² διὰ τὸν λόγον τῆς γυναικὸς μαρτυρούσης ὅτι Εἶπέν μοι πάντα ὅσα ³ ἐποίησα. 40 Ὡς οὖν ἦλθον πρὸς αὐτὸν οἱ Σαμαρεῖται, ⁴ ἠρώτων αὐτὸν μεῖναι παρ᾽ αὐτοῖς· καὶ ἔμεινεν ἐκεῖ δύο ἡμέρας. 41 Καὶ πολλῷ πλείους ἐπίστευσαν διὰ τὸν λόγον αὐτοῦ, 42 τῇ τε γυναικὶ ἔλεγον ὅτι Οὐκέτι διὰ τὴν σὴν λαλιὰν πιστεύομεν· αὐτοὶ γὰρ ἀκηκόαμεν, καὶ οἴδαμεν ὅτι οὗτός ἐστιν ἀληθῶς ὁ σωτὴρ τοῦ κόσμου, ὁ χριστός. ⁵

The Healing of the Nobleman's Son

43 Μετὰ δὲ τὰς δύο ἡμέρας ἐξῆλθεν ἐκεῖθεν, καὶ ἀπῆλθεν ⁶ εἰς τὴν Γαλιλαίαν. 44 Αὐτὸς γὰρ ὁ ⁷ Ἰησοῦς ἐμαρτύρησεν ὅτι προφήτης ἐν τῇ ἰδίᾳ πατρίδι τιμὴν οὐκ ἔχει. 45 Ὅτε οὖν ἦλθεν εἰς τὴν Γαλιλαίαν, ἐδέξαντο αὐτὸν οἱ Γαλιλαῖοι, πάντα ἑωρακότες ἃ ⁸ ἐποίησεν ἐν Ἱεροσολύμοις ἐν τῇ ἑορτῇ· καὶ αὐτοὶ γὰρ ἦλθον εἰς τὴν ἑορτήν.

46 Ἦλθεν οὖν πάλιν ὁ Ἰησοῦς ⁹ εἰς τὴν Κανᾶ τῆς Γαλιλαίας, ὅπου ἐποίησεν τὸ ὕδωρ οἶνον. Καὶ ἦν τις βασιλικός, οὗ ὁ υἱὸς ἠσθένει ἐν Καπερναούμ. ¹⁰ 47 Οὗτος ἀκούσας ὅτι Ἰησοῦς ἥκει ἐκ τῆς Ἰουδαίας εἰς τὴν Γαλιλαίαν, ἀπῆλθεν πρὸς αὐτόν, καὶ ἠρώτα αὐτὸν ἵνα ¹¹ καταβῇ καὶ ἰάσηται αὐτοῦ τὸν υἱόν· ἔμελλεν ᵃ, ¹² γὰρ ἀποθνήσκειν. 48 Εἶπεν οὖν ὁ Ἰησοῦς πρὸς αὐτόν, Ἐὰν μὴ σημεῖα καὶ τέρατα ἴδητε, οὐ μὴ πιστεύσητε. 49 Λέγει πρὸς αὐτὸν ὁ βασιλικός, Κύριε, κατάβηθι πρὶν ἀποθανεῖν τὸ παιδίον μου. 50 Λέγει αὐτῷ ὁ

ᵃ ἔμελλεν • ἤμελλεν

¹ ὁ ἀληθινός • ἀληθινός   ² Σαμαρειτῶν • Σαμαριτῶν   ³ ὅσα • ἃ
⁴ Σαμαρεῖται • Σαμαρῖται   ⁵ ὁ χριστός • —   ⁶ καὶ ἀπῆλθεν • —   ⁷ ὁ • —
⁸ ἃ • ὅσα   ⁹ ὁ Ἰησοῦς • —   ¹⁰ Καπερναούμ • Καφαρναούμ   ¹¹ αὐτὸν ἵνα •
ἵνα   ¹² ἔμελλεν • ἤμελλεν

Ἰησοῦς, Πορεύου· ὁ υἱός σου ζῇ. Καὶ ἐπίστευσεν¹ ὁ ἄνθρωπος τῷ λόγῳ ᾧ² εἶπεν αὐτῷ ὁ Ἰησοῦς, καὶ ἐπορεύετο. 51 Ἤδη δὲ αὐτοῦ καταβαίνοντος, οἱ δοῦλοι αὐτοῦ ἀπήντησαν αὐτῷ, καὶ ἀπήγγειλαν³ λέγοντες ὅτι Ὁ παῖς σου⁴ ζῇ. 52 Ἐπύθετο οὖν παρ' αὐτῶν τὴν ὥραν⁵ ἐν ᾗ κομψότερον ἔσχεν. Καὶ εἶπον⁶ αὐτῷ ὅτι Χθὲς⁷ ὥραν ἑβδόμην ἀφῆκεν αὐτὸν ὁ πυρετός. 53 Ἔγνω οὖν ὁ πατὴρ ὅτι ἐν ἐκείνῃ⁸ τῇ ὥρᾳ, ἐν ᾗ εἶπεν αὐτῷ ὁ Ἰησοῦς ὅτι Ὁ⁹ υἱός σου ζῇ· καὶ ἐπίστευσεν αὐτὸς καὶ ἡ οἰκία αὐτοῦ ὅλη. 54 Τοῦτο πάλιν¹⁰ δεύτερον σημεῖον ἐποίησεν ὁ Ἰησοῦς, ἐλθὼν ἐκ τῆς Ἰουδαίας εἰς τὴν Γαλιλαίαν.

The Paralyzed Man of Bethesda

5 Μετὰ ταῦτα ἦν ἡ[a,11] ἑορτὴ τῶν Ἰουδαίων, καὶ ἀνέβη ὁ¹² Ἰησοῦς εἰς Ἱεροσόλυμα.

2 Ἔστιν δὲ ἐν τοῖς Ἱεροσολύμοις ἐπὶ τῇ προβατικῇ κολυμβήθρᾳ, ἡ ἐπιλεγομένη Ἑβραϊστὶ Βηθεσδά,¹³ πέντε στοὰς ἔχουσα. 3 Ἐν ταύταις κατέκειτο πλῆθος πολὺ¹⁴ τῶν ἀσθενούντων, τυφλῶν, χωλῶν, ξηρῶν, ἐκδεχομένων τὴν τοῦ ὕδατος κίνησιν.¹⁵ 4 Ἄγγελος γὰρ κατὰ καιρὸν κατέβαινεν ἐν τῇ κολυμβήθρᾳ, καὶ ἐτάρασσεν τὸ ὕδωρ· ὁ οὖν πρῶτος ἐμβὰς μετὰ τὴν ταραχὴν τοῦ ὕδατος, ὑγιὴς ἐγίνετο, ᾧ δήποτε κατείχετο νοσήματι.¹⁶ 5 Ἦν δέ τις ἄνθρωπος ἐκεῖ τριάκοντα ὀκτὼ[b,17] ἔτη ἔχων ἐν τῇ ἀσθενείᾳ. 18 6 Τοῦτον ἰδὼν ὁ Ἰησοῦς κατακείμενον, καὶ γνοὺς ὅτι πολὺν ἤδη χρόνον ἔχει, λέγει αὐτῷ, Θέλεις ὑγιὴς γενέσθαι; 7 Ἀπεκρίθη αὐτῷ ὁ ἀσθενῶν, Κύριε, ἄνθρωπον οὐκ ἔχω ἵνα, ὅταν ταραχθῇ τὸ ὕδωρ, βάλῃ με εἰς τὴν κολυμβήθραν· ἐν ᾧ δὲ ἔρχομαι ἐγώ, ἄλλος πρὸ

---

[a] ἡ • — [b] ὀκτὼ • καὶ ὀκτὼ

1 Καὶ ἐπίστευσεν • Ἐπίστευσεν 2 ᾧ • ὃν 3 ἀπήντησαν αὐτῷ καὶ ἀπήγγειλαν • ὑπήντησαν αὐτῷ 4 σου • αὐτοῦ 5 παρ' αὐτῶν τὴν ὥραν • τὴν ὥραν παρ' αὐτῶν 6 Καὶ εἶπον • Εἶπαν οὖν 7 Χθὲς • Ἐχθὲς 8 ἐν ἐκείνῃ • [ἐν] ἐκείνῃ 9 ὅτι Ὁ • Ὁ 10 πάλιν • [δὲ] πάλιν 11 ἡ • — 12 ὁ • — 13 Βηθεσδά • Βηθζαθά 14 πολὺ • — 15 ἐκδεχομένων τὴν τοῦ ὕδατος κίνησιν • — 16 5.4 • — 17 ὀκτὼ • [καὶ] ὀκτὼ 18 ἀσθενείᾳ • ἀσθενείᾳ αὐτοῦ

ἐμοῦ καταβαίνει. 8 Λέγει αὐτῷ ὁ Ἰησοῦς, Ἔγειραι,[1] ἆρον τὸν κράββατόν[2] σου, καὶ περιπάτει. 9 Καὶ εὐθέως ἐγένετο ὑγιὴς ὁ ἄνθρωπος, καὶ ἦρεν τὸν κράββατον[3] αὐτοῦ καὶ περιεπάτει. Ἦν δὲ σάββατον ἐν ἐκείνῃ τῇ ἡμέρᾳ. 10 Ἔλεγον οὖν οἱ Ἰουδαῖοι τῷ τεθεραπευμένῳ, Σάββατόν ἐστιν· οὐκ[4] ἔξεστίν σοι ἆραι τὸν κράββατον.[5] 11 Ἀπεκρίθη[6] αὐτοῖς, Ὁ ποιήσας με ὑγιῆ, ἐκεῖνός μοι εἶπεν, Ἆρον τὸν κράββατόν[7] σου καὶ περιπάτει. 12 Ἠρώτησαν οὖν[8] αὐτόν, Τίς ἐστιν ὁ ἄνθρωπος ὁ εἰπών σοι, Ἆρον τὸν κράββατόν σου[9] καὶ περιπάτει; 13 Ὁ δὲ ἰαθεὶς οὐκ ᾔδει τίς ἐστιν· ὁ γὰρ Ἰησοῦς ἐξένευσεν, ὄχλου ὄντος ἐν τῷ τόπῳ. 14 Μετὰ ταῦτα εὑρίσκει αὐτὸν ὁ Ἰησοῦς ἐν τῷ ἱερῷ, καὶ εἶπεν αὐτῷ, Ἴδε ὑγιὴς γέγονας· μηκέτι ἁμάρτανε, ἵνα μὴ χεῖρόν τί σοι[a, 10] γένηται. 15 Ἀπῆλθεν ὁ ἄνθρωπος, καὶ ἀνήγγειλεν τοῖς Ἰουδαίοις ὅτι Ἰησοῦς ἐστιν ὁ ποιήσας αὐτὸν ὑγιῆ. 16 Καὶ διὰ τοῦτο ἐδίωκον τὸν Ἰησοῦν οἱ Ἰουδαῖοι,[11] καὶ ἐζήτουν αὐτὸν ἀποκτεῖναι,[12] ὅτι ταῦτα ἐποίει ἐν σαββάτῳ.

The Relation between the Father and the Son

17 Ὁ δὲ Ἰησοῦς[13] ἀπεκρίνατο αὐτοῖς, Ὁ πατήρ μου ἕως ἄρτι ἐργάζεται, κἀγὼ ἐργάζομαι. 18 Διὰ τοῦτο οὖν μᾶλλον ἐζήτουν αὐτὸν οἱ Ἰουδαῖοι ἀποκτεῖναι, ὅτι οὐ μόνον ἔλυεν τὸ σάββατον, ἀλλὰ καὶ πατέρα ἴδιον ἔλεγεν τὸν θεόν, ἴσον ἑαυτὸν ποιῶν τῷ θεῷ.

19 Ἀπεκρίνατο οὖν ὁ Ἰησοῦς καὶ εἶπεν[14] αὐτοῖς, Ἀμὴν ἀμὴν λέγω ὑμῖν, οὐ δύναται ὁ υἱὸς ποιεῖν ἀφ' ἑαυτοῦ οὐδέν, ἐὰν μή τι βλέπῃ τὸν πατέρα ποιοῦντα· ἃ γὰρ ἂν ἐκεῖνος ποιῇ, ταῦτα καὶ ὁ υἱὸς ὁμοίως ποιεῖ. 20 Ὁ γὰρ πατὴρ φιλεῖ τὸν υἱόν,

---

[a] τί σοι • σοί τι

---

[1] Ἔγειραι • Ἔγειρε [2] κράββατόν • κράβαττόν [3] κράββατον • κράβαττον
[4] οὐκ • καὶ οὐκ [5] κράββατον • κράβαττόν σου [6] Ἀπεκρίθη • Ὁ δὲ ἀπεκρίθη
[7] κράββατόν • κράβαττόν [8] οὖν • — [9] τὸν κράββατόν σου • — [10] τί σοι •
σοί τι [11] τὸν Ἰησοῦν οἱ Ἰουδαῖοι • οἱ Ἰουδαῖοι τὸν Ἰησοῦν [12] καὶ ἐζήτουν
αὐτὸν ἀποκτεῖναι • — [13] Ἰησοῦς • [Ἰησοῦς] [14] εἶπεν • ἔλεγεν

καὶ πάντα δείκνυσιν αὐτῷ ἃ αὐτὸς ποιεῖ· καὶ μείζονα τούτων δείξει αὐτῷ ἔργα, ἵνα ὑμεῖς θαυμάζητε. 21 Ὥσπερ γὰρ ὁ πατὴρ ἐγείρει τοὺς νεκροὺς καὶ ζῳοποιεῖ, οὕτως καὶ ὁ υἱὸς οὓς θέλει ζῳοποιεῖ. 22 Οὐδὲ γὰρ ὁ πατὴρ κρίνει οὐδένα, ἀλλὰ τὴν κρίσιν πᾶσαν δέδωκεν τῷ υἱῷ· 23 ἵνα πάντες τιμῶσιν τὸν υἱόν, καθὼς τιμῶσιν τὸν πατέρα. Ὁ μὴ τιμῶν τὸν υἱόν, οὐ τιμᾷ τὸν πατέρα τὸν πέμψαντα αὐτόν. 24 Ἀμὴν ἀμὴν λέγω ὑμῖν ὅτι ὁ τὸν λόγον μου ἀκούων, καὶ πιστεύων τῷ πέμψαντί με, ἔχει ζωὴν αἰώνιον· καὶ εἰς κρίσιν οὐκ ἔρχεται, ἀλλὰ μεταβέβηκεν ἐκ τοῦ θανάτου εἰς τὴν ζωήν. 25 Ἀμὴν ἀμὴν λέγω ὑμῖν ὅτι ἔρχεται ὥρα καὶ νῦν ἐστιν, ὅτε οἱ νεκροὶ ἀκούσονται [1] τῆς φωνῆς τοῦ υἱοῦ τοῦ θεοῦ, καὶ οἱ ἀκούσαντες ζήσονται. [2] 26 Ὥσπερ γὰρ ὁ πατὴρ ἔχει ζωὴν ἐν ἑαυτῷ, οὕτως ἔδωκεν καὶ τῷ υἱῷ [3] ζωὴν ἔχειν ἐν ἑαυτῷ· 27 καὶ ἐξουσίαν ἔδωκεν αὐτῷ καὶ κρίσιν [4] ποιεῖν, ὅτι υἱὸς ἀνθρώπου ἐστίν. 28 Μὴ θαυμάζετε τοῦτο· ὅτι ἔρχεται ὥρα, ἐν ᾗ πάντες οἱ ἐν τοῖς μνημείοις ἀκούσονται [5] τῆς φωνῆς αὐτοῦ, 29 καὶ ἐκπορεύσονται, οἱ τὰ ἀγαθὰ ποιήσαντες, εἰς ἀνάστασιν ζωῆς· οἱ δὲ τὰ φαῦλα πράξαντες, εἰς ἀνάστασιν κρίσεως.

30 Οὐ δύναμαι ἐγὼ ποιεῖν ἀπ᾽ ἐμαυτοῦ οὐδέν· καθὼς ἀκούω, κρίνω· καὶ ἡ κρίσις ἡ ἐμὴ δικαία ἐστίν· ὅτι οὐ ζητῶ τὸ θέλημα τὸ ἐμόν, ἀλλὰ τὸ θέλημα τοῦ πέμψαντός με πατρός. [6]

The Witness of John, of the Father, and of Scriptures

31 Ἐὰν ἐγὼ μαρτυρῶ περὶ ἐμαυτοῦ, ἡ μαρτυρία μου οὐκ ἔστιν ἀληθής. 32 Ἄλλος ἐστὶν ὁ μαρτυρῶν περὶ ἐμοῦ, καὶ οἶδα ὅτι ἀληθής ἐστιν ἡ μαρτυρία ἣν μαρτυρεῖ περὶ ἐμοῦ. 33 Ὑμεῖς ἀπεστάλκατε πρὸς Ἰωάννην, καὶ μεμαρτύρηκεν τῇ ἀληθείᾳ. 34 Ἐγὼ δὲ οὐ παρὰ ἀνθρώπου τὴν μαρτυρίαν λαμβάνω, ἀλλὰ ταῦτα λέγω ἵνα ὑμεῖς σωθῆτε. 35 Ἐκεῖνος ἦν ὁ λύχνος ὁ καιόμενος καὶ φαίνων, ὑμεῖς δὲ ἠθελήσατε ἀγαλλιαθῆναι πρὸς ὥραν ἐν τῷ φωτὶ αὐτοῦ. 36 Ἐγὼ δὲ ἔχω τὴν μαρτυρίαν μείζω τοῦ Ἰωάννου· τὰ γὰρ ἔργα ἃ ἔδωκέν [7] μοι ὁ πατὴρ

---

1 ἀκούσονται • ἀκούσουσιν   2 ζήσονται • ζήσουσιν   3 ἔδωκεν καὶ τῷ υἱῷ • καὶ τῷ υἱῷ ἔδωκεν   4 καὶ κρίσιν • κρίσιν   5 ἀκούσονται • ἀκούσουσιν   6 πατρός •
— *7 ἔδωκέν • δέδωκέν*

ἵνα τελειώσω αὐτά, αὐτὰ τὰ ἔργα ἃ ἐγὼ ποιῶ,¹ μαρτυρεῖ περὶ ἐμοῦ ὅτι ὁ πατήρ με ἀπέσταλκεν. 37 Καὶ ὁ πέμψας με πατήρ, αὐτὸς² μεμαρτύρηκεν περὶ ἐμοῦ. Οὔτε φωνὴν αὐτοῦ ἀκηκόατε πώποτε,³ οὔτε εἶδος αὐτοῦ ἑωράκατε. 38 Καὶ τὸν λόγον αὐτοῦ οὐκ ἔχετε μένοντα ἐν ὑμῖν,⁴ ὅτι ὃν ἀπέστειλεν ἐκεῖνος, τούτῳ ὑμεῖς οὐ πιστεύετε. 39 Ἐρευνᾶτε⁵ τὰς γραφάς, ὅτι ὑμεῖς δοκεῖτε ἐν αὐταῖς ζωὴν αἰώνιον ἔχειν, καὶ ἐκεῖναί εἰσιν αἱ μαρτυροῦσαι περὶ ἐμοῦ· 40 καὶ οὐ θέλετε ἐλθεῖν πρός με, ἵνα ζωὴν ἔχητε. 41 Δόξαν παρὰ ἀνθρώπων οὐ λαμβάνω· 42 ἀλλ᾽⁶ ἔγνωκα ὑμᾶς, ὅτι τὴν ἀγάπην τοῦ θεοῦ οὐκ ἔχετε ἐν ἑαυτοῖς. 43 Ἐγὼ ἐλήλυθα ἐν τῷ ὀνόματι τοῦ πατρός μου, καὶ οὐ λαμβάνετέ με· ἐὰν ἄλλος ἔλθῃ ἐν τῷ ὀνόματι τῷ ἰδίῳ, ἐκεῖνον λήψεσθε.⁷ 44 Πῶς δύνασθε ὑμεῖς πιστεῦσαι, δόξαν παρὰ ἀλλήλων λαμβάνοντες, καὶ τὴν δόξαν τὴν παρὰ τοῦ μόνου θεοῦ οὐ ζητεῖτε; 45 Μὴ δοκεῖτε ὅτι ἐγὼ κατηγορήσω ὑμῶν πρὸς τὸν πατέρα· ἔστιν ὁ κατηγορῶν ὑμῶν, Μωσῆς,⁸ εἰς ὃν ὑμεῖς ἠλπίκατε. 46 Εἰ γὰρ ἐπιστεύετε Μωσῇ,ᵃ,⁹ ἐπιστεύετε ἂν ἐμοί· περὶ γὰρ ἐμοῦ ἐκεῖνος ἔγραψεν. 47 Εἰ δὲ τοῖς ἐκείνου γράμμασιν οὐ πιστεύετε, πῶς τοῖς ἐμοῖς ῥήμασιν πιστεύσετε;

The Feeding of the Five Thousand

6 Μετὰ ταῦτα ἀπῆλθεν ὁ Ἰησοῦς πέραν τῆς θαλάσσης τῆς Γαλιλαίας, τῆς Τιβεριάδος. 2 Καὶ ἠκολούθει¹⁰ αὐτῷ ὄχλος πολύς, ὅτι ἑώρων αὐτοῦ¹¹ τὰ σημεῖα ἃ ἐποίει ἐπὶ τῶν ἀσθενούντων. 3 Ἀνῆλθεν δὲ εἰς τὸ ὄρος ὁ¹² Ἰησοῦς, καὶ ἐκεῖ ἐκάθητο μετὰ τῶν μαθητῶν αὐτοῦ. 4 Ἦν δὲ ἐγγὺς τὸ Πάσχα, ἡ ἑορτὴ τῶν Ἰουδαίων. 5 Ἐπάρας οὖν ὁ Ἰησοῦς τοὺς ὀφθαλμούς,¹³ καὶ θεασάμενος ὅτι πολὺς ὄχλος ἔρχεται

ᵃ Μωσῇ • Μωσεῖ

---

¹ ἐγὼ ποιῶ • ποιῶ ² αὐτὸς • ἐκεῖνος ³ ἀκηκόατε πώποτε • πώποτε ἀκηκόατε ⁴ μένοντα ἐν ὑμῖν • ἐν ὑμῖν μένοντα ⁵ Ἐρευνᾶτε • Ἐραυνᾶτε ⁶ ἀλλ᾽ • ἀλλὰ ⁷ λήψεσθε • λήμψεσθε ⁸ Μωσῆς • Μωϋσῆς ⁹ Μωσῇ • Μωϋσεῖ ¹⁰ Καὶ ἠκολούθει • Ἠκολούθει δὲ ¹¹ ἑώρων αὐτοῦ • ἐθεώρουν ¹² ὁ • — ¹³ ὁ Ἰησοῦς τοὺς ὀφθαλμούς • τοὺς ὀφθαλμοὺς ὁ Ἰησοῦς

πρὸς αὐτόν, λέγει πρὸς τὸν¹ Φίλιππον, Πόθεν ἀγοράσομεν² ἄρτους, ἵνα φάγωσιν οὗτοι; 6 Τοῦτο δὲ ἔλεγεν πειράζων αὐτόν· αὐτὸς γὰρ ᾔδει τί ἔμελλεν ποιεῖν. 7 Ἀπεκρίθη αὐτῷ Φίλιππος,³ Διακοσίων δηναρίων ἄρτοι οὐκ ἀρκοῦσιν αὐτοῖς, ἵνα ἕκαστος αὐτῶν βραχύ τι⁴ λάβῃ. 8 Λέγει αὐτῷ εἷς ἐκ τῶν μαθητῶν αὐτοῦ, Ἀνδρέας ὁ ἀδελφὸς Σίμωνος Πέτρου, 9 Ἔστιν παιδάριον ἓν ὧδε, ὃ⁵ ἔχει πέντε ἄρτους κριθίνους καὶ δύο ὀψάρια· ἀλλὰ ταῦτα τί ἐστιν εἰς τοσούτους; 10 Εἶπεν δὲ ὁ⁶ Ἰησοῦς, Ποιήσατε τοὺς ἀνθρώπους ἀναπεσεῖν. Ἦν δὲ χόρτος πολὺς ἐν τῷ τόπῳ. Ἀνέπεσον ᵃ,⁷ οὖν οἱ ἄνδρες τὸν ἀριθμὸν ὡσεὶ⁸ πεντακισχίλιοι. 11 Ἔλαβεν δὲ τοὺς⁹ ἄρτους ὁ Ἰησοῦς, καὶ εὐχαριστήσας διέδωκεν τοῖς μαθηταῖς, οἱ δὲ μαθηταὶ¹⁰ τοῖς ἀνακειμένοις· ὁμοίως καὶ ἐκ τῶν ὀψαρίων ὅσον ἤθελον. 12 Ὡς δὲ ἐνεπλήσθησαν, λέγει τοῖς μαθηταῖς αὐτοῦ, Συναγάγετε τὰ περισσεύσαντα κλάσματα, ἵνα μή τι ἀπόληται. 13 Συνήγαγον οὖν, καὶ ἐγέμισαν δώδεκα κοφίνους κλασμάτων ἐκ τῶν πέντε ἄρτων τῶν κριθίνων, ἃ ἐπερίσσευσεν¹¹ τοῖς βεβρωκόσιν. 14 Οἱ οὖν ἄνθρωποι ἰδόντες ὃ ἐποίησεν σημεῖον ὁ Ἰησοῦς,¹² ἔλεγον ὅτι Οὗτός ἐστιν ἀληθῶς ὁ προφήτης ὁ ἐρχόμενος εἰς τὸν κόσμον.

Jesus Walks on the Sea

15 Ἰησοῦς οὖν γνοὺς ὅτι μέλλουσιν ἔρχεσθαι καὶ ἁρπάζειν αὐτόν, ἵνα ποιήσωσιν αὐτὸν¹³ βασιλέα, ἀνεχώρησεν¹⁴ εἰς τὸ ὄρος αὐτὸς μόνος.

16 Ὡς δὲ ὀψία ἐγένετο, κατέβησαν οἱ μαθηταὶ αὐτοῦ ἐπὶ τὴν θάλασσαν, 17 καὶ ἐμβάντες εἰς τὸ¹⁵ πλοῖον, ἤρχοντο πέραν τῆς θαλάσσης εἰς Καπερναούμ.¹⁶ Καὶ σκοτία ἤδη ἐγεγόνει,

---

ᵃ Ἀνέπεσον • Ἀνέπεσαν

---

¹ τὸν • — ² ἀγοράσομεν • ἀγοράσωμεν ³ Φίλιππος • [ὁ] Φίλιππος ⁴ αὐτῶν βραχύ τι • βραχύ [τι] ⁵ ἓν ὧδε ὃ • ὧδε ὃς ⁶ δὲ ὁ • ὁ ⁷ Ἀνέπεσον • Ἀνέπεσαν ⁸ ὡσεὶ • ὡς ⁹ δὲ τοὺς • οὖν τοὺς ¹⁰ τοῖς μαθηταῖς οἱ δὲ μαθηταὶ • — ¹¹ ἐπερίσσευσεν • ἐπερίσσευσαν ¹² ὁ Ἰησοῦς • — ¹³ ποιήσωσιν αὐτὸν • ποιήσωσιν ¹⁴ ἀνεχώρησεν • ἀνεχώρησεν πάλιν ¹⁵ τὸ • — ¹⁶ Καπερναούμ • Καφαρναούμ

καὶ οὐκ¹ ἐληλύθει πρὸς αὐτοὺς ὁ Ἰησοῦς. 18 Ἥ τε θάλασσα ἀνέμου μεγάλου πνέοντος διηγείρετο.² 19 Ἐληλακότες οὖν ὡς σταδίους εἴκοσι πέντε ἢ τριάκοντα, θεωροῦσιν τὸν Ἰησοῦν περιπατοῦντα ἐπὶ τῆς θαλάσσης, καὶ ἐγγὺς τοῦ πλοίου γινόμενον· καὶ ἐφοβήθησαν. 20 Ὁ δὲ λέγει αὐτοῖς, Ἐγώ εἰμι· μὴ φοβεῖσθε. 21 Ἤθελον οὖν λαβεῖν αὐτὸν εἰς τὸ πλοῖον· καὶ εὐθέως τὸ πλοῖον ἐγένετο³ ἐπὶ τῆς γῆς εἰς ἣν ὑπῆγον.

Jesus the Bread of Life

22 Τῇ ἐπαύριον ὁ ὄχλος ὁ ἑστηκὼς πέραν τῆς θαλάσσης, ἰδὼν⁴ ὅτι πλοιάριον ἄλλο οὐκ ἦν ἐκεῖ εἰ μὴ ἓν ἐκεῖνο εἰς ὃ ἐνέβησαν οἱ μαθηταὶ αὐτοῦ,⁵ καὶ ὅτι οὐ συνεισῆλθεν τοῖς μαθηταῖς αὐτοῦ ὁ Ἰησοῦς εἰς τὸ πλοιάριον, ἀλλὰ⁶ μόνοι οἱ μαθηταὶ αὐτοῦ ἀπῆλθον— 23 ἄλλα δὲ⁷ ἦλθεν πλοιάρια⁸ ἐκ Τιβεριάδος ἐγγὺς τοῦ τόπου ὅπου ἔφαγον τὸν ἄρτον, εὐχαριστήσαντος τοῦ κυρίου— 24 ὅτε οὖν εἶδεν ὁ ὄχλος ὅτι Ἰησοῦς οὐκ ἔστιν ἐκεῖ οὐδὲ οἱ μαθηταὶ αὐτοῦ, ἐνέβησαν αὐτοὶ εἰς τὰ πλοῖα,⁹ καὶ ἦλθον εἰς Καπερναούμ,¹⁰ ζητοῦντες τὸν Ἰησοῦν. 25 Καὶ εὑρόντες αὐτὸν πέραν τῆς θαλάσσης, εἶπον αὐτῷ, Ῥαββί, πότε ὧδε γέγονας; 26 Ἀπεκρίθη αὐτοῖς ὁ Ἰησοῦς καὶ εἶπεν, Ἀμὴν ἀμὴν λέγω ὑμῖν, ζητεῖτέ με, οὐχ ὅτι εἴδετε σημεῖα, ἀλλ' ὅτι ἐφάγετε ἐκ τῶν ἄρτων καὶ ἐχορτάσθητε. 27 Ἐργάζεσθε μὴ τὴν βρῶσιν τὴν ἀπολλυμένην, ἀλλὰ τὴν βρῶσιν τὴν μένουσαν εἰς ζωὴν αἰώνιον, ἣν ὁ υἱὸς τοῦ ἀνθρώπου ὑμῖν δώσει· τοῦτον γὰρ ὁ πατὴρ ἐσφράγισεν, ὁ θεός. 28 Εἶπον οὖν πρὸς αὐτόν, Τί ποιῶμεν, ἵνα ἐργαζώμεθα τὰ ἔργα τοῦ θεοῦ; 29 Ἀπεκρίθη Ἰησοῦς¹¹ καὶ εἶπεν αὐτοῖς, Τοῦτό ἐστιν τὸ ἔργον τοῦ θεοῦ, ἵνα πιστεύσητε¹² εἰς ὃν ἀπέστειλεν ἐκεῖνος. 30 Εἶπον οὖν αὐτῷ, Τί οὖν ποιεῖς σὺ σημεῖον, ἵνα ἴδωμεν καὶ πιστεύσωμέν σοι; Τί ἐργάζῃ; 31 Οἱ πατέρες ἡμῶν τὸ μάννα

---

¹ οὐκ • οὔπω   ² διηγείρετο • διεγείρετο   ³ τὸ πλοῖον ἐγένετο • ἐγένετο τὸ πλοῖον
⁴ ἰδὼν • εἶδον   ⁵ ἐκεῖνο εἰς ὃ ἐνέβησαν οἱ μαθηταὶ αὐτοῦ •   —   ⁶ πλοιάριον
ἀλλὰ • πλοῖον ἀλλὰ   ⁷ δὲ •   —   ⁸ πλοιάρια • πλοιά[ρια]   ⁹ πλοῖα • πλοιάρια
¹⁰ Καπερναούμ • Καφαρναούμ   ¹¹ Ἰησοῦς • [ὁ] Ἰησοῦς   ¹² πιστεύσητε •
πιστεύητε

ἔφαγον ἐν τῇ ἐρήμῳ, καθώς ἐστιν γεγραμμένον, Ἄρτον ἐκ τοῦ οὐρανοῦ ἔδωκεν αὐτοῖς φαγεῖν. 32 Εἶπεν οὖν αὐτοῖς ὁ Ἰησοῦς, Ἀμὴν ἀμὴν λέγω ὑμῖν, οὐ Μωσῆς¹ δέδωκεν ὑμῖν τὸν ἄρτον ἐκ τοῦ οὐρανοῦ· ἀλλ' ὁ πατήρ μου δίδωσιν ὑμῖν τὸν ἄρτον ἐκ τοῦ οὐρανοῦ τὸν ἀληθινόν. 33 Ὁ γὰρ ἄρτος τοῦ θεοῦ ἐστιν ὁ καταβαίνων ἐκ τοῦ οὐρανοῦ καὶ ζωὴν διδοὺς τῷ κόσμῳ. 34 Εἶπον οὖν πρὸς αὐτόν, Κύριε, πάντοτε δὸς ἡμῖν τὸν ἄρτον τοῦτον. 35 Εἶπεν δὲ² αὐτοῖς ὁ Ἰησοῦς, Ἐγώ εἰμι ὁ ἄρτος τῆς ζωῆς· ὁ ἐρχόμενος πρός με³ οὐ μὴ πεινάσῃ· καὶ ὁ πιστεύων εἰς ἐμὲ οὐ μὴ διψήσῃ⁴ πώποτε. 36 Ἀλλ' εἶπον ὑμῖν ὅτι καὶ ἑωράκατέ με,⁵ καὶ οὐ πιστεύετε. 37 Πᾶν ὃ δίδωσίν μοι ὁ πατὴρ πρὸς ἐμὲ ἥξει· καὶ τὸν ἐρχόμενον πρός με⁶ οὐ μὴ ἐκβάλω ἔξω. 38 Ὅτι καταβέβηκα ἐκ⁷ τοῦ οὐρανοῦ, οὐχ ἵνα ποιῶ τὸ θέλημα τὸ ἐμόν, ἀλλὰ τὸ θέλημα τοῦ πέμψαντός με. 39 Τοῦτο δέ ἐστιν τὸ θέλημα τοῦ πέμψαντός με πατρός,⁸ ἵνα πᾶν ὃ δέδωκέν μοι, μὴ ἀπολέσω ἐξ αὐτοῦ, ἀλλὰ ἀναστήσω αὐτὸ ᵃ τῇ ᵇ, ⁹ ἐσχάτῃ ἡμέρᾳ. 40 Τοῦτο δέ¹⁰ ἐστιν τὸ θέλημα τοῦ πέμψαντός με,¹¹ ἵνα πᾶς ὁ θεωρῶν τὸν υἱὸν καὶ πιστεύων εἰς αὐτόν, ἔχῃ ζωὴν αἰώνιον, καὶ ἀναστήσω αὐτὸν ἐγὼ τῇ¹² ἐσχάτῃ ἡμέρᾳ.

41 Ἐγόγγυζον οὖν οἱ Ἰουδαῖοι περὶ αὐτοῦ, ὅτι εἶπεν, Ἐγώ εἰμι ὁ ἄρτος ὁ καταβὰς ἐκ τοῦ οὐρανοῦ. 42 Καὶ ἔλεγον, Οὐχ οὗτός ἐστιν Ἰησοῦς ὁ υἱὸς Ἰωσήφ, οὗ ἡμεῖς οἴδαμεν τὸν πατέρα καὶ τὴν μητέρα; Πῶς οὖν λέγει οὗτος¹³ ὅτι Ἐκ τοῦ οὐρανοῦ καταβέβηκα; 43 Ἀπεκρίθη οὖν ὁ¹⁴ Ἰησοῦς καὶ εἶπεν αὐτοῖς, Μὴ γογγύζετε μετ' ἀλλήλων. 44 Οὐδεὶς δύναται ἐλθεῖν πρός με, ἐὰν μὴ ὁ πατὴρ ὁ πέμψας με ἑλκύσῃ αὐτόν, καὶ ἐγὼ¹⁵ ἀναστήσω αὐτὸν ἐν τῇ ἐσχάτῃ ἡμέρᾳ. 45 Ἔστιν γεγραμμένον ἐν τοῖς προφήταις, Καὶ ἔσονται πάντες διδακτοὶ θεοῦ. Πᾶς

ᵃ αὐτὸ • αὐτὸν   ᵇ τῇ • ἐν τῇ

1 Μωσῆς • Μωϋσῆς   2 δὲ • —   3 πρός με • πρὸς ἐμὲ   4 διψήσῃ • διψήσει
5 με • [με]   6 με • ἐμὲ   7 ἐκ • ἀπὸ   8 πατρός • —   9 τῇ • [ἐν] τῇ   10 δέ • γάρ
11 πέμψαντός με • πατρός μου   12 τῇ • [ἐν] τῇ   13 οὖν λέγει οὗτος • νῦν λέγει
14 οὖν ὁ • —   15 καὶ ἐγὼ • κἀγὼ

οὖν ὁ ἀκούων[1] παρὰ τοῦ πατρὸς καὶ μαθών, ἔρχεται πρός με.[2] 46 Οὐχ ὅτι τὸν πατέρα τις ἑώρακεν,[3] εἰ μὴ ὁ ὢν παρὰ τοῦ θεοῦ, οὗτος ἑώρακεν τὸν πατέρα. 47 Ἀμὴν ἀμὴν λέγω ὑμῖν, ὁ πιστεύων εἰς ἐμέ,[4] ἔχει ζωὴν αἰώνιον. 48 Ἐγώ εἰμι ὁ ἄρτος τῆς ζωῆς. 49 Οἱ πατέρες ὑμῶν ἔφαγον τὸ μάννα ἐν τῇ ἐρήμῳ,[5] καὶ ἀπέθανον. 50 Οὗτός ἐστιν ὁ ἄρτος ὁ ἐκ τοῦ οὐρανοῦ καταβαίνων, ἵνα τις ἐξ αὐτοῦ φάγῃ καὶ μὴ ἀποθάνῃ. 51 Ἐγώ εἰμι ὁ ἄρτος ὁ ζῶν, ὁ ἐκ τοῦ οὐρανοῦ καταβάς· ἐάν τις φάγῃ ἐκ τούτου τοῦ ἄρτου, ζήσεται[6] εἰς τὸν αἰῶνα. Καὶ ὁ ἄρτος δὲ ὃν ἐγὼ δώσω, ἡ σάρξ μού ἐστίν, ἣν ἐγὼ δώσω[7] ὑπὲρ τῆς τοῦ κόσμου ζωῆς.

52 Ἐμάχοντο οὖν πρὸς ἀλλήλους οἱ Ἰουδαῖοι λέγοντες, Πῶς δύναται οὗτος ἡμῖν δοῦναι τὴν σάρκα[8] φαγεῖν; 53 Εἶπεν οὖν αὐτοῖς ὁ Ἰησοῦς, Ἀμὴν ἀμὴν λέγω ὑμῖν, ἐὰν μὴ φάγητε τὴν σάρκα τοῦ υἱοῦ τοῦ ἀνθρώπου καὶ πίητε αὐτοῦ τὸ αἷμα, οὐκ ἔχετε ζωὴν ἐν ἑαυτοῖς. 54 Ὁ τρώγων μου τὴν σάρκα καὶ πίνων μου τὸ αἷμα, ἔχει ζωὴν αἰώνιον, καὶ ἐγὼ[9] ἀναστήσω αὐτὸν τῇ[a] ἐσχάτῃ ἡμέρᾳ. 55 Ἡ γὰρ σάρξ μου ἀληθῶς ἐστιν βρῶσις,[10] καὶ τὸ αἷμά μου ἀληθῶς ἐστιν πόσις.[11] 56 Ὁ τρώγων μου τὴν σάρκα καὶ πίνων μου τὸ αἷμα, ἐν ἐμοὶ μένει, κἀγὼ ἐν αὐτῷ. 57 Καθὼς ἀπέστειλέν με ὁ ζῶν πατήρ, κἀγὼ ζῶ διὰ τὸν πατέρα· καὶ ὁ τρώγων με, κἀκεῖνος ζήσεται[12] δι' ἐμέ. 58 Οὗτός ἐστιν ὁ ἄρτος ὁ ἐκ τοῦ[13] οὐρανοῦ καταβάς· οὐ καθὼς ἔφαγον οἱ πατέρες ὑμῶν τὸ μάννα,[14] καὶ ἀπέθανον· ὁ τρώγων τοῦτον τὸν ἄρτον, ζήσεται[b, 15] εἰς τὸν αἰῶνα. 59 Ταῦτα εἶπεν ἐν συναγωγῇ διδάσκων ἐν Καπερναούμ.[16]

---

[a] τῇ • ἐν τῇ   [b] ζήσεται • ζήσει

---

[1] οὖν ὁ ἀκούων • ὁ ἀκούσας   [2] με • ἐμέ   [3] τις ἑώρακεν • ἑωρακέν τις   [4] εἰς ἐμέ • —   [5] τὸ μάννα ἐν τῇ ἐρήμῳ • ἐν τῇ ἐρήμῳ τὸ μάννα   [6] ζήσεται • ζήσει   [7] ἣν ἐγὼ δώσω • —   [8] σάρκα • σάρκα [αὐτοῦ]   [9] καὶ ἐγὼ • κἀγὼ   [10] ἀληθῶς ἐστιν βρῶσις • ἀληθής ἐστιν βρῶσις   [11] ἀληθῶς ἐστιν πόσις • ἀληθής ἐστιν πόσις   [12] ζήσεται • ζήσει   [13] ἐκ τοῦ • ἐξ   [14] ὑμῶν τὸ μάννα • —   [15] ζήσεται • ζήσει   [16] Καπερναούμ • Καφαρναούμ

The Offense of Many Disciples

60 Πολλοὶ οὖν ἀκούσαντες ἐκ τῶν μαθητῶν αὐτοῦ εἶπον, ¹ Σκληρός ἐστιν οὗτος ὁ λόγος· ² τίς δύναται αὐτοῦ ἀκούειν; 61 Εἰδὼς δὲ ὁ Ἰησοῦς ἐν ἑαυτῷ ὅτι γογγύζουσιν περὶ τούτου οἱ μαθηταὶ αὐτοῦ, εἶπεν αὐτοῖς, Τοῦτο ὑμᾶς σκανδαλίζει; 62 Ἐὰν οὖν θεωρῆτε τὸν υἱὸν τοῦ ἀνθρώπου ἀναβαίνοντα ὅπου ἦν τὸ πρότερον; 63 Τὸ πνεῦμά ἐστιν τὸ ζῳοποιοῦν, ἡ σὰρξ οὐκ ὠφελεῖ οὐδέν· τὰ ῥήματα ἃ ἐγὼ λαλῶ ³ ὑμῖν, πνεῦμά ἐστιν καὶ ζωή ἐστιν. 64 Ἀλλ' εἰσὶν ἐξ ὑμῶν τινες οἳ οὐ πιστεύουσιν. Ἤδει γὰρ ἐξ ἀρχῆς ὁ Ἰησοῦς, τίνες εἰσὶν οἱ μὴ πιστεύοντες, καὶ τίς ἐστιν ὁ παραδώσων αὐτόν. 65 Καὶ ἔλεγεν, Διὰ τοῦτο εἴρηκα ὑμῖν ὅτι οὐδεὶς δύναται ἐλθεῖν πρός με, ἐὰν μὴ ᾖ δεδομένον αὐτῷ ἐκ τοῦ πατρός μου. ⁴

66 Ἐκ τούτου πολλοὶ ἀπῆλθον τῶν μαθητῶν αὐτοῦ ⁵ εἰς τὰ ὀπίσω, καὶ οὐκέτι μετ' αὐτοῦ περιεπάτουν. 67 Εἶπεν οὖν ὁ Ἰησοῦς τοῖς δώδεκα, Μὴ καὶ ὑμεῖς θέλετε ὑπάγειν; 68 Ἀπεκρίθη οὖν ⁶ αὐτῷ Σίμων Πέτρος, Κύριε, πρὸς τίνα ἀπελευσόμεθα; Ῥήματα ζωῆς αἰωνίου ἔχεις. 69 Καὶ ἡμεῖς πεπιστεύκαμεν καὶ ἐγνώκαμεν ὅτι σὺ εἶ ὁ χριστὸς ὁ υἱὸς τοῦ θεοῦ τοῦ ζῶντος. ⁷ 70 Ἀπεκρίθη αὐτοῖς ὁ Ἰησοῦς, ᵃ Οὐκ ἐγὼ ὑμᾶς τοὺς δώδεκα ἐξελεξάμην, καὶ ἐξ ὑμῶν εἷς διάβολός ἐστιν; 71 Ἔλεγεν δὲ τὸν Ἰούδαν Σίμωνος Ἰσκαριώτην· ⁸ οὗτος γὰρ ἔμελλεν αὐτὸν παραδιδόναι, ⁹ εἷς ὢν ¹⁰ ἐκ τῶν δώδεκα.

The Unbelief of Jesus' Relatives

7 Καὶ περιεπάτει ὁ Ἰησοῦς μετὰ ταῦτα ¹¹ ἐν τῇ Γαλιλαίᾳ· οὐ γὰρ ἤθελεν ἐν τῇ Ἰουδαίᾳ περιπατεῖν, ὅτι ἐζήτουν αὐτὸν οἱ Ἰουδαῖοι ἀποκτεῖναι. 2 Ἦν δὲ ἐγγὺς ἡ ἑορτὴ τῶν

ᵃ ὁ Ἰησοῦς • —

---

¹ εἶπον • εἶπαν   ² οὗτος ὁ λόγος • ὁ λόγος οὗτος   ³ λαλῶ • λελάληκα
⁴ μου • —   ⁵ ἀπῆλθον τῶν μαθητῶν αὐτοῦ • [ἐκ] τῶν μαθητῶν αὐτοῦ ἀπῆλθον   ⁶ οὖν • —   ⁷ χριστὸς ὁ υἱὸς τοῦ θεοῦ τοῦ ζῶντος • ἅγιος τοῦ θεοῦ   ⁸ Ἰσκαριώτην • Ἰσκαριώτου   ⁹ αὐτὸν παραδιδόναι • παραδιδόναι αὐτόν
¹⁰ ὢν • —   ¹¹ περιεπάτει ὁ Ἰησοῦς μετὰ ταῦτα • μετὰ ταῦτα περιεπάτει ὁ Ἰησοῦς

Ἰουδαίων ἡ Σκηνοπηγία. 3 Εἶπον οὖν πρὸς αὐτὸν οἱ ἀδελφοὶ αὐτοῦ, Μετάβηθι ἐντεῦθεν, καὶ ὕπαγε εἰς τὴν Ἰουδαίαν, ἵνα καὶ οἱ μαθηταί σου θεωρήσωσιν τὰ ἔργα σου[1] ἃ ποιεῖς. 4 Οὐδεὶς γὰρ ἐν κρυπτῷ τι[2] ποιεῖ, καὶ ζητεῖ αὐτὸς ἐν παρρησίᾳ εἶναι. Εἰ ταῦτα ποιεῖς, φανέρωσον σεαυτὸν τῷ κόσμῳ. 5 Οὐδὲ γὰρ οἱ ἀδελφοὶ αὐτοῦ ἐπίστευον εἰς αὐτόν. 6 Λέγει οὖν αὐτοῖς ὁ Ἰησοῦς, Ὁ καιρὸς ὁ ἐμὸς οὔπω πάρεστιν, ὁ δὲ καιρὸς ὁ ὑμέτερος πάντοτέ ἐστιν ἕτοιμος. 7 Οὐ δύναται ὁ κόσμος μισεῖν ὑμᾶς· ἐμὲ δὲ μισεῖ, ὅτι ἐγὼ μαρτυρῶ περὶ αὐτοῦ, ὅτι τὰ ἔργα αὐτοῦ πονηρά ἐστιν. 8 Ὑμεῖς ἀνάβητε εἰς τὴν ἑορτὴν ταύτην· ἐγὼ οὔπω[3] ἀναβαίνω εἰς τὴν ἑορτὴν ταύτην, ὅτι ὁ καιρὸς ὁ ἐμὸς[4] οὔπω πεπλήρωται. 9 Ταῦτα δὲ εἰπὼν αὐτοῖς,[5] ἔμεινεν ἐν τῇ Γαλιλαίᾳ.

Jesus at the Feast of Tabernacles

10 Ὡς δὲ ἀνέβησαν οἱ ἀδελφοὶ αὐτοῦ, τότε καὶ αὐτὸς ἀνέβη εἰς τὴν ἑορτήν,[6] οὐ φανερῶς, ἀλλ᾿ ὡς[7] ἐν κρυπτῷ. 11 Οἱ οὖν Ἰουδαῖοι ἐζήτουν αὐτὸν ἐν τῇ ἑορτῇ, καὶ ἔλεγον, Ποῦ ἐστιν ἐκεῖνος; 12 Καὶ γογγυσμὸς πολὺς περὶ αὐτοῦ ἦν[8] ἐν τοῖς ὄχλοις· οἱ μὲν ἔλεγον ὅτι Ἀγαθός ἐστιν· ἄλλοι[9] ἔλεγον, Οὔ, ἀλλὰ πλανᾷ τὸν ὄχλον. 13 Οὐδεὶς μέντοι παρρησίᾳ ἐλάλει περὶ αὐτοῦ διὰ τὸν φόβον τῶν Ἰουδαίων.

14 Ἤδη δὲ τῆς ἑορτῆς μεσούσης, ἀνέβη ὁ[10] Ἰησοῦς εἰς τὸ ἱερόν, καὶ ἐδίδασκεν. 15 Καὶ ἐθαύμαζον[11] οἱ Ἰουδαῖοι λέγοντες, Πῶς οὗτος γράμματα οἶδεν, μὴ μεμαθηκώς; 16 Ἀπεκρίθη οὖν αὐτοῖς ὁ[12] Ἰησοῦς καὶ εἶπεν, Ἡ ἐμὴ διδαχὴ οὐκ ἔστιν ἐμή, ἀλλὰ τοῦ πέμψαντός με. 17 Ἐάν τις θέλῃ τὸ θέλημα αὐτοῦ ποιεῖν, γνώσεται περὶ τῆς διδαχῆς, πότερον ἐκ τοῦ θεοῦ ἐστιν, ἢ ἐγὼ ἀπ᾿ ἐμαυτοῦ λαλῶ. 18 Ὁ ἀφ᾿ ἑαυτοῦ

---

[1] θεωρήσωσιν τὰ ἔργα σου • θεωρήσουσιν σοῦ τὰ ἔργα   [2] ἐν κρυπτῷ τι • τι ἐν κρυπτῷ   [3] ταύτην ἐγὼ οὔπω • ἐγὼ οὐκ   [4] καιρὸς ὁ ἐμὸς • ἐμὸς καιρὸς   [5] αὐτοῖς • αὐτὸς   [6] τότε καὶ αὐτὸς ἀνέβη εἰς τὴν ἑορτήν • εἰς τὴν ἑορτήν τότε καὶ αὐτὸς ἀνέβη   [7] ἀλλ᾿ ὡς • ἀλλὰ [ὡς]   [8] πολὺς περὶ αὐτοῦ ἦν • περὶ αὐτοῦ ἦν πολὺς   [9] ἄλλοι • ἄλλοι [δὲ]   [10] ὁ • —   [11] Καὶ ἐθαύμαζον • Ἐθαύμαζον οὖν   [12] ὁ • [ὁ]

λαλῶν, τὴν δόξαν τὴν ἰδίαν ζητεῖ· ὁ δὲ ζητῶν τὴν δόξαν τοῦ πέμψαντος αὐτόν, οὗτος ἀληθής ἐστιν, καὶ ἀδικία ἐν αὐτῷ οὐκ ἔστιν. 19 Οὐ Μωσῆς [1] δέδωκεν ὑμῖν τὸν νόμον, καὶ οὐδεὶς ἐξ ὑμῶν ποιεῖ τὸν νόμον; Τί με ζητεῖτε ἀποκτεῖναι; 20 Ἀπεκρίθη ὁ ὄχλος καὶ εἶπεν, [2] Δαιμόνιον ἔχεις· τίς σε ζητεῖ ἀποκτεῖναι; 21 Ἀπεκρίθη Ἰησοῦς καὶ εἶπεν αὐτοῖς, Ἓν ἔργον ἐποίησα, καὶ πάντες θαυμάζετε. 22 Διὰ τοῦτο Μωσῆς [3] δέδωκεν ὑμῖν τὴν περιτομήν—οὐχ ὅτι ἐκ τοῦ Μωσέως [4] ἐστίν, ἀλλ' ἐκ τῶν πατέρων—καὶ ἐν σαββάτῳ περιτέμνετε ἄνθρωπον. 23 Εἰ περιτομὴν λαμβάνει ἄνθρωπος ἐν σαββάτῳ, ἵνα μὴ λυθῇ ὁ νόμος Μωσέως, [5] ἐμοὶ χολᾶτε ὅτι ὅλον ἄνθρωπον ὑγιῆ ἐποίησα ἐν σαββάτῳ; 24 Μὴ κρίνετε κατ' ὄψιν, ἀλλὰ τὴν δικαίαν κρίσιν κρίνατε. [6]

25 Ἔλεγον οὖν τινες ἐκ τῶν Ἱεροσολυμιτῶν, Οὐχ οὗτός ἐστιν ὃν ζητοῦσιν ἀποκτεῖναι; 26 Καὶ ἴδε παρρησίᾳ λαλεῖ, καὶ οὐδὲν αὐτῷ λέγουσιν. Μήποτε ἀληθῶς ἔγνωσαν οἱ ἄρχοντες ὅτι οὗτός ἐστιν ἀληθῶς ὁ [7] χριστός; 27 Ἀλλὰ τοῦτον οἴδαμεν πόθεν ἐστίν· ὁ δὲ χριστὸς ὅταν ἔρχηται, οὐδεὶς γινώσκει πόθεν ἐστίν. 28 Ἔκραξεν οὖν ἐν τῷ ἱερῷ διδάσκων ὁ Ἰησοῦς καὶ λέγων, Κἀμὲ οἴδατε, καὶ οἴδατε πόθεν εἰμί· καὶ ἀπ' ἐμαυτοῦ οὐκ ἐλήλυθα, ἀλλ' ἔστιν ἀληθινὸς ὁ πέμψας με, ὃν ὑμεῖς οὐκ οἴδατε. 29 Ἐγὼ οἶδα αὐτόν, ὅτι παρ' αὐτοῦ εἰμι, κἀκεῖνός με ἀπέστειλεν. 30 Ἐζήτουν οὖν αὐτὸν πιάσαι. Καὶ οὐδεὶς ἐπέβαλεν ἐπ' αὐτὸν τὴν χεῖρα, ὅτι οὔπω ἐληλύθει ἡ ὥρα αὐτοῦ. 31 Πολλοὶ δὲ ἐκ τοῦ ὄχλου [8] ἐπίστευσαν εἰς αὐτόν, καὶ ἔλεγον ὅτι [9] Ὁ χριστὸς ὅταν ἔλθῃ, μήτι [10] πλείονα σημεῖα τούτων [11] ποιήσει ὧν οὗτος ἐποίησεν; 32 Ἤκουσαν οἱ Φαρισαῖοι τοῦ ὄχλου γογγύζοντος περὶ αὐτοῦ ταῦτα· καὶ ἀπέστειλαν ὑπηρέτας οἱ Φαρισαῖοι καὶ οἱ ἀρχιερεῖς [12] ἵνα πιάσωσιν αὐτόν. 33 Εἶπεν

---

[1] Μωσῆς • Μωϋσῆς   [2] καὶ εἶπεν • —   [3] Μωσῆς • Μωϋσῆς   [4] Μωσέως • Μωϋσέως   [5] Μωσέως • Μωϋσέως   [6] κρίνατε • κρίνετε   [7] ἀληθῶς ὁ • ὁ
[8] Πολλοὶ δὲ ἐκ τοῦ ὄχλου • Ἐκ τοῦ ὄχλου δὲ πολλοὶ   [9] ὅτι • —   [10] μήτι • μὴ
[11] τούτων • —   [12] ὑπηρέτας οἱ Φαρισαῖοι καὶ οἱ ἀρχιερεῖς • οἱ ἀρχιερεῖς καὶ οἱ Φαρισαῖοι ὑπηρέτας

οὖν ὁ Ἰησοῦς, Ἔτι μικρὸν χρόνον [1] μεθ' ὑμῶν εἰμι, καὶ ὑπάγω πρὸς τὸν πέμψαντά με. 34 Ζητήσετέ με, καὶ οὐχ εὑρήσετε· [2] καὶ ὅπου εἰμὶ ἐγώ, ὑμεῖς οὐ δύνασθε ἐλθεῖν. 35 Εἶπον οὖν οἱ Ἰουδαῖοι πρὸς ἑαυτούς, Ποῦ οὗτος μέλλει πορεύεσθαι ὅτι ἡμεῖς οὐχ εὑρήσομεν αὐτόν; Μὴ εἰς τὴν διασπορὰν τῶν Ἑλλήνων μέλλει πορεύεσθαι, καὶ διδάσκειν τοὺς Ἕλληνας; 36 Τίς ἐστιν οὗτος ὁ λόγος [3] ὃν εἶπεν, Ζητήσετέ με, καὶ οὐχ εὑρήσετε· [4] καὶ ὅπου εἰμὶ ἐγώ, ὑμεῖς οὐ δύνασθε ἐλθεῖν;

37 Ἐν δὲ τῇ ἐσχάτῃ ἡμέρᾳ τῇ μεγάλῃ τῆς ἑορτῆς εἱστήκει ὁ Ἰησοῦς καὶ ἔκραξεν, λέγων, Ἐάν τις διψᾷ, ἐρχέσθω πρός με καὶ πινέτω. 38 Ὁ πιστεύων εἰς ἐμέ, καθὼς εἶπεν ἡ γραφή, ποταμοὶ ἐκ τῆς κοιλίας αὐτοῦ ῥεύσουσιν ὕδατος ζῶντος. 39 Τοῦτο δὲ εἶπεν περὶ τοῦ πνεύματος οὗ [a, 5] ἔμελλον λαμβάνειν οἱ πιστεύοντες [6] εἰς αὐτόν· οὔπω γὰρ ἦν πνεῦμα ἅγιον, [7] ὅτι Ἰησοῦς οὐδέπω ἐδοξάσθη. 40 Πολλοὶ οὖν ἐκ τοῦ ὄχλου [8] ἀκούσαντες τὸν λόγον [9] ἔλεγον, Οὗτός ἐστιν ἀληθῶς ὁ προφήτης. 41 Ἄλλοι ἔλεγον, Οὗτός ἐστιν ὁ χριστός. Ἄλλοι [10] ἔλεγον, Μὴ γὰρ ἐκ τῆς Γαλιλαίας ὁ χριστὸς ἔρχεται; 42 Οὐχὶ [11] ἡ γραφὴ εἶπεν ὅτι ἐκ τοῦ σπέρματος Δαυίδ, καὶ ἀπὸ Βηθλεέμ, τῆς κώμης ὅπου ἦν Δαυίδ, ὁ χριστὸς ἔρχεται; [12] 43 Σχίσμα οὖν ἐν τῷ ὄχλῳ ἐγένετο [13] δι' αὐτόν. 44 Τινὲς δὲ ἤθελον ἐξ αὐτῶν πιάσαι αὐτόν, ἀλλ' οὐδεὶς ἐπέβαλεν ἐπ' αὐτὸν τὰς χεῖρας.

45 Ἦλθον οὖν οἱ ὑπηρέται πρὸς τοὺς ἀρχιερεῖς καὶ Φαρισαίους· καὶ εἶπον αὐτοῖς ἐκεῖνοι, Διὰ τί οὐκ ἠγάγετε αὐτόν; 46 Ἀπεκρίθησαν οἱ ὑπηρέται, Οὐδέποτε οὕτως ἐλάλησεν [14] ἄνθρωπος, ὡς οὗτος ὁ ἄνθρωπος. [15] 47 Ἀπεκρίθησαν οὖν αὐτοῖς οἱ Φαρισαῖοι, Μὴ καὶ ὑμεῖς

---

[a] οὗ • ὃ

---

[1] μικρὸν χρόνον • χρόνον μικρὸν   [2] εὑρήσετε • εὑρήσετέ [με]   [3] οὗτος ὁ λόγος • ὁ λόγος οὗτος   [4] εὑρήσετε • εὑρήσετέ [με]   [5] οὗ • ὃ   [6] πιστεύοντες • πιστεύσαντες   [7] ἅγιον • —   [8] Πολλοὶ οὖν ἐκ τοῦ ὄχλου • Ἐκ τοῦ ὄχλου οὖν   [9] τὸν λόγον • τῶν λόγων τούτων   [10] χριστός Ἄλλοι • χριστός Οἱ δὲ   [11] Οὐχὶ • Οὐχ   [12] ὁ χριστὸς ἔρχεται • ἔρχεται ὁ χριστός   [13] ἐν τῷ ὄχλῳ ἐγένετο • ἐγένετο ἐν τῷ ὄχλῳ   [14] οὕτως ἐλάλησεν • ἐλάλησεν οὕτως   [15] ὡς οὗτος ὁ ἄνθρωπος •

πεπλάνησθε; 48 Μή τις ἐκ τῶν ἀρχόντων ἐπίστευσεν εἰς αὐτόν, ἢ ἐκ τῶν Φαρισαίων; 49 Ἀλλ᾽ ¹ ὁ ὄχλος οὗτος ὁ μὴ γινώσκων τὸν νόμον ἐπικατάρατοί² εἰσιν. 50 Λέγει Νικόδημος πρὸς αὐτούς—ὁ ἐλθὼν νυκτὸς πρὸς αὐτόν,³ εἷς ὢν ἐξ αὐτῶν— 51 Μὴ ὁ νόμος ἡμῶν κρίνει τὸν ἄνθρωπον, ἐὰν μὴ ἀκούσῃ παρ᾽ αὐτοῦ πρότερον⁴ καὶ γνῷ τί ποιεῖ; 52 Ἀπεκρίθησαν καὶ εἶπον⁵ αὐτῷ, Μὴ καὶ σὺ ἐκ τῆς Γαλιλαίας εἶ; Ἐρεύνησον⁶ καὶ ἴδε ὅτι προφήτης ἐκ τῆς Γαλιλαίας⁷ οὐκ ἐγήγερται.⁸ 53 Καὶ⁹ ἐπορεύθη¹⁰ ἕκαστος εἰς τὸν οἶκον αὐτοῦ·

The Woman Taken in Adultery

8 Ἰησοῦς δὲ ἐπορεύθη εἰς τὸ ὄρος τῶν Ἐλαιῶν. 2 Ὄρθρου δὲ πάλιν παρεγένετο εἰς τὸ ἱερόν, καὶ πᾶς ὁ λαὸς ἤρχετο·¹¹ καὶ καθίσας ἐδίδασκεν αὐτούς. 3 Ἄγουσιν δὲ οἱ γραμματεῖς καὶ οἱ Φαρισαῖοι πρὸς αὐτὸν¹² γυναῖκα ἐν μοιχείᾳ¹³ καταληφθεῖσαν·¹⁴ καὶ στήσαντες αὐτὴν ἐν μέσῳ, 4 λέγουσιν αὐτῷ, πειράζοντες,¹⁵ Διδάσκαλε, αὕτη ἡ γυνὴ κατελήφθη¹⁶ ἐπ᾽ αὐτοφόρῳ ᵃ,¹⁷ μοιχευομένη. 5 Ἐν δὲ τῷ νόμῳ Μωσῆς ᵇ ἡμῖν¹⁸ ἐνετείλατο τὰς τοιαύτας λιθοβολεῖσθαι·¹⁹ σὺ οὖν τί λέγεις; 6 Τοῦτο δὲ ἔλεγον πειράζοντες αὐτόν, ἵνα ἔχωσιν κατηγορεῖν αὐτοῦ. Ὁ δὲ Ἰησοῦς κάτω κύψας, τῷ δακτύλῳ ἔγραφεν ᶜ,²⁰ εἰς τὴν γῆν, μὴ προσποιούμενος.²¹ 7 Ὡς δὲ ἐπέμενον ἐρωτῶντες αὐτόν, ἀνακύψας εἶπεν πρὸς αὐτούς,²²

ᵃ αὐτοφόρῳ • αὐτοφώρῳ   ᵇ Μωσῆς • Μωϋσῆς   ᶜ ἔγραφεν • κατέγραφεν

---

1 Ἀλλ᾽ • Ἀλλὰ   2 ἐπικατάρατοί • ἐπάρατοί   3 νυκτὸς πρὸς αὐτόν • πρὸς αὐτὸν [τὸ] πρότερον   4 παρ᾽ αὐτοῦ πρότερον • πρῶτον παρ᾽ αὐτοῦ   5 εἶπον • εἶπαν   6 Ἐρεύνησον • Ἐραύνησον   7 προφήτης ἐκ τῆς Γαλιλαίας • ἐκ τῆς Γαλιλαίας προφήτης   8 ἐγήγερται • ἐγείρεται   9 Καὶ • ⟦Καὶ   10 ἐπορεύθη • ἐπορεύθησαν   11 ἤρχετο • ἤρχετο πρὸς αὐτόν   12 πρὸς αὐτὸν • —   13 ἐν μοιχείᾳ • ἐπὶ μοιχείᾳ   14 καταληφθεῖσαν • κατειλημμένην   15 πειράζοντες • —   16 κατελήφθη • κατείληπται   17 αὐτοφόρῳ • αὐτοφώρῳ   18 Μωσῆς ἡμῖν • ἡμῖν Μωϋσῆς   19 λιθοβολεῖσθαι • λιθάζειν   20 ἔγραφεν • κατέγραφεν   21 μὴ προσποιούμενος • —   22 ἀνακύψας εἶπεν πρὸς αὐτούς • ἀνέκυψεν καὶ εἶπεν αὐτοῖς

Ὁ ἀναμάρτητος ὑμῶν, πρῶτον ᵃ, ¹ ἐπ' αὐτὴν τὸν ᵇ λίθον βαλέτω. ᶜ, ² 8 Καὶ πάλιν κάτω κύψας ³ ἔγραφεν εἰς τὴν γῆν. 9 Οἱ δέ, ἀκούσαντες, καὶ ὑπὸ τῆς συνειδήσεως ἐλεγχόμενοι, ⁴ ἐξήρχοντο εἷς καθ' εἷς, ἀρξάμενοι ἀπὸ τῶν πρεσβυτέρων· καὶ κατελείφθη μόνος ὁ Ἰησοῦς, ⁵ καὶ ἡ γυνὴ ἐν μέσῳ οὖσα. 10 Ἀνακύψας δὲ ὁ Ἰησοῦς, καὶ μηδένα θεασάμενος πλὴν τῆς γυναικός, ⁶ εἶπεν αὐτῇ, ⁷ Ποῦ εἰσιν ἐκεῖνοι οἱ κατήγοροί σου; ⁸ Οὐδείς σε κατέκρινεν; 11 Ἡ δὲ εἶπεν, Οὐδείς, κύριε. Εἶπεν δὲ ὁ Ἰησοῦς, Οὐδὲ ἐγώ σε κρίνω· ⁹ πορεύου καὶ ¹⁰ μηκέτι ἁμάρτανε. ¹¹

μ⁶ alternative to main text μ⁵ in John 7:53–8:11:
53 Καὶ ἀπῆλθεν ἕκαστος εἰς τὸν οἶκον αὐτοῦ· 1 καὶ ὁ Ἰησοῦς ἐπορεύθη εἰς τὸ ὄρος τῶν Ἐλαιῶν. 2 Ὄρθρου δὲ πάλιν βαθέος ᵈ ἦλθεν ὁ Ἰησοῦς εἰς τὸ ἱερόν, καὶ πᾶς ὁ λαὸς ἤρχετο πρὸς αὐτόν, καὶ καθίσας ἐδίδασκεν αὐτούς. 3 Ἄγουσιν δὲ οἱ γραμματεῖς καὶ οἱ Φαρισαῖοι πρὸς αὐτὸν ᵉ γυναῖκα ἐπὶ μοιχείᾳ κατειλημμένην, καὶ στήσαντες αὐτὴν ἐν τῷ μέσῳ, 4 εἶπον αὐτῷ, Διδάσκαλε, ταύτην εὕρομεν ἐπ' αὐτοφώρῳ ᶠ μοιχευομένην. 5 Ἐν δὲ τῷ νόμῳ ἡμῶν Μωϋσῆς ᵍ ἐνετείλατο τὰς τοιαύτας λιθάζειν· σὺ οὖν τί λέγεις περὶ αὐτῆς; ʰ 6 Τοῦτο δὲ ἔλεγον πειράζοντες αὐτόν, ἵνα ἔχωσιν κατηγορίαν κατ' αὐτοῦ. Ὁ δὲ Ἰησοῦς κάτω κύψας, τῷ δακτύλῳ ἔγραφεν εἰς τὴν γῆν. 7 Ὡς δὲ ἐπέμενον ἐπερωτῶντες αὐτόν, ἀναβλέψας εἶπεν αὐτοῖς, Ὁ ἀναμάρτητος ὑμῶν, πρῶτος λίθον βαλέτω ἐπ' αὐτήν. 8 Καὶ πάλιν κάτω κύψας ἔγραφεν εἰς τὴν γῆν. 9 Οἱ δέ, ἀκούσαντες, ἐξήρχοντο ⁱ εἷς καθ' εἷς, ἀρξάμενοι ἀπὸ τῶν πρεσβυτέρων ἕως τῶν ἐσχάτων· καὶ κατελείφθη μόνος ὁ Ἰησοῦς, ʲ καὶ ἡ γυνὴ ἐν μέσῳ οὖσα. 10 Ἀνακύψας δὲ ὁ Ἰησοῦς, εἶδεν αὐτὴν καὶ εἶπεν, Γύναι, ποῦ εἰσιν; ᵏ Οὐδείς σε κατέκρινεν; 11 Ἡ δὲ εἶπεν, Οὐδείς, κύριε. Εἶπεν δὲ αὐτῇ ὁ Ἰησοῦς, Οὐδὲ ἐγώ σε κατακρίνω· πορεύου καὶ ἀπὸ τοῦ νῦν ˡ μηκέτι ἁμάρτανε.

ᵃ πρῶτον • πρῶτος   ᵇ τὸν • —   ᶜ βαλέτω • βαλλέτω   ᵈ βαθέος • βαθέως
ᵉ πρὸς αὐτὸν • —   ᶠ αὐτοφώρῳ • αὐτοφόρῳ   ᵍ Μωϋσῆς • Μωσῆς   ʰ περὶ αὐτῆς • —   ⁱ ἐξήρχοντο • καὶ ὑπὸ τῆς συνειδήσεως ἐλεγχόμενοι ἐξήρχοντο
ʲ μόνος ὁ Ἰησοῦς • ὁ Ἰησοῦς μόνος   ᵏ εἰσιν • εἰσιν οἱ κατήγοροί σου   ˡ καὶ ἀπὸ τοῦ νῦν • ἀπὸ τοῦ νῦν καὶ

¹ πρῶτον • πρῶτος   ² τὸν λίθον βαλέτω • βαλέτω λίθον   ³ κάτω κύψας • κατακύψας   ⁴ καὶ ὑπὸ τῆς συνειδήσεως ἐλεγχόμενοι • —   ⁵ ὁ Ἰησοῦς • —   ⁶ καὶ μηδένα θεασάμενος πλὴν τῆς γυναικός • —   ⁷ αὐτῇ • αὐτῇ Γύναι   ⁸ ἐκεῖνοι οἱ κατήγοροί σου • —   ⁹ κρίνω • κατακρίνω   ¹⁰ καὶ • [καὶ] ἀπὸ τοῦ νῦν   ¹¹ ἁμάρτανε • ἁμάρτανε]]

Jesus the Light of the World

12 Πάλιν οὖν αὐτοῖς ὁ Ἰησοῦς ἐλάλησεν¹ λέγων, Ἐγώ εἰμι τὸ φῶς τοῦ κόσμου· ὁ ἀκολουθῶν ἐμοὶ οὐ μὴ περιπατήσῃ ἐν τῇ σκοτίᾳ, ἀλλ' ἕξει τὸ φῶς τῆς ζωῆς. 13 Εἶπον οὖν αὐτῷ οἱ Φαρισαῖοι, Σὺ περὶ σεαυτοῦ μαρτυρεῖς· ἡ μαρτυρία σου οὐκ ἔστιν ἀληθής. 14 Ἀπεκρίθη Ἰησοῦς καὶ εἶπεν αὐτοῖς, Κἂν ἐγὼ μαρτυρῶ περὶ ἐμαυτοῦ, ἀληθής ἐστιν ἡ μαρτυρία μου· ὅτι οἶδα πόθεν ἦλθον, καὶ ποῦ ὑπάγω· ὑμεῖς δὲ οὐκ οἴδατε πόθεν ἔρχομαι, καὶ² ποῦ ὑπάγω. 15 Ὑμεῖς κατὰ τὴν σάρκα κρίνετε· ἐγὼ οὐ κρίνω οὐδένα. 16 Καὶ ἐὰν κρίνω δὲ ἐγώ, ἡ κρίσις ἡ ἐμὴ ἀληθής³ ἐστιν· ὅτι μόνος οὐκ εἰμί, ἀλλ' ἐγὼ καὶ ὁ πέμψας με πατήρ. 17 Καὶ ἐν τῷ νόμῳ δὲ τῷ ὑμετέρῳ γέγραπται ὅτι δύο ἀνθρώπων ἡ μαρτυρία ἀληθής ἐστιν. 18 Ἐγώ εἰμι ὁ μαρτυρῶν περὶ ἐμαυτοῦ, καὶ μαρτυρεῖ περὶ ἐμοῦ ὁ πέμψας με πατήρ. 19 Ἔλεγον οὖν αὐτῷ, Ποῦ ἐστιν ὁ πατήρ σου; Ἀπεκρίθη Ἰησοῦς, Οὔτε ἐμὲ οἴδατε, οὔτε τὸν πατέρα μου· εἰ ἐμὲ ᾔδειτε, καὶ τὸν πατέρα μου ᾔδειτε ἄν.⁴ 20 Ταῦτα τὰ ῥήματα ἐλάλησεν ὁ Ἰησοῦς⁵ ἐν τῷ γαζοφυλακίῳ, διδάσκων ἐν τῷ ἱερῷ· καὶ οὐδεὶς ἐπίασεν αὐτόν, ὅτι οὔπω ἐληλύθει ἡ ὥρα αὐτοῦ.

21 Εἶπεν οὖν πάλιν αὐτοῖς ὁ Ἰησοῦς,⁶ Ἐγὼ ὑπάγω, καὶ ζητήσετέ με, καὶ ἐν τῇ ἁμαρτίᾳ ὑμῶν ἀποθανεῖσθε· ὅπου ἐγὼ ὑπάγω, ὑμεῖς οὐ δύνασθε ἐλθεῖν. 22 Ἔλεγον οὖν οἱ Ἰουδαῖοι, Μήτι ἀποκτενεῖ ἑαυτόν, ὅτι λέγει, Ὅπου ἐγὼ ὑπάγω, ὑμεῖς οὐ δύνασθε ἐλθεῖν; 23 Καὶ εἶπεν⁷ αὐτοῖς, Ὑμεῖς ἐκ τῶν κάτω ἐστέ, ἐγὼ ἐκ τῶν ἄνω εἰμί· ὑμεῖς ἐκ τοῦ κόσμου τούτου ἐστέ,⁸ ἐγὼ οὐκ εἰμὶ ἐκ τοῦ κόσμου τούτου. 24 Εἶπον οὖν ὑμῖν ὅτι ἀποθανεῖσθε ἐν ταῖς ἁμαρτίαις ὑμῶν· ἐὰν γὰρ μὴ πιστεύσητε ὅτι ἐγώ εἰμι, ἀποθανεῖσθε ἐν ταῖς ἁμαρτίαις ὑμῶν. 25 Ἔλεγον οὖν αὐτῷ, Σὺ τίς εἶ; Καὶ εἶπεν⁹ αὐτοῖς ὁ Ἰησοῦς, Τὴν ἀρχὴν ὅ τι καὶ λαλῶ ὑμῖν. 26 Πολλὰ ἔχω περὶ ὑμῶν λαλεῖν καὶ κρίνειν· ἀλλ' ὁ πέμψας με ἀληθής ἐστιν, κἀγὼ ἃ ἤκουσα παρ' αὐτοῦ,

---

¹ ὁ Ἰησοῦς ἐλάλησεν • ἐλάλησεν ὁ Ἰησοῦς   ² ἔρχομαι καὶ • ἔρχομαι ἢ
³ ἀληθής • ἀληθινή   ⁴ ᾔδειτε ἄν • ἂν ᾔδειτε   ⁵ ὁ Ἰησοῦς • —   ⁶ ὁ Ἰησοῦς • —
⁷ εἶπεν • ἔλεγεν   ⁸ τοῦ κόσμου τούτου ἐστέ • τούτου τοῦ κόσμου ἐστέ   ⁹ Καὶ εἶπεν • Εἶπεν

ταῦτα λέγω ¹ εἰς τὸν κόσμον. 27 Οὐκ ἔγνωσαν ὅτι τὸν πατέρα αὐτοῖς ἔλεγεν. 28 Εἶπεν οὖν αὐτοῖς ² ὁ Ἰησοῦς, Ὅταν ὑψώσητε τὸν υἱὸν τοῦ ἀνθρώπου, τότε γνώσεσθε ὅτι ἐγώ εἰμι, καὶ ἀπ' ἐμαυτοῦ ποιῶ οὐδέν, ἀλλὰ καθὼς ἐδίδαξέν με ὁ πατήρ μου, ³ ταῦτα λαλῶ· 29 καὶ ὁ πέμψας με μετ' ἐμοῦ ἐστιν· οὐκ ἀφῆκέν με μόνον ὁ πατήρ, ⁴ ὅτι ἐγὼ τὰ ἀρεστὰ αὐτῷ ποιῶ πάντοτε. 30 Ταῦτα αὐτοῦ λαλοῦντος πολλοὶ ἐπίστευσαν εἰς αὐτόν.

The True Liberty of the Gospel

31 Ἔλεγεν οὖν ὁ Ἰησοῦς πρὸς τοὺς πεπιστευκότας αὐτῷ Ἰουδαίους, Ἐὰν ὑμεῖς μείνητε ἐν τῷ λόγῳ τῷ ἐμῷ, ἀληθῶς μαθηταί μου ἐστέ· 32 καὶ γνώσεσθε τὴν ἀλήθειαν, καὶ ἡ ἀλήθεια ἐλευθερώσει ὑμᾶς. 33 Ἀπεκρίθησαν αὐτῷ, ⁵ Σπέρμα Ἀβραάμ ἐσμεν, καὶ οὐδενὶ δεδουλεύκαμεν πώποτε· πῶς σὺ λέγεις ὅτι Ἐλεύθεροι γενήσεσθε; 34 Ἀπεκρίθη αὐτοῖς ὁ Ἰησοῦς, Ἀμὴν ἀμὴν λέγω ὑμῖν ὅτι πᾶς ὁ ποιῶν τὴν ἁμαρτίαν δοῦλός ἐστιν τῆς ἁμαρτίας. 35 Ὁ δὲ δοῦλος οὐ μένει ἐν τῇ οἰκίᾳ εἰς τὸν αἰῶνα· ὁ υἱὸς μένει εἰς τὸν αἰῶνα. 36 Ἐὰν οὖν ὁ υἱὸς ὑμᾶς ἐλευθερώσῃ, ὄντως ἐλεύθεροι ἔσεσθε. 37 Οἶδα ὅτι σπέρμα Ἀβραάμ ἐστε· ἀλλὰ ζητεῖτέ με ἀποκτεῖναι, ὅτι ὁ λόγος ὁ ἐμὸς οὐ χωρεῖ ἐν ὑμῖν. 38 Ἐγὼ ὃ ⁶ ἑώρακα παρὰ τῷ πατρί μου, ⁷ λαλῶ· καὶ ὑμεῖς οὖν ὃ ἑωράκατε παρὰ τῷ πατρὶ ὑμῶν, ⁸ ποιεῖτε. 39 Ἀπεκρίθησαν καὶ εἶπον ⁹ αὐτῷ, Ὁ πατὴρ ἡμῶν Ἀβραάμ ἐστιν. Λέγει αὐτοῖς ὁ Ἰησοῦς, Εἰ τέκνα τοῦ Ἀβραὰμ ἦτε, ¹⁰ τὰ ἔργα τοῦ Ἀβραὰμ ἐποιεῖτε. ᵃ 40 Νῦν δὲ ζητεῖτέ με ἀποκτεῖναι, ἄνθρωπον ὃς τὴν ἀλήθειαν ὑμῖν λελάληκα, ἣν ἤκουσα παρὰ τοῦ θεοῦ· τοῦτο Ἀβραὰμ οὐκ ἐποίησεν. 41 Ὑμεῖς ποιεῖτε τὰ ἔργα τοῦ πατρὸς ὑμῶν. Εἶπον οὖν ¹¹ αὐτῷ, Ἡμεῖς ἐκ πορνείας οὐ γεγεννήμεθα· ἕνα πατέρα ἔχομεν, τὸν θεόν. 42 Εἶπεν οὖν ¹² αὐτοῖς ὁ Ἰησοῦς, Εἰ ὁ θεὸς πατὴρ ὑμῶν ἦν,

---

ᵃ ἐποιεῖτε • ἐποιεῖτε ἄν

---

1 λέγω • λαλῶ   2 αὐτοῖς • [αὐτοῖς]   3 μου • —   4 ὁ πατήρ • —   5 αὐτῷ • πρὸς αὐτόν   6 Ἐγὼ ὃ • Ἀ ἐγὼ   7 μου • —   8 ὃ ἑωράκατε παρὰ τῷ πατρὶ ὑμῶν • ἃ ἠκούσατε παρὰ τοῦ πατρός   9 εἶπον • εἶπαν   10 ἦτε • ἐστε   11 Εἶπον οὖν • Εἶπαν [οὖν]   12 οὖν • —

ἠγαπᾶτε ἂν ἐμέ· ἐγὼ γὰρ ἐκ τοῦ θεοῦ ἐξῆλθον καὶ ἥκω· οὐδὲ γὰρ ἀπ' ἐμαυτοῦ ἐλήλυθα, ἀλλ' ἐκεῖνός με ἀπέστειλεν. 43 Διὰ τί τὴν λαλιὰν τὴν ἐμὴν οὐ γινώσκετε; Ὅτι οὐ δύνασθε ἀκούειν τὸν λόγον τὸν ἐμόν. 44 Ὑμεῖς ἐκ τοῦ πατρὸς τοῦ διαβόλου ἐστέ, καὶ τὰς ἐπιθυμίας τοῦ πατρὸς ὑμῶν θέλετε ποιεῖν. Ἐκεῖνος ἀνθρωποκτόνος ἦν ἀπ' ἀρχῆς, καὶ ἐν τῇ ἀληθείᾳ οὐχ ἔστηκεν,[1] ὅτι οὐκ ἔστιν ἀλήθεια ἐν αὐτῷ. Ὅταν λαλῇ τὸ ψεῦδος, ἐκ τῶν ἰδίων λαλεῖ· ὅτι ψεύστης ἐστὶν καὶ ὁ πατὴρ αὐτοῦ. 45 Ἐγὼ δὲ ὅτι τὴν ἀλήθειαν λέγω, οὐ πιστεύετέ μοι. 46 Τίς ἐξ ὑμῶν ἐλέγχει με περὶ ἁμαρτίας; Εἰ δὲ[2] ἀλήθειαν λέγω, διὰ τί ὑμεῖς οὐ πιστεύετέ μοι; 47 Ὁ ὢν ἐκ τοῦ θεοῦ τὰ ῥήματα τοῦ θεοῦ ἀκούει· διὰ τοῦτο ὑμεῖς οὐκ ἀκούετε, ὅτι ἐκ τοῦ θεοῦ οὐκ ἐστέ. 48 Ἀπεκρίθησαν οὖν[3] οἱ Ἰουδαῖοι καὶ εἶπον[4] αὐτῷ, Οὐ καλῶς λέγομεν ἡμεῖς ὅτι Σαμαρείτης[5] εἶ σύ, καὶ δαιμόνιον ἔχεις; 49 Ἀπεκρίθη Ἰησοῦς, Ἐγὼ δαιμόνιον οὐκ ἔχω, ἀλλὰ τιμῶ τὸν πατέρα μου, καὶ ὑμεῖς ἀτιμάζετέ με. 50 Ἐγὼ δὲ οὐ ζητῶ τὴν δόξαν μου· ἔστιν ὁ ζητῶν καὶ κρίνων. 51 Ἀμὴν ἀμὴν λέγω ὑμῖν, ἐάν τις τὸν λόγον τὸν ἐμὸν[6] τηρήσῃ, θάνατον οὐ μὴ θεωρήσῃ εἰς τὸν αἰῶνα. 52 Εἶπον οὖν[7] αὐτῷ οἱ Ἰουδαῖοι, Νῦν ἐγνώκαμεν ὅτι δαιμόνιον ἔχεις. Ἀβραὰμ ἀπέθανεν καὶ οἱ προφῆται, καὶ σὺ λέγεις, Ἐάν τις τὸν λόγον μου τηρήσῃ, οὐ μὴ γεύσηται θανάτου εἰς τὸν αἰῶνα. 53 Μὴ σὺ μείζων εἶ τοῦ πατρὸς ἡμῶν Ἀβραάμ, ὅστις ἀπέθανεν; Καὶ οἱ προφῆται ἀπέθανον· τίνα σεαυτὸν σὺ ποιεῖς;[8] 54 Ἀπεκρίθη Ἰησοῦς, Ἐὰν ἐγὼ δοξάζω[9] ἐμαυτόν, ἡ δόξα μου οὐδέν ἐστιν· ἔστιν ὁ πατήρ μου ὁ δοξάζων με, ὃν ὑμεῖς λέγετε ὅτι Θεὸς ἡμῶν ἐστιν, 55 καὶ οὐκ ἐγνώκατε αὐτόν· ἐγὼ δὲ οἶδα αὐτόν, καὶ ἐὰν[10] εἴπω ὅτι οὐκ οἶδα αὐτόν, ἔσομαι ὅμοιος ὑμῶν,[11] ψεύστης· ἀλλ'[12] οἶδα αὐτόν, καὶ τὸν λόγον αὐτοῦ τηρῶ. 56 Ἀβραὰμ ὁ πατὴρ ὑμῶν ἠγαλλιάσατο ἵνα ἴδῃ τὴν ἡμέραν τὴν ἐμήν, καὶ εἶδεν καὶ ἐχάρη. 57 Εἶπον οὖν οἱ Ἰουδαῖοι πρὸς αὐτόν, Πεντήκοντα ἔτη οὔπω

---

[1] οὐχ ἔστηκεν • οὐκ ἔστηκεν [2] δὲ • — [3] οὖν • — [4] εἶπον • εἶπαν
[5] Σαμαρείτης • Σαμαρίτης [6] λόγον τὸν ἐμὸν • ἐμὸν λόγον [7] οὖν • [οὖν]
[8] σὺ ποιεῖς • ποιεῖς [9] δοξάζω • δοξάσω [10] καὶ ἐὰν • κἂν [11] ὑμῶν • ὑμῖν
[12] ἀλλ' • ἀλλὰ

ἔχεις, καὶ Ἀβραὰμ ἑώρακας; 58 Εἶπεν αὐτοῖς ὁ ¹ Ἰησοῦς, Ἀμὴν ἀμὴν λέγω ὑμῖν, πρὶν Ἀβραὰμ γενέσθαι, ἐγώ εἰμι. 59 Ἦραν οὖν λίθους ἵνα βάλωσιν ἐπ' αὐτόν· Ἰησοῦς δὲ ἐκρύβη, καὶ ἐξῆλθεν ἐκ τοῦ ἱεροῦ, διελθὼν διὰ μέσου αὐτῶν· καὶ παρῆγεν οὕτως.²

Healing of the Man That was Born Blind

9 Καὶ παράγων εἶδεν ἄνθρωπον τυφλὸν ἐκ γενετῆς. 2 Καὶ ἠρώτησαν αὐτὸν οἱ μαθηταὶ αὐτοῦ λέγοντες, Ῥαββί, τίς ἥμαρτεν, οὗτος ἢ οἱ γονεῖς αὐτοῦ, ἵνα τυφλὸς γεννηθῇ; 3 Ἀπεκρίθη Ἰησοῦς, Οὔτε οὗτος ἥμαρτεν οὔτε οἱ γονεῖς αὐτοῦ· ἀλλ' ἵνα φανερωθῇ τὰ ἔργα τοῦ θεοῦ ἐν αὐτῷ. 4 Ἐμὲ³ δεῖ ἐργάζεσθαι τὰ ἔργα τοῦ πέμψαντός με ἕως ἡμέρα ἐστίν· ἔρχεται νύξ, ὅτε οὐδεὶς δύναται ἐργάζεσθαι. 5 Ὅταν ἐν τῷ κόσμῳ ὦ, φῶς εἰμι τοῦ κόσμου. 6 Ταῦτα εἰπών, ἔπτυσεν χαμαί, καὶ ἐποίησεν πηλὸν ἐκ τοῦ πτύσματος, καὶ ἐπέχρισεν τὸν⁴ πηλὸν ἐπὶ τοὺς ὀφθαλμοὺς τοῦ τυφλοῦ,⁵ 7 καὶ εἶπεν αὐτῷ, Ὕπαγε νίψαι εἰς τὴν κολυμβήθραν τοῦ Σιλωάμ—ὃ ἑρμηνεύεται, Ἀπεσταλμένος. Ἀπῆλθεν οὖν καὶ ἐνίψατο, καὶ ἦλθεν βλέπων. 8 Οἱ οὖν γείτονες καὶ οἱ θεωροῦντες αὐτὸν τὸ πρότερον ὅτι τυφλὸς⁶ ἦν, ἔλεγον, Οὐχ οὗτός ἐστιν ὁ καθήμενος καὶ προσαιτῶν; 9 Ἄλλοι ἔλεγον ὅτι Οὗτός ἐστιν· ἄλλοι δὲ ὅτι⁷ Ὅμοιος αὐτῷ ἐστιν. Ἐκεῖνος ἔλεγεν ὅτι Ἐγώ εἰμι. 10 Ἔλεγον οὖν αὐτῷ, Πῶς ἀνεῴχθησάν ᵃ,⁸ σου οἱ ὀφθαλμοί; 11 Ἀπεκρίθη ἐκεῖνος καὶ εἶπεν, Ἄνθρωπος⁹ λεγόμενος Ἰησοῦς πηλὸν ἐποίησεν, καὶ ἐπέχρισέν μου τοὺς ὀφθαλμούς, καὶ εἶπέν μοι, ¹⁰ Ὕπαγε εἰς τὴν κολυμβήθραν τοῦ¹¹ Σιλωάμ, καὶ νίψαι. Ἀπελθὼν δὲ¹² καὶ νιψάμενος, ἀνέβλεψα. 12 Εἶπον οὖν¹³ αὐτῷ, Ποῦ ἐστιν ἐκεῖνος; Λέγει, Οὐκ οἶδα.

ᵃ ἀνεῴχθησάν • ἠνεῴχθησάν

---

¹ ὁ • — ² διελθὼν διὰ μέσου αὐτῶν καὶ παρῆγεν οὕτως • — ³ Ἐμὲ • Ἡμᾶς ⁴ τὸν • αὐτοῦ τὸν ⁵ τοῦ τυφλοῦ • — ⁶ τυφλὸς • προσαίτης ⁷ δὲ ὅτι • ἔλεγον Οὐχί ἀλλὰ ⁸ ἀνεῴχθησάν • [οὖν] ἠνεῴχθησάν ⁹ καὶ εἶπεν Ἄνθρωπος • Ὁ ἄνθρωπος ὁ ¹⁰ μοι • μοι ὅτι ¹¹ τὴν κολυμβήθραν τοῦ • τὸν ¹² δὲ • οὖν ¹³ Εἶπον οὖν • Καὶ εἶπαν

JOHN

13 Ἄγουσιν αὐτὸν πρὸς τοὺς Φαρισαίους, τόν ποτε τυφλόν. 14 Ἦν δὲ σάββατον ὅτε[1] τὸν πηλὸν ἐποίησεν ὁ Ἰησοῦς, καὶ ἀνέῳξεν αὐτοῦ τοὺς ὀφθαλμούς. 15 Πάλιν οὖν ἠρώτων αὐτὸν καὶ οἱ Φαρισαῖοι, πῶς ἀνέβλεψεν. Ὁ δὲ εἶπεν αὐτοῖς, Πηλὸν ἐπέθηκέν μου ἐπὶ τοὺς ὀφθαλμούς, καὶ ἐνιψάμην, καὶ βλέπω. 16 Ἔλεγον οὖν ἐκ τῶν Φαρισαίων τινές, Οὗτος ὁ ἄνθρωπος οὐκ ἔστιν παρὰ τοῦ θεοῦ,[2] ὅτι τὸ σάββατον οὐ τηρεῖ. Ἄλλοι[3] ἔλεγον, Πῶς δύναται ἄνθρωπος ἁμαρτωλὸς τοιαῦτα σημεῖα ποιεῖν; Καὶ σχίσμα ἦν ἐν αὐτοῖς. 17 Λέγουσιν τῷ[4] τυφλῷ πάλιν, Σὺ τί[5] λέγεις περὶ αὐτοῦ, ὅτι ἤνοιξέν[6] σου τοὺς ὀφθαλμούς; Ὁ δὲ εἶπεν ὅτι Προφήτης ἐστίν. 18 Οὐκ ἐπίστευσαν οὖν οἱ Ἰουδαῖοι περὶ αὐτοῦ, ὅτι τυφλὸς ἦν[7] καὶ ἀνέβλεψεν, ἕως ὅτου ἐφώνησαν τοὺς γονεῖς αὐτοῦ τοῦ ἀναβλέψαντος, 19 καὶ ἠρώτησαν αὐτοὺς λέγοντες, Οὗτός ἐστιν ὁ υἱὸς ὑμῶν, ὃν ὑμεῖς λέγετε ὅτι τυφλὸς ἐγεννήθη; Πῶς οὖν ἄρτι βλέπει;[8] 20 Ἀπεκρίθησαν δὲ αὐτοῖς[9] οἱ γονεῖς αὐτοῦ καὶ εἶπον,[10] Οἴδαμεν ὅτι οὗτός ἐστιν ὁ υἱὸς ἡμῶν, καὶ ὅτι τυφλὸς ἐγεννήθη· 21 πῶς δὲ νῦν βλέπει, οὐκ οἴδαμεν· ἢ τίς ἤνοιξεν αὐτοῦ τοὺς ὀφθαλμούς, ἡμεῖς οὐκ οἴδαμεν· αὐτὸς ἡλικίαν ἔχει· αὐτὸν ἐρωτήσατε,[11] αὐτὸς περὶ ἑαυτοῦ λαλήσει. 22 Ταῦτα εἶπον[12] οἱ γονεῖς αὐτοῦ, ὅτι ἐφοβοῦντο τοὺς Ἰουδαίους· ἤδη γὰρ συνετέθειντο οἱ Ἰουδαῖοι, ἵνα ἐάν τις αὐτὸν ὁμολογήσῃ χριστόν, ἀποσυνάγωγος γένηται. 23 Διὰ τοῦτο οἱ γονεῖς αὐτοῦ εἶπον[13] ὅτι Ἡλικίαν ἔχει, αὐτὸν ἐρωτήσατε.[14] 24 Ἐφώνησαν οὖν ἐκ δευτέρου τὸν ἄνθρωπον[15] ὃς ἦν τυφλός, καὶ εἶπον[16] αὐτῷ, Δὸς δόξαν τῷ θεῷ· ἡμεῖς οἴδαμεν ὅτι ὁ ἄνθρωπος

---

[1] ὅτε • ἐν ᾗ ἡμέρᾳ [2] Οὗτος ὁ ἄνθρωπος οὐκ ἔστιν παρὰ τοῦ θεοῦ • Οὐκ ἔστιν οὗτος παρὰ θεοῦ ὁ ἄνθρωπος [3] Ἄλλοι • Ἄλλοι [δὲ] [4] τῷ • οὖν τῷ [5] Σὺ τί • Τί σὺ [6] ἤνοιξέν • ἠνέῳξέν [7] τυφλὸς ἦν • ἦν τυφλὸς [8] ἄρτι βλέπει • βλέπει ἄρτι [9] δὲ αὐτοῖς • οὖν [10] εἶπον • εἶπαν [11] αὐτὸς ἡλικίαν ἔχει αὐτὸν ἐρωτήσατε • αὐτὸν ἐρωτήσατε ἡλικίαν ἔχει [12] εἶπον • εἶπαν [13] εἶπον • εἶπαν [14] ἐρωτήσατε • ἐπερωτήσατε [15] ἐκ δευτέρου τὸν ἄνθρωπον • τὸν ἄνθρωπον ἐκ δευτέρου [16] εἶπον • εἶπαν

οὗτος¹ ἁμαρτωλός ἐστιν. 25 Ἀπεκρίθη οὖν ἐκεῖνος καὶ εἶπεν,² Εἰ ἁμαρτωλός ἐστιν, οὐκ οἶδα· ἓν οἶδα, ὅτι τυφλὸς ὤν, ἄρτι βλέπω. 26 Εἶπον δὲ αὐτῷ πάλιν,³ Τί ἐποίησέ σοι; Πῶς ἤνοιξέν σου τοὺς ὀφθαλμούς; 27 Ἀπεκρίθη αὐτοῖς, Εἶπον ὑμῖν ἤδη, καὶ οὐκ ἠκούσατε. Τί πάλιν θέλετε ἀκούειν; Μὴ καὶ ὑμεῖς θέλετε αὐτοῦ μαθηταὶ γενέσθαι; 28 Ἐλοιδόρησαν⁴ αὐτόν, καὶ εἶπον, Σὺ εἶ μαθητὴς⁵ ἐκείνου· ἡμεῖς δὲ τοῦ Μωσέως⁶ ἐσμὲν μαθηταί. 29 Ἡμεῖς οἴδαμεν ὅτι Μωσῇ⁷ λελάληκεν ὁ θεός· τοῦτον δὲ οὐκ οἴδαμεν πόθεν ἐστίν. 30 Ἀπεκρίθη ὁ ἄνθρωπος καὶ εἶπεν αὐτοῖς, Ἐν γὰρ τούτῳ⁸ θαυμαστόν ἐστιν, ὅτι ὑμεῖς οὐκ οἴδατε πόθεν ἐστίν, καὶ ἀνέῳξέν⁹ μου τοὺς ὀφθαλμούς. 31 Οἴδαμεν δὲ¹⁰ ὅτι ἁμαρτωλῶν ὁ θεὸς οὐκ ἀκούει· ἀλλ᾽ ἐάν τις θεοσεβὴς ᾖ, καὶ τὸ θέλημα αὐτοῦ ποιῇ, τούτου ἀκούει. 32 Ἐκ τοῦ αἰῶνος οὐκ ἠκούσθη ὅτι ἤνοιξέν¹¹ τις ὀφθαλμοὺς τυφλοῦ γεγεννημένου. 33 Εἰ μὴ ἦν οὗτος παρὰ θεοῦ, οὐκ ἠδύνατο ποιεῖν οὐδέν. 34 Ἀπεκρίθησαν καὶ εἶπον¹² αὐτῷ, Ἐν ἁμαρτίαις σὺ ἐγεννήθης ὅλος, καὶ σὺ διδάσκεις ἡμᾶς; Καὶ ἐξέβαλον αὐτὸν ἔξω.

35 Ἤκουσεν ὁ¹³ Ἰησοῦς ὅτι ἐξέβαλον αὐτὸν ἔξω· καὶ εὑρὼν αὐτόν, εἶπεν αὐτῷ,¹⁴ Σὺ πιστεύεις εἰς τὸν υἱὸν τοῦ θεοῦ;¹⁵ 36 Ἀπεκρίθη ἐκεῖνος καὶ εἶπεν, Καὶ τίς ἐστιν, κύριε, ἵνα πιστεύσω εἰς αὐτόν; 37 Εἶπεν δὲ¹⁶ αὐτῷ ὁ Ἰησοῦς, Καὶ ἑώρακας αὐτόν, καὶ ὁ λαλῶν μετὰ σοῦ ἐκεῖνός ἐστιν. 38 Ὁ δὲ ἔφη, Πιστεύω, κύριε· καὶ προσεκύνησεν αὐτῷ. 39 Καὶ εἶπεν ὁ Ἰησοῦς, Εἰς κρίμα ἐγὼ εἰς τὸν κόσμον τοῦτον ἦλθον, ἵνα οἱ μὴ βλέποντες βλέπωσιν, καὶ οἱ βλέποντες τυφλοὶ γένωνται. 40 Καὶ ἤκουσαν¹⁷ ἐκ τῶν Φαρισαίων ταῦτα οἱ ὄντες μετ᾽ αὐτοῦ,¹⁸ καὶ εἶπον αὐτῷ, Μὴ καὶ ἡμεῖς τυφλοί ἐσμεν; 41 Εἶπεν αὐτοῖς ὁ

---

1 ὁ ἄνθρωπος οὗτος • οὗτος ὁ ἄνθρωπος   2 καὶ εἶπεν — •   3 δὲ αὐτῷ πάλιν • οὖν αὐτῷ   4 Ἐλοιδόρησαν • Καὶ ἐλοιδόρησαν   5 εἶ μαθητής • μαθητὴς εἶ   6 Μωσέως • Μωϋσέως   7 Μωσῇ • Μωϋσεῖ   8 γὰρ τούτῳ • τούτῳ γὰρ τὸ   9 ἀνέῳξέν • ἤνοιξέν   10 δὲ —   11 ἤνοιξέν • ἠνέῳξέν   12 εἶπον • εἶπαν   13 ὁ —   14 αὐτῷ —   15 θεοῦ • ἀνθρώπου   16 δὲ —   17 Καὶ ἤκουσαν • Ἤκουσαν   18 ὄντες μετ᾽ αὐτοῦ • μετ᾽ αὐτοῦ ὄντες

Ἰησοῦς, Εἰ τυφλοὶ ἦτε, οὐκ ἂν εἴχετε ἁμαρτίαν· νῦν δὲ λέγετε ὅτι Βλέπομεν· ἡ οὖν ¹ ἁμαρτία ὑμῶν μένει.

Jesus the Good Shepherd

10 Ἀμὴν ἀμὴν λέγω ὑμῖν, ὁ μὴ εἰσερχόμενος διὰ τῆς θύρας εἰς τὴν αὐλὴν τῶν προβάτων, ἀλλὰ ἀναβαίνων ἀλλαχόθεν, ἐκεῖνος κλέπτης ἐστὶν καὶ λῃστής. 2 Ὁ δὲ εἰσερχόμενος διὰ τῆς θύρας ποιμήν ἐστιν τῶν προβάτων. 3 Τούτῳ ὁ θυρωρὸς ἀνοίγει, καὶ τὰ πρόβατα τῆς φωνῆς αὐτοῦ ἀκούει, καὶ τὰ ἴδια πρόβατα καλεῖ² κατ' ὄνομα, καὶ ἐξάγει αὐτά. 4 Καὶ ὅταν ³ τὰ ἴδια πρόβατα ἐκβάλῃ, ⁴ ἔμπροσθεν αὐτῶν πορεύεται· καὶ τὰ πρόβατα αὐτῷ ἀκολουθεῖ, ὅτι οἴδασιν τὴν φωνὴν αὐτοῦ. 5 Ἀλλοτρίῳ δὲ οὐ μὴ ἀκολουθήσωσιν,⁵ ἀλλὰ φεύξονται ἀπ' αὐτοῦ· ὅτι οὐκ οἴδασιν τῶν ἀλλοτρίων τὴν φωνήν. 6 Ταύτην τὴν παροιμίαν εἶπεν αὐτοῖς ὁ Ἰησοῦς· ἐκεῖνοι δὲ οὐκ ἔγνωσαν τίνα ἦν ἃ ἐλάλει αὐτοῖς.

7 Εἶπεν οὖν πάλιν αὐτοῖς⁶ ὁ Ἰησοῦς, Ἀμὴν ἀμὴν λέγω ὑμῖν ὅτι ἐγώ εἰμι ἡ θύρα τῶν προβάτων. 8 Πάντες ὅσοι ἦλθον⁷ κλέπται εἰσὶν καὶ λῃσταί· ἀλλ' οὐκ ἤκουσαν αὐτῶν τὰ πρόβατα. 9 Ἐγώ εἰμι ἡ θύρα· δι' ἐμοῦ ἐάν τις εἰσέλθῃ, σωθήσεται, καὶ εἰσελεύσεται καὶ ἐξελεύσεται, καὶ νομὴν εὑρήσει. 10 Ὁ κλέπτης οὐκ ἔρχεται εἰ μὴ ἵνα κλέψῃ καὶ θύσῃ καὶ ἀπολέσῃ· ἐγὼ ἦλθον ἵνα ζωὴν ἔχωσιν, καὶ περισσὸν ἔχωσιν. 11 Ἐγώ εἰμι ὁ ποιμὴν ὁ καλός· ὁ ποιμὴν ὁ καλὸς τὴν ψυχὴν αὐτοῦ τίθησιν ὑπὲρ τῶν προβάτων. 12 Ὁ μισθωτὸς δέ,⁸ καὶ οὐκ ὢν ποιμήν, οὗ οὐκ εἰσὶν⁹ τὰ πρόβατα ἴδια, θεωρεῖ τὸν λύκον ἐρχόμενον, καὶ ἀφίησιν τὰ πρόβατα, καὶ φεύγει· καὶ ὁ λύκος ἁρπάζει αὐτά, καὶ σκορπίζει τὰ πρόβατα.¹⁰ 13 Ὁ δὲ μισθωτὸς φεύγει, ¹¹ ὅτι μισθωτός ἐστιν, καὶ οὐ μέλει αὐτῷ περὶ τῶν προβάτων. 14 Ἐγώ εἰμι ὁ ποιμὴν ὁ καλός, καὶ γινώσκω τὰ

---

¹ οὖν • — ² καλεῖ • φωνεῖ ³ Καὶ ὅταν • Ὅταν ⁴ πρόβατα ἐκβάλῃ • πάντα ἐκβάλῃ ⁵ ἀκολουθήσωσιν • ἀκολουθήσουσιν ⁶ αὐτοῖς • — ⁷ ἦλθον • ἦλθον [πρὸ ἐμοῦ] ⁸ δέ • — ⁹ εἰσὶν • ἔστιν ¹⁰ σκορπίζει τὰ πρόβατα • σκορπίζει ¹¹ Ὁ δὲ μισθωτὸς φεύγει • —

ἐμά, καὶ γινώσκομαι ὑπὸ τῶν ἐμῶν.[1] 15 Καθὼς γινώσκει με ὁ πατήρ, κἀγὼ γινώσκω τὸν πατέρα· καὶ τὴν ψυχήν μου τίθημι ὑπὲρ τῶν προβάτων. 16 Καὶ ἄλλα πρόβατα ἔχω, ἃ οὐκ ἔστιν ἐκ τῆς αὐλῆς ταύτης· κἀκεῖνά με δεῖ[2] ἀγαγεῖν, καὶ τῆς φωνῆς μου ἀκούσουσιν· καὶ γενήσεται[3] μία ποίμνη, εἷς ποιμήν. 17 Διὰ τοῦτο ὁ πατήρ με[4] ἀγαπᾷ, ὅτι ἐγὼ τίθημι τὴν ψυχήν μου, ἵνα πάλιν λάβω αὐτήν. 18 Οὐδεὶς αἴρει αὐτὴν ἀπ' ἐμοῦ, ἀλλ' ἐγὼ τίθημι αὐτὴν ἀπ' ἐμαυτοῦ. Ἐξουσίαν ἔχω θεῖναι αὐτήν, καὶ ἐξουσίαν ἔχω πάλιν λαβεῖν αὐτήν. Ταύτην τὴν ἐντολὴν ἔλαβον παρὰ τοῦ πατρός μου.

19 Σχίσμα οὖν[5] πάλιν ἐγένετο ἐν τοῖς Ἰουδαίοις διὰ τοὺς λόγους τούτους. 20 Ἔλεγον δὲ πολλοὶ ἐξ αὐτῶν, Δαιμόνιον ἔχει καὶ μαίνεται· τί αὐτοῦ ἀκούετε; 21 Ἄλλοι ἔλεγον, Ταῦτα τὰ ῥήματα οὐκ ἔστιν δαιμονιζομένου· μὴ δαιμόνιον δύναται τυφλῶν ὀφθαλμοὺς ἀνοίγειν;[6]

Jesus' Sermon at the Feast of Dedication

22 Ἐγένετο δὲ[7] τὰ Ἐγκαίνια ἐν Ἱεροσολύμοις, καὶ[8] χειμὼν ἦν· 23 καὶ περιεπάτει ὁ Ἰησοῦς ἐν τῷ ἱερῷ ἐν τῇ στοᾷ Σολομῶνος.[9] 24 Ἐκύκλωσαν οὖν αὐτὸν οἱ Ἰουδαῖοι, καὶ ἔλεγον αὐτῷ, Ἕως πότε τὴν ψυχὴν ἡμῶν αἴρεις; Εἰ σὺ εἶ ὁ χριστός, εἰπὲ ἡμῖν παρρησίᾳ. 25 Ἀπεκρίθη αὐτοῖς ὁ Ἰησοῦς, Εἶπον ὑμῖν, καὶ οὐ πιστεύετε· τὰ ἔργα ἃ ἐγὼ ποιῶ ἐν τῷ ὀνόματι τοῦ πατρός μου, ταῦτα μαρτυρεῖ περὶ ἐμοῦ· 26 ἀλλ'[10] ὑμεῖς οὐ πιστεύετε· οὐ γάρ[11] ἐστε ἐκ τῶν προβάτων τῶν ἐμῶν, καθὼς εἶπον ὑμῖν.[12] 27 Τὰ πρόβατα τὰ ἐμὰ τῆς φωνῆς μου ἀκούει,[13] κἀγὼ γινώσκω αὐτά, καὶ ἀκολουθοῦσίν μοι· 28 κἀγὼ ζωὴν αἰώνιον δίδωμι αὐτοῖς·[14] καὶ οὐ μὴ ἀπόλωνται εἰς τὸν αἰῶνα, καὶ οὐχ ἁρπάσει τις αὐτὰ ἐκ τῆς χειρός μου. 29 Ὁ πατήρ

---

[1] γινώσκομαι ὑπὸ τῶν ἐμῶν • γινώσκουσίν με τὰ ἐμά   [2] με δεῖ • δεῖ με
[3] γενήσεται • γενήσονται   [4] ὁ πατήρ με • με ὁ πατὴρ   [5] οὖν • —   [6] ἀνοίγειν • ἀνοῖξαι   [7] δὲ • τότε   [8] Ἱεροσολύμοις καὶ • τοῖς Ἱεροσολύμοις   [9] Σολομῶνος • τοῦ Σολομῶνος   [10] ἀλλ' • ἀλλὰ   [11] οὐ γάρ • ὅτι οὐκ   [12] καθὼς εἶπον ὑμῖν • — [13] ἀκούει • ἀκούουσιν   [14] ζωὴν αἰώνιον δίδωμι αὐτοῖς • δίδωμι αὐτοῖς ζωὴν αἰώνιον

μου ὃς δέδωκέν μοι, μείζων πάντων ¹ ἐστίν· καὶ οὐδεὶς δύναται ἁρπάζειν ἐκ τῆς χειρὸς τοῦ πατρός μου.² 30 Ἐγὼ καὶ ὁ πατὴρ ἕν ἐσμεν. 31 Ἐβάστασαν οὖν³ πάλιν λίθους οἱ Ἰουδαῖοι ἵνα λιθάσωσιν αὐτόν. 32 Ἀπεκρίθη αὐτοῖς ὁ Ἰησοῦς, Πολλὰ καλὰ ἔργα⁴ ἔδειξα ὑμῖν ἐκ τοῦ πατρός μου·⁵ διὰ ποῖον αὐτῶν ἔργον λιθάζετέ με;⁶ 33 Ἀπεκρίθησαν αὐτῷ οἱ Ἰουδαῖοι λέγοντες,⁷ Περὶ καλοῦ ἔργου οὐ λιθάζομέν σε, ἀλλὰ περὶ βλασφημίας, καὶ ὅτι σὺ ἄνθρωπος ὢν ποιεῖς σεαυτὸν θεόν. 34 Ἀπεκρίθη αὐτοῖς ὁ⁸ Ἰησοῦς, Οὐκ ἔστιν γεγραμμένον ἐν τῷ νόμῳ ὑμῶν, Ἐγὼ⁹ εἶπα, Θεοί ἐστε; 35 Εἰ ἐκείνους εἶπεν θεούς, πρὸς οὓς ὁ λόγος τοῦ θεοῦ ἐγένετο—καὶ οὐ δύναται λυθῆναι ἡ γραφή— 36 ὃν ὁ πατὴρ ἡγίασεν καὶ ἀπέστειλεν εἰς τὸν κόσμον, ὑμεῖς λέγετε ὅτι Βλασφημεῖς, ὅτι εἶπον, Υἱὸς τοῦ θεοῦ εἰμι; 37 Εἰ οὐ ποιῶ τὰ ἔργα τοῦ πατρός μου, μὴ πιστεύετέ μοι· 38 εἰ δὲ ποιῶ, κἂν ἐμοὶ μὴ πιστεύητε, τοῖς ἔργοις πιστεύσατε·¹⁰ ἵνα γνῶτε καὶ πιστεύσητε¹¹ ὅτι ἐν ἐμοὶ ὁ πατήρ, κἀγὼ ἐν αὐτῷ.¹² 39 Ἐζήτουν οὖν ᵃ πάλιν αὐτὸν¹³ πιάσαι· καὶ ἐξῆλθεν ἐκ τῆς χειρὸς αὐτῶν.

40 Καὶ ἀπῆλθεν πάλιν πέραν τοῦ Ἰορδάνου εἰς τὸν τόπον ὅπου ἦν Ἰωάννης τὸ πρῶτον βαπτίζων· καὶ ἔμεινεν ἐκεῖ. 41 Καὶ πολλοὶ ἦλθον πρὸς αὐτόν, καὶ ἔλεγον ὅτι Ἰωάννης μὲν σημεῖον ἐποίησεν οὐδέν· πάντα δὲ ὅσα εἶπεν Ἰωάννης περὶ τούτου, ἀληθῆ ἦν. 42 Καὶ ἐπίστευσαν πολλοὶ ἐκεῖ εἰς αὐτόν.¹⁴

The Raising of Lazarus

11 Ἦν δέ τις ἀσθενῶν Λάζαρος ἀπὸ Βηθανίας, ἐκ τῆς κώμης Μαρίας καὶ Μάρθας τῆς ἀδελφῆς αὐτῆς. 2 Ἦν δὲ Μαρία¹⁵ ἡ ἀλείψασα τὸν κύριον μύρῳ, καὶ ἐκμάξασα τοὺς πόδας αὐτοῦ ταῖς θριξὶν αὐτῆς, ἧς ὁ ἀδελφὸς Λάζαρος ἠσθένει.

ᵃ οὖν • —

1 ὃς δέδωκέν μοι μείζων πάντων • ὃ δέδωκέν μοι πάντων μεῖζόν   2 πατρός μου • πατρός   3 οὖν • —   4 καλὰ ἔργα • ἔργα καλὰ   5 μου • —   6 λιθάζετέ με • ἐμὲ λιθάζετε   7 λέγοντες • —   8 ὁ • [ὁ]   9 Ἐγὼ • ὅτι Ἐγὼ   10 πιστεύσατε • πιστεύετε   11 πιστεύσητε • γινώσκητε   12 αὐτῷ • τῷ πατρί   13 οὖν πάλιν αὐτὸν • [οὖν] αὐτὸν πάλιν   14 ἐπίστευσαν πολλοὶ ἐκεῖ εἰς αὐτόν • πολλοὶ ἐπίστευσαν εἰς αὐτὸν ἐκεῖ   15 Μαρία • Μαριὰμ

3 Ἀπέστειλαν οὖν αἱ ἀδελφαὶ πρὸς αὐτὸν λέγουσαι, Κύριε, ἴδε ὃν φιλεῖς ἀσθενεῖ. 4 Ἀκούσας δὲ ὁ Ἰησοῦς εἶπεν, Αὕτη ἡ ἀσθένεια οὐκ ἔστιν πρὸς θάνατον, ἀλλ' ὑπὲρ τῆς δόξης τοῦ θεοῦ, ἵνα δοξασθῇ ὁ υἱὸς τοῦ θεοῦ δι' αὐτῆς. 5 Ἠγάπα δὲ ὁ Ἰησοῦς τὴν Μάρθαν καὶ τὴν ἀδελφὴν αὐτῆς καὶ τὸν Λάζαρον. 6 Ὡς οὖν ἤκουσεν ὅτι ἀσθενεῖ, τότε μὲν ἔμεινεν ἐν ᾧ ἦν τόπῳ δύο ἡμέρας. 7 Ἔπειτα μετὰ τοῦτο λέγει τοῖς μαθηταῖς, Ἄγωμεν εἰς τὴν Ἰουδαίαν πάλιν. 8 Λέγουσιν αὐτῷ οἱ μαθηταί, Ῥαββί, νῦν ἐζήτουν σε λιθάσαι οἱ Ἰουδαῖοι, καὶ πάλιν ὑπάγεις ἐκεῖ; 9 Ἀπεκρίθη Ἰησοῦς, Οὐχὶ δώδεκά εἰσιν ὧραι[1] τῆς ἡμέρας; Ἐάν τις περιπατῇ ἐν τῇ ἡμέρᾳ, οὐ προσκόπτει, ὅτι τὸ φῶς τοῦ κόσμου τούτου βλέπει. 10 Ἐὰν δέ τις περιπατῇ ἐν τῇ νυκτί, προσκόπτει, ὅτι τὸ φῶς οὐκ ἔστιν ἐν αὐτῷ. 11 Ταῦτα εἶπεν, καὶ μετὰ τοῦτο λέγει αὐτοῖς, Λάζαρος ὁ φίλος ἡμῶν κεκοίμηται· ἀλλὰ πορεύομαι ἵνα ἐξυπνίσω αὐτόν. 12 Εἶπον[2] οὖν οἱ μαθηταὶ αὐτοῦ,[3] Κύριε, εἰ κεκοίμηται, σωθήσεται. 13 Εἰρήκει δὲ ὁ Ἰησοῦς περὶ τοῦ θανάτου αὐτοῦ· ἐκεῖνοι δὲ ἔδοξαν ὅτι περὶ τῆς κοιμήσεως τοῦ ὕπνου λέγει. 14 Τότε οὖν εἶπεν αὐτοῖς ὁ Ἰησοῦς παρρησίᾳ, Λάζαρος ἀπέθανεν. 15 Καὶ χαίρω δι' ὑμᾶς, ἵνα πιστεύσητε, ὅτι οὐκ ἤμην ἐκεῖ· ἀλλὰ ἄγωμεν πρὸς αὐτόν. 16 Εἶπεν οὖν Θωμᾶς, ὁ λεγόμενος Δίδυμος, τοῖς συμμαθηταῖς, Ἄγωμεν καὶ ἡμεῖς, ἵνα ἀποθάνωμεν μετ' αὐτοῦ.

17 Ἐλθὼν οὖν ὁ Ἰησοῦς εὗρεν αὐτὸν τέσσαρας ἡμέρας ἤδη[4] ἔχοντα ἐν τῷ μνημείῳ. 18 Ἦν δὲ ἡ Βηθανία ἐγγὺς τῶν Ἱεροσολύμων, ὡς ἀπὸ σταδίων δεκαπέντε· 19 καὶ πολλοὶ[5] ἐκ τῶν Ἰουδαίων ἐληλύθεισαν πρὸς τὰς περὶ Μάρθαν καὶ Μαρίαν,[6] ἵνα παραμυθήσωνται αὐτὰς περὶ τοῦ ἀδελφοῦ αὐτῶν.[7] 20 Ἡ οὖν Μάρθα, ὡς ἤκουσεν ὅτι Ἰησοῦς ἔρχεται, ὑπήντησεν αὐτῷ· Μαρία[8] δὲ ἐν τῷ οἴκῳ ἐκαθέζετο. 21 Εἶπεν οὖν Μάρθα[9] πρὸς τὸν Ἰησοῦν, Κύριε, εἰ ἦς ὧδε, ὁ ἀδελφός

---

[1] εἰσιν ὧραι • ὧραί εἰσιν   [2] Εἶπον • Εἶπαν   [3] αὐτοῦ • αὐτῷ   [4] ἡμέρας ἤδη • ἤδη ἡμέρας   [5] καὶ πολλοὶ • πολλοὶ δὲ   [6] τὰς περὶ Μάρθαν καὶ Μαρίαν • τὴν Μάρθαν καὶ Μαριάμ   [7] αὐτῶν • —   [8] Μαρία • Μαριὰμ   [9] Μάρθα • ἡ Μάρθα

μου οὐκ ἂν ἐτεθνήκει.[1] 22 Ἀλλὰ[2] καὶ νῦν οἶδα ὅτι ὅσα ἂν αἰτήσῃ τὸν θεόν, δώσει σοι ὁ θεός. 23 Λέγει αὐτῇ ὁ Ἰησοῦς, Ἀναστήσεται ὁ ἀδελφός σου. 24 Λέγει αὐτῷ Μάρθα,[3] Οἶδα ὅτι ἀναστήσεται ἐν τῇ ἀναστάσει ἐν τῇ ἐσχάτῃ ἡμέρᾳ. 25 Εἶπεν αὐτῇ ὁ Ἰησοῦς, Ἐγώ εἰμι ἡ ἀνάστασις καὶ ἡ ζωή· ὁ πιστεύων εἰς ἐμέ, κἂν ἀποθάνῃ, ζήσεται· 26 καὶ πᾶς ὁ ζῶν καὶ πιστεύων εἰς ἐμέ, οὐ μὴ ἀποθάνῃ εἰς τὸν αἰῶνα. Πιστεύεις τοῦτο; 27 Λέγει αὐτῷ, Ναί, κύριε· ἐγὼ πεπίστευκα, ὅτι σὺ εἶ ὁ χριστός, ὁ υἱὸς τοῦ θεοῦ, ὁ εἰς τὸν κόσμον ἐρχόμενος. 28 Καὶ ταῦτα[4] εἰποῦσα ἀπῆλθεν, καὶ ἐφώνησε Μαρίαν[5] τὴν ἀδελφὴν αὐτῆς λάθρᾳ, εἰποῦσα, Ὁ διδάσκαλος πάρεστιν καὶ φωνεῖ σε. 29 Ἐκείνη ὡς[6] ἤκουσεν, ἐγείρεται[7] ταχὺ καὶ ἔρχεται[8] πρὸς αὐτόν. 30 Οὔπω δὲ ἐληλύθει ὁ Ἰησοῦς εἰς τὴν κώμην, ἀλλ᾽ ἦν ἐν[9] τῷ τόπῳ ὅπου ὑπήντησεν αὐτῷ ἡ Μάρθα. 31 Οἱ οὖν Ἰουδαῖοι οἱ ὄντες μετ᾽ αὐτῆς ἐν τῇ οἰκίᾳ καὶ παραμυθούμενοι αὐτήν, ἰδόντες τὴν Μαρίαν[10] ὅτι ταχέως ἀνέστη καὶ ἐξῆλθεν, ἠκολούθησαν αὐτῇ, λέγοντες[11] ὅτι Ὑπάγει εἰς τὸ μνημεῖον, ἵνα κλαύσῃ ἐκεῖ. 32 Ἡ οὖν Μαρία,[12] ὡς ἦλθεν ὅπου ἦν ὁ Ἰησοῦς,[13] ἰδοῦσα αὐτόν, ἔπεσεν αὐτοῦ εἰς[14] τοὺς πόδας λέγουσα αὐτῷ, Κύριε, εἰ ἦς ὧδε, οὐκ ἂν ἀπέθανέν μου[15] ὁ ἀδελφός. 33 Ἰησοῦς οὖν ὡς εἶδεν αὐτὴν κλαίουσαν, καὶ τοὺς συνελθόντας αὐτῇ Ἰουδαίους κλαίοντας, ἐνεβριμήσατο τῷ πνεύματι, καὶ ἐτάραξεν ἑαυτόν, 34 καὶ εἶπεν, Ποῦ τεθείκατε αὐτόν; Λέγουσιν αὐτῷ, Κύριε, ἔρχου καὶ ἴδε. 35 Ἐδάκρυσεν ὁ Ἰησοῦς. 36 Ἔλεγον οὖν οἱ Ἰουδαῖοι, Ἴδε πῶς ἐφίλει αὐτόν. 37 Τινὲς δὲ ἐξ αὐτῶν εἶπον, Οὐκ ἠδύνατο[16] οὗτος, ὁ ἀνοίξας τοὺς ὀφθαλμοὺς τοῦ τυφλοῦ, ποιῆσαι ἵνα καὶ οὗτος μὴ ἀποθάνῃ; 38 Ἰησοῦς οὖν πάλιν ἐμβριμώμενος ἐν ἑαυτῷ ἔρχεται εἰς τὸ μνημεῖον. Ἦν δὲ σπήλαιον, καὶ λίθος ἐπέκειτο ἐπ᾽ αὐτῷ.

---

[1] ὁ ἀδελφός μου οὐκ ἂν ἐτεθνήκει • οὐκ ἂν ἀπέθανεν ὁ ἀδελφός μου   [2] Ἀλλὰ • [Ἀλλὰ]   [3] Μάρθα • ἡ Μάρθα   [4] ταῦτα • τοῦτο   [5] Μαρίαν • Μαριὰμ   [6] ὡς • δὲ ὡς   [7] ἐγείρεται • ἠγέρθη   [8] ἔρχεται • ἤρχετο   [9] ἐν • ἔτι ἐν   [10] Μαρίαν • Μαριὰμ   [11] λέγοντες • δόξαντες   [12] Μαρία • Μαριὰμ   [13] ὁ Ἰησοῦς • Ἰησοῦς   [14] εἰς • πρὸς   [15] ἀπέθανέν μου • μου ἀπέθανεν   [16] εἶπον Οὐκ ἠδύνατο • εἶπαν Οὐκ ἐδύνατο

39 Λέγει ὁ Ἰησοῦς, Ἄρατε τὸν λίθον. Λέγει αὐτῷ ἡ ἀδελφὴ τοῦ τεθνηκότος[1] Μάρθα, Κύριε, ἤδη ὄζει· τεταρταῖος γάρ ἐστιν. **40** Λέγει αὐτῇ ὁ Ἰησοῦς, Οὐκ εἶπόν σοι ὅτι ἐὰν πιστεύσῃς, ὄψει[2] τὴν δόξαν τοῦ θεοῦ; **41** Ἦραν οὖν τὸν λίθον, οὗ ἦν ὁ τεθνηκὼς κείμενος.[3] Ὁ δὲ Ἰησοῦς ἦρεν τοὺς ὀφθαλμοὺς ἄνω, καὶ εἶπεν, Πάτερ, εὐχαριστῶ σοι ὅτι ἤκουσάς μου. **42** Ἐγὼ δὲ ᾔδειν ὅτι πάντοτέ μου ἀκούεις· ἀλλὰ διὰ τὸν ὄχλον τὸν περιεστῶτα εἶπον, ἵνα πιστεύσωσιν ὅτι σύ με ἀπέστειλας. **43** Καὶ ταῦτα εἰπών, φωνῇ μεγάλῃ ἐκραύγασεν, Λάζαρε, δεῦρο ἔξω. **44** Καὶ ἐξῆλθεν[4] ὁ τεθνηκώς, δεδεμένος τοὺς πόδας καὶ τὰς χεῖρας κειρίαις, καὶ ἡ ὄψις αὐτοῦ σουδαρίῳ περιεδέδετο. Λέγει αὐτοῖς ὁ Ἰησοῦς, Λύσατε αὐτόν, καὶ ἄφετε ὑπάγειν.[5]

45 Πολλοὶ οὖν ἐκ τῶν Ἰουδαίων, οἱ ἐλθόντες πρὸς τὴν Μαρίαν[6] καὶ θεασάμενοι ἃ ἐποίησεν ὁ Ἰησοῦς,[7] ἐπίστευσαν εἰς αὐτόν. **46** Τινὲς δὲ ἐξ αὐτῶν ἀπῆλθον πρὸς τοὺς Φαρισαίους, καὶ εἶπον[8] αὐτοῖς ἃ ἐποίησεν ὁ[9] Ἰησοῦς.

The Council concerning Jesus' Removal

47 Συνήγαγον οὖν οἱ ἀρχιερεῖς καὶ οἱ Φαρισαῖοι συνέδριον, καὶ ἔλεγον, Τί ποιοῦμεν; Ὅτι οὗτος ὁ ἄνθρωπος πολλὰ σημεῖα ποιεῖ.[10] **48** Ἐὰν ἀφῶμεν αὐτὸν οὕτως, πάντες πιστεύσουσιν εἰς αὐτόν· καὶ ἐλεύσονται οἱ Ῥωμαῖοι καὶ ἀροῦσιν ἡμῶν καὶ τὸν τόπον καὶ τὸ ἔθνος. **49** Εἷς δέ τις ἐξ αὐτῶν Καϊάφας, ἀρχιερεὺς ὢν τοῦ ἐνιαυτοῦ ἐκείνου, εἶπεν αὐτοῖς, Ὑμεῖς οὐκ οἴδατε οὐδέν, **50** οὐδὲ διαλογίζεσθε[11] ὅτι συμφέρει ἡμῖν[12] ἵνα εἷς ἄνθρωπος ἀποθάνῃ ὑπὲρ τοῦ λαοῦ, καὶ μὴ ὅλον τὸ ἔθνος ἀπόληται. **51** Τοῦτο δὲ ἀφ' ἑαυτοῦ οὐκ εἶπεν, ἀλλὰ ἀρχιερεὺς ὢν τοῦ ἐνιαυτοῦ ἐκείνου, προεφήτευσεν[13] ὅτι ἔμελλεν Ἰησοῦς ἀποθνήσκειν ὑπὲρ τοῦ ἔθνους, **52** καὶ οὐχ ὑπὲρ τοῦ ἔθνους μόνον, ἀλλ' ἵνα καὶ τὰ τέκνα τοῦ θεοῦ τὰ

---

1 τεθνηκότος • τετελευτηκότος   2 ὄψει • ὄψῃ   3 οὗ ἦν ὁ τεθνηκὼς κείμενος •
— 4 Καὶ ἐξῆλθεν • Ἐξῆλθεν   5 ὑπάγειν • αὐτὸν ὑπάγειν   6 Μαρίαν • Μαριὰμ
7 ὁ Ἰησοῦς • —   8 εἶπον • εἶπαν   9 ὁ • —   10 σημεῖα ποιεῖ • ποιεῖ σημεῖα
11 διαλογίζεσθε • λογίζεσθε   12 ἡμῖν • ὑμῖν   13 προεφήτευσεν • ἐπροφήτευσεν

διεσκορπισμένα συναγάγῃ εἰς ἕν. 53 Ἀπ' ἐκείνης οὖν τῆς ἡμέρας συνεβουλεύσαντο¹ ἵνα ἀποκτείνωσιν αὐτόν.

54 Ἰησοῦς οὖν² οὐκέτι παρρησίᾳ περιεπάτει ἐν τοῖς Ἰουδαίοις, ἀλλὰ ἀπῆλθεν ἐκεῖθεν εἰς τὴν χώραν ἐγγὺς τῆς ἐρήμου, εἰς Ἐφραῒμ λεγομένην πόλιν, κἀκεῖ διέτριβεν³ μετὰ τῶν μαθητῶν αὐτοῦ.⁴ 55 Ἦν δὲ ἐγγὺς τὸ Πάσχα τῶν Ἰουδαίων· καὶ ἀνέβησαν πολλοὶ εἰς Ἱεροσόλυμα ἐκ τῆς χώρας πρὸ τοῦ Πάσχα, ἵνα ἁγνίσωσιν ἑαυτούς. 56 Ἐζήτουν οὖν τὸν Ἰησοῦν, καὶ ἔλεγον μετ' ἀλλήλων ἐν τῷ ἱερῷ ἑστηκότες, Τί δοκεῖ ὑμῖν; Ὅτι οὐ μὴ ἔλθῃ εἰς τὴν ἑορτήν; 57 Δεδώκεισαν δὲ καὶ οἱ ἀρχιερεῖς⁵ καὶ οἱ Φαρισαῖοι ἐντολήν,⁶ ἵνα ἐάν τις γνῷ ποῦ ἐστιν, μηνύσῃ, ὅπως πιάσωσιν αὐτόν.

The Anointing of Jesus

12 Ὁ οὖν Ἰησοῦς πρὸ ἓξ ἡμερῶν τοῦ Πάσχα ἦλθεν εἰς Βηθανίαν, ὅπου ἦν Λάζαρος ὁ τεθνηκώς,⁷ ὃν ἤγειρεν ἐκ νεκρῶν.⁸ 2 Ἐποίησαν οὖν αὐτῷ δεῖπνον ἐκεῖ, καὶ ἡ Μάρθα διηκόνει· ὁ δὲ Λάζαρος εἷς ἦν τῶν⁹ ἀνακειμένων σὺν αὐτῷ. 3 Ἡ οὖν Μαρία¹⁰ λαβοῦσα λίτραν μύρου νάρδου πιστικῆς πολυτίμου, ἤλειψεν τοὺς πόδας τοῦ Ἰησοῦ, καὶ ἐξέμαξεν ταῖς θριξὶν αὐτῆς τοὺς πόδας αὐτοῦ· ἡ δὲ οἰκία ἐπληρώθη ἐκ τῆς ὀσμῆς τοῦ μύρου. 4 Λέγει οὖν εἷς ἐκ τῶν μαθητῶν αὐτοῦ, Ἰούδας Σίμωνος Ἰσκαριώτης,¹¹ ὁ μέλλων αὐτὸν παραδιδόναι, 5 Διὰ τί τοῦτο τὸ μύρον οὐκ ἐπράθη τριακοσίων δηναρίων, καὶ ἐδόθη πτωχοῖς; 6 Εἶπεν δὲ τοῦτο, οὐχ ὅτι περὶ τῶν πτωχῶν ἔμελεν αὐτῷ, ἀλλ' ὅτι κλέπτης ἦν, καὶ τὸ γλωσσόκομον εἶχεν, καὶ¹² τὰ βαλλόμενα ἐβάσταζεν. 7 Εἶπεν οὖν ὁ Ἰησοῦς, Ἄφες αὐτήν· εἰς¹³ τὴν ἡμέραν τοῦ ἐνταφιασμοῦ μου τετήρηκεν¹⁴

---

¹ συνεβουλεύσαντο • ἐβουλεύσαντο   ² Ἰησοῦς οὖν • Ὁ οὖν Ἰησοῦς
³ διέτριβεν • ἔμεινεν   ⁴ αὐτοῦ • —   ⁵ καὶ οἱ ἀρχιερεῖς • οἱ ἀρχιερεῖς
⁶ ἐντολήν • ἐντολάς   ⁷ ὁ τεθνηκώς • —   ⁸ νεκρῶν • νεκρῶν Ἰησοῦς   ⁹ τῶν • ἐκ
τῶν   ¹⁰ Μαρία • Μαριὰμ   ¹¹ οὖν εἷς ἐκ τῶν μαθητῶν αὐτοῦ Ἰούδας Σίμωνος
Ἰσκαριώτης • δὲ Ἰούδας ὁ Ἰσκαριώτης εἷς [ἐκ] τῶν μαθητῶν αὐτοῦ   ¹² εἶχεν
καὶ • ἔχων   ¹³ εἰς • ἵνα εἰς   ¹⁴ τετήρηκεν • τηρήσῃ

αὐτό. 8 Τοὺς πτωχοὺς γὰρ πάντοτε ἔχετε μεθ' ἑαυτῶν, ἐμὲ δὲ οὐ πάντοτε ἔχετε.

9 Ἔγνω οὖν ὄχλος¹ πολὺς ἐκ τῶν Ἰουδαίων ὅτι ἐκεῖ ἐστιν· καὶ ἦλθον οὐ διὰ τὸν Ἰησοῦν μόνον, ἀλλ' ἵνα καὶ τὸν Λάζαρον ἴδωσιν, ὃν ἤγειρεν ἐκ νεκρῶν. 10 Ἐβουλεύσαντο δὲ οἱ ἀρχιερεῖς ἵνα καὶ τὸν Λάζαρον ἀποκτείνωσιν· 11 ὅτι πολλοὶ δι' αὐτὸν ὑπῆγον τῶν Ἰουδαίων, καὶ ἐπίστευον εἰς τὸν Ἰησοῦν.

Jesus' Entry into Jerusalem

12 Τῇ ἐπαύριον ὄχλος² πολὺς ὁ ἐλθὼν εἰς τὴν ἑορτήν, ἀκούσαντες ὅτι ἔρχεται Ἰησοῦς³ εἰς Ἱεροσόλυμα, 13 ἔλαβον τὰ βαΐα τῶν φοινίκων, καὶ ἐξῆλθον εἰς ὑπάντησιν αὐτῷ, καὶ ἔκραζον,⁴ Ὡσαννά· εὐλογημένος ὁ ἐρχόμενος ἐν ὀνόματι κυρίου, βασιλεὺς⁵ τοῦ Ἰσραήλ. 14 Εὑρὼν δὲ ὁ Ἰησοῦς ὀνάριον, ἐκάθισεν ἐπ' αὐτό, καθώς ἐστιν γεγραμμένον, 15 Μὴ φοβοῦ, θύγατερ⁶ Σιών· ἰδού, ὁ βασιλεύς σου ἔρχεται, καθήμενος ἐπὶ πῶλον ὄνου. 16 Ταῦτα δὲ⁷ οὐκ ἔγνωσαν οἱ μαθηταὶ αὐτοῦ⁸ τὸ πρῶτον· ἀλλ' ὅτε ἐδοξάσθη Ἰησοῦς,ᵃ τότε ἐμνήσθησαν ὅτι ταῦτα ἦν ἐπ' αὐτῷ γεγραμμένα, καὶ ταῦτα ἐποίησαν αὐτῷ. 17 Ἐμαρτύρει οὖν ὁ ὄχλος ὁ ὢν μετ' αὐτοῦ ὅτε τὸν Λάζαρον ἐφώνησεν ἐκ τοῦ μνημείου, καὶ ἤγειρεν αὐτὸν ἐκ νεκρῶν. 18 Διὰ τοῦτο καὶ⁹ ὑπήντησεν αὐτῷ ὁ ὄχλος, ὅτι ἤκουσεν¹⁰ τοῦτο αὐτὸν πεποιηκέναι τὸ σημεῖον. 19 Οἱ οὖν Φαρισαῖοι εἶπον¹¹ πρὸς ἑαυτούς, Θεωρεῖτε ὅτι οὐκ ὠφελεῖτε οὐδέν· ἴδε ὁ κόσμος ὀπίσω αὐτοῦ ἀπῆλθεν.

Some Greeks Seek Jesus

20 Ἦσαν δέ τινες Ἕλληνες¹² ἐκ τῶν ἀναβαινόντων ἵνα προσκυνήσωσιν ἐν τῇ ἑορτῇ· 21 οὗτοι οὖν προσῆλθον Φιλίππῳ τῷ ἀπὸ Βηθσαϊδὰ τῆς Γαλιλαίας, καὶ ἠρώτων αὐτὸν λέγοντες,

---

ᵃ Ἰησοῦς • ὁ Ἰησοῦς

¹ ὄχλος • [ὁ] ὄχλος ² ὄχλος • ὁ ὄχλος ³ Ἰησοῦς • ὁ Ἰησοῦς ⁴ ἔκραζον • ἐκραύγαζον ⁵ βασιλεὺς • [καὶ] ὁ βασιλεὺς ⁶ θύγατερ • θυγάτηρ ⁷ δὲ • — ⁸ οἱ μαθηταὶ αὐτοῦ • αὐτοῦ οἱ μαθηταὶ ⁹ καὶ • [καὶ] ¹⁰ ἤκουσεν • ἤκουσαν ¹¹ εἶπον • εἶπαν ¹² τινες Ἕλληνες • Ἕλληνές τινες

Κύριε, θέλομεν τὸν Ἰησοῦν ἰδεῖν. 22 Ἔρχεται¹ Φίλιππος καὶ λέγει τῷ Ἀνδρέᾳ· καὶ πάλιν² Ἀνδρέας καὶ Φίλιππος λέγουσιν³ τῷ Ἰησοῦ. 23 Ὁ δὲ Ἰησοῦς ἀπεκρίνατο⁴ αὐτοῖς λέγων, Ἐλήλυθεν ἡ ὥρα ἵνα δοξασθῇ ὁ υἱὸς τοῦ ἀνθρώπου. 24 Ἀμὴν ἀμὴν λέγω ὑμῖν, ἐὰν μὴ ὁ κόκκος τοῦ σίτου πεσὼν εἰς τὴν γῆν ἀποθάνῃ, αὐτὸς μόνος μένει· ἐὰν δὲ ἀποθάνῃ, πολὺν καρπὸν φέρει. 25 Ὁ φιλῶν τὴν ψυχὴν αὐτοῦ ἀπολέσει⁵ αὐτήν· καὶ ὁ μισῶν τὴν ψυχὴν αὐτοῦ ἐν τῷ κόσμῳ τούτῳ εἰς ζωὴν αἰώνιον φυλάξει αὐτήν. 26 Ἐὰν ἐμοὶ διακονῇ τις,⁶ ἐμοὶ ἀκολουθείτω· καὶ ὅπου εἰμὶ ἐγώ, ἐκεῖ καὶ ὁ διάκονος ὁ ἐμὸς ἔσται· καὶ ἐάν⁷ τις ἐμοὶ διακονῇ, τιμήσει αὐτὸν ὁ πατήρ. 27 Νῦν ἡ ψυχή μου τετάρακται· καὶ τί εἴπω; Πάτερ, σῶσόν με ἐκ τῆς ὥρας ταύτης. Ἀλλὰ διὰ τοῦτο ἦλθον εἰς τὴν ὥραν ταύτην. 28 Πάτερ, δόξασόν σου τὸ ὄνομα. Ἦλθεν οὖν φωνὴ ἐκ τοῦ οὐρανοῦ, Καὶ ἐδόξασα, καὶ πάλιν δοξάσω. 29 Ὁ οὖν ὄχλος ὁ ἑστὼς καὶ ἀκούσας ἔλεγεν βροντὴν γεγονέναι· ἄλλοι ἔλεγον, Ἄγγελος αὐτῷ λελάληκεν. 30 Ἀπεκρίθη Ἰησοῦς[a] καὶ εἶπεν, Οὐ δι' ἐμὲ αὕτη ἡ φωνὴ⁸ γέγονεν, ἀλλὰ δι' ὑμᾶς. 31 Νῦν κρίσις ἐστὶν τοῦ κόσμου τούτου· νῦν ὁ ἄρχων τοῦ κόσμου τούτου ἐκβληθήσεται ἔξω. 32 Κἀγὼ ἐὰν ὑψωθῶ ἐκ τῆς γῆς, πάντας ἑλκύσω πρὸς ἐμαυτόν. 33 Τοῦτο δὲ ἔλεγεν, σημαίνων ποίῳ θανάτῳ ἔμελλεν⁹ ἀποθνῄσκειν.

Walking in the Light

34 Ἀπεκρίθη αὐτῷ¹⁰ ὁ ὄχλος, Ἡμεῖς ἠκούσαμεν ἐκ τοῦ νόμου ὅτι ὁ χριστὸς μένει εἰς τὸν αἰῶνα· καὶ πῶς σὺ λέγεις,¹¹ Δεῖ ὑψωθῆναι τὸν υἱὸν τοῦ ἀνθρώπου; Τίς ἐστιν οὗτος ὁ υἱὸς τοῦ ἀνθρώπου; 35 Εἶπεν οὖν αὐτοῖς ὁ Ἰησοῦς, Ἔτι μικρὸν χρόνον τὸ φῶς μεθ' ὑμῶν¹² ἐστιν. Περιπατεῖτε ἕως¹³ τὸ φῶς ἔχετε, ἵνα

---

[a] Ἰησοῦς • ὁ Ἰησοῦς

---

1 Ἔρχεται • Ἔρχεται ὁ   2 καὶ πάλιν • ἔρχεται   3 λέγουσιν • καὶ λέγουσιν
4 ἀπεκρίνατο • ἀποκρίνεται   5 ἀπολέσει • ἀπολλύει   6 διακονῇ τις • τις
διακονῇ   7 καὶ ἐάν • ἐάν   8 αὕτη ἡ φωνὴ • ἡ φωνὴ αὕτη   9 ἔμελλεν • ἤμελλεν
10 αὐτῷ • οὖν αὐτῷ   11 σὺ λέγεις • λέγεις σὺ ὅτι   12 μεθ' ὑμῶν • ἐν ὑμῖν
13 ἕως • ὡς

μὴ σκοτία ὑμᾶς καταλάβῃ· καὶ ὁ περιπατῶν ἐν τῇ σκοτίᾳ οὐκ οἶδεν ποῦ ὑπάγει. 36 Ἕως¹ τὸ φῶς ἔχετε, πιστεύετε εἰς τὸ φῶς, ἵνα υἱοὶ φωτὸς γένησθε. Ταῦτα ἐλάλησεν ὁ² Ἰησοῦς, καὶ ἀπελθὼν ἐκρύβη ἀπ' αὐτῶν. 37 Τοσαῦτα δὲ αὐτοῦ σημεῖα πεποιηκότος ἔμπροσθεν αὐτῶν, οὐκ ἐπίστευον εἰς αὐτόν· 38 ἵνα ὁ λόγος Ἡσαΐου τοῦ προφήτου πληρωθῇ, ὃν εἶπεν, Κύριε, τίς ἐπίστευσεν τῇ ἀκοῇ ἡμῶν; Καὶ ὁ βραχίων κυρίου τίνι ἀπεκαλύφθη; 39 Διὰ τοῦτο οὐκ ἠδύναντο πιστεύειν, ὅτι πάλιν εἶπεν Ἡσαΐας, 40 Τετύφλωκεν αὐτῶν τοὺς ὀφθαλμούς, καὶ πεπώρωκεν³ αὐτῶν τὴν καρδίαν· ἵνα μὴ ἴδωσιν τοῖς ὀφθαλμοῖς, καὶ νοήσωσιν τῇ καρδίᾳ, καὶ ἐπιστραφῶσιν, καὶ ἰάσωμαι[a,4] αὐτούς. 41 Ταῦτα εἶπεν Ἡσαΐας, ὅτε⁵ εἶδεν τὴν δόξαν αὐτοῦ, καὶ ἐλάλησεν περὶ αὐτοῦ.

Of Faith in Christ and God

42 Ὅμως μέντοι καὶ ἐκ τῶν ἀρχόντων πολλοὶ ἐπίστευσαν εἰς αὐτόν· ἀλλὰ διὰ τοὺς Φαρισαίους οὐχ ὡμολόγουν, ἵνα μὴ ἀποσυνάγωγοι γένωνται. 43 Ἠγάπησαν γὰρ τὴν δόξαν τῶν ἀνθρώπων μᾶλλον ἤπερ τὴν δόξαν τοῦ θεοῦ.

44 Ἰησοῦς δὲ ἔκραξεν καὶ εἶπεν, Ὁ πιστεύων εἰς ἐμέ, οὐ πιστεύει εἰς ἐμέ, ἀλλ'⁶ εἰς τὸν πέμψαντά με· 45 καὶ ὁ θεωρῶν ἐμέ, θεωρεῖ τὸν πέμψαντά με. 46 Ἐγὼ φῶς εἰς τὸν κόσμον ἐλήλυθα, ἵνα πᾶς ὁ πιστεύων εἰς ἐμέ, ἐν τῇ σκοτίᾳ μὴ μείνῃ. 47 Καὶ ἐάν τίς μου ἀκούσῃ τῶν ῥημάτων καὶ μὴ πιστεύσῃ,⁷ ἐγὼ οὐ κρίνω αὐτόν· οὐ γὰρ ἦλθον ἵνα κρίνω τὸν κόσμον, ἀλλ' ἵνα σώσω τὸν κόσμον. 48 Ὁ ἀθετῶν ἐμὲ καὶ μὴ λαμβάνων τὰ ῥήματά μου, ἔχει τὸν κρίνοντα αὐτόν· ὁ λόγος ὃν ἐλάλησα, ἐκεῖνος κρινεῖ αὐτὸν ἐν τῇ ἐσχάτῃ ἡμέρᾳ. 49 Ὅτι ἐγὼ ἐξ ἐμαυτοῦ οὐκ ἐλάλησα· ἀλλ' ὁ πέμψας με πατήρ, αὐτός μοι

---

[a] ἰάσωμαι • ἰάσομαι

---

1 Ἕως • Ὡς 2 ὁ • — 3 πεπώρωκεν • ἐπώρωσεν 4 ἐπιστραφῶσιν καὶ ἰάσωμαι • στραφῶσιν καὶ ἰάσομαι 5 ὅτε • ὅτι 6 ἀλλ' • ἀλλὰ 7 πιστεύσῃ • φυλάξῃ

ἐντολὴν ἔδωκεν,[1] τί εἴπω καὶ τί λαλήσω. 50 Καὶ οἶδα ὅτι ἡ ἐντολὴ αὐτοῦ ζωὴ αἰώνιός ἐστιν· ἃ οὖν λαλῶ ἐγώ,[2] καθὼς εἴρηκέν μοι ὁ πατήρ, οὕτως λαλῶ.

Jesus Washing the Disciples' Feet

13 Πρὸ δὲ τῆς ἑορτῆς τοῦ Πάσχα, εἰδὼς ὁ Ἰησοῦς ὅτι ἐλήλυθεν[3] αὐτοῦ ἡ ὥρα ἵνα μεταβῇ ἐκ τοῦ κόσμου τούτου πρὸς τὸν πατέρα, ἀγαπήσας τοὺς ἰδίους τοὺς ἐν τῷ κόσμῳ, εἰς τέλος ἠγάπησεν αὐτούς. 2 Καὶ δείπνου γενομένου,[4] τοῦ διαβόλου ἤδη βεβληκότος εἰς τὴν καρδίαν Ἰούδα Σίμωνος Ἰσκαριώτου ἵνα αὐτὸν παραδῷ,[5] 3 εἰδὼς ὁ Ἰησοῦς[6] ὅτι πάντα δέδωκεν[7] αὐτῷ ὁ πατὴρ εἰς τὰς χεῖρας, καὶ ὅτι ἀπὸ θεοῦ ἐξῆλθεν καὶ πρὸς τὸν θεὸν ὑπάγει, 4 ἐγείρεται ἐκ τοῦ δείπνου, καὶ τίθησιν τὰ ἱμάτια, καὶ λαβὼν λέντιον διέζωσεν ἑαυτόν. 5 Εἶτα βάλλει ὕδωρ εἰς τὸν νιπτῆρα, καὶ ἤρξατο νίπτειν τοὺς πόδας τῶν μαθητῶν, καὶ ἐκμάσσειν τῷ λεντίῳ ᾧ ἦν διεζωσμένος. 6 Ἔρχεται οὖν πρὸς Σίμωνα Πέτρον· καὶ λέγει αὐτῷ ἐκεῖνος,[8] Κύριε, σύ μου νίπτεις τοὺς πόδας; 7 Ἀπεκρίθη Ἰησοῦς καὶ εἶπεν αὐτῷ, Ὃ ἐγὼ ποιῶ, σὺ οὐκ οἶδας ἄρτι, γνώσῃ δὲ μετὰ ταῦτα. 8 Λέγει αὐτῷ Πέτρος, Οὐ μὴ νίψῃς τοὺς πόδας μου[9] εἰς τὸν αἰῶνα. Ἀπεκρίθη αὐτῷ ὁ Ἰησοῦς,[10] Ἐὰν μὴ νίψω σε, οὐκ ἔχεις μέρος μετ' ἐμοῦ. 9 Λέγει αὐτῷ Σίμων Πέτρος, Κύριε, μὴ τοὺς πόδας μου μόνον, ἀλλὰ καὶ τὰς χεῖρας καὶ τὴν κεφαλήν. 10 Λέγει αὐτῷ ὁ Ἰησοῦς, Ὁ λελουμένος οὐ χρείαν ἔχει ἢ[11] τοὺς πόδας νίψασθαι, ἀλλ' ἔστιν καθαρὸς ὅλος· καὶ ὑμεῖς καθαροί ἐστε, ἀλλ' οὐχὶ πάντες. 11 Ἤδει γὰρ τὸν παραδιδόντα αὐτόν· διὰ τοῦτο εἶπεν, Οὐχὶ[12] πάντες καθαροί ἐστε.

---

[1] ἔδωκεν • δέδωκεν   [2] λαλῶ ἐγώ • ἐγὼ λαλῶ   [3] ἐλήλυθεν • ἦλθεν   [4] γενομένου • γινομένου   [5] Ἰούδα Σίμωνος Ἰσκαριώτου ἵνα αὐτὸν παραδῷ • ἵνα παραδοῖ αὐτὸν Ἰούδας Σίμωνος Ἰσκαριώτου   [6] ὁ Ἰησοῦς • —   [7] δέδωκεν • ἔδωκεν   [8] καὶ λέγει αὐτῷ ἐκεῖνος • λέγει αὐτῷ   [9] τοὺς πόδας μου • μου τοὺς πόδας   [10] αὐτῷ ὁ Ἰησοῦς • Ἰησοῦς αὐτῷ   [11] οὐ χρείαν ἔχει ἢ • οὐκ ἔχει χρείαν εἰ μὴ   [12] Οὐχὶ • ὅτι Οὐχὶ

12 Ὅτε οὖν ἔνιψεν τοὺς πόδας αὐτῶν, καὶ ἔλαβεν¹ τὰ ἱμάτια αὐτοῦ, ἀναπεσὼν² πάλιν, εἶπεν αὐτοῖς, Γινώσκετε τί πεποίηκα ὑμῖν; 13 Ὑμεῖς φωνεῖτέ με, Ὁ διδάσκαλος, καὶ Ὁ κύριος· καὶ καλῶς λέγετε, εἰμὶ γάρ. 14 Εἰ οὖν ἐγὼ ἔνιψα ὑμῶν τοὺς πόδας, ὁ κύριος καὶ ὁ διδάσκαλος, καὶ ὑμεῖς ὀφείλετε ἀλλήλων νίπτειν τοὺς πόδας. 15 Ὑπόδειγμα γὰρ ἔδωκα ὑμῖν, ἵνα καθὼς ἐγὼ ἐποίησα ὑμῖν, καὶ ὑμεῖς ποιῆτε. 16 Ἀμὴν ἀμὴν λέγω ὑμῖν, Οὐκ ἔστιν δοῦλος μείζων τοῦ κυρίου αὐτοῦ, οὐδὲ ἀπόστολος μείζων τοῦ πέμψαντος αὐτόν. 17 Εἰ ταῦτα οἴδατε, μακάριοί ἐστε ἐὰν ποιῆτε αὐτά. 18 Οὐ περὶ πάντων ὑμῶν λέγω· ἐγὼ οἶδα οὓς³ ἐξελεξάμην· ἀλλ' ἵνα ἡ γραφὴ πληρωθῇ, Ὁ τρώγων μετ' ἐμοῦ⁴ τὸν ἄρτον ἐπῆρεν ἐπ' ἐμὲ τὴν πτέρναν αὐτοῦ. 19 Ἀπ' ἄρτι λέγω ὑμῖν πρὸ τοῦ γενέσθαι, ἵνα, ὅταν γένηται, πιστεύσητε⁵ ὅτι ἐγώ εἰμι. 20 Ἀμὴν ἀμὴν λέγω ὑμῖν, Ὁ λαμβάνων ἐάν⁶ τινα πέμψω, ἐμὲ λαμβάνει· ὁ δὲ ἐμὲ λαμβάνων, λαμβάνει τὸν πέμψαντά με.

The Traitor at the Table

21 Ταῦτα εἰπὼν ὁ⁷ Ἰησοῦς ἐταράχθη τῷ πνεύματι, καὶ ἐμαρτύρησεν καὶ εἶπεν, Ἀμὴν ἀμὴν λέγω ὑμῖν ὅτι εἷς ἐξ ὑμῶν παραδώσει με. 22 Ἔβλεπον οὖν⁸ εἰς ἀλλήλους οἱ μαθηταί, ἀπορούμενοι περὶ τίνος λέγει. 23 Ἦν δὲ⁹ ἀνακείμενος εἷς¹⁰ τῶν μαθητῶν αὐτοῦ ἐν τῷ κόλπῳ τοῦ Ἰησοῦ, ὃν ἠγάπα ὁ Ἰησοῦς· 24 νεύει οὖν τούτῳ Σίμων Πέτρος πυθέσθαι τίς ἂν εἴη περὶ οὗ λέγει. 25 Ἐπιπεσὼν δὲ¹¹ ἐκεῖνος οὕτως ἐπὶ τὸ στῆθος τοῦ Ἰησοῦ, λέγει αὐτῷ, Κύριε, τίς ἐστιν; 26 Ἀποκρίνεται ὁ¹² Ἰησοῦς, Ἐκεῖνός ἐστιν ᾧ ἐγὼ βάψας¹³ τὸ ψωμίον ἐπιδώσω.¹⁴ Καὶ ἐμβάψας¹⁵ τὸ ψωμίον, δίδωσιν¹⁶ Ἰούδᾳ Σίμωνος Ἰσκαριώτῃ.¹⁷ 27 Καὶ μετὰ τὸ ψωμίον, τότε

---

¹ καὶ ἔλαβεν • [καὶ] ἔλαβεν ² ἀναπεσὼν • καὶ ἀνέπεσεν ³ οὓς • τίνας ⁴ μετ' ἐμοῦ • μου ⁵ ὅταν γένηται πιστεύσητε • πιστεύσητε ὅταν γένηται ⁶ ἐάν • ἄν ⁷ ὁ • [ὁ] ⁸ οὖν • — ⁹ δὲ • — ¹⁰ εἷς • εἷς ἐκ ¹¹ Ἐπιπεσὼν δὲ • Ἀναπεσὼν οὖν ¹² ὁ • [ὁ] ¹³ βάψας • βάψω ¹⁴ ἐπιδώσω • καὶ δώσω αὐτῷ ¹⁵ Καὶ ἐμβάψας • Βάψας οὖν ¹⁶ δίδωσιν • [λαμβάνει καὶ] δίδωσιν ¹⁷ Ἰσκαριώτῃ • Ἰσκαριώτου

εἰσῆλθεν εἰς ἐκεῖνον ὁ Σατανᾶς. Λέγει οὖν αὐτῷ ὁ Ἰησοῦς, Ὃ ποιεῖς, ποίησον τάχιον. 28 Τοῦτο δὲ¹ οὐδεὶς ἔγνω τῶν ἀνακειμένων πρὸς τί εἶπεν αὐτῷ. 29 Τινὲς γὰρ ἐδόκουν, ἐπεὶ τὸ γλωσσόκομον εἶχεν ὁ Ἰούδας,² ὅτι λέγει αὐτῷ ὁ Ἰησοῦς,³ Ἀγόρασον ὧν χρείαν ἔχομεν εἰς τὴν ἑορτήν· ἢ τοῖς πτωχοῖς ἵνα τι δῷ. 30 Λαβὼν οὖν τὸ ψωμίον ἐκεῖνος, εὐθέως ἐξῆλθεν·⁴ ἦν δὲ νύξ.

Concerning Jesus' Glorification

31 Ὅτε⁵ ἐξῆλθεν, λέγει ὁ⁶ Ἰησοῦς, Νῦν ἐδοξάσθη ὁ υἱὸς τοῦ ἀνθρώπου, καὶ ὁ θεὸς ἐδοξάσθη ἐν αὐτῷ. 32 Εἰ ὁ θεὸς ἐδοξάσθη ἐν αὐτῷ,⁷ καὶ ὁ θεὸς δοξάσει αὐτὸν ἐν ἑαυτῷ,⁸ καὶ εὐθὺς δοξάσει αὐτόν. 33 Τεκνία, ἔτι μικρὸν μεθ' ὑμῶν εἰμι. Ζητήσετέ με, καὶ καθὼς εἶπον τοῖς Ἰουδαίοις ὅτι Ὅπου ὑπάγω ἐγώ,⁹ ὑμεῖς οὐ δύνασθε ἐλθεῖν, καὶ ὑμῖν λέγω ἄρτι. 34 Ἐντολὴν καινὴν δίδωμι ὑμῖν, ἵνα ἀγαπᾶτε ἀλλήλους· καθὼς ἠγάπησα ὑμᾶς, ἵνα καὶ ὑμεῖς ἀγαπᾶτε ἀλλήλους. 35 Ἐν τούτῳ γνώσονται πάντες ὅτι ἐμοὶ μαθηταί ἐστε, ἐὰν ἀγάπην ἔχητε ἐν ἀλλήλοις.

36 Λέγει αὐτῷ Σίμων Πέτρος, Κύριε, ποῦ ὑπάγεις; Ἀπεκρίθη αὐτῷ ὁ¹⁰ Ἰησοῦς, Ὅπου ὑπάγω, οὐ δύνασαί μοι νῦν ἀκολουθῆσαι, ὕστερον δὲ ἀκολουθήσεις μοι.¹¹ 37 Λέγει αὐτῷ Πέτρος,¹² Κύριε, διὰ τί οὐ δύναμαί σοι ἀκολουθῆσαι ἄρτι; Τὴν ψυχήν μου ὑπὲρ σοῦ θήσω. 38 Ἀπεκρίθη αὐτῷ ὁ¹³ Ἰησοῦς, Τὴν ψυχήν σου ὑπὲρ ἐμοῦ θήσεις; Ἀμὴν ἀμὴν λέγω σοι, οὐ μὴ ἀλέκτωρ φωνήσῃ ἕως οὗ ἀπαρνήσῃ¹⁴ με τρίς.

Of Jesus' Going to the Father

14 Μὴ ταρασσέσθω ὑμῶν ἡ καρδία· πιστεύετε εἰς τὸν θεόν, καὶ εἰς ἐμὲ πιστεύετε. 2 Ἐν τῇ οἰκίᾳ τοῦ πατρός

---

¹ δὲ • [δὲ]   ² ὁ Ἰούδας • Ἰούδας   ³ ὁ Ἰησοῦς • [ὁ] Ἰησοῦς   ⁴ εὐθέως ἐξῆλθεν • ἐξῆλθεν εὐθύς   ⁵ Ὅτε • Ὅτε οὖν   ⁶ λέγει ὁ • λέγει   ⁷ Εἰ ὁ θεὸς ἐδοξάσθη ἐν αὐτῷ • [Εἰ ὁ θεὸς ἐδοξάσθη ἐν αὐτῷ]   ⁸ ἑαυτῷ • αὐτῷ   ⁹ ὑπάγω ἐγώ • ἐγὼ ὑπάγω   ¹⁰ αὐτῷ ὁ • [αὐτῷ]   ¹¹ ὕστερον δὲ ἀκολουθήσεις μοι • ἀκολουθήσεις δὲ ὕστερον   ¹² Πέτρος • ὁ Πέτρος   ¹³ Ἀπεκρίθη αὐτῷ ὁ • Ἀποκρίνεται   ¹⁴ ἀπαρνήσῃ • ἀρνήσῃ

μου μοναὶ πολλαί εἰσιν· εἰ δὲ μή, εἶπον ἂν ὑμῖν· Πορεύομαι¹ ἑτοιμάσαι τόπον ὑμῖν. 3 Καὶ ἐὰν πορευθῶ, ἑτοιμάσω ᵃ,² ὑμῖν τόπον·³ πάλιν ἔρχομαι καὶ παραλήψομαι⁴ ὑμᾶς πρὸς ἐμαυτόν, ἵνα ὅπου εἰμὶ ἐγώ, καὶ ὑμεῖς ἦτε. 4 Καὶ ὅπου ἐγὼ⁵ ὑπάγω οἴδατε, καὶ τὴν ὁδὸν οἴδατε.⁶ 5 Λέγει αὐτῷ Θωμᾶς, Κύριε, οὐκ οἴδαμεν ποῦ ὑπάγεις· καὶ⁷ πῶς δυνάμεθα τὴν ὁδὸν εἰδέναι; 6 Λέγει αὐτῷ ὁ⁸ Ἰησοῦς, Ἐγώ εἰμι ἡ ὁδὸς καὶ ἡ ἀλήθεια καὶ ἡ ζωή· οὐδεὶς ἔρχεται πρὸς τὸν πατέρα, εἰ μὴ δι᾽ ἐμοῦ. 7 Εἰ ἐγνώκειτέ με,⁹ καὶ τὸν πατέρα μου ἐγνώκειτε ἄν·¹⁰ καὶ ἀπ᾽ ἄρτι γινώσκετε αὐτόν, καὶ ἑωράκατε αὐτόν. 8 Λέγει αὐτῷ Φίλιππος, Κύριε, δεῖξον ἡμῖν τὸν πατέρα, καὶ ἀρκεῖ ἡμῖν. 9 Λέγει αὐτῷ ὁ Ἰησοῦς, Τοσοῦτον χρόνον¹¹ μεθ᾽ ὑμῶν εἰμι, καὶ οὐκ ἔγνωκάς με, Φίλιππε; Ὁ ἑωρακὼς ἐμέ, ἑώρακεν τὸν πατέρα· καὶ πῶς¹² σὺ λέγεις, Δεῖξον ἡμῖν τὸν πατέρα; 10 Οὐ πιστεύεις ὅτι ἐγὼ ἐν τῷ πατρί, καὶ ὁ πατὴρ ἐν ἐμοί ἐστιν; Τὰ ῥήματα ἃ ἐγὼ λαλῶ ὑμῖν,¹³ ἀπ᾽ ἐμαυτοῦ οὐ λαλῶ· ὁ δὲ πατὴρ ὁ ἐν¹⁴ ἐμοὶ μένων, αὐτὸς¹⁵ ποιεῖ τὰ ἔργα.¹⁶ 11 Πιστεύετέ μοι ὅτι ἐγὼ ἐν τῷ πατρί, καὶ ὁ πατὴρ ἐν ἐμοί· εἰ δὲ μή, διὰ τὰ ἔργα αὐτὰ πιστεύετέ μοι.¹⁷ 12 Ἀμὴν ἀμὴν λέγω ὑμῖν, ὁ πιστεύων εἰς ἐμέ, τὰ ἔργα ἃ ἐγὼ ποιῶ κἀκεῖνος ποιήσει, καὶ μείζονα τούτων ποιήσει· ὅτι ἐγὼ πρὸς τὸν πατέρα μου¹⁸ πορεύομαι. 13 Καὶ ὅ τι ἂν αἰτήσητε ἐν τῷ ὀνόματί μου, τοῦτο ποιήσω, ἵνα δοξασθῇ ὁ πατὴρ ἐν τῷ υἱῷ. 14 Ἐάν τι αἰτήσητέ με ᵇ ἐν τῷ ὀνόματί μου, ἐγὼ ποιήσω.

ᵃ ἑτοιμάσω • καὶ ἑτοιμάσω = ἑτοιμάσαι   ᵇ με • —

1 Πορεύομαι • ὅτι πορεύομαι   2 ἑτοιμάσω • καὶ ἑτοιμάσω   3 ὑμῖν τόπον • τόπον ὑμῖν   4 παραλήψομαι • παραλήμψομαι   5 ἐγὼ • [ἐγὼ]   6 καὶ τὴν ὁδὸν οἴδατε • τὴν ὁδόν   7 καὶ • —   8 ὁ • [ὁ]   9 ἐγνώκειτέ με • ἐγνώκατέ με   10 ἐγνώκειτε ἄν • γνώσεσθε   11 Τοσοῦτον χρόνον • Τοσούτῳ χρόνῳ   12 καὶ πῶς • πῶς   13 λαλῶ ὑμῖν • λέγω ὑμῖν   14 ὁ ἐν • ἐν   15 αὐτὸς • —   16 ἔργα • ἔργα αὐτοῦ   17 αὐτὰ πιστεύετέ μοι • αὐτὰ πιστεύετε   18 μου • —

Of Another Comforter and Loving God

15 Ἐὰν ἀγαπᾶτέ με, τὰς ἐντολὰς τὰς ἐμὰς τηρήσατε.[1] **16** Καὶ ἐγὼ[2] ἐρωτήσω τὸν πατέρα, καὶ ἄλλον παράκλητον δώσει ὑμῖν, ἵνα μένῃ[3] μεθ' ὑμῶν εἰς τὸν αἰῶνα,[4] **17** τὸ πνεῦμα τῆς ἀληθείας, ὃ ὁ κόσμος οὐ δύναται λαβεῖν, ὅτι οὐ θεωρεῖ αὐτό, οὐδὲ γινώσκει αὐτό.[5] Ὑμεῖς δὲ[6] γινώσκετε αὐτό, ὅτι παρ' ὑμῖν μένει, καὶ ἐν ὑμῖν ἔσται. **18** Οὐκ ἀφήσω ὑμᾶς ὀρφανούς· ἔρχομαι πρὸς ὑμᾶς. **19** Ἔτι μικρὸν καὶ ὁ κόσμος με οὐκέτι θεωρεῖ, ὑμεῖς δὲ θεωρεῖτέ με· ὅτι ἐγὼ ζῶ, καὶ ὑμεῖς ζήσεσθε.[7] **20** Ἐν ἐκείνῃ τῇ ἡμέρᾳ γνώσεσθε ὑμεῖς ὅτι ἐγὼ ἐν τῷ πατρί μου, καὶ ὑμεῖς ἐν ἐμοί, καὶ ἐγὼ[8] ἐν ὑμῖν. **21** Ὁ ἔχων τὰς ἐντολάς μου καὶ τηρῶν αὐτάς, ἐκεῖνός ἐστιν ὁ ἀγαπῶν με· ὁ δὲ ἀγαπῶν με, ἀγαπηθήσεται ὑπὸ τοῦ πατρός μου· καὶ ἐγὼ[9] ἀγαπήσω αὐτόν, καὶ ἐμφανίσω αὐτῷ ἐμαυτόν. **22** Λέγει αὐτῷ Ἰούδας, οὐχ ὁ Ἰσκαριώτης, Κύριε, καὶ τί[10] γέγονεν ὅτι ἡμῖν μέλλεις ἐμφανίζειν σεαυτόν, καὶ οὐχὶ τῷ κόσμῳ; **23** Ἀπεκρίθη Ἰησοῦς καὶ εἶπεν αὐτῷ, Ἐάν τις ἀγαπᾷ με, τὸν λόγον μου τηρήσει, καὶ ὁ πατήρ μου ἀγαπήσει αὐτόν, καὶ πρὸς αὐτὸν ἐλευσόμεθα, καὶ μονὴν παρ' αὐτῷ ποιήσομεν.[11]

On the Work of the Spirit

24 Ὁ μὴ ἀγαπῶν με, τοὺς λόγους μου οὐ τηρεῖ· καὶ ὁ λόγος ὃν ἀκούετε οὐκ ἔστιν ἐμός, ἀλλὰ τοῦ πέμψαντός με πατρός.

25 Ταῦτα λελάληκα ὑμῖν παρ' ὑμῖν μένων. **26** Ὁ δὲ παράκλητος, τὸ πνεῦμα τὸ ἅγιον, ὃ πέμψει ὁ πατὴρ ἐν τῷ ὀνόματί μου, ἐκεῖνος ὑμᾶς διδάξει πάντα, καὶ ὑπομνήσει ὑμᾶς πάντα ἃ εἶπον ὑμῖν.[12] **27** Εἰρήνην ἀφίημι ὑμῖν, εἰρήνην τὴν ἐμὴν δίδωμι ὑμῖν· οὐ καθὼς ὁ κόσμος δίδωσιν, ἐγὼ δίδωμι ὑμῖν. Μὴ ταρασσέσθω ὑμῶν ἡ καρδία, μηδὲ δειλιάτω. **28** Ἠκούσατε ὅτι ἐγὼ εἶπον ὑμῖν, Ὑπάγω καὶ ἔρχομαι πρὸς ὑμᾶς. Εἰ ἠγαπᾶτέ με, ἐχάρητε ἂν ὅτι εἶπον, Πορεύομαι[13] πρὸς

---

[1] τηρήσατε • τηρήσετε [2] Καὶ ἐγὼ • Κἀγὼ [3] μένῃ • — [4] αἰῶνα • αἰῶνα ᾗ
[5] γινώσκει αὐτό • γινώσκει [6] δὲ • — [7] ζήσεσθε • ζήσετε [8] καὶ ἐγὼ • κἀγὼ
[9] καὶ ἐγὼ • κἀγὼ [10] καὶ τί • [καὶ] τί [11] ποιήσομεν • ποιησόμεθα [12] ὑμῖν • ὑμῖν [ἐγώ] [13] εἶπον Πορεύομαι • πορεύομαι

τὸν πατέρα· ὅτι ὁ πατήρ μου μείζων¹ μού ἐστιν. 29 Καὶ νῦν εἴρηκα ὑμῖν πρὶν γενέσθαι· ἵνα, ὅταν γένηται, πιστεύσητε. 30 Οὐκέτι πολλὰ λαλήσω μεθ' ὑμῶν· ἔρχεται γὰρ ὁ τοῦ κόσμου ἄρχων, καὶ ἐν ἐμοὶ οὐκ ἔχει οὐδέν· 31 ἀλλ' ἵνα γνῷ ὁ κόσμος ὅτι ἀγαπῶ τὸν πατέρα, καὶ καθὼς ἐνετείλατό μοι ὁ πατήρ, οὕτως ποιῶ. Ἐγείρεσθε, ἄγωμεν ἐντεῦθεν.

Jesus the True Vine

15 Ἐγώ εἰμι ἡ ἄμπελος ἡ ἀληθινή, καὶ ὁ πατήρ μου ὁ γεωργός ἐστιν. 2 Πᾶν κλῆμα ἐν ἐμοὶ μὴ φέρον καρπόν, αἴρει αὐτό· καὶ πᾶν τὸ καρπὸν φέρον, καθαίρει αὐτό, ἵνα πλείονα καρπὸν² φέρῃ. 3 Ἤδη ὑμεῖς καθαροί ἐστε διὰ τὸν λόγον ὃν λελάληκα ὑμῖν. 4 Μείνατε ἐν ἐμοί, κἀγὼ ἐν ὑμῖν. Καθὼς τὸ κλῆμα οὐ δύναται καρπὸν φέρειν ἀφ' ἑαυτοῦ, ἐὰν μὴ μείνῃ³ ἐν τῇ ἀμπέλῳ, οὕτως οὐδὲ ὑμεῖς, ἐὰν μὴ ἐν ἐμοὶ μείνητε.⁴ 5 Ἐγώ εἰμι ἡ ἄμπελος, ὑμεῖς τὰ κλήματα. Ὁ μένων ἐν ἐμοί, κἀγὼ ἐν αὐτῷ, οὗτος φέρει καρπὸν πολύν· ὅτι χωρὶς ἐμοῦ οὐ δύνασθε ποιεῖν οὐδέν. 6 Ἐὰν μή τις μείνῃ⁵ ἐν ἐμοί, ἐβλήθη ἔξω ὡς τὸ κλῆμα, καὶ ἐξηράνθη, καὶ συνάγουσιν αὐτὰ καὶ εἰς τὸ πῦρ βάλλουσιν, καὶ καίεται. 7 Ἐὰν μείνητε ἐν ἐμοί, καὶ τὰ ῥήματά μου ἐν ὑμῖν μείνῃ, ὃ ἐὰν θέλητε αἰτήσεσθε,⁶ καὶ γενήσεται ὑμῖν. 8 Ἐν τούτῳ ἐδοξάσθη ὁ πατήρ μου, ἵνα καρπὸν πολὺν φέρητε· καὶ γενήσεσθε⁷ ἐμοὶ μαθηταί. 9 Καθὼς ἠγάπησέν με ὁ πατήρ, κἀγὼ ἠγάπησα ὑμᾶς·⁸ μείνατε ἐν τῇ ἀγάπῃ τῇ ἐμῇ. 10 Ἐὰν τὰς ἐντολάς μου τηρήσητε, μενεῖτε ἐν τῇ ἀγάπῃ μου· καθὼς ἐγὼ τὰς ἐντολὰς τοῦ πατρός μου τετήρηκα, καὶ μένω αὐτοῦ ἐν τῇ ἀγάπῃ.

The New Status of Jesus' Disciples

11 Ταῦτα λελάληκα ὑμῖν, ἵνα ἡ χαρὰ ἡ ἐμὴ ἐν ὑμῖν μείνῃ,⁹ καὶ ἡ χαρὰ ὑμῶν πληρωθῇ. 12 Αὕτη ἐστὶν ἡ ἐντολὴ ἡ ἐμή, ἵνα ἀγαπᾶτε ἀλλήλους, καθὼς ἠγάπησα ὑμᾶς. 13 Μείζονα

---

¹ μου μείζων • μείζων   ² πλείονα καρπὸν • καρπὸν πλείονα   ³ μείνῃ • μένῃ
⁴ μείνητε • μένητε   ⁵ μείνῃ • μένῃ   ⁶ αἰτήσεσθε • αἰτήσασθε   ⁷ γενήσεσθε •
γένησθε   ⁸ ἠγάπησα ὑμᾶς • ὑμᾶς ἠγάπησα   ⁹ μείνῃ • ᾖ

ταύτης ἀγάπην οὐδεὶς ἔχει, ἵνα τις τὴν ψυχὴν αὐτοῦ θῇ ὑπὲρ τῶν φίλων αὐτοῦ. 14 Ὑμεῖς φίλοι μου ἐστέ, ἐὰν ποιῆτε ὅσα¹ ἐγὼ ἐντέλλομαι ὑμῖν. 15 Οὐκέτι ὑμᾶς λέγω² δούλους, ὅτι ὁ δοῦλος οὐκ οἶδεν τί ποιεῖ αὐτοῦ ὁ κύριος· ὑμᾶς δὲ εἴρηκα φίλους, ὅτι πάντα ἃ ἤκουσα παρὰ τοῦ πατρός μου ἐγνώρισα ὑμῖν. 16 Οὐχ ὑμεῖς με ἐξελέξασθε, ἀλλ᾽ ἐγὼ ἐξελεξάμην ὑμᾶς, καὶ ἔθηκα ὑμᾶς, ἵνα ὑμεῖς ὑπάγητε καὶ καρπὸν φέρητε, καὶ ὁ καρπὸς ὑμῶν μένῃ· ἵνα ὅ τι ἂν αἰτήσητε τὸν πατέρα ἐν τῷ ὀνόματί μου, δῷᵃ ὑμῖν. 17 Ταῦτα ἐντέλλομαι ὑμῖν, ἵνα ἀγαπᾶτε ἀλλήλους. 18 Εἰ ὁ κόσμος ὑμᾶς μισεῖ, γινώσκετε ὅτι ἐμὲ πρῶτον ὑμῶν μεμίσηκεν. 19 Εἰ ἐκ τοῦ κόσμου ἦτε, ὁ κόσμος ἂν τὸ ἴδιον ἐφίλει· ὅτι δὲ ἐκ τοῦ κόσμου οὐκ ἐστέ, ἀλλ᾽ ἐγὼ ἐξελεξάμην ὑμᾶς ἐκ τοῦ κόσμου, διὰ τοῦτο μισεῖ ὑμᾶς ὁ κόσμος. 20 Μνημονεύετε τοῦ λόγου οὗ ἐγὼ εἶπον ὑμῖν, Οὐκ ἔστιν δοῦλος μείζων τοῦ κυρίου αὐτοῦ. Εἰ ἐμὲ ἐδίωξαν, καὶ ὑμᾶς διώξουσιν· εἰ τὸν λόγον μου ἐτήρησαν, καὶ τὸν ὑμέτερον τηρήσουσιν. 21 Ἀλλὰ ταῦτα πάντα ποιήσουσιν ὑμῖν³ διὰ τὸ ὄνομά μου, ὅτι οὐκ οἴδασιν τὸν πέμψαντά με. 22 Εἰ μὴ ἦλθον καὶ ἐλάλησα αὐτοῖς, ἁμαρτίαν οὐκ εἶχον·⁴ νῦν δὲ πρόφασιν οὐκ ἔχουσιν περὶ τῆς ἁμαρτίας αὐτῶν. 23 Ὁ ἐμὲ μισῶν, καὶ τὸν πατέρα μου μισεῖ. 24 Εἰ τὰ ἔργα μὴ ἐποίησα ἐν αὐτοῖς ἃ οὐδεὶς ἄλλος πεποίηκεν,⁵ ἁμαρτίαν οὐκ εἶχον·⁶ νῦν δὲ καὶ ἑωράκασιν καὶ μεμισήκασιν καὶ ἐμὲ καὶ τὸν πατέρα μου. 25 Ἀλλ᾽ ἵνα πληρωθῇ ὁ λόγος ὁ γεγραμμένος ἐν⁷ τῷ νόμῳ αὐτῶν ὅτι⁸ Ἐμίσησάν με δωρεάν.

26 Ὅταν δὲ⁹ ἔλθῃ ὁ παράκλητος, ὃν ἐγὼ πέμψω ὑμῖν παρὰ τοῦ πατρός, τὸ πνεῦμα τῆς ἀληθείας, ὃ παρὰ τοῦ πατρὸς ἐκπορεύεται, ἐκεῖνος μαρτυρήσει περὶ ἐμοῦ· 27 καὶ ὑμεῖς δὲ μαρτυρεῖτε, ὅτι ἀπ᾽ ἀρχῆς μετ᾽ ἐμοῦ ἐστε.

ᵃ δῷ • δῴη

---

¹ ὅσα • ἃ   ² ὑμᾶς λέγω • λέγω ὑμᾶς   ³ ὑμῖν • εἰς ὑμᾶς   ⁴ εἶχον • εἴχοσαν
⁵ πεποίηκεν • ἐποίησεν   ⁶ εἶχον • εἴχοσαν   ⁷ γεγραμμένος ἐν • ἐν   ⁸ ὅτι • γεγραμμένος ὅτι   ⁹ δὲ • —

Comfort against the World's Hatred

16 Ταῦτα λελάληκα ὑμῖν, ἵνα μὴ σκανδαλισθῆτε. 2 Ἀποσυναγώγους ποιήσουσιν ὑμᾶς· ἀλλ᾽ ἔρχεται ὥρα, ἵνα πᾶς ὁ ἀποκτείνας ὑμᾶς δόξῃ λατρείαν προσφέρειν τῷ θεῷ. 3 Καὶ ταῦτα ποιήσουσιν, ὅτι οὐκ ἔγνωσαν τὸν πατέρα οὐδὲ ἐμέ. 4 Ἀλλὰ ταῦτα λελάληκα ὑμῖν, ἵνα ὅταν ἔλθῃ ἡ ὥρα,[1] μνημονεύητε αὐτῶν, ὅτι ἐγὼ εἶπον ὑμῖν. Ταῦτα δὲ ὑμῖν ἐξ ἀρχῆς οὐκ εἶπον, ὅτι μεθ᾽ ὑμῶν ἤμην. 5 Νῦν δὲ ὑπάγω πρὸς τὸν πέμψαντά με, καὶ οὐδεὶς ἐξ ὑμῶν ἐρωτᾷ με, Ποῦ ὑπάγεις; 6 Ἀλλ᾽ ὅτι ταῦτα λελάληκα ὑμῖν, ἡ λύπη πεπλήρωκεν ὑμῶν τὴν καρδίαν. 7 Ἀλλ᾽ ἐγὼ τὴν ἀλήθειαν λέγω ὑμῖν· συμφέρει ὑμῖν ἵνα ἐγὼ ἀπέλθω· ἐὰν γὰρ ἐγὼ μὴ[2] ἀπέλθω, ὁ παράκλητος οὐκ ἐλεύσεται πρὸς ὑμᾶς· ἐὰν δὲ πορευθῶ, πέμψω αὐτὸν πρὸς ὑμᾶς. 8 Καὶ ἐλθὼν ἐκεῖνος ἐλέγξει τὸν κόσμον περὶ ἁμαρτίας καὶ περὶ δικαιοσύνης καὶ περὶ κρίσεως· 9 περὶ ἁμαρτίας μέν, ὅτι οὐ πιστεύουσιν εἰς ἐμέ· 10 περὶ δικαιοσύνης δέ, ὅτι πρὸς τὸν πατέρα μου[3] ὑπάγω, καὶ οὐκέτι θεωρεῖτέ με· 11 περὶ δὲ κρίσεως, ὅτι ὁ ἄρχων τοῦ κόσμου τούτου κέκριται. 12 Ἔτι πολλὰ ἔχω λέγειν ὑμῖν,[4] ἀλλ᾽ οὐ δύνασθε βαστάζειν ἄρτι. 13 Ὅταν δὲ ἔλθῃ ἐκεῖνος, τὸ πνεῦμα τῆς ἀληθείας, ὁδηγήσει ὑμᾶς εἰς πᾶσαν τὴν ἀλήθειαν·[5] οὐ γὰρ λαλήσει ἀφ᾽ ἑαυτοῦ, ἀλλ᾽ ὅσα ἂν ἀκούσῃ[6] λαλήσει, καὶ τὰ ἐρχόμενα ἀναγγελεῖ ὑμῖν. 14 Ἐκεῖνος ἐμὲ δοξάσει, ὅτι ἐκ τοῦ ἐμοῦ λήψεται,[7] καὶ ἀναγγελεῖ ὑμῖν. 15 Πάντα ὅσα ἔχει ὁ πατὴρ ἐμά ἐστιν· διὰ τοῦτο εἶπον, ὅτι ἐκ τοῦ ἐμοῦ λαμβάνει, καὶ ἀναγγελεῖ ὑμῖν.

The Comfort of Christ's Second Advent

16 Μικρὸν καὶ οὐ[8] θεωρεῖτέ με, καὶ πάλιν μικρὸν καὶ ὄψεσθέ με, ὅτι ὑπάγω πρὸς τὸν πατέρα.[9] 17 Εἶπον[10] οὖν ἐκ τῶν μαθητῶν αὐτοῦ πρὸς ἀλλήλους, Τί ἐστιν τοῦτο ὃ λέγει ἡμῖν, Μικρὸν καὶ οὐ θεωρεῖτέ με, καὶ πάλιν μικρὸν καὶ ὄψεσθέ με;

---

[1] ὥρα • ὥρα αὐτῶν [2] ἐγὼ μὴ • μὴ [3] μου • — [4] λέγειν ὑμῖν • ὑμῖν λέγειν [5] εἰς πᾶσαν τὴν ἀλήθειαν • ἐν τῇ ἀληθείᾳ πάσῃ [6] ἂν ἀκούσῃ • ἀκούσει [7] λήψεται • λήμψεται [8] οὐ • οὐκέτι [9] ὅτι ὑπάγω πρὸς τὸν πατέρα • — [10] Εἶπον • Εἶπαν

Καὶ ὅτι Ἐγὼ¹ ὑπάγω πρὸς τὸν πατέρα; 18 Ἔλεγον οὖν, Τοῦτο τί ἐστιν ὃ λέγει,² τὸ μικρόν; Οὐκ οἴδαμεν τί λαλεῖ. 19 Ἔγνω οὖν ὁ³ Ἰησοῦς ὅτι ἤθελον αὐτὸν ἐρωτᾶν, καὶ εἶπεν αὐτοῖς, Περὶ τούτου ζητεῖτε μετ' ἀλλήλων, ὅτι εἶπον, Μικρὸν καὶ οὐ θεωρεῖτέ με, καὶ πάλιν μικρὸν καὶ ὄψεσθέ με; 20 Ἀμὴν ἀμὴν λέγω ὑμῖν ὅτι κλαύσετε καὶ θρηνήσετε ὑμεῖς, ὁ δὲ κόσμος χαρήσεται· ὑμεῖς δὲ λυπηθήσεσθε,⁴ ἀλλ' ἡ λύπη ὑμῶν εἰς χαρὰν γενήσεται. 21 Ἡ γυνὴ ὅταν τίκτῃ λύπην ἔχει, ὅτι ἦλθεν ἡ ὥρα αὐτῆς· ὅταν δὲ γεννήσῃ τὸ παιδίον, οὐκέτι μνημονεύει τῆς θλίψεως, διὰ τὴν χαρὰν ὅτι ἐγεννήθη ἄνθρωπος εἰς τὸν κόσμον. 22 Καὶ ὑμεῖς οὖν λύπην μὲν νῦν⁵ ἔχετε· πάλιν δὲ ὄψομαι ὑμᾶς, καὶ χαρήσεται ὑμῶν ἡ καρδία, καὶ τὴν χαρὰν ὑμῶν οὐδεὶς αἴρει ἀφ' ὑμῶν. 23 Καὶ ἐν ἐκείνῃ τῇ ἡμέρᾳ ἐμὲ οὐκ ἐρωτήσετε οὐδέν. Ἀμὴν ἀμὴν λέγω ὑμῖν ὅτι ὅσα ἂν⁶ αἰτήσητε τὸν πατέρα ἐν τῷ ὀνόματί μου, δώσει ὑμῖν. 24 Ἕως ἄρτι οὐκ ᾐτήσατε οὐδὲν ἐν τῷ ὀνόματί μου· αἰτεῖτε, καὶ λήψεσθε,⁷ ἵνα ἡ χαρὰ ὑμῶν ᾖ πεπληρωμένη.

25 Ταῦτα ἐν παροιμίαις λελάληκα ὑμῖν· ἀλλ'⁸ ἔρχεται ὥρα ὅτε οὐκέτι ἐν παροιμίαις λαλήσω ὑμῖν, ἀλλὰ παρρησίᾳ περὶ τοῦ πατρὸς ἀναγγελῶ⁹ ὑμῖν. 26 Ἐν ἐκείνῃ τῇ ἡμέρᾳ ἐν τῷ ὀνόματί μου αἰτήσεσθε· καὶ οὐ λέγω ὑμῖν ὅτι ἐγὼ ἐρωτήσω τὸν πατέρα περὶ ὑμῶν· 27 αὐτὸς γὰρ ὁ πατὴρ φιλεῖ ὑμᾶς, ὅτι ὑμεῖς ἐμὲ πεφιλήκατε, καὶ πεπιστεύκατε ὅτι ἐγὼ παρὰ τοῦ¹⁰ θεοῦ ἐξῆλθον. 28 Ἐξῆλθον παρὰ τοῦ πατρός, καὶ ἐλήλυθα εἰς τὸν κόσμον· πάλιν ἀφίημι τὸν κόσμον, καὶ πορεύομαι πρὸς τὸν πατέρα. 29 Λέγουσιν αὐτῷ¹¹ οἱ μαθηταὶ αὐτοῦ, Ἴδε, νῦν παρρησίᾳ¹² λαλεῖς, καὶ παροιμίαν οὐδεμίαν λέγεις. 30 Νῦν οἴδαμεν ὅτι οἶδας πάντα, καὶ οὐ χρείαν ἔχεις ἵνα τίς σε ἐρωτᾷ· ἐν τούτῳ πιστεύομεν ὅτι ἀπὸ θεοῦ ἐξῆλθες. 31 Ἀπεκρίθη αὐτοῖς ὁ¹³ Ἰησοῦς, Ἄρτι πιστεύετε; 32 Ἰδού, ἔρχεται ὥρα καὶ

---

¹ Ἐγὼ • — ² Τοῦτο τί ἐστιν ὃ λέγει • Τί ἐστιν τοῦτο [ὃ λέγει] ³ οὖν ὁ • [ὁ]
⁴ δὲ λυπηθήσεσθε • λυπηθήσεσθε ⁵ λύπην μὲν νῦν • νῦν μὲν λύπην ⁶ ὅτι ὅσα ἂν • ἄν τι ⁷ λήψεσθε • λήμψεσθε ⁸ ἀλλ' • — ⁹ ἀναγγελῶ • ἀπαγγελῶ
¹⁰ τοῦ • [τοῦ] ¹¹ αὐτῷ • — ¹² παρρησίᾳ • ἐν παρρησίᾳ ¹³ ὁ • —

νῦν¹ ἐλήλυθεν, ἵνα σκορπισθῆτε ἕκαστος εἰς τὰ ἴδια, καὶ ἐμὲ² μόνον ἀφῆτε· καὶ οὐκ εἰμὶ μόνος, ὅτι ὁ πατὴρ μετ' ἐμοῦ ἐστιν. 33 Ταῦτα λελάληκα ὑμῖν, ἵνα ἐν ἐμοὶ εἰρήνην ἔχητε. Ἐν τῷ κόσμῳ θλίψιν ἔχετε· ἀλλὰ θαρσεῖτε, ἐγὼ νενίκηκα τὸν κόσμον.

The High Priestly Prayer

17 Ταῦτα ἐλάλησεν ὁ Ἰησοῦς, καὶ ἐπῆρεν³ τοὺς ὀφθαλμοὺς αὐτοῦ εἰς τὸν οὐρανόν, καὶ εἶπεν,⁴ Πάτερ, ἐλήλυθεν ἡ ὥρα· δόξασόν σου τὸν υἱόν, ἵνα καὶ ὁ υἱός σου⁵ δοξάσῃ σε· 2 καθὼς ἔδωκας αὐτῷ ἐξουσίαν πάσης σαρκός, ἵνα πᾶν ὃ δέδωκας αὐτῷ, δώσει⁶ αὐτοῖς ζωὴν αἰώνιον. 3 Αὕτη δέ ἐστιν ἡ αἰώνιος ζωή, ἵνα γινώσκωσίν σε τὸν μόνον ἀληθινὸν θεόν, καὶ ὃν ἀπέστειλας Ἰησοῦν χριστόν. 4 Ἐγώ σε ἐδόξασα ἐπὶ τῆς γῆς· τὸ ἔργον ἐτελείωσα⁷ ὃ δέδωκάς μοι ἵνα ποιήσω. 5 Καὶ νῦν δόξασόν με σύ, πάτερ, παρὰ σεαυτῷ τῇ δόξῃ ᾗ εἶχον πρὸ τοῦ τὸν κόσμον εἶναι παρὰ σοί. 6 Ἐφανέρωσά σου τὸ ὄνομα τοῖς ἀνθρώποις οὓς δέδωκάς μοι⁸ ἐκ τοῦ κόσμου· σοὶ ἦσαν, καὶ ἐμοὶ⁹ αὐτοὺς δέδωκας· καὶ¹⁰ τὸν λόγον σου τετηρήκασιν.¹¹ 7 Νῦν ἔγνωκαν ὅτι πάντα ὅσα δέδωκάς μοι, παρὰ σοῦ ἐστιν·¹² 8 ὅτι τὰ ῥήματα ἃ δέδωκάς¹³ μοι, δέδωκα αὐτοῖς· καὶ αὐτοὶ ἔλαβον, καὶ ἔγνωσαν ἀληθῶς ὅτι παρὰ σοῦ ἐξῆλθον, καὶ ἐπίστευσαν ὅτι σύ με ἀπέστειλας. 9 Ἐγὼ περὶ αὐτῶν ἐρωτῶ· οὐ περὶ τοῦ κόσμου ἐρωτῶ, ἀλλὰ περὶ ὧν δέδωκάς μοι, ὅτι σοί εἰσιν· 10 καὶ τὰ ἐμὰ πάντα σά ἐστιν, καὶ τὰ σὰ ἐμά· καὶ δεδόξασμαι ἐν αὐτοῖς. 11 Καὶ οὐκέτι εἰμὶ ἐν τῷ κόσμῳ, καὶ οὗτοι¹⁴ ἐν τῷ κόσμῳ εἰσίν, καὶ ἐγὼ¹⁵ πρός σε ἔρχομαι. Πάτερ ἅγιε, τήρησον αὐτοὺς ἐν τῷ ὀνόματί σου, ᾧ δέδωκάς μοι, ἵνα ὦσιν ἕν, καθὼς ἡμεῖς. 12 Ὅτε ἤμην μετ' αὐτῶν ἐν τῷ κόσμῳ,¹⁶ ἐγὼ ἐτήρουν αὐτοὺς ἐν τῷ ὀνόματί σου·

---

1 νῦν • — 2 καὶ ἐμὲ • κἀμὲ 3 ὁ Ἰησοῦς καὶ ἐπῆρεν • Ἰησοῦς καὶ ἐπάρας 4 καὶ εἶπεν • εἶπεν 5 καὶ ὁ υἱός σου • ὁ υἱὸς 6 δώσει • δώσῃ 7 ἐτελείωσα • τελειώσας 8 δέδωκάς μοι • ἔδωκάς μοι 9 καὶ ἐμοὶ • κἀμοὶ 10 δέδωκας καὶ • ἔδωκας καὶ 11 τετηρήκασιν • τετήρηκαν 12 ἐστιν • εἰσιν 13 δέδωκάς • ἔδωκάς 14 οὗτοι • αὐτοὶ 15 καὶ ἐγὼ • κἀγὼ 16 ἐν τῷ κόσμῳ • —

οὓς ¹ δέδωκάς μοι, ² ἐφύλαξα, καὶ οὐδεὶς ἐξ αὐτῶν ἀπώλετο, εἰ μὴ ὁ υἱὸς τῆς ἀπωλείας, ἵνα ἡ γραφὴ πληρωθῇ. 13 Νῦν δὲ πρός σε ἔρχομαι, καὶ ταῦτα λαλῶ ἐν τῷ κόσμῳ, ἵνα ἔχωσιν τὴν χαρὰν τὴν ἐμὴν πεπληρωμένην ἐν αὐτοῖς.³ 14 Ἐγὼ δέδωκα αὐτοῖς τὸν λόγον σου, καὶ ὁ κόσμος ἐμίσησεν αὐτούς, ὅτι οὐκ εἰσὶν ἐκ τοῦ κόσμου, καθὼς ἐγὼ οὐκ εἰμὶ ἐκ τοῦ κόσμου. 15 Οὐκ ἐρωτῶ ἵνα ἄρῃς αὐτοὺς ἐκ τοῦ κόσμου, ἀλλ᾽ ἵνα τηρήσῃς αὐτοὺς ἐκ τοῦ πονηροῦ. 16 Ἐκ τοῦ κόσμου οὐκ εἰσίν, καθὼς ἐγὼ ἐκ τοῦ κόσμου οὐκ εἰμί.⁴ 17 Ἁγίασον αὐτοὺς ἐν τῇ ἀληθείᾳ σου· ⁵ ὁ λόγος ὁ σὸς ἀλήθειά ἐστιν. 18 Καθὼς ἐμὲ ἀπέστειλας εἰς τὸν κόσμον, κἀγὼ ἀπέστειλα αὐτοὺς εἰς τὸν κόσμον. 19 Καὶ ὑπὲρ αὐτῶν ἐγὼ ἁγιάζω ἐμαυτόν, ἵνα καὶ αὐτοὶ ὦσιν ⁶ ἡγιασμένοι ἐν ἀληθείᾳ. 20 Οὐ περὶ τούτων δὲ ἐρωτῶ μόνον, ἀλλὰ καὶ περὶ τῶν πιστευόντων διὰ τοῦ λόγου αὐτῶν εἰς ἐμέ· 21 ἵνα πάντες ἓν ὦσιν· καθὼς σύ, πάτερ, ἐν ἐμοί, κἀγὼ ἐν σοί, ἵνα καὶ αὐτοὶ ἐν ἡμῖν ἓν ⁷ ὦσιν· ἵνα ὁ κόσμος πιστεύσῃ ⁸ ὅτι σύ με ἀπέστειλας. 22 Καὶ ἐγὼ ⁹ τὴν δόξαν ἣν δέδωκάς μοι, δέδωκα αὐτοῖς, ἵνα ὦσιν ἕν, καθὼς ἡμεῖς ἕν ἐσμεν.¹⁰ 23 Ἐγὼ ἐν αὐτοῖς, καὶ σὺ ἐν ἐμοί, ἵνα ὦσιν τετελειωμένοι εἰς ἕν, καὶ ἵνα ¹¹ γινώσκῃ ὁ κόσμος ὅτι σύ με ἀπέστειλας, καὶ ἠγάπησας αὐτούς, καθὼς ἐμὲ ἠγάπησας. 24 Πάτερ, οὓς ¹² δέδωκάς μοι, θέλω ἵνα ὅπου εἰμὶ ἐγὼ κἀκεῖνοι ὦσιν μετ᾽ ἐμοῦ· ἵνα θεωρῶσιν τὴν δόξαν τὴν ἐμὴν ἣν ἔδωκάς ᵃ, ¹³ μοι, ὅτι ἠγάπησάς με πρὸ καταβολῆς κόσμου. 25 Πάτερ δίκαιε, καὶ ὁ κόσμος σε οὐκ ἔγνω, ἐγὼ δέ σε ἔγνων, καὶ οὗτοι ἔγνωσαν ὅτι σύ με ἀπέστειλας· 26 καὶ ἐγνώρισα αὐτοῖς τὸ ὄνομά σου, καὶ γνωρίσω· ἵνα ἡ ἀγάπη, ἣν ἠγάπησάς με, ἐν αὐτοῖς ᾖ, κἀγὼ ἐν αὐτοῖς.

ᵃ ἔδωκάς • δέδωκάς

1 οὓς • ᾧ   2 μοι • μοι καὶ   3 αὐτοῖς • ἑαυτοῖς   4 ἐκ τοῦ κόσμου οὐκ εἰμί • οὐκ εἰμὶ ἐκ τοῦ κόσμου   5 σου • —   6 καὶ αὐτοὶ ὦσιν • ὦσιν καὶ αὐτοὶ   7 ἡμῖν ἓν • ἡμῖν   8 πιστεύσῃ • πιστεύῃ   9 Καὶ ἐγὼ • Κἀγὼ   10 ἐσμεν • —   11 καὶ ἵνα • ἵνα   12 οὓς • ὃ   13 ἔδωκάς • δέδωκάς

The Arrest of Jesus

18 Ταῦτα εἰπὼν ὁ¹ Ἰησοῦς ἐξῆλθεν σὺν τοῖς μαθηταῖς αὐτοῦ πέραν τοῦ χειμάρρου τῶν² Κέδρων, ὅπου ἦν κῆπος, εἰς ὃν εἰσῆλθεν αὐτὸς καὶ οἱ μαθηταὶ αὐτοῦ. 2 Ἤιδει δὲ καὶ Ἰούδας, ὁ παραδιδοὺς αὐτόν, τὸν τόπον· ὅτι πολλάκις συνήχθη ᵃ ὁ Ἰησοῦς³ ἐκεῖ μετὰ τῶν μαθητῶν αὐτοῦ. 3 Ὁ οὖν Ἰούδας, λαβὼν τὴν σπεῖραν, καὶ ἐκ τῶν ἀρχιερέων καὶ Φαρισαίων⁴ ὑπηρέτας, ἔρχεται ἐκεῖ μετὰ φανῶν καὶ λαμπάδων καὶ ὅπλων. 4 Ἰησοῦς οὖν, εἰδὼς πάντα τὰ ἐρχόμενα ἐπ᾽ αὐτόν, ἐξελθὼν εἶπεν⁵ αὐτοῖς, Τίνα ζητεῖτε; 5 Ἀπεκρίθησαν αὐτῷ, Ἰησοῦν τὸν Ναζωραῖον. Λέγει αὐτοῖς ὁ Ἰησοῦς,⁶ Ἐγώ εἰμι. Εἱστήκει δὲ καὶ Ἰούδας ὁ παραδιδοὺς αὐτὸν μετ᾽ αὐτῶν. 6 Ὡς οὖν εἶπεν αὐτοῖς ὅτι⁷ Ἐγώ εἰμι, ἀπῆλθον εἰς τὰ ὀπίσω, καὶ ἔπεσον⁸ χαμαί. 7 Πάλιν οὖν αὐτοὺς ἐπηρώτησεν,⁹ Τίνα ζητεῖτε; Οἱ δὲ εἶπον,¹⁰ Ἰησοῦν τὸν Ναζωραῖον. 8 Ἀπεκρίθη Ἰησοῦς, Εἶπον ὑμῖν ὅτι ἐγώ εἰμι· εἰ οὖν ἐμὲ ζητεῖτε, ἄφετε τούτους ὑπάγειν· 9 ἵνα πληρωθῇ ὁ λόγος ὃν εἶπεν ὅτι Οὓς δέδωκάς μοι, οὐκ ἀπώλεσα ἐξ αὐτῶν οὐδένα. 10 Σίμων οὖν Πέτρος ἔχων μάχαιραν εἵλκυσεν αὐτήν, καὶ ἔπαισεν τὸν τοῦ ἀρχιερέως δοῦλον, καὶ ἀπέκοψεν αὐτοῦ τὸ ὠτίον¹¹ τὸ δεξιόν. Ἦν δὲ ὄνομα τῷ δούλῳ Μάλχος. 11 Εἶπεν οὖν ὁ Ἰησοῦς τῷ Πέτρῳ, Βάλε τὴν μάχαιραν ᵇ εἰς τὴν θήκην· τὸ ποτήριον ὃ δέδωκέν μοι ὁ πατήρ, οὐ μὴ πίω αὐτό;

12 Ἡ οὖν σπεῖρα καὶ ὁ χιλίαρχος καὶ οἱ ὑπηρέται τῶν Ἰουδαίων συνέλαβον τὸν Ἰησοῦν, καὶ ἔδησαν αὐτόν, 13 καὶ ἀπήγαγον αὐτὸν¹² πρὸς Ἅνναν πρῶτον· ἦν γὰρ πενθερὸς τοῦ Καϊάφα, ὃς ἦν ἀρχιερεὺς τοῦ ἐνιαυτοῦ ἐκείνου. 14 Ἦν δὲ

ᵃ συνήχθη • συνήχθη καὶ ᵇ μάχαιραν • μάχαιράν σου

¹ ὁ • — ² τῶν • τοῦ ³ ὁ Ἰησοῦς • Ἰησοῦς ⁴ Φαρισαίων • ἐκ τῶν Φαρισαίων ⁵ ἐξελθὼν εἶπεν • ἐξῆλθεν καὶ λέγει ⁶ ὁ Ἰησοῦς • — ⁷ ὅτι • — ⁸ ἔπεσον • ἔπεσαν ⁹ αὐτοὺς ἐπηρώτησεν • ἐπηρώτησεν αὐτούς ¹⁰ εἶπον • εἶπαν ¹¹ ὠτίον • ὠτάριον ¹² ἀπήγαγον αὐτὸν • ἤγαγον

Καϊάφας ὁ συμβουλεύσας τοῖς Ἰουδαίοις, ὅτι συμφέρει ἕνα ἄνθρωπον ἀπολέσθαι¹ ὑπὲρ τοῦ λαοῦ.

Jesus Arraigned, and the Denial of Peter

15 Ἠκολούθει δὲ τῷ Ἰησοῦ Σίμων Πέτρος, καὶ ὁ ἄλλος² μαθητής. Ὁ δὲ μαθητὴς ἐκεῖνος ἦν γνωστὸς τῷ ἀρχιερεῖ, καὶ συνεισῆλθεν τῷ Ἰησοῦ εἰς τὴν αὐλὴν τοῦ ἀρχιερέως· 16 ὁ δὲ Πέτρος εἰστήκει πρὸς τῇ θύρᾳ ἔξω. Ἐξῆλθεν οὖν ὁ μαθητὴς ὁ ἄλλος ὃς ἦν γνωστὸς τῷ ἀρχιερεῖ,³ καὶ εἶπεν τῇ θυρωρῷ, καὶ εἰσήγαγεν τὸν Πέτρον. 17 Λέγει οὖν ἡ παιδίσκη ἡ θυρωρὸς τῷ Πέτρῳ,⁴ Μὴ καὶ σὺ ἐκ τῶν μαθητῶν εἶ τοῦ ἀνθρώπου τούτου; Λέγει ἐκεῖνος, Οὐκ εἰμί. 18 Εἱστήκεισαν δὲ οἱ δοῦλοι καὶ οἱ ὑπηρέται ἀνθρακιὰν πεποιηκότες, ὅτι ψῦχος ἦν, καὶ ἐθερμαίνοντο· ἦν δὲ μετ' αὐτῶν ὁ Πέτρος⁵ ἑστὼς καὶ θερμαινόμενος.

19 Ὁ οὖν ἀρχιερεὺς ἠρώτησεν τὸν Ἰησοῦν περὶ τῶν μαθητῶν αὐτοῦ, καὶ περὶ τῆς διδαχῆς αὐτοῦ. 20 Ἀπεκρίθη αὐτῷ ὁ⁶ Ἰησοῦς, Ἐγὼ παρρησίᾳ ἐλάλησα τῷ⁷ κόσμῳ· ἐγὼ πάντοτε ἐδίδαξα ἐν συναγωγῇ καὶ ἐν τῷ ἱερῷ, ὅπου πάντοτε οἱ⁸ Ἰουδαῖοι συνέρχονται, καὶ ἐν κρυπτῷ ἐλάλησα οὐδέν. 21 Τί με ἐπερωτᾷς; Ἐπερώτησον⁹ τοὺς ἀκηκοότας, τί ἐλάλησα αὐτοῖς· ἴδε, οὗτοι οἴδασιν ἃ εἶπον ἐγώ. 22 Ταῦτα δὲ αὐτοῦ εἰπόντος, εἷς τῶν ὑπηρετῶν παρεστηκὼς¹⁰ ἔδωκεν ῥάπισμα τῷ Ἰησοῦ, εἰπών, Οὕτως ἀποκρίνῃ τῷ ἀρχιερεῖ; 23 Ἀπεκρίθη αὐτῷ ὁ¹¹ Ἰησοῦς, Εἰ κακῶς ἐλάλησα, μαρτύρησον περὶ τοῦ κακοῦ· εἰ δὲ καλῶς, τί με δέρεις; 24 Ἀπέστειλεν αὐτὸν¹² ὁ Ἄννας δεδεμένον πρὸς Καϊάφαν τὸν ἀρχιερέα.

25 Ἦν δὲ Σίμων Πέτρος ἑστὼς καὶ θερμαινόμενος· εἶπον οὖν αὐτῷ, Μὴ καὶ σὺ ἐκ τῶν μαθητῶν αὐτοῦ εἶ; Ἠρνήσατο οὖν

---

¹ ἀπολέσθαι · ἀποθανεῖν   ² ὁ ἄλλος · ἄλλος   ³ ὃς ἦν γνωστὸς τῷ ἀρχιερεῖ · ὁ γνωστὸς τοῦ ἀρχιερέως   ⁴ ἡ παιδίσκη ἡ θυρωρὸς τῷ Πέτρῳ · τῷ Πέτρῳ ἡ παιδίσκη ἡ θυρωρός   ⁵ μετ' αὐτῶν ὁ Πέτρος • καὶ ὁ Πέτρος μετ' αὐτῶν   ⁶ ὁ • —   ⁷ ἐλάλησα τῷ · λελάληκα τῷ   ⁸ πάντοτε οἱ · πάντες οἱ   ⁹ ἐπερωτᾷς Ἐπερώτησον · ἐρωτᾷς Ἐρώτησον   ¹⁰ τῶν ὑπηρετῶν παρεστηκὼς · παρεστηκὼς τῶν ὑπηρετῶν   ¹¹ ὁ • —   ¹² αὐτὸν · οὖν αὐτὸν

ἐκεῖνος,¹ καὶ εἶπεν, Οὐκ εἰμί. 26 Λέγει εἷς ἐκ τῶν δούλων τοῦ ἀρχιερέως, συγγενὴς ὢν οὗ ἀπέκοψεν Πέτρος τὸ ὠτίον, Οὐκ ἐγώ σε εἶδον ἐν τῷ κήπῳ μετ᾽ αὐτοῦ; 27 Πάλιν οὖν ἠρνήσατο ὁ² Πέτρος, καὶ εὐθέως ἀλέκτωρ ἐφώνησεν.

The Trial before Pilate

28 Ἄγουσιν οὖν τὸν Ἰησοῦν ἀπὸ τοῦ Καϊάφα εἰς τὸ πραιτώριον· ἦν δὲ πρωΐ,ᵃ καὶ αὐτοὶ οὐκ εἰσῆλθον εἰς τὸ πραιτώριον, ἵνα μὴ μιανθῶσιν, ἀλλ᾽ ἵνα³ φάγωσιν τὸ Πάσχα. 29 Ἐξῆλθεν οὖν ὁ Πιλᾶτος πρὸς⁴ αὐτούς, καὶ εἶπεν,⁵ Τίνα κατηγορίαν φέρετε κατὰ⁶ τοῦ ἀνθρώπου τούτου; 30 Ἀπεκρίθησαν καὶ εἶπον⁷ αὐτῷ, Εἰ μὴ ἦν οὗτος κακοποιός,⁸ οὐκ ἄν σοι παρεδώκαμεν αὐτόν. 31 Εἶπεν οὖν αὐτοῖς ὁ Πιλᾶτος, Λάβετε αὐτὸν ὑμεῖς, καὶ κατὰ τὸν νόμον ὑμῶν κρίνατε αὐτόν. Εἶπον οὖν αὐτῷ⁹ οἱ Ἰουδαῖοι, Ἡμῖν οὐκ ἔξεστιν ἀποκτεῖναι οὐδένα· 32 ἵνα ὁ λόγος τοῦ Ἰησοῦ πληρωθῇ, ὃν εἶπεν, σημαίνων ποίῳ θανάτῳ ἔμελλενᵇ,¹⁰ ἀποθνήσκειν.

33 Εἰσῆλθεν οὖν εἰς τὸ πραιτώριον πάλιν¹¹ ὁ Πιλᾶτος, καὶ ἐφώνησεν τὸν Ἰησοῦν, καὶ εἶπεν αὐτῷ, Σὺ εἶ ὁ βασιλεὺς τῶν Ἰουδαίων; 34 Ἀπεκρίθη αὐτῷ ὁ¹² Ἰησοῦς, Ἀφ᾽ ἑαυτοῦ¹³ σὺ τοῦτο λέγεις, ἢ ἄλλοι σοι εἶπον¹⁴ περὶ ἐμοῦ; 35 Ἀπεκρίθη ὁ Πιλᾶτος, Μήτι ἐγὼ Ἰουδαῖός εἰμι; Τὸ ἔθνος τὸ σὸν καὶ οἱ ἀρχιερεῖς παρέδωκάν σε ἐμοί· τί ἐποίησας; 36 Ἀπεκρίθη Ἰησοῦς, Ἡ βασιλεία ἡ ἐμὴ οὐκ ἔστιν ἐκ τοῦ κόσμου τούτου· εἰ ἐκ τοῦ κόσμου τούτου ἦν ἡ βασιλεία ἡ ἐμή, οἱ ὑπηρέται ἂν¹⁵ οἱ ἐμοὶ ἠγωνίζοντο, ἵνα¹⁶ μὴ παραδοθῶ τοῖς Ἰουδαίοις· νῦν δὲ ἡ βασιλεία ἡ ἐμὴ οὐκ ἔστιν ἐντεῦθεν. 37 Εἶπεν οὖν αὐτῷ ὁ Πιλᾶτος, Οὐκοῦν βασιλεὺς εἶ σύ; Ἀπεκρίθη Ἰησοῦς,ᶜ,¹⁷ Σὺ

ᵃ πρωΐ • πρωΐα   ᵇ ἔμελλεν • ἤμελλεν   ᶜ Ἰησοῦς • ὁ Ἰησοῦς

1 οὖν ἐκεῖνος • ἐκεῖνος   2 ὁ • —   3 ἀλλ᾽ ἵνα • ἀλλὰ   4 πρὸς • ἔξω πρὸς
5 εἶπεν • φησίν   6 κατὰ • [κατὰ]   7 εἶπον • εἶπαν   8 κακοποιός • κακὸν ποιῶν
9 οὖν αὐτῷ • αὐτῷ   10 ἔμελλεν • ἤμελλεν   11 εἰς τὸ πραιτώριον πάλιν • πάλιν εἰς τὸ πραιτώριον   12 αὐτῷ ὁ • —   13 Ἀφ᾽ ἑαυτοῦ • Ἀπὸ σεαυτοῦ   14 σοι εἶπον • εἶπόν σοι   15 ἂν • —   16 ἵνα • [ἂν] ἵνα   17 Ἰησοῦς • ὁ Ἰησοῦς

λέγεις, ὅτι βασιλεύς εἰμι ἐγώ. ¹ Ἐγὼ εἰς τοῦτο γεγέννημαι, καὶ εἰς τοῦτο ἐλήλυθα εἰς τὸν κόσμον, ἵνα μαρτυρήσω τῇ ἀληθείᾳ. Πᾶς ὁ ὢν ἐκ τῆς ἀληθείας ἀκούει μου τῆς φωνῆς. 38 Λέγει αὐτῷ ὁ Πιλάτος, Τί ἐστιν ἀλήθεια;

Καὶ τοῦτο εἰπών, πάλιν ἐξῆλθεν πρὸς τοὺς Ἰουδαίους, καὶ λέγει αὐτοῖς, Ἐγὼ οὐδεμίαν αἰτίαν εὑρίσκω ἐν αὐτῷ.² 39 Ἔστιν δὲ συνήθεια ὑμῖν, ἵνα ἕνα ὑμῖν ἀπολύσω ἐν³ τῷ Πάσχα· βούλεσθε οὖν ὑμῖν ἀπολύσω τὸν⁴ βασιλέα τῶν Ἰουδαίων; 40 Ἐκραύγασαν οὖν πάλιν πάντες,⁵ λέγοντες, Μὴ τοῦτον, ἀλλὰ τὸν Βαραββᾶν· ἦν δὲ ὁ Βαραββᾶς λῃστής.

The Condemnation of Jesus

19 Τότε οὖν ἔλαβεν ὁ Πιλάτος τὸν Ἰησοῦν, καὶ ἐμαστίγωσεν. 2 Καὶ οἱ στρατιῶται πλέξαντες στέφανον ἐξ ἀκανθῶν ἐπέθηκαν αὐτοῦ τῇ κεφαλῇ, καὶ ἱμάτιον πορφυροῦν περιέβαλον αὐτόν, 3 καὶ ἔλεγον,⁶ Χαῖρε, ὁ βασιλεὺς τῶν Ἰουδαίων· καὶ ἐδίδουν⁷ αὐτῷ ῥαπίσματα. 4 Ἐξῆλθεν οὖν⁸ πάλιν ἔξω ὁ Πιλάτος, καὶ λέγει αὐτοῖς, Ἴδε, ἄγω ὑμῖν αὐτὸν ἔξω, ἵνα γνῶτε ὅτι ἐν αὐτῷ οὐδεμίαν αἰτίαν εὑρίσκω.⁹ 5 Ἐξῆλθεν οὖν ὁ Ἰησοῦς ἔξω, φορῶν τὸν ἀκάνθινον στέφανον καὶ τὸ πορφυροῦν ἱμάτιον. Καὶ λέγει αὐτοῖς, Ἴδε,¹⁰ ὁ ἄνθρωπος. 6 Ὅτε οὖν εἶδον αὐτὸν οἱ ἀρχιερεῖς καὶ οἱ ὑπηρέται, ἐκραύγασαν λέγοντες, Σταύρωσον, σταύρωσον αὐτόν. Λέγει¹¹ αὐτοῖς ὁ Πιλάτος, Λάβετε αὐτὸν ὑμεῖς καὶ σταυρώσατε· ἐγὼ γὰρ οὐχ εὑρίσκω ἐν αὐτῷ αἰτίαν. 7 Ἀπεκρίθησαν αὐτῷ οἱ Ἰουδαῖοι, Ἡμεῖς νόμον ἔχομεν, καὶ κατὰ τὸν νόμον ἡμῶν¹² ὀφείλει ἀποθανεῖν, ὅτι ἑαυτὸν υἱὸν θεοῦ¹³ ἐποίησεν. 8 Ὅτε οὖν ἤκουσεν ὁ Πιλάτος τοῦτον τὸν λόγον, μᾶλλον ἐφοβήθη, 9 καὶ εἰσῆλθεν εἰς τὸ πραιτώριον πάλιν, καὶ λέγει τῷ Ἰησοῦ,

---

1 εἰμι ἐγώ • εἰμι   2 αἰτίαν εὑρίσκω ἐν αὐτῷ • εὑρίσκω ἐν αὐτῷ αἰτίαν   3 ὑμῖν ἀπολύσω ἐν • ἀπολύσω ὑμῖν ἐν   4 ὑμῖν ἀπολύσω τὸν • ἀπολύσω ὑμῖν τὸν   5 πάντες • —   6 ἔλεγον • ἤρχοντο πρὸς αὐτὸν καὶ ἔλεγον   7 ἐδίδουν • ἐδίδοσαν   8 Ἐξῆλθεν οὖν • Καὶ ἐξῆλθεν   9 ἐν αὐτῷ οὐδεμίαν αἰτίαν εὑρίσκω • οὐδεμίαν αἰτίαν εὑρίσκω ἐν αὐτῷ   10 Ἴδε • Ἰδού   11 αὐτοῖς. Λέγει • Λέγει   12 ἡμῶν • —   13 ἑαυτὸν υἱὸν θεοῦ • υἱὸν θεοῦ ἑαυτόν

Πόθεν εἶ σύ; Ὁ δὲ Ἰησοῦς ἀπόκρισιν οὐκ ἔδωκεν αὐτῷ. 10 Λέγει οὖν αὐτῷ ὁ Πιλάτος, Ἐμοὶ οὐ λαλεῖς; Οὐκ οἶδας ὅτι ἐξουσίαν ἔχω σταυρῶσαί¹ σε, καὶ ἐξουσίαν ἔχω ἀπολῦσαί² σε; 11 Ἀπεκρίθη Ἰησοῦς,³ Οὐκ εἶχες ἐξουσίαν οὐδεμίαν κατ᾽ ἐμοῦ,⁴ εἰ μὴ ἦν σοι δεδομένον⁵ ἄνωθεν· διὰ τοῦτο ὁ παραδιδούς⁶ μέ σοι μείζονα ἁμαρτίαν ἔχει. 12 Ἐκ τούτου ἐζήτει ὁ Πιλάτος⁷ ἀπολῦσαι αὐτόν. Οἱ δὲ Ἰουδαῖοι ἔκραζον⁸ λέγοντες, Ἐὰν τοῦτον ἀπολύσῃς, οὐκ εἶ φίλος τοῦ Καίσαρος· πᾶς ὁ βασιλέα ἑαυτὸν ποιῶν, ἀντιλέγει τῷ Καίσαρι. 13 Ὁ οὖν Πιλάτος ἀκούσας τοῦτον τὸν λόγον⁹ ἤγαγεν ἔξω τὸν Ἰησοῦν, καὶ ἐκάθισεν ἐπὶ τοῦ¹⁰ βήματος, εἰς τόπον λεγόμενον Λιθόστρωτον, Ἑβραϊστὶ δὲ Γαββαθᾶ· 14 ἦν δὲ Παρασκευὴ τοῦ Πάσχα, ὥρα δὲ ὡσεὶ ᵃ, ¹¹ ἕκτη· καὶ λέγει τοῖς Ἰουδαίοις, Ἴδε, ὁ βασιλεὺς ὑμῶν. 15 Οἱ δὲ ἐκραύγασαν,¹² Ἆρον, ἆρον, σταύρωσον αὐτόν. Λέγει αὐτοῖς ὁ Πιλάτος, Τὸν βασιλέα ὑμῶν σταυρώσω; Ἀπεκρίθησαν οἱ ἀρχιερεῖς, Οὐκ ἔχομεν βασιλέα εἰ μὴ Καίσαρα.

The Crucifixion

16 Τότε οὖν παρέδωκεν αὐτὸν αὐτοῖς ἵνα σταυρωθῇ. Παρέλαβον δὲ τὸν Ἰησοῦν καὶ ἤγαγον·¹³ 17 καὶ βαστάζων τὸν σταυρὸν αὐτοῦ¹⁴ ἐξῆλθεν εἰς τόπον¹⁵ λεγόμενον Κρανίου Τόπον, ὃς¹⁶ λέγεται Ἑβραϊστὶ Γολγοθᾶ· 18 ὅπου αὐτὸν ἐσταύρωσαν, καὶ μετ᾽ αὐτοῦ ἄλλους δύο, ἐντεῦθεν καὶ ἐντεῦθεν, μέσον δὲ τὸν Ἰησοῦν. 19 Ἔγραψεν δὲ καὶ τίτλον ὁ Πιλάτος, καὶ ἔθηκεν ἐπὶ τοῦ σταυροῦ· ἦν δὲ γεγραμμένον, Ἰησοῦς ὁ Ναζωραῖος ὁ βασιλεὺς τῶν Ἰουδαίων. 20 Τοῦτον

ᵃ ὡσεὶ • ὡς

[1] σταυρῶσαί • ἀπολῦσαί   [2] ἀπολῦσαί • σταυρῶσαί   [3] Ἰησοῦς • [αὐτῷ] Ἰησοῦς
[4] οὐδεμίαν κατ᾽ ἐμοῦ • κατ᾽ ἐμοῦ οὐδεμίαν   [5] σοι δεδομένον • δεδομένον σοι
[6] παραδιδούς • παραδούς   [7] ἐζήτει ὁ Πιλᾶτος • ὁ Πιλᾶτος ἐζήτει   [8] ἔκραζον •
ἐκραύγασαν   [9] τοῦτον τὸν λόγον • τῶν λόγων τούτων   [10] τοῦ • —   [11] δὲ ὡσεὶ •
ἦν ὡς   [12] Οἱ δὲ ἐκραύγασαν • Ἐκραύγασαν οὖν ἐκεῖνοι   [13] δὲ τὸν Ἰησοῦν καὶ
ἤγαγον • οὖν τὸν Ἰησοῦν   [14] τὸν σταυρὸν αὐτοῦ • ἑαυτῷ τὸν σταυρὸν   [15] εἰς
τόπον • εἰς τὸν   [16] ὃς • ὃ

οὖν τὸν τίτλον πολλοὶ ἀνέγνωσαν τῶν Ἰουδαίων, ὅτι ἐγγὺς ἦν ὁ τόπος τῆς πόλεως ὅπου ἐσταυρώθη ὁ Ἰησοῦς· καὶ ἦν γεγραμμένον Ἑβραϊστί, Ἑλληνιστί, Ῥωμαϊστί.¹ 21 Ἔλεγον οὖν τῷ Πιλάτῳ οἱ ἀρχιερεῖς τῶν Ἰουδαίων, Μὴ γράφε, Ὁ βασιλεὺς τῶν Ἰουδαίων· ἀλλ᾽ ὅτι Ἐκεῖνος εἶπεν, Βασιλεύς εἰμι τῶν Ἰουδαίων. 22 Ἀπεκρίθη ὁ Πιλάτος, Ὃ γέγραφα, γέγραφα.

23 Οἱ οὖν στρατιῶται, ὅτε ἐσταύρωσαν τὸν Ἰησοῦν, ἔλαβον τὰ ἱμάτια αὐτοῦ, καὶ ἐποίησαν τέσσαρα μέρη, ἑκάστῳ στρατιώτῃ μέρος, καὶ τὸν χιτῶνα. Ἦν δὲ ὁ χιτὼν ἄραφος, ἐκ τῶν ἄνωθεν ὑφαντὸς δι᾽ ὅλου. 24 Εἶπον² οὖν πρὸς ἀλλήλους, Μὴ σχίσωμεν αὐτόν, ἀλλὰ λάχωμεν περὶ αὐτοῦ, τίνος ἔσται· ἵνα ἡ γραφὴ πληρωθῇ ἡ λέγουσα,³ Διεμερίσαντο τὰ ἱμάτιά μου ἑαυτοῖς, καὶ ἐπὶ τὸν ἱματισμόν μου ἔβαλον κλῆρον. Οἱ μὲν οὖν στρατιῶται ταῦτα ἐποίησαν. 25 Εἱστήκεισαν δὲ παρὰ τῷ σταυρῷ τοῦ Ἰησοῦ ἡ μήτηρ αὐτοῦ, καὶ ἡ ἀδελφὴ τῆς μητρὸς αὐτοῦ, Μαρία ἡ τοῦ Κλωπᾶ, καὶ Μαρία ἡ Μαγδαληνή. 26 Ἰησοῦς οὖν ἰδὼν τὴν μητέρα, καὶ τὸν μαθητὴν παρεστῶτα ὃν ἠγάπα, λέγει τῇ μητρὶ αὐτοῦ,⁴ Γύναι, ἰδοὺ ᵃ, ⁵ ὁ υἱός σου. 27 Εἶτα λέγει τῷ μαθητῇ, Ἰδοὺ⁶ ἡ μήτηρ σου. Καὶ ἀπ᾽ ἐκείνης τῆς ὥρας ἔλαβεν ὁ μαθητὴς αὐτὴν εἰς τὰ ἴδια.

28 Μετὰ τοῦτο ἰδὼν⁷ ὁ Ἰησοῦς ὅτι πάντα ἤδη⁸ τετέλεσται, ἵνα τελειωθῇ ἡ γραφή, λέγει, Διψῶ. 29 Σκεῦος οὖν⁹ ἔκειτο ὄξους μεστόν· οἱ δέ, πλήσαντες¹⁰ σπόγγον¹¹ ὄξους, καὶ¹² ὑσσώπῳ περιθέντες, προσήνεγκαν αὐτοῦ τῷ στόματι. 30 Ὅτε οὖν ἔλαβεν τὸ ὄξος ὁ¹³ Ἰησοῦς, εἶπεν, Τετέλεσται· καὶ κλίνας τὴν κεφαλήν, παρέδωκεν τὸ πνεῦμα.

ᵃ ἰδοὺ • ἴδε

1 Ἑλληνιστί Ῥωμαϊστί • Ῥωμαϊστί Ἑλληνιστί   2 Εἶπον • Εἶπαν   3 ἡ λέγουσα • [ἡ λέγουσα]   4 αὐτοῦ • —   5 ἰδοὺ • ἴδε   6 Ἰδοὺ • Ἴδε   7 ἰδὼν • εἰδὼς   8 πάντα ἤδη • ἤδη πάντα   9 οὖν • —   10 οἱ δέ πλήσαντες • —   11 σπόγγον • σπόγγον οὖν   12 ὄξους καὶ • μεστὸν τοῦ ὄξςυς   13 ὁ • [ὁ]

The Burial of Jesus

31 Οἱ οὖν Ἰουδαῖοι, ἵνα μὴ¹ μείνῃ ἐπὶ τοῦ σταυροῦ τὰ σώματα ἐν τῷ σαββάτῳ, ἐπεὶ Παρασκευὴ ἦν²—ἦν γὰρ μεγάλη ἡ ἡμέρα ἐκείνου τοῦ σαββάτου—ἠρώτησαν τὸν Πιλάτον ἵνα κατεαγῶσιν αὐτῶν τὰ σκέλη, καὶ ἀρθῶσιν. 32 Ἦλθον οὖν οἱ στρατιῶται, καὶ τοῦ μὲν πρώτου κατέαξαν τὰ σκέλη καὶ τοῦ ἄλλου τοῦ συσταυρωθέντος αὐτῷ· 33 ἐπὶ δὲ τὸν Ἰησοῦν ἐλθόντες, ὡς εἶδον αὐτὸν ἤδη³ τεθνηκότα, οὐ κατέαξαν αὐτοῦ τὰ σκέλη· 34 ἀλλ' εἷς τῶν στρατιωτῶν λόγχῃ αὐτοῦ τὴν πλευρὰν ἔνυξεν, καὶ εὐθέως ἐξῆλθεν⁴ αἷμα καὶ ὕδωρ. 35 Καὶ ὁ ἑωρακὼς μεμαρτύρηκεν, καὶ ἀληθινή ἐστιν αὐτοῦ ᵃ, ⁵ ἡ μαρτυρία, κἀκεῖνος⁶ οἶδεν ὅτι ἀληθῆ λέγει, ἵνα ὑμεῖς πιστεύσητε.⁷ 36 Ἐγένετο γὰρ ταῦτα ἵνα ἡ γραφὴ πληρωθῇ, Ὀστοῦν οὐ συντριβήσεται ἀπ'⁸ αὐτοῦ. 37 Καὶ πάλιν ἑτέρα γραφὴ λέγει, Ὄψονται εἰς ὃν ἐξεκέντησαν.

38 Μετὰ ταῦτα⁹ ἠρώτησεν τὸν Πιλάτον Ἰωσὴφ ᵇ ὁ ἀπὸ¹⁰ Ἀριμαθαίας, ὢν μαθητὴς τοῦ Ἰησοῦ, κεκρυμμένος δὲ διὰ τὸν φόβον τῶν Ἰουδαίων, ἵνα ἄρῃ τὸ σῶμα τοῦ Ἰησοῦ· καὶ ἐπέτρεψεν ὁ Πιλάτος. Ἦλθεν οὖν καὶ ἦρεν τὸ σῶμα τοῦ Ἰησοῦ.¹¹ 39 Ἦλθεν δὲ καὶ Νικόδημος, ὁ ἐλθὼν πρὸς τὸν Ἰησοῦν¹² νυκτὸς τὸ πρῶτον, φέρων μίγμα σμύρνης καὶ ἀλόης ὡς ᶜ λίτρας ἑκατόν. 40 Ἔλαβον οὖν τὸ σῶμα τοῦ Ἰησοῦ, καὶ ἔδησαν αὐτὸ ἐν¹³ ὀθονίοις μετὰ τῶν ἀρωμάτων, καθὼς ἔθος ἐστὶν τοῖς Ἰουδαίοις ἐνταφιάζειν. 41 Ἦν δὲ ἐν τῷ τόπῳ ὅπου ἐσταυρώθη κῆπος, καὶ ἐν τῷ κήπῳ μνημεῖον καινόν, ἐν ᾧ οὐδέπω οὐδεὶς ἐτέθη.¹⁴ 42 Ἐκεῖ οὖν διὰ τὴν Παρασκευὴν τῶν Ἰουδαίων, ὅτι ἐγγὺς ἦν τὸ μνημεῖον, ἔθηκαν τὸν Ἰησοῦν.

ᵃ ἐστιν αὐτοῦ • αὐτοῦ ἐστιν   ᵇ Ἰωσὴφ • ὁ Ἰωσὴφ   ᶜ ὡς • ὡσεὶ

---

¹ ἵνα μὴ • ἐπεὶ Παρασκευὴ ἦν ἵνα μὴ   ² ἐπεὶ Παρασκευὴ ἦν • —   ³ αὐτὸν ἤδη • ἤδη αὐτὸν   ⁴ εὐθέως ἐξῆλθεν • ἐξῆλθεν εὐθὺς   ⁵ ἐστιν αὐτοῦ • αὐτοῦ ἐστιν   ⁶ κἀκεῖνος • καὶ ἐκεῖνος   ⁷ ὑμεῖς πιστεύσητε • καὶ ὑμεῖς πιστεύ[σ]ητε   ⁸ ἀπ' • —   ⁹ ταῦτα • δὲ ταῦτα   ¹⁰ ὁ ἀπὸ • [ὁ] ἀπὸ   ¹¹ ἦρεν τὸ σῶμα τοῦ Ἰησοῦ • ἦρεν τὸ σῶμα αὐτοῦ   ¹² τὸν Ἰησοῦν • αὐτὸν   ¹³ ἐν • —   ¹⁴ ἐτέθη • ἦν τεθειμένος

Resurrection Morning

20 Τῇ δὲ μιᾷ τῶν σαββάτων Μαρία ἡ Μαγδαληνὴ ἔρχεται πρωΐ, σκοτίας ἔτι οὔσης, εἰς τὸ μνημεῖον, καὶ βλέπει τὸν λίθον ἠρμένον ἐκ τοῦ μνημείου. 2 Τρέχει οὖν καὶ ἔρχεται πρὸς Σίμωνα Πέτρον καὶ πρὸς τὸν ἄλλον μαθητὴν ὃν ἐφίλει ὁ Ἰησοῦς, καὶ λέγει αὐτοῖς, Ἦραν τὸν κύριον ἐκ τοῦ μνημείου, καὶ οὐκ οἴδαμεν ποῦ ἔθηκαν αὐτόν. 3 Ἐξῆλθεν οὖν ὁ Πέτρος καὶ ὁ ἄλλος μαθητής, καὶ ἤρχοντο εἰς τὸ μνημεῖον. 4 Ἔτρεχον δὲ οἱ δύο ὁμοῦ· καὶ ὁ ἄλλος μαθητὴς προέδραμεν τάχιον τοῦ Πέτρου, καὶ ἦλθεν πρῶτος εἰς τὸ μνημεῖον, 5 καὶ παρακύψας βλέπει κείμενα τὰ ὀθόνια, οὐ μέντοι εἰσῆλθεν. 6 Ἔρχεται οὖν Σίμων [1] Πέτρος ἀκολουθῶν αὐτῷ, καὶ εἰσῆλθεν εἰς τὸ μνημεῖον, καὶ θεωρεῖ τὰ ὀθόνια κείμενα, 7 καὶ τὸ σουδάριον ὃ ἦν ἐπὶ τῆς κεφαλῆς αὐτοῦ, οὐ μετὰ τῶν ὀθονίων κείμενον, ἀλλὰ χωρὶς ἐντετυλιγμένον εἰς ἕνα τόπον. 8 Τότε οὖν εἰσῆλθεν καὶ ὁ ἄλλος μαθητὴς ὁ ἐλθὼν πρῶτος εἰς τὸ μνημεῖον, καὶ εἶδεν, καὶ ἐπίστευσεν· 9 οὐδέπω γὰρ ᾔδεισαν τὴν γραφήν, ὅτι δεῖ αὐτὸν ἐκ νεκρῶν ἀναστῆναι. 10 Ἀπῆλθον οὖν πάλιν πρὸς ἑαυτοὺς [2] οἱ μαθηταί.

11 Μαρία δὲ εἱστήκει πρὸς τὸ μνημεῖον [a,3] κλαίουσα ἔξω· [4] ὡς οὖν ἔκλαιεν, παρέκυψεν εἰς τὸ μνημεῖον, 12 καὶ θεωρεῖ δύο ἀγγέλους ἐν λευκοῖς καθεζομένους, ἕνα πρὸς τῇ κεφαλῇ, καὶ ἕνα πρὸς τοῖς ποσίν, ὅπου ἔκειτο τὸ σῶμα τοῦ Ἰησοῦ. 13 Καὶ λέγουσιν αὐτῇ ἐκεῖνοι, Γύναι, τί κλαίεις; Λέγει αὐτοῖς, ὅτι Ἦραν τὸν κύριόν μου, καὶ οὐκ οἶδα ποῦ ἔθηκαν αὐτόν. 14 Καὶ ταῦτα [5] εἰποῦσα ἐστράφη εἰς τὰ ὀπίσω, καὶ θεωρεῖ τὸν Ἰησοῦν ἑστῶτα, καὶ οὐκ ᾔδει ὅτι Ἰησοῦς ἐστιν. 15 Λέγει αὐτῇ ὁ Ἰησοῦς, [6] Γύναι, τί κλαίεις; Τίνα ζητεῖς; Ἐκείνη, δοκοῦσα ὅτι ὁ κηπουρός ἐστιν, λέγει αὐτῷ, Κύριε, εἰ σὺ ἐβάστασας αὐτόν, εἰπέ μοι ποῦ ἔθηκας αὐτόν, κἀγὼ αὐτὸν

---

[a] πρὸς τὸ μνημεῖον • πρὸς τῷ μνημείῳ

---

[1] Σίμων • καὶ Σίμων [2] ἑαυτοὺς • αὐτοὺς [3] πρὸς τὸ μνημεῖον • πρὸς τῷ μνημείῳ [4] κλαίουσα ἔξω • ἔξω κλαίουσα [5] Καὶ ταῦτα • Ταῦτα [6] ὁ Ἰησοῦς • Ἰησοῦς

ἀρῶ. 16 Λέγει αὐτῇ ὁ Ἰησοῦς, Μαρία.¹ Στραφεῖσα ἐκείνη λέγει αὐτῷ, Ῥαββουνί²—ὃ λέγεται, Διδάσκαλε. 17 Λέγει αὐτῇ ὁ³ Ἰησοῦς, Μή μου ἅπτου, οὔπω γὰρ ἀναβέβηκα πρὸς τὸν πατέρα μου· πορεύου⁴ δὲ πρὸς τοὺς ἀδελφούς μου, καὶ εἰπὲ αὐτοῖς, Ἀναβαίνω πρὸς τὸν πατέρα μου καὶ πατέρα ὑμῶν, καὶ θεόν μου καὶ θεὸν ὑμῶν. 18 Ἔρχεται Μαρία⁵ ἡ Μαγδαληνὴ ἀπαγγέλλουσα⁶ τοῖς μαθηταῖς ὅτι ἑώρακεν⁷ τὸν κύριον, καὶ ταῦτα εἶπεν αὐτῇ.

Two Appearances to the Assembled Disciples

19 Οὔσης οὖν ὀψίας, τῇ ἡμέρᾳ ἐκείνῃ τῇ μιᾷ τῶν σαββάτων,⁸ καὶ τῶν θυρῶν κεκλεισμένων ὅπου ἦσαν οἱ μαθηταὶ συνηγμένοι,⁹ διὰ τὸν φόβον τῶν Ἰουδαίων, ἦλθεν ὁ Ἰησοῦς καὶ ἔστη εἰς τὸ μέσον, καὶ λέγει αὐτοῖς, Εἰρήνη ὑμῖν. 20 Καὶ τοῦτο εἰπὼν ἔδειξεν αὐτοῖς τὰς¹⁰ χεῖρας καὶ τὴν πλευρὰν αὐτοῦ.¹¹ Ἐχάρησαν οὖν οἱ μαθηταὶ ἰδόντες τὸν κύριον. 21 Εἶπεν οὖν αὐτοῖς ὁ Ἰησοῦς¹² πάλιν, Εἰρήνη ὑμῖν· καθὼς ἀπέσταλκέν με ὁ πατήρ, κἀγὼ πέμπω ὑμᾶς. 22 Καὶ τοῦτο εἰπὼν ἐνεφύσησεν καὶ λέγει αὐτοῖς, Λάβετε πνεῦμα ἅγιον. 23 Ἄν τινων ἀφῆτε τὰς ἁμαρτίας, ἀφίενται¹³ αὐτοῖς· ἄν τινων κρατῆτε, κεκράτηνται.

24 Θωμᾶς δέ, εἷς ἐκ τῶν δώδεκα, ὁ λεγόμενος Δίδυμος, οὐκ ἦν μετ' αὐτῶν ὅτε ἦλθεν ὁ Ἰησοῦς.¹⁴ 25 Ἔλεγον οὖν αὐτῷ οἱ ἄλλοι μαθηταί, Ἑωράκαμεν τὸν κύριον. Ὁ δὲ εἶπεν αὐτοῖς, Ἐὰν μὴ ἴδω ἐν ταῖς χερσὶν αὐτοῦ τὸν τύπον τῶν ἥλων, καὶ βάλω τὸν δάκτυλόν μου εἰς τὸν τύπον τῶν ἥλων, καὶ βάλω τὴν χεῖρά μου¹⁵ εἰς τὴν πλευρὰν αὐτοῦ, οὐ μὴ πιστεύσω.

26 Καὶ μεθ' ἡμέρας ὀκτὼ πάλιν ἦσαν ἔσω οἱ μαθηταὶ αὐτοῦ, καὶ Θωμᾶς μετ' αὐτῶν. Ἔρχεται ὁ Ἰησοῦς, τῶν θυρῶν κεκλεισμένων, καὶ ἔστη εἰς τὸ μέσον καὶ εἶπεν, Εἰρήνη ὑμῖν.

---

¹ ὁ Ἰησοῦς Μαρία • Ἰησοῦς Μαριάμ   ² Ῥαββουνί • Ἑβραϊστί Ῥαββουνι   ³ ὁ • — ⁴ μου πορεύου • πορεύου   ⁵ Μαρία • Μαριὰμ   ⁶ ἀπαγγέλλουσα • ἀγγέλλουσα   ⁷ ἑώρακεν • Ἑώρακα   ⁸ τῶν σαββάτων • σαββάτων   ⁹ συνηγμένοι • —   ¹⁰ αὐτοῖς τὰς • τὰς   ¹¹ αὐτοῦ • αὐτοῖς   ¹² ὁ Ἰησοῦς • [ὁ Ἰησοῦς]   ¹³ ἀφίενται • ἀφέωνται   ¹⁴ ὁ Ἰησοῦς • Ἰησοῦς   ¹⁵ τὴν χεῖρά μου • μου τὴν χεῖρα

27 Εἶτα λέγει τῷ Θωμᾷ, Φέρε τὸν δάκτυλόν σου ὧδε, καὶ ἴδε τὰς χεῖράς μου· καὶ φέρε τὴν χεῖρά σου, καὶ βάλε εἰς τὴν πλευράν μου· καὶ μὴ γίνου ἄπιστος, ἀλλὰ πιστός. 28 Καὶ ἀπεκρίθη[1] Θωμᾶς, καὶ εἶπεν αὐτῷ, Ὁ κύριός μου καὶ ὁ θεός μου. 29 Λέγει αὐτῷ ὁ Ἰησοῦς, Ὅτι ἑώρακάς με, πεπίστευκας; Μακάριοι οἱ μὴ ἰδόντες, καὶ πιστεύσαντες. 30 Πολλὰ μὲν οὖν καὶ ἄλλα σημεῖα ἐποίησεν ὁ Ἰησοῦς ἐνώπιον τῶν μαθητῶν αὐτοῦ,[2] ἃ οὐκ ἔστιν γεγραμμένα ἐν τῷ βιβλίῳ τούτῳ. 31 Ταῦτα δὲ γέγραπται, ἵνα πιστεύσητε[3] ὅτι Ἰησοῦς ἐστιν ὁ χριστὸς ὁ υἱὸς τοῦ θεοῦ, καὶ ἵνα πιστεύοντες ζωὴν ἔχητε ἐν τῷ ὀνόματι αὐτοῦ.

The Appearance of Jesus at the Sea of Tiberias

21 Μετὰ ταῦτα ἐφανέρωσεν ἑαυτὸν πάλιν ὁ Ἰησοῦς τοῖς μαθηταῖς[a] ἐπὶ τῆς θαλάσσης τῆς Τιβεριάδος· ἐφανέρωσεν δὲ οὕτως. 2 Ἦσαν ὁμοῦ Σίμων Πέτρος, καὶ Θωμᾶς ὁ λεγόμενος Δίδυμος, καὶ Ναθαναὴλ ὁ ἀπὸ Κανᾶ τῆς Γαλιλαίας, καὶ οἱ τοῦ Ζεβεδαίου, καὶ ἄλλοι ἐκ τῶν μαθητῶν αὐτοῦ δύο. 3 Λέγει αὐτοῖς Σίμων Πέτρος, Ὑπάγω ἁλιεύειν. Λέγουσιν αὐτῷ, Ἐρχόμεθα καὶ ἡμεῖς σὺν σοί. Ἐξῆλθον καὶ ἐνέβησαν εἰς τὸ πλοῖον εὐθύς,[4] καὶ ἐν ἐκείνῃ τῇ νυκτὶ ἐπίασαν οὐδέν. 4 Πρωΐας δὲ ἤδη γενομένης ἔστη ὁ[5] Ἰησοῦς εἰς τὸν αἰγιαλόν· οὐ μέντοι ᾔδεισαν οἱ μαθηταὶ ὅτι Ἰησοῦς ἐστιν. 5 Λέγει οὖν αὐτοῖς ὁ[6] Ἰησοῦς, Παιδία, μή τι προσφάγιον ἔχετε; Ἀπεκρίθησαν αὐτῷ, Οὔ. 6 Ὁ δὲ εἶπεν αὐτοῖς, Βάλετε εἰς τὰ δεξιὰ μέρη τοῦ πλοίου τὸ δίκτυον, καὶ εὑρήσετε. Ἔβαλον οὖν, καὶ οὐκέτι αὐτὸ ἑλκύσαι ἴσχυσαν[7] ἀπὸ τοῦ πλήθους τῶν ἰχθύων. 7 Λέγει οὖν ὁ μαθητὴς ἐκεῖνος ὃν ἠγάπα ὁ Ἰησοῦς τῷ Πέτρῳ, Ὁ κύριός ἐστιν. Σίμων οὖν Πέτρος, ἀκούσας ὅτι ὁ κύριός ἐστιν, τὸν ἐπενδύτην διεζώσατο—ἦν γὰρ γυμνός—καὶ ἔβαλεν ἑαυτὸν εἰς τὴν θάλασσαν. 8 Οἱ δὲ ἄλλοι μαθηταὶ τῷ

---

[a] μαθηταῖς • μαθηταῖς αὐτοῦ

[1] Καὶ ἀπεκρίθη • Ἀπεκρίθη [2] αὐτοῦ • [αὐτοῦ] [3] πιστεύσητε • πιστεύ[σ]ητε
[4] εὐθύς • — [5] ὁ • — [6] ὁ • [ὁ] [7] ἴσχυσαν • ἴσχυον

πλοιαρίῳ ἦλθον—οὐ γὰρ ἦσαν μακρὰν ἀπὸ τῆς γῆς, ἀλλ᾽ *1* ὡς ἀπὸ πηχῶν διακοσίων—σύροντες τὸ δίκτυον τῶν ἰχθύων. 9 Ὡς οὖν ἀπέβησαν εἰς τὴν γῆν, βλέπουσιν ἀνθρακιὰν κειμένην καὶ ὀψάριον ἐπικείμενον, καὶ ἄρτον. 10 Λέγει αὐτοῖς ὁ Ἰησοῦς, Ἐνέγκατε ἀπὸ τῶν ὀψαρίων ὧν ἐπιάσατε νῦν. 11 Ἀνέβη Σίμων *2* Πέτρος, καὶ εἵλκυσεν τὸ δίκτυον ἐπὶ τῆς γῆς, *3* μεστὸν ἰχθύων μεγάλων ἑκατὸν πεντήκοντα τριῶν· καὶ τοσούτων ὄντων, οὐκ ἐσχίσθη τὸ δίκτυον. 12 Λέγει αὐτοῖς ὁ Ἰησοῦς, Δεῦτε ἀριστήσατε. Οὐδεὶς δὲ ἐτόλμα τῶν μαθητῶν ἐξετάσαι αὐτόν, Σὺ τίς εἶ; εἰδότες ὅτι ὁ κύριός ἐστιν. 13 Ἔρχεται οὖν ὁ *4* Ἰησοῦς, καὶ λαμβάνει τὸν ἄρτον, καὶ δίδωσιν αὐτοῖς, καὶ τὸ ὀψάριον ὁμοίως. 14 Τοῦτο ἤδη τρίτον ἐφανερώθη ὁ *5* Ἰησοῦς τοῖς μαθηταῖς αὐτοῦ, *6* ἐγερθεὶς ἐκ νεκρῶν.

The Test of Peter's Love

15 Ὅτε οὖν ἠρίστησαν, λέγει τῷ Σίμωνι Πέτρῳ ὁ Ἰησοῦς, Σίμων Ἰωνᾶ, *7* ἀγαπᾷς με πλεῖον *8* τούτων; Λέγει αὐτῷ, Ναὶ κύριε· σὺ οἶδας ὅτι φιλῶ σε. Λέγει αὐτῷ, Βόσκε τὰ ἀρνία μου. 16 Λέγει αὐτῷ πάλιν δεύτερον, Σίμων Ἰωνᾶ, *9* ἀγαπᾷς με; Λέγει αὐτῷ, Ναὶ κύριε· σὺ οἶδας ὅτι φιλῶ σε. Λέγει αὐτῷ, Ποίμαινε τὰ πρόβατά μου. 17 Λέγει αὐτῷ τὸ τρίτον, Σίμων Ἰωνᾶ, *10* φιλεῖς με; Ἐλυπήθη ὁ Πέτρος ὅτι εἶπεν αὐτῷ τὸ τρίτον, Φιλεῖς με; Καὶ εἶπεν *11* αὐτῷ, Κύριε, σὺ πάντα *12* οἶδας· σὺ γινώσκεις ὅτι φιλῶ σε. Λέγει αὐτῷ ὁ Ἰησοῦς, *13* Βόσκε τὰ πρόβατά μου. 18 Ἀμὴν ἀμὴν λέγω σοι, ὅτε ἦς νεώτερος, ἐζώννυες σεαυτόν, καὶ περιεπάτεις ὅπου ἤθελες· ὅταν δὲ γηράσῃς, ἐκτενεῖς τὰς χεῖράς σου, καὶ ἄλλος σε ζώσει, καὶ οἴσει ὅπου οὐ θέλεις. 19 Τοῦτο δὲ εἶπεν, σημαίνων ποίῳ θανάτῳ δοξάσει τὸν θεόν. Καὶ τοῦτο εἰπὼν λέγει αὐτῷ, Ἀκολούθει μοι. 20 Ἐπιστραφεὶς δὲ *14* ὁ Πέτρος βλέπει τὸν μαθητὴν ὃν ἠγάπα ὁ Ἰησοῦς ἀκολουθοῦντα, ὃς καὶ ἀνέπεσεν ἐν τῷ δείπνῳ ἐπὶ τὸ στῆθος

---

1 ἀλλ᾽ • ἀλλὰ   *2* Σίμων • οὖν Σίμων   *3* ἐπὶ τῆς γῆς • εἰς τὴν γῆν   *4* οὖν ὁ • — *5* ὁ • —   *6* αὐτοῦ • —   *7* Ἰωνᾶ • Ἰωάννου   *8* πλεῖον • πλέον   *9* Ἰωνᾶ • Ἰωάννου   *10* Ἰωνᾶ • Ἰωάννου   *11* Καὶ εἶπεν • Καὶ λέγει   *12* σὺ πάντα • πάντα σὺ   *13* ὁ Ἰησοῦς • [ὁ Ἰησοῦς]   *14* δὲ • —

αὐτοῦ καὶ εἶπεν, Κύριε, τίς ἐστιν ὁ παραδιδούς σε; **21** Τοῦτον ἰδὼν¹ ὁ Πέτρος λέγει τῷ Ἰησοῦ, Κύριε, οὗτος δὲ τί; **22** Λέγει αὐτῷ ὁ Ἰησοῦς, Ἐὰν αὐτὸν θέλω μένειν ἕως ἔρχομαι, τί πρός σε; Σὺ ἀκολούθει μοι.² **23** Ἐξῆλθεν οὖν ὁ λόγος οὗτος³ εἰς τοὺς ἀδελφούς, ὅτι ὁ μαθητὴς ἐκεῖνος οὐκ ἀποθνήσκει· καὶ οὐκ εἶπεν⁴ αὐτῷ ὁ Ἰησοῦς, ὅτι οὐκ ἀποθνήσκει· ἀλλ', Ἐὰν αὐτὸν θέλω μένειν ἕως ἔρχομαι, τί πρός σε;⁵

24 Οὗτός ἐστιν ὁ μαθητὴς ὁ μαρτυρῶν περὶ τούτων, καὶ γράψας⁶ ταῦτα· καὶ οἴδαμεν ὅτι ἀληθής ἐστιν ἡ μαρτυρία αὐτοῦ.⁷

25 Ἔστιν δὲ καὶ ἄλλα πολλὰ ὅσα⁸ ἐποίησεν ὁ Ἰησοῦς, ἅτινα ἐὰν γράφηται καθ' ἕν, οὐδὲ⁹ αὐτὸν οἶμαι τὸν κόσμον χωρῆσαι τὰ γραφόμενα βιβλία. Ἀμήν.¹⁰

---

1 ἰδὼν • οὖν ἰδὼν   **2** ἀκολούθει μοι • μοι ἀκολούθει   **3** ὁ λόγος οὗτος • οὗτος ὁ λόγος   **4** καὶ οὐκ εἶπεν • οὐκ εἶπεν δὲ   **5** τί πρός σε • [τί πρὸς σέ]   **6** γράψας • ὁ γράψας   **7** ἐστιν ἡ μαρτυρία αὐτοῦ • αὐτοῦ ἡ μαρτυρία ἐστίν   **8** ὅσα • ἃ   **9** οὐδὲ • οὐδ'   **10** Ἀμήν • —

Part II

The Book of Acts and The General Epistles

ΠΡΑΞΕΙΣ ΑΠΟΣΤΟΛΩΝ
Acts of the Apostles

The Ascension of Jesus

Τὸν μὲν πρῶτον λόγον ἐποιησάμην περὶ πάντων, ὦ Θεόφιλε, ὧν ἤρξατο ὁ Ἰησοῦς ποιεῖν τε καὶ διδάσκειν, 2 ἄχρι ἧς ἡμέρας, ἐντειλάμενος τοῖς ἀποστόλοις διὰ πνεύματος ἁγίου οὓς ἐξελέξατο, ἀνελήφθη· ¹ 3 οἷς καὶ παρέστησεν ἑαυτὸν ζῶντα μετὰ τὸ παθεῖν αὐτὸν ἐν πολλοῖς τεκμηρίοις, δι᾽ ἡμερῶν τεσσαράκοντα ² ὀπτανόμενος αὐτοῖς, καὶ λέγων τὰ περὶ τῆς βασιλείας τοῦ θεοῦ. 4 Καὶ συναλιζόμενος παρήγγειλεν αὐτοῖς ἀπὸ Ἱεροσολύμων μὴ χωρίζεσθαι, ἀλλὰ περιμένειν τὴν ἐπαγγελίαν τοῦ πατρός, Ἣν ἠκούσατέ μου· 5 ὅτι Ἰωάννης μὲν ἐβάπτισεν ὕδατι, ὑμεῖς δὲ βαπτισθήσεσθε ἐν πνεύματι ³ ἁγίῳ οὐ μετὰ πολλὰς ταύτας ἡμέρας.

6 Οἱ μὲν οὖν συνελθόντες ἐπηρώτων ⁴ αὐτὸν λέγοντες, Κύριε, εἰ ἐν τῷ χρόνῳ τούτῳ ἀποκαθιστάνεις τὴν βασιλείαν τῷ Ἰσραήλ; 7 Εἶπεν δὲ πρὸς αὐτούς, Οὐχ ὑμῶν ἐστιν γνῶναι χρόνους ἢ καιροὺς οὓς ὁ πατὴρ ἔθετο ἐν τῇ ἰδίᾳ ἐξουσίᾳ. 8 Ἀλλὰ λήψεσθε ⁵ δύναμιν, ἐπελθόντος τοῦ ἁγίου πνεύματος ἐφ᾽ ὑμᾶς· καὶ ἔσεσθέ μοι ⁶ μάρτυρες ἔν τε Ἱερουσαλήμ, καὶ ἐν πάσῃ ⁷ τῇ Ἰουδαίᾳ καὶ Σαμαρείᾳ, καὶ ἕως ἐσχάτου

---

¹ ἀνελήφθη • ἀνελήμφθη   ² τεσσαράκοντα • τεσσεράκοντα   ³ βαπτισθήσεσθε ἐν πνεύματι • ἐν πνεύματι βαπτισθήσεσθε   ⁴ ἐπηρώτων • ἠρώτων   ⁵ λήψεσθε • λήμψεσθε   ⁶ μοι • μου   ⁷ ἐν πάσῃ • [ἐν] πάσῃ

τῆς γῆς. 9 Καὶ ταῦτα εἰπών, βλεπόντων αὐτῶν ἐπήρθη, καὶ νεφέλη ὑπέλαβεν αὐτὸν ἀπὸ τῶν ὀφθαλμῶν αὐτῶν. 10 Καὶ ὡς ἀτενίζοντες ἦσαν εἰς τὸν οὐρανόν, πορευομένου αὐτοῦ, καὶ ἰδοὺ ἄνδρες δύο παρειστήκεισαν αὐτοῖς ἐν ἐσθῆτι λευκῇ,¹ 11 οἳ καὶ εἶπον,² Ἄνδρες Γαλιλαῖοι, τί ἑστήκατε ἐμβλέποντες³ εἰς τὸν οὐρανόν; Οὗτος ὁ Ἰησοῦς, ὁ ἀναληφθεὶς⁴ ἀφ᾽ ὑμῶν εἰς τὸν οὐρανόν, οὕτως ἐλεύσεται ὃν τρόπον ἐθεάσασθε αὐτὸν πορευόμενον εἰς τὸν οὐρανόν.

The Election of Matthias

12 Τότε ὑπέστρεψαν εἰς Ἱερουσαλὴμ ἀπὸ ὄρους τοῦ καλουμένου Ἐλαιῶνος, ὅ ἐστιν ἐγγὺς Ἱερουσαλήμ, σαββάτου ἔχον ὁδόν. 13 Καὶ ὅτε εἰσῆλθον, ἀνέβησαν εἰς τὸ ὑπερῷον⁵ οὗ ἦσαν καταμένοντες, ὅ τε Πέτρος καὶ Ἰάκωβος καὶ Ἰωάννης⁶ καὶ Ἀνδρέας, Φίλιππος καὶ Θωμᾶς, Βαρθολομαῖος καὶ Ματθαῖος,⁷ Ἰάκωβος Ἀλφαίου καὶ Σίμων ὁ Ζηλωτής, καὶ Ἰούδας Ἰακώβου. 14 Οὗτοι πάντες ἦσαν προσκαρτεροῦντες ὁμοθυμαδὸν τῇ προσευχῇ καὶ τῇ δεήσει,⁸ σὺν γυναιξὶν καὶ Μαρίᾳ⁹ τῇ μητρὶ τοῦ Ἰησοῦ, καὶ σὺν¹⁰ τοῖς ἀδελφοῖς αὐτοῦ.

15 Καὶ ἐν ταῖς ἡμέραις ταύταις ἀναστὰς Πέτρος ἐν μέσῳ τῶν μαθητῶν¹¹ εἶπεν—ἦν τε ὄχλος ὀνομάτων ἐπὶ τὸ αὐτὸ ὡς¹² ἑκατὸν εἴκοσι— 16 Ἄνδρες ἀδελφοί, ἔδει πληρωθῆναι τὴν γραφὴν ταύτην,¹³ ἣν προεῖπεν τὸ πνεῦμα τὸ ἅγιον διὰ στόματος Δαυὶδ περὶ Ἰούδα, τοῦ γενομένου ὁδηγοῦ τοῖς συλλαβοῦσιν τὸν¹⁴ Ἰησοῦν. 17 Ὅτι κατηριθμημένος ἦν σὺν¹⁵ ἡμῖν, καὶ ἔλαχεν τὸν κλῆρον τῆς διακονίας ταύτης— 18 Οὗτος μὲν οὖν ἐκτήσατο χωρίον ἐκ μισθοῦ τῆς ἀδικίας, καὶ πρηνὴς γενόμενος ἐλάκησεν μέσος, καὶ ἐξεχύθη πάντα τὰ σπλάγχνα αὐτοῦ. 19 Καὶ γνωστὸν ἐγένετο πᾶσιν τοῖς

---

¹ ἐσθῆτι λευκῇ • NA²⁷/²⁸· ἐσθήσεσιν λευκαῖς ² εἶπον • εἶπαν ³ ἐμβλέποντες • [ἐμ]βλέποντες ⁴ ἀναληφθεὶς • ἀναλημφθεὶς ⁵ ἀνέβησαν εἰς τὸ ὑπερῷον • εἰς τὸ ὑπερῷον ἀνέβησαν ⁶ Ἰάκωβος καὶ Ἰωάννης • Ἰωάννης καὶ Ἰάκωβος ⁷ Ματθαῖος • Μαθθαῖος ⁸ καὶ τῇ δεήσει • — ⁹ Μαρίᾳ • Μαριὰμ ¹⁰ καὶ σὺν • καὶ ¹¹ μαθητῶν • ἀδελφῶν ¹² ὡς • NA²⁷/²⁸· ὡσεὶ ¹³ ταύτην • — ¹⁴ τὸν • — ¹⁵ σὺν • ἐν

κατοικοῦσιν Ἱερουσαλήμ, ὥστε κληθῆναι τὸ χωρίον ἐκεῖνο τῇ ἰδίᾳ διαλέκτῳ αὐτῶν Ἀκελδαμά,¹ τοῦτ᾽ ἔστιν, χωρίον αἵματος— 20 Γέγραπται γὰρ ἐν βίβλῳ Ψαλμῶν, Γενηθήτω ἡ ἔπαυλις αὐτοῦ ἔρημος, καὶ μὴ ἔστω ὁ κατοικῶν ἐν αὐτῇ· καί, Τὴν ἐπισκοπὴν αὐτοῦ λάβοι² ἕτερος. 21 Δεῖ οὖν τῶν συνελθόντων ἡμῖν ἀνδρῶν ἐν παντὶ χρόνῳ ἐν ᾧ³ εἰσῆλθεν καὶ ἐξῆλθεν ἐφ᾽ ἡμᾶς ὁ κύριος Ἰησοῦς, 22 ἀρξάμενος ἀπὸ τοῦ βαπτίσματος Ἰωάννου, ἕως τῆς ἡμέρας ἧς ἀνελήφθη⁴ ἀφ᾽ ἡμῶν, μάρτυρα τῆς ἀναστάσεως αὐτοῦ γενέσθαι σὺν ἡμῖν⁵ ἕνα τούτων. 23 Καὶ ἔστησαν δύο, Ἰωσὴφ τὸν καλούμενον Βαρσαβᾶν,⁶ ὃς ἐπεκλήθη Ἰοῦστος, καὶ Ματθίαν.⁷ 24 Καὶ προσευξάμενοι εἶπον,⁸ Σὺ κύριε καρδιογνῶστα πάντων, ἀνάδειξον ὃν ἐξελέξω, ἐκ τούτων τῶν δύο ἕνα 25 λαβεῖν τὸν κλῆρον⁹ τῆς διακονίας ταύτης καὶ ἀποστολῆς, ἐξ¹⁰ ἧς παρέβη Ἰούδας, πορευθῆναι εἰς τὸν τόπον τὸν ἴδιον. 26 Καὶ ἔδωκαν κλήρους αὐτῶν,¹¹ καὶ ἔπεσεν ὁ κλῆρος ἐπὶ Ματθίαν,¹² καὶ συγκατεψηφίσθη μετὰ τῶν ἕνδεκα ἀποστόλων.

The Pentecost Miracle

2 Καὶ ἐν τῷ συμπληροῦσθαι τὴν ἡμέραν τῆς Πεντηκοστῆς, ἦσαν ἅπαντες ὁμοθυμαδὸν¹³ ἐπὶ τὸ αὐτό. 2 Καὶ ἐγένετο ἄφνω ἐκ τοῦ οὐρανοῦ ἦχος ὥσπερ φερομένης πνοῆς βιαίας, καὶ ἐπλήρωσεν ὅλον τὸν οἶκον οὗ ἦσαν καθήμενοι. 3 Καὶ ὤφθησαν αὐτοῖς διαμεριζόμεναι γλῶσσαι ὡσεὶ πυρός, ἐκάθισέν τε¹⁴ ἐφ᾽ ἕνα ἕκαστον αὐτῶν. 4 Καὶ ἐπλήσθησαν ἅπαντες¹⁵ πνεύματος ἁγίου, καὶ ἤρξαντο λαλεῖν ἑτέραις γλώσσαις, καθὼς τὸ πνεῦμα ἐδίδου αὐτοῖς ἀποφθέγγεσθαι.¹⁶

5 Ἦσαν δὲ ἐν¹⁷ Ἱερουσαλὴμ κατοικοῦντες Ἰουδαῖοι, ἄνδρες εὐλαβεῖς, ἀπὸ παντὸς ἔθνους τῶν ὑπὸ τὸν οὐρανόν.

---

¹ Ἀκελδαμά • Ἀκελδαμάχ   ² λάβοι • λαβέτω   ³ ἐν ᾧ • ᾧ   ⁴ ἀνελήφθη • ἀνελήμφθη   ⁵ γενέσθαι σὺν ἡμῖν • σὺν ἡμῖν γενέσθαι   ⁶ Βαρσαβᾶν • Βαρσαββᾶν   ⁷ Ματθίαν • Μαθθίαν   ⁸ εἶπον • εἶπαν   ⁹ κλῆρον • τόπον   ¹⁰ ἐξ • ἀφ᾽   ¹¹ αὐτῶν • NA²⁷/²⁸: αὐτοῖς   ¹² Ματθίαν • Μαθθίαν   ¹³ ἅπαντες ὁμοθυμαδὸν • πάντες ὁμοῦ   ¹⁴ ἐκάθισέν τε • NA²⁷/²⁸: καὶ ἐκάθισεν   ¹⁵ ἅπαντες • πάντες   ¹⁶ αὐτοῖς ἀποφθέγγεσθαι • ἀποφθέγγεσθαι αὐτοῖς   ¹⁷ ἐν • NA²⁷/²⁸: εἰς

6 Γενομένης δὲ τῆς φωνῆς ταύτης, συνῆλθεν τὸ πλῆθος καὶ συνεχύθη, ὅτι ἤκουον εἷς ἕκαστος τῇ ἰδίᾳ διαλέκτῳ λαλούντων αὐτῶν. 7 Ἐξίσταντο δὲ πάντες καὶ[1] ἐθαύμαζον, λέγοντες πρὸς ἀλλήλους,[2] Οὐκ[3] ἰδοὺ πάντες[4] οὗτοί εἰσιν οἱ λαλοῦντες Γαλιλαῖοι; 8 Καὶ πῶς ἡμεῖς ἀκούομεν ἕκαστος τῇ ἰδίᾳ διαλέκτῳ ἡμῶν ἐν ᾗ ἐγεννήθημεν; 9 Πάρθοι καὶ Μῆδοι καὶ Ἐλαμῖται, καὶ οἱ κατοικοῦντες τὴν Μεσοποταμίαν, Ἰουδαίαν τε καὶ Καππαδοκίαν, Πόντον καὶ τὴν Ἀσίαν, 10 Φρυγίαν τε καὶ Παμφυλίαν, Αἴγυπτον καὶ τὰ μέρη τῆς Λιβύης τῆς κατὰ Κυρήνην, καὶ οἱ ἐπιδημοῦντες Ῥωμαῖοι, Ἰουδαῖοί τε καὶ προσήλυτοι, 11 Κρῆτες καὶ Ἄραβες, ἀκούομεν λαλούντων αὐτῶν ταῖς ἡμετέραις γλώσσαις τὰ μεγαλεῖα τοῦ θεοῦ. 12 Ἐξίσταντο δὲ πάντες καὶ διηπόρουν, ἄλλος πρὸς ἄλλον λέγοντες, Τί ἂν θέλοι[5] τοῦτο εἶναι; 13 Ἕτεροι δὲ χλευάζοντες[6] ἔλεγον ὅτι Γλεύκους μεμεστωμένοι εἰσίν.

The Sermon of Peter and Its Effect

14 Σταθεὶς δὲ Πέτρος[7] σὺν τοῖς ἕνδεκα, ἐπῆρεν τὴν φωνὴν αὐτοῦ, καὶ ἀπεφθέγξατο αὐτοῖς, Ἄνδρες Ἰουδαῖοι, καὶ οἱ κατοικοῦντες Ἰερουσαλὴμ ἅπαντες,[8] τοῦτο ὑμῖν γνωστὸν ἔστω, καὶ ἐνωτίσασθε τὰ ῥήματά μου. 15 Οὐ γάρ, ὡς ὑμεῖς ὑπολαμβάνετε, οὗτοι μεθύουσιν· ἔστιν γὰρ ὥρα τρίτη τῆς ἡμέρας· 16 ἀλλὰ τοῦτό ἐστιν τὸ εἰρημένον διὰ τοῦ προφήτου Ἰωήλ, 17 Καὶ ἔσται ἐν ταῖς ἐσχάταις ἡμέραις, λέγει ὁ θεός, ἐκχεῶ ἀπὸ τοῦ πνεύματός μου ἐπὶ πᾶσαν σάρκα· καὶ προφητεύσουσιν οἱ υἱοὶ ὑμῶν καὶ αἱ θυγατέρες ὑμῶν, καὶ οἱ νεανίσκοι ὑμῶν ὁράσεις ὄψονται, καὶ οἱ πρεσβύτεροι ὑμῶν ἐνύπνια[9] ἐνυπνιασθήσονται· 18 καί γε ἐπὶ τοὺς δούλους μου καὶ ἐπὶ τὰς δούλας μου ἐν ταῖς ἡμέραις ἐκείναις ἐκχεῶ ἀπὸ τοῦ πνεύματός μου, καὶ προφητεύσουσιν. 19 Καὶ δώσω τέρατα ἐν τῷ οὐρανῷ ἄνω, καὶ σημεῖα ἐπὶ τῆς γῆς κάτω, αἷμα καὶ πῦρ

---

[1] πάντες καὶ • καὶ   [2] πρὸς ἀλλήλους • —   [3] Οὐκ • Οὐχ   [4] ἰδοὺ πάντες • ἰδοὺ ἅπαντες   [5] ἂν θέλοι • θέλει   [6] χλευάζοντες • διαχλευάζοντες   [7] Πέτρος • ὁ Πέτρος   [8] ἅπαντες • πάντες   [9] ἐνύπνια • ἐνυπνίοις

καὶ ἀτμίδα καπνοῦ· 20 ὁ ἥλιος μεταστραφήσεται εἰς σκότος, καὶ ἡ σελήνη εἰς αἷμα, πρὶν ἢ ἐλθεῖν τὴν[1] ἡμέραν κυρίου τὴν μεγάλην καὶ ἐπιφανῆ· 21 καὶ ἔσται, πᾶς ὃς ἂν ἐπικαλέσηται τὸ ὄνομα κυρίου σωθήσεται. 22 Ἄνδρες Ἰσραηλῖται, ἀκούσατε τοὺς λόγους τούτους· Ἰησοῦν τὸν Ναζωραῖον, ἄνδρα ἀπὸ τοῦ θεοῦ ἀποδεδειγμένον[2] εἰς ὑμᾶς δυνάμεσιν καὶ τέρασιν καὶ σημείοις, οἷς ἐποίησεν δι᾽ αὐτοῦ ὁ θεὸς ἐν μέσῳ ὑμῶν, καθὼς καὶ αὐτοὶ[3] οἴδατε, 23 τοῦτον τῇ ὡρισμένῃ βουλῇ καὶ προγνώσει τοῦ θεοῦ ἔκδοτον λαβόντες,[4] διὰ χειρῶν[5] ἀνόμων προσπήξαντες ἀνείλετε·[6] 24 ὃν ὁ θεὸς ἀνέστησεν, λύσας τὰς ὠδῖνας τοῦ θανάτου, καθότι οὐκ ἦν δυνατὸν κρατεῖσθαι αὐτὸν ὑπ᾽ αὐτοῦ. 25 Δαυὶδ γὰρ λέγει εἰς αὐτόν, Προωρώμην[7] τὸν κύριον ἐνώπιόν μου διὰ παντός· ὅτι ἐκ δεξιῶν μου ἐστίν, ἵνα μὴ σαλευθῶ· 26 διὰ τοῦτο εὐφράνθη[8] ἡ καρδία μου, καὶ ἠγαλλιάσατο ἡ γλῶσσά μου· ἔτι δὲ καὶ ἡ σάρξ μου κατασκηνώσει ἐπ᾽ ἐλπίδι· 27 ὅτι οὐκ ἐγκαταλείψεις τὴν ψυχήν μου εἰς Ἅδου,[9] οὐδὲ δώσεις τὸν ὅσιόν σου ἰδεῖν διαφθοράν. 28 Ἐγνώρισάς μοι ὁδοὺς ζωῆς· πληρώσεις με εὐφροσύνης μετὰ τοῦ προσώπου σου. 29 Ἄνδρες ἀδελφοί, ἐξὸν εἰπεῖν μετὰ παρρησίας πρὸς ὑμᾶς περὶ τοῦ πατριάρχου Δαυίδ, ὅτι καὶ ἐτελεύτησεν καὶ ἐτάφη, καὶ τὸ μνῆμα αὐτοῦ ἐστιν ἐν ἡμῖν ἄχρι τῆς ἡμέρας ταύτης. 30 Προφήτης οὖν ὑπάρχων, καὶ εἰδὼς ὅτι ὅρκῳ ὤμοσεν αὐτῷ ὁ θεός, ἐκ καρποῦ τῆς ὀσφύος αὐτοῦ τὸ κατὰ σάρκα ἀναστήσειν τὸν χριστόν,[10] καθίσαι ἐπὶ τοῦ θρόνου[11] αὐτοῦ, 31 προϊδὼν ἐλάλησεν περὶ τῆς ἀναστάσεως τοῦ χριστοῦ, ὅτι οὐ κατελείφθη[12] ἡ ψυχὴ αὐτοῦ[13] εἰς Ἅδου, οὐδὲ[14] ἡ σὰρξ αὐτοῦ εἶδεν διαφθοράν. 32 Τοῦτον τὸν Ἰησοῦν ἀνέστησεν ὁ θεός, οὗ πάντες ἡμεῖς ἐσμεν μάρτυρες. 33 Τῇ δεξιᾷ οὖν τοῦ θεοῦ ὑψωθείς, τήν τε ἐπαγγελίαν τοῦ ἁγίου

---

[1] ἢ ἐλθεῖν τὴν • NA²⁷/²⁸: ἐλθεῖν [2] ἀπὸ τοῦ θεοῦ ἀποδεδειγμένον • ἀποδεδειγμένον ἀπὸ τοῦ θεοῦ [3] καὶ αὐτοὶ • αὐτοὶ [4] λαβόντες • — [5] χειρῶν • χειρὸς [6] ἀνείλετε • ἀνείλατε [7] Προωρώμην • Προορώμην [8] εὐφράνθη • ηὐφράνθη [9] Ἅδου • Ἅδην [10] τὸ κατὰ σάρκα ἀναστήσειν τὸν χριστόν • — [11] τοῦ θρόνου • τὸν θρόνον [12] οὐ κατελείφθη • οὔτε ἐγκατελείφθη [13] ἡ ψυχὴ αὐτοῦ • — [14] Ἅδου οὐδὲ • Ἅδην οὔτε

πνεύματος¹ λαβὼν παρὰ τοῦ πατρός, ἐξέχεεν τοῦτο ὃ νῦν² ὑμεῖς³ βλέπετε καὶ ἀκούετε. 34 Οὐ γὰρ Δαυὶδ ἀνέβη εἰς τοὺς οὐρανούς, λέγει δὲ αὐτός, Εἶπεν ὁ⁴ κύριος τῷ κυρίῳ μου, Κάθου ἐκ δεξιῶν μου, 35 ἕως ἂν θῶ τοὺς ἐχθρούς σου ὑποπόδιον τῶν ποδῶν σου. 36 Ἀσφαλῶς οὖν γινωσκέτω πᾶς οἶκος Ἰσραήλ, ὅτι καὶ κύριον καὶ χριστὸν αὐτὸν ὁ θεὸς ἐποίησεν,⁵ τοῦτον τὸν Ἰησοῦν ὃν ὑμεῖς ἐσταυρώσατε.

37 Ἀκούσαντες δὲ κατενύγησαν τῇ καρδίᾳ,⁶ εἶπόν τε πρὸς τὸν Πέτρον καὶ τοὺς λοιποὺς ἀποστόλους, Τί ποιήσομεν,ᵃ,⁷ ἄνδρες ἀδελφοί; 38 Πέτρος δὲ ἔφη⁸ πρὸς αὐτούς, Μετανοήσατε,⁹ καὶ βαπτισθήτω ἕκαστος ὑμῶν ἐπὶ τῷ ὀνόματι Ἰησοῦ χριστοῦ εἰς ἄφεσιν ἁμαρτιῶν,¹⁰ καὶ λήψεσθε¹¹ τὴν δωρεὰν τοῦ ἁγίου πνεύματος. 39 Ὑμῖν γάρ ἐστιν ἡ ἐπαγγελία, καὶ τοῖς τέκνοις ὑμῶν, καὶ πᾶσιν τοῖς εἰς μακράν, ὅσους ἂν προσκαλέσηται κύριος ὁ θεὸς ἡμῶν. 40 Ἑτέροις τε λόγοις πλείοσιν διεμαρτύρετο καὶ παρεκάλει¹² λέγων, Σώθητε ἀπὸ τῆς γενεᾶς τῆς σκολιᾶς ταύτης. 41 Οἱ μὲν οὖν ἀσμένως¹³ ἀποδεξάμενοι τὸν λόγον αὐτοῦ ἐβαπτίσθησαν· καὶ προσετέθησαν τῇ¹⁴ ἡμέρᾳ ἐκείνῃ ψυχαὶ ὡσεὶ τρισχίλιαι. 42 Ἦσαν δὲ προσκαρτεροῦντες τῇ διδαχῇ τῶν ἀποστόλων καὶ τῇ κοινωνίᾳ, καὶ¹⁵ τῇ κλάσει τοῦ ἄρτου καὶ ταῖς προσευχαῖς.

43 Ἐγένετο¹⁶ δὲ πάσῃ ψυχῇ φόβος, πολλά τε τέρατα καὶ σημεῖα διὰ τῶν ἀποστόλων ἐγίνετο. 44 Πάντες δὲ οἱ πιστεύοντες ἦσαν ἐπὶ τὸ αὐτό, καὶ εἶχον ἅπαντα κοινά, 45 καὶ τὰ κτήματα καὶ τὰς ὑπάρξεις ἐπίπρασκον, καὶ διεμέριζον αὐτὰ πᾶσιν, καθότι ἄν τις χρείαν εἶχεν. 46 Καθ' ἡμέραν τε

ᵃ *ποιήσομεν* • *ποιήσωμεν*

---

¹ *ἁγίου πνεύματος* • *πνεύματος τοῦ ἁγίου*   ² *νῦν* • —   ³ *ὑμεῖς* • NA²⁷/²⁸: *ὑμεῖς [καὶ]*   ⁴ *ὁ* • *[ὁ]*   ⁵ *καὶ χριστὸν αὐτὸν ὁ θεὸς ἐποίησεν* • *αὐτὸν καὶ χριστὸν ἐποίησεν ὁ θεός*   ⁶ *τῇ καρδίᾳ* • *τὴν καρδίαν*   ⁷ *ποιήσομεν* • *ποιήσωμεν*   ⁸ *ἔφη* • —   ⁹ *Μετανοήσατε* • *Μετανοήσατε [φησίν]*   ¹⁰ *ἁμαρτιῶν* • *τῶν ἁμαρτιῶν ὑμῶν*   ¹¹ *λήψεσθε* • *λήμψεσθε*   ¹² *διεμαρτύρετο καὶ παρεκάλει* • *διεμαρτύρατο καὶ παρεκάλει αὐτοὺς*   ¹³ *ἀσμένως* • —   ¹⁴ *τῇ* • *ἐν τῇ*   ¹⁵ *κοινωνίᾳ καὶ* • *κοινωνίᾳ*   ¹⁶ *Ἐγένετο* • *Ἐγίνετο*

προσκαρτεροῦντες ὁμοθυμαδὸν ἐν τῷ ἱερῷ, κλῶντές τε κατ' οἶκον ἄρτον, μετελάμβανον τροφῆς ἐν ἀγαλλιάσει καὶ ἀφελότητι καρδίας, 47 αἰνοῦντες τὸν θεόν, καὶ ἔχοντες χάριν πρὸς ὅλον τὸν λαόν. Ὁ δὲ κύριος προσετίθει τοὺς σῳζομένους καθ' ἡμέραν τῇ ἐκκλησίᾳ.[1]

The Healing of the Lame Man

3 Ἐπὶ τὸ αὐτὸ δὲ Πέτρος[2] καὶ Ἰωάννης ἀνέβαινον εἰς τὸ ἱερὸν ἐπὶ τὴν ὥραν τῆς προσευχῆς τὴν ἐνάτην. 2 Καί τις ἀνὴρ χωλὸς ἐκ κοιλίας μητρὸς αὐτοῦ ὑπάρχων ἐβαστάζετο· ὃν ἐτίθουν καθ' ἡμέραν πρὸς τὴν θύραν τοῦ ἱεροῦ τὴν λεγομένην Ὡραίαν, τοῦ αἰτεῖν ἐλεημοσύνην παρὰ τῶν εἰσπορευομένων εἰς τὸ ἱερόν. 3 Ὃς ἰδὼν Πέτρον καὶ Ἰωάννην μέλλοντας εἰσιέναι εἰς τὸ ἱερόν, ἠρώτα ἐλεημοσύνην.[3] 4 Ἀτενίσας δὲ Πέτρος εἰς αὐτὸν σὺν τῷ Ἰωάννῃ, εἶπεν, Βλέψον εἰς ἡμᾶς. 5 Ὁ δὲ ἐπεῖχεν αὐτοῖς, προσδοκῶν τι παρ' αὐτῶν λαβεῖν. 6 Εἶπεν δὲ Πέτρος, Ἀργύριον καὶ χρυσίον οὐχ ὑπάρχει μοι· ὃ δὲ ἔχω, τοῦτό σοι δίδωμι. Ἐν τῷ ὀνόματι Ἰησοῦ χριστοῦ τοῦ Ναζωραίου, ἔγειραι[a] καὶ[4] περιπάτει. 7 Καὶ πιάσας αὐτὸν τῆς δεξιᾶς χειρὸς ἤγειρεν· παραχρῆμα[5] δὲ ἐστερεώθησαν αὐτοῦ αἱ βάσεις[6] καὶ τὰ σφυρά.[7] 8 Καὶ ἐξαλλόμενος ἔστη καὶ περιεπάτει, καὶ εἰσῆλθεν σὺν αὐτοῖς εἰς τὸ ἱερόν, περιπατῶν καὶ ἁλλόμενος καὶ αἰνῶν τὸν θεόν. 9 Καὶ εἶδεν αὐτὸν πᾶς ὁ λαὸς[8] περιπατοῦντα καὶ αἰνοῦντα τὸν θεόν· 10 ἐπεγίνωσκόν τε[9] αὐτὸν ὅτι οὗτος[10] ἦν ὁ πρὸς τὴν ἐλεημοσύνην καθήμενος ἐπὶ τῇ Ὡραίᾳ πύλῃ τοῦ ἱεροῦ· καὶ ἐπλήσθησαν θάμβους καὶ ἐκστάσεως ἐπὶ τῷ συμβεβηκότι αὐτῷ.

---

[a] ἔγειραι • ἔγειρε

[1] τῇ ἐκκλησίᾳ • ἐπὶ τὸ αὐτό   [2] Ἐπὶ τὸ αὐτὸ δὲ Πέτρος • Πέτρος δὲ   [3] ἐλεημοσύνην • ἐλεημοσύνην λαβεῖν   [4] ἔγειραι καὶ • [ἔγειρε καὶ]   [5] παραχρῆμα • αὐτόν παραχρῆμα   [6] αὐτοῦ αἱ βάσεις • αἱ βάσεις αὐτοῦ   [7] σφυρά • σφυδρά   [8] αὐτὸν πᾶς ὁ λαὸς • πᾶς ὁ λαὸς αὐτὸν   [9] τε • δὲ   [10] οὗτος • αὐτὸς

11 Κρατοῦντος δὲ τοῦ ἰαθέντος χωλοῦ¹ τὸν Πέτρον καὶ Ἰωάννην,² συνέδραμεν πρὸς αὐτοὺς πᾶς ὁ λαὸς³ ἐπὶ τῇ στοᾷ τῇ καλουμένῃ Σολομῶντος, ἔκθαμβοι.

The Address of Peter in the Temple

12 Ἰδὼν δὲ Πέτρος⁴ ἀπεκρίνατο πρὸς τὸν λαόν, Ἄνδρες Ἰσραηλῖται, τί θαυμάζετε ἐπὶ τούτῳ, ἢ ἡμῖν τί ἀτενίζετε, ὡς ἰδίᾳ δυνάμει ἢ εὐσεβείᾳ πεποιηκόσιν τοῦ περιπατεῖν αὐτόν; 13 Ὁ θεὸς Ἀβραὰμ καὶ Ἰσαὰκ καὶ⁵ Ἰακώβ, ὁ θεὸς τῶν πατέρων ἡμῶν, ἐδόξασεν τὸν παῖδα αὐτοῦ Ἰησοῦν· ὃν ὑμεῖς μὲν παρεδώκατε, καὶ ἠρνήσασθε αὐτὸν⁶ κατὰ πρόσωπον Πιλάτου, κρίναντος ἐκείνου ἀπολύειν. 14 Ὑμεῖς δὲ τὸν ἅγιον καὶ δίκαιον ἠρνήσασθε, καὶ ᾐτήσασθε ἄνδρα φονέα χαρισθῆναι ὑμῖν, 15 τὸν δὲ ἀρχηγὸν τῆς ζωῆς ἀπεκτείνατε· ὃν ὁ θεὸς ἤγειρεν ἐκ νεκρῶν, οὗ ἡμεῖς μάρτυρές ἐσμεν. 16 Καὶ ἐπὶ τῇ πίστει τοῦ ὀνόματος αὐτοῦ, τοῦτον ὃν θεωρεῖτε καὶ οἴδατε ἐστερέωσεν τὸ ὄνομα αὐτοῦ· καὶ ἡ πίστις ἡ δι' αὐτοῦ ἔδωκεν αὐτῷ τὴν ὁλοκληρίαν ταύτην ἀπέναντι πάντων ὑμῶν. 17 Καὶ νῦν, ἀδελφοί, οἶδα ὅτι κατὰ ἄγνοιαν ἐπράξατε, ὥσπερ καὶ οἱ ἄρχοντες ὑμῶν. 18 Ὁ δὲ θεὸς ἃ προκατήγγειλεν διὰ στόματος πάντων τῶν προφητῶν αὐτοῦ, παθεῖν τὸν χριστόν,⁷ ἐπλήρωσεν οὕτως. 19 Μετανοήσατε οὖν καὶ ἐπιστρέψατε, εἰς τὸ ἐξαλειφθῆναι ὑμῶν τὰς ἁμαρτίας, ὅπως ἂν ἔλθωσιν καιροὶ ἀναψύξεως ἀπὸ προσώπου τοῦ κυρίου, 20 καὶ ἀποστείλῃ τὸν προκεχειρισμένον ὑμῖν χριστὸν Ἰησοῦν· 21 ὃν δεῖ οὐρανὸν μὲν δέξασθαι ἄχρι χρόνων ἀποκαταστάσεως πάντων, ὧν ἐλάλησεν ὁ θεὸς διὰ στόματος πάντων τῶν ἁγίων αὐτοῦ⁸ προφητῶν ἀπ' αἰῶνος.⁹ 22 Μωσῆς¹⁰ μὲν γὰρ πρὸς τοὺς πατέρας¹¹ εἶπεν ὅτι Προφήτην ὑμῖν ἀναστήσει κύριος ὁ θεὸς ἡμῶν¹² ἐκ τῶν

---

¹ τοῦ ἰαθέντος χωλοῦ • αὐτοῦ   ² Ἰωάννην • τὸν Ἰωάννην   ³ πρὸς αὐτοὺς πᾶς ὁ λαὸς • πᾶς ὁ λαὸς πρὸς αὐτοὺς   ⁴ Πέτρος • ὁ Πέτρος   ⁵ Ἰσαὰκ καὶ • ΝΑ²⁷/²⁸: [ὁ θεὸς] Ἰσαὰκ καὶ [ὁ θεὸς]   ⁶ αὐτὸν • —   ⁷ αὐτοῦ παθεῖν τὸν χριστόν • παθεῖν τὸν χριστὸν αὐτοῦ   ⁸ πάντων τῶν ἁγίων αὐτοῦ • τῶν ἁγίων   ⁹ προφητῶν ἀπ' αἰῶνος • ἀπ' αἰῶνος αὐτοῦ προφητῶν   ¹⁰ Μωσῆς • Μωϋσῆς   ¹¹ γὰρ πρὸς τοὺς πατέρας • —   ¹² ἡμῶν • ὑμῶν

ἀδελφῶν ὑμῶν ὡς ἐμέ· αὐτοῦ ἀκούσεσθε κατὰ πάντα ὅσα ἂν λαλήσῃ πρὸς ὑμᾶς. 23 Ἔσται δέ, πᾶσα ψυχή, ἥτις ἐὰν ᵃ μὴ ἀκούσῃ τοῦ προφήτου ἐκείνου, ἐξολοθρευθήσεται¹ ἐκ τοῦ λαοῦ. 24 Καὶ πάντες δὲ οἱ προφῆται ἀπὸ Σαμουὴλ καὶ τῶν καθεξῆς, ὅσοι ἐλάλησαν, καὶ κατήγγειλαν ᵇ τὰς ἡμέρας ταύτας. 25 Ὑμεῖς ἐστε υἱοὶ² τῶν προφητῶν, καὶ τῆς διαθήκης ἧς διέθετο ὁ θεὸς πρὸς τοὺς πατέρας ἡμῶν,³ λέγων πρὸς Ἀβραάμ, Καὶ ἐν τῷ σπέρματί σου ἐνευλογηθήσονται⁴ πᾶσαι αἱ πατριαὶ τῆς γῆς. 26 Ὑμῖν πρῶτον ὁ θεός, ἀναστήσας⁵ τὸν παῖδα αὐτοῦ Ἰησοῦν,⁶ ἀπέστειλεν αὐτὸν εὐλογοῦντα ὑμᾶς, ἐν τῷ ἀποστρέφειν ἕκαστον ἀπὸ τῶν πονηριῶν ὑμῶν.

Peter and John before the Council

4 Λαλούντων δὲ αὐτῶν πρὸς τὸν λαόν, ἐπέστησαν αὐτοῖς οἱ ἱερεῖς καὶ ὁ στρατηγὸς τοῦ ἱεροῦ καὶ οἱ Σαδδουκαῖοι, 2 διαπονούμενοι διὰ τὸ διδάσκειν αὐτοὺς τὸν λαόν, καὶ καταγγέλλειν ἐν τῷ Ἰησοῦ τὴν ἀνάστασιν τῶν⁷ νεκρῶν. 3 Καὶ ἐπέβαλον αὐτοῖς τὰς χεῖρας, καὶ ἔθεντο εἰς τήρησιν εἰς τὴν αὔριον· ἦν γὰρ ἑσπέρα ἤδη. 4 Πολλοὶ δὲ τῶν ἀκουσάντων τὸν λόγον ἐπίστευσαν· καὶ ἐγενήθη ὁ⁸ ἀριθμὸς τῶν ἀνδρῶν ὡσεὶ⁹ χιλιάδες πέντε.

5 Ἐγένετο δὲ ἐπὶ τὴν αὔριον συναχθῆναι αὐτῶν τοὺς ἄρχοντας καὶ πρεσβυτέρους καὶ γραμματεῖς εἰς¹⁰ Ἰερουσαλήμ, 6 καὶ Ἄνναν τὸν ἀρχιερέα, καὶ Καϊάφαν, καὶ Ἰωάννην, καὶ Ἀλέξανδρον,¹¹ καὶ ὅσοι ἦσαν ἐκ γένους ἀρχιερατικοῦ. 7 Καὶ στήσαντες αὐτοὺς ἐν μέσῳ¹² ἐπυνθάνοντο, Ἐν ποίᾳ δυνάμει ἢ ἐν ποίῳ ὀνόματι ἐποιήσατε τοῦτο ὑμεῖς; 8 Τότε Πέτρος

ᵃ ἐὰν • ἂν   ᵇ κατήγγειλαν • προκατήγγειλαν

1 ἐξολοθρευθήσεται • ἐξολεθρευθήσεται   2 υἱοὶ • οἱ υἱοὶ   3 ἡμῶν • ὑμῶν
4 ἐνευλογηθήσονται • [ἐν]ευλογηθήσονται   5 ὁ θεός ἀναστήσας • ἀναστήσας
ὁ θεὸς   6 Ἰησοῦν • —   7 τῶν • τὴν ἐκ   8 ὁ • [ὁ]   9 ὡσεὶ • NA²⁷/²⁸· [ὡς]
10 πρεσβυτέρους καὶ γραμματεῖς εἰς • τοὺς πρεσβυτέρους καὶ τοὺς γραμματεῖς
ἐν   11 Ἄνναν τὸν ἀρχιερέα καὶ Καϊάφαν καὶ Ἰωάννην καὶ Ἀλέξανδρον • Ἄννας
ὁ ἀρχιερεύς καὶ Καϊάφας καὶ Ἰωάννης καὶ Ἀλέξανδρος   12 μέσῳ • τῷ μέσῳ

πλησθεὶς πνεύματος ἁγίου εἶπεν πρὸς αὐτούς, Ἄρχοντες τοῦ λαοῦ καὶ πρεσβύτεροι τοῦ Ἰσραήλ, [1] 9 εἰ ἡμεῖς σήμερον ἀνακρινόμεθα ἐπὶ εὐεργεσίᾳ ἀνθρώπου ἀσθενοῦς, ἐν τίνι οὗτος σέσωσται· [2] 10 γνωστὸν ἔστω πᾶσιν ὑμῖν καὶ παντὶ τῷ λαῷ Ἰσραήλ, ὅτι ἐν τῷ ὀνόματι Ἰησοῦ χριστοῦ τοῦ Ναζωραίου, ὃν ὑμεῖς ἐσταυρώσατε, ὃν ὁ θεὸς ἤγειρεν ἐκ νεκρῶν, ἐν τούτῳ οὗτος παρέστηκεν ἐνώπιον ὑμῶν ὑγιής. 11 Οὗτός ἐστιν ὁ λίθος ὁ ἐξουθενηθεὶς ὑφ' ὑμῶν τῶν οἰκοδομούντων, [3] ὁ γενόμενος εἰς κεφαλὴν γωνίας. 12 Καὶ οὐκ ἔστιν ἐν ἄλλῳ οὐδενὶ ἡ σωτηρία· οὔτε [4] γὰρ ὄνομά ἐστιν ἕτερον [a] τὸ [5] δεδομένον ἐν ἀνθρώποις, ἐν ᾧ δεῖ σωθῆναι ἡμᾶς.

13 Θεωροῦντες δὲ τὴν τοῦ Πέτρου παρρησίαν καὶ Ἰωάννου, καὶ καταλαβόμενοι ὅτι ἄνθρωποι ἀγράμματοί εἰσιν καὶ ἰδιῶται, ἐθαύμαζον, ἐπεγίνωσκόν τε αὐτοὺς ὅτι σὺν τῷ Ἰησοῦ ἦσαν. 14 Τὸν δὲ [6] ἄνθρωπον βλέποντες σὺν αὐτοῖς ἑστῶτα τὸν τεθεραπευμένον, οὐδὲν εἶχον ἀντειπεῖν. 15 Κελεύσαντες δὲ αὐτοὺς ἔξω τοῦ συνεδρίου ἀπελθεῖν, συνέβαλλον πρὸς ἀλλήλους, 16 λέγοντες, Τί ποιήσομεν [b,7] τοῖς ἀνθρώποις τούτοις; Ὅτι μὲν γὰρ γνωστὸν σημεῖον γέγονεν δι' αὐτῶν, πᾶσιν τοῖς κατοικοῦσιν Ἱερουσαλὴμ φανερόν, καὶ οὐ δυνάμεθα ἀρνήσασθαι. [8] 17 Ἀλλ' ἵνα μὴ ἐπὶ πλεῖον διανεμηθῇ εἰς τὸν λαόν, ἀπειλῇ ἀπειλησόμεθα [c,9] αὐτοῖς μηκέτι λαλεῖν ἐπὶ τῷ ὀνόματι τούτῳ μηδενὶ ἀνθρώπων. 18 Καὶ καλέσαντες αὐτούς, παρήγγειλαν αὐτοῖς [10] τὸ καθόλου μὴ φθέγγεσθαι μηδὲ διδάσκειν ἐπὶ τῷ ὀνόματι τοῦ Ἰησοῦ. 19 Ὁ δὲ Πέτρος καὶ Ἰωάννης ἀποκριθέντες πρὸς αὐτοὺς εἶπον, [11] Εἰ δίκαιόν ἐστιν ἐνώπιον τοῦ θεοῦ ὑμῶν ἀκούειν μᾶλλον ἢ τοῦ θεοῦ, κρίνατε.

---

[a] ἕτερον • ἕτερον ὑπὸ τὸν οὐρανὸν   [b] ποιήσομεν • ποιήσωμεν
[c] ἀπειλησόμεθα • ἀπειλησώμεθα

---

[1] τοῦ Ἰσραήλ • —   [2] σέσωσται • σέσωται   [3] οἰκοδομούντων • οἰκοδόμων
[4] οὔτε • οὐδὲ   [5] τὸ • ὑπὸ τὸν οὐρανὸν τὸ   [6] δὲ • τε   [7] ποιήσομεν • ποιήσωμεν   [8] ἀρνήσασθαι • ἀρνεῖσθαι   [9] ἀπειλῇ ἀπειλησόμεθα • ἀπειλησώμεθα   [10] αὐτοῖς • —   [11] πρὸς αὐτοὺς εἶπον • εἶπον πρὸς αὐτούς

20 Οὐ δυνάμεθα γὰρ ἡμεῖς, ἃ εἴδομεν¹ καὶ ἠκούσαμεν, μὴ λαλεῖν. 21 Οἱ δὲ προσαπειλησάμενοι ἀπέλυσαν αὐτούς, μηδὲν εὑρίσκοντες τὸ πῶς κολάσονται² αὐτούς, διὰ τὸν λαόν, ὅτι πάντες ἐδόξαζον τὸν θεὸν ἐπὶ τῷ γεγονότι. 22 Ἐτῶν γὰρ ἦν πλειόνων τεσσαράκοντα³ ὁ ἄνθρωπος ἐφ᾽ ὃν ἐγεγόνει⁴ τὸ σημεῖον τοῦτο τῆς ἰάσεως.

The Prayer and the Further Establishment of the Congregation

23 Ἀπολυθέντες δὲ ἦλθον πρὸς τοὺς ἰδίους, καὶ ἀπήγγειλαν ὅσα πρὸς αὐτοὺς οἱ ἀρχιερεῖς καὶ οἱ πρεσβύτεροι εἶπον.⁵ 24 Οἱ δὲ ἀκούσαντες ὁμοθυμαδὸν ἦραν φωνὴν πρὸς τὸν θεόν, καὶ εἶπον,⁶ Δέσποτα, σὺ ὁ θεὸς ὁ⁷ ποιήσας τὸν οὐρανὸν καὶ τὴν γῆν καὶ τὴν θάλασσαν καὶ πάντα τὰ ἐν αὐτοῖς· 25 ὁ διὰ⁸ στόματος Δαυὶδ παιδός σου εἰπών, Ἵνα τί⁹ ἐφρύαξαν ἔθνη, καὶ λαοὶ ἐμελέτησαν κενά; 26 Παρέστησαν οἱ βασιλεῖς τῆς γῆς, καὶ οἱ ἄρχοντες συνήχθησαν ἐπὶ τὸ αὐτὸ κατὰ τοῦ κυρίου, καὶ κατὰ τοῦ χριστοῦ αὐτοῦ· 27 συνήχθησαν γὰρ ἐπ᾽ ἀληθείας ἐπὶ¹⁰ τὸν ἅγιον παῖδά σου Ἰησοῦν, ὃν ἔχρισας, Ἡρῴδης τε καὶ Πόντιος Πιλάτος, σὺν ἔθνεσιν καὶ λαοῖς Ἰσραήλ, 28 ποιῆσαι ὅσα ἡ χείρ σου καὶ ἡ βουλή σου¹¹ προώρισεν γενέσθαι. 29 Καὶ τὰ νῦν, κύριε, ἔπιδε ἐπὶ τὰς ἀπειλὰς αὐτῶν, καὶ δὸς τοῖς δούλοις σου μετὰ παρρησίας πάσης λαλεῖν τὸν λόγον σου, 30 ἐν τῷ τὴν χεῖρά σου¹² ἐκτείνειν σε εἰς ἴασιν, καὶ σημεῖα καὶ τέρατα γίνεσθαι διὰ τοῦ ὀνόματος τοῦ ἁγίου παιδός σου Ἰησοῦ. 31 Καὶ δεηθέντων αὐτῶν ἐσαλεύθη ὁ τόπος ἐν ᾧ ἦσαν συνηγμένοι, καὶ ἐπλήσθησαν ἅπαντες πνεύματος ἁγίου,¹³ καὶ ἐλάλουν τὸν λόγον τοῦ θεοῦ μετὰ παρρησίας.

---

¹ εἴδομεν • εἴδαμεν   ² κολάσονται • κολάσωνται   ³ τεσσαράκοντα • τεσσεράκοντα   ⁴ ἐγεγόνει • γεγόνει   ⁵ εἶπον • εἶπαν   ⁶ εἶπον • εἶπαν   ⁷ θεὸς ὁ — 8 διὰ τοῦ πατρὸς ἡμῶν διὰ πνεύματος ἁγίου   ⁹ Ἵνα τί • Ἱνατί   ¹⁰ ἐπὶ • ἐν τῇ πόλει ταύτῃ ἐπὶ   ¹¹ βουλή σου • βουλή [σου]   ¹² χεῖρά σου • χεῖρά [σου]   ¹³ πνεύματος ἁγίου • τοῦ ἁγίου πνεύματος

32 Τοῦ δὲ πλήθους τῶν πιστευσάντων ἦν ἡ καρδία¹ καὶ ἡ ψυχὴ² μία· καὶ οὐδὲ εἷς τι τῶν ὑπαρχόντων αὐτῶν^(a, 3) ἔλεγεν ἴδιον εἶναι, ἀλλ' ἦν αὐτοῖς ἅπαντα κοινά. **33** Καὶ μεγάλῃ δυνάμει⁴ ἀπεδίδουν τὸ μαρτύριον οἱ ἀπόστολοι τῆς ἀναστάσεως τοῦ κυρίου Ἰησοῦ, χάρις τε μεγάλη ἦν ἐπὶ πάντας αὐτούς. **34** Οὐδὲ γὰρ ἐνδεής τις ὑπῆρχεν⁵ ἐν αὐτοῖς· ὅσοι γὰρ κτήτορες χωρίων ἢ οἰκιῶν ὑπῆρχον, πωλοῦντες ἔφερον τὰς τιμὰς τῶν πιπρασκομένων, **35** καὶ ἐτίθουν παρὰ τοὺς πόδας τῶν ἀποστόλων· διεδίδοτο⁶ δὲ ἑκάστῳ καθότι ἄν τις χρείαν εἶχεν.

36 Ἰωσῆς⁷ δέ, ὁ ἐπικληθεὶς Βαρνάβας ἀπὸ τῶν ἀποστόλων—ὅ ἐστιν, μεθερμηνευόμενον, υἱὸς παρακλήσεως—Λευΐτης, Κύπριος τῷ γένει, **37** ὑπάρχοντος αὐτῷ ἀγροῦ, πωλήσας ἤνεγκεν τὸ χρῆμα, καὶ ἔθηκεν παρὰ⁸ τοὺς πόδας τῶν ἀποστόλων.

Ananias and Sapphira

5 Ἀνὴρ δέ τις Ἀνανίας ὀνόματι, σὺν Σαπφείρῃ⁹ τῇ γυναικὶ αὐτοῦ, ἐπώλησεν κτῆμα, **2** καὶ ἐνοσφίσατο ἀπὸ τῆς τιμῆς, συνειδυίας¹⁰ καὶ τῆς γυναικὸς αὐτοῦ,¹¹ καὶ ἐνέγκας μέρος τι παρὰ τοὺς πόδας τῶν ἀποστόλων ἔθηκεν. **3** Εἶπεν δὲ Πέτρος,¹² Ἀνανία, διὰ τί ἐπλήρωσεν ὁ Σατανᾶς τὴν καρδίαν σου, ψεύσασθαί σε τὸ πνεῦμα τὸ ἅγιον, καὶ νοσφίσασθαί σε ἀπὸ¹³ τῆς τιμῆς τοῦ χωρίου; **4** Οὐχὶ μένον σοὶ ἔμενεν, καὶ πραθὲν ἐν τῇ σῇ ἐξουσίᾳ ὑπῆρχεν; Τί ὅτι ἔθου ἐν τῇ καρδίᾳ σου τὸ πρᾶγμα τοῦτο; Οὐκ ἐψεύσω ἀνθρώποις, ἀλλὰ τῷ θεῷ. **5** Ἀκούων δὲ ὁ Ἀνανίας τοὺς λόγους τούτους, πεσὼν ἐξέψυξεν· καὶ ἐγένετο φόβος μέγας ἐπὶ πάντας τοὺς ἀκούοντας ταῦτα.¹⁴ **6** Ἀναστάντες δὲ οἱ νεώτεροι συνέστειλαν αὐτόν, καὶ ἐξενέγκαντες ἔθαψαν.

ᵃ αὐτῶν • αὐτῷ

¹ ἡ καρδία • καρδία   ² ἡ ψυχὴ • ψυχὴ   ³ αὐτῶν • αὐτῷ   ⁴ μεγάλῃ δυνάμει • δυνάμει μεγάλῃ   ⁵ ὑπῆρχεν • ἦν   ⁶ διεδίδοτο • διεδίδετο   ⁷ Ἰωσῆς • Ἰωσὴφ   ⁸ παρὰ • πρὸς   ⁹ Σαπφείρῃ • Σαπφίρῃ   ¹⁰ συνειδυίας • συνειδυίης   ¹¹ αὐτοῦ • —   ¹² Πέτρος • ὁ Πέτρος   ¹³ σε ἀπὸ • ἀπὸ   ¹⁴ ταῦτα • —

7 Ἐγένετο δὲ ὡς ὡρῶν τριῶν διάστημα, καὶ ἡ γυνὴ αὐτοῦ μὴ εἰδυῖα τὸ γεγονὸς εἰσῆλθεν. 8 Ἀπεκρίθη δὲ αὐτῇ ὁ [1] Πέτρος, Εἰπέ μοι, εἰ τοσούτου τὸ χωρίον ἀπέδοσθε; Ἡ δὲ εἶπεν, Ναί, τοσούτου. 9 Ὁ δὲ Πέτρος εἶπεν [2] πρὸς αὐτήν, Τί ὅτι συνεφωνήθη ὑμῖν πειράσαι τὸ πνεῦμα κυρίου; Ἰδού, οἱ πόδες τῶν θαψάντων τὸν ἄνδρα σου ἐπὶ τῇ θύρᾳ, καὶ ἐξοίσουσίν σε. 10 Ἔπεσεν δὲ παραχρῆμα παρὰ [3] τοὺς πόδας αὐτοῦ, καὶ ἐξέψυξεν· εἰσελθόντες δὲ οἱ νεανίσκοι εὗρον αὐτὴν νεκράν, καὶ ἐξενέγκαντες ἔθαψαν πρὸς τὸν ἄνδρα αὐτῆς. 11 Καὶ ἐγένετο φόβος μέγας ἐφ' ὅλην τὴν ἐκκλησίαν, καὶ ἐπὶ πάντας τοὺς ἀκούοντας ταῦτα.

Signs and Wonders in the Church

12 Διὰ δὲ τῶν χειρῶν τῶν ἀποστόλων ἐγίνετο [a] σημεῖα καὶ τέρατα ἐν τῷ λαῷ πολλά· [4] καὶ ἦσαν ὁμοθυμαδὸν ἅπαντες ἐν τῇ στοᾷ Σολομῶντος. 13 Τῶν δὲ λοιπῶν οὐδεὶς ἐτόλμα κολλᾶσθαι αὐτοῖς, ἀλλ' ἐμεγάλυνεν αὐτοὺς ὁ λαός· 14 μᾶλλον δὲ προσετίθεντο πιστεύοντες τῷ κυρίῳ, πλήθη ἀνδρῶν τε καὶ γυναικῶν· 15 ὥστε κατὰ τὰς [5] πλατείας ἐκφέρειν τοὺς ἀσθενεῖς, καὶ τιθέναι ἐπὶ κλινῶν καὶ κραββάτων, [6] ἵνα ἐρχομένου Πέτρου κἂν ἡ σκιὰ ἐπισκιάσῃ τινὶ αὐτῶν. 16 Συνήρχετο δὲ καὶ τὸ πλῆθος τῶν πέριξ πόλεων εἰς [7] Ἰερουσαλήμ, φέροντες ἀσθενεῖς καὶ ὀχλουμένους ὑπὸ πνευμάτων ἀκαθάρτων, οἵτινες ἐθεραπεύοντο ἅπαντες.

The Imprisonment, Deliverance, and Defense of the Apostles

17 Ἀναστὰς δὲ ὁ ἀρχιερεὺς καὶ πάντες οἱ σὺν αὐτῷ—ἡ οὖσα αἵρεσις τῶν Σαδδουκαίων—ἐπλήσθησαν ζήλου, 18 καὶ ἐπέβαλον τὰς χεῖρας αὐτῶν [8] ἐπὶ τοὺς ἀποστόλους, καὶ ἔθεντο αὐτοὺς ἐν τηρήσει δημοσίᾳ. 19 Ἄγγελος δὲ κυρίου διὰ τῆς νυκτὸς ἤνοιξεν [9] τὰς θύρας τῆς φυλακῆς, ἐξαγαγών τε αὐτοὺς

---

[a] ἐγίνετο • ἐγένετο

[1] αὐτῇ ὁ • πρὸς αὐτὴν [2] εἶπεν • — [3] παρὰ • πρὸς [4] ἐν τῷ λαῷ πολλά • πολλὰ ἐν τῷ λαῷ [5] κατὰ τὰς • καὶ εἰς τὰς [6] κλινῶν καὶ κραββάτων • κλιναρίων καὶ κραβάττων [7] εἰς • — [8] αὐτῶν • — [9] τῆς νυκτὸς ἤνοιξεν • νυκτὸς ἀνοίξας

εἶπεν, 20 Πορεύεσθε, καὶ σταθέντες λαλεῖτε ἐν τῷ ἱερῷ τῷ λαῷ πάντα τὰ ῥήματα τῆς ζωῆς ταύτης. 21 Ἀκούσαντες δὲ εἰσῆλθον ὑπὸ τὸν ὄρθρον εἰς τὸ ἱερόν, καὶ ἐδίδασκον. Παραγενόμενος δὲ ὁ ἀρχιερεὺς καὶ οἱ σὺν αὐτῷ, συνεκάλεσαν τὸ συνέδριον καὶ πᾶσαν τὴν γερουσίαν τῶν υἱῶν Ἰσραήλ, καὶ ἀπέστειλαν εἰς τὸ δεσμωτήριον, ἀχθῆναι αὐτούς. 22 Οἱ δὲ ὑπηρέται παραγενόμενοι[1] οὐχ εὗρον αὐτοὺς ἐν τῇ φυλακῇ· ἀναστρέψαντες δὲ ἀπήγγειλαν, 23 λέγοντες ὅτι Τὸ μὲν[2] δεσμωτήριον εὕρομεν κεκλεισμένον ἐν πάσῃ ἀσφαλείᾳ, καὶ τοὺς φύλακας ἑστῶτας πρὸ[3] τῶν θυρῶν· ἀνοίξαντες δέ, ἔσω οὐδένα εὕρομεν. 24 Ὡς δὲ ἤκουσαν τοὺς λόγους τούτους ὅ τε ἱερεὺς καὶ ὁ[4] στρατηγὸς τοῦ ἱεροῦ καὶ οἱ ἀρχιερεῖς, διηπόρουν περὶ αὐτῶν, τί ἂν γένοιτο τοῦτο. 25 Παραγενόμενος δέ τις ἀπήγγειλεν αὐτοῖς ὅτι Ἰδού, οἱ ἄνδρες οὓς ἔθεσθε ἐν τῇ φυλακῇ εἰσὶν ἐν τῷ ἱερῷ ἑστῶτες καὶ διδάσκοντες τὸν λαόν. 26 Τότε ἀπελθὼν ὁ στρατηγὸς σὺν τοῖς ὑπηρέταις ἤγαγεν[5] αὐτούς, οὐ μετὰ βίας, ἐφοβοῦντο γὰρ τὸν λαόν, ἵνα[6] μὴ λιθασθῶσιν. 27 Ἀγαγόντες δὲ αὐτοὺς ἔστησαν ἐν τῷ συνεδρίῳ. Καὶ ἐπηρώτησεν αὐτοὺς ὁ ἀρχιερεύς, 28 λέγων, Οὐ[7] παραγγελίᾳ παρηγγείλαμεν ὑμῖν μὴ διδάσκειν ἐπὶ τῷ ὀνόματι τούτῳ; Καὶ ἰδοὺ πεπληρώκατε τὴν Ἰερουσαλὴμ τῆς διδαχῆς ὑμῶν, καὶ βούλεσθε ἐπαγαγεῖν ἐφ᾽ ἡμᾶς τὸ αἷμα τοῦ ἀνθρώπου τούτου. 29 Ἀποκριθεὶς δὲ Πέτρος καὶ οἱ ἀπόστολοι εἶπον,[8] Πειθαρχεῖν δεῖ θεῷ μᾶλλον ἢ ἀνθρώποις. 30 Ὁ θεὸς τῶν πατέρων ἡμῶν ἤγειρεν Ἰησοῦν, ὃν ὑμεῖς διεχειρίσασθε, κρεμάσαντες ἐπὶ ξύλου. 31 Τοῦτον ὁ θεὸς ἀρχηγὸν καὶ σωτῆρα ὕψωσεν τῇ δεξιᾷ αὐτοῦ, δοῦναι[9] μετάνοιαν τῷ Ἰσραὴλ καὶ ἄφεσιν ἁμαρτιῶν. 32 Καὶ ἡμεῖς ἐσμεν αὐτοῦ[10] μάρτυρες τῶν ῥημάτων τούτων, καὶ τὸ πνεῦμα δὲ[11] τὸ ἅγιον, ὃ ἔδωκεν ὁ θεὸς τοῖς πειθαρχοῦσιν αὐτῷ.

---

[1] ὑπηρέται παραγενόμενοι • παραγενόμενοι ὑπηρέται   [2] μὲν • —   [3] πρὸ • ἐπὶ
[4] ἱερεὺς καὶ ὁ • —   [5] ἤγαγεν • NA²⁷/²⁸: ἦγεν   [6] ἵνα • —   [7] Οὐ • [Οὐ]   [8] εἶπον • εἶπαν   [9] δοῦναι • NA²⁷/²⁸: [τοῦ] δοῦναι   [10] αὐτοῦ • —   [11] δὲ • —

33 Οἱ δὲ ἀκούοντες ᵃ, ¹ διεπρίοντο, καὶ ἐβουλεύοντο ² ἀνελεῖν αὐτούς. 34 Ἀναστὰς δέ τις ἐν τῷ συνεδρίῳ Φαρισαῖος, ὀνόματι Γαμαλιήλ, νομοδιδάσκαλος, τίμιος παντὶ τῷ λαῷ, ἐκέλευσεν ἔξω βραχύ τι τοὺς ἀποστόλους ³ ποιῆσαι. 35 Εἶπέν τε πρὸς αὐτούς, Ἄνδρες Ἰσραηλῖται, προσέχετε ἑαυτοῖς ἐπὶ τοῖς ἀνθρώποις τούτοις, τί μέλλετε πράσσειν. 36 Πρὸ γὰρ τούτων τῶν ἡμερῶν ἀνέστη Θευδᾶς, λέγων εἶναί τινα ἑαυτόν, ᾧ προσεκλήθη ἀριθμὸς ἀνδρῶν ὡσεὶ ⁴ τετρακοσίων· ὃς ἀνῃρέθη, καὶ πάντες ὅσοι ἐπείθοντο αὐτῷ διελύθησαν καὶ ἐγένοντο εἰς οὐδέν. 37 Μετὰ τοῦτον ἀνέστη Ἰούδας ὁ Γαλιλαῖος ἐν ταῖς ἡμέραις τῆς ἀπογραφῆς, καὶ ἀπέστησεν λαὸν ἱκανὸν ⁵ ὀπίσω αὐτοῦ· κἀκεῖνος ἀπώλετο, καὶ πάντες ὅσοι ἐπείθοντο αὐτῷ διεσκορπίσθησαν. 38 Καὶ τὰ νῦν λέγω ὑμῖν, ἀπόστητε ἀπὸ τῶν ἀνθρώπων τούτων, καὶ ἐάσατε ⁶ αὐτούς· ὅτι ἐὰν ᾖ ἐξ ἀνθρώπων ἡ βουλὴ ⁷ ἢ τὸ ἔργον τοῦτο, καταλυθήσεται· 39 εἰ δὲ ἐκ θεοῦ ἐστιν, οὐ δύνασθε ⁸ καταλῦσαι αὐτό, ⁹ μήποτε καὶ θεομάχοι εὑρεθῆτε. 40 Ἐπείσθησαν δὲ αὐτῷ· καὶ προσκαλεσάμενοι τοὺς ἀποστόλους, δείραντες παρήγγειλαν μὴ λαλεῖν ἐπὶ τῷ ὀνόματι τοῦ Ἰησοῦ, καὶ ἀπέλυσαν αὐτούς. ¹⁰ 41 Οἱ μὲν οὖν ἐπορεύοντο χαίροντες ἀπὸ προσώπου τοῦ συνεδρίου, ὅτι ὑπὲρ τοῦ ὀνόματος τοῦ Ἰησοῦ ᵇ κατηξιώθησαν ¹¹ ἀτιμασθῆναι. 42 Πᾶσάν τε ἡμέραν, ἐν τῷ ἱερῷ καὶ κατ᾽ οἶκον, οὐκ ἐπαύοντο διδάσκοντες καὶ εὐαγγελιζόμενοι Ἰησοῦν τὸν χριστόν. ¹²

The Choosing of the Seven

6 Ἐν δὲ ταῖς ἡμέραις ταύταις, πληθυνόντων τῶν μαθητῶν, ἐγένετο γογγυσμὸς τῶν Ἑλληνιστῶν πρὸς τοὺς Ἑβραίους,

---

ᵃ ἀκούοντες • ἀκούσαντες   ᵇ τοῦ Ἰησοῦ • αὐτοῦ

¹ ἀκούοντες • ἀκούσαντες   ² ἐβουλεύοντο • NA²⁷/²⁸: ἐβούλοντο   ³ τι τοὺς ἀποστόλους • τοὺς ἀνθρώπους   ⁴ προσεκλήθη ἀριθμὸς ἀνδρῶν ὡσεὶ • προσεκλίθη ἀνδρῶν ἀριθμὸς ὡς   ⁵ ἱκανὸν • —   ⁶ ἐάσατε • ἄφετε   ⁷ βουλὴ • βουλὴ αὕτη   ⁸ δύνασθε • δυνήσεσθε   ⁹ αὐτό • αὐτούς   ¹⁰ αὐτούς • —   ¹¹ ὑπὲρ τοῦ ὀνόματος τοῦ Ἰησοῦ κατηξιώθησαν • κτηξιώθησαν ὑπὲρ τοῦ ὀνόματος   ¹² Ἰησοῦν τὸν χριστόν • τὸν χριστὸν Ἰησοῦν

ὅτι παρεθεωροῦντο ἐν τῇ διακονίᾳ τῇ καθημερινῇ αἱ χῆραι αὐτῶν. 2 Προσκαλεσάμενοι δὲ οἱ δώδεκα τὸ πλῆθος τῶν μαθητῶν, εἶπον,¹ Οὐκ ἀρεστόν ἐστιν ἡμᾶς, καταλείψαντας τὸν λόγον τοῦ θεοῦ, διακονεῖν τραπέζαις. 3 Ἐπισκέψασθε οὖν,² ἀδελφοί, ἄνδρας ἐξ ὑμῶν μαρτυρουμένους ἑπτά, πλήρεις πνεύματος ἁγίου³ καὶ σοφίας, οὓς καταστήσωμεν ᵃ,⁴ ἐπὶ τῆς χρείας ταύτης. 4 Ἡμεῖς δὲ τῇ προσευχῇ καὶ τῇ διακονίᾳ τοῦ λόγου προσκαρτερήσομεν. 5 Καὶ ἤρεσεν ὁ λόγος ἐνώπιον παντὸς τοῦ πλήθους· καὶ ἐξελέξαντο Στέφανον, ἄνδρα πλήρης ᵇ πίστεως καὶ πνεύματος ἁγίου, καὶ Φίλιππον, καὶ Πρόχορον, καὶ Νικάνορα, καὶ Τίμωνα, καὶ Παρμενᾶν, καὶ Νικόλαον προσήλυτον Ἀντιοχέα, 6 οὓς ἔστησαν ἐνώπιον τῶν ἀποστόλων· καὶ προσευξάμενοι ἐπέθηκαν αὐτοῖς τὰς χεῖρας.

7 Καὶ ὁ λόγος τοῦ θεοῦ ηὔξανεν, καὶ ἐπληθύνετο ὁ ἀριθμὸς τῶν μαθητῶν ἐν Ἰερουσαλὴμ σφόδρα, πολύς τε ὄχλος τῶν ἱερέων ὑπήκουον τῇ πίστει.

8 Στέφανος δὲ πλήρης πίστεως⁵ καὶ δυνάμεως ἐποίει τέρατα καὶ σημεῖα μεγάλα ἐν τῷ λαῷ.

The Testimony of Stephen

9 Ἀνέστησαν δέ τινες τῶν ἐκ τῆς συναγωγῆς τῆς λεγομένης Λιβερτίνων, καὶ Κυρηναίων, καὶ Ἀλεξανδρέων, καὶ τῶν ἀπὸ Κιλικίας καὶ Ἀσίας, συζητοῦντες τῷ Στεφάνῳ. 10 Καὶ οὐκ ἴσχυον ἀντιστῆναι τῇ σοφίᾳ καὶ τῷ πνεύματι ᾧ ἐλάλει. 11 Τότε ὑπέβαλον ἄνδρας λέγοντας ὅτι Ἀκηκόαμεν αὐτοῦ λαλοῦντος ῥήματα βλάσφημα εἰς Μωσῆν⁶ καὶ τὸν θεόν. 12 Συνεκίνησάν τε τὸν λαὸν καὶ τοὺς πρεσβυτέρους καὶ τοὺς γραμματεῖς, καὶ ἐπιστάντες συνήρπασαν αὐτόν, καὶ ἤγαγον εἰς τὸ συνέδριον, 13 ἔστησάν τε μάρτυρας ψευδεῖς λέγοντας, Ὁ ἄνθρωπος οὗτος οὐ παύεται ῥήματα βλάσφημα λαλῶν⁷ κατὰ τοῦ τόπου τοῦ

ᵃ καταστήσωμεν • καταστήσομεν   ᵇ πλήρης • πλήρη

---

¹ εἶπον • εἶπαν   ² οὖν • δέ   ³ ἁγίου • —   ⁴ καταστήσωμεν • καταστήσομεν
⁵ πίστεως • χάριτος   ⁶ Μωσῆν • Μωϋσῆν   ⁷ ῥήματα βλάσφημα λαλῶν • λαλῶν ῥήματα

ἁγίου καὶ¹ τοῦ νόμου· 14 ἀκηκόαμεν γὰρ αὐτοῦ λέγοντος ὅτι Ἰησοῦς ὁ Ναζωραῖος οὗτος καταλύσει τὸν τόπον τοῦτον, καὶ ἀλλάξει τὰ ἔθη ἃ παρέδωκεν ἡμῖν Μωσῆς.² 15 Καὶ ἀτενίσαντες εἰς αὐτὸν ἅπαντες³ οἱ καθεζόμενοι ἐν τῷ συνεδρίῳ, εἶδον τὸ πρόσωπον αὐτοῦ ὡσεὶ πρόσωπον ἀγγέλου.

The Defense of Stephen and His Death

7 Εἶπεν δὲ ὁ ἀρχιερεύς, Εἰ ἄρα⁴ ταῦτα οὕτως ἔχει; 2 Ὁ δὲ ἔφη, Ἄνδρες ἀδελφοὶ καὶ πατέρες, ἀκούσατε. Ὁ θεὸς τῆς δόξης ὤφθη τῷ πατρὶ ἡμῶν Ἀβραὰμ ὄντι ἐν τῇ Μεσοποταμίᾳ, πρὶν ἢ κατοικῆσαι αὐτὸν ἐν Χαρράν, 3 καὶ εἶπεν πρὸς αὐτόν, Ἔξελθε ἐκ τῆς γῆς σου καὶ ἐκ⁵ τῆς συγγενείας σου, καὶ δεῦρο εἰς γῆν⁶ ἣν ἄν σοι δείξω. 4 Τότε ἐξελθὼν ἐκ γῆς Χαλδαίων κατῴκησεν ἐν Χαρράν· κἀκεῖθεν, μετὰ τὸ ἀποθανεῖν τὸν πατέρα αὐτοῦ, μετῴκισεν αὐτὸν εἰς τὴν γῆν ταύτην εἰς ἣν ὑμεῖς νῦν κατοικεῖτε· 5 καὶ οὐκ ἔδωκεν αὐτῷ κληρονομίαν ἐν αὐτῇ, οὐδὲ βῆμα ποδός· καὶ ἐπηγγείλατο δοῦναι αὐτῷᵃ εἰς κατάσχεσιν αὐτήν, καὶ τῷ σπέρματι αὐτοῦ μετ' αὐτόν, οὐκ ὄντος αὐτῷ τέκνου. 6 Ἐλάλησεν δὲ οὕτως ὁ θεός, ὅτι ἔσται τὸ σπέρμα αὐτοῦ πάροικον ἐν γῇ ἀλλοτρίᾳ, καὶ δουλώσουσιν αὐτὸ καὶ κακώσουσιν, ἔτη τετρακόσια. 7 Καὶ τὸ ἔθνος, ᾧ ἐὰν δουλεύσωσιν,⁷ κρινῶ ἐγώ, εἶπεν ὁ θεός·⁸ καὶ μετὰ ταῦτα ἐξελεύσονται, καὶ λατρεύσουσίν μοι ἐν τῷ τόπῳ τούτῳ. 8 Καὶ ἔδωκεν αὐτῷ διαθήκην περιτομῆς· καὶ οὕτως ἐγέννησεν τὸν Ἰσαάκ, καὶ περιέτεμεν αὐτὸν τῇ ἡμέρᾳ τῇ ὀγδόῃ· καὶ ὁ Ἰσαάκ⁹ τὸν Ἰακώβ, καὶ ὁ Ἰακὼβ¹⁰ τοὺς δώδεκα πατριάρχας. 9 Καὶ οἱ πατριάρχαι ζηλώσαντες τὸν Ἰωσὴφ ἀπέδοντο εἰς Αἴγυπτον· καὶ ἦν ὁ θεὸς μετ' αὐτοῦ, 10 καὶ ἐξείλετο¹¹ αὐτὸν ἐκ πασῶν τῶν θλίψεων αὐτοῦ, καὶ ἔδωκεν αὐτῷ χάριν καὶ σοφίαν ἐναντίον

ᵃ δοῦναι αὐτῷ • αὐτῷ δοῦναι

---

1 καὶ • [τούτου] καὶ   2 Μωσῆς • Μωϋσῆς   3 ἅπαντες • πάντες   4 ἄρα • —
5 καὶ ἐκ • καὶ [ἐκ]   6 γῆν • τὴν γῆν   7 δουλεύσωσιν • NA²⁷/²⁸· δουλεύσουσιν
8 εἶπεν ὁ θεός • ὁ θεὸς εἶπεν   9 ὁ Ἰσαὰκ • Ἰσαὰκ   10 ὁ Ἰακὼβ • Ἰακὼβ
11 ἐξείλετο • ἐξείλατο

Φαραὼ βασιλέως Αἰγύπτου, καὶ κατέστησεν αὐτὸν ἡγούμενον ἐπ᾽ Αἴγυπτον καὶ ὅλον [1] τὸν οἶκον αὐτοῦ. 11 Ἦλθεν δὲ λιμὸς ἐφ᾽ ὅλην τὴν γῆν Αἰγύπτου [2] καὶ Χανάαν, καὶ θλίψις μεγάλη· καὶ οὐχ εὕρισκον [3] χορτάσματα οἱ πατέρες ἡμῶν. 12 Ἀκούσας δὲ Ἰακὼβ ὄντα σῖτα ἐν Αἰγύπτῳ, [4] ἐξαπέστειλεν τοὺς πατέρας ἡμῶν πρῶτον. 13 Καὶ ἐν τῷ δευτέρῳ ἀνεγνωρίσθη Ἰωσὴφ τοῖς ἀδελφοῖς αὐτοῦ, καὶ φανερὸν ἐγένετο τῷ Φαραὼ τὸ γένος τοῦ [5] Ἰωσήφ. 14 Ἀποστείλας δὲ Ἰωσὴφ μετεκαλέσατο τὸν πατέρα αὐτοῦ Ἰακώβ, [6] καὶ πᾶσαν τὴν συγγένειαν,[a] ἐν ψυχαῖς ἑβδομήκοντα πέντε. 15 Κατέβη δὲ [7] Ἰακὼβ εἰς Αἴγυπτον, καὶ ἐτελεύτησεν αὐτὸς καὶ οἱ πατέρες ἡμῶν· 16 καὶ μετετέθησαν εἰς Συχέμ, καὶ ἐτέθησαν ἐν τῷ μνήματι ᾧ [8] ὠνήσατο Ἀβραὰμ τιμῆς ἀργυρίου παρὰ τῶν υἱῶν Ἐμμὸρ τοῦ [9] Συχέμ. 17 Καθὼς δὲ ἤγγιζεν ὁ χρόνος τῆς ἐπαγγελίας ἧς ὤμοσεν [10] ὁ θεὸς τῷ Ἀβραάμ, ηὔξησεν ὁ λαὸς καὶ ἐπληθύνθη ἐν Αἰγύπτῳ, 18 ἄχρι οὗ ἀνέστη βασιλεὺς ἕτερος, ὃς [11] οὐκ ᾔδει τὸν Ἰωσήφ. 19 Οὗτος κατασοφισάμενος τὸ γένος ἡμῶν, ἐκάκωσεν τοὺς πατέρας ἡμῶν, [12] τοῦ ποιεῖν ἔκθετα τὰ βρέφη [13] αὐτῶν, εἰς τὸ μὴ ζῳογονεῖσθαι. 20 Ἐν ᾧ καιρῷ ἐγεννήθη Μωσῆς, [14] καὶ ἦν ἀστεῖος τῷ θεῷ· ὃς ἀνετράφη μῆνας τρεῖς ἐν τῷ οἴκῳ τοῦ πατρός. 21 Ἐκτεθέντα δὲ αὐτόν, ἀνείλετο [15] ἡ θυγάτηρ Φαραώ, καὶ ἀνεθρέψατο αὐτὸν ἑαυτῇ εἰς υἱόν. 22 Καὶ ἐπαιδεύθη Μωσῆς [16] πάσῃ [17] σοφίᾳ Αἰγυπτίων· ἦν δὲ δυνατὸς ἐν λόγοις καὶ ἔργοις. [18] 23 Ὡς δὲ ἐπληροῦτο αὐτῷ τεσσαρακονταετὴς [19] χρόνος, ἀνέβη ἐπὶ τὴν καρδίαν αὐτοῦ

---

[a] συγγένειαν • συγγένειαν αὐτοῦ

---

[1] ὅλον • [ἐφ᾽] ὅλον   [2] γῆν Αἰγύπτου • Αἴγυπτον   [3] εὕρισκον • ηὕρισκον   [4] σῖτα ἐν Αἰγύπτῳ • σιτία εἰς Αἴγυπτον   [5] τοῦ • [τοῦ]   [6] τὸν πατέρα αὐτοῦ Ἰακώβ • Ἰακὼβ τὸν πατέρα αὐτοῦ   [7] Κατέβη δὲ • Καὶ κατέβη   [8] ὃ • ᾧ   [9] Ἐμμὸρ τοῦ • Ἐμμὼρ ἐν   [10] ὤμοσεν • ὡμολόγησεν   [11] ὃς • [ἐπ᾽ Αἴγυπτον] ὃς   [12] πατέρας ἡμῶν • πατέρας [ἡμῶν]   [13] ἔκθετα τὰ βρέφη • τὰ βρέφη ἔκθετα   [14] Μωσῆς • Μωϋσῆς   [15] Ἐκτεθέντα δὲ αὐτόν ἀνείλετο • Ἐκτεθέντος δὲ αὐτοῦ ἀνείλατο αὐτὸν   [16] Μωσῆς • Μωϋσῆς   [17] πάσῃ • NA²⁷/²⁸: [ἐν] πάσῃ   [18] ἔργοις • ἔργοις αὐτοῦ   [19] τεσσαρακονταετὴς • τεσσερακονταετὴς

ἐπισκέψασθαι τοὺς ἀδελφοὺς αὐτοῦ τοὺς υἱοὺς Ἰσραήλ. 24 Καὶ ἰδών τινα ἀδικούμενον, ἠμύνατο καὶ ἐποίησεν ἐκδίκησιν τῷ καταπονουμένῳ, πατάξας τὸν Αἰγύπτιον· 25 ἐνόμιζεν δὲ συνιέναι τοὺς ἀδελφοὺς αὐτοῦ ὅτι[1] ὁ Θεὸς διὰ χειρὸς αὐτοῦ δίδωσιν αὐτοῖς σωτηρίαν·[2] οἱ δὲ οὐ συνῆκαν. 26 Τῇ τε ἐπιούσῃ ἡμέρᾳ ὤφθη αὐτοῖς μαχομένοις, καὶ συνήλασεν[3] αὐτοὺς εἰς εἰρήνην, εἰπών, Ἄνδρες, ἀδελφοί ἐστε ὑμεῖς·[4] ἵνα τί[5] ἀδικεῖτε ἀλλήλους; 27 Ὁ δὲ ἀδικῶν τὸν πλησίον ἀπώσατο αὐτόν, εἰπών, Τίς σε κατέστησεν ἄρχοντα καὶ δικαστὴν ἐφ᾽ ἡμᾶς;[a,6] 28 Μὴ ἀνελεῖν με σὺ θέλεις, ὃν τρόπον ἀνεῖλες χθὲς[7] τὸν Αἰγύπτιον; 29 Ἔφυγεν δὲ Μωσῆς[8] ἐν τῷ λόγῳ τούτῳ, καὶ ἐγένετο πάροικος ἐν γῇ Μαδιάμ, οὗ ἐγέννησεν υἱοὺς δύο. 30 Καὶ πληρωθέντων ἐτῶν τεσσαράκοντα,[9] ὤφθη αὐτῷ ἐν τῇ ἐρήμῳ τοῦ ὄρους Σινᾶ ἄγγελος κυρίου[10] ἐν φλογὶ πυρὸς βάτου. 31 Ὁ δὲ Μωσῆς[11] ἰδὼν ἐθαύμαζεν[b] τὸ ὅραμα· προσερχομένου δὲ αὐτοῦ κατανοῆσαι, ἐγένετο φωνὴ κυρίου πρὸς αὐτόν,[12] 32 Ἐγὼ ὁ θεὸς τῶν πατέρων σου, ὁ θεὸς Ἀβραὰμ καὶ ὁ θεὸς Ἰσαὰκ καὶ ὁ θεὸς[13] Ἰακώβ. Ἔντρομος δὲ γενόμενος Μωσῆς[14] οὐκ ἐτόλμα κατανοῆσαι. 33 Εἶπεν δὲ αὐτῷ ὁ κύριος, Λῦσον τὸ ὑπόδημα τῶν ποδῶν σου· ὁ γὰρ τόπος ἐν[15] ᾧ ἕστηκας γῆ ἁγία ἐστίν. 34 Ἰδὼν εἶδον τὴν κάκωσιν τοῦ λαοῦ μου τοῦ ἐν Αἰγύπτῳ, καὶ τοῦ στεναγμοῦ αὐτῶν ἤκουσα· καὶ κατέβην ἐξελέσθαι αὐτούς· καὶ νῦν δεῦρο, ἀποστελῶ[16] σε εἰς Αἴγυπτον. 35 Τοῦτον τὸν Μωσῆν[17] ὃν ἠρνήσαντο εἰπόντες, Τίς σε κατέστησεν ἄρχοντα καὶ δικαστήν; τοῦτον ὁ θεὸς[18] ἄρχοντα καὶ λυτρωτὴν ἀπέστειλεν ἐν[19] χειρὶ ἀγγέλου τοῦ ὀφθέντος

---

[a] ἡμᾶς • ἡμῶν [b] ἐθαύμαζεν • ἐθαύμασεν

[1] αὐτοῦ ὅτι • [αὐτοῦ] ὅτι [2] αὐτοῖς σωτηρίαν • σωτηρίαν αὐτοῖς [3] συνήλασεν • συνήλλασσεν [4] ὑμεῖς • — [5] ἵνα τί • ἱνατί [6] ἡμᾶς • ἡμῶν [7] χθὲς • ἐχθὲς [8] Μωσῆς • Μωϋσῆς [9] τεσσαράκοντα • τεσσεράκοντα [10] κυρίου • — [11] Μωσῆς • Μωϋσῆς [12] πρὸς αὐτόν • — [13] ὁ θεὸς Ἰσαὰκ καὶ ὁ θεὸς • Ἰσαὰκ καὶ [14] Μωσῆς • Μωϋσῆς [15] ἐν • ἐφ᾽ [16] ἀποστελῶ • ἀποστείλω [17] Μωσῆν • Μωϋσῆν [18] θεὸς • θεὸς [καὶ] [19] ἀπέστειλεν ἐν • ἀπέσταλκεν σὺν

αὐτῷ ἐν τῇ βάτῳ. 36 Οὗτος ἐξήγαγεν αὐτούς, ποιήσας τέρατα καὶ σημεῖα ἐν γῇ Αἰγύπτῳ καὶ ἐν Ἐρυθρᾷ θαλάσσῃ, καὶ ἐν τῇ ἐρήμῳ ἔτη τεσσαράκοντα.¹ 37 Οὗτός ἐστιν ὁ Μωσῆς ὁ εἰπὼν² τοῖς υἱοῖς Ἰσραήλ, Προφήτην ὑμῖν ἀναστήσει κύριος ὁ θεὸς ἡμῶν³ ἐκ τῶν ἀδελφῶν ὑμῶν ὡς ἐμέ. 38 Οὗτός ἐστιν ὁ γενόμενος ἐν τῇ ἐκκλησίᾳ ἐν τῇ ἐρήμῳ μετὰ τοῦ ἀγγέλου τοῦ λαλοῦντος αὐτῷ ἐν τῷ ὄρει Σινᾶ καὶ τῶν πατέρων ἡμῶν· ὃς ἐδέξατο λόγον ᵃ,⁴ ζῶντα δοῦναι ἡμῖν· 39 ᾧ οὐκ ἠθέλησαν ὑπήκοοι γενέσθαι οἱ πατέρες ἡμῶν, ἀλλ᾽⁵ ἀπώσαντο, καὶ ἐστράφησαν τῇ καρδίᾳ⁶ αὐτῶν εἰς Αἴγυπτον, 40 εἰπόντες τῷ Ἀαρών, Ποίησον ἡμῖν θεοὺς οἳ προπορεύσονται ἡμῶν· ὁ γὰρ Μωσῆς⁷ οὗτος, ὃς ἐξήγαγεν ἡμᾶς ἐκ γῆς Αἰγύπτου, οὐκ οἴδαμεν τί γέγονεν⁸ αὐτῷ. 41 Καὶ ἐμοσχοποίησαν ἐν ταῖς ἡμέραις ἐκείναις, καὶ ἀνήγαγον θυσίαν τῷ εἰδώλῳ, καὶ εὐφραίνοντο ἐν τοῖς ἔργοις τῶν χειρῶν αὐτῶν. 42 Ἔστρεψεν δὲ ὁ θεός, καὶ παρέδωκεν αὐτοὺς λατρεύειν τῇ στρατιᾷ τοῦ οὐρανοῦ· καθὼς γέγραπται ἐν βίβλῳ τῶν προφητῶν, Μὴ σφάγια καὶ θυσίας προσηνέγκατέ μοι ἔτη τεσσαράκοντα⁹ ἐν τῇ ἐρήμῳ, οἶκος Ἰσραήλ; 43 Καὶ ἀνελάβετε τὴν σκηνὴν τοῦ Μολόχ, καὶ τὸ ἄστρον τοῦ θεοῦ ὑμῶν Ῥεμφάν, ᵇ,¹⁰ τοὺς τύπους οὓς ἐποιήσατε προσκυνεῖν αὐτοῖς· καὶ μετοικιῶ ὑμᾶς ἐπέκεινα Βαβυλῶνος. 44 Ἡ σκηνὴ τοῦ μαρτυρίου ἦν τοῖς πατράσιν ἡμῶν ἐν τῇ ἐρήμῳ, καθὼς διετάξατο ὁ λαλῶν τῷ Μωσῇ,¹¹ ποιῆσαι αὐτὴν κατὰ τὸν τύπον ὃν ἑωράκει. 45 Ἣν καὶ εἰσήγαγον διαδεξάμενοι οἱ πατέρες ἡμῶν μετὰ Ἰησοῦ ἐν τῇ κατασχέσει τῶν ἐθνῶν, ὧν ἐξῶσεν ὁ θεὸς ἀπὸ προσώπου τῶν πατέρων ἡμῶν, ἕως τῶν ἡμερῶν Δαυίδ· 46 ὃς εὗρεν χάριν ἐνώπιον τοῦ θεοῦ, καὶ ᾐτήσατο εὑρεῖν σκήνωμα τῷ θεῷ¹²

ᵃ λόγον • λόγια   ᵇ Ῥεμφάν • Ῥεφάν

---

¹ τεσσαράκοντα • τεσσεράκοντα   ² Μωσῆς ὁ εἰπὼν • Μωϋσῆς ὁ εἴπας
³ κύριος ὁ θεὸς ἡμῶν • ὁ θεὸς   ⁴ λόγον • λόγια   ⁵ ἀλλ᾽ • ἀλλὰ   ⁶ τῇ καρδίᾳ •
ἐν ταῖς καρδίαις   ⁷ Μωσῆς • Μωϋσῆς   ⁸ γέγονεν • ἐγένετο   ⁹ τεσσαράκοντα •
τεσσεράκοντα   ¹⁰ ὑμῶν Ῥεμφάν • [ὑμῶν] Ῥαιφάν   ¹¹ Μωσῇ • Μωϋσῇ
¹² θεῷ • οἴκῳ

Ἰακώβ. 47 Σολομῶν δὲ ᾠκοδόμησεν¹ αὐτῷ οἶκον. 48 Ἀλλ' οὐχ ὁ ὕψιστος ἐν χειροποιήτοις ναοῖς² κατοικεῖ, καθὼς ὁ προφήτης λέγει, 49 Ὁ οὐρανός μοι θρόνος, ἡ δὲ γῆ ὑποπόδιον τῶν ποδῶν μου· ποῖον οἶκον οἰκοδομήσετέ μοι; λέγει κύριος· ἢ τίς τόπος τῆς καταπαύσεώς μου; 50 Οὐχὶ ἡ χείρ μου ἐποίησεν ταῦτα πάντα;

51 Σκληροτράχηλοι καὶ ἀπερίτμητοι τῇ καρδίᾳ³ καὶ τοῖς ὠσίν, ὑμεῖς ἀεὶ τῷ πνεύματι τῷ ἁγίῳ ἀντιπίπτετε· ὡς οἱ πατέρες ὑμῶν, καὶ ὑμεῖς. 52 Τίνα τῶν προφητῶν οὐκ ἐδίωξαν οἱ πατέρες ὑμῶν; Καὶ ἀπέκτειναν τοὺς προκαταγγείλαντας περὶ τῆς ἐλεύσεως τοῦ δικαίου, οὗ νῦν ὑμεῖς προδόται καὶ φονεῖς γεγένησθε·⁴ 53 οἵτινες ἐλάβετε τὸν νόμον εἰς διαταγὰς ἀγγέλων, καὶ οὐκ ἐφυλάξατε.

54 Ἀκούοντες δὲ ταῦτα, διεπρίοντο ταῖς καρδίαις αὐτῶν, καὶ ἔβρυχον τοὺς ὀδόντας ἐπ' αὐτόν. 55 Ὑπάρχων δὲ πλήρης πνεύματος ἁγίου, ἀτενίσας εἰς τὸν οὐρανόν, εἶδεν δόξαν θεοῦ, καὶ Ἰησοῦν ἑστῶτα ἐκ δεξιῶν τοῦ θεοῦ, 56 καὶ εἶπεν, Ἰδού, θεωρῶ τοὺς οὐρανοὺς ἀνεῳγμένους,⁵ καὶ τὸν υἱὸν τοῦ ἀνθρώπου ἐκ δεξιῶν ἑστῶτα τοῦ θεοῦ. 57 Κράξαντες δὲ φωνῇ μεγάλῃ, συνέσχον τὰ ὦτα αὐτῶν, καὶ ὥρμησαν ὁμοθυμαδὸν ἐπ' αὐτόν· 58 καὶ ἐκβαλόντες ἔξω τῆς πόλεως, ἐλιθοβόλουν· καὶ οἱ μάρτυρες ἀπέθεντο τὰ ἱμάτια παρὰ⁶ τοὺς πόδας νεανίου καλουμένου Σαύλου. 59 Καὶ ἐλιθοβόλουν τὸν Στέφανον, ἐπικαλούμενον καὶ λέγοντα, Κύριε Ἰησοῦ, δέξαι τὸ πνεῦμά μου. 60 Θεὶς δὲ τὰ γόνατα, ἔκραξεν φωνῇ μεγάλῃ, Κύριε, μὴ στήσῃς αὐτοῖς τὴν ἁμαρτίαν ταύτην.⁷ Καὶ τοῦτο εἰπὼν ἐκοιμήθη.

The Gospel Planted in Samaria

8 Σαῦλος δὲ ἦν συνευδοκῶν τῇ ἀναιρέσει αὐτοῦ. Ἐγένετο δὲ ἐν ἐκείνῃ τῇ ἡμέρᾳ διωγμὸς μέγας ἐπὶ τὴν ἐκκλησίαν τὴν

---

¹ ᾠκοδόμησεν • οἰκοδόμησεν   ² ναοῖς • —   ³ τῇ καρδίᾳ • καρδίαις
⁴ γεγένησθε • ἐγένεσθε   ⁵ ἀνεῳγμένους • διηνοιγμένους   ⁶ παρὰ • αὐτῶν παρὰ
⁷ τὴν ἁμαρτίαν ταύτην • ταύτην τὴν ἁμαρτίαν

ἐν Ἱεροσολύμοις· πάντες δὲ διεσπάρησαν κατὰ τὰς χώρας τῆς Ἰουδαίας καὶ Σαμαρείας, πλὴν τῶν ἀποστόλων. 2 Συνεκόμισαν δὲ τὸν Στέφανον ἄνδρες εὐλαβεῖς, καὶ ἐποιήσαντο[1] κοπετὸν μέγαν ἐπ' αὐτῷ. 3 Σαῦλος δὲ ἐλυμαίνετο τὴν ἐκκλησίαν, κατὰ τοὺς οἴκους εἰσπορευόμενος, σύρων τε ἄνδρας καὶ γυναῖκας παρεδίδου εἰς φυλακήν. 4 Οἱ μὲν οὖν διασπαρέντες διῆλθον, εὐαγγελιζόμενοι τὸν λόγον. 5 Φίλιππος δὲ κατελθὼν εἰς πόλιν[2] τῆς Σαμαρείας, ἐκήρυσσεν αὐτοῖς τὸν χριστόν. 6 Προσεῖχόν τε[3] οἱ ὄχλοι τοῖς λεγομένοις ὑπὸ τοῦ Φιλίππου ὁμοθυμαδόν, ἐν τῷ ἀκούειν αὐτοὺς καὶ βλέπειν τὰ σημεῖα ἃ ἐποίει. 7 Πολλῶν[4] γὰρ τῶν ἐχόντων πνεύματα ἀκάθαρτα, βοῶντα φωνῇ μεγάλῃ ἐξήρχετο·[5] πολλοὶ δὲ παραλελυμένοι καὶ χωλοὶ ἐθεραπεύθησαν. 8 Καὶ ἐγένετο χαρὰ μεγάλη[6] ἐν τῇ πόλει ἐκείνῃ.

9 Ἀνὴρ δέ τις ὀνόματι Σίμων προϋπῆρχεν ἐν τῇ πόλει μαγεύων καὶ ἐξιστῶν[7] τὸ ἔθνος τῆς Σαμαρείας, λέγων εἶναί τινα ἑαυτὸν μέγαν· 10 ᾧ προσεῖχον ἀπὸ[8] μικροῦ ἕως μεγάλου, λέγοντες, Οὗτός ἐστιν ἡ δύναμις τοῦ θεοῦ ἡ μεγάλη.[9] 11 Προσεῖχον δὲ αὐτῷ, διὰ τὸ ἱκανῷ χρόνῳ ταῖς μαγείαις ἐξεστακέναι αὐτούς. 12 Ὅτε δὲ ἐπίστευσαν τῷ Φιλίππῳ εὐαγγελιζομένῳ τὰ[10] περὶ τῆς βασιλείας τοῦ θεοῦ καὶ τοῦ ὀνόματος Ἰησοῦ χριστοῦ, ἐβαπτίζοντο ἄνδρες τε καὶ γυναῖκες. 13 Ὁ δὲ Σίμων καὶ αὐτὸς ἐπίστευσεν, καὶ βαπτισθεὶς ἦν προσκαρτερῶν τῷ Φιλίππῳ· θεωρῶν τε δυνάμεις καὶ σημεῖα γινόμενα,[11] ἐξίστατο.

14 Ἀκούσαντες δὲ οἱ ἐν Ἱεροσολύμοις ἀπόστολοι ὅτι δέδεκται ἡ Σαμάρεια τὸν λόγον τοῦ θεοῦ, ἀπέστειλαν πρὸς αὐτοὺς τὸν Πέτρον[12] καὶ Ἰωάννην· 15 οἵτινες καταβάντες προσηύξαντο περὶ αὐτῶν, ὅπως λάβωσιν πνεῦμα ἅγιον·

---

[1] ἐποιήσαντο • ἐποίησαν   [2] πόλιν • [τὴν] πόλιν   [3] τε • δὲ   [4] Πολλῶν • Πολλοὶ
[5] ἐξήρχετο • ἐξήρχοντο   [6] Καὶ ἐγένετο χαρὰ μεγάλη • Ἐγένετο δὲ πολλὴ χαρὰ
[7] ἐξιστῶν • ἐξιστάνων   [8] ἀπὸ • πάντες ἀπὸ   [9] μεγάλη • καλουμένη μεγάλη
[10] τὰ • —   [11] δυνάμεις καὶ σημεῖα γινόμενα • σημεῖα καὶ δυνάμεις μεγάλας γινομένας   [12] τὸν Πέτρον • Πέτρον

16 οὔπω¹ γὰρ ἦν ἐπ᾽ οὐδενὶ αὐτῶν ἐπιπεπτωκός, μόνον δὲ βεβαπτισμένοι ὑπῆρχον εἰς τὸ ὄνομα τοῦ χριστοῦ² Ἰησοῦ. 17 Τότε ἐπετίθουν³ τὰς χεῖρας ἐπ᾽ αὐτούς, καὶ ἐλάμβανον πνεῦμα ἅγιον. 18 Θεασάμενος⁴ δὲ ὁ Σίμων ὅτι διὰ τῆς ἐπιθέσεως τῶν χειρῶν τῶν ἀποστόλων δίδοται τὸ πνεῦμα τὸ ἅγιον,⁵ προσήνεγκεν αὐτοῖς χρήματα, 19 λέγων, Δότε κἀμοὶ τὴν ἐξουσίαν ταύτην, ἵνα ᾧ ἐὰν ἐπιθῶ τὰς χεῖρας, λαμβάνῃ πνεῦμα ἅγιον. 20 Πέτρος δὲ εἶπεν πρὸς αὐτόν, Τὸ ἀργύριόν σου σὺν σοὶ εἴη εἰς ἀπώλειαν, ὅτι τὴν δωρεὰν τοῦ θεοῦ ἐνόμισας διὰ χρημάτων κτᾶσθαι. 21 Οὐκ ἔστιν σοι μερὶς οὐδὲ κλῆρος ἐν τῷ λόγῳ τούτῳ. Ἡ γὰρ καρδία σου οὐκ ἔστιν εὐθεῖα ἐνώπιον⁶ τοῦ θεοῦ. 22 Μετανόησον οὖν ἀπὸ τῆς κακίας σου ταύτης, καὶ δεήθητι τοῦ θεοῦ,⁷ εἰ ἄρα ἀφεθήσεταί σοι ἡ ἐπίνοια τῆς καρδίας σου. 23 Εἰς γὰρ χολὴν πικρίας καὶ σύνδεσμον ἀδικίας ὁρῶ σε ὄντα. 24 Ἀποκριθεὶς δὲ ὁ Σίμων εἶπεν, Δεήθητε ὑμεῖς ὑπὲρ ἐμοῦ πρὸς τὸν κύριον, ὅπως μηδὲν ἐπέλθῃ ἐπ᾽ ἐμὲ ὧν εἰρήκατε.

25 Οἱ μὲν οὖν διαμαρτυράμενοι καὶ λαλήσαντες τὸν λόγον τοῦ κυρίου, ὑπέστρεψαν εἰς Ἱερουσαλήμ,⁸ πολλάς τε κώμας τῶν Σαμαρειτῶν εὐηγγελίσαντο.⁹

The Ethiopian Eunuch

26 Ἄγγελος δὲ κυρίου ἐλάλησεν πρὸς Φίλιππον, λέγων, Ἀνάστηθι καὶ πορεύου κατὰ μεσημβρίαν ἐπὶ τὴν ὁδὸν τὴν καταβαίνουσαν ἀπὸ Ἱερουσαλὴμ εἰς Γάζαν· αὕτη ἐστὶν ἔρημος. 27 Καὶ ἀναστὰς ἐπορεύθη· καὶ ἰδού, ἀνὴρ Αἰθίοψ εὐνοῦχος δυνάστης Κανδάκης τῆς βασιλίσσης¹⁰ Αἰθιόπων, ὃς ἦν ἐπὶ πάσης τῆς γάζης αὐτῆς, ὃς ἐληλύθει προσκυνήσων εἰς Ἱερουσαλήμ, 28 ἦν τε ὑποστρέφων καὶ καθήμενος ἐπὶ τοῦ ἅρματος αὐτοῦ, καὶ ἀνεγίνωσκεν τὸν προφήτην Ἡσαΐαν.

---

1 οὔπω • οὐδέπω   2 χριστοῦ • κυρίου   3 ἐπετίθουν • ἐπετίθεσαν
4 Θεασάμενος • Ἰδὼν   5 τὸ ἅγιον • —   6 ἐνώπιον • ἔναντι   7 θεοῦ • κυρίου
8 ὑπέστρεψαν εἰς Ἱερουσαλήμ • ὑπέστρεφον εἰς Ἱεροσόλυμα   9 Σαμαρειτῶν εὐηγγελίσαντο • Σαμαριτῶν εὐηγγελίζοντο   10 τῆς βασιλίσσης • βασιλίσσης

29 Εἶπεν δὲ τὸ πνεῦμα τῷ Φιλίππῳ, Πρόσελθε καὶ κολλήθητι τῷ ἅρματι τούτῳ. 30 Προσδραμὼν δὲ ὁ Φίλιππος ἤκουσεν αὐτοῦ ἀναγινώσκοντος τὸν προφήτην Ἡσαΐαν,¹ καὶ εἶπεν, Ἆρά γε γινώσκεις ἃ ἀναγινώσκεις; 31 Ὁ δὲ εἶπεν, Πῶς γὰρ ἂν δυναίμην, ἐὰν μή τις ὁδηγήσῃ² με; Παρεκάλεσέν τε τὸν Φίλιππον ἀναβάντα καθίσαι σὺν αὐτῷ. 32 Ἡ δὲ περιοχὴ τῆς γραφῆς ἣν ἀνεγίνωσκεν ἦν αὕτη, Ὡς πρόβατον ἐπὶ σφαγὴν ἤχθη, καὶ ὡς ἀμνὸς ἐναντίον τοῦ κείροντος³ αὐτὸν ἄφωνος, οὕτως οὐκ ἀνοίγει τὸ στόμα αὐτοῦ. 33 Ἐν τῇ ταπεινώσει αὐτοῦ ἡ⁴ κρίσις αὐτοῦ ἤρθη, τὴν δὲ⁵ γενεὰν αὐτοῦ τίς διηγήσεται; Ὅτι αἴρεται ἀπὸ τῆς γῆς ἡ ζωὴ αὐτοῦ. 34 Ἀποκριθεὶς δὲ ὁ εὐνοῦχος τῷ Φιλίππῳ εἶπεν, Δέομαί σου, περὶ τίνος ὁ προφήτης λέγει τοῦτο; Περὶ ἑαυτοῦ, ἢ περὶ ἑτέρου τινός; 35 Ἀνοίξας δὲ ὁ Φίλιππος τὸ στόμα αὐτοῦ, καὶ ἀρξάμενος ἀπὸ τῆς γραφῆς ταύτης, εὐηγγελίσατο αὐτῷ τὸν Ἰησοῦν. 36 Ὡς δὲ ἐπορεύοντο κατὰ τὴν ὁδόν, ἦλθον ἐπί τι ὕδωρ· καί φησιν ὁ εὐνοῦχος, Ἰδού, ὕδωρ· τί κωλύει με βαπτισθῆναι; 37 38 Καὶ ἐκέλευσεν στῆναι τὸ ἅρμα· καὶ κατέβησαν ἀμφότεροι εἰς τὸ ὕδωρ, ὅ τε Φίλιππος καὶ ὁ εὐνοῦχος· καὶ ἐβάπτισεν αὐτόν. 39 Ὅτε δὲ ἀνέβησαν ἐκ τοῦ ὕδατος, πνεῦμα κυρίου ἥρπασεν τὸν Φίλιππον· καὶ οὐκ εἶδεν αὐτὸν οὐκέτι ὁ εὐνοῦχος, ἐπορεύετο γὰρ τὴν ὁδὸν αὐτοῦ χαίρων. 40 Φίλιππος δὲ εὑρέθη εἰς Ἄζωτον· καὶ διερχόμενος εὐηγγελίζετο τὰς πόλεις πάσας, ἕως τοῦ ἐλθεῖν αὐτὸν εἰς Καισάρειαν.

The Conversion and Early Labors of Paul

9 Ὁ δὲ Σαῦλος ἔτι ἐμπνέων ἀπειλῆς καὶ φόνου εἰς τοὺς μαθητὰς τοῦ κυρίου, προσελθὼν τῷ ἀρχιερεῖ, 2 ᾐτήσατο παρ' αὐτοῦ ἐπιστολὰς εἰς Δαμασκὸν πρὸς τὰς συναγωγάς, ὅπως ἐάν τινας εὕρῃ τῆς ὁδοῦ ὄντας ἄνδρας τε καὶ γυναῖκας, δεδεμένους ἀγάγῃ εἰς Ἱερουσαλήμ. 3 Ἐν δὲ τῷ πορεύεσθαι, ἐγένετο αὐτὸν ἐγγίζειν τῇ Δαμασκῷ· καὶ ἐξαίφνης

---

1 τὸν προφήτην Ἡσαΐαν • Ἡσαΐαν τὸν προφήτην   2 ὁδηγήσῃ • NA²⁷/²⁸: ὁδηγήσει
3 κείροντος • κείραντος   4 αὐτοῦ ἡ • [αὐτοῦ] ἡ   5 δὲ • —

περιήστραψεν αὐτὸν φῶς ἀπὸ¹ τοῦ οὐρανοῦ· 4 καὶ πεσὼν ἐπὶ τὴν γῆν, ἤκουσεν φωνὴν λέγουσαν αὐτῷ, Σαούλ, Σαούλ, τί με διώκεις; 5 Εἶπεν δέ, Τίς εἶ, κύριε; Ὁ δὲ κύριος εἶπεν,² Ἐγώ εἰμι Ἰησοῦς ὃν σὺ διώκεις· 6 ἀλλὰ ἀνάστηθι καὶ εἴσελθε εἰς τὴν πόλιν, καὶ λαληθήσεταί σοι τί³ σε δεῖ ποιεῖν. 7 Οἱ δὲ ἄνδρες οἱ συνοδεύοντες αὐτῷ εἱστήκεισαν ἐνεοί,ᵃ ἀκούοντες μὲν τῆς φωνῆς, μηδένα δὲ θεωροῦντες. 8 Ἠγέρθη δὲ ὁ⁴ Σαῦλος ἀπὸ τῆς γῆς· ἀνεῳγμένων τε⁵ τῶν ὀφθαλμῶν αὐτοῦ, οὐδένα⁶ ἔβλεπεν, χειραγωγοῦντες δὲ αὐτὸν εἰσήγαγον εἰς Δαμασκόν. 9 Καὶ ἦν ἡμέρας τρεῖς μὴ βλέπων, καὶ οὐκ ἔφαγεν οὐδὲ ἔπιεν.

10 Ἦν δέ τις μαθητὴς ἐν Δαμασκῷ ὀνόματι Ἀνανίας, καὶ εἶπεν πρὸς αὐτὸν ὁ κύριος ἐν ὁράματι,⁷ Ἀνανία. Ὁ δὲ εἶπεν, Ἰδοὺ ἐγώ, κύριε. 11 Ὁ δὲ κύριος πρὸς αὐτόν, Ἀναστὰς πορεύθητι ἐπὶ τὴν ῥύμην τὴν καλουμένην Εὐθεῖαν, καὶ ζήτησον ἐν οἰκίᾳ Ἰούδα Σαῦλον ὀνόματι, Ταρσέα· ἰδοὺ γὰρ προσεύχεται, 12 καὶ εἶδεν ἐν ὁράματι ἄνδρα ὀνόματι Ἀνανίαν⁸ εἰσελθόντα καὶ ἐπιθέντα αὐτῷ χεῖρα,⁹ ὅπως ἀναβλέψῃ. 13 Ἀπεκρίθη δὲ Ἀνανίας, Κύριε, ἀκήκοα¹⁰ ἀπὸ πολλῶν περὶ τοῦ ἀνδρὸς τούτου, ὅσα κακὰ ἐποίησεν τοῖς ἁγίοις σου¹¹ ἐν Ἱερουσαλήμ· 14 καὶ ὧδε ἔχει ἐξουσίαν παρὰ τῶν ἀρχιερέων, δῆσαι πάντας τοὺς ἐπικαλουμένους τὸ ὄνομά σου. 15 Εἶπεν δὲ πρὸς αὐτὸν ὁ κύριος, Πορεύου, ὅτι σκεῦος ἐκλογῆς μοι ἐστὶν¹² οὗτος, τοῦ βαστάσαι τὸ ὄνομά μου ἐνώπιον ἐθνῶν καὶ¹³ βασιλέων, υἱῶν τε Ἰσραήλ· 16 ἐγὼ γὰρ ὑποδείξω αὐτῷ ὅσα δεῖ αὐτὸν ὑπὲρ τοῦ ὀνόματός μου παθεῖν. 17 Ἀπῆλθεν δὲ Ἀνανίας καὶ εἰσῆλθεν εἰς τὴν οἰκίαν, καὶ ἐπιθεὶς ἐπ' αὐτὸν

ᵃ ἐνεοί • ἐννεοί

---

¹ καὶ ἐξαίφνης περιήστραψεν αὐτὸν φῶς ἀπὸ • ἐξαίφνης τε αὐτὸν περιήστραψεν φῶς ἐκ   ² κύριος εἶπεν — ³ τί • ὅ τι   ⁴ ὁ —   ⁵ τε • δὲ   ⁶ οὐδένα • NA²⁷/²⁸: οὐδὲν   ⁷ ὁ κύριος ἐν ὁράματι • ἐν ὁράματι ὁ κύριος   ⁸ ἐν ὁράματι ἄνδρα ὀνόματι Ἀνανίαν • NA²⁷/²⁸: ἄνδρα [ἐν ὁράματι] Ἀνανίαν ὀνόματι; ECM: ἄνδρα Ἀνανίαν ὀνόματι   ⁹ χεῖρα • NA²⁷/²⁸: [τὰς] χεῖρας; ECM: χεῖρας   ¹⁰ ἀκήκοα • ἤκουσα   ¹¹ ἐποίησεν τοῖς ἁγίοις σου • τοῖς ἁγίοις σου ἐποίησεν   ¹² μοι ἐστὶν • ἐστίν μοι   ¹³ καὶ • τε καὶ

τὰς χεῖρας εἶπεν, Σαοὺλ ἀδελφέ, ὁ κύριος ἀπέσταλκέν με,¹ ὁ ὀφθείς σοι ἐν τῇ ὁδῷ ᾗ ἤρχου, ὅπως ἀναβλέψῃς καὶ πλησθῇς πνεύματος ἁγίου. 18 Καὶ εὐθέως ἀπέπεσον ἀπὸ τῶν ὀφθαλμῶν αὐτοῦ ὡσεὶ² λεπίδες, ἀνέβλεψέν τε καὶ ᵃ ἀναστὰς ἐβαπτίσθη, 19 καὶ λαβὼν τροφὴν ἐνίσχυσεν. Ἐγένετο δὲ ὁ Σαῦλος³ μετὰ τῶν ἐν Δαμασκῷ μαθητῶν ἡμέρας τινάς. 20 Καὶ εὐθέως ἐν ταῖς συναγωγαῖς ἐκήρυσσεν τὸν χριστόν,⁴ ὅτι οὗτός ἐστιν ὁ υἱὸς τοῦ θεοῦ. 21 Ἐξίσταντο δὲ πάντες οἱ ἀκούοντες καὶ ἔλεγον, Οὐχ οὗτός ἐστιν ὁ πορθήσας ἐν Ἱερουσαλὴμ⁵ τοὺς ἐπικαλουμένους τὸ ὄνομα τοῦτο, καὶ ὧδε εἰς τοῦτο ἐλήλυθεν⁶ ἵνα δεδεμένους αὐτοὺς ἀγάγῃ ἐπὶ τοὺς ἀρχιερεῖς; 22 Σαῦλος δὲ μᾶλλον ἐνεδυναμοῦτο, καὶ συνέχυνεν τοὺς⁷ Ἰουδαίους τοὺς κατοικοῦντας ἐν Δαμασκῷ, συμβιβάζων ὅτι οὗτός ἐστιν ὁ χριστός.

23 Ὡς δὲ ἐπληροῦντο ἡμέραι ἱκαναί, συνεβουλεύσαντο οἱ Ἰουδαῖοι ἀνελεῖν αὐτόν· 24 ἐγνώσθη δὲ τῷ Σαύλῳ ἡ ἐπιβουλὴ αὐτῶν. Παρετήρουν τε⁸ τὰς πύλας ἡμέρας τε καὶ νυκτός, ὅπως αὐτὸν ἀνέλωσιν· 25 λαβόντες δὲ αὐτὸν οἱ μαθηταὶ⁹ νυκτός, καθῆκαν διὰ τοῦ τείχους,¹⁰ χαλάσαντες ἐν σπυρίδι.

26 Παραγενόμενος δὲ ὁ Σαῦλος ἐν Ἱερουσαλήμ, ἐπειρᾶτο¹¹ κολλᾶσθαι τοῖς μαθηταῖς· καὶ πάντες ἐφοβοῦντο αὐτόν, μὴ πιστεύοντες ὅτι ἐστὶν μαθητής. 27 Βαρνάβας δὲ ἐπιλαβόμενος αὐτὸν ἤγαγεν πρὸς τοὺς ἀποστόλους, καὶ διηγήσατο αὐτοῖς πῶς ἐν τῇ ὁδῷ εἶδεν τὸν κύριον, καὶ ὅτι ἐλάλησεν αὐτῷ, καὶ πῶς ἐν Δαμασκῷ ἐπαρρησιάσατο ἐν τῷ ὀνόματι τοῦ Ἰησοῦ.

ᵃ τε καὶ • τε παραχρῆμα, καὶ

---

¹ με • με Ἰησοῦς   ² ἀπέπεσον ἀπὸ τῶν ὀφθαλμῶν αὐτοῦ ὡσεὶ • ἀπέπεσαν αὐτοῦ ἀπὸ τῶν ὀφθαλμῶν ὡς   ³ ὁ Σαῦλος • —   ⁴ χριστόν • Ἰησοῦν   ⁵ ἐν Ἱερουσαλὴμ • NA²⁷/²⁸· εἰς Ἱερουσαλὴμ   ⁶ ἐλήλυθεν • ἐληλύθει   ⁷ συνέχυνεν τοὺς • συνέχυννεν [τοὺς]   ⁸ Παρετήρουν τε • Παρετηροῦντο δὲ καὶ   ⁹ αὐτὸν οἱ μαθηταὶ • οἱ μαθηταὶ αὐτοῦ   ¹⁰ καθῆκαν διὰ τοῦ τείχους • διὰ τοῦ τείχους καθῆκαν αὐτόν   ¹¹ ὁ Σαῦλος ἐν Ἱερουσαλήμ ἐπειρᾶτο • εἰς Ἱερουσαλήμ ἐπείραζεν

28 Καὶ ἦν μετ' αὐτῶν εἰσπορευόμενος ᵃ εἰς ᵇ, ¹ Ἱερουσαλήμ, καὶ παρρησιαζόμενος ² ἐν τῷ ὀνόματι τοῦ κυρίου Ἰησοῦ, ³ 29 ἐλάλει τε καὶ συνεζήτει πρὸς τοὺς Ἑλληνιστάς· οἱ δὲ ἐπεχείρουν αὐτὸν ἀνελεῖν. ⁴ 30 Ἐπιγνόντες δὲ οἱ ἀδελφοὶ κατήγαγον αὐτὸν εἰς Καισάρειαν, καὶ ἐξαπέστειλαν αὐτὸν εἰς Ταρσόν. 31 Αἱ μὲν οὖν ἐκκλησίαι ⁵ καθ' ὅλης τῆς Ἰουδαίας καὶ Γαλιλαίας καὶ Σαμαρείας εἶχον εἰρήνην οἰκοδομούμεναι, καὶ πορευόμεναι ⁶ τῷ φόβῳ τοῦ κυρίου καὶ τῇ παρακλήσει τοῦ ἁγίου πνεύματος ἐπληθύνοντο. ⁷

Two Miracles Performed by Peter

32 Ἐγένετο δὲ Πέτρον διερχόμενον διὰ πάντων κατελθεῖν καὶ πρὸς τοὺς ἁγίους τοὺς κατοικοῦντας Λύδδαν. ⁸ 33 Εὗρεν δὲ ἐκεῖ ἄνθρωπόν τινα Αἰνέαν ὀνόματι, ⁹ ἐξ ἐτῶν ὀκτὼ κατακείμενον ἐπὶ κραββάτῳ, ᶜ, ¹⁰ ὃς ἦν παραλελυμένος. 34 Καὶ εἶπεν αὐτῷ ὁ Πέτρος, Αἰνέα, ἰᾶταί σε Ἰησοῦς ὁ χριστός· ¹¹ ἀνάστηθι καὶ στρῶσον σεαυτῷ. Καὶ εὐθέως ἀνέστη. 35 Καὶ εἶδον ¹² αὐτὸν πάντες οἱ κατοικοῦντες Λύδδαν καὶ τὸν Ἀσσάρωνα, ¹³ οἵτινες ἐπέστρεψαν ἐπὶ τὸν κύριον.

36 Ἐν Ἰόππῃ δέ τις ἦν μαθήτρια ὀνόματι Ταβηθά, ¹⁴ ἣ διερμηνευομένη λέγεται Δορκάς· αὕτη ἦν πλήρης ἀγαθῶν ἔργων ¹⁵ καὶ ἐλεημοσυνῶν ὧν ἐποίει. 37 Ἐγένετο δὲ ἐν ταῖς ἡμέραις ἐκείναις ἀσθενήσασαν αὐτὴν ἀποθανεῖν· λούσαντες δὲ αὐτὴν ἔθηκαν ¹⁶ ἐν ὑπερῴῳ. 38 Ἐγγὺς δὲ οὔσης Λύδδης ¹⁷ τῇ Ἰόππῃ, οἱ μαθηταὶ ἀκούσαντες ὅτι Πέτρος ἐστὶν ἐν αὐτῇ,

---

ᵃ εἰσπορευόμενος • εἰσπορευόμενος καὶ ἐκπορευόμενος   ᵇ εἰς • ἐν
ᶜ κραββάτῳ • κραββάτου

---

¹ εἰς • καὶ ἐκπορευόμενος εἰς   ² καὶ παρρησιαζόμενος • παρρησιαζόμενος
³ Ἰησοῦ • —   ⁴ αὐτὸν ἀνελεῖν • ἀνελεῖν αὐτόν   ⁵ Αἱ μὲν οὖν ἐκκλησίαι •
Ἡ μὲν οὖν ἐκκλησία   ⁶ εἶχον εἰρήνην οἰκοδομούμεναι καὶ πορευόμεναι •
εἶχεν εἰρήνην οἰκοδομουμένη καὶ πορευομένη   ⁷ ἐπληθύνοντο • ἐπληθύνετο
⁸ Λύδδαν • Λύδδα   ⁹ Αἰνέαν ὀνόματι • ὀνόματι Αἰνέαν   ¹⁰ κραββάτῳ •
κραβάττου   ¹¹ ὁ χριστός • χριστός   ¹² εἶδον • εἶδαν   ¹³ Λύδδαν καὶ τὸν
Ἀσσάρωνα • Λύδδα καὶ τὸν Σαρῶνα   ¹⁴ Ταβηθά • Ταβιθά   ¹⁵ ἀγαθῶν ἔργων •
ἔργων ἀγαθῶν   ¹⁶ αὐτὴν ἔθηκαν • ἔθηκαν [αὐτὴν]   ¹⁷ Λύδδης • Λύδδας

ἀπέστειλαν πρὸς ¹ αὐτόν, παρακαλοῦντες μὴ ὀκνῆσαι ² διελθεῖν ἕως αὐτῶν. ³ 39 Ἀναστὰς δὲ Πέτρος συνῆλθεν αὐτοῖς· ὃν παραγενόμενον ἀνήγαγον εἰς τὸ ὑπερῷον, καὶ παρέστησαν αὐτῷ πᾶσαι αἱ χῆραι κλαίουσαι καὶ ἐπιδεικνύμεναι χιτῶνας καὶ ἱμάτια ὅσα ἐποίει μετ' αὐτῶν οὖσα ἡ Δορκάς. 40 Ἐκβαλὼν δὲ ἔξω πάντας ὁ Πέτρος θεὶς ⁴ τὰ γόνατα προσηύξατο· καὶ ἐπιστρέψας πρὸς τὸ σῶμα, εἶπεν, Ταβηθά, ⁵ ἀνάστηθι. Ἡ δὲ ἤνοιξεν τοὺς ὀφθαλμοὺς αὐτῆς· καὶ ἰδοῦσα τὸν Πέτρον, ἀνεκάθισεν. 41 Δοὺς δὲ αὐτῇ χεῖρα, ἀνέστησεν αὐτήν· φωνήσας δὲ τοὺς ἁγίους καὶ τὰς χήρας, παρέστησεν αὐτὴν ζῶσαν. 42 Γνωστὸν δὲ ἐγένετο καθ' ὅλης τῆς Ἰόππης, καὶ πολλοὶ ἐπίστευσαν ⁶ ἐπὶ τὸν κύριον. 43 Ἐγένετο δὲ ἡμέρας ἱκανὰς μεῖναι αὐτὸν ⁷ ἐν Ἰόππῃ παρά τινι Σίμωνι βυρσεῖ.

Cornelius the Centurion

10 Ἀνὴρ δέ τις ἦν ⁸ ἐν Καισαρείᾳ ὀνόματι Κορνήλιος, ἑκατοντάρχης ἐκ σπείρης τῆς καλουμένης Ἰταλικῆς, 2 εὐσεβὴς καὶ φοβούμενος τὸν θεὸν σὺν παντὶ τῷ οἴκῳ αὐτοῦ, ποιῶν τε ⁹ ἐλεημοσύνας πολλὰς τῷ λαῷ, καὶ δεόμενος τοῦ θεοῦ διὰ παντός. 3 Εἶδεν ἐν ὁράματι φανερῶς, ὡσεὶ ὥραν ¹⁰ ἐνάτην ᵃ τῆς ἡμέρας, ἄγγελον τοῦ θεοῦ εἰσελθόντα πρὸς αὐτόν, καὶ εἰπόντα αὐτῷ, Κορνήλιε. 4 Ὁ δὲ ἀτενίσας αὐτῷ καὶ ἔμφοβος γενόμενος εἶπεν, Τί ἐστιν, κύριε; Εἶπεν δὲ αὐτῷ, Αἱ προσευχαί σου καὶ αἱ ἐλεημοσύναι σου ἀνέβησαν εἰς μνημόσυνον ἐνώπιον ¹¹ τοῦ θεοῦ. 5 Καὶ νῦν πέμψον εἰς Ἰόππην ἄνδρας, ¹² καὶ μετάπεμψαι Σίμωνα τὸν ἐπικαλούμενον Πέτρον· ᵇ, ¹³ 6 οὗτος ξενίζεται παρά τινι Σίμωνι βυρσεῖ, ᾧ ἐστιν οἰκία παρὰ

ᵃ ἐνάτην • ἐννάτην   ᵇ τὸν ἐπικαλούμενον Πέτρον • ὃς ἐπικαλεῖται Πέτρος

1 πρὸς • δύο ἄνδρας πρὸς   2 ὀκνῆσαι • ὀκνήσῃς   3 αὐτῶν • ἡμῶν   4 θεὶς • καὶ θεὶς   5 Ταβηθά • Ταβιθά   6 πολλοὶ ἐπίστευσαν • ἐπίστευσαν πολλοὶ   7 αὐτὸν • — 8 ἦν • —   9 τε • —   10 ὥραν • περὶ ὥραν   11 ἐνώπιον • ἔμπροσθεν   12 εἰς Ἰόππην ἄνδρας • ἄνδρας εἰς Ἰόππην   13 τὸν ἐπικαλούμενον Πέτρον • τινα ὃς ἐπικαλεῖται Πέτρος

ACTS 10.7–10.21

θάλασσαν. 7 Ὡς δὲ ἀπῆλθεν ὁ ἄγγελος ὁ λαλῶν τῷ Κορνηλίῳ,¹ φωνήσας δύο τῶν οἰκετῶν αὐτοῦ,² καὶ στρατιώτην εὐσεβῆ τῶν προσκαρτερούντων αὐτῷ, 8 καὶ ἐξηγησάμενος αὐτοῖς ἅπαντα,³ ἀπέστειλεν αὐτοὺς εἰς τὴν Ἰόππην.

9 Τῇ δὲ ἐπαύριον, ὁδοιπορούντων ἐκείνων⁴ καὶ τῇ πόλει ἐγγιζόντων, ἀνέβη Πέτρος ἐπὶ τὸ δῶμα προσεύξασθαι, περὶ ὥραν ἕκτην· 10 ἐγένετο δὲ πρόσπεινος, καὶ ἤθελεν γεύσασθαι· παρασκευαζόντων δὲ ἐκείνων, ἐπέπεσεν⁵ ἐπ' αὐτὸν ἔκστασις, 11 καὶ θεωρεῖ τὸν οὐρανὸν ἀνεῳγμένον, καὶ καταβαῖνον ἐπ' αὐτὸν⁶ σκεῦός τι ὡς ὀθόνην μεγάλην, τέσσαρσιν ἀρχαῖς δεδεμένον, καὶ⁷ καθιέμενον ἐπὶ τῆς γῆς· 12 ἐν ᾧ ὑπῆρχεν πάντα τὰ τετράποδα τῆς γῆς καὶ τὰ θηρία καὶ τὰ ἑρπετὰ καὶ τὰ⁸ πετεινὰ τοῦ οὐρανοῦ. 13 Καὶ ἐγένετο φωνὴ πρὸς αὐτόν, Ἀναστάς, Πέτρε, θῦσον καὶ φάγε. 14 Ὁ δὲ Πέτρος εἶπεν, Μηδαμῶς, κύριε· ὅτι οὐδέποτε ἔφαγον πᾶν κοινὸν ἢ⁹ ἀκάθαρτον. 15 Καὶ φωνὴ πάλιν ἐκ δευτέρου πρὸς αὐτόν, Ἃ ὁ θεὸς ἐκαθάρισεν, σὺ μὴ κοίνου. 16 Τοῦτο δὲ ἐγένετο ἐπὶ τρίς· καὶ πάλιν ἀνελήφθη¹⁰ τὸ σκεῦος εἰς τὸν οὐρανόν.

17 Ὡς δὲ ἐν ἑαυτῷ διηπόρει ὁ Πέτρος τί ἂν εἴη τὸ ὅραμα ὃ εἶδεν, καὶ¹¹ ἰδού, οἱ ἄνδρες οἱ ἀπεσταλμένοι ἀπὸ¹² τοῦ Κορνηλίου, διερωτήσαντες τὴν οἰκίαν Σίμωνος,¹³ ἐπέστησαν ἐπὶ τὸν πυλῶνα, 18 καὶ φωνήσαντες ἐπυνθάνοντο εἰ Σίμων, ὁ ἐπικαλούμενος Πέτρος, ἐνθάδε ξενίζεται. 19 Τοῦ δὲ Πέτρου διενθυμουμένου περὶ τοῦ ὁράματος, εἶπεν αὐτῷ¹⁴ τὸ πνεῦμα, Ἰδού, ἄνδρες ζητοῦσίν¹⁵ σε. 20 Ἀλλὰ ἀναστὰς κατάβηθι, καὶ πορεύου σὺν αὐτοῖς, μηδὲν διακρινόμενος· διότι¹⁶ ἐγὼ ἀπέσταλκα αὐτούς. 21 Καταβὰς δὲ Πέτρος πρὸς τοὺς ἄνδρας εἶπεν, Ἰδού, ἐγώ εἰμι ὃν ζητεῖτε· τίς ἡ αἰτία δι' ἣν πάρεστε;

---

¹ τῷ Κορνηλίῳ • αὐτῷ   ² αὐτοῦ • —   ³ αὐτοῖς ἅπαντα • ἅπαντα αὐτοῖς
⁴ ἐκείνων • ECM: αὐτῶν   ⁵ ἐκείνων ἐπέπεσεν • αὐτῶν ἐγένετο   ⁶ ἐπ' αὐτὸν • —
⁷ δεδεμένον καὶ • —   ⁸ τῆς γῆς καὶ τὰ θηρία καὶ τὰ ἑρπετὰ καὶ τὰ • καὶ ἑρπετὰ τῆς γῆς καὶ   ⁹ ἢ • καὶ   ¹⁰ πάλιν ἀνελήφθη • εὐθὺς ἀνελήμφθη   ¹¹ καὶ • —
¹² ἀπὸ • ὑπὸ   ¹³ Σίμωνος • τοῦ Σίμωνος   ¹⁴ αὐτῷ • [αὐτῷ]   ¹⁵ ζητοῦσίν • τρεῖς ζητοῦντές   ¹⁶ διότι • ὅτι

22 Οἱ δὲ εἶπον,¹ Κορνήλιος ἑκατοντάρχης, ἀνὴρ δίκαιος καὶ φοβούμενος τὸν θεόν, μαρτυρούμενός τε ὑπὸ ὅλου τοῦ ἔθνους τῶν Ἰουδαίων, ἐχρηματίσθη ὑπὸ ἀγγέλου ἁγίου μεταπέμψασθαί σε εἰς τὸν οἶκον αὐτοῦ, καὶ ἀκοῦσαι ῥήματα παρὰ σοῦ. 23 Εἰσκαλεσάμενος οὖν αὐτοὺς ἐξένισεν.

Τῇ δὲ ἐπαύριον ὁ Πέτρος² ἐξῆλθεν σὺν αὐτοῖς, καί τινες τῶν ἀδελφῶν τῶν ἀπὸ Ἰόππης συνῆλθον αὐτῷ. 24 Καὶ τῇ ἐπαύριον εἰσῆλθον³ εἰς τὴν Καισάρειαν. Ὁ δὲ Κορνήλιος ἦν προσδοκῶν αὐτούς, συγκαλεσάμενος τοὺς συγγενεῖς αὐτοῦ καὶ τοὺς ἀναγκαίους φίλους. 25 Ὡς δὲ ἐγένετο τοῦ εἰσελθεῖν τὸν Πέτρον, συναντήσας αὐτῷ ὁ Κορνήλιος, πεσὼν ἐπὶ τοὺς πόδας, προσεκύνησεν. 26 Ὁ δὲ Πέτρος αὐτὸν ἤγειρεν⁴ λέγων, Ἀνάστηθι· κἀγὼ⁵ αὐτὸς ἄνθρωπός εἰμι. 27 Καὶ συνομιλῶν αὐτῷ εἰσῆλθεν, καὶ εὑρίσκει συνεληλυθότας πολλούς, 28 ἔφη τε πρὸς αὐτούς, Ὑμεῖς ἐπίστασθε ὡς ἀθέμιτόν ἐστιν ἀνδρὶ Ἰουδαίῳ κολλᾶσθαι ἢ προσέρχεσθαι ἀλλοφύλῳ· καὶ ἐμοὶ⁶ ὁ θεὸς ἔδειξεν μηδένα κοινὸν ἢ ἀκάθαρτον λέγειν ἄνθρωπον· 29 διὸ καὶ ἀναντιρρήτως ἦλθον μεταπεμφθείς. Πυνθάνομαι οὖν, τίνι λόγῳ μετεπέμψασθέ με. 30 Καὶ ὁ Κορνήλιος ἔφη, Ἀπὸ τετάρτης ἡμέρας μέχρι ταύτης τῆς ὥρας ἤμην νηστεύων, καὶ⁷ τὴν ἐνάτην ὥραν⁸ προσευχόμενος ἐν τῷ οἴκῳ μου· καὶ ἰδού, ἀνὴρ ἔστη ἐνώπιόν μου ἐν ἐσθῆτι λαμπρᾷ, 31 καί φησιν, Κορνήλιε, εἰσηκούσθη σου ἡ προσευχή, καὶ αἱ ἐλεημοσύναι σου ἐμνήσθησαν ἐνώπιον τοῦ θεοῦ. 32 Πέμψον οὖν εἰς Ἰόππην, καὶ μετακάλεσαι Σίμωνα ὃς ἐπικαλεῖται Πέτρος· οὗτος ξενίζεται ἐν οἰκίᾳ Σίμωνος βυρσέως παρὰ θάλασσαν· ὃς παραγενόμενος λαλήσει σοι.⁹ 33 Ἐξαυτῆς οὖν ἔπεμψα πρός σε· σύ τε καλῶς ἐποίησας παραγενόμενος. Νῦν οὖν πάντες ἡμεῖς ἐνώπιον τοῦ θεοῦ πάρεσμεν ἀκοῦσαι πάντα τὰ

---

¹ εἶπον • εἶπαν   ² ὁ Πέτρος • ἀναστὰς   ³ Καὶ τῇ ἐπαύριον εἰσῆλθον • Τῇ δὲ ἐπαύριον εἰσῆλθεν   ⁴ αὐτὸν ἤγειρεν • ἤγειρεν αὐτὸν   ⁵ κἀγὼ • καὶ ἐγὼ   ⁶ καὶ ἐμοὶ • κἀμοὶ   ⁷ νηστεύων καὶ • —   ⁸ ὥραν • —   ⁹ ὃς παραγενόμενος λαλήσει σοι • —

προστεταγμένα σοι ὑπὸ τοῦ θεοῦ. ¹ 34 Ἀνοίξας δὲ Πέτρος τὸ στόμα εἶπεν,
Ἐπ' ἀληθείας καταλαμβάνομαι ὅτι οὐκ ἔστιν προσωπολήπτης ² ὁ θεός· 35 ἀλλ' ἐν παντὶ ἔθνει ὁ φοβούμενος αὐτὸν καὶ ἐργαζόμενος δικαιοσύνην, δεκτὸς αὐτῷ ἐστιν. 36 Τὸν λόγον ὃν ³ ἀπέστειλεν τοῖς υἱοῖς Ἰσραήλ, εὐαγγελιζόμενος εἰρήνην διὰ Ἰησοῦ χριστοῦ—οὗτός ἐστιν πάντων κύριος— 37 ὑμεῖς οἴδατε, τὸ γενόμενον ῥῆμα καθ' ὅλης τῆς Ἰουδαίας, ἀρξάμενον ⁴ ἀπὸ τῆς Γαλιλαίας, μετὰ τὸ βάπτισμα ὃ ἐκήρυξεν Ἰωάννης· 38 Ἰησοῦν τὸν ἀπὸ Ναζαρέτ, ⁵ ὡς ἔχρισεν αὐτὸν ὁ θεὸς πνεύματι ἁγίῳ καὶ δυνάμει, ὃς διῆλθεν εὐεργετῶν καὶ ἰώμενος πάντας τοὺς καταδυναστευομένους ὑπὸ τοῦ διαβόλου, ὅτι ὁ θεὸς ἦν μετ' αὐτοῦ. 39 Καὶ ἡμεῖς ἐσμεν ⁶ μάρτυρες πάντων ὧν ἐποίησεν ἔν τε τῇ χώρᾳ τῶν Ἰουδαίων καὶ ἐν Ἰερουσαλήμ· ⁷ ὃν καὶ ἀνεῖλον ⁸ κρεμάσαντες ἐπὶ ξύλου. 40 Τοῦτον ὁ θεὸς ἤγειρεν τῇ ⁹ τρίτῃ ἡμέρᾳ, καὶ ἔδωκεν αὐτὸν ἐμφανῆ γενέσθαι, 41 οὐ παντὶ τῷ λαῷ, ἀλλὰ μάρτυσιν τοῖς προκεχειροτονημένοις ὑπὸ τοῦ θεοῦ, ἡμῖν, οἵτινες συνεφάγομεν καὶ συνεπίομεν αὐτῷ μετὰ τὸ ἀναστῆναι αὐτὸν ἐκ νεκρῶν. 42 Καὶ παρήγγειλεν ἡμῖν κηρύξαι τῷ λαῷ, καὶ διαμαρτύρασθαι ὅτι αὐτός ¹⁰ ἐστιν ὁ ὡρισμένος ὑπὸ τοῦ θεοῦ κριτὴς ζώντων καὶ νεκρῶν. 43 Τούτῳ πάντες οἱ προφῆται μαρτυροῦσιν, ἄφεσιν ἁμαρτιῶν λαβεῖν διὰ τοῦ ὀνόματος αὐτοῦ πάντα τὸν πιστεύοντα εἰς αὐτόν.

44 Ἔτι λαλοῦντος τοῦ Πέτρου τὰ ῥήματα ταῦτα, ἐπέπεσεν τὸ πνεῦμα τὸ ἅγιον ἐπὶ πάντας τοὺς ἀκούοντας τὸν λόγον. 45 Καὶ ἐξέστησαν οἱ ἐκ περιτομῆς πιστοί, ὅσοι συνῆλθον ¹¹ τῷ Πέτρῳ, ὅτι καὶ ἐπὶ τὰ ἔθνη ἡ δωρεὰ τοῦ ἁγίου πνεύματος ἐκκέχυται. 46 Ἤκουον γὰρ αὐτῶν λαλούντων γλώσσαις, καὶ μεγαλυνόντων τὸν θεόν. Τότε ἀπεκρίθη ὁ ¹² Πέτρος, 47 Μήτι τὸ ὕδωρ κωλῦσαι δύναταί ¹³ τις, τοῦ μὴ βαπτισθῆναι

---

¹ ὑπὸ τοῦ θεοῦ • ὑπὸ τοῦ κυρίου   ² προσωπολήπτης • προσωπολήμπτης   ³ ὃν •
[ὃν]   ⁴ ἀρξάμενον • ἀρξάμενος   ⁵ Ναζαρέτ • Ναζαρέθ   ⁶ ἐσμεν • —   ⁷ ἐν
Ἰερουσαλήμ • [ἐν] Ἰερουσαλήμ   ⁸ ἀνεῖλον • ἀνεῖλαν   ⁹ τῇ • NA²⁷/²⁸: [ἐν] τῇ
¹⁰ αὐτός • οὗτός   ¹¹ συνῆλθον • συνῆλθαν   ¹² ὁ • —   ¹³ κωλῦσαι δύναταί •
δύναται κωλῦσαι

τούτους, οἵτινες τὸ πνεῦμα τὸ ἅγιον ἔλαβον καθὼς¹ καὶ ἡμεῖς; 48 Προσέταξέν τε² αὐτοὺς βαπτισθῆναι ἐν τῷ ὀνόματι τοῦ κυρίου.³ Τότε ἠρώτησαν αὐτὸν ἐπιμεῖναι ἡμέρας τινάς.

Jewish Brethren Rejoice that Gentiles Granted Repentance

11 Ἤκουσαν δὲ οἱ ἀπόστολοι καὶ οἱ ἀδελφοὶ οἱ ὄντες κατὰ τὴν Ἰουδαίαν ὅτι καὶ τὰ ἔθνη ἐδέξαντο τὸν λόγον τοῦ θεοῦ. 2 Καὶ ὅτε⁴ ἀνέβη Πέτρος εἰς Ἱεροσόλυμα,⁵ διεκρίνοντο πρὸς αὐτὸν οἱ ἐκ περιτομῆς, 3 λέγοντες ὅτι Πρὸς⁶ ἄνδρας ἀκροβυστίαν ἔχοντας εἰσῆλθες,⁷ καὶ συνέφαγες αὐτοῖς. 4 Ἀρξάμενος δὲ ὁ⁸ Πέτρος ἐξετίθετο αὐτοῖς καθεξῆς λέγων, 5 Ἐγὼ ἤμην ἐν πόλει Ἰόππῃ προσευχόμενος, καὶ εἶδον ἐν ἐκστάσει ὅραμα, καταβαῖνον σκεῦός τι, ὡς ὀθόνην μεγάλην τέσσαρσιν ἀρχαῖς καθιεμένην ἐκ τοῦ οὐρανοῦ, καὶ ἦλθεν ἄχρι ἐμοῦ· 6 εἰς ἣν ἀτενίσας κατενόουν, καὶ εἶδον τὰ τετράποδα τῆς γῆς καὶ τὰ θηρία καὶ τὰ ἑρπετὰ καὶ τὰ πετεινὰ τοῦ οὐρανοῦ. 7 Ἤκουσα δὲ φωνῆς⁹ λεγούσης μοι, Ἀναστάς, Πέτρε, θῦσον καὶ φάγε. 8 Εἶπον δέ, Μηδαμῶς, κύριε· ὅτι πᾶν¹⁰ κοινὸν ἢ ἀκάθαρτον οὐδέποτε εἰσῆλθεν εἰς τὸ στόμα μου. 9 Ἀπεκρίθη δέ μοι¹¹ φωνὴ ἐκ δευτέρου ἐκ τοῦ οὐρανοῦ, Ἃ ὁ θεὸς ἐκαθάρισεν, σὺ μὴ κοίνου. 10 Τοῦτο δὲ ἐγένετο ἐπὶ τρίς, καὶ πάλιν ἀνεσπάσθη¹² ἅπαντα εἰς τὸν οὐρανόν. 11 Καὶ ἰδού, ἐξαυτῆς τρεῖς ἄνδρες ἐπέστησαν ἐπὶ τὴν οἰκίαν ἐν ᾗ ἤμην,¹³ ἀπεσταλμένοι ἀπὸ Καισαρείας πρός με. 12 Εἶπεν δέ μοι τὸ πνεῦμα¹⁴ συνελθεῖν αὐτοῖς, μηδὲν διακρινόμενον.¹⁵ Ἦλθον δὲ σὺν ἐμοὶ καὶ οἱ ἓξ ἀδελφοὶ οὗτοι, καὶ εἰσήλθομεν εἰς τὸν οἶκον τοῦ ἀνδρός· 13 ἀπήγγειλέν τε¹⁶ ἡμῖν πῶς εἶδεν τὸν ἄγγελον¹⁷ ἐν τῷ οἴκῳ αὐτοῦ σταθέντα, καὶ εἰπόντα αὐτῷ,¹⁸ Ἀπόστειλον εἰς Ἰόππην ἄνδρας,¹⁹ καὶ μετάπεμψαι Σίμωνα, τὸν

---

¹ καθὼς • ὡς ² τε • δὲ ³ βαπτισθῆναι ἐν τῷ ὀνόματι τοῦ κυρίου • ἐν τῷ ὀνόματι Ἰησοῦ χριστοῦ βαπτισθῆναι ⁴ Καὶ ὅτε • Ὅτε δὲ ⁵ Ἱεροσόλυμα • Ἱερουσαλήμ ⁶ Πρὸς • Εἰσῆλθες πρὸς ⁷ εἰσῆλθες • — ⁸ ὁ • ⁹ φωνῆς • καὶ φωνῆς ¹⁰ πᾶν • ¹¹ μοι • — ¹² πάλιν ἀνεσπάσθη • ἀνεσπάσθη πάλιν ¹³ ἤμην • ἦμεν ¹⁴ μοι τὸ πνεῦμα • τὸ πνεῦμά μοι ¹⁵ διακρινόμενον • διακρίναντα ¹⁶ τε • δὲ ¹⁷ τὸν ἄγγελον • [τὸν] ἄγγελον ¹⁸ αὐτῷ • — ¹⁹ ἄνδρας • —

ἐπικαλούμενον Πέτρον, 14 ὃς λαλήσει ῥήματα πρός σε, ἐν οἷς σωθήσῃ σὺ καὶ πᾶς ὁ οἶκός σου. 15 Ἐν δὲ τῷ ἄρξασθαί με λαλεῖν, ἐπέπεσεν τὸ πνεῦμα τὸ ἅγιον ἐπ' αὐτούς, ὥσπερ καὶ ἐφ' ἡμᾶς ἐν ἀρχῇ. 16 Ἐμνήσθην δὲ τοῦ ῥήματος κυρίου,[1] ὡς ἔλεγεν, Ἰωάννης μὲν ἐβάπτισεν ὕδατι, ὑμεῖς δὲ βαπτισθήσεσθε ἐν πνεύματι ἁγίῳ. 17 Εἰ οὖν τὴν ἴσην δωρεὰν ἔδωκεν αὐτοῖς ὁ θεὸς ὡς καὶ ἡμῖν, πιστεύσασιν ἐπὶ τὸν κύριον Ἰησοῦν χριστόν, ἐγὼ δὲ[2] τίς ἤμην δυνατὸς κωλῦσαι τὸν θεόν; 18 Ἀκούσαντες δὲ ταῦτα ἡσύχασαν, καὶ ἐδόξαζον[3] τὸν θεόν, λέγοντες, Ἄρα γε[4] καὶ τοῖς ἔθνεσιν ὁ θεὸς τὴν μετάνοιαν ἔδωκεν εἰς ζωήν.[5]

The Establishment of the Congregation at Antioch

19 Οἱ μὲν οὖν διασπαρέντες ἀπὸ τῆς θλίψεως τῆς γενομένης ἐπὶ Στεφάνῳ διῆλθον ἕως Φοινίκης καὶ Κύπρου καὶ Ἀντιοχείας, μηδενὶ λαλοῦντες τὸν λόγον εἰ μὴ μόνον Ἰουδαίοις. 20 Ἦσαν δέ τινες ἐξ αὐτῶν ἄνδρες Κύπριοι καὶ Κυρηναῖοι, οἵτινες εἰσελθόντες[6] εἰς Ἀντιόχειαν, ἐλάλουν πρὸς[7] τοὺς Ἑλληνιστάς, εὐαγγελιζόμενοι τὸν κύριον Ἰησοῦν. 21 Καὶ ἦν χεὶρ κυρίου μετ' αὐτῶν· πολύς τε ἀριθμὸς πιστεύσας[8] ἐπέστρεψεν ἐπὶ τὸν κύριον. 22 Ἠκούσθη δὲ ὁ λόγος εἰς τὰ ὦτα τῆς ἐκκλησίας τῆς ἐν Ἱεροσολύμοις[9] περὶ αὐτῶν· καὶ ἐξαπέστειλαν Βαρνάβαν διελθεῖν[10] ἕως Ἀντιοχείας· 23 ὃς παραγενόμενος καὶ ἰδὼν τὴν χάριν τοῦ[11] θεοῦ ἐχάρη, καὶ παρεκάλει πάντας τῇ προθέσει τῆς καρδίας προσμένειν τῷ κυρίῳ· 24 ὅτι ἦν ἀνὴρ ἀγαθὸς καὶ πλήρης πνεύματος ἁγίου καὶ πίστεως· καὶ προσετέθη ὄχλος ἱκανὸς τῷ κυρίῳ. 25 Ἐξῆλθεν δὲ εἰς Ταρσὸν ὁ Βαρνάβας[12] ἀναζητῆσαι Σαῦλον, 26 καὶ εὑρὼν ἤγαγεν αὐτὸν[13] εἰς Ἀντιόχειαν. Ἐγένετο δὲ αὐτοὺς[14] ἐνιαυτὸν ὅλον συναχθῆναι

---

[1] κυρίου • τοῦ κυρίου [2] δὲ • — [3] ἐδόξαζον • ἐδόξασαν [4] Ἄρα γε • Ἄρα
[5] ἔδωκεν εἰς ζωήν • εἰς ζωὴν ἔδωκεν [6] εἰσελθόντες • ἐλθόντες [7] πρὸς • καὶ πρὸς [8] πιστεύσας • ὁ πιστεύσας [9] ἐν Ἱεροσολύμοις • οὔσης ἐν Ἱερουσαλὴμ
[10] διελθεῖν • NA²⁷/²⁸: [διελθεῖν]; ECM: — [11] τοῦ • [τὴν] τοῦ [12] ὁ Βαρνάβας •
— [13] αὐτὸν • — [14] αὐτοὺς • αὐτοῖς καὶ

τῇ¹ ἐκκλησίᾳ καὶ διδάξαι ὄχλον ἱκανόν, χρηματίσαι τε πρῶτον² ἐν Ἀντιοχείᾳ τοὺς μαθητὰς Χριστιανούς. 27 Ἐν ταύταις δὲ ταῖς ἡμέραις κατῆλθον ἀπὸ Ἱεροσολύμων προφῆται εἰς Ἀντιόχειαν. 28 Ἀναστὰς δὲ εἷς ἐξ αὐτῶν ὀνόματι Ἄγαβος, ἐσήμανεν διὰ τοῦ πνεύματος λιμὸν μέγαν³ μέλλειν ἔσεσθαι ἐφ' ὅλην τὴν οἰκουμένην· ὅστις καὶ⁴ ἐγένετο ἐπὶ Κλαυδίου Καίσαρος.⁵ 29 Τῶν δὲ μαθητῶν καθὼς εὐπορεῖτό τις, ὥρισαν ἕκαστος αὐτῶν εἰς διακονίαν πέμψαι τοῖς κατοικοῦσιν ἐν τῇ Ἰουδαίᾳ ἀδελφοῖς· 30 ὃ καὶ ἐποίησαν, ἀποστείλαντες πρὸς τοὺς πρεσβυτέρους διὰ χειρὸς Βαρνάβα καὶ Σαύλου.

Herod Persecutes the Church at Jerusalem and is Punished by God

12 Κατ' ἐκεῖνον δὲ τὸν καιρὸν ἐπέβαλεν Ἡρῴδης ὁ βασιλεὺς τὰς χεῖρας κακῶσαί τινας τῶν ἀπὸ τῆς ἐκκλησίας. 2 Ἀνεῖλεν δὲ Ἰάκωβον τὸν ἀδελφὸν Ἰωάννου μαχαίρᾳ.⁶ 3 Καὶ ἰδὼν⁷ ὅτι ἀρεστόν ἐστιν τοῖς Ἰουδαίοις, προσέθετο συλλαβεῖν καὶ Πέτρον—ἦσαν δὲ αἱ⁸ ἡμέραι τῶν ἀζύμων— 4 ὃν καὶ πιάσας ἔθετο εἰς φυλακήν, παραδοὺς τέσσαρσιν τετραδίοις στρατιωτῶν φυλάσσειν αὐτόν, βουλόμενος μετὰ τὸ Πάσχα ἀναγαγεῖν αὐτὸν τῷ λαῷ. 5 Ὁ μὲν οὖν Πέτρος ἐτηρεῖτο ἐν τῇ φυλακῇ· προσευχὴ δὲ ἦν ἐκτενὴς⁹ γινομένη ὑπὸ τῆς ἐκκλησίας πρὸς τὸν θεὸν ὑπὲρ¹⁰ αὐτοῦ. 6 Ὅτε δὲ ἔμελλεν¹¹ αὐτὸν προάγειν¹² ὁ Ἡρῴδης, τῇ νυκτὶ ἐκείνῃ ἦν ὁ Πέτρος κοιμώμενος μεταξὺ δύο στρατιωτῶν, δεδεμένος ἁλύσεσιν δυσίν· φύλακές τε πρὸ τῆς θύρας ἐτήρουν τὴν φυλακήν. 7 Καὶ ἰδού, ἄγγελος κυρίου ἐπέστη, καὶ φῶς ἔλαμψεν ἐν τῷ οἰκήματι· πατάξας δὲ τὴν πλευρὰν τοῦ Πέτρου, ἤγειρεν αὐτὸν λέγων, Ἀνάστα ἐν τάχει. Καὶ ἐξέπεσον¹³ αὐτοῦ αἱ ἁλύσεις ἐκ τῶν χειρῶν. 8 Εἶπέν τε¹⁴ ὁ ἄγγελος πρὸς

---

¹ τῇ • ἐν τῇ   ² πρῶτον • πρώτως   ³ μέγαν • μεγάλην   ⁴ ὅστις καὶ • ἥτις
⁵ Καίσαρος • —   ⁶ μαχαίρᾳ • μαχαίρῃ   ⁷ Καὶ ἰδὼν • Ἰδὼν δὲ   ⁸ αἱ • [αἱ]
⁹ ἐκτενὴς • ἐκτενῶς   ¹⁰ ὑπὲρ • περὶ   ¹¹ ἔμελλεν • ἤμελλεν   ¹² αὐτὸν προάγειν • προαγαγεῖν αὐτὸν   ¹³ ἐξέπεσον • ἐξέπεσαν   ¹⁴ τε • δὲ

αὐτόν, Περίζωσαι¹ καὶ ὑπόδησαι τὰ σανδάλιά σου. Ἐποίησεν δὲ οὕτως. Καὶ λέγει αὐτῷ, Περιβαλοῦ τὸ ἱμάτιόν σου, καὶ ἀκολούθει μοι. 9 Καὶ ἐξελθὼν ἠκολούθει αὐτῷ·² καὶ οὐκ ᾔδει ὅτι ἀληθές ἐστιν τὸ γινόμενον διὰ τοῦ ἀγγέλου, ἐδόκει δὲ ὅραμα βλέπειν. 10 Διελθόντες δὲ πρώτην φυλακὴν καὶ δευτέραν, ἦλθον³ ἐπὶ τὴν πύλην τὴν σιδηρᾶν, τὴν φέρουσαν εἰς τὴν πόλιν, ἥτις αὐτομάτη ἠνοίχθη⁴ αὐτοῖς· καὶ ἐξελθόντες προῆλθον ῥύμην μίαν, καὶ εὐθέως ἀπέστη ὁ ἄγγελος ἀπ' αὐτοῦ. 11 Καὶ ὁ Πέτρος, γενόμενος ἐν ἑαυτῷ,⁵ εἶπεν, Νῦν οἶδα ἀληθῶς ὅτι ἐξαπέστειλεν κύριος⁶ τὸν ἄγγελον αὐτοῦ, καὶ ἐξείλετό⁷ με ἐκ χειρὸς Ἡρῴδου καὶ πάσης τῆς προσδοκίας τοῦ λαοῦ τῶν Ἰουδαίων. 12 Συνιδών τε ἦλθεν ἐπὶ τὴν οἰκίαν Μαρίας⁸ τῆς μητρὸς Ἰωάννου τοῦ ἐπικαλουμένου Μάρκου, οὗ ἦσαν ἱκανοὶ συνηθροισμένοι καὶ προσευχόμενοι. 13 Κρούσαντος δὲ τοῦ Πέτρου⁹ τὴν θύραν τοῦ πυλῶνος, προσῆλθεν παιδίσκη ὑπακοῦσαι, ὀνόματι Ῥόδη. 14 Καὶ ἐπιγνοῦσα τὴν φωνὴν τοῦ Πέτρου, ἀπὸ τῆς χαρᾶς οὐκ ἤνοιξεν τὸν πυλῶνα, εἰσδραμοῦσα δὲ ἀπήγγειλεν ἑστάναι τὸν Πέτρον πρὸ τοῦ πυλῶνος. 15 Οἱ δὲ πρὸς αὐτὴν εἶπον,¹⁰ Μαίνῃ. Ἡ δὲ διϊσχυρίζετο οὕτως ἔχειν. Οἱ δὲ ἔλεγον, Ὁ ἄγγελος αὐτοῦ ἐστιν.¹¹ 16 Ὁ δὲ Πέτρος ἐπέμενεν κρούων· ἀνοίξαντες δὲ εἶδον¹² αὐτόν, καὶ ἐξέστησαν. 17 Κατασείσας δὲ αὐτοῖς τῇ χειρὶ σιγᾶν, διηγήσατο αὐτοῖς πῶς¹³ ὁ κύριος αὐτὸν ἐξήγαγεν ἐκ τῆς φυλακῆς. Εἶπεν δέ,¹⁴ Ἀπαγγείλατε Ἰακώβῳ καὶ τοῖς ἀδελφοῖς ταῦτα. Καὶ ἐξελθὼν ἐπορεύθη εἰς ἕτερον τόπον. 18 Γενομένης δὲ ἡμέρας, ἦν τάραχος οὐκ ὀλίγος ἐν τοῖς στρατιώταις, τί ἄρα ὁ Πέτρος ἐγένετο. 19 Ἡρῴδης δὲ ἐπιζητήσας αὐτὸν καὶ μὴ εὑρών, ἀνακρίνας τοὺς φύλακας, ἐκέλευσεν ἀπαχθῆναι. Καὶ κατελθὼν ἀπὸ τῆς Ἰουδαίας εἰς τὴν¹⁵ Καισάρειαν διέτριβεν.

---

¹ Περίζωσαι • Ζῶσαι ² αὐτῷ • — ³ ἦλθον • ἦλθαν ⁴ ἠνοίχθη • ἠνοίγη
⁵ γενόμενος ἐν ἑαυτῷ • ἐν ἑαυτῷ γενόμενος ⁶ κύριος • NA²⁷/²⁸· [ὁ] κύριος
⁷ ἐξείλετό • ἐξείλατό ⁸ Μαρίας • τῆς Μαρίας ⁹ τοῦ Πέτρου • αὐτοῦ
¹⁰ εἶπον • εἶπαν ¹¹ αὐτοῦ ἐστιν • ἐστιν αὐτοῦ ¹² εἶδον • εἶδαν ¹³ αὐτοῖς
πῶς • [αὐτοῖς] πῶς ¹⁴ Εἶπεν δέ • Εἶπέν τε ¹⁵ τὴν • —

20 Ἦν δὲ ὁ Ἡρῴδης ¹ θυμομαχῶν Τυρίοις καὶ Σιδωνίοις· ὁμοθυμαδὸν δὲ παρῆσαν πρὸς αὐτόν, καὶ πείσαντες Βλάστον τὸν ἐπὶ τοῦ κοιτῶνος τοῦ βασιλέως, ᾐτοῦντο εἰρήνην, διὰ τὸ τρέφεσθαι αὐτῶν τὴν χώραν ἀπὸ τῆς βασιλικῆς. 21 Τακτῇ δὲ ἡμέρᾳ ὁ Ἡρῴδης ἐνδυσάμενος ἐσθῆτα βασιλικήν, καὶ ² καθίσας ἐπὶ τοῦ βήματος, ἐδημηγόρει πρὸς αὐτούς. 22 Ὁ δὲ δῆμος ἐπεφώνει, Φωνὴ θεοῦ ᵃ, ³ καὶ οὐκ ἀνθρώπου. 23 Παραχρῆμα δὲ ἐπάταξεν αὐτὸν ἄγγελος κυρίου, ἀνθ᾽ ὧν οὐκ ἔδωκεν δόξαν ⁴ τῷ θεῷ· καὶ γενόμενος σκωληκόβρωτος, ἐξέψυξεν.
24 Ὁ δὲ λόγος τοῦ θεοῦ ηὔξανεν καὶ ἐπληθύνετο.
25 Βαρνάβας δὲ καὶ Σαῦλος ὑπέστρεψαν εἰς ᵇ Ἰερουσαλήμ, πληρώσαντες τὴν διακονίαν, συμπαραλαβόντες καὶ Ἰωάννην ⁵ τὸν ἐπικληθέντα Μάρκον.

Paul and Barnabas on the Island of Cyprus

13 Ἦσαν δέ τινες ⁶ ἐν Ἀντιοχείᾳ κατὰ τὴν οὖσαν ἐκκλησίαν προφῆται καὶ διδάσκαλοι, ὅ τε Βαρνάβας καὶ Συμεὼν ὁ καλούμενος Νίγερ, καὶ Λούκιος ὁ Κυρηναῖος, Μαναήν τε Ἡρῴδου τοῦ τετράρχου ⁷ σύντροφος, καὶ Σαῦλος. 2 Λειτουργούντων δὲ αὐτῶν τῷ κυρίῳ καὶ νηστευόντων, εἶπεν τὸ πνεῦμα τὸ ἅγιον, Ἀφορίσατε δή μοι τὸν Βαρνάβαν καὶ τὸν Σαῦλον ⁸ εἰς τὸ ἔργον ὃ προσκέκλημαι αὐτούς. 3 Τότε νηστεύσαντες καὶ προσευξάμενοι καὶ ἐπιθέντες τὰς χεῖρας αὐτοῖς, ἀπέλυσαν.

4 Οὗτοι ⁹ μὲν οὖν, ἐκπεμφθέντες ὑπὸ τοῦ πνεύματος τοῦ ἁγίου, ¹⁰ κατῆλθον εἰς τὴν Σελεύκειαν· ¹¹ ἐκεῖθεν δὲ ᶜ, ¹² ἀπέπλευσαν εἰς τὴν Κύπρον. ¹³ 5 Καὶ γενόμενοι ἐν Σαλαμῖνι, κατήγγελλον τὸν λόγον τοῦ θεοῦ ἐν ταῖς συναγωγαῖς τῶν

ᵃ *Φωνὴ θεοῦ* • *Θεοῦ φωνή*   ᵇ *εἰς* • *ἀπό*   ᶜ *δέ* • *τε*

1 ὁ Ἡρῴδης • —   2 καί • [καί]   3 *Φωνὴ θεοῦ* • *Θεοῦ φωνή*   4 δόξαν • τὴν δόξαν   5 καὶ Ἰωάννην • Ἰωάννην   6 τινες • —   7 τετράρχου • τετραάρχου   8 τὸν Σαῦλον • Σαῦλον   9 Οὗτοι • Αὐτοί   10 πνεύματος τοῦ ἁγίου • ἁγίου πνεύματος   11 τὴν Σελεύκειαν • Σελεύκειαν   12 δέ • τε   13 τὴν Κύπρον • Κύπρον

Ἰουδαίων· εἶχον δὲ καὶ Ἰωάννην ὑπηρέτην. 6 Διελθόντες δὲ τὴν¹ νῆσον ἄχρι Πάφου, εὗρόν τινα² μάγον ψευδοπροφήτην Ἰουδαῖον, ᾧ ὄνομα Βαρϊησοῦς,ᵃ,³ 7 ὃς ἦν σὺν τῷ ἀνθυπάτῳ Σεργίῳ Παύλῳ, ἀνδρὶ συνετῷ. Οὗτος προσκαλεσάμενος Βαρνάβαν καὶ Σαῦλον ἐπεζήτησεν ἀκοῦσαι τὸν λόγον τοῦ θεοῦ. 8 Ἀνθίστατο δὲ αὐτοῖς Ἐλύμας, ὁ μάγος—οὕτως γὰρ μεθερμηνεύεται τὸ ὄνομα αὐτοῦ—ζητῶν διαστρέψαι τὸν ἀνθύπατον ἀπὸ τῆς πίστεως. 9 Σαῦλος δέ, ὁ καὶ Παῦλος, πλησθεὶς πνεύματος ἁγίου, καὶ ἀτενίσας⁴ εἰς αὐτὸν 10 εἶπεν, Ὦ πλήρης παντὸς δόλου καὶ πάσης ῥᾳδιουργίας, υἱὲ διαβόλου, ἐχθρὲ πάσης δικαιοσύνης, οὐ παύσῃ διαστρέφων τὰς ὁδοὺς κυρίου⁵ τὰς εὐθείας; 11 Καὶ νῦν ἰδού, χεὶρ κυρίου ἐπὶ σέ, καὶ ἔσῃ τυφλός, μὴ βλέπων τὸν ἥλιον ἄχρι καιροῦ. Παραχρῆμα δὲ ἐπέπεσεν⁶ ἐπ᾽ αὐτὸν ἀχλὺς καὶ σκότος, καὶ περιάγων ἐζήτει χειραγωγούς. 12 Τότε ἰδὼν ὁ ἀνθύπατος τὸ γεγονὸς ἐπίστευσεν, ἐκπλησσόμενος ἐπὶ τῇ διδαχῇ τοῦ κυρίου.

At Antioch of Pisidia

13 Ἀναχθέντες δὲ ἀπὸ τῆς Πάφου οἱ περὶ τὸν⁷ Παῦλον ἦλθον εἰς Πέργην τῆς Παμφυλίας. Ἰωάννης δὲ ἀποχωρήσας ἀπ᾽ αὐτῶν ὑπέστρεψεν εἰς Ἱεροσόλυμα. 14 Αὐτοὶ δὲ διελθόντες ἀπὸ τῆς Πέργης, παρεγένοντο εἰς Ἀντιόχειαν τῆς Πισιδίας,⁸ καὶ εἰσελθόντες⁹ εἰς τὴν συναγωγὴν τῇ ἡμέρᾳ τῶν σαββάτων, ἐκάθισαν. 15 Μετὰ δὲ τὴν ἀνάγνωσιν τοῦ νόμου καὶ τῶν προφητῶν, ἀπέστειλαν οἱ ἀρχισυνάγωγοι πρὸς αὐτούς, λέγοντες, Ἄνδρες ἀδελφοί, εἰ ἔστιν λόγος ἐν ὑμῖν¹⁰ παρακλήσεως πρὸς τὸν λαόν, λέγετε. 16 Ἀναστὰς δὲ Παῦλος, καὶ κατασείσας τῇ χειρί, εἶπεν,

---

ᵃ Βαρϊησοῦς • Βαρϊησοῦν

---

¹ τὴν • ὅλην τὴν   ² τινα • ἄνδρα τινὰ   ³ Βαρϊησοῦς • Βαριησοῦ   ⁴ καὶ ἀτενίσας • ἀτενίσας   ⁵ κυρίου • [τοῦ] κυρίου   ⁶ δὲ ἐπέπεσεν • NA²⁷/²⁸: τε ἔπεσεν; ECM: τε ἐπέπεσεν   ⁷ τὸν • —   ⁸ τῆς Πισιδίας • τὴν Πισιδίαν   ⁹ εἰσελθόντες • [εἰσ]ελθόντες   ¹⁰ ἔστιν λόγος ἐν ὑμῖν • τίς ἐστιν ἐν ὑμῖν λόγος

Ἄνδρες Ἰσραηλῖται, καὶ οἱ φοβούμενοι τὸν θεόν, ἀκούσατε. **17** Ὁ θεὸς τοῦ λαοῦ τούτου ἐξελέξατο¹ τοὺς πατέρας ἡμῶν, καὶ τὸν λαὸν ὕψωσεν ἐν τῇ παροικίᾳ ἐν γῇ Αἰγύπτῳ,² καὶ μετὰ βραχίονος ὑψηλοῦ ἐξήγαγεν αὐτοὺς ἐξ αὐτῆς. **18** Καὶ ὡς τεσσαρακονταετῆ³ χρόνον ἐτροποφόρησεν αὐτοὺς ἐν τῇ ἐρήμῳ. **19** Καὶ καθελὼν ἔθνη ἑπτὰ ἐν γῇ Χαναάν, κατεκληρονόμησεν αὐτοῖς⁴ τὴν γῆν αὐτῶν. **20** Καὶ μετὰ ταῦτα,⁵ ὡς ἔτεσιν τετρακοσίοις καὶ πεντήκοντα,⁶ ἔδωκεν κριτὰς ἕως Σαμουὴλ τοῦ⁷ προφήτου. **21** Κἀκεῖθεν ᾐτήσαντο βασιλέα, καὶ ἔδωκεν αὐτοῖς ὁ θεὸς τὸν Σαοὺλ υἱὸν Κίς, ἄνδρα ἐκ φυλῆς Βενιαμίν, ἔτη τεσσαράκοντα.⁸ **22** Καὶ μεταστήσας αὐτόν, ἤγειρεν αὐτοῖς τὸν Δαυὶδ⁹ εἰς βασιλέα, ᾧ καὶ εἶπεν μαρτυρήσας, Εὗρον Δαυὶδ τὸν τοῦ Ἰεσσαί, ἄνδρα κατὰ τὴν καρδίαν μου, ὃς ποιήσει πάντα τὰ θελήματά μου. **23** Τούτου ὁ θεὸς ἀπὸ τοῦ σπέρματος κατ᾽ ἐπαγγελίαν ἤγαγεν τῷ Ἰσραὴλ σωτηρίαν,¹⁰ **24** προκηρύξαντος Ἰωάννου πρὸ προσώπου τῆς εἰσόδου αὐτοῦ βάπτισμα μετανοίας τῷ¹¹ Ἰσραήλ. **25** Ὡς δὲ ἐπλήρου ὁ ᵃ,¹² Ἰωάννης τὸν δρόμον, ἔλεγεν, Τίνα με¹³ ὑπονοεῖτε εἶναι; Οὐκ εἰμὶ ἐγώ. Ἀλλ᾽ ἰδού, ἔρχεται μετ᾽ ἐμέ, οὗ οὐκ εἰμὶ ἄξιος τὸ ὑπόδημα τῶν ποδῶν λῦσαι. **26** Ἄνδρες ἀδελφοί, υἱοὶ γένους Ἀβραάμ, καὶ οἱ ἐν ὑμῖν φοβούμενοι τὸν θεόν, ὑμῖν ὁ¹⁴ λόγος τῆς σωτηρίας ταύτης ἀπεστάλη.¹⁵ **27** Οἱ γὰρ κατοικοῦντες ἐν ᵇ Ἱερουσαλὴμ καὶ οἱ ἄρχοντες αὐτῶν, τοῦτον ἀγνοήσαντες, καὶ τὰς φωνὰς τῶν προφητῶν τὰς κατὰ πᾶν σάββατον ἀναγινωσκομένας, κρίναντες ἐπλήρωσαν. **28** Καὶ μηδεμίαν αἰτίαν θανάτου εὑρόντες, ᾐτήσαντο Πιλάτον ἀναιρεθῆναι αὐτόν. **29** Ὡς δὲ ἐτέλεσαν πάντα τὰ περὶ αὐτοῦ

ᵃ *ὁ •* — ᵇ *ἐν •* —

¹ *ἐξελέξατο • Ἰσραὴλ ἐξελέξατο* ² *Αἰγύπτῳ • Αἰγύπτου* ³ *τεσσαρακονταετῆ • τεσσερακονταετῆ* ⁴ *αὐτοῖς •* — ⁵ *Καὶ μετὰ ταῦτα •* — ⁶ *πεντήκοντα • πεντήκοντα. Καὶ μετὰ ταῦτα* ⁷ *τοῦ •* [*τοῦ*] ⁸ *τεσσαράκοντα • τεσσεράκοντα* ⁹ *αὐτοῖς τὸν Δαυὶδ • τὸν Δαυὶδ αὐτοῖς* ¹⁰ *σωτηρίαν • σωτῆρα Ἰησοῦν* ¹¹ *τῷ • παντὶ τῷ λαῷ* ¹² *ὁ •* — ¹³ *Τίνα με • Τί ἐμὲ* ¹⁴ *ὑμῖν ὁ • ἡμῖν ὁ* ¹⁵ *ἀπεστάλη • ἐξαπεστάλη*

γεγραμμένα, καθελόντες ἀπὸ τοῦ ξύλου, ἔθηκαν εἰς μνημεῖον. 30 Ὁ δὲ θεὸς ἤγειρεν αὐτὸν ἐκ νεκρῶν· 31 ὃς ὤφθη ἐπὶ ἡμέρας πλείους τοῖς συναναβᾶσιν αὐτῷ ἀπὸ τῆς Γαλιλαίας εἰς Ἰερουσαλήμ, οἵτινές εἰσιν[1] μάρτυρες αὐτοῦ πρὸς τὸν λαόν. 32 Καὶ ἡμεῖς ὑμᾶς εὐαγγελιζόμεθα τὴν πρὸς τοὺς πατέρας ἐπαγγελίαν γενομένην, ὅτι ταύτην ὁ θεὸς ἐκπεπλήρωκεν τοῖς τέκνοις αὐτῶν ἡμῖν,[2] ἀναστήσας Ἰησοῦν· 33 ὡς καὶ ἐν τῷ ψαλμῷ τῷ δευτέρῳ γέγραπται,[3] Υἱός μου εἶ σύ, ἐγὼ σήμερον γεγέννηκά σε. 34 Ὅτι δὲ ἀνέστησεν αὐτὸν ἐκ νεκρῶν, μηκέτι μέλλοντα ὑποστρέφειν εἰς διαφθοράν, οὕτως εἴρηκεν ὅτι Δώσω ὑμῖν τὰ ὅσια Δαυὶδ τὰ πιστά. 35 Διὸ[4] καὶ ἐν ἑτέρῳ λέγει, Οὐ δώσεις τὸν ὅσιόν σου ἰδεῖν διαφθοράν· 36 Δαυὶδ μὲν γὰρ ἰδίᾳ γενεᾷ ὑπηρετήσας τῇ τοῦ θεοῦ βουλῇ ἐκοιμήθη, καὶ προσετέθη πρὸς τοὺς πατέρας αὐτοῦ, καὶ εἶδεν διαφθοράν· 37 ὃν δὲ ὁ θεὸς ἤγειρεν, οὐκ εἶδεν διαφθοράν. 38 Γνωστὸν οὖν ἔστω ὑμῖν, ἄνδρες ἀδελφοί, ὅτι διὰ τούτου ὑμῖν ἄφεσις ἁμαρτιῶν καταγγέλλεται· 39 καὶ[5] ἀπὸ πάντων ὧν οὐκ ἠδυνήθητε ἐν τῷ[6] νόμῳ Μωϋσέως[a] δικαιωθῆναι, ἐν τούτῳ πᾶς ὁ πιστεύων δικαιοῦται. 40 Βλέπετε οὖν μὴ ἐπέλθῃ ἐφ' ὑμᾶς[7] τὸ εἰρημένον ἐν τοῖς προφήταις, 41 Ἴδετε, οἱ καταφρονηταί, καὶ θαυμάσατε, καὶ ἀφανίσθητε· ὅτι ἔργον ἐγὼ ἐργάζομαι[8] ἐν ταῖς ἡμέραις ὑμῶν, ὃ[9] οὐ μὴ πιστεύσητε, ἐάν τις ἐκδιηγῆται ὑμῖν.

42 Ἐξιόντων δὲ[b] ἐκ τῆς συναγωγῆς τῶν Ἰουδαίων,[10] παρεκάλουν τὰ ἔθνη[11] εἰς τὸ μεταξὺ σάββατον λαληθῆναι αὐτοῖς τὰ ῥήματα.[c,12] 43 Λυθείσης δὲ τῆς συναγωγῆς, ἠκολούθησαν πολλοὶ τῶν Ἰουδαίων καὶ τῶν σεβομένων προσηλύτων τῷ Παύλῳ καὶ τῷ Βαρνάβᾳ· οἵτινες

---

[a] Μωϋσέως • Μωσέως   [b] δὲ • δὲ αὐτῶν   [c] ῥήματα • ῥήματα ταῦτα

[1] εἰσιν • [νῦν] εἰσιν   [2] τέκνοις αὐτῶν ἡμῖν • NA²⁷·²⁸: τέκνοις [αὐτῶν] ἡμῖν; ECM: τέκνοις ἡμῖν (cj)   [3] τῷ δευτέρῳ γέγραπται • γέγραπται τῷ δευτέρῳ   [4] Διὸ • Διότι   [5] καὶ • [καὶ]   [6] τῷ • —   [7] ἐφ' ὑμᾶς • —   [8] ἐγὼ ἐργάζομαι • ἐργάζομαι ἐγὼ   [9] ὃ • ἔργον ὃ   [10] ἐκ τῆς συναγωγῆς τῶν Ἰουδαίων • αὐτῶν   [11] τὰ ἔθνη • —   [12] ῥήματα • ῥήματα ταῦτα

προσλαλοῦντες, ἔπειθον¹ αὐτοὺς ἐπιμένειν² τῇ χάριτι τοῦ θεοῦ. 44 Τῷ τε³ ἐρχομένῳ σαββάτῳ σχεδὸν πᾶσα ἡ πόλις συνήχθη ἀκοῦσαι τὸν λόγον τοῦ θεοῦ.⁴ 45 Ἰδόντες δὲ οἱ Ἰουδαῖοι τοὺς ὄχλους ἐπλήσθησαν ζήλου, καὶ ἀντέλεγον τοῖς ὑπὸ τοῦ⁵ Παύλου λεγομένοις,⁶ ἀντιλέγοντες καὶ⁷ βλασφημοῦντες. 46 Παρρησιασάμενοι δὲ ὁ⁸ Παῦλος καὶ ὁ Βαρνάβας εἶπον,⁹ Ὑμῖν ἦν ἀναγκαῖον πρῶτον λαληθῆναι τὸν λόγον τοῦ θεοῦ. Ἐπειδὴ δὲ ἀπωθεῖσθε¹⁰ αὐτόν, καὶ οὐκ ἀξίους κρίνετε ἑαυτοὺς τῆς αἰωνίου ζωῆς, ἰδοὺ στρεφόμεθα εἰς τὰ ἔθνη. 47 Οὕτως γὰρ ἐντέταλται ἡμῖν ὁ κύριος, Τέθεικά σε εἰς φῶς ἐθνῶν, τοῦ εἶναί σε εἰς σωτηρίαν ἕως ἐσχάτου τῆς γῆς. 48 Ἀκούοντα δὲ τὰ ἔθνη ἔχαιρεν, [a, 11] καὶ ἐδόξαζον τὸν λόγον τοῦ κυρίου, καὶ ἐπίστευσαν ὅσοι ἦσαν τεταγμένοι εἰς ζωὴν αἰώνιον. 49 Διεφέρετο δὲ ὁ λόγος τοῦ κυρίου δι᾽ ὅλης τῆς χώρας. 50 Οἱ δὲ Ἰουδαῖοι παρώτρυναν τὰς σεβομένας γυναῖκας καὶ τὰς¹² εὐσχήμονας καὶ τοὺς πρώτους τῆς πόλεως, καὶ ἐπήγειραν διωγμὸν ἐπὶ τὸν Παῦλον καὶ τὸν Βαρνάβαν,¹³ καὶ ἐξέβαλον αὐτοὺς ἀπὸ τῶν ὁρίων αὐτῶν. 51 Οἱ δὲ ἐκτιναξάμενοι τὸν κονιορτὸν τῶν ποδῶν αὐτῶν¹⁴ ἐπ᾽ αὐτούς, ἦλθον εἰς Ἰκόνιον. 52 Οἱ δὲ¹⁵ μαθηταὶ ἐπληροῦντο χαρᾶς καὶ πνεύματος ἁγίου.

Paul and Barnabas at Iconium and Lystra

14 Ἐγένετο δὲ ἐν Ἰκονίῳ, κατὰ τὸ αὐτὸ εἰσελθεῖν αὐτοὺς εἰς τὴν συναγωγὴν τῶν Ἰουδαίων, καὶ λαλῆσαι οὕτως ὥστε πιστεῦσαι Ἰουδαίων τε καὶ Ἑλλήνων πολὺ πλῆθος. 2 Οἱ δὲ ἀπειθοῦντες¹⁶ Ἰουδαῖοι ἐπήγειραν καὶ ἐκάκωσαν τὰς ψυχὰς τῶν ἐθνῶν κατὰ τῶν ἀδελφῶν. 3 Ἱκανὸν μὲν

---

a ἔχαιρεν • ἔχαιρον

---

1 ἔπειθον • αὐτοῖς ἔπειθον   2 ἐπιμένειν • προσμένειν   3 τε • δὲ   4 θεοῦ • κυρίου   5 τοῦ • —   6 λεγομένοις • λαλουμένοις   7 ἀντιλέγοντες καὶ • —   8 δὲ ὁ • τε ὁ   9 εἶπον • εἶπαν   10 δὲ ἀπωθεῖσθε • ἀπωθεῖσθε   11 ἔχαιρεν • ἔχαιρον   12 καὶ τὰς • τὰς   13 τὸν Βαρνάβαν • Βαρναβᾶν   14 αὐτῶν • —   15 δὲ • τε   16 ἀπειθοῦντες • ἀπειθήσαντες

οὖν χρόνον διέτριψαν παρρησιαζόμενοι ἐπὶ τῷ κυρίῳ τῷ μαρτυροῦντι¹ τῷ λόγῳ τῆς χάριτος αὐτοῦ, διδόντι σημεῖα καὶ τέρατα γίνεσθαι διὰ τῶν χειρῶν αὐτῶν. 4 Ἐσχίσθη δὲ τὸ πλῆθος τῆς πόλεως· καὶ οἱ μὲν ἦσαν σὺν τοῖς Ἰουδαίοις, οἱ δὲ σὺν τοῖς ἀποστόλοις. 5 Ὡς δὲ ἐγένετο ὁρμὴ τῶν ἐθνῶν τε καὶ Ἰουδαίων σὺν τοῖς ἄρχουσιν αὐτῶν, ὑβρίσαι καὶ λιθοβολῆσαι αὐτούς, 6 συνιδόντες κατέφυγον εἰς τὰς πόλεις τῆς Λυκαονίας, Λύστραν καὶ Δέρβην, καὶ τὴν περίχωρον· 7 κἀκεῖ ἦσαν εὐαγγελιζόμενοι.²

8 Καί τις ἀνὴρ ἐν Λύστροις ἀδύνατος³ τοῖς ποσὶν ἐκάθητο, χωλὸς ἐκ κοιλίας μητρὸς αὐτοῦ ὑπάρχων,⁴ ὃς οὐδέποτε περιπεπατήκει.⁵ 9 Οὗτος ἤκουσενᵃ τοῦ Παύλου λαλοῦντος· ὃς ἀτενίσας αὐτῷ, καὶ ἰδὼν ὅτι πίστιν ἔχει⁶ τοῦ σωθῆναι, 10 εἶπεν μεγάλῃ τῇ⁷ φωνῇ, Ἀνάστηθι ἐπὶ τοὺς πόδας σου ὀρθῶς.ᵇ,⁸ Καὶ ἥλλετο⁹ καὶ περιεπάτει. 11 Οἱ δὲ¹⁰ ὄχλοι, ἰδόντες ὃ ἐποίησεν ὁ Παῦλος,¹¹ ἐπῆραν τὴν φωνὴν αὐτῶν Λυκαονιστὶ λέγοντες, Οἱ θεοὶ ὁμοιωθέντες ἀνθρώποις κατέβησαν πρὸς ἡμᾶς. 12 Ἐκάλουν τε τὸν μὲν¹² Βαρνάβαν, Δία· τὸν δὲ Παῦλον, Ἑρμῆν, ἐπειδὴ αὐτὸς ἦν ὁ ἡγούμενος τοῦ λόγου. 13 Ὁ δὲ¹³ ἱερεὺς τοῦ Διὸς τοῦ ὄντος πρὸ τῆς πόλεως αὐτῶν,¹⁴ ταύρους καὶ στέμματα ἐπὶ τοὺς πυλῶνας ἐνέγκας, σὺν τοῖς ὄχλοις ἤθελεν θύειν. 14 Ἀκούσαντες δὲ οἱ ἀπόστολοι Βαρνάβας καὶ Παῦλος, διαρρήξαντες τὰ ἱμάτια αὐτῶν, εἰσεπήδησαν¹⁵ εἰς τὸν ὄχλον, κράζοντες 15 καὶ λέγοντες, Ἄνδρες, τί ταῦτα ποιεῖτε; Καὶ ἡμεῖς ὁμοιοπαθεῖς ἐσμεν ὑμῖν ἄνθρωποι, εὐαγγελιζόμενοι ὑμᾶς ἀπὸ τούτων τῶν ματαίων ἐπιστρέφειν ἐπὶ τὸν θεὸν τὸν¹⁶ ζῶντα, ὃς ἐποίησεν τὸν οὐρανὸν καὶ τὴν γῆν καὶ τὴν

ᵃ ἤκουσεν • ἤκουεν ᵇ ὀρθῶς • ὀρθός

1 μαρτυροῦντι • NA²⁷/²⁸: μαρτυροῦντι [ἐπὶ] 2 ἦσαν εὐαγγελιζόμενοι • εὐαγγελιζόμενοι ἦσαν 3 ἐν Λύστροις ἀδύνατος • ἀδύνατος ἐν Λύστροις 4 ὑπάρχων • — 5 περιπεπατήκει • περιεπάτησεν 6 πίστιν ἔχει • ἔχει πίστιν 7 τῇ • NA²⁷/²⁸: — 8 ὀρθῶς • ὀρθός 9 ἥλλετο • ἥλατο 10 δὲ • τε 11 ὁ Παῦλος • Παῦλος 12 μὲν • — 13 δὲ • τε 14 αὐτῶν • — 15 εἰσεπήδησαν • ἐξεπήδησαν 16 τὸν θεὸν τὸν • θεὸν

θάλασσαν καὶ πάντα τὰ ἐν αὐτοῖς· 16 ὃς ἐν ταῖς παρῳχημέναις γενεαῖς εἴασεν πάντα τὰ ἔθνη πορεύεσθαι ταῖς ὁδοῖς αὐτῶν. 17 Καίτοιγε [1] οὐκ ἀμάρτυρον ἑαυτὸν [2] ἀφῆκεν ἀγαθοποιῶν, [3] οὐρανόθεν ὑμῖν ὑετοὺς διδοὺς καὶ καιροὺς καρποφόρους, ἐμπιπλῶν τροφῆς καὶ εὐφροσύνης τὰς καρδίας ἡμῶν. [4] 18 Καὶ ταῦτα λέγοντες, μόλις κατέπαυσαν τοὺς ὄχλους τοῦ μὴ θύειν αὐτοῖς.

The Return Journey to Syria

19 Ἐπῆλθον [5] δὲ ἀπὸ Ἀντιοχείας καὶ Ἰκονίου Ἰουδαῖοι, καὶ πείσαντες τοὺς ὄχλους, καὶ λιθάσαντες τὸν Παῦλον, ἔσυρον ἔξω τῆς πόλεως, νομίσαντες αὐτὸν τεθνάναι. [6] 20 Κυκλωσάντων δὲ αὐτὸν τῶν μαθητῶν, [7] ἀναστὰς εἰσῆλθεν εἰς τὴν πόλιν· καὶ τῇ ἐπαύριον ἐξῆλθεν σὺν τῷ Βαρνάβᾳ εἰς Δέρβην. 21 Εὐαγγελισάμενοί τε τὴν πόλιν ἐκείνην, καὶ μαθητεύσαντες ἱκανούς, ὑπέστρεψαν εἰς τὴν Λύστραν καὶ Ἰκόνιον [8] καὶ Ἀντιόχειαν, [9] 22 ἐπιστηρίζοντες τὰς ψυχὰς τῶν μαθητῶν, παρακαλοῦντες ἐμμένειν τῇ πίστει, καὶ ὅτι διὰ πολλῶν θλίψεων δεῖ ἡμᾶς εἰσελθεῖν εἰς τὴν βασιλείαν τοῦ θεοῦ. 23 Χειροτονήσαντες δὲ αὐτοῖς πρεσβυτέρους κατ' ἐκκλησίαν, [10] προσευξάμενοι μετὰ νηστειῶν, παρέθεντο αὐτοὺς τῷ κυρίῳ εἰς ὃν πεπιστεύκεισαν. 24 Καὶ διελθόντες τὴν Πισιδίαν ἦλθον εἰς Παμφυλίαν. [11] 25 Καὶ λαλήσαντες ἐν Πέργῃ τὸν λόγον, κατέβησαν εἰς Ἀττάλειαν· 26 κἀκεῖθεν ἀπέπλευσαν εἰς Ἀντιόχειαν, ὅθεν ἦσαν παραδεδομένοι τῇ χάριτι τοῦ θεοῦ εἰς τὸ ἔργον ὃ ἐπλήρωσαν. 27 Παραγενόμενοι δὲ καὶ συναγαγόντες τὴν ἐκκλησίαν, ἀνήγγειλαν [12] ὅσα ἐποίησεν ὁ θεὸς μετ' αὐτῶν, καὶ ὅτι ἤνοιξεν τοῖς ἔθνεσιν θύραν πίστεως. 28 Διέτριβον δὲ ἐκεῖ [13] χρόνον οὐκ ὀλίγον σὺν τοῖς μαθηταῖς.

---

[1] Καίτοιγε • Καίτοι [2] ἑαυτὸν • αὐτὸν [3] ἀγαθοποιῶν • ἀγαθουργῶν [4] ἡμῶν • ὑμῶν [5] Ἐπῆλθον • Ἐπῆλθαν [6] νομίσαντες αὐτὸν τεθνάναι • νομίζοντες αὐτὸν τεθνηκέναι [7] αὐτῶν τῶν μαθητῶν • τῶν μαθητῶν αὐτόν [8] Ἰκόνιον • εἰς Ἰκόνιον [9] Ἀντιόχειαν • εἰς Ἀντιόχειαν [10] πρεσβυτέρους κατ' ἐκκλησίαν • κατ' ἐκκλησίαν πρεσβυτέρους [11] Παμφυλίαν • τὴν Παμφυλίαν [12] ἀνήγγειλαν • ἀνήγγελλον [13] ἐκεῖ • —

The Convention at Jerusalem

15 Καί τινες κατελθόντες ἀπὸ τῆς Ἰουδαίας, ἐδίδασκον τοὺς ἀδελφοὺς ὅτι Ἐὰν μὴ περιτέμνησθε τῷ ἔθει¹ Μωϋσέως, οὐ δύνασθε σωθῆναι. 2 Γενομένης οὖν² στάσεως καὶ ζητήσεως οὐκ ὀλίγης τῷ Παύλῳ καὶ τῷ Βαρνάβᾳ πρὸς αὐτούς, ἔταξαν ἀναβαίνειν Παῦλον καὶ Βαρνάβαν καί τινας ἄλλους ἐξ αὐτῶν πρὸς τοὺς ἀποστόλους καὶ πρεσβυτέρους εἰς Ἰερουσαλὴμ περὶ τοῦ ζητήματος τούτου. 3 Οἱ μὲν οὖν, προπεμφθέντες ὑπὸ τῆς ἐκκλησίας, διήρχοντο τὴν Φοινίκην³ καὶ Σαμάρειαν, ἐκδιηγούμενοι τὴν ἐπιστροφὴν τῶν ἐθνῶν· καὶ ἐποίουν χαρὰν μεγάλην πᾶσιν τοῖς ἀδελφοῖς. 4 Παραγενόμενοι δὲ εἰς Ἰερουσαλήμ, ἀπεδέχθησαν ὑπὸ⁴ τῆς ἐκκλησίας καὶ τῶν ἀποστόλων καὶ τῶν πρεσβυτέρων, ἀνήγγειλάν τε ὅσα ὁ θεὸς ἐποίησεν μετ' αὐτῶν. 5 Ἐξανέστησαν δέ τινες τῶν ἀπὸ τῆς αἱρέσεως τῶν Φαρισαίων πεπιστευκότες, λέγοντες ὅτι Δεῖ περιτέμνειν αὐτούς, παραγγέλλειν τε τηρεῖν τὸν νόμον Μωϋσέως.

6 Συνήχθησαν δὲ⁵ οἱ ἀπόστολοι καὶ οἱ πρεσβύτεροι ἰδεῖν περὶ τοῦ λόγου τούτου. 7 Πολλῆς δὲ συζητήσεως⁶ γενομένης, ἀναστὰς Πέτρος εἶπεν πρὸς αὐτούς,

Ἄνδρες ἀδελφοί, ὑμεῖς ἐπίστασθε ὅτι ἀφ' ἡμερῶν ἀρχαίων ὁ θεὸς ἐν ἡμῖν ἐξελέξατο,⁷ διὰ τοῦ στόματός μου ἀκοῦσαι τὰ ἔθνη τὸν λόγον τοῦ εὐαγγελίου, καὶ πιστεῦσαι. 8 Καὶ ὁ καρδιογνώστης θεὸς ἐμαρτύρησεν αὐτοῖς, δοὺς αὐτοῖς τὸ⁸ πνεῦμα τὸ ἅγιον, καθὼς καὶ ἡμῖν· 9 καὶ οὐδὲν⁹ διέκρινεν μεταξὺ ἡμῶν τε καὶ αὐτῶν, τῇ πίστει καθαρίσας τὰς καρδίας αὐτῶν. 10 Νῦν οὖν τί πειράζετε τὸν θεόν, ἐπιθεῖναι ζυγὸν ἐπὶ τὸν τράχηλον τῶν μαθητῶν, ὃν οὔτε οἱ πατέρες ἡμῶν οὔτε ἡμεῖς ἰσχύσαμεν βαστάσαι; 11 Ἀλλὰ διὰ τῆς χάριτος τοῦ κυρίου Ἰησοῦ πιστεύομεν σωθῆναι, καθ' ὃν τρόπον κἀκεῖνοι.

---

1 περιτέμνησθε τῷ ἔθει • περιτμηθῆτε τῷ ἔθει· τῷ   2 οὖν • δέ   3 Φοινίκην • τε Φοινίκην   4 ἀπεδέχθησαν ὑπὸ • NA²⁷/²⁸: παρεδέχθησαν ἀπὸ; ECM: παρεδέχθησαν ὑπὸ   5 δὲ • τε   6 συζητήσεως • ζητήσεως   7 ὁ θεὸς ἐν ἡμῖν ἐξελέξατο • ἐν ὑμῖν ἐξελέξατο ὁ θεός   8 αὐτοῖς τὸ • τὸ   9 οὐδὲν • οὐθὲν

12 Ἐσίγησεν δὲ πᾶν τὸ πλῆθος, καὶ ἤκουον Βαρνάβα καὶ Παύλου ἐξηγουμένων ὅσα ἐποίησεν ὁ θεὸς σημεῖα καὶ τέρατα ἐν τοῖς ἔθνεσιν δι' αὐτῶν. 13 Μετὰ δὲ τὸ σιγῆσαι αὐτούς, ἀπεκρίθη Ἰάκωβος λέγων, Ἄνδρες ἀδελφοί, ἀκούσατέ μου· 14 Συμεὼν ἐξηγήσατο καθὼς πρῶτον ὁ θεὸς ἐπεσκέψατο λαβεῖν ἐξ ἐθνῶν λαὸν ἐπὶ¹ τῷ ὀνόματι αὐτοῦ. 15 Καὶ τούτῳ συμφωνοῦσιν οἱ λόγοι τῶν προφητῶν, καθὼς γέγραπται, 16 Μετὰ ταῦτα ἀναστρέψω, καὶ ἀνοικοδομήσω τὴν σκηνὴν Δαυὶδ τὴν πεπτωκυῖαν· καὶ τὰ κατεσκαμμένα αὐτῆς ἀνοικοδομήσω, καὶ ἀνορθώσω αὐτήν· 17 ὅπως ἂν ἐκζητήσωσιν οἱ κατάλοιποι τῶν ἀνθρώπων τὸν κύριον, καὶ πάντα τὰ ἔθνη, ἐφ' οὓς ἐπικέκληται τὸ ὄνομά μου ἐπ' αὐτούς, λέγει κύριος ὁ ποιῶν ταῦτα πάντα.² 18 Γνωστὰ ἀπ' αἰῶνός ἐστιν τῷ θεῷ πάντα τὰ ἔργα αὐτοῦ.³ 19 Διὸ ἐγὼ κρίνω μὴ παρενοχλεῖν τοῖς ἀπὸ τῶν ἐθνῶν ἐπιστρέφουσιν ἐπὶ τὸν θεόν· 20 ἀλλὰ ἐπιστεῖλαι αὐτοῖς τοῦ ἀπέχεσθαι ἀπὸ⁴ τῶν ἀλισγημάτων τῶν εἰδώλων καὶ τῆς πορνείας καὶ τοῦ πνικτοῦ καὶ τοῦ αἵματος. 21 Μωϋσῆς γὰρ ἐκ γενεῶν ἀρχαίων κατὰ πόλιν τοὺς κηρύσσοντας αὐτὸν ἔχει, ἐν ταῖς συναγωγαῖς κατὰ πᾶν σάββατον ἀναγινωσκόμενος.

22 Τότε ἔδοξεν τοῖς ἀποστόλοις καὶ τοῖς πρεσβυτέροις σὺν ὅλῃ τῇ ἐκκλησίᾳ, ἐκλεξαμένους ἄνδρας ἐξ αὐτῶν πέμψαι εἰς Ἀντιόχειαν σὺν Παύλῳ⁵ καὶ Βαρνάβᾳ, Ἰούδαν τὸν ἐπικαλούμενον⁶ Βαρσαββᾶν,ᵃ καὶ Σίλαν, ἄνδρας ἡγουμένους ἐν τοῖς ἀδελφοῖς, 23 γράψαντες διὰ χειρὸς αὐτῶν τάδε,⁷ Οἱ ἀπόστολοι καὶ οἱ πρεσβύτεροι καὶ οἱ ἀδελφοὶ⁸ τοῖς κατὰ τὴν Ἀντιόχειαν καὶ Συρίαν καὶ Κιλικίαν ἀδελφοῖς τοῖς ἐξ ἐθνῶν, χαίρειν· 24 ἐπειδὴ ἠκούσαμεν ὅτι τινὲς ἐξ ἡμῶν ἐξελθόντες⁹ ἐτάραξαν ὑμᾶς λόγοις, ἀνασκευάζοντες τὰς ψυχὰς

ᵃ Βαρσαββᾶν • Βαρσαβᾶν

---

¹ ἐπὶ • —   ² ὁ ποιῶν ταῦτα πάντα • NA²⁷/²⁸: ποιῶν ταῦτα; ECM: ὁ ποιῶν ταῦτα
³ ἐστιν τῷ θεῷ πάντα τὰ ἔργα αὐτοῦ • —   ⁴ ἀπὸ • —   ⁵ Παύλῳ • τῷ Παύλῳ
⁶ ἐπικαλούμενον • καλούμενον   ⁷ τάδε • —   ⁸ καὶ οἱ ἀδελφοὶ • ἀδελφοὶ
⁹ ἐξελθόντες • [ἐξελθόντες]

ὑμῶν, λέγοντες περιτέμνεσθαι καὶ τηρεῖν τὸν νόμον,¹ οἷς οὐ διεστειλάμεθα· 25 ἔδοξεν ἡμῖν γενομένοις ὁμοθυμαδόν, ἐκλεξαμένους² ἄνδρας πέμψαι πρὸς ὑμᾶς, σὺν τοῖς ἀγαπητοῖς ἡμῶν Βαρνάβᾳ καὶ Παύλῳ, 26 ἀνθρώποις παραδεδωκόσιν τὰς ψυχὰς αὐτῶν ὑπὲρ τοῦ ὀνόματος τοῦ κυρίου ἡμῶν Ἰησοῦ χριστοῦ. 27 Ἀπεστάλκαμεν οὖν Ἰούδαν καὶ Σίλαν, καὶ αὐτοὺς διὰ λόγου ἀπαγγέλλοντας τὰ αὐτά. 28 Ἔδοξεν γὰρ τῷ ἁγίῳ πνεύματι,³ καὶ ἡμῖν, μηδὲν πλέον ἐπιτίθεσθαι ὑμῖν βάρος, πλὴν τῶν ἐπάναγκες τούτων,⁴ 29 ἀπέχεσθαι εἰδωλοθύτων καὶ αἵματος καὶ πνικτοῦ⁵ καὶ πορνείας· ἐξ ὧν διατηροῦντες ἑαυτούς, εὖ πράξετε. Ἔρρωσθε.

30 Οἱ μὲν οὖν ἀπολυθέντες ἦλθον⁶ εἰς Ἀντιόχειαν· καὶ συναγαγόντες τὸ πλῆθος, ἐπέδωκαν τὴν ἐπιστολήν. 31 Ἀναγνόντες δέ, ἐχάρησαν ἐπὶ τῇ παρακλήσει. 32 Ἰούδας τε καὶ Σίλας, καὶ αὐτοὶ προφῆται ὄντες, διὰ λόγου πολλοῦ παρεκάλεσαν τοὺς ἀδελφούς, καὶ ἐπεστήριξαν. 33 Ποιήσαντες δὲ χρόνον, ἀπελύθησαν μετ᾽ εἰρήνης ἀπὸ τῶν ἀδελφῶν πρὸς τοὺς ἀποστόλους.⁷ 34 35 Παῦλος δὲ καὶ Βαρνάβας διέτριβον ἐν Ἀντιοχείᾳ, διδάσκοντες καὶ εὐαγγελιζόμενοι, μετὰ καὶ ἑτέρων πολλῶν, τὸν λόγον τοῦ κυρίου.

The Beginning of Paul's Second Missionary Journey

36 Μετὰ δέ τινας ἡμέρας εἶπεν Παῦλος πρὸς Βαρνάβαν,⁸ Ἐπιστρέψαντες δὴ ἐπισκεψώμεθα τοὺς ἀδελφοὺς ἡμῶν⁹ κατὰ πᾶσαν πόλιν,¹⁰ ἐν αἷς κατηγγείλαμεν τὸν λόγον τοῦ κυρίου, πῶς ἔχουσιν. 37 Βαρνάβας δὲ ἐβουλεύσατο¹¹ συμπαραλαβεῖν τὸν Ἰωάννην,¹² τὸν καλούμενον Μάρκον. 38 Παῦλος δὲ ἠξίου, τὸν ἀποστάντα ἀπ᾽ αὐτῶν ἀπὸ Παμφυλίας, καὶ μὴ συνελθόντα

---

¹ λέγοντες περιτέμνεσθαι καὶ τηρεῖν τὸν νόμον • — ² ἐκλεξαμένους • ἐκλεξαμένοις ³ ἁγίῳ πνεύματι • πνεύματι τῷ ἁγίῳ ⁴ τῶν ἐπάναγκες τούτων • τούτων τῶν ἐπάναγκες ⁵ πνικτοῦ • πνικτῶν ⁶ ἦλθον • κατῆλθον ⁷ ἀποστόλους • ἀποστείλαντας αὐτούς ⁸ Παῦλος πρὸς Βαρνάβαν • πρὸς Βαρναβᾶν Παῦλος ⁹ ἡμῶν • — ¹⁰ πᾶσαν πόλιν • πόλιν πᾶσαν ¹¹ ἐβουλεύσατο • ἐβούλετο ¹² τὸν Ἰωάννην • NA²⁷/²⁸: καὶ τὸν Ἰωάννην; ECM: καὶ Ἰωάννην

αὐτοῖς εἰς τὸ ἔργον, μὴ συμπαραλαβεῖν¹ τοῦτον. 39 Ἐγένετο οὖν² παροξυσμός, ὥστε ἀποχωρισθῆναι αὐτοὺς ἀπ' ἀλλήλων, τόν τε Βαρνάβαν παραλαβόντα τὸν Μάρκον ἐκπλεῦσαι εἰς Κύπρον· 40 Παῦλος δὲ ἐπιλεξάμενος Σίλαν ἐξῆλθεν, παραδοθεὶς τῇ χάριτι τοῦ θεοῦ³ ὑπὸ τῶν ἀδελφῶν. 41 Διήρχετο δὲ τὴν Συρίαν καὶ Κιλικίαν,⁴ ἐπιστηρίζων τὰς ἐκκλησίας.

Paul and Silas in Asia Minor

16 Κατήντησεν δὲ εἰς⁵ Δέρβην καὶ Λύστραν·⁶ καὶ ἰδού, μαθητής τις ἦν ἐκεῖ, ὀνόματι Τιμόθεος, υἱὸς γυναικός τινος⁷ Ἰουδαίας πιστῆς, πατρὸς δὲ Ἕλληνος· 2 ὃς ἐμαρτυρεῖτο ὑπὸ τῶν ἐν Λύστροις καὶ Ἰκονίῳ ἀδελφῶν. 3 Τοῦτον ἠθέλησεν ὁ Παῦλος σὺν αὐτῷ ἐξελθεῖν, καὶ λαβὼν περιέτεμεν αὐτόν, διὰ τοὺς Ἰουδαίους τοὺς ὄντας ἐν τοῖς τόποις ἐκείνοις· ᾔδεισαν γὰρ ἅπαντες τὸν πατέρα αὐτοῦ, ὅτι Ἕλλην⁸ ὑπῆρχεν. 4 Ὡς δὲ διεπορεύοντο τὰς πόλεις, παρεδίδουν⁹ αὐτοῖς φυλάσσειν τὰ δόγματα τὰ κεκριμένα ὑπὸ τῶν ἀποστόλων καὶ τῶν¹⁰ πρεσβυτέρων τῶν ἐν Ἰερουσαλήμ.¹¹ 5 Αἱ μὲν οὖν ἐκκλησίαι ἐστερεοῦντο τῇ πίστει, καὶ ἐπερίσσευον τῷ ἀριθμῷ καθ' ἡμέραν.

6 Διελθόντες¹² δὲ τὴν Φρυγίαν καὶ τὴν Γαλατικὴν¹³ χώραν, κωλυθέντες ὑπὸ τοῦ ἁγίου πνεύματος λαλῆσαι τὸν λόγον ἐν τῇ Ἀσίᾳ, 7 ἐλθόντες¹⁴ κατὰ τὴν Μυσίαν ἐπείραζον κατὰ τὴν Βιθυνίαν πορεύεσθαι·¹⁵ καὶ οὐκ εἴασεν αὐτοὺς τὸ πνεῦμα·¹⁶ 8 παρελθόντες δὲ τὴν Μυσίαν κατέβησαν εἰς Τρῳάδα. 9 Καὶ ὅραμα διὰ τῆς¹⁷ νυκτὸς ὤφθη τῷ Παύλῳ·¹⁸ ἀνήρ τις ἦν Μακεδὼν¹⁹ ἑστώς,²⁰ παρακαλῶν αὐτὸν καὶ λέγων, Διαβὰς εἰς

---

¹ συμπαραλαβεῖν • συμπαραλαμβάνειν   ² οὖν • δὲ   ³ θεοῦ • κυρίου
⁴ Κιλικίαν • ΝΑ²⁷/²⁸: [τὴν] Κιλικίαν   ⁵ εἰς • [καὶ] εἰς   ⁶ Λύστραν • εἰς Λύστραν
⁷ τινος • —   ⁸ τὸν πατέρα αὐτοῦ ὅτι Ἕλλην • ὅτι Ἕλλην ὁ πατὴρ αὐτοῦ
⁹ παρεδίδουν • παρεδίδοσαν   ¹⁰ καὶ τῶν • καὶ   ¹¹ Ἰερουσαλήμ • Ἱεροσολύμοις
¹² Διελθόντες • Διῆλθον   ¹³ τὴν Γαλατικὴν • Γαλατικὴν   ¹⁴ ἐλθόντες •
ἐλθόντες δὲ   ¹⁵ κατὰ τὴν Βιθυνίαν πορεύεσθαι • εἰς τὴν Βιθυνίαν πορευθῆναι
¹⁶ πνεῦμα • πνεῦμα Ἰησοῦ   ¹⁷ τῆς • [τῆς]   ¹⁸ ὤφθη τῷ Παύλῳ • τῷ Παύλῳ ὤφθη   ¹⁹ τις ἦν Μακεδὼν • Μακεδών τις ἦν   ²⁰ ἑστώς • ἑστὼς καὶ

Μακεδονίαν, βοήθησον ἡμῖν. 10 Ὡς δὲ τὸ ὅραμα εἶδεν, εὐθέως ἐζητήσαμεν ἐξελθεῖν εἰς τὴν¹ Μακεδονίαν, συμβιβάζοντες ὅτι προσκέκληται ἡμᾶς ὁ κύριος² εὐαγγελίσασθαι αὐτούς.

Paul and His Companions at Philippi

11 Ἀναχθέντες οὖν ἀπὸ τῆς³ Τρῳάδος, εὐθυδρομήσαμεν εἰς Σαμοθρᾴκην, τῇ τε⁴ ἐπιούσῃ εἰς Νεάπολιν,⁵ 12 ἐκεῖθέν τε⁶ εἰς Φιλίππους, ἥτις ἐστὶν πρώτη τῆς μερίδος τῆς⁷ Μακεδονίας πόλις, κολωνεία·⁸ ἦμεν δὲ ἐν αὐτῇ⁹ τῇ πόλει διατρίβοντες ἡμέρας τινάς. 13 Τῇ τε ἡμέρᾳ τῶν σαββάτων ἐξήλθομεν ἔξω τῆς πόλεως¹⁰ παρὰ ποταμόν, οὗ ἐνομίζετο προσευχὴ¹¹ εἶναι, καὶ καθίσαντες ἐλαλοῦμεν ταῖς συνελθούσαις γυναιξίν. 14 Καί τις γυνὴ ὀνόματι Λυδία, πορφυρόπωλις πόλεως Θυατείρων, σεβομένη τὸν θεόν, ἤκουεν· ἧς ὁ κύριος διήνοιξεν τὴν καρδίαν, προσέχειν τοῖς λαλουμένοις ὑπὸ τοῦ Παύλου. 15 Ὡς δὲ ἐβαπτίσθη, καὶ ὁ οἶκος αὐτῆς, παρεκάλεσεν λέγουσα, Εἰ κεκρίκατέ με πιστὴν τῷ κυρίῳ εἶναι, εἰσελθόντες εἰς τὸν οἶκόν μου, μείνατε.¹² Καὶ παρεβιάσατο ἡμᾶς.

16 Ἐγένετο δὲ πορευομένων ἡμῶν εἰς προσευχήν,¹³ παιδίσκην τινὰ ἔχουσαν πνεῦμα Πύθωνος ἀπαντῆσαι¹⁴ ἡμῖν, ἥτις ἐργασίαν πολλὴν παρεῖχεν τοῖς κυρίοις αὐτῆς, μαντευομένη. 17 Αὕτη κατακολουθήσασα¹⁵ τῷ Παύλῳ καὶ ἡμῖν,ᵃ ἔκραζεν λέγουσα, Οὗτοι οἱ ἄνθρωποι δοῦλοι τοῦ θεοῦ τοῦ ὑψίστου εἰσίν, οἵτινες καταγγέλλουσιν ἡμῖν ὁδὸν¹⁶ σωτηρίας. 18 Τοῦτο δὲ ἐποίει ἐπὶ πολλὰς ἡμέρας. Διαπονηθεὶς δὲ ὁ¹⁷ Παῦλος, καὶ ἐπιστρέψας, τῷ πνεύματι

ᵃ καὶ ἡμῖν • καὶ τῷ Σίλᾳ

---

¹ τὴν • — ² κύριος • θεὸς ³ οὖν ἀπὸ τῆς • NA²⁷/²⁸: δὲ ἀπὸ; ECM: οὖν ἀπὸ ⁴ τε • δὲ ⁵ Νεάπολιν • Νέαν Πόλιν ⁶ ἐκεῖθέν τε • κἀκεῖθεν ⁷ πρώτη τῆς μερίδος τῆς • NA²⁷/²⁸: πρώτη[ς] μερίδος τῆς (cj); ECM: πρώτη τῆς μερίδος ⁸ κολωνεία • κολωνία ⁹ αὐτῇ • ταύτῃ ¹⁰ πόλεως • πύλης ¹¹ ἐνομίζετο προσευχὴ • NA²⁷/²⁸: ἐνομίζομεν προσευχὴν ¹² μείνατε • μένετε ¹³ προσευχήν • τὴν προσευχήν ¹⁴ Πύθωνος ἀπαντῆσαι • Πύθωνα ὑπαντῆσαι ¹⁵ κατακολουθήσασα • NA²⁷/²⁸: κατακολουθοῦσα ¹⁶ ἡμῖν ὁδὸν • ὑμῖν ὁδὸν ¹⁷ ὁ • —

εἶπεν, Παραγγέλλω σοι ἐν τῷ ὀνόματι¹ Ἰησοῦ χριστοῦ, ἐξελθεῖν ἀπ' αὐτῆς. Καὶ ἐξῆλθεν αὐτῇ τῇ ὥρᾳ.

19 Ἰδόντες δὲ οἱ κύριοι αὐτῆς ὅτι ἐξῆλθεν ἡ ἐλπὶς τῆς ἐργασίας αὐτῶν, ἐπιλαβόμενοι τὸν Παῦλον καὶ τὸν Σίλαν, εἵλκυσαν εἰς τὴν ἀγορὰν ἐπὶ τοὺς ἄρχοντας, 20 καὶ προσαγαγόντες αὐτοὺς τοῖς στρατηγοῖς εἶπον,² Οὗτοι οἱ ἄνθρωποι ἐκταράσσουσιν ἡμῶν τὴν πόλιν, Ἰουδαῖοι ὑπάρχοντες, 21 καὶ καταγγέλλουσιν ἔθη ἃ οὐκ ἔξεστιν ἡμῖν παραδέχεσθαι οὐδὲ ποιεῖν, Ῥωμαίοις οὖσιν. 22 Καὶ συνεπέστη ὁ ὄχλος κατ' αὐτῶν, καὶ οἱ στρατηγοὶ περιρρήξαντες³ αὐτῶν τὰ ἱμάτια ἐκέλευον ῥαβδίζειν. 23 Πολλάς τε ἐπιθέντες αὐτοῖς πληγὰς ἔβαλον εἰς φυλακήν, παραγγείλαντες τῷ δεσμοφύλακι ἀσφαλῶς τηρεῖν αὐτούς· 24 ὅς, παραγγελίαν τοιαύτην εἰληφώς,⁴ ἔβαλεν αὐτοὺς εἰς τὴν ἐσωτέραν φυλακήν, καὶ τοὺς πόδας αὐτῶν ἠσφαλίσατο⁵ εἰς τὸ ξύλον. 25 Κατὰ δὲ τὸ μεσονύκτιον Παῦλος καὶ Σίλας προσευχόμενοι ὕμνουν τὸν θεόν, ἐπηκροῶντο δὲ αὐτῶν οἱ δέσμιοι· 26 ἄφνω δὲ σεισμὸς ἐγένετο μέγας, ὥστε σαλευθῆναι τὰ θεμέλια τοῦ δεσμωτηρίου· ἀνεῴχθησάν τε⁶ παραχρῆμα αἱ θύραι πᾶσαι, καὶ πάντων τὰ δεσμὰ ἀνέθη. 27 Ἔξυπνος δὲ γενόμενος ὁ δεσμοφύλαξ, καὶ ἰδὼν ἀνεῳγμένας τὰς θύρας τῆς φυλακῆς, σπασάμενος μάχαιραν,⁷ ἔμελλεν⁸ ἑαυτὸν ἀναιρεῖν, νομίζων ἐκπεφευγέναι τοὺς δεσμίους. 28 Ἐφώνησεν δὲ φωνῇ μεγάλῃ ὁ⁹ Παῦλος λέγων, Μηδὲν πράξῃς σεαυτῷ κακόν· ἅπαντες γάρ ἐσμεν ἐνθάδε. 29 Αἰτήσας δὲ φῶτα εἰσεπήδησεν, καὶ ἔντρομος γενόμενος προσέπεσεν τῷ Παύλῳ καὶ τῷ Σίλᾳ,¹⁰ 30 καὶ προαγαγὼν αὐτοὺς ἔξω ἔφη, Κύριοι, τί με δεῖ ποιεῖν ἵνα σωθῶ; 31 Οἱ δὲ εἶπον,¹¹ Πίστευσον ἐπὶ τὸν κύριον Ἰησοῦν χριστόν,¹² καὶ σωθήσῃ σὺ καὶ ὁ οἶκός σου. 32 Καὶ ἐλάλησαν αὐτῷ τὸν

---

¹ τῷ ὀνόματι • ὀνόματι   ² εἶπον • εἶπαν   ³ περιρρήξαντες • περιρήξαντες
⁴ εἰληφώς • λαβών   ⁵ αὐτῶν ἠσφαλίσατο • ἠσφαλίσατο αὐτῶν   ⁶ ἀνεῴχθησάν τε • ἠνεῴχθησαν δὲ   ⁷ μάχαιραν • NA²⁷/²⁸: [τὴν] μάχαιραν   ⁸ ἔμελλεν • ἤμελλεν
⁹ φωνῇ μεγάλῃ ὁ • NA²⁷/²⁸: μεγάλῃ φωνῇ [ὁ]   ¹⁰ τῷ Σίλᾳ • [τῷ] Σιλᾷ   ¹¹ εἶπον • εἶπαν   ¹² χριστόν • —

λόγον τοῦ κυρίου, καὶ πᾶσιν¹ τοῖς ἐν τῇ οἰκίᾳ αὐτοῦ. 33 Καὶ παραλαβὼν αὐτοὺς ἐν ἐκείνῃ τῇ ὥρᾳ τῆς νυκτὸς ἔλουσεν ἀπὸ τῶν πληγῶν, καὶ ἐβαπτίσθη αὐτὸς καὶ οἱ αὐτοῦ πάντες παραχρῆμα. 34 Ἀναγαγών τε αὐτοὺς εἰς τὸν οἶκον αὐτοῦ² παρέθηκεν τράπεζαν, καὶ ἠγαλλιᾶτο πανοικὶ³ πεπιστευκὼς τῷ θεῷ. 35 Ἡμέρας δὲ γενομένης, ἀπέστειλαν οἱ στρατηγοὶ τοὺς ῥαβδούχους λέγοντες, Ἀπόλυσον τοὺς ἀνθρώπους ἐκείνους. 36 Ἀπήγγειλεν δὲ ὁ δεσμοφύλαξ τοὺς λόγους τούτους⁴ πρὸς τὸν Παῦλον ὅτι Ἀπεστάλκασιν⁵ οἱ στρατηγοί, ἵνα ἀπολυθῆτε· νῦν οὖν ἐξελθόντες πορεύεσθε ἐν εἰρήνῃ. 37 Ὁ δὲ Παῦλος ἔφη πρὸς αὐτούς, Δείραντες ἡμᾶς δημοσίᾳ, ἀκατακρίτους, ἀνθρώπους Ῥωμαίους ὑπάρχοντας, ἔβαλον⁶ εἰς φυλακήν, καὶ νῦν λάθρᾳ ἡμᾶς ἐκβάλλουσιν; Οὐ γάρ· ἀλλὰ ἐλθόντες αὐτοὶ ἐξαγαγέτωσαν.⁷ 38 Ἀνήγγειλαν⁸ δὲ τοῖς στρατηγοῖς οἱ ῥαβδοῦχοι τὰ ῥήματα ταῦτα· καὶ ἐφοβήθησαν⁹ ἀκούσαντες ὅτι Ῥωμαῖοί εἰσιν, 39 καὶ ἐλθόντες παρεκάλεσαν αὐτούς, καὶ ἐξαγαγόντες ἠρώτων ἐξελθεῖν¹⁰ τῆς πόλεως. 40 Ἐξελθόντες δὲ ἐκ¹¹ τῆς φυλακῆς εἰσῆλθον πρὸς τὴν Λυδίαν· καὶ ἰδόντες τοὺς ἀδελφούς, παρεκάλεσαν αὐτούς,¹² καὶ ἐξῆλθον.¹³

Paul and Silas in Thessalonica and Berea

17 Διοδεύσαντες δὲ τὴν Ἀμφίπολιν καὶ Ἀπολλωνίαν,¹⁴ ἦλθον εἰς Θεσσαλονίκην, ὅπου ἦν ἡ¹⁵ συναγωγὴ τῶν Ἰουδαίων· 2 κατὰ δὲ τὸ εἰωθὸς τῷ Παύλῳ εἰσῆλθεν πρὸς αὐτούς, καὶ ἐπὶ σάββατα τρία διελέξατο αὐτοῖς ἀπὸ τῶν γραφῶν, 3 διανοίγων καὶ παρατιθέμενος, ὅτι Τὸν χριστὸν ἔδει παθεῖν καὶ ἀναστῆναι ἐκ νεκρῶν, καὶ ὅτι Οὗτός ἐστιν ὁ χριστὸς Ἰησοῦς,¹⁶ ὃν ἐγὼ καταγγέλλω ὑμῖν. 4 Καί τινες ἐξ

---

¹ καὶ πᾶσιν • σὺν πᾶσιν ² αὐτοῦ • — ³ ἠγαλλιᾶτο πανοικὶ • ἠγαλλιάσατο πανοικεὶ ⁴ τούτους • [τούτους] ⁵ Ἀπεστάλκασιν • Ἀπέσταλκαν ⁶ ἔβαλον • ἔβαλαν ⁷ ἐξαγαγέτωσαν • ἡμᾶς ἐξαγαγέτωσαν ⁸ Ἀνήγγειλαν • Ἀπήγγειλαν ⁹ καὶ ἐφοβήθησαν • ἐφοβήθησαν δὲ ¹⁰ ἐξελθεῖν • ἀπελθεῖν ἀπὸ ¹¹ ἐκ ἀπὸ ¹² τοὺς ἀδελφούς παρεκάλεσαν αὐτούς • παρεκάλεσαν τοὺς ἀδελφούς ¹³ ἐξῆλθον • ἐξῆλθαν ¹⁴ Ἀπολλωνίαν • τὴν Ἀπολλωνίαν ¹⁵ ἡ • — ¹⁶ Ἰησοῦς • [ὁ] Ἰησοῦς

αὐτῶν ἐπείσθησαν, καὶ προσεκληρώθησαν τῷ Παύλῳ καὶ τῷ Σίλᾳ, τῶν τε σεβομένων Ἑλλήνων πολὺ πλῆθος,¹ γυναικῶν τε τῶν πρώτων οὐκ ὀλίγαι. 5 Προσλαβόμενοι² δὲ οἱ Ἰουδαῖοι οἱ ἀπειθοῦντες,³ τῶν ἀγοραίων τινὰς ἄνδρας⁴ πονηρούς, καὶ ὀχλοποιήσαντες, ἐθορύβουν τὴν πόλιν· ἐπιστάντες τε⁵ τῇ οἰκίᾳ Ἰάσονος, ἐζήτουν αὐτοὺς ἀγαγεῖν⁶ εἰς τὸν δῆμον. 6 Μὴ εὑρόντες δὲ αὐτούς, ἔσυρον τὸν⁷ Ἰάσονα καί τινας ἀδελφοὺς ἐπὶ τοὺς πολιτάρχας, βοῶντες ὅτι Οἱ τὴν οἰκουμένην ἀναστατώσαντες, οὗτοι καὶ ἐνθάδε πάρεισιν, 7 οὓς ὑποδέδεκται Ἰάσων· καὶ οὗτοι πάντες ἀπέναντι τῶν δογμάτων Καίσαρος πράσσουσιν, βασιλέα λέγοντες ἕτερον⁸ εἶναι, Ἰησοῦν. 8 Ἐτάραξαν δὲ τὸν ὄχλον καὶ τοὺς πολιτάρχας ἀκούοντας ταῦτα. 9 Καὶ λαβόντες τὸ ἱκανὸν παρὰ τοῦ Ἰάσονος καὶ τῶν λοιπῶν, ἀπέλυσαν αὐτούς.

10 Οἱ δὲ ἀδελφοὶ εὐθέως διὰ τῆς⁹ νυκτὸς ἐξέπεμψαν τόν τε Παῦλον καὶ τὸν Σίλαν εἰς Βέροιαν· οἵτινες παραγενόμενοι εἰς τὴν συναγωγὴν ἀπῄεσαν τῶν Ἰουδαίων.¹⁰ 11 Οὗτοι δὲ ἦσαν εὐγενέστεροι τῶν ἐν Θεσσαλονίκῃ, οἵτινες ἐδέξαντο τὸν λόγον μετὰ πάσης προθυμίας, τὸ¹¹ καθ' ἡμέραν ἀνακρίνοντες τὰς γραφάς, εἰ ἔχοι ταῦτα οὕτως. 12 Πολλοὶ μὲν οὖν ἐξ αὐτῶν ἐπίστευσαν, καὶ τῶν Ἑλληνίδων γυναικῶν τῶν εὐσχημόνων καὶ ἀνδρῶν οὐκ ὀλίγοι. 13 Ὡς δὲ ἔγνωσαν οἱ ἀπὸ τῆς Θεσσαλονίκης Ἰουδαῖοι ὅτι καὶ ἐν τῇ Βεροίᾳ κατηγγέλη ὑπὸ τοῦ Παύλου ὁ λόγος τοῦ θεοῦ, ἦλθον κἀκεῖ σαλεύοντες τοὺς¹² ὄχλους. 14 Εὐθέως δὲ τότε τὸν Παῦλον ἐξαπέστειλαν οἱ ἀδελφοὶ πορεύεσθαι ὡς¹³ ἐπὶ τὴν θάλασσαν· ὑπέμενον δὲ¹⁴ ὅ τε Σίλας καὶ ὁ Τιμόθεος ἐκεῖ.

---

¹ πολὺ πλῆθος • πλῆθος πολύ ² Προσλαβόμενοι • Ζηλώσαντες ³ οἱ ἀπειθοῦντες • καὶ προσλαβόμενοι ⁴ τινὰς ἄνδρας • ἄνδρας τινὰς ⁵ ἐπιστάντες τε • καὶ ἐπιστάντες ⁶ ἀγαγεῖν • προαγαγεῖν ⁷ τὸν • — ⁸ λέγοντες ἕτερον • ἕτερον λέγοντες ⁹ τῆς • — ¹⁰ ἀπῄεσαν τῶν Ἰουδαίων • τῶν Ἰουδαίων ἀπῄεσαν ¹¹ τὸ • — ¹² τοὺς • καὶ ταράσσοντες τοὺς ¹³ ὡς • ἕως ¹⁴ ὑπέμενον δὲ • ὑπέμειναν τε

Paul in Athens

15 Οἱ δὲ καθιστῶντες¹ τὸν Παῦλον, ἤγαγον αὐτὸν ἕως² Ἀθηνῶν· καὶ λαβόντες ἐντολὴν πρὸς τὸν Σίλαν καὶ Τιμόθεον,³ ἵνα ὡς τάχιστα ἔλθωσιν πρὸς αὐτόν, ἐξῄεσαν. 16 Ἐν δὲ ταῖς Ἀθήναις ἐκδεχομένου αὐτοὺς τοῦ Παύλου, παρωξύνετο τὸ πνεῦμα αὐτοῦ ἐν αὐτῷ, θεωροῦντι⁴ κατείδωλον οὖσαν τὴν πόλιν. 17 Διελέγετο μὲν οὖν ἐν τῇ συναγωγῇ τοῖς Ἰουδαίοις καὶ τοῖς σεβομένοις, καὶ ἐν τῇ ἀγορᾷ κατὰ πᾶσαν ἡμέραν πρὸς τοὺς παρατυγχάνοντας. 18 Τινὲς δὲ καὶ τῶν Ἐπικουρείων καὶ τῶν Στοϊκῶν ͣ, ⁵ φιλοσόφων συνέβαλλον αὐτῷ. Καί τινες ἔλεγον, Τί ἂν θέλοι ὁ σπερμολόγος οὗτος λέγειν; Οἱ δέ, Ξένων δαιμονίων δοκεῖ καταγγελεὺς εἶναι· ὅτι τὸν Ἰησοῦν καὶ τὴν ἀνάστασιν εὐηγγελίζετο. 19 Ἐπιλαβόμενοί τε αὐτοῦ, ἐπὶ τὸν Ἄρειον πάγον ἤγαγον λέγοντες, Δυνάμεθα γνῶναι, τίς ἡ καινὴ αὕτη ἡ ὑπὸ σοῦ λαλουμένη διδαχή; 20 Ξενίζοντα γάρ τινα εἰσφέρεις εἰς τὰς ἀκοὰς ἡμῶν· βουλόμεθα οὖν γνῶναι, τί ἂν θέλοι⁶ ταῦτα εἶναι— 21 Ἀθηναῖοι δὲ πάντες καὶ οἱ ἐπιδημοῦντες ξένοι εἰς οὐδὲν ἕτερον εὐκαίρουν,⁷ ἢ λέγειν τι καὶ ἀκούειν⁸ καινότερον.

22 Σταθεὶς δὲ ὁ⁹ Παῦλος ἐν μέσῳ τοῦ Ἀρείου πάγου ἔφη, Ἄνδρες Ἀθηναῖοι, κατὰ πάντα ὡς δεισιδαιμονεστέρους ὑμᾶς θεωρῶ. 23 Διερχόμενος γὰρ καὶ ἀναθεωρῶν τὰ σεβάσματα ὑμῶν, εὗρον καὶ βωμὸν ἐν ᾧ ἐπεγέγραπτο, Ἀγνώστῳ θεῷ. Ὃν¹⁰ οὖν ἀγνοοῦντες εὐσεβεῖτε, τοῦτον¹¹ ἐγὼ καταγγέλλω ὑμῖν. 24 Ὁ θεὸς ὁ ποιήσας τὸν κόσμον καὶ πάντα τὰ ἐν αὐτῷ, οὗτος, οὐρανοῦ καὶ γῆς κύριος ὑπάρχων,¹² οὐκ ἐν χειροποιήτοις ναοῖς κατοικεῖ, 25 οὐδὲ ὑπὸ χειρῶν ἀνθρώπων¹³ θεραπεύεται, προσδεόμενός τινος, αὐτὸς διδοὺς πᾶσιν ζωὴν καὶ

ͣ Στοϊκῶν • Στωϊκῶν

¹ καθιστῶντες • καθιστάνοντες ² αὐτὸν ἕως • ἕως ³ Τιμόθεον • τὸν Τιμόθεον ⁴ θεωροῦντι • θεωροῦντος ⁵ τῶν Στοϊκῶν • Στοϊκῶν ⁶ τί ἂν θέλοι • τίνα θέλει ⁷ εὐκαίρουν • ηὐκαίρουν ⁸ καὶ ἀκούειν • ἢ ἀκούειν τι ⁹ ὁ • [ὁ] ¹⁰ Ὃν • Ὃ ¹¹ τοῦτον • τοῦτο ¹² κύριος ὑπάρχων • ὑπάρχων κύριος ¹³ ἀνθρώπων • ἀνθρωπίνων

πνοὴν κατὰ ¹ πάντα· 26 ἐποίησέν τε ἐξ ἑνὸς αἵματος ² πᾶν ἔθνος ἀνθρώπων, κατοικεῖν ἐπὶ πᾶν τὸ πρόσωπον ³ τῆς γῆς, ὁρίσας προστεταγμένους καιροὺς καὶ τὰς ὁροθεσίας τῆς κατοικίας αὐτῶν· 27 ζητεῖν τὸν κύριον, ⁴ εἰ ἄρα γε ψηλαφήσειαν αὐτὸν καὶ εὕροιεν, καί γε οὐ μακρὰν ἀπὸ ἑνὸς ἑκάστου ἡμῶν ὑπάρχοντα. 28 Ἐν αὐτῷ γὰρ ζῶμεν καὶ κινούμεθα καί ἐσμεν· ὡς καί τινες τῶν καθ' ὑμᾶς ποιητῶν εἰρήκασιν, Τοῦ γὰρ καὶ γένος ἐσμέν. 29 Γένος οὖν ὑπάρχοντες τοῦ θεοῦ, οὐκ ὀφείλομεν νομίζειν χρυσῷ ἢ ἀργύρῳ ἢ λίθῳ, χαράγματι τέχνης καὶ ἐνθυμήσεως ἀνθρώπου, τὸ θεῖον εἶναι ὅμοιον. 30 Τοὺς μὲν οὖν χρόνους τῆς ἀγνοίας ὑπεριδὼν ὁ θεός, τὰ νῦν παραγγέλλει τοῖς ἀνθρώποις πᾶσιν ⁵ πανταχοῦ μετανοεῖν· 31 διότι ⁶ ἔστησεν ἡμέραν, ἐν ᾗ μέλλει κρίνειν τὴν οἰκουμένην ἐν δικαιοσύνῃ, ἐν ἀνδρὶ ᾧ ὥρισεν, πίστιν παρασχὼν πᾶσιν, ἀναστήσας αὐτὸν ἐκ νεκρῶν.

32 Ἀκούσαντες δὲ ἀνάστασιν νεκρῶν, οἱ μὲν ἐχλεύαζον· οἱ δὲ εἶπον, ⁷ Ἀκουσόμεθά σου πάλιν περὶ τούτου. ⁸ 33 Καὶ ⁹ οὕτως ὁ Παῦλος ἐξῆλθεν ἐκ μέσου αὐτῶν. 34 Τινὲς δὲ ἄνδρες κολληθέντες αὐτῷ, ἐπίστευσαν· ἐν οἷς καὶ Διονύσιος ὁ Ἀρεοπαγίτης, καὶ γυνὴ ὀνόματι Δάμαρις, καὶ ἕτεροι σὺν αὐτοῖς.

Paul at Corinth

18 Μετὰ δὲ ¹⁰ ταῦτα χωρισθεὶς ὁ Παῦλος ¹¹ ἐκ τῶν Ἀθηνῶν ἦλθεν εἰς Κόρινθον. 2 Καὶ εὑρών τινα Ἰουδαῖον ὀνόματι Ἀκύλαν, Ποντικὸν τῷ γένει, προσφάτως ἐληλυθότα ἀπὸ τῆς Ἰταλίας, καὶ Πρίσκιλλαν γυναῖκα αὐτοῦ, διὰ τὸ τεταχέναι ᵃ, ¹² Κλαύδιον χωρίζεσθαι πάντας τοὺς Ἰουδαίους ἐκ ¹³ τῆς Ῥώμης, προσῆλθεν αὐτοῖς· 3 καὶ διὰ τὸ ὁμότεχνον

ᵃ τεταχέναι • διατεταχέναι

---

¹ κατὰ • καὶ τὰ   ² αἵματος • —   ³ πᾶν τὸ πρόσωπον • παντὸς προσώπου
⁴ κύριον • θεόν   ⁵ πᾶσιν • πάντας   ⁶ διότι • καθότι   ⁷ εἶπον • εἶπαν   ⁸ πάλιν περὶ τούτου • περὶ τούτου καὶ πάλιν   ⁹ Καὶ • —   ¹⁰ δὲ • —   ¹¹ ὁ Παῦλος • —
¹² τεταχέναι • διατεταχέναι   ¹³ ἐκ • ἀπὸ

εἶναι, ἔμενεν παρ' αὐτοῖς καὶ εἰργάζετο· ¹ ἦσαν γὰρ σκηνοποιοὶ τὴν τέχνην.ᵃ, ² 4 Διελέγετο δὲ ἐν τῇ συναγωγῇ κατὰ πᾶν σάββατον, ἔπειθέν τε Ἰουδαίους καὶ Ἕλληνας.

5 Ὡς δὲ κατῆλθον ἀπὸ τῆς Μακεδονίας ὅ τε Σίλας καὶ ὁ Τιμόθεος, συνείχετο τῷ πνεύματι ³ ὁ Παῦλος, διαμαρτυρόμενος τοῖς Ἰουδαίοις τὸν ⁴ χριστὸν Ἰησοῦν. 6 Ἀντιτασσομένων δὲ αὐτῶν καὶ βλασφημούντων, ἐκτιναξάμενος τὰ ἱμάτια, εἶπεν πρὸς αὐτούς, Τὸ αἷμα ὑμῶν ἐπὶ τὴν κεφαλὴν ὑμῶν· καθαρὸς ἐγώ· ἀπὸ τοῦ νῦν εἰς τὰ ἔθνη πορεύσομαι. 7 Καὶ μεταβὰς ἐκεῖθεν ἦλθεν ⁵ εἰς οἰκίαν τινὸς ὀνόματι Ἰούστου, ⁶ σεβομένου τὸν θεόν, οὗ ἡ οἰκία ἦν συνομοροῦσα τῇ συναγωγῇ. 8 Κρίσπος δὲ ὁ ἀρχισυνάγωγος ἐπίστευσεν τῷ κυρίῳ σὺν ὅλῳ τῷ οἴκῳ αὐτοῦ· καὶ πολλοὶ τῶν Κορινθίων ἀκούοντες ἐπίστευον καὶ ἐβαπτίζοντο. 9 Εἶπεν δὲ ὁ κύριος δι' ὁράματος ἐν νυκτὶ ⁷ τῷ Παύλῳ, Μὴ φοβοῦ, ἀλλὰ λάλει καὶ μὴ σιωπήσῃς· 10 διότι ἐγώ εἰμι μετὰ σοῦ, καὶ οὐδεὶς ἐπιθήσεταί σοι τοῦ κακῶσαί σε· διότι λαός ἐστίν μοι πολὺς ἐν τῇ πόλει ταύτῃ. 11 Ἐκάθισέν τε ⁸ ἐνιαυτὸν καὶ μῆνας ἕξ, διδάσκων ἐν αὐτοῖς τὸν λόγον τοῦ θεοῦ.

12 Γαλλίωνος δὲ ἀνθυπατεύοντος ⁹ τῆς Ἀχαΐας, κατεπέστησαν ὁμοθυμαδὸν οἱ Ἰουδαῖοι τῷ Παύλῳ, καὶ ἤγαγον αὐτὸν ἐπὶ τὸ βῆμα, 13 λέγοντες ὅτι Παρὰ τὸν νόμον οὗτος ἀναπείθει ¹⁰ τοὺς ἀνθρώπους σέβεσθαι τὸν θεόν. 14 Μέλλοντος δὲ τοῦ Παύλου ἀνοίγειν τὸ στόμα, εἶπεν ὁ Γαλλίων πρὸς τοὺς Ἰουδαίους, Εἰ μὲν οὖν ¹¹ ἦν ἀδίκημά τι ἢ ῥᾳδιούργημα πονηρόν, ὦ Ἰουδαῖοι, κατὰ λόγον ἂν ἠνεσχόμην ¹² ὑμῶν· 15 εἰ δὲ ζήτημά ¹³ ἐστιν περὶ λόγου καὶ ὀνομάτων καὶ νόμου τοῦ καθ' ὑμᾶς, ὄψεσθε αὐτοί· κριτὴς γὰρ ¹⁴ ἐγὼ τούτων οὐ βούλομαι εἶναι. 16 Καὶ ἀπήλασεν αὐτοὺς ἀπὸ τοῦ βήματος.

ᵃ τὴν τέχνην • τῇ τέχνῃ

¹ εἰργάζετο • ἠργάζετο ² τὴν τέχνην • τῇ τέχνῃ ³ πνεύματι • λόγῳ ⁴ τὸν • εἶναι τὸν ⁵ ἦλθεν • εἰσῆλθεν ⁶ Ἰούστου • ΝΑ²⁷/²⁸: Τιτίου Ἰούστου; ECM: Τίτου Ἰούστου ⁷ δι' ὁράματος ἐν νυκτὶ • ἐν νυκτὶ δι' ὁράματος ⁸ τε • δὲ ⁹ ἀνθυπατεύοντος • ἀνθυπάτου ὄντος ¹⁰ οὗτος ἀναπείθει • ἀναπείθει οὗτος ¹¹ οὖν • — ¹² ἠνεσχόμην • ἀνεσχόμην ¹³ ζήτημά • ζητήματά ¹⁴ γὰρ • —

17 Ἐπιλαβόμενοι δὲ πάντες οἱ Ἕλληνες¹ Σωσθένην τὸν ἀρχισυνάγωγον ἔτυπτον ἔμπροσθεν τοῦ βήματος. Καὶ οὐδὲν τούτων τῷ Γαλλίωνι ἔμελλεν.²

The Return Trip to Antioch and the Beginning of the Third Journey

18 Ὁ δὲ Παῦλος ἔτι προσμείνας ἡμέρας ἱκανάς, τοῖς ἀδελφοῖς ἀποταξάμενος, ἐξέπλει εἰς τὴν Συρίαν, καὶ σὺν αὐτῷ Πρίσκιλλα καὶ Ἀκύλας, κειράμενος τὴν κεφαλὴν ἐν Κεγχρεαῖς·³ εἶχεν γὰρ εὐχήν. 19 Κατήντησεν⁴ δὲ εἰς Ἔφεσον, καὶ ἐκείνους ᵃ,⁵ κατέλιπεν αὐτοῦ· αὐτὸς δὲ εἰσελθὼν εἰς τὴν συναγωγὴν διελέχθη⁶ τοῖς Ἰουδαίοις. 20 Ἐρωτώντων δὲ αὐτῶν ἐπὶ πλείονα χρόνον μεῖναι παρ' αὐτοῖς,⁷ οὐκ ἐπένευσεν· 21 ἀλλ'⁸ ἀπετάξατο αὐτοῖς⁹ εἰπών, Δεῖ με πάντως τὴν ἑορτὴν τὴν ἐρχομένην ποιῆσαι εἰς Ἱεροσόλυμα· ¹⁰ πάλιν δὲ¹¹ ἀνακάμψω πρὸς ὑμᾶς, τοῦ θεοῦ θέλοντος. Ἀνήχθη ἀπὸ τῆς Ἐφέσου, 22 καὶ κατελθὼν εἰς Καισάρειαν, ἀναβὰς καὶ ἀσπασάμενος τὴν ἐκκλησίαν, κατέβη εἰς Ἀντιόχειαν. 23 Καὶ ποιήσας χρόνον τινὰ ἐξῆλθεν, διερχόμενος καθεξῆς τὴν Γαλατικὴν χώραν καὶ Φρυγίαν, ἐπιστηρίζων πάντας τοὺς μαθητάς.

24 Ἰουδαῖος δέ τις Ἀπολλὼς ὀνόματι, Ἀλεξανδρεὺς τῷ γένει, ἀνὴρ λόγιος, κατήντησεν εἰς Ἔφεσον, δυνατὸς ὢν ἐν ταῖς γραφαῖς. 25 Οὗτος ἦν κατηχημένος τὴν ὁδὸν τοῦ κυρίου, καὶ ζέων τῷ πνεύματι ἐλάλει καὶ ἐδίδασκεν ἀκριβῶς τὰ περὶ τοῦ κυρίου, ἐπιστάμενος¹² μόνον τὸ βάπτισμα Ἰωάννου· 26 οὗτός τε ἤρξατο παρρησιάζεσθαι ἐν τῇ συναγωγῇ. Ἀκούσαντες δὲ αὐτοῦ Ἀκύλας καὶ Πρίσκιλλα,¹³ προσελάβοντο αὐτόν, καὶ ἀκριβέστερον αὐτῷ ἐξέθεντο τὴν

ᵃ καὶ ἐκείνους • κἀκείνους

¹ οἱ Ἕλληνες • — ² ἔμελλεν • ἔμελεν ³ τὴν κεφαλὴν ἐν Κεγχρεαῖς • ἐν Κεγχρεαῖς τὴν κεφαλήν ⁴ Κατήντησεν • Κατήντησαν ⁵ καὶ ἐκείνους • κἀκείνους ⁶ διελέχθη • διελέξατο ⁷ παρ' αὐτοῖς • — ⁸ ἀλλ' • ἀλλὰ ⁹ ἀπετάξατο αὐτοῖς • ἀποταξάμενος καὶ ¹⁰ Δεῖ με πάντως τὴν ἑορτὴν τὴν ἐρχομένην ποιῆσαι εἰς Ἱεροσόλυμα • — ¹¹ δὲ • — ¹² κυρίου ἐπιστάμενος • Ἰησοῦ ἐπιστάμενος ¹³ Ἀκύλας καὶ Πρίσκιλλα • Πρίσκιλλα καὶ Ἀκύλας

τοῦ θεοῦ ὁδόν.¹ 27 Βουλομένου δὲ αὐτοῦ διελθεῖν εἰς τὴν Ἀχαΐαν, προτρεψάμενοι οἱ ἀδελφοὶ ἔγραψαν τοῖς μαθηταῖς ἀποδέξασθαι αὐτόν· ὃς παραγενόμενος συνεβάλετο πολὺ τοῖς πεπιστευκόσιν διὰ τῆς χάριτος· 28 εὐτόνως γὰρ τοῖς Ἰουδαίοις διακατηλέγχετο δημοσίᾳ, ἐπιδεικνὺς διὰ τῶν γραφῶν εἶναι τὸν χριστὸν Ἰησοῦν.

Paul's Work at Ephesus

19 Ἐγένετο δέ, ἐν τῷ τὸν Ἀπολλὼ εἶναι ἐν Κορίνθῳ, Παῦλον διελθόντα τὰ ἀνωτερικὰ μέρη ἐλθεῖν² εἰς Ἔφεσον· καὶ εὑρών³ τινας μαθητὰς 2 εἶπεν⁴ πρὸς αὐτούς, Εἰ πνεῦμα ἅγιον ἐλάβετε πιστεύσαντες; Οἱ δὲ εἶπον⁵ πρὸς αὐτόν, Ἀλλ' οὐδὲ⁶ εἰ πνεῦμα ἅγιόν ἐστιν, ἠκούσαμεν. 3 Εἶπέν τε πρὸς αὐτούς,⁷ Εἰς τί οὖν ἐβαπτίσθητε; Οἱ δὲ εἶπον,⁸ Εἰς τὸ Ἰωάννου βάπτισμα. 4 Εἶπεν δὲ Παῦλος, Ἰωάννης μὲν⁹ ἐβάπτισεν βάπτισμα μετανοίας, τῷ λαῷ λέγων εἰς τὸν ἐρχόμενον μετ' αὐτὸν ἵνα πιστεύσωσιν, τοῦτ' ἔστιν, εἰς τὸν χριστὸν¹⁰ Ἰησοῦν. 5 Ἀκούσαντες δὲ ἐβαπτίσθησαν εἰς τὸ ὄνομα τοῦ κυρίου Ἰησοῦ. 6 Καὶ ἐπιθέντος αὐτοῖς τοῦ Παύλου τὰς¹¹ χεῖρας, ἦλθεν τὸ πνεῦμα τὸ ἅγιον ἐπ' αὐτούς, ἐλάλουν τε γλώσσαις καὶ προεφήτευον.¹² 7 Ἦσαν δὲ οἱ πάντες ἄνδρες ὡσεὶ δεκαδύο.¹³

8 Εἰσελθὼν δὲ εἰς τὴν συναγωγὴν ἐπαρρησιάζετο, ἐπὶ μῆνας τρεῖς διαλεγόμενος καὶ πείθων τὰ¹⁴ περὶ τῆς βασιλείας τοῦ θεοῦ. 9 Ὡς δέ τινες ἐσκληρύνοντο καὶ ἠπείθουν, κακολογοῦντες τὴν ὁδὸν ἐνώπιον τοῦ πλήθους, ἀποστὰς ἀπ' αὐτῶν ἀφώρισεν τοὺς μαθητάς, καθ' ἡμέραν διαλεγόμενος ἐν τῇ σχολῇ Τυράννου τινός.¹⁵ 10 Τοῦτο δὲ ἐγένετο ἐπὶ ἔτη δύο, ὥστε πάντας τοὺς κατοικοῦντας τὴν Ἀσίαν ἀκοῦσαι τὸν λόγον τοῦ κυρίου Ἰησοῦ,¹⁶ Ἰουδαίους τε καὶ Ἕλληνας. 11 Δυνάμεις τε οὐ τὰς τυχούσας ἐποίει ὁ θεὸς¹⁷ διὰ τῶν χειρῶν Παύλου,

---

¹ τοῦ θεοῦ ὁδόν • ὁδὸν [τοῦ θεοῦ]   ² ἐλθεῖν • [κατ]ελθεῖν   ³ εὑρών • εὑρεῖν   ⁴ εἶπεν • εἶπέν τε   ⁵ εἶπον • —   ⁶ οὐδὲ • οὐδ'   ⁷ πρὸς αὐτούς • —   ⁸ εἶπον • εἶπαν   ⁹ μὲν • —   ¹⁰ χριστὸν • —   ¹¹ τὰς • [τὰς]   ¹² προεφήτευον • ἐπροφήτευον   ¹³ δεκαδύο • δώδεκα   ¹⁴ τὰ • [τὰ]   ¹⁵ τινός • —   ¹⁶ Ἰησοῦ • —   ¹⁷ ἐποίει ὁ θεὸς • ὁ θεὸς ἐποίει

19.12-19.22   ΠΡΑΞΕΙΣ ΑΠΟΣΤΟΛΩΝ   346

12 ὥστε καὶ ἐπὶ τοὺς ἀσθενοῦντας ἐπιφέρεσθαι[1] ἀπὸ τοῦ χρωτὸς αὐτοῦ σουδάρια ἢ σιμικίνθια, καὶ ἀπαλλάσσεσθαι ἀπ᾽ αὐτῶν τὰς νόσους, τά τε πνεύματα τὰ πονηρὰ ἐξέρχεσθαι ἀπ᾽ αὐτῶν.[2] 13 Ἐπεχείρησαν δέ τινες ἀπὸ[3] τῶν περιερχομένων Ἰουδαίων ἐξορκιστῶν ὀνομάζειν ἐπὶ τοὺς ἔχοντας τὰ πνεύματα τὰ πονηρὰ τὸ ὄνομα τοῦ κυρίου Ἰησοῦ, λέγοντες, Ὁρκίζομεν[4] ὑμᾶς τὸν Ἰησοῦν ὃν ὁ[5] Παῦλος κηρύσσει. 14 Ἦσαν δέ τινες υἱοὶ Σκευᾶ[6] Ἰουδαίου ἀρχιερέως ἑπτὰ οἱ[7] τοῦτο ποιοῦντες. 15 Ἀποκριθὲν δὲ τὸ πνεῦμα τὸ πονηρὸν εἶπεν,[8] Τὸν Ἰησοῦν[9] γινώσκω, καὶ τὸν Παῦλον ἐπίσταμαι· ὑμεῖς δὲ τίνες ἐστέ; 16 Καὶ ἐφαλλόμενος ἐπ᾽ αὐτοὺς ὁ ἄνθρωπος[10] ἐν ᾧ ἦν τὸ πνεῦμα τὸ πονηρόν, καὶ κατακυριεύσαν αὐτῶν,[11] ἴσχυσεν κατ᾽ αὐτῶν, ὥστε γυμνοὺς καὶ τετραυματισμένους ἐκφυγεῖν ἐκ τοῦ οἴκου ἐκείνου. 17 Τοῦτο δὲ ἐγένετο γνωστὸν πᾶσιν Ἰουδαίοις τε καὶ Ἕλλησιν τοῖς κατοικοῦσιν τὴν Ἔφεσον, καὶ ἐπέπεσεν φόβος ἐπὶ πάντας αὐτούς, καὶ ἐμεγαλύνετο τὸ ὄνομα τοῦ κυρίου Ἰησοῦ. 18 Πολλοί τε τῶν πεπιστευκότων ἤρχοντο, ἐξομολογούμενοι, καὶ ἀναγγέλλοντες τὰς πράξεις αὐτῶν. 19 Ἱκανοὶ δὲ τῶν τὰ περίεργα πραξάντων συνενέγκαντες τὰς βίβλους κατέκαιον ἐνώπιον πάντων· καὶ συνεψήφισαν τὰς τιμὰς αὐτῶν, καὶ εὗρον ἀργυρίου μυριάδας πέντε. 20 Οὕτως κατὰ κράτος ὁ λόγος τοῦ κυρίου[12] ηὔξανεν καὶ ἴσχυεν.

The Tumult Caused by Demetrius

21 Ὡς δὲ ἐπληρώθη ταῦτα, ἔθετο ὁ Παῦλος ἐν τῷ πνεύματι, διελθὼν τὴν Μακεδονίαν καὶ Ἀχαΐαν, πορεύεσθαι εἰς Ἱερουσαλήμ,[13] εἰπὼν ὅτι Μετὰ τὸ γενέσθαι με ἐκεῖ, δεῖ με καὶ Ῥώμην ἰδεῖν. 22 Ἀποστείλας δὲ εἰς τὴν Μακεδονίαν

---

[1] ἐπιφέρεσθαι • ἀποφέρεσθαι   [2] ἐξέρχεσθαι ἀπ᾽ αὐτῶν • ἐκπορεύεσθαι   [3] ἀπὸ • καὶ   [4] Ὁρκίζομεν • Ὁρκίζω   [5] ὁ • —   [6] τινες υἱοὶ Σκευᾶ • NA²⁷ᐟ²⁸: τινος Σκευᾶ; ECM: τινες Σκευᾶ   [7] οἱ • υἱοὶ   [8] εἶπεν • εἶπεν αὐτοῖς   [9] Ἰησοῦν • NA²⁷ᐟ²⁸: [μὲν] Ἰησοῦν   [10] ἐφαλλόμενος ἐπ᾽ αὐτοὺς ὁ ἄνθρωπος • ἐφαλόμενος ὁ ἄνθρωπος ἐπ᾽ αὐτοὺς   [11] καὶ κατακυριεύσαν αὐτῶν • κατακυριεύσας ἀμφοτέρων   [12] ὁ λόγος τοῦ κυρίου • τοῦ κυρίου ὁ λόγος   [13] Ἱερουσαλήμ • Ἱεροσόλυμα

δύο τῶν διακονούντων αὐτῷ, Τιμόθεον καὶ Ἔραστον, αὐτὸς ἐπέσχεν χρόνον εἰς τὴν Ἀσίαν. 23 Ἐγένετο δὲ κατὰ τὸν καιρὸν ἐκεῖνον τάραχος οὐκ ὀλίγος περὶ τῆς ὁδοῦ. 24 Δημήτριος γάρ τις ὀνόματι, ἀργυροκόπος, ποιῶν ναοὺς ἀργυροῦς Ἀρτέμιδος, παρείχετο τοῖς τεχνίταις ἐργασίαν οὐκ ὀλίγην· ¹ 25 οὓς συναθροίσας, καὶ τοὺς περὶ τὰ τοιαῦτα ἐργάτας, εἶπεν, Ἄνδρες, ἐπίστασθε ὅτι ἐκ ταύτης τῆς ἐργασίας ἡ εὐπορία ἡμῶν ² ἐστιν. 26 Καὶ θεωρεῖτε καὶ ἀκούετε ὅτι οὐ μόνον Ἐφέσου, ἀλλὰ σχεδὸν πάσης τῆς Ἀσίας, ὁ Παῦλος οὗτος πείσας μετέστησεν ἱκανὸν ὄχλον, λέγων ὅτι οὐκ εἰσὶν θεοὶ οἱ διὰ χειρῶν γινόμενοι. 27 Οὐ μόνον δὲ τοῦτο κινδυνεύει ἡμῖν τὸ μέρος εἰς ἀπελεγμὸν ἐλθεῖν, ἀλλὰ καὶ τὸ τῆς μεγάλης θεᾶς ἱερὸν Ἀρτέμιδος ᵃ, ³ εἰς οὐθὲν λογισθῆναι, μέλλειν δὲ καὶ ⁴ καθαιρεῖσθαι τὴν μεγαλειότητα ⁵ αὐτῆς, ἣν ὅλη ἡ Ἀσία καὶ ἡ οἰκουμένη σέβεται. 28 Ἀκούσαντες δὲ καὶ γενόμενοι πλήρεις θυμοῦ, ἔκραζον λέγοντες, Μεγάλη ἡ Ἄρτεμις Ἐφεσίων. 29 Καὶ ἐπλήσθη ἡ πόλις ὅλη ⁶ τῆς συγχύσεως· ὥρμησάν τε ὁμοθυμαδὸν εἰς τὸ θέατρον, συναρπάσαντες Γάϊον καὶ Ἀρίσταρχον Μακεδόνας, συνεκδήμους Παύλου. 30 Τοῦ δὲ Παύλου ⁷ βουλομένου εἰσελθεῖν εἰς τὸν δῆμον, οὐκ εἴων αὐτὸν οἱ μαθηταί. 31 Τινὲς δὲ καὶ τῶν Ἀσιαρχῶν, ὄντες αὐτῷ φίλοι, πέμψαντες πρὸς αὐτόν, παρεκάλουν μὴ δοῦναι ἑαυτὸν εἰς τὸ θέατρον. 32 Ἄλλοι μὲν οὖν ἄλλο τι ἔκραζον· ἦν γὰρ ἡ ἐκκλησία συγκεχυμένη, καὶ οἱ πλείους οὐκ ᾔδεισαν τίνος ἕνεκεν ⁸ συνεληλύθεισαν. 33 Ἐκ δὲ τοῦ ὄχλου προεβίβασαν ⁹ Ἀλέξανδρον, προβαλόντων αὐτὸν τῶν Ἰουδαίων. Ὁ δὲ Ἀλέξανδρος, κατασείσας τὴν χεῖρα, ἤθελεν ἀπολογεῖσθαι τῷ δήμῳ. 34 Ἐπιγνόντες δὲ ὅτι Ἰουδαῖός ἐστιν, φωνὴ ἐγένετο μία ἐκ πάντων ὡς ἐπὶ ὥρας δύο κραζόντων, Μεγάλη ἡ Ἄρτεμις

ᵃ ἱερὸν Ἀρτέμιδος • Ἀρτέμιδος ἱερὸν

---

¹ ἐργασίαν οὐκ ὀλίγην • οὐκ ὀλίγην ἐργασίαν   ² ἡμῶν • ἡμῖν   ³ ἱερὸν Ἀρτέμιδος • Ἀρτέμιδος ἱερὸν   ⁴ δὲ καὶ • τε καὶ   ⁵ τὴν μεγαλειότητα • τῆς μεγαλειότητος   ⁶ ὅλη • —   ⁷ Τοῦ δὲ Παύλου • Παύλου δὲ   ⁸ ἕνεκεν • ἕνεκα   ⁹ προεβίβασαν • συνεβίβασαν

Ἐφεσίων. 35 Καταστείλας δὲ ὁ γραμματεὺς τὸν ὄχλον φησίν, Ἄνδρες Ἐφέσιοι, τίς γάρ ἐστιν ἄνθρωπος¹ ὃς οὐ γινώσκει τὴν Ἐφεσίων πόλιν νεωκόρον οὖσαν τῆς μεγάλης θεᾶς² Ἀρτέμιδος καὶ τοῦ Διοπετοῦς; 36 Ἀναντιρρήτων οὖν ὄντων τούτων, δέον ἐστὶν ὑμᾶς κατεσταλμένους ὑπάρχειν, καὶ μηδὲν προπετὲς πράσσειν. 37 Ἠγάγετε γὰρ τοὺς ἄνδρας τούτους, οὔτε ἱεροσύλους οὔτε βλασφημοῦντας τὴν θεὸν ὑμῶν.³ 38 Εἰ μὲν οὖν Δημήτριος καὶ οἱ σὺν αὐτῷ τεχνῖται ἔχουσιν πρός τινα λόγον, ἀγοραῖοι ἄγονται, καὶ ἀνθύπατοί εἰσιν· ἐγκαλείτωσαν ἀλλήλοις. 39 Εἰ δέ τι περὶ ἑτέρων⁴ ἐπιζητεῖτε, ἐν τῇ ἐννόμῳ ἐκκλησίᾳ ἐπιλυθήσεται. 40 Καὶ γὰρ κινδυνεύομεν ἐγκαλεῖσθαι στάσεως περὶ τῆς σήμερον, μηδενὸς αἰτίου ὑπάρχοντος περὶ οὗ οὐ⁵ δυνησόμεθα δοῦναι ᵃ⋅ ⁶ λόγον⁷ τῆς συστροφῆς ταύτης. 41 Καὶ ταῦτα εἰπών, ἀπέλυσεν τὴν ἐκκλησίαν.

The Journey to Macedonia and Back to Miletus

20 Μετὰ δὲ τὸ παύσασθαι τὸν θόρυβον, προσκαλεσάμενος⁸ ὁ Παῦλος τοὺς μαθητάς, καὶ ἀσπασάμενος,⁹ ἐξῆλθεν πορευθῆναι¹⁰ εἰς τὴν¹¹ Μακεδονίαν. 2 Διελθὼν δὲ τὰ μέρη ἐκεῖνα, καὶ παρακαλέσας αὐτοὺς λόγῳ πολλῷ, ἦλθεν εἰς τὴν Ἑλλάδα. 3 Ποιήσας τε μῆνας τρεῖς, γενομένης αὐτῷ ἐπιβουλῆς¹² ὑπὸ τῶν Ἰουδαίων μέλλοντι ἀνάγεσθαι εἰς τὴν Συρίαν, ἐγένετο γνώμη¹³ τοῦ ὑποστρέφειν διὰ Μακεδονίας. 4 Συνείπετο δὲ αὐτῷ ἄχρι τῆς Ἀσίας Σώπατρος¹⁴ Βεροιαῖος· Θεσσαλονικέων δέ, Ἀρίσταρχος καὶ Σεκοῦνδος, καὶ Γάϊος Δερβαῖος, καὶ Τιμόθεος· Ἀσιανοὶ δέ, Τυχικὸς καὶ Τρόφιμος. 5 Οὗτοι προσελθόντες¹⁵ ἔμενον ἡμᾶς ἐν Τρῳάδι. 6 Ἡμεῖς δὲ

ᵃ *δοῦναι* • *ἀποδοῦναι*

---

¹ *ἄνθρωπος* • *ἀνθρώπων*   ² *θεᾶς* • —   ³ *ὑμῶν* • *ἡμῶν*   ⁴ *περὶ ἑτέρων* • *περαιτέρω*   ⁵ *οὗ οὐ* • *οὗ [οὐ]*   ⁶ *δοῦναι* • *ἀποδοῦναι*   ⁷ *λόγον* • *λόγον περὶ*   ⁸ *προσκαλεσάμενος* • *μεταπεμψάμενος*   ⁹ *ἀσπασάμενος* • *παρακαλέσας ἀσπασάμενος*   ¹⁰ *πορευθῆναι* • *πορεύεσθαι*   ¹¹ *τὴν* • —   ¹² *αὐτῷ ἐπιβουλῆς* • *ἐπιβουλῆς αὐτῷ*   ¹³ *γνώμη* • *γνώμης*   ¹⁴ *ἄχρι τῆς Ἀσίας Σώπατρος* • *Σώπατρος Πύρρου*   ¹⁵ *προσελθόντες* • NA²⁷/²⁸⋅ *δὲ προελθόντες;* ECM: *δὲ προσελθόντες*

ἐξεπλεύσαμεν μετὰ τὰς ἡμέρας τῶν ἀζύμων ἀπὸ Φιλίππων, καὶ ἤλθομεν πρὸς αὐτοὺς εἰς τὴν Τρῳάδα ἄχρι ἡμερῶν πέντε, οὗ [1] διετρίψαμεν ἡμέρας ἑπτά.

7 Ἐν δὲ τῇ μιᾷ τῶν σαββάτων, συνηγμένων τῶν μαθητῶν [2] κλάσαι ἄρτον, ὁ Παῦλος διελέγετο αὐτοῖς, μέλλων ἐξιέναι τῇ ἐπαύριον, παρέτεινέν τε τὸν λόγον μέχρι μεσονυκτίου. 8 Ἦσαν δὲ λαμπάδες ἱκαναὶ ἐν τῷ ὑπερῴῳ οὗ ἦμεν συνηγμένοι. 9 Καθήμενος [3] δέ τις νεανίας ὀνόματι Εὔτυχος ἐπὶ τῆς θυρίδος, καταφερόμενος ὕπνῳ βαθεῖ, διαλεγομένου τοῦ Παύλου ἐπὶ πλεῖον, κατενεχθεὶς ἀπὸ τοῦ ὕπνου ἔπεσεν ἀπὸ τοῦ τριστέγου κάτω, καὶ ἤρθη νεκρός. 10 Καταβὰς δὲ ὁ Παῦλος ἐπέπεσεν αὐτῷ, καὶ συμπεριλαβὼν εἶπεν, Μὴ θορυβεῖσθε· ἡ γὰρ ψυχὴ αὐτοῦ ἐν αὐτῷ ἐστιν. 11 Ἀναβὰς δὲ καὶ κλάσας ἄρτον [4] καὶ γευσάμενος, ἐφ᾽ ἱκανόν τε ὁμιλήσας ἄχρι αὐγῆς, οὕτως ἐξῆλθεν. 12 Ἤγαγον δὲ τὸν παῖδα ζῶντα, καὶ παρεκλήθησαν οὐ μετρίως.

13 Ἡμεῖς δέ, προσελθόντες [5] ἐπὶ τὸ πλοῖον, ἀνήχθημεν εἰς τὴν [6] Ἄσσον, ἐκεῖθεν μέλλοντες ἀναλαμβάνειν τὸν Παῦλον· οὕτως γὰρ ἦν διατεταγμένος, [7] μέλλων αὐτὸς πεζεύειν. 14 Ὡς δὲ συνέβαλεν [8] ἡμῖν εἰς τὴν Ἄσσον, ἀναλαβόντες αὐτὸν ἤλθομεν εἰς Μιτυλήνην. 15 Κἀκεῖθεν ἀποπλεύσαντες, τῇ ἐπιούσῃ κατηντήσαμεν ἀντικρὺ [9] Χίου· τῇ δὲ ἑτέρᾳ παρεβάλομεν εἰς Σάμον· καὶ μείναντες ἐν Τρωγυλλίῳ, [10] τῇ ἐχομένῃ [11] ἤλθομεν εἰς Μίλητον. 16 Ἔκρινεν [12] γὰρ ὁ Παῦλος παραπλεῦσαι τὴν Ἔφεσον, ὅπως μὴ γένηται αὐτῷ χρονοτριβῆσαι ἐν τῇ Ἀσίᾳ· ἔσπευδεν γάρ, εἰ δυνατὸν ἦν [13] αὐτῷ, τὴν ἡμέραν τῆς Πεντηκοστῆς γενέσθαι εἰς Ἱεροσόλυμα.

---

1 οὗ • NA²⁷/²⁸: ὅπου   2 τῶν μαθητῶν • ἡμῶν   3 Καθήμενος • Καθεζόμενος
4 ἄρτον • τὸν ἄρτον   5 προσελθόντες • ποοελθόντες   6 εἰς τὴν • ἐπὶ τὴν   7 ἦν διατεταγμένος • διατεταγμένος ἦν   8 συνέβαλεν • συνέβαλλεν   9 ἀντικρὺ • ἄντικρυς   10 καὶ μείναντες ἐν Τρωγυλλίῳ • —   11 ἐχομένῃ • δὲ ἐχομένῃ
12 Ἔκρινεν • Κεκρίκει   13 ἦν • εἴη

Paul and the Elders of Ephesus

17 Ἀπὸ δὲ τῆς Μιλήτου πέμψας εἰς Ἔφεσον μετεκαλέσατο τοὺς πρεσβυτέρους τῆς ἐκκλησίας. **18** Ὡς δὲ παρεγένοντο πρὸς αὐτόν, εἶπεν αὐτοῖς,

Ὑμεῖς ἐπίστασθε, ἀπὸ πρώτης ἡμέρας ἀφ' ἧς ἐπέβην εἰς τὴν Ἀσίαν, πῶς μεθ' ὑμῶν τὸν πάντα χρόνον ἐγενόμην, **19** δουλεύων τῷ κυρίῳ μετὰ πάσης ταπεινοφροσύνης καὶ πολλῶν¹ δακρύων καὶ πειρασμῶν τῶν συμβάντων μοι ἐν ταῖς ἐπιβουλαῖς τῶν Ἰουδαίων· **20** ὡς οὐδὲν ὑπεστειλάμην τῶν συμφερόντων, τοῦ μὴ ἀναγγεῖλαι ὑμῖν καὶ διδάξαι ὑμᾶς δημοσίᾳ καὶ κατ' οἴκους, **21** διαμαρτυρόμενος Ἰουδαίοις τε καὶ Ἕλλησιν τὴν εἰς τὸν θεὸν² μετάνοιαν, καὶ πίστιν τὴν³ εἰς τὸν κύριον ἡμῶν Ἰησοῦν.⁴ **22** Καὶ νῦν ἰδού, ἐγὼ δεδεμένος⁵ τῷ πνεύματι πορεύομαι εἰς Ἱερουσαλήμ, τὰ ἐν αὐτῇ συναντήσοντά μοι μὴ εἰδώς, **23** πλὴν ὅτι τὸ πνεῦμα τὸ ἅγιον κατὰ πόλιν διαμαρτύρεται λέγον⁶ ὅτι δεσμά με καὶ θλίψεις⁷ μένουσιν. **24** Ἀλλ' οὐδενὸς λόγον⁸ ποιοῦμαι, οὐδὲ ἔχω⁹ τὴν ψυχήν μου¹⁰ τιμίαν ἐμαυτῷ, ὡς τελειῶσαι τὸν δρόμον μου μετὰ χαρᾶς,¹¹ καὶ τὴν διακονίαν ἣν ἔλαβον παρὰ τοῦ κυρίου Ἰησοῦ, διαμαρτύρασθαι τὸ εὐαγγέλιον τῆς χάριτος τοῦ θεοῦ. **25** Καὶ νῦν ἰδού, ἐγὼ οἶδα ὅτι οὐκέτι ὄψεσθε τὸ πρόσωπόν μου ὑμεῖς πάντες, ἐν οἷς διῆλθον κηρύσσων τὴν βασιλείαν τοῦ θεοῦ.¹² **26** Διότι[a] μαρτύρομαι ὑμῖν ἐν τῇ σήμερον ἡμέρᾳ, ὅτι καθαρὸς ἐγὼ¹³ ἀπὸ τοῦ αἵματος πάντων. **27** Οὐ γὰρ ὑπεστειλάμην τοῦ μὴ ἀναγγεῖλαι ὑμῖν¹⁴ πᾶσαν τὴν βουλὴν τοῦ θεοῦ.¹⁵ **28** Προσέχετε οὖν¹⁶ ἑαυτοῖς καὶ παντὶ τῷ ποιμνίῳ, ἐν ᾧ ὑμᾶς τὸ πνεῦμα τὸ ἅγιον ἔθετο ἐπισκόπους, ποιμαίνειν τὴν ἐκκλησίαν τοῦ κυρίου καὶ¹⁷ θεοῦ, ἣν περιεποιήσατο διὰ τοῦ

---

[a] Διότι • Διὸ

---

¹ πολλῶν • — ² τὸν θεὸν • θεὸν ³ πίστιν τὴν • πίστιν ⁴ Ἰησοῦν • ECM: Ἰησοῦν Χριστόν ⁵ ἐγὼ δεδεμένος • δεδεμένος ἐγὼ ⁶ λέγον • μοι λέγον ⁷ με καὶ θλίψεις • καὶ θλίψεις με ⁸ λόγον • λόγου ⁹ οὐδὲ ἔχω • — ¹⁰ ψυχήν μου • ψυχὴν ¹¹ μετὰ χαρᾶς • — ¹² τοῦ θεοῦ • — ¹³ ἐγὼ • εἰμι ¹⁴ ὑμῖν • — ¹⁵ θεοῦ • θεοῦ ὑμῖν ¹⁶ οὖν • — ¹⁷ κυρίου καὶ • —

ἰδίου αἵματος. ¹ 29 Ἐγὼ γὰρ οἶδα τοῦτο,² ὅτι εἰσελεύσονται μετὰ τὴν ἄφιξίν μου λύκοι βαρεῖς εἰς ὑμᾶς, μὴ φειδόμενοι τοῦ ποιμνίου· 30 καὶ ἐξ ὑμῶν αὐτῶν ἀναστήσονται ἄνδρες λαλοῦντες διεστραμμένα, τοῦ ἀποσπᾶν τοὺς μαθητὰς ὀπίσω αὐτῶν. 31 Διὸ γρηγορεῖτε, μνημονεύοντες ὅτι τριετίαν νύκτα καὶ ἡμέραν οὐκ ἐπαυσάμην μετὰ δακρύων νουθετῶν ἕνα ἕκαστον. 32 Καὶ τὰ νῦν παρατίθεμαι ὑμᾶς, ἀδελφοί,³ τῷ θεῷ καὶ τῷ λόγῳ τῆς χάριτος αὐτοῦ, τῷ δυναμένῳ ἐποικοδομῆσαι,⁴ καὶ δοῦναι ὑμῖν⁵ κληρονομίαν ἐν τοῖς ἡγιασμένοις πᾶσιν. 33 Ἀργυρίου ἢ χρυσίου ἢ ἱματισμοῦ οὐδενὸς ἐπεθύμησα. 34 Αὐτοὶ γινώσκετε ὅτι ταῖς χρείαις μου καὶ τοῖς οὖσιν μετ' ἐμοῦ ὑπηρέτησαν αἱ χεῖρες αὗται. 35 Πάντα ὑπέδειξα ὑμῖν, ὅτι οὕτως κοπιῶντας δεῖ ἀντιλαμβάνεσθαι τῶν ἀσθενούντων, μνημονεύειν τε τῶν λόγων τοῦ κυρίου Ἰησοῦ, ὅτι αὐτὸς εἶπεν, Μακάριόν ἐστιν μᾶλλον διδόναι ἢ λαμβάνειν.

36 Καὶ ταῦτα εἰπών, θεὶς τὰ γόνατα αὐτοῦ, σὺν πᾶσιν αὐτοῖς προσηύξατο. 37 Ἱκανὸς δὲ ἐγένετο κλαυθμὸς⁶ πάντων· καὶ ἐπιπεσόντες ἐπὶ τὸν τράχηλον τοῦ Παύλου κατεφίλουν αὐτόν, 38 ὀδυνώμενοι μάλιστα ἐπὶ τῷ λόγῳ ᾧ εἰρήκει, ὅτι οὐκέτι μέλλουσιν τὸ πρόσωπον αὐτοῦ θεωρεῖν. Προέπεμπον δὲ αὐτὸν εἰς τὸ πλοῖον.

The Trip to Jerusalem

21 Ὡς δὲ ἐγένετο ἀναχθῆναι ἡμᾶς ἀποσπασθέντας ἀπ' αὐτῶν, εὐθυδρομήσαντες ἤλθομεν εἰς τὴν Κῶν,⁷ τῇ δὲ ἑξῆς εἰς τὴν Ῥόδον, κἀκεῖθεν εἰς Πάταρα· 2 καὶ εὑρόντες πλοῖον διαπερῶν εἰς Φοινίκην, ἐπιβάντες ἀνήχθημεν. 3 Ἀναφανέντες⁸ δὲ τὴν Κύπρον, καὶ καταλιπόντες αὐτὴν εὐώνυμον, ἐπλέομεν εἰς Συρίαν, καὶ κατήχθημεν⁹ εἰς Τύρον· ἐκεῖσε γὰρ ἦν τὸ πλοῖον¹⁰ ἀποφορτιζόμενον τὸν γόμον. 4 Καὶ

---

¹ ἰδίου αἵματος • αἵματος τοῦ ἰδίου ² γὰρ οἶδα τοῦτο • οἶδα ³ ἀδελφοί —
⁴ ἐποικοδομῆσαι • οἰκοδομῆσαι ⁵ ὑμῖν • τὴν ⁶ ἐγένετο κλαυθμὸς • κλαυθμὸς ἐγένετο ⁷ Κῶν • Κῶ ⁸ Ἀναφανέντες • Ἀναφάναντες ⁹ κατήχθημεν • κατήλθομεν ¹⁰ ἦν τὸ πλοῖον • τὸ πλοῖον ἦν

ἀνευρόντες ¹ μαθητάς, ἐπεμείναμεν αὐτοῦ ἡμέρας ἑπτά· οἵτινες τῷ Παύλῳ ἔλεγον διὰ τοῦ πνεύματος, μὴ ἀναβαίνειν εἰς Ἱερουσαλήμ. ² 5 Ὅτε δὲ ἐγένετο ἡμᾶς ἐξαρτίσαι τὰς ἡμέρας, ἐξελθόντες ἐπορευόμεθα, προπεμπόντων ἡμᾶς πάντων σὺν γυναιξὶν καὶ τέκνοις ἕως ἔξω τῆς πόλεως· καὶ θέντες τὰ γόνατα ἐπὶ τὸν αἰγιαλὸν προσηυξάμεθα. ³ 6 Καὶ ἀσπασάμενοι ἀλλήλους, ἐπέβημεν ⁴ εἰς τὸ πλοῖον, ἐκεῖνοι δὲ ὑπέστρεψαν εἰς τὰ ἴδια.

7 Ἡμεῖς δέ, τὸν πλοῦν διανύσαντες ἀπὸ Τύρου, κατηντήσαμεν εἰς Πτολεμαΐδα, καὶ ἀσπασάμενοι τοὺς ἀδελφοὺς ἐμείναμεν ἡμέραν μίαν παρ᾽ αὐτοῖς. 8 Τῇ δὲ ἐπαύριον ἐξελθόντες οἱ περὶ τὸν Παῦλον ἦλθον ᵃ, ⁵ εἰς Καισάρειαν· καὶ εἰσελθόντες εἰς τὸν οἶκον Φιλίππου τοῦ εὐαγγελιστοῦ, ὄντος ἐκ τῶν ἑπτά, ἐμείναμεν παρ᾽ αὐτῷ. 9 Τούτῳ δὲ ἦσαν θυγατέρες παρθένοι τέσσαρες ⁶ προφητεύουσαι. 10 Ἐπιμενόντων δὲ ἡμῶν ⁷ ἡμέρας πλείους, κατῆλθέν τις ἀπὸ τῆς Ἰουδαίας προφήτης ὀνόματι Ἄγαβος. 11 Καὶ ἐλθὼν πρὸς ἡμᾶς, καὶ ἄρας τὴν ζώνην τοῦ Παύλου, δήσας τε αὐτοῦ ⁸ τοὺς πόδας καὶ τὰς χεῖρας εἶπεν, Τάδε λέγει τὸ πνεῦμα τὸ ἅγιον, Τὸν ἄνδρα οὗ ἐστιν ἡ ζώνη αὕτη, οὕτως δήσουσιν ἐν Ἱερουσαλὴμ οἱ Ἰουδαῖοι, καὶ παραδώσουσιν εἰς χεῖρας ἐθνῶν. 12 Ὡς δὲ ἠκούσαμεν ταῦτα, παρεκαλοῦμεν ἡμεῖς τε καὶ οἱ ἐντόπιοι, τοῦ μὴ ἀναβαίνειν αὐτὸν εἰς Ἱερουσαλήμ. 13 Ἀπεκρίθη τε ⁹ ὁ Παῦλος, Τί ποιεῖτε κλαίοντες καὶ συνθρύπτοντές μου τὴν καρδίαν; Ἐγὼ γὰρ οὐ μόνον δεθῆναι, ἀλλὰ καὶ ἀποθανεῖν εἰς Ἱερουσαλὴμ ἑτοίμως ἔχω ὑπὲρ τοῦ ὀνόματος τοῦ κυρίου

ᵃ οἱ περὶ τὸν Παῦλον ἦλθον • ἤλθομεν

¹ Καὶ ἀνευρόντες • Ἀνευρόντες δὲ τοὺς   ² ἀναβαίνειν εἰς Ἱερουσαλήμ • ἐπιβαίνειν εἰς Ἱεροσόλυμα   ³ προσηυξάμεθα. • προσευξάμενοι   ⁴ Καὶ ἀσπασάμενοι ἀλλήλους ἐπέβημεν • ἀπησπασάμεθα ἀλλήλους καὶ ἀνέβημεν   ⁵ οἱ περὶ τὸν Παῦλον ἦλθον • ἤλθομεν   ⁶ παρθένοι τέσσαρες • τέσσαρες παρθένοι   ⁷ ἡμῶν — ⁸ τε αὐτοῦ · ἑαυτοῦ   ⁹ Ἀπεκρίθη τε • Τότε ἀπεκρίθη

Ἰησοῦ. **14** Μὴ πειθομένου δὲ αὐτοῦ, ἡσυχάσαμεν εἰπόντες, Τὸ θέλημα τοῦ κυρίου γενέσθω.¹ **15** Μετὰ δὲ τὰς ἡμέρας ταύτας ἐπισκευασάμενοι ἀνεβαίνομεν εἰς Ἱερουσαλήμ.² **16** Συνῆλθον δὲ καὶ τῶν μαθητῶν ἀπὸ Καισαρείας σὺν ἡμῖν, ἄγοντες παρ' ᾧ ξενισθῶμεν, Μνάσωνί τινι Κυπρίῳ, ἀρχαίῳ μαθητῇ.

The Uprising against Paul

17 Γενομένων δὲ ἡμῶν εἰς Ἱεροσόλυμα, ἀσμένως ἐδέξαντο³ ἡμᾶς οἱ ἀδελφοί. **18** Τῇ δὲ ἐπιούσῃ εἰσῄει ὁ Παῦλος σὺν ἡμῖν πρὸς Ἰάκωβον, πάντες τε παρεγένοντο οἱ πρεσβύτεροι. **19** Καὶ ἀσπασάμενος αὐτούς, ἐξηγεῖτο καθ' ἓν ἕκαστον ὧν ἐποίησεν ὁ θεὸς ἐν τοῖς ἔθνεσιν διὰ τῆς διακονίας αὐτοῦ. **20** Οἱ δὲ ἀκούσαντες ἐδόξαζον τὸν κύριον, εἰπόντες⁴ αὐτῷ, Θεωρεῖς, ἀδελφέ, πόσαι μυριάδες εἰσὶν Ἰουδαίων⁵ τῶν πεπιστευκότων· καὶ πάντες ζηλωταὶ τοῦ νόμου ὑπάρχουσιν· **21** κατηχήθησαν δὲ περὶ σοῦ, ὅτι ἀποστασίαν διδάσκεις ἀπὸ Μωϋσέως ᵃ τοὺς κατὰ τὰ ἔθνη πάντας Ἰουδαίους, λέγων μὴ περιτέμνειν αὐτοὺς τὰ τέκνα, μηδὲ τοῖς ἔθεσιν περιπατεῖν. **22** Τί οὖν ἐστιν; Πάντως δεῖ πλῆθος συνελθεῖν·⁶ ἀκούσονται γὰρ⁷ ὅτι ἐλήλυθας. **23** Τοῦτο οὖν ποίησον ὅ σοι λέγομεν· εἰσὶν ἡμῖν ἄνδρες τέσσαρες εὐχὴν ἔχοντες ἐφ' ἑαυτῶν· **24** τούτους παραλαβὼν ἁγνίσθητι σὺν αὐτοῖς, καὶ δαπάνησον ἐπ' αὐτοῖς, ἵνα ξυρήσωνται⁸ τὴν κεφαλήν, καὶ γνῶσιν⁹ πάντες ὅτι ὧν κατήχηνται περὶ σοῦ οὐδέν ἐστιν, ἀλλὰ στοιχεῖς καὶ αὐτὸς τὸν νόμον φυλάσσων.¹⁰ **25** Περὶ δὲ τῶν πεπιστευκότων ἐθνῶν ἡμεῖς ἐπεστείλαμεν, κρίναντες μηδὲν τοιοῦτον τηρεῖν αὐτούς, εἰ μὴ¹¹ φυλάσσεσθαι αὐτοὺς τό τε εἰδωλόθυτον καὶ τὸ¹² αἷμα

ᵃ Μωϋσέως • Μωϋσέος

---

¹ Τὸ θέλημα τοῦ κυρίου γενέσθω • Τοῦ κυρίου τὸ θέλημα γινέσθω ² Ἱερουσαλήμ • Ἱεροσόλυμα ³ ἐδέξαντο • ἀπεδέξαντο ⁴ κύριον, εἰπόντες • θεὸν εἰπόν τε ⁵ Ἰουδαίων • ἐν τοῖς Ἰουδαίοις ⁶ δεῖ πλῆθος συνελθεῖν • — ⁷ γὰρ • — ⁸ ξυρήσωνται • ξυρήσονται ⁹ γνῶσιν • γνώσονται ¹⁰ τὸν νόμον φυλάσσων • φυλάσσων τὸν νόμον ¹¹ μηδὲν τοιοῦτον τηρεῖν αὐτούς εἰ μὴ • — ¹² καὶ τὸ • καὶ

21.26-21.37   ΠΡΑΞΕΙΣ ΑΠΟΣΤΟΛΩΝ   354

καὶ πνικτὸν καὶ πορνείαν. 26 Τότε ὁ Παῦλος παραλαβὼν τοὺς ἄνδρας, τῇ ἐχομένῃ ἡμέρᾳ σὺν αὐτοῖς ἁγνισθεὶς εἰσῄει εἰς τὸ ἱερόν, διαγγέλλων τὴν ἐκπλήρωσιν τῶν ἡμερῶν τοῦ ἁγνισμοῦ, ἕως οὗ προσηνέχθη ὑπὲρ ἑνὸς ἑκάστου αὐτῶν ἡ προσφορά. 27 Ὡς δὲ ἔμελλον αἱ ἑπτὰ ἡμέραι συντελεῖσθαι, οἱ ἀπὸ τῆς Ἀσίας Ἰουδαῖοι, θεασάμενοι αὐτὸν ἐν τῷ ἱερῷ, συνέχεον πάντα τὸν ὄχλον, καὶ ἐπέβαλον τὰς χεῖρας ἐπ᾽ αὐτόν, [1] 28 κράζοντες, Ἄνδρες Ἰσραηλῖται, βοηθεῖτε. Οὗτός ἐστιν ὁ ἄνθρωπος ὁ κατὰ τοῦ λαοῦ καὶ τοῦ νόμου καὶ τοῦ τόπου τούτου πάντας πανταχοῦ [2] διδάσκων· ἔτι τε καὶ Ἕλληνας εἰσήγαγεν εἰς τὸ ἱερόν, καὶ κεκοίνωκεν τὸν ἅγιον τόπον τοῦτον. 29 Ἦσαν γὰρ ἑωρακότες [3] Τρόφιμον τὸν Ἐφέσιον ἐν τῇ πόλει σὺν αὐτῷ, ὃν ἐνόμιζον ὅτι εἰς τὸ ἱερὸν εἰσήγαγεν ὁ Παῦλος. 30 Ἐκινήθη τε ἡ πόλις ὅλη, καὶ ἐγένετο συνδρομὴ τοῦ λαοῦ· καὶ ἐπιλαβόμενοι τοῦ Παύλου εἷλκον αὐτὸν ἔξω τοῦ ἱεροῦ· καὶ εὐθέως ἐκλείσθησαν αἱ θύραι. 31 Ζητούντων δὲ [4] αὐτὸν ἀποκτεῖναι, ἀνέβη φάσις τῷ χιλιάρχῳ τῆς σπείρης, ὅτι ὅλη συγκέχυται [5] Ἱερουσαλήμ· 32 ὃς ἐξαυτῆς παραλαβὼν στρατιώτας καὶ ἑκατοντάρχους, [6] κατέδραμεν ἐπ᾽ αὐτούς· οἱ δέ, ἰδόντες τὸν χιλίαρχον καὶ τοὺς στρατιώτας, ἐπαύσαντο τύπτοντες τὸν Παῦλον. 33 Ἐγγίσας δὲ [7] ὁ χιλίαρχος ἐπελάβετο αὐτοῦ, καὶ ἐκέλευσεν δεθῆναι ἁλύσεσιν δυσίν· καὶ ἐπυνθάνετο τίς ἂν [8] εἴη, καὶ τί ἐστιν πεποιηκώς. 34 Ἄλλοι δὲ ἄλλο τι ἐβόων [9] ἐν τῷ ὄχλῳ· μὴ δυνάμενος δὲ [10] γνῶναι τὸ ἀσφαλὲς διὰ τὸν θόρυβον, ἐκέλευσεν ἄγεσθαι αὐτὸν εἰς τὴν παρεμβολήν. 35 Ὅτε δὲ ἐγένετο ἐπὶ τοὺς ἀναβαθμούς, συνέβη βαστάζεσθαι αὐτὸν ὑπὸ τῶν στρατιωτῶν διὰ τὴν βίαν τοῦ ὄχλου. 36 Ἠκολούθει γὰρ τὸ πλῆθος τοῦ λαοῦ κρᾶζον, [11] Αἶρε αὐτόν.

37 Μέλλων τε εἰσάγεσθαι εἰς τὴν παρεμβολὴν ὁ Παῦλος λέγει τῷ χιλιάρχῳ, Εἰ ἔξεστίν μοι εἰπεῖν πρός [12] σε; Ὁ δὲ

---

[1] τὰς χεῖρας ἐπ᾽ αὐτόν • ἐπ᾽ αὐτὸν τὰς χεῖρας   [2] πανταχοῦ • πανταχῇ
[3] ἑωρακότες • προεωρακότες   [4] δὲ • τε   [5] συγκέχυται • συγχύννεται
[6] ἑκατοντάρχους • ἑκατοντάρχας   [7] Ἐγγίσας δὲ • Τότε ἐγγίσας   [8] ἂν • —
[9] ἐβόων • ἐπεφώνουν   [10] δυνάμενος δὲ • δυναμένου δὲ αὐτοῦ   [11] κρᾶζον • κράζοντες   [12] πρός • τι πρός

ἔφη, Ἑλληνιστὶ γινώσκεις; 38 Οὐκ ἄρα σὺ εἶ ὁ Αἰγύπτιος ὁ πρὸ τούτων τῶν ἡμερῶν ἀναστατώσας καὶ ἐξαγαγὼν εἰς τὴν ἔρημον τοὺς τετρακισχιλίους ἄνδρας τῶν σικαρίων; 39 Εἶπεν δὲ ὁ Παῦλος, Ἐγὼ ἄνθρωπος μέν εἰμι Ἰουδαῖος, Ταρσεὺς τῆς Κιλικίας, οὐκ ἀσήμου πόλεως πολίτης· δέομαι δέ σου, ἐπίτρεψόν μοι λαλῆσαι πρὸς τὸν λαόν.

Paul's Address in Hebrew

40 Ἐπιτρέψαντος δὲ αὐτοῦ, ὁ Παῦλος ἑστὼς ἐπὶ τῶν ἀναβαθμῶν κατέσεισεν τῇ χειρὶ τῷ λαῷ· πολλῆς δὲ σιγῆς γενομένης, προσεφώνει¹ τῇ Ἑβραΐδι διαλέκτῳ λέγων,

22 Ἄνδρες ἀδελφοὶ καὶ πατέρες, ἀκούσατέ μου τῆς πρὸς ὑμᾶς νυνὶ ἀπολογίας.

2 Ἀκούσαντες δὲ ὅτι τῇ Ἑβραΐδι διαλέκτῳ προσεφώνει αὐτοῖς, μᾶλλον παρέσχον ἡσυχίαν. Καί φησιν,

3 Ἐγὼ μέν² εἰμι ἀνὴρ Ἰουδαῖος, γεγεννημένος ἐν Ταρσῷ τῆς Κιλικίας, ἀνατεθραμμένος δὲ ἐν τῇ πόλει ταύτῃ παρὰ τοὺς πόδας Γαμαλιήλ, πεπαιδευμένος κατὰ ἀκρίβειαν τοῦ πατρῴου νόμου, ζηλωτὴς ὑπάρχων τοῦ θεοῦ, καθὼς πάντες ὑμεῖς ἐστε σήμερον· 4 ὃς ταύτην τὴν ὁδὸν ἐδίωξα ἄχρι θανάτου, δεσμεύων καὶ παραδιδοὺς εἰς φυλακὰς ἄνδρας τε καὶ γυναῖκας. 5 Ὡς καὶ ὁ ἀρχιερεὺς μαρτυρεῖ μοι, καὶ πᾶν τὸ πρεσβυτέριον· παρ' ὧν καὶ ἐπιστολὰς δεξάμενος πρὸς τοὺς ἀδελφούς, εἰς Δαμασκὸν ἐπορευόμην, ἄξων καὶ τοὺς ἐκεῖσε ὄντας δεδεμένους εἰς Ἱερουσαλήμ, ἵνα τιμωρηθῶσιν. 6 Ἐγένετο δέ μοι πορευομένῳ καὶ ἐγγίζοντι τῇ Δαμασκῷ, περὶ μεσημβρίαν, ἐξαίφνης ἐκ τοῦ οὐρανοῦ περιαστράψαι φῶς ἱκανὸν περὶ ἐμέ. 7 Ἔπεσά ᵃ τε εἰς τὸ ἔδαφος, καὶ ἤκουσα φωνῆς λεγούσης μοι, Σαούλ, Σαούλ, τί με διώκεις; 8 Ἐγὼ δὲ ἀπεκρίθην, Τίς εἶ, κύριε; Εἶπέν τε πρός με, Ἐγώ εἰμι Ἰησοῦς ὁ Ναζωραῖος ὃν σὺ διώκεις. 9 Οἱ δὲ σὺν ἐμοὶ ὄντες τὸ μὲν φῶς ἐθεάσαντο, καὶ ἔμφοβοι ἐγένοντο· ³

ᵃ Ἔπεσά • Ἔπεσόν

1 προσεφώνει • προσεφώνησεν   2 μέν • —   3 καὶ ἔμφοβοι ἐγένοντο • —

τὴν δὲ φωνὴν οὐκ ἤκουσαν τοῦ λαλοῦντός μοι. 10 Εἶπον δέ, Τί ποιήσω, κύριε; Ὁ δὲ κύριος εἶπεν πρός με, Ἀναστὰς πορεύου εἰς Δαμασκόν· κἀκεῖ σοι λαληθήσεται περὶ πάντων ὧν τέτακταί σοι ποιῆσαι. 11 Ὡς δὲ οὐκ ἐνέβλεπον ἀπὸ τῆς δόξης τοῦ φωτὸς ἐκείνου, χειραγωγούμενος ὑπὸ τῶν συνόντων μοι, ἦλθον εἰς Δαμασκόν. 12 Ἀνανίας δέ τις, ἀνὴρ εὐσεβὴς¹ κατὰ τὸν νόμον, μαρτυρούμενος ὑπὸ πάντων τῶν κατοικούντων Ἰουδαίων, 13 ἐλθὼν πρός με καὶ ἐπιστὰς εἶπέν μοι, Σαοὺλ ἀδελφέ, ἀνάβλεψον. Κἀγὼ αὐτῇ τῇ ὥρᾳ ἀνέβλεψα εἰς αὐτόν. 14 Ὁ δὲ εἶπεν, Ὁ θεὸς τῶν πατέρων ἡμῶν προεχειρίσατό σε γνῶναι τὸ θέλημα αὐτοῦ, καὶ ἰδεῖν τὸν δίκαιον, καὶ ἀκοῦσαι φωνὴν ἐκ τοῦ στόματος αὐτοῦ. 15 Ὅτι ἔσῃ μάρτυς αὐτῷ πρὸς πάντας ἀνθρώπους ὧν ἑώρακας καὶ ἤκουσας. 16 Καὶ νῦν τί μέλλεις; Ἀναστὰς βάπτισαι καὶ ἀπόλουσαι τὰς ἁμαρτίας σου, ἐπικαλεσάμενος τὸ ὄνομα τοῦ κυρίου.² 17 Ἐγένετο δέ μοι ὑποστρέψαντι εἰς Ἰερουσαλήμ, καὶ προσευχομένου μου ἐν τῷ ἱερῷ, γενέσθαι με ἐν ἐκστάσει, 18 καὶ ἰδεῖν αὐτὸν λέγοντά μοι, Σπεῦσον καὶ ἔξελθε ἐν τάχει ἐξ Ἰερουσαλήμ· διότι οὐ παραδέξονταί σου τὴν³ μαρτυρίαν περὶ ἐμοῦ. 19 Κἀγὼ εἶπον, Κύριε, αὐτοὶ ἐπίστανται ὅτι ἐγὼ ἤμην φυλακίζων καὶ δέρων κατὰ τὰς συναγωγὰς τοὺς πιστεύοντας ἐπὶ σέ· 20 καὶ ὅτε ἐξεχεῖτο⁴ τὸ αἷμα Στεφάνου τοῦ μάρτυρός σου, καὶ αὐτὸς ἤμην ἐφεστὼς καὶ συνευδοκῶν τῇ ἀναιρέσει αὐτοῦ,⁵ φυλάσσων ᵃ τὰ ἱμάτια τῶν ἀναιρούντων αὐτόν. 21 Καὶ εἶπεν πρός με, Πορεύου, ὅτι ἐγὼ εἰς ἔθνη μακρὰν ἐξαποστελῶ σε.

Paul and the Chief Captain

22 Ἤκουον δὲ αὐτοῦ ἄχρι τούτου τοῦ λόγου, καὶ ἐπῆραν τὴν φωνὴν αὐτῶν λέγοντες, Αἶρε ἀπὸ τῆς γῆς τὸν τοιοῦτον· οὐ γὰρ καθῆκεν αὐτὸν ζῆν. 23 Κραζόντων ᵇ δὲ⁶ αὐτῶν, καὶ

ᵃ φυλάσσων • καὶ φυλάσσων   ᵇ Κραζόντων • Κραυγαζόντων

1 εὐσεβὴς • εὐλαβὴς   2 τοῦ κυρίου • αὐτοῦ   3 τὴν • —   4 ἐξεχεῖτο • ἐξεχύννετο
5 τῇ ἀναιρέσει αὐτοῦ • καὶ   6 Κραζόντων δὲ • Κραυγαζόντων τε

ῥιπτούντων τὰ ἱμάτια, καὶ κονιορτὸν βαλλόντων εἰς τὸν ἀέρα, 24 ἐκέλευσεν αὐτὸν ὁ χιλίαρχος ἄγεσθαι¹ εἰς τὴν παρεμβολήν, εἰπὼν² μάστιξιν ἀνετάζεσθαι αὐτόν, ἵνα ἐπιγνῷ δι' ἣν αἰτίαν οὕτως ἐπεφώνουν αὐτῷ. 25 Ὡς δὲ προέτεινεν ᵃ, ³ αὐτὸν τοῖς ἱμᾶσιν, εἶπεν πρὸς τὸν ἑστῶτα ἑκατόνταρχον ὁ Παῦλος, Εἰ ἄνθρωπον Ῥωμαῖον καὶ ἀκατάκριτον ἔξεστιν ὑμῖν μαστίζειν; 26 Ἀκούσας δὲ ὁ ἑκατόνταρχος,⁴ προσελθὼν ἀπήγγειλεν τῷ χιλιάρχῳ⁵ λέγων, Ὅρα⁶ τί μέλλεις ποιεῖν· ὁ γὰρ ἄνθρωπος οὗτος Ῥωμαῖός ἐστιν. 27 Προσελθὼν δὲ ὁ χιλίαρχος εἶπεν αὐτῷ, Λέγε μοι, εἰ σὺ⁷ Ῥωμαῖος εἶ; Ὁ δὲ ἔφη, Ναί. 28 Ἀπεκρίθη τε⁸ ὁ χιλίαρχος, Ἐγὼ πολλοῦ κεφαλαίου τὴν πολιτείαν ταύτην ἐκτησάμην. Ὁ δὲ Παῦλος ἔφη, Ἐγὼ δὲ καὶ γεγέννημαι. 29 Εὐθέως οὖν ἀπέστησαν ἀπ' αὐτοῦ οἱ μέλλοντες αὐτὸν ἀνετάζειν. Καὶ ὁ χιλίαρχος δὲ ἐφοβήθη, ἐπιγνοὺς ὅτι Ῥωμαῖός ἐστιν, καὶ ὅτι ἦν αὐτὸν⁹ δεδεκώς.

30 Τῇ δὲ ἐπαύριον βουλόμενος γνῶναι τὸ ἀσφαλές, τὸ τί κατηγορεῖται παρὰ¹⁰ τῶν Ἰουδαίων, ἔλυσεν αὐτὸν ἀπὸ τῶν δεσμῶν,¹¹ καὶ ἐκέλευσεν ἐλθεῖν¹² τοὺς ἀρχιερεῖς καὶ ὅλον¹³ τὸ συνέδριον αὐτῶν,¹⁴ καὶ καταγαγὼν τὸν Παῦλον ἔστησεν εἰς αὐτούς.

The Hearing in the Presence of the Sanhedrin

23 Ἀτενίσας δὲ ὁ Παῦλος τῷ συνεδρίῳ¹⁵ εἶπεν, Ἄνδρες ἀδελφοί, ἐγὼ πάσῃ συνειδήσει ἀγαθῇ πεπολίτευμαι τῷ θεῷ ἄχρι ταύτης τῆς ἡμέρας. 2 Ὁ δὲ ἀρχιερεὺς Ἀνανίας ἐπέταξεν τοῖς παρεστῶσιν αὐτῷ τύπτειν αὐτοῦ τὸ στόμα. 3 Τότε ὁ Παῦλος πρὸς αὐτὸν εἶπεν, Τύπτειν σε μέλλει ὁ θεός, τοῖχε κεκονιαμένε· καὶ σὺ κάθῃ κρίνων με κατὰ τὸν νόμον, καὶ

ᵃ προέτεινεν • προέτειναν

¹ αὐτὸν ὁ χιλίαρχος ἄγεσθαι • ὁ χιλίαρχος εἰσάγεσθαι αὐτὸν ² εἰπὼν • εἴπας
³ προέτεινεν • προέτειναν ⁴ ἑκατόνταρχος • ἑκατοντάρχης ⁵ ἀπήγγειλεν τῷ χιλιάρχῳ • τῷ χιλιάρχῳ ἀπήγγειλεν ⁶ Ὅρα • — ⁷ εἰ σὺ • σὺ ⁸ τε • δὲ
⁹ ἦν αὐτὸν • αὐτὸν ἦν ¹⁰ παρὰ • ὑπὸ ¹¹ ἀπὸ τῶν δεσμῶν • — ¹² ἐλθεῖν • συνελθεῖν ¹³ ὅλον • πᾶν ¹⁴ αὐτῶν • — ¹⁵ ὁ Παῦλος τῷ συνεδρίῳ • ECM: τῷ συνεδρίῳ ὁ Παῦλος

παρανομῶν κελεύεις με τύπτεσθαι; 4 Οἱ δὲ παρεστῶτες εἶπον,¹ Τὸν ἀρχιερέα τοῦ θεοῦ λοιδορεῖς; 5 Ἔφη τε ὁ Παῦλος, Οὐκ ᾔδειν, ἀδελφοί, ὅτι ἐστὶν ἀρχιερεύς· γέγραπται γάρ, Ἄρχοντα² τοῦ λαοῦ σου οὐκ ἐρεῖς κακῶς. 6 Γνοὺς δὲ ὁ Παῦλος ὅτι τὸ ἓν μέρος ἐστὶν Σαδδουκαίων, τὸ δὲ ἕτερον Φαρισαίων, ἔκραξεν³ ἐν τῷ συνεδρίῳ, Ἄνδρες ἀδελφοί, ἐγὼ Φαρισαῖός εἰμι, υἱὸς Φαρισαίου·⁴ περὶ ἐλπίδος καὶ ἀναστάσεως νεκρῶν ἐγὼ κρίνομαι.⁵ 7 Τοῦτο δὲ αὐτοῦ λαλήσαντος,⁶ ἐγένετο στάσις τῶν Φαρισαίων,ᵃ,⁷ καὶ ἐσχίσθη τὸ πλῆθος. 8 Σαδδουκαῖοι μὲν γὰρ λέγουσιν μὴ εἶναι ἀνάστασιν, μηδὲ⁸ ἄγγελον, μήτε πνεῦμα· Φαρισαῖοι δὲ ὁμολογοῦσιν τὰ ἀμφότερα. 9 Ἐγένετο δὲ κραυγὴ μεγάλη· καὶ ἀναστάντες οἱ γραμματεῖς⁹ τοῦ μέρους τῶν Φαρισαίων διεμάχοντο λέγοντες, Οὐδὲν κακὸν εὑρίσκομεν ἐν τῷ ἀνθρώπῳ τούτῳ· εἰ δὲ πνεῦμα ἐλάλησεν αὐτῷ ἢ ἄγγελος, μὴ θεομαχῶμεν.¹⁰ 10 Πολλῆς δὲ γενομένης¹¹ στάσεως, εὐλαβηθεὶς¹² ὁ χιλίαρχος μὴ διασπασθῇ ὁ Παῦλος ὑπ' αὐτῶν, ἐκέλευσεν τὸ στράτευμα καταβῆναι καὶ¹³ ἁρπάσαι αὐτὸν ἐκ μέσου αὐτῶν, ἄγειν τε εἰς τὴν παρεμβολήν.

11 Τῇ δὲ ἐπιούσῃ νυκτὶ ἐπιστὰς αὐτῷ ὁ κύριος εἶπεν, Θάρσει Παῦλε·¹⁴ ὡς γὰρ διεμαρτύρω τὰ περὶ ἐμοῦ εἰς Ἰερουσαλήμ, οὕτως¹⁵ σε δεῖ καὶ εἰς Ῥώμην μαρτυρῆσαι.

The Plot to Kill Paul

12 Γενομένης δὲ ἡμέρας, ποιήσαντές τινες τῶν Ἰουδαίων συστροφήν,¹⁶ ἀνεθεμάτισαν ἑαυτούς, λέγοντες μήτε φαγεῖν μήτε πιεῖν ἕως οὗ ἀποκτείνωσιν τὸν Παῦλον. 13 Ἦσαν δὲ πλείους τεσσαράκοντα¹⁷ οἱ ταύτην τὴν συνωμοσίαν

ᵃ Φαρισαίων • Φαρισαίων καὶ τῶν Σαδδουκαίων

---

¹ εἶπον • εἶπαν ² Ἄρχοντα • NA²⁷/²⁸: ὅτι Ἄρχοντα ³ ἔκραξεν • ἔκραζεν
⁴ Φαρισαίου • Φαρισαίων ⁵ ἐγὼ κρίνομαι • [ἐγὼ] κρίνομαι ⁶ λαλήσαντος •
εἰπόντος ⁷ Φαρισαίων • Φαρισαίων καὶ Σαδδουκαίων ⁸ μηδὲ • μήτε ⁹ οἱ
γραμματεῖς • τινὲς τῶν γραμματέων ¹⁰ μὴ θεομαχῶμεν • — ¹¹ γενομένης •
NA²⁷/²⁸: γινομένης ¹² εὐλαβηθεὶς • φοβηθεὶς ¹³ καταβῆναι καὶ • καταβὰν
¹⁴ Παῦλε • — ¹⁵ οὕτως • οὕτω ¹⁶ τινες τῶν Ἰουδαίων συστροφήν •
συστροφὴν οἱ Ἰουδαῖοι ¹⁷ τεσσαράκοντα • τεσσεράκοντα

πεποιηκότες·¹ 14 οἵτινες προσελθόντες τοῖς ἀρχιερεῦσιν καὶ τοῖς πρεσβυτέροις εἶπον,² Ἀναθέματι ἀνεθεματίσαμεν ἑαυτούς, μηδενὸς γεύσασθαι ἕως οὗ ἀποκτείνωμεν τὸν Παῦλον. 15 Νῦν οὖν ὑμεῖς ἐμφανίσατε τῷ χιλιάρχῳ σὺν τῷ συνεδρίῳ, ὅπως αὔριον αὐτὸν καταγάγῃ ᵃ πρὸς³ ὑμᾶς, ὡς μέλλοντας διαγινώσκειν ἀκριβέστερον τὰ περὶ αὐτοῦ· ἡμεῖς δέ, πρὸ τοῦ ἐγγίσαι αὐτόν, ἕτοιμοί ἐσμεν τοῦ ἀνελεῖν αὐτόν. 16 Ἀκούσας δὲ ὁ υἱὸς τῆς ἀδελφῆς Παύλου τὸ ἔνεδρον,⁴ παραγενόμενος καὶ εἰσελθὼν εἰς τὴν παρεμβολήν, ἀπήγγειλεν τῷ Παύλῳ. 17 Προσκαλεσάμενος δὲ ὁ Παῦλος ἕνα τῶν ἑκατοντάρχων ἔφη, Τὸν νεανίαν τοῦτον ἀπάγαγε πρὸς τὸν χιλίαρχον· ἔχει γάρ τι ἀπαγγεῖλαι⁵ αὐτῷ. 18 Ὁ μὲν οὖν παραλαβὼν αὐτὸν ἤγαγεν πρὸς τὸν χιλίαρχον, καί φησιν, Ὁ δέσμιος Παῦλος προσκαλεσάμενός με ἠρώτησεν τοῦτον τὸν νεανίαν⁶ ἀγαγεῖν πρός σε, ἔχοντά τι λαλῆσαί σοι. 19 Ἐπιλαβόμενος δὲ τῆς χειρὸς αὐτοῦ ὁ χιλίαρχος, καὶ ἀναχωρήσας κατ' ἰδίαν ἐπυνθάνετο, Τί ἐστιν ὃ ἔχεις ἀπαγγεῖλαί μοι; 20 Εἶπεν δὲ ὅτι Οἱ Ἰουδαῖοι συνέθεντο τοῦ ἐρωτῆσαί σε, ὅπως αὔριον εἰς τὸ συνέδριον καταγάγῃς τὸν Παῦλον,⁷ ὡς μέλλοντά ᵇ, ⁸ τι ἀκριβέστερον πυνθάνεσθαι περὶ αὐτοῦ. 21 Σὺ οὖν μὴ πεισθῇς αὐτοῖς· ἐνεδρεύουσιν γὰρ αὐτὸν ἐξ αὐτῶν ἄνδρες πλείους τεσσαράκοντα,⁹ οἵτινες ἀνεθεμάτισαν ἑαυτοὺς μήτε φαγεῖν μήτε πιεῖν ἕως οὗ ἀνέλωσιν αὐτόν· καὶ νῦν ἕτοιμοί εἰσιν¹⁰ προσδεχόμενοι τὴν ἀπὸ σοῦ ἐπαγγελίαν. 22 Ὁ μὲν οὖν χιλίαρχος ἀπέλυσεν τὸν νεανίαν,¹¹ παραγγείλας Μηδενὶ ἐκλαλῆσαι ὅτι ταῦτα ἐνεφάνισας πρός με.

ᵃ αὐτὸν καταγάγῃ • καταγάγῃ αὐτὸν   ᵇ μέλλοντά • μέλλοντές

¹ πεποιηκότες • ποιησάμενοι   ² εἶπον • εἶπαν   ³ αὔριον αὐτὸν καταγάγῃ πρὸς • καταγάγῃ αὐτὸν εἰς   ⁴ τὸ ἔνεδρον • τὴν ἐνέδραν   ⁵ τι ἀπαγγεῖλαι • ἀπαγγεῖλαί τι   ⁶ νεανίαν • νεανίσκον   ⁷ εἰς τὸ συνέδριον καταγάγῃς τὸν Παῦλον • τὸν Παῦλον καταγάγῃς εἰς τὸ συνέδριον   ⁸ μέλλοντά • μέλλον   ⁹ τεσσαράκοντα • τεσσεράκοντα   ¹⁰ ἕτοιμοί εἰσιν • εἰσιν ἕτοιμοι   ¹¹ νεανίαν • νεανίσκον

Paul Brought to Caesarea

23 Καὶ προσκαλεσάμενος δύο τινὰς[1] τῶν ἑκατοντάρχων εἶπεν, Ἑτοιμάσατε στρατιώτας διακοσίους ὅπως πορευθῶσιν ἕως Καισαρείας, καὶ ἱππεῖς ἑβδομήκοντα, καὶ δεξιολάβους διακοσίους, ἀπὸ τρίτης ὥρας τῆς νυκτός· **24** κτήνη τε παραστῆσαι, ἵνα ἐπιβιβάσαντες τὸν Παῦλον διασώσωσιν πρὸς Φήλικα τὸν ἡγεμόνα· **25** γράψας ἐπιστολὴν περιέχουσαν[2] τὸν τύπον τοῦτον·

26 Κλαύδιος Λυσίας τῷ κρατίστῳ ἡγεμόνι Φήλικι χαίρειν. **27** Τὸν ἄνδρα τοῦτον συλληφθέντα[3] ὑπὸ τῶν Ἰουδαίων, καὶ μέλλοντα ἀναιρεῖσθαι ὑπ' αὐτῶν, ἐπιστὰς σὺν τῷ στρατεύματι ἐξειλόμην αὐτόν,[4] μαθὼν ὅτι Ῥωμαῖός ἐστιν. **28** Βουλόμενος δὲ γνῶναι[5] τὴν αἰτίαν δι' ἣν ἐνεκάλουν αὐτῷ, κατήγαγον αὐτὸν[6] εἰς τὸ συνέδριον αὐτῶν· **29** ὃν εὗρον ἐγκαλούμενον περὶ ζητημάτων τοῦ νόμου αὐτῶν, μηδὲν ἄξιον[7] θανάτου ἢ δεσμῶν ἔγκλημα ἔχοντα.[8] **30** Μηνυθείσης δέ μοι ἐπιβουλῆς εἰς τὸν ἄνδρα μέλλειν ἔσεσθαι ὑπὸ τῶν Ἰουδαίων,[9] ἐξαυτῆς ἔπεμψα πρός σε, παραγγείλας καὶ τοῖς κατηγόροις λέγειν τὰ[10] πρὸς αὐτὸν ἐπὶ σοῦ. Ἔρρωσο.[11]

31 Οἱ μὲν οὖν στρατιῶται, κατὰ τὸ διατεταγμένον αὐτοῖς, ἀναλαβόντες τὸν Παῦλον, ἤγαγον διὰ τῆς[12] νυκτὸς εἰς τὴν Ἀντιπατρίδα. **32** Τῇ δὲ ἐπαύριον ἐάσαντες τοὺς ἱππεῖς πορεύεσθαι[13] σὺν αὐτῷ, ὑπέστρεψαν εἰς τὴν παρεμβολήν· **33** οἵτινες εἰσελθόντες εἰς τὴν Καισάρειαν, καὶ ἀναδόντες τὴν ἐπιστολὴν τῷ ἡγεμόνι, παρέστησαν καὶ τὸν Παῦλον αὐτῷ. **34** Ἀναγνοὺς δὲ ὁ ἡγεμών,[14] καὶ ἐπερωτήσας ἐκ ποίας ἐπαρχίας[15] ἐστίν, καὶ πυθόμενος ὅτι ἀπὸ Κιλικίας, **35** Διακούσομαί σου, ἔφη, ὅταν καὶ οἱ κατήγοροί σου

---

[1] τινὰς • [τινὰς]   [2] περιέχουσαν • ἔχουσαν   [3] συλληφθέντα • συλλημφθέντα
[4] ἐξειλόμην αὐτόν • ἐξειλάμην   [5] δὲ γνῶναι • τε ἐπιγνῶναι   [6] αὐτὸν • —
[7] ἄξιον • δὲ ἄξιον   [8] ἔγκλημα ἔχοντα • ἔχοντα ἔγκλημα   [9] μέλλειν ἔσεσθαι ὑπὸ τῶν Ἰουδαίων • ἔσεσθαι   [10] τὰ • [τὰ]   [11] Ἔρρωσο • —   [12] τῆς • —
[13] πορεύεσθαι • ἀπέρχεσθαι   [14] ὁ ἡγεμών • —   [15] ἐπαρχίας • ἐπαρχείας

παραγένωνται. Ἐκέλευσέν τε αὐτὸν¹ ἐν τῷ πραιτωρίῳ Ἡρῴδου φυλάσσεσθαι.²

Paul's Trial before Felix

24 Μετὰ δὲ πέντε ἡμέρας κατέβη ὁ ἀρχιερεὺς Ἀνανίας μετὰ τῶν πρεσβυτέρων³ καὶ ῥήτορος Τερτύλλου τινός, οἵτινες ἐνεφάνισαν τῷ ἡγεμόνι κατὰ τοῦ Παύλου. 2 Κληθέντος δὲ αὐτοῦ, ἤρξατο κατηγορεῖν ὁ Τέρτυλλος λέγων,

Πολλῆς εἰρήνης τυγχάνοντες διὰ σοῦ, καὶ κατορθωμάτων⁴ γινομένων τῷ ἔθνει τούτῳ διὰ τῆς σῆς προνοίας, 3 πάντῃ τε καὶ πανταχοῦ ἀποδεχόμεθα, κράτιστε Φῆλιξ, μετὰ πάσης εὐχαριστίας. 4 Ἵνα δὲ μὴ ἐπὶ πλεῖόν σε ἐγκόπτω, παρακαλῶ ἀκοῦσαί σε ἡμῶν συντόμως τῇ σῇ ἐπιεικείᾳ. 5 Εὑρόντες γὰρ τὸν ἄνδρα τοῦτον λοιμόν, καὶ κινοῦντα στάσιν⁵ πᾶσιν τοῖς Ἰουδαίοις τοῖς κατὰ τὴν οἰκουμένην, πρωτοστάτην τε τῆς τῶν Ναζωραίων αἱρέσεως· 6 ὃς καὶ τὸ ἱερὸν ἐπείρασεν βεβηλῶσαι· ὃν καὶ ἐκρατήσαμεν· 7 8 παρ' οὗ δυνήσῃ, αὐτὸς ἀνακρίνας, περὶ πάντων τούτων ἐπιγνῶναι ὧν ἡμεῖς κατηγοροῦμεν αὐτοῦ. 9 Συνεπέθεντο δὲ καὶ οἱ Ἰουδαῖοι, φάσκοντες ταῦτα οὕτως ἔχειν.

10 Ἀπεκρίθη δὲ⁶ ὁ Παῦλος, νεύσαντος αὐτῷ τοῦ ἡγεμόνος λέγειν,

Ἐκ πολλῶν ἐτῶν ὄντα σε κριτὴν τῷ ἔθνει τούτῳ ἐπιστάμενος, εὐθυμότερον⁷ τὰ περὶ ἐμαυτοῦ ἀπολογοῦμαι,

---

A divided Byzantine alternative to Acts 24:6–8:

6 ὃς καὶ τὸ ἱερὸν ἐπείρασεν βεβηλῶσαι· ὃν καὶ ἐκρατήσαμεν· καὶ κατὰ τὸν ἡμέτερον νόμον ἠθελήσαμεν κρῖναι. 7 Παρελθὼν δὲ Λυσίας ὁ χιλίαρχος μετὰ πολλῆς βίας ἐκ τῶν χειρῶν ἡμῶν ἀπήγαγεν, 8 κελεύσας τοὺς κατηγόρους αὐτοῦ ἔρχεσθαι ἐπὶ σοῦ·ᵃ παρ' οὗ δυνήσῃ, αὐτὸς ἀνακρίνας, περὶ πάντων τούτων ἐπιγνῶναι ὧν ἡμεῖς κατηγοροῦμεν αὐτοῦ.

ᵃ σοῦ • σέ

---

¹ Ἐκέλευσέν τε αὐτὸν • Κελεύσας   ² Ἡρῴδου φυλάσσεσθαι • τοῦ Ἡρῴδου φυλάσσεσθαι αὐτόν   ³ τῶν πρεσβυτέρων • πρεσβυτέρων τινῶν ⁴ κατορθωμάτων • διορθωμάτων   ⁵ στάσιν • στάσεις   ⁶ δὲ • τε ⁷ εὐθυμότερον • εὐθύμως

11 δυναμένου σου γνῶναι¹ ὅτι οὐ πλείους εἰσίν μοι ἡμέραι δεκαδύο,² ἀφ' ἧς ἀνέβην προσκυνήσων ἐν³ Ἱερουσαλήμ· **12** καὶ οὔτε ἐν τῷ ἱερῷ εὗρόν με πρός τινα διαλεγόμενον ἢ ἐπισύστασιν⁴ ποιοῦντα ὄχλου, οὔτε ἐν ταῖς συναγωγαῖς, οὔτε κατὰ τὴν πόλιν. **13** Οὔτε⁵ παραστῆσαί με δύνανται⁶ περὶ ὧν νῦν⁷ κατηγοροῦσίν μου. **14** Ὁμολογῶ δὲ τοῦτό σοι, ὅτι κατὰ τὴν ὁδὸν ἣν λέγουσιν αἵρεσιν, οὕτως λατρεύω τῷ πατρῴῳ θεῷ, πιστεύων πᾶσιν τοῖς κατὰ τὸν νόμον καὶ τοῖς προφήταις⁸ γεγραμμένοις· **15** ἐλπίδα ἔχων εἰς τὸν θεόν, ἣν καὶ αὐτοὶ οὗτοι προσδέχονται, ἀνάστασιν μέλλειν ἔσεσθαι νεκρῶν,⁹ δικαίων τε καὶ ἀδίκων. **16** Ἐν τούτῳ δὲ¹⁰ αὐτὸς ἀσκῶ, ἀπρόσκοπον συνείδησιν ἔχων¹¹ πρὸς τὸν θεὸν καὶ τοὺς ἀνθρώπους διὰ παντός. **17** Δι' ἐτῶν δὲ πλειόνων παρεγενόμην¹² ἐλεημοσύνας ποιήσων εἰς τὸ ἔθνος μου καὶ¹³ προσφοράς· **18** ἐν οἷς¹⁴ εὗρόν με ἡγνισμένον ἐν τῷ ἱερῷ, οὐ μετὰ ὄχλου οὐδὲ μετὰ θορύβου, τινὲς ἀπὸ¹⁵ τῆς Ἀσίας Ἰουδαῖοι· **19** οὓς δεῖ¹⁶ ἐπὶ σοῦ παρεῖναι καὶ κατηγορεῖν εἴ τι ἔχοιεν πρός με.¹⁷ **20** Ἢ αὐτοὶ οὗτοι εἰπάτωσαν, τί εὗρον ἐν ἐμοὶ¹⁸ ἀδίκημα, στάντος μου ἐπὶ τοῦ συνεδρίου, **21** ἢ περὶ μιᾶς ταύτης φωνῆς, ἧς ἔκραξα ἑστὼς ἐν αὐτοῖς,¹⁹ ὅτι Περὶ ἀναστάσεως νεκρῶν ἐγὼ κρίνομαι σήμερον ὑφ'²⁰ ὑμῶν.

22 Ἀκούσας δὲ ταῦτα ὁ Φῆλιξ ἀνεβάλετο αὐτούς,²¹ ἀκριβέστερον εἰδὼς τὰ περὶ τῆς ὁδοῦ, εἰπών,²² Ὅταν Λυσίας ὁ χιλίαρχος καταβῇ, διαγνώσομαι τὰ καθ' ὑμᾶς·

---

¹ γνῶναι • ἐπιγνῶναι ² δεκαδύο • δώδεκα ³ ἐν • εἰς ⁴ ἐπισύστασιν • ἐπίστασιν ⁵ Οὔτε • Οὐδὲ ⁶ με δύνανται • δύνανταί σοι ⁷ νῦν • νυνὶ ⁸ προφήταις • ἐν τοῖς προφήταις ⁹ νεκρῶν • — ¹⁰ δὲ • καὶ ¹¹ ἔχων • ἔχειν ¹² παρεγενόμην • — ¹³ καὶ • παρεγενόμην καὶ ¹⁴ οἷς • αἷς ¹⁵ ἀπὸ • δὲ ἀπὸ ¹⁶ δεῖ • ἔδει ¹⁷ με • ἐμέ ¹⁸ ἐν ἐμοὶ • — ¹⁹ ἔκραξα ἑστὼς ἐν αὐτοῖς • ἐκέκραξα ἐν αὐτοῖς ἑστὼς ²⁰ ὑφ' • ἐφ' ²¹ Ἀκούσας δὲ ταῦτα ὁ Φῆλιξ ἀνεβάλετο αὐτούς • Ἀνεβάλετο δὲ αὐτοὺς ὁ Φῆλιξ ²² εἰπών • εἴπας

Paul Retained a Prisoner

23 διαταξάμενός τε τῷ¹ ἑκατοντάρχῃ τηρεῖσθαι τὸν Παῦλον,² ἔχειν τε ἄνεσιν, καὶ μηδένα κωλύειν τῶν ἰδίων αὐτοῦ ὑπηρετεῖν ἢ προσέρχεσθαι³ αὐτῷ.

24 Μετὰ δὲ ἡμέρας τινάς, παραγενόμενος ὁ Φῆλιξ σὺν Δρουσίλλῃ τῇ γυναικὶ⁴ οὔσῃ Ἰουδαίᾳ, μετεπέμψατο τὸν Παῦλον, καὶ ἤκουσεν αὐτοῦ περὶ τῆς εἰς χριστὸν πίστεως.⁵ 25 Διαλεγομένου δὲ αὐτοῦ περὶ δικαιοσύνης καὶ ἐγκρατείας καὶ τοῦ κρίματος τοῦ μέλλοντος ἔσεσθαι,⁶ ἔμφοβος γενόμενος ὁ Φῆλιξ ἀπεκρίθη, Τὸ νῦν ἔχον πορεύου· καιρὸν δὲ μεταλαβὼν μετακαλέσομαί σε· 26 ἅμα καὶ ἐλπίζων ὅτι χρήματα δοθήσεται αὐτῷ ὑπὸ τοῦ Παύλου, ὅπως λύσῃ αὐτόν·⁷ διὸ καὶ πυκνότερον αὐτὸν μεταπεμπόμενος ὡμίλει αὐτῷ. 27 Διετίας δὲ πληρωθείσης, ἔλαβεν διάδοχον ὁ Φῆλιξ Πόρκιον Φῆστον· θέλων τε χάριτας⁸ καταθέσθαι τοῖς Ἰουδαίοις ὁ Φῆλιξ κατέλιπεν τὸν Παῦλον δεδεμένον.

Paul Appeals to Caesar

25 Φῆστος οὖν ἐπιβὰς τῇ ἐπαρχίᾳ,⁹ μετὰ τρεῖς ἡμέρας ἀνέβη εἰς Ἱεροσόλυμα ἀπὸ Καισαρείας. 2 Ἐνεφάνισαν δὲ αὐτῷ ὁ ἀρχιερεὺς¹⁰ καὶ οἱ πρῶτοι τῶν Ἰουδαίων κατὰ τοῦ Παύλου, καὶ παρεκάλουν αὐτόν, 3 αἰτούμενοι χάριν κατ' αὐτοῦ, ὅπως μεταπέμψηται αὐτὸν εἰς Ἱερουσαλήμ, ἐνέδραν ποιοῦντες ἀνελεῖν αὐτὸν κατὰ τὴν ὁδόν. 4 Ὁ μὲν οὖν Φῆστος ἀπεκρίθη, τηρεῖσθαι τὸν Παῦλον ἐν Καισαρείᾳ,¹¹ ἑαυτὸν δὲ μέλλειν ἐν τάχει ἐκπορεύεσθαι. 5 Οἱ οὖν δυνατοὶ ἐν ὑμῖν, φησίν,¹² συγκαταβάντες, εἴ τι ἐστὶν ἐν τῷ ἀνδρὶ τούτῳ,¹³ κατηγορείτωσαν αὐτοῦ.

6 Διατρίψας δὲ ἐν αὐτοῖς ἡμέρας πλείους¹⁴ ἢ δέκα, καταβὰς εἰς Καισάρειαν, τῇ ἐπαύριον καθίσας ἐπὶ τοῦ βήματος

---

¹ τε τῷ • τῷ   ² τὸν Παῦλον • αὐτὸν   ³ ἢ προσέρχεσθαι • —   ⁴ γυναικὶ • ἰδίᾳ γυναικὶ   ⁵ πίστεως • Ἰησοῦν πίστεως   ⁶ ἔσεσθαι • —   ⁷ ὅπως λύσῃ αὐτόν • —   ⁸ χάριτας • χάριτα   ⁹ ἐπαρχίᾳ • ἐπαρχείᾳ   ¹⁰ δὲ αὐτῷ ὁ ἀρχιερεὺς • τε αὐτῷ οἱ ἀρχιερεῖς   ¹¹ ἐν Καισαρείᾳ • εἰς Καισάρειαν   ¹² δυνατοὶ ἐν ὑμῖν φησίν • ἐν ὑμῖν φησίν δυνατοὶ   ¹³ τούτῳ • ἄτοπον   ¹⁴ πλείους • οὐ πλείους ὀκτὼ

ἐκέλευσεν τὸν Παῦλον ἀχθῆναι. 7 Παραγενομένου δὲ αὐτοῦ, περιέστησαν οἱ¹ ἀπὸ Ἱεροσολύμων καταβεβηκότες Ἰουδαῖοι, πολλὰ καὶ βαρέα αἰτιώματα ᵃ φέροντες κατὰ τοῦ Παύλου,² ἃ οὐκ ἴσχυον ἀποδεῖξαι, 8 ἀπολογουμένου αὐτοῦ³ ὅτι Οὔτε εἰς τὸν νόμον τῶν Ἰουδαίων, οὔτε εἰς τὸ ἱερόν, οὔτε εἰς Καίσαρά τι ἥμαρτον. 9 Ὁ Φῆστος δὲ τοῖς Ἰουδαίοις θέλων⁴ χάριν καταθέσθαι, ἀποκριθεὶς τῷ Παύλῳ εἶπεν, Θέλεις εἰς Ἱεροσόλυμα ἀναβάς, ἐκεῖ περὶ τούτων κρίνεσθαι⁵ ἐπ' ἐμοῦ; 10 Εἶπεν δὲ ὁ Παῦλος, Ἐπὶ τοῦ βήματος Καίσαρος ἑστώς εἰμι, οὗ με δεῖ κρίνεσθαι· Ἰουδαίους οὐδὲν ἠδίκησα, ὡς καὶ σὺ κάλλιον ἐπιγινώσκεις. 11 Εἰ μὲν γὰρ⁶ ἀδικῶ καὶ ἄξιον θανάτου πέπραχά τι, οὐ παραιτοῦμαι τὸ ἀποθανεῖν· εἰ δὲ οὐδέν ἐστιν ὧν οὗτοι κατηγοροῦσίν μου, οὐδείς με δύναται αὐτοῖς χαρίσασθαι. Καίσαρα ἐπικαλοῦμαι. 12 Τότε ὁ Φῆστος συλλαλήσας μετὰ τοῦ συμβουλίου ἀπεκρίθη, Καίσαρα ἐπικέκλησαι; Ἐπὶ Καίσαρα πορεύσῃ.

Agrippa and Bernice in Caesarea

13 Ἡμερῶν δὲ διαγενομένων τινῶν, Ἀγρίππας ὁ βασιλεὺς καὶ Βερνίκη κατήντησαν εἰς Καισάρειαν, ἀσπασάμενοι ᵇ τὸν Φῆστον. 14 Ὡς δὲ πλείους ἡμέρας διέτριβεν ᶜ,⁷ ἐκεῖ, ὁ Φῆστος τῷ βασιλεῖ ἀνέθετο τὰ κατὰ τὸν Παῦλον, λέγων, Ἀνήρ τίς ἐστιν καταλελειμμένος ὑπὸ Φήλικος δέσμιος, 15 περὶ οὗ, γενομένου μου εἰς Ἱεροσόλυμα, ἐνεφάνισαν οἱ ἀρχιερεῖς καὶ οἱ πρεσβύτεροι τῶν Ἰουδαίων, αἰτούμενοι κατ' αὐτοῦ δίκην.⁸ 16 Πρὸς οὓς ἀπεκρίθην, ὅτι οὐκ ἔστιν ἔθος Ῥωμαίοις χαρίζεσθαί τινα ἄνθρωπον εἰς ἀπώλειαν,⁹ πρὶν ἢ ὁ κατηγορούμενος κατὰ πρόσωπον ἔχοι τοὺς κατηγόρους, τόπον τε ἀπολογίας λάβοι περὶ τοῦ ἐγκλήματος. 17 Συνελθόντων

ᵃ αἰτιώματα • αἰτιάματα   ᵇ ἀσπασάμενοι • ἀσπασόμενοι   ᶜ διέτριβεν • διέτριβον

---

¹ οἱ • αὐτὸν οἱ   ² φέροντες κατὰ τοῦ Παύλου • καταφέροντες
³ ἀπολογουμένου αὐτοῦ • τοῦ Παύλου ἀπολογουμένου   ⁴ τοῖς Ἰουδαίοις
θέλων • θέλων τοῖς Ἰουδαίοις   ⁵ κρίνεσθαι • κριθῆναι   ⁶ γὰρ • οὖν
⁷ διέτριβεν • διέτριβον   ⁸ δίκην • καταδίκην   ⁹ εἰς ἀπώλειαν • —

οὖν αὐτῶν¹ ἐνθάδε, ἀναβολὴν μηδεμίαν ποιησάμενος, τῇ ἑξῆς καθίσας ἐπὶ τοῦ βήματος, ἐκέλευσα ἀχθῆναι τὸν ἄνδρα· 18 περὶ οὗ σταθέντες οἱ κατήγοροι οὐδεμίαν αἰτίαν ἐπέφερον² ὧν ὑπενόουν ἐγώ,³ 19 ζητήματα δέ τινα περὶ τῆς ἰδίας δεισιδαιμονίας εἶχον πρὸς αὐτόν, καὶ περί τινος Ἰησοῦ τεθνηκότος, ὃν ἔφασκεν ὁ Παῦλος ζῆν. 20 Ἀπορούμενος δὲ ἐγὼ τὴν περὶ τούτου⁴ ζήτησιν, ἔλεγον, εἰ βούλοιτο πορεύεσθαι εἰς Ἱερουσαλήμ,⁵ κἀκεῖ κρίνεσθαι περὶ τούτων. 21 Τοῦ δὲ Παύλου ἐπικαλεσαμένου τηρηθῆναι αὐτὸν εἰς τὴν τοῦ Σεβαστοῦ διάγνωσιν, ἐκέλευσα τηρεῖσθαι αὐτόν, ἕως οὗ πέμψω⁶ αὐτὸν πρὸς Καίσαρα. 22 Ἀγρίππας δὲ πρὸς τὸν Φῆστον ἔφη,⁷ Ἐβουλόμην καὶ αὐτὸς τοῦ ἀνθρώπου ἀκοῦσαι. Ὁ δέ,⁸ Αὔριον, φησίν, ἀκούσῃ αὐτοῦ.

23 Τῇ οὖν ἐπαύριον, ἐλθόντος τοῦ Ἀγρίππα καὶ τῆς Βερνίκης μετὰ πολλῆς φαντασίας, καὶ εἰσελθόντων εἰς τὸ ἀκροατήριον, σύν τε τοῖς χιλιάρχοις⁹ καὶ ἀνδράσιν τοῖς κατ' ἐξοχὴν οὖσιν¹⁰ τῆς πόλεως, καὶ κελεύσαντος τοῦ Φήστου, ἤχθη ὁ Παῦλος. 24 Καί φησιν ὁ Φῆστος, Ἀγρίππα βασιλεῦ, καὶ πάντες οἱ συμπαρόντες ἡμῖν ἄνδρες, θεωρεῖτε τοῦτον περὶ οὗ πᾶν¹¹ τὸ πλῆθος τῶν Ἰουδαίων ἐνέτυχόν μοι ἔν τε Ἱεροσολύμοις καὶ ἐνθάδε, ἐπιβοῶντες¹² μὴ δεῖν ζῆν αὐτὸν¹³ μηκέτι. 25 Ἐγὼ δὲ καταλαβόμενος¹⁴ μηδὲν ἄξιον θανάτου αὐτὸν¹⁵ πεπραχέναι, καὶ¹⁶ αὐτοῦ δὲ τούτου ἐπικαλεσαμένου τὸν Σεβαστόν, ἔκρινα πέμπειν αὐτόν.¹⁷ 26 Περὶ οὗ ἀσφαλές τι γράψαι τῷ κυρίῳ οὐκ ἔχω. Διὸ προήγαγον αὐτὸν ἐφ' ὑμῶν, καὶ μάλιστα ἐπὶ σοῦ, βασιλεῦ Ἀγρίππα, ὅπως τῆς ἀνακρίσεως γενομένης σχῶ τι γράψαι.¹⁸ 27 Ἄλογον γάρ μοι δοκεῖ, πέμποντα δέσμιον, μὴ καὶ τὰς κατ' αὐτοῦ αἰτίας σημᾶναι.

---

¹ αὐτῶν • [αὐτῶν]   ² ἐπέφερον • ἔφερον   ³ ὑπενόουν ἐγώ • NA²⁷/²⁸: ἐγὼ ὑπενόουν πονηρῶν; ECM: ἐγὼ ὑπενόουν πονηράν   ⁴ τούτου • τούτων   ⁵ Ἱερουσαλήμ • Ἱεροσόλυμα   ⁶ πέμψω • ἀναπέμψω   ⁷ ἔφη • —   ⁸ Ὁ δέ • —   ⁹ τοῖς χιλιάρχοις • χιλιάρχοις   ¹⁰ οὖσιν • —   ¹¹ πᾶν • ἅπαν   ¹² ἐπιβοῶντες • βοῶντες   ¹³ ζῆν αὐτὸν • αὐτὸν ζῆν   ¹⁴ καταλαβόμενος • κατελαβόμην   ¹⁵ θανάτου αὐτὸν • αὐτὸν θανάτου   ¹⁶ καί • —   ¹⁷ πέμπειν αὐτόν • πέμπειν   ¹⁸ σχῶ τι γράψαι • σχῶ τί γράψω

The Hearing before Agrippa

26 Ἀγρίππας δὲ πρὸς τὸν Παῦλον ἔφη, Ἐπιτρέπεταί σοι ὑπὲρ¹ σεαυτοῦ λέγειν. Τότε ὁ Παῦλος ἀπελογεῖτο, ἐκτείνας τὴν χεῖρα,²

2 Περὶ πάντων ὧν ἐγκαλοῦμαι ὑπὸ Ἰουδαίων, βασιλεῦ Ἀγρίππα, ἥγημαι ἐμαυτὸν μακάριον ἐπὶ σοῦ μέλλων ἀπολογεῖσθαι σήμερον·³ 3 μάλιστα γνώστην ὄντα σὲ πάντων τῶν κατὰ Ἰουδαίους ἠθῶν ᵃ,⁴ τε καὶ ζητημάτων· διὸ δέομαί σου,⁵ μακροθύμως ἀκοῦσαί μου. 4 Τὴν μὲν οὖν βίωσίν μου τὴν ἐκ⁶ νεότητος, τὴν ἀπ' ἀρχῆς γενομένην ἐν τῷ ἔθνει μου ἐν Ἱεροσολύμοις,⁷ ἴσασιν πάντες οἱ⁸ Ἰουδαῖοι, 5 προγινώσκοντές με ἄνωθεν, ἐὰν θέλωσιν μαρτυρεῖν, ὅτι κατὰ τὴν ἀκριβεστάτην αἵρεσιν τῆς ἡμετέρας θρησκείας ἔζησα Φαρισαῖος. 6 Καὶ νῦν ἐπ' ἐλπίδι τῆς πρὸς⁹ τοὺς πατέρας¹⁰ ἐπαγγελίας γενομένης ὑπὸ τοῦ θεοῦ ἕστηκα κρινόμενος, 7 εἰς ἣν τὸ δωδεκάφυλον ἡμῶν ἐν ἐκτενείᾳ νύκτα καὶ ἡμέραν λατρεῦον ἐλπίζει καταντῆσαι· περὶ ἧς ἐλπίδος ἐγκαλοῦμαι, βασιλεῦ Ἀγρίππα, ὑπὸ Ἰουδαίων.¹¹ 8 Τί ἄπιστον κρίνεται παρ' ὑμῖν, εἰ ὁ θεὸς νεκροὺς ἐγείρει; 9 Ἐγὼ μὲν οὖν ἔδοξα ἐμαυτῷ πρὸς τὸ ὄνομα Ἰησοῦ τοῦ Ναζωραίου δεῖν πολλὰ ἐναντία πρᾶξαι· 10 ὃ καὶ ἐποίησα ἐν Ἱεροσολύμοις, καὶ πολλοὺς¹² τῶν ἁγίων ἐγὼ φυλακαῖς¹³ κατέκλεισα, τὴν παρὰ τῶν ἀρχιερέων ἐξουσίαν λαβών, ἀναιρουμένων τε αὐτῶν κατήνεγκα ψῆφον. 11 Καὶ κατὰ πάσας τὰς συναγωγὰς πολλάκις τιμωρῶν αὐτούς, ἠνάγκαζον βλασφημεῖν· περισσῶς τε ἐμμαινόμενος αὐτοῖς, ἐδίωκον ἕως καὶ εἰς τὰς ἔξω πόλεις. 12 Ἐν οἷς καὶ πορευόμενος¹⁴ εἰς τὴν Δαμασκὸν μετ' ἐξουσίας καὶ ἐπιτροπῆς τῆς παρὰ¹⁵ τῶν

ᵃ ἠθῶν • ἐθῶν

---

1 ὑπὲρ • περὶ   2 ἀπελογεῖτο ἐκτείνας τὴν χεῖρα • ἐκτείνας τὴν χεῖρα ἀπελογεῖτο
3 ἀπολογεῖσθαι σήμερον • σήμερον ἀπολογεῖσθαι   4 ἠθῶν • ἐθῶν   5 σου •
—   6 τὴν ἐκ • [τὴν] ἐκ   7 Ἱεροσολύμοις • τε Ἱεροσολύμοις   8 οἱ • [οἱ]
9 πρὸς • εἰς   10 πατέρας • πατέρας ἡμῶν   11 βασιλεῦ Ἀγρίππα ὑπὸ Ἰουδαίων •
ὑπὸ Ἰουδαίων βασιλεῦ   12 πολλοὺς • πολλούς τε   13 φυλακαῖς • ἐν φυλακαῖς
14 καὶ πορευόμενος • πορευόμενος   15 παρὰ • —

ἀρχιερέων, 13 ἡμέρας μέσης, κατὰ τὴν ὁδὸν εἶδον, βασιλεῦ, οὐρανόθεν ὑπὲρ τὴν λαμπρότητα τοῦ ἡλίου, περιλάμψαν με φῶς καὶ τοὺς σὺν ἐμοὶ πορευομένους. 14 Πάντων δὲ¹ καταπεσόντων ἡμῶν εἰς τὴν γῆν, ἤκουσα φωνὴν λαλοῦσαν πρός με καὶ λέγουσαν² τῇ Ἑβραΐδι διαλέκτῳ, Σαούλ, Σαούλ, τί με διώκεις; Σκληρόν σοι πρὸς κέντρα λακτίζειν. 15 Ἐγὼ δὲ εἶπον,³ Τίς εἶ, κύριε; Ὁ δὲ εἶπεν,⁴ Ἐγώ εἰμι Ἰησοῦς ὃν σὺ διώκεις. 16 Ἀλλὰ ἀνάστηθι, καὶ στῆθι ἐπὶ τοὺς πόδας σου· εἰς τοῦτο γὰρ ὤφθην σοι, προχειρίσασθαί σε ὑπηρέτην καὶ μάρτυρα ὧν τε εἶδες⁵ ὧν τε ὀφθήσομαί σοι, 17 ἐξαιρούμενός σε ἐκ τοῦ λαοῦ καὶ τῶν⁶ ἐθνῶν, εἰς οὓς ἐγώ σε ἀποστέλλω,⁷ 18 ἀνοῖξαι ὀφθαλμοὺς αὐτῶν, τοῦ ὑποστρέψαι ᵃ,⁸ ἀπὸ σκότους εἰς φῶς καὶ τῆς ἐξουσίας τοῦ Σατανᾶ ἐπὶ τὸν θεόν, τοῦ λαβεῖν αὐτοὺς ἄφεσιν ἁμαρτιῶν, καὶ κλῆρον ἐν τοῖς ἡγιασμένοις πίστει τῇ εἰς ἐμέ. 19 Ὅθεν, βασιλεῦ Ἀγρίππα, οὐκ ἐγενόμην ἀπειθὴς τῇ οὐρανίῳ ὀπτασίᾳ, 20 ἀλλὰ τοῖς ἐν Δαμασκῷ πρῶτον καὶ Ἱεροσολύμοις, εἰς⁹ πᾶσάν τε τὴν χώραν τῆς Ἰουδαίας, καὶ τοῖς ἔθνεσιν, ἀπαγγέλλων¹⁰ μετανοεῖν, καὶ ἐπιστρέφειν ἐπὶ τὸν θεόν, ἄξια τῆς μετανοίας ἔργα πράσσοντας. 21 Ἕνεκα τούτων οἱ Ἰουδαῖοί με ᵇ,¹¹ συλλαβόμενοι ἐν¹² τῷ ἱερῷ ἐπειρῶντο διαχειρίσασθαι. 22 Ἐπικουρίας οὖν τυχὼν τῆς παρὰ¹³ τοῦ θεοῦ, ἄχρι τῆς ἡμέρας ταύτης ἕστηκα μαρτυρόμενος μικρῷ τε καὶ μεγάλῳ, οὐδὲν ἐκτὸς λέγων ὧν τε οἱ προφῆται ἐλάλησαν μελλόντων γίνεσθαι καὶ Μωϋσῆς, 23 εἰ παθητὸς ὁ χριστός, εἰ πρῶτος ἐξ ἀναστάσεως νεκρῶν φῶς μέλλει καταγγέλλειν τῷ λαῷ¹⁴ καὶ τοῖς ἔθνεσιν.

ᵃ ὑποστρέψαι • ἐπιστρέψαι   ᵇ οἱ Ἰουδοῖοί με • με οἱ Ἰουδαῖοι

---

¹ δὲ • τε   ² λαλοῦσαν πρός με καὶ λέγουσαν • λέγουσαν πρός με   ³ εἶπον • εἶπα
⁴ εἶπεν • κύριος εἶπεν   ⁵ εἶδες • εἶδές [με]   ⁶ τῶν • ἐκ τῶν   ⁷ σε ἀποστέλλω •
ἀποστέλλω σε   ⁸ ὑποστρέψαι • ἐπιστρέψαι   ⁹ καὶ Ἱεροσολύμοις εἰς • τε καὶ
Ἱεροσολύμοις   ¹⁰ ἀπαγγέλλων • ἀπήγγελλον   ¹¹ οἱ Ἰουδαῖοί με • με Ἰουδαῖοι
¹² ἐν • [ὄντα] ἐν   ¹³ παρὰ • ἀπὸ   ¹⁴ λαῷ • τε λαῷ

24 Ταῦτα δὲ αὐτοῦ ἀπολογουμένου, ὁ Φῆστος μεγάλῃ τῇ φωνῇ ἔφη,¹ Μαίνῃ, Παῦλε· τὰ πολλά σε γράμματα εἰς μανίαν περιτρέπει. 25 Ὁ δέ, Οὐ² μαίνομαι, φησίν, κράτιστε Φῆστε, ἀλλὰ ἀληθείας καὶ σωφροσύνης ῥήματα ἀποφθέγγομαι. 26 Ἐπίσταται γὰρ περὶ τούτων ὁ βασιλεύς, πρὸς ὃν καὶ παρρησιαζόμενος λαλῶ· λανθάνειν γὰρ αὐτόν τι³ τούτων οὐ πείθομαι οὐδέν· οὐ γὰρ⁴ ἐν γωνίᾳ πεπραγμένον τοῦτο. 27 Πιστεύεις, βασιλεῦ Ἀγρίππα, τοῖς προφήταις; Οἶδα ὅτι πιστεύεις. 28 Ὁ δὲ Ἀγρίππας πρὸς τὸν Παῦλον ἔφη,⁵ Ἐν ὀλίγῳ με πείθεις Χριστιανὸν γενέσθαι.⁶ 29 Ὁ δὲ Παῦλος εἶπεν,⁷ Εὐξαίμην ἂν τῷ θεῷ, καὶ ἐν ὀλίγῳ καὶ ἐν πολλῷ⁸ οὐ μόνον σε, ἀλλὰ καὶ πάντας τοὺς ἀκούοντάς μου σήμερον, γενέσθαι τοιούτους ὁποῖος κἀγώ⁹ εἰμι, παρεκτὸς τῶν δεσμῶν τούτων.

30 Καὶ ταῦτα εἰπόντος αὐτοῦ, ἀνέστη¹⁰ ὁ βασιλεὺς καὶ ὁ ἡγεμών, ἥ τε Βερνίκη, καὶ οἱ συγκαθήμενοι αὐτοῖς· 31 καὶ ἀναχωρήσαντες ἐλάλουν πρὸς ἀλλήλους, λέγοντες ὅτι Οὐδὲν θανάτου ἄξιον ἢ δεσμῶν¹¹ πράσσει ὁ ἄνθρωπος οὗτος. 32 Ἀγρίππας δὲ τῷ Φήστῳ ἔφη, Ἀπολελύσθαι ἐδύνατο ὁ ἄνθρωπος οὗτος, εἰ μὴ ἐπεκέκλητο Καίσαρα.

The Voyage from Caesarea to Malta

27 Ὡς δὲ ἐκρίθη τοῦ ἀποπλεῖν ἡμᾶς εἰς τὴν Ἰταλίαν, παρεδίδουν τόν τε Παῦλον καί τινας ἑτέρους δεσμώτας ἑκατοντάρχῃ, ὀνόματι Ἰουλίῳ, σπείρης Σεβαστῆς. 2 Ἐπιβάντες δὲ πλοίῳ Ἀδραμυττηνῷ, μέλλοντες πλεῖν¹² τοὺς κατὰ τὴν Ἀσίαν τόπους, ἀνήχθημεν, ὄντος σὺν ἡμῖν Ἀριστάρχου Μακεδόνος Θεσσαλονικέως. 3 Τῇ τε ἑτέρᾳ κατήχθημεν εἰς Σιδῶνα· φιλανθρώπως τε ὁ Ἰούλιος τῷ Παύλῳ χρησάμενος ἐπέτρεψεν πρὸς τοὺς φίλους πορευθέντα¹³ ἐπιμελείας τυχεῖν. 4 Κἀκεῖθεν ἀναχθέντες ὑπεπλεύσαμεν τὴν Κύπρον, διὰ τὸ τοὺς

---

¹ ἔφη • φησιν ² Οὐ • Παῦλος, Οὐ ³ τι • [τι] ⁴ οὐδέν οὐ γὰρ • οὐθέν οὐ γάρ ἐστιν ⁵ ἔφη • — ⁶ γενέσθαι • ποιῆσαι ⁷ εἶπεν • — ⁸ πολλῷ • μεγάλῳ ⁹ κἀγώ • καὶ ἐγώ ¹⁰ Καὶ ταῦτα εἰπόντος αὐτοῦ ἀνέστη • Ἀνέστη τε ¹¹ ἄξιον ἢ δεσμῶν • ἢ δεσμῶν ἄξιόν [τι] ¹² μέλλοντες πλεῖν • μέλλοντι πλεῖν εἰς ¹³ πορευθέντα • πορευθέντι

ἀνέμους εἶναι ἐναντίους. 5 Τό τε πέλαγος τὸ κατὰ τὴν Κιλικίαν καὶ Παμφυλίαν διαπλεύσαντες, κατήλθομεν εἰς Μύρα τῆς Λυκίας. 6 Κἀκεῖ εὑρὼν ὁ ἑκατόνταρχος¹ πλοῖον Ἀλεξανδρῖνον πλέον εἰς τὴν Ἰταλίαν, ἐνεβίβασεν ἡμᾶς εἰς αὐτό. 7 Ἐν ἱκαναῖς δὲ ἡμέραις βραδυπλοοῦντες, καὶ μόλις γενόμενοι κατὰ τὴν Κνίδον, μὴ προσεῶντος ἡμᾶς τοῦ ἀνέμου, ὑπεπλεύσαμεν τὴν Κρήτην κατὰ Σαλμώνην· 8 μόλις τε παραλεγόμενοι αὐτὴν ἤλθομεν εἰς τόπον τινὰ καλούμενον Καλοὺς Λιμένας, ᾧ ἐγγὺς ἦν πόλις² Λασαία.

9 Ἱκανοῦ δὲ χρόνου διαγενομένου, καὶ ὄντος ἤδη ἐπισφαλοῦς τοῦ πλοός, διὰ τὸ καὶ τὴν νηστείαν ἤδη παρεληλυθέναι, παρῄνει ὁ Παῦλος 10 λέγων αὐτοῖς, Ἄνδρες, θεωρῶ ὅτι μετὰ ὕβρεως καὶ πολλῆς ζημίας, οὐ μόνον τοῦ φορτίου καὶ τοῦ πλοίου ἀλλὰ καὶ τῶν ψυχῶν ἡμῶν, μέλλειν ἔσεσθαι τὸν πλοῦν. 11 Ὁ δὲ ἑκατοντάρχης ᵃ τῷ κυβερνήτῃ καὶ τῷ ναυκλήρῳ ἐπείθετο μᾶλλον³ ἢ τοῖς ὑπὸ τοῦ⁴ Παύλου λεγομένοις. 12 Ἀνευθέτου δὲ τοῦ λιμένος ὑπάρχοντος πρὸς παραχειμασίαν, οἱ πλείους⁵ ἔθεντο βουλὴν ἀναχθῆναι κἀκεῖθεν,⁶ εἴ πως δύναιντο καταντήσαντες εἰς Φοίνικα παραχειμάσαι, λιμένα τῆς Κρήτης βλέποντα κατὰ λίβα καὶ κατὰ χῶρον. 13 Ὑποπνεύσαντος δὲ νότου, δόξαντες τῆς προθέσεως κεκρατηκέναι, ἄραντες ἆσσον παρελέγοντο τὴν Κρήτην. 14 Μετ' οὐ πολὺ δὲ ἔβαλεν κατ' αὐτῆς ἄνεμος τυφωνικός, ὁ καλούμενος Εὐροκλύδων·⁷ 15 συναρπασθέντος δὲ τοῦ πλοίου, καὶ μὴ δυναμένου ἀντοφθαλμεῖν τῷ ἀνέμῳ, ἐπιδόντες ἐφερόμεθα. 16 Νησίον δέ τι ὑποδραμόντες καλούμενον Κλαύδην μόλις ἰσχύσαμεν⁸ περικρατεῖς γενέσθαι τῆς σκάφης· 17 ἣν ἄραντες, βοηθείαις ἐχρῶντο, ὑποζωννύντες τὸ πλοῖον· φοβούμενοί τε μὴ εἰς τὴν Σύρτην⁹ ἐκπέσωσιν,

---

ᵃ ἑκατοντάρχης • ἑκατόνταρχος

---

1 ἑκατόνταρχος • ἑκατοντάρχης   2 ἦν πόλις • NA²⁷/²⁸: πόλις ἦν   3 ἐπείθετο μᾶλλον • μᾶλλον ἐπείθετο   4 τοῦ • —   5 πλείους • πλείονες   6 κἀκεῖθεν • ἐκεῖθεν   7 Εὐροκλύδων • Εὐρακύλων   8 Κλαύδην μόλις ἰσχύσαμεν • Καῦδα ἰσχύσαμεν μόλις   9 Σύρτην • Σύρτιν

χαλάσαντες τὸ σκεῦος, οὕτως ἐφέροντο. 18 Σφοδρῶς δὲ χειμαζομένων ἡμῶν, τῇ ἑξῆς ἐκβολὴν ἐποιοῦντο· 19 καὶ τῇ τρίτῃ αὐτόχειρες τὴν σκευὴν τοῦ πλοίου ἐρρίψαμεν.[1] 20 Μήτε δὲ ἡλίου μήτε ἄστρων ἐπιφαινόντων ἐπὶ πλείονας ἡμέρας, χειμῶνός τε οὐκ ὀλίγου ἐπικειμένου, λοιπὸν περιῃρεῖτο πᾶσα ἐλπὶς[2] τοῦ σῴζεσθαι ἡμᾶς. 21 Πολλῆς δὲ[3] ἀσιτίας ὑπαρχούσης, τότε σταθεὶς ὁ Παῦλος ἐν μέσῳ αὐτῶν εἶπεν, Ἔδει μέν, ὦ ἄνδρες, πειθαρχήσαντάς μοι μὴ ἀνάγεσθαι ἀπὸ τῆς Κρήτης, κερδῆσαί τε τὴν ὕβριν ταύτην καὶ τὴν ζημίαν. 22 Καὶ τὰ νῦν παραινῶ ὑμᾶς εὐθυμεῖν· ἀποβολὴ γὰρ ψυχῆς οὐδεμία ἔσται ἐξ ὑμῶν, πλὴν τοῦ πλοίου. 23 Παρέστη γάρ μοι ταύτῃ τῇ νυκτὶ ἄγγελος[4] τοῦ θεοῦ, οὗ εἰμι, ᾧ[5] καὶ λατρεύω,[6] 24 λέγων, Μὴ φοβοῦ, Παῦλε· Καίσαρί σε δεῖ παραστῆναι· καὶ ἰδού, κεχάρισταί σοι ὁ θεὸς πάντας τοὺς πλέοντας μετὰ σοῦ. 25 Διὸ εὐθυμεῖτε ἄνδρες· πιστεύω γὰρ τῷ θεῷ ὅτι οὕτως ἔσται καθ' ὃν τρόπον λελάληταί μοι. 26 Εἰς νῆσον δέ τινα δεῖ ἡμᾶς ἐκπεσεῖν.

27 Ὡς δὲ τεσσαρεσκαιδεκάτη νὺξ ἐγένετο, διαφερομένων ἡμῶν ἐν τῷ Ἀδρίᾳ, κατὰ μέσον τῆς νυκτὸς ὑπενόουν οἱ ναῦται προσάγειν τινὰ αὐτοῖς χώραν· 28 καὶ βολίσαντες εὗρον ὀργυιὰς εἴκοσι· βραχὺ δὲ διαστήσαντες, καὶ πάλιν βολίσαντες, εὗρον ὀργυιὰς δεκαπέντε· 29 φοβούμενοί τε μήπως εἰς[7] τραχεῖς τόπους ἐκπέσωμεν, ἐκ πρύμνης ῥίψαντες ἀγκύρας τέσσαρας, ηὔχοντο ἡμέραν γενέσθαι. 30 Τῶν δὲ ναυτῶν ζητούντων φυγεῖν ἐκ τοῦ πλοίου, καὶ χαλασάντων τὴν σκάφην εἰς τὴν θάλασσαν, προφάσει ὡς ἐκ πρῴρας μελλόντων ἀγκύρας[8] ἐκτείνειν, 31 εἶπεν ὁ Παῦλος τῷ ἑκατοντάρχῃ καὶ τοῖς στρατιώταις, Ἐὰν μὴ οὗτοι μείνωσιν ἐν τῷ πλοίῳ, ὑμεῖς σωθῆναι οὐ δύνασθε. 32 Τότε οἱ στρατιῶται ἀπέκοψαν[9] τὰ σχοινία τῆς σκάφης, καὶ εἴασαν αὐτὴν ἐκπεσεῖν. 33 Ἄχρι

---

1 ἐρρίψαμεν • ἔρριψαν   2 πᾶσα ἐλπὶς • ἐλπὶς πᾶσα   3 δὲ • τε   4 ἄγγελος • — 5 ᾧ • NA[27/28]: [ἐγὼ] ᾧ   6 λατρεύω • λατρεύω ἄγγελος   7 μήπως εἰς • μή που κατὰ   8 πρῴρας μελλόντων ἀγκύρας • πρῴρης ἀγκύρας μελλόντων   9 οἱ στρατιῶται ἀπέκοψαν • ἀπέκοψαν οἱ στρατιῶται

δὲ οὗ ἤμελλεν ͣ ἡμέρα ¹ γίνεσθαι, παρεκάλει ὁ Παῦλος ἅπαντας μεταλαβεῖν τροφῆς, λέγων, Τεσσαρεσκαιδεκάτην σήμερον ἡμέραν προσδοκῶντες ἄσιτοι διατελεῖτε, μηδὲν ² προσλαβόμενοι. 34 Διὸ παρακαλῶ ὑμᾶς προσλαβεῖν ³ τροφῆς· τοῦτο γὰρ πρὸς τῆς ὑμετέρας σωτηρίας ὑπάρχει· οὐδενὸς γὰρ ὑμῶν θρὶξ ἐκ ⁴ τῆς κεφαλῆς πεσεῖται. ⁵ 35 Εἰπὼν ⁶ δὲ ταῦτα, καὶ λαβὼν ἄρτον, εὐχαρίστησεν τῷ θεῷ ἐνώπιον πάντων· καὶ κλάσας ἤρξατο ἐσθίειν. 36 Εὔθυμοι δὲ γενόμενοι πάντες καὶ αὐτοὶ προσελάβοντο τροφῆς. 37 Ἦμεν ⁷ δὲ ἐν τῷ πλοίῳ αἱ πᾶσαι ψυχαί, ⁸ διακόσιαι ἑβδομήκοντα ἕξ. 38 Κορεσθέντες δὲ τῆς ᵇ, ⁹ τροφῆς ἐκούφιζον τὸ πλοῖον, ἐκβαλλόμενοι τὸν σῖτον εἰς τὴν θάλασσαν. 39 Ὅτε δὲ ἡμέρα ἐγένετο, τὴν γῆν οὐκ ἐπεγίνωσκον· κόλπον δέ τινα κατενόουν ἔχοντα αἰγιαλόν, εἰς ὃν ἐβουλεύσαντο, εἰ δυνατόν, ¹⁰ ἐξῶσαι τὸ πλοῖον. 40 Καὶ τὰς ἀγκύρας περιελόντες εἴων εἰς τὴν θάλασσαν, ἅμα ἀνέντες τὰς ζευκτηρίας τῶν πηδαλίων· καὶ ἐπάραντες τὸν ἀρτέμονα ¹¹ τῇ πνεούσῃ κατεῖχον εἰς τὸν αἰγιαλόν. 41 Περιπεσόντες δὲ εἰς τόπον διθάλασσον ἐπώκειλαν ¹² τὴν ναῦν· καὶ ἡ μὲν πρῷρα ἐρείσασα ἔμεινεν ἀσάλευτος, ἡ δὲ πρύμνα ἐλύετο ὑπὸ τῆς βίας τῶν κυμάτων. ¹³ 42 Τῶν δὲ στρατιωτῶν βουλὴ ἐγένετο ἵνα τοὺς δεσμώτας ἀποκτείνωσιν, μή τις ἐκκολυμβήσας διαφύγῃ. 43 Ὁ δὲ ἑκατόνταρχος, ¹⁴ βουλόμενος διασῶσαι τὸν Παῦλον, ἐκώλυσεν αὐτοὺς τοῦ βουλήματος, ἐκέλευσέν τε τοὺς δυναμένους κολυμβᾶν ἀπορρίψαντας ¹⁵ πρώτους ἐπὶ τὴν γῆν ἐξιέναι· 44 καὶ τοὺς λοιπούς, οὓς μὲν ἐπὶ σανίσιν, οὓς δὲ ἐπί τινων τῶν ἀπὸ τοῦ πλοίου. Καὶ οὕτως ἐγένετο πάντας διασωθῆναι ἐπὶ τὴν γῆν.

ͣ ἤμελλεν • ἔμελλεν   ᵇ τῆς • —

¹ ἤμελλεν ἡμέρα • ἡμέρα ἤμελλεν   ² μηδὲν • μηθὲν   ³ προσλαβεῖν • μεταλαβεῖν
⁴ ἐκ • ἀπὸ   ⁵ πεσεῖται • ἀπολεῖται   ⁶ Εἰπὼν • Εἴπας   ⁷ Ἦμεν • Ἤμεθα
⁸ ἐν τῷ πλοίῳ αἱ πᾶσαι ψυχαί • αἱ πᾶσαι ψυχαὶ ἐν τῷ πλοίῳ   ⁹ τῆς •
—   ¹⁰ ἐβουλεύσαντο εἰ δυνατόν • ἐβουλεύοντο εἰ δύναιντο   ¹¹ ἀρτέμονα •
ἀρτέμωνα   ¹² ἐπώκειλαν • ἐπέκειλαν   ¹³ τῶν κυμάτων • [τῶν κυμάτων]
¹⁴ ἑκατόνταρχος • ἑκατοντάρχης   ¹⁵ ἀπορρίψαντας • ἀπορίψαντας

The Journey from Malta to Rome

28 Καὶ διασωθέντες, τότε ἐπέγνωσαν¹ ὅτι Μελίτη ἡ νῆσος καλεῖται. **2** Οἱ δὲ² βάρβαροι παρεῖχον οὐ τὴν τυχοῦσαν φιλανθρωπίαν ἡμῖν· ἀνάψαντες³ γὰρ πυράν, προσελάβοντο πάντας ἡμᾶς, διὰ τὸν ὑετὸν τὸν ἐφεστῶτα, καὶ διὰ τὸ ψῦχος. **3** Συστρέψαντος δὲ τοῦ Παύλου φρυγάνων πλῆθος,⁴ καὶ ἐπιθέντος ἐπὶ τὴν πυράν, ἔχιδνα ἐκ⁵ τῆς θέρμης διεξελθοῦσα ᵃ,⁶ καθῆψεν τῆς χειρὸς αὐτοῦ. **4** Ὡς δὲ εἶδον οἱ βάρβαροι κρεμάμενον τὸ θηρίον ἐκ τῆς χειρὸς αὐτοῦ, ἔλεγον πρὸς ἀλλήλους,⁷ Πάντως φονεύς ἐστιν ὁ ἄνθρωπος οὗτος, ὃν διασωθέντα ἐκ τῆς θαλάσσης ἡ Δίκη ζῆν οὐκ εἴασεν. **5** Ὁ μὲν οὖν, ἀποτινάξας⁸ τὸ θηρίον εἰς τὸ πῦρ, ἔπαθεν οὐδὲν κακόν. **6** Οἱ δὲ προσεδόκων αὐτὸν μέλλειν πίμπρασθαι ἢ καταπίπτειν ἄφνω νεκρόν· ἐπὶ πολὺ δὲ αὐτῶν προσδοκώντων, καὶ θεωρούντων μηδὲν ἄτοπον εἰς αὐτὸν γινόμενον, μεταβαλλόμενοι⁹ ἔλεγον θεὸν αὐτὸν εἶναι.¹⁰

7 Ἐν δὲ τοῖς περὶ τὸν τόπον ἐκεῖνον ὑπῆρχεν χωρία τῷ πρώτῳ τῆς νήσου, ὀνόματι Ποπλίῳ, ὃς ἀναδεξάμενος ἡμᾶς τρεῖς ἡμέρας φιλοφρόνως ἐξένισεν. **8** Ἐγένετο δὲ τὸν πατέρα τοῦ Ποπλίου πυρετοῖς καὶ δυσεντερίᾳ¹¹ συνεχόμενον κατακεῖσθαι· πρὸς ὃν ὁ Παῦλος εἰσελθών, καὶ προσευξάμενος, ἐπιθεὶς τὰς χεῖρας αὐτῷ, ἰάσατο αὐτόν. **9** Τούτου οὖν¹² γενομένου, καὶ οἱ λοιποὶ οἱ ἔχοντες ἀσθενείας ἐν τῇ νήσῳ¹³ προσήρχοντο καὶ ἐθεραπεύοντο· **10** οἳ καὶ πολλαῖς τιμαῖς ἐτίμησαν ἡμᾶς, καὶ ἀναγομένοις ἐπέθεντο τὰ πρὸς τὴν χρείαν.¹⁴

---

a διεξελθοῦσα • ἐξελθοῦσα

---

1 ἐπέγνωσαν • ἐπέγνωμεν   2 δὲ • τε   3 ἀνάψαντες • ἅψαντες   4 πλῆθος • τι πλῆθος   5 ἐκ • ἀπὸ   6 διεξελθοῦσα • ἐξελθοῦσα   7 ἔλεγον πρὸς ἀλλήλους • πρὸς ἀλλήλους ἔλεγον   8 ἀποτινάξας • ECM: ἀποτιναξάμενος   9 μεταβαλλόμενοι • μεταβαλόμενοι   10 θεὸν αὐτὸν εἶναι • αὐτὸν εἶναι θεόν   11 δυσεντερίᾳ • δυσεντερίῳ   12 οὖν • δὲ   13 ἔχοντες ἀσθενείας ἐν τῇ νήσῳ • ἐν τῇ νήσῳ ἔχοντες ἀσθενείας   14 τὴν χρείαν • τὰς χρείας

11 Μετὰ δὲ τρεῖς μῆνας ἤχθημεν[a,1] ἐν πλοίῳ παρακεχειμακότι ἐν τῇ νήσῳ, Ἀλεξανδρίνῳ, παρασήμῳ Διοσκούροις. 12 Καὶ καταχθέντες εἰς Συρακούσας ἐπεμείναμεν ἡμέρας τρεῖς· 13 ὅθεν περιελθόντες[2] κατηντήσαμεν εἰς Ῥήγιον, καὶ μετὰ μίαν ἡμέραν ἐπιγενομένου νότου, δευτεραῖοι ἤλθομεν εἰς Ποτιόλους· 14 οὗ εὑρόντες ἀδελφούς, παρεκλήθημεν ἐπ᾽[3] αὐτοῖς ἐπιμεῖναι ἡμέρας ἑπτά· καὶ οὕτως εἰς τὴν Ῥώμην ἤλθομεν.[4] 15 Κἀκεῖθεν οἱ ἀδελφοὶ ἀκούσαντες τὰ περὶ ἡμῶν, ἐξῆλθον[5] εἰς ἀπάντησιν ἡμῖν ἄχρι Ἀππίου Φόρου καὶ Τριῶν Ταβερνῶν· οὓς ἰδὼν ὁ Παῦλος, εὐχαριστήσας τῷ θεῷ, ἔλαβεν θάρσος.

16 Ὅτε δὲ ἤλθομεν[6] εἰς Ῥώμην, ὁ ἑκατόνταρχος παρέδωκεν τοὺς δεσμίους τῷ στρατοπεδάρχῃ·[b,7] τῷ δὲ Παύλῳ ἐπετράπη[8] μένειν καθ᾽ ἑαυτόν, σὺν τῷ φυλάσσοντι αὐτὸν στρατιώτῃ.

Two Years at Rome

17 Ἐγένετο δὲ μετὰ ἡμέρας τρεῖς συγκαλέσασθαι τὸν Παῦλον[9] τοὺς ὄντας τῶν Ἰουδαίων πρώτους· συνελθόντων δὲ αὐτῶν, ἔλεγεν πρὸς αὐτούς, Ἄνδρες ἀδελφοί, ἐγὼ[10] οὐδὲν ἐναντίον ποιήσας τῷ λαῷ ἢ τοῖς ἔθεσιν τοῖς πατρῴοις, δέσμιος ἐξ Ἱεροσολύμων παρεδόθην εἰς τὰς χεῖρας τῶν Ῥωμαίων· 18 οἵτινες ἀνακρίναντές με ἐβούλοντο ἀπολῦσαι, διὰ τὸ μηδεμίαν αἰτίαν θανάτου ὑπάρχειν ἐν ἐμοί. 19 Ἀντιλεγόντων δὲ τῶν Ἰουδαίων, ἠναγκάσθην ἐπικαλέσασθαι Καίσαρα, οὐχ ὡς τοῦ ἔθνους μου ἔχων τι κατηγορῆσαι.[11] 20 Διὰ ταύτην οὖν τὴν αἰτίαν παρεκάλεσα ὑμᾶς ἰδεῖν καὶ προσλαλῆσαι· ἕνεκεν γὰρ τῆς ἐλπίδος τοῦ Ἰσραὴλ τὴν ἄλυσιν ταύτην περίκειμαι. 21 Οἱ δὲ πρὸς αὐτὸν εἶπον,[12] Ἡμεῖς οὔτε γράμματα περὶ σοῦ ἐδεξάμεθα

---

[a] ἤχθημεν • ἀνήχθημεν   [b] στρατοπεδάρχῃ • στρατοπεδάρχῳ

[1] ἤχθημεν • ἀνήχθημεν   [2] περιελθόντες • περιελόντες   [3] ἐπ᾽ • παρ᾽
[4] ἤλθομεν • ἤλθαμεν   [5] ἐξῆλθον • ἦλθαν   [6] ἤλθομεν • εἰσήλθομεν   [7] ὁ ἑκατόνταρχος παρέδωκεν τοὺς δεσμίους τῷ στρατοπεδάρχῃ • —   [8] τῷ δὲ Παύλῳ ἐπετράπη • ἐπετράπη τῷ Παύλῳ   [9] τὸν Παῦλον • αὐτὸν   [10] Ἄνδρες ἀδελφοί ἐγὼ • Ἐγὼ ἄνδρες ἀδελφοί   [11] κατηγορῆσαι • κατηγορεῖν   [12] εἶπον • εἶπαν

ἀπὸ τῆς Ἰουδαίας, οὔτε παραγενόμενός τις τῶν ἀδελφῶν ἀπήγγειλεν ἢ ἐλάλησέν τι περὶ σοῦ πονηρόν. 22 Ἀξιοῦμεν δὲ παρὰ σοῦ ἀκοῦσαι ἃ φρονεῖς· περὶ μὲν γὰρ τῆς αἱρέσεως ταύτης γνωστόν ἐστιν ἡμῖν¹ ὅτι πανταχοῦ ἀντιλέγεται.

23 Ταξάμενοι δὲ αὐτῷ ἡμέραν, ἧκον² πρὸς αὐτὸν εἰς τὴν ξενίαν πλείονες· οἷς ἐξετίθετο διαμαρτυρόμενος τὴν βασιλείαν τοῦ θεοῦ, πείθων τε αὐτοὺς τὰ³ περὶ τοῦ Ἰησοῦ, ἀπό τε τοῦ νόμου Μωϋσέως καὶ τῶν προφητῶν, ἀπὸ πρωΐ ἕως ἑσπέρας. 24 Καὶ οἱ μὲν ἐπείθοντο τοῖς λεγομένοις, οἱ δὲ ἠπίστουν.

25 Ἀσύμφωνοι δὲ ὄντες πρὸς ἀλλήλους ἀπελύοντο, εἰπόντος τοῦ Παύλου ῥῆμα ἕν, ὅτι Καλῶς τὸ πνεῦμα τὸ ἅγιον ἐλάλησεν διὰ Ἡσαΐου τοῦ προφήτου πρὸς τοὺς πατέρας ἡμῶν,⁴ 26 λέγον,⁵ Πορεύθητι πρὸς τὸν λαὸν τοῦτον καὶ εἰπόν, Ἀκοῇ ἀκούσετε, καὶ οὐ μὴ συνῆτε· καὶ βλέποντες βλέψετε, καὶ οὐ μὴ ἴδητε. 27 Ἐπαχύνθη γὰρ ἡ καρδία τοῦ λαοῦ τούτου, καὶ τοῖς ὠσὶν βαρέως ἤκουσαν, καὶ τοὺς ὀφθαλμοὺς αὐτῶν ἐκάμμυσαν· μήποτε ἴδωσιν τοῖς ὀφθαλμοῖς, καὶ τοῖς ὠσὶν ἀκούσωσιν, καὶ τῇ καρδίᾳ συνῶσιν, καὶ ἐπιστρέψωσιν, καὶ ἰάσομαι^a αὐτούς. 28 Γνωστὸν οὖν ἔστω ὑμῖν ὅτι τοῖς ἔθνεσιν ἀπεστάλη τὸ⁶ σωτήριον τοῦ θεοῦ, αὐτοὶ καὶ ἀκούσονται. 29 Καὶ ταῦτα αὐτοῦ εἰπόντος, ἀπῆλθον οἱ Ἰουδαῖοι, πολλὴν ἔχοντες ἐν ἑαυτοῖς συζήτησιν.⁷

30 Ἔμεινεν⁸ δὲ ὁ Παῦλος⁹ διετίαν ὅλην ἐν ἰδίῳ μισθώματι, καὶ ἀπεδέχετο πάντας τοὺς εἰσπορευομένους πρὸς αὐτόν, 31 κηρύσσων τὴν βασιλείαν τοῦ θεοῦ, καὶ διδάσκων τὰ περὶ τοῦ κυρίου Ἰησοῦ χριστοῦ, μετὰ πάσης παρρησίας, ἀκωλύτως.

---

a ἰάσομαι • ἰάσωμαι

1 ἐστιν ἡμῖν • ἡμῖν ἐστιν   2 ἧκον • ἦλθον   3 τὰ • —   4 ἡμῶν • ὑμῶν   5 λέγον • λέγων   6 τὸ • τοῦτο τὸ   7 28.29 • —   8 Ἔμεινεν • Ἐνέμεινεν   9 ὁ Παῦλος •

ΙΑΚΩΒΟΥ
Of James

Various Temptations and Their Endurance

1 Ἰάκωβος, θεοῦ καὶ κυρίου Ἰησοῦ χριστοῦ δοῦλος, ταῖς δώδεκα φυλαῖς ταῖς ἐν τῇ διασπορᾷ, χαίρειν.

2 Πᾶσαν χαρὰν ἡγήσασθε, ἀδελφοί μου, ὅταν πειρασμοῖς περιπέσητε ποικίλοις, 3 γινώσκοντες ὅτι τὸ δοκίμιον ὑμῶν τῆς πίστεως κατεργάζεται ὑπομονήν· 4 ἡ δὲ ὑπομονὴ ἔργον τέλειον ἐχέτω, ἵνα ἦτε τέλειοι καὶ ὁλόκληροι, ἐν μηδενὶ λειπόμενοι.

5 Εἰ δέ τις ὑμῶν λείπεται σοφίας, αἰτείτω παρὰ τοῦ διδόντος θεοῦ πᾶσιν ἁπλῶς, καὶ οὐκ[1] ὀνειδίζοντος, καὶ δοθήσεται αὐτῷ. 6 Αἰτείτω δὲ ἐν πίστει, μηδὲν διακρινόμενος· ὁ γὰρ διακρινόμενος ἔοικεν κλύδωνι θαλάσσης ἀνεμιζομένῳ καὶ ῥιπιζομένῳ. 7 Μὴ γὰρ οἰέσθω ὁ ἄνθρωπος ἐκεῖνος ὅτι λήψεταί[2] τι παρὰ τοῦ κυρίου. 8 Ἀνὴρ δίψυχος, ἀκατάστατος ἐν πάσαις ταῖς ὁδοῖς αὐτοῦ.

9 Καυχάσθω δὲ ὁ ἀδελφὸς ὁ ταπεινὸς ἐν τῷ ὕψει αὐτοῦ· 10 ὁ δὲ πλούσιος ἐν τῇ ταπεινώσει αὐτοῦ· ὅτι ὡς ἄνθος χόρτου παρελεύσεται. 11 Ἀνέτειλεν γὰρ ὁ ἥλιος σὺν τῷ καύσωνι, καὶ ἐξήρανεν τὸν χόρτον, καὶ τὸ ἄνθος αὐτοῦ ἐξέπεσεν, καὶ ἡ εὐπρέπεια τοῦ προσώπου αὐτοῦ ἀπώλετο· οὕτως καὶ ὁ πλούσιος ἐν ταῖς πορείαις αὐτοῦ μαρανθήσεται.

---

1 οὐκ • μὴ   2 λήψεταί • λήμψεταί

12 Μακάριος ἀνὴρ ὃς ὑπομένει πειρασμόν· ὅτι δόκιμος γενόμενος λήψεται¹ τὸν στέφανον τῆς ζωῆς, ὃν ἐπηγγείλατο ὁ κύριος² τοῖς ἀγαπῶσιν αὐτόν. 13 Μηδεὶς πειραζόμενος λεγέτω ὅτι Ἀπὸ θεοῦ πειράζομαι· ὁ γὰρ θεὸς ἀπείραστός ἐστιν κακῶν, πειράζει δὲ αὐτὸς οὐδένα· 14 ἕκαστος δὲ πειράζεται, ὑπὸ τῆς ἰδίας ἐπιθυμίας ἐξελκόμενος καὶ δελεαζόμενος. 15 Εἶτα ἡ ἐπιθυμία συλλαβοῦσα τίκτει ἁμαρτίαν· ἡ δὲ ἁμαρτία ἀποτελεσθεῖσα ἀποκύει θάνατον.

God's Fatherhood and the Obligations of Sonship

16 Μὴ πλανᾶσθε, ἀδελφοί μου ἀγαπητοί. 17 Πᾶσα δόσις ἀγαθὴ καὶ πᾶν δώρημα τέλειον ἄνωθέν ἐστιν, καταβαῖνον ἀπὸ τοῦ πατρὸς τῶν φώτων, παρ' ᾧ οὐκ ἔνι παραλλαγή, ἢ τροπῆς ἀποσκίασμα. 18 Βουληθεὶς ἀπεκύησεν ἡμᾶς λόγῳ ἀληθείας, εἰς τὸ εἶναι ἡμᾶς ἀπαρχήν τινα τῶν αὐτοῦ κτισμάτων.

19 Ὥστε,³ ἀδελφοί μου ἀγαπητοί, ἔστω πᾶς⁴ ἄνθρωπος ταχὺς εἰς τὸ ἀκοῦσαι, βραδὺς εἰς τὸ λαλῆσαι, βραδὺς εἰς ὀργήν· 20 ὀργὴ γὰρ ἀνδρὸς δικαιοσύνην θεοῦ οὐ κατεργάζεται.⁵ 21 Διὸ ἀποθέμενοι πᾶσαν ῥυπαρίαν καὶ περισσείαν κακίας, ἐν πραΰτητι δέξασθε τὸν ἔμφυτον λόγον, τὸν δυνάμενον σῶσαι τὰς ψυχὰς ὑμῶν. 22 Γίνεσθε δὲ ποιηταὶ λόγου, καὶ μὴ μόνον ἀκροαταί, παραλογιζόμενοι ἑαυτούς. 23 Ὅτι εἴ τις ἀκροατὴς λόγου ἐστὶν καὶ οὐ ποιητής, οὗτος ἔοικεν ἀνδρὶ κατανοοῦντι τὸ πρόσωπον τῆς γενέσεως αὐτοῦ ἐν ἐσόπτρῳ· 24 κατενόησεν γὰρ ἑαυτὸν καὶ ἀπελήλυθεν, καὶ εὐθέως ἐπελάθετο ὁποῖος ἦν. 25 Ὁ δὲ παρακύψας εἰς νόμον τέλειον τὸν τῆς ἐλευθερίας καὶ παραμείνας, οὗτος οὐκ⁶ ἀκροατὴς ἐπιλησμονῆς γενόμενος ἀλλὰ ποιητὴς ἔργου, οὗτος μακάριος ἐν τῇ ποιήσει αὐτοῦ ἔσται. 26 Εἴ τις δοκεῖ θρῆσκος εἶναι ἐν ὑμῖν,⁷ μὴ χαλιναγωγῶν γλῶσσαν αὐτοῦ, ἀλλὰ ἀπατῶν καρδίαν αὐτοῦ, τούτου μάταιος ἡ θρησκεία. 27 Θρησκεία καθαρὰ καὶ ἀμίαντος παρὰ θεῷ⁸ καὶ

---

1 λήψεται • λήμψεται   2 ὁ κύριος • —   3 Ὥστε • Ἴστε   4 πᾶς • δὲ πᾶς   5 οὐ κατεργάζεται • NA²⁷: οὐκ ἐργάζεται   6 οὗτος οὐκ • οὐκ   7 ἐν ὑμῖν • —   8 θεῷ • τῷ θεῷ

πατρὶ αὕτη ἐστίν, ἐπισκέπτεσθαι ὀρφανοὺς καὶ χήρας ἐν τῇ θλίψει αὐτῶν, ἄσπιλον ἑαυτὸν τηρεῖν ἀπὸ τοῦ κόσμου.

Dead Faith Compared with Living Faith

2 Ἀδελφοί μου, μὴ ἐν προσωποληψίαις¹ ἔχετε τὴν πίστιν τοῦ κυρίου ἡμῶν Ἰησοῦ χριστοῦ τῆς δόξης. 2 Ἐὰν γὰρ εἰσέλθῃ εἰς τὴν² συναγωγὴν ὑμῶν ἀνὴρ χρυσοδακτύλιος ἐν ἐσθῆτι λαμπρᾷ, εἰσέλθῃ δὲ καὶ πτωχὸς ἐν ῥυπαρᾷ ἐσθῆτι, 3 καὶ ἐπιβλέψητε³ ἐπὶ τὸν φοροῦντα τὴν ἐσθῆτα τὴν λαμπράν, καὶ εἴπητε αὐτῷ,⁴ Σὺ κάθου ὧδε καλῶς, καὶ τῷ πτωχῷ εἴπητε, Σὺ στῆθι ἐκεῖ, ἢ κάθου⁵ ὧδε ὑπὸ⁶ τὸ ὑποπόδιόν μου· 4 καὶ οὐ⁷ διεκρίθητε ἐν ἑαυτοῖς, καὶ ἐγένεσθε κριταὶ διαλογισμῶν πονηρῶν; 5 Ἀκούσατε, ἀδελφοί μου ἀγαπητοί. Οὐχ ὁ θεὸς ἐξελέξατο τοὺς πτωχοὺς τοῦ κόσμου⁸ πλουσίους ἐν πίστει, καὶ κληρονόμους τῆς βασιλείας ἧς ἐπηγγείλατο τοῖς ἀγαπῶσιν αὐτόν; 6 Ὑμεῖς δὲ ἠτιμάσατε τὸν πτωχόν. Οὐχ οἱ πλούσιοι καταδυναστεύουσιν ὑμῶν, καὶ αὐτοὶ ἕλκουσιν ὑμᾶς εἰς κριτήρια; 7 Οὐκ αὐτοὶ βλασφημοῦσιν τὸ καλὸν ὄνομα τὸ ἐπικληθὲν ἐφ᾽ ὑμᾶς; 8 Εἰ μέντοι νόμον τελεῖτε βασιλικόν, κατὰ τὴν γραφήν, Ἀγαπήσεις τὸν πλησίον σου ὡς σεαυτόν, καλῶς ποιεῖτε· 9 εἰ δὲ προσωποληπτεῖτε,⁹ ἁμαρτίαν ἐργάζεσθε, ἐλεγχόμενοι ὑπὸ τοῦ νόμου ὡς παραβάται. 10 Ὅστις γὰρ ὅλον τὸν νόμον τηρήσει, πταίσει¹⁰ δὲ ἐν ἑνί, γέγονεν πάντων ἔνοχος. 11 Ὁ γὰρ εἰπών, Μὴ μοιχεύσεις,¹¹ εἶπεν καί, Μὴ φονεύσεις·¹² εἰ δὲ οὐ μοιχεύσεις, φονεύσεις¹³ δέ, γέγονας παραβάτης νόμου. 12 Οὕτως λαλεῖτε καὶ οὕτως ποιεῖτε, ὡς διὰ νόμου ἐλευθερίας μέλλοντες κρίνεσθαι. 13 Ἡ γὰρ κρίσις ἀνέλεος τῷ μὴ ποιήσαντι ἔλεος· κατακαυχᾶται ἔλεον¹⁴ κρίσεως.

---

¹ προσωποληψίαις • προσωπολημψίαις   ² τὴν • —   ³ καὶ ἐπιβλέψητε • ἐπιβλέψητε δὲ   ⁴ αὐτῷ • —   ⁵ ἐκεῖ ἢ κάθου • NA²⁸: ἢ κάθου ἐκεῖ   ⁶ ὧδε ὑπὸ • ὑπὸ   ⁷ καὶ οὐ • NA²⁷: οὐ   ⁸ τοῦ κόσμου • τῷ κόσμῳ   ⁹ προσωποληπτεῖτε • προσωπολημπτεῖτε   ¹⁰ τηρήσει πταίσει • τηρήσῃ πταίσῃ   ¹¹ Μὴ μοιχεύσεις • Μὴ μοιχεύσῃς   ¹² Μὴ φονεύσεις • Μὴ φονεύσῃς   ¹³ μοιχεύσεις φονεύσεις • μοιχεύεις φονεύεις   ¹⁴ ἔλεον • ἔλεος

14 Τί τὸ ὄφελος, ἀδελφοί μου, ἐὰν πίστιν λέγῃ τις ἔχειν, ἔργα δὲ μὴ ἔχῃ; Μὴ δύναται ἡ πίστις σῶσαι αὐτόν; 15 Ἐὰν δὲ¹ ἀδελφὸς ἢ ἀδελφὴ γυμνοὶ ὑπάρχωσιν καὶ λειπόμενοι ὦσιν² τῆς ἐφημέρου τροφῆς, 16 εἴπῃ δέ τις αὐτοῖς ἐξ ὑμῶν, Ὑπάγετε ἐν εἰρήνῃ, θερμαίνεσθε καὶ χορτάζεσθε, μὴ δῶτε δὲ αὐτοῖς τὰ ἐπιτήδεια τοῦ σώματος, τί τὸ ὄφελος; 17 Οὕτως καὶ ἡ πίστις, ἐὰν μὴ ἔργα ἔχῃ,³ νεκρά ἐστιν καθ' ἑαυτήν. 18 Ἀλλ' ἐρεῖ τις, Σὺ πίστιν ἔχεις, κἀγὼ ἔργα ἔχω· δεῖξόν μοι τὴν πίστιν σου ἐκ τῶν ἔργων σου, κἀγὼ δείξω σοι⁴ ἐκ τῶν ἔργων μου τὴν πίστιν μου.⁵ 19 Σὺ πιστεύεις ὅτι ὁ θεὸς εἷς ἐστίν·⁶ καλῶς ποιεῖς· καὶ τὰ δαιμόνια πιστεύουσιν, καὶ φρίσσουσιν. 20 Θέλεις δὲ γνῶναι, ὦ ἄνθρωπε κενέ, ὅτι ἡ πίστις χωρὶς τῶν ἔργων νεκρά⁷ ἐστιν; 21 Ἀβραὰμ ὁ πατὴρ ἡμῶν οὐκ ἐξ ἔργων ἐδικαιώθη, ἀνενέγκας Ἰσαὰκ τὸν υἱὸν αὐτοῦ ἐπὶ τὸ θυσιαστήριον; 22 Βλέπεις ὅτι ἡ πίστις συνήργει τοῖς ἔργοις αὐτοῦ, καὶ ἐκ τῶν ἔργων ἡ πίστις ἐτελειώθη; 23 Καὶ ἐπληρώθη ἡ γραφὴ ἡ λέγουσα, Ἐπίστευσεν δὲ Ἀβραὰμ τῷ θεῷ, καὶ ἐλογίσθη αὐτῷ εἰς δικαιοσύνην, καὶ φίλος θεοῦ ἐκλήθη. 24 Ὁρᾶτε τοίνυν⁸ ὅτι ἐξ ἔργων δικαιοῦται ἄνθρωπος, καὶ οὐκ ἐκ πίστεως μόνον. 25 Ὁμοίως δὲ καὶ Ῥαὰβ ἡ πόρνη οὐκ ἐξ ἔργων ἐδικαιώθη, ὑποδεξαμένη τοὺς ἀγγέλους, καὶ ἑτέρᾳ ὁδῷ ἐκβαλοῦσα; 26 Ὥσπερ γὰρ τὸ σῶμα χωρὶς πνεύματος νεκρόν ἐστιν, οὕτως καὶ ἡ πίστις χωρὶς τῶν⁹ ἔργων νεκρά ἐστιν.

Caution against False Activity in Teaching and the Use of the Tongue

3 Μὴ πολλοὶ διδάσκαλοι γίνεσθε, ἀδελφοί μου, εἰδότες ὅτι μεῖζον κρίμα ληψόμεθα.¹⁰ 2 Πολλὰ γὰρ πταίομεν ἅπαντες. Εἴ τις ἐν λόγῳ οὐ πταίει, οὗτος τέλειος ἀνήρ, δυνατὸς χαλιναγωγῆσαι καὶ ὅλον τὸ σῶμα. 3 Ἴδε,¹¹ τῶν ἵππων τοὺς χαλινοὺς εἰς τὰ στόματα βάλλομεν πρὸς¹² τὸ πείθεσθαι αὐτοὺς ἡμῖν, καὶ ὅλον τὸ σῶμα αὐτῶν μετάγομεν. 4 Ἰδού,

---

1 δὲ • — 2 ὦσιν • NA²⁷: — 3 ἔργα ἔχῃ • ἔχῃ ἔργα 4 ἐκ τῶν ἔργων σου κἀγὼ δείξω σοι • χωρὶς τῶν ἔργων κἀγώ σοι δείξω 5 πίστιν μου • πίστιν 6 ὁ θεὸς εἷς ἐστίν • εἷς ἐστιν ὁ θεός 7 νεκρά • ἀργή 8 τοίνυν • — 9 τῶν • — 10 ληψόμεθα • λημψόμεθα 11 Ἴδε • Εἰ δὲ 12 πρὸς • εἰς

καὶ τὰ πλοῖα, τηλικαῦτα ὄντα, καὶ ὑπὸ σκληρῶν ἀνέμων ¹ ἐλαυνόμενα, μετάγεται ὑπὸ ἐλαχίστου πηδαλίου, ὅπου ἂν ² ἡ ὁρμὴ τοῦ εὐθύνοντος βούληται. ³ 5 Οὕτως καὶ ἡ γλῶσσα μικρὸν μέλος ἐστίν, καὶ μεγαλαυχεῖ. ⁴ Ἰδού, ὀλίγον ⁵ πῦρ ἡλίκην ὕλην ἀνάπτει. 6 Καὶ ἡ γλῶσσα πῦρ, ὁ κόσμος τῆς ἀδικίας· οὕτως ⁶ ἡ γλῶσσα καθίσταται ἐν τοῖς μέλεσιν ἡμῶν, ἡ σπιλοῦσα ὅλον τὸ σῶμα, καὶ φλογίζουσα τὸν τροχὸν τῆς γενέσεως, καὶ φλογιζομένη ὑπὸ τῆς γεέννης. 7 Πᾶσα γὰρ φύσις θηρίων τε καὶ πετεινῶν, ἑρπετῶν τε καὶ ἐναλίων, δαμάζεται καὶ δεδάμασται τῇ φύσει τῇ ἀνθρωπίνῃ· 8 τὴν δὲ γλῶσσαν οὐδεὶς δύναται ἀνθρώπων δαμάσαι· ⁷ ἀκατάσχετον ⁸ κακόν, μεστὴ ἰοῦ θανατηφόρου. 9 Ἐν αὐτῇ εὐλογοῦμεν τὸν θεὸν ⁹ καὶ πατέρα, καὶ ἐν αὐτῇ καταρώμεθα τοὺς ἀνθρώπους τοὺς καθ᾽ ὁμοίωσιν θεοῦ γεγονότας· 10 ἐκ τοῦ αὐτοῦ στόματος ἐξέρχεται εὐλογία καὶ κατάρα. Οὐ χρή, ἀδελφοί μου, ταῦτα οὕτως γίνεσθαι. 11 Μήτι ἡ πηγὴ ἐκ τῆς αὐτῆς ὀπῆς βρύει τὸ γλυκὺ καὶ τὸ πικρόν; 12 Μὴ δύναται, ἀδελφοί μου, συκῆ ἐλαίας ποιῆσαι, ἢ ἄμπελος σῦκα; Οὕτως οὐδεμία πηγὴ ἁλυκὸν καὶ ¹⁰ γλυκὺ ποιῆσαι ὕδωρ.

13 Τίς σοφὸς καὶ ἐπιστήμων ἐν ὑμῖν; Δειξάτω ἐκ τῆς καλῆς ἀναστροφῆς τὰ ἔργα αὐτοῦ ἐν πραΰτητι σοφίας. 14 Εἰ δὲ ζῆλον πικρὸν ἔχετε καὶ ἐριθείαν ἐν τῇ καρδίᾳ ὑμῶν, μὴ κατακαυχᾶσθε καὶ ψεύδεσθε κατὰ τῆς ἀληθείας. 15 Οὐκ ἔστιν αὕτη ἡ σοφία ἄνωθεν κατερχομένη, ἀλλ᾽ ¹¹ ἐπίγειος, ψυχική, δαιμονιώδης. 16 Ὅπου γὰρ ζῆλος καὶ ἐριθεία, ἐκεῖ ἀκαταστασία καὶ πᾶν φαῦλον πρᾶγμα. 17 Ἡ δὲ ἄνωθεν σοφία πρῶτον μὲν ἁγνή ἐστιν, ἔπειτα εἰρηνική, ἐπιεικής, εὐπειθής, μεστὴ ἐλέους καὶ καρπῶν ἀγαθῶν, ἀδιάκριτος καὶ ἀνυπόκριτος. ¹² 18 Καρπὸς δὲ τῆς ¹³ δικαιοσύνης ἐν εἰρήνῃ σπείρεται τοῖς ποιοῦσιν εἰρήνην.

---

¹ σκληρῶν ἀνέμων • ἀνέμων σκληρῶν   ² ἂν • —   ³ βούληται • βούλεται
⁴ μεγαλαυχεῖ • μεγάλα αὐχεῖ   ⁵ ὀλίγον • ἡλίκον   ⁶ οὕτως • —   ⁷ δύναται
ἀνθρώπων δαμάσαι • δαμάσαι δύναται ἀνθρώπων   ⁸ ἀκατάσχετον •
ἀκατάστατον   ⁹ θεὸν • κύριον   ¹⁰ Οὕτως οὐδεμία πηγὴ ἁλυκὸν καὶ • Οὔτε
ἁλυκὸν   ¹¹ ἀλλ᾽ • ἀλλὰ   ¹² καὶ ἀνυπόκριτος • ἀνυπόκριτος   ¹³ τῆς • —

Caution against Worldly-Mindedness and Its Consequences

4 Πόθεν πόλεμοι καὶ μάχαι¹ ἐν ὑμῖν; Οὐκ ἐντεῦθεν, ἐκ τῶν ἡδονῶν ὑμῶν τῶν στρατευομένων ἐν τοῖς μέλεσιν ὑμῶν; 2 Ἐπιθυμεῖτε, καὶ οὐκ ἔχετε· φονεύετε καὶ ζηλοῦτε, καὶ οὐ δύνασθε ἐπιτυχεῖν· μάχεσθε καὶ πολεμεῖτε, οὐκ ἔχετε διὰ τὸ μὴ αἰτεῖσθαι ὑμᾶς· 3 αἰτεῖτε, καὶ οὐ λαμβάνετε, διότι κακῶς αἰτεῖσθε, ἵνα ἐν ταῖς ἡδοναῖς ὑμῶν δαπανήσητε. 4 Μοιχοὶ καὶ² μοιχαλίδες, οὐκ οἴδατε ὅτι ἡ φιλία τοῦ κόσμου ἔχθρα τοῦ θεοῦ ἐστίν; Ὃς ἂν³ οὖν βουληθῇ φίλος εἶναι τοῦ κόσμου, ἐχθρὸς τοῦ θεοῦ καθίσταται. 5 Ἢ δοκεῖτε ὅτι κενῶς ἡ γραφὴ λέγει; Πρὸς φθόνον ἐπιποθεῖ τὸ πνεῦμα ὃ κατῴκησεν⁴ ἐν ἡμῖν. 6 Μείζονα δὲ δίδωσιν χάριν· διὸ λέγει, Ὁ θεὸς ὑπερηφάνοις ἀντιτάσσεται, ταπεινοῖς δὲ δίδωσιν χάριν. 7 Ὑποτάγητε οὖν τῷ θεῷ· ἀντίστητε δὲ ᵃ τῷ διαβόλῳ, καὶ φεύξεται ἀφ᾿ ὑμῶν. 8 Ἐγγίσατε τῷ θεῷ, καὶ ἐγγιεῖ ὑμῖν· καθαρίσατε χεῖρας, ἁμαρτωλοί, καὶ ἁγνίσατε καρδίας, δίψυχοι. 9 Ταλαιπωρήσατε καὶ πενθήσατε καὶ κλαύσατε· ὁ γέλως ὑμῶν εἰς πένθος μεταστραφήτω,⁵ καὶ ἡ χαρὰ εἰς κατήφειαν. 10 Ταπεινώθητε ἐνώπιον τοῦ⁶ κυρίου, καὶ ὑψώσει ὑμᾶς.

11 Μὴ καταλαλεῖτε ἀλλήλων, ἀδελφοί. Ὁ καταλαλῶν ἀδελφοῦ, καὶ κρίνων⁷ τὸν ἀδελφὸν αὐτοῦ, καταλαλεῖ νόμου, καὶ κρίνει νόμον· εἰ δὲ νόμον κρίνεις, οὐκ εἶ ποιητὴς νόμου, ἀλλὰ κριτής. 12 Εἷς ἐστιν ὁ νομοθέτης,⁸ ὁ δυνάμενος σῶσαι καὶ ἀπολέσαι· σὺ δὲ τίς εἶ ὃς κρίνεις τὸν ἕτερον;⁹

13 Ἄγε νῦν οἱ λέγοντες, Σήμερον καὶ αὔριον πορευσώμεθα¹⁰ εἰς τήνδε τὴν πόλιν, καὶ ποιήσωμεν¹¹ ἐκεῖ ἐνιαυτὸν ἕνα,¹² καὶ ἐμπορευσώμεθα,¹³ καὶ κερδήσωμεν·¹⁴

ᵃ δὲ • —

---

1 μάχαι • πόθεν μάχαι   2 Μοιχοὶ καὶ • —   3 ἂν • ἐάν   4 κατῴκησεν • κατῴκισεν   5 μεταστραφήτω • μετατραπήτω   6 τοῦ • NA²⁷· —   7 καὶ κρίνων • ἢ κρίνων   8 ὁ νομοθέτης • [ὁ] νομοθέτης καὶ κριτής   9 ὃς κρίνεις τὸν ἕτερον • ὁ κρίνων τὸν πλησίον   10 καὶ αὔριον πορευσώμεθα • ἢ αὔριον πορευσόμεθα   11 ποιήσωμεν • ποιήσομεν   12 ἐνιαυτὸν ἕνα • ἐνιαυτόν   13 ἐμπορευσώμεθα • ἐμπορευσόμεθα   14 κερδήσωμεν • κερδήσομεν

14 οἵτινες οὐκ ἐπίστασθε τὸ τῆς αὔριον. Ποία γὰρ ἡ¹ ζωὴ ὑμῶν; Ἀτμὶς γὰρ ἔσται ᵃ⁻² ἡ πρὸς ὀλίγον φαινομένη, ἔπειτα δὲ³ καὶ ἀφανιζομένη. 15 Ἀντὶ τοῦ λέγειν ὑμᾶς, Ἐὰν ὁ κύριος θελήσῃ, καὶ ζήσωμεν, καὶ ποιήσωμεν⁴ τοῦτο ἢ ἐκεῖνο. 16 Νῦν δὲ καυχᾶσθε ἐν ταῖς ἀλαζονείαις ὑμῶν· πᾶσα καύχησις τοιαύτη πονηρά ἐστιν. 17 Εἰδότι οὖν καλὸν ποιεῖν καὶ μὴ ποιοῦντι, ἁμαρτία αὐτῷ ἐστίν.

Various Admonitions in View of the Nearness of the Judgment

5 Ἄγε νῦν οἱ πλούσιοι, κλαύσατε ὀλολύζοντες ἐπὶ ταῖς ταλαιπωρίαις ὑμῶν ταῖς ἐπερχομέναις. 2 Ὁ πλοῦτος ὑμῶν σέσηπεν, καὶ τὰ ἱμάτια ὑμῶν σητόβρωτα γέγονεν· 3 ὁ χρυσὸς ὑμῶν καὶ ὁ ἄργυρος κατίωται, καὶ ὁ ἰὸς αὐτῶν εἰς μαρτύριον ὑμῖν ἔσται, καὶ φάγεται τὰς σάρκας ὑμῶν ὡς πῦρ. Ἐθησαυρίσατε ἐν ἐσχάταις ἡμέραις. 4 Ἰδού, ὁ μισθὸς τῶν ἐργατῶν τῶν ἀμησάντων τὰς χώρας ὑμῶν, ὁ ἀπεστερημένος ἀφ' ὑμῶν, κράζει· καὶ αἱ βοαὶ τῶν θερισάντων εἰς τὰ ὦτα κυρίου Σαβαὼθ εἰσεληλύθασιν. 5 Ἐτρυφήσατε ἐπὶ τῆς γῆς καὶ ἐσπαταλήσατε· ἐθρέψατε τὰς καρδίας ὑμῶν ὡς⁵ ἐν ἡμέρᾳ σφαγῆς. 6 Κατεδικάσατε, ἐφονεύσατε τὸν δίκαιον· οὐκ ἀντιτάσσεται ὑμῖν.

7 Μακροθυμήσατε οὖν, ἀδελφοί, ἕως τῆς παρουσίας τοῦ κυρίου. Ἰδού, ὁ γεωργὸς ἐκδέχεται τὸν τίμιον καρπὸν τῆς γῆς, μακροθυμῶν ἐπ' αὐτόν,⁶ ἕως λάβῃ ὑετὸν πρώϊμον⁷ καὶ ὄψιμον. 8 Μακροθυμήσατε καὶ ὑμεῖς, στηρίξατε τὰς καρδίας ὑμῶν, ὅτι ἡ παρουσία τοῦ κυρίου ἤγγικεν. 9 Μὴ στενάζετε κατ' ἀλλήλων, ἀδελφοί,⁸ ἵνα μὴ κριθῆτε· ἰδού, ὁ κριτὴς πρὸ τῶν θυρῶν ἕστηκεν. 10 Ὑπόδειγμα λάβετε, ἀδελφοί μου, τῆς κακοπαθείας,⁹ καὶ τῆς μακροθυμίας, τοὺς προφήτας οἳ ἐλάλησαν τῷ¹⁰ ὀνόματι κυρίου. 11 Ἰδού, μακαρίζομεν τοὺς

ᵃ ἔσται • ἐστιν

---

¹ γὰρ ἡ • ἡ   ² ἔσται • ἐστε   ³ δὲ • —   ⁴ ζήσωμεν καὶ ποιήσωμεν • ζήσομεν καὶ ποιήσομεν   ⁵ ὡς • —   ⁶ αὐτόν • αὐτῷ   ⁷ ὑετὸν πρώϊμον • πρόϊμον   ⁸ κατ' ἀλλήλων ἀδελφοί • ἀδελφοί κατ' ἀλλήλων   ⁹ μου τῆς κακοπαθείας • τῆς κακοπαθίας   ¹⁰ τῷ • ἐν τῷ

ὑπομένοντας·¹ τὴν ὑπομονὴν Ἰὼβ ἠκούσατε, καὶ τὸ τέλος κυρίου ἴδετε,ᵃ,² ὅτι πολύσπλαγχνός ἐστιν³ καὶ οἰκτίρμων.

12 Πρὸ πάντων δέ, ἀδελφοί μου, μὴ ὀμνύετε, μήτε τὸν οὐρανόν, μήτε τὴν γῆν, μήτε ἄλλον τινὰ ὅρκον· ἤτω δὲ ὑμῶν τὸ ναί, ναί, καὶ τὸ οὔ, οὔ· ἵνα μὴ εἰς ὑπόκρισιν⁴ πέσητε.

13 Κακοπαθεῖ τις ἐν ὑμῖν; Προσευχέσθω. Εὐθυμεῖ τις; Ψαλλέτω. 14 Ἀσθενεῖ τις ἐν ὑμῖν; Προσκαλεσάσθω τοὺς πρεσβυτέρους τῆς ἐκκλησίας, καὶ προσευξάσθωσαν ἐπ' αὐτόν, ἀλείψαντες αὐτὸν ἐλαίῳ⁵ ἐν τῷ ὀνόματι τοῦ κυρίου· 15 καὶ ἡ εὐχὴ τῆς πίστεως σώσει τὸν κάμνοντα, καὶ ἐγερεῖ αὐτὸν ὁ κύριος· κἂν ἁμαρτίας ᾖ πεποιηκώς, ἀφεθήσεται αὐτῷ. 16 Ἐξομολογεῖσθε ἀλλήλοις⁶ τὰ παραπτώματα,⁷ καὶ εὔχεσθε ὑπὲρ ἀλλήλων, ὅπως ἰαθῆτε. Πολὺ ἰσχύει δέησις δικαίου ἐνεργουμένη. 17 Ἠλίας ἄνθρωπος ἦν ὁμοιοπαθὴς ἡμῖν, καὶ προσευχῇ προσηύξατο τοῦ μὴ βρέξαι· καὶ οὐκ ἔβρεξεν ἐπὶ τῆς γῆς ἐνιαυτοὺς τρεῖς καὶ μῆνας ἕξ. 18 Καὶ πάλιν προσηύξατο, καὶ ὁ οὐρανὸς ὑετὸν ἔδωκεν, καὶ ἡ γῆ ἐβλάστησεν τὸν καρπὸν αὐτῆς.

19 Ἀδελφοί,⁸ ἐάν τις ἐν ὑμῖν πλανηθῇ ἀπὸ τῆς ἀληθείας, καὶ ἐπιστρέψῃ τις αὐτόν, 20 γινωσκέτω ὅτι ὁ ἐπιστρέψας ἁμαρτωλὸν ἐκ πλάνης ὁδοῦ αὐτοῦ σώσει ψυχὴν⁹ ἐκ θανάτου, καὶ καλύψει πλῆθος ἁμαρτιῶν.

ᵃ ἴδετε • εἴδετε

¹ ὑπομένοντας • ὑπομείναντας   ² ἴδετε • εἴδετε   ³ ἐστιν • ἐστιν ὁ κύριος
⁴ εἰς ὑπόκρισιν • ὑπὸ κρίσιν   ⁵ αὐτὸν ἐλαίῳ • [αὐτὸν] ἐλαίῳ   ⁶ ἀλλήλοις •
οὖν ἀλλήλοις   ⁷ τὰ παραπτώματα • τὰς ἁμαρτίας   ⁸ Ἀδελφοί • Ἀδελφοί μου
⁹ ψυχὴν • ψυχὴν αὐτοῦ

ΠΕΤΡΟΥ Α
First of Peter

Address and Salutation

Πέτρος, ἀπόστολος Ἰησοῦ χριστοῦ, ἐκλεκτοῖς παρεπιδήμοις διασπορᾶς Πόντου, Γαλατίας, Καππαδοκίας, Ἀσίας, καὶ Βιθυνίας, 2 κατὰ πρόγνωσιν θεοῦ πατρός, ἐν ἁγιασμῷ πνεύματος, εἰς ὑπακοὴν καὶ ῥαντισμὸν αἵματος Ἰησοῦ χριστοῦ· χάρις ὑμῖν καὶ εἰρήνη πληθυνθείη.

A Praise of God for His Manifold Blessings

3 Εὐλογητὸς ὁ θεὸς καὶ πατὴρ τοῦ κυρίου ἡμῶν Ἰησοῦ χριστοῦ, ὁ κατὰ τὸ πολὺ αὐτοῦ ἔλεος ἀναγεννήσας ἡμᾶς εἰς ἐλπίδα ζῶσαν δι' ἀναστάσεως Ἰησοῦ χριστοῦ ἐκ νεκρῶν, 4 εἰς κληρονομίαν ἄφθαρτον καὶ ἀμίαντον καὶ ἀμάραντον, τετηρημένην ἐν οὐρανοῖς εἰς ὑμᾶς, 5 τοὺς ἐν δυνάμει θεοῦ φρουρουμένους διὰ πίστεως εἰς σωτηρίαν ἑτοίμην ἀποκαλυφθῆναι ἐν καιρῷ ἐσχάτῳ. 6 Ἐν ᾧ ἀγαλλιᾶσθε, ὀλίγον ἄρτι, εἰ δέον ἐστίν,[1] λυπηθέντες[2] ἐν ποικίλοις πειρασμοῖς, 7 ἵνα τὸ δοκίμιον ὑμῶν τῆς πίστεως πολὺ τιμιώτερον[3] χρυσίου τοῦ ἀπολλυμένου, διὰ πυρὸς δὲ δοκιμαζομένου, εὑρεθῇ εἰς ἔπαινον καὶ τιμὴν καὶ εἰς δόξαν[4] ἐν ἀποκαλύψει Ἰησοῦ χριστοῦ· 8 ὃν οὐκ εἰδότες[5] ἀγαπᾶτε, εἰς ὃν ἄρτι μὴ ὁρῶντες, πιστεύοντες δέ,

---

[1] ἐστίν • NA²⁷: [ἐστίν]   [2] λυπηθέντες • NA²⁸: λυπηθέντας   [3] πολὺ τιμιώτερον • πολυτιμότερον   [4] τιμὴν καὶ εἰς δόξαν • δόξαν καὶ τιμήν   [5] εἰδότες • ἰδόντες

ἀγαλλιᾶσθε χαρᾷ ἀνεκλαλήτῳ καὶ δεδοξασμένῃ, 9 κομιζόμενοι τὸ τέλος τῆς πίστεως ὑμῶν,¹ σωτηρίαν ψυχῶν. 10 Περὶ ἧς σωτηρίας ἐξεζήτησαν καὶ ἐξηρεύνησαν² προφῆται οἱ περὶ τῆς εἰς ὑμᾶς χάριτος προφητεύσαντες· 11 ἐρευνῶντες³ εἰς τίνα ἢ ποῖον καιρὸν ἐδήλου τὸ ἐν αὐτοῖς πνεῦμα χριστοῦ, προμαρτυρόμενον τὰ εἰς χριστὸν παθήματα, καὶ τὰς μετὰ ταῦτα δόξας. 12 Οἷς ἀπεκαλύφθη ὅτι οὐχ ἑαυτοῖς, ὑμῖν δὲ διηκόνουν αὐτά, ἃ νῦν ἀνηγγέλη ὑμῖν διὰ τῶν εὐαγγελισαμένων ὑμᾶς ἐν⁴ πνεύματι ἁγίῳ ἀποσταλέντι ἀπ' οὐρανοῦ, εἰς ἃ ἐπιθυμοῦσιν ἄγγελοι παρακύψαι.

An Admonition to Lead a Godly Life

13 Διὸ ἀναζωσάμενοι τὰς ὀσφύας τῆς διανοίας ὑμῶν, νήφοντες, τελείως ἐλπίσατε ἐπὶ τὴν φερομένην ὑμῖν χάριν ἐν ἀποκαλύψει Ἰησοῦ χριστοῦ· 14 ὡς τέκνα ὑπακοῆς, μὴ συσχηματιζόμενοι ταῖς πρότερον ἐν τῇ ἀγνοίᾳ ὑμῶν ἐπιθυμίαις, 15 ἀλλὰ κατὰ τὸν καλέσαντα ὑμᾶς ἅγιον καὶ αὐτοὶ ἅγιοι ἐν πάσῃ ἀναστροφῇ γενήθητε· 16 διότι γέγραπται, Ἅγιοι γίνεσθε,⁵ ὅτι ἐγὼ ἅγιός εἰμι.⁶ 17 Καὶ εἰ πατέρα ἐπικαλεῖσθε τὸν ἀπροσωπολήπτως⁷ κρίνοντα κατὰ τὸ ἑκάστου ἔργον, ἐν φόβῳ τὸν τῆς παροικίας ὑμῶν χρόνον ἀναστράφητε· 18 εἰδότες ὅτι οὐ φθαρτοῖς, ἀργυρίῳ ἢ χρυσίῳ, ἐλυτρώθητε ἐκ τῆς ματαίας ὑμῶν ἀναστροφῆς πατροπαραδότου, 19 ἀλλὰ τιμίῳ αἵματι ὡς ἀμνοῦ ἀμώμου καὶ ἀσπίλου χριστοῦ, 20 προεγνωσμένου μὲν πρὸ καταβολῆς κόσμου, φανερωθέντος δὲ ἐπ' ἐσχάτων⁸ τῶν χρόνων δι' ὑμᾶς, 21 τοὺς δι' αὐτοῦ πιστεύοντας⁹ εἰς θεόν, τὸν ἐγείραντα αὐτὸν ἐκ νεκρῶν, καὶ δόξαν αὐτῷ δόντα, ὥστε τὴν πίστιν ὑμῶν καὶ ἐλπίδα εἶναι εἰς θεόν. 22 Τὰς ψυχὰς ὑμῶν ἡγνικότες ἐν τῇ ὑπακοῇ τῆς ἀληθείας διὰ πνεύματος¹⁰ εἰς φιλαδελφίαν ἀνυπόκριτον, ἐκ καθαρᾶς¹¹ καρδίας ἀλλήλους

---

1 ὑμῶν • [ὑμῶν]   *2* ἐξηρεύνησαν • ἐξηραύνησαν   *3* ἐρευνῶντες • ἐραυνῶντες
4 ἐν • [ἐν]   *5* Ἅγιοι γίνεσθε • NA²⁷: [ὅτι] Ἅγιοι ἔσεσθε; NA²⁸: Ἅγιοι ἔσεσθε   *6* εἰμι •
NA²⁷: [εἰμι]; NA²⁸: —   *7* ἀπροσωπολήπτως • ἀπροσωπολήμπτως   *8* ἐσχάτων •
ἐσχάτου   *9* πιστεύοντας • πιστοὺς   *10* διὰ πνεύματος • —   *11* καθαρᾶς •
[καθαρᾶς]

ἀγαπήσατε ἐκτενῶς· 23 ἀναγεγεννημένοι οὐκ ἐκ σπορᾶς φθαρτῆς, ἀλλὰ ἀφθάρτου, διὰ λόγου ζῶντος θεοῦ καὶ μένοντος εἰς τὸν αἰῶνα.¹ 24 Διότι, Πᾶσα σὰρξ ὡς χόρτος, καὶ πᾶσα δόξα ἀνθρώπου² ὡς ἄνθος χόρτου. Ἐξηράνθη ὁ χόρτος, καὶ τὸ ἄνθος αὐτοῦ³ ἐξέπεσεν· 25 τὸ δὲ ῥῆμα κυρίου μένει εἰς τὸν αἰῶνα. Τοῦτο δέ ἐστιν τὸ ῥῆμα τὸ εὐαγγελισθὲν εἰς ὑμᾶς.

Further Practical Admonitions

2 Ἀποθέμενοι οὖν πᾶσαν κακίαν καὶ πάντα δόλον καὶ ὑποκρίσεις καὶ φθόνους καὶ πάσας καταλαλιάς, 2 ὡς ἀρτιγέννητα βρέφη, τὸ λογικὸν ἄδολον γάλα ἐπιποθήσατε, ἵνα ἐν αὐτῷ αὐξηθῆτε,⁴ 3 εἴπερ⁵ ἐγεύσασθε ὅτι χρηστὸς ὁ κύριος· 4 πρὸς ὃν προσερχόμενοι, λίθον ζῶντα, ὑπὸ ἀνθρώπων μὲν ἀποδεδοκιμασμένον, παρὰ δὲ θεῷ ἐκλεκτόν, ἔντιμον, 5 καὶ αὐτοὶ ὡς λίθοι ζῶντες οἰκοδομεῖσθε οἶκος πνευματικός, ἱεράτευμα⁶ ἅγιον, ἀνενέγκαι πνευματικὰς θυσίας εὐπροσδέκτους τῷ⁷ θεῷ διὰ Ἰησοῦ χριστοῦ. 6 Διότι περιέχει ἐν τῇ⁸ γραφῇ, Ἰδού, τίθημι ἐν Σιὼν λίθον ἀκρογωνιαῖον, ἐκλεκτόν, ἔντιμον· καὶ ὁ πιστεύων ἐπ᾽ αὐτῷ οὐ μὴ καταισχυνθῇ. 7 Ὑμῖν οὖν ἡ τιμὴ τοῖς πιστεύουσιν· ἀπειθοῦσιν δέ, Λίθον⁹ ὃν ἀπεδοκίμασαν οἱ οἰκοδομοῦντες, οὗτος ἐγενήθη εἰς κεφαλὴν γωνίας, 8 καί, Λίθος προσκόμματος καὶ πέτρα σκανδάλου· οἳ προσκόπτουσιν τῷ λόγῳ ἀπειθοῦντες· εἰς ὃ καὶ ἐτέθησαν. 9 Ὑμεῖς δὲ γένος ἐκλεκτόν, βασίλειον ἱεράτευμα, ἔθνος ἅγιον, λαὸς εἰς περιποίησιν, ὅπως τὰς ἀρετὰς ἐξαγγείλητε τοῦ ἐκ σκότους ὑμᾶς καλέσαντος εἰς τὸ θαυμαστὸν αὐτοῦ φῶς· 10 οἱ ποτὲ¹⁰ οὐ λαός, νῦν δὲ λαὸς θεοῦ· οἱ οὐκ ἠλεημένοι, νῦν δὲ ἐλεηθέντες.

Specific Admonitions Concerning the Station of the Christians

11 Ἀγαπητοί, παρακαλῶ ὡς παροίκους καὶ παρεπιδήμους, ἀπέχεσθαι τῶν σαρκικῶν ἐπιθυμιῶν, αἵτινες στρατεύονται

---

¹ εἰς τὸν αἰῶνα • — ² ἀνθρώπου • αὐτῆς ³ αὐτοῦ • — ⁴ αὐξηθῆτε • αὐξηθῆτε εἰς σωτηρίαν ⁵ εἴπερ • εἰ ⁶ ἱεράτευμα • εἰς ἱεράτευμα ⁷ τῷ • NA²⁷: [τῷ]; NA²⁸: — ⁸ τῇ • — ⁹ ἀπειθοῦσιν δέ Λίθον • ἀπιστοῦσιν δὲ Λίθος 10 οἱ πετὲ • οἵ ποτε

κατὰ τῆς ψυχῆς· 12 τὴν ἀναστροφὴν ὑμῶν ἔχοντες καλὴν ἐν τοῖς ἔθνεσιν, [1] ἵνα, ἐν ᾧ καταλαλοῦσιν ὑμῶν ὡς κακοποιῶν, ἐκ τῶν καλῶν ἔργων, ἐποπτεύσαντες, [2] δοξάσωσιν τὸν θεὸν ἐν ἡμέρᾳ ἐπισκοπῆς.

13 Ὑποτάγητε οὖν [3] πάσῃ ἀνθρωπίνῃ κτίσει διὰ τὸν κύριον· εἴτε βασιλεῖ, ὡς ὑπερέχοντι· 14 εἴτε ἡγεμόσιν, ὡς δι' αὐτοῦ πεμπομένοις εἰς ἐκδίκησιν κακοποιῶν, ἔπαινον δὲ ἀγαθοποιῶν. 15 Ὅτι οὕτως ἐστὶν τὸ θέλημα τοῦ θεοῦ, ἀγαθοποιοῦντας φιμοῦν τὴν τῶν ἀφρόνων ἀνθρώπων ἀγνωσίαν· 16 ὡς ἐλεύθεροι, καὶ μὴ ὡς ἐπικάλυμμα ἔχοντες τῆς κακίας τὴν ἐλευθερίαν, ἀλλ' ὡς δοῦλοι θεοῦ. [4] 17 Πάντας τιμήσατε. Τὴν ἀδελφότητα ἀγαπήσατε. [5] Τὸν θεὸν φοβεῖσθε. Τὸν βασιλέα τιμᾶτε.

18 Οἱ οἰκέται, ὑποτασσόμενοι ἐν παντὶ φόβῳ τοῖς δεσπόταις, οὐ μόνον τοῖς ἀγαθοῖς καὶ ἐπιεικέσιν, ἀλλὰ καὶ τοῖς σκολιοῖς. 19 Τοῦτο γὰρ χάρις, εἰ διὰ συνείδησιν θεοῦ ὑποφέρει τις λύπας, πάσχων ἀδίκως. 20 Ποῖον γὰρ κλέος, εἰ ἁμαρτάνοντες καὶ κολαφιζόμενοι ὑπομενεῖτε; Ἀλλ' εἰ ἀγαθοποιοῦντες καὶ πάσχοντες ὑπομενεῖτε, τοῦτο χάρις παρὰ θεῷ. 21 Εἰς τοῦτο γὰρ ἐκλήθητε, ὅτι καὶ χριστὸς ἔπαθεν ὑπὲρ ἡμῶν, [6] ὑμῖν ὑπολιμπάνων ὑπογραμμόν, ἵνα ἐπακολουθήσητε τοῖς ἴχνεσιν αὐτοῦ· 22 ὃς ἁμαρτίαν οὐκ ἐποίησεν, οὐδὲ εὑρέθη δόλος ἐν τῷ στόματι αὐτοῦ· 23 ὃς λοιδορούμενος οὐκ ἀντελοιδόρει, πάσχων οὐκ ἠπείλει, παρεδίδου δὲ τῷ κρίνοντι δικαίως· 24 ὃς τὰς ἁμαρτίας ἡμῶν αὐτὸς ἀνήνεγκεν ἐν τῷ σώματι αὐτοῦ ἐπὶ τὸ ξύλον, ἵνα, ταῖς ἁμαρτίαις ἀπογενόμενοι, τῇ δικαιοσύνῃ ζήσωμεν· οὗ τῷ μώλωπι αὐτοῦ ἰάθητε. [7] 25 Ἦτε γὰρ ὡς πρόβατα πλανώμενα· [8] ἀλλ' [9] ἐπεστράφητε νῦν ἐπὶ τὸν ποιμένα καὶ ἐπίσκοπον τῶν ψυχῶν ὑμῶν.

---

1 ἔχοντες καλὴν ἐν τοῖς ἔθνεσιν • ἐν τοῖς ἔθνεσιν ἔχοντες καλήν
2 ἐποπτεύσαντες • ἐποπτεύοντες   3 οὖν • —   4 δοῦλοι θεοῦ • θεοῦ δοῦλοι   5 ἀγαπήσατε • ἀγαπᾶτε   6 ἡμῶν • ὑμῶν   7 αὐτοῦ ἰάθητε • ἰάθητε
8 πλανώμενα • πλανώμενοι   9 ἀλλ' • NA²⁷· ἀλλὰ

Exhortations to the Married

3 Ὁμοίως, αἱ¹ γυναῖκες, ὑποτασσόμεναι τοῖς ἰδίοις ἀνδράσιν, ἵνα, καὶ εἴ τινες ἀπειθοῦσιν τῷ λόγῳ, διὰ τῆς τῶν γυναικῶν ἀναστροφῆς ἄνευ λόγου κερδηθήσονται, 2 ἐποπτεύσαντες τὴν ἐν φόβῳ ἁγνὴν ἀναστροφὴν ὑμῶν. 3 Ὧν ἔστω οὐχ ὁ ἔξωθεν ἐμπλοκῆς τριχῶν, καὶ περιθέσεως χρυσίων, ἢ ἐνδύσεως ἱματίων κόσμος· 4 ἀλλ' ὁ κρυπτὸς τῆς καρδίας ἄνθρωπος, ἐν τῷ ἀφθάρτῳ τοῦ πραέος² καὶ ἡσυχίου πνεύματος, ὅ ἐστιν ἐνώπιον τοῦ θεοῦ πολυτελές. 5 Οὕτως γάρ ποτε καὶ αἱ ἅγιαι γυναῖκες αἱ ἐλπίζουσαι ἐπὶ³ θεὸν ἐκόσμουν ἑαυτάς, ὑποτασσόμεναι τοῖς ἰδίοις ἀνδράσιν· 6 ὡς Σάρρα ὑπήκουσεν τῷ Ἀβραάμ, κύριον αὐτὸν καλοῦσα, ἧς ἐγενήθητε τέκνα, ἀγαθοποιοῦσαι καὶ μὴ φοβούμεναι μηδεμίαν πτόησιν.

7 Οἱ ἄνδρες ὁμοίως, συνοικοῦντες κατὰ γνῶσιν, ὡς ἀσθενεστέρῳ σκεύει τῷ γυναικείῳ ἀπονέμοντες τιμήν, ὡς καὶ συγκληρονόμοι⁴ χάριτος ζωῆς, εἰς τὸ μὴ ἐγκόπτεσθαι τὰς προσευχὰς ὑμῶν.

Exhortations to Christians in General

8 Τὸ δὲ τέλος, πάντες ὁμόφρονες, συμπαθεῖς, φιλάδελφοι, εὔσπλαγχνοι, φιλόφρονες·⁵ 9 μὴ ἀποδιδόντες κακὸν ἀντὶ κακοῦ, ἢ λοιδορίαν ἀντὶ λοιδορίας· τοὐναντίον δὲ εὐλογοῦντες, εἰδότες⁶ ὅτι εἰς τοῦτο ἐκλήθητε, ἵνα εὐλογίαν κληρονομήσητε. 10 Ὁ γὰρ θέλων ζωὴν ἀγαπᾶν, καὶ ἰδεῖν ἡμέρας ἀγαθάς, παυσάτω τὴν γλῶσσαν αὐτοῦ⁷ ἀπὸ κακοῦ, καὶ χείλη αὐτοῦ⁸ τοῦ μὴ λαλῆσαι δόλον· 11 ἐκκλινάτω ἀπὸ⁹ κακοῦ, καὶ ποιησάτω ἀγαθόν· ζητησάτω εἰρήνην, καὶ διωξάτω αὐτήν. 12 Ὅτι ὀφθαλμοὶ κυρίου ἐπὶ δικαίους, καὶ ὦτα αὐτοῦ εἰς δέησιν αὐτῶν· πρόσωπον δὲ κυρίου ἐπὶ ποιοῦντας κακά.

13 Καὶ τίς ὁ κακώσων ὑμᾶς, ἐὰν τοῦ ἀγαθοῦ μιμηταὶ¹⁰ γένησθε; 14 Ἀλλ' εἰ καὶ πάσχοιτε διὰ δικαιοσύνην, μακάριοι·

---

1 αἱ • [αἱ]   2 πραέος • πραέως   3 ἐπὶ • εἰς   4 συγκληρονόμοι • συγκληρονόμοις
5 φιλόφρονες • ταπεινόφρονες   6 εἰδότες • —   7 γλῶσσαν αὐτοῦ • γλῶσσαν
8 χείλη αὐτοῦ • χείλη   9 ἀπὸ • δὲ ἀπὸ   10 μιμηταὶ • ζηλωταὶ

τὸν δὲ φόβον αὐτῶν μὴ φοβηθῆτε, μηδὲ ταραχθῆτε· 15 κύριον δὲ τὸν θεὸν[1] ἁγιάσατε ἐν ταῖς καρδίαις ὑμῶν· ἕτοιμοι δὲ ἀεὶ[2] πρὸς ἀπολογίαν παντὶ τῷ αἰτοῦντι ὑμᾶς λόγον περὶ τῆς ἐν ὑμῖν ἐλπίδος, μετὰ[3] πραΰτητος καὶ φόβου· 16 συνείδησιν ἔχοντες ἀγαθήν, ἵνα, ἐν ᾧ καταλαλοῦσιν[a] ὑμῶν ὡς κακοποιῶν,[4] καταισχυνθῶσιν οἱ ἐπηρεάζοντες ὑμῶν τὴν ἀγαθὴν ἐν χριστῷ ἀναστροφήν. 17 Κρεῖττον γὰρ ἀγαθοποιοῦντας, εἰ θέλοι τὸ θέλημα τοῦ θεοῦ, πάσχειν, ἢ κακοποιοῦντας. 18 Ὅτι καὶ χριστὸς ἅπαξ περὶ ἁμαρτιῶν ἔπαθεν, δίκαιος ὑπὲρ ἀδίκων, ἵνα ὑμᾶς προσαγάγῃ τῷ θεῷ, θανατωθεὶς μὲν σαρκί, ζῳοποιηθεὶς δὲ πνεύματι, 19 ἐν ᾧ καὶ τοῖς ἐν φυλακῇ πνεύμασιν πορευθεὶς ἐκήρυξεν, 20 ἀπειθήσασίν ποτε, ὅτε ἀπεξεδέχετο ἡ τοῦ θεοῦ μακροθυμία ἐν ἡμέραις Νῶε, κατασκευαζομένης κιβωτοῦ, εἰς ἣν ὀλίγαι,[5] τοῦτ᾽ ἔστιν ὀκτὼ ψυχαί, διεσώθησαν δι᾽ ὕδατος· 21 ὃ ἀντίτυπον νῦν καὶ ἡμᾶς[6] σῴζει βάπτισμα, οὐ σαρκὸς ἀπόθεσις ῥύπου, ἀλλὰ συνειδήσεως ἀγαθῆς ἐπερώτημα εἰς θεόν, δι᾽ ἀναστάσεως Ἰησοῦ χριστοῦ, 22 ὅς ἐστιν ἐν δεξιᾷ τοῦ[7] θεοῦ, πορευθεὶς εἰς οὐρανόν, ὑποταγέντων αὐτῷ ἀγγέλων καὶ ἐξουσιῶν καὶ δυνάμεων.

Admonitions in View of the Second Coming of Christ

4 Χριστοῦ οὖν παθόντος ὑπὲρ ἡμῶν[8] σαρκί, καὶ ὑμεῖς τὴν αὐτὴν ἔννοιαν ὁπλίσασθε· ὅτι ὁ παθὼν ἐν[9] σαρκί, πέπαυται ἁμαρτίας· 2 εἰς τὸ μηκέτι ἀνθρώπων ἐπιθυμίαις, ἀλλὰ θελήματι θεοῦ τὸν ἐπίλοιπον ἐν σαρκὶ βιῶσαι χρόνον. 3 Ἀρκετὸς γὰρ ἡμῖν[b, 10] ὁ παρεληλυθὼς χρόνος τοῦ βίου τὸ θέλημα[11] τῶν ἐθνῶν κατεργάσασθαι,[12] πεπορευμένους ἐν ἀσελγείαις, ἐπιθυμίαις, οἰνοφλυγίαις, κώμοις, πότοις,

---

[a] καταλαλοῦσιν • καταλαλῶσιν   [b] ἡμῖν • ὑμῖν

[1] θεὸν • χριστὸν   [2] δὲ ἀεὶ • ἀεὶ   [3] μετὰ • ἀλλὰ μετὰ   [4] καταλαλοῦσιν ὑμῶν ὡς κακοποιῶν • καταλαλεῖσθε   [5] ὀλίγαι • ὀλίγοι   [6] ἀντίτυπον νῦν καὶ ἡμᾶς • καὶ ὑμᾶς ἀντίτυπον νῦν   [7] τοῦ • [τοῦ]   [8] ὑπὲρ ἡμῶν • —   [9] ἐν • —   [10] ἡμῖν • —   [11] τοῦ βίου τὸ θέλημα • τὸ βούλημα   [12] κατεργάσασθαι • κατειργάσθαι

1 PETER 4.4–4.19

καὶ ἀθεμίτοις εἰδωλολατρείαις·¹ 4 ἐν ᾧ ξενίζονται, μὴ συντρεχόντων ὑμῶν εἰς τὴν αὐτὴν τῆς ἀσωτίας ἀνάχυσιν, βλασφημοῦντες· 5 οἳ ἀποδώσουσιν λόγον τῷ ἑτοίμως ἔχοντι κρῖναι ζῶντας καὶ νεκρούς. 6 Εἰς τοῦτο γὰρ καὶ νεκροῖς εὐηγγελίσθη, ἵνα κριθῶσιν μὲν κατὰ ἀνθρώπους σαρκί, ζῶσιν δὲ κατὰ θεὸν πνεύματι.

7 Πάντων δὲ τὸ τέλος ἤγγικεν· σωφρονήσατε οὖν καὶ νήψατε εἰς τὰς² προσευχάς· 8 πρὸ πάντων δὲ³ τὴν εἰς ἑαυτοὺς ἀγάπην ἐκτενῆ ἔχοντες, ὅτι ἀγάπη καλύψει⁴ πλῆθος ἁμαρτιῶν· 9 φιλόξενοι εἰς ἀλλήλους ἄνευ γογγυσμῶν·⁵ 10 ἕκαστος καθὼς ἔλαβεν χάρισμα, εἰς ἑαυτοὺς αὐτὸ διακονοῦντες, ὡς καλοὶ οἰκονόμοι ποικίλης χάριτος θεοῦ· 11 εἴ τις λαλεῖ, ὡς λόγια θεοῦ· εἴ τις διακονεῖ, ὡς ἐξ ἰσχύος ὡς χορηγεῖ⁶ ὁ θεός· ἵνα ἐν πᾶσιν δοξάζηται ὁ θεὸς διὰ Ἰησοῦ χριστοῦ, ᾧ ἐστὶν ἡ δόξα καὶ τὸ κράτος εἰς τοὺς αἰῶνας τῶν αἰώνων. Ἀμήν.

12 Ἀγαπητοί, μὴ ξενίζεσθε τῇ ἐν ὑμῖν πυρώσει πρὸς πειρασμὸν ὑμῖν γινομένῃ, ὡς ξένου ὑμῖν συμβαίνοντος· 13 ἀλλὰ καθὸ κοινωνεῖτε τοῖς τοῦ χριστοῦ παθήμασιν, χαίρετε, ἵνα καὶ ἐν τῇ ἀποκαλύψει τῆς δόξης αὐτοῦ χαρῆτε ἀγαλλιώμενοι. 14 Εἰ ὀνειδίζεσθε ἐν ὀνόματι χριστοῦ, μακάριοι· ὅτι τὸ τῆς δόξης καὶ τὸ τοῦ θεοῦ πνεῦμα ἐφ' ὑμᾶς ἀναπαύεται· κατὰ μὲν αὐτοὺς βλασφημεῖται, κατὰ δὲ ὑμᾶς δοξάζεται.⁷ 15 Μὴ γάρ τις ὑμῶν πασχέτω ὡς φονεύς, ἢ κλέπτης, ἢ κακοποιός, ἢ ὡς ἀλλοτριοεπίσκοπος·⁸ 16 εἰ δὲ ὡς Χριστιανός, μὴ αἰσχυνέσθω, δοξαζέτω δὲ τὸν θεὸν ἐν τῷ μέρει⁹ τούτῳ. 17 Ὅτι ὁ¹⁰ καιρὸς τοῦ ἄρξασθαι τὸ κρίμα ἀπὸ τοῦ οἴκου τοῦ θεοῦ· εἰ δὲ πρῶτον ἀφ' ἡμῶν, τί τὸ τέλος τῶν ἀπειθούντων τῷ τοῦ θεοῦ εὐαγγελίῳ; 18 Καὶ εἰ ὁ δίκαιος μόλις σῴζεται, ὁ ἀσεβὴς καὶ ἁμαρτωλὸς ποῦ φανεῖται; 19 Ὥστε καὶ οἱ

---

¹ εἰδωλολατρείαις • εἰδωλολατρίαις ² τὰς • — ³ δὲ • — ⁴ καλύψει • καλύπτει ⁵ γογγυσμῶν • γογγυσμοῦ ⁶ ὡς χορηγεῖ • ἧς χορηγεῖ ⁷ κατὰ μὲν αὐτοὺς βλασφημεῖται κατὰ δὲ ὑμᾶς δοξάζεται • — ⁸ ἀλλοτριοεπίσκοπος • ἀλλοτριεπίσκοπος ⁹ μέρει • NA²⁷· ὀνόματι ¹⁰ ὁ • [ὁ]

πάσχοντες κατὰ τὸ θέλημα τοῦ θεοῦ, ὡς ¹ πιστῷ κτίστῃ παρατιθέσθωσαν τὰς ψυχὰς αὐτῶν ἐν ἀγαθοποιΐᾳ.

Final Admonitions and Concluding Greetings

5 Πρεσβυτέρους τοὺς ² ἐν ὑμῖν παρακαλῶ ὁ συμπρεσβύτερος καὶ μάρτυς τῶν τοῦ χριστοῦ παθημάτων, ὁ καὶ τῆς μελλούσης ἀποκαλύπτεσθαι δόξης κοινωνός· 2 ποιμάνατε τὸ ἐν ὑμῖν ποίμνιον τοῦ θεοῦ, ἐπισκοποῦντες ³ μὴ ἀναγκαστῶς, ἀλλ' ⁴ ἑκουσίως· ⁵ μηδὲ αἰσχροκερδῶς, ἀλλὰ προθύμως· 3 μηδὲ ⁶ ὡς κατακυριεύοντες τῶν κλήρων, ἀλλὰ τύποι γινόμενοι τοῦ ποιμνίου. 4 Καὶ φανερωθέντος τοῦ ἀρχιποίμενος, κομιεῖσθε τὸν ἀμαράντινον τῆς δόξης στέφανον. 5 Ὁμοίως, νεώτεροι, ὑποτάγητε πρεσβυτέροις· πάντες δὲ ἀλλήλοις ὑποτασσόμενοι, ⁷ τὴν ταπεινοφροσύνην ἐγκομβώσασθε· ὅτι ὁ ⁸ θεὸς ὑπερηφάνοις ἀντιτάσσεται, ταπεινοῖς δὲ δίδωσιν χάριν. 6 Ταπεινώθητε οὖν ὑπὸ τὴν κραταιὰν χεῖρα τοῦ θεοῦ, ἵνα ὑμᾶς ὑψώσῃ ἐν καιρῷ, 7 πᾶσαν τὴν μέριμναν ὑμῶν ἐπιρρίψαντες ⁹ ἐπ' αὐτόν, ὅτι αὐτῷ μέλει περὶ ὑμῶν. 8 Νήψατε, γρηγορήσατε· ὁ ἀντίδικος ὑμῶν διάβολος, ὡς λέων ὠρυόμενος, περιπατεῖ ζητῶν τίνα καταπίῃ· ¹⁰ 9 ᾧ ἀντίστητε στερεοὶ τῇ πίστει, εἰδότες τὰ αὐτὰ τῶν παθημάτων τῇ ἐν κόσμῳ ¹¹ ὑμῶν ἀδελφότητι ἐπιτελεῖσθαι. 10 Ὁ δὲ θεὸς πάσης χάριτος, ὁ καλέσας ὑμᾶς εἰς τὴν αἰώνιον αὐτοῦ δόξαν ἐν χριστῷ Ἰησοῦ, ¹² ὀλίγον παθόντας αὐτὸς καταρτίσαι ὑμᾶς, ¹³ στηρίξει, σθενώσει, θεμελιώσει. 11 Αὐτῷ ἡ δόξα καὶ ¹⁴ τὸ κράτος εἰς τοὺς αἰῶνας τῶν αἰώνων. ¹⁵ Ἀμήν.

12 Διὰ Σιλουανοῦ ὑμῖν τοῦ πιστοῦ ἀδελφοῦ, ὡς λογίζομαι, δι' ὀλίγων ἔγραψα, παρακαλῶν καὶ ἐπιμαρτυρῶν ταύτην εἶναι ἀληθῆ χάριν τοῦ θεοῦ εἰς ἣν ἑστήκατε. ¹⁶ 13 Ἀσπάζεται

---

1 ὡς • — 2 τοὺς • NA²⁷: οὖν 3 ἐπισκοποῦντες • [ἐπισκοποῦντες] 4 ἀλλ' • ἀλλὰ 5 ἑκουσίως • ἑκουσίως κατὰ θεόν 6 μηδὲ • μηδ' 7 ὑποτασσόμενοι • — 8 ὁ • [ὁ] 9 ἐπιρρίψαντες • ἐπιρίψαντες 10 τίνα καταπίῃ • [τινα] καταπιεῖν 11 κόσμῳ • NA²⁷: [τῷ] κόσμῳ 12 Ἰησοῦ • NA²⁷: [Ἰησοῦ]; NA²⁸: — 13 καταρτίσαι ὑμᾶς • καταρτίσει 14 ἡ δόξα καὶ • — 15 τῶν αἰώνων • — 16 ἑστήκατε • στῆτε

ὑμᾶς ἡ ἐν Βαβυλῶνι συνεκλεκτή, καὶ Μάρκος ὁ υἱός μου. **14** Ἀσπάσασθε ἀλλήλους ἐν φιλήματι ἀγάπης.

Εἰρήνη ὑμῖν πᾶσιν τοῖς ἐν χριστῷ Ἰησοῦ. Ἀμήν.¹

---

1 Ἰησοῦ. Ἀμήν. • —

ΠΕΤΡΟΥ Β
Second of Peter

Address and Salutation

Συμεὼν Πέτρος, δοῦλος καὶ ἀπόστολος Ἰησοῦ χριστοῦ, τοῖς ἰσότιμον ἡμῖν λαχοῦσιν πίστιν ἐν δικαιοσύνῃ τοῦ θεοῦ ἡμῶν καὶ σωτῆρος Ἰησοῦ χριστοῦ· 2 χάρις ὑμῖν καὶ εἰρήνη πληθυνθείη ἐν ἐπιγνώσει τοῦ θεοῦ, καὶ Ἰησοῦ τοῦ κυρίου ἡμῶν·

*The Obligations Imposed upon the Believers
by the Rich Promises of God*

3 ὡς πάντα ἡμῖν τῆς θείας δυνάμεως αὐτοῦ τὰ πρὸς ζωὴν καὶ εὐσέβειαν δεδωρημένης, διὰ τῆς ἐπιγνώσεως τοῦ καλέσαντος ἡμᾶς διὰ δόξης καὶ ἀρετῆς·[1] 4 δι' ὧν τὰ τίμια ἡμῖν καὶ μέγιστα[2] ἐπαγγέλματα δεδώρηται, ἵνα διὰ τούτων γένησθε θείας κοινωνοὶ φύσεως, ἀποφυγόντες τῆς ἐν κόσμῳ[3] ἐν ἐπιθυμίᾳ φθορᾶς. 5 Καὶ αὐτὸ τοῦτο δέ, σπουδὴν πᾶσαν παρεισενέγκαντες, ἐπιχορηγήσατε ἐν τῇ πίστει ὑμῶν τὴν ἀρετήν, ἐν δὲ τῇ ἀρετῇ τὴν γνῶσιν, 6 ἐν δὲ τῇ γνώσει τὴν ἐγκράτειαν, ἐν δὲ τῇ ἐγκρατείᾳ τὴν ὑπομονήν, ἐν δὲ τῇ ὑπομονῇ τὴν εὐσέβειαν, 7 ἐν δὲ τῇ εὐσεβείᾳ τὴν φιλαδελφίαν, ἐν δὲ τῇ φιλαδελφίᾳ τὴν ἀγάπην. 8 Ταῦτα γὰρ ὑμῖν ὑπάρχοντα καὶ πλεονάζοντα, οὐκ ἀργοὺς οὐδὲ ἀκάρπους καθίστησιν

---

[1] διὰ δόξης καὶ ἀρετῆς • ἰδίᾳ δόξῃ καὶ ἀρετῇ   [2] ἡμῖν καὶ μέγιστα • καὶ μέγιστα ἡμῖν   [3] κόσμῳ • τῷ κόσμῳ

εἰς τὴν τοῦ κυρίου ἡμῶν Ἰησοῦ χριστοῦ ἐπίγνωσιν. 9 Ὧι γὰρ μὴ πάρεστιν ταῦτα, τυφλός ἐστιν, μυωπάζων, λήθην λαβὼν τοῦ καθαρισμοῦ τῶν πάλαι αὐτοῦ ἁμαρτιῶν. 10 Διὸ μᾶλλον, ἀδελφοί, σπουδάσατε βεβαίαν ὑμῶν τὴν κλῆσιν καὶ ἐκλογὴν ποιεῖσθαι· ταῦτα γὰρ ποιοῦντες οὐ μὴ πταίσητέ ποτε· 11 οὕτως γὰρ πλουσίως ἐπιχορηγηθήσεται ὑμῖν ἡ εἴσοδος εἰς τὴν αἰώνιον βασιλείαν τοῦ κυρίου ἡμῶν καὶ σωτῆρος Ἰησοῦ χριστοῦ.

The Reliability of the Gospel and of Prophecy

12 Διὸ οὐκ ἀμελήσω[1] ἀεὶ ὑμᾶς ὑπομιμνήσκειν περὶ τούτων, καίπερ εἰδότας, καὶ ἐστηριγμένους ἐν τῇ παρούσῃ ἀληθείᾳ. 13 Δίκαιον δὲ ἡγοῦμαι, ἐφ᾽ ὅσον εἰμὶ ἐν τούτῳ τῷ σκηνώματι, διεγείρειν ὑμᾶς ἐν ὑπομνήσει· 14 εἰδὼς ὅτι ταχινή ἐστιν ἡ ἀπόθεσις τοῦ σκηνώματός μου, καθὼς καὶ ὁ κύριος ἡμῶν Ἰησοῦς χριστὸς ἐδήλωσέν μοι. 15 Σπουδάσω δὲ καὶ ἑκάστοτε ἔχειν ὑμᾶς μετὰ τὴν ἐμὴν ἔξοδον τὴν τούτων μνήμην ποιεῖσθαι. 16 Οὐ γὰρ σεσοφισμένοις μύθοις ἐξακολουθήσαντες ἐγνωρίσαμεν ὑμῖν τὴν τοῦ κυρίου ἡμῶν Ἰησοῦ χριστοῦ δύναμιν καὶ παρουσίαν, ἀλλ᾽ ἐπόπται γενηθέντες τῆς ἐκείνου μεγαλειότητος. 17 Λαβὼν γὰρ παρὰ θεοῦ πατρὸς τιμὴν καὶ δόξαν, φωνῆς ἐνεχθείσης αὐτῷ τοιᾶσδε ὑπὸ τῆς μεγαλοπρεποῦς δόξης, Οὗτός ἐστιν ὁ υἱός[2] μου ὁ ἀγαπητός,[3] εἰς ὃν ἐγὼ εὐδόκησα· 18 καὶ ταύτην τὴν φωνὴν ἡμεῖς ἠκούσαμεν ἐξ οὐρανοῦ ἐνεχθεῖσαν, σὺν αὐτῷ ὄντες ἐν τῷ ὄρει τῷ ἁγίῳ.[4] 19 Καὶ ἔχομεν βεβαιότερον τὸν προφητικὸν λόγον, ᾧ καλῶς ποιεῖτε προσέχοντες, ὡς λύχνῳ φαίνοντι ἐν αὐχμηρῷ τόπῳ, ἕως οὗ ἡμέρα διαυγάσῃ, καὶ φωσφόρος ἀνατείλῃ ἐν ταῖς καρδίαις ὑμῶν· 20 τοῦτο πρῶτον γινώσκοντες, ὅτι πᾶσα προφητεία γραφῆς ἰδίας ἐπιλύσεως οὐ γίνεται. 21 Οὐ γὰρ θελήματι ἀνθρώπου ἠνέχθη ποτὲ προφητεία, ἀλλ᾽[5] ὑπὸ πνεύματος ἁγίου φερόμενοι ἐλάλησαν ἅγιοι[6] θεοῦ ἄνθρωποι.

---

[1] οὐκ ἀμελήσω • μελλήσω [2] Οὗτός ἐστιν ὁ υἱός • Ὁ υἱός [3] ἀγαπητός • ἀγαπητός μου οὗτός ἐστιν [4] ὄρει τῷ ἁγίῳ • ἁγίῳ ὄρει [5] ποτὲ προφητεία ἀλλ᾽ • προφητεία ποτέ ἀλλὰ [6] ἅγιοι • ἀπὸ

A Warning against the False Teachers of All Times

2 Ἐγένοντο δὲ καὶ ψευδοπροφῆται ἐν τῷ λαῷ, ὡς καὶ ἐν ὑμῖν ἔσονται ψευδοδιδάσκαλοι, οἵτινες παρεισάξουσιν αἱρέσεις ἀπωλείας, καὶ τὸν ἀγοράσαντα αὐτοὺς δεσπότην ἀρνούμενοι, ἐπάγοντες ἑαυτοῖς ταχινὴν ἀπώλειαν. 2 Καὶ πολλοὶ ἐξακολουθήσουσιν αὐτῶν ταῖς ἀσελγείαις, δι᾽ οὓς ἡ ὁδὸς τῆς ἀληθείας βλασφημηθήσεται. 3 Καὶ ἐν πλεονεξίᾳ πλαστοῖς λόγοις ὑμᾶς ἐμπορεύσονται· οἷς τὸ κρίμα ἔκπαλαι οὐκ ἀργεῖ, καὶ ἡ ἀπώλεια αὐτῶν οὐ νυστάξει.[1] 4 Εἰ γὰρ ὁ θεὸς ἀγγέλων ἁμαρτησάντων οὐκ ἐφείσατο, ἀλλὰ σειραῖς ζόφου ταρταρώσας παρέδωκεν εἰς κρίσιν τηρουμένους· 5 καὶ ἀρχαίου κόσμου οὐκ ἐφείσατο, ἀλλὰ[a] ὄγδοον Νῶε δικαιοσύνης κήρυκα ἐφύλαξεν, κατακλυσμὸν κόσμῳ ἀσεβῶν ἐπάξας· 6 καὶ πόλεις Σοδόμων καὶ Γομόρρας τεφρώσας καταστροφῇ[2] κατέκρινεν, ὑπόδειγμα μελλόντων ἀσεβεῖν[3] τεθεικώς· 7 καὶ δίκαιον Λώτ, καταπονούμενον ὑπὸ τῆς τῶν ἀθέσμων ἐν ἀσελγείᾳ ἀναστροφῆς, ἐρρύσατο· 8 βλέμματι γὰρ καὶ ἀκοῇ ὁ δίκαιος, ἐγκατοικῶν ἐν αὐτοῖς, ἡμέραν ἐξ ἡμέρας ψυχὴν δικαίαν ἀνόμοις ἔργοις ἐβασάνιζεν· 9 οἶδεν κύριος εὐσεβεῖς ἐκ πειρασμοῦ ῥύεσθαι, ἀδίκους δὲ εἰς ἡμέραν κρίσεως κολαζομένους τηρεῖν· 10 μάλιστα δὲ τοὺς ὀπίσω σαρκὸς ἐν ἐπιθυμίᾳ μιασμοῦ πορευομένους, καὶ κυριότητος καταφρονοῦντας. Τολμηταί, αὐθάδεις, δόξας οὐ τρέμουσιν βλασφημοῦντες· 11 ὅπου ἄγγελοι, ἰσχύϊ καὶ δυνάμει μείζονες ὄντες, οὐ φέρουσιν κατ᾽ αὐτῶν παρὰ κυρίῳ[4] βλάσφημον κρίσιν. 12 Οὗτοι δέ, ὡς ἄλογα ζῷα φυσικὰ γεγενημένα[5] εἰς ἅλωσιν καὶ φθοράν, ἐν οἷς ἀγνοοῦσιν βλασφημοῦντες, ἐν τῇ φθορᾷ αὐτῶν καταφθαρήσονται,[6] 13 κομιούμενοι[7] μισθὸν ἀδικίας, ἡδονὴν ἡγούμενοι τὴν ἐν ἡμέρᾳ τρυφήν,

---

[a] ἀλλὰ • ἀλλ᾽

1 νυστάξει • νυστάζει   2 καταστροφῇ • NA²⁷: [καταστροφῇ]   3 ἀσεβεῖν • NA²⁷: ἀσεβέ[σ]ιν   4 κυρίῳ • NA²⁷: κυρίου   5 φυσικὰ γεγενημένα • γεγεννημένα φυσικὰ   6 καταφθαρήσονται • καὶ φθαρήσονται   7 κομιούμενοι • ἀδικούμενοι

σπίλοι καὶ μῶμοι, ἐντρυφῶντες ἐν ταῖς ἀπάταις αὐτῶν συνευωχούμενοι ὑμῖν, 14 ὀφθαλμοὺς ἔχοντες μεστοὺς μοιχαλίδος καὶ ἀκαταπαύστους ἁμαρτίας, δελεάζοντες ψυχὰς ἀστηρίκτους, καρδίαν γεγυμνασμένην πλεονεξίας ἔχοντες, κατάρας τέκνα· 15 καταλιπόντες¹ εὐθεῖαν ὁδὸν ἐπλανήθησαν, ἐξακολουθήσαντες τῇ ὁδῷ τοῦ Βαλαὰμ τοῦ Βοσόρ, ὃς μισθὸν ἀδικίας ἠγάπησεν, 16 ἔλεγξιν δὲ ἔσχεν ἰδίας παρανομίας· ὑποζύγιον ἄφωνον, ἐν ἀνθρώπου φωνῇ φθεγξάμενον, ἐκώλυσεν τὴν τοῦ προφήτου παραφρονίαν. 17 Οὗτοί εἰσιν πηγαὶ ἄνυδροι, νεφέλαι² ὑπὸ λαίλαπος ἐλαυνόμεναι, οἷς ὁ ζόφος τοῦ σκότους εἰς αἰῶνα³ τετήρηται. 18 Ὑπέρογκα γὰρ ματαιότητος φθεγγόμενοι, δελεάζουσιν ἐν ἐπιθυμίαις σαρκός, ἀσελγείαις, τοὺς ὄντως⁴ ἀποφυγόντας⁵ τοὺς ἐν πλάνῃ ἀναστρεφομένους, 19 ἐλευθερίαν αὐτοῖς ἐπαγγελλόμενοι, αὐτοὶ δοῦλοι ὑπάρχοντες τῆς φθορᾶς· ᾧ γάρ τις ἥττηται, τούτῳ καὶ⁶ δεδούλωται. 20 Εἰ γὰρ ἀποφυγόντες τὰ μιάσματα τοῦ κόσμου ἐν ἐπιγνώσει τοῦ κυρίου⁷ καὶ σωτῆρος Ἰησοῦ χριστοῦ, τούτοις δὲ πάλιν ἐμπλακέντες ἡττῶνται, γέγονεν αὐτοῖς τὰ ἔσχατα χείρονα τῶν πρώτων. 21 Κρεῖττον γὰρ ἦν αὐτοῖς μὴ ἐπεγνωκέναι τὴν ὁδὸν τῆς δικαιοσύνης, ἢ ἐπιγνοῦσιν ἐπιστρέψαι⁸ ἐκ τῆς παραδοθείσης αὐτοῖς ἁγίας ἐντολῆς. 22 Συμβέβηκεν δὲ⁹ αὐτοῖς τὸ τῆς ἀληθοῦς παροιμίας, Κύων ἐπιστρέψας ἐπὶ τὸ ἴδιον ἐξέραμα, καὶ ὗς λουσαμένη εἰς κύλισμα¹⁰ βορβόρου.

The Certain Coming of Christ and Its Lessons

3 Ταύτην ἤδη, ἀγαπητοί, δευτέραν ὑμῖν γράφω ἐπιστολήν, ἐν αἷς διεγείρω ὑμῶν ἐν ὑπομνήσει τὴν εἰλικρινῆ διάνοιαν, 2 μνησθῆναι τῶν προειρημένων ῥημάτων ὑπὸ τῶν ἁγίων προφητῶν, καὶ τῆς τῶν ἀποστόλων ὑμῶν ἐντολῆς τοῦ κυρίου καὶ σωτῆρος· 3 τοῦτο πρῶτον γινώσκοντες, ὅτι ἐλεύσονται ἐπ᾽

---

1 καταλιπόντες • NA²⁷⁺ καταλείποντες   2 νεφέλαι • καὶ ὁμίχλαι   3 εἰς αἰῶνα • —
4 ὄντως • NA²⁷⁺ ὀλίγως   5 ἀποφυγόντας • ἀποφεύγοντας   6 καὶ • —   7 κυρίου •
NA²⁷⁺ κυρίου [ἡμῶν]   8 ἐπιστρέψαι • ὑποστρέψαι   9 δὲ • —   10 κύλισμα •
κυλισμὸν

ἐσχάτου¹ τῶν ἡμερῶν² ἐμπαῖκται, κατὰ τὰς ἰδίας ἐπιθυμίας αὐτῶν πορευόμενοι, **4** καὶ λέγοντες, Ποῦ ἐστὶν ἡ ἐπαγγελία τῆς παρουσίας αὐτοῦ; Ἀφ' ἧς γὰρ οἱ πατέρες ἐκοιμήθησαν, πάντα οὕτως διαμένει ἀπ' ἀρχῆς κτίσεως. **5** Λανθάνει γὰρ αὐτοὺς τοῦτο θέλοντας, ὅτι οὐρανοὶ ἦσαν ἔκπαλαι, καὶ γῆ ἐξ ὕδατος καὶ δι' ὕδατος συνεστῶσα, τῷ τοῦ θεοῦ λόγῳ, **6** δι' ὧν³ ὁ τότε κόσμος ὕδατι κατακλυσθεὶς ἀπώλετο· **7** οἱ δὲ νῦν οὐρανοὶ καὶ ἡ γῆ τῷ αὐτοῦ⁴ λόγῳ τεθησαυρισμένοι εἰσίν, πυρὶ τηρούμενοι εἰς ἡμέραν κρίσεως καὶ ἀπωλείας τῶν ἀσεβῶν ἀνθρώπων.

8 Ἓν δὲ τοῦτο μὴ λανθανέτω ὑμᾶς, ἀγαπητοί, ὅτι μία ἡμέρα παρὰ κυρίῳ ὡς χίλια ἔτη, καὶ χίλια ἔτη ὡς ἡμέρα μία. **9** Οὐ βραδύνει ὁ⁵ κύριος τῆς ἐπαγγελίας, ὥς τινες βραδυτῆτα ἡγοῦνται· ἀλλὰ μακροθυμεῖ εἰς ἡμᾶς,⁶ μὴ βουλόμενός τινας ἀπολέσθαι, ἀλλὰ πάντας εἰς μετάνοιαν χωρῆσαι. **10** Ἥξει δὲ ἡ ἡμέρα⁷ κυρίου ὡς κλέπτης ἐν νυκτί,⁸ ἐν ᾗ οἱ οὐρανοὶ ῥοιζηδὸν παρελεύσονται, στοιχεῖα δὲ καυσούμενα λυθήσονται,⁹ καὶ γῆ καὶ τὰ ἐν αὐτῇ ἔργα κατακαήσεται.¹⁰ **11** Τούτων οὖν¹¹ πάντων λυομένων, ποταποὺς δεῖ ὑπάρχειν ὑμᾶς¹² ἐν ἁγίαις ἀναστροφαῖς καὶ εὐσεβείαις, **12** προσδοκῶντας καὶ σπεύδοντας τὴν παρουσίαν τῆς τοῦ θεοῦ ἡμέρας, δι' ἣν οὐρανοὶ πυρούμενοι λυθήσονται, καὶ στοιχεῖα καυσούμενα τήκεται; **13** Καινοὺς δὲ οὐρανοὺς καὶ γῆν καινὴν κατὰ τὸ ἐπάγγελμα αὐτοῦ προσδοκῶμεν, ἐν οἷς δικαιοσύνη κατοικεῖ.

14 Διό, ἀγαπητοί, ταῦτα προσδοκῶντες, σπουδάσατε ἄσπιλοι καὶ ἀμώμητοι αὐτῷ εὑρεθῆναι ἐν εἰρήνῃ. **15** Καὶ τὴν τοῦ κυρίου ἡμῶν μακροθυμίαν σωτηρίαν ἡγεῖσθε, καθὼς καὶ ὁ ἀγαπητὸς ἡμῶν ἀδελφὸς Παῦλος κατὰ τὴν αὐτῷ δοθεῖσαν¹³ σοφίαν ἔγραψεν ὑμῖν· **16** ὡς καὶ ἐν πάσαις ταῖς¹⁴ ἐπιστολαῖς, λαλῶν ἐν αὐταῖς περὶ τούτων· ἐν οἷς¹⁵ ἔστιν δυσνόητά

---

¹ ἐσχάτου • ἐσχάτων ² ἡμερῶν • ἡμερῶν [ἐν] ἐμπαιγμονῇ ³ ὧν • NA²⁸: ὃν ⁴ αὐτοῦ • αὐτῷ ⁵ ὁ • — ⁶ ἡμᾶς • ὑμᾶς ⁷ ἡ ἡμέρα • ἡμέρα ⁸ ἐν νυκτί • — ⁹ λυθήσονται • λυθήσεται ¹⁰ κατακαήσεται • NA²⁷: εὑρεθήσεται; NA²⁸: οὐχ εὑρεθήσεται (cj) ¹¹ οὖν • οὕτως ¹² ὑμᾶς • [ὑμᾶς] ¹³ αὐτῷ δοθεῖσαν • δοθεῖσαν αὐτῷ ¹⁴ ταῖς • NA²⁷: — ¹⁵ οἷς • αἷς

τινα, ἃ οἱ ἀμαθεῖς καὶ ἀστήρικτοι στρεβλοῦσιν,[1] ὡς καὶ τὰς λοιπὰς γραφάς, πρὸς τὴν ἰδίαν αὐτῶν ἀπώλειαν. **17** Ὑμεῖς οὖν, ἀγαπητοί, προγινώσκοντες φυλάσσεσθε, ἵνα μή, τῇ τῶν ἀθέσμων πλάνῃ συναπαχθέντες, ἐκπέσητε τοῦ ἰδίου στηριγμοῦ. **18** Αὐξάνετε δὲ ἐν χάριτι καὶ γνώσει τοῦ κυρίου ἡμῶν καὶ σωτῆρος Ἰησοῦ χριστοῦ. Αὐτῷ ἡ δόξα καὶ νῦν καὶ εἰς ἡμέραν αἰῶνος. Ἀμήν.[2]

---

[1] *στρεβλοῦσιν* • NA²⁸ˑ *στρεβλώσουσιν*   [2] *Ἀμήν* • NA²⁷ˑ *[Ἀμήν]*; NA²⁸ˑ —

ΙΩΑΝΝΟΥ Α
First of John

Christ's Person and Office

Ὃ ἦν ἀπ' ἀρχῆς, ὃ ἀκηκόαμεν, ὃ ἑωράκαμεν τοῖς ὀφθαλμοῖς ἡμῶν, ὃ ἐθεασάμεθα, καὶ αἱ χεῖρες ἡμῶν ἐψηλάφησαν περὶ τοῦ λόγου τῆς ζωῆς. 2 Καὶ ἡ ζωὴ ἐφανερώθη, καὶ ἑωράκαμεν, καὶ μαρτυροῦμεν, καὶ ἀπαγγέλλομεν ὑμῖν τὴν ζωὴν τὴν αἰώνιον, ἥτις ἦν πρὸς τὸν πατέρα, καὶ ἐφανερώθη ἡμῖν. 3 Ὃ ἑωράκαμεν καὶ ἀκηκόαμεν, ἀπαγγέλλομεν ὑμῖν,[1] ἵνα καὶ ὑμεῖς κοινωνίαν ἔχητε μεθ' ἡμῶν· καὶ ἡ κοινωνία δὲ ἡ ἡμετέρα μετὰ τοῦ πατρὸς καὶ μετὰ τοῦ υἱοῦ αὐτοῦ Ἰησοῦ χριστοῦ· 4 καὶ ταῦτα γράφομεν ὑμῖν,[2] ἵνα ἡ χαρὰ ἡμῶν[a] ᾖ πεπληρωμένη.

5 Καὶ ἔστιν αὕτη ἡ ἀγγελία ἣν ἀκηκόαμεν ἀπ' αὐτοῦ καὶ ἀναγγέλλομεν ὑμῖν, ὅτι ὁ θεὸς φῶς ἐστίν, καὶ σκοτία ἐν αὐτῷ οὐκ ἔστιν οὐδεμία. 6 Ἐὰν εἴπωμεν ὅτι κοινωνίαν ἔχομεν μετ' αὐτοῦ, καὶ ἐν τῷ σκότει περιπατῶμεν, ψευδόμεθα, καὶ οὐ ποιοῦμεν τὴν ἀλήθειαν· 7 ἐὰν δὲ[3] ἐν τῷ φωτὶ περιπατῶμεν, ὡς αὐτός ἐστιν ἐν τῷ φωτί, κοινωνίαν ἔχομεν μετ' ἀλλήλων, καὶ τὸ αἷμα Ἰησοῦ χριστοῦ[4] τοῦ υἱοῦ αὐτοῦ καθαρίζει ἡμᾶς ἀπὸ πάσης ἁμαρτίας. 8 Ἐὰν εἴπωμεν ὅτι ἁμαρτίαν οὐκ ἔχομεν,

---

[a] ἡμῶν • ὑμῶν

---

1 ὑμῖν • καὶ ὑμῖν   2 ὑμῖν • ἡμεῖς   3 δὲ • NA[28]: —   4 χριστοῦ • —

ἑαυτοὺς πλανῶμεν, καὶ ἡ ἀλήθεια οὐκ ἔστιν ἐν ἡμῖν. 9 Ἐὰν ὁμολογῶμεν τὰς ἁμαρτίας ἡμῶν, πιστός ἐστιν καὶ δίκαιος ἵνα ἀφῇ ἡμῖν τὰς ἁμαρτίας, καὶ καθαρίσῃ ἡμᾶς ἀπὸ πάσης ἀδικίας. 10 Ἐὰν εἴπωμεν ὅτι οὐχ ἡμαρτήκαμεν, ψεύστην ποιοῦμεν αὐτόν, καὶ ὁ λόγος αὐτοῦ οὐκ ἔστιν ἐν ἡμῖν.

Christ's Propitiation and Its Influence upon the Life of the Christians

2 Τεκνία μου, ταῦτα γράφω ὑμῖν, ἵνα μὴ ἁμάρτητε. Καὶ ἐάν τις ἁμάρτῃ, παράκλητον ἔχομεν πρὸς τὸν πατέρα, Ἰησοῦν χριστὸν δίκαιον· 2 καὶ αὐτὸς ἱλασμός ἐστιν περὶ τῶν ἁμαρτιῶν ἡμῶν· οὐ περὶ τῶν ἡμετέρων δὲ μόνον, ἀλλὰ καὶ περὶ ὅλου τοῦ κόσμου. 3 Καὶ ἐν τούτῳ γινώσκομεν ὅτι ἐγνώκαμεν αὐτόν, ἐὰν τὰς ἐντολὰς αὐτοῦ τηρῶμεν. 4 Ὁ λέγων, Ἔγνωκα [1] αὐτόν, καὶ τὰς ἐντολὰς αὐτοῦ μὴ τηρῶν, ψεύστης ἐστίν, καὶ ἐν τούτῳ ἡ ἀλήθεια οὐκ ἔστιν· 5 ὃς δ' ἂν τηρῇ αὐτοῦ τὸν λόγον, ἀληθῶς ἐν τούτῳ ἡ ἀγάπη τοῦ θεοῦ τετελείωται. Ἐν τούτῳ γινώσκομεν ὅτι ἐν αὐτῷ ἐσμέν· 6 ὁ λέγων ἐν αὐτῷ μένειν ὀφείλει, καθὼς ἐκεῖνος περιεπάτησεν, καὶ αὐτὸς οὕτως [2] περιπατεῖν.

7 Ἀδελφοί, [3] οὐκ ἐντολὴν καινὴν γράφω ὑμῖν, ἀλλ' ἐντολὴν παλαιάν, ἣν εἴχετε ἀπ' ἀρχῆς· ἡ ἐντολὴ ἡ παλαιά ἐστιν ὁ λόγος ὃν ἠκούσατε ἀπ' ἀρχῆς. [4] 8 Πάλιν ἐντολὴν καινὴν γράφω ὑμῖν, ὅ ἐστιν ἀληθὲς ἐν αὐτῷ καὶ ἐν ὑμῖν· ὅτι ἡ σκοτία παράγεται, καὶ τὸ φῶς τὸ ἀληθινὸν ἤδη φαίνει. 9 Ὁ λέγων ἐν τῷ φωτὶ εἶναι καὶ τὸν ἀδελφὸν αὐτοῦ μισῶν, ἐν τῇ σκοτίᾳ ἐστὶν ἕως ἄρτι. 10 Ὁ ἀγαπῶν τὸν ἀδελφὸν αὐτοῦ ἐν τῷ φωτὶ μένει, καὶ σκάνδαλον ἐν αὐτῷ οὐκ ἔστιν. 11 Ὁ δὲ μισῶν τὸν ἀδελφὸν αὐτοῦ ἐν τῇ σκοτίᾳ ἐστίν, καὶ ἐν τῇ σκοτίᾳ περιπατεῖ, καὶ οὐκ οἶδεν ποῦ ὑπάγει, ὅτι ἡ σκοτία ἐτύφλωσεν τοὺς ὀφθαλμοὺς αὐτοῦ.

12 Γράφω ὑμῖν, τεκνία, ὅτι ἀφέωνται ὑμῖν αἱ ἁμαρτίαι διὰ τὸ ὄνομα αὐτοῦ. 13 Γράφω ὑμῖν, πατέρες, ὅτι ἐγνώκατε τὸν ἀπ' ἀρχῆς. Γράφω ὑμῖν, νεανίσκοι, ὅτι νενικήκατε τὸν πονηρόν. Γράφω ὑμῖν, παιδία, [5] ὅτι ἐγνώκατε τὸν πατέρα. 14 Ἔγραψα

---

[1] Ἔγνωκα • ὅτι Ἔγνωκα   [2] οὕτως • [οὕτως]   [3] Ἀδελφοί • Ἀγαπητοί
[4] ἠκούσατε ἀπ' ἀρχῆς • ἠκούσατε   [5] Γράφω ὑμῖν παιδία • Ἔγραψα ὑμῖν παιδία

ὑμῖν, πατέρες, ὅτι ἐγνώκατε τὸν ἀπ' ἀρχῆς. Ἔγραψα ὑμῖν, νεανίσκοι, ὅτι ἰσχυροί ἐστε, καὶ ὁ λόγος τοῦ θεοῦ ἐν ὑμῖν μένει, καὶ νενικήκατε τὸν πονηρόν. 15 Μὴ ἀγαπᾶτε τὸν κόσμον, μηδὲ τὰ ἐν τῷ κόσμῳ. Ἐάν τις ἀγαπᾷ τὸν κόσμον, οὐκ ἔστιν ἡ ἀγάπη τοῦ πατρὸς ἐν αὐτῷ. 16 Ὅτι πᾶν τὸ ἐν τῷ κόσμῳ, ἡ ἐπιθυμία τῆς σαρκός, καὶ ἡ ἐπιθυμία τῶν ὀφθαλμῶν, καὶ ἡ ἀλαζονεία τοῦ βίου, οὐκ ἔστιν ἐκ τοῦ πατρός, ἀλλ' ἐκ τοῦ κόσμου ἐστίν. 17 Καὶ ὁ κόσμος παράγεται, καὶ ἡ ἐπιθυμία αὐτοῦ· ὁ δὲ ποιῶν τὸ θέλημα τοῦ θεοῦ μένει εἰς τὸν αἰῶνα.

18 Παιδία, ἐσχάτη ὥρα ἐστίν· καὶ καθὼς ἠκούσατε ὅτι ὁ [1] ἀντίχριστος ἔρχεται, καὶ νῦν ἀντίχριστοι πολλοὶ γεγόνασιν· ὅθεν γινώσκομεν ὅτι ἐσχάτη ὥρα ἐστίν. 19 Ἐξ ἡμῶν ἐξῆλθον, [2] ἀλλ' οὐκ ἦσαν ἐξ ἡμῶν· εἰ γὰρ ἦσαν ἐξ ἡμῶν, [3] μεμενήκεισαν ἂν μεθ' ἡμῶν· ἀλλ' ἵνα φανερωθῶσιν ὅτι οὐκ εἰσὶν πάντες ἐξ ἡμῶν. 20 Καὶ ὑμεῖς χρίσμα ἔχετε ἀπὸ τοῦ ἁγίου, καὶ οἴδατε πάντα. [4] 21 Οὐκ ἔγραψα ὑμῖν ὅτι οὐκ οἴδατε τὴν ἀλήθειαν, ἀλλ' ὅτι οἴδατε αὐτήν, καὶ ὅτι πᾶν ψεῦδος ἐκ τῆς ἀληθείας οὐκ ἔστιν. 22 Τίς ἐστιν ὁ ψεύστης, εἰ μὴ ὁ ἀρνούμενος ὅτι Ἰησοῦς οὐκ ἔστιν ὁ χριστός; Οὗτός ἐστιν ὁ ἀντίχριστος, ὁ ἀρνούμενος τὸν πατέρα καὶ τὸν υἱόν. 23 Πᾶς ὁ ἀρνούμενος τὸν υἱὸν οὐδὲ τὸν πατέρα ἔχει. [5] 24 Ὑμεῖς οὖν [6] ὃ ἠκούσατε ἀπ' ἀρχῆς, ἐν ὑμῖν μενέτω. Ἐὰν ἐν ὑμῖν μείνῃ ὃ ἀπ' ἀρχῆς ἠκούσατε, καὶ ὑμεῖς ἐν τῷ υἱῷ καὶ ἐν τῷ πατρὶ μενεῖτε. 25 Καὶ αὕτη ἐστὶν ἡ ἐπαγγελία ἣν αὐτὸς ἐπηγγείλατο ἡμῖν, τὴν ζωὴν τὴν αἰώνιον. 26 Ταῦτα ἔγραψα ὑμῖν περὶ τῶν πλανώντων ὑμᾶς. 27 Καὶ ὑμεῖς, τὸ χρίσμα ὃ ἐλάβετε ἀπ' αὐτοῦ ἐν ὑμῖν μένει, [7] καὶ οὐ χρείαν ἔχετε ἵνα τις διδάσκῃ ὑμᾶς· ἀλλ' ὡς τὸ αὐτὸ [8] χρίσμα διδάσκει ὑμᾶς περὶ πάντων, καὶ ἀληθές ἐστιν, καὶ οὐκ ἔστιν ψεῦδος, καὶ καθὼς ἐδίδαξεν ὑμᾶς, μενεῖτε [9] ἐν αὐτῷ. 28 Καὶ νῦν, τεκνία, μένετε ἐν αὐτῷ· ἵνα ὅταν φανερωθῇ, ἔχωμεν [10]

---

[1] ὁ • —   [2] ἐξῆλθον • ἐξῆλθαν   [3] γὰρ ἦσαν ἐξ ἡμῶν • γὰρ ἐξ ἡμῶν ἦσαν
[4] πάντα • πάντες   [5] ἔχει • ἔχει, ὁ ὁμολογῶν τὸν υἱὸν καὶ τὸν πατέρα ἔχει
[6] οὖν • —   [7] ἐν ὑμῖν μένει • μένει ἐν ὑμῖν   [8] αὐτὸ • αὐτοῦ   [9] μενεῖτε • μένετε
[10] ὅταν φανερωθῇ ἔχωμεν • ἐὰν φανερωθῇ σχῶμεν

παρρησίαν, καὶ μὴ αἰσχυνθῶμεν ἀπ' αὐτοῦ ἐν τῇ παρουσίᾳ αὐτοῦ. 29 Ἐὰν εἰδῆτε ὅτι δίκαιός ἐστιν, γινώσκετε ὅτι πᾶς[1] ὁ ποιῶν τὴν δικαιοσύνην ἐξ αὐτοῦ γεγέννηται.

The Glory, Privileges, and Obligations of Sonship

3 Ἴδετε ποταπὴν ἀγάπην δέδωκεν ἡμῖν ὁ πατήρ, ἵνα τέκνα θεοῦ κληθῶμεν.[2] Διὰ τοῦτο ὁ κόσμος οὐ γινώσκει ὑμᾶς,[3] ὅτι οὐκ ἔγνω αὐτόν. 2 Ἀγαπητοί, νῦν τέκνα θεοῦ ἐσμέν, καὶ οὔπω ἐφανερώθη τί ἐσόμεθα· οἴδαμεν δὲ[4] ὅτι ἐὰν φανερωθῇ, ὅμοιοι αὐτῷ ἐσόμεθα, ὅτι ὀψόμεθα αὐτὸν καθώς ἐστιν. 3 Καὶ πᾶς ὁ ἔχων τὴν ἐλπίδα ταύτην ἐπ' αὐτῷ ἁγνίζει ἑαυτόν, καθὼς ἐκεῖνος ἁγνός ἐστιν. 4 Πᾶς ὁ ποιῶν τὴν ἁμαρτίαν, καὶ τὴν ἀνομίαν ποιεῖ· καὶ ἡ ἁμαρτία ἐστὶν ἡ ἀνομία. 5 Καὶ οἴδατε ὅτι ἐκεῖνος ἐφανερώθη, ἵνα τὰς ἁμαρτίας ἡμῶν[5] ἄρῃ· καὶ ἁμαρτία ἐν αὐτῷ οὐκ ἔστιν. 6 Πᾶς ὁ ἐν αὐτῷ μένων οὐχ ἁμαρτάνει· πᾶς ὁ ἁμαρτάνων οὐχ ἑώρακεν αὐτόν, οὐδὲ ἔγνωκεν αὐτόν. 7 Τεκνία,[6] μηδεὶς πλανάτω ὑμᾶς· ὁ ποιῶν τὴν δικαιοσύνην δίκαιός ἐστιν, καθὼς ἐκεῖνος δίκαιός ἐστιν· 8 ὁ ποιῶν τὴν ἁμαρτίαν ἐκ τοῦ διαβόλου ἐστίν, ὅτι ἀπ' ἀρχῆς ὁ διάβολος ἁμαρτάνει. Εἰς τοῦτο ἐφανερώθη ὁ υἱὸς τοῦ θεοῦ, ἵνα λύσῃ τὰ ἔργα τοῦ διαβόλου. 9 Πᾶς ὁ γεγεννημένος ἐκ τοῦ θεοῦ ἁμαρτίαν οὐ ποιεῖ, ὅτι σπέρμα αὐτοῦ ἐν αὐτῷ μένει· καὶ οὐ δύναται ἁμαρτάνειν, ὅτι ἐκ τοῦ θεοῦ γεγέννηται. 10 Ἐν τούτῳ φανερά ἐστιν τὰ τέκνα τοῦ θεοῦ καὶ τὰ τέκνα τοῦ διαβόλου· πᾶς ὁ μὴ ποιῶν δικαιοσύνην οὐκ ἔστιν ἐκ τοῦ θεοῦ, καὶ ὁ μὴ ἀγαπῶν τὸν ἀδελφὸν αὐτοῦ. 11 Ὅτι αὕτη ἐστὶν ἡ ἀγγελία ἣν ἠκούσατε ἀπ' ἀρχῆς, ἵνα ἀγαπῶμεν ἀλλήλους· 12 οὐ καθὼς Κάϊν ἐκ τοῦ πονηροῦ ἦν, καὶ ἔσφαξεν τὸν ἀδελφὸν αὐτοῦ. Καὶ χάριν τίνος ἔσφαξεν αὐτόν; Ὅτι τὰ ἔργα αὐτοῦ πονηρὰ ἦν, τὰ δὲ τοῦ ἀδελφοῦ αὐτοῦ δίκαια.

13 Μὴ[7] θαυμάζετε, ἀδελφοί μου,[8] εἰ μισεῖ ὑμᾶς ὁ κόσμος· 14 ἡμεῖς οἴδαμεν ὅτι μεταβεβήκαμεν ἐκ τοῦ θανάτου εἰς

---

[1] πᾶς • καὶ πᾶς [2] κληθῶμεν. • κληθῶμεν· καὶ ἐσμέν. [3] ὑμᾶς • ἡμᾶς [4] δὲ • — [5] ἡμῶν • — [6] Τεκνία • NA²⁸: Παιδία [7] Μὴ • [Καὶ] μὴ [8] μου • —

τὴν ζωήν, ὅτι ἀγαπῶμεν τοὺς ἀδελφούς. Ὁ μὴ ἀγαπῶν τὸν ἀδελφόν,¹ μένει ἐν τῷ θανάτῳ. 15 Πᾶς ὁ μισῶν τὸν ἀδελφὸν αὐτοῦ ἀνθρωποκτόνος ἐστίν· καὶ οἴδατε ὅτι πᾶς ἀνθρωποκτόνος οὐκ ἔχει ζωὴν αἰώνιον ἐν ἑαυτῷ² μένουσαν. 16 Ἐν τούτῳ ἐγνώκαμεν τὴν ἀγάπην, ὅτι ἐκεῖνος ὑπὲρ ἡμῶν τὴν ψυχὴν αὐτοῦ ἔθηκεν· καὶ ἡμεῖς ὀφείλομεν ὑπὲρ τῶν ἀδελφῶν τὰς ψυχὰς τιθέναι.³ 17 Ὃς δ' ἂν ἔχῃ τὸν βίον τοῦ κόσμου, καὶ θεωρῇ τὸν ἀδελφὸν αὐτοῦ χρείαν ἔχοντα, καὶ κλείσῃ τὰ σπλάγχνα αὐτοῦ ἀπ' αὐτοῦ, πῶς ἡ ἀγάπη τοῦ θεοῦ μένει ἐν αὐτῷ; 18 Τεκνία μου,⁴ μὴ ἀγαπῶμεν λόγῳ μηδὲ τῇ γλώσσῃ, ἀλλ'⁵ ἐν ἔργῳ καὶ ἀληθείᾳ. 19 Καὶ ἐν τούτῳ γινώσκομεν⁶ ὅτι ἐκ τῆς ἀληθείας ἐσμέν, καὶ ἔμπροσθεν αὐτοῦ πείσομεν τὰς καρδίας⁷ ἡμῶν, 20 ὅτι ἐὰν καταγινώσκῃ ἡμῶν ἡ καρδία, ὅτι μείζων ἐστὶν ὁ θεὸς τῆς καρδίας ἡμῶν, καὶ γινώσκει πάντα. 21 Ἀγαπητοί, ἐὰν ἡ καρδία ἡμῶν μὴ καταγινώσκῃ ἡμῶν,⁸ παρρησίαν ἔχομεν πρὸς τὸν θεόν, 22 καὶ ὃ ἐὰν αἰτῶμεν, λαμβάνομεν παρ'⁹ αὐτοῦ, ὅτι τὰς ἐντολὰς αὐτοῦ τηροῦμεν, καὶ τὰ ἀρεστὰ ἐνώπιον αὐτοῦ ποιοῦμεν. 23 Καὶ αὕτη ἐστὶν ἡ ἐντολὴ αὐτοῦ, ἵνα πιστεύσωμεν τῷ ὀνόματι τοῦ υἱοῦ αὐτοῦ Ἰησοῦ χριστοῦ, καὶ ἀγαπῶμεν ἀλλήλους, καθὼς ἔδωκεν ἐντολήν.¹⁰ 24 Καὶ ὁ τηρῶν τὰς ἐντολὰς αὐτοῦ ἐν αὐτῷ μένει, καὶ αὐτὸς ἐν αὐτῷ. Καὶ ἐν τούτῳ γινώσκομεν ὅτι μένει ἐν ἡμῖν, ἐκ τοῦ πνεύματος οὗ ἡμῖν ἔδωκεν.

The Attitude of Christians toward False Teachers and toward One Another

4 Ἀγαπητοί, μὴ παντὶ πνεύματι πιστεύετε, ἀλλὰ δοκιμάζετε τὰ πνεύματα, εἰ ἐκ τοῦ θεοῦ ἐστίν· ὅτι πολλοὶ ψευδοπροφῆται ἐξεληλύθασιν εἰς τὸν κόσμον. 2 Ἐν τούτῳ γινώσκεται¹¹ τὸ πνεῦμα τοῦ θεοῦ· πᾶν πνεῦμα ὃ ὁμολογεῖ Ἰησοῦν χριστὸν ἐν σαρκὶ ἐληλυθότα ἐκ τοῦ θεοῦ ἐστίν·

---

¹ τὸν ἀδελφόν • —   ² ἑαυτῷ • αὐτῷ   ³ τιθέναι • θεῖναι   ⁴ μου • —
⁵ ἀλλ' • ἀλλὰ   ⁶ Καὶ ἐν τούτῳ γινώσκομεν • [Καὶ] ἐν τούτῳ γνωσόμεθα
⁷ τὰς καρδίας • τὴν καρδίαν   ⁸ ἡμῶν μὴ καταγινώσκῃ ἡμῶν • [ἡμῶν] μὴ καταγινώσκῃ   ⁹ παρ' • ἀπ'   ¹⁰ ἐντολήν • ἐντολὴν ἡμῖν   ¹¹ γινώσκεται • γινώσκετε

3 καὶ πᾶν πνεῦμα ὃ μὴ ὁμολογεῖ Ἰησοῦν χριστὸν ἐν σαρκὶ ἐληλυθότα,¹ ἐκ τοῦ θεοῦ οὐκ ἔστιν· καὶ τοῦτό ἐστιν τὸ τοῦ ἀντιχρίστου, ὃ ἀκηκόατε ὅτι ἔρχεται, καὶ νῦν ἐν τῷ κόσμῳ ἐστὶν ἤδη. 4 Ὑμεῖς ἐκ τοῦ θεοῦ ἐστέ, τεκνία, καὶ νενικήκατε αὐτούς· ὅτι μείζων ἐστὶν ὁ ἐν ὑμῖν ἢ ὁ ἐν τῷ κόσμῳ. 5 Αὐτοὶ ἐκ τοῦ κόσμου εἰσίν· διὰ τοῦτο ἐκ τοῦ κόσμου λαλοῦσιν, καὶ ὁ κόσμος αὐτῶν ἀκούει. 6 Ἡμεῖς ἐκ τοῦ θεοῦ ἐσμέν· ὁ γινώσκων τὸν θεόν, ἀκούει ἡμῶν· ὃς οὐκ ἔστιν ἐκ τοῦ θεοῦ, οὐκ ἀκούει ἡμῶν. Ἐκ τούτου γινώσκομεν τὸ πνεῦμα τῆς ἀληθείας καὶ τὸ πνεῦμα τῆς πλάνης.

7 Ἀγαπητοί, ἀγαπῶμεν ἀλλήλους· ὅτι ἡ ἀγάπη ἐκ τοῦ θεοῦ ἐστίν, καὶ πᾶς ὁ ἀγαπῶν ἐκ τοῦ θεοῦ γεγέννηται, καὶ γινώσκει τὸν θεόν. 8 Ὁ μὴ ἀγαπῶν οὐκ ἔγνω τὸν θεόν· ὅτι ὁ θεὸς ἀγάπη ἐστίν. 9 Ἐν τούτῳ ἐφανερώθη ἡ ἀγάπη τοῦ θεοῦ ἐν ἡμῖν, ὅτι τὸν υἱὸν αὐτοῦ τὸν μονογενῆ ἀπέσταλκεν ὁ θεὸς εἰς τὸν κόσμον, ἵνα ζήσωμεν δι' αὐτοῦ. 10 Ἐν τούτῳ ἐστὶν ἡ ἀγάπη, οὐχ ὅτι ἡμεῖς ἠγαπήσαμεν² τὸν θεόν, ἀλλ' ὅτι αὐτὸς ἠγάπησεν ἡμᾶς, καὶ ἀπέστειλεν τὸν υἱὸν αὐτοῦ ἱλασμὸν περὶ τῶν ἁμαρτιῶν ἡμῶν. 11 Ἀγαπητοί, εἰ οὕτως ὁ θεὸς ἠγάπησεν ἡμᾶς, καὶ ἡμεῖς ὀφείλομεν ἀλλήλους ἀγαπᾶν. 12 Θεὸν οὐδεὶς πώποτε τεθέαται· ἐὰν ἀγαπῶμεν ἀλλήλους, ὁ θεὸς ἐν ἡμῖν μένει, καὶ ἡ ἀγάπη αὐτοῦ τετελειωμένη ἐστὶν ἐν ἡμῖν.³ 13 Ἐν τούτῳ γινώσκομεν ὅτι ἐν αὐτῷ μένομεν καὶ αὐτὸς ἐν ἡμῖν, ὅτι ἐκ τοῦ πνεύματος αὐτοῦ δέδωκεν ἡμῖν. 14 Καὶ ἡμεῖς τεθεάμεθα καὶ μαρτυροῦμεν ὅτι ὁ πατὴρ ἀπέσταλκεν τὸν υἱὸν σωτῆρα τοῦ κόσμου. 15 Ὃς ἂν⁴ ὁμολογήσῃ ὅτι Ἰησοῦς ἐστιν ὁ υἱὸς τοῦ θεοῦ, ὁ θεὸς ἐν αὐτῷ μένει, καὶ αὐτὸς ἐν τῷ θεῷ. 16 Καὶ ἡμεῖς ἐγνώκαμεν καὶ πεπιστεύκαμεν τὴν ἀγάπην ἣν ἔχει ὁ θεὸς ἐν ἡμῖν. Ὁ θεὸς ἀγάπη ἐστίν, καὶ ὁ μένων ἐν τῇ ἀγάπῃ, ἐν τῷ θεῷ μένει, καὶ ὁ θεὸς ἐν αὐτῷ μένει.ᵃ 17 Ἐν τούτῳ τετελείωται

ᵃ αὐτῷ μένει • αὐτῷ

---

¹ Ἰησοῦν χριστὸν ἐν σαρκὶ ἐληλυθότα • τὸν Ἰησοῦν   ² ἠγαπήσαμεν • ἠγαπήκαμεν   ³ τετελειωμένη ἐστὶν ἐν ἡμῖν • ἐν ἡμῖν τετελειωμένη ἐστίν   ⁴ ἂν • ἐὰν

ἡ ἀγάπη μεθ' ἡμῶν, ἵνα παρρησίαν ἔχωμεν ἐν τῇ ἡμέρᾳ τῆς κρίσεως, ὅτι καθὼς ἐκεῖνός ἐστιν, καὶ ἡμεῖς ἐσμὲν ἐν τῷ κόσμῳ τούτῳ. 18 Φόβος οὐκ ἔστιν ἐν τῇ ἀγάπῃ, ἀλλ' ἡ τελεία ἀγάπη ἔξω βάλλει τὸν φόβον, ὅτι ὁ φόβος κόλασιν ἔχει· ὁ δὲ φοβούμενος οὐ τετελείωται ἐν τῇ ἀγάπῃ. 19 Ἡμεῖς ἀγαπῶμεν αὐτόν,[1] ὅτι αὐτὸς πρῶτος ἠγάπησεν ἡμᾶς. 20 Ἐάν τις εἴπῃ ὅτι Ἀγαπῶ τὸν θεόν, καὶ τὸν ἀδελφὸν αὐτοῦ μισῇ, ψεύστης ἐστίν· ὁ γὰρ μὴ ἀγαπῶν τὸν ἀδελφὸν αὐτοῦ ὃν ἑώρακεν, τὸν θεὸν ὃν οὐχ ἑώρακεν πῶς[2] δύναται ἀγαπᾶν; 21 Καὶ ταύτην τὴν ἐντολὴν ἔχομεν ἀπ' αὐτοῦ, ἵνα ὁ ἀγαπῶν τὸν θεόν, ἀγαπᾷ καὶ τὸν ἀδελφὸν αὐτοῦ.

The Power, Testimony, and Substance of Faith

5 Πᾶς ὁ πιστεύων ὅτι Ἰησοῦς ἐστὶν ὁ χριστός, ἐκ τοῦ θεοῦ γεγέννηται· καὶ πᾶς ὁ ἀγαπῶν τὸν γεννήσαντα ἀγαπᾷ καὶ τὸν[3] γεγεννημένον ἐξ αὐτοῦ. 2 Ἐν τούτῳ γινώσκομεν ὅτι ἀγαπῶμεν τὰ τέκνα τοῦ θεοῦ, ὅταν τὸν θεὸν ἀγαπῶμεν, καὶ τὰς ἐντολὰς αὐτοῦ τηρῶμεν.[4] 3 Αὕτη γάρ ἐστιν ἡ ἀγάπη τοῦ θεοῦ, ἵνα τὰς ἐντολὰς αὐτοῦ τηρῶμεν· καὶ αἱ ἐντολαὶ αὐτοῦ βαρεῖαι οὐκ εἰσίν. 4 Ὅτι πᾶν τὸ γεγεννημένον ἐκ τοῦ θεοῦ νικᾷ τὸν κόσμον· καὶ αὕτη ἐστὶν ἡ νίκη ἡ νικήσασα τὸν κόσμον, ἡ πίστις ἡμῶν.[a] 5 Τίς[5] ἐστιν ὁ νικῶν τὸν κόσμον, εἰ μὴ ὁ πιστεύων ὅτι Ἰησοῦς ἐστὶν ὁ υἱὸς τοῦ θεοῦ; 6 Οὗτός ἐστιν ὁ ἐλθὼν δι' ὕδατος καὶ αἵματος, Ἰησοῦς χριστός· οὐκ ἐν τῷ ὕδατι μόνον, ἀλλ' ἐν τῷ ὕδατι καὶ τῷ[6] αἵματι. Καὶ τὸ πνεῦμά ἐστιν τὸ μαρτυροῦν, ὅτι τὸ πνεῦμά ἐστιν ἡ ἀλήθεια. 7 Ὅτι τρεῖς εἰσὶν οἱ μαρτυροῦντες, 8 τὸ πνεῦμα, καὶ τὸ ὕδωρ, καὶ τὸ αἷμα· καὶ οἱ τρεῖς εἰς τὸ ἕν εἰσιν. 9 Εἰ τὴν μαρτυρίαν τῶν ἀνθρώπων λαμβάνομεν, ἡ μαρτυρία τοῦ θεοῦ μείζων ἐστίν· ὅτι αὕτη ἐστὶν ἡ μαρτυρία τοῦ θεοῦ, ἣν[7] μεμαρτύρηκεν περὶ τοῦ υἱοῦ αὐτοῦ. 10 Ὁ πιστεύων εἰς τὸν υἱὸν τοῦ θεοῦ ἔχει τὴν μαρτυρίαν ἐν

---

[a] ἡμῶν • ὑμῶν

[1] αὐτόν • — [2] πῶς • οὐ [3] καὶ τὸν • [καὶ] τὸν [4] τηρῶμεν • ποιῶμεν [5] Τίς • Τίς [δέ] [6] καὶ τῷ • καὶ ἐν τῷ [7] ἣν • ὅτι

αὐτῷ·¹ ὁ μὴ πιστεύων τῷ θεῷ ψεύστην πεποίηκεν αὐτόν, ὅτι οὐ πεπίστευκεν εἰς τὴν μαρτυρίαν, ἣν μεμαρτύρηκεν ὁ θεὸς περὶ τοῦ υἱοῦ αὐτοῦ. 11 Καὶ αὕτη ἐστὶν ἡ μαρτυρία, ὅτι ζωὴν αἰώνιον ἔδωκεν ἡμῖν ὁ θεός, καὶ αὕτη ἡ ζωὴ ἐν τῷ υἱῷ αὐτοῦ ἐστίν. 12 Ὁ ἔχων τὸν υἱὸν ἔχει τὴν ζωήν· ὁ μὴ ἔχων τὸν υἱὸν τοῦ θεοῦ τὴν ζωὴν οὐκ ἔχει.

A Concluding Summary

13 Ταῦτα ἔγραψα ὑμῖν τοῖς πιστεύουσιν εἰς τὸ ὄνομα τοῦ υἱοῦ τοῦ θεοῦ,² ἵνα εἰδῆτε ὅτι ζωὴν αἰώνιον ἔχετε,³ καὶ ἵνα πιστεύητε⁴ εἰς τὸ ὄνομα τοῦ υἱοῦ τοῦ θεοῦ. 14 Καὶ αὕτη ἐστὶν ἡ παρρησία ἣν ἔχομεν πρὸς αὐτόν, ὅτι ἐάν τι αἰτώμεθα κατὰ τὸ θέλημα αὐτοῦ, ἀκούει ἡμῶν· 15 καὶ ἐὰν οἴδαμεν ὅτι ἀκούει ἡμῶν, ὃ ἐὰν αἰτώμεθα, οἴδαμεν ὅτι ἔχομεν τὰ αἰτήματα ἃ ᾐτήκαμεν παρ'⁵ αὐτοῦ. 16 Ἐάν τις ἴδῃ τὸν ἀδελφὸν αὐτοῦ ἁμαρτάνοντα ἁμαρτίαν μὴ πρὸς θάνατον, αἰτήσει, καὶ δώσει αὐτῷ ζωὴν τοῖς ἁμαρτάνουσιν μὴ πρὸς θάνατον. Ἔστιν ἁμαρτία πρὸς θάνατον· οὐ περὶ ἐκείνης λέγω ἵνα ἐρωτήσῃ. 17 Πᾶσα ἀδικία ἁμαρτία ἐστίν· καὶ ἔστιν ἁμαρτία οὐ πρὸς θάνατον.

18 Οἴδαμεν ὅτι πᾶς ὁ γεγεννημένος ἐκ τοῦ θεοῦ οὐχ ἁμαρτάνει· ἀλλ' ὁ γεννηθεὶς ἐκ τοῦ θεοῦ τηρεῖ ἑαυτόν,⁶ καὶ ὁ πονηρὸς οὐχ ἅπτεται αὐτοῦ. 19 Οἴδαμεν ὅτι ἐκ τοῦ θεοῦ ἐσμέν, καὶ ὁ κόσμος ὅλος ἐν τῷ πονηρῷ κεῖται. 20 Οἴδαμεν δὲ ὅτι ὁ υἱὸς τοῦ θεοῦ ἥκει, καὶ δέδωκεν ἡμῖν διάνοιαν ἵνα γινώσκωμεν τὸν ἀληθινόν· καί ἐσμεν ἐν τῷ ἀληθινῷ, ἐν τῷ υἱῷ αὐτοῦ Ἰησοῦ χριστῷ. Οὗτός ἐστιν ὁ ἀληθινὸς θεός, καὶ ζωὴ αἰώνιος.[a]
21 Τεκνία, φυλάξατε ἑαυτὰ[b] ἀπὸ τῶν εἰδώλων. Ἀμήν.⁷

---

[a] ζωὴ αἰώνιος • ἡ ζωὴ ἡ αἰώνιος   [b] ἑαυτὰ • ἑαυτοὺς

1 αὐτῷ • NA²⁷: ἑαυτῷ   2 ὑμῖν τοῖς πιστεύουσιν εἰς τὸ ὄνομα τοῦ υἱοῦ τοῦ θεοῦ • ὑμῖν   3 αἰώνιον ἔχετε • ἔχετε αἰώνιον   4 καὶ ἵνα πιστεύητε • τοῖς πιστεύουσιν
5 παρ' • ἀπ'   6 ἑαυτόν • NA²⁷: αὐτόν   7 Ἀμήν • —

ΙΩΑΝΝΟΥ Β
Second of John

Address and Salutation

Ὁ πρεσβύτερος ἐκλεκτῇ κυρίᾳ καὶ τοῖς τέκνοις αὐτῆς, οὓς ἐγὼ ἀγαπῶ ἐν ἀληθείᾳ, καὶ οὐκ ἐγὼ μόνος, ἀλλὰ καὶ πάντες οἱ ἐγνωκότες τὴν ἀλήθειαν, 2 διὰ τὴν ἀλήθειαν τὴν μένουσαν ἐν ἡμῖν, καὶ μεθ' ἡμῶν ἔσται εἰς τὸν αἰῶνα· 3 ἔσται μεθ' ἡμῶν χάρις, ἔλεος, εἰρήνη παρὰ θεοῦ πατρός, καὶ παρὰ κυρίου [1] Ἰησοῦ χριστοῦ τοῦ υἱοῦ τοῦ πατρός, ἐν ἀληθείᾳ καὶ ἀγάπῃ.

Exhortation to Walk in Truth and Love

4 Ἐχάρην λίαν ὅτι εὕρηκα ἐκ τῶν τέκνων σου περιπατοῦντας ἐν ἀληθείᾳ, καθὼς ἐντολὴν ἐλάβομεν παρὰ τοῦ πατρός. 5 Καὶ νῦν ἐρωτῶ σε, κυρία, οὐχ ὡς ἐντολὴν γράφων σοι καινήν, [2] ἀλλὰ ἣν εἴχομεν ἀπ' ἀρχῆς, ἵνα ἀγαπῶμεν ἀλλήλους. 6 Καὶ αὕτη ἐστὶν ἡ ἀγάπη, ἵνα περιπατῶμεν κατὰ τὰς ἐντολὰς αὐτοῦ. Αὕτη ἐστὶν ἡ ἐντολή, [3] καθὼς ἠκούσατε ἀπ' ἀρχῆς, ἵνα ἐν αὐτῇ περιπατῆτε.

Warning against False Teachers

7 Ὅτι πολλοὶ πλάνοι εἰσῆλθον [4] εἰς τὸν κόσμον, οἱ μὴ ὁμολογοῦντες Ἰησοῦν χριστὸν ἐρχόμενον ἐν σαρκί. Οὗτός

---

1 κυρίου • —   *2 γράφων σοι καινήν* • NA[27:] *καινὴν γράφων σοι*   *3 ἐστὶν ἡ ἐντολή* • *ἡ ἐντολή ἐστιν*   *4 εἰσῆλθον* • *ἐξῆλθον*

ἐστιν ὁ πλάνος καὶ ὁ ἀντίχριστος. 8 Βλέπετε ἑαυτούς, ἵνα μὴ ἀπολέσωμεν¹ ἃ εἰργασάμεθα, ἀλλὰ μισθὸν πλήρη ἀπολάβωμεν.² 9 Πᾶς ὁ παραβαίνων³ καὶ μὴ μένων ἐν τῇ διδαχῇ τοῦ χριστοῦ, θεὸν οὐκ ἔχει· ὁ μένων ἐν τῇ διδαχῇ τοῦ χριστοῦ, οὗτος⁴ καὶ τὸν πατέρα καὶ τὸν υἱὸν ἔχει. 10 Εἴ τις ἔρχεται πρὸς ὑμᾶς, καὶ ταύτην τὴν διδαχὴν οὐ φέρει, μὴ λαμβάνετε αὐτὸν εἰς οἰκίαν, καὶ χαίρειν αὐτῷ μὴ λέγετε· 11 ὁ γὰρ λέγων⁵ αὐτῷ χαίρειν κοινωνεῖ τοῖς ἔργοις αὐτοῦ τοῖς πονηροῖς.

Conclusion

12 Πολλὰ ἔχων ὑμῖν γράφειν, οὐκ ἐβουλήθην διὰ χάρτου καὶ μέλανος· ἀλλὰ ἐλπίζω ἐλθεῖν⁶ πρὸς ὑμᾶς, καὶ στόμα πρὸς στόμα λαλῆσαι, ἵνα ἡ χαρὰ ἡμῶν ᾖ πεπληρωμένη.⁷ 13 Ἀσπάζεταί σε τὰ τέκνα τῆς ἀδελφῆς σου τῆς ἐκλεκτῆς. Ἀμήν.⁸

---

¹ ἀπολέσωμεν • ἀπολέσητε   ² ἀπολάβωμεν • ἀπολάβητε   ³ παραβαίνων • προάγων   ⁴ τοῦ χριστοῦ οὗτος • οὗτος   ⁵ γὰρ λέγων • λέγων γὰρ   ⁶ ἐλθεῖν • γενέσθαι   ⁷ ᾖ πεπληρωμένη • NA²⁷: πεπληρωμένη ᾖ   ⁸ Ἀμήν • —

ΙΩΑΝΝΟΥ Γ
Third of John

Address and Commendation

Ὁ πρεσβύτερος Γαΐῳ τῷ ἀγαπητῷ, ὃν ἐγὼ ἀγαπῶ ἐν ἀληθείᾳ.

2 Ἀγαπητέ, περὶ πάντων εὔχομαί σε εὐοδοῦσθαι καὶ ὑγιαίνειν, καθὼς εὐοδοῦταί σου ἡ ψυχή. 3 Ἐχάρην γὰρ λίαν, ἐρχομένων ἀδελφῶν καὶ μαρτυρούντων σου τῇ ἀληθείᾳ, καθὼς σὺ ἐν ἀληθείᾳ περιπατεῖς. 4 Μειζοτέραν τούτων οὐκ ἔχω χαράν, ἵνα ἀκούω τὰ ἐμὰ τέκνα ἐν ἀληθείᾳ [1] περιπατοῦντα.

The Hospitality of Gaius

5 Ἀγαπητέ, πιστὸν ποιεῖς ὃ ἐὰν ἐργάσῃ εἰς τοὺς ἀδελφοὺς καὶ εἰς τοὺς ξένους, [2] 6 οἳ ἐμαρτύρησάν σου τῇ ἀγάπῃ ἐνώπιον ἐκκλησίας· οὓς καλῶς ποιήσεις προπέμψας ἀξίως τοῦ θεοῦ. 7 Ὑπὲρ γὰρ τοῦ ὀνόματος ἐξῆλθον μηδὲν λαμβάνοντες ἀπὸ τῶν ἐθνῶν. [3] 8 Ἡμεῖς οὖν ὀφείλομεν ἀπολαμβάνειν [4] τοὺς τοιούτους, ἵνα συνεργοὶ γινώμεθα τῇ ἀληθείᾳ.

The Insolence of Diotrephes

9 Ἔγραψα τῇ [5] ἐκκλησίᾳ· ἀλλ᾽ ὁ φιλοπρωτεύων αὐτῶν Διοτρεφὴς οὐκ ἐπιδέχεται ἡμᾶς. 10 Διὰ τοῦτο, ἐὰν ἔλθω, ὑπομνήσω αὐτοῦ τὰ ἔργα ἃ ποιεῖ, λόγοις πονηροῖς φλυαρῶν

---

[1] ἀληθείᾳ • NA²⁷· τῇ ἀληθείᾳ   [2] εἰς τοὺς ξένους • τοῦτο ξένους   [3] ἐθνῶν • ἐθνικῶν   [4] ἀπολαμβάνειν • ὑπολαμβάνειν   [5] τῇ • τι τῇ

ἡμᾶς· καὶ μὴ ἀρκούμενος ἐπὶ τούτοις, οὔτε αὐτὸς ἐπιδέχεται τοὺς ἀδελφούς, καὶ τοὺς βουλομένους κωλύει, καὶ ἐκ τῆς ἐκκλησίας ἐκβάλλει. 11 Ἀγαπητέ, μὴ μιμοῦ τὸ κακόν, ἀλλὰ τὸ ἀγαθόν. Ὁ ἀγαθοποιῶν ἐκ τοῦ θεοῦ ἐστίν· ὁ κακοποιῶν οὐχ ἑώρακεν τὸν θεόν.

Commendation of Demetrius and Conclusion

12 Δημητρίῳ μεμαρτύρηται ὑπὸ πάντων, καὶ ὑπ᾽[1] αὐτῆς τῆς ἀληθείας· καὶ ἡμεῖς δὲ μαρτυροῦμεν, καὶ οἴδατε[2] ὅτι ἡ μαρτυρία ἡμῶν ἀληθής ἐστιν.

13 Πολλὰ εἶχον γράφειν,[3] ἀλλ᾽ οὐ θέλω διὰ μέλανος καὶ καλάμου σοι γράψαι·[4] 14 ἐλπίζω δὲ εὐθέως ἰδεῖν σε,[5] καὶ στόμα πρὸς στόμα λαλήσομεν. Εἰρήνη σοι. Ἀσπάζονταί σε οἱ φίλοι. Ἀσπάζου τοὺς φίλους κατ᾽ ὄνομα.

---

[1] ὑπ᾽ • ὑπὸ   [2] οἴδατε • οἶδας   [3] γράφειν • γράψαι σοι   [4] γράψαι • γράφειν
[5] ἰδεῖν σε • σε ἰδεῖν

ΙΟΥΔΑ
Of Jude

Introductory Salutation

Ἰούδας Ἰησοῦ χριστοῦ δοῦλος, ἀδελφὸς δὲ Ἰακώβου, τοῖς ἐν θεῷ πατρὶ ἡγιασμένοις, [1] καὶ Ἰησοῦ χριστῷ τετηρημένοις, κλητοῖς· 2 ἔλεος ὑμῖν καὶ εἰρήνη καὶ ἀγάπη πληθυνθείη.

An Exhortation to Constancy in Faith

3 Ἀγαπητοί, πᾶσαν σπουδὴν ποιούμενος γράφειν ὑμῖν περὶ τῆς κοινῆς σωτηρίας, [2] ἀνάγκην ἔσχον γράψαι ὑμῖν, παρακαλῶν ἐπαγωνίζεσθαι τῇ ἅπαξ παραδοθείσῃ τοῖς ἁγίοις πίστει. 4 Παρεισέδυσαν γάρ τινες ἄνθρωποι, οἱ πάλαι προγεγραμμένοι εἰς τοῦτο τὸ κρίμα, ἀσεβεῖς, τὴν τοῦ θεοῦ ἡμῶν χάριν [3] μετατιθέντες εἰς ἀσέλγειαν, καὶ τὸν μόνον δεσπότην θεὸν [4] καὶ κύριον ἡμῶν Ἰησοῦν χριστὸν ἀρνούμενοι.

Examples of the Judgment of God

5 Ὑπομνῆσαι δὲ ὑμᾶς βούλομαι, εἰδότας ὑμᾶς ἅπαξ τοῦτο, ὅτι ὁ κύριος, [5] λαὸν ἐκ γῆς Αἰγύπτου σώσας, τὸ δεύτερον τοὺς μὴ πιστεύσαντας ἀπώλεσεν. 6 Ἀγγέλους τε τοὺς μὴ τηρήσαντας τὴν ἑαυτῶν ἀρχήν, ἀλλὰ ἀπολιπόντας τὸ ἴδιον οἰκητήριον, εἰς κρίσιν μεγάλης ἡμέρας δεσμοῖς ἀϊδίοις ὑπὸ ζόφον τετήρηκεν.

---

[1] ἡγιασμένοις • ἠγαπημένοις   [2] σωτηρίας • ἡμῶν σωτηρίας   [3] χάριν • χάριτα
[4] θεὸν • —   [5] ὑμᾶς ἅπαξ τοῦτο ὅτι ὁ κύριος • NA²⁷⁻ [ὑμᾶς] πάντα ὅτι [ὁ] κύριος ἅπαξ; NA²⁸⁻ ὑμᾶς ἅπαξ πάντα ὅτι Ἰησοῦς

7 Ὡς Σόδομα καὶ Γόμορρα, καὶ αἱ περὶ αὐτὰς πόλεις, τὸν ὅμοιον τούτοις τρόπον ¹ ἐκπορνεύσασαι, καὶ ἀπελθοῦσαι ὀπίσω σαρκὸς ἑτέρας, πρόκεινται δεῖγμα, πυρὸς αἰωνίου δίκην ὑπέχουσαι.

The Character of the Seducing Teachers

8 Ὁμοίως μέντοι καὶ οὗτοι ἐνυπνιαζόμενοι σάρκα μὲν μιαίνουσιν, κυριότητα δὲ ἀθετοῦσιν, δόξας δὲ βλασφημοῦσιν. 9 Ὁ δὲ Μιχαὴλ ὁ ἀρχάγγελος, ὅτε τῷ διαβόλῳ διακρινόμενος διελέγετο περὶ τοῦ Μωϋσέως ᵃ σώματος, οὐκ ἐτόλμησεν κρίσιν ἐπενεγκεῖν βλασφημίας, ἀλλ᾽ ² εἶπεν, Ἐπιτιμήσαι σοι κύριος. 10 Οὗτοι δὲ ὅσα μὲν οὐκ οἴδασιν βλασφημοῦσιν· ὅσα δὲ φυσικῶς, ὡς τὰ ἄλογα ζῷα, ἐπίστανται, ἐν τούτοις φθείρονται. 11 Οὐαὶ αὐτοῖς· ὅτι τῇ ὁδῷ τοῦ Κάϊν ἐπορεύθησαν, καὶ τῇ πλάνῃ τοῦ Βαλαὰμ μισθοῦ ἐξεχύθησαν, καὶ τῇ ἀντιλογίᾳ τοῦ Κόρε ἀπώλοντο. 12 Οὗτοί εἰσιν ἐν ³ ταῖς ἀγάπαις ὑμῶν σπιλάδες, συνευωχούμενοι, ἀφόβως ἑαυτοὺς ποιμαίνοντες· νεφέλαι ἄνυδροι, ὑπὸ ἀνέμων παραφερόμεναι· δένδρα φθινοπωρινά, ἄκαρπα, δὶς ἀποθανόντα, ἐκριζωθέντα· 13 κύματα ἄγρια θαλάσσης, ἐπαφρίζοντα τὰς ἑαυτῶν αἰσχύνας· ἀστέρες πλανῆται, οἷς ὁ ζόφος τοῦ σκότους εἰς αἰῶνα τετήρηται.

God's Coming Judgment Upon the False Teachers

14 Προεφήτευσεν δὲ καὶ τούτοις ἕβδομος ἀπὸ Ἀδὰμ Ἐνώχ, λέγων, Ἰδού, ἦλθεν κύριος ἐν ἁγίαις μυριάσιν αὐτοῦ, 15 ποιῆσαι κρίσιν κατὰ πάντων, καὶ ἐλέγξαι πάντας τοὺς ἀσεβεῖς αὐτῶν ⁴ περὶ πάντων τῶν ἔργων ἀσεβείας αὐτῶν ὧν ἠσέβησαν, καὶ περὶ πάντων τῶν σκληρῶν ὧν ἐλάλησαν κατ᾽ αὐτοῦ ἁμαρτωλοὶ ἀσεβεῖς. 16 Οὗτοί εἰσιν γογγυσταί, μεμψίμοιροι, κατὰ τὰς ἐπιθυμίας αὐτῶν ᵇ, ⁵ πορευόμενοι, καὶ

ᵃ Μωϋσέως • Μωσέως ᵇ αὐτῶν • ἑαυτῶν

---

¹ τούτοις τρόπον • τρόπον τούτοις ² ἀλλ᾽ • ἀλλὰ ³ ἐν • οἱ ἐν ⁴ πάντας τοὺς ἀσεβεῖς αὐτῶν • πᾶσαν ψυχὴν ⁵ ἐπιθυμίας αὐτῶν • ἐπιθυμίας ἑαυτῶν

τὸ στόμα αὐτῶν λαλεῖ ὑπέρογκα, θαυμάζοντες πρόσωπα ὠφελείας χάριν.

An Admonition to Holy Steadfastness

17 Ὑμεῖς δέ, ἀγαπητοί, μνήσθητε τῶν ῥημάτων τῶν προειρημένων ὑπὸ τῶν ἀποστόλων τοῦ κυρίου ἡμῶν Ἰησοῦ χριστοῦ· 18 ὅτι ἔλεγον ὑμῖν ὅτι ἐν ἐσχάτῳ χρόνῳ[1] ἔσονται ἐμπαῖκται, κατὰ τὰς ἑαυτῶν ἐπιθυμίας πορευόμενοι τῶν ἀσεβειῶν. 19 Οὗτοί εἰσιν οἱ ἀποδιορίζοντες, ψυχικοί, πνεῦμα μὴ ἔχοντες. 20 Ὑμεῖς δέ, ἀγαπητοί, τῇ ἁγιωτάτῃ ὑμῶν πίστει ἐποικοδομοῦντες ἑαυτούς,[2] ἐν πνεύματι ἁγίῳ προσευχόμενοι, 21 ἑαυτοὺς ἐν ἀγάπῃ θεοῦ τηρήσατε, προσδεχόμενοι τὸ ἔλεος τοῦ κυρίου ἡμῶν Ἰησοῦ χριστοῦ εἰς ζωὴν αἰώνιον. 22 Καὶ οὓς μὲν ἐλεεῖτε διακρινόμενοι·[3] 23 οὓς δὲ ἐν φόβῳ σῴζετε, ἐκ πυρὸς ἁρπάζοντες,[4] μισοῦντες καὶ τὸν ἀπὸ τῆς σαρκὸς ἐσπιλωμένον χιτῶνα.

Concluding Doxology

24 Τῷ δὲ δυναμένῳ φυλάξαι αὐτοὺς[5] ἀπταίστους, καὶ στῆσαι κατενώπιον τῆς δόξης αὐτοῦ ἀμώμους ἐν ἀγαλλιάσει, 25 μόνῳ σοφῷ[6] θεῷ σωτῆρι ἡμῶν, δόξα καὶ μεγαλωσύνη,[7] κράτος καὶ ἐξουσία,[8] καὶ νῦν καὶ εἰς πάντας τοὺς αἰῶνας. Ἀμήν.

---

[1] ὅτι ἐν ἐσχάτῳ χρόνῳ • NA²⁷: [ὅτι] ἐπ' ἐσχάτου [τοῦ] χρόνου; NA²⁸: ἐπ' ἐσχάτου χρόνου   [2] τῇ ἁγιωτάτῃ ὑμῶν πίστει ἐποικοδομοῦντες ἑαυτούς • ἐποικοδομοῦντες ἑαυτοὺς τῇ ἁγιωτάτῃ ὑμῶν πίστει   [3] ἐλεεῖτε διακρινόμενοι • ἐλεᾶτε διακρινομένους   [4] ἐν φόβῳ σῴζετε ἐκ πυρὸς ἁρπάζοντες • σῴζετε ἐκ πυρὸς ἁρπάζοντες οὓς δὲ ἐλεᾶτε ἐν φόβῳ   [5] αὐτοὺς • ὑμᾶς   [6] σοφῷ • —   [7] δόξα καὶ μεγαλωσύνη • διὰ Ἰησοῦ χριστοῦ τοῦ κυρίου ἡμῶν δόξα μεγαλωσύνη   [8] ἐξουσία • ἐξουσία πρὸ παντὸς τοῦ αἰῶνος

Part III

The Pauline Epistles

ΠΡΟΣ ΡΩΜΑΙΟΥΣ
To the Romans

The Salutation of the Letter

Παῦλος, δοῦλος Ἰησοῦ χριστοῦ,[1] κλητὸς ἀπόστολος, ἀφωρισμένος εἰς εὐαγγέλιον θεοῦ, 2 ὃ προεπηγγείλατο διὰ τῶν προφητῶν αὐτοῦ ἐν γραφαῖς ἁγίαις, 3 περὶ τοῦ υἱοῦ αὐτοῦ, τοῦ γενομένου ἐκ σπέρματος Δαυὶδ κατὰ σάρκα, 4 τοῦ ὁρισθέντος υἱοῦ θεοῦ ἐν δυνάμει, κατὰ πνεῦμα ἁγιωσύνης, ἐξ ἀναστάσεως νεκρῶν, Ἰησοῦ χριστοῦ τοῦ κυρίου ἡμῶν, 5 δι' οὗ ἐλάβομεν χάριν καὶ ἀποστολὴν εἰς ὑπακοὴν πίστεως ἐν πᾶσιν τοῖς ἔθνεσιν, ὑπὲρ τοῦ ὀνόματος αὐτοῦ, 6 ἐν οἷς ἐστὲ καὶ ὑμεῖς, κλητοὶ Ἰησοῦ χριστοῦ· 7 πᾶσιν τοῖς οὖσιν ἐν Ῥώμῃ ἀγαπητοῖς θεοῦ, κλητοῖς ἁγίοις· χάρις ὑμῖν καὶ εἰρήνη ἀπὸ θεοῦ πατρὸς ἡμῶν καὶ κυρίου Ἰησοῦ χριστοῦ.

The Introduction to the Letter

8 Πρῶτον μὲν εὐχαριστῶ τῷ θεῷ μου διὰ Ἰησοῦ χριστοῦ ὑπὲρ[2] πάντων ὑμῶν, ὅτι ἡ πίστις ὑμῶν καταγγέλλεται ἐν ὅλῳ τῷ κόσμῳ. 9 Μάρτυς γάρ μού ἐστιν ὁ θεός, ᾧ λατρεύω ἐν τῷ πνεύματί μου ἐν τῷ εὐαγγελίῳ τοῦ υἱοῦ αὐτοῦ, ὡς ἀδιαλείπτως μνείαν ὑμῶν ποιοῦμαι, 10 πάντοτε ἐπὶ τῶν προσευχῶν μου δεόμενος, εἴ πως ἤδη ποτὲ εὐοδωθήσομαι ἐν τῷ θελήματι τοῦ θεοῦ ἐλθεῖν πρὸς ὑμᾶς. 11 Ἐπιποθῶ γὰρ ἰδεῖν ὑμᾶς, ἵνα

---

[1] Ἰησοῦ χριστοῦ • χριστοῦ Ἰησοῦ   [2] ὑπὲρ • περὶ

τι μεταδῶ χάρισμα ὑμῖν πνευματικόν, εἰς τὸ στηριχθῆναι ὑμᾶς, **12** τοῦτο δέ ἐστιν, συμπαρακληθῆναι ἐν ὑμῖν διὰ τῆς ἐν ἀλλήλοις πίστεως ὑμῶν τε καὶ ἐμοῦ. **13** Οὐ θέλω δὲ ὑμᾶς ἀγνοεῖν, ἀδελφοί, ὅτι πολλάκις προεθέμην ἐλθεῖν πρὸς ὑμᾶς—καὶ ἐκωλύθην ἄχρι τοῦ δεῦρο—ἵνα τινὰ καρπὸν σχῶ καὶ ἐν ὑμῖν, καθὼς καὶ ἐν τοῖς λοιποῖς ἔθνεσιν. **14** Ἕλλησίν τε καὶ βαρβάροις, σοφοῖς τε καὶ ἀνοήτοις ὀφειλέτης εἰμί· **15** οὕτως τὸ κατ' ἐμὲ πρόθυμον καὶ ὑμῖν τοῖς ἐν Ῥώμῃ εὐαγγελίσασθαι.

The Theme of the Letter

16 Οὐ γὰρ ἐπαισχύνομαι τὸ εὐαγγέλιον τοῦ χριστοῦ·[1] δύναμις γὰρ θεοῦ ἐστιν εἰς σωτηρίαν παντὶ τῷ πιστεύοντι, Ἰουδαίῳ τε πρῶτον καὶ Ἕλληνι. **17** Δικαιοσύνη γὰρ θεοῦ ἐν αὐτῷ ἀποκαλύπτεται ἐκ πίστεως εἰς πίστιν, καθὼς γέγραπται, Ὁ δὲ δίκαιος ἐκ πίστεως ζήσεται.

The Moral Decay of the Gentile World

18 Ἀποκαλύπτεται γὰρ ὀργὴ θεοῦ ἀπ' οὐρανοῦ ἐπὶ πᾶσαν ἀσέβειαν καὶ ἀδικίαν ἀνθρώπων τῶν τὴν ἀλήθειαν ἐν ἀδικίᾳ κατεχόντων· **19** διότι τὸ γνωστὸν τοῦ θεοῦ φανερόν ἐστιν ἐν αὐτοῖς· ὁ γὰρ θεὸς[2] αὐτοῖς ἐφανέρωσεν. **20** Τὰ γὰρ ἀόρατα αὐτοῦ ἀπὸ κτίσεως κόσμου τοῖς ποιήμασιν νοούμενα καθορᾶται, ἥ τε ἀΐδιος αὐτοῦ δύναμις καὶ θειότης, εἰς τὸ εἶναι αὐτοὺς ἀναπολογήτους· **21** διότι γνόντες τὸν θεόν, οὐχ ὡς θεὸν ἐδόξασαν ἢ εὐχαρίστησαν,[3] ἀλλ' ἐματαιώθησαν ἐν τοῖς διαλογισμοῖς αὐτῶν, καὶ ἐσκοτίσθη ἡ ἀσύνετος αὐτῶν καρδία. **22** Φάσκοντες εἶναι σοφοὶ ἐμωράνθησαν, **23** καὶ ἤλλαξαν τὴν δόξαν τοῦ ἀφθάρτου θεοῦ ἐν ὁμοιώματι εἰκόνος φθαρτοῦ ἀνθρώπου καὶ πετεινῶν καὶ τετραπόδων καὶ ἑρπετῶν.

24 Διὸ καὶ[4] παρέδωκεν αὐτοὺς ὁ θεὸς ἐν ταῖς ἐπιθυμίαις τῶν καρδιῶν αὐτῶν εἰς ἀκαθαρσίαν, τοῦ ἀτιμάζεσθαι τὰ σώματα αὐτῶν ἐν ἑαυτοῖς·[5] **25** οἵτινες μετήλλαξαν τὴν ἀλήθειαν τοῦ θεοῦ ἐν τῷ ψεύδει, καὶ ἐσεβάσθησαν καὶ

---

[1] *τοῦ χριστοῦ* • — [2] *γὰρ θεὸς* • *θεὸς γάρ* [3] *εὐχαρίστησαν* • *ηὐχαρίστησαν*
[4] *καὶ* • — [5] *ἑαυτοῖς* • *αὐτοῖς*

ἐλάτρευσαν τῇ κτίσει παρὰ τὸν κτίσαντα, ὅς ἐστιν εὐλογητὸς εἰς τοὺς αἰῶνας. Ἀμήν.

26 Διὰ τοῦτο παρέδωκεν αὐτοὺς ὁ θεὸς εἰς πάθη ἀτιμίας· αἵ τε γὰρ θήλειαι αὐτῶν μετήλλαξαν τὴν φυσικὴν χρῆσιν εἰς τὴν παρὰ φύσιν· 27 ὁμοίως τε[a] καὶ οἱ ἄρρενες,[1] ἀφέντες τὴν φυσικὴν χρῆσιν τῆς θηλείας, ἐξεκαύθησαν ἐν τῇ ὀρέξει αὐτῶν εἰς ἀλλήλους, ἄρσενες ἐν ἄρσεσιν τὴν ἀσχημοσύνην κατεργαζόμενοι, καὶ τὴν ἀντιμισθίαν ἣν ἔδει τῆς πλάνης αὐτῶν ἐν ἑαυτοῖς ἀπολαμβάνοντες.

28 Καὶ καθὼς οὐκ ἐδοκίμασαν τὸν θεὸν ἔχειν ἐν ἐπιγνώσει, παρέδωκεν αὐτοὺς ὁ θεὸς εἰς ἀδόκιμον νοῦν, ποιεῖν τὰ μὴ καθήκοντα, 29 πεπληρωμένους πάσῃ ἀδικίᾳ, πορνείᾳ,[2] πονηρίᾳ, πλεονεξίᾳ, κακίᾳ· μεστοὺς φθόνου, φόνου, ἔριδος, δόλου, κακοηθείας· ψιθυριστάς, 30 καταλάλους, θεοστυγεῖς, ὑβριστάς, ὑπερηφάνους, ἀλαζόνας, ἐφευρετὰς κακῶν, γονεῦσιν ἀπειθεῖς, 31 ἀσυνέτους, ἀσυνθέτους, ἀστόργους, ἀσπόνδους,[3] ἀνελεήμονας· 32 οἵτινες τὸ δικαίωμα τοῦ θεοῦ ἐπιγνόντες, ὅτι οἱ τὰ τοιαῦτα πράσσοντες ἄξιοι θανάτου εἰσίν, οὐ μόνον αὐτὰ ποιοῦσιν, ἀλλὰ καὶ συνευδοκοῦσιν τοῖς πράσσουσιν.

God's Righteous Judgment

2 Διὸ ἀναπολόγητος εἶ, ὦ ἄνθρωπε πᾶς ὁ κρίνων· ἐν ᾧ γὰρ κρίνεις τὸν ἕτερον, σεαυτὸν κατακρίνεις, τὰ γὰρ αὐτὰ πράσσεις ὁ κρίνων. 2 Οἴδαμεν δὲ ὅτι τὸ κρίμα τοῦ θεοῦ ἐστιν κατὰ ἀλήθειαν ἐπὶ τοὺς τὰ τοιαῦτα πράσσοντας. 3 Λογίζῃ δὲ τοῦτο, ὦ ἄνθρωπε ὁ κρίνων τοὺς τὰ τοιαῦτα πράσσοντας καὶ ποιῶν αὐτά, ὅτι σὺ ἐκφεύξῃ τὸ κρίμα τοῦ θεοῦ; 4 Ἢ τοῦ πλούτου τῆς χρηστότητος αὐτοῦ καὶ τῆς ἀνοχῆς καὶ τῆς μακροθυμίας καταφρονεῖς, ἀγνοῶν ὅτι τὸ χρηστὸν τοῦ θεοῦ εἰς μετάνοιάν σε ἄγει; 5 Κατὰ δὲ τὴν σκληρότητά σου καὶ ἀμετανόητον καρδίαν θησαυρίζεις σεαυτῷ ὀργὴν ἐν

---

[a] τε • δε

---

[1] ἄρρενες • ἄρσενες   [2] πορνείᾳ • —   [3] ἀσπόνδους • —

ἡμέρᾳ ὀργῆς καὶ ἀποκαλύψεως καὶ δικαιοκρισίας¹ τοῦ θεοῦ, 6 ὃς ἀποδώσει ἑκάστῳ κατὰ τὰ ἔργα αὐτοῦ· 7 τοῖς μὲν καθ' ὑπομονὴν ἔργου ἀγαθοῦ δόξαν καὶ τιμὴν καὶ ἀφθαρσίαν ζητοῦσιν, ζωὴν αἰώνιον· 8 τοῖς δὲ ἐξ ἐριθείας, καὶ ἀπειθοῦσιν μὲν² τῇ ἀληθείᾳ πειθομένοις δὲ τῇ ἀδικίᾳ, θυμὸς καὶ ὀργή,³ 9 θλίψις καὶ στενοχωρία, ἐπὶ πᾶσαν ψυχὴν ἀνθρώπου τοῦ κατεργαζομένου τὸ κακόν, Ἰουδαίου τε πρῶτον καὶ Ἕλληνος· 10 δόξα δὲ καὶ τιμὴ καὶ εἰρήνη παντὶ τῷ ἐργαζομένῳ τὸ ἀγαθόν, Ἰουδαίῳ τε πρῶτον καὶ Ἕλληνι·

The Necessity of Keeping the Law Properly

11 οὐ γάρ ἐστιν προσωποληψία⁴ παρὰ τῷ θεῷ. 12 Ὅσοι γὰρ ἀνόμως ἥμαρτον, ἀνόμως καὶ ἀπολοῦνται· καὶ ὅσοι ἐν νόμῳ ἥμαρτον, διὰ νόμου κριθήσονται· 13 οὐ γὰρ οἱ ἀκροαταὶ τοῦ⁵ νόμου δίκαιοι παρὰ τῷ⁶ θεῷ, ἀλλ' οἱ ποιηταὶ τοῦ⁷ νόμου δικαιωθήσονται. 14 Ὅταν γὰρ ἔθνη τὰ μὴ νόμον ἔχοντα φύσει τὰ τοῦ νόμου ποιῇ,⁸ οὗτοι, νόμον μὴ ἔχοντες, ἑαυτοῖς εἰσιν νόμος· 15 οἵτινες ἐνδείκνυνται τὸ ἔργον τοῦ νόμου γραπτὸν ἐν ταῖς καρδίαις αὐτῶν, συμμαρτυρούσης αὐτῶν τῆς συνειδήσεως, καὶ μεταξὺ ἀλλήλων τῶν λογισμῶν κατηγορούντων ἢ καὶ ἀπολογουμένων, 16 ἐν ἡμέρᾳ ὅτε κρινεῖ⁹ ὁ θεὸς τὰ κρυπτὰ τῶν ἀνθρώπων, κατὰ τὸ εὐαγγέλιόν μου, διὰ Ἰησοῦ χριστοῦ.¹⁰

17 Ἴδε¹¹ σὺ Ἰουδαῖος ἐπονομάζῃ, καὶ ἐπαναπαύῃ τῷ¹² νόμῳ, καὶ καυχᾶσαι ἐν θεῷ, 18 καὶ γινώσκεις τὸ θέλημα, καὶ δοκιμάζεις τὰ διαφέροντα, κατηχούμενος ἐκ τοῦ νόμου, 19 πέποιθάς τε σεαυτὸν ὁδηγὸν εἶναι τυφλῶν, φῶς τῶν ἐν σκότει, 20 παιδευτὴν ἀφρόνων, διδάσκαλον νηπίων, ἔχοντα τὴν μόρφωσιν τῆς γνώσεως καὶ τῆς ἀληθείας ἐν τῷ νόμῳ· 21 ὁ οὖν διδάσκων ἕτερον, σεαυτὸν οὐ διδάσκεις; Ὁ κηρύσσων μὴ κλέπτειν, κλέπτεις; 22 Ὁ λέγων μὴ μοιχεύειν, μοιχεύεις;

---

1 καὶ δικαιοκρισίας • δικαιοκρισίας   2 μὲν • —   3 θυμὸς καὶ ὀργή • ὀργὴ καὶ θυμός   4 προσωποληψία • προσωπολημψία   5 ἀκροαταὶ τοῦ • ἀκροαταὶ   6 τῷ • [τῷ]   7 ποιηταὶ τοῦ • ποιηταὶ   8 ποιῇ • ποιῶσιν   9 κρινεῖ • κρίνει   10 Ἰησοῦ χριστοῦ • χριστοῦ Ἰησοῦ   11 Ἴδε • Εἰ δὲ   12 τῷ • —

Ὁ βδελυσσόμενος τὰ εἴδωλα, ἱεροσυλεῖς; 23 Ὃς ἐν νόμῳ καυχᾶσαι, διὰ τῆς παραβάσεως τοῦ νόμου τὸν θεὸν ἀτιμάζεις; 24 Τὸ γὰρ ὄνομα τοῦ θεοῦ δι' ὑμᾶς βλασφημεῖται ἐν τοῖς ἔθνεσιν, καθὼς γέγραπται. 25 Περιτομὴ μὲν γὰρ ὠφελεῖ, ἐὰν νόμον πράσσῃς· ἐὰν δὲ παραβάτης νόμου ᾖς, ἡ περιτομή σου ἀκροβυστία γέγονεν. 26 Ἐὰν οὖν ἡ ἀκροβυστία τὰ δικαιώματα τοῦ νόμου φυλάσσῃ, οὐχὶ¹ ἡ ἀκροβυστία αὐτοῦ εἰς περιτομὴν λογισθήσεται; 27 Καὶ κρινεῖ ἡ ἐκ φύσεως ἀκροβυστία, τὸν νόμον τελοῦσα, σὲ τὸν διὰ γράμματος καὶ περιτομῆς παραβάτην νόμου; 28 Οὐ γὰρ ὁ ἐν τῷ φανερῷ Ἰουδαῖός ἐστιν, οὐδὲ ἡ ἐν τῷ φανερῷ ἐν σαρκὶ περιτομή· 29 ἀλλ' ὁ ἐν τῷ κρυπτῷ Ἰουδαῖος, καὶ περιτομὴ καρδίας ἐν πνεύματι, οὐ γράμματι· οὗ ὁ ἔπαινος οὐκ ἐξ ἀνθρώπων, ἀλλ' ἐκ τοῦ θεοῦ.

Man's Guilt and God's Righteousness

3 Τί οὖν τὸ περισσὸν τοῦ Ἰουδαίου, ἢ τίς ἡ ὠφέλεια τῆς περιτομῆς; 2 Πολὺ κατὰ πάντα τρόπον· πρῶτον μὲν γὰρ² ὅτι ἐπιστεύθησαν τὰ λόγια τοῦ θεοῦ. 3 Τί γὰρ εἰ ἠπίστησάν τινες; Μὴ ἡ ἀπιστία αὐτῶν τὴν πίστιν τοῦ θεοῦ καταργήσει; 4 Μὴ γένοιτο· γινέσθω δὲ ὁ θεὸς ἀληθής, πᾶς δὲ ἄνθρωπος ψεύστης, καθὼς γέγραπται, Ὅπως ἂν δικαιωθῇς ἐν τοῖς λόγοις σου, καὶ νικήσῃς [a, 3] ἐν τῷ κρίνεσθαί σε. 5 Εἰ δὲ ἡ ἀδικία ἡμῶν θεοῦ δικαιοσύνην συνίστησιν, τί ἐροῦμεν; Μὴ ἄδικος ὁ θεὸς ὁ ἐπιφέρων τὴν ὀργήν;—κατὰ ἄνθρωπον λέγω— 6 Μὴ γένοιτο· ἐπεὶ πῶς κρινεῖ ὁ θεὸς τὸν κόσμον; 7 Εἰ γὰρ⁴ ἡ ἀλήθεια τοῦ θεοῦ ἐν τῷ ἐμῷ ψεύσματι ἐπερίσσευσεν εἰς τὴν δόξαν αὐτοῦ, τί ἔτι κἀγὼ ὡς ἁμαρτωλὸς κρίνομαι; 8 Καὶ μή—καθὼς βλασφημούμεθα, καὶ καθώς φασίν τινες ἡμᾶς λέγειν—ὅτι Ποιήσωμεν τὰ κακὰ ἵνα ἔλθῃ τὰ ἀγαθά; Ὧν τὸ κρίμα ἔνδικόν ἐστιν.

---

[a] νικήσῃς • νικήσεις

---

¹ οὐχὶ • οὐχ   ² γὰρ • [γὰρ]   ³ νικήσῃς • νικήσεις   ⁴ γὰρ • δὲ

The Scriptural Proof for the Universal Guilt of Mankind

9 Τί οὖν; Προεχόμεθα; Οὐ πάντως· προητιασάμεθα γὰρ Ἰουδαίους τε καὶ Ἕλληνας πάντας ὑφ' ἁμαρτίαν εἶναι, 10 καθὼς γέγραπται ὅτι[a] Οὐκ ἔστιν δίκαιος οὐδὲ εἷς· 11 οὐκ ἔστιν ὁ συνιῶν, οὐκ ἔστιν ὁ ἐκζητῶν τὸν θεόν· 12 πάντες ἐξέκλιναν, ἅμα ἠχρειώθησαν·[1] οὐκ ἔστιν ποιῶν[2] χρηστότητα, οὐκ ἔστιν ἕως[3] ἑνός· 13 τάφος ἀνεῳγμένος ὁ λάρυγξ αὐτῶν, ταῖς γλώσσαις αὐτῶν ἐδολιοῦσαν· ἰὸς ἀσπίδων ὑπὸ τὰ χείλη αὐτῶν· 14 ὧν τὸ στόμα ἀρᾶς καὶ πικρίας γέμει· 15 ὀξεῖς οἱ πόδες αὐτῶν ἐκχέαι αἷμα· 16 σύντριμμα καὶ ταλαιπωρία ἐν ταῖς ὁδοῖς αὐτῶν, 17 καὶ ὁδὸν εἰρήνης οὐκ ἔγνωσαν· 18 οὐκ ἔστιν φόβος θεοῦ ἀπέναντι τῶν ὀφθαλμῶν αὐτῶν.

19 Οἴδαμεν δὲ ὅτι ὅσα ὁ νόμος λέγει, τοῖς ἐν τῷ νόμῳ λαλεῖ, ἵνα πᾶν στόμα φραγῇ, καὶ ὑπόδικος γένηται πᾶς ὁ κόσμος τῷ θεῷ· 20 διότι ἐξ ἔργων νόμου οὐ δικαιωθήσεται πᾶσα σὰρξ ἐνώπιον αὐτοῦ· διὰ γὰρ νόμου ἐπίγνωσις ἁμαρτίας.

Justification by Faith

21 Νυνὶ δὲ χωρὶς νόμου δικαιοσύνη θεοῦ πεφανέρωται, μαρτυρουμένη ὑπὸ τοῦ νόμου καὶ τῶν προφητῶν· 22 δικαιοσύνη δὲ θεοῦ διὰ πίστεως Ἰησοῦ χριστοῦ εἰς πάντας καὶ ἐπὶ πάντας[4] τοὺς πιστεύοντας· οὐ γάρ ἐστιν διαστολή· 23 πάντες γὰρ ἥμαρτον καὶ ὑστεροῦνται τῆς δόξης τοῦ θεοῦ, 24 δικαιούμενοι δωρεὰν τῇ αὐτοῦ χάριτι διὰ τῆς ἀπολυτρώσεως τῆς ἐν χριστῷ Ἰησοῦ· 25 ὃν προέθετο ὁ θεὸς ἱλαστήριον, διὰ τῆς πίστεως,[5] ἐν τῷ αὐτοῦ αἵματι, εἰς ἔνδειξιν τῆς δικαιοσύνης αὐτοῦ, διὰ τὴν πάρεσιν τῶν προγεγονότων ἁμαρτημάτων, 26 ἐν τῇ ἀνοχῇ τοῦ θεοῦ· πρὸς ἔνδειξιν[6] τῆς δικαιοσύνης αὐτοῦ ἐν τῷ νῦν καιρῷ, εἰς τὸ εἶναι αὐτὸν δίκαιον καὶ δικαιοῦντα τὸν ἐκ πίστεως Ἰησοῦ. 27 Ποῦ οὖν ἡ καύχησις; Ἐξεκλείσθη. Διὰ ποίου νόμου; Τῶν ἔργων; Οὐχί, ἀλλὰ διὰ νόμου πίστεως.

---

[a] ὅτι • —

[1] ἠχρειώθησαν • ἠχρεώθησαν [2] ποιῶν • ὁ ποιῶν [3] οὐκ ἔστιν ἕως • [οὐκ ἔστιν] ἕως [4] καὶ ἐπὶ πάντας • — [5] τῆς πίστεως • [τῆς] πίστεως [6] ἔνδειξιν • τὴν ἔνδειξιν

28 Λογιζόμεθα οὖν πίστει δικαιοῦσθαι¹ ἄνθρωπον, χωρὶς ἔργων νόμου. 29 Ἢ Ἰουδαίων ὁ θεὸς μόνον; Οὐχὶ δὲ² καὶ ἐθνῶν; Ναὶ καὶ ἐθνῶν· 30 ἐπείπερ³ εἷς ὁ θεός, ὃς δικαιώσει περιτομὴν ἐκ πίστεως, καὶ ἀκροβυστίαν διὰ τῆς πίστεως. 31 Νόμον οὖν καταργοῦμεν διὰ τῆς πίστεως; Μὴ γένοιτο· ἀλλὰ νόμον ἱστῶμεν.⁴

The Righteousness of God Demonstrated from History

4 Τί οὖν ἐροῦμεν Ἀβραὰμ τὸν πατέρα ἡμῶν εὑρηκέναι⁵ κατὰ σάρκα; 2 Εἰ γὰρ Ἀβραὰμ ἐξ ἔργων ἐδικαιώθη, ἔχει καύχημα, ἀλλ' οὐ πρὸς τὸν⁶ θεόν. 3 Τί γὰρ ἡ γραφὴ λέγει; Ἐπίστευσεν δὲ Ἀβραὰμ τῷ θεῷ, καὶ ἐλογίσθη αὐτῷ εἰς δικαιοσύνην. 4 Τῷ δὲ ἐργαζομένῳ ὁ μισθὸς οὐ λογίζεται κατὰ χάριν, ἀλλὰ κατὰ ὀφείλημα. 5 Τῷ δὲ μὴ ἐργαζομένῳ, πιστεύοντι δὲ ἐπὶ τὸν δικαιοῦντα τὸν ἀσεβῆ, λογίζεται ἡ πίστις αὐτοῦ εἰς δικαιοσύνην. 6 Καθάπερ καὶ Δαυὶδ λέγει τὸν μακαρισμὸν τοῦ ἀνθρώπου, ᾧ ὁ θεὸς λογίζεται δικαιοσύνην χωρὶς ἔργων, 7 Μακάριοι ὧν ἀφέθησαν αἱ ἀνομίαι, καὶ ὧν ἐπεκαλύφθησαν αἱ ἁμαρτίαι. 8 Μακάριος ἀνὴρ ᾧ⁷ οὐ μὴ λογίσηται κύριος ἁμαρτίαν. 9 Ὁ μακαρισμὸς οὖν οὗτος ἐπὶ τὴν περιτομήν, ἢ καὶ ἐπὶ τὴν ἀκροβυστίαν; Λέγομεν γὰρ ὅτι⁸ Ἐλογίσθη τῷ Ἀβραὰμ ἡ πίστις εἰς δικαιοσύνην. 10 Πῶς οὖν ἐλογίσθη; Ἐν περιτομῇ ὄντι, ἢ ἐν ἀκροβυστίᾳ; Οὐκ ἐν περιτομῇ, ἀλλ' ἐν ἀκροβυστίᾳ· 11 καὶ σημεῖον ἔλαβεν περιτομῆς, σφραγῖδα τῆς δικαιοσύνης τῆς πίστεως τῆς ἐν τῇ ἀκροβυστίᾳ· εἰς τὸ εἶναι αὐτὸν πατέρα πάντων τῶν πιστευόντων δι' ἀκροβυστίας, εἰς τὸ λογισθῆναι καὶ αὐτοῖς τὴν⁹ δικαιοσύνην· 12 καὶ πατέρα περιτομῆς τοῖς οὐκ ἐκ περιτομῆς μόνον, ἀλλὰ καὶ τοῖς στοιχοῦσιν τοῖς ἴχνεσιν τῆς

---

¹ οὖν πίστει δικαιοῦσθαι • γὰρ δικαιοῦσθαι πίστει   ² δὲ • —   ³ ἐπείπερ • εἴπερ   ⁴ ἱστῶμεν • ἱστάνομεν   ⁵ Ἀβραὰμ τὸν πατέρα ἡμῶν εὑρηκέναι • εὑρηκέναι Ἀβραὰμ τὸν προπάτορα ἡμῶν   ⁶ τὸν • —   ⁷ ᾧ • οὗ   ⁸ ὅτι • —   ⁹ καὶ αὐτοῖς τὴν • [καὶ] αὐτοῖς [τὴν]

πίστεως τῆς ἐν τῇ ᵃ ἀκροβυστίᾳ¹ τοῦ πατρὸς ἡμῶν Ἀβραάμ. 13 Οὐ γὰρ διὰ νόμου ἡ ἐπαγγελία τῷ Ἀβραὰμ ἢ τῷ σπέρματι αὐτοῦ, τὸ κληρονόμον αὐτὸν εἶναι τοῦ² κόσμου, ἀλλὰ διὰ δικαιοσύνης πίστεως. 14 Εἰ γὰρ οἱ ἐκ νόμου κληρονόμοι, κεκένωται ἡ πίστις, καὶ κατήργηται ἡ ἐπαγγελία· 15 ὁ γὰρ νόμος ὀργὴν κατεργάζεται· οὗ γὰρ οὐκ³ ἔστιν νόμος, οὐδὲ παράβασις. 16 Διὰ τοῦτο ἐκ πίστεως, ἵνα κατὰ χάριν, εἰς τὸ εἶναι βεβαίαν τὴν ἐπαγγελίαν παντὶ τῷ σπέρματι, οὐ τῷ ἐκ τοῦ νόμου μόνον, ἀλλὰ καὶ τῷ ἐκ πίστεως Ἀβραάμ, ὅς ἐστιν πατὴρ πάντων ἡμῶν— 17 καθὼς γέγραπται ὅτι Πατέρα πολλῶν ἐθνῶν τέθεικά σε—κατέναντι οὗ ἐπίστευσεν θεοῦ, τοῦ ζῳοποιοῦντος τοὺς νεκρούς, καὶ καλοῦντος τὰ μὴ ὄντα ὡς ὄντα. 18 Ὃς παρ' ἐλπίδα ἐπ' ἐλπίδι ἐπίστευσεν, εἰς τὸ γενέσθαι αὐτὸν πατέρα πολλῶν ἐθνῶν, κατὰ τὸ εἰρημένον, Οὕτως ἔσται τὸ σπέρμα σου. 19 Καὶ μὴ ἀσθενήσας τῇ πίστει, οὐ⁴ κατενόησεν τὸ ἑαυτοῦ σῶμα ἤδη⁵ νενεκρωμένον—ἑκατονταέτης που ὑπάρχων—καὶ τὴν νέκρωσιν τῆς μήτρας Σάρρας· 20 εἰς δὲ τὴν ἐπαγγελίαν τοῦ θεοῦ οὐ διεκρίθη τῇ ἀπιστίᾳ, ἀλλ' ἐνεδυναμώθη τῇ πίστει, δοὺς δόξαν τῷ θεῷ, 21 καὶ πληροφορηθεὶς ὅτι ὃ ἐπήγγελται, δυνατός ἐστιν καὶ ποιῆσαι. 22 Διὸ καὶ⁶ ἐλογίσθη αὐτῷ εἰς δικαιοσύνην. 23 Οὐκ ἐγράφη δὲ δι' αὐτὸν μόνον, ὅτι ἐλογίσθη αὐτῷ· 24 ἀλλὰ καὶ δι' ἡμᾶς, οἷς μέλλει λογίζεσθαι, τοῖς πιστεύουσιν ἐπὶ τὸν ἐγείραντα Ἰησοῦν τὸν κύριον ἡμῶν ἐκ νεκρῶν, 25 ὃς παρεδόθη διὰ τὰ παραπτώματα ἡμῶν, καὶ ἠγέρθη διὰ τὴν δικαίωσιν ἡμῶν.

The Blessed Consequences of Justification

5 Δικαιωθέντες οὖν ἐκ πίστεως, εἰρήνην ἔχομεν ᵇ πρὸς τὸν θεὸν διὰ τοῦ κυρίου ἡμῶν Ἰησοῦ χριστοῦ, 2 δι' οὗ καὶ τὴν προσαγωγὴν ἐσχήκαμεν τῇ πίστει⁷ εἰς τὴν χάριν ταύτην ἐν ᾗ ἑστήκαμεν, καὶ καυχώμεθα ἐπ' ἐλπίδι τῆς δόξης τοῦ θεοῦ.

ᵃ τῇ • — ᵇ ἔχομεν • ἔχωμεν

---

¹ πίστεως τῆς ἐν τῇ ἀκροβυστίᾳ • ἐν ἀκροβυστίᾳ πίστεως ² τοῦ • — ³ γὰρ οὐκ • δὲ οὐκ ⁴ οὐ • — ⁵ ἤδη • [ἤδη] ⁶ καὶ • [καὶ] ⁷ τῇ πίστει • [τῇ πίστει]

3 Οὐ μόνον δέ, ἀλλὰ καὶ καυχώμεθα ἐν ταῖς θλίψεσιν, εἰδότες ὅτι ἡ θλίψις ὑπομονὴν κατεργάζεται, 4 ἡ δὲ ὑπομονὴ δοκιμήν, ἡ δὲ δοκιμὴ ἐλπίδα· 5 ἡ δὲ ἐλπὶς οὐ καταισχύνει, ὅτι ἡ ἀγάπη τοῦ θεοῦ ἐκκέχυται ἐν ταῖς καρδίαις ἡμῶν διὰ πνεύματος ἁγίου τοῦ δοθέντος ἡμῖν. 6 Ἔτι γὰρ χριστός, ὄντων ἡμῶν ἀσθενῶν, κατὰ[1] καιρὸν ὑπὲρ ἀσεβῶν ἀπέθανεν. 7 Μόλις γὰρ ὑπὲρ δικαίου τις ἀποθανεῖται· ὑπὲρ γὰρ τοῦ ἀγαθοῦ τάχα τις καὶ τολμᾷ ἀποθανεῖν. 8 Συνίστησιν δὲ τὴν ἑαυτοῦ ἀγάπην εἰς ἡμᾶς ὁ θεός, ὅτι ἔτι ἁμαρτωλῶν ὄντων ἡμῶν χριστὸς ὑπὲρ ἡμῶν ἀπέθανεν. 9 Πολλῷ οὖν μᾶλλον, δικαιωθέντες νῦν ἐν τῷ αἵματι αὐτοῦ, σωθησόμεθα δι' αὐτοῦ ἀπὸ τῆς ὀργῆς. 10 Εἰ γὰρ ἐχθροὶ ὄντες κατηλλάγημεν τῷ θεῷ διὰ τοῦ θανάτου τοῦ υἱοῦ αὐτοῦ, πολλῷ μᾶλλον καταλλαγέντες σωθησόμεθα ἐν τῇ ζωῇ αὐτοῦ· 11 οὐ μόνον δέ, ἀλλὰ καὶ καυχώμενοι ἐν τῷ θεῷ διὰ τοῦ κυρίου ἡμῶν Ἰησοῦ χριστοῦ, δι' οὗ νῦν τὴν καταλλαγὴν ἐλάβομεν.

The First and the Second Adam

12 Διὰ τοῦτο, ὥσπερ δι' ἑνὸς ἀνθρώπου ἡ ἁμαρτία εἰς τὸν κόσμον εἰσῆλθεν, καὶ διὰ τῆς ἁμαρτίας ὁ θάνατος, καὶ οὕτως εἰς πάντας ἀνθρώπους ὁ θάνατος διῆλθεν, ἐφ' ᾧ πάντες ἥμαρτον— 13 ἄχρι γὰρ νόμου ἁμαρτία ἦν ἐν κόσμῳ· ἁμαρτία δὲ οὐκ ἐλλογεῖται, μὴ ὄντος νόμου. 14 Ἀλλ'[2] ἐβασίλευσεν ὁ θάνατος ἀπὸ Ἀδὰμ μέχρι Μωϋσέως[a] καὶ ἐπὶ τοὺς μὴ ἁμαρτήσαντας ἐπὶ τῷ ὁμοιώματι τῆς παραβάσεως Ἀδάμ, ὅς ἐστιν τύπος τοῦ μέλλοντος. 15 Ἀλλ' οὐχ ὡς τὸ παράπτωμα, οὕτως καὶ τὸ χάρισμα. Εἰ γὰρ τῷ τοῦ ἑνὸς παραπτώματι οἱ πολλοὶ ἀπέθανον, πολλῷ μᾶλλον ἡ χάρις τοῦ θεοῦ καὶ ἡ δωρεὰ ἐν χάριτι τῇ τοῦ ἑνὸς ἀνθρώπου Ἰησοῦ χριστοῦ εἰς τοὺς πολλοὺς ἐπερίσσευσεν. 16 Καὶ οὐχ ὡς δι' ἑνὸς ἁμαρτήσαντος, τὸ δώρημα· τὸ μὲν γὰρ κρίμα ἐξ ἑνὸς εἰς κατάκριμα, τὸ δὲ χάρισμα ἐκ πολλῶν παραπτωμάτων εἰς δικαίωμα. 17 Εἰ γὰρ τῷ τοῦ ἑνὸς παραπτώματι ὁ θάνατος

---

[a] Μωϋσέως • Μωσέως

---

[1] κατὰ • ἔτι κατὰ   [2] Ἀλλ' • Ἀλλὰ

ἐβασίλευσεν διὰ τοῦ ἑνός, πολλῷ μᾶλλον οἱ τὴν περισσείαν τῆς χάριτος καὶ τῆς δωρεᾶς τῆς δικαιοσύνης λαμβάνοντες ἐν ζωῇ βασιλεύσουσιν διὰ τοῦ ἑνὸς Ἰησοῦ χριστοῦ. **18** Ἄρα οὖν ὡς δι' ἑνὸς παραπτώματος εἰς πάντας ἀνθρώπους εἰς κατάκριμα, οὕτως καὶ δι' ἑνὸς δικαιώματος εἰς πάντας ἀνθρώπους εἰς δικαίωσιν ζωῆς. **19** Ὥσπερ γὰρ διὰ τῆς παρακοῆς τοῦ ἑνὸς ἀνθρώπου ἁμαρτωλοὶ κατεστάθησαν οἱ πολλοί, οὕτως καὶ διὰ τῆς ὑπακοῆς τοῦ ἑνὸς δίκαιοι κατασταθήσονται οἱ πολλοί. **20** Νόμος δὲ παρεισῆλθεν, ἵνα πλεονάσῃ τὸ παράπτωμα· οὗ δὲ ἐπλεόνασεν ἡ ἁμαρτία, ὑπερεπερίσσευσεν ἡ χάρις· **21** ἵνα ὥσπερ ἐβασίλευσεν ἡ ἁμαρτία ἐν τῷ θανάτῳ, οὕτως καὶ ἡ χάρις βασιλεύσῃ διὰ δικαιοσύνης εἰς ζωὴν αἰώνιον, διὰ Ἰησοῦ χριστοῦ τοῦ κυρίου ἡμῶν.

Sanctification as a Fruit of Justification

6 Τί οὖν ἐροῦμεν; Ἐπιμένομεν [a, 1] τῇ ἁμαρτίᾳ, ἵνα ἡ χάρις πλεονάσῃ; **2** Μὴ γένοιτο. Οἵτινες ἀπεθάνομεν τῇ ἁμαρτίᾳ, πῶς ἔτι ζήσομεν ἐν αὐτῇ; **3** Ἢ ἀγνοεῖτε ὅτι ὅσοι ἐβαπτίσθημεν εἰς χριστὸν Ἰησοῦν, εἰς τὸν θάνατον αὐτοῦ ἐβαπτίσθημεν; **4** Συνετάφημεν οὖν αὐτῷ διὰ τοῦ βαπτίσματος εἰς τὸν θάνατον· ἵνα ὥσπερ ἠγέρθη χριστὸς ἐκ νεκρῶν διὰ τῆς δόξης τοῦ πατρός, οὕτως καὶ ἡμεῖς ἐν καινότητι ζωῆς περιπατήσωμεν. **5** Εἰ γὰρ σύμφυτοι γεγόναμεν τῷ ὁμοιώματι τοῦ θανάτου αὐτοῦ, ἀλλὰ καὶ τῆς ἀναστάσεως ἐσόμεθα· **6** τοῦτο γινώσκοντες, ὅτι ὁ παλαιὸς ἡμῶν ἄνθρωπος συνεσταυρώθη, ἵνα καταργηθῇ τὸ σῶμα τῆς ἁμαρτίας, τοῦ μηκέτι δουλεύειν ἡμᾶς τῇ ἁμαρτίᾳ· **7** ὁ γὰρ ἀποθανὼν δεδικαίωται ἀπὸ τῆς ἁμαρτίας. **8** Εἰ δὲ ἀπεθάνομεν σὺν χριστῷ, πιστεύομεν ὅτι καὶ συζήσομεν αὐτῷ· **9** εἰδότες ὅτι χριστὸς ἐγερθεὶς ἐκ νεκρῶν οὐκέτι ἀποθνήσκει· θάνατος αὐτοῦ οὐκέτι κυριεύει. **10** Ὃ γὰρ ἀπέθανεν, τῇ ἁμαρτίᾳ ἀπέθανεν ἐφάπαξ· ὃ δὲ ζῇ, ζῇ τῷ θεῷ. **11** Οὕτως καὶ

---

[a] Ἐπιμένομεν • Ἐπιμένωμεν = Ἐπιμενοῦμεν

---

[1] Ἐπιμένομεν • Ἐπιμένωμεν

ὑμεῖς λογίζεσθε ἑαυτοὺς νεκροὺς μὲν εἶναι[1] τῇ ἁμαρτίᾳ, ζῶντας δὲ τῷ θεῷ ἐν χριστῷ Ἰησοῦ τῷ κυρίῳ ἡμῶν.[2] 12 Μὴ οὖν βασιλευέτω ἡ ἁμαρτία ἐν τῷ θνητῷ ὑμῶν σώματι, εἰς τὸ ὑπακούειν αὐτῇ ἐν[3] ταῖς ἐπιθυμίαις αὐτοῦ· 13 μηδὲ παριστάνετε τὰ μέλη ὑμῶν ὅπλα ἀδικίας τῇ ἁμαρτίᾳ· ἀλλὰ παραστήσατε ἑαυτοὺς τῷ θεῷ ὡς[4] ἐκ νεκρῶν ζῶντας, καὶ τὰ μέλη ὑμῶν ὅπλα δικαιοσύνης τῷ θεῷ. 14 Ἁμαρτία γὰρ ὑμῶν οὐ κυριεύσει· οὐ γάρ ἐστε ὑπὸ νόμον, ἀλλ᾽[5] ὑπὸ χάριν.

The Service of Righteousness

15 Τί οὖν; Ἁμαρτήσομεν,[6] ὅτι οὐκ ἐσμὲν ὑπὸ νόμον, ἀλλ᾽[7] ὑπὸ χάριν; Μὴ γένοιτο. 16 Οὐκ οἴδατε ὅτι ᾧ παριστάνετε ἑαυτοὺς δούλους εἰς ὑπακοήν, δοῦλοί ἐστε ᾧ ὑπακούετε, ἤτοι ἁμαρτίας εἰς θάνατον, ἢ ὑπακοῆς εἰς δικαιοσύνην; 17 Χάρις δὲ τῷ θεῷ, ὅτι ἦτε δοῦλοι τῆς ἁμαρτίας, ὑπηκούσατε δὲ ἐκ καρδίας εἰς ὃν παρεδόθητε τύπον διδαχῆς· 18 ἐλευθερωθέντες δὲ ἀπὸ τῆς ἁμαρτίας, ἐδουλώθητε τῇ δικαιοσύνῃ. 19 Ἀνθρώπινον λέγω διὰ τὴν ἀσθένειαν τῆς σαρκὸς ὑμῶν· ὥσπερ γὰρ παρεστήσατε τὰ μέλη ὑμῶν δοῦλα τῇ ἀκαθαρσίᾳ καὶ τῇ ἀνομίᾳ εἰς τὴν ἀνομίαν, οὕτως νῦν παραστήσατε τὰ μέλη ὑμῶν δοῦλα τῇ δικαιοσύνῃ εἰς ἁγιασμόν. 20 Ὅτε γὰρ δοῦλοι ἦτε τῆς ἁμαρτίας, ἐλεύθεροι ἦτε τῇ δικαιοσύνῃ. 21 Τίνα οὖν καρπὸν εἴχετε τότε ἐφ᾽ οἷς νῦν ἐπαισχύνεσθε; Τὸ γὰρ τέλος ἐκείνων θάνατος. 22 Νυνὶ δὲ ἐλευθερωθέντες ἀπὸ τῆς ἁμαρτίας, δουλωθέντες δὲ τῷ θεῷ, ἔχετε τὸν καρπὸν ὑμῶν εἰς ἁγιασμόν, τὸ δὲ τέλος ζωὴν αἰώνιον. 23 Τὰ γὰρ ὀψώνια τῆς ἁμαρτίας θάνατος, τὸ δὲ χάρισμα τοῦ θεοῦ ζωὴ αἰώνιος ἐν χριστῷ Ἰησοῦ τῷ κυρίῳ ἡμῶν.

Freedom from the Law

7 Ἢ ἀγνοεῖτε, ἀδελφοί—γινώσκουσιν γὰρ νόμον λαλῶ—ὅτι ὁ νόμος κυριεύει τοῦ ἀνθρώπου ἐφ᾽ ὅσον χρόνον ζῇ;

---

[1] νεκροὺς μὲν εἶναι • [εἶναι] νεκροὺς μὲν   [2] τῷ κυρίῳ ἡμῶν • —   [3] αὐτῇ ἐν • — [4] ὡς • ὡσεὶ   [5] ἀλλ᾽ • ἀλλὰ   [6] Ἁμαρτήσομεν • Ἁμαρτήσωμεν   [7] ἀλλ᾽ • ἀλλὰ

2 Ἡ γὰρ ὕπανδρος γυνὴ τῷ ζῶντι ἀνδρὶ δέδεται νόμῳ· ἐὰν δὲ ἀποθάνῃ ὁ ἀνήρ, κατήργηται ἀπὸ τοῦ νόμου τοῦ ἀνδρός. 3 Ἄρα οὖν ζῶντος τοῦ ἀνδρὸς μοιχαλὶς χρηματίσει, ἐὰν γένηται ἀνδρὶ ἑτέρῳ· ἐὰν δὲ ἀποθάνῃ ὁ ἀνήρ, ἐλευθέρα ἐστὶν ἀπὸ τοῦ νόμου, τοῦ μὴ εἶναι αὐτὴν μοιχαλίδα, γενομένην ἀνδρὶ ἑτέρῳ. 4 Ὥστε, ἀδελφοί μου, καὶ ὑμεῖς ἐθανατώθητε τῷ νόμῳ διὰ τοῦ σώματος τοῦ χριστοῦ, εἰς τὸ γενέσθαι ὑμᾶς ἑτέρῳ, τῷ ἐκ νεκρῶν ἐγερθέντι, ἵνα καρποφορήσωμεν τῷ θεῷ. 5 Ὅτε γὰρ ἦμεν ἐν τῇ σαρκί, τὰ παθήματα τῶν ἁμαρτιῶν τὰ διὰ τοῦ νόμου ἐνηργεῖτο ἐν τοῖς μέλεσιν ἡμῶν εἰς τὸ καρποφορῆσαι τῷ θανάτῳ. 6 Νυνὶ δὲ κατηργήθημεν ἀπὸ τοῦ νόμου, ἀποθανόντες ἐν ᾧ κατειχόμεθα, ὥστε δουλεύειν ἡμᾶς ἐν καινότητι πνεύματος, καὶ οὐ παλαιότητι γράμματος.

The Purpose of the Law and Its Effect

7 Τί οὖν ἐροῦμεν; Ὁ νόμος ἁμαρτία; Μὴ γένοιτο· ἀλλὰ τὴν ἁμαρτίαν οὐκ ἔγνων, εἰ μὴ διὰ νόμου· τήν τε γὰρ ἐπιθυμίαν οὐκ ᾔδειν, εἰ μὴ ὁ νόμος ἔλεγεν, Οὐκ ἐπιθυμήσεις· 8 ἀφορμὴν δὲ λαβοῦσα ἡ ἁμαρτία διὰ τῆς ἐντολῆς κατειργάσατο ἐν ἐμοὶ πᾶσαν ἐπιθυμίαν· χωρὶς γὰρ νόμου ἁμαρτία νεκρά. 9 Ἐγὼ δὲ ἔζων χωρὶς νόμου ποτέ· ἐλθούσης δὲ τῆς ἐντολῆς, ἡ ἁμαρτία ἀνέζησεν, ἐγὼ δὲ ἀπέθανον· 10 καὶ εὑρέθη μοι ἡ ἐντολὴ ἡ εἰς ζωήν, αὕτη εἰς θάνατον· 11 ἡ γὰρ ἁμαρτία ἀφορμὴν λαβοῦσα διὰ τῆς ἐντολῆς ἐξηπάτησέν με, καὶ δι' αὐτῆς ἀπέκτεινεν. 12 Ὥστε ὁ μὲν νόμος ἅγιος, καὶ ἡ ἐντολὴ ἁγία καὶ δικαία καὶ ἀγαθή. 13 Τὸ οὖν ἀγαθὸν ἐμοὶ γέγονεν¹ θάνατος; Μὴ γένοιτο. Ἀλλὰ ἡ ἁμαρτία, ἵνα φανῇ ἁμαρτία, διὰ τοῦ ἀγαθοῦ μοι κατεργαζομένη θάνατον—ἵνα γένηται καθ' ὑπερβολὴν ἁμαρτωλὸς ἡ ἁμαρτία διὰ τῆς ἐντολῆς. 14 Οἴδαμεν γὰρ ὅτι ὁ νόμος πνευματικός ἐστιν· ἐγὼ δὲ σαρκικός² εἰμι, πεπραμένος ὑπὸ τὴν ἁμαρτίαν. 15 Ὃ γὰρ κατεργάζομαι, οὐ γινώσκω· οὐ γὰρ ὃ θέλω, τοῦτο πράσσω· ἀλλ' ὃ μισῶ, τοῦτο ποιῶ. 16 Εἰ δὲ ὃ οὐ θέλω, τοῦτο ποιῶ, σύμφημι τῷ νόμῳ ὅτι καλός. 17 Νυνὶ

---

¹ γέγονεν • ἐγένετο   ² σαρκικός • σάρκινος

δὲ οὐκέτι ἐγὼ κατεργάζομαι αὐτό, ἀλλ' [1] ἡ οἰκοῦσα ἐν ἐμοὶ ἁμαρτία. 18 Οἶδα γὰρ ὅτι οὐκ οἰκεῖ ἐν ἐμοί, τοῦτ' ἔστιν ἐν τῇ σαρκί μου, ἀγαθόν· τὸ γὰρ θέλειν παράκειταί μοι, τὸ δὲ κατεργάζεσθαι τὸ καλὸν οὐχ εὑρίσκω.[2] 19 Οὐ γὰρ ὃ θέλω, ποιῶ ἀγαθόν· ἀλλ'[3] ὃ οὐ θέλω κακόν, τοῦτο πράσσω. 20 Εἰ δὲ ὃ οὐ θέλω ἐγώ, τοῦτο[4] ποιῶ, οὐκέτι ἐγὼ κατεργάζομαι αὐτό, ἀλλ'[5] ἡ οἰκοῦσα ἐν ἐμοὶ ἁμαρτία. 21 Εὑρίσκω ἄρα τὸν νόμον τῷ θέλοντι ἐμοὶ ποιεῖν τὸ καλόν, ὅτι ἐμοὶ τὸ κακὸν παράκειται. 22 Συνήδομαι γὰρ τῷ νόμῳ τοῦ θεοῦ κατὰ τὸν ἔσω ἄνθρωπον· 23 βλέπω δὲ ἕτερον νόμον ἐν τοῖς μέλεσίν μου ἀντιστρατευόμενον τῷ νόμῳ τοῦ νοός μου, καὶ αἰχμαλωτίζοντά με[a,6] τῷ νόμῳ τῆς ἁμαρτίας τῷ ὄντι ἐν τοῖς μέλεσίν μου. 24 Ταλαίπωρος ἐγὼ ἄνθρωπος· τίς με ῥύσεται ἐκ τοῦ σώματος τοῦ θανάτου τούτου; 25 Εὐχαριστῶ[7] τῷ θεῷ διὰ Ἰησοῦ χριστοῦ τοῦ κυρίου ἡμῶν. Ἄρα οὖν αὐτὸς ἐγὼ τῷ μὲν νοῒ δουλεύω νόμῳ θεοῦ, τῇ δὲ σαρκὶ νόμῳ ἁμαρτίας.

The Life in the Spirit

8 Οὐδὲν ἄρα νῦν κατάκριμα τοῖς ἐν χριστῷ Ἰησοῦ, μὴ κατὰ σάρκα περιπατοῦσιν, ἀλλὰ κατὰ πνεῦμα.[8] 2 Ὁ γὰρ νόμος τοῦ πνεύματος τῆς ζωῆς ἐν χριστῷ Ἰησοῦ ἠλευθέρωσέν με[9] ἀπὸ τοῦ νόμου τῆς ἁμαρτίας καὶ τοῦ θανάτου. 3 Τὸ γὰρ ἀδύνατον τοῦ νόμου, ἐν ᾧ ἠσθένει διὰ τῆς σαρκός, ὁ θεὸς τὸν ἑαυτοῦ υἱὸν πέμψας ἐν ὁμοιώματι σαρκὸς ἁμαρτίας καὶ περὶ ἁμαρτίας κατέκρινεν τὴν ἁμαρτίαν ἐν τῇ σαρκί· 4 ἵνα τὸ δικαίωμα τοῦ νόμου πληρωθῇ ἐν ἡμῖν, τοῖς μὴ κατὰ σάρκα περιπατοῦσιν, ἀλλὰ κατὰ πνεῦμα. 5 Οἱ γὰρ κατὰ σάρκα ὄντες τὰ τῆς σαρκὸς φρονοῦσιν· οἱ δὲ κατὰ πνεῦμα τὰ τοῦ πνεύματος. 6 Τὸ γὰρ φρόνημα τῆς σαρκὸς θάνατος· τὸ δὲ φρόνημα τοῦ πνεύματος ζωὴ καὶ εἰρήνη· 7 διότι τὸ φρόνημα τῆς σαρκὸς

---

[a] με • με ἐν

---

[1] ἀλλ' • ἀλλὰ [2] οὐχ εὑρίσκω • οὔ [3] ἀλλ' • ἀλλὰ [4] ἐγώ τοῦτο • [ἐγώ] τοῦτο
[5] ἀλλ' • ἀλλὰ [6] με • με ἐν [7] Εὐχαριστῶ • Χάρις δὲ [8] μὴ κατὰ σάρκα περιπατοῦσιν ἀλλὰ κατὰ πνεῦμα • — [9] με • σε

ἔχθρα εἰς θεόν, τῷ γὰρ νόμῳ τοῦ θεοῦ οὐχ ὑποτάσσεται, οὐδὲ γὰρ δύναται· 8 οἱ δὲ ἐν σαρκὶ ὄντες θεῷ ἀρέσαι οὐ δύνανται. 9 Ὑμεῖς δὲ οὐκ ἐστὲ ἐν σαρκί, ἀλλ' [1] ἐν πνεύματι, εἴπερ πνεῦμα θεοῦ οἰκεῖ ἐν ὑμῖν. Εἰ δέ τις πνεῦμα χριστοῦ οὐκ ἔχει, οὗτος οὐκ ἔστιν αὐτοῦ. 10 Εἰ δὲ χριστὸς ἐν ὑμῖν, τὸ μὲν σῶμα νεκρὸν διὰ ἁμαρτίαν, τὸ δὲ πνεῦμα ζωὴ διὰ δικαιοσύνην. 11 Εἰ δὲ τὸ πνεῦμα τοῦ ἐγείραντος Ἰησοῦν [2] ἐκ νεκρῶν οἰκεῖ ἐν ὑμῖν, ὁ ἐγείρας τὸν [3] χριστὸν ἐκ νεκρῶν ζῳοποιήσει καὶ τὰ θνητὰ σώματα ὑμῶν, διὰ τὸ ἐνοικοῦν αὐτοῦ πνεῦμα [4] ἐν ὑμῖν.

12 Ἄρα οὖν, ἀδελφοί, ὀφειλέται ἐσμέν, οὐ τῇ σαρκί, τοῦ κατὰ σάρκα ζῆν· 13 εἰ γὰρ κατὰ σάρκα ζῆτε, μέλλετε ἀποθνῄσκειν· εἰ δὲ πνεύματι τὰς πράξεις τοῦ σώματος θανατοῦτε, ζήσεσθε. 14 Ὅσοι γὰρ πνεύματι θεοῦ ἄγονται, οὗτοί εἰσιν υἱοὶ θεοῦ. [5] 15 Οὐ γὰρ ἐλάβετε πνεῦμα δουλείας πάλιν εἰς φόβον, ἀλλ' [6] ἐλάβετε πνεῦμα υἱοθεσίας, ἐν ᾧ κράζομεν, Ἀββᾶ, ὁ πατήρ. 16 Αὐτὸ τὸ πνεῦμα συμμαρτυρεῖ τῷ πνεύματι ἡμῶν, ὅτι ἐσμὲν τέκνα θεοῦ· 17 εἰ δὲ τέκνα, καὶ κληρονόμοι· κληρονόμοι μὲν θεοῦ, συγκληρονόμοι δὲ χριστοῦ· εἴπερ συμπάσχομεν, ἵνα καὶ συνδοξασθῶμεν.

Comfort in the Manifold Afflictions of this Life

18 Λογίζομαι γὰρ ὅτι οὐκ ἄξια τὰ παθήματα τοῦ νῦν καιροῦ πρὸς τὴν μέλλουσαν δόξαν ἀποκαλυφθῆναι εἰς ἡμᾶς. 19 Ἡ γὰρ ἀποκαραδοκία τῆς κτίσεως τὴν ἀποκάλυψιν τῶν υἱῶν τοῦ θεοῦ ἀπεκδέχεται. 20 Τῇ γὰρ ματαιότητι ἡ κτίσις ὑπετάγη, οὐχ ἑκοῦσα, ἀλλὰ διὰ τὸν ὑποτάξαντα, ἐπ' ἐλπίδι· [7] 21 ὅτι καὶ αὐτὴ ἡ κτίσις ἐλευθερωθήσεται ἀπὸ τῆς δουλείας τῆς φθορᾶς εἰς τὴν ἐλευθερίαν τῆς δόξης τῶν τέκνων τοῦ θεοῦ. 22 Οἴδαμεν γὰρ ὅτι πᾶσα ἡ κτίσις συστενάζει καὶ συνωδίνει ἄχρι τοῦ νῦν. 23 Οὐ μόνον δέ, ἀλλὰ καὶ αὐτοὶ τὴν ἀπαρχὴν τοῦ πνεύματος ἔχοντες, καὶ ἡμεῖς [8] αὐτοὶ ἐν ἑαυτοῖς στενάζομεν,

---

[1] *ἀλλ' • ἀλλὰ* [2] *Ἰησοῦν • τὸν Ἰησοῦν* [3] *τὸν • —* [4] *τὸ ἐνοικοῦν αὐτοῦ πνεῦμα • τοῦ ἐνοικοῦντος αὐτοῦ πνεύματος* [5] *εἰσιν υἱοὶ θεοῦ • υἱοὶ θεοῦ εἰσιν* [6] *ἀλλ' • ἀλλὰ* [7] *ἐπ' ἐλπίδι • ἐφ' ἐλπίδι* [8] *καὶ ἡμεῖς • ἡμεῖς καὶ*

υἱοθεσίαν ἀπεκδεχόμενοι, τὴν ἀπολύτρωσιν τοῦ σώματος ἡμῶν. 24 Τῇ γὰρ ἐλπίδι ἐσώθημεν· ἐλπὶς δὲ βλεπομένη οὐκ ἔστιν ἐλπίς· ὃ γὰρ βλέπει τις, τί καὶ¹ ἐλπίζει; 25 Εἰ δὲ ὃ οὐ βλέπομεν ἐλπίζομεν, δι' ὑπομονῆς ἀπεκδεχόμεθα.

26 Ὡσαύτως δὲ καὶ τὸ πνεῦμα συναντιλαμβάνεται ταῖς ἀσθενείαις² ἡμῶν· τὸ γὰρ τί προσευξόμεθα³ καθὸ δεῖ, οὐκ οἴδαμεν, ἀλλ'⁴ αὐτὸ τὸ πνεῦμα ὑπερεντυγχάνει ὑπὲρ ἡμῶν⁵ στεναγμοῖς ἀλαλήτοις· 27 ὁ δὲ ἐρευνῶν⁶ τὰς καρδίας οἶδεν τί τὸ φρόνημα τοῦ πνεύματος, ὅτι κατὰ θεὸν ἐντυγχάνει ὑπὲρ ἁγίων. 28 Οἴδαμεν δὲ ὅτι τοῖς ἀγαπῶσιν τὸν θεὸν πάντα συνεργεῖ εἰς ἀγαθόν, τοῖς κατὰ πρόθεσιν κλητοῖς οὖσιν. 29 Ὅτι οὓς προέγνω, καὶ προώρισεν συμμόρφους τῆς εἰκόνος τοῦ υἱοῦ αὐτοῦ, εἰς τὸ εἶναι αὐτὸν πρωτότοκον ἐν πολλοῖς ἀδελφοῖς· 30 οὓς δὲ προώρισεν, τούτους καὶ ἐκάλεσεν· καὶ οὓς ἐκάλεσεν, τούτους καὶ ἐδικαίωσεν· οὓς δὲ ἐδικαίωσεν, τούτους καὶ ἐδόξασεν.

31 Τί οὖν ἐροῦμεν πρὸς ταῦτα; Εἰ ὁ θεὸς ὑπὲρ ἡμῶν, τίς καθ' ἡμῶν; 32 Ὅς γε τοῦ ἰδίου υἱοῦ οὐκ ἐφείσατο, ἀλλ'⁷ ὑπὲρ ἡμῶν πάντων παρέδωκεν αὐτόν, πῶς οὐχὶ καὶ σὺν αὐτῷ τὰ πάντα ἡμῖν χαρίσεται; 33 Τίς ἐγκαλέσει κατὰ ἐκλεκτῶν θεοῦ; Θεὸς ὁ δικαιῶν· 34 τίς ὁ κατακρίνων;⁸ Χριστὸς⁹ ὁ ἀποθανών, μᾶλλον δὲ καὶ ἐγερθείς,¹⁰ ὃς καὶ ἔστιν ἐν δεξιᾷ τοῦ θεοῦ, ὃς καὶ ἐντυγχάνει ὑπὲρ ἡμῶν. 35 Τίς ἡμᾶς χωρίσει ἀπὸ τῆς ἀγάπης τοῦ χριστοῦ; Θλίψις, ἢ στενοχωρία, ἢ διωγμός, ἢ λιμός, ἢ γυμνότης, ἢ κίνδυνος, ἢ μάχαιρα; 36 Καθὼς γέγραπται ὅτι Ἕνεκέν σου θανατούμεθα ὅλην τὴν ἡμέραν· ἐλογίσθημεν ὡς πρόβατα σφαγῆς. 37 Ἀλλ' ἐν τούτοις πᾶσιν ὑπερνικῶμεν διὰ τοῦ ἀγαπήσαντος ἡμᾶς. 38 Πέπεισμαι γὰρ ὅτι οὔτε θάνατος οὔτε ζωὴ οὔτε ἄγγελοι οὔτε ἀρχαὶ οὔτε δυνάμεις οὔτε ἐνεστῶτα οὔτε μέλλοντα¹¹ 39 οὔτε ὕψωμα οὔτε βάθος οὔτε τις

---

¹ τις τί καὶ • τίς   ² ταῖς ἀσθενείαις • τῇ ἀσθενείᾳ   ³ προσευξόμεθα • προσευχώμεθα   ⁴ ἀλλ' • ἀλλὰ   ⁵ ὑπὲρ ἡμῶν • —   ⁶ ἐρευνῶν • ἐραυνῶν
⁷ ἀλλ' • ἀλλὰ   ⁸ κατακρίνων • κατακρινῶν   ⁹ Χριστὸς • Χριστὸς [Ἰησοῦς]
¹⁰ καὶ ἐγερθείς • ἐγερθείς   ¹¹ δυνάμεις οὔτε ἐνεστῶτα οὔτε μέλλοντα • ἐνεστῶτα οὔτε μέλλοντα οὔτε δυνάμεις

κτίσις ἑτέρα δυνήσεται ἡμᾶς χωρίσαι ἀπὸ τῆς ἀγάπης τοῦ θεοῦ τῆς ἐν χριστῷ Ἰησοῦ τῷ κυρίῳ ἡμῶν.

The Distinction between the True and the False Israel

9 Ἀλήθειαν λέγω ἐν χριστῷ, οὐ ψεύδομαι, συμμαρτυρούσης μοι τῆς συνειδήσεώς μου ἐν πνεύματι ἁγίῳ, 2 ὅτι λύπη μοι ἐστὶν μεγάλη, καὶ ἀδιάλειπτος ὀδύνη τῇ καρδίᾳ μου. 3 Εὐχόμην γὰρ αὐτὸς ἐγὼ ἀνάθεμα εἶναι¹ ἀπὸ τοῦ χριστοῦ ὑπὲρ τῶν ἀδελφῶν μου, τῶν συγγενῶν μου κατὰ σάρκα· 4 οἵτινές εἰσιν Ἰσραηλῖται, ὧν ἡ υἱοθεσία καὶ ἡ δόξα καὶ αἱ διαθῆκαι καὶ ἡ νομοθεσία καὶ ἡ λατρεία καὶ αἱ ἐπαγγελίαι, 5 ὧν οἱ πατέρες, καὶ ἐξ ὧν ὁ χριστὸς τὸ κατὰ σάρκα, ὁ ὢν ἐπὶ πάντων, θεὸς εὐλογητὸς εἰς τοὺς αἰῶνας. Ἀμήν. 6 Οὐχ οἷον δὲ ὅτι ἐκπέπτωκεν ὁ λόγος τοῦ θεοῦ. Οὐ γὰρ πάντες οἱ ἐξ Ἰσραήλ, οὗτοι Ἰσραήλ· 7 οὐδ' ὅτι εἰσὶν σπέρμα Ἀβραάμ, πάντες τέκνα· ἀλλ' Ἐν Ἰσαὰκ κληθήσεταί σοι σπέρμα. 8 Τοῦτ' ἔστιν, οὐ τὰ τέκνα τῆς σαρκός, ταῦτα τέκνα τοῦ θεοῦ· ἀλλὰ τὰ τέκνα τῆς ἐπαγγελίας λογίζεται εἰς σπέρμα. 9 Ἐπαγγελίας γὰρ ὁ λόγος οὗτος, Κατὰ τὸν καιρὸν τοῦτον ἐλεύσομαι, καὶ ἔσται τῇ Σάρρᾳ υἱός. 10 Οὐ μόνον δέ, ἀλλὰ καὶ Ῥεβέκκα ἐξ ἑνὸς κοίτην ἔχουσα, Ἰσαὰκ τοῦ πατρὸς ἡμῶν— 11 μήπω γὰρ γεννηθέντων, μηδὲ πραξάντων τι ἀγαθὸν ἢ κακόν,² ἵνα ἡ κατ' ἐκλογὴν πρόθεσις τοῦ θεοῦ μένῃ, οὐκ ἐξ ἔργων, ἀλλ' ἐκ τοῦ καλοῦντος, 12 ἐρρήθη³ αὐτῇ ὅτι Ὁ μείζων δουλεύσει τῷ ἐλάσσονι. 13 Καθὼς γέγραπται, Τὸν Ἰακὼβ ἠγάπησα, τὸν δὲ Ἠσαῦ ἐμίσησα.

The Divine Sovereignty and Its Result

14 Τί οὖν ἐροῦμεν; Μὴ ἀδικία παρὰ τῷ θεῷ; Μὴ γένοιτο. 15 Τῷ γὰρ Μωϋσῇ [a,4] λέγει, Ἐλεήσω ὃν ἂν ἐλεῶ, καὶ οἰκτειρήσω⁵ ὃν ἂν οἰκτείρω.⁶ 16 Ἄρα οὖν οὐ τοῦ θέλοντος,

---
[a] Μωϋσῇ • Μωσῇ

---
1 Εὐχόμην γὰρ αὐτὸς ἐγὼ ἀνάθεμα εἶναι • Ηὐχόμην γὰρ ἀνάθεμα εἶναι αὐτὸς ἐγὼ   2 κακόν • φαῦλον   3 ἐρρήθη • ἐρρέθη   4 γὰρ Μωϋσῇ • Μωϋσεῖ γὰρ
5 οἰκτειρήσω • οἰκτιρήσω   6 οἰκτείρω • οἰκτίρω

οὐδὲ τοῦ τρέχοντος, ἀλλὰ τοῦ ἐλεοῦντος[1] θεοῦ. 17 Λέγει γὰρ ἡ γραφὴ τῷ Φαραὼ ὅτι Εἰς αὐτὸ τοῦτο ἐξήγειρά σε, ὅπως ἐνδείξωμαι ἐν σοὶ τὴν δύναμίν μου, καὶ ὅπως διαγγελῇ τὸ ὄνομά μου ἐν πάσῃ τῇ γῇ. 18 Ἄρα οὖν ὃν θέλει ἐλεεῖ· ὃν δὲ θέλει σκληρύνει.

19 Ἐρεῖς οὖν μοι, Τί[2] ἔτι μέμφεται; Τῷ γὰρ βουλήματι αὐτοῦ τίς ἀνθέστηκεν; 20 Μενοῦνγε, ὦ ἄνθρωπε,[3] σὺ τίς εἶ ὁ ἀνταποκρινόμενος τῷ θεῷ; Μὴ ἐρεῖ τὸ πλάσμα τῷ πλάσαντι, Τί με ἐποίησας οὕτως; 21 Ἢ οὐκ ἔχει ἐξουσίαν ὁ κεραμεὺς τοῦ πηλοῦ, ἐκ τοῦ αὐτοῦ φυράματος ποιῆσαι ὃ μὲν εἰς τιμὴν σκεῦος, ὃ δὲ εἰς ἀτιμίαν; 22 Εἰ δὲ θέλων ὁ θεὸς ἐνδείξασθαι τὴν ὀργήν, καὶ γνωρίσαι τὸ δυνατὸν αὐτοῦ, ἤνεγκεν ἐν πολλῇ μακροθυμίᾳ σκεύη ὀργῆς κατηρτισμένα εἰς ἀπώλειαν· 23 καὶ ἵνα γνωρίσῃ τὸν πλοῦτον τῆς δόξης αὐτοῦ ἐπὶ σκεύη ἐλέους, ἃ προητοίμασεν εἰς δόξαν, 24 οὓς καὶ ἐκάλεσεν ἡμᾶς οὐ μόνον ἐξ Ἰουδαίων, ἀλλὰ καὶ ἐξ ἐθνῶν; 25 Ὡς καὶ ἐν τῷ Ὡσηὲ λέγει, Καλέσω τὸν οὐ λαόν μου λαόν μου· καὶ τὴν οὐκ ἠγαπημένην ἠγαπημένην. 26 Καὶ ἔσται, ἐν τῷ τόπῳ οὗ ἐρρήθη[4] αὐτοῖς, Οὐ λαός μου ὑμεῖς, ἐκεῖ κληθήσονται υἱοὶ θεοῦ ζῶντος. 27 Ἡσαΐας δὲ κράζει ὑπὲρ τοῦ Ἰσραήλ, Ἐὰν ᾖ ὁ ἀριθμὸς τῶν υἱῶν Ἰσραὴλ ὡς ἡ ἄμμος τῆς θαλάσσης, τὸ κατάλειμμα[5] σωθήσεται· 28 λόγον γὰρ συντελῶν καὶ συντέμνων ἐν δικαιοσύνῃ· ὅτι λόγον συντετμημένον[6] ποιήσει κύριος ἐπὶ τῆς γῆς. 29 Καὶ καθὼς προείρηκεν Ἡσαΐας, Εἰ μὴ κύριος Σαβαὼθ ἐγκατέλιπεν ἡμῖν σπέρμα, ὡς Σόδομα ἂν ἐγενήθημεν, καὶ ὡς Γόμορρα ἂν ὡμοιώθημεν.

Israel's Unbelief

30 Τί οὖν ἐροῦμεν; Ὅτι ἔθνη τὰ μὴ διώκοντα δικαιοσύνην, κατέλαβεν δικαιοσύνην, δικαιοσύνην δὲ τὴν ἐκ πίστεως· 31 Ἰσραὴλ δέ, διώκων νόμον δικαιοσύνης, εἰς νόμον

---

[1] ἐλεοῦντος • ἐλεῶντος   [2] οὖν μοι Τί • μοι οὖν Τί [οὖν]   [3] Μενοῦνγε ὦ ἄνθρωπε • Ὦ ἄνθρωπε μενοῦνγε   [4] ἐρρήθη • ἐρρέθη   [5] κατάλειμμα • ὑπόλειμμα   [6] ἐν δικαιοσύνῃ ὅτι λόγον συντετμημένον • —

δικαιοσύνης οὐκ¹ ἔφθασεν. 32 Διὰ τί; Ὅτι οὐκ ἐκ πίστεως, ἀλλ᾽ ὡς ἐξ ἔργων νόμου· προσέκοψαν γὰρ² τῷ λίθῳ τοῦ προσκόμματος, 33 καθὼς γέγραπται, Ἰδοὺ τίθημι ἐν Σιὼν λίθον προσκόμματος καὶ πέτραν σκανδάλου· καὶ πᾶς³ ὁ πιστεύων ἐπ᾽ αὐτῷ οὐ καταισχυνθήσεται.

10 Ἀδελφοί, ἡ μὲν εὐδοκία τῆς ἐμῆς καρδίας καὶ ἡ δέησις ἡ πρὸς⁴ τὸν θεὸν ὑπὲρ τοῦ Ἰσραήλ ἐστιν⁵ εἰς σωτηρίαν. 2 Μαρτυρῶ γὰρ αὐτοῖς ὅτι ζῆλον θεοῦ ἔχουσιν, ἀλλ᾽ οὐ κατ᾽ ἐπίγνωσιν. 3 Ἀγνοοῦντες γὰρ τὴν τοῦ θεοῦ δικαιοσύνην, καὶ τὴν ἰδίαν δικαιοσύνην ζητοῦντες⁶ στῆσαι, τῇ δικαιοσύνῃ τοῦ θεοῦ οὐχ ὑπετάγησαν. 4 Τέλος γὰρ νόμου χριστὸς εἰς δικαιοσύνην παντὶ τῷ πιστεύοντι. 5 Μωϋσῆς γὰρ γράφει τὴν δικαιοσύνην τὴν ἐκ τοῦ⁷ νόμου, ὅτι ὁ ποιήσας αὐτὰ ἄνθρωπος ζήσεται ἐν αὐτοῖς. 6 Ἡ δὲ ἐκ πίστεως δικαιοσύνη οὕτως λέγει, Μὴ εἴπῃς ἐν τῇ καρδίᾳ σου, Τίς ἀναβήσεται εἰς τὸν οὐρανόν;—τοῦτ᾽ ἔστιν χριστὸν καταγαγεῖν— 7 ἤ, Τίς καταβήσεται εἰς τὴν ἄβυσσον;—τοῦτ᾽ ἔστιν χριστὸν ἐκ νεκρῶν ἀναγαγεῖν. 8 Ἀλλὰ τί λέγει; Ἐγγύς σου τὸ ῥῆμά ἐστιν, ἐν τῷ στόματί σου καὶ ἐν τῇ καρδίᾳ σου· τοῦτ᾽ ἔστιν τὸ ῥῆμα τῆς πίστεως ὃ κηρύσσομεν· 9 ὅτι ἐὰν ὁμολογήσῃς ἐν τῷ στόματί σου κύριον Ἰησοῦν, καὶ πιστεύσῃς ἐν τῇ καρδίᾳ σου ὅτι ὁ θεὸς αὐτὸν ἤγειρεν ἐκ νεκρῶν, σωθήσῃ· 10 καρδίᾳ γὰρ πιστεύεται εἰς δικαιοσύνην, στόματι δὲ ὁμολογεῖται εἰς σωτηρίαν. 11 Λέγει γὰρ ἡ γραφή, Πᾶς ὁ πιστεύων ἐπ᾽ αὐτῷ οὐ καταισχυνθήσεται. 12 Οὐ γάρ ἐστιν διαστολὴ Ἰουδαίου τε καὶ Ἕλληνος· ὁ γὰρ αὐτὸς κύριος πάντων, πλουτῶν εἰς πάντας τοὺς ἐπικαλουμένους αὐτόν. 13 Πᾶς γὰρ ὃς ἂν ἐπικαλέσηται τὸ ὄνομα κυρίου σωθήσεται. 14 Πῶς οὖν ἐπικαλέσονται⁸ εἰς ὃν οὐκ ἐπίστευσαν; Πῶς δὲ πιστεύσουσιν⁹ οὗ οὐκ ἤκουσαν; Πῶς δὲ ἀκούσουσιν¹⁰ χωρὶς κηρύσσοντος; 15 Πῶς δὲ κηρύξουσιν¹¹

---

¹ δικαιοσύνης οὐκ • οὐκ   ² νόμου προσέκοψαν γὰρ • προσέκοψαν   ³ πᾶς • — ⁴ ἡ πρὸς • πρὸς   ⁵ τοῦ Ἰσραήλ ἐστιν • αὐτῶν   ⁶ δικαιοσύνην ζητοῦντες • [δικαιοσύνην] ζητοῦντες   ⁷ τοῦ • [τοῦ]   ⁸ ἐπικαλέσονται • ἐπικαλέσωνται ⁹ πιστεύσουσιν • πιστεύσωσιν   ¹⁰ ἀκούσουσιν • ἀκούσωσιν   ¹¹ κηρύξουσιν • κηρύξωσιν

ἐὰν μὴ ἀποσταλῶσιν; Καθὼς γέγραπται, Ὡς ὡραῖοι οἱ πόδες τῶν εὐαγγελιζομένων εἰρήνην,[1] τῶν εὐαγγελιζομένων τὰ[2] ἀγαθά. 16 Ἀλλ' οὐ πάντες ὑπήκουσαν τῷ εὐαγγελίῳ. Ἡσαΐας γὰρ λέγει, Κύριε, τίς ἐπίστευσεν τῇ ἀκοῇ ἡμῶν; 17 Ἄρα ἡ πίστις ἐξ ἀκοῆς, ἡ δὲ ἀκοὴ διὰ ῥήματος θεοῦ.[3] 18 Ἀλλὰ λέγω, μὴ οὐκ ἤκουσαν; Μενοῦνγε· Εἰς πᾶσαν τὴν γῆν ἐξῆλθεν ὁ φθόγγος αὐτῶν, καὶ εἰς τὰ πέρατα τῆς οἰκουμένης τὰ ῥήματα αὐτῶν. 19 Ἀλλὰ λέγω, μὴ οὐκ ἔγνω Ἰσραήλ;[4] Πρῶτος Μωϋσῆς λέγει, Ἐγὼ παραζηλώσω ὑμᾶς ἐπ' οὐκ ἔθνει, ἐπὶ[5] ἔθνει ἀσυνέτῳ παροργιῶ ὑμᾶς. 20 Ἡσαΐας δὲ ἀποτολμᾷ καὶ λέγει, Εὑρέθην[6] τοῖς ἐμὲ μὴ ζητοῦσιν, ἐμφανὴς ἐγενόμην τοῖς ἐμὲ μὴ ἐπερωτῶσιν. 21 Πρὸς δὲ τὸν Ἰσραὴλ λέγει, Ὅλην τὴν ἡμέραν ἐξεπέτασα τὰς χεῖράς μου πρὸς λαὸν ἀπειθοῦντα καὶ ἀντιλέγοντα.

A Remnant of Israel Saved

11 Λέγω οὖν, μὴ ἀπώσατο ὁ θεὸς τὸν λαὸν αὐτοῦ; Μὴ γένοιτο. Καὶ γὰρ ἐγὼ Ἰσραηλίτης εἰμί, ἐκ σπέρματος Ἀβραάμ, φυλῆς Βενιαμίν. 2 Οὐκ ἀπώσατο ὁ θεὸς τὸν λαὸν αὐτοῦ ὃν προέγνω. Ἢ οὐκ οἴδατε ἐν Ἠλίᾳ τί λέγει ἡ γραφή; Ὡς ἐντυγχάνει τῷ θεῷ κατὰ τοῦ Ἰσραήλ, λέγων,[7] 3 Κύριε, τοὺς προφήτας σου ἀπέκτειναν, καὶ τὰ[8] θυσιαστήριά σου κατέσκαψαν· κἀγὼ ὑπελείφθην μόνος, καὶ ζητοῦσιν τὴν ψυχήν μου. 4 Ἀλλὰ τί λέγει αὐτῷ ὁ χρηματισμός; Κατέλιπον ἐμαυτῷ ἑπτακισχιλίους ἄνδρας, οἵτινες οὐκ ἔκαμψαν γόνυ τῇ Βάαλ. 5 Οὕτως οὖν καὶ ἐν τῷ νῦν καιρῷ λεῖμμα κατ' ἐκλογὴν χάριτος γέγονεν. 6 Εἰ δὲ χάριτι, οὐκέτι ἐξ ἔργων· ἐπεὶ ἡ χάρις οὐκέτι γίνεται χάρις. Εἰ δὲ ἐξ ἔργων, οὐκέτι ἐστὶν χάρις· ἐπεὶ τὸ ἔργον οὐκέτι ἐστὶν ἔργον.[9] 7 Τί οὖν; Ὃ ἐπιζητεῖ Ἰσραήλ, τοῦτο οὐκ ἐπέτυχεν, ἡ δὲ ἐκλογὴ ἐπέτυχεν, οἱ δὲ

---

[1] τῶν εὐαγγελιζομένων εἰρήνην • — [2] τὰ • [τὰ] [3] θεοῦ • χριστοῦ [4] οὐκ ἔγνω Ἰσραήλ • Ἰσραὴλ οὐκ ἔγνω [5] ἐπὶ • ἐπ' [6] Εὑρέθην • Εὑρέθην [ἐν] [7] λέγων • — [8] καὶ τὰ • τὰ [9] Εἰ δὲ ἐξ ἔργων οὐκέτι ἐστὶν χάρις ἐπεὶ τὸ ἔργον οὐκέτι ἐστὶν ἔργον • —

λοιποὶ ἐπωρώθησαν· 8 καθὼς γέγραπται, Ἔδωκεν αὐτοῖς ὁ θεὸς πνεῦμα κατανύξεως, ὀφθαλμοὺς τοῦ μὴ βλέπειν, καὶ ὦτα τοῦ μὴ ἀκούειν, ἕως τῆς σήμερον ἡμέρας. 9 Καὶ Δαυὶδ λέγει, Γενηθήτω ἡ τράπεζα αὐτῶν εἰς παγίδα καὶ εἰς θήραν, καὶ εἰς σκάνδαλον, καὶ εἰς ἀνταπόδομα αὐτοῖς· 10 σκοτισθήτωσαν οἱ ὀφθαλμοὶ αὐτῶν τοῦ μὴ βλέπειν, καὶ τὸν νῶτον αὐτῶν διὰ παντὸς σύγκαμψον.

An Admonition and Encouragement to Gentiles and Jews

11 Λέγω οὖν, μὴ ἔπταισαν ἵνα πέσωσιν; Μὴ γένοιτο· ἀλλὰ τῷ αὐτῶν παραπτώματι ἡ σωτηρία τοῖς ἔθνεσιν, εἰς τὸ παραζηλῶσαι αὐτούς. 12 Εἰ δὲ τὸ παράπτωμα αὐτῶν πλοῦτος κόσμου, καὶ τὸ ἥττημα αὐτῶν πλοῦτος ἐθνῶν, πόσῳ μᾶλλον τὸ πλήρωμα αὐτῶν;

13 Ὑμῖν γὰρ[1] λέγω τοῖς ἔθνεσιν. Ἐφ᾽ ὅσον μέν[2] εἰμι ἐγὼ ἐθνῶν ἀπόστολος, τὴν διακονίαν μου δοξάζω· 14 εἴ πως παραζηλώσω μου τὴν σάρκα, καὶ σώσω τινὰς ἐξ αὐτῶν. 15 Εἰ γὰρ ἡ ἀποβολὴ αὐτῶν καταλλαγὴ κόσμου, τίς ἡ πρόσληψις,[3] εἰ μὴ ζωὴ ἐκ νεκρῶν; 16 Εἰ δὲ ἡ ἀπαρχὴ ἁγία, καὶ τὸ φύραμα· καὶ εἰ ἡ ῥίζα ἁγία, καὶ οἱ κλάδοι. 17 Εἰ δέ τινες τῶν κλάδων ἐξεκλάσθησαν, σὺ δὲ ἀγριέλαιος ὢν ἐνεκεντρίσθης ἐν αὐτοῖς, καὶ συγκοινωνὸς τῆς ῥίζης καὶ τῆς[4] πιότητος τῆς ἐλαίας ἐγένου, 18 μὴ κατακαυχῶ τῶν κλάδων· εἰ δὲ κατακαυχᾶσαι, οὐ σὺ τὴν ῥίζαν βαστάζεις, ἀλλ᾽[5] ἡ ῥίζα σέ. 19 Ἐρεῖς οὖν, Ἐξεκλάσθησαν κλάδοι, ἵνα ἐγὼ ἐγκεντρισθῶ. 20 Καλῶς· τῇ ἀπιστίᾳ ἐξεκλάσθησαν, σὺ δὲ τῇ πίστει ἕστηκας. Μὴ ὑψηλοφρόνει,[6] ἀλλὰ φοβοῦ· 21 εἰ γὰρ ὁ θεὸς τῶν κατὰ φύσιν κλάδων οὐκ ἐφείσατο, μήπως[7] οὐδέ σου φείσεται. 22 Ἴδε οὖν χρηστότητα καὶ ἀποτομίαν θεοῦ· ἐπὶ μὲν τοὺς πεσόντας, ἀποτομίαν· ἐπὶ[8] δὲ σέ, χρηστότητα, ἐὰν ἐπιμείνῃς[9] τῇ χρηστότητι· ἐπεὶ καὶ σὺ ἐκκοπήσῃ. 23 Καὶ ἐκεῖνοι[10] δέ,

---

[1] γὰρ • δὲ   [2] μέν • μὲν οὖν   [3] πρόσληψις • πρόσλημψις   [4] καὶ τῆς • τῆς   [5] ἀλλ᾽ • ἀλλὰ   [6] ὑψηλοφρόνει • ὑψηλὰ φρόνει   [7] μήπως • [μή πως]   [8] ἀποτομίαν ἐπὶ • ἀποτομία ἐπὶ   [9] χρηστότητα ἐὰν ἐπιμείνῃς • χρηστότης θεοῦ ἐὰν ἐπιμένῃς   [10] Καὶ ἐκεῖνοι • Κἀκεῖνοι

ἐὰν μὴ ἐπιμείνωσιν¹ τῇ ἀπιστίᾳ, ἐγκεντρισθήσονται· δυνατὸς γὰρ ὁ θεός ἐστιν² πάλιν ἐγκεντρίσαι αὐτούς. 24 Εἰ γὰρ σὺ ἐκ τῆς κατὰ φύσιν ἐξεκόπης ἀγριελαίου, καὶ παρὰ φύσιν ἐνεκεντρίσθης εἰς καλλιέλαιον, πόσῳ μᾶλλον οὗτοι, οἱ κατὰ φύσιν, ἐγκεντρισθήσονται τῇ ἰδίᾳ ἐλαίᾳ;

25 Οὐ γὰρ θέλω ὑμᾶς ἀγνοεῖν, ἀδελφοί, τὸ μυστήριον τοῦτο, ἵνα μὴ ἦτε παρ'³ ἑαυτοῖς φρόνιμοι, ὅτι πώρωσις ἀπὸ μέρους τῷ Ἰσραὴλ γέγονεν, ἄχρι οὗ τὸ πλήρωμα τῶν ἐθνῶν εἰσέλθῃ· 26 καὶ οὕτως πᾶς Ἰσραὴλ σωθήσεται· καθὼς γέγραπται, Ἥξει ἐκ Σιὼν ὁ ῥυόμενος, καὶ ἀποστρέψει⁴ ἀσεβείας ἀπὸ Ἰακώβ· 27 καὶ αὕτη αὐτοῖς ἡ παρ' ἐμοῦ διαθήκη, ὅταν ἀφέλωμαι τὰς ἁμαρτίας αὐτῶν. 28 Κατὰ μὲν τὸ εὐαγγέλιον, ἐχθροὶ δι' ὑμᾶς· κατὰ δὲ τὴν ἐκλογήν, ἀγαπητοὶ διὰ τοὺς πατέρας. 29 Ἀμεταμέλητα γὰρ τὰ χαρίσματα καὶ ἡ κλῆσις τοῦ θεοῦ. 30 Ὥσπερ γὰρ καὶ⁵ ὑμεῖς ποτὲ ἠπειθήσατε τῷ θεῷ, νῦν δὲ ἠλεήθητε τῇ τούτων ἀπειθείᾳ· 31 οὕτως καὶ οὗτοι νῦν ἠπείθησαν, τῷ ὑμετέρῳ ἐλέει ἵνα καὶ αὐτοὶ ἐλεηθῶσιν·⁶ 32 συνέκλεισεν γὰρ ὁ θεὸς τοὺς πάντας εἰς ἀπείθειαν, ἵνα τοὺς πάντας ἐλεήσῃ.

33 Ὦ βάθος πλούτου καὶ σοφίας καὶ γνώσεως θεοῦ. Ὡς ἀνεξερεύνητα⁷ τὰ κρίματα αὐτοῦ, καὶ ἀνεξιχνίαστοι αἱ ὁδοὶ αὐτοῦ. 34 Τίς γὰρ ἔγνω νοῦν κυρίου; Ἢ τίς σύμβουλος αὐτοῦ ἐγένετο; 35 Ἢ τίς προέδωκεν αὐτῷ, καὶ ἀνταποδοθήσεται αὐτῷ; 36 Ὅτι ἐξ αὐτοῦ καὶ δι' αὐτοῦ καὶ εἰς αὐτὸν τὰ πάντα· αὐτῷ ἡ δόξα εἰς τοὺς αἰῶνας. Ἀμήν.

The Christian's Life a Reasonable Service to God

12 Παρακαλῶ οὖν ὑμᾶς, ἀδελφοί, διὰ τῶν οἰκτιρμῶν τοῦ θεοῦ, παραστῆσαι τὰ σώματα ὑμῶν θυσίαν ζῶσαν, ἁγίαν, εὐάρεστον τῷ θεῷ, τὴν λογικὴν λατρείαν ὑμῶν, 2 καὶ μὴ

---

1 ἐπιμείνωσιν • ἐπιμένωσιν   2 ὁ θεός ἐστιν • ἔστιν ὁ θεὸς   3 παρ' • [παρ']
4 καὶ ἀποστρέψει • ἀποστρέψει   5 καὶ • —   6 ἐλεηθῶσιν • [νῦν] ἐλεηθῶσιν
7 ἀνεξερεύνητα • ἀνεξεραύνητα

συσχηματίζεσθαι ᵃ, ¹ τῷ αἰῶνι τούτῳ, ἀλλὰ μεταμορφοῦσθαι ᵇ, ² τῇ ἀνακαινώσει τοῦ νοὸς ὑμῶν, ³ εἰς τὸ δοκιμάζειν ὑμᾶς τί τὸ θέλημα τοῦ θεοῦ τὸ ἀγαθὸν καὶ εὐάρεστον καὶ τέλειον. 3 Λέγω γάρ, διὰ τῆς χάριτος τῆς δοθείσης μοι, παντὶ τῷ ὄντι ἐν ὑμῖν, μὴ ὑπερφρονεῖν παρ' ὃ δεῖ φρονεῖν, ἀλλὰ φρονεῖν εἰς τὸ σωφρονεῖν, ἑκάστῳ ὡς ὁ θεὸς ἐμέρισεν μέτρον πίστεως. 4 Καθάπερ γὰρ ἐν ἑνὶ σώματι μέλη πολλὰ⁴ ἔχομεν, τὰ δὲ μέλη πάντα οὐ τὴν αὐτὴν ἔχει πρᾶξιν· 5 οὕτως οἱ πολλοὶ ἓν σῶμά ἐσμεν ἐν χριστῷ, ὁ⁵ δὲ καθ' εἷς ἀλλήλων μέλη. 6 Ἔχοντες δὲ χαρίσματα κατὰ τὴν χάριν τὴν δοθεῖσαν ἡμῖν διάφορα, εἴτε προφητείαν, κατὰ τὴν ἀναλογίαν τῆς πίστεως· 7 εἴτε διακονίαν, ἐν τῇ διακονίᾳ· εἴτε ὁ διδάσκων, ἐν τῇ διδασκαλίᾳ· 8 εἴτε ὁ παρακαλῶν, ἐν τῇ παρακλήσει· ὁ μεταδιδούς, ἐν ἁπλότητι· ὁ προϊστάμενος, ἐν σπουδῇ· ὁ ἐλεῶν, ἐν ἱλαρότητι. 9 Ἡ ἀγάπη ἀνυπόκριτος. Ἀποστυγοῦντες τὸ πονηρόν, κολλώμενοι τῷ ἀγαθῷ. 10 Τῇ φιλαδελφίᾳ εἰς ἀλλήλους φιλόστοργοι· τῇ τιμῇ ἀλλήλους προηγούμενοι· 11 τῇ σπουδῇ μὴ ὀκνηροί· τῷ πνεύματι ζέοντες· τῷ κυρίῳ δουλεύοντες· 12 τῇ ἐλπίδι χαίροντες· τῇ θλίψει ὑπομένοντες· τῇ προσευχῇ προσκαρτεροῦντες· 13 ταῖς χρείαις τῶν ἁγίων κοινωνοῦντες· τὴν φιλοξενίαν διώκοντες. 14 Εὐλογεῖτε τοὺς διώκοντας ὑμᾶς·⁶ εὐλογεῖτε, καὶ μὴ καταρᾶσθε. 15 Χαίρειν μετὰ χαιρόντων, καὶ⁷ κλαίειν μετὰ κλαιόντων. 16 Τὸ αὐτὸ εἰς ἀλλήλους φρονοῦντες. Μὴ τὰ ὑψηλὰ φρονοῦντες, ἀλλὰ τοῖς ταπεινοῖς συναπαγόμενοι. Μὴ γίνεσθε φρόνιμοι παρ' ἑαυτοῖς. 17 Μηδενὶ κακὸν ἀντὶ κακοῦ ἀποδιδόντες. Προνοούμενοι καλὰ ἐνώπιον πάντων ἀνθρώπων. 18 Εἰ δυνατόν, τὸ ἐξ ὑμῶν, μετὰ πάντων ἀνθρώπων εἰρηνεύοντες. 19 Μὴ ἑαυτοὺς ἐκδικοῦντες, ἀγαπητοί, ἀλλὰ δότε τόπον τῇ ὀργῇ· γέγραπται γάρ, Ἐμοὶ

ᵃ συσχηματίζεσθαι • συσχηματίζεσθε   ᵇ μεταμορφοῦσθαι • μεταμορφοῦσθε

¹ συσχηματίζεσθαι • συσχηματίζεσθε   ² μεταμορφοῦσθαι • μεταμορφοῦσθε
³ ὑμῶν • —   ⁴ μέλη πολλὰ • πολλὰ μέλη   ⁵ ὁ • τὸ   ⁶ ὑμᾶς • [ὑμᾶς]   ⁷ καὶ •

ἐκδίκησις, ἐγὼ ἀνταποδώσω, λέγει κύριος. 20 Ἐὰν οὖν ¹ πεινᾷ ὁ ἐχθρός σου, ψώμιζε αὐτόν· ἐὰν διψᾷ, πότιζε αὐτόν· τοῦτο γὰρ ποιῶν, ἄνθρακας πυρὸς σωρεύσεις ἐπὶ τὴν κεφαλὴν αὐτοῦ. 21 Μὴ νικῶ ὑπὸ τοῦ κακοῦ, ἀλλὰ νίκα ἐν τῷ ἀγαθῷ τὸ κακόν.

Obedience to the Government

13 Πᾶσα ψυχὴ ἐξουσίαις ὑπερεχούσαις ὑποτασσέσθω· οὐ γάρ ἐστιν ἐξουσία εἰ μὴ ὑπὸ θεοῦ, αἱ δὲ οὖσαι ἐξουσίαι ὑπὸ τοῦ ² θεοῦ τεταγμέναι εἰσίν. 2 Ὥστε ὁ ἀντιτασσόμενος τῇ ἐξουσίᾳ, τῇ τοῦ θεοῦ διαταγῇ ἀνθέστηκεν· οἱ δὲ ἀνθεστηκότες ἑαυτοῖς κρίμα λήψονται. ³ 3 Οἱ γὰρ ἄρχοντες οὐκ εἰσὶν φόβος τῶν ἀγαθῶν ἔργων, ἀλλὰ τῶν κακῶν. ⁴ Θέλεις δὲ μὴ φοβεῖσθαι τὴν ἐξουσίαν; Τὸ ἀγαθὸν ποίει, καὶ ἕξεις ἔπαινον ἐξ αὐτῆς· 4 θεοῦ γὰρ διάκονός ἐστίν σοι εἰς τὸ ἀγαθόν. Ἐὰν δὲ τὸ κακὸν ποιῇς, φοβοῦ· οὐ γὰρ εἰκῇ τὴν μάχαιραν φορεῖ· θεοῦ γὰρ διάκονός ἐστιν, ἔκδικος εἰς ὀργὴν τῷ τὸ κακὸν πράσσοντι. 5 Διὸ ἀνάγκη ὑποτάσσεσθαι, οὐ μόνον διὰ τὴν ὀργήν, ἀλλὰ καὶ διὰ τὴν συνείδησιν. 6 Διὰ τοῦτο γὰρ καὶ φόρους τελεῖτε· λειτουργοὶ γὰρ θεοῦ εἰσιν, εἰς αὐτὸ τοῦτο προσκαρτεροῦντες. 7 Ἀπόδοτε οὖν ⁵ πᾶσιν τὰς ὀφειλάς· τῷ τὸν φόρον τὸν φόρον· τῷ τὸ τέλος τὸ τέλος· τῷ τὸν φόβον τὸν φόβον· τῷ τὴν τιμὴν τὴν τιμήν.

Love toward One's Neighbor, the Walk in the Light

8 Μηδενὶ μηδὲν ὀφείλετε, εἰ μὴ τὸ ἀγαπᾶν ἀλλήλους· ⁶ ὁ γὰρ ἀγαπῶν τὸν ἕτερον, νόμον πεπλήρωκεν. 9 Τὸ γάρ, Οὐ μοιχεύσεις, οὐ φονεύσεις, οὐ κλέψεις, ᵃ οὐκ ἐπιθυμήσεις, καὶ εἴ τις ἑτέρα ἐντολή, ἐν τούτῳ τῷ λόγῳ ⁷ ἀνακεφαλαιοῦται, ἐν τῷ, ⁸ Ἀγαπήσεις τὸν πλησίον σου ὡς σεαυτόν. 10 Ἡ ἀγάπη τῷ πλησίον κακὸν οὐκ ἐργάζεται· πλήρωμα οὖν νόμου ἡ ἀγάπη.

ᵃ κλέψεις • κλέψεις, οὐ ψευδομαρτυρήσεις

---

¹ Ἐὰν οὖν • Ἀλλὰ ἐὰν   ² ἐξουσίαι ὑπὸ τοῦ • ὑπὸ   ³ λήψονται • λήμψονται
⁴ τῶν ἀγαθῶν ἔργων ἀλλὰ τῶν κακῶν • τῷ ἀγαθῷ ἔργῳ ἀλλὰ τῷ κακῷ   ⁵ οὖν •
—   ⁶ ἀγαπᾶν ἀλλήλους • ἀλλήλους ἀγαπᾶν   ⁷ τούτῳ τῷ λόγῳ • τῷ λόγῳ τούτῳ
⁸ ἐν τῷ • [ἐν τῷ]

11 Καὶ τοῦτο, εἰδότες τὸν καιρόν, ὅτι ὥρα ἡμᾶς ἤδη ¹ ἐξ ὕπνου ἐγερθῆναι· νῦν γὰρ ἐγγύτερον ἡμῶν ἡ σωτηρία ἢ ὅτε ἐπιστεύσαμεν. 12 Ἡ νὺξ προέκοψεν, ἡ δὲ ἡμέρα ἤγγικεν· ἀποθώμεθα οὖν τὰ ἔργα τοῦ σκότους, καὶ ἐνδυσώμεθα ² τὰ ὅπλα τοῦ φωτός. 13 Ὡς ἐν ἡμέρᾳ, εὐσχημόνως περιπατήσωμεν, μὴ κώμοις καὶ μέθαις, μὴ κοίταις καὶ ἀσελγείαις, μὴ ἔριδι καὶ ζήλῳ. 14 Ἀλλ' ³ ἐνδύσασθε τὸν κύριον Ἰησοῦν χριστόν, καὶ τῆς σαρκὸς πρόνοιαν μὴ ποιεῖσθε, εἰς ἐπιθυμίας.

The Conduct of Christians toward Such as Are Weak in Faith

14 Τὸν δὲ ἀσθενοῦντα τῇ πίστει προσλαμβάνεσθε, μὴ εἰς διακρίσεις διαλογισμῶν. 2 Ὃς μὲν πιστεύει φαγεῖν πάντα, ὁ δὲ ἀσθενῶν λάχανα ἐσθίει. 3 Ὁ ἐσθίων τὸν μὴ ἐσθίοντα μὴ ἐξουθενείτω, καὶ ὁ ⁴ μὴ ἐσθίων τὸν ἐσθίοντα μὴ κρινέτω· ὁ θεὸς γὰρ αὐτὸν προσελάβετο. 4 Σὺ τίς εἶ ὁ κρίνων ἀλλότριον οἰκέτην; Τῷ ἰδίῳ κυρίῳ στήκει ἢ πίπτει. Σταθήσεται δέ· δυνατὸς γάρ ἐστιν ὁ θεὸς ⁵ στῆσαι αὐτόν. 5 Ὃς μὲν ⁶ κρίνει ἡμέραν παρ' ἡμέραν, ὃς δὲ κρίνει πᾶσαν ἡμέραν. Ἕκαστος ἐν τῷ ἰδίῳ νοῒ πληροφορείσθω. 6 Ὁ φρονῶν τὴν ἡμέραν, κυρίῳ φρονεῖ· καὶ ὁ μὴ φρονῶν τὴν ἡμέραν, κυρίῳ οὐ φρονεῖ. ⁷ Καὶ ὁ ἐσθίων κυρίῳ ἐσθίει, εὐχαριστεῖ γὰρ τῷ θεῷ· καὶ ὁ μὴ ἐσθίων κυρίῳ οὐκ ἐσθίει, καὶ εὐχαριστεῖ τῷ θεῷ. 7 Οὐδεὶς γὰρ ἡμῶν ἑαυτῷ ζῇ, καὶ οὐδεὶς ἑαυτῷ ἀποθνήσκει. 8 Ἐάν τε γὰρ ζῶμεν, τῷ κυρίῳ ζῶμεν· ἐάν τε ἀποθνήσκωμεν, τῷ κυρίῳ ἀποθνήσκομεν· ἐάν τε οὖν ζῶμεν, ἐάν τε ἀποθνήσκωμεν, τοῦ κυρίου ἐσμέν. 9 Εἰς τοῦτο γὰρ χριστὸς καὶ ἀπέθανεν καὶ ἀνέστη ⁸ καὶ ἔζησεν, ἵνα καὶ νεκρῶν καὶ ζώντων κυριεύσῃ. 10 Σὺ δὲ τί κρίνεις τὸν ἀδελφόν σου; Ἢ καὶ σὺ τί ἐξουθενεῖς τὸν ἀδελφόν σου; Πάντες γὰρ παραστησόμεθα τῷ βήματι τοῦ χριστοῦ. ⁹ 11 Γέγραπται γάρ, Ζῶ ἐγώ, λέγει κύριος· ὅτι ἐμοὶ

---

¹ ἡμᾶς ἤδη • ἤδη ὑμᾶς ² καὶ ἐνδυσώμεθα • ἐνδυσώμεθα [δὲ] ³ Ἀλλ' • Ἀλλὰ ⁴ καὶ ὁ • ὁ δὲ ⁵ δυνατὸς γάρ ἐστιν ὁ θεὸς • δυνατεῖ γὰρ ὁ κύριος ⁶ μὲν • μὲν [γὰρ] ⁷ καὶ ὁ μὴ φρονῶν τὴν ἡμέραν κυρίῳ οὐ φρονεῖ • — ⁸ καὶ ἀπέθανεν καὶ ἀνέστη • ἀπέθανεν ⁹ χριστοῦ • θεοῦ

κάμψει πᾶν γόνυ, καὶ πᾶσα γλῶσσα ἐξομολογήσεται τῷ θεῷ. 12 Ἄρα οὖν[1] ἕκαστος ἡμῶν περὶ ἑαυτοῦ λόγον δώσει τῷ θεῷ.[2] 13 Μηκέτι οὖν ἀλλήλους κρίνωμεν· ἀλλὰ τοῦτο κρίνατε μᾶλλον, τὸ μὴ τιθέναι πρόσκομμα τῷ ἀδελφῷ ἢ σκάνδαλον. 14 Οἶδα καὶ πέπεισμαι ἐν κυρίῳ Ἰησοῦ, ὅτι οὐδὲν κοινὸν δι᾽ αὐτοῦ·[3] εἰ μὴ τῷ λογιζομένῳ τι κοινὸν εἶναι, ἐκείνῳ κοινόν. 15 Εἰ δὲ[4] διὰ βρῶμα ὁ ἀδελφός σου λυπεῖται, οὐκέτι κατὰ ἀγάπην περιπατεῖς. Μὴ τῷ βρώματί σου ἐκεῖνον ἀπόλλυε, ὑπὲρ οὗ χριστὸς ἀπέθανεν. 16 Μὴ βλασφημείσθω οὖν ὑμῶν τὸ ἀγαθόν· 17 οὐ γάρ ἐστιν ἡ βασιλεία τοῦ θεοῦ βρῶσις καὶ πόσις, ἀλλὰ δικαιοσύνη καὶ εἰρήνη καὶ χαρὰ ἐν πνεύματι ἁγίῳ. 18 Ὁ γὰρ ἐν τούτοις[5] δουλεύων τῷ χριστῷ εὐάρεστος τῷ θεῷ, καὶ δόκιμος τοῖς ἀνθρώποις. 19 Ἄρα οὖν τὰ τῆς εἰρήνης διώκωμεν, καὶ τὰ τῆς οἰκοδομῆς τῆς εἰς ἀλλήλους. 20 Μὴ ἕνεκεν βρώματος κατάλυε τὸ ἔργον τοῦ θεοῦ. Πάντα μὲν καθαρά, ἀλλὰ κακὸν τῷ ἀνθρώπῳ τῷ διὰ προσκόμματος ἐσθίοντι. 21 Καλὸν τὸ μὴ φαγεῖν κρέα, μηδὲ πιεῖν οἶνον, μηδὲ ἐν ᾧ ὁ ἀδελφός σου προσκόπτει ἢ σκανδαλίζεται ἢ ἀσθενεῖ.[6] 22 Σὺ πίστιν ἔχεις;[7] Κατὰ σεαυτὸν ἔχε ἐνώπιον τοῦ θεοῦ. Μακάριος ὁ μὴ κρίνων ἑαυτὸν ἐν ᾧ δοκιμάζει. 23 Ὁ δὲ διακρινόμενος, ἐὰν φάγῃ, κατακέκριται, ὅτι οὐκ ἐκ πίστεως· πᾶν δὲ ὃ οὐκ ἐκ πίστεως, ἁμαρτία ἐστίν.

24 Τῷ δὲ δυναμένῳ ὑμᾶς στηρίξαι κατὰ τὸ εὐαγγέλιόν μου καὶ τὸ κήρυγμα Ἰησοῦ χριστοῦ, κατὰ ἀποκάλυψιν μυστηρίου χρόνοις αἰωνίοις σεσιγημένου, 25 φανερωθέντος δὲ νῦν, διά τε γραφῶν προφητικῶν, κατ᾽ ἐπιταγὴν τοῦ αἰωνίου θεοῦ, εἰς ὑπακοὴν πίστεως εἰς πάντα τὰ ἔθνη γνωρισθέντος, 26 μόνῳ σοφῷ θεῷ, διὰ Ἰησοῦ χριστοῦ, ᾧ ἡ δόξα εἰς τοὺς αἰῶνας. Ἀμήν.[8]

---

[1] οὖν • [οὖν] [2] τῷ θεῷ • [τῷ θεῷ] [3] αὐτοῦ • ἑαυτοῦ [4] δὲ • γὰρ [5] τούτοις • τούτῳ [6] ἢ σκανδαλίζεται ἢ ἀσθενεῖ • — [7] ἔχεις • [ἣν] ἔχεις [8] 14.24–26 •

An Admonition to Patience and Harmony

15 Ὀφείλομεν δὲ ἡμεῖς οἱ δυνατοὶ τὰ ἀσθενήματα τῶν ἀδυνάτων βαστάζειν, καὶ μὴ ἑαυτοῖς ἀρέσκειν. **2** Ἕκαστος ἡμῶν τῷ πλησίον ἀρεσκέτω εἰς τὸ ἀγαθὸν πρὸς οἰκοδομήν. **3** Καὶ γὰρ ὁ χριστὸς οὐχ ἑαυτῷ ἤρεσεν, ἀλλά, καθὼς γέγραπται, Οἱ ὀνειδισμοὶ τῶν ὀνειδιζόντων σε ἐπέπεσον [1] ἐπ' ἐμέ. **4** Ὅσα γὰρ προεγράφη, εἰς τὴν ἡμετέραν διδασκαλίαν προεγράφη, ἵνα [2] διὰ τῆς ὑπομονῆς καὶ διὰ τῆς παρακλήσεως τῶν γραφῶν τὴν ἐλπίδα ἔχωμεν. **5** Ὁ δὲ θεὸς τῆς ὑπομονῆς καὶ τῆς παρακλήσεως δῴη ὑμῖν τὸ αὐτὸ φρονεῖν ἐν ἀλλήλοις κατὰ χριστὸν Ἰησοῦν· **6** ἵνα ὁμοθυμαδὸν ἐν ἑνὶ στόματι δοξάζητε τὸν θεὸν καὶ πατέρα τοῦ κυρίου ἡμῶν Ἰησοῦ χριστοῦ. **7** Διὸ προσλαμβάνεσθε ἀλλήλους, καθὼς καὶ ὁ χριστὸς προσελάβετο ὑμᾶς, [a] εἰς δόξαν θεοῦ. [3] **8** Λέγω δέ, χριστὸν Ἰησοῦν [4] διάκονον γεγενῆσθαι περιτομῆς ὑπὲρ ἀληθείας θεοῦ, εἰς τὸ βεβαιῶσαι τὰς ἐπαγγελίας τῶν πατέρων· **9** τὰ δὲ ἔθνη ὑπὲρ ἐλέους δοξάσαι τὸν θεόν, καθὼς γέγραπται, Διὰ τοῦτο ἐξομολογήσομαί σοι ἐν ἔθνεσιν, καὶ τῷ ὀνόματί σου ψαλῶ. **10** Καὶ πάλιν λέγει, Εὐφράνθητε, ἔθνη, μετὰ τοῦ λαοῦ αὐτοῦ. **11** Καὶ πάλιν, Αἰνεῖτε τὸν κύριον πάντα τὰ ἔθνη, [5] καὶ ἐπαινέσατε [6] αὐτὸν πάντες οἱ λαοί. **12** Καὶ πάλιν Ἡσαΐας λέγει, Ἔσται ἡ ῥίζα τοῦ Ἰεσσαί, καὶ ὁ ἀνιστάμενος ἄρχειν ἐθνῶν· ἐπ' αὐτῷ ἔθνη ἐλπιοῦσιν. **13** Ὁ δὲ θεὸς τῆς ἐλπίδος πληρώσαι ὑμᾶς πάσης χαρᾶς καὶ εἰρήνης ἐν τῷ πιστεύειν, εἰς τὸ περισσεύειν ὑμᾶς ἐν τῇ ἐλπίδι, ἐν δυνάμει πνεύματος ἁγίου.

The Epilogue of the Letter

14 Πέπεισμαι δέ, ἀδελφοί μου, καὶ αὐτὸς ἐγὼ περὶ ὑμῶν, ὅτι καὶ αὐτοὶ μεστοί ἐστε ἀγαθωσύνης, πεπληρωμένοι πάσης γνώσεως, [7] δυνάμενοι καὶ ἄλλους [8] νουθετεῖν.

---

[a] ὑμᾶς • ἡμᾶς

---

[1] ἐπέπεσον • ἐπέπεσαν   [2] προεγράφη ἵνα • ἐγράφη ἵνα   [3] θεοῦ • τοῦ θεοῦ
[4] δέ χριστὸν Ἰησοῦν • γάρ χριστὸν   [5] τὸν κύριον πάντα τὰ ἔθνη • πάντα τὰ ἔθνη τὸν κύριον   [6] ἐπαινέσατε • ἐπαινεσάτωσαν   [7] γνώσεως • [τῆς] γνώσεως
[8] ἄλλους • ἀλλήλους

15 Τολμηρότερον δὲ ἔγραψα ὑμῖν, ἀδελφοί,¹ ἀπὸ μέρους, ὡς ἐπαναμιμνήσκων ὑμᾶς, διὰ τὴν χάριν τὴν δοθεῖσάν μοι ὑπὸ τοῦ θεοῦ, 16 εἰς τὸ εἶναί με λειτουργὸν Ἰησοῦ χριστοῦ² εἰς τὰ ἔθνη, ἱερουργοῦντα τὸ εὐαγγέλιον τοῦ θεοῦ, ἵνα γένηται ἡ προσφορὰ τῶν ἐθνῶν εὐπρόσδεκτος, ἡγιασμένη ἐν πνεύματι ἁγίῳ. 17 Ἔχω οὖν καύχησιν³ ἐν χριστῷ Ἰησοῦ τὰ πρὸς τὸν θεόν. 18 Οὐ γὰρ τολμήσω λαλεῖν τι⁴ ὧν οὐ κατειργάσατο χριστὸς δι' ἐμοῦ, εἰς ὑπακοὴν ἐθνῶν, λόγῳ καὶ ἔργῳ, 19 ἐν δυνάμει σημείων καὶ τεράτων, ἐν δυνάμει πνεύματος θεοῦ·⁵ ὥστε με ἀπὸ Ἱερουσαλὴμ καὶ κύκλῳ μέχρι τοῦ Ἰλλυρικοῦ πεπληρωκέναι τὸ εὐαγγέλιον τοῦ χριστοῦ· 20 οὕτως δὲ φιλοτιμούμενον εὐαγγελίζεσθαι, οὐχ ὅπου ὠνομάσθη χριστός, ἵνα μὴ ἐπ' ἀλλότριον θεμέλιον οἰκοδομῶ· 21 ἀλλά, καθὼς γέγραπται, Οἷς οὐκ ἀνηγγέλη περὶ αὐτοῦ, ὄψονται· καὶ οἳ οὐκ ἀκηκόασιν συνήσουσιν.

22 Διὸ καὶ ἐνεκοπτόμην τὰ πολλὰ τοῦ ἐλθεῖν πρὸς ὑμᾶς· 23 νυνὶ δὲ μηκέτι τόπον ἔχων ἐν τοῖς κλίμασιν τούτοις, ἐπιποθίαν δὲ ἔχων τοῦ ἐλθεῖν πρὸς ὑμᾶς ἀπὸ πολλῶν ἐτῶν, 24 ὡς ἐὰν πορεύωμαι⁶ εἰς τὴν Σπανίαν, ἐλεύσομαι πρὸς ὑμᾶς·⁷ ἐλπίζω γὰρ διαπορευόμενος θεάσασθαι ὑμᾶς, καὶ ὑφ' ὑμῶν προπεμφθῆναι ἐκεῖ, ἐὰν ὑμῶν πρῶτον ἀπὸ μέρους ἐμπλησθῶ. 25 Νυνὶ δὲ πορεύομαι εἰς Ἱερουσαλήμ, διακονῶν τοῖς ἁγίοις. 26 Εὐδόκησαν γὰρ Μακεδονία καὶ Ἀχαΐα κοινωνίαν τινὰ ποιήσασθαι εἰς τοὺς πτωχοὺς τῶν ἁγίων τῶν ἐν Ἱερουσαλήμ. 27 Εὐδόκησαν γάρ, καὶ ὀφειλέται αὐτῶν εἰσιν.⁸ Εἰ γὰρ τοῖς πνευματικοῖς αὐτῶν ἐκοινώνησαν τὰ ἔθνη, ὀφείλουσιν καὶ ἐν τοῖς σαρκικοῖς λειτουργῆσαι αὐτοῖς. 28 Τοῦτο οὖν ἐπιτελέσας, καὶ σφραγισάμενος αὐτοῖς τὸν καρπὸν τοῦτον, ἀπελεύσομαι δι' ὑμῶν εἰς τὴν⁹ Σπανίαν. 29 Οἶδα δὲ ὅτι ἐρχόμενος πρὸς ὑμᾶς ἐν πληρώματι εὐλογίας τοῦ εὐαγγελίου τοῦ¹⁰ χριστοῦ ἐλεύσομαι.

---

¹ ἀδελφοί • — ² Ἰησοῦ χριστοῦ • χριστοῦ Ἰησοῦ ³ καύχησιν • [τὴν] καύχησιν ⁴ λαλεῖν τι • τι λαλεῖν ⁵ θεοῦ • [θεοῦ] ⁶ ἐὰν πορεύωμαι • ἂν πορεύωμαι ⁷ ἐλεύσομαι πρὸς ὑμᾶς • — ⁸ αὐτῶν εἰσιν • εἰσὶν αὐτῶν ⁹ τὴν • — ¹⁰ τοῦ εὐαγγελίου τοῦ • —

30 Παρακαλῶ δὲ ὑμᾶς, ἀδελφοί,¹ διὰ τοῦ κυρίου ἡμῶν Ἰησοῦ χριστοῦ, καὶ διὰ τῆς ἀγάπης τοῦ πνεύματος, συναγωνίσασθαί μοι ἐν ταῖς προσευχαῖς ὑπὲρ ἐμοῦ πρὸς τὸν θεόν· **31** ἵνα ῥυσθῶ ἀπὸ τῶν ἀπειθούντων ἐν τῇ Ἰουδαίᾳ, καὶ ἵνα ἡ² διακονία μου ἡ εἰς Ἱερουσαλὴμ εὐπρόσδεκτος γένηται τοῖς ἁγίοις·³ **32** ἵνα ἐν χαρᾷ ἔλθω⁴ πρὸς ὑμᾶς διὰ θελήματος θεοῦ, καὶ⁵ συναναπαύσωμαι ὑμῖν. **33** Ὁ δὲ θεὸς τῆς εἰρήνης μετὰ πάντων ὑμῶν. Ἀμήν.

A Recommendation, Greetings, and a Final Admonition

16 Συνίστημι δὲ ὑμῖν Φοίβην τὴν ἀδελφὴν ἡμῶν, οὖσαν διάκονον⁶ τῆς ἐκκλησίας τῆς ἐν Κεγχρεαῖς· **2** ἵνα αὐτὴν προσδέξησθε ἐν κυρίῳ ἀξίως τῶν ἁγίων, καὶ παραστῆτε αὐτῇ ἐν ᾧ ἂν ὑμῶν χρῄζῃ πράγματι· καὶ γὰρ αὐτὴ προστάτις πολλῶν ἐγενήθη, καὶ αὐτοῦ ἐμοῦ.⁷

3 Ἀσπάσασθε Πρίσκαν ᵃ καὶ Ἀκύλαν τοὺς συνεργούς μου ἐν χριστῷ Ἰησοῦ, **4** οἵτινες ὑπὲρ τῆς ψυχῆς μου τὸν ἑαυτῶν τράχηλον ὑπέθηκαν, οἷς οὐκ ἐγὼ μόνος εὐχαριστῶ, ἀλλὰ καὶ πᾶσαι αἱ ἐκκλησίαι τῶν ἐθνῶν· **5** καὶ τὴν κατ᾽ οἶκον αὐτῶν ἐκκλησίαν. Ἀσπάσασθε Ἐπαίνετον τὸν ἀγαπητόν μου, ὅς ἐστιν ἀπαρχὴ τῆς Ἀχαΐας⁸ εἰς χριστόν. **6** Ἀσπάσασθε Μαριάμ,⁹ ἥτις πολλὰ ἐκοπίασεν εἰς ἡμᾶς.¹⁰ **7** Ἀσπάσασθε Ἀνδρόνικον καὶ Ἰουνίαν¹¹ τοὺς συγγενεῖς μου καὶ συναιχμαλώτους μου, οἵτινές εἰσιν ἐπίσημοι ἐν τοῖς ἀποστόλοις, οἳ καὶ πρὸ ἐμοῦ γεγόνασιν¹² ἐν χριστῷ. **8** Ἀσπάσασθε Ἀμπλίαν¹³ τὸν ἀγαπητόν μου ἐν κυρίῳ. **9** Ἀσπάσασθε Οὐρβανὸν τὸν συνεργὸν ἡμῶν ἐν χριστῷ, καὶ Στάχυν τὸν ἀγαπητόν μου. **10** Ἀσπάσασθε Ἀπελλῆν τὸν δόκιμον ἐν χριστῷ. Ἀσπάσασθε τοὺς ἐκ τῶν Ἀριστοβούλου. **11** Ἀσπάσασθε Ἡρῳδίωνα τὸν συγγενῆ μου.

ᵃ *Πρίσκαν • Πρίσκιλλαν*

1 ἀδελφοί • [ἀδελφοί]   **2** ἵνα ἡ • ἡ   **3** γένηται τοῖς ἁγίοις • τοῖς ἁγίοις γένηται   **4** ἔλθω • ἐλθὼν   **5** καὶ • —   **6** διάκονον • [καὶ] διάκονον   **7** αὐτοῦ ἐμοῦ • ἐμοῦ αὐτοῦ   **8** Ἀχαΐας • Ἀσίας   **9** Μαριάμ • Μαρίαν   **10** ἡμᾶς • ὑμᾶς   **11** Ἰουνίαν • NA²⁷: Ἰουνιᾶν   **12** γεγόνασιν • γέγοναν   **13** Ἀμπλίαν • Ἀμπλιᾶτον

Ἀσπάσασθε τοὺς ἐκ τῶν Ναρκίσσου, τοὺς ὄντας ἐν κυρίῳ. 12 Ἀσπάσασθε Τρύφαιναν καὶ Τρυφῶσαν τὰς κοπιώσας ἐν κυρίῳ. Ἀσπάσασθε Περσίδα τὴν ἀγαπητήν, ἥτις πολλὰ ἐκοπίασεν ἐν κυρίῳ. 13 Ἀσπάσασθε Ῥοῦφον τὸν ἐκλεκτὸν ἐν κυρίῳ, καὶ τὴν μητέρα αὐτοῦ καὶ ἐμοῦ. 14 Ἀσπάσασθε Ἀσύγκριτον, Φλέγοντα, Ἑρμᾶν, Πατρόβαν, Ἑρμῆν,¹ καὶ τοὺς σὺν αὐτοῖς ἀδελφούς. 15 Ἀσπάσασθε Φιλόλογον καὶ Ἰουλίαν, Νηρέα καὶ τὴν ἀδελφὴν αὐτοῦ, καὶ Ὀλυμπᾶν, καὶ τοὺς σὺν αὐτοῖς πάντας ἁγίους. 16 Ἀσπάσασθε ἀλλήλους ἐν φιλήματι ἁγίῳ. Ἀσπάζονται ὑμᾶς αἱ ἐκκλησίαι τοῦ² χριστοῦ.

17 Παρακαλῶ δὲ ὑμᾶς, ἀδελφοί, σκοπεῖν τοὺς τὰς διχοστασίας καὶ τὰ σκάνδαλα, παρὰ τὴν διδαχὴν ἣν ὑμεῖς ἐμάθετε, ποιοῦντας· καὶ ἐκκλίνατε³ ἀπ' αὐτῶν. 18 Οἱ γὰρ τοιοῦτοι τῷ κυρίῳ ἡμῶν Ἰησοῦ⁴ χριστῷ οὐ δουλεύουσιν, ἀλλὰ τῇ ἑαυτῶν κοιλίᾳ· καὶ διὰ τῆς χρηστολογίας καὶ εὐλογίας ἐξαπατῶσιν τὰς καρδίας τῶν ἀκάκων. 19 Ἡ γὰρ ὑμῶν ὑπακοὴ εἰς πάντας ἀφίκετο. Χαίρω οὖν τὸ ἐφ᾿ ὑμῖν· θέλω⁵ δὲ ὑμᾶς σοφοὺς μὲν⁶ εἶναι εἰς τὸ ἀγαθόν, ἀκεραίους δὲ εἰς τὸ κακόν. 20 Ὁ δὲ θεὸς τῆς εἰρήνης συντρίψει τὸν Σατανᾶν ὑπὸ τοὺς πόδας ὑμῶν ἐν τάχει.

Ἡ χάρις τοῦ κυρίου ἡμῶν Ἰησοῦ χριστοῦ⁷ μεθ᾿ ὑμῶν.

21 Ἀσπάζονται⁸ ὑμᾶς Τιμόθεος ὁ συνεργός μου, καὶ Λούκιος καὶ Ἰάσων καὶ Σωσίπατρος οἱ συγγενεῖς μου. 22 Ἀσπάζομαι ὑμᾶς ἐγὼ Τέρτιος, ὁ γράψας τὴν ἐπιστολήν, ἐν κυρίῳ. 23 Ἀσπάζεται ὑμᾶς Γάϊος ὁ ξένος μου καὶ τῆς ἐκκλησίας ὅλης.⁹ Ἀσπάζεται ὑμᾶς Ἔραστος ὁ οἰκονόμος τῆς πόλεως, καὶ Κούαρτος ὁ ἀδελφός.¹⁰ 24 Ἡ χάρις τοῦ κυρίου ἡμῶν Ἰησοῦ χριστοῦ μετὰ πάντων ὑμῶν. Ἀμήν.¹¹

---

¹ Ἑρμᾶν Πατρόβαν Ἑρμῆν • Ἑρμῆν Πατροβᾶν Ἑρμᾶν   ² τοῦ • πᾶσαι τοῦ
³ ἐκκλίνατε • ἐκκλίνετε   ⁴ Ἰησοῦ • —   ⁵ Χαίρω οὖν τὸ ἐφ' ὑμῖν θέλω • Ἐφ' ὑμῖν οὖν χαίρω θέλω   ⁶ μὲν • —   ⁷ χριστοῦ • —   ⁸ Ἀσπάζονται • Ἀσπάζεται   ⁹ τῆς ἐκκλησίας ὅλης • ὅλης τῆς ἐκκλησίας   ¹⁰ ἀδελφός • ἀδελφός + [14.24–26]
¹¹ 16.24 • —

ΠΡΟΣ ΚΟΡΙΝΘΙΟΥΣ Α
First to the Corinthians

Salutation and Thanksgiving

Παῦλος κλητὸς ἀπόστολος Ἰησοῦ χριστοῦ [1] διὰ θελήματος θεοῦ, καὶ Σωσθένης ὁ ἀδελφός, 2 τῇ ἐκκλησίᾳ τοῦ θεοῦ τῇ οὔσῃ ἐν Κορίνθῳ, ἡγιασμένοις ἐν χριστῷ Ἰησοῦ, κλητοῖς ἁγίοις, σὺν πᾶσιν τοῖς ἐπικαλουμένοις τὸ ὄνομα τοῦ κυρίου ἡμῶν Ἰησοῦ χριστοῦ ἐν παντὶ τόπῳ, αὐτῶν τε [2] καὶ ἡμῶν· 3 χάρις ὑμῖν καὶ εἰρήνη ἀπὸ θεοῦ πατρὸς ἡμῶν καὶ κυρίου Ἰησοῦ χριστοῦ.

4 Εὐχαριστῶ τῷ θεῷ μου πάντοτε περὶ ὑμῶν, ἐπὶ τῇ χάριτι τοῦ θεοῦ τῇ δοθείσῃ ὑμῖν ἐν χριστῷ Ἰησοῦ· 5 ὅτι ἐν παντὶ ἐπλουτίσθητε ἐν αὐτῷ, ἐν παντὶ λόγῳ καὶ πάσῃ γνώσει, 6 καθὼς τὸ μαρτύριον τοῦ χριστοῦ ἐβεβαιώθη ἐν ὑμῖν· 7 ὥστε ὑμᾶς μὴ ὑστερεῖσθαι ἐν μηδενὶ χαρίσματι, ἀπεκδεχομένους τὴν ἀποκάλυψιν τοῦ κυρίου ἡμῶν Ἰησοῦ χριστοῦ, 8 ὃς καὶ βεβαιώσει ὑμᾶς ἕως τέλους, ἀνεγκλήτους ἐν τῇ ἡμέρᾳ τοῦ κυρίου ἡμῶν Ἰησοῦ χριστοῦ. [3] 9 Πιστὸς ὁ θεός, δι' οὗ ἐκλήθητε εἰς κοινωνίαν τοῦ υἱοῦ αὐτοῦ Ἰησοῦ χριστοῦ τοῦ κυρίου ἡμῶν.

A Reproof of Disharmony

10 Παρακαλῶ δὲ ὑμᾶς, ἀδελφοί, διὰ τοῦ ὀνόματος τοῦ κυρίου ἡμῶν Ἰησοῦ χριστοῦ, ἵνα τὸ αὐτὸ λέγητε πάντες, καὶ

---

[1] *Ἰησοῦ χριστοῦ* • *χριστοῦ Ἰησοῦ*   [2] *τε* • —   [3] *χριστοῦ* • *[χριστοῦ]*

μὴ ᾖ ἐν ὑμῖν σχίσματα, ἦτε δὲ κατηρτισμένοι ἐν τῷ αὐτῷ νοῒ καὶ ἐν τῇ αὐτῇ γνώμῃ. 11 Ἐδηλώθη γάρ μοι περὶ ὑμῶν, ἀδελφοί μου, ὑπὸ τῶν Χλόης, ὅτι ἔριδες ἐν ὑμῖν εἰσιν. 12 Λέγω δὲ τοῦτο, ὅτι ἕκαστος ὑμῶν λέγει, Ἐγὼ μέν εἰμι Παύλου, Ἐγὼ δὲ Ἀπολλώ, Ἐγὼ δὲ Κηφᾶ, Ἐγὼ δὲ χριστοῦ. 13 Μεμέρισται ὁ χριστός; Μὴ Παῦλος ἐσταυρώθη ὑπὲρ ὑμῶν, ἢ εἰς τὸ ὄνομα Παύλου ἐβαπτίσθητε; 14 Εὐχαριστῶ τῷ θεῷ [1] ὅτι οὐδένα ὑμῶν ἐβάπτισα, εἰ μὴ Κρίσπον καὶ Γάϊον· 15 ἵνα μή τις εἴπῃ ὅτι εἰς τὸ ἐμὸν ὄνομα ἐβάπτισα. [2] 16 Ἐβάπτισα δὲ καὶ τὸν Στεφανᾶ οἶκον· λοιπὸν οὐκ οἶδα εἴ τινα ἄλλον ἐβάπτισα.

The Wisdom of God and the Foolishness of Men

17 Οὐ γὰρ ἀπέστειλέν με χριστὸς βαπτίζειν, ἀλλ᾽ [3] εὐαγγελίζεσθαι· οὐκ ἐν σοφίᾳ λόγου, ἵνα μὴ κενωθῇ ὁ σταυρὸς τοῦ χριστοῦ.

18 Ὁ λόγος γὰρ ὁ τοῦ σταυροῦ τοῖς μὲν ἀπολλυμένοις μωρία ἐστίν, τοῖς δὲ σῳζομένοις ἡμῖν δύναμις θεοῦ ἐστιν. 19 Γέγραπται γάρ, Ἀπολῶ τὴν σοφίαν τῶν σοφῶν, καὶ τὴν σύνεσιν τῶν συνετῶν ἀθετήσω. 20 Ποῦ σοφός; Ποῦ γραμματεύς; Ποῦ συζητητὴς τοῦ αἰῶνος τούτου; Οὐχὶ ἐμώρανεν ὁ θεὸς τὴν σοφίαν τοῦ κόσμου τούτου; [4] 21 Ἐπειδὴ γὰρ ἐν τῇ σοφίᾳ τοῦ θεοῦ οὐκ ἔγνω ὁ κόσμος διὰ τῆς σοφίας τὸν θεόν, εὐδόκησεν ὁ θεὸς διὰ τῆς μωρίας τοῦ κηρύγματος σῶσαι τοὺς πιστεύοντας. 22 Ἐπειδὴ καὶ Ἰουδαῖοι σημεῖον [5] αἰτοῦσιν, καὶ Ἕλληνες σοφίαν ζητοῦσιν· 23 ἡμεῖς δὲ κηρύσσομεν χριστὸν ἐσταυρωμένον, Ἰουδαίοις μὲν σκάνδαλον, Ἕλλησιν [6] δὲ μωρίαν· 24 αὐτοῖς δὲ τοῖς κλητοῖς, Ἰουδαίοις τε καὶ Ἕλλησιν, χριστὸν θεοῦ δύναμιν καὶ θεοῦ σοφίαν. 25 Ὅτι τὸ μωρὸν τοῦ θεοῦ σοφώτερον τῶν ἀνθρώπων ἐστίν, καὶ τὸ ἀσθενὲς τοῦ θεοῦ ἰσχυρότερον τῶν ἀνθρώπων ἐστίν. [7]

---

[1] τῷ θεῷ • [τῷ θεῷ]   [2] ἐβάπτισα • ἐβαπτίσθητε   [3] ἀλλ᾽ • ἀλλὰ   [4] κόσμου τούτου • κόσμου   [5] σημεῖον • σημεῖα   [6] Ἕλλησιν • ἔθνεσιν   [7] ἰσχυρότερον τῶν ἀνθρώπων ἐστίν • ἰσχυρότερον τῶν ἀνθρώπων

26 Βλέπετε γὰρ τὴν κλῆσιν ὑμῶν, ἀδελφοί, ὅτι οὐ πολλοὶ σοφοὶ κατὰ σάρκα, οὐ πολλοὶ δυνατοί, οὐ πολλοὶ εὐγενεῖς· 27 ἀλλὰ τὰ μωρὰ τοῦ κόσμου ἐξελέξατο ὁ θεός, ἵνα τοὺς σοφοὺς καταισχύνῃ· ¹ καὶ τὰ ἀσθενῆ τοῦ κόσμου ἐξελέξατο ὁ θεός, ἵνα καταισχύνῃ τὰ ἰσχυρά· 28 καὶ τὰ ἀγενῆ τοῦ κόσμου καὶ τὰ ἐξουθενημένα ἐξελέξατο ὁ θεός, καὶ τὰ μὴ ² ὄντα, ἵνα τὰ ὄντα καταργήσῃ· 29 ὅπως μὴ καυχήσηται πᾶσα σὰρξ ἐνώπιον τοῦ θεοῦ. 30 Ἐξ αὐτοῦ δὲ ὑμεῖς ἐστε ἐν χριστῷ Ἰησοῦ, ὃς ἐγενήθη ἡμῖν σοφία ³ ἀπὸ θεοῦ, δικαιοσύνη τε καὶ ἁγιασμός, καὶ ἀπολύτρωσις· 31 ἵνα, καθὼς γέγραπται, Ὁ καυχώμενος, ἐν κυρίῳ καυχάσθω.

The Preaching of the Cross

2 Κἀγὼ ἐλθὼν πρὸς ὑμᾶς, ἀδελφοί, ἦλθον οὐ καθ' ὑπεροχὴν λόγου ἢ σοφίας καταγγέλλων ὑμῖν τὸ μαρτύριον ⁴ τοῦ θεοῦ. 2 Οὐ γὰρ ἔκρινα τοῦ εἰδέναι τι ⁵ ἐν ὑμῖν, εἰ μὴ Ἰησοῦν χριστόν, καὶ τοῦτον ἐσταυρωμένον. 3 Καὶ ἐγὼ ⁶ ἐν ἀσθενείᾳ καὶ ἐν φόβῳ καὶ ἐν τρόμῳ πολλῷ ἐγενόμην πρὸς ὑμᾶς. 4 Καὶ ὁ λόγος μου καὶ τὸ κήρυγμά μου οὐκ ἐν πειθοῖς ἀνθρωπίνης σοφίας λόγοις, ⁷ ἀλλ' ἐν ἀποδείξει πνεύματος καὶ δυνάμεως· 5 ἵνα ἡ πίστις ὑμῶν μὴ ᾖ ἐν σοφίᾳ ἀνθρώπων, ἀλλ' ἐν δυνάμει θεοῦ.

6 Σοφίαν δὲ λαλοῦμεν ἐν τοῖς τελείοις· σοφίαν δὲ οὐ τοῦ αἰῶνος τούτου, οὐδὲ τῶν ἀρχόντων τοῦ αἰῶνος τούτου, τῶν καταργουμένων· 7 ἀλλὰ λαλοῦμεν σοφίαν θεοῦ ⁸ ἐν μυστηρίῳ, τὴν ἀποκεκρυμμένην, ἣν προώρισεν ὁ θεὸς πρὸ τῶν αἰώνων εἰς δόξαν ἡμῶν· 8 ἣν οὐδεὶς τῶν ἀρχόντων τοῦ αἰῶνος τούτου ἔγνωκεν· εἰ γὰρ ἔγνωσαν, οὐκ ἂν τὸν κύριον τῆς δόξης ἐσταύρωσαν· 9 ἀλλὰ καθὼς γέγραπται, Ἃ ὀφθαλμὸς οὐκ εἶδεν, καὶ οὖς οὐκ ἤκουσεν, καὶ ἐπὶ καρδίαν ἀνθρώπου οὐκ ἀνέβη, ἃ ἡτοίμασεν ὁ θεὸς τοῖς ἀγαπῶσιν αὐτόν. 10 Ἡμῖν

---

¹ τοὺς σοφοὺς καταισχύνῃ • καταισχύνῃ τοὺς σοφούς   ² καὶ τὰ μὴ • τὰ μὴ
³ ἡμῖν σοφία • σοφία ἡμῖν   ⁴ μαρτύριον • μυστήριον   ⁵ τοῦ εἰδέναι τι • τι εἰδέναι   ⁶ Καὶ ἐγὼ • Κἀγὼ   ⁷ πειθοῖς ἀνθρωπίνης σοφίας λόγοις • πειθοῖ[ς] σοφίας [λόγοις]   ⁸ σοφίαν θεοῦ • θεοῦ σοφίαν

δὲ ὁ θεὸς ἀπεκάλυψεν[1] διὰ τοῦ πνεύματος αὐτοῦ·[2] τὸ γὰρ πνεῦμα πάντα ἐρευνᾷ,[3] καὶ τὰ βάθη τοῦ θεοῦ. **11** Τίς γὰρ οἶδεν ἀνθρώπων τὰ τοῦ ἀνθρώπου, εἰ μὴ τὸ πνεῦμα τοῦ ἀνθρώπου τὸ ἐν αὐτῷ; Οὕτως καὶ τὰ τοῦ θεοῦ οὐδεὶς οἶδεν, εἰ[4] μὴ τὸ πνεῦμα τοῦ θεοῦ. **12** Ἡμεῖς δὲ οὐ τὸ πνεῦμα τοῦ κόσμου ἐλάβομεν, ἀλλὰ τὸ πνεῦμα τὸ ἐκ τοῦ θεοῦ, ἵνα εἰδῶμεν τὰ ὑπὸ τοῦ θεοῦ χαρισθέντα ἡμῖν. **13** Ἃ καὶ λαλοῦμεν, οὐκ ἐν διδακτοῖς ἀνθρωπίνης σοφίας λόγοις, ἀλλ' ἐν διδακτοῖς πνεύματος ἁγίου,[5] πνευματικοῖς πνευματικὰ συγκρίνοντες. **14** Ψυχικὸς δὲ ἄνθρωπος οὐ δέχεται τὰ τοῦ πνεύματος τοῦ θεοῦ· μωρία γὰρ αὐτῷ ἐστιν, καὶ οὐ δύναται γνῶναι, ὅτι πνευματικῶς ἀνακρίνεται. **15** Ὁ δὲ πνευματικὸς ἀνακρίνει μὲν[6] πάντα, αὐτὸς δὲ ὑπ' οὐδενὸς ἀνακρίνεται. **16** Τίς γὰρ ἔγνω νοῦν κυρίου, ὃς συμβιβάσει αὐτόν; Ἡμεῖς δὲ νοῦν χριστοῦ ἔχομεν.

A Reproof of Spiritual Pride

3 Καὶ ἐγώ,[7] ἀδελφοί, οὐκ ἠδυνήθην ὑμῖν λαλῆσαι[8] ὡς πνευματικοῖς, ἀλλ' ὡς σαρκικοῖς,[9] ὡς νηπίοις ἐν χριστῷ. **2** Γάλα ὑμᾶς ἐπότισα, καὶ[10] οὐ βρῶμα· οὔπω γὰρ ἐδύνασθε, ἀλλ' οὔτε[11] ἔτι νῦν δύνασθε· **3** ἔτι γὰρ σαρκικοί ἐστε· ὅπου γὰρ ἐν ὑμῖν ζῆλος καὶ ἔρις καὶ διχοστασίαι,[12] οὐχὶ σαρκικοί ἐστε, καὶ κατὰ ἄνθρωπον περιπατεῖτε; **4** Ὅταν γὰρ λέγῃ τις, Ἐγὼ μέν εἰμι Παύλου, ἕτερος δέ, Ἐγὼ Ἀπολλώ, οὐχὶ σαρκικοί[13] ἐστε; **5** Τίς οὖν ἐστιν Παῦλος, τίς δὲ Ἀπολλώς, ἀλλ' ἢ[14] διάκονοι δι' ὧν ἐπιστεύσατε, καὶ ἑκάστῳ ὡς ὁ κύριος ἔδωκεν; **6** Ἐγὼ ἐφύτευσα, Ἀπολλὼς ἐπότισεν, ἀλλ'[15] ὁ θεὸς ηὔξανεν. **7** Ὥστε οὔτε ὁ φυτεύων ἐστίν τι, οὔτε ὁ ποτίζων, ἀλλ' ὁ αὐξάνων θεός. **8** Ὁ φυτεύων δὲ καὶ ὁ ποτίζων ἕν εἰσιν· ἕκαστος δὲ τὸν ἴδιον

---

[1] *ὁ θεὸς ἀπεκάλυψεν* • *ἀπεκάλυψεν ὁ θεὸς*   [2] *αὐτοῦ* • —   [3] *ἐρευνᾷ* • *ἐραυνᾷ*
[4] *οἶδεν εἰ* • *ἔγνωκεν εἰ*   [5] *ἁγίου* • —   [6] *μὲν* • *[τὰ]*   [7] *Καὶ ἐγώ* • *Κἀγώ*   [8] *ὑμῖν λαλῆσαι* • *λαλῆσαι ὑμῖν*   [9] *σαρκικοῖς* • *σαρκίνοις*   [10] *καὶ* • —   [11] *οὔτε* • *οὐδὲ*
[12] *καὶ διχοστασίαι* • —   [13] *οὐχὶ σαρκικοί* • *οὐκ ἄνθρωποί*   [14] *Τίς οὖν ἐστιν Παῦλος, τίς δὲ Ἀπολλώς, ἀλλ' ἢ* • *Τί οὖν ἐστιν Ἀπολλῶς, τί δέ ἐστιν Παῦλος*
[15] *ἀλλ'* • *ἀλλὰ*

μισθὸν λήψεται¹ κατὰ τὸν ἴδιον κόπον. 9 Θεοῦ γάρ ἐσμεν συνεργοί· θεοῦ γεώργιον, θεοῦ οἰκοδομή ἐστε.

10 Κατὰ τὴν χάριν τοῦ θεοῦ τὴν δοθεῖσάν μοι, ὡς σοφὸς ἀρχιτέκτων θεμέλιον τέθεικα,² ἄλλος δὲ ἐποικοδομεῖ. Ἕκαστος δὲ βλεπέτω πῶς ἐποικοδομεῖ. 11 Θεμέλιον γὰρ ἄλλον οὐδεὶς δύναται θεῖναι παρὰ τὸν κείμενον, ὅς ἐστιν Ἰησοῦς χριστός. 12 Εἰ δέ τις ἐποικοδομεῖ ἐπὶ τὸν θεμέλιον τοῦτον³ χρυσόν, ἄργυρον, λίθους τιμίους, ξύλα, χόρτον, καλάμην, 13 ἑκάστου τὸ ἔργον φανερὸν γενήσεται· ἡ γὰρ ἡμέρα δηλώσει, ὅτι ἐν πυρὶ ἀποκαλύπτεται· καὶ ἑκάστου τὸ ἔργον ὁποῖόν ἐστιν τὸ πῦρ δοκιμάσει.⁴ 14 Εἴ τινος τὸ ἔργον μένει⁵ ὃ ἐποικοδόμησεν, μισθὸν λήψεται.⁶ 15 Εἴ τινος τὸ ἔργον κατακαήσεται, ζημιωθήσεται· αὐτὸς δὲ σωθήσεται, οὕτως δὲ ὡς διὰ πυρός.

16 Οὐκ οἴδατε ὅτι ναὸς θεοῦ ἐστε, καὶ τὸ πνεῦμα τοῦ θεοῦ οἰκεῖ ἐν ὑμῖν; 17 Εἴ τις τὸν ναὸν τοῦ θεοῦ φθείρει, φθερεῖ τοῦτον ὁ θεός· ὁ γὰρ ναὸς τοῦ θεοῦ ἅγιός ἐστιν, οἵτινές ἐστε ὑμεῖς.

18 Μηδεὶς ἑαυτὸν ἐξαπατάτω· εἴ τις δοκεῖ σοφὸς εἶναι ἐν ὑμῖν ἐν τῷ αἰῶνι τούτῳ, μωρὸς γενέσθω, ἵνα γένηται σοφός. 19 Ἡ γὰρ σοφία τοῦ κόσμου τούτου μωρία παρὰ τῷ θεῷ ἐστιν. Γέγραπται γάρ, Ὁ δρασσόμενος τοὺς σοφοὺς ἐν τῇ πανουργίᾳ αὐτῶν. 20 Καὶ πάλιν, Κύριος γινώσκει τοὺς διαλογισμοὺς τῶν σοφῶν, ὅτι εἰσὶν μάταιοι. 21 Ὥστε μηδεὶς καυχάσθω ἐν ἀνθρώποις· πάντα γὰρ ὑμῶν ἐστιν, 22 εἴτε Παῦλος, εἴτε Ἀπολλώς, εἴτε Κηφᾶς, εἴτε κόσμος, εἴτε ζωή, εἴτε θάνατος, εἴτε ἐνεστῶτα, εἴτε μέλλοντα· πάντα ὑμῶν ἐστιν,⁷ 23 ὑμεῖς δὲ χριστοῦ, χριστὸς δὲ θεοῦ.

The Work of the Ministers of Christ

4 Οὕτως ἡμᾶς λογιζέσθω ἄνθρωπος, ὡς ὑπηρέτας χριστοῦ καὶ οἰκονόμους μυστηρίων θεοῦ. 2 Ὃ δὲ⁸ λοιπόν, ζητεῖται ἐν τοῖς οἰκονόμοις, ἵνα πιστός τις εὑρεθῇ. 3 Ἐμοὶ δὲ

---

¹ λήψεται • λήμψεται ² τέθεικα • ἔθηκα ³ τοῦτον • — ⁴ δοκιμάσει • [αὐτὸ] δοκιμάσει ⁵ μένει • μενεῖ ⁶ λήψεται • λήμψεται ⁷ ἐστιν • — ⁸ Ὃ δὲ • Ὧδε

εἰς ἐλάχιστόν ἐστιν ἵνα ὑφ' ὑμῶν ἀνακριθῶ, ἢ ὑπὸ ἀνθρωπίνης ἡμέρας· ἀλλ' οὐδὲ ἐμαυτὸν ἀνακρίνω. 4 Οὐδὲν γὰρ ἐμαυτῷ σύνοιδα, ἀλλ' οὐκ ἐν τούτῳ δεδικαίωμαι· ὁ δὲ ἀνακρίνων με κύριός ἐστιν. 5 Ὥστε μὴ πρὸ καιροῦ τι κρίνετε, ἕως ἂν ἔλθῃ ὁ κύριος, ὃς καὶ φωτίσει τὰ κρυπτὰ τοῦ σκότους, καὶ φανερώσει τὰς βουλὰς τῶν καρδιῶν· καὶ τότε ὁ ἔπαινος γενήσεται ἑκάστῳ ἀπὸ τοῦ θεοῦ.

6 Ταῦτα δέ, ἀδελφοί, μετεσχημάτισα εἰς ἐμαυτὸν καὶ Ἀπολλὼ¹ δι' ὑμᾶς, ἵνα ἐν ἡμῖν μάθητε τὸ μὴ ὑπὲρ ὃ γέγραπται φρονεῖν,² ἵνα μὴ εἷς ὑπὲρ τοῦ ἑνὸς φυσιοῦσθε κατὰ τοῦ ἑτέρου. 7 Τίς γάρ σε διακρίνει; Τί δὲ ἔχεις ὃ οὐκ ἔλαβες; Εἰ δὲ καὶ ἔλαβες, τί καυχᾶσαι ὡς μὴ λαβών; 8 Ἤδη κεκορεσμένοι ἐστέ, ἤδη ἐπλουτήσατε, χωρὶς ἡμῶν ἐβασιλεύσατε· καὶ ὄφελόν γε ἐβασιλεύσατε, ἵνα καὶ ἡμεῖς ὑμῖν συμβασιλεύσωμεν. 9 Δοκῶ γὰρ ὅτι ὁ³ θεὸς ἡμᾶς τοὺς ἀποστόλους ἐσχάτους ἀπέδειξεν ὡς ἐπιθανατίους· ὅτι θέατρον ἐγενήθημεν τῷ κόσμῳ, καὶ ἀγγέλοις, καὶ ἀνθρώποις. 10 Ἡμεῖς μωροὶ διὰ χριστόν, ὑμεῖς δὲ φρόνιμοι ἐν χριστῷ· ἡμεῖς ἀσθενεῖς, ὑμεῖς δὲ ἰσχυροί· ὑμεῖς ἔνδοξοι, ἡμεῖς δὲ ἄτιμοι. 11 Ἄχρι τῆς ἄρτι ὥρας καὶ πεινῶμεν, καὶ διψῶμεν, καὶ γυμνητεύομεν,⁴ καὶ κολαφιζόμεθα, καὶ ἀστατοῦμεν, 12 καὶ κοπιῶμεν ἐργαζόμενοι ταῖς ἰδίαις χερσίν· λοιδορούμενοι εὐλογοῦμεν· διωκόμενοι ἀνεχόμεθα· 13 βλασφημούμενοι⁵ παρακαλοῦμεν· ὡς περικαθάρματα τοῦ κόσμου ἐγενήθημεν, πάντων περίψημα ἕως ἄρτι.

14 Οὐκ ἐντρέπων ὑμᾶς γράφω ταῦτα, ἀλλ' ὡς τέκνα μου ἀγαπητὰ νουθετῶ.⁶ 15 Ἐὰν γὰρ μυρίους παιδαγωγοὺς ἔχητε ἐν χριστῷ, ἀλλ' οὐ πολλοὺς πατέρας· ἐν γὰρ χριστῷ Ἰησοῦ διὰ τοῦ εὐαγγελίου ἐγὼ ὑμᾶς ἐγέννησα. 16 Παρακαλῶ οὖν ὑμᾶς, μιμηταί μου γίνεσθε. 17 Διὰ τοῦτο ἔπεμψα ὑμῖν Τιμόθεον, ὅς ἐστιν τέκνον μου⁷ ἀγαπητὸν καὶ πιστὸν ἐν κυρίῳ, ὃς ὑμᾶς

---

¹ Ἀπολλὼ • Ἀπολλῶν ² ὃ γέγραπται φρονεῖν • ἃ γέγραπται ³ ὅτι ὁ • ὁ ⁴ γυμνητεύομεν • γυμνιτεύομεν ⁵ βλασφημούμενοι • δυσφημούμενοι ⁶ νουθετῶ • νουθετῶ[ν] ⁷ τέκνον μου • μου τέκνον

ἀναμνήσει τὰς ὁδούς μου τὰς ἐν χριστῷ,[1] καθὼς πανταχοῦ ἐν πάσῃ ἐκκλησίᾳ διδάσκω. 18 Ὡς μὴ ἐρχομένου δέ μου πρὸς ὑμᾶς ἐφυσιώθησάν τινες. 19 Ἐλεύσομαι δὲ ταχέως πρὸς ὑμᾶς, ἐὰν ὁ κύριος θελήσῃ, καὶ γνώσομαι οὐ τὸν λόγον τῶν πεφυσιωμένων, ἀλλὰ τὴν δύναμιν. 20 Οὐ γὰρ ἐν λόγῳ ἡ βασιλεία τοῦ θεοῦ, ἀλλ' ἐν δυνάμει. 21 Τί θέλετε; Ἐν ῥάβδῳ ἔλθω πρὸς ὑμᾶς, ἢ ἐν ἀγάπῃ πνεύματί τε πραότητος;[2]

The Necessity of Church Discipline

5 Ὅλως ἀκούεται ἐν ὑμῖν πορνεία, καὶ τοιαύτη πορνεία, ἥτις οὐδὲ ἐν τοῖς ἔθνεσιν ὀνομάζεται,[3] ὥστε γυναῖκά τινα τοῦ πατρὸς ἔχειν. 2 Καὶ ὑμεῖς πεφυσιωμένοι ἐστέ, καὶ οὐχὶ μᾶλλον ἐπενθήσατε, ἵνα ἐξαρθῇ[4] ἐκ μέσου ὑμῶν ὁ τὸ ἔργον τοῦτο ποιήσας.[5] 3 Ἐγὼ μὲν γὰρ ὡς ἀπὼν[6] τῷ σώματι παρὼν δὲ τῷ πνεύματι, ἤδη κέκρικα ὡς παρών, τὸν οὕτως τοῦτο κατεργασάμενον, 4 ἐν τῷ ὀνόματι τοῦ κυρίου ἡμῶν Ἰησοῦ χριστοῦ, συναχθέντων[7] ὑμῶν καὶ τοῦ ἐμοῦ πνεύματος, σὺν τῇ δυνάμει τοῦ κυρίου ἡμῶν Ἰησοῦ χριστοῦ,[8] 5 παραδοῦναι τὸν τοιοῦτον τῷ Σατανᾷ εἰς ὄλεθρον τῆς σαρκός, ἵνα τὸ πνεῦμα σωθῇ ἐν τῇ ἡμέρᾳ τοῦ κυρίου Ἰησοῦ.[9] 6 Οὐ καλὸν τὸ καύχημα ὑμῶν. Οὐκ οἴδατε ὅτι μικρὰ ζύμη ὅλον τὸ φύραμα ζυμοῖ; 7 Ἐκκαθάρατε τὴν[a] παλαιὰν ζύμην, ἵνα ἦτε νέον φύραμα, καθώς ἐστε ἄζυμοι. Καὶ γὰρ τὸ Πάσχα ἡμῶν ὑπὲρ ἡμῶν[10] ἐτύθη χριστός· 8 ὥστε ἑορτάζωμεν, μὴ ἐν ζύμῃ παλαιᾷ, μηδὲ ἐν ζύμῃ κακίας καὶ πονηρίας, ἀλλ' ἐν ἀζύμοις εἰλικρινείας καὶ ἀληθείας.

9 Ἔγραψα ὑμῖν ἐν τῇ ἐπιστολῇ μὴ συναναμίγνυσθαι πόρνοις· 10 καὶ οὐ[11] πάντως τοῖς πόρνοις τοῦ κόσμου τούτου ἢ

---

[a] τὴν • οὖν τὴν

[1] χριστῷ • χριστῷ [Ἰησοῦ]   [2] πραότητος • πραΰτητος   [3] ὀνομάζεται • —
[4] ἐξαρθῇ • ἀρθῇ   [5] ποιήσας • πράξας   [6] ὡς ἀπὼν • ἀπὼν   [7] ἡμῶν Ἰησοῦ χριστοῦ συναχθέντων • [ἡμῶν] Ἰησοῦ συναχθέντων   [8] δυνάμει τοῦ κυρίου ἡμῶν Ἰησοῦ χριστοῦ • δυνάμει τοῦ κυρίου ἡμῶν Ἰησοῦ   [9] Ἰησοῦ • —   [10] ὑπὲρ ἡμῶν • —   [11] καὶ οὐ • οὐ

τοῖς πλεονέκταις, ἢ ἅρπαξιν,¹ ἢ εἰδωλολάτραις· ἐπεὶ ὀφείλετε² ἄρα ἐκ τοῦ κόσμου ἐξελθεῖν. 11 Νῦν δὲ ἔγραψα ὑμῖν μὴ συναναμίγνυσθαι, ἐάν τις ἀδελφὸς ὀνομαζόμενος ᾖ πόρνος, ἢ πλεονέκτης, ἢ εἰδωλολάτρης, ἢ λοίδορος, ἢ μέθυσος, ἢ ἅρπαξ· τῷ τοιούτῳ μηδὲ συνεσθίειν. 12 Τί γάρ μοι καὶ³ τοὺς ἔξω κρίνειν; Οὐχὶ τοὺς ἔσω ὑμεῖς κρίνετε; 13 Τοὺς δὲ ἔξω ὁ θεὸς κρινεῖ. Καὶ ἐξαρεῖτε⁴ τὸν πονηρὸν ἐξ ὑμῶν αὐτῶν.

Lawsuits against Believers

6 Τολμᾷ τις ὑμῶν, πρᾶγμα ἔχων πρὸς τὸν ἕτερον, κρίνεσθαι ἐπὶ τῶν ἀδίκων, καὶ οὐχὶ ἐπὶ τῶν ἁγίων; 2 Οὐκ⁵ οἴδατε ὅτι οἱ ἅγιοι τὸν κόσμον κρινοῦσιν; Καὶ εἰ ἐν ὑμῖν κρίνεται ὁ κόσμος, ἀνάξιοί ἐστε κριτηρίων ἐλαχίστων; 3 Οὐκ οἴδατε ὅτι ἀγγέλους κρινοῦμεν; Μήτι γε βιωτικά; 4 Βιωτικὰ μὲν οὖν κριτήρια ἐὰν ἔχητε, τοὺς ἐξουθενημένους ἐν τῇ ἐκκλησίᾳ, τούτους καθίζετε. 5 Πρὸς ἐντροπὴν ὑμῖν λέγω. Οὕτως οὐκ ἔνι ἐν ὑμῖν σοφὸς οὐδὲ εἷς,⁶ ὃς δυνήσεται διακρῖναι ἀνὰ μέσον τοῦ ἀδελφοῦ αὐτοῦ, 6 ἀλλὰ ἀδελφὸς μετὰ ἀδελφοῦ κρίνεται, καὶ τοῦτο ἐπὶ ἀπίστων; 7 Ἤδη μὲν οὖν⁷ ὅλως ἥττημα ὑμῖν ἐστιν, ὅτι κρίματα ἔχετε μεθ᾽ ἑαυτῶν. Διὰ τί οὐχὶ μᾶλλον ἀδικεῖσθε; Διὰ τί οὐχὶ μᾶλλον ἀποστερεῖσθε; 8 Ἀλλὰ ὑμεῖς ἀδικεῖτε καὶ ἀποστερεῖτε, καὶ ταῦτα⁸ ἀδελφούς. 9 Ἢ οὐκ οἴδατε ὅτι ἄδικοι βασιλείαν θεοῦ⁹ οὐ κληρονομήσουσιν; Μὴ πλανᾶσθε· οὔτε πόρνοι, οὔτε εἰδωλολάτραι, οὔτε μοιχοί, οὔτε μαλακοί, οὔτε ἀρσενοκοῖται, 10 οὔτε πλεονέκται, οὔτε κλέπται, οὔτε¹⁰ μέθυσοι, οὐ λοίδοροι, οὐχ ἅρπαγες, βασιλείαν θεοῦ οὐ κληρονομήσουσιν.¹¹ 11 Καὶ ταῦτά τινες ἦτε· ἀλλὰ ἀπελούσασθε, ἀλλὰ ἡγιάσθητε, ἀλλ᾽¹² ἐδικαιώθητε ἐν τῷ ὀνόματι τοῦ κυρίου Ἰησοῦ,¹³ καὶ ἐν τῷ πνεύματι τοῦ θεοῦ ἡμῶν.

---

¹ ἢ ἅρπαξιν • καὶ ἅρπαξιν   ² ὀφείλετε • ὠφείλετε   ³ καὶ • —   ⁴ Καὶ ἐξαρεῖτε • Ἐξάρατε   ⁵ Οὐκ • Ἢ οὐκ   ⁶ σοφὸς οὐδὲ εἷς • οὐδείς σοφός   ⁷ οὖν • [οὖν]   ⁸ ταῦτα • τοῦτο   ⁹ βασιλείαν θεοῦ • θεοῦ βασιλείαν   ¹⁰ πλεονέκται οὔτε κλέπται οὔτε • κλέπται οὔτε πλεονέκται οὐ   ¹¹ οὐ κληρονομήσουσιν • κληρονομήσουσιν   ¹² ἀλλ᾽ • ἀλλὰ   ¹³ Ἰησοῦ • Ἰησοῦ χριστοῦ

The Necessity of Keeping the Body Undefiled

12 Πάντα μοι ἔξεστιν, ἀλλ᾽ οὐ πάντα συμφέρει· πάντα μοι ἔξεστιν, ἀλλ᾽ οὐκ ἐγὼ ἐξουσιασθήσομαι ὑπό τινος. 13 Τὰ βρώματα τῇ κοιλίᾳ, καὶ ἡ κοιλία τοῖς βρώμασιν· ὁ δὲ θεὸς καὶ ταύτην καὶ ταῦτα καταργήσει. Τὸ δὲ σῶμα οὐ τῇ πορνείᾳ, ἀλλὰ τῷ κυρίῳ, καὶ ὁ κύριος τῷ σώματι· 14 ὁ δὲ θεὸς καὶ τὸν κύριον ἤγειρεν καὶ ἡμᾶς ἐξεγερεῖ διὰ τῆς δυνάμεως αὐτοῦ. 15 Οὐκ οἴδατε ὅτι τὰ σώματα ὑμῶν μέλη χριστοῦ ἐστιν; Ἄρας οὖν τὰ μέλη τοῦ χριστοῦ ποιήσω πόρνης μέλη; Μὴ γένοιτο. 16 Οὐκ [a, 1] οἴδατε ὅτι ὁ κολλώμενος τῇ πόρνῃ ἓν σῶμά ἐστιν; Ἔσονται γάρ, φησίν, οἱ δύο εἰς σάρκα μίαν. 17 Ὁ δὲ κολλώμενος τῷ κυρίῳ ἓν πνεῦμά ἐστιν. 18 Φεύγετε τὴν πορνείαν. Πᾶν ἁμάρτημα ὃ ἐὰν ποιήσῃ ἄνθρωπος ἐκτὸς τοῦ σώματός ἐστιν· ὁ δὲ πορνεύων εἰς τὸ ἴδιον σῶμα ἁμαρτάνει. 19 Ἢ οὐκ οἴδατε ὅτι τὸ σῶμα ὑμῶν ναὸς τοῦ ἐν ὑμῖν ἁγίου πνεύματός ἐστιν, οὗ ἔχετε ἀπὸ θεοῦ; Καὶ οὐκ ἐστὲ ἑαυτῶν, 20 ἠγοράσθητε γὰρ τιμῆς· δοξάσατε δὴ τὸν θεὸν ἐν τῷ σώματι ὑμῶν, καὶ ἐν τῷ πνεύματι ὑμῶν, ἅτινά ἐστιν τοῦ θεοῦ. [2]

Instructions with Regard to Marriage

7 Περὶ δὲ ὧν ἐγράψατέ μοι, [3] καλὸν ἀνθρώπῳ γυναικὸς μὴ ἅπτεσθαι. 2 Διὰ δὲ τὰς πορνείας ἕκαστος τὴν ἑαυτοῦ γυναῖκα ἐχέτω, καὶ ἑκάστη τὸν ἴδιον ἄνδρα ἐχέτω. 3 Τῇ γυναικὶ ὁ ἀνὴρ τὴν ὀφειλομένην εὔνοιαν [4] ἀποδιδότω· ὁμοίως δὲ καὶ ἡ γυνὴ τῷ ἀνδρί. 4 Ἡ γυνὴ τοῦ ἰδίου σώματος οὐκ ἐξουσιάζει, ἀλλ᾽ ὁ [5] ἀνήρ· ὁμοίως δὲ καὶ ὁ ἀνὴρ τοῦ ἰδίου σώματος οὐκ ἐξουσιάζει, ἀλλ᾽ ἡ [6] γυνή. 5 Μὴ ἀποστερεῖτε ἀλλήλους, εἰ μήτι ἂν ἐκ συμφώνου πρὸς καιρόν, ἵνα σχολάζητε [7] τῇ νηστείᾳ καὶ [8] τῇ προσευχῇ, καὶ πάλιν ἐπὶ τὸ αὐτὸ συνέρχησθε, [9] ἵνα μὴ πειράζῃ ὑμᾶς ὁ Σατανᾶς διὰ τὴν ἀκρασίαν ὑμῶν. 6 Τοῦτο δὲ

---

a Οὐκ • Ἢ οὐκ

1 Οὐκ • [Ἢ] οὐκ   2 καὶ ἐν τῷ πνεύματι ὑμῶν ἅτινά ἐστιν τοῦ θεοῦ •   —   3 μοι • — 4 ὀφειλομένην εὔνοιαν • ὀφειλὴν   5 ἀλλ᾽ ὁ • ἀλλὰ ὁ   6 ἀλλ᾽ ἡ • ἀλλὰ ἡ   7 σχολάζητε • σχολάσητε   8 τῇ νηστείᾳ καὶ • —   9 συνέρχησθε • ἦτε

λέγω κατὰ συγγνώμην, οὐ κατ' ἐπιταγήν. 7 Θέλω γὰρ¹ πάντας ἀνθρώπους εἶναι ὡς καὶ ἐμαυτόν· ἀλλ'² ἕκαστος ἴδιον χάρισμα ἔχει³ ἐκ θεοῦ, ὃς μὲν οὕτως, ὃς⁴ δὲ οὕτως.

8 Λέγω δὲ τοῖς ἀγάμοις καὶ ταῖς χήραις, καλὸν αὐτοῖς ἐστιν⁵ ἐὰν μείνωσιν ὡς κἀγώ. 9 Εἰ δὲ οὐκ ἐγκρατεύονται, γαμησάτωσαν· κρεῖσσον⁶ γάρ ἐστιν γαμῆσαι ἢ πυροῦσθαι. 10 Τοῖς δὲ γεγαμηκόσιν παραγγέλλω, οὐκ ἐγώ, ἀλλ'⁷ ὁ κύριος, γυναῖκα ἀπὸ ἀνδρὸς μὴ χωρισθῆναι· 11 ἐὰν δὲ καὶ χωρισθῇ, μενέτω ἄγαμος, ἢ τῷ ἀνδρὶ καταλλαγήτω—καὶ ἄνδρα γυναῖκα μὴ ἀφιέναι. 12 Τοῖς δὲ λοιποῖς ἐγὼ λέγω,⁸ οὐχ ὁ κύριος· εἴ τις ἀδελφὸς γυναῖκα ἔχει ἄπιστον, καὶ αὐτὴ⁹ συνευδοκεῖ οἰκεῖν μετ' αὐτοῦ, μὴ ἀφιέτω αὐτήν. 13 Καὶ γυνὴ ἥτις¹⁰ ἔχει ἄνδρα ἄπιστον, καὶ αὐτὸς¹¹ συνευδοκεῖ οἰκεῖν μετ' αὐτῆς, μὴ ἀφιέτω αὐτόν.¹² 14 Ἡγίασται γὰρ ὁ ἀνὴρ ὁ ἄπιστος ἐν τῇ γυναικί, καὶ ἡγίασται ἡ γυνὴ ἡ ἄπιστος ἐν τῷ ἀνδρί·¹³ ἐπεὶ ἄρα τὰ τέκνα ὑμῶν ἀκάθαρτά ἐστιν, νῦν δὲ ἅγιά ἐστιν. 15 Εἰ δὲ ὁ ἄπιστος χωρίζεται, χωριζέσθω. Οὐ δεδούλωται ὁ ἀδελφὸς ἢ ἡ ἀδελφὴ ἐν τοῖς τοιούτοις· ἐν δὲ εἰρήνῃ κέκληκεν ἡμᾶς¹⁴ ὁ θεός. 16 Τί γὰρ οἶδας, γύναι, εἰ τὸν ἄνδρα σώσεις; Ἢ τί οἶδας, ἄνερ, εἰ τὴν γυναῖκα σώσεις; 17 Εἰ μὴ ἑκάστῳ ὡς ἐμέρισεν ὁ θεός,¹⁵ ἕκαστον ὡς κέκληκεν ὁ κύριος,¹⁶ οὕτως περιπατείτω. Καὶ οὕτως ἐν ταῖς ἐκκλησίαις πάσαις διατάσσομαι. 18 Περιτετμημένος τις ἐκλήθη; Μὴ ἐπισπάσθω. Ἐν ἀκροβυστίᾳ τις ἐκλήθη;¹⁷ Μὴ περιτεμνέσθω. 19 Ἡ περιτομὴ οὐδέν ἐστιν, καὶ ἡ ἀκροβυστία οὐδέν ἐστιν, ἀλλὰ τήρησις ἐντολῶν θεοῦ. 20 Ἕκαστος ἐν τῇ κλήσει ᾗ ἐκλήθη, ἐν ταύτῃ μενέτω. 21 Δοῦλος ἐκλήθης; Μή σοι μελέτω· ἀλλ' εἰ καὶ δύνασαι ἐλεύθερος γενέσθαι, μᾶλλον χρῆσαι. 22 Ὁ γὰρ ἐν κυρίῳ κληθεὶς δοῦλος, ἀπελεύθερος κυρίου ἐστίν· ὁμοίως

---

¹ γὰρ • δὲ ² ἀλλ' • ἀλλὰ ³ χάρισμα ἔχει • ἔχει χάρισμα ⁴ ὃς μὲν οὕτως, ὃς • ὁ μὲν οὕτως, ὁ ⁵ ἐστιν • — ⁶ κρεῖσσον • κρεῖττον ⁷ ἀλλ' • ἀλλὰ ⁸ ἐγὼ λέγω • λέγω ἐγώ ⁹ αὐτὴ • αὕτη ¹⁰ ἥτις • εἴ τις ¹¹ αὐτὸς • οὗτος ¹² αὐτόν • τὸν ἄνδρα ¹³ ἀνδρί • ἀδελφῷ ¹⁴ ἡμᾶς • ὑμᾶς ¹⁵ θεός • κύριος ¹⁶ κύριος • θεός ¹⁷ ἀκροβυστίᾳ τις ἐκλήθη • ἀκροβυστίᾳ κέκληταί τις

καὶ¹ ὁ ἐλεύθερος κληθείς, δοῦλός ἐστιν χριστοῦ. 23 Τιμῆς ἠγοράσθητε· μὴ γίνεσθε δοῦλοι ἀνθρώπων. 24 Ἕκαστος ἐν ᾧ ἐκλήθη, ἀδελφοί, ἐν τούτῳ μενέτω παρὰ θεῷ. 25 Περὶ δὲ τῶν παρθένων ἐπιταγὴν κυρίου οὐκ ἔχω· γνώμην δὲ δίδωμι ὡς ἠλεημένος ὑπὸ κυρίου πιστὸς εἶναι. 26 Νομίζω οὖν τοῦτο καλὸν ὑπάρχειν διὰ τὴν ἐνεστῶσαν ἀνάγκην, ὅτι καλὸν ἀνθρώπῳ τὸ οὕτως εἶναι. 27 Δέδεσαι γυναικί; Μὴ ζήτει λύσιν. Λέλυσαι ἀπὸ γυναικός; Μὴ ζήτει γυναῖκα. 28 Ἐὰν δὲ καὶ γήμῃς,² οὐχ ἥμαρτες· καὶ ἐὰν γήμῃ ἡ παρθένος, οὐχ ἥμαρτεν. Θλίψιν δὲ τῇ σαρκὶ ἕξουσιν οἱ τοιοῦτοι· ἐγὼ δὲ ὑμῶν φείδομαι. 29 Τοῦτο δέ φημι, ἀδελφοί, ὁ καιρὸς συνεσταλμένος· τὸ λοιπόν ἐστιν³ ἵνα καὶ οἱ ἔχοντες γυναῖκας ὡς μὴ ἔχοντες ὦσιν· 30 καὶ οἱ κλαίοντες, ὡς μὴ κλαίοντες· καὶ οἱ χαίροντες, ὡς μὴ χαίροντες· καὶ οἱ ἀγοράζοντες, ὡς μὴ κατέχοντες· 31 καὶ οἱ χρώμενοι τῷ κόσμῳ τούτῳ,⁴ ὡς μὴ καταχρώμενοι· παράγει γὰρ τὸ σχῆμα τοῦ κόσμου τούτου. 32 Θέλω δὲ ὑμᾶς ἀμερίμνους εἶναι. Ὁ ἄγαμος μεριμνᾷ τὰ τοῦ κυρίου, πῶς ἀρέσει⁵ τῷ κυρίῳ· 33 ὁ δὲ γαμήσας μεριμνᾷ τὰ τοῦ κόσμου, πῶς ἀρέσει⁶ τῇ γυναικί. 34 Μεμέρισται καὶ⁷ ἡ γυνὴ καὶ ἡ παρθένος. Ἡ ἄγαμος⁸ μεριμνᾷ τὰ τοῦ κυρίου, ἵνα ᾖ ἁγία καὶ σώματι καὶ⁹ πνεύματι· ἡ δὲ γαμήσασα μεριμνᾷ τὰ τοῦ κόσμου, πῶς ἀρέσει¹⁰ τῷ ἀνδρί. 35 Τοῦτο δὲ πρὸς τὸ ὑμῶν αὐτῶν συμφέρον¹¹ λέγω· οὐχ ἵνα βρόχον ὑμῖν ἐπιβάλω, ἀλλὰ πρὸς τὸ εὔσχημον καὶ εὐπρόσεδρον¹² τῷ κυρίῳ ἀπερισπάστως. 36 Εἰ δέ τις ἀσχημονεῖν ἐπὶ τὴν παρθένον αὐτοῦ νομίζει, ἐὰν ᾖ ὑπέρακμος, καὶ οὕτως ὀφείλει γίνεσθαι, ὃ θέλει ποιείτω· οὐχ ἁμαρτάνει· γαμείτωσαν. 37 Ὃς δὲ ἕστηκεν ἑδραῖος ἐν τῇ καρδίᾳ,¹³ μὴ ἔχων ἀνάγκην, ἐξουσίαν δὲ ἔχει περὶ τοῦ ἰδίου θελήματος, καὶ τοῦτο κέκρικεν ἐν τῇ καρδίᾳ αὐτοῦ,

---

1 καὶ • — 2 γήμῃς • γαμήσῃς 3 τὸ λοιπόν ἐστιν • ἐστίν· τὸ λοιπόν 4 τῷ κόσμῳ τούτῳ • τὸν κόσμον 5 ἀρέσει • ἀρέσῃ 6 ἀρέσει • ἀρέσῃ 7 Μεμέρισται καὶ • καὶ μεμέρισται. Καὶ 8 καὶ ἡ παρθένος. Ἡ ἄγαμος • ἡ ἄγαμος καὶ ἡ παρθένος 9 σώματι καὶ • τῷ σώματι καὶ τῷ 10 ἀρέσει • ἀρέσῃ 11 συμφέρον • σύμφορον 12 εὐπρόσεδρον • εὐπάρεδρον 13 ἑδραῖος ἐν τῇ καρδίᾳ • ἐν τῇ καρδίᾳ αὐτοῦ ἑδραῖος

τοῦ¹ τηρεῖν τὴν ἑαυτοῦ παρθένον, καλῶς ποιεῖ. ² 38 Ὥστε καὶ ὁ ἐκγαμίζων³ καλῶς ποιεῖ· ὁ δὲ⁴ μὴ ἐκγαμίζων⁵ κρεῖσσον ποιεῖ.⁶ 39 Γυνὴ δέδεται νόμῳ⁷ ἐφ' ὅσον χρόνον ζῇ ὁ ἀνὴρ αὐτῆς· ἐὰν δὲ καὶ⁸ κοιμηθῇ ὁ ἀνήρ, ἐλευθέρα ἐστὶν ᾧ θέλει γαμηθῆναι, μόνον ἐν κυρίῳ. 40 Μακαριωτέρα δέ ἐστιν ἐὰν οὕτως μείνῃ, κατὰ τὴν ἐμὴν γνώμην· δοκῶ δὲ κἀγὼ πνεῦμα θεοῦ ἔχειν.

Christian Liberty in the Matter of Eating Meat Offered to Idols

8 Περὶ δὲ τῶν εἰδωλοθύτων, οἴδαμεν ὅτι πάντες γνῶσιν ἔχομεν. Ἡ γνῶσις φυσιοῖ, ἡ δὲ ἀγάπη οἰκοδομεῖ. 2 Εἰ δέ⁹ τις δοκεῖ εἰδέναι¹⁰ τι, οὐδέπω οὐδὲν ἔγνωκεν¹¹ καθὼς δεῖ γνῶναι· 3 εἰ δέ τις ἀγαπᾷ τὸν θεόν, οὗτος ἔγνωσται ὑπ' αὐτοῦ. 4 Περὶ τῆς βρώσεως οὖν τῶν εἰδωλοθύτων, οἴδαμεν ὅτι οὐδὲν εἴδωλον ἐν κόσμῳ, καὶ ὅτι οὐδεὶς θεὸς ἕτερος¹² εἰ μὴ εἷς. 5 Καὶ γὰρ εἴπερ εἰσὶν λεγόμενοι θεοί, εἴτε ἐν οὐρανῷ εἴτε ἐπὶ γῆς·ᵃ ὥσπερ εἰσὶν θεοὶ πολλοί, καὶ κύριοι πολλοί· 6 ἀλλ' ἡμῖν εἷς θεὸς ὁ πατήρ, ἐξ οὗ τὰ πάντα, καὶ ἡμεῖς εἰς αὐτόν· καὶ εἷς κύριος Ἰησοῦς χριστός, δι' οὗ τὰ πάντα, καὶ ἡμεῖς δι' αὐτοῦ. 7 Ἀλλ' οὐκ ἐν πᾶσιν ἡ γνῶσις· τινὲς δὲ τῇ συνειδήσει τοῦ εἰδώλου ἕως ἄρτι¹³ ὡς εἰδωλόθυτον ἐσθίουσιν, καὶ ἡ συνείδησις αὐτῶν ἀσθενὴς οὖσα μολύνεται. 8 Βρῶμα δὲ ἡμᾶς οὐ παρίστησιν¹⁴ τῷ θεῷ· οὔτε γὰρ ἐὰν φάγωμεν περισσεύομεν, οὔτε ἐὰν μὴ φάγωμεν ὑστερούμεθα.¹⁵ 9 Βλέπετε δὲ μήπως¹⁶ ἡ ἐξουσία ὑμῶν αὕτη πρόσκομμα γένηται τοῖς ἀσθενοῦσιν.¹⁷ 10 Ἐὰν γάρ τις ἴδῃ σε τὸν ἔχοντα γνῶσιν ἐν εἰδωλείῳ κατακείμενον, οὐχὶ

ᵃ γῆς • τῆς γῆς

---

¹ καρδίᾳ αὐτοῦ τοῦ • ἰδίᾳ καρδίᾳ   ² ποιεῖ • ποιήσει   ³ ὁ ἐκγαμίζων • ὁ γαμίζων τὴν ἑαυτοῦ παρθένον   ⁴ ὁ δὲ • καὶ ὁ   ⁵ μὴ ἐκγαμίζων • μὴ γαμίζων   ⁶ κρεῖσσον ποιεῖ • κρεῖσσον ποιήσει   ⁷ νόμῳ • —   ⁸ καὶ • —   ⁹ δέ • —   ¹⁰ εἰδέναι • ἐγνωκέναι   ¹¹ οὐδέπω οὐδὲν ἔγνωκεν • οὔπω ἔγνω   ¹² ἕτερος • —   ¹³ συνειδήσει τοῦ εἰδώλου ἕως ἄρτι • συνηθείᾳ ἕως ἄρτι τοῦ εἰδώλου   ¹⁴ παρίστησιν • παραστήσει   ¹⁵ γὰρ ἐὰν φάγωμεν περισσεύομεν οὔτε ἐὰν μὴ φάγωμεν ὑστερούμεθα • ἐὰν μὴ φάγωμεν ὑστερούμεθα οὔτε ἐὰν φάγωμεν περισσεύομεν   ¹⁶ μήπως • μή πως   ¹⁷ ἀσθενοῦσιν • ἀσθενέσιν

ἡ συνείδησις αὐτοῦ ἀσθενοῦς ὄντος οἰκοδομηθήσεται εἰς τὸ τὰ εἰδωλόθυτα ἐσθίειν; 11 Καὶ ἀπολεῖται¹ ὁ ἀσθενῶν ἀδελφὸς ἐπὶ² τῇ σῇ γνώσει,³ δι' ὃν χριστὸς ἀπέθανεν; 12 Οὕτως δὲ ἁμαρτάνοντες εἰς τοὺς ἀδελφούς, καὶ τύπτοντες αὐτῶν τὴν συνείδησιν ἀσθενοῦσαν, εἰς χριστὸν ἁμαρτάνετε. 13 Διόπερ εἰ βρῶμα σκανδαλίζει τὸν ἀδελφόν μου, οὐ μὴ φάγω κρέα εἰς τὸν αἰῶνα, ἵνα μὴ τὸν ἀδελφόν μου σκανδαλίσω.

Paul the Free Bondservant of Christ

9 Οὐκ εἰμὶ ἀπόστολος; Οὐκ εἰμὶ ἐλεύθερος;⁴ Οὐχὶ Ἰησοῦν χριστὸν⁵ τὸν κύριον ἡμῶν ἑώρακα;⁶ Οὐ τὸ ἔργον μου ὑμεῖς ἐστε ἐν κυρίῳ; 2 Εἰ ἄλλοις οὐκ εἰμὶ ἀπόστολος, ἀλλά γε ὑμῖν εἰμι· ἡ γὰρ σφραγὶς τῆς ἐμῆς⁷ ἀποστολῆς ὑμεῖς ἐστε ἐν κυρίῳ. 3 Ἡ ἐμὴ ἀπολογία τοῖς ἐμὲ ἀνακρίνουσιν αὕτη ἐστίν.⁸ 4 Μὴ οὐκ ἔχομεν ἐξουσίαν φαγεῖν καὶ πιεῖν;⁹ 5 Μὴ οὐκ ἔχομεν ἐξουσίαν ἀδελφὴν γυναῖκα περιάγειν, ὡς καὶ οἱ λοιποὶ ἀπόστολοι, καὶ οἱ ἀδελφοὶ τοῦ κυρίου, καὶ Κηφᾶς; 6 Ἢ μόνος ἐγὼ καὶ Βαρνάβας οὐκ ἔχομεν ἐξουσίαν τοῦ¹⁰ μὴ ἐργάζεσθαι; 7 Τίς στρατεύεται ἰδίοις ὀψωνίοις ποτέ; Τίς φυτεύει ἀμπελῶνα, καὶ ἐκ τοῦ καρποῦ¹¹ αὐτοῦ οὐκ ἐσθίει; Ἢ τίς ποιμαίνει ποίμνην, καὶ ἐκ τοῦ γάλακτος τῆς ποίμνης οὐκ ἐσθίει; 8 Μὴ κατὰ ἄνθρωπον ταῦτα λαλῶ; Ἢ οὐχὶ¹² καὶ ὁ νόμος ταῦτα λέγει;¹³ 9 Ἐν γὰρ τῷ Μωϋσέωςᵃ νόμῳ γέγραπται, Οὐ φιμώσεις¹⁴ βοῦν ἀλοῶντα. Μὴ τῶν βοῶν μέλει τῷ θεῷ; 10 Ἢ δι' ἡμᾶς πάντως λέγει; Δι' ἡμᾶς γὰρ ἐγράφη, ὅτι ἐπ' ἐλπίδι ὀφείλει¹⁵ ὁ ἀροτριῶν ἀροτριᾷν, καὶ ὁ ἀλοῶν τῆς ἐλπίδος αὐτοῦ μετέχειν ἐπ' ἐλπίδι.¹⁶ 11 Εἰ ἡμεῖς ὑμῖν

ᵃ Μωϋσέως • Μωσέως

1 Καὶ ἀπολεῖται • Ἀπόλλυται γὰρ   2 ἀδελφὸς ἐπὶ • ἐν   3 γνώσει • γνώσει ὁ ἀδελφὸς   4 ἀπόστολος; Οὐκ εἰμὶ ἐλεύθερος; • ἐλεύθερος; Οὐκ εἰμὶ ἀπόστολος;   5 χριστὸν • —   6 ἑώρακα • ἑόρακα   7 τῆς ἐμῆς • μου τῆς   8 αὕτη ἐστίν • ἐστιν αὕτη   9 πιεῖν • πεῖν   10 τοῦ • —   11 ἐκ τοῦ καρποῦ • τὸν καρπὸν   12 οὐχὶ • —   13 λέγει • οὐ λέγει   14 φιμώσεις • κημώσεις   15 ἐπ' ἐλπίδι ὀφείλει • ὀφείλει ἐπ' ἐλπίδι   16 τῆς ἐλπίδος αὐτοῦ μετέχειν ἐπ' ἐλπίδι • ἐπ' ἐλπίδι τοῦ μετέχειν

τὰ πνευματικὰ ἐσπείραμεν, μέγα εἰ ἡμεῖς ὑμῶν τὰ σαρκικὰ θερίσομεν; 12 Εἰ ἄλλοι τῆς ἐξουσίας ὑμῶν¹ μετέχουσιν, οὐ μᾶλλον ἡμεῖς; Ἀλλ᾽ οὐκ ἐχρησάμεθα τῇ ἐξουσίᾳ ταύτῃ, ἀλλὰ πάντα στέγομεν, ἵνα μὴ ἐγκοπήν τινα² δῶμεν τῷ εὐαγγελίῳ τοῦ χριστοῦ. 13 Οὐκ οἴδατε ὅτι οἱ τὰ ἱερὰ ἐργαζόμενοι ἐκ³ τοῦ ἱεροῦ ἐσθίουσιν, οἱ τῷ θυσιαστηρίῳ προσεδρεύοντες⁴ τῷ θυσιαστηρίῳ συμμερίζονται; 14 Οὕτως καὶ ὁ κύριος διέταξεν τοῖς τὸ εὐαγγέλιον καταγγέλλουσιν ἐκ τοῦ εὐαγγελίου ζῆν. 15 Ἐγὼ δὲ οὐδενὶ ἐχρησάμην⁵ τούτων· οὐκ ἔγραψα δὲ ταῦτα ἵνα οὕτως γένηται ἐν ἐμοί· καλὸν γάρ μοι μᾶλλον ἀποθανεῖν, ἢ τὸ καύχημά μου ἵνα τις κενώσῃ.⁶ 16 Ἐὰν γὰρ εὐαγγελίζωμαι, οὐκ ἔστιν μοι καύχημα· ἀνάγκη γάρ μοι ἐπίκειται· οὐαὶ δέ⁷ μοι ἐστίν, ἐὰν μὴ εὐαγγελίζωμαι.⁸ 17 Εἰ γὰρ ἑκὼν τοῦτο πράσσω, μισθὸν ἔχω· εἰ δὲ ἄκων, οἰκονομίαν πεπίστευμαι. 18 Τίς οὖν μοί⁹ ἐστιν ὁ μισθός; Ἵνα εὐαγγελιζόμενος ἀδάπανον θήσω τὸ εὐαγγέλιον τοῦ χριστοῦ,¹⁰ εἰς τὸ μὴ καταχρήσασθαι τῇ ἐξουσίᾳ μου ἐν τῷ εὐαγγελίῳ. 19 Ἐλεύθερος γὰρ ὢν ἐκ πάντων, πᾶσιν ἐμαυτὸν ἐδούλωσα, ἵνα τοὺς πλείονας κερδήσω. 20 Καὶ ἐγενόμην τοῖς Ἰουδαίοις ὡς Ἰουδαῖος, ἵνα Ἰουδαίους κερδήσω· τοῖς ὑπὸ νόμον ὡς ὑπὸ νόμον,¹¹ ἵνα τοὺς ὑπὸ νόμον κερδήσω· 21 τοῖς ἀνόμοις ὡς ἄνομος, μὴ ὢν ἄνομος θεῷ¹² ἀλλ᾽ ἔννομος χριστῷ,¹³ ἵνα κερδήσω¹⁴ ἀνόμους. 22 Ἐγενόμην τοῖς ἀσθενέσιν ὡς¹⁵ ἀσθενής, ἵνα τοὺς ἀσθενεῖς κερδήσω. Τοῖς πᾶσιν γέγονα τὰ¹⁶ πάντα, ἵνα πάντως τινὰς σώσω. 23 Τοῦτο¹⁷ δὲ ποιῶ διὰ τὸ εὐαγγέλιον, ἵνα συγκοινωνὸς αὐτοῦ γένωμαι. 24 Οὐκ οἴδατε ὅτι οἱ ἐν σταδίῳ τρέχοντες πάντες μὲν τρέχουσιν, εἷς δὲ λαμβάνει τὸ βραβεῖον; Οὕτως τρέχετε, ἵνα καταλάβητε. 25 Πᾶς δὲ ὁ ἀγωνιζόμενος πάντα ἐγκρατεύεται·

---

¹ ἐξουσίας ὑμῶν • ὑμῶν ἐξουσίας   ² ἐγκοπήν τινα • τινα ἐγκοπὴν   ³ ἐκ • [τὰ] ἐκ   ⁴ προσεδρεύοντες • παρεδρεύοντες   ⁵ οὐδενὶ ἐχρησάμην • οὐ κέχρημαι οὐδενὶ   ⁶ ἵνα τις κενώσῃ • οὐδεὶς κενώσει   ⁷ δέ • γάρ   ⁸ μὴ εὐαγγελίζωμαι • μὴ εὐαγγελίσωμαι   ⁹ μοί • μού   ¹⁰ τοῦ χριστοῦ • —   ¹¹ ὡς ὑπὸ νόμον • ὡς ὑπὸ νόμον μὴ ὢν αὐτὸς ὑπὸ νόμον   ¹² θεῷ • θεοῦ   ¹³ χριστῷ • χριστοῦ   ¹⁴ κερδήσω • κερδάνω τοὺς   ¹⁵ ὡς • —   ¹⁶ τὰ • —   ¹⁷ Τοῦτο • Πάντα

ἐκεῖνοι μὲν οὖν ἵνα φθαρτὸν στέφανον λάβωσιν, ἡμεῖς δὲ ἄφθαρτον. 26 Ἐγὼ τοίνυν οὕτως τρέχω ὡς οὐκ ἀδήλως· οὕτως πυκτεύω, ὡς οὐκ ἀέρα δέρων· 27 ἀλλ᾽ [1] ὑπωπιάζω μου τὸ σῶμα καὶ δουλαγωγῶ, μήπως, [2] ἄλλοις κηρύξας, αὐτὸς ἀδόκιμος γένωμαι.

A Warning against Carnal Security

10 Οὐ θέλω δὲ [3] ὑμᾶς ἀγνοεῖν, ἀδελφοί, ὅτι οἱ πατέρες ἡμῶν πάντες ὑπὸ τὴν νεφέλην ἦσαν, καὶ πάντες διὰ τῆς θαλάσσης διῆλθον, 2 καὶ πάντες εἰς τὸν Μωϋσῆν ἐβαπτίσαντο [4] ἐν τῇ νεφέλῃ καὶ ἐν τῇ θαλάσσῃ, 3 καὶ πάντες τὸ αὐτὸ βρῶμα πνευματικὸν [5] ἔφαγον, 4 καὶ πάντες τὸ αὐτὸ πόμα πνευματικὸν ἔπιον· [6] ἔπινον γὰρ ἐκ πνευματικῆς ἀκολουθούσης πέτρας· ἡ δὲ πέτρα [7] ἦν ὁ χριστός. 5 Ἀλλ᾽ οὐκ ἐν τοῖς πλείοσιν αὐτῶν εὐδόκησεν ὁ θεός· κατεστρώθησαν γὰρ ἐν τῇ ἐρήμῳ. 6 Ταῦτα δὲ τύποι ἡμῶν ἐγενήθησαν, εἰς τὸ μὴ εἶναι ἡμᾶς ἐπιθυμητὰς κακῶν, καθὼς κἀκεῖνοι ἐπεθύμησαν. 7 Μηδὲ εἰδωλολάτραι γίνεσθε, καθώς τινες αὐτῶν· ὥσπερ γέγραπται, Ἐκάθισεν ὁ λαὸς φαγεῖν καὶ πιεῖν, [8] καὶ ἀνέστησαν παίζειν. 8 Μηδὲ πορνεύωμεν, καθώς τινες αὐτῶν ἐπόρνευσαν, καὶ ἔπεσον ἐν [9] μιᾷ ἡμέρᾳ εἴκοσι τρεῖς χιλιάδες. 9 Μηδὲ ἐκπειράζωμεν τὸν χριστόν, καθὼς καί τινες [10] αὐτῶν ἐπείρασαν, καὶ ὑπὸ τῶν ὄφεων ἀπώλοντο. [11] 10 Μηδὲ γογγύζετε, καθὼς καί [12] τινες αὐτῶν ἐγόγγυσαν, καὶ ἀπώλοντο ὑπὸ τοῦ ὀλοθρευτοῦ. 11 Ταῦτα δὲ πάντα τύποι συνέβαινον [13] ἐκείνοις· ἐγράφη δὲ πρὸς νουθεσίαν ἡμῶν, εἰς οὓς τὰ τέλη τῶν αἰώνων κατήντησεν. [14] 12 Ὥστε ὁ δοκῶν ἑστάναι, βλεπέτω μὴ πέσῃ. 13 Πειρασμὸς ὑμᾶς οὐκ εἴληφεν εἰ μὴ ἀνθρώπινος· πιστὸς δὲ ὁ θεός, ὃς οὐκ ἐάσει ὑμᾶς πειρασθῆναι ὑπὲρ ὃ δύνασθε, ἀλλὰ

---

[1] ἀλλ᾽ • ἀλλὰ   [2] μήπως • μή πως   [3] δὲ • γὰρ   [4] ἐβαπτίσαντο • ἐβαπτίσθησαν   [5] βρῶμα πνευματικὸν • πνευματικὸν βρῶμα   [6] πόμα πνευματικὸν ἔπιον • πνευματικὸν ἔπιον πόμα   [7] δὲ πέτρα • πέτρα δὲ   [8] πιεῖν • πεῖν   [9] ἔπεσον ἐν • ἔπεσαν   [10] καί τινες • τινες   [11] ἀπώλοντο • ἀπώλλυντο   [12] καθὼς καί • καθάπερ   [13] πάντα τύποι συνέβαινον • τυπικῶς συνέβαινεν   [14] κατήντησεν • κατήντηκεν

ποιήσει σὺν τῷ πειρασμῷ καὶ τὴν ἔκβασιν, τοῦ δύνασθαι ὑμᾶς ὑπενεγκεῖν.¹

Conduct toward the Weak

14 Διόπερ, ἀγαπητοί μου, φεύγετε ἀπὸ τῆς εἰδωλολατρείας.² 15 Ὡς φρονίμοις λέγω, κρίνατε ὑμεῖς ὅ φημι. 16 Τὸ ποτήριον τῆς εὐλογίας ὃ εὐλογοῦμεν, οὐχὶ κοινωνία τοῦ αἵματος τοῦ χριστοῦ ἐστίν;³ Τὸν ἄρτον ὃν κλῶμεν, οὐχὶ κοινωνία τοῦ σώματος τοῦ χριστοῦ ἐστίν; 17 Ὅτι εἷς ἄρτος, ἓν σῶμα, οἱ πολλοί ἐσμεν· οἱ γὰρ πάντες ἐκ τοῦ ἑνὸς ἄρτου μετέχομεν. 18 Βλέπετε τὸν Ἰσραὴλ κατὰ σάρκα· οὐχὶ⁴ οἱ ἐσθίοντες τὰς θυσίας κοινωνοὶ τοῦ θυσιαστηρίου εἰσίν; 19 Τί οὖν φημι; Ὅτι εἴδωλόν⁵ τί ἐστιν; Ἢ ὅτι εἰδωλόθυτόν⁶ τί ἐστιν; 20 Ἀλλ' ὅτι ἃ θύει τὰ ἔθνη, δαιμονίοις θύει,⁷ καὶ οὐ θεῷ·⁸ οὐ θέλω δὲ ὑμᾶς κοινωνοὺς τῶν δαιμονίων γίνεσθαι. 21 Οὐ δύνασθε ποτήριον κυρίου πίνειν καὶ ποτήριον δαιμονίων· οὐ δύνασθε τραπέζης κυρίου μετέχειν καὶ τραπέζης δαιμονίων. 22 Ἢ παραζηλοῦμεν τὸν κύριον; Μὴ ἰσχυρότεροι αὐτοῦ ἐσμέν;

23 Πάντα μοι ἔξεστιν, ἀλλ' οὐ πάντα συμφέρει. Πάντα μοι ἔξεστιν,⁹ ἀλλ' οὐ πάντα οἰκοδομεῖ. 24 Μηδεὶς τὸ ἑαυτοῦ ζητείτω, ἀλλὰ τὸ τοῦ ἑτέρου ἕκαστος.¹⁰ 25 Πᾶν τὸ ἐν μακέλλῳ πωλούμενον ἐσθίετε, μηδὲν ἀνακρίνοντες διὰ τὴν συνείδησιν· 26 Τοῦ γὰρ κυρίου¹¹ ἡ γῆ καὶ τὸ πλήρωμα αὐτῆς. 27 Εἰ δέ¹² τις καλεῖ ὑμᾶς τῶν ἀπίστων, καὶ θέλετε πορεύεσθαι, πᾶν τὸ παρατιθέμενον ὑμῖν ἐσθίετε, μηδὲν ἀνακρίνοντες διὰ τὴν συνείδησιν. 28 Ἐὰν δέ τις ὑμῖν εἴπῃ, Τοῦτο εἰδωλόθυτόν¹³ ἐστιν, μὴ ἐσθίετε δι' ἐκεῖνον τὸν μηνύσαντα καὶ τὴν

---

¹ ὑμᾶς ὑπενεγκεῖν • ὑπενεγκεῖν   ² εἰδωλολατρείας • εἰδωλολατρίας   ³ τοῦ αἵματος τοῦ χριστοῦ ἐστίν • ἐστὶν τοῦ αἵματος τοῦ χριστοῦ   ⁴ οὐχὶ • οὐχ   ⁵ εἴδωλόν • εἰδωλόθυτόν   ⁶ εἰδωλόθυτόν • εἴδωλον   ⁷ θύει τὰ ἔθνη δαιμονίοις θύει • θύουσιν δαιμονίοις   ⁸ θεῷ • θεῷ [θύουσιν]   ⁹ Πάντα μοι ἔξεστιν ἀλλ' οὐ πάντα συμφέρει Πάντα μοι ἔξεστιν • Πάντα ἔξεστιν ἀλλ' οὐ πάντα συμφέρει Πάντα ἔξεστιν   ¹⁰ ἕκαστος • —   ¹¹ γὰρ κυρίου • κυρίου γὰρ   ¹² δέ • —   ¹³ εἰδωλόθυτόν • ἱερόθυτόν

συνείδησιν· Τοῦ γὰρ κυρίου ἡ γῆ καὶ τὸ πλήρωμα αὐτῆς.[1] 29 Συνείδησιν δὲ λέγω, οὐχὶ τὴν ἑαυτοῦ, ἀλλὰ τὴν τοῦ ἑτέρου· ἵνα τί[2] γὰρ ἡ ἐλευθερία μου κρίνεται ὑπὸ ἄλλης συνειδήσεως; 30 Εἰ ἐγὼ χάριτι μετέχω, τί βλασφημοῦμαι ὑπὲρ οὗ ἐγὼ εὐχαριστῶ; 31 Εἴτε οὖν ἐσθίετε, εἴτε πίνετε, εἴτε τι ποιεῖτε, πάντα εἰς δόξαν θεοῦ ποιεῖτε. 32 Ἀπρόσκοποι γίνεσθε καὶ Ἰουδαίοις[3] καὶ Ἕλλησιν καὶ τῇ ἐκκλησίᾳ τοῦ θεοῦ· 33 καθὼς κἀγὼ πάντα πᾶσιν ἀρέσκω, μὴ ζητῶν τὸ ἐμαυτοῦ συμφέρον,[4] ἀλλὰ τὸ τῶν πολλῶν, ἵνα σωθῶσιν.

Conduct in Public Worship

11 Μιμηταί μου γίνεσθε, καθὼς κἀγὼ χριστοῦ.

2 Ἐπαινῶ δὲ ὑμᾶς, ἀδελφοί,[5] ὅτι πάντα μου μέμνησθε, καὶ καθὼς παρέδωκα ὑμῖν τὰς παραδόσεις κατέχετε. 3 Θέλω δὲ ὑμᾶς εἰδέναι, ὅτι παντὸς ἀνδρὸς ἡ κεφαλὴ ὁ χριστός ἐστιν· κεφαλὴ δὲ γυναικός, ὁ ἀνήρ· κεφαλὴ δὲ χριστοῦ,[6] ὁ θεός. 4 Πᾶς ἀνὴρ προσευχόμενος ἢ προφητεύων, κατὰ κεφαλῆς ἔχων, καταισχύνει τὴν κεφαλὴν αὐτοῦ. 5 Πᾶσα δὲ γυνὴ προσευχομένη ἢ προφητεύουσα ἀκατακαλύπτῳ τῇ κεφαλῇ, καταισχύνει τὴν κεφαλὴν ἑαυτῆς·[7] ἓν γάρ ἐστιν καὶ τὸ αὐτὸ τῇ ἐξυρημένῃ. 6 Εἰ γὰρ οὐ κατακαλύπτεται γυνή, καὶ κειράσθω· εἰ δὲ αἰσχρὸν γυναικὶ τὸ κείρασθαι ἢ ξυρᾶσθαι, κατακαλυπτέσθω. 7 Ἀνὴρ μὲν γὰρ οὐκ ὀφείλει κατακαλύπτεσθαι τὴν κεφαλήν, εἰκὼν καὶ δόξα θεοῦ ὑπάρχων· γυνὴ[8] δὲ δόξα ἀνδρός ἐστιν. 8 Οὐ γάρ ἐστιν ἀνὴρ ἐκ γυναικός, ἀλλὰ γυνὴ ἐξ ἀνδρός· 9 καὶ γὰρ οὐκ ἐκτίσθη ἀνὴρ διὰ τὴν γυναῖκα, ἀλλὰ γυνὴ διὰ τὸν ἄνδρα· 10 διὰ τοῦτο ὀφείλει ἡ γυνὴ ἐξουσίαν ἔχειν ἐπὶ τῆς κεφαλῆς διὰ τοὺς ἀγγέλους. 11 Πλὴν οὔτε ἀνὴρ χωρὶς γυναικός, οὔτε γυνὴ χωρὶς ἀνδρός,[9] ἐν κυρίῳ. 12 Ὥσπερ γὰρ ἡ γυνὴ ἐκ τοῦ ἀνδρός, οὕτως καὶ ὁ ἀνὴρ διὰ τῆς γυναικός, τὰ δὲ

---

[1] Τοῦ γὰρ κυρίου ἡ γῆ καὶ τὸ πλήρωμα αὐτῆς • — [2] ἵνα τί • ἱνατί [3] γίνεσθε καὶ Ἰουδαίοις • καὶ Ἰουδαίοις γίνεσθε [4] συμφέρον • σύμφορον [5] ἀδελφοί • — [6] χριστοῦ • τοῦ χριστοῦ [7] ἑαυτῆς • αὑτῆς [8] γυνὴ • ἡ γυνὴ [9] ἀνὴρ χωρὶς γυναικός οὔτε γυνὴ χωρὶς ἀνδρός • γυνὴ χωρὶς ἀνδρός οὔτε ἀνὴρ χωρὶς γυναικός

πάντα ἐκ τοῦ θεοῦ. 13 Ἐν ὑμῖν αὐτοῖς κρίνατε· πρέπον ἐστὶν γυναῖκα ἀκατακάλυπτον τῷ θεῷ προσεύχεσθαι; 14 Ἡ οὐδὲ αὐτὴ ἡ φύσις¹ διδάσκει ὑμᾶς, ὅτι ἀνὴρ μὲν ἐὰν κομᾷ, ἀτιμία αὐτῷ ἐστίν; 15 Γυνὴ δὲ ἐὰν κομᾷ, δόξα αὐτῇ ἐστίν. Ὅτι ἡ κόμη ἀντὶ περιβολαίου δέδοται.² 16 Εἰ δέ τις δοκεῖ φιλόνεικος εἶναι, ἡμεῖς τοιαύτην συνήθειαν οὐκ ἔχομεν, οὐδὲ αἱ ἐκκλησίαι τοῦ θεοῦ.

17 Τοῦτο δὲ παραγγέλλων οὐκ ἐπαινῶ, ὅτι οὐκ εἰς τὸ κρεῖττον ἀλλ' εἰς τὸ ἧττον³ συνέρχεσθε. 18 Πρῶτον μὲν γὰρ συνερχομένων ὑμῶν ἐν ἐκκλησίᾳ, ἀκούω σχίσματα ἐν ὑμῖν ὑπάρχειν, καὶ μέρος τι πιστεύω. 19 Δεῖ γὰρ καὶ αἱρέσεις ἐν ὑμῖν εἶναι, ἵνα οἱ⁴ δόκιμοι φανεροὶ γένωνται ἐν ὑμῖν. 20 Συνερχομένων οὖν ὑμῶν ἐπὶ τὸ αὐτό, οὐκ ἔστιν κυριακὸν δεῖπνον φαγεῖν. 21 Ἕκαστος γὰρ τὸ ἴδιον δεῖπνον προλαμβάνει ἐν τῷ φαγεῖν, καὶ ὃς μὲν πεινᾷ, ὃς δὲ μεθύει. 22 Μὴ γὰρ οἰκίας οὐκ ἔχετε εἰς τὸ ἐσθίειν καὶ πίνειν; Ἢ τῆς ἐκκλησίας τοῦ θεοῦ καταφρονεῖτε, καὶ καταισχύνετε τοὺς μὴ ἔχοντας; Τί ὑμῖν εἴπω;⁵ Ἐπαινέσω ὑμᾶς ἐν τούτῳ; Οὐκ ἐπαινῶ. 23 Ἐγὼ γὰρ παρέλαβον ἀπὸ τοῦ κυρίου ὃ καὶ παρέδωκα ὑμῖν, ὅτι ὁ κύριος Ἰησοῦς ἐν τῇ νυκτὶ ᾗ παρεδίδοτο⁶ ἔλαβεν ἄρτον, 24 καὶ εὐχαριστήσας ἔκλασεν καὶ εἶπεν, Λάβετε, φάγετε·⁷ τοῦτό μού ἐστιν τὸ σῶμα τὸ ὑπὲρ ὑμῶν κλώμενον·⁸ τοῦτο ποιεῖτε εἰς τὴν ἐμὴν ἀνάμνησιν. 25 Ὡσαύτως καὶ τὸ ποτήριον μετὰ τὸ δειπνῆσαι, λέγων, Τοῦτο τὸ ποτήριον ἡ καινὴ διαθήκη ἐστὶν ἐν τῷ ἐμῷ αἵματι· τοῦτο ποιεῖτε, ὁσάκις ἂν⁹ πίνητε, εἰς τὴν ἐμὴν ἀνάμνησιν. 26 Ὁσάκις γὰρ ἂν ἐσθίητε¹⁰ τὸν ἄρτον τοῦτον, καὶ τὸ ποτήριον τοῦτο¹¹ πίνητε, τὸν θάνατον τοῦ κυρίου καταγγέλλετε ἄχρι οὗ ἂν ἔλθῃ.¹² 27 Ὥστε ὃς ἂν ἐσθίῃ τὸν ἄρτον τοῦτον¹³ ἢ πίνῃ τὸ ποτήριον τοῦ κυρίου

---

¹ Ἡ οὐδὲ αὐτὴ ἡ φύσις • Οὐδὲ ἡ φύσις αὐτὴ   ² δέδοται • δέδοται [αὐτῇ]
³ κρεῖττον ἀλλ' εἰς τὸ ἧττον • κρεῖσσον ἀλλὰ εἰς τὸ ἧσσον   ⁴ οἱ • [καὶ] οἱ
⁵ ὑμῖν εἴπω • εἴπω ὑμῖν   ⁶ παρεδίδοτο • παρεδίδετο   ⁷ Λάβετε φάγετε • —
⁸ κλώμενον • —   ⁹ ἂν • ἐὰν   ¹⁰ ἂν ἐσθίητε • ἐὰν ἐσθίητε   ¹¹ τοῦτο • —
¹² ἂν ἔλθῃ • ἔλθῃ   ¹³ τοῦτον • —

ἀναξίως τοῦ κυρίου,¹ ἔνοχος ἔσται τοῦ σώματος καὶ τοῦ αἵματος τοῦ κυρίου. **28** Δοκιμαζέτω δὲ ἄνθρωπος ἑαυτόν, καὶ οὕτως ἐκ τοῦ ἄρτου ἐσθιέτω, καὶ ἐκ τοῦ ποτηρίου πινέτω. **29** Ὁ γὰρ ἐσθίων καὶ πίνων ἀναξίως,² κρίμα ἑαυτῷ ἐσθίει καὶ πίνει, μὴ διακρίνων τὸ σῶμα τοῦ κυρίου.³ **30** Διὰ τοῦτο ἐν ὑμῖν πολλοὶ ἀσθενεῖς καὶ ἄρρωστοι, καὶ κοιμῶνται ἱκανοί. **31** Εἰ γὰρ⁴ ἑαυτοὺς διεκρίνομεν, οὐκ ἂν ἐκρινόμεθα. **32** Κρινόμενοι δέ, ὑπὸ κυρίου⁵ παιδευόμεθα, ἵνα μὴ σὺν τῷ κόσμῳ κατακριθῶμεν. **33** Ὥστε, ἀδελφοί μου, συνερχόμενοι εἰς τὸ φαγεῖν, ἀλλήλους ἐκδέχεσθε. **34** Εἰ δέ τις⁶ πεινᾷ, ἐν οἴκῳ ἐσθιέτω· ἵνα μὴ εἰς κρίμα συνέρχησθε. Τὰ δὲ λοιπά, ὡς ἂν ἔλθω, διατάξομαι.

On the Use and Purpose of Spiritual Gifts

12 Περὶ δὲ τῶν πνευματικῶν, ἀδελφοί, οὐ θέλω ὑμᾶς ἀγνοεῖν. **2** Οἴδατε ὅτι ὅτε ἔθνη ἦτε πρὸς τὰ εἴδωλα τὰ ἄφωνα, ὡς ἂν ἤγεσθε, ἀπαγόμενοι. **3** Διὸ γνωρίζω ὑμῖν ὅτι οὐδεὶς ἐν πνεύματι θεοῦ λαλῶν λέγει Ἀνάθεμα Ἰησοῦν· καὶ⁷ οὐδεὶς δύναται εἰπεῖν, Κύριον Ἰησοῦν,⁸ εἰ μὴ ἐν πνεύματι ἁγίῳ.

4 Διαιρέσεις δὲ χαρισμάτων εἰσίν, τὸ δὲ αὐτὸ πνεῦμα. **5** Καὶ διαιρέσεις διακονιῶν εἰσίν, καὶ ὁ αὐτὸς κύριος. **6** Καὶ διαιρέσεις ἐνεργημάτων εἰσίν, ὁ δὲ αὐτός ἐστιν⁹ θεός, ὁ ἐνεργῶν τὰ πάντα ἐν πᾶσιν. **7** Ἑκάστῳ δὲ δίδοται ἡ φανέρωσις τοῦ πνεύματος πρὸς τὸ συμφέρον. **8** Ὧ μὲν γὰρ διὰ τοῦ πνεύματος δίδοται λόγος σοφίας, ἄλλῳ δὲ λόγος γνώσεως, κατὰ τὸ αὐτὸ πνεῦμα· **9** ἑτέρῳ δὲ πίστις,¹⁰ ἐν τῷ αὐτῷ πνεύματι· ἄλλῳ δὲ χαρίσματα ἰαμάτων ἐν τῷ αὐτῷ¹¹ πνεύματι· **10** ἄλλῳ δὲ ἐνεργήματα δυνάμεων, ἄλλῳ δὲ προφητεία, ἄλλῳ δὲ¹² διακρίσεις πνευμάτων, ἑτέρῳ δὲ γένη¹³ γλωσσῶν, ἄλλῳ

---

¹ ἀναξίως τοῦ κυρίου • ἀναξίως   ² ἀναξίως • —   ³ τοῦ κυρίου • —   ⁴ γὰρ • δὲ
⁵ κυρίου • [τοῦ] κυρίου   ⁶ δέ τις • τις   ⁷ Ἰησοῦν καὶ • Ἰησοῦς καὶ   ⁸ Κύριον Ἰησοῦν • Κύριος Ἰησοῦς   ⁹ ἐστιν • —   ¹⁰ δὲ πίστις • πίστις   ¹¹ ἰαμάτων ἐν τῷ αὐτῷ • ἰαμάτων ἐν τῷ ἑνὶ   ¹² δὲ προφητεία ἄλλῳ δὲ • [δὲ] προφητεία ἄλλῳ [δὲ]   ¹³ δὲ γένη • γένη

δὲ ἑρμηνεία γλωσσῶν· 11 πάντα δὲ ταῦτα ἐνεργεῖ τὸ ἓν καὶ τὸ αὐτὸ πνεῦμα, διαιροῦν ἰδίᾳ ἑκάστῳ καθὼς βούλεται. 12 Καθάπερ γὰρ τὸ σῶμα ἕν ἐστιν, καὶ μέλη ἔχει πολλά,[1] πάντα δὲ τὰ μέλη τοῦ σώματος τοῦ ἑνός,[2] πολλὰ ὄντα, ἕν ἐστιν σῶμα· οὕτως καὶ ὁ χριστός. 13 Καὶ γὰρ ἐν ἑνὶ πνεύματι ἡμεῖς πάντες εἰς ἓν σῶμα ἐβαπτίσθημεν, εἴτε Ἰουδαῖοι εἴτε Ἕλληνες, εἴτε δοῦλοι εἴτε ἐλεύθεροι· καὶ πάντες εἰς ἓν πνεῦμα[3] ἐποτίσθημεν. 14 Καὶ γὰρ τὸ σῶμα οὐκ ἔστιν ἓν μέλος ἀλλὰ πολλά. 15 Ἐὰν εἴπῃ ὁ πούς, Ὅτι οὐκ εἰμὶ χείρ, οὐκ εἰμὶ ἐκ τοῦ σώματος· οὐ παρὰ τοῦτο οὐκ ἔστιν ἐκ τοῦ σώματος; 16 Καὶ ἐὰν εἴπῃ τὸ οὖς, Ὅτι οὐκ εἰμὶ ὀφθαλμός, οὐκ εἰμὶ ἐκ τοῦ σώματος· οὐ παρὰ τοῦτο οὐκ ἔστιν ἐκ τοῦ σώματος; 17 Εἰ ὅλον τὸ σῶμα ὀφθαλμός, ποῦ ἡ ἀκοή; Εἰ ὅλον ἀκοή, ποῦ ἡ ὄσφρησις; 18 Νυνὶ δὲ ὁ θεὸς ἔθετο τὰ μέλη ἓν ἕκαστον αὐτῶν ἐν τῷ σώματι, καθὼς ἠθέλησεν. 19 Εἰ δὲ ἦν τὰ πάντα ἓν μέλος, ποῦ τὸ σῶμα; 20 Νῦν δὲ πολλὰ μὲν μέλη, ἓν δὲ σῶμα. 21 Οὐ δύναται δὲ ὁ ὀφθαλμὸς εἰπεῖν τῇ χειρί, Χρείαν σου οὐκ ἔχω· ἢ πάλιν ἡ κεφαλὴ τοῖς ποσίν, Χρείαν ὑμῶν οὐκ ἔχω. 22 Ἀλλὰ πολλῷ μᾶλλον τὰ δοκοῦντα μέλη τοῦ σώματος ἀσθενέστερα ὑπάρχειν, ἀναγκαῖά ἐστιν· 23 καὶ ἃ δοκοῦμεν ἀτιμότερα εἶναι τοῦ σώματος, τούτοις τιμὴν περισσοτέραν περιτίθεμεν· καὶ τὰ ἀσχήμονα ἡμῶν εὐσχημοσύνην περισσοτέραν ἔχει· 24 τὰ δὲ εὐσχήμονα ἡμῶν οὐ χρείαν ἔχει· ἀλλ᾽[4] ὁ θεὸς συνεκέρασεν τὸ σῶμα, τῷ ὑστεροῦντι[5] περισσοτέραν δοὺς τιμήν, 25 ἵνα μὴ ᾖ σχίσματα[6] ἐν τῷ σώματι, ἀλλὰ τὸ αὐτὸ ὑπὲρ ἀλλήλων μεριμνῶσιν τὰ μέλη. 26 Καὶ εἴτε πάσχει ἓν μέλος, συμπάσχει πάντα τὰ μέλη· εἴτε δοξάζεται ἓν[7] μέλος, συγχαίρει πάντα τὰ μέλη. 27 Ὑμεῖς δέ ἐστε σῶμα χριστοῦ, καὶ μέλη ἐκ μέρους. 28 Καὶ οὓς μὲν ἔθετο ὁ θεὸς ἐν τῇ ἐκκλησίᾳ πρῶτον ἀποστόλους, δεύτερον προφήτας, τρίτον διδασκάλους, ἔπειτα δυνάμεις, εἶτα[8] χαρίσματα ἰαμάτων, ἀντιλήψεις,[9] κυβερνήσεις,

---

[1] ἔχει πολλά • πολλὰ ἔχει   [2] τοῦ ἑνός • —   [3] εἰς ἓν πνεῦμα • ἓν πνεῦμα   [4] ἀλλ᾽ • ἀλλὰ   [5] ὑστεροῦντι • ὑστερουμένῳ   [6] σχίσματα • σχίσμα   [7] δοξάζεται ἓν • δοξάζεται [ἓν]   [8] εἶτα • ἔπειτα   [9] ἀντιλήψεις • ἀντιλήμψεις

γένη γλωσσῶν. 29 Μὴ πάντες ἀπόστολοι; Μὴ πάντες προφῆται; Μὴ πάντες διδάσκαλοι; Μὴ πάντες δυνάμεις; 30 Μὴ πάντες χαρίσματα ἔχουσιν ἰαμάτων; Μὴ πάντες γλώσσαις λαλοῦσιν; Μὴ πάντες διερμηνεύουσιν; 31 Ζηλοῦτε δὲ τὰ χαρίσματα τὰ κρείττονα.¹ Καὶ ἔτι καθ᾽ ὑπερβολὴν ὁδὸν ὑμῖν δείκνυμι.

A Psalm of Love

13 Ἐὰν ταῖς γλώσσαις τῶν ἀνθρώπων λαλῶ καὶ τῶν ἀγγέλων, ἀγάπην δὲ μὴ ἔχω, γέγονα χαλκὸς ἠχῶν ἢ κύμβαλον ἀλαλάζον. 2 Καὶ ἐὰν ἔχω προφητείαν, καὶ εἰδῶ τὰ μυστήρια πάντα καὶ πᾶσαν τὴν γνῶσιν, καὶ ἐὰν ἔχω πᾶσαν τὴν πίστιν, ὥστε ὄρη μεθιστάνειν,² ἀγάπην δὲ μὴ ἔχω, οὐθέν εἰμι. 3 Καὶ ἐὰν ψωμίσω³ πάντα τὰ ὑπάρχοντά μου, καὶ ἐὰν παραδῶ τὸ σῶμά μου ἵνα καυθήσωμαι,ᵃ, ⁴ ἀγάπην δὲ μὴ ἔχω, οὐδὲν ὠφελοῦμαι. 4 Ἡ ἀγάπη μακροθυμεῖ, χρηστεύεται· ἡ ἀγάπη οὐ ζηλοῖ· ἡ ἀγάπη⁵ οὐ περπερεύεται, οὐ φυσιοῦται, 5 οὐκ ἀσχημονεῖ, οὐ ζητεῖ τὰ ἑαυτῆς, οὐ παροξύνεται, οὐ λογίζεται τὸ κακόν, 6 οὐ χαίρει ἐπὶ τῇ ἀδικίᾳ, συγχαίρει δὲ τῇ ἀληθείᾳ, 7 πάντα στέγει, πάντα πιστεύει, πάντα ἐλπίζει, πάντα ὑπομένει. 8 Ἡ ἀγάπη οὐδέποτε ἐκπίπτει·⁶ εἴτε δὲ προφητεῖαι, καταργηθήσονται· εἴτε γλῶσσαι, παύσονται· εἴτε γνῶσις, καταργηθήσεται. 9 Ἐκ μέρους δὲ⁷ γινώσκομεν, καὶ ἐκ μέρους προφητεύομεν· 10 ὅταν δὲ ἔλθῃ τὸ τέλειον, τότε⁸ τὸ ἐκ μέρους καταργηθήσεται. 11 Ὅτε ἤμην νήπιος, ὡς νήπιος ἐλάλουν,⁹ ὡς νήπιος ἐφρόνουν,¹⁰ ὡς νήπιος ἐλογιζόμην·¹¹ ὅτε δὲ¹² γέγονα ἀνήρ, κατήργηκα τὰ τοῦ νηπίου. 12 Βλέπομεν γὰρ ἄρτι δι᾽ ἐσόπτρου ἐν αἰνίγματι, τότε δὲ πρόσωπον πρὸς πρόσωπον· ἄρτι γινώσκω ἐκ μέρους, τότε δὲ ἐπιγνώσομαι καθὼς καὶ

ᵃ καυθήσωμαι • καυθήσομαι

---

1 κρείττονα • μείζονα 2 μεθιστάνειν • μεθιστάναι 3 Καὶ ἐὰν ψωμίσω • Κἂν ψωμίσω 4 καυθήσωμαι • καυχήσωμαι 5 ζηλοῖ ἡ ἀγάπη • ζηλοῖ [ἡ ἀγάπη] 6 ἐκπίπτει • πίπτει 7 δὲ • γὰρ 8 τότε • — 9 ὡς νήπιος ἐλάλουν • ἐλάλουν ὡς νήπιος 10 ὡς νήπιος ἐφρόνουν • ἐφρόνουν ὡς νήπιος 11 ὡς νήπιος ἐλογιζόμην • ἐλογιζόμην ὡς νήπιος 12 δὲ • —

ἐπεγνώσθην. 13 Νυνὶ δὲ μένει πίστις, ἐλπίς, ἀγάπη, τὰ τρία ταῦτα· μείζων δὲ τούτων ἡ ἀγάπη.

The Use of Spiritual Gifts in Public Worship

14 Διώκετε τὴν ἀγάπην· ζηλοῦτε δὲ τὰ πνευματικά, μᾶλλον δὲ ἵνα προφητεύητε. 2 Ὁ γὰρ λαλῶν γλώσσῃ οὐκ ἀνθρώποις λαλεῖ, ἀλλὰ τῷ¹ θεῷ· οὐδεὶς γὰρ ἀκούει, πνεύματι δὲ λαλεῖ μυστήρια. 3 Ὁ δὲ προφητεύων ἀνθρώποις λαλεῖ οἰκοδομὴν καὶ παράκλησιν καὶ παραμυθίαν. 4 Ὁ λαλῶν γλώσσῃ ἑαυτὸν οἰκοδομεῖ, ὁ δὲ προφητεύων ἐκκλησίαν οἰκοδομεῖ. 5 Θέλω δὲ πάντας ὑμᾶς λαλεῖν γλώσσαις, μᾶλλον δὲ ἵνα προφητεύητε· μείζων γὰρ² ὁ προφητεύων ἢ ὁ λαλῶν γλώσσαις, ἐκτὸς εἰ μὴ διερμηνεύει,³ ἵνα ἡ ἐκκλησία οἰκοδομὴν λάβῃ. 6 Νυνὶ⁴ δέ, ἀδελφοί, ἐὰν ἔλθω πρὸς ὑμᾶς γλώσσαις λαλῶν, τί ὑμᾶς ὠφελήσω, ἐὰν μὴ ὑμῖν λαλήσω ἢ ἐν ἀποκαλύψει, ἢ ἐν γνώσει, ἢ ἐν προφητείᾳ ἢ ἐν διδαχῇ;⁵ 7 Ὅμως τὰ ἄψυχα φωνὴν διδόντα, εἴτε αὐλός, εἴτε κιθάρα, ἐὰν διαστολὴν τοῖς φθόγγοις μὴ διδῷ,⁶ πῶς γνωσθήσεται τὸ αὐλούμενον ἢ τὸ κιθαριζόμενον; 8 Καὶ γὰρ ἐὰν ἄδηλον φωνὴν σάλπιγξ⁷ δῷ, τίς παρασκευάσεται εἰς πόλεμον; 9 Οὕτως καὶ ὑμεῖς διὰ τῆς γλώσσης ἐὰν μὴ εὔσημον λόγον δῶτε, πῶς γνωσθήσεται τὸ λαλούμενον; Ἔσεσθε γὰρ εἰς ἀέρα λαλοῦντες. 10 Τοσαῦτα, εἰ τύχοι, γένη φωνῶν ἐστὶν⁸ ἐν κόσμῳ καὶ οὐδὲν αὐτῶν⁹ ἄφωνον. 11 Ἐὰν οὖν μὴ εἰδῶ τὴν δύναμιν τῆς φωνῆς, ἔσομαι τῷ λαλοῦντι βάρβαρος, καὶ ὁ λαλῶν ἐν ἐμοὶ βάρβαρος. 12 Οὕτως καὶ ὑμεῖς, ἐπεὶ ζηλωταί ἐστε πνευμάτων, πρὸς τὴν οἰκοδομὴν τῆς ἐκκλησίας ζητεῖτε ἵνα περισσεύητε. 13 Διόπερ¹⁰ ὁ λαλῶν γλώσσῃ προσευχέσθω ἵνα διερμηνεύῃ. 14 Ἐὰν γὰρ¹¹ προσεύχωμαι γλώσσῃ, τὸ πνεῦμά μου προσεύχεται, ὁ δὲ νοῦς μου ἄκαρπός ἐστιν. 15 Τί οὖν ἐστίν; Προσεύξομαι τῷ πνεύματι, προσεύξομαι δὲ καὶ τῷ νοΐ· ψαλῶ τῷ πνεύματι, ψαλῶ δὲ καὶ

---

1 τῷ • — 2 γὰρ • δὲ 3 διερμηνεύει • διερμηνεύῃ 4 Νυνὶ • Νῦν 5 ἐν διδαχῇ • [ἐν] διδαχῇ 6 διδῷ • δῷ 7 φωνὴν σάλπιγξ • σάλπιγξ φωνὴν 8 ἐστὶν • εἰσιν 9 αὐτῶν • — 10 Διόπερ • Διὸ 11 γὰρ • [γὰρ]

τῷ νοΐ. 16 Ἐπεὶ ἐὰν εὐλογήσῃς τῷ¹ πνεύματι, ὁ ἀναπληρῶν τὸν τόπον τοῦ ἰδιώτου πῶς ἐρεῖ τὸ Ἀμὴν ἐπὶ τῇ σῇ εὐχαριστίᾳ, ἐπειδὴ τί λέγεις οὐκ οἶδεν; 17 Σὺ μὲν γὰρ καλῶς εὐχαριστεῖς, ἀλλ' ὁ ἕτερος οὐκ οἰκοδομεῖται. 18 Εὐχαριστῶ τῷ θεῷ μου,² πάντων ὑμῶν μᾶλλον γλώσσαις λαλῶν· ³ 19 ἀλλ'⁴ ἐν ἐκκλησίᾳ θέλω πέντε λόγους διὰ τοῦ νοός⁵ μου λαλῆσαι, ἵνα καὶ ἄλλους κατηχήσω, ἢ μυρίους λόγους ἐν γλώσσῃ. 20 Ἀδελφοί, μὴ παιδία γίνεσθε ταῖς φρεσίν· ἀλλὰ τῇ κακίᾳ νηπιάζετε, ταῖς δὲ φρεσὶν τέλειοι γίνεσθε. 21 Ἐν τῷ νόμῳ γέγραπται ὅτι Ἐν ἑτερογλώσσοις καὶ ἐν χείλεσιν ἑτέροις⁶ λαλήσω τῷ λαῷ τούτῳ, καὶ οὐδ' οὕτως εἰσακούσονταί μου, λέγει κύριος. 22 Ὥστε αἱ γλῶσσαι εἰς σημεῖόν εἰσιν, οὐ τοῖς πιστεύουσιν, ἀλλὰ τοῖς ἀπίστοις· ἡ δὲ προφητεία, οὐ τοῖς ἀπίστοις, ἀλλὰ τοῖς πιστεύουσιν. 23 Ἐὰν οὖν συνέλθῃ ἡ ἐκκλησία ὅλη ἐπὶ τὸ αὐτό, καὶ πάντες γλώσσαις λαλῶσιν,⁷ εἰσέλθωσιν δὲ ἰδιῶται ἢ ἄπιστοι, οὐκ ἐροῦσιν ὅτι μαίνεσθε; 24 Ἐὰν δὲ πάντες προφητεύωσιν, εἰσέλθῃ δέ τις ἄπιστος ἢ ἰδιώτης, ἐλέγχεται ὑπὸ πάντων, ἀνακρίνεται ὑπὸ πάντων, 25 καὶ οὕτως τὰ⁸ κρυπτὰ τῆς καρδίας αὐτοῦ φανερὰ γίνεται· καὶ οὕτως πεσὼν ἐπὶ πρόσωπον προσκυνήσει τῷ θεῷ ἀπαγγέλλων ὅτι Ὁ θεὸς ὄντως⁹ ἐν ὑμῖν ἐστιν.

26 Τί οὖν ἐστίν, ἀδελφοί; Ὅταν συνέρχησθε, ἕκαστος ὑμῶν¹⁰ ψαλμὸν ἔχει, διδαχὴν ἔχει, γλῶσσαν ἔχει, ἀποκάλυψιν¹¹ ἔχει, ἑρμηνείαν ἔχει. Πάντα πρὸς οἰκοδομὴν γινέσθω. 27 Εἴτε γλώσσῃ τις λαλεῖ, κατὰ δύο ἢ τὸ πλεῖστον τρεῖς, καὶ ἀνὰ μέρος, καὶ εἷς διερμηνευέτω· 28 ἐὰν δὲ μὴ ᾖ διερμηνευτής, σιγάτω ἐν ἐκκλησίᾳ· ἑαυτῷ δὲ λαλείτω καὶ τῷ θεῷ. 29 Προφῆται δὲ δύο ἢ τρεῖς λαλείτωσαν, καὶ οἱ ἄλλοι διακρινέτωσαν. 30 Ἐὰν δὲ ἄλλῳ ἀποκαλυφθῇ καθημένῳ, ὁ πρῶτος σιγάτω. 31 Δύνασθε γὰρ καθ' ἕνα πάντες προφητεύειν,

---

1 εὐλογήσῃς τῷ • εὐλογῇς [ἐν]   2 μου • —   3 λαλῶν • λαλῶ   4 ἀλλ' • ἀλλὰ
5 διὰ τοῦ νοός • τῷ νοΐ   6 ἑτέροις • ἑτέρων   7 γλώσσαις λαλῶσιν • λαλῶσιν γλώσσαις   8 καὶ οὕτως τὰ • τὰ   9 Ὁ θεὸς ὄντως • Ὄντως ὁ θεὸς   10 ὑμῶν •
—   11 γλῶσσαν ἔχει ἀποκάλυψιν • ἀποκάλυψιν ἔχει γλῶσσαν

ἵνα πάντες μανθάνωσιν, καὶ πάντες παρακαλῶνται· 32 καὶ πνεύματα προφητῶν προφήταις ὑποτάσσεται. 33 Οὐ γάρ ἐστιν ἀκαταστασίας ὁ θεός, ἀλλὰ εἰρήνης, ὡς ἐν πάσαις ταῖς ἐκκλησίαις τῶν ἁγίων.

34 Αἱ γυναῖκες ὑμῶν [1] ἐν ταῖς ἐκκλησίαις σιγάτωσαν· οὐ γὰρ ἐπιτέτραπται [2] αὐταῖς λαλεῖν, ἀλλ᾽ [3] ὑποτάσσεσθαι, [4] καθὼς καὶ ὁ νόμος λέγει. 35 Εἰ δέ τι μαθεῖν θέλουσιν, ἐν οἴκῳ τοὺς ἰδίους ἄνδρας ἐπερωτάτωσαν· αἰσχρὸν γάρ ἐστιν γυναιξὶν ἐν ἐκκλησίᾳ λαλεῖν. [5] 36 Ἢ ἀφ᾽ ὑμῶν ὁ λόγος τοῦ θεοῦ ἐξῆλθεν; Ἢ εἰς ὑμᾶς μόνους κατήντησεν;

37 Εἴ τις δοκεῖ προφήτης εἶναι ἢ πνευματικός, ἐπιγινωσκέτω ἃ γράφω ὑμῖν, ὅτι κυρίου εἰσὶν ἐντολαί. [6] 38 Εἰ δέ τις ἀγνοεῖ, ἀγνοείτω. [7]

39 Ὥστε, ἀδελφοί, [8] ζηλοῦτε τὸ προφητεύειν, καὶ τὸ λαλεῖν γλώσσαις μὴ κωλύετε· [9] 40 πάντα [10] εὐσχημόνως καὶ κατὰ τάξιν γινέσθω.

On the Resurrection of the Dead

15 Γνωρίζω δὲ ὑμῖν, ἀδελφοί, τὸ εὐαγγέλιον ὃ εὐηγγελισάμην ὑμῖν, ὃ καὶ παρελάβετε, ἐν ᾧ καὶ ἑστήκατε, 2 δι᾽ οὗ καὶ σῴζεσθε· τίνι λόγῳ εὐηγγελισάμην ὑμῖν, εἰ κατέχετε, ἐκτὸς εἰ μὴ εἰκῇ ἐπιστεύσατε. 3 Παρέδωκα γὰρ ὑμῖν ἐν πρώτοις, ὃ καὶ παρέλαβον, ὅτι χριστὸς ἀπέθανεν ὑπὲρ τῶν ἁμαρτιῶν ἡμῶν κατὰ τὰς γραφάς· 4 καὶ ὅτι ἐτάφη· καὶ ὅτι ἐγήγερται τῇ τρίτῃ ἡμέρᾳ [11] κατὰ τὰς γραφάς· 5 καὶ ὅτι ὤφθη Κηφᾷ, εἶτα τοῖς δώδεκα· 6 ἔπειτα ὤφθη ἐπάνω πεντακοσίοις ἀδελφοῖς ἐφάπαξ, ἐξ ὧν οἱ πλείους [12] μένουσιν ἕως ἄρτι, τινὲς δὲ καὶ [13] ἐκοιμήθησαν· 7 ἔπειτα ὤφθη Ἰακώβῳ, εἶτα τοῖς ἀποστόλοις πᾶσιν· 8 ἔσχατον δὲ πάντων, ὡσπερεὶ τῷ ἐκτρώματι, ὤφθη κἀμοί. 9 Ἐγὼ γάρ εἰμι ὁ ἐλάχιστος

---

[1] ὑμῶν • —   [2] ἐπιτέτραπται • ἐπιτρέπεται   [3] ἀλλ᾽ • ἀλλὰ   [4] ὑποτάσσεσθαι • ὑποτασσέσθωσαν   [5] γυναιξὶν ἐν ἐκκλησίᾳ λαλεῖν • γυναικὶ λαλεῖν ἐν ἐκκλησίᾳ   [6] εἰσὶν ἐντολαί • ἐστὶν ἐντολή   [7] ἀγνοείτω • ἀγνοεῖται   [8] ἀδελφοί • ἀδελφοί [μου]   [9] γλώσσαις μὴ κωλύετε • μὴ κωλύετε γλώσσαις   [10] πάντα • πάντα δὲ   [11] τρίτῃ ἡμέρᾳ • ἡμέρᾳ τῇ τρίτῃ   [12] πλείους • πλείονες   [13] καὶ • —

τῶν ἀποστόλων, ὃς οὐκ εἰμὶ ἱκανὸς καλεῖσθαι ἀπόστολος, διότι ἐδίωξα τὴν ἐκκλησίαν τοῦ θεοῦ. 10 Χάριτι δὲ θεοῦ εἰμι ὅ εἰμι, καὶ ἡ χάρις αὐτοῦ ἡ εἰς ἐμὲ οὐ κενὴ ἐγενήθη, ἀλλὰ περισσότερον αὐτῶν πάντων ἐκοπίασα, οὐκ ἐγὼ δέ, ἀλλ᾽ [1] ἡ χάρις τοῦ θεοῦ ἡ σὺν [2] ἐμοί. 11 Εἴτε οὖν ἐγώ, εἴτε ἐκεῖνοι, οὕτως κηρύσσομεν καὶ οὕτως ἐπιστεύσατε.

12 Εἰ δὲ χριστὸς κηρύσσεται ὅτι ἐκ νεκρῶν ἐγήγερται, πῶς λέγουσίν τινες ἐν ὑμῖν [3] ὅτι ἀνάστασις νεκρῶν οὐκ ἔστιν; 13 Εἰ δὲ ἀνάστασις νεκρῶν οὐκ ἔστιν, οὐδὲ χριστὸς ἐγήγερται· 14 εἰ δὲ χριστὸς οὐκ ἐγήγερται, κενὸν ἄρα τὸ [4] κήρυγμα ἡμῶν, κενὴ δὲ καὶ [5] ἡ πίστις ὑμῶν. 15 Εὑρισκόμεθα δὲ καὶ ψευδομάρτυρες τοῦ θεοῦ, ὅτι ἐμαρτυρήσαμεν κατὰ τοῦ θεοῦ ὅτι ἤγειρεν τὸν χριστόν, ὃν οὐκ ἤγειρεν, εἴπερ ἄρα νεκροὶ οὐκ ἐγείρονται. 16 Εἰ γὰρ νεκροὶ οὐκ ἐγείρονται, οὐδὲ χριστὸς ἐγήγερται· 17 εἰ δὲ χριστὸς οὐκ ἐγήγερται, ματαία ἡ πίστις ὑμῶν· ἔτι ἐστὲ ἐν ταῖς ἁμαρτίαις ὑμῶν. 18 Ἄρα καὶ οἱ κοιμηθέντες ἐν χριστῷ ἀπώλοντο. 19 Εἰ ἐν τῇ ζωῇ ταύτῃ ἠλπικότες ἐσμὲν ἐν χριστῷ [6] μόνον, ἐλεεινότεροι πάντων ἀνθρώπων ἐσμέν.

20 Νυνὶ δὲ χριστὸς ἐγήγερται ἐκ νεκρῶν, ἀπαρχὴ τῶν κεκοιμημένων ἐγένετο. [7] 21 Ἐπειδὴ γὰρ δι᾽ ἀνθρώπου ὁ [8] θάνατος, καὶ δι᾽ ἀνθρώπου ἀνάστασις νεκρῶν. 22 Ὥσπερ γὰρ ἐν τῷ Ἀδὰμ πάντες ἀποθνῄσκουσιν, οὕτως καὶ ἐν τῷ χριστῷ πάντες ζωοποιηθήσονται. 23 Ἕκαστος δὲ ἐν τῷ ἰδίῳ τάγματι· ἀπαρχὴ χριστός, ἔπειτα οἱ τοῦ χριστοῦ ἐν τῇ παρουσίᾳ αὐτοῦ. 24 Εἶτα τὸ τέλος, ὅταν παραδῷ [9] τὴν βασιλείαν τῷ θεῷ καὶ πατρί, ὅταν καταργήσῃ πᾶσαν ἀρχὴν καὶ πᾶσαν ἐξουσίαν καὶ δύναμιν. 25 Δεῖ γὰρ αὐτὸν βασιλεύειν, ἄχρι οὗ ἂν [10] θῇ πάντας τοὺς ἐχθροὺς ὑπὸ τοὺς πόδας αὐτοῦ. 26 Ἔσχατος ἐχθρὸς καταργεῖται ὁ θάνατος. 27 Πάντα γὰρ ὑπέταξεν ὑπὸ τοὺς πόδας αὐτοῦ. Ὅταν δὲ εἴπῃ ὅτι Πάντα ὑποτέτακται, δῆλον ὅτι ἐκτὸς τοῦ ὑποτάξαντος αὐτῷ τὰ πάντα. 28 Ὅταν δὲ ὑποταγῇ αὐτῷ

---

[1] ἀλλ᾽ • ἀλλὰ   [2] ἡ σὺν • [ἡ] σὺν   [3] τινες ἐν ὑμῖν • ἐν ὑμῖν τινες   [4] τὸ • [καὶ] τὸ   [5] δὲ καὶ • καὶ   [6] ἠλπικότες ἐσμὲν ἐν χριστῷ • ἐν χριστῷ ἠλπικότες ἐσμὲν   [7] ἐγένετο • —   [8] ὁ • —   [9] παραδῷ • παραδιδῷ   [10] ἂν • —

τὰ πάντα, τότε καὶ¹ αὐτὸς ὁ υἱὸς ὑποταγήσεται τῷ ὑποτάξαντι αὐτῷ τὰ πάντα, ἵνα ᾖ ὁ θεὸς τὰ² πάντα ἐν πᾶσιν.

29 Ἐπεὶ τί ποιήσουσιν οἱ βαπτιζόμενοι ὑπὲρ τῶν νεκρῶν; Εἰ ὅλως νεκροὶ οὐκ ἐγείρονται, τί καὶ βαπτίζονται ὑπὲρ τῶν νεκρῶν;³ 30 Τί καὶ ἡμεῖς κινδυνεύομεν πᾶσαν ὥραν; 31 Καθ᾽ ἡμέραν ἀποθνήσκω, νὴ τὴν ὑμετέραν καύχησιν, ἣν⁴ ἔχω ἐν χριστῷ Ἰησοῦ τῷ κυρίῳ ἡμῶν. 32 Εἰ κατὰ ἄνθρωπον ἐθηριομάχησα ἐν Ἐφέσῳ, τί μοι τὸ ὄφελος, εἰ νεκροὶ οὐκ ἐγείρονται; Φάγωμεν καὶ πίωμεν, αὔριον γὰρ ἀποθνήσκομεν. 33 Μὴ πλανᾶσθε· Φθείρουσιν ἤθη χρηστὰ ὁμιλίαι κακαί. 34 Ἐκνήψατε δικαίως καὶ μὴ ἁμαρτάνετε· ἀγνωσίαν γὰρ θεοῦ τινες ἔχουσιν· πρὸς ἐντροπὴν ὑμῖν λέγω.⁵

35 Ἀλλ᾽⁶ ἐρεῖ τις, Πῶς ἐγείρονται οἱ νεκροί; Ποίῳ δὲ σώματι ἔρχονται; 36 Ἄφρον,⁷ σὺ ὃ σπείρεις, οὐ ζῳοποιεῖται ἐὰν μὴ ἀποθάνῃ· 37 καὶ ὃ σπείρεις, οὐ τὸ σῶμα τὸ γενησόμενον σπείρεις, ἀλλὰ γυμνὸν κόκκον, εἰ τύχοι, σίτου ἤ τινος τῶν λοιπῶν· 38 ὁ δὲ θεὸς αὐτῷ δίδωσιν⁸ σῶμα καθὼς ἠθέλησεν, καὶ ἑκάστῳ τῶν σπερμάτων τὸ⁹ ἴδιον σῶμα. 39 Οὐ πᾶσα σὰρξ ἡ αὐτὴ σάρξ· ἀλλὰ ἄλλη μὲν ἀνθρώπων, ἄλλη δὲ σὰρξ κτηνῶν, ἄλλη δὲ ἰχθύων,¹⁰ ἄλλη δὲ πτηνῶν.¹¹ 40 Καὶ σώματα ἐπουράνια, καὶ σώματα ἐπίγεια· ἀλλ᾽¹² ἑτέρα μὲν ἡ τῶν ἐπουρανίων δόξα, ἑτέρα δὲ ἡ τῶν ἐπιγείων. 41 Ἄλλη δόξα ἡλίου, καὶ ἄλλη δόξα σελήνης, καὶ ἄλλη δόξα ἀστέρων· ἀστὴρ γὰρ ἀστέρος διαφέρει ἐν δόξῃ. 42 Οὕτως καὶ ἡ ἀνάστασις τῶν νεκρῶν. Σπείρεται ἐν φθορᾷ, ἐγείρεται ἐν ἀφθαρσίᾳ· 43 σπείρεται ἐν ἀτιμίᾳ, ἐγείρεται ἐν δόξῃ· σπείρεται ἐν ἀσθενείᾳ, ἐγείρεται ἐν δυνάμει· 44 σπείρεται σῶμα ψυχικόν, ἐγείρεται σῶμα πνευματικόν. Ἔστιν σῶμα ψυχικόν,¹³ καὶ ἔστιν σῶμα¹⁴ πνευματικόν. 45 Οὕτως καὶ γέγραπται, Ἐγένετο

---

¹ καὶ • [καὶ]   ² θεὸς τὰ • θεὸς [τὰ]   ³ βαπτίζονται ὑπὲρ τῶν νεκρῶν • βαπτίζονται ὑπὲρ αὐτῶν   ⁴ ἣν • [ἀδελφοί] ἣν   ⁵ λέγω • λαλῶ   ⁶ Ἀλλ᾽ • Ἀλλὰ   ⁷ Ἄφρον • Ἄφρων   ⁸ αὐτῷ δίδωσιν • δίδωσιν αὐτῷ   ⁹ τὸ • —   ¹⁰ ἰχθύων • σὰρξ πτηνῶν   ¹¹ πτηνῶν • ἰχθύων   ¹² ἀλλ᾽ • ἀλλὰ   ¹³ Ἔστιν σῶμα ψυχικόν • Εἰ ἔστιν σῶμα ψυχικόν   ¹⁴ καὶ ἔστιν σῶμα • ἔστιν καὶ

ὁ πρῶτος ἄνθρωπος Ἀδὰμ εἰς ψυχὴν ζῶσαν. Ὁ ἔσχατος Ἀδὰμ εἰς πνεῦμα ζῳοποιοῦν. 46 Ἀλλ' οὐ πρῶτον τὸ πνευματικόν, ἀλλὰ τὸ ψυχικόν, ἔπειτα τὸ πνευματικόν. 47 Ὁ πρῶτος ἄνθρωπος ἐκ γῆς, χοϊκός· ὁ δεύτερος ἄνθρωπος ὁ κύριος [1] ἐξ οὐρανοῦ. 48 Οἷος ὁ χοϊκός, τοιοῦτοι καὶ οἱ χοϊκοί, καὶ οἷος ὁ ἐπουράνιος, τοιοῦτοι καὶ οἱ ἐπουράνιοι· 49 καὶ καθὼς ἐφορέσαμεν τὴν εἰκόνα τοῦ χοϊκοῦ, φορέσωμεν [2] καὶ τὴν εἰκόνα τοῦ ἐπουρανίου. 50 Τοῦτο δέ φημι, ἀδελφοί, ὅτι σὰρξ καὶ αἷμα βασιλείαν θεοῦ κληρονομῆσαι οὐ δύνανται, [3] οὐδὲ ἡ φθορὰ τὴν ἀφθαρσίαν κληρονομεῖ. 51 Ἰδού, μυστήριον ὑμῖν λέγω· πάντες μὲν [4] οὐ κοιμηθησόμεθα, πάντες δὲ ἀλλαγησόμεθα, 52 ἐν ἀτόμῳ, ἐν ῥιπῇ ὀφθαλμοῦ, ἐν τῇ ἐσχάτῃ σάλπιγγι· σαλπίσει γάρ, καὶ οἱ νεκροὶ ἐγερθήσονται ἄφθαρτοι, καὶ ἡμεῖς ἀλλαγησόμεθα. 53 Δεῖ γὰρ τὸ φθαρτὸν τοῦτο ἐνδύσασθαι ἀφθαρσίαν, καὶ τὸ θνητὸν τοῦτο ἐνδύσασθαι ἀθανασίαν. 54 Ὅταν δὲ τὸ φθαρτὸν τοῦτο ἐνδύσηται ἀφθαρσίαν, καὶ τὸ θνητὸν τοῦτο ἐνδύσηται ἀθανασίαν, τότε γενήσεται ὁ λόγος ὁ γεγραμμένος, Κατεπόθη ὁ θάνατος εἰς νῖκος. 55 Ποῦ σου, Θάνατε, τὸ κέντρον; Ποῦ σου, Ἅδη, τὸ νῖκος; [5] 56 Τὸ δὲ κέντρον τοῦ θανάτου ἡ ἁμαρτία· ἡ δὲ δύναμις τῆς ἁμαρτίας ὁ νόμος· 57 τῷ δὲ θεῷ χάρις τῷ διδόντι ἡμῖν τὸ νῖκος διὰ τοῦ κυρίου ἡμῶν Ἰησοῦ χριστοῦ. 58 Ὥστε, ἀδελφοί μου ἀγαπητοί, ἑδραῖοι γίνεσθε, ἀμετακίνητοι, περισσεύοντες ἐν τῷ ἔργῳ τοῦ κυρίου πάντοτε, εἰδότες ὅτι ὁ κόπος ὑμῶν οὐκ ἔστιν κενὸς ἐν κυρίῳ.

Concluding Admonitions

16 Περὶ δὲ τῆς λογίας [6] τῆς εἰς τοὺς ἁγίους, ὥσπερ διέταξα ταῖς ἐκκλησίαις τῆς Γαλατίας, οὕτως καὶ ὑμεῖς ποιήσατε. 2 Κατὰ μίαν σαββάτων [7] ἕκαστος ὑμῶν παρ' ἑαυτῷ

---

1 ὁ κύριος • —   2 φορέσωμεν • φορέσομεν   3 δύνανται • δύναται   4 μὲν • —
5 κέντρον Ποῦ σου Ἅδη τὸ νῖκος • νῖκος Ποῦ σου Θάνατε τὸ κέντρον   6 λογίας • λογείας   7 σαββάτων • σαββάτου

τιθέτω, θησαυρίζων ὅ τι ἂν ¹ εὐοδῶται, ἵνα μή, ὅταν ἔλθω, τότε λογίαι ² γίνωνται. 3 Ὅταν δὲ παραγένωμαι, οὓς ἐὰν δοκιμάσητε δι' ἐπιστολῶν, τούτους πέμψω ἀπενεγκεῖν τὴν χάριν ὑμῶν εἰς Ἰερουσαλήμ· 4 ἐὰν δὲ ᾖ ἄξιον ³ τοῦ κἀμὲ πορεύεσθαι, σὺν ἐμοὶ πορεύσονται. 5 Ἐλεύσομαι δὲ πρὸς ὑμᾶς, ὅταν Μακεδονίαν διέλθω· Μακεδονίαν γὰρ διέρχομαι· 6 πρὸς ὑμᾶς δὲ τυχὸν παραμενῶ, ἢ καὶ παραχειμάσω, ἵνα ὑμεῖς με προπέμψητε οὗ ἐὰν πορεύωμαι. 7 Οὐ θέλω γὰρ ὑμᾶς ἄρτι ἐν παρόδῳ ἰδεῖν· ἐλπίζω δὲ ⁴ χρόνον τινὰ ἐπιμεῖναι πρὸς ὑμᾶς, ἐὰν ὁ κύριος ἐπιτρέπῃ. ⁵ 8 Ἐπιμενῶ δὲ ἐν Ἐφέσῳ ἕως τῆς Πεντηκοστῆς· 9 θύρα γάρ μοι ἀνέῳγεν μεγάλη καὶ ἐνεργής, καὶ ἀντικείμενοι πολλοί.

10 Ἐὰν δὲ ἔλθῃ Τιμόθεος, βλέπετε ἵνα ἀφόβως γένηται πρὸς ὑμᾶς· τὸ γὰρ ἔργον κυρίου ἐργάζεται ὡς καὶ ἐγώ. ⁶ 11 Μή τις οὖν αὐτὸν ἐξουθενήσῃ· προπέμψατε δὲ αὐτὸν ἐν εἰρήνῃ, ἵνα ἔλθῃ πρός με· ἐκδέχομαι γὰρ αὐτὸν μετὰ τῶν ἀδελφῶν. 12 Περὶ δὲ Ἀπολλὼ τοῦ ἀδελφοῦ, πολλὰ παρεκάλεσα αὐτὸν ἵνα ἔλθῃ πρὸς ὑμᾶς μετὰ τῶν ἀδελφῶν· καὶ πάντως οὐκ ἦν θέλημα ἵνα νῦν ἔλθῃ, ἐλεύσεται δὲ ὅταν εὐκαιρήσῃ.

13 Γρηγορεῖτε, στήκετε ἐν τῇ πίστει, ἀνδρίζεσθε, κραταιοῦσθε. 14 Πάντα ὑμῶν ἐν ἀγάπῃ γινέσθω.

15 Παρακαλῶ δὲ ὑμᾶς, ἀδελφοί—οἴδατε τὴν οἰκίαν Στεφανᾶ, ὅτι ἐστὶν ἀπαρχὴ τῆς Ἀχαΐας, καὶ εἰς διακονίαν τοῖς ἁγίοις ἔταξαν ἑαυτούς— 16 ἵνα καὶ ὑμεῖς ὑποτάσσησθε τοῖς τοιούτοις, καὶ παντὶ τῷ συνεργοῦντι καὶ κοπιῶντι. 17 Χαίρω δὲ ἐπὶ τῇ παρουσίᾳ Στεφανᾶ καὶ Φουρτουνάτου ⁷ καὶ Ἀχαϊκοῦ, ὅτι τὸ ὑμῶν ⁸ ὑστέρημα οὗτοι ἀνεπλήρωσαν. 18 Ἀνέπαυσαν γὰρ τὸ ἐμὸν πνεῦμα καὶ τὸ ὑμῶν· ἐπιγινώσκετε οὖν τοὺς τοιούτους.

19 Ἀσπάζονται ὑμᾶς αἱ ἐκκλησίαι τῆς Ἀσίας· ἀσπάζονται ⁹ ὑμᾶς ἐν κυρίῳ πολλὰ Ἀκύλας καὶ Πρίσκιλλα, ¹⁰ σὺν τῇ κατ'

---

1 ἂν • ἐὰν   2 λογίαι • λογεῖαι   3 ᾖ ἄξιον • ἄξιον ᾖ   4 δὲ • γὰρ   5 ἐπιτρέπῃ • ἐπιτρέψῃ   6 καὶ ἐγώ • κἀγώ   7 Φουρτουνάτου • Φορτουνάτου   8 ὑμῶν • ὑμέτερον   9 Ἀσίας ἀσπάζονται • Ἀσίας ἀσπάζεται   10 Πρίσκιλλα • Πρίσκα

οἶκον αὐτῶν ἐκκλησίᾳ. **20** Ἀσπάζονται ὑμᾶς οἱ ἀδελφοὶ πάντες. Ἀσπάσασθε ἀλλήλους ἐν φιλήματι ἁγίῳ. **21** Ὁ ἀσπασμὸς τῇ ἐμῇ χειρὶ Παύλου. **22** Εἴ τις οὐ φιλεῖ τὸν κύριον Ἰησοῦν χριστόν,¹ ἤτω ἀνάθεμα. Μαρὰν ἀθά.² **23** Ἡ χάρις τοῦ κυρίου Ἰησοῦ χριστοῦ³ μεθ᾽ ὑμῶν. **24** Ἡ ἀγάπη μου μετὰ πάντων ὑμῶν ἐν χριστῷ Ἰησοῦ. Ἀμήν.⁴

---

¹ *Ἰησοῦν χριστόν* • — ² *Μαρὰν ἀθά* • *Μαρανα θα* ³ *χριστοῦ* • — ⁴ *Ἀμήν* •

ΠΡΟΣ ΚΟΡΙΝΘΙΟΥΣ Β
Second to the Corinthians

Address, Thanksgiving, and Consolation

Παῦλος ἀπόστολος Ἰησοῦ χριστοῦ[1] διὰ θελήματος θεοῦ, καὶ Τιμόθεος ὁ ἀδελφός, τῇ ἐκκλησίᾳ τοῦ θεοῦ τῇ οὔσῃ ἐν Κορίνθῳ, σὺν τοῖς ἁγίοις πᾶσιν τοῖς οὖσιν ἐν ὅλῃ τῇ Ἀχαΐᾳ· 2 χάρις ὑμῖν καὶ εἰρήνη ἀπὸ θεοῦ πατρὸς ἡμῶν καὶ κυρίου Ἰησοῦ χριστοῦ. 3 Εὐλογητὸς ὁ θεὸς καὶ πατὴρ τοῦ κυρίου ἡμῶν Ἰησοῦ χριστοῦ, ὁ πατὴρ τῶν οἰκτιρμῶν καὶ θεὸς πάσης παρακλήσεως, 4 ὁ παρακαλῶν ἡμᾶς ἐπὶ πάσῃ τῇ θλίψει ἡμῶν, εἰς τὸ δύνασθαι ἡμᾶς παρακαλεῖν τοὺς ἐν πάσῃ θλίψει, διὰ τῆς παρακλήσεως ἧς παρακαλούμεθα αὐτοὶ ὑπὸ τοῦ θεοῦ. 5 Ὅτι καθὼς περισσεύει τὰ παθήματα τοῦ χριστοῦ εἰς ἡμᾶς, οὕτως διὰ τοῦ χριστοῦ περισσεύει καὶ ἡ παράκλησις ἡμῶν. 6 Εἴτε δὲ θλιβόμεθα, ὑπὲρ τῆς ὑμῶν παρακλήσεως καὶ σωτηρίας, τῆς ἐνεργουμένης ἐν ὑπομονῇ τῶν αὐτῶν[2] παθημάτων ὧν καὶ ἡμεῖς πάσχομεν· καὶ ἡ ἐλπὶς ἡμῶν βεβαία ὑπὲρ ὑμῶν· εἴτε παρακαλούμεθα, ὑπὲρ τῆς ὑμῶν παρακλήσεως καὶ σωτηρίας·[3] 7 εἰδότες ὅτι ὥσπερ[4] κοινωνοί ἐστε τῶν παθημάτων, οὕτως καὶ τῆς παρακλήσεως. 8 Οὐ γὰρ θέλομεν ὑμᾶς ἀγνοεῖν,

---

[1] *Ἰησοῦ χριστοῦ • χριστοῦ Ἰησοῦ*   [2] *τῆς ἐνεργουμένης ἐν ὑπομονῇ τῶν αὐτῶν • εἴτε παρακαλούμεθα ὑπὲρ τῆς ὑμῶν παρακλήσεως τῆς ἐνεργουμένης ἐν ὑπομονῇ τῶν αὐτῶν*   [3] *εἴτε παρακαλούμεθα ὑπὲρ τῆς ὑμῶν παρακλήσεως καὶ σωτηρίας •* — [4] *ὥσπερ • ὡς*

ἀδελφοί, ὑπὲρ τῆς θλίψεως ἡμῶν τῆς γενομένης ἡμῖν [1] ἐν τῇ Ἀσίᾳ, ὅτι καθ' ὑπερβολὴν ἐβαρήθημεν ὑπὲρ δύναμιν, [2] ὥστε ἐξαπορηθῆναι ἡμᾶς καὶ τοῦ ζῆν. 9 Ἀλλὰ αὐτοὶ ἐν ἑαυτοῖς τὸ ἀπόκριμα τοῦ θανάτου ἐσχήκαμεν, ἵνα μὴ πεποιθότες ὦμεν ἐφ' ἑαυτοῖς ἀλλ' ἐπὶ τῷ θεῷ τῷ ἐγείροντι τοὺς νεκρούς· 10 ὃς ἐκ τηλικούτου θανάτου ἐρρύσατο ἡμᾶς καὶ ῥύεται, [3] εἰς ὃν ἠλπίκαμεν ὅτι [4] καὶ ἔτι ῥύσεται, 11 συνυπουργούντων καὶ ὑμῶν ὑπὲρ ἡμῶν τῇ δεήσει, ἵνα ἐκ πολλῶν προσώπων τὸ εἰς ἡμᾶς χάρισμα διὰ πολλῶν εὐχαριστηθῇ ὑπὲρ ὑμῶν. [5]

Paul's Vindication of His Conduct and Life

12 Ἡ γὰρ καύχησις ἡμῶν αὕτη ἐστίν, τὸ μαρτύριον τῆς συνειδήσεως ἡμῶν, ὅτι ἐν ἁπλότητι καὶ εἰλικρινείᾳ θεοῦ, οὐκ [6] ἐν σοφίᾳ σαρκικῇ ἀλλ' ἐν χάριτι θεοῦ, ἀνεστράφημεν ἐν τῷ κόσμῳ, περισσοτέρως δὲ πρὸς ὑμᾶς. 13 Οὐ γὰρ ἄλλα γράφομεν ὑμῖν, ἀλλ' ἢ ἃ ἀναγινώσκετε ἢ καὶ ἐπιγινώσκετε, ἐλπίζω δὲ ὅτι καὶ ἕως [7] τέλους ἐπιγνώσεσθε· 14 καθὼς καὶ ἐπέγνωτε ἡμᾶς ἀπὸ μέρους, ὅτι καύχημα ὑμῶν ἐσμέν, καθάπερ καὶ ὑμεῖς ἡμῶν, ἐν τῇ ἡμέρᾳ τοῦ κυρίου Ἰησοῦ. [8]

15 Καὶ ταύτῃ τῇ πεποιθήσει ἐβουλόμην ἐλθεῖν πρὸς ὑμᾶς τὸ πρότερον, [9] ἵνα δευτέραν χάριν ἔχητε· [10] 16 καὶ δι' ὑμῶν διελθεῖν εἰς Μακεδονίαν, καὶ πάλιν ἀπὸ Μακεδονίας ἐλθεῖν πρὸς ὑμᾶς, καὶ ὑφ' ὑμῶν προπεμφθῆναι εἰς τὴν Ἰουδαίαν. 17 Τοῦτο οὖν βουλευόμενος, [11] μήτι ἄρα τῇ ἐλαφρίᾳ ἐχρησάμην; Ἢ ἃ βουλεύομαι, κατὰ σάρκα βουλεύομαι, ἵνα ᾖ παρ' ἐμοὶ τὸ Ναί, ναὶ καὶ τὸ Οὔ, οὔ; 18 Πιστὸς δὲ ὁ θεός, ὅτι ὁ λόγος ἡμῶν ὁ πρὸς ὑμᾶς οὐκ ἐγένετο [12] Ναὶ καὶ οὔ. 19 Ὁ γὰρ τοῦ θεοῦ [13] υἱὸς Ἰησοῦς χριστὸς ὁ ἐν ὑμῖν δι' ἡμῶν κηρυχθείς, δι' ἐμοῦ καὶ Σιλουανοῦ καὶ Τιμοθέου, οὐκ ἐγένετο Ναὶ καὶ Οὔ, ἀλλὰ Ναὶ ἐν αὐτῷ γέγονεν. 20 Ὅσαι γὰρ ἐπαγγελίαι θεοῦ,

---

1 ἡμῖν • — 2 ἐβαρήθημεν ὑπὲρ δύναμιν • ὑπὲρ δύναμιν ἐβαρήθημεν 3 ῥύεται • ῥύσεται 4 ὅτι • [ὅτι] 5 ὑπὲρ ὑμῶν • ὑπὲρ ἡμῶν 6 θεοῦ οὐκ • τοῦ θεοῦ [καὶ] οὐκ 7 καὶ ἕως • ἕως 8 Ἰησοῦ • [ἡμῶν] Ἰησοῦ 9 ἐλθεῖν πρὸς ὑμᾶς τὸ πρότερον • πρότερον πρὸς ὑμᾶς ἐλθεῖν 10 ἔχητε • σχῆτε 11 βουλευόμενος • βουλόμενος 12 ἐγένετο • ἔστιν 13 γὰρ τοῦ θεοῦ • τοῦ θεοῦ γὰρ

ἐν αὐτῷ τὸ Ναί, καὶ ἐν αὐτῷ¹ τὸ Ἀμήν, τῷ θεῷ πρὸς δόξαν δι' ἡμῶν. 21 Ὁ δὲ βεβαιῶν ἡμᾶς σὺν ὑμῖν εἰς χριστόν, καὶ χρίσας ἡμᾶς, θεός· 22 ὁ καὶ σφραγισάμενος ἡμᾶς, καὶ δοὺς τὸν ἀρραβῶνα τοῦ πνεύματος ἐν ταῖς καρδίαις ἡμῶν. 23 Ἐγὼ δὲ μάρτυρα τὸν θεὸν ἐπικαλοῦμαι ἐπὶ τὴν ἐμὴν ψυχήν, ὅτι φειδόμενος ὑμῶν οὐκέτι ἦλθον εἰς Κόρινθον. 24 Οὐχ ὅτι κυριεύομεν ὑμῶν τῆς πίστεως, ἀλλὰ συνεργοί ἐσμεν τῆς χαρᾶς ὑμῶν· τῇ γὰρ πίστει ἑστήκατε.

Paul's Apostolic Kindness

2 Ἔκρινα δὲ² ἐμαυτῷ τοῦτο, τὸ μὴ πάλιν ἐν λύπῃ πρὸς ὑμᾶς ἐλθεῖν. 2 Εἰ γὰρ ἐγὼ λυπῶ ὑμᾶς, καὶ τίς ἐστιν³ ὁ εὐφραίνων με, εἰ μὴ ὁ λυπούμενος ἐξ ἐμοῦ; 3 Καὶ ἔγραψα ὑμῖν⁴ τοῦτο αὐτό, ἵνα μὴ ἐλθὼν λύπην ἔχω⁵ ἀφ' ὧν ἔδει με χαίρειν, πεποιθὼς ἐπὶ πάντας ὑμᾶς, ὅτι ἡ ἐμὴ χαρὰ πάντων ὑμῶν ἐστίν. 4 Ἐκ γὰρ πολλῆς θλίψεως καὶ συνοχῆς καρδίας ἔγραψα ὑμῖν διὰ πολλῶν δακρύων, οὐχ ἵνα λυπηθῆτε, ἀλλὰ τὴν ἀγάπην ἵνα γνῶτε ἣν ἔχω περισσοτέρως εἰς ὑμᾶς.

5 Εἰ δέ τις λελύπηκεν, οὐκ ἐμὲ λελύπηκεν, ἀλλὰ ἀπὸ μέρους—ἵνα μὴ ἐπιβαρῶ—πάντας ὑμᾶς. 6 Ἱκανὸν τῷ τοιούτῳ ἡ ἐπιτιμία αὕτη ἡ ὑπὸ τῶν πλειόνων· 7 ὥστε τοὐναντίον μᾶλλον ὑμᾶς χαρίσασθαι καὶ παρακαλέσαι, μήπως⁶ τῇ περισσοτέρᾳ λύπῃ καταποθῇ ὁ τοιοῦτος. 8 Διὸ παρακαλῶ ὑμᾶς κυρῶσαι εἰς αὐτὸν ἀγάπην. 9 Εἰς τοῦτο γὰρ καὶ ἔγραψα, ἵνα γνῶ τὴν δοκιμὴν ὑμῶν, εἰ εἰς πάντα ὑπήκοοί ἐστε. 10 Ὧ δέ τι χαρίζεσθε, καὶ ἐγώ·⁷ καὶ γὰρ ἐγὼ εἴ τι⁸ κεχάρισμαι, ᾧ κεχάρισμαι,⁹ δι' ὑμᾶς ἐν προσώπῳ χριστοῦ, 11 ἵνα μὴ πλεονεκτηθῶμεν ὑπὸ τοῦ Σατανᾶ· οὐ γὰρ αὐτοῦ τὰ νοήματα ἀγνοοῦμεν.

Paul's Triumph in Christ

12 Ἐλθὼν δὲ εἰς τὴν Τρῳάδα εἰς τὸ εὐαγγέλιον τοῦ χριστοῦ, καὶ θύρας μοι ἀνεῳγμένης ἐν κυρίῳ, 13 οὐκ ἔσχηκα

---

¹ καὶ ἐν αὐτῷ • διὸ καὶ δι' αὐτοῦ ² δὲ • γὰρ ³ ἐστιν • — ⁴ ὑμῖν • — ⁵ ἔχω • σχῶ ⁶ μήπως • μή πως ⁷ καὶ ἐγώ • κἀγώ ⁸ εἴ τι • ὃ ⁹ ᾧ κεχάρισμαι • εἴ τι κεχάρισμαι

ἄνεσιν τῷ πνεύματί μου, τῷ μὴ εὑρεῖν με Τίτον τὸν ἀδελφόν μου· ἀλλὰ ἀποταξάμενος αὐτοῖς ἐξῆλθον εἰς Μακεδονίαν. 14 Τῷ δὲ θεῷ χάρις τῷ πάντοτε θριαμβεύοντι ἡμᾶς ἐν τῷ χριστῷ, καὶ τὴν ὀσμὴν τῆς γνώσεως αὐτοῦ φανεροῦντι δι᾽ ἡμῶν ἐν παντὶ τόπῳ. 15 Ὅτι χριστοῦ εὐωδία ἐσμὲν τῷ θεῷ ἐν τοῖς σῳζομένοις καὶ ἐν τοῖς ἀπολλυμένοις· 16 οἷς μὲν ὀσμὴ θανάτου¹ εἰς θάνατον, οἷς δὲ ὀσμὴ ζωῆς² εἰς ζωήν. Καὶ πρὸς ταῦτα τίς ἱκανός; 17 Οὐ γάρ ἐσμεν ὡς οἱ λοιποί,[a, 3] καπηλεύοντες τὸν λόγον τοῦ θεοῦ· ἀλλ᾽ ὡς ἐξ εἰλικρινείας, ἀλλ᾽ ὡς ἐκ θεοῦ, κατενώπιον τοῦ⁴ θεοῦ, ἐν χριστῷ λαλοῦμεν.

The Glory of the New Testament Ministry

3 Ἀρχόμεθα πάλιν ἑαυτοὺς συνιστάνειν; Εἰ⁵ μὴ χρῄζομεν, ὥς τινες, συστατικῶν ἐπιστολῶν πρὸς ὑμᾶς, ἢ ἐξ ὑμῶν συστατικῶν;⁶ 2 Ἡ ἐπιστολὴ ἡμῶν ὑμεῖς ἐστέ, ἐγγεγραμμένη ἐν ταῖς καρδίαις ἡμῶν, γινωσκομένη καὶ ἀναγινωσκομένη ὑπὸ πάντων ἀνθρώπων· 3 φανερούμενοι ὅτι ἐστὲ ἐπιστολὴ χριστοῦ διακονηθεῖσα ὑφ᾽ ἡμῶν, ἐγγεγραμμένη οὐ μέλανι, ἀλλὰ πνεύματι θεοῦ ζῶντος, οὐκ ἐν πλαξὶν λιθίναις, ἀλλ᾽ ἐν πλαξὶν καρδίαις σαρκίναις. 4 Πεποίθησιν δὲ τοιαύτην ἔχομεν διὰ τοῦ χριστοῦ πρὸς τὸν θεόν· 5 οὐχ ὅτι ἱκανοί ἐσμεν ἀφ᾽ ἑαυτῶν⁷ λογίσασθαί τι ὡς ἐξ ἑαυτῶν, ἀλλ᾽ ἡ ἱκανότης ἡμῶν ἐκ τοῦ θεοῦ· 6 ὃς καὶ ἱκάνωσεν ἡμᾶς διακόνους καινῆς διαθήκης, οὐ γράμματος, ἀλλὰ πνεύματος· τὸ γὰρ γράμμα ἀποκτένει,⁸ τὸ δὲ πνεῦμα ζῳοποιεῖ. 7 Εἰ δὲ ἡ διακονία τοῦ θανάτου ἐν γράμμασιν, ἐντετυπωμένη ἐν λίθοις,⁹ ἐγενήθη ἐν δόξῃ, ὥστε μὴ δύνασθαι ἀτενίσαι τοὺς υἱοὺς Ἰσραὴλ εἰς τὸ πρόσωπον Μωϋσέως διὰ τὴν δόξαν τοῦ προσώπου αὐτοῦ, τὴν καταργουμένην, 8 πῶς οὐχὶ μᾶλλον ἡ διακονία τοῦ πνεύματος

---

a λοιποί • πολλοί

---

¹ θανάτου • ἐκ θανάτου   ² ζωῆς • ἐκ ζωῆς   ³ λοιποί • πολλοί   ⁴ κατενώπιον τοῦ • κατέναντι   ⁵ Εἰ • Ἢ   ⁶ ὑμῶν συστατικῶν • ὑμῶν   ⁷ ἱκανοί ἐσμεν ἀφ᾽ ἑαυτῶν • ἀφ᾽ ἑαυτῶν ἱκανοί ἐσμεν   ⁸ ἀποκτένει • ἀποκτέννει   ⁹ ἐν λίθοις • λίθοις

ἔσται ἐν δόξῃ; 9 Εἰ γὰρ ἡ διακονία¹ τῆς κατακρίσεως δόξα, πολλῷ μᾶλλον περισσεύει ἡ διακονία τῆς δικαιοσύνης ἐν² δόξῃ. 10 Καὶ γὰρ οὐ δεδόξασται τὸ δεδοξασμένον ἐν τούτῳ τῷ μέρει, ἕνεκεν³ τῆς ὑπερβαλλούσης δόξης. 11 Εἰ γὰρ τὸ καταργούμενον, διὰ δόξης, πολλῷ μᾶλλον τὸ μένον, ἐν δόξῃ.

12 Ἔχοντες οὖν τοιαύτην ἐλπίδα, πολλῇ παρρησίᾳ χρώμεθα· 13 καὶ οὐ καθάπερ Μωϋσῆς ἐτίθει κάλυμμα ἐπὶ τὸ πρόσωπον ἑαυτοῦ,⁴ πρὸς τὸ μὴ ἀτενίσαι τοὺς υἱοὺς Ἰσραὴλ εἰς τὸ τέλος τοῦ καταργουμένου· 14 ἀλλ᾽⁵ ἐπωρώθη τὰ νοήματα αὐτῶν· ἄχρι γὰρ τῆς σήμερον τὸ⁶ αὐτὸ κάλυμμα ἐπὶ τῇ ἀναγνώσει τῆς παλαιᾶς διαθήκης μένει μὴ ἀνακαλυπτόμενον, ὅ τι⁷ ἐν χριστῷ καταργεῖται. 15 Ἀλλ᾽ ἕως σήμερον, ἡνίκα ἀναγινώσκεται⁸ Μωϋσῆς, κάλυμμα ἐπὶ τὴν καρδίαν αὐτῶν κεῖται. 16 Ἡνίκα δ᾽ ἂν⁹ ἐπιστρέψῃ πρὸς κύριον, περιαιρεῖται τὸ κάλυμμα. 17 Ὁ δὲ κύριος τὸ πνεῦμά ἐστιν· οὗ δὲ τὸ πνεῦμα κυρίου, ἐκεῖ¹⁰ ἐλευθερία. 18 Ἡμεῖς δὲ πάντες, ἀνακεκαλυμμένῳ προσώπῳ τὴν δόξαν κυρίου κατοπτριζόμενοι, τὴν αὐτὴν εἰκόνα μεταμορφούμεθα ἀπὸ δόξης εἰς δόξαν, καθάπερ ἀπὸ κυρίου πνεύματος.

The Gospel-Message of Light and Life

4 Διὰ τοῦτο ἔχοντες τὴν διακονίαν ταύτην, καθὼς ἠλεήθημεν, οὐκ ἐκκακοῦμεν·¹¹ 2 ἀλλὰ ἀπειπάμεθα τὰ κρυπτὰ τῆς αἰσχύνης, μὴ περιπατοῦντες ἐν πανουργίᾳ μηδὲ δολοῦντες τὸν λόγον τοῦ θεοῦ, ἀλλὰ τῇ φανερώσει τῆς ἀληθείας συνιστῶντες¹² ἑαυτοὺς πρὸς πᾶσαν συνείδησιν ἀνθρώπων ἐνώπιον τοῦ θεοῦ. 3 Εἰ δὲ καὶ ἔστιν κεκαλυμμένον τὸ εὐαγγέλιον ἡμῶν, ἐν τοῖς ἀπολλυμένοις ἐστὶν κεκαλυμμένον· 4 ἐν οἷς ὁ θεὸς τοῦ αἰῶνος τούτου ἐτύφλωσεν τὰ νοήματα τῶν ἀπίστων, εἰς τὸ μὴ αὐγάσαι αὐτοῖς¹³ τὸν φωτισμὸν τοῦ εὐαγγελίου τῆς δόξης τοῦ χριστοῦ, ὅς ἐστιν

---

¹ γὰρ ἡ διακονία • γὰρ τῇ διακονίᾳ   ² ἐν • —   ³ ἕνεκεν • εἵνεκεν   ⁴ ἑαυτοῦ • αὐτοῦ   ⁵ ἀλλ᾽ • ἀλλὰ   ⁶ τὸ • ἡμέρας τὸ   ⁷ ὅ τι • ὅτι   ⁸ ἀναγινώσκεται • ἂν ἀναγινώσκηται   ⁹ δ᾽ ἂν • δὲ ἐὰν   ¹⁰ ἐκεῖ • —   ¹¹ ἐκκακοῦμεν • ἐγκακοῦμεν   ¹² συνιστῶντες • συνιστάνοντες   ¹³ αὐτοῖς • —

εἰκὼν τοῦ θεοῦ. 5 Οὐ γὰρ ἑαυτοὺς κηρύσσομεν, ἀλλὰ χριστὸν Ἰησοῦν [1] κύριον· ἑαυτοὺς δὲ δούλους ὑμῶν διὰ Ἰησοῦν. 6 Ὅτι ὁ θεὸς ὁ εἰπὼν ἐκ σκότους φῶς λάμψαι, [2] ὃς ἔλαμψεν ἐν ταῖς καρδίαις ἡμῶν πρὸς φωτισμὸν τῆς γνώσεως τῆς δόξης τοῦ θεοῦ ἐν προσώπῳ Ἰησοῦ [3] χριστοῦ.

7 Ἔχομεν δὲ τὸν θησαυρὸν τοῦτον ἐν ὀστρακίνοις σκεύεσιν, ἵνα ἡ ὑπερβολὴ τῆς δυνάμεως ᾖ τοῦ θεοῦ, καὶ μὴ ἐξ ἡμῶν· 8 ἐν παντὶ θλιβόμενοι, ἀλλ᾽ οὐ στενοχωρούμενοι· ἀπορούμενοι, ἀλλ᾽ οὐκ ἐξαπορούμενοι· 9 διωκόμενοι, ἀλλ᾽ οὐκ ἐγκαταλειπόμενοι· καταβαλλόμενοι, ἀλλ᾽ οὐκ ἀπολλύμενοι· 10 πάντοτε τὴν νέκρωσιν τοῦ κυρίου [4] Ἰησοῦ ἐν τῷ σώματι περιφέροντες, ἵνα καὶ ἡ ζωὴ τοῦ Ἰησοῦ ἐν τῷ σώματι ἡμῶν φανερωθῇ. 11 Ἀεὶ γὰρ ἡμεῖς οἱ ζῶντες εἰς θάνατον παραδιδόμεθα διὰ Ἰησοῦν, ἵνα καὶ ἡ ζωὴ τοῦ Ἰησοῦ φανερωθῇ ἐν τῇ θνητῇ σαρκὶ ἡμῶν. 12 Ὥστε ὁ μὲν [5] θάνατος ἐν ἡμῖν ἐνεργεῖται, ἡ δὲ ζωὴ ἐν ὑμῖν. 13 Ἔχοντες δὲ τὸ αὐτὸ πνεῦμα τῆς πίστεως, κατὰ τὸ γεγραμμένον, Ἐπίστευσα, διὸ ἐλάλησα, καὶ ἡμεῖς πιστεύομεν, διὸ καὶ λαλοῦμεν· 14 εἰδότες ὅτι ὁ ἐγείρας τὸν κύριον Ἰησοῦν καὶ ἡμᾶς διὰ [6] Ἰησοῦ ἐγερεῖ, καὶ παραστήσει σὺν ὑμῖν. 15 Τὰ γὰρ πάντα δι᾽ ὑμᾶς, ἵνα ἡ χάρις πλεονάσασα διὰ τῶν πλειόνων τὴν εὐχαριστίαν περισσεύσῃ εἰς τὴν δόξαν τοῦ θεοῦ.

16 Διὸ οὐκ ἐκκακοῦμεν, [7] ἀλλ᾽ εἰ καὶ ὁ ἔξω ἡμῶν ἄνθρωπος διαφθείρεται, ἀλλ᾽ ὁ ἔσωθεν [8] ἀνακαινοῦται ἡμέρᾳ καὶ ἡμέρᾳ. 17 Τὸ γὰρ παραυτίκα ἐλαφρὸν τῆς θλίψεως ἡμῶν καθ᾽ ὑπερβολὴν εἰς ὑπερβολὴν αἰώνιον βάρος δόξης κατεργάζεται ἡμῖν, 18 μὴ σκοπούντων ἡμῶν τὰ βλεπόμενα, ἀλλὰ τὰ μὴ βλεπόμενα· τὰ γὰρ βλεπόμενα πρόσκαιρα· τὰ δὲ μὴ βλεπόμενα αἰώνια.

---

[1] χριστὸν Ἰησοῦν • Ἰησοῦν χριστὸν   [2] λάμψαι • λάμψει   [3] Ἰησοῦ • [Ἰησοῦ]
[4] κυρίου • —   [5] μὲν • —   [6] διὰ • σὺν   [7] ἐκκακοῦμεν • ἐγκακοῦμεν   [8] ἔσωθεν • ἔσω ἡμῶν

Paul's Longing for the Future Glory

5 Οἴδαμεν γὰρ ὅτι ἐὰν ἡ ἐπίγειος ἡμῶν οἰκία τοῦ σκήνους καταλυθῇ, οἰκοδομὴν ἐκ θεοῦ ἔχομεν, οἰκίαν ἀχειροποίητον, αἰώνιον ἐν τοῖς οὐρανοῖς. 2 Καὶ γὰρ ἐν τούτῳ στενάζομεν, τὸ οἰκητήριον ἡμῶν τὸ ἐξ οὐρανοῦ ἐπενδύσασθαι ἐπιποθοῦντες· 3 εἴγε καὶ ἐνδυσάμενοι¹ οὐ γυμνοὶ εὑρεθησόμεθα. 4 Καὶ γὰρ οἱ ὄντες ἐν τῷ σκήνει στενάζομεν βαρούμενοι· ἐφ᾽ ᾧ οὐ θέλομεν ἐκδύσασθαι, ἀλλ᾽ ἐπενδύσασθαι, ἵνα καταποθῇ τὸ θνητὸν ὑπὸ τῆς ζωῆς. 5 Ὁ δὲ κατεργασάμενος ἡμᾶς εἰς αὐτὸ τοῦτο θεός, ὁ καὶ² δοὺς ἡμῖν τὸν ἀρραβῶνα τοῦ πνεύματος. 6 Θαρροῦντες οὖν πάντοτε, καὶ εἰδότες ὅτι ἐνδημοῦντες ἐν τῷ σώματι ἐκδημοῦμεν ἀπὸ τοῦ κυρίου— 7 διὰ πίστεως γὰρ περιπατοῦμεν, οὐ διὰ εἴδους— 8 θαρροῦμεν δέ, καὶ εὐδοκοῦμεν μᾶλλον ἐκδημῆσαι ἐκ τοῦ σώματος, καὶ ἐνδημῆσαι πρὸς τὸν κύριον. 9 Διὸ καὶ φιλοτιμούμεθα, εἴτε ἐνδημοῦντες, εἴτε ἐκδημοῦντες, εὐάρεστοι αὐτῷ εἶναι. 10 Τοὺς γὰρ πάντας ἡμᾶς φανερωθῆναι δεῖ ἔμπροσθεν τοῦ βήματος τοῦ χριστοῦ, ἵνα κομίσηται ἕκαστος τὰ διὰ τοῦ σώματος, πρὸς ἃ ἔπραξεν, εἴτε ἀγαθόν, εἴτε κακόν.³

Paul an Ambassador of Christ

11 Εἰδότες οὖν τὸν φόβον τοῦ κυρίου ἀνθρώπους πείθομεν, θεῷ δὲ πεφανερώμεθα· ἐλπίζω δὲ καὶ ἐν ταῖς συνειδήσεσιν ὑμῶν πεφανερῶσθαι. 12 Οὐ γὰρ⁴ πάλιν ἑαυτοὺς συνιστάνομεν ὑμῖν, ἀλλὰ ἀφορμὴν διδόντες ὑμῖν καυχήματος ὑπὲρ ἡμῶν, ἵνα ἔχητε πρὸς τοὺς ἐν προσώπῳ καυχωμένους καὶ οὐ καρδίᾳ.⁵ 13 Εἴτε γὰρ ἐξέστημεν, θεῷ· εἴτε σωφρονοῦμεν, ὑμῖν. 14 Ἡ γὰρ ἀγάπη τοῦ χριστοῦ συνέχει ἡμᾶς, κρίναντας τοῦτο, ὅτι εἰ[a, 6] εἷς ὑπὲρ πάντων ἀπέθανεν, ἄρα οἱ πάντες ἀπέθανον· 15 καὶ ὑπὲρ πάντων ἀπέθανεν ἵνα οἱ ζῶντες μηκέτι ἑαυτοῖς ζῶσιν, ἀλλὰ τῷ ὑπὲρ αὐτῶν ἀποθανόντι καὶ ἐγερθέντι. 16 Ὥστε ἡμεῖς ἀπὸ

---

[a] εἰ • —

---

[1] εἴγε καὶ ἐνδυσάμενοι • εἴ γε καὶ ἐκδυσάμενοι   [2] καὶ • —   [3] κακόν • φαῦλον
[4] γὰρ • —   [5] οὐ καρδίᾳ • μὴ ἐν καρδίᾳ   [6] εἰ • —

τοῦ νῦν οὐδένα οἴδαμεν κατὰ σάρκα· εἰ δὲ¹ καὶ ἐγνώκαμεν κατὰ σάρκα χριστόν, ἀλλὰ νῦν οὐκέτι γινώσκομεν. 17 Ὥστε εἴ τις ἐν χριστῷ, καινὴ κτίσις· τὰ ἀρχαῖα παρῆλθεν, ἰδού, γέγονεν καινὰ τὰ πάντα.ᵃ, ² 18 Τὰ δὲ πάντα ἐκ τοῦ θεοῦ, τοῦ καταλλάξαντος ἡμᾶς ἑαυτῷ διὰ Ἰησοῦ³ χριστοῦ, καὶ δόντος ἡμῖν τὴν διακονίαν τῆς καταλλαγῆς· 19 ὡς ὅτι θεὸς ἦν ἐν χριστῷ κόσμον καταλλάσσων ἑαυτῷ, μὴ λογιζόμενος αὐτοῖς τὰ παραπτώματα αὐτῶν, καὶ θέμενος ἐν ἡμῖν τὸν λόγον τῆς καταλλαγῆς. 20 Ὑπὲρ χριστοῦ οὖν πρεσβεύομεν, ὡς τοῦ θεοῦ παρακαλοῦντος δι' ἡμῶν· δεόμεθα ὑπὲρ χριστοῦ, καταλλάγητε τῷ θεῷ. 21 Τὸν γὰρ⁴ μὴ γνόντα ἁμαρτίαν, ὑπὲρ ἡμῶν ἁμαρτίαν ἐποίησεν, ἵνα ἡμεῖς γενώμεθα δικαιοσύνη θεοῦ ἐν αὐτῷ.

Paul's Ministry in the Midst of Difficulties

6 Συνεργοῦντες δὲ καὶ παρακαλοῦμεν μὴ εἰς κενὸν τὴν χάριν τοῦ θεοῦ δέξασθαι ὑμᾶς— 2 λέγει γάρ, Καιρῷ δεκτῷ ἐπήκουσά σου, καὶ ἐν ἡμέρᾳ σωτηρίας ἐβοήθησά σοι· ἰδού, νῦν καιρὸς εὐπρόσδεκτος, ἰδού, νῦν ἡμέρα σωτηρίας— 3 μηδεμίαν ἐν μηδενὶ διδόντες προσκοπήν, ἵνα μὴ μωμηθῇ ἡ διακονία· 4 ἀλλ' ἐν παντὶ συνιστῶντες⁵ ἑαυτοὺς ὡς θεοῦ διάκονοι, ἐν ὑπομονῇ πολλῇ, ἐν θλίψεσιν, ἐν ἀνάγκαις, ἐν στενοχωρίαις, 5 ἐν πληγαῖς, ἐν φυλακαῖς, ἐν ἀκαταστασίαις, ἐν κόποις, ἐν ἀγρυπνίαις, ἐν νηστείαις, 6 ἐν ἁγνότητι, ἐν γνώσει, ἐν μακροθυμίᾳ, ἐν χρηστότητι, ἐν πνεύματι ἁγίῳ, ἐν ἀγάπῃ ἀνυποκρίτῳ, 7 ἐν λόγῳ ἀληθείας, ἐν δυνάμει θεοῦ, διὰ τῶν ὅπλων τῆς δικαιοσύνης τῶν δεξιῶν καὶ ἀριστερῶν, 8 διὰ δόξης καὶ ἀτιμίας, διὰ δυσφημίας καὶ εὐφημίας· ὡς πλάνοι καὶ ἀληθεῖς· 9 ὡς ἀγνοούμενοι, καὶ ἐπιγινωσκόμενοι· ὡς ἀποθνήσκοντες, καὶ ἰδού, ζῶμεν· ὡς παιδευόμενοι, καὶ μὴ θανατούμενοι· 10 ὡς λυπούμενοι, ἀεὶ δὲ χαίροντες· ὡς

ᵃ καινὰ τὰ πάντα • τὰ πάντα καινά

¹ δὲ • — ² τὰ πάντα • — ³ Ἰησοῦ • — ⁴ γὰρ • — ⁵ συνιστῶντες • συνιστάντες

πτωχοί, πολλοὺς δὲ πλουτίζοντες· ὡς μηδὲν ἔχοντες, καὶ πάντα κατέχοντες.

Admonition to Flee the Fellowship of Unbelievers

11 Τὸ στόμα ἡμῶν ἀνέῳγεν πρὸς ὑμᾶς, Κορίνθιοι, ἡ καρδία ἡμῶν πεπλάτυνται. **12** Οὐ στενοχωρεῖσθε ἐν ἡμῖν, στενοχωρεῖσθε δὲ ἐν τοῖς σπλάγχνοις ὑμῶν. **13** Τὴν δὲ αὐτὴν ἀντιμισθίαν—ὡς τέκνοις λέγω—πλατύνθητε καὶ ὑμεῖς.

14 Μὴ γίνεσθε ἑτεροζυγοῦντες ἀπίστοις· τίς γὰρ μετοχὴ δικαιοσύνῃ καὶ ἀνομίᾳ; Τίς δὲ¹ κοινωνία φωτὶ πρὸς σκότος; **15** Τίς δὲ συμφώνησις χριστῷ² πρὸς Βελίαρ; Ἢ τίς μερὶς πιστῷ μετὰ ἀπίστου; **16** Τίς δὲ συγκατάθεσις ναῷ θεοῦ μετὰ εἰδώλων; Ὑμεῖς³ γὰρ ναὸς θεοῦ ἐστε⁴ ζῶντος, καθὼς εἶπεν ὁ θεὸς ὅτι Ἐνοικήσω ἐν αὐτοῖς, καὶ ἐμπεριπατήσω· καὶ ἔσομαι αὐτῶν θεός, καὶ αὐτοὶ ἔσονταί μοι⁵ λαός. **17** Διό, Ἐξέλθετε⁶ ἐκ μέσου αὐτῶν καὶ ἀφορίσθητε, λέγει κύριος, καὶ ἀκαθάρτου μὴ ἅπτεσθε· κἀγὼ εἰσδέξομαι ὑμᾶς, **18** καὶ ἔσομαι ὑμῖν εἰς πατέρα, καὶ ὑμεῖς ἔσεσθέ μοι εἰς υἱοὺς καὶ θυγατέρας, λέγει κύριος παντοκράτωρ.

Paul's Consolation and Joy because of the Corinthians

7 Ταύτας οὖν ἔχοντες τὰς ἐπαγγελίας, ἀγαπητοί, καθαρίσωμεν ἑαυτοὺς ἀπὸ παντὸς μολυσμοῦ σαρκὸς καὶ πνεύματος, ἐπιτελοῦντες ἁγιωσύνην ἐν φόβῳ θεοῦ.

2 Χωρήσατε ἡμᾶς· οὐδένα ἠδικήσαμεν, οὐδένα ἐφθείραμεν, οὐδένα ἐπλεονεκτήσαμεν. **3** Οὐ πρὸς κατάκρισιν⁷ λέγω· προείρηκα γάρ, ὅτι ἐν ταῖς καρδίαις ἡμῶν ἐστὲ εἰς τὸ συναποθανεῖν καὶ συζῆν. **4** Πολλή μοι παρρησία πρὸς ὑμᾶς, πολλή μοι καύχησις ὑπὲρ ὑμῶν· πεπλήρωμαι τῇ παρακλήσει, ὑπερπερισσεύομαι τῇ χαρᾷ ἐπὶ πάσῃ τῇ θλίψει ἡμῶν.

5 Καὶ γὰρ ἐλθόντων ἡμῶν εἰς Μακεδονίαν οὐδεμίαν ἔσχηκεν ἄνεσιν ἡ σὰρξ ἡμῶν, ἀλλ' ἐν παντὶ θλιβόμενοι· ἔξωθεν μάχαι, ἔσωθεν φόβοι. **6** Ἀλλ' ὁ παρακαλῶν τοὺς ταπεινοὺς

---

1 Τίς δὲ • Ἢ τίς   2 χριστῷ • χριστοῦ   3 Ὑμεῖς • Ἡμεῖς   4 ἐστε • ἐσμεν   5 μοι • μου   6 Ἐξέλθετε • Ἐξέλθατε   7 Οὐ πρὸς κατάκρισιν • Πρὸς κατάκρισιν οὐ

παρεκάλεσεν ἡμᾶς, ὁ θεός, ἐν τῇ παρουσίᾳ Τίτου· 7 οὐ μόνον δὲ ἐν τῇ παρουσίᾳ αὐτοῦ, ἀλλὰ καὶ ἐν τῇ παρακλήσει ᾗ παρεκλήθη ἐφ᾽ ὑμῖν, ἀναγγέλλων ἡμῖν τὴν ὑμῶν ἐπιπόθησιν, τὸν ὑμῶν ὀδυρμόν, τὸν ὑμῶν ζῆλον ὑπὲρ ἐμοῦ, ὥστε με μᾶλλον χαρῆναι. 8 Ὅτι εἰ καὶ ἐλύπησα ὑμᾶς ἐν τῇ ἐπιστολῇ, οὐ μεταμέλομαι, εἰ καὶ μετεμελόμην· βλέπω γὰρ¹ ὅτι ἡ ἐπιστολὴ ἐκείνη, εἰ καὶ πρὸς ὥραν, ἐλύπησεν ὑμᾶς. 9 Νῦν χαίρω, οὐχ ὅτι ἐλυπήθητε, ἀλλ᾽ ὅτι ἐλυπήθητε εἰς μετάνοιαν· ἐλυπήθητε γὰρ κατὰ θεόν, ἵνα ἐν μηδενὶ ζημιωθῆτε ἐξ ἡμῶν. 10 Ἡ γὰρ κατὰ θεὸν λύπη μετάνοιαν εἰς σωτηρίαν ἀμεταμέλητον κατεργάζεται·² ἡ δὲ τοῦ κόσμου λύπη θάνατον κατεργάζεται. 11 Ἰδοὺ γάρ, αὐτὸ τοῦτο, τὸ κατὰ θεὸν λυπηθῆναι ὑμᾶς,³ πόσην κατειργάσατο ὑμῖν σπουδήν, ἀλλὰ ἀπολογίαν, ἀλλὰ ἀγανάκτησιν, ἀλλὰ φόβον, ἀλλὰ ἐπιπόθησιν, ἀλλὰ ζῆλον, ἀλλὰ ἐκδίκησιν. Ἐν παντὶ συνεστήσατε ἑαυτοὺς ἁγνοὺς εἶναι ἐν τῷ⁴ πράγματι. 12 Ἄρα εἰ καὶ ἔγραψα ὑμῖν, οὐχ εἵνεκεν ᵃ, ⁵ τοῦ ἀδικήσαντος, οὐδὲ εἵνεκεν ᵇ, ⁶ τοῦ ἀδικηθέντος, ἀλλ᾽ εἵνεκεν ᶜ, ⁷ τοῦ φανερωθῆναι τὴν σπουδὴν ὑμῶν τὴν ὑπὲρ ἡμῶν πρὸς ὑμᾶς ἐνώπιον τοῦ θεοῦ. 13 Διὰ τοῦτο παρακεκλήμεθα.

Ἐπὶ δὲ ᵈ τῇ παρακλήσει ὑμῶν περισσοτέρως ᵉ, ⁸ μᾶλλον ἐχάρημεν ἐπὶ τῇ χαρᾷ Τίτου, ὅτι ἀναπέπαυται τὸ πνεῦμα αὐτοῦ ἀπὸ πάντων ὑμῶν. 14 Ὅτι εἴ τι αὐτῷ ὑπὲρ ὑμῶν κεκαύχημαι, οὐ κατῃσχύνθην· ἀλλ᾽ ὡς πάντα ἐν ἀληθείᾳ ἐλαλήσαμεν ὑμῖν, οὕτως καὶ ἡ καύχησις ἡμῶν ἡ ἐπὶ Τίτου ἀλήθεια ἐγενήθη. 15 Καὶ τὰ σπλάγχνα αὐτοῦ περισσοτέρως εἰς ὑμᾶς ἐστίν, ἀναμιμνησκομένου τὴν πάντων ὑμῶν ὑπακοήν, ὡς μετὰ φόβου καὶ τρόμου ἐδέξασθε αὐτόν. 16 Χαίρω ὅτι ἐν παντὶ θαρρῶ ἐν ὑμῖν.

ᵃ εἵνεκεν • ἕνεκεν   ᵇ εἵνεκεν • ἕνεκεν   ᶜ εἵνεκεν • ἕνεκεν   ᵈ δὲ • —   ᵉ ὑμῶν περισσοτέρως • ὑμῶν· περισσοτέρως δὲ

¹ γὰρ • [γὰρ]   ² ἀμεταμέλητον κατεργάζεται • ἀμεταμέλητον ἐργάζεται   ³ ὑμᾶς • —   ⁴ ἐν τῷ • τῷ   ⁵ οὐχ εἵνεκεν • οὐχ ἕνεκεν   ⁶ οὐδὲ εἵνεκεν • οὐδὲ ἕνεκεν   ⁷ ἀλλ᾽ εἵνεκεν • ἀλλ᾽ ἕνεκεν   ⁸ ὑμῶν περισσοτέρως • ἡμῶν περισσοτέρως

Paul's Tactful Appeal and Recommendation

8 Γνωρίζομεν δὲ ὑμῖν, ἀδελφοί, τὴν χάριν τοῦ θεοῦ τὴν δεδομένην ἐν ταῖς ἐκκλησίαις τῆς Μακεδονίας· 2 ὅτι ἐν πολλῇ δοκιμῇ θλίψεως ἡ περισσεία τῆς χαρᾶς αὐτῶν καὶ ἡ κατὰ βάθους πτωχεία αὐτῶν ἐπερίσσευσεν εἰς τὸν πλοῦτον[1] τῆς ἁπλότητος αὐτῶν. 3 Ὅτι κατὰ δύναμιν, μαρτυρῶ, καὶ ὑπὲρ[2] δύναμιν αὐθαίρετοι, 4 μετὰ πολλῆς παρακλήσεως δεόμενοι ἡμῶν, τὴν χάριν καὶ τὴν κοινωνίαν τῆς διακονίας τῆς εἰς τοὺς ἁγίους· 5 καὶ οὐ καθὼς ἠλπίσαμεν, ἀλλ᾽[3] ἑαυτοὺς ἔδωκαν πρῶτον τῷ κυρίῳ, καὶ ἡμῖν διὰ θελήματος θεοῦ 6 εἰς τὸ παρακαλέσαι ἡμᾶς Τίτον, ἵνα καθὼς προενήρξατο, οὕτως καὶ ἐπιτελέσῃ εἰς ὑμᾶς καὶ τὴν χάριν ταύτην. 7 Ἀλλ᾽ ὥσπερ ἐν παντὶ περισσεύετε, πίστει, καὶ λόγῳ, καὶ γνώσει, καὶ πάσῃ σπουδῇ, καὶ τῇ ἐξ ὑμῶν ἐν ἡμῖν[4] ἀγάπῃ, ἵνα καὶ ἐν ταύτῃ τῇ χάριτι περισσεύητε. 8 Οὐ κατ᾽ ἐπιταγὴν λέγω, ἀλλὰ διὰ τῆς ἑτέρων σπουδῆς καὶ τὸ τῆς ὑμετέρας ἀγάπης γνήσιον δοκιμάζων. 9 Γινώσκετε γὰρ τὴν χάριν τοῦ κυρίου ἡμῶν Ἰησοῦ χριστοῦ, ὅτι δι᾽ ὑμᾶς ἐπτώχευσεν, πλούσιος ὤν, ἵνα ὑμεῖς τῇ ἐκείνου πτωχείᾳ πλουτήσητε. 10 Καὶ γνώμην ἐν τούτῳ δίδωμι· τοῦτο γὰρ ὑμῖν συμφέρει, οἵτινες οὐ μόνον τὸ ποιῆσαι ἀλλὰ καὶ τὸ θέλειν προενήρξασθε ἀπὸ πέρυσι. 11 Νυνὶ δὲ καὶ τὸ ποιῆσαι ἐπιτελέσατε, ὅπως, καθάπερ ἡ προθυμία τοῦ θέλειν, οὕτως καὶ τὸ ἐπιτελέσαι ἐκ τοῦ ἔχειν. 12 Εἰ γὰρ ἡ προθυμία πρόκειται, καθὸ ἐὰν ἔχῃ τις,[5] εὐπρόσδεκτος, οὐ καθὸ οὐκ ἔχει. 13 Οὐ γὰρ ἵνα ἄλλοις ἄνεσις, ὑμῖν δὲ[6] θλίψις· ἀλλ᾽ ἐξ ἰσότητος, ἐν τῷ νῦν καιρῷ τὸ ὑμῶν περίσσευμα εἰς τὸ ἐκείνων ὑστέρημα, 14 ἵνα καὶ τὸ ἐκείνων περίσσευμα γένηται εἰς τὸ ὑμῶν ὑστέρημα· ὅπως γένηται ἰσότης, 15 καθὼς γέγραπται, Ὁ τὸ πολύ, οὐκ ἐπλεόνασεν· καὶ ὁ τὸ ὀλίγον, οὐκ ἠλαττόνησεν.

16 Χάρις δὲ τῷ θεῷ τῷ διδόντι[7] τὴν αὐτὴν σπουδὴν ὑπὲρ ὑμῶν ἐν τῇ καρδίᾳ Τίτου. 17 Ὅτι τὴν μὲν παράκλησιν ἐδέξατο, σπουδαιότερος δὲ ὑπάρχων, αὐθαίρετος ἐξῆλθεν πρὸς ὑμᾶς.

---

[1] τὸν πλοῦτον • τὸ πλοῦτος   [2] ὑπὲρ • παρὰ   [3] ἀλλ᾽ • ἀλλὰ   [4] ὑμῶν ἐν ἡμῖν • ἡμῶν ἐν ὑμῖν   [5] τις • —   [6] δὲ • —   [7] διδόντι • δόντι

18 Συνεπέμψαμεν δὲ μετ' αὐτοῦ τὸν ἀδελφόν, οὗ ὁ ἔπαινος ἐν τῷ εὐαγγελίῳ διὰ πασῶν τῶν ἐκκλησιῶν· **19** οὐ μόνον δέ, ἀλλὰ καὶ χειροτονηθεὶς ὑπὸ τῶν ἐκκλησιῶν συνέκδημος ἡμῶν σὺν τῇ χάριτι ταύτῃ τῇ διακονουμένῃ ὑφ' ἡμῶν πρὸς τὴν αὐτοῦ [1] τοῦ κυρίου δόξαν καὶ προθυμίαν ἡμῶν· **20** στελλόμενοι τοῦτο, μή τις ἡμᾶς μωμήσηται ἐν τῇ ἁδρότητι ταύτῃ τῇ διακονουμένῃ ὑφ' ἡμῶν· **21** προνοούμενοι [2] καλὰ οὐ μόνον ἐνώπιον κυρίου ἀλλὰ καὶ ἐνώπιον ἀνθρώπων. **22** Συνεπέμψαμεν δὲ αὐτοῖς τὸν ἀδελφὸν ἡμῶν, ὃν ἐδοκιμάσαμεν ἐν πολλοῖς πολλάκις σπουδαῖον ὄντα, νυνὶ δὲ πολὺ σπουδαιότερον, πεποιθήσει πολλῇ τῇ εἰς ὑμᾶς. **23** Εἴτε ὑπὲρ Τίτου, κοινωνὸς ἐμὸς καὶ εἰς ὑμᾶς συνεργός· εἴτε ἀδελφοὶ ἡμῶν, ἀπόστολοι ἐκκλησιῶν, δόξα χριστοῦ. **24** Τὴν οὖν ἔνδειξιν τῆς ἀγάπης ὑμῶν, καὶ ἡμῶν καυχήσεως ὑπὲρ ὑμῶν, εἰς αὐτοὺς ἐνδείξασθε [3] εἰς πρόσωπον τῶν ἐκκλησιῶν.

Paul's Final Instructions Concerning the Collection

9 Περὶ μὲν γὰρ τῆς διακονίας τῆς εἰς τοὺς ἁγίους περισσόν μοί ἐστιν τὸ γράφειν ὑμῖν· **2** οἶδα γὰρ τὴν προθυμίαν ὑμῶν, ἣν ὑπὲρ ὑμῶν καυχῶμαι Μακεδόσιν, ὅτι Ἀχαΐα παρεσκεύασται ἀπὸ πέρυσι· καὶ ὁ ἐξ [4] ὑμῶν ζῆλος ἠρέθισεν τοὺς πλείονας. **3** Ἔπεμψα δὲ τοὺς ἀδελφούς, ἵνα μὴ τὸ καύχημα ἡμῶν τὸ ὑπὲρ ὑμῶν κενωθῇ ἐν τῷ μέρει τούτῳ· ἵνα, καθὼς ἔλεγον, παρεσκευασμένοι ἦτε· **4** μήπως, [5] ἐὰν ἔλθωσιν σὺν ἐμοὶ Μακεδόνες καὶ εὕρωσιν ὑμᾶς ἀπαρασκευάστους, καταισχυνθῶμεν ἡμεῖς—ἵνα μὴ λέγωμεν [6] ὑμεῖς—ἐν τῇ ὑποστάσει ταύτῃ τῆς καυχήσεως. [7] **5** Ἀναγκαῖον οὖν ἡγησάμην παρακαλέσαι τοὺς ἀδελφούς, ἵνα προέλθωσιν εἰς ὑμᾶς, καὶ προκαταρτίσωσιν τὴν προκατηγγελμένην [8] εὐλογίαν ὑμῶν, ταύτην ἑτοίμην εἶναι, οὕτως ὡς εὐλογίαν καὶ μὴ ὡς πλεονεξίαν.

---

[1] *αὐτοῦ* • [αὐτοῦ]   [2] *προνοούμενοι* • *προνοοῦμεν γὰρ*   [3] *ἐνδείξασθε* • *ἐνδεικνύμενοι*   [4] *ὁ ἐξ* • *τὸ*   [5] *μήπως* • *μή πως*   [6] *λέγωμεν* • *λέγω*   [7] *τῆς καυχήσεως* • —   [8] *προκατηγγελμένην* • *προεπηγγελμένην*

6 Τοῦτο δέ, ὁ σπείρων φειδομένως, φειδομένως καὶ θερίσει· καὶ ὁ σπείρων ἐπ' εὐλογίαις, ἐπ' εὐλογίαις καὶ θερίσει. 7 Ἕκαστος καθὼς προαιρεῖται¹ τῇ καρδίᾳ· μὴ ἐκ λύπης ἢ ἐξ ἀνάγκης· ἱλαρὸν γὰρ δότην ἀγαπᾷ ὁ θεός. 8 Δυνατὸς² δὲ ὁ θεὸς πᾶσαν χάριν περισσεῦσαι εἰς ὑμᾶς, ἵνα ἐν παντὶ πάντοτε πᾶσαν αὐτάρκειαν ἔχοντες περισσεύητε εἰς πᾶν ἔργον ἀγαθόν· 9 καθὼς γέγραπται, Ἐσκόρπισεν, ἔδωκεν τοῖς πένησιν· ἡ δικαιοσύνη αὐτοῦ μένει εἰς τὸν αἰῶνα. 10 Ὁ δὲ ἐπιχορηγῶν σπέρμα³ τῷ σπείροντι, καὶ ἄρτον εἰς βρῶσιν χορηγήσαι, καὶ πληθύναι⁴ τὸν σπόρον ὑμῶν, καὶ αὐξήσαι⁵ τὰ γενήματα τῆς δικαιοσύνης ὑμῶν· 11 ἐν παντὶ πλουτιζόμενοι εἰς πᾶσαν ἁπλότητα, ἥτις κατεργάζεται δι' ἡμῶν εὐχαριστίαν τῷ θεῷ. 12 Ὅτι ἡ διακονία τῆς λειτουργίας ταύτης οὐ μόνον ἐστὶν προσαναπληροῦσα τὰ ὑστερήματα τῶν ἁγίων, ἀλλὰ καὶ περισσεύουσα διὰ πολλῶν εὐχαριστιῶν τῷ θεῷ· 13 διὰ τῆς δοκιμῆς τῆς διακονίας ταύτης δοξάζοντες τὸν θεὸν ἐπὶ τῇ ὑποταγῇ τῆς ὁμολογίας ὑμῶν εἰς τὸ εὐαγγέλιον τοῦ χριστοῦ, καὶ ἁπλότητι τῆς κοινωνίας εἰς αὐτοὺς καὶ εἰς πάντας· 14 καὶ αὐτῶν δεήσει ὑπὲρ ὑμῶν ἐπιποθούντων ὑμᾶς διὰ τὴν ὑπερβάλλουσαν χάριν τοῦ θεοῦ ἐφ' ὑμῖν. 15 Χάρις δὲ⁶ τῷ θεῷ ἐπὶ τῇ ἀνεκδιηγήτῳ αὐτοῦ δωρεᾷ.

Paul's Apostolic Authority

10 Αὐτὸς δὲ ἐγὼ Παῦλος παρακαλῶ ὑμᾶς διὰ τῆς πρᾳότητος⁷ καὶ ἐπιεικείας τοῦ χριστοῦ, ὃς κατὰ πρόσωπον μὲν ταπεινὸς ἐν ὑμῖν, ἀπὼν δὲ θαρρῶ εἰς ὑμᾶς· 2 δέομαι δέ, τὸ μὴ παρὼν θαρρῆσαι τῇ πεποιθήσει ᾗ λογίζομαι τολμῆσαι ἐπί τινας τοὺς λογιζομένους ἡμᾶς ὡς κατὰ σάρκα περιπατοῦντας. 3 Ἐν σαρκὶ γὰρ περιπατοῦντες, οὐ κατὰ σάρκα στρατευόμεθα— 4 τὰ γὰρ ὅπλα τῆς στρατείας ἡμῶν οὐ σαρκικά, ἀλλὰ δυνατὰ τῷ θεῷ πρὸς καθαίρεσιν ὀχυρωμάτων— 5 λογισμοὺς καθαιροῦντες καὶ πᾶν ὕψωμα ἐπαιρόμενον κατὰ

---
¹ προαιρεῖται • προῄρηται   ² Δυνατὸς • Δυνατεῖ   ³ σπέρμα • σπόρον
⁴ χορηγήσαι καὶ πληθύναι • χορηγήσει καὶ πληθυνεῖ   ⁵ αὐξήσαι • αὐξήσει
⁶ δὲ • —   ⁷ πρᾳότητος • πραΰτητος

τῆς γνώσεως τοῦ θεοῦ, καὶ αἰχμαλωτίζοντες πᾶν νόημα εἰς τὴν ὑπακοὴν τοῦ χριστοῦ, 6 καὶ ἐν ἑτοίμῳ ἔχοντες ἐκδικῆσαι πᾶσαν παρακοήν, ὅταν πληρωθῇ ὑμῶν ἡ ὑπακοή. 7 Τὰ κατὰ πρόσωπον βλέπετε; Εἴ τις πέποιθεν ἑαυτῷ χριστοῦ εἶναι, τοῦτο λογιζέσθω πάλιν ἀφ'¹ ἑαυτοῦ, ὅτι καθὼς αὐτὸς χριστοῦ, οὕτως καὶ ἡμεῖς χριστοῦ.² 8 Ἐάν τε γὰρ καὶ³ περισσότερόν τι καυχήσωμαι περὶ τῆς ἐξουσίας ἡμῶν—ἧς ἔδωκεν ὁ κύριος ἡμῖν⁴ εἰς οἰκοδομήν, καὶ οὐκ εἰς καθαίρεσιν ὑμῶν—οὐκ αἰσχυνθήσομαι· 9 ἵνα μὴ δόξω ὡς ἂν ἐκφοβεῖν ὑμᾶς διὰ τῶν ἐπιστολῶν. 10 Ὅτι, Αἱ μὲν ἐπιστολαί,⁵ φησίν, βαρεῖαι καὶ ἰσχυραί· ἡ δὲ παρουσία τοῦ σώματος ἀσθενής, καὶ ὁ λόγος ἐξουθενημένος. 11 Τοῦτο λογιζέσθω ὁ τοιοῦτος, ὅτι οἷοί ἐσμεν τῷ λόγῳ δι' ἐπιστολῶν ἀπόντες, τοιοῦτοι καὶ παρόντες τῷ ἔργῳ. 12 Οὐ γὰρ τολμῶμεν ἐγκρῖναι ἢ συγκρῖναι ἑαυτούς τισιν τῶν ἑαυτοὺς συνιστανόντων· ἀλλὰ αὐτοὶ ἐν ἑαυτοῖς ἑαυτοὺς μετροῦντες, καὶ συγκρίνοντες ἑαυτοὺς ἑαυτοῖς, οὐ συνιοῦσιν.⁶ 13 Ἡμεῖς δὲ οὐχὶ⁷ εἰς τὰ ἄμετρα καυχησόμεθα, ἀλλὰ κατὰ τὸ μέτρον τοῦ κανόνος οὗ ἐμέρισεν ἡμῖν ὁ θεός, μέτρου, ἐφικέσθαι ἄχρι καὶ ὑμῶν. 14 Οὐ γὰρ ὡς μὴ ἐφικνούμενοι εἰς ὑμᾶς ὑπερεκτείνομεν ἑαυτούς· ἄχρι γὰρ καὶ ὑμῶν ἐφθάσαμεν ἐν τῷ εὐαγγελίῳ τοῦ χριστοῦ· 15 οὐκ εἰς τὰ ἄμετρα καυχώμενοι, ἐν ἀλλοτρίοις κόποις, ἐλπίδα δὲ ἔχοντες, αὐξανομένης τῆς πίστεως ὑμῶν, ἐν ὑμῖν μεγαλυνθῆναι κατὰ τὸν κανόνα ἡμῶν εἰς περισσείαν, 16 εἰς τὰ ὑπερέκεινα ὑμῶν εὐαγγελίσασθαι, οὐκ ἐν ἀλλοτρίῳ κανόνι εἰς τὰ ἕτοιμα καυχήσασθαι. 17 Ὁ δὲ καυχώμενος, ἐν κυρίῳ καυχάσθω. 18 Οὐ γὰρ ὁ ἑαυτὸν συνιστῶν,⁸ ἐκεῖνός ἐστιν δόκιμος, ἀλλ'⁹ ὃν ὁ κύριος συνίστησιν.

---

1 ἀφ' • ἐφ'   2 ἡμεῖς χριστοῦ • ἡμεῖς   3 τε γὰρ καὶ • [τε] γὰρ   4 ἡμῖν • —   5 μὲν ἐπιστολαί • ἐπιστολαὶ μέν   6 συνιοῦσιν • συνιᾶσιν   7 οὐχὶ • οὐκ   8 συνιστῶν • συνιστάνων   9 ἀλλ' • ἀλλὰ

The True Apostle and the False Teachers

11 Ὄφελον ἀνείχεσθέ μου μικρὸν τῇ ἀφροσύνῃ·¹ ἀλλὰ καὶ ἀνέχεσθέ μου. 2 Ζηλῶ γὰρ ὑμᾶς θεοῦ ζήλῳ· ἡρμοσάμην γὰρ ὑμᾶς ἑνὶ ἀνδρὶ παρθένον ἁγνὴν παραστῆσαι τῷ χριστῷ. 3 Φοβοῦμαι δὲ μήπως² ὡς ὁ ὄφις Εὕαν ἐξηπάτησεν³ ἐν τῇ πανουργίᾳ αὐτοῦ, οὕτως⁴ φθαρῇ τὰ νοήματα ὑμῶν ἀπὸ τῆς ἁπλότητος⁵ τῆς εἰς τὸν χριστόν. 4 Εἰ μὲν γὰρ ὁ ἐρχόμενος ἄλλον Ἰησοῦν κηρύσσει ὃν οὐκ ἐκηρύξαμεν, ἢ πνεῦμα ἕτερον λαμβάνετε ὃ οὐκ ἐλάβετε, ἢ εὐαγγέλιον ἕτερον ὃ οὐκ ἐδέξασθε, καλῶς ἠνείχεσθε.ᵃ,⁶ 5 Λογίζομαι γὰρ μηδὲν ὑστερηκέναι τῶν ὑπὲρ λίαν⁷ ἀποστόλων. 6 Εἰ δὲ καὶ ἰδιώτης τῷ λόγῳ, ἀλλ᾽ οὐ τῇ γνώσει· ἀλλ᾽ ἐν παντὶ φανερωθέντες⁸ ἐν πᾶσιν εἰς ὑμᾶς. 7 Ἢ ἁμαρτίαν ἐποίησα ἐμαυτὸν ταπεινῶν ἵνα ὑμεῖς ὑψωθῆτε, ὅτι δωρεὰν τὸ τοῦ θεοῦ εὐαγγέλιον εὐηγγελισάμην ὑμῖν; 8 Ἄλλας ἐκκλησίας ἐσύλησα, λαβὼν ὀψώνιον πρὸς τὴν ὑμῶν διακονίαν· 9 καὶ παρὼν πρὸς ὑμᾶς καὶ ὑστερηθείς, οὐ κατενάρκησα οὐδενός·⁹ τὸ γὰρ ὑστέρημά μου προσανεπλήρωσαν οἱ ἀδελφοί, ἐλθόντες ἀπὸ Μακεδονίας· καὶ ἐν παντὶ ἀβαρῆ ὑμῖν ἐμαυτὸν¹⁰ ἐτήρησα καὶ τηρήσω. 10 Ἔστιν ἀλήθεια χριστοῦ ἐν ἐμοί, ὅτι ἡ καύχησις αὕτη οὐ φραγήσεται εἰς ἐμὲ ἐν τοῖς κλίμασιν τῆς Ἀχαΐας. 11 Διὰ τί; Ὅτι οὐκ ἀγαπῶ ὑμᾶς; Ὁ θεὸς οἶδεν. 12 Ὃ δὲ ποιῶ, καὶ ποιήσω, ἵνα ἐκκόψω τὴν ἀφορμὴν τῶν θελόντων ἀφορμήν, ἵνα ἐν ᾧ καυχῶνται, εὑρεθῶσιν καθὼς καὶ ἡμεῖς. 13 Οἱ γὰρ τοιοῦτοι ψευδαπόστολοι, ἐργάται δόλιοι, μετασχηματιζόμενοι εἰς ἀποστόλους χριστοῦ. 14 Καὶ οὐ θαυμαστόν·¹¹ αὐτὸς γὰρ ὁ Σατανᾶς μετασχηματίζεται εἰς ἄγγελον φωτός. 15 Οὐ μέγα

ᵃ ἠνείχεσθε • ἀνείχεσθε

---

¹ τῇ ἀφροσύνῃ • τι ἀφροσύνης   ² μήπως • μή πως   ³ Εὕαν ἐξηπάτησεν • ἐξηπάτησεν Εὕαν   ⁴ οὕτως • —   ⁵ ἁπλότητος • ἁπλότητος [καὶ τῆς ἁγνότητος]   ⁶ ἠνείχεσθε • ἀνέχεσθε   ⁷ ὑπὲρ λίαν • ὑπερλίαν   ⁸ φανερωθέντες • φανερώσαντες   ⁹ οὐδενός • οὐθενός   ¹⁰ ὑμῖν ἐμαυτὸν • ἐμαυτὸν ὑμῖν   ¹¹ θαυμαστόν • θαῦμα

οὖν εἰ καὶ οἱ διάκονοι αὐτοῦ μετασχηματίζονται ὡς διάκονοι δικαιοσύνης, ὧν τὸ τέλος ἔσται κατὰ τὰ ἔργα αὐτῶν.

Paul's Boast of His Apostolic Calling

16 Πάλιν λέγω, μή τίς με δόξῃ ἄφρονα εἶναι· εἰ δὲ μήγε,[1] κἂν ὡς ἄφρονα δέξασθέ με, ἵνα κἀγὼ μικρόν τι καυχήσωμαι. 17 Ὃ λαλῶ, οὐ λαλῶ κατὰ κύριον,[2] ἀλλ᾽ ὡς ἐν ἀφροσύνῃ, ἐν ταύτῃ τῇ ὑποστάσει τῆς καυχήσεως. 18 Ἐπεὶ πολλοὶ καυχῶνται κατὰ τὴν[3] σάρκα, κἀγὼ καυχήσομαι. 19 Ἡδέως γὰρ ἀνέχεσθε τῶν ἀφρόνων, φρόνιμοι ὄντες. 20 Ἀνέχεσθε γάρ, εἴ τις ὑμᾶς καταδουλοῖ, εἴ τις κατεσθίει, εἴ τις λαμβάνει, εἴ τις ἐπαίρεται, εἴ τις ὑμᾶς εἰς πρόσωπον[4] δέρει. 21 Κατὰ ἀτιμίαν λέγω, ὡς ὅτι ἡμεῖς ἠσθενήσαμεν·[5] ἐν ᾧ δ᾽ ἄν τις τολμᾷ—ἐν ἀφροσύνῃ λέγω—τολμῶ κἀγώ. 22 Ἑβραῖοί εἰσιν; Κἀγώ. Ἰσραηλῖταί εἰσιν; Κἀγώ. Σπέρμα Ἀβραάμ εἰσιν; Κἀγώ. 23 Διάκονοι χριστοῦ εἰσιν;—παραφρονῶν λαλῶ—Ὑπὲρ ἐγώ. Ἐν κόποις περισσοτέρως, ἐν πληγαῖς ὑπερβαλλόντως, ἐν φυλακαῖς περισσοτέρως,[6] ἐν θανάτοις πολλάκις, 24 ὑπὸ Ἰουδαίων πεντάκις τεσσαράκοντα[7] παρὰ μίαν ἔλαβον. 25 Τρὶς ἐραβδίσθην,[8] ἅπαξ ἐλιθάσθην, τρὶς ἐναυάγησα, νυχθήμερον ἐν τῷ βυθῷ πεποίηκα· 26 ὁδοιπορίαις πολλάκις, κινδύνοις ποταμῶν, κινδύνοις λῃστῶν, κινδύνοις ἐκ γένους, κινδύνοις ἐξ ἐθνῶν, κινδύνοις ἐν πόλει, κινδύνοις ἐν ἐρημίᾳ, κινδύνοις ἐν θαλάσσῃ, κινδύνοις ἐν ψευδαδέλφοις· 27 ἐν κόπῳ[9] καὶ μόχθῳ, ἐν ἀγρυπνίαις πολλάκις, ἐν λιμῷ καὶ δίψει, ἐν νηστείαις πολλάκις, ἐν ψύχει καὶ γυμνότητι. 28 Χωρὶς τῶν παρεκτός, ἡ ἐπισύστασίς μου[10] ἡ καθ᾽ ἡμέραν, ἡ μέριμνα πασῶν τῶν ἐκκλησιῶν. 29 Τίς ἀσθενεῖ, καὶ οὐκ ἀσθενῶ; Τίς σκανδαλίζεται, καὶ οὐκ ἐγὼ πυροῦμαι; 30 Εἰ καυχᾶσθαι δεῖ, τὰ τῆς ἀσθενείας μου καυχήσομαι. 31 Ὁ θεὸς καὶ πατὴρ

---

[1] μήγε • μή γε [2] λαλῶ κατὰ κύριον • κατὰ κύριον λαλῶ [3] τὴν • —
[4] ὑμᾶς εἰς πρόσωπον • εἰς πρόσωπον ὑμᾶς [5] ἠσθενήσαμεν • ἠσθενήκαμεν
[6] πληγαῖς ὑπερβαλλόντως ἐν φυλακαῖς περισσοτέρως • φυλακαῖς περισσοτέρως ἐν πληγαῖς ὑπερβαλλόντως [7] τεσσαράκοντα • τεσσεράκοντα [8] ἐραβδίσθην • ἐρραβδίσθην [9] ἐν κόπῳ • κόπῳ [10] ἐπισύστασίς μου • ἐπίστασίς μοι

τοῦ κυρίου Ἰησοῦ χριστοῦ¹ οἶδεν, ὁ ὢν εὐλογητὸς εἰς τοὺς αἰῶνας, ὅτι οὐ ψεύδομαι. 32 Ἐν Δαμασκῷ ὁ ἐθνάρχης Ἀρέτα τοῦ βασιλέως ἐφρούρει τὴν Δαμασκηνῶν πόλιν,² πιάσαι με θέλων· ³ 33 καὶ διὰ θυρίδος ἐν σαργάνῃ ἐχαλάσθην διὰ τοῦ τείχους καὶ ἐξέφυγον τὰς χεῖρας αὐτοῦ.

Paul's Boast of His Weakness

12 Καυχᾶσθαι δὴ οὐ συμφέρει μοι· ⁴ ἐλεύσομαι γὰρ⁵ εἰς ὀπτασίας καὶ ἀποκαλύψεις κυρίου. 2 Οἶδα ἄνθρωπον ἐν χριστῷ πρὸ ἐτῶν δεκατεσσάρων—εἴτε ἐν σώματι οὐκ οἶδα· εἴτε ἐκτὸς τοῦ σώματος οὐκ οἶδα· ὁ θεὸς οἶδεν—ἁρπαγέντα τὸν τοιοῦτον ἕως τρίτου οὐρανοῦ. 3 Καὶ οἶδα τὸν τοιοῦτον ἄνθρωπον—εἴτε ἐν σώματι, εἴτε ἐκτὸς⁶ τοῦ σώματος, οὐκ οἶδα· ὁ θεὸς οἶδεν— 4 ὅτι ἡρπάγη εἰς τὸν παράδεισον, καὶ ἤκουσεν ἄρρητα ῥήματα, ἃ οὐκ ἐξὸν ἀνθρώπῳ λαλῆσαι. 5 Ὑπὲρ τοῦ τοιούτου καυχήσομαι· ὑπὲρ δὲ ἐμαυτοῦ οὐ καυχήσομαι, εἰ μὴ ἐν ταῖς ἀσθενείαις μου·⁷ 6 ἐὰν γὰρ θελήσω καυχήσασθαι, οὐκ ἔσομαι ἄφρων· ἀλήθειαν γὰρ ἐρῶ· φείδομαι δέ, μή τις εἰς ἐμὲ λογίσηται ὑπὲρ ὃ βλέπει με, ἢ ἀκούει τι⁸ ἐξ ἐμοῦ. 7 Καὶ τῇ ὑπερβολῇ τῶν ἀποκαλύψεων ἵνα⁹ μὴ ὑπεραίρωμαι, ἐδόθη μοι σκόλοψ τῇ σαρκί, ἄγγελος Σατᾶν, ¹⁰ ἵνα με κολαφίζῃ, ἵνα μὴ ὑπεραίρωμαι. 8 Ὑπὲρ τούτου τρὶς τὸν κύριον παρεκάλεσα ἵνα ἀποστῇ ἀπ' ἐμοῦ. 9 Καὶ εἴρηκέν μοι, Ἀρκεῖ σοι ἡ χάρις μου· ἡ γὰρ δύναμίς μου ἐν¹¹ ἀσθενείᾳ τελειοῦται. ¹² Ἥδιστα οὖν μᾶλλον καυχήσομαι ἐν ταῖς ἀσθενείαις μου, ἵνα ἐπισκηνώσῃ ἐπ' ἐμὲ ἡ δύναμις τοῦ χριστοῦ. 10 Διὸ εὐδοκῶ ἐν ἀσθενείαις, ἐν ὕβρεσιν, ἐν ἀνάγκαις, ἐν διωγμοῖς, ἐν στενοχωρίαις, ¹³ ὑπὲρ χριστοῦ· ὅταν γὰρ ἀσθενῶ, τότε δυνατός εἰμι.

---

¹ χριστοῦ • — ² Δαμασκηνῶν πόλιν • πόλιν Δαμασκηνῶν ³ θέλων • — ⁴ δὴ οὐ συμφέρει μοι • δεῖ οὐ συμφέρον μέν ⁵ γὰρ • δὲ ⁶ ἐκτὸς • χωρὶς ⁷ μου • — ⁸ τι • [τι] ⁹ ἀποκαλύψεων ἵνα • ἀπσκαλύψεων. Διὸ ἵνα ¹⁰ Σατᾶν • Σατανᾶ ¹¹ μου ἐν • ἐν ¹² τελειοῦται • τελεῖται ¹³ ἐν στενοχωρίαις • καὶ στενοχωρίαις

What Paul Expects of the Corinthians

11 Γέγονα ἄφρων καυχώμενος· ¹ ὑμεῖς με ἠναγκάσατε· ἐγὼ γὰρ ὤφειλον ὑφ᾽ ὑμῶν συνίστασθαι· οὐδὲν γὰρ ὑστέρησα τῶν ὑπὲρ λίαν ² ἀποστόλων, εἰ καὶ οὐδέν εἰμι. **12** Τὰ μὲν σημεῖα τοῦ ἀποστόλου κατειργάσθη ἐν ὑμῖν ἐν πάσῃ ὑπομονῇ, ἐν σημείοις ³ καὶ τέρασιν καὶ δυνάμεσιν. **13** Τί γάρ ἐστιν ὃ ἡττήθητε ⁴ ὑπὲρ τὰς λοιπὰς ἐκκλησίας, εἰ μὴ ὅτι αὐτὸς ἐγὼ οὐ κατενάρκησα ὑμῶν; Χαρίσασθέ μοι τὴν ἀδικίαν ταύτην.

14 Ἰδού, τρίτον ἑτοίμως ⁵ ἔχω ἐλθεῖν πρὸς ὑμᾶς, καὶ οὐ καταναρκήσω ὑμῶν· οὐ ⁶ γὰρ ζητῶ τὰ ὑμῶν, ἀλλὰ ὑμᾶς· οὐ γὰρ ὀφείλει τὰ τέκνα τοῖς γονεῦσιν θησαυρίζειν, ἀλλ᾽ ⁷ οἱ γονεῖς τοῖς τέκνοις. **15** Ἐγὼ δὲ ἥδιστα δαπανήσω καὶ ἐκδαπανηθήσομαι ὑπὲρ τῶν ψυχῶν ὑμῶν, εἰ καὶ ⁸ περισσοτέρως ὑμᾶς ἀγαπῶν, ἧττον ⁹ ἀγαπῶμαι. **16** Ἔστω δέ, ἐγὼ οὐ κατεβάρησα ὑμᾶς· ἀλλ᾽ ¹⁰ ὑπάρχων πανοῦργος, δόλῳ ὑμᾶς ἔλαβον. **17** Μή τινα ὧν ἀπέσταλκα πρὸς ὑμᾶς, δι᾽ αὐτοῦ ἐπλεονέκτησα ὑμᾶς; **18** Παρεκάλεσα Τίτον, καὶ συναπέστειλα τὸν ἀδελφόν· μήτι ἐπλεονέκτησεν ὑμᾶς Τίτος; Οὐ τῷ αὐτῷ πνεύματι περιεπατήσαμεν; Οὐ τοῖς αὐτοῖς ἴχνεσιν;

19 Πάλιν ¹¹ δοκεῖτε ὅτι ὑμῖν ἀπολογούμεθα; Κατενώπιον τοῦ ¹² θεοῦ ἐν χριστῷ λαλοῦμεν· τὰ δὲ πάντα, ἀγαπητοί, ὑπὲρ τῆς ὑμῶν οἰκοδομῆς. **20** Φοβοῦμαι γάρ, μήπως ἐλθὼν ¹³ οὐχ οἵους θέλω εὕρω ὑμᾶς, κἀγὼ εὑρεθῶ ὑμῖν οἷον οὐ θέλετε· μήπως ἔρεις, ζῆλοι, ¹⁴ θυμοί, ἐριθεῖαι, καταλαλιαί, ψιθυρισμοί, φυσιώσεις, ἀκαταστασίαι· **21** μὴ πάλιν ἐλθόντα με ταπεινώσει ᵃ, ¹⁵ ὁ θεός μου πρὸς ὑμᾶς, καὶ πενθήσω

ᵃ ταπεινώσει • ταπεινώσῃ

---

1 καυχώμενος • —   2 ὑπὲρ λίαν • ὑπερλίαν   3 ἐν σημείοις • σημείοις τε
4 ἡττήθητε • ἡσσώθητε   5 ἑτοίμως • τοῦτο ἑτοίμως   6 ὑμῶν οὐ • οὐ   7 ἀλλ᾽ •
ἀλλὰ   8 εἰ καὶ • εἰ   9 ἀγαπῶν ἧττον • ἀγαπῶ[ν] ἧσσον   10 ἀλλ᾽ • ἀλλὰ
11 Πάλιν • Πάλαι   12 Κατενώπιον τοῦ • Κατέναντι   13 μήπως ἐλθὼν • μή πως
ἐλθὼν   14 μήπως ἔρεις ζῆλοι • μή πως ἔρις ζῆλος   15 ἐλθόντα με ταπεινώσει •
ἐλθόντος μου ταπεινώσῃ με

πολλοὺς τῶν προημαρτηκότων, καὶ μὴ μετανοησάντων ἐπὶ τῇ ἀκαθαρσίᾳ καὶ πορνείᾳ καὶ ἀσελγείᾳ ᾗ ἔπραξαν.

A Concluding Admonition and Greetings

13 Τρίτον τοῦτο ἔρχομαι πρὸς ὑμᾶς. Ἐπὶ στόματος δύο μαρτύρων καὶ τριῶν σταθήσεται πᾶν ῥῆμα. 2 Προείρηκα καὶ προλέγω, ὡς παρὼν τὸ δεύτερον, καὶ ἀπὼν νῦν γράφω¹ τοῖς προημαρτηκόσιν καὶ τοῖς λοιποῖς πᾶσιν, ὅτι ἐὰν ἔλθω εἰς τὸ πάλιν, οὐ φείσομαι· 3 ἐπεὶ δοκιμὴν ζητεῖτε τοῦ ἐν ἐμοὶ λαλοῦντος χριστοῦ, ὃς εἰς ὑμᾶς οὐκ ἀσθενεῖ, ἀλλὰ δυνατεῖ ἐν ὑμῖν· 4 καὶ γὰρ εἰ² ἐσταυρώθη ἐξ ἀσθενείας, ἀλλὰ ζῇ ἐκ δυνάμεως θεοῦ. Καὶ γὰρ ἡμεῖς ἀσθενοῦμεν ἐν αὐτῷ, ἀλλὰ ζησόμεθα³ σὺν αὐτῷ ἐκ δυνάμεως θεοῦ εἰς ὑμᾶς. 5 Ἑαυτοὺς πειράζετε εἰ ἐστὲ ἐν τῇ πίστει, ἑαυτοὺς δοκιμάζετε. Ἢ οὐκ ἐπιγινώσκετε ἑαυτούς, ὅτι Ἰησοῦς χριστὸς ἐν ὑμῖν ἐστίν; Εἰ⁴ μήτι ἀδόκιμοί ἐστε. 6 Ἐλπίζω δὲ ὅτι γνώσεσθε ὅτι ἡμεῖς οὐκ ἐσμὲν ἀδόκιμοι. 7 Εὔχομαι⁵ δὲ πρὸς τὸν θεόν, μὴ ποιῆσαι ὑμᾶς κακὸν μηδέν, οὐχ ἵνα ἡμεῖς δόκιμοι φανῶμεν, ἀλλ᾽ ἵνα ὑμεῖς τὸ καλὸν ποιῆτε, ἡμεῖς δὲ ὡς ἀδόκιμοι ὦμεν. 8 Οὐ γὰρ δυνάμεθά τι κατὰ τῆς ἀληθείας, ἀλλ᾽⁶ ὑπὲρ τῆς ἀληθείας. 9 Χαίρομεν γὰρ ὅταν ἡμεῖς ἀσθενῶμεν, ὑμεῖς δὲ δυνατοὶ ἦτε· τοῦτο δὲ καὶ⁷ εὐχόμεθα, τὴν ὑμῶν κατάρτισιν. 10 Διὰ τοῦτο ταῦτα ἀπὼν γράφω, ἵνα παρὼν μὴ ἀποτόμως χρήσωμαι, κατὰ τὴν ἐξουσίαν ἣν ἔδωκέν μοι ὁ κύριος⁸ εἰς οἰκοδομήν, καὶ οὐκ εἰς καθαίρεσιν.

11 Λοιπόν, ἀδελφοί, χαίρετε· καταρτίζεσθε, παρακαλεῖσθε, τὸ αὐτὸ φρονεῖτε, εἰρηνεύετε· καὶ ὁ θεὸς τῆς ἀγάπης καὶ εἰρήνης ἔσται μεθ᾽ ὑμῶν. 12 Ἀσπάσασθε ἀλλήλους ἐν ἁγίῳ φιλήματι.

13 Ἀσπάζονται ὑμᾶς οἱ ἅγιοι πάντες.

14 Ἡ χάρις τοῦ κυρίου Ἰησοῦ χριστοῦ, καὶ ἡ ἀγάπη τοῦ θεοῦ, καὶ ἡ κοινωνία τοῦ ἁγίου πνεύματος μετὰ πάντων ὑμῶν. Ἀμήν.⁹

---

1 γράφω • — 2 εἰ • — 3 ζησόμεθα • ζήσομεν 4 ἐστίν Εἰ • Εἰ 5 Εὔχομαι • Εὐχόμεθα 6 ἀλλ᾽ • ἀλλὰ 7 δὲ καὶ • καὶ 8 ἔδωκέν μοι ὁ κύριος • ὁ κύριος ἔδωκέν μοι 9 Ἀμήν • —

ΠΡΟΣ ΓΑΛΑΤΑΣ
To the Galatians

Introductory Greeting and Doxology

Παῦλος ἀπόστολος οὐκ ἀπ' ἀνθρώπων, οὐδὲ δι' ἀνθρώπου, ἀλλὰ διὰ Ἰησοῦ χριστοῦ, καὶ θεοῦ πατρὸς τοῦ ἐγείραντος αὐτὸν ἐκ νεκρῶν, 2 καὶ οἱ σὺν ἐμοὶ πάντες ἀδελφοί, ταῖς ἐκκλησίαις τῆς Γαλατίας· 3 χάρις ὑμῖν καὶ εἰρήνη ἀπὸ θεοῦ πατρός, καὶ κυρίου ἡμῶν[1] Ἰησοῦ χριστοῦ, 4 τοῦ δόντος ἑαυτὸν περὶ[2] τῶν ἁμαρτιῶν ἡμῶν, ὅπως ἐξέληται ἡμᾶς ἐκ τοῦ ἐνεστῶτος αἰῶνος[3] πονηροῦ, κατὰ τὸ θέλημα τοῦ θεοῦ καὶ πατρὸς ἡμῶν· 5 ᾧ ἡ δόξα εἰς τοὺς αἰῶνας τῶν αἰώνων. Ἀμήν.

Paul's Reason for Writing the Epistle

6 Θαυμάζω ὅτι οὕτως ταχέως μετατίθεσθε ἀπὸ τοῦ καλέσαντος ὑμᾶς ἐν χάριτι χριστοῦ[4] εἰς ἕτερον εὐαγγέλιον· 7 ὃ οὐκ ἔστιν ἄλλο, εἰ μή τινές εἰσιν οἱ ταράσσοντες ὑμᾶς καὶ θέλοντες μεταστρέψαι τὸ εὐαγγέλιον τοῦ χριστοῦ. 8 Ἀλλὰ καὶ ἐὰν ἡμεῖς ἢ ἄγγελος ἐξ οὐρανοῦ εὐαγγελίζηται[a] ὑμῖν παρ'[5] ὃ εὐηγγελισάμεθα ὑμῖν, ἀνάθεμα ἔστω. 9 Ὡς προειρήκαμεν, καὶ ἄρτι πάλιν λέγω, εἴ τις ὑμᾶς εὐαγγελίζεται παρ' ὃ παρελάβετε,

---

[a] εὐαγγελίζηται • εὐαγγελίζεται

---

[1] καὶ κυρίου ἡμῶν • ἡμῶν καὶ κυρίου   [2] περὶ • ὑπὲρ   [3] ἐνεστῶτος αἰῶνος • αἰῶνος τοῦ ἐνεστῶτος   [4] χριστοῦ • [χριστοῦ]   [5] ὑμῖν παρ' • [ὑμῖν] παρ'

ἀνάθεμα ἔστω. 10 Ἄρτι γὰρ ἀνθρώπους πείθω ἢ τὸν θεόν; Ἢ ζητῶ ἀνθρώποις ἀρέσκειν; Εἰ γὰρ ἔτι¹ ἀνθρώποις ἤρεσκον, χριστοῦ δοῦλος οὐκ ἂν ἤμην.

Paul Called by God

11 Γνωρίζω δὲ² ὑμῖν, ἀδελφοί, τὸ εὐαγγέλιον τὸ εὐαγγελισθὲν ὑπ' ἐμοῦ, ὅτι οὐκ ἔστιν κατὰ ἄνθρωπον. 12 Οὐδὲ γὰρ ἐγὼ παρὰ ἀνθρώπου παρέλαβον αὐτό, οὔτε ἐδιδάχθην, ἀλλὰ δι' ἀποκαλύψεως Ἰησοῦ χριστοῦ. 13 Ἠκούσατε γὰρ τὴν ἐμὴν ἀναστροφήν ποτε ἐν τῷ Ἰουδαϊσμῷ, ὅτι καθ' ὑπερβολὴν ἐδίωκον τὴν ἐκκλησίαν τοῦ θεοῦ, καὶ ἐπόρθουν αὐτήν· 14 καὶ προέκοπτον ἐν τῷ Ἰουδαϊσμῷ ὑπὲρ πολλοὺς συνηλικιώτας ἐν τῷ γένει μου, περισσοτέρως ζηλωτὴς ὑπάρχων τῶν πατρικῶν μου παραδόσεων. 15 Ὅτε δὲ εὐδόκησεν ὁ θεὸς³ ὁ ἀφορίσας με ἐκ κοιλίας μητρός μου καὶ καλέσας διὰ τῆς χάριτος αὐτοῦ, 16 ἀποκαλύψαι τὸν υἱὸν αὐτοῦ ἐν ἐμοὶ ἵνα εὐαγγελίζωμαι αὐτὸν ἐν τοῖς ἔθνεσιν, εὐθέως οὐ προσανεθέμην σαρκὶ καὶ αἵματι· 17 οὐδὲ ἀνῆλθον εἰς Ἱεροσόλυμα πρὸς τοὺς πρὸ ἐμοῦ ἀποστόλους, ἀλλὰ ἀπῆλθον εἰς Ἀραβίαν, καὶ πάλιν ὑπέστρεψα εἰς Δαμασκόν.

18 Ἔπειτα μετὰ ἔτη τρία ἀνῆλθον εἰς Ἱεροσόλυμα ἱστορῆσαι Πέτρον,⁴ καὶ ἐπέμεινα πρὸς αὐτὸν ἡμέρας δεκαπέντε. 19 Ἕτερον δὲ τῶν ἀποστόλων οὐκ εἶδον, εἰ μὴ Ἰάκωβον τὸν ἀδελφὸν τοῦ κυρίου. 20 Ἃ δὲ γράφω ὑμῖν, ἰδοὺ ἐνώπιον τοῦ θεοῦ ὅτι οὐ ψεύδομαι. 21 Ἔπειτα ἦλθον εἰς τὰ κλίματα τῆς Συρίας καὶ τῆς Κιλικίας. 22 Ἤμην δὲ ἀγνοούμενος τῷ προσώπῳ ταῖς ἐκκλησίαις τῆς Ἰουδαίας ταῖς ἐν χριστῷ· 23 μόνον δὲ ἀκούοντες ἦσαν ὅτι Ὁ διώκων ἡμᾶς ποτέ, νῦν εὐαγγελίζεται τὴν πίστιν ἥν ποτε ἐπόρθει. 24 Καὶ ἐδόξαζον ἐν ἐμοὶ τὸν θεόν.

---

¹ γὰρ ἔτι • ἔτι   ² δὲ • γὰρ   ³ ὁ θεὸς • [ὁ θεὸς]   ⁴ Πέτρον • Κηφᾶν

Further Confirmation of Paul's Apostleship

2 Ἔπειτα διὰ δεκατεσσάρων ἐτῶν πάλιν ἀνέβην εἰς Ἱεροσόλυμα μετὰ Βαρνάβα, συμπαραλαβὼν καὶ Τίτον· **2** ἀνέβην δὲ κατὰ ἀποκάλυψιν, καὶ ἀνεθέμην αὐτοῖς τὸ εὐαγγέλιον ὃ κηρύσσω ἐν τοῖς ἔθνεσιν, κατ᾽ ἰδίαν δὲ τοῖς δοκοῦσιν, μήπως[1] εἰς κενὸν τρέχω ἢ ἔδραμον. **3** Ἀλλ᾽ οὐδὲ Τίτος ὁ σὺν ἐμοί, Ἕλλην ὤν, ἠναγκάσθη περιτμηθῆναι· **4** διὰ δὲ τοὺς παρεισάκτους ψευδαδέλφους, οἵτινες παρεισῆλθον κατασκοπῆσαι τὴν ἐλευθερίαν ἡμῶν ἣν ἔχομεν ἐν χριστῷ Ἰησοῦ, ἵνα ἡμᾶς καταδουλώσωνται·[2] **5** οἷς οὐδὲ πρὸς ὥραν εἴξαμεν τῇ ὑποταγῇ, ἵνα ἡ ἀλήθεια τοῦ εὐαγγελίου διαμείνῃ πρὸς ὑμᾶς. **6** Ἀπὸ δὲ τῶν δοκούντων εἶναί τι—ὁποῖοί ποτε ἦσαν οὐδέν μοι διαφέρει· πρόσωπον θεὸς[3] ἀνθρώπου οὐ λαμβάνει—ἐμοὶ γὰρ οἱ δοκοῦντες οὐδὲν προσανέθεντο· **7** ἀλλὰ τοὐναντίον, ἰδόντες ὅτι πεπίστευμαι τὸ εὐαγγέλιον τῆς ἀκροβυστίας, καθὼς Πέτρος τῆς περιτομῆς— **8** ὁ γὰρ ἐνεργήσας Πέτρῳ εἰς ἀποστολὴν τῆς περιτομῆς, ἐνήργησεν καὶ ἐμοὶ εἰς τὰ ἔθνη— **9** καὶ γνόντες τὴν χάριν τὴν δοθεῖσάν μοι, Ἰάκωβος καὶ Κηφᾶς καὶ Ἰωάννης, οἱ δοκοῦντες στύλοι εἶναι, δεξιὰς ἔδωκαν ἐμοὶ καὶ Βαρνάβᾳ κοινωνίας, ἵνα ἡμεῖς μὲν [a],[4] εἰς τὰ ἔθνη, αὐτοὶ δὲ εἰς τὴν περιτομήν· **10** μόνον τῶν πτωχῶν ἵνα μνημονεύωμεν, ὃ καὶ ἐσπούδασα αὐτὸ τοῦτο ποιῆσαι.

Paul's Reproof of Peter, and the Lessons Drawn Therefrom

11 Ὅτε δὲ ἦλθεν Πέτρος[5] εἰς Ἀντιόχειαν, κατὰ πρόσωπον αὐτῷ ἀντέστην, ὅτι κατεγνωσμένος ἦν. **12** Πρὸ τοῦ γὰρ ἐλθεῖν τινὰς ἀπὸ Ἰακώβου, μετὰ τῶν ἐθνῶν συνήσθιεν· ὅτε δὲ ἦλθον, ὑπέστελλεν καὶ ἀφώριζεν ἑαυτόν, φοβούμενος τοὺς ἐκ περιτομῆς. **13** Καὶ συνυπεκρίθησαν αὐτῷ καὶ οἱ[6] λοιποὶ Ἰουδαῖοι, ὥστε καὶ Βαρνάβας συναπήχθη αὐτῶν τῇ ὑποκρίσει. **14** Ἀλλ᾽ ὅτε εἶδον ὅτι οὐκ ὀρθοποδοῦσιν πρὸς τὴν ἀλήθειαν

---

[a] μὲν • —

[1] μήπως • μή πως   [2] καταδουλώσωνται • καταδουλώσουσιν   [3] θεὸς • [ὁ] θεὸς   [4] μὲν • —   [5] Πέτρος • Κηφᾶς   [6] καὶ οἱ • [καὶ] οἱ

τοῦ εὐαγγελίου, εἶπον τῷ Πέτρῳ[1] ἔμπροσθεν πάντων, Εἰ σύ, Ἰουδαῖος ὑπάρχων, ἐθνικῶς ζῇς καὶ οὐκ Ἰουδαϊκῶς, τί[2] τὰ ἔθνη ἀναγκάζεις Ἰουδαΐζειν; 15 Ἡμεῖς φύσει Ἰουδαῖοι καὶ οὐκ ἐξ ἐθνῶν ἁμαρτωλοί, 16 εἰδότες ὅτι[3] οὐ δικαιοῦται ἄνθρωπος ἐξ ἔργων νόμου, ἐὰν μὴ διὰ πίστεως Ἰησοῦ χριστοῦ, καὶ ἡμεῖς εἰς χριστὸν Ἰησοῦν ἐπιστεύσαμεν, ἵνα δικαιωθῶμεν ἐκ πίστεως χριστοῦ, καὶ οὐκ ἐξ ἔργων νόμου· διότι οὐ δικαιωθήσεται ἐξ ἔργων νόμου[4] πᾶσα σάρξ. 17 Εἰ δέ, ζητοῦντες δικαιωθῆναι ἐν χριστῷ, εὑρέθημεν καὶ αὐτοὶ ἁμαρτωλοί, ἆρα χριστὸς ἁμαρτίας διάκονος; Μὴ γένοιτο. 18 Εἰ γὰρ ἃ κατέλυσα, ταῦτα πάλιν οἰκοδομῶ, παραβάτην ἐμαυτὸν συνίστημι.[5] 19 Ἐγὼ γὰρ διὰ νόμου νόμῳ ἀπέθανον, ἵνα θεῷ ζήσω. 20 Χριστῷ συνεσταύρωμαι· ζῶ δέ, οὐκέτι ἐγώ, ζῇ δὲ ἐν ἐμοὶ χριστός· ὃ δὲ νῦν ζῶ ἐν σαρκί, ἐν πίστει ζῶ τῇ τοῦ υἱοῦ τοῦ θεοῦ, τοῦ ἀγαπήσαντός με καὶ παραδόντος ἑαυτὸν ὑπὲρ ἐμοῦ. 21 Οὐκ ἀθετῶ τὴν χάριν τοῦ θεοῦ· εἰ γὰρ διὰ νόμου δικαιοσύνη, ἄρα χριστὸς δωρεὰν ἀπέθανεν.

Salvation Is Not of Works, but by Faith

3 Ὦ ἀνόητοι Γαλάται, τίς ὑμᾶς ἐβάσκανεν τῇ ἀληθείᾳ μὴ πείθεσθαι,[6] οἷς κατ' ὀφθαλμοὺς Ἰησοῦς χριστὸς προεγράφη ἐν ὑμῖν[7] ἐσταυρωμένος; 2 Τοῦτο μόνον θέλω μαθεῖν ἀφ' ὑμῶν, ἐξ ἔργων νόμου τὸ πνεῦμα ἐλάβετε, ἢ ἐξ ἀκοῆς πίστεως; 3 Οὕτως ἀνόητοί ἐστε; Ἐναρξάμενοι πνεύματι, νῦν σαρκὶ ἐπιτελεῖσθε; 4 Τοσαῦτα ἐπάθετε εἰκῇ; Εἴγε[8] καὶ εἰκῇ. 5 Ὁ οὖν ἐπιχορηγῶν ὑμῖν τὸ πνεῦμα καὶ ἐνεργῶν δυνάμεις ἐν ὑμῖν, ἐξ ἔργων νόμου, ἢ ἐξ ἀκοῆς πίστεως; 6 Καθὼς Ἀβραὰμ ἐπίστευσεν τῷ θεῷ, καὶ ἐλογίσθη αὐτῷ εἰς δικαιοσύνην. 7 Γινώσκετε ἄρα ὅτι οἱ ἐκ πίστεως, οὗτοί εἰσιν υἱοὶ[9] Ἀβραάμ. 8 Προϊδοῦσα δὲ ἡ γραφὴ ὅτι ἐκ πίστεως δικαιοῖ τὰ ἔθνη ὁ

---

[1] Πέτρῳ • Κηφᾷ   [2] ζῇς καὶ οὐκ Ἰουδαϊκῶς τί • καὶ οὐχὶ Ἰουδαϊκῶς ζῇς πῶς
[3] ὅτι • [δὲ] ὅτι   [4] διότι οὐ δικαιωθήσεται ἐξ ἔργων νόμου • ὅτι ἐξ ἔργων νόμου οὐ δικαιωθήσεται   [5] συνίστημι • συνιστάνω   [6] τῇ ἀληθείᾳ μὴ πείθεσθαι • —
[7] ἐν ὑμῖν • —   [8] Εἴγε • Εἴ γε   [9] εἰσιν υἱοὶ • υἱοί εἰσιν

θεός, προευηγγελίσατο τῷ Ἀβραὰμ ὅτι Ἐνευλογηθήσονται ἐν σοὶ πάντα τὰ ἔθνη. **9** Ὥστε οἱ ἐκ πίστεως εὐλογοῦνται σὺν τῷ πιστῷ Ἀβραάμ. **10** Ὅσοι γὰρ ἐξ ἔργων νόμου εἰσίν, ὑπὸ κατάραν εἰσίν· γέγραπται γάρ, Ἐπικατάρατος[1] πᾶς ὃς οὐκ ἐμμένει ἐν πᾶσιν[2] τοῖς γεγραμμένοις ἐν τῷ βιβλίῳ τοῦ νόμου, τοῦ ποιῆσαι αὐτά. **11** Ὅτι δὲ ἐν νόμῳ οὐδεὶς δικαιοῦται παρὰ τῷ θεῷ, δῆλον· ὅτι Ὁ δίκαιος ἐκ πίστεως ζήσεται· **12** ὁ δὲ νόμος οὐκ ἔστιν ἐκ πίστεως, ἀλλ' Ὁ ποιήσας αὐτὰ ἄνθρωπος[3] ζήσεται ἐν αὐτοῖς. **13** Χριστὸς ἡμᾶς ἐξηγόρασεν ἐκ τῆς κατάρας τοῦ νόμου, γενόμενος ὑπὲρ ἡμῶν κατάρα· γέγραπται γάρ,[4] Ἐπικατάρατος πᾶς ὁ κρεμάμενος ἐπὶ ξύλου· **14** ἵνα εἰς τὰ ἔθνη ἡ εὐλογία τοῦ Ἀβραὰμ γένηται ἐν χριστῷ Ἰησοῦ, ἵνα τὴν ἐπαγγελίαν τοῦ πνεύματος λάβωμεν διὰ τῆς πίστεως.

15 Ἀδελφοί, κατὰ ἄνθρωπον λέγω· ὅμως ἀνθρώπου κεκυρωμένην διαθήκην οὐδεὶς ἀθετεῖ ἢ ἐπιδιατάσσεται. **16** Τῷ δὲ Ἀβραὰμ ἐρρήθησαν[5] αἱ ἐπαγγελίαι, καὶ τῷ σπέρματι αὐτοῦ. Οὐ λέγει, Καὶ τοῖς σπέρμασιν, ὡς ἐπὶ πολλῶν, ἀλλ' ὡς ἐφ' ἑνός, Καὶ τῷ σπέρματί σου, ὅς ἐστιν χριστός. **17** Τοῦτο δὲ λέγω, διαθήκην προκεκυρωμένην ὑπὸ τοῦ θεοῦ εἰς χριστὸν[6] ὁ μετὰ ἔτη τετρακόσια καὶ τριάκοντα[7] γεγονὼς νόμος οὐκ ἀκυροῖ, εἰς τὸ καταργῆσαι τὴν ἐπαγγελίαν. **18** Εἰ γὰρ ἐκ νόμου ἡ κληρονομία, οὐκέτι ἐξ ἐπαγγελίας· τῷ δὲ Ἀβραὰμ δι' ἐπαγγελίας κεχάρισται ὁ θεός.

*Proving Christian Liberty from the
Nature and Meaning of the Law*

19 Τί οὖν ὁ νόμος; Τῶν παραβάσεων χάριν προσετέθη, ἄχρι[8] οὗ ἔλθῃ τὸ σπέρμα ᾧ ἐπήγγελται, διαταγεὶς δι' ἀγγέλων ἐν χειρὶ μεσίτου. **20** Ὁ δὲ μεσίτης ἑνὸς οὐκ ἔστιν, ὁ δὲ θεὸς εἷς ἐστίν. **21** Ὁ οὖν νόμος κατὰ τῶν ἐπαγγελιῶν τοῦ θεοῦ;[9] Μὴ γένοιτο. Εἰ γὰρ ἐδόθη νόμος ὁ δυνάμενος ζωοποιῆσαι, ὄντως ἂν ἐκ νόμου[10]

---

[1] *Ἐπικατάρατος* • *ὅτι Ἐπικατάρατος*   [2] *ἐν πᾶσιν* • *πᾶσιν*   [3] *ἄνθρωπος* • —
[4] *γέγραπται γάρ* • *ὅτι γέγραπται*   [5] *ἐρρήθησαν* • *ἐρρέθησαν*   [6] *εἰς χριστὸν* •
— [7] *ἔτη τετρακόσια καὶ τριάκοντα* • *τετρακόσια καὶ τριάκοντα ἔτη*   [8] *ἄχρι* •
ἄχρις   [9] *τοῦ θεοῦ* • *[τοῦ θεοῦ]*   [10] *ἂν ἐκ νόμου* • *ἐκ νόμου ἂν*

ἦν ἡ δικαιοσύνη. 22 Ἀλλὰ συνέκλεισεν ἡ γραφὴ τὰ πάντα ὑπὸ ἁμαρτίαν, ἵνα ἡ ἐπαγγελία ἐκ πίστεως Ἰησοῦ χριστοῦ δοθῇ τοῖς πιστεύουσιν. 23 Πρὸ τοῦ δὲ ἐλθεῖν τὴν πίστιν, ὑπὸ νόμον ἐφρουρούμεθα, συγκεκλεισμένοι[1] εἰς τὴν μέλλουσαν πίστιν ἀποκαλυφθῆναι. 24 Ὥστε ὁ νόμος παιδαγωγὸς ἡμῶν γέγονεν εἰς χριστόν, ἵνα ἐκ πίστεως δικαιωθῶμεν. 25 Ἐλθούσης δὲ τῆς πίστεως, οὐκέτι ὑπὸ παιδαγωγόν ἐσμεν. 26 Πάντες γὰρ υἱοὶ θεοῦ ἐστὲ διὰ τῆς πίστεως ἐν χριστῷ Ἰησοῦ. 27 Ὅσοι γὰρ εἰς χριστὸν ἐβαπτίσθητε, χριστὸν ἐνεδύσασθε. 28 Οὐκ ἔνι Ἰουδαῖος οὐδὲ Ἕλλην, οὐκ ἔνι δοῦλος οὐδὲ ἐλεύθερος, οὐκ ἔνι ἄρσεν καὶ θῆλυ· πάντες γὰρ ὑμεῖς εἷς ἐστὲ ἐν χριστῷ Ἰησοῦ. 29 Εἰ δὲ ὑμεῖς χριστοῦ, ἄρα τοῦ Ἀβραὰμ σπέρμα ἐστέ, καὶ[2] κατ' ἐπαγγελίαν κληρονόμοι.

The Sonship of the Believers Opposed to the Bondage of the Law

4 Λέγω δέ, ἐφ' ὅσον χρόνον ὁ κληρονόμος νήπιός ἐστιν, οὐδὲν διαφέρει δούλου, κύριος πάντων ὤν· 2 ἀλλὰ ὑπὸ ἐπιτρόπους ἐστὶν καὶ οἰκονόμους, ἄχρι τῆς προθεσμίας τοῦ πατρός. 3 Οὕτως καὶ ἡμεῖς, ὅτε ἦμεν νήπιοι, ὑπὸ τὰ στοιχεῖα τοῦ κόσμου ἦμεν δεδουλωμένοι·[3] 4 ὅτε δὲ ἦλθεν τὸ πλήρωμα τοῦ χρόνου, ἐξαπέστειλεν ὁ θεὸς τὸν υἱὸν αὐτοῦ, γενόμενον ἐκ γυναικός, γενόμενον ὑπὸ νόμον, 5 ἵνα τοὺς ὑπὸ νόμον ἐξαγοράσῃ, ἵνα τὴν υἱοθεσίαν ἀπολάβωμεν. 6 Ὅτι δέ ἐστε υἱοί, ἐξαπέστειλεν ὁ θεὸς τὸ πνεῦμα τοῦ υἱοῦ αὐτοῦ εἰς τὰς καρδίας ὑμῶν,[4] κρᾶζον, Ἀββᾶ, ὁ πατήρ. 7 Ὥστε οὐκέτι εἶ δοῦλος, ἀλλ'[5] υἱός· εἰ δὲ υἱός, καὶ κληρονόμος θεοῦ διὰ χριστοῦ.[6]

8 Ἀλλὰ τότε μέν, οὐκ εἰδότες θεόν, ἐδουλεύσατε τοῖς μὴ φύσει[7] οὖσιν θεοῖς· 9 νῦν δέ, γνόντες θεόν, μᾶλλον δὲ γνωσθέντες ὑπὸ θεοῦ, πῶς ἐπιστρέφετε πάλιν ἐπὶ τὰ ἀσθενῆ καὶ πτωχὰ στοιχεῖα, οἷς πάλιν ἄνωθεν δουλεύειν θέλετε; 10 Ἡμέρας παρατηρεῖσθε, καὶ μῆνας, καὶ καιρούς, καὶ

---

[1] συγκεκλεισμένοι • συγκλειόμενοι [2] καὶ • — [3] ἦμεν δεδουλωμένοι • ἤμεθα δεδουλωμένοι [4] ὑμῶν • ἡμῶν [5] ἀλλ' • ἀλλὰ [6] θεοῦ διὰ χριστοῦ • διὰ θεοῦ [7] μὴ φύσει • φύσει μὴ

ἐνιαυτούς. 11 Φοβοῦμαι ὑμᾶς, μήπως¹ εἰκῇ κεκοπίακα εἰς ὑμᾶς.

12 Γίνεσθε ὡς ἐγώ, ὅτι κἀγὼ ὡς ὑμεῖς, ἀδελφοί, δέομαι ὑμῶν. Οὐδέν με ἠδικήσατε· 13 οἴδατε δὲ ὅτι δι' ἀσθένειαν τῆς σαρκὸς εὐηγγελισάμην ὑμῖν τὸ πρότερον. 14 Καὶ τὸν πειρασμόν μου τὸν ἐν τῇ² σαρκί μου οὐκ ἐξουθενήσατε οὐδὲ ἐξεπτύσατε, ἀλλ'³ ὡς ἄγγελον θεοῦ ἐδέξασθέ με, ὡς χριστὸν Ἰησοῦν. 15 Τίς οὖν ἦν⁴ ὁ μακαρισμὸς ὑμῶν; Μαρτυρῶ γὰρ ὑμῖν ὅτι, εἰ δυνατόν, τοὺς ὀφθαλμοὺς ὑμῶν ἐξορύξαντες ἂν⁵ ἐδώκατέ μοι. 16 Ὥστε ἐχθρὸς ὑμῶν γέγονα ἀληθεύων ὑμῖν; 17 Ζηλοῦσιν ὑμᾶς οὐ καλῶς, ἀλλὰ ἐκκλεῖσαι ὑμᾶς θέλουσιν, ἵνα αὐτοὺς ζηλοῦτε. 18 Καλὸν δὲ τὸ⁶ ζηλοῦσθαι ἐν καλῷ πάντοτε, καὶ μὴ μόνον ἐν τῷ παρεῖναί με πρὸς ὑμᾶς. 19 Τεκνία⁷ μου, οὓς πάλιν ὠδίνω, ἄχρι⁸ οὗ μορφωθῇ χριστὸς ἐν ὑμῖν, 20 ἤθελον δὲ παρεῖναι πρὸς ὑμᾶς ἄρτι, καὶ ἀλλάξαι τὴν φωνήν μου, ὅτι ἀποροῦμαι ἐν ὑμῖν.

21 Λέγετέ μοι, οἱ ὑπὸ νόμον θέλοντες εἶναι, τὸν νόμον οὐκ ἀκούετε; 22 Γέγραπται γάρ, ὅτι Ἀβραὰμ δύο υἱοὺς ἔσχεν· ἕνα ἐκ τῆς παιδίσκης, καὶ ἕνα ἐκ τῆς ἐλευθέρας. 23 Ἀλλ' ὁ μὲν ἐκ τῆς παιδίσκης κατὰ σάρκα γεγέννηται, ὁ δὲ ἐκ τῆς ἐλευθέρας διὰ τῆς⁹ ἐπαγγελίας. 24 Ἅτινά ἐστιν ἀλληγορούμενα· αὗται γάρ εἰσιν δύο διαθῆκαι· μία μὲν ἀπὸ ὄρους Σινᾶ, εἰς δουλείαν γεννῶσα, ἥτις ἐστὶν Ἄγαρ. 25 Τὸ γὰρ¹⁰ Ἄγαρ Σινᾶ ὄρος ἐστὶν ἐν τῇ Ἀραβίᾳ, συστοιχεῖ δὲ τῇ νῦν Ἱερουσαλήμ, δουλεύει δὲ μετὰ¹¹ τῶν τέκνων αὐτῆς. 26 Ἡ δὲ ἄνω Ἱερουσαλὴμ ἐλευθέρα ἐστίν, ἥτις ἐστὶν μήτηρ πάντων¹² ἡμῶν· 27 γέγραπται γάρ, Εὐφράνθητι, στεῖρα, ἡ οὐ τίκτουσα· ῥῆξον καὶ βόησον, ἡ οὐκ ὠδίνουσα· ὅτι πολλὰ τὰ τέκνα τῆς ἐρήμου μᾶλλον ἢ τῆς ἐχούσης τὸν ἄνδρα. 28 Ἡμεῖς¹³ δέ, ἀδελφοί, κατὰ Ἰσαάκ, ἐπαγγελίας τέκνα ἐσμέν.¹⁴ 29 Ἀλλ' ὥσπερ τότε ὁ κατὰ σάρκα

---

¹ μήπως • μή πως ² μου τὸν ἐν τῇ • ὑμῶν ἐν τῇ ³ ἀλλ' • ἀλλὰ ⁴ Τίς οὖν ἦν • Ποῦ οὖν ⁵ ἂν • — ⁶ τὸ • — ⁷ Τεκνία • Τέκνα ⁸ ἄχρι • μέχρις ⁹ διὰ τῆς • δι' ¹⁰ γὰρ • δὲ ¹¹ δὲ μετὰ • γὰρ μετὰ ¹² πάντων • — ¹³ Ἡμεῖς • Ὑμεῖς ¹⁴ ἐσμέν • ἐστέ

γεννηθεὶς ἐδίωκεν τὸν κατὰ πνεῦμα, οὕτως καὶ νῦν. 30 Ἀλλὰ τί λέγει ἡ γραφή; Ἔκβαλε τὴν παιδίσκην καὶ τὸν υἱὸν αὐτῆς, οὐ γὰρ μὴ κληρονομήσῃ¹ ὁ υἱὸς τῆς παιδίσκης μετὰ τοῦ υἱοῦ τῆς ἐλευθέρας. 31 Ἄρα,² ἀδελφοί, οὐκ ἐσμὲν παιδίσκης τέκνα, ἀλλὰ τῆς ἐλευθέρας.

Christian Liberty an Incentive to Holiness of Life

5 Τῇ ἐλευθερίᾳ οὖν ᾗ χριστὸς ἡμᾶς ἠλευθέρωσεν, στήκετε,³ καὶ μὴ πάλιν ζυγῷ δουλείας ἐνέχεσθε.

2 Ἴδε, ἐγὼ Παῦλος λέγω ὑμῖν ὅτι ἐὰν περιτέμνησθε, χριστὸς ὑμᾶς οὐδὲν ὠφελήσει. 3 Μαρτύρομαι δὲ πάλιν παντὶ ἀνθρώπῳ περιτεμνομένῳ, ὅτι ὀφειλέτης ἐστὶν ὅλον τὸν νόμον ποιῆσαι. 4 Κατηργήθητε ἀπὸ τοῦ⁴ χριστοῦ, οἵτινες ἐν νόμῳ δικαιοῦσθε· τῆς χάριτος ἐξεπέσατε.ᵃ 5 Ἡμεῖς γὰρ πνεύματι ἐκ πίστεως ἐλπίδα δικαιοσύνης ἀπεκδεχόμεθα. 6 Ἐν γὰρ χριστῷ Ἰησοῦ οὔτε περιτομή τι ἰσχύει, οὔτε ἀκροβυστία, ἀλλὰ πίστις δι' ἀγάπης ἐνεργουμένη. 7 Ἐτρέχετε καλῶς· τίς ὑμᾶς ἐνέκοψεν τῇ⁵ ἀληθείᾳ μὴ πείθεσθαι; 8 Ἡ πεισμονὴ οὐκ ἐκ τοῦ καλοῦντος ὑμᾶς. 9 Μικρὰ ζύμη ὅλον τὸ φύραμα ζυμοῖ. 10 Ἐγὼ πέποιθα εἰς ὑμᾶς ἐν κυρίῳ, ὅτι οὐδὲν ἄλλο φρονήσετε· ὁ δὲ ταράσσων ὑμᾶς βαστάσει τὸ κρίμα, ὅστις ἂν⁶ ᾖ. 11 Ἐγὼ δέ, ἀδελφοί, εἰ περιτομὴν ἔτι κηρύσσω, τί ἔτι διώκομαι; Ἄρα κατήργηται τὸ σκάνδαλον τοῦ σταυροῦ. 12 Ὄφελον καὶ ἀποκόψονται οἱ ἀναστατοῦντες ὑμᾶς.

13 Ὑμεῖς γὰρ ἐπ' ἐλευθερίᾳ ἐκλήθητε, ἀδελφοί· μόνον μὴ τὴν ἐλευθερίαν εἰς ἀφορμὴν τῇ σαρκί, ἀλλὰ διὰ τῆς ἀγάπης δουλεύετε ἀλλήλοις. 14 Ὁ γὰρ πᾶς νόμος ἐν ἑνὶ λόγῳ πληροῦται,⁷ ἐν τῷ, Ἀγαπήσεις τὸν πλησίον σου ὡς ἑαυτόν.⁸ 15 Εἰ δὲ ἀλλήλους δάκνετε καὶ κατεσθίετε, βλέπετε μὴ ὑπὸ⁹ ἀλλήλων ἀναλωθῆτε.

ᵃ ἐξεπέσατε • ἐξεπέσετε

---

¹ κληρονομήσῃ • κληρονομήσει   ² Ἄρα • Διό   ³ οὖν ᾗ χριστὸς ἡμᾶς ἠλευθέρωσεν, στήκετε • ἡμᾶς χριστὸς ἠλευθέρωσεν· στήκετε οὖν   ⁴ τοῦ • —   ⁵ τῇ • [τῇ]   ⁶ ἂν • ἐὰν   ⁷ πληροῦται • πεπλήρωται   ⁸ ἑαυτόν • σεαυτόν   ⁹ ὑπὸ • ὑπ'

16 Λέγω δέ, πνεύματι περιπατεῖτε, καὶ ἐπιθυμίαν σαρκὸς οὐ μὴ τελέσητε. 17 Ἡ γὰρ σὰρξ ἐπιθυμεῖ κατὰ τοῦ πνεύματος, τὸ δὲ πνεῦμα κατὰ τῆς σαρκός· ταῦτα δὲ ἀντίκειται ἀλλήλοις,[1] ἵνα μὴ ἃ ἂν[2] θέλητε, ταῦτα ποιῆτε. 18 Εἰ δὲ πνεύματι ἄγεσθε, οὐκ ἐστὲ ὑπὸ νόμον. 19 Φανερὰ δέ ἐστιν τὰ ἔργα τῆς σαρκός, ἅτινά ἐστιν μοιχεία,[3] πορνεία, ἀκαθαρσία, ἀσέλγεια, 20 εἰδωλολατρεία,[4] φαρμακεία, ἔχθραι, ἔρεις, ζῆλοι,[5] θυμοί, ἐριθεῖαι, διχοστασίαι, αἱρέσεις, 21 φθόνοι, φόνοι,[6] μέθαι, κῶμοι, καὶ τὰ ὅμοια τούτοις· ἃ προλέγω ὑμῖν, καθὼς καὶ προεῖπον,[7] ὅτι οἱ τὰ τοιαῦτα πράσσοντες βασιλείαν θεοῦ οὐ κληρονομήσουσιν. 22 Ὁ δὲ καρπὸς τοῦ πνεύματός ἐστιν ἀγάπη, χαρά, εἰρήνη, μακροθυμία, χρηστότης, ἀγαθωσύνη, πίστις, 23 πραότης,[8] ἐγκράτεια· κατὰ τῶν τοιούτων οὐκ ἔστιν νόμος. 24 Οἱ δὲ τοῦ χριστοῦ, τὴν[9] σάρκα ἐσταύρωσαν σὺν τοῖς παθήμασιν καὶ ταῖς ἐπιθυμίαις.

25 Εἰ ζῶμεν πνεύματι, πνεύματι καὶ στοιχῶμεν. 26 Μὴ γινώμεθα κενόδοξοι, ἀλλήλους προκαλούμενοι, ἀλλήλοις φθονοῦντες.

An Admonition to Serve One's Neighbor in Love

6 Ἀδελφοί, ἐὰν καὶ προληφθῇ[10] ἄνθρωπος ἔν τινι παραπτώματι, ὑμεῖς οἱ πνευματικοὶ καταρτίζετε τὸν τοιοῦτον ἐν πνεύματι πραότητος,[11] σκοπῶν σεαυτὸν μὴ καὶ σὺ πειρασθῇς. 2 Ἀλλήλων τὰ βάρη βαστάζετε, καὶ οὕτως ἀναπληρώσατε[12] τὸν νόμον τοῦ χριστοῦ. 3 Εἰ γὰρ δοκεῖ τις εἶναί τι, μηδὲν ὤν, ἑαυτὸν φρεναπατᾷ·[13] 4 τὸ δὲ ἔργον ἑαυτοῦ δοκιμαζέτω ἕκαστος, καὶ τότε εἰς ἑαυτὸν μόνον τὸ καύχημα ἕξει, καὶ οὐκ εἰς τὸν ἕτερον. 5 Ἕκαστος γὰρ τὸ ἴδιον φορτίον βαστάσει.

---

[1] δὲ ἀντίκειται ἀλλήλοις • γὰρ ἀλλήλοις ἀντίκειται   [2] ἂν • ἐὰν   [3] μοιχεία •
—   [4] εἰδωλολατρεία • εἰδωλολατρία   [5] ἔρεις ζῆλοι • ἔρις ζῆλος   [6] φόνοι •
—   [7] καὶ προεῖπον • προεῖπον   [8] πραότης • πραΰτης   [9] τὴν • [Ἰησοῦ] τὴν
[10] προληφθῇ • προλημφθῇ   [11] πραότητος • πραΰτητος   [12] ἀναπληρώσατε •
ἀναπληρώσετε   [13] ἑαυτὸν φρεναπατᾷ • φρεναπατᾷ ἑαυτόν

6 Κοινωνείτω δὲ ὁ κατηχούμενος τὸν λόγον τῷ κατηχοῦντι ἐν πᾶσιν ἀγαθοῖς. 7 Μὴ πλανᾶσθε, θεὸς οὐ μυκτηρίζεται· ὃ γὰρ ἐὰν σπείρῃ ἄνθρωπος, τοῦτο καὶ θερίσει. 8 Ὅτι ὁ σπείρων εἰς τὴν σάρκα ἑαυτοῦ, ἐκ τῆς σαρκὸς θερίσει φθοράν· ὁ δὲ σπείρων εἰς τὸ πνεῦμα, ἐκ τοῦ πνεύματος θερίσει ζωὴν αἰώνιον. 9 Τὸ δὲ καλὸν ποιοῦντες μὴ ἐκκακῶμεν·[1] καιρῷ γὰρ ἰδίῳ θερίσομεν, μὴ ἐκλυόμενοι. 10 Ἄρα οὖν ὡς καιρὸν ἔχομεν, ἐργαζώμεθα τὸ ἀγαθὸν πρὸς πάντας, μάλιστα δὲ πρὸς τοὺς οἰκείους τῆς πίστεως.

Concluding Remarks

11 Ἴδετε πηλίκοις ὑμῖν γράμμασιν ἔγραψα τῇ ἐμῇ χειρί. 12 Ὅσοι θέλουσιν εὐπροσωπῆσαι ἐν σαρκί, οὗτοι ἀναγκάζουσιν ὑμᾶς περιτέμνεσθαι, μόνον ἵνα μὴ τῷ[2] σταυρῷ τοῦ χριστοῦ διώκωνται.[3] 13 Οὐδὲ γὰρ οἱ περιτετμημένοι[4] αὐτοὶ νόμον φυλάσσουσιν, ἀλλὰ θέλουσιν ὑμᾶς περιτέμνεσθαι, ἵνα ἐν τῇ ὑμετέρᾳ σαρκὶ καυχήσωνται. 14 Ἐμοὶ δὲ μὴ γένοιτο καυχᾶσθαι εἰ μὴ ἐν τῷ σταυρῷ τοῦ κυρίου ἡμῶν Ἰησοῦ χριστοῦ· δι' οὗ ἐμοὶ κόσμος ἐσταύρωται, κἀγὼ τῷ κόσμῳ.[5] 15 Ἐν γὰρ χριστῷ Ἰησοῦ οὔτε περιτομή τι ἰσχύει,[6] οὔτε ἀκροβυστία, ἀλλὰ καινὴ κτίσις. 16 Καὶ ὅσοι τῷ κανόνι τούτῳ στοιχήσουσιν, εἰρήνη ἐπ' αὐτούς, καὶ ἔλεος, καὶ ἐπὶ τὸν Ἰσραὴλ τοῦ θεοῦ.

17 Τοῦ λοιποῦ, κόπους μοι μηδεὶς παρεχέτω· ἐγὼ γὰρ τὰ στίγματα τοῦ κυρίου[7] Ἰησοῦ ἐν τῷ σώματί μου βαστάζω.

18 Ἡ χάρις τοῦ κυρίου ἡμῶν Ἰησοῦ χριστοῦ μετὰ τοῦ πνεύματος ὑμῶν, ἀδελφοί. Ἀμήν.

---

[1] ἐκκακῶμεν • ἐγκακῶμεν   [2] μὴ τῷ • τῷ   [3] διώκωνται • μὴ διώκωνται   [4] περιτετμημένοι • περιτεμνόμενοι   [5] τῷ κόσμῳ • κόσμῳ   [6] Ἐν γὰρ χριστῷ Ἰησοῦ οὔτε περιτομή τι ἰσχύει • Οὔτε γὰρ περιτομή τί ἐστιν   [7] κυρίου • —

ΠΡΟΣ ΕΦΕΣΙΟΥΣ
To the Ephesians

Salutation

Παῦλος, ἀπόστολος Ἰησοῦ χριστοῦ[1] διὰ θελήματος θεοῦ, τοῖς ἁγίοις τοῖς οὖσιν ἐν Ἐφέσῳ[2] καὶ πιστοῖς ἐν χριστῷ Ἰησοῦ· 2 χάρις ὑμῖν καὶ εἰρήνη ἀπὸ θεοῦ πατρὸς ἡμῶν καὶ κυρίου Ἰησοῦ χριστοῦ.

The Blessings of Eternal Election

3 Εὐλογητὸς ὁ θεὸς καὶ πατὴρ τοῦ κυρίου ἡμῶν Ἰησοῦ χριστοῦ, ὁ εὐλογήσας ἡμᾶς ἐν πάσῃ εὐλογίᾳ πνευματικῇ ἐν τοῖς ἐπουρανίοις ἐν χριστῷ· 4 καθὼς ἐξελέξατο ἡμᾶς ἐν αὐτῷ πρὸ καταβολῆς κόσμου, εἶναι ἡμᾶς ἁγίους καὶ ἀμώμους κατενώπιον αὐτοῦ ἐν ἀγάπῃ, 5 προορίσας ἡμᾶς εἰς υἱοθεσίαν διὰ Ἰησοῦ χριστοῦ εἰς αὐτόν, κατὰ τὴν εὐδοκίαν τοῦ θελήματος αὐτοῦ, 6 εἰς ἔπαινον δόξης τῆς χάριτος αὐτοῦ, ἐν ᾗ[3] ἐχαρίτωσεν ἡμᾶς ἐν τῷ ἠγαπημένῳ· 7 ἐν ᾧ ἔχομεν τὴν ἀπολύτρωσιν διὰ τοῦ αἵματος αὐτοῦ, τὴν ἄφεσιν τῶν παραπτωμάτων, κατὰ τὸν πλοῦτον[4] τῆς χάριτος αὐτοῦ, 8 ἧς ἐπερίσσευσεν εἰς ἡμᾶς ἐν πάσῃ σοφίᾳ καὶ φρονήσει, 9 γνωρίσας ἡμῖν τὸ μυστήριον τοῦ θελήματος αὐτοῦ, κατὰ τὴν εὐδοκίαν αὐτοῦ, ἣν προέθετο ἐν αὐτῷ 10 εἰς οἰκονομίαν

---

[1] Ἰησοῦ χριστοῦ • χριστοῦ Ἰησοῦ   [2] ἐν Ἐφέσῳ • [ἐν Ἐφέσῳ]   [3] ἐν ᾗ • ἧς
[4] τὸν πλοῦτον • τὸ πλοῦτος

τοῦ πληρώματος τῶν καιρῶν, ἀνακεφαλαιώσασθαι τὰ πάντα ἐν τῷ χριστῷ, τὰ ἐπὶ τοῖς οὐρανοῖς καὶ τὰ ἐπὶ τῆς γῆς· 11 ἐν αὐτῷ, ἐν ᾧ[1] καὶ ἐκληρώθημεν προορισθέντες κατὰ πρόθεσιν τοῦ τὰ πάντα ἐνεργοῦντος κατὰ τὴν βουλὴν τοῦ θελήματος αὐτοῦ, 12 εἰς τὸ εἶναι ἡμᾶς εἰς ἔπαινον δόξης αὐτοῦ, τοὺς προηλπικότας ἐν τῷ χριστῷ· 13 ἐν ᾧ καὶ ὑμεῖς, ἀκούσαντες τὸν λόγον τῆς ἀληθείας, τὸ εὐαγγέλιον τῆς σωτηρίας ὑμῶν, ἐν ᾧ καὶ πιστεύσαντες ἐσφραγίσθητε τῷ πνεύματι τῆς ἐπαγγελίας τῷ ἁγίῳ, 14 ὅς[2] ἐστιν ἀρραβὼν τῆς κληρονομίας ἡμῶν, εἰς ἀπολύτρωσιν τῆς περιποιήσεως, εἰς ἔπαινον τῆς δόξης αὐτοῦ.

Prayer for Spiritual Enlightenment

15 Διὰ τοῦτο κἀγώ, ἀκούσας τὴν καθ᾽ ὑμᾶς πίστιν ἐν τῷ κυρίῳ Ἰησοῦ καὶ τὴν ἀγάπην τὴν εἰς πάντας τοὺς ἁγίους, 16 οὐ παύομαι εὐχαριστῶν ὑπὲρ ὑμῶν, μνείαν ὑμῶν ποιούμενος[3] ἐπὶ τῶν προσευχῶν μου· 17 ἵνα ὁ θεὸς τοῦ κυρίου ἡμῶν Ἰησοῦ χριστοῦ, ὁ πατὴρ τῆς δόξης, δῴη[4] ὑμῖν πνεῦμα σοφίας καὶ ἀποκαλύψεως, ἐν ἐπιγνώσει αὐτοῦ· 18 πεφωτισμένους τοὺς ὀφθαλμοὺς τῆς καρδίας ὑμῶν,[5] εἰς τὸ εἰδέναι ὑμᾶς τίς ἐστιν ἡ ἐλπὶς τῆς κλήσεως αὐτοῦ, καὶ[6] τίς ὁ πλοῦτος τῆς δόξης τῆς κληρονομίας αὐτοῦ ἐν τοῖς ἁγίοις, 19 καὶ τί τὸ ὑπερβάλλον μέγεθος τῆς δυνάμεως αὐτοῦ εἰς ἡμᾶς τοὺς πιστεύοντας, κατὰ τὴν ἐνέργειαν τοῦ κράτους τῆς ἰσχύος αὐτοῦ 20 ἣν ἐνήργησεν ἐν τῷ χριστῷ, ἐγείρας αὐτὸν ἐκ τῶν νεκρῶν, καὶ ἐκάθισεν[7] ἐν δεξιᾷ αὐτοῦ ἐν τοῖς ἐπουρανίοις, 21 ὑπεράνω πάσης ἀρχῆς καὶ ἐξουσίας καὶ δυνάμεως καὶ κυριότητος, καὶ παντὸς ὀνόματος ὀνομαζομένου οὐ μόνον ἐν τῷ αἰῶνι τούτῳ, ἀλλὰ καὶ ἐν τῷ μέλλοντι· 22 καὶ πάντα ὑπέταξεν ὑπὸ τοὺς πόδας αὐτοῦ, καὶ αὐτὸν ἔδωκεν κεφαλὴν ὑπὲρ πάντα τῇ ἐκκλησίᾳ, 23 ἥτις ἐστὶν τὸ σῶμα αὐτοῦ, τὸ πλήρωμα τοῦ τὰ πάντα ἐν πᾶσιν πληρουμένου.

---

[1] ἐν αὐτῷ, ἐν ᾧ • ἐν αὐτῷ. Ἐν ᾧ   [2] ὅς • ὅ   [3] ὑμῶν ποιούμενος • ποιούμενος
[4] δῴη • δώῃ   [5] ὑμῶν • [ὑμῶν]   [6] καὶ • —   [7] τῶν νεκρῶν καὶ ἐκάθισεν • νεκρῶν καὶ καθίσας

The Church Comprised of Those Saved by Grace

2 Καὶ ὑμᾶς ὄντας νεκροὺς τοῖς παραπτώμασιν καὶ ταῖς ἁμαρτίαις,[1] 2 ἐν αἷς ποτὲ περιεπατήσατε κατὰ τὸν αἰῶνα τοῦ κόσμου τούτου, κατὰ τὸν ἄρχοντα τῆς ἐξουσίας τοῦ ἀέρος, τοῦ πνεύματος τοῦ νῦν ἐνεργοῦντος ἐν τοῖς υἱοῖς τῆς ἀπειθείας· 3 ἐν οἷς καὶ ἡμεῖς πάντες ἀνεστράφημέν ποτε ἐν ταῖς ἐπιθυμίαις τῆς σαρκὸς ἡμῶν, ποιοῦντες τὰ θελήματα τῆς σαρκὸς καὶ τῶν διανοιῶν, καὶ ἦμεν[2] τέκνα φύσει ὀργῆς, ὡς καὶ οἱ λοιποί· 4 ὁ δὲ θεός, πλούσιος ὢν ἐν ἐλέει, διὰ τὴν πολλὴν ἀγάπην αὐτοῦ ἣν ἠγάπησεν ἡμᾶς, 5 καὶ ὄντας ἡμᾶς νεκροὺς τοῖς παραπτώμασιν συνεζωοποίησεν τῷ χριστῷ—χάριτί ἐστε σεσῳσμένοι— 6 καὶ συνήγειρεν, καὶ συνεκάθισεν ἐν τοῖς ἐπουρανίοις ἐν χριστῷ Ἰησοῦ· 7 ἵνα ἐνδείξηται ἐν τοῖς αἰῶσιν τοῖς ἐπερχομένοις τὸν ὑπερβάλλοντα πλοῦτον[3] τῆς χάριτος αὐτοῦ ἐν χρηστότητι ἐφ᾽ ἡμᾶς ἐν χριστῷ Ἰησοῦ· 8 τῇ γὰρ χάριτί ἐστε σεσῳσμένοι διὰ τῆς[4] πίστεως, καὶ τοῦτο οὐκ ἐξ ὑμῶν· θεοῦ τὸ δῶρον· 9 οὐκ ἐξ ἔργων, ἵνα μή τις καυχήσηται. 10 Αὐτοῦ γάρ ἐσμεν ποίημα, κτισθέντες ἐν χριστῷ Ἰησοῦ ἐπὶ ἔργοις ἀγαθοῖς, οἷς προητοίμασεν ὁ θεός, ἵνα ἐν αὐτοῖς περιπατήσωμεν.

11 Διὸ μνημονεύετε ὅτι ὑμεῖς ποτὲ[5] τὰ ἔθνη ἐν σαρκί, οἱ λεγόμενοι ἀκροβυστία ὑπὸ τῆς λεγομένης περιτομῆς ἐν σαρκὶ χειροποιήτου, 12 ὅτι ἦτε ἐν[6] τῷ καιρῷ ἐκείνῳ χωρὶς χριστοῦ, ἀπηλλοτριωμένοι τῆς πολιτείας τοῦ Ἰσραήλ, καὶ ξένοι τῶν διαθηκῶν τῆς ἐπαγγελίας, ἐλπίδα μὴ ἔχοντες, καὶ ἄθεοι ἐν τῷ κόσμῳ. 13 Νυνὶ δὲ ἐν χριστῷ Ἰησοῦ ὑμεῖς οἱ ποτὲ ὄντες μακρὰν ἐγγὺς ἐγενήθητε[7] ἐν τῷ αἵματι τοῦ χριστοῦ. 14 Αὐτὸς γάρ ἐστιν ἡ εἰρήνη ἡμῶν, ὁ ποιήσας τὰ ἀμφότερα ἕν, καὶ τὸ μεσότοιχον τοῦ φραγμοῦ λύσας, 15 τὴν ἔχθραν ἐν τῇ σαρκὶ αὐτοῦ, τὸν νόμον τῶν ἐντολῶν ἐν δόγμασιν, καταργήσας· ἵνα τοὺς δύο κτίσῃ ἐν ἑαυτῷ[8] εἰς ἕνα καινὸν ἄνθρωπον, ποιῶν εἰρήνην, 16 καὶ ἀποκαταλλάξῃ τοὺς ἀμφοτέρους ἐν ἑνὶ σώματι

---

1 ἁμαρτίαις • ἁμαρτίαις ὑμῶν   2 ἦμεν • ἤμεθα   3 τὸν ὑπερβάλλοντα πλοῦτον • τὸ ὑπερβάλλον πλοῦτος   4 τῆς • —   5 ὑμεῖς ποτὲ • ποτὲ ὑμεῖς   6 ἦτε ἐν • ἦτε   7 ἐγγὺς ἐγενήθητε • ἐγενήθητε ἐγγὺς   8 ἑαυτῷ • αὑτῷ

τῷ θεῷ διὰ τοῦ σταυροῦ, ἀποκτείνας τὴν ἔχθραν ἐν αὐτῷ· 17 καὶ ἐλθὼν εὐηγγελίσατο εἰρήνην ὑμῖν τοῖς μακρὰν καὶ τοῖς¹ ἐγγύς· 18 ὅτι δι᾽ αὐτοῦ ἔχομεν τὴν προσαγωγὴν οἱ ἀμφότεροι ἐν ἑνὶ πνεύματι πρὸς τὸν πατέρα. 19 Ἄρα οὖν οὐκέτι ἐστὲ ξένοι καὶ πάροικοι, ἀλλὰ συμπολῖται² τῶν ἁγίων καὶ οἰκεῖοι τοῦ θεοῦ, 20 ἐποικοδομηθέντες ἐπὶ τῷ θεμελίῳ τῶν ἀποστόλων καὶ προφητῶν, ὄντος ἀκρογωνιαίου αὐτοῦ Ἰησοῦ χριστοῦ,³ 21 ἐν ᾧ πᾶσα οἰκοδομὴ συναρμολογουμένη αὔξει εἰς ναὸν ἅγιον ἐν κυρίῳ, 22 ἐν ᾧ καὶ ὑμεῖς συνοικοδομεῖσθε εἰς κατοικητήριον τοῦ θεοῦ ἐν πνεύματι.

The Ministry of Paul for the Edification of the Church

3 Τούτου χάριν ἐγὼ Παῦλος ὁ δέσμιος τοῦ χριστοῦ Ἰησοῦ⁴ ὑπὲρ ὑμῶν τῶν ἐθνῶν, 2 εἴγε⁵ ἠκούσατε τὴν οἰκονομίαν τῆς χάριτος τοῦ θεοῦ τῆς δοθείσης μοι εἰς ὑμᾶς, 3 ὅτι⁶ κατὰ ἀποκάλυψιν ἐγνώρισέν⁷ μοι τὸ μυστήριον, καθὼς προέγραψα ἐν ὀλίγῳ, 4 πρὸς ὃ δύνασθε ἀναγινώσκοντες νοῆσαι τὴν σύνεσίν μου ἐν τῷ μυστηρίῳ τοῦ χριστοῦ· 5 ὃ ἑτέραις γενεαῖς οὐκ ἐγνωρίσθη τοῖς υἱοῖς τῶν ἀνθρώπων, ὡς νῦν ἀπεκαλύφθη τοῖς ἁγίοις ἀποστόλοις αὐτοῦ καὶ προφήταις ἐν πνεύματι· 6 εἶναι τὰ ἔθνη συγκληρονόμα καὶ σύσσωμα καὶ συμμέτοχα τῆς ἐπαγγελίας αὐτοῦ ἐν τῷ χριστῷ,⁸ διὰ τοῦ εὐαγγελίου, 7 οὗ ἐγενόμην⁹ διάκονος κατὰ τὴν δωρεὰν τῆς χάριτος τοῦ θεοῦ, τὴν δοθεῖσάν¹⁰ μοι κατὰ τὴν ἐνέργειαν τῆς δυνάμεως αὐτοῦ. 8 Ἐμοὶ τῷ ἐλαχιστοτέρῳ πάντων ἁγίων ἐδόθη ἡ χάρις αὕτη, ἐν¹¹ τοῖς ἔθνεσιν εὐαγγελίσασθαι τὸν¹² ἀνεξιχνίαστον πλοῦτον¹³ τοῦ χριστοῦ, 9 καὶ φωτίσαι πάντας¹⁴ τίς ἡ οἰκονομία τοῦ μυστηρίου τοῦ ἀποκεκρυμμένου ἀπὸ τῶν αἰώνων ἐν τῷ θεῷ τῷ τὰ πάντα κτίσαντι διὰ Ἰησοῦ χριστοῦ,¹⁵ 10 ἵνα γνωρισθῇ νῦν ταῖς ἀρχαῖς καὶ ταῖς ἐξουσίαις ἐν τοῖς

---

¹ καὶ τοῖς • καὶ εἰρήνην τοῖς   ² συμπολῖται • ἐστὲ συμπολῖται   ³ Ἰησοῦ χριστοῦ • χριστοῦ Ἰησοῦ   ⁴ Ἰησοῦ • [Ἰησοῦ]   ⁵ εἴγε • εἴ γε   ⁶ ὅτι • [ὅτι]   ⁷ ἐγνώρισέν • ἐγνωρίσθη   ⁸ αὐτοῦ ἐν τῷ χριστῷ • ἐν χριστῷ Ἰησοῦ   ⁹ ἐγενόμην • ἐγενήθην   ¹⁰ τὴν δοθεῖσάν • τῆς δοθείσης   ¹¹ ἐν • —   ¹² τὸν • τὸ   ¹³ πλοῦτον • πλοῦτος   ¹⁴ πάντας • [πάντας]   ¹⁵ διὰ Ἰησοῦ χριστοῦ • —

ἐπουρανίοις διὰ τῆς ἐκκλησίας ἡ πολυποίκιλος σοφία τοῦ θεοῦ, **11** κατὰ πρόθεσιν τῶν αἰώνων ἣν ἐποίησεν ἐν χριστῷ[1] Ἰησοῦ τῷ κυρίῳ ἡμῶν· **12** ἐν ᾧ ἔχομεν τὴν παρρησίαν καὶ τὴν προσαγωγὴν[2] ἐν πεποιθήσει διὰ τῆς πίστεως αὐτοῦ. **13** Διὸ αἰτοῦμαι μὴ ἐκκακεῖν[3] ἐν ταῖς θλίψεσίν μου ὑπὲρ ὑμῶν, ἥτις ἐστὶν δόξα ὑμῶν.

14 Τούτου χάριν κάμπτω τὰ γόνατά μου πρὸς τὸν πατέρα τοῦ κυρίου ἡμῶν Ἰησοῦ χριστοῦ,[4] **15** ἐξ οὗ πᾶσα πατριὰ ἐν οὐρανοῖς καὶ ἐπὶ γῆς ὀνομάζεται, **16** ἵνα δῴη[5] ὑμῖν, κατὰ τὸν πλοῦτον[6] τῆς δόξης αὐτοῦ, δυνάμει κραταιωθῆναι διὰ τοῦ πνεύματος αὐτοῦ εἰς τὸν ἔσω ἄνθρωπον, **17** κατοικῆσαι τὸν χριστὸν διὰ τῆς πίστεως ἐν ταῖς καρδίαις ὑμῶν· **18** ἐν ἀγάπῃ ἐρριζωμένοι καὶ τεθεμελιωμένοι ἵνα ἐξισχύσητε καταλαβέσθαι σὺν πᾶσιν τοῖς ἁγίοις τί τὸ πλάτος καὶ μῆκος καὶ βάθος καὶ ὕψος,[7] **19** γνῶναί τε τὴν ὑπερβάλλουσαν τῆς γνώσεως ἀγάπην τοῦ χριστοῦ, ἵνα πληρωθῆτε εἰς πᾶν τὸ πλήρωμα τοῦ θεοῦ.

20 Τῷ δὲ δυναμένῳ ὑπὲρ πάντα ποιῆσαι ὑπὲρ ἐκπερισσοῦ[8] ὧν αἰτούμεθα ἢ νοοῦμεν, κατὰ τὴν δύναμιν τὴν ἐνεργουμένην ἐν ἡμῖν, **21** αὐτῷ ἡ δόξα ἐν τῇ ἐκκλησίᾳ[9] ἐν χριστῷ Ἰησοῦ, εἰς πάσας τὰς γενεὰς τοῦ αἰῶνος τῶν αἰώνων. Ἀμήν.

Admonitions to Unity, Perfection in Knowledge, Holiness, and Peace

4 Παρακαλῶ οὖν ὑμᾶς ἐγώ, ὁ δέσμιος ἐν κυρίῳ, ἀξίως περιπατῆσαι τῆς κλήσεως ἧς ἐκλήθητε, **2** μετὰ πάσης ταπεινοφροσύνης καὶ πραότητος,[10] μετὰ μακροθυμίας, ἀνεχόμενοι ἀλλήλων ἐν ἀγάπῃ, **3** σπουδάζοντες τηρεῖν τὴν ἑνότητα τοῦ πνεύματος ἐν τῷ συνδέσμῳ τῆς εἰρήνης. **4** Ἕν σῶμα καὶ ἓν πνεῦμα, καθὼς καὶ ἐκλήθητε ἐν μιᾷ ἐλπίδι τῆς κλήσεως ὑμῶν· **5** εἷς κύριος, μία πίστις, ἓν βάπτισμα, **6** εἷς θεὸς καὶ πατὴρ πάντων, ὁ ἐπὶ πάντων, καὶ διὰ πάντων, καὶ

---

[1] χριστῷ • τῷ χριστῷ [2] τὴν προσαγωγὴν • προσαγωγὴν [3] ἐκκακεῖν • ἐγκακεῖν
[4] τοῦ κυρίου ἡμῶν Ἰησοῦ χριστοῦ • — [5] δῴη • δῷ [6] τὸν πλοῦτον • τὸ πλοῦτος
[7] βάθος καὶ ὕψος • ὕψος καὶ βάθος [8] ὑπὲρ ἐκπερισσοῦ • ὑπερεκπερισσοῦ
[9] ἐκκλησίᾳ • ἐκκλησίᾳ καὶ [10] πραότητος • πραΰτητος

ἐν πᾶσιν ἡμῖν.¹ 7 Ἑνὶ δὲ ἑκάστῳ ἡμῶν ἐδόθη ἡ χάρις κατὰ τὸ μέτρον τῆς δωρεᾶς τοῦ χριστοῦ. 8 Διὸ λέγει, Ἀναβὰς εἰς ὕψος ἠχμαλώτευσεν αἰχμαλωσίαν, καὶ² ἔδωκεν δόματα τοῖς ἀνθρώποις. 9 Τὸ δέ, Ἀνέβη, τί ἐστιν εἰ μὴ ὅτι καὶ κατέβη πρῶτον³ εἰς τὰ κατώτερα μέρη⁴ τῆς γῆς; 10 Ὁ καταβάς, αὐτός ἐστιν καὶ ὁ ἀναβὰς ὑπεράνω πάντων τῶν οὐρανῶν, ἵνα πληρώσῃ τὰ πάντα. 11 Καὶ αὐτὸς ἔδωκεν τοὺς μὲν ἀποστόλους, τοὺς δὲ προφήτας, τοὺς δὲ εὐαγγελιστάς, τοὺς δὲ ποιμένας καὶ διδασκάλους, 12 πρὸς τὸν καταρτισμὸν τῶν ἁγίων, εἰς ἔργον διακονίας, εἰς οἰκοδομὴν τοῦ σώματος τοῦ χριστοῦ· 13 μέχρι καταντήσωμεν οἱ πάντες εἰς τὴν ἑνότητα τῆς πίστεως καὶ τῆς ἐπιγνώσεως τοῦ υἱοῦ τοῦ θεοῦ, εἰς ἄνδρα τέλειον, εἰς μέτρον ἡλικίας τοῦ πληρώματος τοῦ χριστοῦ· 14 ἵνα μηκέτι ὦμεν νήπιοι, κλυδωνιζόμενοι καὶ περιφερόμενοι παντὶ ἀνέμῳ τῆς διδασκαλίας, ἐν τῇ κυβείᾳ τῶν ἀνθρώπων, ἐν πανουργίᾳ πρὸς τὴν μεθοδείαν ᵃ τῆς πλάνης· 15 ἀληθεύοντες δὲ ἐν ἀγάπῃ αὐξήσωμεν εἰς αὐτὸν τὰ πάντα, ὅς ἐστιν ἡ κεφαλή, ὁ⁵ χριστός, 16 ἐξ οὗ πᾶν τὸ σῶμα συναρμολογούμενον καὶ συμβιβαζόμενον διὰ πάσης ἁφῆς τῆς ἐπιχορηγίας, κατ' ἐνέργειαν ἐν μέτρῳ ἑνὸς ἑκάστου μέρους, τὴν αὔξησιν τοῦ σώματος ποιεῖται εἰς οἰκοδομὴν ἑαυτοῦ ἐν ἀγάπῃ.

17 Τοῦτο οὖν λέγω καὶ μαρτύρομαι ἐν κυρίῳ, μηκέτι ὑμᾶς περιπατεῖν, καθὼς καὶ τὰ λοιπὰ⁶ ἔθνη περιπατεῖ ἐν ματαιότητι τοῦ νοὸς αὐτῶν, 18 ἐσκοτισμένοι⁷ τῇ διανοίᾳ, ὄντες ἀπηλλοτριωμένοι τῆς ζωῆς τοῦ θεοῦ διὰ τὴν ἄγνοιαν τὴν οὖσαν ἐν αὐτοῖς, διὰ τὴν πώρωσιν τῆς καρδίας αὐτῶν· 19 οἵτινες ἀπηλγηκότες ἑαυτοὺς παρέδωκαν τῇ ἀσελγείᾳ, εἰς ἐργασίαν ἀκαθαρσίας πάσης ἐν πλεονεξίᾳ. 20 Ὑμεῖς δὲ οὐχ οὕτως ἐμάθετε τὸν χριστόν, 21 εἴγε⁸ αὐτὸν ἠκούσατε καὶ ἐν αὐτῷ ἐδιδάχθητε, καθώς ἐστιν ἀλήθεια ἐν τῷ Ἰησοῦ·

ᵃ μεθοδείαν • μεθοδίαν

1 ἡμῖν • — 2 καὶ • — 3 πρῶτον • — 4 μέρη • [μέρη] 5 ὁ • — 6 λοιπὰ • — 7 ἐσκοτισμένοι • ἐσκοτωμένοι 8 εἴγε • εἴ γε

22 ἀποθέσθαι ὑμᾶς, κατὰ τὴν προτέραν ἀναστροφήν, τὸν παλαιὸν ἄνθρωπον, τὸν φθειρόμενον κατὰ τὰς ἐπιθυμίας τῆς ἀπάτης· 23 ἀνανεοῦσθαι δὲ τῷ πνεύματι τοῦ νοὸς ὑμῶν, 24 καὶ ἐνδύσασθαι τὸν καινὸν ἄνθρωπον, τὸν κατὰ θεὸν κτισθέντα ἐν δικαιοσύνῃ καὶ ὁσιότητι τῆς ἀληθείας. 25 Διὸ ἀποθέμενοι τὸ ψεῦδος λαλεῖτε ἀλήθειαν ἕκαστος μετὰ τοῦ πλησίον αὐτοῦ· ὅτι ἐσμὲν ἀλλήλων μέλη. 26 Ὀργίζεσθε καὶ μὴ ἁμαρτάνετε· ὁ ἥλιος μὴ ἐπιδυέτω ἐπὶ τῷ [1] παροργισμῷ ὑμῶν· 27 μηδὲ δίδοτε τόπον τῷ διαβόλῳ. 28 Ὁ κλέπτων μηκέτι κλεπτέτω· μᾶλλον δὲ κοπιάτω, ἐργαζόμενος τὸ ἀγαθὸν ταῖς χερσίν, [2] ἵνα ἔχῃ μεταδιδόναι τῷ χρείαν ἔχοντι. 29 Πᾶς λόγος σαπρὸς ἐκ τοῦ στόματος ὑμῶν μὴ ἐκπορευέσθω, ἀλλ᾽ [3] εἴ τις ἀγαθὸς πρὸς οἰκοδομὴν τῆς χρείας, ἵνα δῷ χάριν τοῖς ἀκούουσιν. 30 Καὶ μὴ λυπεῖτε τὸ πνεῦμα τὸ ἅγιον τοῦ θεοῦ, ἐν ᾧ ἐσφραγίσθητε εἰς ἡμέραν ἀπολυτρώσεως. 31 Πᾶσα πικρία καὶ θυμὸς καὶ ὀργὴ καὶ κραυγὴ καὶ βλασφημία ἀρθήτω ἀφ᾽ ὑμῶν, σὺν πάσῃ κακίᾳ· 32 γίνεσθε δὲ [4] εἰς ἀλλήλους χρηστοί, εὔσπλαγχνοι, χαριζόμενοι ἑαυτοῖς, καθὼς καὶ ὁ θεὸς ἐν χριστῷ ἐχαρίσατο ἡμῖν. [5]

A Warning, Principally against the Sins of Uncleanness

5 Γίνεσθε οὖν μιμηταὶ τοῦ θεοῦ, ὡς τέκνα ἀγαπητά· 2 καὶ περιπατεῖτε ἐν ἀγάπῃ, καθὼς καὶ ὁ χριστὸς ἠγάπησεν ἡμᾶς, καὶ παρέδωκεν ἑαυτὸν ὑπὲρ ἡμῶν προσφορὰν καὶ θυσίαν τῷ θεῷ εἰς ὀσμὴν εὐωδίας. 3 Πορνεία δὲ καὶ πᾶσα ἀκαθαρσία [6] ἢ πλεονεξία μηδὲ ὀνομαζέσθω ἐν ὑμῖν, καθὼς πρέπει ἁγίοις· 4 καὶ αἰσχρότης, καὶ μωρολογία, ἢ εὐτραπελία, τὰ οὐκ ἀνήκοντα· [7] ἀλλὰ μᾶλλον εὐχαριστία. 5 Τοῦτο γάρ ἐστε [8] γινώσκοντες, ὅτι πᾶς πόρνος, ἢ ἀκάθαρτος, ἢ πλεονέκτης, ὅς [9] ἐστιν εἰδωλολάτρης, οὐκ ἔχει κληρονομίαν ἐν τῇ βασιλείᾳ τοῦ χριστοῦ καὶ θεοῦ. 6 Μηδεὶς ὑμᾶς ἀπατάτω

---

[1] τῷ • [τῷ]   [2] τὸ ἀγαθὸν ταῖς χερσίν • ταῖς [ἰδίαις] χερσὶν τὸ ἀγαθόν   [3] ἀλλ᾽ • ἀλλὰ   [4] δὲ • [δὲ]   [5] ἡμῖν • ὑμῖν   [6] πᾶσα ἀκαθαρσία • ἀκαθαρσία πᾶσα   [7] τὰ οὐκ ἀνήκοντα • ἃ οὐκ ἀνῆκεν   [8] ἐστε • ἴστε   [9] ὅς • ὅ

κενοῖς λόγοις· διὰ ταῦτα γὰρ ἔρχεται ἡ ὀργὴ τοῦ θεοῦ ἐπὶ τοὺς υἱοὺς τῆς ἀπειθείας. 7 Μὴ οὖν γίνεσθε συμμέτοχοι αὐτῶν· 8 ἦτε γάρ ποτε σκότος, νῦν δὲ φῶς ἐν κυρίῳ· ὡς τέκνα φωτὸς περιπατεῖτε— 9 ὁ γὰρ καρπὸς τοῦ πνεύματος [1] ἐν πάσῃ ἀγαθωσύνῃ καὶ δικαιοσύνῃ καὶ ἀληθείᾳ— 10 δοκιμάζοντες τί ἐστιν εὐάρεστον τῷ κυρίῳ· 11 καὶ μὴ συγκοινωνεῖτε τοῖς ἔργοις τοῖς ἀκάρποις τοῦ σκότους, μᾶλλον δὲ καὶ ἐλέγχετε· 12 τὰ γὰρ κρυφῇ γινόμενα ὑπ' αὐτῶν αἰσχρόν ἐστιν καὶ λέγειν. 13 Τὰ δὲ πάντα ἐλεγχόμενα ὑπὸ τοῦ φωτὸς φανεροῦται· πᾶν γὰρ τὸ φανερούμενον φῶς ἐστίν. 14 Διὸ λέγει, Ἔγειρε ὁ καθεύδων καὶ ἀνάστα ἐκ τῶν νεκρῶν, καὶ ἐπιφαύσει σοι ὁ χριστός.

15 Βλέπετε οὖν πῶς ἀκριβῶς [2] περιπατεῖτε, μὴ ὡς ἄσοφοι, ἀλλ' ὡς σοφοί, 16 ἐξαγοραζόμενοι τὸν καιρόν, ὅτι αἱ ἡμέραι πονηραί εἰσιν. 17 Διὰ τοῦτο μὴ γίνεσθε ἄφρονες, ἀλλὰ συνιέντες [3] τί τὸ θέλημα τοῦ κυρίου. 18 Καὶ μὴ μεθύσκεσθε οἴνῳ, ἐν ᾧ ἐστὶν ἀσωτία, ἀλλὰ πληροῦσθε ἐν πνεύματι, 19 λαλοῦντες ἑαυτοῖς ψαλμοῖς [4] καὶ ὕμνοις καὶ ᾠδαῖς πνευματικαῖς, ᾄδοντες καὶ ψάλλοντες ἐν [5] τῇ καρδίᾳ ὑμῶν τῷ κυρίῳ, 20 εὐχαριστοῦντες πάντοτε ὑπὲρ πάντων ἐν ὀνόματι τοῦ κυρίου ἡμῶν Ἰησοῦ χριστοῦ τῷ θεῷ καὶ πατρί, 21 ὑποτασσόμενοι ἀλλήλοις ἐν φόβῳ χριστοῦ. [a]

The Duties of Husbands and Wives and the Relation of Christ to the Church

22 Αἱ γυναῖκες, τοῖς ἰδίοις ἀνδράσιν ὑποτάσσεσθε, [6] ὡς τῷ κυρίῳ. 23 Ὅτι ἀνήρ ἐστιν κεφαλὴ τῆς γυναικός, ὡς καὶ ὁ χριστὸς κεφαλὴ τῆς ἐκκλησίας, καὶ αὐτός ἐστιν [7] σωτὴρ τοῦ σώματος. 24 Ἀλλ' ὥσπερ [8] ἡ ἐκκλησία ὑποτάσσεται τῷ χριστῷ, οὕτως καὶ αἱ γυναῖκες τοῖς ἰδίοις [9] ἀνδράσιν ἐν παντί. 25 Οἱ ἄνδρες, ἀγαπᾶτε τὰς γυναῖκας ἑαυτῶν, [10] καθὼς καὶ

---

[a] χριστοῦ • θεοῦ

[1] πνεύματος • φωτὸς [2] πῶς ἀκριβῶς • ἀκριβῶς πῶς [3] συνιέντες • συνίετε
[4] ψαλμοῖς • [ἐν] ψαλμοῖς [5] ἐν • — [6] ὑποτάσσεσθε • — [7] καὶ αὐτός ἐστιν •
αὐτὸς [8] Ἀλλ' ὥσπερ • Ἀλλὰ ὡς [9] ἰδίοις • — [10] ἑαυτῶν • —

ὁ χριστὸς ἠγάπησεν τὴν ἐκκλησίαν, καὶ ἑαυτὸν παρέδωκεν ὑπὲρ αὐτῆς· 26 ἵνα αὐτὴν ἁγιάσῃ, καθαρίσας τῷ λουτρῷ τοῦ ὕδατος ἐν ῥήματι, 27 ἵνα παραστήσῃ αὐτὴν¹ ἑαυτῷ ἔνδοξον τὴν ἐκκλησίαν, μὴ ἔχουσαν σπῖλον ἢ ῥυτίδα ἤ τι τῶν τοιούτων, ἀλλ' ἵνα ᾖ ἁγία καὶ ἄμωμος. 28 Οὕτως ὀφείλουσιν οἱ² ἄνδρες ἀγαπᾶν τὰς ἑαυτῶν γυναῖκας ὡς τὰ ἑαυτῶν σώματα. Ὁ ἀγαπῶν τὴν ἑαυτοῦ γυναῖκα, ἑαυτὸν ἀγαπᾷ· 29 οὐδεὶς γάρ ποτε τὴν ἑαυτοῦ σάρκα ἐμίσησεν, ἀλλ'³ ἐκτρέφει καὶ θάλπει αὐτήν, καθὼς καὶ ὁ κύριος⁴ τὴν ἐκκλησίαν· 30 ὅτι μέλη ἐσμὲν τοῦ σώματος αὐτοῦ, ἐκ τῆς σαρκὸς αὐτοῦ καὶ ἐκ τῶν ὀστέων αὐτοῦ.⁵ 31 Ἀντὶ τούτου καταλείψει ἄνθρωπος τὸν πατέρα αὐτοῦ καὶ τὴν⁶ μητέρα, καὶ προσκολληθήσεται πρὸς τὴν γυναῖκα αὐτοῦ, καὶ ἔσονται οἱ δύο εἰς σάρκα μίαν. 32 Τὸ μυστήριον τοῦτο μέγα ἐστίν· ἐγὼ δὲ λέγω εἰς χριστὸν καὶ εἰς τὴν ἐκκλησίαν. 33 Πλὴν καὶ ὑμεῖς οἱ καθ' ἕνα, ἕκαστος τὴν ἑαυτοῦ γυναῖκα οὕτως ἀγαπάτω ὡς ἑαυτόν· ἡ δὲ γυνὴ ἵνα φοβῆται τὸν ἄνδρα.

The Duties of Children, of Parents, of Bondservants

6 Τὰ τέκνα, ὑπακούετε τοῖς γονεῦσιν ὑμῶν ἐν κυρίῳ·⁷ τοῦτο γάρ ἐστιν δίκαιον. 2 Τίμα τὸν πατέρα σου καὶ τὴν μητέρα ἥτις ἐστὶν ἐντολὴ πρώτη ἐν ἐπαγγελίᾳ, 3 ἵνα εὖ σοι γένηται, καὶ ἔσῃ μακροχρόνιος ἐπὶ τῆς γῆς. 4 Καὶ οἱ πατέρες, μὴ παροργίζετε τὰ τέκνα ὑμῶν, ἀλλ'⁸ ἐκτρέφετε αὐτὰ ἐν παιδείᾳ καὶ νουθεσίᾳ κυρίου.

5 Οἱ δοῦλοι, ὑπακούετε τοῖς κυρίοις κατὰ σάρκα,⁹ μετὰ φόβου καὶ τρόμου, ἐν ἁπλότητι τῆς καρδίας ὑμῶν, ὡς τῷ χριστῷ· 6 μὴ κατ' ὀφθαλμοδουλείαν¹⁰ ὡς ἀνθρωπάρεσκοι, ἀλλ' ὡς δοῦλοι τοῦ χριστοῦ,¹¹ ποιοῦντες τὸ θέλημα τοῦ θεοῦ ἐκ ψυχῆς, 7 μετ' εὐνοίας δουλεύοντες ὡς τῷ κυρίῳ καὶ οὐκ

---

1 αὐτὴν • αὐτὸς   2 οἱ • [καὶ] οἱ   3 ἀλλ' • ἀλλὰ   4 κύριος • χριστὸς   5 ἐκ τῆς σαρκὸς αὐτοῦ καὶ ἐκ τῶν ὀστέων αὐτοῦ • —   6 τὸν πατέρα αὐτοῦ καὶ τὴν • [τὸν] πατέρα καὶ [τὴν]   7 ἐν κυρίῳ • [ἐν κυρίῳ]   8 ἀλλ' • ἀλλὰ   9 κυρίοις κατὰ σάρκα • κατὰ σάρκα κυρίοις   10 ὀφθαλμοδουλείαν • ὀφθαλμοδουλίαν   11 τοῦ χριστοῦ • χριστοῦ

ἀνθρώποις· 8 εἰδότες ὅτι ὃ ἐάν τι ἕκαστος¹ ποιήσῃ ἀγαθόν, τοῦτο κομιεῖται παρὰ τοῦ² κυρίου, εἴτε δοῦλος, εἴτε ἐλεύθερος. 9 Καὶ οἱ κύριοι, τὰ αὐτὰ ποιεῖτε πρὸς αὐτούς, ἀνιέντες τὴν ἀπειλήν· εἰδότες ὅτι καὶ ὑμῶν αὐτῶν³ ὁ κύριός ἐστιν ἐν οὐρανοῖς, καὶ προσωποληψία⁴ οὐκ ἔστιν παρ' αὐτῷ.

The Christian's Spiritual Armor and Its Use

10 Τὸ λοιπόν, ἀδελφοί μου,⁵ ἐνδυναμοῦσθε ἐν κυρίῳ, καὶ ἐν τῷ κράτει τῆς ἰσχύος αὐτοῦ. 11 Ἐνδύσασθε τὴν πανοπλίαν τοῦ θεοῦ, πρὸς τὸ δύνασθαι ὑμᾶς στῆναι πρὸς τὰς μεθοδείας τοῦ διαβόλου. 12 Ὅτι οὐκ ἔστιν ἡμῖν ἡ πάλη πρὸς αἷμα καὶ σάρκα, ἀλλὰ πρὸς τὰς ἀρχάς, πρὸς τὰς ἐξουσίας, πρὸς τοὺς κοσμοκράτορας τοῦ σκότους τοῦ αἰῶνος⁶ τούτου, πρὸς τὰ πνευματικὰ τῆς πονηρίας ἐν τοῖς ἐπουρανίοις. 13 Διὰ τοῦτο ἀναλάβετε τὴν πανοπλίαν τοῦ θεοῦ, ἵνα δυνηθῆτε ἀντιστῆναι ἐν τῇ ἡμέρᾳ τῇ πονηρᾷ, καὶ ἅπαντα κατεργασάμενοι στῆναι. 14 Στῆτε οὖν περιζωσάμενοι τὴν ὀσφὺν ὑμῶν ἐν ἀληθείᾳ, καὶ ἐνδυσάμενοι τὸν θώρακα τῆς δικαιοσύνης, 15 καὶ ὑποδησάμενοι τοὺς πόδας ἐν ἑτοιμασίᾳ τοῦ εὐαγγελίου τῆς εἰρήνης· 16 ἐπὶ πᾶσιν⁷ ἀναλαβόντες τὸν θυρεὸν τῆς πίστεως, ἐν ᾧ δυνήσεσθε πάντα τὰ βέλη τοῦ πονηροῦ τὰ πεπυρωμένα⁸ σβέσαι. 17 Καὶ τὴν περικεφαλαίαν τοῦ σωτηρίου δέξασθαι,⁹ καὶ τὴν μάχαιραν τοῦ πνεύματος, ὅ ἐστιν ῥῆμα θεοῦ· 18 διὰ πάσης προσευχῆς καὶ δεήσεως προσευχόμενοι ἐν παντὶ καιρῷ ἐν πνεύματι, καὶ εἰς αὐτὸ τοῦτο¹⁰ ἀγρυπνοῦντες ἐν πάσῃ προσκαρτερήσει καὶ δεήσει περὶ πάντων τῶν ἁγίων, 19 καὶ ὑπὲρ ἐμοῦ, ἵνα μοι δοθῇ λόγος ἐν ἀνοίξει τοῦ στόματός μου ἐν παρρησίᾳ γνωρίσαι τὸ μυστήριον τοῦ εὐαγγελίου, 20 ὑπὲρ οὗ πρεσβεύω ἐν ἁλύσει, ἵνα ἐν αὐτῷ παρρησιάσωμαι, ὡς δεῖ με λαλῆσαι.

---

¹ ὃ ἐάν τι ἕκαστος • ἕκαστος ἐάν τι   ² κομιεῖται παρὰ τοῦ • κομίσεται παρὰ   ³ ὑμῶν αὐτῶν • αὐτῶν καὶ ὑμῶν   ⁴ προσωποληψία • προσωπολημψία   ⁵ Τὸ λοιπόν ἀδελφοί μου • Τοῦ λοιποῦ   ⁶ τοῦ αἰῶνος • —   ⁷ ἐπὶ πᾶσιν • ἐν πᾶσιν   ⁸ τὰ πεπυρωμένα • [τὰ] πεπυρωμένα   ⁹ δέξασθαι • δέξασθε   ¹⁰ τοῦτο • —

Concluding Remarks and Greeting

21 Ἵνα δὲ εἰδῆτε καὶ ὑμεῖς τὰ κατ' ἐμέ, τί πράσσω, πάντα ὑμῖν γνωρίσει[1] Τυχικὸς ὁ ἀγαπητὸς ἀδελφὸς καὶ πιστὸς διάκονος ἐν κυρίῳ· 22 ὃν ἔπεμψα πρὸς ὑμᾶς εἰς αὐτὸ τοῦτο, ἵνα γνῶτε τὰ περὶ ἡμῶν, καὶ παρακαλέσῃ τὰς καρδίας ὑμῶν.

23 Εἰρήνη τοῖς ἀδελφοῖς καὶ ἀγάπη μετὰ πίστεως ἀπὸ θεοῦ πατρὸς καὶ κυρίου Ἰησοῦ χριστοῦ. 24 Ἡ χάρις μετὰ πάντων τῶν ἀγαπώντων τὸν κύριον ἡμῶν Ἰησοῦν χριστὸν ἐν ἀφθαρσίᾳ. Ἀμήν.[2]

---

[1] ὑμῖν γνωρίσει • γνωρίσει ὑμῖν   [2] Ἀμήν • —

ΠΡΟΣ ΦΙΛΙΠΠΗΣΙΟΥΣ
To the Philippians

The Address and Salutation

Παῦλος καὶ Τιμόθεος, δοῦλοι Ἰησοῦ χριστοῦ,[1] πᾶσιν τοῖς ἁγίοις ἐν χριστῷ Ἰησοῦ τοῖς οὖσιν ἐν Φιλίπποις, σὺν ἐπισκόποις καὶ διακόνοις· 2 χάρις ὑμῖν καὶ εἰρήνη ἀπὸ θεοῦ πατρὸς ἡμῶν καὶ κυρίου Ἰησοῦ χριστοῦ.

The Apostle's Personal Feeling toward the Philippian Christians

3 Εὐχαριστῶ τῷ θεῷ μου ἐπὶ πάσῃ τῇ μνείᾳ ὑμῶν, 4 πάντοτε ἐν πάσῃ δεήσει μου ὑπὲρ πάντων ὑμῶν μετὰ χαρᾶς τὴν δέησιν ποιούμενος, 5 ἐπὶ τῇ κοινωνίᾳ ὑμῶν εἰς τὸ εὐαγγέλιον, ἀπὸ πρώτης[2] ἡμέρας ἄχρι τοῦ νῦν· 6 πεποιθὼς αὐτὸ τοῦτο, ὅτι ὁ ἐναρξάμενος ἐν ὑμῖν ἔργον ἀγαθὸν ἐπιτελέσει ἄχρι ἡμέρας χριστοῦ Ἰησοῦ· 7 καθώς ἐστιν δίκαιον ἐμοὶ τοῦτο φρονεῖν ὑπὲρ πάντων ὑμῶν, διὰ τὸ ἔχειν με ἐν τῇ καρδίᾳ ὑμᾶς, ἔν τε τοῖς δεσμοῖς μου καὶ ἐν τῇ ἀπολογίᾳ καὶ βεβαιώσει τοῦ εὐαγγελίου, συγκοινωνούς μου τῆς χάριτος πάντας ὑμᾶς ὄντας. 8 Μάρτυς γάρ μού ἐστιν[3] ὁ θεός, ὡς ἐπιποθῶ πάντας ὑμᾶς ἐν σπλάγχνοις Ἰησοῦ χριστοῦ.[4] 9 Καὶ τοῦτο προσεύχομαι, ἵνα ἡ ἀγάπη ὑμῶν ἔτι μᾶλλον καὶ μᾶλλον περισσεύῃ ἐν ἐπιγνώσει καὶ πάσῃ αἰσθήσει, 10 εἰς τὸ δοκιμάζειν ὑμᾶς τὰ

---

[1] Ἰησοῦ χριστοῦ • χριστοῦ Ἰησοῦ   [2] πρώτης • τῆς πρώτης   [3] ἐστιν • —
[4] Ἰησοῦ χριστοῦ • χριστοῦ Ἰησοῦ

διαφέροντα, ἵνα ἦτε εἰλικρινεῖς καὶ ἀπρόσκοποι εἰς ἡμέραν χριστοῦ, 11 πεπληρωμένοι καρπῶν δικαιοσύνης τῶν¹ διὰ Ἰησοῦ χριστοῦ, εἰς δόξαν καὶ ἔπαινον θεοῦ.

Paul's Present Circumstances, Experiences, and Expectations

12 Γινώσκειν δὲ ὑμᾶς βούλομαι, ἀδελφοί, ὅτι τὰ κατ' ἐμὲ μᾶλλον εἰς προκοπὴν τοῦ εὐαγγελίου ἐλήλυθεν· 13 ὥστε τοὺς δεσμούς μου φανεροὺς ἐν χριστῷ γενέσθαι ἐν ὅλῳ τῷ πραιτωρίῳ καὶ τοῖς λοιποῖς πᾶσιν, 14 καὶ τοὺς πλείονας τῶν ἀδελφῶν ἐν κυρίῳ, πεποιθότας τοῖς δεσμοῖς μου, περισσοτέρως τολμᾶν ἀφόβως τὸν λόγον λαλεῖν. 15 Τινὲς μὲν καὶ διὰ φθόνον καὶ ἔριν, τινὲς δὲ καὶ δι' εὐδοκίαν τὸν χριστὸν κηρύσσουσιν· 16 οἱ μὲν ἐξ ἐριθείας τὸν χριστὸν καταγγέλλουσιν, οὐχ ἁγνῶς, οἰόμενοι θλίψιν ἐπιφέρειν τοῖς δεσμοῖς μου·² 17 οἱ δὲ ἐξ ἀγάπης, εἰδότες ὅτι εἰς ἀπολογίαν τοῦ εὐαγγελίου κεῖμαι.³ 18 Τί γάρ; Πλὴν παντὶ⁴ τρόπῳ, εἴτε προφάσει εἴτε ἀληθείᾳ, χριστὸς καταγγέλλεται· καὶ ἐν τούτῳ χαίρω, ἀλλὰ καὶ χαρήσομαι. 19 Οἶδα γὰρ ὅτι τοῦτό μοι ἀποβήσεται εἰς σωτηρίαν διὰ τῆς ὑμῶν δεήσεως, καὶ ἐπιχορηγίας τοῦ πνεύματος Ἰησοῦ χριστοῦ, 20 κατὰ τὴν ἀποκαραδοκίαν καὶ ἐλπίδα μου, ὅτι ἐν οὐδενὶ αἰσχυνθήσομαι, ἀλλ' ἐν πάσῃ παρρησίᾳ, ὡς πάντοτε, καὶ νῦν μεγαλυνθήσεται χριστὸς ἐν τῷ σώματί μου, εἴτε διὰ ζωῆς εἴτε διὰ θανάτου. 21 Ἐμοὶ γὰρ τὸ ζῆν, χριστός· καὶ τὸ ἀποθανεῖν, κέρδος. 22 Εἰ δὲ τὸ ζῆν ἐν σαρκί, τοῦτό μοι καρπὸς ἔργου· καὶ τί αἱρήσομαι οὐ γνωρίζω. 23 Συνέχομαι δὲ ἐκ τῶν δύο, τὴν ἐπιθυμίαν ἔχων εἰς τὸ ἀναλῦσαι καὶ σὺν χριστῷ εἶναι, πολλῷ μᾶλλον⁵ κρεῖσσον· 24 τὸ δὲ ἐπιμένειν ἐν⁶ τῇ σαρκὶ ἀναγκαιότερον δι' ὑμᾶς. 25 Καὶ τοῦτο πεποιθὼς οἶδα ὅτι μενῶ, καὶ συμπαραμενῶ⁷ πᾶσιν ὑμῖν εἰς τὴν ὑμῶν προκοπὴν καὶ

---

¹ καρπῶν δικαιοσύνης τῶν • καρπὸν δικαιοσύνης τὸν   ² ἐριθείας τὸν χριστὸν καταγγέλλουσιν οὐχ ἁγνῶς οἰόμενοι θλίψιν ἐπιφέρειν τοῖς δεσμοῖς μου • ἀγάπης εἰδότες ὅτι εἰς ἀπολογίαν τοῦ εὐαγγελίου κεῖμαι   ³ ἀγάπης εἰδότες ὅτι εἰς ἀπολογίαν τοῦ εὐαγγελίου κεῖμαι • ἐριθείας τὸν χριστὸν καταγγέλλουσιν οὐχ ἁγνῶς οἰόμενοι θλίψιν ἐγείρειν τοῖς δεσμοῖς μου   ⁴ παντὶ • ὅτι παντὶ   ⁵ μᾶλλον • [γὰρ] μᾶλλον   ⁶ ἐν • [ἐν]   ⁷ συμπαραμενῶ • παραμενῶ

χαρὰν τῆς πίστεως, 26 ἵνα τὸ καύχημα ὑμῶν περισσεύῃ ἐν χριστῷ Ἰησοῦ ἐν ἐμοί, διὰ τῆς ἐμῆς παρουσίας πάλιν πρὸς ὑμᾶς.

An Admonition to Constancy and True Unity

27 Μόνον ἀξίως τοῦ εὐαγγελίου τοῦ χριστοῦ πολιτεύεσθε, ἵνα εἴτε ἐλθὼν καὶ ἰδὼν ὑμᾶς, εἴτε ἀπών, ἀκούσω¹ τὰ περὶ ὑμῶν, ὅτι στήκετε ἐν ἑνὶ πνεύματι, μιᾷ ψυχῇ συναθλοῦντες τῇ πίστει τοῦ εὐαγγελίου, 28 καὶ μὴ πτυρόμενοι ἐν μηδενὶ ὑπὸ τῶν ἀντικειμένων· ἥτις αὐτοῖς μέν ἐστιν² ἔνδειξις ἀπωλείας, ὑμῖν³ δὲ σωτηρίας, καὶ τοῦτο ἀπὸ θεοῦ· 29 ὅτι ὑμῖν ἐχαρίσθη τὸ ὑπὲρ χριστοῦ, οὐ μόνον τὸ εἰς αὐτὸν πιστεύειν, ἀλλὰ καὶ τὸ ὑπὲρ αὐτοῦ πάσχειν· 30 τὸν αὐτὸν ἀγῶνα ἔχοντες οἷον εἴδετε ἐν ἐμοί, καὶ νῦν ἀκούετε ἐν ἐμοί.

The Need of Loving Humility

2 Εἴ τις οὖν παράκλησις ἐν χριστῷ, εἴ τι παραμύθιον ἀγάπης, εἴ τις κοινωνία πνεύματος, εἴ τις σπλάγχνα καὶ οἰκτιρμοί, 2 πληρώσατέ μου τὴν χαράν, ἵνα τὸ αὐτὸ φρονῆτε, τὴν αὐτὴν ἀγάπην ἔχοντες, σύμψυχοι, τὸ ἓν φρονοῦντες· 3 μηδὲν κατὰ ἐριθείαν ἢ⁴ κενοδοξίαν, ἀλλὰ τῇ ταπεινοφροσύνῃ ἀλλήλους ἡγούμενοι ὑπερέχοντας ἑαυτῶν· 4 μὴ τὰ ἑαυτῶν ἕκαστος σκοπεῖτε, ἀλλὰ καὶ⁵ τὰ ἑτέρων ἕκαστος. ⁶

The Example of Christ's Humility

5 Τοῦτο γὰρ φρονείσθω⁷ ἐν ὑμῖν ὃ καὶ ἐν χριστῷ Ἰησοῦ· 6 ὃς ἐν μορφῇ θεοῦ ὑπάρχων, οὐχ ἁρπαγμὸν ἡγήσατο τὸ εἶναι ἴσα θεῷ, 7 ἀλλ'⁸ ἑαυτὸν ἐκένωσεν, μορφὴν δούλου λαβών, ἐν ὁμοιώματι ἀνθρώπων γενόμενος· 8 καὶ σχήματι εὑρεθεὶς ὡς ἄνθρωπος, ἐταπείνωσεν ἑαυτόν, γενόμενος ὑπήκοος μέχρι θανάτου, θανάτου δὲ σταυροῦ. 9 Διὸ καὶ ὁ θεὸς αὐτὸν ὑπερύψωσεν, καὶ ἐχαρίσατο αὐτῷ⁹ ὄνομα τὸ ὑπὲρ

---

1 ἀκούσω • ἀκούω   2 αὐτοῖς μέν ἐστιν • ἐστὶν εὐτοῖς   3 ὑμῖν • ὑμῶν   4 κατὰ ἐριθείαν ἢ • κατ' ἐριθείαν μηδὲ κατὰ   5 σκοπεῖτε ἀλλὰ καὶ • σκοποῦντες ἀλλὰ [καὶ]   6 ἑτέρων ἕκαστος • ἑτέρων ἕκαστοι   7 γὰρ φρονείσθω • φρονεῖτε   8 ἀλλ' • ἀλλὰ   9 αὐτῷ • αὐτῷ τὸ

πᾶν ὄνομα· 10 ἵνα ἐν τῷ ὀνόματι Ἰησοῦ πᾶν γόνυ κάμψῃ ἐπουρανίων καὶ ἐπιγείων καὶ καταχθονίων, 11 καὶ πᾶσα γλῶσσα ἐξομολογήσηται ὅτι κύριος Ἰησοῦς χριστός, εἰς δόξαν θεοῦ πατρός.

Work Out Your Salvation with Fear and Trembling

12 Ὥστε, ἀγαπητοί μου, καθὼς πάντοτε ὑπηκούσατε, μὴ ὡς ἐν τῇ παρουσίᾳ μου μόνον, ἀλλὰ νῦν πολλῷ μᾶλλον ἐν τῇ ἀπουσίᾳ μου, μετὰ φόβου καὶ τρόμου τὴν ἑαυτῶν σωτηρίαν κατεργάζεσθε· 13 ὁ θεὸς [1] γάρ ἐστιν ὁ ἐνεργῶν ἐν ὑμῖν καὶ τὸ θέλειν καὶ τὸ ἐνεργεῖν ὑπὲρ τῆς εὐδοκίας. 14 Πάντα ποιεῖτε χωρὶς γογγυσμῶν καὶ διαλογισμῶν, 15 ἵνα γένησθε ἄμεμπτοι καὶ ἀκέραιοι, τέκνα θεοῦ ἀμώμητα ἐν μέσῳ [2] γενεᾶς σκολιᾶς καὶ διεστραμμένης, ἐν οἷς φαίνεσθε ὡς φωστῆρες ἐν κόσμῳ, 16 λόγον ζωῆς ἐπέχοντες, εἰς καύχημα ἐμοὶ εἰς ἡμέραν χριστοῦ, ὅτι οὐκ εἰς κενὸν ἔδραμον, οὐδὲ εἰς κενὸν ἐκοπίασα. 17 Ἀλλ' [3] εἰ καὶ σπένδομαι ἐπὶ τῇ θυσίᾳ καὶ λειτουργίᾳ τῆς πίστεως ὑμῶν, χαίρω καὶ συγχαίρω πᾶσιν ὑμῖν· 18 τὸ δ' [4] αὐτὸ καὶ ὑμεῖς χαίρετε καὶ συγχαίρετέ μοι.

Recommendation of Timothy and Epaphroditus

19 Ἐλπίζω δὲ ἐν κυρίῳ Ἰησοῦ, Τιμόθεον ταχέως πέμψαι ὑμῖν, ἵνα κἀγὼ εὐψυχῶ, γνοὺς τὰ περὶ ὑμῶν. 20 Οὐδένα γὰρ ἔχω ἰσόψυχον, ὅστις γνησίως τὰ περὶ ὑμῶν μεριμνήσει. 21 Οἱ πάντες γὰρ τὰ ἑαυτῶν ζητοῦσιν, οὐ τὰ χριστοῦ Ἰησοῦ. [5] 22 Τὴν δὲ δοκιμὴν αὐτοῦ γινώσκετε, ὅτι ὡς πατρὶ τέκνον, σὺν ἐμοὶ ἐδούλευσεν εἰς τὸ εὐαγγέλιον. 23 Τοῦτον μὲν οὖν ἐλπίζω πέμψαι, ὡς ἂν ἀπίδω [6] τὰ περὶ ἐμέ, ἐξαυτῆς· 24 πέποιθα δὲ ἐν κυρίῳ, ὅτι καὶ αὐτὸς ταχέως ἐλεύσομαι. 25 Ἀναγκαῖον δὲ ἡγησάμην Ἐπαφρόδιτον τὸν ἀδελφὸν καὶ συνεργὸν καὶ συστρατιώτην μου, ὑμῶν δὲ ἀπόστολον, καὶ λειτουργὸν τῆς χρείας μου, πέμψαι πρὸς ὑμᾶς· 26 ἐπειδὴ ἐπιποθῶν ἦν πάντας ὑμᾶς, καὶ ἀδημονῶν, διότι ἠκούσατε ὅτι ἠσθένησεν· 27 καὶ

---

1 ὁ θεός • θεός 2 ἀμώμητα ἐν μέσῳ • ἄμωμα μέσον 3 Ἀλλ' • Ἀλλὰ 4 δ' • δὲ 5 χριστοῦ Ἰησοῦ • Ἰησοῦ χριστοῦ 6 ἀπίδω • ἀφίδω

γὰρ ἠσθένησεν παραπλήσιον θανάτῳ, ἀλλὰ ὁ θεὸς αὐτὸν ἠλέησεν, ¹ οὐκ αὐτὸν δὲ μόνον, ἀλλὰ καὶ ἐμέ, ἵνα μὴ λύπην ἐπὶ λύπην σχῶ. 28 Σπουδαιοτέρως οὖν ἔπεμψα αὐτόν, ἵνα, ἰδόντες αὐτὸν πάλιν, χαρῆτε, κἀγὼ ἀλυπότερος ὦ. 29 Προσδέχεσθε οὖν αὐτὸν ἐν κυρίῳ μετὰ πάσης χαρᾶς, καὶ τοὺς τοιούτους ἐντίμους ἔχετε· 30 ὅτι διὰ τὸ ἔργον τοῦ ² χριστοῦ μέχρι θανάτου ἤγγισεν, παραβουλευσάμενος³ τῇ ψυχῇ, ἵνα ἀναπληρώσῃ τὸ ὑμῶν ὑστέρημα τῆς πρός με λειτουργίας.

The Dangers of Legalistic Teaching

3 Τὸ λοιπόν, ἀδελφοί μου, χαίρετε ἐν κυρίῳ. Τὰ αὐτὰ γράφειν ὑμῖν, ἐμοὶ μὲν οὐκ ὀκνηρόν, ὑμῖν δὲ ἀσφαλές. 2 Βλέπετε τοὺς κύνας, βλέπετε τοὺς κακοὺς ἐργάτας, βλέπετε τὴν κατατομήν· 3 ἡμεῖς γάρ ἐσμεν ἡ περιτομή, οἱ πνεύματι θεοῦ λατρεύοντες, καὶ καυχώμενοι ἐν χριστῷ Ἰησοῦ, καὶ οὐκ ἐν σαρκὶ πεποιθότες· 4 καίπερ ἐγὼ ἔχων πεποίθησιν καὶ ἐν σαρκί· εἴ τις δοκεῖ ἄλλος πεποιθέναι ἐν σαρκί, ἐγὼ μᾶλλον· 5 περιτομὴ⁴ ὀκταήμερος, ἐκ γένους Ἰσραήλ, φυλῆς Βενιαμίν, Ἑβραῖος ἐξ Ἑβραίων, κατὰ νόμον Φαρισαῖος, 6 κατὰ ζῆλον⁵ διώκων τὴν ἐκκλησίαν, κατὰ δικαιοσύνην τὴν ἐν νόμῳ γενόμενος ἄμεμπτος. 7 Ἀλλ᾽ ⁶ ἅτινα ἦν μοι κέρδη, ταῦτα ἥγημαι διὰ τὸν χριστὸν ζημίαν. 8 Ἀλλὰ μὲν οὖν⁷ καὶ ἡγοῦμαι πάντα ζημίαν εἶναι διὰ τὸ ὑπερέχον τῆς γνώσεως χριστοῦ Ἰησοῦ τοῦ κυρίου μου· δι᾽ ὃν τὰ πάντα ἐζημιώθην, καὶ ἡγοῦμαι σκύβαλα εἶναι, ἵνα⁸ χριστὸν κερδήσω, 9 καὶ εὑρεθῶ ἐν αὐτῷ, μὴ ἔχων ἐμὴν δικαιοσύνην τὴν ἐκ νόμου, ἀλλὰ τὴν διὰ πίστεως χριστοῦ, τὴν ἐκ θεοῦ δικαιοσύνην ἐπὶ τῇ πίστει· 10 τοῦ γνῶναι αὐτὸν καὶ τὴν δύναμιν τῆς ἀναστάσεως αὐτοῦ, καὶ τὴν κοινωνίαν τῶν⁹ παθημάτων αὐτοῦ, συμμορφούμενος¹⁰

---

¹ αὐτὸν ἠλέησεν • ἠλέησεν αὐτόν   ² τοῦ • —   ³ παραβουλευσάμενος • παραβολευσάμενος   ⁴ περιτομῇ • περιτομῇ   ⁵ ζῆλον • ζῆλος   ⁶ Ἀλλ᾽ • [Ἀλλὰ]   ⁷ μὲν οὖν • μενοῦνγε   ⁸ εἶναι ἵνα • ἵνα   ⁹ τὴν κοινωνίαν τῶν • [τὴν] κοινωνίαν [τῶν]   ¹⁰ συμμορφούμενος • συμμορφιζόμενος

τῷ θανάτῳ αὐτοῦ, 11 εἴ πως καταντήσω εἰς τὴν ἐξανάστασιν τῶν¹ νεκρῶν.

Pursuing the Goal

12 Οὐχ ὅτι ἤδη ἔλαβον, ἢ ἤδη τετελείωμαι· διώκω δέ, εἰ καὶ καταλάβω ἐφ' ᾧ καὶ κατελήφθην ὑπὸ τοῦ χριστοῦ Ἰησοῦ.² 13 Ἀδελφοί, ἐγὼ ἐμαυτὸν οὐᵃ λογίζομαι κατειληφέναι· ἓν δέ, τὰ μὲν ὀπίσω ἐπιλανθανόμενος, τοῖς δὲ ἔμπροσθεν ἐπεκτεινόμενος, 14 κατὰ σκοπὸν διώκω ἐπὶ³ τὸ βραβεῖον τῆς ἄνω κλήσεως τοῦ θεοῦ ἐν χριστῷ Ἰησοῦ. 15 Ὅσοι οὖν τέλειοι, τοῦτο φρονῶμεν· καὶ εἴ τι ἑτέρως φρονεῖτε, καὶ τοῦτο ὁ θεὸς ὑμῖν ἀποκαλύψει· 16 πλὴν εἰς ὃ ἐφθάσαμεν, τῷ αὐτῷ στοιχεῖν κανόνι, τὸ αὐτὸ φρονεῖν.⁴

17 Συμμιμηταί μου γίνεσθε, ἀδελφοί, καὶ σκοπεῖτε τοὺς οὕτως⁵ περιπατοῦντας, καθὼς ἔχετε τύπον ἡμᾶς. 18 Πολλοὶ γὰρ περιπατοῦσιν, οὓς πολλάκις ἔλεγον ὑμῖν, νῦν δὲ καὶ κλαίων λέγω, τοὺς ἐχθροὺς τοῦ σταυροῦ τοῦ χριστοῦ· 19 ὧν τὸ τέλος ἀπώλεια, ὧν ὁ θεὸς ἡ κοιλία, καὶ ἡ δόξα ἐν τῇ αἰσχύνῃ αὐτῶν, οἱ τὰ ἐπίγεια φρονοῦντες. 20 Ἡμῶν γὰρ τὸ πολίτευμα ἐν οὐρανοῖς ὑπάρχει, ἐξ οὗ καὶ σωτῆρα ἀπεκδεχόμεθα, κύριον Ἰησοῦν χριστόν· 21 ὃς μετασχηματίσει τὸ σῶμα τῆς ταπεινώσεως ἡμῶν, εἰς τὸ γενέσθαι αὐτὸ⁶ σύμμορφον τῷ σώματι τῆς δόξης αὐτοῦ, κατὰ τὴν ἐνέργειαν τοῦ δύνασθαι αὐτὸν καὶ ὑποτάξαι ἑαυτῷ⁷ τὰ πάντα.

Firmness and Unanimity Enjoined

4 Ὥστε, ἀδελφοί μου ἀγαπητοὶ καὶ ἐπιπόθητοι, χαρὰ καὶ στέφανός μου, οὕτως στήκετε ἐν κυρίῳ, ἀγαπητοί.

2 Εὐοδίαν παρακαλῶ, καὶ Συντύχην παρακαλῶ, τὸ αὐτὸ φρονεῖν ἐν κυρίῳ. 3 Ναί, ἐρωτῶ καί σε, σύζυγε γνήσιε,⁸

ᵃ οὐ • οὔπω

1 τῶν • τὴν ἐκ   2 κατελήφθην ὑπὸ τοῦ χριστοῦ Ἰησοῦ • κατελήμφθην ὑπὸ χριστοῦ [Ἰησοῦ]   3 ἐπὶ • εἰς   4 κανόνι τὸ αὐτὸ φρονεῖν • —   5 οὕτως • οὕτω   6 εἰς τὸ γενέσθαι αὐτὸ • —   7 ἑαυτῷ • αὐτῷ   8 σύζυγε γνήσιε • γνήσιε σύζυγε

συλλαμβάνου αὐταῖς, αἵτινες ἐν τῷ εὐαγγελίῳ συνήθλησάν μοι, μετὰ καὶ Κλήμεντος, καὶ τῶν λοιπῶν συνεργῶν μου, ὧν τὰ ὀνόματα ἐν βίβλῳ ζωῆς.

Christian Rejoicing particularly in their Fellowship with Christ

4 Χαίρετε ἐν κυρίῳ πάντοτε· πάλιν ἐρῶ, χαίρετε. 5 Τὸ ἐπιεικὲς ὑμῶν γνωσθήτω πᾶσιν ἀνθρώποις. Ὁ κύριος ἐγγύς. 6 Μηδὲν μεριμνᾶτε, ἀλλ᾽ ἐν παντὶ τῇ προσευχῇ καὶ τῇ δεήσει μετὰ εὐχαριστίας τὰ αἰτήματα ὑμῶν γνωριζέσθω πρὸς τὸν θεόν. 7 Καὶ ἡ εἰρήνη τοῦ θεοῦ ἡ ὑπερέχουσα πάντα νοῦν, φρουρήσει τὰς καρδίας ὑμῶν καὶ τὰ νοήματα ὑμῶν ἐν χριστῷ Ἰησοῦ.

8 Τὸ λοιπόν, ἀδελφοί, ὅσα ἐστὶν ἀληθῆ, ὅσα σεμνά, ὅσα δίκαια, ὅσα ἁγνά, ὅσα προσφιλῆ, ὅσα εὔφημα, εἴ τις ἀρετὴ καὶ εἴ τις ἔπαινος, ταῦτα λογίζεσθε. 9 Ἃ καὶ ἐμάθετε καὶ παρελάβετε καὶ ἠκούσατε καὶ εἴδετε ἐν ἐμοί, ταῦτα πράσσετε· καὶ ὁ θεὸς τῆς εἰρήνης ἔσται μεθ᾽ ὑμῶν.

Acknowledgment of the Kindness of the Philippians

10 Ἐχάρην δὲ ἐν κυρίῳ μεγάλως, ὅτι ἤδη ποτὲ ἀνεθάλετε τὸ ὑπὲρ ἐμοῦ φρονεῖν· ἐφ᾽ ᾧ καὶ ἐφρονεῖτε, ἠκαιρεῖσθε δέ. 11 Οὐχ ὅτι καθ᾽ ὑστέρησιν λέγω· ἐγὼ γὰρ ἔμαθον, ἐν οἷς εἰμί, αὐτάρκης εἶναι. 12 Οἶδα καὶ ταπεινοῦσθαι, οἶδα καὶ περισσεύειν· ἐν παντὶ καὶ ἐν πᾶσιν μεμύημαι καὶ χορτάζεσθαι καὶ πεινᾶν, καὶ περισσεύειν καὶ ὑστερεῖσθαι. 13 Πάντα ἰσχύω ἐν τῷ ἐνδυναμοῦντί με χριστῷ.[1] 14 Πλὴν καλῶς ἐποιήσατε συγκοινωνήσαντές μου τῇ θλίψει. 15 Οἴδατε δὲ καὶ ὑμεῖς, Φιλιππήσιοι, ὅτι ἐν ἀρχῇ τοῦ εὐαγγελίου, ὅτε ἐξῆλθον ἀπὸ Μακεδονίας, οὐδεμία μοι ἐκκλησία ἐκοινώνησεν εἰς λόγον δόσεως καὶ λήψεως,[2] εἰ μὴ ὑμεῖς μόνοι· 16 ὅτι καὶ ἐν Θεσσαλονίκῃ καὶ ἅπαξ καὶ δὶς εἰς τὴν χρείαν μοι ἐπέμψατε. 17 Οὐχ ὅτι ἐπιζητῶ τὸ δόμα, ἀλλ᾽[3] ἐπιζητῶ τὸν καρπὸν τὸν πλεονάζοντα εἰς λόγον ὑμῶν. 18 Ἀπέχω δὲ πάντα καὶ

---

[1] χριστῷ • —   [2] λήψεως • λήμψεως   [3] ἀλλ᾽ • ἀλλὰ

περισσεύω· πεπλήρωμαι, δεξάμενος παρὰ Ἐπαφροδίτου τὰ παρ' ὑμῶν, ὀσμὴν εὐωδίας, θυσίαν δεκτήν, εὐάρεστον τῷ θεῷ. **19** Ὁ δὲ θεός μου πληρώσει πᾶσαν χρείαν ὑμῶν κατὰ τὸν πλοῦτον[1] αὐτοῦ ἐν δόξῃ, ἐν χριστῷ Ἰησοῦ. **20** Τῷ δὲ θεῷ καὶ πατρὶ ἡμῶν ἡ δόξα εἰς τοὺς αἰῶνας τῶν αἰώνων. Ἀμήν.

Greetings and Conclusion

21 Ἀσπάσασθε πάντα ἅγιον ἐν χριστῷ Ἰησοῦ. Ἀσπάζονται ὑμᾶς οἱ σὺν ἐμοὶ ἀδελφοί. **22** Ἀσπάζονται ὑμᾶς πάντες οἱ ἅγιοι, μάλιστα δὲ οἱ ἐκ τῆς Καίσαρος οἰκίας. **23** Ἡ χάρις τοῦ κυρίου Ἰησοῦ χριστοῦ μετὰ πάντων ὑμῶν. Ἀμήν.[2]

---

[1] τὸν πλοῦτον • τὸ πλοῦτος   [2] πάντων ὑμῶν. Ἀμήν. • τοῦ πνεύματος ὑμῶν.

ΠΡΟΣ ΚΟΛΑΣΣΑΕΙΣ
To the Colossians

The Opening Salutation

Παῦλος ἀπόστολος Ἰησοῦ χριστοῦ[1] διὰ θελήματος θεοῦ, καὶ Τιμόθεος ὁ ἀδελφός, 2 τοῖς ἐν Κολασσαῖς[2] ἁγίοις καὶ πιστοῖς ἀδελφοῖς ἐν χριστῷ· χάρις ὑμῖν καὶ εἰρήνη ἀπὸ θεοῦ πατρὸς ἡμῶν καὶ κυρίου Ἰησοῦ χριστοῦ.[3]

Paul's Prayer of Thanksgiving and Intercession

3 Εὐχαριστοῦμεν τῷ θεῷ καὶ[4] πατρὶ τοῦ κυρίου ἡμῶν Ἰησοῦ χριστοῦ, πάντοτε περὶ ὑμῶν προσευχόμενοι, 4 ἀκούσαντες τὴν πίστιν ὑμῶν ἐν χριστῷ Ἰησοῦ, καὶ τὴν ἀγάπην τὴν εἰς[5] πάντας τοὺς ἁγίους, 5 διὰ τὴν ἐλπίδα τὴν ἀποκειμένην ὑμῖν ἐν τοῖς οὐρανοῖς, ἣν προηκούσατε ἐν τῷ λόγῳ τῆς ἀληθείας τοῦ εὐαγγελίου, 6 τοῦ παρόντος εἰς ὑμᾶς, καθὼς καὶ ἐν παντὶ τῷ κόσμῳ, καὶ ἔστιν[6] καρποφορούμενον καὶ αὐξανόμενον,[a] καθὼς καὶ ἐν ὑμῖν ἀφ' ἧς ἡμέρας ἠκούσατε καὶ ἐπέγνωτε τὴν χάριν τοῦ θεοῦ ἐν ἀληθείᾳ· 7 καθὼς καὶ[7] ἐμάθετε ἀπὸ Ἐπαφρᾶ τοῦ ἀγαπητοῦ συνδούλου ἡμῶν, ὅς ἐστιν πιστὸς ὑπὲρ ὑμῶν διάκονος τοῦ χριστοῦ, 8 ὁ καὶ δηλώσας ἡμῖν τὴν ὑμῶν ἀγάπην ἐν πνεύματι.

---

[a] καὶ αὐξανόμενον • —

---

[1] Ἰησοῦ χριστοῦ • χριστοῦ Ἰησοῦ   [2] Κολασσαῖς • Κολοσσαῖς   [3] καὶ κυρίου Ἰησοῦ χριστοῦ • —   [4] καὶ • —   [5] τὴν εἰς • ἣν ἔχετε εἰς   [6] καὶ ἔστιν • ἔστιν   [7] καὶ • —

9 Διὰ τοῦτο καὶ ἡμεῖς, ἀφ' ἧς ἡμέρας ἠκούσαμεν, οὐ παυόμεθα ὑπὲρ ὑμῶν προσευχόμενοι, καὶ αἰτούμενοι ἵνα πληρωθῆτε τὴν ἐπίγνωσιν τοῦ θελήματος αὐτοῦ ἐν πάσῃ σοφίᾳ καὶ συνέσει πνευματικῇ, 10 περιπατῆσαι ὑμᾶς¹ ἀξίως τοῦ κυρίου εἰς πᾶσαν ἀρέσκειαν, ἐν παντὶ ἔργῳ ἀγαθῷ καρποφοροῦντες καὶ αὐξανόμενοι εἰς τὴν ἐπίγνωσιν² τοῦ θεοῦ· 11 ἐν πάσῃ δυνάμει δυναμούμενοι κατὰ τὸ κράτος τῆς δόξης αὐτοῦ, εἰς πᾶσαν ὑπομονὴν καὶ μακροθυμίαν μετὰ χαρᾶς· 12 εὐχαριστοῦντες τῷ πατρὶ τῷ ἱκανώσαντι ἡμᾶς³ εἰς τὴν μερίδα τοῦ κλήρου τῶν ἁγίων ἐν τῷ φωτί, 13 ὃς ἐρρύσατο ἡμᾶς ἐκ τῆς ἐξουσίας τοῦ σκότους, καὶ μετέστησεν εἰς τὴν βασιλείαν τοῦ υἱοῦ τῆς ἀγάπης αὐτοῦ, 14 ἐν ᾧ ἔχομεν τὴν ἀπολύτρωσιν,ᵃ τὴν ἄφεσιν τῶν ἁμαρτιῶν·

The Work of the Exalted Christ through the Medium of the Ministry
15 ὅς ἐστιν εἰκὼν τοῦ θεοῦ τοῦ ἀοράτου, πρωτότοκος πάσης κτίσεως· 16 ὅτι ἐν αὐτῷ ἐκτίσθη τὰ πάντα, τὰ ἐν⁴ τοῖς οὐρανοῖς καὶ τὰ ἐπὶ⁵ τῆς γῆς, τὰ ὁρατὰ καὶ τὰ ἀόρατα, εἴτε θρόνοι, εἴτε κυριότητες, εἴτε ἀρχαί, εἴτε ἐξουσίαι· τὰ πάντα δι' αὐτοῦ καὶ εἰς αὐτὸν ἔκτισται· 17 καὶ αὐτός ἐστιν πρὸ πάντων, καὶ τὰ πάντα ἐν αὐτῷ συνέστηκεν. 18 Καὶ αὐτός ἐστιν ἡ κεφαλὴ τοῦ σώματος, τῆς ἐκκλησίας· ὅς ἐστιν ἀρχή, πρωτότοκος ἐκ τῶν νεκρῶν, ἵνα γένηται ἐν πᾶσιν αὐτὸς πρωτεύων· 19 ὅτι ἐν αὐτῷ εὐδόκησεν πᾶν τὸ πλήρωμα κατοικῆσαι, 20 καὶ δι' αὐτοῦ ἀποκαταλλάξαι τὰ πάντα εἰς αὐτόν, εἰρηνοποιήσας διὰ τοῦ αἵματος τοῦ σταυροῦ αὐτοῦ, δι' αὐτοῦ, εἴτε⁶ τὰ ἐπὶ τῆς γῆς, εἴτε τὰ ἐπὶ τοῖς⁷ οὐρανοῖς. 21 Καὶ ὑμᾶς ποτὲ ὄντας ἀπηλλοτριωμένους καὶ ἐχθροὺς τῇ διανοίᾳ ἐν τοῖς ἔργοις τοῖς πονηροῖς, νυνὶ δὲ ἀποκατήλλαξεν 22 ἐν τῷ σώματι τῆς σαρκὸς αὐτοῦ διὰ τοῦ θανάτου, παραστῆσαι ὑμᾶς ἁγίους καὶ ἀμώμους

ᵃ ἀπολύτρωσιν • ἀπολύτρωσιν διὰ τοῦ αἵματος αὐτοῦ

1 ὑμᾶς • —   2 εἰς τὴν ἐπίγνωσιν • τῇ ἐπιγνώσει   3 ἡμᾶς • ὑμᾶς   4 τὰ ἐν • ἐν
5 τὰ ἐπὶ • ἐπὶ   6 δι' αὐτοῦ εἴτε • [δι' αὐτοῦ] εἴτε   7 ἐπὶ τοῖς • ἐν τοῖς

καὶ ἀνεγκλήτους κατενώπιον αὐτοῦ· 23 εἴγε¹ ἐπιμένετε τῇ πίστει τεθεμελιωμένοι καὶ ἑδραῖοι, καὶ μὴ μετακινούμενοι ἀπὸ τῆς ἐλπίδος τοῦ εὐαγγελίου οὗ ἠκούσατε, τοῦ κηρυχθέντος ἐν πάσῃ τῇ κτίσει² τῇ ὑπὸ τὸν οὐρανόν, οὗ ἐγενόμην ἐγὼ Παῦλος διάκονος.

24 Νῦν χαίρω ἐν τοῖς παθήμασιν ὑπὲρ ὑμῶν, καὶ ἀνταναπληρῶ τὰ ὑστερήματα τῶν θλίψεων τοῦ χριστοῦ ἐν τῇ σαρκί μου ὑπὲρ τοῦ σώματος αὐτοῦ, ὅ ἐστιν ἡ ἐκκλησία· 25 ἧς ἐγενόμην ἐγὼ διάκονος, κατὰ τὴν οἰκονομίαν τοῦ θεοῦ τὴν δοθεῖσάν μοι εἰς ὑμᾶς, πληρῶσαι τὸν λόγον τοῦ θεοῦ, 26 τὸ μυστήριον τὸ ἀποκεκρυμμένον ἀπὸ τῶν αἰώνων καὶ ἀπὸ τῶν γενεῶν· νυνὶ³ δὲ ἐφανερώθη τοῖς ἁγίοις αὐτοῦ, 27 οἷς ἠθέλησεν ὁ θεὸς γνωρίσαι τί τὸ πλοῦτος τῆς δόξης τοῦ μυστηρίου τούτου ἐν τοῖς ἔθνεσιν, ὅς⁴ ἐστιν χριστὸς ἐν ὑμῖν, ἡ ἐλπὶς τῆς δόξης· 28 ὃν ἡμεῖς καταγγέλλομεν, νουθετοῦντες πάντα ἄνθρωπον, καὶ διδάσκοντες πάντα ἄνθρωπον ἐν πάσῃ σοφίᾳ, ἵνα παραστήσωμεν πάντα ἄνθρωπον τέλειον ἐν χριστῷ Ἰησοῦ·⁵ 29 εἰς ὃ καὶ κοπιῶ, ἀγωνιζόμενος κατὰ τὴν ἐνέργειαν αὐτοῦ, τὴν ἐνεργουμένην ἐν ἐμοὶ ἐν δυνάμει.

A Warning against Error

2 Θέλω γὰρ ὑμᾶς εἰδέναι ἡλίκον ἀγῶνα ἔχω περὶ⁶ ὑμῶν καὶ τῶν ἐν Λαοδικείᾳ, καὶ ὅσοι οὐχ ἑωράκασιν⁷ τὸ πρόσωπόν μου ἐν σαρκί, 2 ἵνα παρακληθῶσιν αἱ καρδίαι αὐτῶν, συμβιβασθέντων⁸ ἐν ἀγάπῃ, καὶ εἰς πάντα πλοῦτον⁹ τῆς πληροφορίας τῆς συνέσεως, εἰς ἐπίγνωσιν τοῦ μυστηρίου τοῦ θεοῦ καὶ πατρὸς καὶ τοῦ¹⁰ χριστοῦ, 3 ἐν ᾧ εἰσὶν πάντες οἱ θησαυροὶ τῆς σοφίας καὶ τῆς γνώσεως¹¹ ἀπόκρυφοι. 4 Τοῦτο δὲ λέγω, ἵνα μή τις¹² ὑμᾶς παραλογίζηται ἐν πιθανολογίᾳ. 5 Εἰ γὰρ καὶ τῇ σαρκὶ ἄπειμι, ἀλλὰ τῷ πνεύματι σὺν ὑμῖν εἰμί,

---

¹ εἴγε • εἴ γε ² τῇ κτίσει • κτίσει ³ νυνὶ • νῦν ⁴ ὅς • ὅ ⁵ Ἰησοῦ • —
⁶ περὶ • ὑπὲρ ⁷ ἑωράκασιν • ἑόρακαν ⁸ συμβιβασθέντων • συμβιβασθέντες
⁹ πάντα πλοῦτον • πᾶν πλοῦτος ¹⁰ καὶ πατρὸς καὶ τοῦ • — ¹¹ τῆς γνώσεως •
γνώσεως ¹² δὲ λέγω ἵνα μή τις • λέγω ἵνα μηδεὶς

χαίρων καὶ βλέπων ὑμῶν τὴν τάξιν, καὶ τὸ στερέωμα τῆς εἰς χριστὸν πίστεως ὑμῶν.

6 Ὡς οὖν παρελάβετε τὸν χριστὸν Ἰησοῦν τὸν κύριον, ἐν αὐτῷ περιπατεῖτε, 7 ἐρριζωμένοι καὶ ἐποικοδομούμενοι ἐν αὐτῷ, καὶ βεβαιούμενοι ἐν τῇ¹ πίστει, καθὼς ἐδιδάχθητε, περισσεύοντες ἐν αὐτῇ² ἐν εὐχαριστίᾳ.

8 Βλέπετε μή τις ὑμᾶς ἔσται ὁ συλαγωγῶν διὰ τῆς φιλοσοφίας καὶ κενῆς ἀπάτης, κατὰ τὴν παράδοσιν τῶν ἀνθρώπων, κατὰ τὰ στοιχεῖα τοῦ κόσμου, καὶ οὐ κατὰ χριστόν·

Christ's Work for His Church, Resulting in Sanctification

9 ὅτι ἐν αὐτῷ κατοικεῖ πᾶν τὸ πλήρωμα τῆς θεότητος σωματικῶς, 10 καί ἐστε ἐν αὐτῷ πεπληρωμένοι, ὅς ἐστιν ἡ κεφαλὴ πάσης ἀρχῆς καὶ ἐξουσίας· 11 ἐν ᾧ καὶ περιετμήθητε περιτομῇ ἀχειροποιήτῳ, ἐν τῇ ἀπεκδύσει τοῦ σώματος τῶν ἁμαρτιῶν³ τῆς σαρκός, ἐν τῇ περιτομῇ τοῦ χριστοῦ, 12 συνταφέντες αὐτῷ ἐν τῷ βαπτίσματι,⁴ ἐν ᾧ καὶ συνηγέρθητε διὰ τῆς πίστεως τῆς ἐνεργείας τοῦ θεοῦ, τοῦ ἐγείραντος αὐτὸν ἐκ τῶν⁵ νεκρῶν. 13 Καὶ ὑμᾶς, νεκροὺς ὄντας ἐν⁶ τοῖς παραπτώμασιν καὶ τῇ ἀκροβυστίᾳ τῆς σαρκὸς ὑμῶν, συνεζωοποίησεν ὑμᾶς σὺν αὐτῷ, χαρισάμενος ἡμῖν πάντα τὰ παραπτώματα, 14 ἐξαλείψας τὸ καθ' ἡμῶν χειρόγραφον τοῖς δόγμασιν, ὃ ἦν ὑπεναντίον ἡμῖν· καὶ αὐτὸ ἦρκεν ἐκ τοῦ μέσου, προσηλώσας αὐτὸ τῷ σταυρῷ· 15 ἀπεκδυσάμενος τὰς ἀρχὰς καὶ τὰς ἐξουσίας, ἐδειγμάτισεν ἐν παρρησίᾳ, θριαμβεύσας αὐτοὺς ἐν αὐτῷ.

16 Μὴ οὖν τις ὑμᾶς κρινέτω ἐν βρώσει ἢ ἐν πόσει,⁷ ἢ ἐν μέρει ἑορτῆς ἢ νουμηνίας⁸ ἢ σαββάτων· 17 ἅ ἐστιν σκιὰ τῶν μελλόντων, τὸ δὲ σῶμα χριστοῦ.⁹ 18 Μηδεὶς ὑμᾶς καταβραβευέτω θέλων ἐν ταπεινοφροσύνῃ καὶ θρησκείᾳ τῶν ἀγγέλων, ἃ μὴ ἑώρακεν¹⁰ ἐμβατεύων, εἰκῇ φυσιούμενος

---

¹ ἐν τῇ • τῇ   ² ἐν αὐτῇ • —   ³ τῶν ἁμαρτιῶν • —   ⁴ βαπτίσματι • βαπτισμῷ
⁵ τῶν • —   ⁶ ἐν • [ἐν]   ⁷ ἢ ἐν πόσει • καὶ ἐν πόσει   ⁸ νουμηνίας • νεομηνίας
⁹ χριστοῦ • τοῦ χριστοῦ   ¹⁰ μὴ ἑώρακεν • ἑόρακεν

ὑπὸ τοῦ νοὸς τῆς σαρκὸς αὐτοῦ, 19 καὶ οὐ κρατῶν τὴν κεφαλήν, ἐξ οὗ πᾶν τὸ σῶμα, διὰ τῶν ἁφῶν καὶ συνδέσμων ἐπιχορηγούμενον καὶ συμβιβαζόμενον, αὔξει τὴν αὔξησιν τοῦ θεοῦ.

20 Εἰ ἀπεθάνετε σὺν χριστῷ, ἀπὸ τῶν στοιχείων τοῦ κόσμου, τί ὡς ζῶντες ἐν κόσμῳ δογματίζεσθε, 21 Μὴ ἅψῃ, μηδὲ γεύσῃ, μηδὲ θίγῃς— 22 ἅ ἐστιν πάντα εἰς φθορὰν τῇ ἀποχρήσει—κατὰ τὰ ἐντάλματα καὶ διδασκαλίας τῶν ἀνθρώπων; 23 Ἅτινά ἐστιν λόγον μὲν ἔχοντα σοφίας ἐν ἐθελοθρησκείᾳ¹ καὶ ταπεινοφροσύνῃ καὶ ἀφειδίᾳ² σώματος, οὐκ ἐν τιμῇ τινὶ πρὸς πλησμονὴν τῆς σαρκός.

The Affections of the Christians Set on Things Above

3 Εἰ οὖν συνηγέρθητε τῷ χριστῷ, τὰ ἄνω ζητεῖτε, οὗ ὁ χριστός ἐστιν ἐν δεξιᾷ τοῦ θεοῦ καθήμενος. 2 Τὰ ἄνω φρονεῖτε, μὴ τὰ ἐπὶ τῆς γῆς. 3 Ἀπεθάνετε γάρ, καὶ ἡ ζωὴ ὑμῶν κέκρυπται σὺν τῷ χριστῷ ἐν τῷ θεῷ. 4 Ὅταν ὁ χριστὸς φανερωθῇ, ἡ ζωὴ ἡμῶν,³ τότε καὶ ὑμεῖς σὺν αὐτῷ φανερωθήσεσθε ἐν δόξῃ.

Putting Off the Old Man and Putting On the New

5 Νεκρώσατε οὖν τὰ μέλη ὑμῶν⁴ τὰ ἐπὶ τῆς γῆς, πορνείαν, ἀκαθαρσίαν, πάθος, ἐπιθυμίαν κακήν, καὶ τὴν πλεονεξίαν, ἥτις ἐστὶν εἰδωλολατρεία,⁵ 6 δι' ἃ ἔρχεται ἡ ὀργὴ τοῦ θεοῦ ἐπὶ τοὺς υἱοὺς τῆς ἀπειθείας·⁶ 7 ἐν οἷς καὶ ὑμεῖς περιεπατήσατέ ποτε, ὅτε ἐζῆτε ἐν αὐτοῖς.⁷ 8 Νυνὶ δὲ ἀπόθεσθε καὶ ὑμεῖς τὰ πάντα, ὀργήν, θυμόν, κακίαν, βλασφημίαν, αἰσχρολογίαν ἐκ τοῦ στόματος ὑμῶν· 9 μὴ ψεύδεσθε εἰς ἀλλήλους, ἀπεκδυσάμενοι τὸν παλαιὸν ἄνθρωπον σὺν ταῖς πράξεσιν αὐτοῦ, 10 καὶ ἐνδυσάμενοι τὸν νέον, τὸν ἀνακαινούμενον εἰς ἐπίγνωσιν κατ' εἰκόνα τοῦ κτίσαντος αὐτόν· 11 ὅπου οὐκ ἔνι Ἕλλην καὶ Ἰουδαῖος, περιτομὴ καὶ ἀκροβυστία, βάρβαρος, Σκύθης, δοῦλος, ἐλεύθερος· ἀλλὰ τὰ⁸ πάντα καὶ ἐν πᾶσιν χριστός.

---

¹ ἐθελοθρησκείᾳ • ἐθελοθρησκίᾳ   ² καὶ ἀφειδίᾳ • [καὶ] ἀφειδίᾳ   ³ ἡμῶν • ὑμῶν   ⁴ ὑμῶν • —   ⁵ εἰδωλολατρεία • εἰδωλολατρία   ⁶ ἐπὶ τοὺς υἱοὺς τῆς ἀπειθείας • [ἐπὶ τοὺς υἱοὺς τῆς ἀπειθείας]   ⁷ αὐτοῖς • τούτοις   ⁸ τὰ • [τὰ]

The Rule of God's Peace and Its Effect on Various Stations in Life

12 Ἐνδύσασθε οὖν, ὡς ἐκλεκτοὶ τοῦ θεοῦ, ἅγιοι καὶ ἠγαπημένοι, σπλάγχνα οἰκτιρμοῦ,^a χρηστότητα, ταπεινοφροσύνην, πραότητα,^1 μακροθυμίαν· 13 ἀνεχόμενοι ἀλλήλων, καὶ χαριζόμενοι ἑαυτοῖς, ἐάν τις πρός τινα ἔχῃ μομφήν· καθὼς καὶ ὁ χριστὸς^2 ἐχαρίσατο ὑμῖν, οὕτως καὶ ὑμεῖς· 14 ἐπὶ πᾶσιν δὲ τούτοις τὴν ἀγάπην, ἥτις^3 ἐστὶν σύνδεσμος τῆς τελειότητος. 15 Καὶ ἡ εἰρήνη τοῦ θεοῦ^4 βραβευέτω ἐν ταῖς καρδίαις ὑμῶν, εἰς ἣν καὶ ἐκλήθητε ἐν ἑνὶ σώματι· καὶ εὐχάριστοι γίνεσθε. 16 Ὁ λόγος τοῦ χριστοῦ ἐνοικείτω ἐν ὑμῖν πλουσίως ἐν πάσῃ σοφίᾳ· διδάσκοντες καὶ νουθετοῦντες ἑαυτούς, ψαλμοῖς, καὶ ὕμνοις, καὶ^5 ᾠδαῖς πνευματικαῖς, ἐν χάριτι^6 ᾄδοντες ἐν τῇ καρδίᾳ^7 ὑμῶν τῷ κυρίῳ.^8 17 Καὶ πᾶν ὅ τι ἂν^9 ποιῆτε, ἐν λόγῳ ἢ ἐν ἔργῳ, πάντα ἐν ὀνόματι κυρίου Ἰησοῦ, εὐχαριστοῦντες τῷ θεῷ καὶ πατρὶ^10 δι' αὐτοῦ.

18 Αἱ γυναῖκες, ὑποτάσσεσθε τοῖς ἰδίοις^11 ἀνδράσιν, ὡς ἀνῆκεν ἐν κυρίῳ. 19 Οἱ ἄνδρες, ἀγαπᾶτε τὰς γυναῖκας, καὶ μὴ πικραίνεσθε πρὸς αὐτάς. 20 Τὰ τέκνα, ὑπακούετε τοῖς γονεῦσιν κατὰ πάντα· τοῦτο γάρ ἐστιν εὐάρεστον^12 ἐν κυρίῳ. 21 Οἱ πατέρες, μὴ ἐρεθίζετε τὰ τέκνα ὑμῶν, ἵνα μὴ ἀθυμῶσιν. 22 Οἱ δοῦλοι, ὑπακούετε κατὰ πάντα τοῖς κατὰ σάρκα κυρίοις, μὴ ἐν ὀφθαλμοδουλείαις^13 ὡς ἀνθρωπάρεσκοι, ἀλλ' ἐν ἁπλότητι καρδίας, φοβούμενοι τὸν θεόν·^14 23 καὶ πᾶν ὅ τι^15 ἐὰν ποιῆτε, ἐκ ψυχῆς ἐργάζεσθε, ὡς τῷ κυρίῳ καὶ οὐκ ἀνθρώποις· 24 εἰδότες ὅτι ἀπὸ κυρίου λήψεσθε^16 τὴν ἀνταπόδοσιν τῆς

---

^a οἰκτιρμοῦ • οἰκτιρμῶν

1 πραότητα • πραΰτητα   2 χριστὸς • κύριος   3 ἥτις • ὅ   4 θεοῦ • χριστοῦ
5 καὶ ὕμνοις καὶ • ὕμνοις   6 χάριτι • [τῇ] χάριτι   7 τῇ καρδίᾳ • ταῖς καρδίαις   8 κυρίῳ • θεῷ   9 ἂν • ἐὰν   10 καὶ πατρὶ • πατρὶ   11 ἰδίοις • —
12 ἐστιν εὐάρεστον • εὐάρεστόν ἐστιν   13 ὀφθαλμοδουλείαις • ὀφθαλμοδουλίᾳ
14 θεόν • κύριον   15 καὶ πᾶν ὅ τι • ὃ   16 λήψεσθε • ἀπολήμψεσθε

κληρονομίας· τῷ γὰρ¹ κυρίῳ χριστῷ δουλεύετε. 25 Ὁ δὲ ἀδικῶν κομιεῖται² ὃ ἠδίκησεν· καὶ οὐκ ἔστιν προσωποληψία.³ 4 Οἱ κύριοι, τὸ δίκαιον καὶ τὴν ἰσότητα τοῖς δούλοις παρέχεσθε, εἰδότες ὅτι καὶ ὑμεῖς ἔχετε κύριον ἐν οὐρανοῖς.⁴

Concluding Admonitions

2 Τῇ προσευχῇ προσκαρτερεῖτε, γρηγοροῦντες ἐν αὐτῇ ἐν εὐχαριστίᾳ· 3 προσευχόμενοι ἅμα καὶ περὶ ἡμῶν, ἵνα ὁ θεὸς ἀνοίξῃ ἡμῖν θύραν τοῦ λόγου, λαλῆσαι τὸ μυστήριον τοῦ χριστοῦ, δι' ὃ καὶ δέδεμαι· 4 ἵνα φανερώσω αὐτό, ὡς δεῖ με λαλῆσαι. 5 Ἐν σοφίᾳ περιπατεῖτε πρὸς τοὺς ἔξω, τὸν καιρὸν ἐξαγοραζόμενοι. 6 Ὁ λόγος ὑμῶν πάντοτε ἐν χάριτι, ἅλατι ἠρτυμένος, εἰδέναι πῶς δεῖ ὑμᾶς ἑνὶ ἑκάστῳ ἀποκρίνεσθαι.

Personal Matters, Greetings, and Concluding Salutation

7 Τὰ κατ' ἐμὲ πάντα γνωρίσει ὑμῖν Τυχικός, ὁ ἀγαπητὸς ἀδελφὸς καὶ πιστὸς διάκονος καὶ σύνδουλος ἐν κυρίῳ· 8 ὃν ἔπεμψα πρὸς ὑμᾶς εἰς αὐτὸ τοῦτο, ἵνα γνῷ τὰ περὶ ὑμῶν⁵ καὶ παρακαλέσῃ τὰς καρδίας ὑμῶν· 9 σὺν Ὀνησίμῳ τῷ πιστῷ καὶ ἀγαπητῷ ἀδελφῷ, ὅς ἐστιν ἐξ ὑμῶν. Πάντα ὑμῖν γνωριοῦσιν⁶ τὰ ὧδε.

10 Ἀσπάζεται ὑμᾶς Ἀρίσταρχος ὁ συναιχμάλωτός μου, καὶ Μάρκος ὁ ἀνεψιὸς Βαρνάβα, περὶ οὗ ἐλάβετε ἐντολάς—ἐὰν ἔλθῃ πρὸς ὑμᾶς, δέξασθε αὐτόν· 11 καὶ Ἰησοῦς ὁ λεγόμενος Ἰοῦστος, οἱ ὄντες ἐκ περιτομῆς· οὗτοι μόνοι συνεργοὶ εἰς τὴν βασιλείαν τοῦ θεοῦ, οἵτινες ἐγενήθησάν μοι παρηγορία. 12 Ἀσπάζεται ὑμᾶς Ἐπαφρᾶς ὁ ἐξ ὑμῶν, δοῦλος χριστοῦ,⁷ πάντοτε ἀγωνιζόμενος ὑπὲρ ὑμῶν ἐν ταῖς προσευχαῖς, ἵνα στῆτε⁸ τέλειοι καὶ πεπληρωμένοι⁹ ἐν παντὶ θελήματι τοῦ θεοῦ. 13 Μαρτυρῶ γὰρ αὐτῷ ὅτι ἔχει ζῆλον πολὺν¹⁰ ὑπὲρ ὑμῶν

---

¹ γὰρ • — ² δὲ ἀδικῶν κομιεῖται • γὰρ ἀδικῶν κομίσεται ³ προσωποληψία • προσωπολημψία ⁴ οὐρανοῖς • οὐρανῷ ⁵ γνῷ τὰ περὶ ὑμῶν • γνῶτε τὰ περὶ ἡμῶν ⁶ γνωριοῦσιν • γνωρίσουσιν ⁷ χριστοῦ • χριστοῦ ['Ιησοῦ] ⁸ στῆτε • σταθῆτε ⁹ πεπληρωμένοι • πεπληροφορημένοι ¹⁰ ζῆλον πολὺν • πολὺν πόνον

καὶ τῶν ἐν Λαοδικείᾳ καὶ τῶν ἐν Ἱεραπόλει. 14 Ἀσπάζεται ὑμᾶς Λουκᾶς ὁ ἰατρὸς ὁ ἀγαπητός, καὶ Δημᾶς. 15 Ἀσπάσασθε τοὺς ἐν Λαοδικείᾳ ἀδελφούς, καὶ Νυμφᾶν,[1] καὶ τὴν κατ' οἶκον αὐτοῦ[2] ἐκκλησίαν. 16 Καὶ ὅταν ἀναγνωσθῇ παρ' ὑμῖν ἡ ἐπιστολή, ποιήσατε ἵνα καὶ ἐν τῇ Λαοδικαίων[3] ἐκκλησίᾳ ἀναγνωσθῇ, καὶ τὴν ἐκ Λαοδικείας ἵνα καὶ ὑμεῖς ἀναγνῶτε. 17 Καὶ εἴπατε Ἀρχίππῳ, Βλέπε τὴν διακονίαν ἣν παρέλαβες ἐν κυρίῳ, ἵνα αὐτὴν πληροῖς. 18 Ὁ ἀσπασμὸς τῇ ἐμῇ χειρὶ Παύλου. Μνημονεύετέ μου τῶν δεσμῶν. Ἡ χάρις μεθ' ὑμῶν. Ἀμήν.[4]

---

[1] Νυμφᾶν • Νύμφαν   [2] αὐτοῦ • αὐτῆς   [3] Λαοδικαίων • Λαοδικέων   [4] Ἀμήν •

ΠΡΟΣ ΘΕΣΣΑΛΟΝΙΚΕΙΣ Α
First to the Thessalonians

Introduction and Thanksgiving

Παῦλος καὶ Σιλουανὸς καὶ Τιμόθεος, τῇ ἐκκλησίᾳ Θεσσαλονικέων ἐν θεῷ πατρί, καὶ κυρίῳ Ἰησοῦ χριστῷ· χάρις ὑμῖν καὶ εἰρήνη ἀπὸ θεοῦ πατρὸς ἡμῶν καὶ κυρίου Ἰησοῦ χριστοῦ.[1]

2 Εὐχαριστοῦμεν τῷ θεῷ πάντοτε περὶ πάντων ὑμῶν, μνείαν ὑμῶν ποιούμενοι[2] ἐπὶ τῶν προσευχῶν ἡμῶν, 3 ἀδιαλείπτως μνημονεύοντες ὑμῶν τοῦ ἔργου τῆς πίστεως, καὶ τοῦ κόπου τῆς ἀγάπης, καὶ τῆς ὑπομονῆς τῆς ἐλπίδος τοῦ κυρίου ἡμῶν Ἰησοῦ χριστοῦ, ἔμπροσθεν τοῦ θεοῦ καὶ πατρὸς ἡμῶν· 4 εἰδότες, ἀδελφοὶ ἠγαπημένοι ὑπὸ θεοῦ,[3] τὴν ἐκλογὴν ὑμῶν·

A Recommendation of the Congregation's Attitude

5 ὅτι τὸ εὐαγγέλιον ἡμῶν οὐκ ἐγενήθη εἰς ὑμᾶς ἐν λόγῳ μόνον, ἀλλὰ καὶ ἐν δυνάμει, καὶ ἐν πνεύματι ἁγίῳ, καὶ ἐν πληροφορίᾳ[4] πολλῇ, καθὼς οἴδατε οἷοι ἐγενήθημεν ἐν ὑμῖν[5] δι' ὑμᾶς. 6 Καὶ ὑμεῖς μιμηταὶ ἡμῶν ἐγενήθητε καὶ τοῦ κυρίου,

---

[1] ἀπὸ θεοῦ πατρὸς ἡμῶν καὶ κυρίου Ἰησοῦ χριστοῦ • —   [2] ὑμῶν ποιούμενοι • ποιούμενοι   [3] θεοῦ • [τοῦ] θεοῦ   [4] ἐν πληροφορίᾳ • [ἐν] πληροφορίᾳ   [5] ἐν ὑμῖν • [ἐν] ὑμῖν

δεξάμενοι τὸν λόγον ἐν θλίψει πολλῇ μετὰ χαρᾶς πνεύματος ἁγίου, 7 ὥστε γενέσθαι ὑμᾶς τύπους¹ πᾶσιν τοῖς πιστεύουσιν ἐν τῇ Μακεδονίᾳ καὶ² τῇ Ἀχαΐᾳ. 8 Ἀφ' ὑμῶν γὰρ ἐξήχηται ὁ λόγος τοῦ κυρίου οὐ μόνον ἐν τῇ Μακεδονίᾳ καὶ ἐν τῇ Ἀχαΐᾳ, ἀλλὰ καὶ ἐν παντὶ³ τόπῳ ἡ πίστις ὑμῶν ἡ πρὸς τὸν θεὸν ἐξελήλυθεν, ὥστε μὴ χρείαν ἡμᾶς ἔχειν⁴ λαλεῖν τι. 9 Αὐτοὶ γὰρ περὶ ἡμῶν ἀπαγγέλλουσιν ὁποίαν εἴσοδον ἔσχομεν πρὸς ὑμᾶς, καὶ πῶς ἐπεστρέψατε πρὸς τὸν θεὸν ἀπὸ τῶν εἰδώλων, δουλεύειν θεῷ ζῶντι καὶ ἀληθινῷ, 10 καὶ ἀναμένειν τὸν υἱὸν αὐτοῦ ἐκ τῶν οὐρανῶν, ὃν ἤγειρεν ἐκ τῶν νεκρῶν,⁵ Ἰησοῦν, τὸν ῥυόμενον ἡμᾶς ἀπὸ⁶ τῆς ὀργῆς τῆς ἐρχομένης.

Paul's Manner of Working in Thessalonica

2 Αὐτοὶ γὰρ οἴδατε, ἀδελφοί, τὴν εἴσοδον ἡμῶν τὴν πρὸς ὑμᾶς, ὅτι οὐ κενὴ γέγονεν· 2 ἀλλὰ προπαθόντες καὶ ὑβρισθέντες, καθὼς οἴδατε, ἐν Φιλίπποις, ἐπαρρησιασάμεθα ἐν τῷ θεῷ ἡμῶν λαλῆσαι πρὸς ὑμᾶς τὸ εὐαγγέλιον τοῦ θεοῦ ἐν πολλῷ ἀγῶνι. 3 Ἡ γὰρ παράκλησις ἡμῶν οὐκ ἐκ πλάνης, οὐδὲ ἐξ ἀκαθαρσίας, οὔτε⁷ ἐν δόλῳ· 4 ἀλλὰ καθὼς δεδοκιμάσμεθα ὑπὸ τοῦ θεοῦ πιστευθῆναι τὸ εὐαγγέλιον, οὕτως λαλοῦμεν, οὐχ ὡς ἀνθρώποις ἀρέσκοντες, ἀλλὰ τῷ θεῷ⁸ τῷ δοκιμάζοντι τὰς καρδίας ἡμῶν. 5 Οὔτε γάρ ποτε ἐν λόγῳ κολακείας ἐγενήθημεν, καθὼς οἴδατε, οὔτε ἐν προφάσει πλεονεξίας· θεὸς μάρτυς· 6 οὔτε ζητοῦντες ἐξ ἀνθρώπων δόξαν, οὔτε ἀφ' ὑμῶν οὔτε ἀπὸ ἄλλων,⁹ δυνάμενοι ἐν βάρει εἶναι, ὡς χριστοῦ ἀπόστολοι, 7 ἀλλ'¹⁰ ἐγενήθημεν ἤπιοι¹¹ ἐν μέσῳ ὑμῶν ὡς ἂν¹² τροφὸς θάλπῃ τὰ ἑαυτῆς τέκνα· 8 οὕτως, ὁμειρόμενοι ὑμῶν, εὐδοκοῦμεν μεταδοῦναι ὑμῖν οὐ μόνον τὸ εὐαγγέλιον τοῦ θεοῦ, ἀλλὰ καὶ τὰς ἑαυτῶν ψυχάς, διότι ἀγαπητοὶ ἡμῖν γεγένησθε.¹³ 9 Μνημονεύετε γάρ, ἀδελφοί, τὸν κόπον ἡμῶν

---

1 τύπους • τύπον   2 καὶ • καὶ ἐν   3 ἐν τῇ Ἀχαΐᾳ ἀλλὰ καὶ ἐν παντὶ • [ἐν τῇ] Ἀχαΐᾳ ἀλλ' ἐν παντὶ   4 ἡμᾶς ἔχειν • ἔχειν ἡμᾶς   5 τῶν νεκρῶν • [τῶν] νεκρῶν   6 ἀπὸ • ἐκ   7 οὔτε • οὐδὲ   8 τῷ θεῷ • θεῷ   9 ἀπὸ ἄλλων • ἀπ' ἄλλων   10 ἀλλ' • ἀλλὰ   11 ἤπιοι • νήπιοι   12 ὡς ἂν • ὡς ἐὰν   13 γεγένησθε • ἐγενήθητε

καὶ τὸν μόχθον· νυκτὸς γὰρ καὶ [1] ἡμέρας ἐργαζόμενοι, πρὸς τὸ μὴ ἐπιβαρῆσαί τινα ὑμῶν, ἐκηρύξαμεν εἰς ὑμᾶς τὸ εὐαγγέλιον τοῦ θεοῦ. 10 Ὑμεῖς μάρτυρες καὶ ὁ θεός, ὡς ὁσίως καὶ δικαίως καὶ ἀμέμπτως ὑμῖν τοῖς πιστεύουσιν ἐγενήθημεν· 11 καθάπερ οἴδατε ὡς ἕνα ἕκαστον ὑμῶν, ὡς πατὴρ τέκνα ἑαυτοῦ, παρακαλοῦντες ὑμᾶς καὶ παραμυθούμενοι 12 καὶ μαρτυρόμενοι, εἰς τὸ περιπατῆσαι [2] ὑμᾶς ἀξίως τοῦ θεοῦ τοῦ καλοῦντος ὑμᾶς εἰς τὴν ἑαυτοῦ βασιλείαν καὶ δόξαν.

The Manner in Which the Thessalonians Received the Gospel

13 Διὰ [3] τοῦτο καὶ ἡμεῖς εὐχαριστοῦμεν τῷ θεῷ ἀδιαλείπτως, ὅτι παραλαβόντες λόγον ἀκοῆς παρ' ἡμῶν τοῦ θεοῦ, ἐδέξασθε οὐ λόγον ἀνθρώπων, ἀλλὰ καθώς ἐστιν ἀληθῶς, λόγον θεοῦ, ὃς καὶ ἐνεργεῖται ἐν ὑμῖν τοῖς πιστεύουσιν. 14 Ὑμεῖς γὰρ μιμηταὶ ἐγενήθητε, ἀδελφοί, τῶν ἐκκλησιῶν τοῦ θεοῦ τῶν οὐσῶν ἐν τῇ Ἰουδαίᾳ ἐν χριστῷ Ἰησοῦ· ὅτι τὰ αὐτὰ ἐπάθετε καὶ ὑμεῖς ὑπὸ τῶν ἰδίων συμφυλετῶν, καθὼς καὶ αὐτοὶ ὑπὸ τῶν Ἰουδαίων, 15 τῶν καὶ τὸν κύριον ἀποκτεινάντων Ἰησοῦν καὶ τοὺς ἰδίους [4] προφήτας, καὶ ἡμᾶς ἐκδιωξάντων, καὶ θεῷ μὴ ἀρεσκόντων, καὶ πᾶσιν ἀνθρώποις ἐναντίων, 16 κωλυόντων ἡμᾶς τοῖς ἔθνεσιν λαλῆσαι ἵνα σωθῶσιν, εἰς τὸ ἀναπληρῶσαι αὐτῶν τὰς ἁμαρτίας πάντοτε· ἔφθασεν δὲ ἐπ' αὐτοὺς ἡ ὀργὴ εἰς τέλος.

17 Ἡμεῖς δέ, ἀδελφοί, ἀπορφανισθέντες ἀφ' ὑμῶν πρὸς καιρὸν ὥρας, προσώπῳ οὐ καρδίᾳ, περισσοτέρως ἐσπουδάσαμεν τὸ πρόσωπον ὑμῶν ἰδεῖν ἐν πολλῇ ἐπιθυμίᾳ· 18 διὸ [5] ἠθελήσαμεν ἐλθεῖν πρὸς ὑμᾶς, ἐγὼ μὲν Παῦλος καὶ ἅπαξ καὶ δίς, καὶ ἐνέκοψεν ἡμᾶς ὁ Σατανᾶς. 19 Τίς γὰρ ἡμῶν ἐλπὶς ἢ χαρὰ ἢ στέφανος καυχήσεως; Ἢ οὐχὶ καὶ ὑμεῖς, ἔμπροσθεν τοῦ κυρίου ἡμῶν Ἰησοῦ ἐν τῇ αὐτοῦ παρουσίᾳ; 20 Ὑμεῖς γάρ ἐστε ἡ δόξα ἡμῶν καὶ ἡ χαρά.

---

[1] γὰρ καὶ • καὶ   [2] περιπατῆσαι • περιπατεῖν   [3] Διὰ • Καὶ διὰ   [4] ἰδίους • —
[5] διὸ • διότι

Various Proofs of Paul's Love for the Thessalonians

3 Διὸ μηκέτι στέγοντες, εὐδοκήσαμεν καταλειφθῆναι ἐν Ἀθήναις μόνοι, 2 καὶ ἐπέμψαμεν Τιμόθεον τὸν ἀδελφὸν ἡμῶν καὶ διάκονον τοῦ θεοῦ καὶ συνεργὸν ἡμῶν ἐν τῷ [1] εὐαγγελίῳ τοῦ χριστοῦ, εἰς τὸ στηρίξαι ὑμᾶς καὶ παρακαλέσαι ὑμᾶς περὶ [2] τῆς πίστεως ὑμῶν, 3 τὸ μηδένα σαίνεσθαι ἐν ταῖς θλίψεσιν ταύταις· αὐτοὶ γὰρ οἴδατε ὅτι εἰς τοῦτο κείμεθα. 4 Καὶ γὰρ ὅτε πρὸς ὑμᾶς ἦμεν, προελέγομεν ὑμῖν ὅτι μέλλομεν θλίβεσθαι, καθὼς καὶ ἐγένετο καὶ οἴδατε. 5 Διὰ τοῦτο κἀγώ, μηκέτι στέγων, ἔπεμψα εἰς τὸ γνῶναι τὴν πίστιν ὑμῶν, μήπως [3] ἐπείρασεν ὑμᾶς ὁ πειράζων, καὶ εἰς κενὸν γένηται ὁ κόπος ἡμῶν. 6 Ἄρτι δὲ ἐλθόντος Τιμοθέου πρὸς ἡμᾶς ἀφ᾽ ὑμῶν, καὶ εὐαγγελισαμένου ἡμῖν τὴν πίστιν καὶ τὴν ἀγάπην ὑμῶν, καὶ ὅτι ἔχετε μνείαν ἡμῶν ἀγαθὴν πάντοτε, ἐπιποθοῦντες ἡμᾶς ἰδεῖν, καθάπερ καὶ ἡμεῖς ὑμᾶς· 7 διὰ τοῦτο παρεκλήθημεν, ἀδελφοί, ἐφ᾽ ὑμῖν ἐπὶ πάσῃ τῇ θλίψει καὶ ἀνάγκῃ [4] ἡμῶν διὰ τῆς ὑμῶν πίστεως· 8 ὅτι νῦν ζῶμεν, ἐὰν ὑμεῖς στήκετε ἐν κυρίῳ. 9 Τίνα γὰρ εὐχαριστίαν δυνάμεθα τῷ θεῷ ἀνταποδοῦναι περὶ ὑμῶν, ἐπὶ πάσῃ τῇ χαρᾷ ᾗ χαίρομεν δι᾽ ὑμᾶς ἔμπροσθεν τοῦ θεοῦ ἡμῶν, 10 νυκτὸς καὶ ἡμέρας ὑπὲρ ἐκπερισσοῦ [5] δεόμενοι εἰς τὸ ἰδεῖν ὑμῶν τὸ πρόσωπον, καὶ καταρτίσαι τὰ ὑστερήματα τῆς πίστεως ὑμῶν;

11 Αὐτὸς δὲ ὁ θεὸς καὶ πατὴρ ἡμῶν, καὶ ὁ κύριος ἡμῶν Ἰησοῦς χριστός, [6] κατευθύναι τὴν ὁδὸν ἡμῶν πρὸς ὑμᾶς· 12 ὑμᾶς δὲ ὁ κύριος πλεονάσαι καὶ περισσεύσαι τῇ ἀγάπῃ εἰς ἀλλήλους καὶ εἰς πάντας, καθάπερ καὶ ἡμεῖς εἰς ὑμᾶς, 13 εἰς τὸ στηρίξαι ὑμῶν τὰς καρδίας ἀμέμπτους ἐν ἁγιωσύνῃ, ἔμπροσθεν τοῦ θεοῦ καὶ πατρὸς ἡμῶν, ἐν τῇ παρουσίᾳ τοῦ κυρίου ἡμῶν Ἰησοῦ χριστοῦ [7] μετὰ πάντων τῶν ἁγίων αὐτοῦ. [8]

---

[1] διάκονον τοῦ θεοῦ καὶ συνεργὸν ἡμῶν ἐν τῷ • συνεργὸν τοῦ θεοῦ ἐν τῷ [2] ὑμᾶς περὶ • ὑπὲρ [3] μήπως • μή πως [4] θλίψει καὶ ἀνάγκῃ • ἀνάγκῃ καὶ θλίψει [5] ὑπὲρ ἐκπερισσοῦ • ὑπερεκπερισσοῦ [6] χριστός • — [7] χριστοῦ • — [8] αὐτοῦ. • αὐτοῦ. [Ἀμήν].

Warning Regarding Various Sins

4 Λοιπὸν ᵃ οὖν, ἀδελφοί, ἐρωτῶμεν ὑμᾶς καὶ παρακαλοῦμεν ἐν κυρίῳ Ἰησοῦ καθὼς¹ παρελάβετε παρ' ἡμῶν τὸ πῶς δεῖ ὑμᾶς περιπατεῖν καὶ ἀρέσκειν θεῷ, ἵνα² περισσεύητε μᾶλλον. **2** Οἴδατε γὰρ τίνας παραγγελίας ἐδώκαμεν ὑμῖν διὰ τοῦ κυρίου Ἰησοῦ. **3** Τοῦτο γάρ ἐστιν θέλημα τοῦ θεοῦ, ὁ ἁγιασμὸς ὑμῶν, ἀπέχεσθαι ὑμᾶς ἀπὸ τῆς πορνείας· **4** εἰδέναι ἕκαστον ὑμῶν τὸ ἑαυτοῦ σκεῦος κτᾶσθαι ἐν ἁγιασμῷ καὶ τιμῇ, **5** μὴ ἐν πάθει ἐπιθυμίας, καθάπερ καὶ τὰ ἔθνη τὰ μὴ εἰδότα τὸν θεόν· **6** τὸ μὴ ὑπερβαίνειν καὶ πλεονεκτεῖν ἐν τῷ πράγματι τὸν ἀδελφὸν αὐτοῦ· διότι ἔκδικος ὁ³ κύριος περὶ πάντων τούτων, καθὼς καὶ προείπομεν ᵇ,⁴ ὑμῖν καὶ διεμαρτυράμεθα. **7** Οὐ γὰρ ἐκάλεσεν ἡμᾶς ὁ θεὸς ἐπὶ ἀκαθαρσίᾳ, ἀλλ' ἐν ἁγιασμῷ. **8** Τοιγαροῦν ὁ ἀθετῶν οὐκ ἄνθρωπον ἀθετεῖ, ἀλλὰ τὸν θεὸν τὸν καὶ δόντα⁵ τὸ πνεῦμα αὐτοῦ τὸ ἅγιον εἰς ὑμᾶς.

9 Περὶ δὲ τῆς φιλαδελφίας οὐ χρείαν ἔχετε γράφειν ὑμῖν· αὐτοὶ γὰρ ὑμεῖς θεοδίδακτοί ἐστε εἰς τὸ ἀγαπᾶν ἀλλήλους· **10** καὶ γὰρ ποιεῖτε αὐτὸ εἰς πάντας τοὺς ἀδελφοὺς τοὺς ἐν⁶ ὅλῃ τῇ Μακεδονίᾳ. Παρακαλοῦμεν δὲ ὑμᾶς, ἀδελφοί, περισσεύειν μᾶλλον, **11** καὶ φιλοτιμεῖσθαι ἡσυχάζειν, καὶ πράσσειν τὰ ἴδια, καὶ ἐργάζεσθαι ταῖς ἰδίαις⁷ χερσὶν ὑμῶν, καθὼς ὑμῖν παρηγγείλαμεν· **12** ἵνα περιπατῆτε εὐσχημόνως πρὸς τοὺς ἔξω, καὶ μηδενὸς χρείαν ἔχητε.

Information about the Resurrection of the Dead

13 Οὐ θέλομεν δὲ ὑμᾶς ἀγνοεῖν, ἀδελφοί, περὶ τῶν κεκοιμημένων,⁸ ἵνα μὴ λυπῆσθε, καθὼς καὶ οἱ λοιποὶ οἱ μὴ ἔχοντες ἐλπίδα. **14** Εἰ γὰρ πιστεύομεν ὅτι Ἰησοῦς ἀπέθανεν καὶ ἀνέστη, οὕτως καὶ ὁ θεὸς τοὺς κοιμηθέντας διὰ τοῦ Ἰησοῦ ἄξει σὺν αὐτῷ. **15** Τοῦτο γὰρ ὑμῖν λέγομεν ἐν λόγῳ κυρίου,

---

ᵃ Λοιπὸν • Τὸ λοιπὸν   ᵇ προείπομεν • προείπαμεν

---

¹ καθὼς • ἵνα καθὼς   ² ἵνα • καθὼς καὶ περιπατεῖτε ἵνα   ³ ὁ • —
⁴ προείπομεν • προείπαμεν   ⁵ καὶ δόντα • [καὶ] διδόντα   ⁶ τοὺς ἐν • [τοὺς] ἐν   ⁷ ἰδίαις • [ἰδίαις]   ⁸ κεκοιμημένων • κοιμωμένων

ὅτι ἡμεῖς οἱ ζῶντες οἱ περιλειπόμενοι εἰς τὴν παρουσίαν τοῦ κυρίου, οὐ μὴ φθάσωμεν τοὺς κοιμηθέντας. 16 Ὅτι αὐτὸς ὁ κύριος ἐν κελεύσματι, ἐν φωνῇ ἀρχαγγέλου, καὶ ἐν σάλπιγγι θεοῦ, καταβήσεται ἀπ' οὐρανοῦ, καὶ οἱ νεκροὶ ἐν χριστῷ ἀναστήσονται πρῶτον· 17 ἔπειτα ἡμεῖς οἱ ζῶντες, οἱ περιλειπόμενοι, ἅμα σὺν αὐτοῖς ἁρπαγησόμεθα ἐν νεφέλαις εἰς ἀπάντησιν τοῦ κυρίου εἰς ἀέρα· καὶ οὕτως πάντοτε σὺν κυρίῳ ἐσόμεθα. 18 Ὥστε παρακαλεῖτε ἀλλήλους ἐν τοῖς λόγοις τούτοις.

Christian Watchfulness with Reference to the Last Day

5 Περὶ δὲ τῶν χρόνων καὶ τῶν καιρῶν, ἀδελφοί, οὐ χρείαν ἔχετε ὑμῖν γράφεσθαι. 2 Αὐτοὶ γὰρ ἀκριβῶς οἴδατε ὅτι ἡ [1] ἡμέρα κυρίου ὡς κλέπτης ἐν νυκτὶ οὕτως ἔρχεται· 3 ὅταν γὰρ [2] λέγωσιν, Εἰρήνη καὶ ἀσφάλεια, τότε αἰφνίδιος αὐτοῖς ἐφίσταται ὄλεθρος, ὥσπερ ἡ ὠδὶν τῇ ἐν γαστρὶ ἐχούσῃ, καὶ οὐ μὴ ἐκφύγωσιν. 4 Ὑμεῖς δέ, ἀδελφοί, οὐκ ἐστὲ ἐν σκότει, ἵνα ἡ ἡμέρα ὑμᾶς ὡς κλέπτης καταλάβῃ· 5 πάντες ὑμεῖς [3] υἱοὶ φωτός ἐστε καὶ υἱοὶ ἡμέρας· οὐκ ἐσμὲν νυκτὸς οὐδὲ σκότους· 6 ἄρα οὖν μὴ καθεύδωμεν ὡς καὶ οἱ [4] λοιποί, ἀλλὰ γρηγορῶμεν καὶ νήφωμεν. 7 Οἱ γὰρ καθεύδοντες νυκτὸς καθεύδουσιν· καὶ οἱ μεθυσκόμενοι, νυκτὸς μεθύουσιν. 8 Ἡμεῖς δέ, ἡμέρας ὄντες, νήφωμεν, ἐνδυσάμενοι θώρακα πίστεως καὶ ἀγάπης, καὶ περικεφαλαίαν, ἐλπίδα σωτηρίας. 9 Ὅτι οὐκ ἔθετο ἡμᾶς ὁ θεὸς εἰς ὀργήν, ἀλλ' [5] εἰς περιποίησιν σωτηρίας διὰ τοῦ κυρίου ἡμῶν Ἰησοῦ χριστοῦ, 10 τοῦ ἀποθανόντος ὑπὲρ ἡμῶν, ἵνα, εἴτε γρηγορῶμεν [a] εἴτε καθεύδωμεν, ἅμα σὺν αὐτῷ ζήσωμεν. 11 Διὸ παρακαλεῖτε ἀλλήλους, καὶ οἰκοδομεῖτε εἰς τὸν ἕνα, καθὼς καὶ ποιεῖτε.

---

[a] γρηγορῶμεν • γρηγοροῦμεν

---

1 ἡ • — 2 γὰρ • — 3 ὑμεῖς • γὰρ ὑμεῖς 4 καὶ οἱ • οἱ 5 ἀλλ' • ἀλλὰ

Concluding Admonitions and Greeting

12 Ἐρωτῶμεν δὲ ὑμᾶς, ἀδελφοί, εἰδέναι τοὺς κοπιῶντας ἐν ὑμῖν, καὶ προϊσταμένους ὑμῶν ἐν κυρίῳ, καὶ νουθετοῦντας ὑμᾶς, 13 καὶ ἡγεῖσθαι αὐτοὺς ὑπὲρ ἐκπερισσοῦ¹ ἐν ἀγάπῃ διὰ τὸ ἔργον αὐτῶν. Εἰρηνεύετε ἐν ἑαυτοῖς. 14 Παρακαλοῦμεν δὲ ὑμᾶς, ἀδελφοί, νουθετεῖτε τοὺς ἀτάκτους, παραμυθεῖσθε τοὺς ὀλιγοψύχους, ἀντέχεσθε τῶν ἀσθενῶν, μακροθυμεῖτε πρὸς πάντας. 15 Ὁρᾶτε μή τις κακὸν ἀντὶ κακοῦ τινὶ ἀποδῷ· ἀλλὰ πάντοτε τὸ ἀγαθὸν διώκετε καὶ² εἰς ἀλλήλους καὶ εἰς πάντας. 16 Πάντοτε χαίρετε· 17 ἀδιαλείπτως προσεύχεσθε· 18 ἐν παντὶ εὐχαριστεῖτε· τοῦτο γὰρ θέλημα θεοῦ ἐν χριστῷ Ἰησοῦ εἰς ὑμᾶς. 19 Τὸ πνεῦμα μὴ σβέννυτε· 20 προφητείας μὴ ἐξουθενεῖτε· 21 πάντα δὲ δοκιμάζετε·ᵃ τὸ καλὸν κατέχετε· 22 ἀπὸ παντὸς εἴδους πονηροῦ ἀπέχεσθε.

23 Αὐτὸς δὲ ὁ θεὸς τῆς εἰρήνης ἁγιάσαι ὑμᾶς ὁλοτελεῖς· καὶ ὁλόκληρον ὑμῶν τὸ πνεῦμα καὶ ἡ ψυχὴ καὶ τὸ σῶμα ἀμέμπτως ἐν τῇ παρουσίᾳ τοῦ κυρίου ἡμῶν Ἰησοῦ χριστοῦ τηρηθείη. 24 Πιστὸς ὁ καλῶν ὑμᾶς, ὃς καὶ ποιήσει.

25 Ἀδελφοί, προσεύχεσθε περὶ³ ἡμῶν.

26 Ἀσπάσασθε τοὺς ἀδελφοὺς πάντας ἐν φιλήματι ἁγίῳ.

27 Ὁρκίζω⁴ ὑμᾶς τὸν κύριον, ἀναγνωσθῆναι τὴν ἐπιστολὴν πᾶσιν τοῖς ἁγίοις⁵ ἀδελφοῖς.

28 Ἡ χάρις τοῦ κυρίου ἡμῶν Ἰησοῦ χριστοῦ μεθ᾿ ὑμῶν. Ἀμήν.⁶

ᵃ δοκιμάζετε • δοκιμάζοντες

---

¹ ὑπὲρ ἐκπερισσοῦ • ὑπερεκπερισσοῦ   ² διώκετε καὶ • διώκετε [καὶ]   ³ περὶ • [καὶ] περὶ   ⁴ Ὁρκίζω • Ἐνορκίζω   ⁵ ἁγίοις • —   ⁶ Ἀμήν • —

ΠΡΟΣ ΘΕΣΣΑΛΟΝΙΚΕΙΣ Β
Second to the Thessalonians

Introductory Salutation

Παῦλος καὶ Σιλουανὸς καὶ Τιμόθεος τῇ ἐκκλησίᾳ Θεσσαλονικέων ἐν θεῷ πατρὶ ἡμῶν καὶ κυρίῳ Ἰησοῦ χριστῷ· 2 χάρις ὑμῖν καὶ εἰρήνη ἀπὸ θεοῦ πατρὸς ἡμῶν[1] καὶ κυρίου Ἰησοῦ χριστοῦ.

Paul's Prayer of Thanksgiving and Intercession

3 Εὐχαριστεῖν ὀφείλομεν τῷ θεῷ πάντοτε περὶ ὑμῶν, ἀδελφοί, καθὼς ἄξιόν ἐστιν, ὅτι ὑπεραυξάνει ἡ πίστις ὑμῶν, καὶ πλεονάζει ἡ ἀγάπη ἑνὸς ἑκάστου πάντων ὑμῶν εἰς ἀλλήλους· 4 ὥστε ἡμᾶς αὐτοὺς[2] ἐν ὑμῖν καυχᾶσθαι[3] ἐν ταῖς ἐκκλησίαις τοῦ θεοῦ ὑπὲρ τῆς ὑπομονῆς ὑμῶν καὶ πίστεως ἐν πᾶσιν τοῖς διωγμοῖς ὑμῶν καὶ ταῖς θλίψεσιν αἷς ἀνέχεσθε· 5 ἔνδειγμα τῆς δικαίας κρίσεως τοῦ θεοῦ, εἰς τὸ καταξιωθῆναι ὑμᾶς τῆς βασιλείας τοῦ θεοῦ, ὑπὲρ ἧς καὶ πάσχετε· 6 εἴπερ δίκαιον παρὰ θεῷ ἀνταποδοῦναι τοῖς θλίβουσιν ὑμᾶς θλίψιν, 7 καὶ ὑμῖν

---

[1] ἡμῶν • [ἡμῶν]   [2] ἡμᾶς αὐτοὺς • αὐτοὺς ἡμᾶς   [3] καυχᾶσθαι • ἐγκαυχᾶσθαι

τοῖς θλιβομένοις ἄνεσιν μεθ' ἡμῶν, ἐν τῇ ἀποκαλύψει τοῦ κυρίου Ἰησοῦ ἀπ' οὐρανοῦ μετ' ἀγγέλων δυνάμεως αὐτοῦ, 8 ἐν πυρὶ φλογός, διδόντος ἐκδίκησιν τοῖς μὴ εἰδόσιν θεόν, καὶ τοῖς μὴ ὑπακούουσιν τῷ εὐαγγελίῳ τοῦ κυρίου ἡμῶν Ἰησοῦ· [a] 9 οἵτινες δίκην τίσουσιν, ὄλεθρον αἰώνιον ἀπὸ προσώπου τοῦ κυρίου καὶ ἀπὸ τῆς δόξης τῆς ἰσχύος αὐτοῦ, 10 ὅταν ἔλθῃ ἐνδοξασθῆναι ἐν τοῖς ἁγίοις αὐτοῦ, καὶ θαυμασθῆναι ἐν πᾶσιν τοῖς πιστεύσασιν ὅτι ἐπιστεύθη τὸ μαρτύριον ἡμῶν ἐφ' ὑμᾶς ἐν τῇ ἡμέρᾳ ἐκείνῃ. 11 Εἰς ὃ καὶ προσευχόμεθα πάντοτε περὶ ὑμῶν, ἵνα ὑμᾶς ἀξιώσῃ τῆς κλήσεως ὁ θεὸς ἡμῶν, καὶ πληρώσῃ πᾶσαν εὐδοκίαν ἀγαθωσύνης καὶ ἔργον πίστεως ἐν δυνάμει· 12 ὅπως ἐνδοξασθῇ τὸ ὄνομα τοῦ κυρίου ἡμῶν Ἰησοῦ [b] ἐν ὑμῖν, καὶ ὑμεῖς ἐν αὐτῷ, κατὰ τὴν χάριν τοῦ θεοῦ ἡμῶν καὶ κυρίου Ἰησοῦ χριστοῦ.

The Man of Sin and the Mystery of Iniquity

2 Ἐρωτῶμεν δὲ ὑμᾶς, ἀδελφοί, ὑπὲρ τῆς παρουσίας τοῦ κυρίου ἡμῶν Ἰησοῦ χριστοῦ, καὶ ἡμῶν ἐπισυναγωγῆς ἐπ' αὐτόν, 2 εἰς τὸ μὴ ταχέως σαλευθῆναι ὑμᾶς ἀπὸ τοῦ νοός, μήτε θροεῖσθαι, [1] μήτε διὰ πνεύματος, μήτε διὰ λόγου, μήτε δι' ἐπιστολῆς ὡς δι' ἡμῶν, ὡς ὅτι ἐνέστηκεν ἡ ἡμέρα τοῦ χριστοῦ· [2] 3 μή τις ὑμᾶς ἐξαπατήσῃ κατὰ μηδένα τρόπον· ὅτι ἐὰν μὴ ἔλθῃ ἡ ἀποστασία πρῶτον, καὶ ἀποκαλυφθῇ ὁ ἄνθρωπος τῆς ἁμαρτίας, [3] ὁ υἱὸς τῆς ἀπωλείας, 4 ὁ ἀντικείμενος καὶ ὑπεραιρόμενος ἐπὶ πάντα λεγόμενον θεὸν ἢ σέβασμα, ὥστε αὐτὸν εἰς τὸν ναὸν τοῦ θεοῦ ὡς θεὸν [4] καθίσαι, ἀποδεικνύντα ἑαυτὸν ὅτι ἐστὶν θεός. 5 Οὐ μνημονεύετε ὅτι ἔτι ὢν πρὸς ὑμᾶς, ταῦτα ἔλεγον ὑμῖν; 6 Καὶ νῦν τὸ κατέχον οἴδατε, εἰς τὸ ἀποκαλυφθῆναι αὐτὸν ἐν τῷ ἑαυτοῦ καιρῷ. 7 Τὸ γὰρ μυστήριον ἤδη ἐνεργεῖται τῆς ἀνομίας· μόνον ὁ κατέχων ἄρτι, ἕως ἐκ μέσου γένηται, 8 καὶ τότε ἀποκαλυφθήσεται ὁ

---

[a] Ἰησοῦ • Ἰησοῦ χριστοῦ   [b] ἡμῶν Ἰησοῦ • ἡμῶν Ἰησοῦ χριστοῦ

---

[1] μήτε θροεῖσθαι • μηδὲ θροεῖσθαι   [2] χριστοῦ • κυρίου   [3] ἁμαρτίας • ἀνομίας
[4] ὡς θεὸν • —

ἄνομος, ὃν ὁ κύριος ἀναλώσει¹ τῷ πνεύματι τοῦ στόματος αὐτοῦ, καὶ καταργήσει τῇ ἐπιφανείᾳ τῆς παρουσίας αὐτοῦ· 9 οὗ ἐστὶν ἡ παρουσία κατ' ἐνέργειαν τοῦ Σατανᾶ ἐν πάσῃ δυνάμει καὶ σημείοις καὶ τέρασιν ψεύδους, 10 καὶ ἐν πάσῃ ἀπάτῃ τῆς ἀδικίας ἐν² τοῖς ἀπολλυμένοις, ἀνθ' ὧν τὴν ἀγάπην τῆς ἀληθείας οὐκ ἐδέξαντο εἰς τὸ σωθῆναι αὐτούς. 11 Καὶ διὰ τοῦτο πέμψει³ αὐτοῖς ὁ θεὸς ἐνέργειαν πλάνης, εἰς τὸ πιστεῦσαι αὐτοὺς τῷ ψεύδει· 12 ἵνα κριθῶσιν πάντες οἱ μὴ πιστεύσαντες τῇ ἀληθείᾳ, ἀλλ' εὐδοκήσαντες ἐν⁴ τῇ ἀδικίᾳ.

13 Ἡμεῖς δὲ ὀφείλομεν εὐχαριστεῖν τῷ θεῷ πάντοτε περὶ ὑμῶν, ἀδελφοὶ ἠγαπημένοι ὑπὸ κυρίου, ὅτι εἵλετο⁵ ὑμᾶς ὁ θεὸς ἀπ' ἀρχῆς⁶ εἰς σωτηρίαν ἐν ἁγιασμῷ πνεύματος, καὶ πίστει ἀληθείας· 14 εἰς ὃ ἐκάλεσεν⁷ ὑμᾶς διὰ τοῦ εὐαγγελίου ἡμῶν, εἰς περιποίησιν δόξης τοῦ κυρίου ἡμῶν Ἰησοῦ χριστοῦ. 15 Ἄρα οὖν, ἀδελφοί, στήκετε, καὶ κρατεῖτε τὰς παραδόσεις ἃς ἐδιδάχθητε, εἴτε διὰ λόγου, εἴτε δι' ἐπιστολῆς ἡμῶν.

16 Αὐτὸς δὲ ὁ κύριος ἡμῶν Ἰησοῦς χριστός, καὶ ὁ θεὸς καὶ⁸ πατὴρ ἡμῶν ὁ ἀγαπήσας ἡμᾶς, καὶ δοὺς παράκλησιν αἰωνίαν καὶ ἐλπίδα ἀγαθὴν ἐν χάριτι, 17 παρακαλέσαι ὑμῶν τὰς καρδίας, καὶ στηρίξαι ὑμᾶς ἐν παντὶ λόγῳ καὶ ἔργῳ⁹ ἀγαθῷ.

Concluding Exhortations and Greeting

3 Τὸ λοιπόν, προσεύχεσθε, ἀδελφοί, περὶ ἡμῶν, ἵνα ὁ λόγος τοῦ κυρίου τρέχῃ καὶ δοξάζηται, καθὼς καὶ πρὸς ὑμᾶς, 2 καὶ ἵνα ῥυσθῶμεν ἀπὸ τῶν ἀτόπων καὶ πονηρῶν ἀνθρώπων· οὐ γὰρ πάντων ἡ πίστις. 3 Πιστὸς δέ ἐστιν ὁ κύριος, ὃς στηρίξει ὑμᾶς καὶ φυλάξει ἀπὸ τοῦ πονηροῦ. 4 Πεποίθαμεν δὲ ἐν κυρίῳ ἐφ' ὑμᾶς, ὅτι ἃ παραγγέλλομεν ὑμῖν, καὶ¹⁰ ποιεῖτε καὶ ποιήσετε. 5 Ὁ δὲ κύριος κατευθύναι ὑμῶν τὰς καρδίας εἰς τὴν ἀγάπην τοῦ θεοῦ, καὶ εἰς τὴν ὑπομονὴν τοῦ χριστοῦ.

---

1 ἀναλώσει • [Ἰησοῦς] ἀνελεῖ   2 τῆς ἀδικίας ἐν • ἀδικίας   3 πέμψει • πέμπει
4 ἀλλ' εὐδοκήσαντες ἐν • ἀλλὰ εὐδοκήσαντες   5 εἵλετο • εἵλατο   6 ἀπ' ἀρχῆς •
ἀπαρχὴν   7 ἐκάλεσεν • [καὶ] ἐκάλεσεν   8 ὁ θεὸς καὶ • [ὁ] θεὸς ὁ   9 ὑμᾶς ἐν
παντὶ λόγῳ καὶ ἔργῳ • ἐν παντὶ ἔργῳ καὶ λόγῳ   10 ὑμῖν καὶ • [καὶ]

2 THESSALONIANS 3.6–3.18

6 Παραγγέλλομεν δὲ ὑμῖν, ἀδελφοί, ἐν ὀνόματι τοῦ κυρίου ἡμῶν Ἰησοῦ [1] χριστοῦ, στέλλεσθαι ὑμᾶς ἀπὸ παντὸς ἀδελφοῦ ἀτάκτως περιπατοῦντος, καὶ μὴ κατὰ τὴν παράδοσιν ἣν παρέλαβον [2] παρ᾽ ἡμῶν. 7 Αὐτοὶ γὰρ οἴδατε πῶς δεῖ μιμεῖσθαι ἡμᾶς· ὅτι οὐκ ἠτακτήσαμεν ἐν ὑμῖν, 8 οὐδὲ δωρεὰν ἄρτον ἐφάγομεν παρά τινος, ἀλλ᾽ ἐν κόπῳ καὶ μόχθῳ, νύκτα καὶ ἡμέραν [3] ἐργαζόμενοι, πρὸς τὸ μὴ ἐπιβαρῆσαί τινα ὑμῶν· 9 οὐχ ὅτι οὐκ ἔχομεν ἐξουσίαν, ἀλλ᾽ ἵνα ἑαυτοὺς τύπον δῶμεν ὑμῖν εἰς τὸ μιμεῖσθαι ἡμᾶς. 10 Καὶ γὰρ ὅτε ἦμεν πρὸς ὑμᾶς, τοῦτο παρηγγέλλομεν ὑμῖν ὅτι εἴ τις οὐ θέλει ἐργάζεσθαι, μηδὲ ἐσθιέτω. 11 Ἀκούομεν γάρ τινας περιπατοῦντας ἐν ὑμῖν ἀτάκτως, μηδὲν ἐργαζομένους, ἀλλὰ περιεργαζομένους. 12 Τοῖς δὲ τοιούτοις παραγγέλλομεν καὶ παρακαλοῦμεν διὰ τοῦ κυρίου ἡμῶν Ἰησοῦ χριστοῦ, [4] ἵνα μετὰ ἡσυχίας ἐργαζόμενοι τὸν ἑαυτῶν ἄρτον ἐσθίωσιν. 13 Ὑμεῖς δέ, ἀδελφοί, μὴ ἐκκακήσητε [5] καλοποιοῦντες. 14 Εἰ δέ τις οὐχ ὑπακούει τῷ λόγῳ ἡμῶν διὰ τῆς ἐπιστολῆς, τοῦτον σημειοῦσθε, καὶ μὴ συναναμίγνυσθε [6] αὐτῷ, ἵνα ἐντραπῇ, 15 καὶ μὴ ὡς ἐχθρὸν ἡγεῖσθε, ἀλλὰ νουθετεῖτε ὡς ἀδελφόν.

16 Αὐτὸς δὲ ὁ κύριος τῆς εἰρήνης δῴη ὑμῖν τὴν εἰρήνην διὰ παντὸς ἐν παντὶ τρόπῳ. Ὁ κύριος μετὰ πάντων ὑμῶν.

17 Ὁ ἀσπασμὸς τῇ ἐμῇ χειρὶ Παύλου, ὅ ἐστιν σημεῖον ἐν πάσῃ ἐπιστολῇ· οὕτως γράφω. 18 Ἡ χάρις τοῦ κυρίου ἡμῶν Ἰησοῦ χριστοῦ μετὰ πάντων ὑμῶν. Ἀμήν. [7]

---

[1] ἡμῶν Ἰησοῦ • [ἡμῶν] Ἰησοῦ   [2] παρέλαβον • παρελάβοσαν   [3] νύκτα καὶ ἡμέραν • νυκτὸς καὶ ἡμέρας   [4] διὰ τοῦ κυρίου ἡμῶν Ἰησοῦ χριστοῦ • ἐν κυρίῳ Ἰησοῦ χριστῷ   [5] ἐκκακήσητε • ἐγκακήσητε   [6] καὶ μὴ συναναμίγνυσθε • μὴ συναναμίγνυσθαι   [7] Ἀμήν • —

ΠΡΟΣ ΕΒΡΑΙΟΥΣ
To the Hebrews

The Superiority of Christ over the Angels

Πολυμερῶς καὶ πολυτρόπως πάλαι ὁ θεὸς λαλήσας τοῖς πατράσιν ἐν τοῖς προφήταις, ἐπ᾽ ἐσχάτου τῶν ἡμερῶν τούτων ἐλάλησεν ἡμῖν ἐν υἱῷ, 2 ὃν ἔθηκεν κληρονόμον πάντων, δι᾽ οὗ καὶ τοὺς αἰῶνας ἐποίησεν, ¹ 3 ὃς ὢν ἀπαύγασμα τῆς δόξης καὶ χαρακτὴρ τῆς ὑποστάσεως αὐτοῦ, φέρων τε τὰ πάντα τῷ ῥήματι τῆς δυνάμεως αὐτοῦ, δι᾽ ἑαυτοῦ καθαρισμὸν ² ποιησάμενος τῶν ἁμαρτιῶν ἡμῶν, ³ ἐκάθισεν ἐν δεξιᾷ τῆς μεγαλωσύνης ἐν ὑψηλοῖς, 4 τοσούτῳ κρείττων γενόμενος τῶν ἀγγέλων, ὅσῳ διαφορώτερον παρ᾽ αὐτοὺς κεκληρονόμηκεν ὄνομα. 5 Τίνι γὰρ εἶπέν ποτε τῶν ἀγγέλων, Υἱός μου εἶ σύ, ἐγὼ σήμερον γεγέννηκά σε; Καὶ πάλιν, Ἐγὼ ἔσομαι αὐτῷ εἰς πατέρα, καὶ αὐτὸς ἔσται μοι εἰς υἱόν; 6 Ὅταν δὲ πάλιν εἰσαγάγῃ τὸν πρωτότοκον εἰς τὴν οἰκουμένην λέγει, Καὶ προσκυνησάτωσαν αὐτῷ πάντες ἄγγελοι θεοῦ. 7 Καὶ πρὸς μὲν τοὺς ἀγγέλους λέγει, Ὁ ποιῶν τοὺς ἀγγέλους αὐτοῦ πνεύματα, καὶ τοὺς λειτουργοὺς αὐτοῦ πυρὸς φλόγα· 8 πρὸς δὲ τὸν υἱόν, Ὁ θρόνος σου, ὁ θεός, εἰς τὸν αἰῶνα τοῦ αἰῶνος· ῥάβδος εὐθύτητος ἡ ⁴ ῥάβδος τῆς βασιλείας σου. 9 Ἠγάπησας

---

¹ *τοὺς αἰῶνας ἐποίησεν* • *ἐποίησεν τοὺς αἰῶνας* ² *δι᾽ ἑαυτοῦ καθαρισμὸν* • *καθαρισμὸν* ³ *ποιησάμενος τῶν ἁμαρτιῶν ἡμῶν* • *τῶν ἁμαρτιῶν ποιησάμενος*
⁴ *ῥάβδος εὐθύτητος ἡ* • *καὶ ἡ ῥάβδος τῆς εὐθύτητος*

δικαιοσύνην, καὶ ἐμίσησας ἀνομίαν· διὰ τοῦτο ἔχρισέν σε ὁ θεός, ὁ θεός σου, ἔλαιον ἀγαλλιάσεως παρὰ τοὺς μετόχους σου. 10 Καί, Σὺ κατ' ἀρχάς, κύριε, τὴν γῆν ἐθεμελίωσας, καὶ ἔργα τῶν χειρῶν σού εἰσιν οἱ οὐρανοί· 11 αὐτοὶ ἀπολοῦνται, σὺ δὲ διαμένεις· καὶ πάντες ὡς ἱμάτιον παλαιωθήσονται, 12 καὶ ὡσεὶ περιβόλαιον ἑλίξεις αὐτούς, καὶ [1] ἀλλαγήσονται· σὺ δὲ ὁ αὐτὸς εἶ, καὶ τὰ ἔτη σου οὐκ ἐκλείψουσιν. 13 Πρὸς τίνα δὲ τῶν ἀγγέλων εἴρηκέν ποτε, Κάθου ἐκ δεξιῶν μου, ἕως ἂν θῶ τοὺς ἐχθρούς σου ὑποπόδιον τῶν ποδῶν σου; 14 Οὐχὶ πάντες εἰσὶν λειτουργικὰ πνεύματα, εἰς διακονίαν ἀποστελλόμενα διὰ τοὺς μέλλοντας κληρονομεῖν σωτηρίαν;

The Need of Cheerful Obedience to Christ

2 Διὰ τοῦτο δεῖ περισσοτέρως ἡμᾶς προσέχειν [2] τοῖς ἀκουσθεῖσιν, μήποτε παραρρυῶμεν. [3] 2 Εἰ γὰρ ὁ δι' ἀγγέλων λαληθεὶς λόγος ἐγένετο βέβαιος, καὶ πᾶσα παράβασις καὶ παρακοὴ ἔλαβεν ἔνδικον μισθαποδοσίαν, 3 πῶς ἡμεῖς ἐκφευξόμεθα τηλικαύτης ἀμελήσαντες σωτηρίας; Ἥτις, ἀρχὴν λαβοῦσα λαλεῖσθαι διὰ τοῦ κυρίου, ὑπὸ τῶν ἀκουσάντων εἰς ἡμᾶς ἐβεβαιώθη, 4 συνεπιμαρτυροῦντος τοῦ θεοῦ σημείοις τε καὶ τέρασιν, καὶ ποικίλαις δυνάμεσιν, καὶ πνεύματος ἁγίου μερισμοῖς, κατὰ τὴν αὐτοῦ θέλησιν.

5 Οὐ γὰρ ἀγγέλοις ὑπέταξεν τὴν οἰκουμένην τὴν μέλλουσαν, περὶ ἧς λαλοῦμεν. 6 Διεμαρτύρατο δέ πού τις λέγων, Τί ἐστιν ἄνθρωπος, ὅτι μιμνήσκῃ αὐτοῦ; Ἢ υἱὸς ἀνθρώπου, ὅτι ἐπισκέπτῃ αὐτόν; 7 Ἠλάττωσας αὐτὸν βραχύ τι παρ' ἀγγέλους· δόξῃ καὶ τιμῇ ἐστεφάνωσας αὐτόν· 8 πάντα ὑπέταξας ὑποκάτω τῶν ποδῶν αὐτοῦ. Ἐν γὰρ τῷ ὑποτάξαι αὐτῷ [4] τὰ πάντα, οὐδὲν ἀφῆκεν αὐτῷ ἀνυπότακτον. Νῦν δὲ οὔπω ὁρῶμεν αὐτῷ τὰ πάντα ὑποτεταγμένα. 9 Τὸν δὲ βραχύ τι παρ' ἀγγέλους ἠλαττωμένον βλέπομεν Ἰησοῦν, διὰ τὸ πάθημα τοῦ θανάτου δόξῃ καὶ τιμῇ ἐστεφανωμένον, ὅπως χάριτι θεοῦ

---

[1] *αὐτούς καὶ • αὐτούς ὡς ἱμάτιον καὶ* [2] *ἡμᾶς προσέχειν • προσέχειν ἡμᾶς* [3] *παραρρυῶμεν • παραρυῶμεν* [4] *γὰρ τῷ ὑποτάξαι αὐτῷ • τῷ γὰρ ὑποτάξαι [αὐτῷ]*

ὑπὲρ παντὸς γεύσηται θανάτου. 10 Ἔπρεπεν γὰρ αὐτῷ, δι' ὃν τὰ πάντα, καὶ δι' οὗ τὰ πάντα, πολλοὺς υἱοὺς εἰς δόξαν ἀγαγόντα, τὸν ἀρχηγὸν τῆς σωτηρίας αὐτῶν διὰ παθημάτων τελειῶσαι. 11 Ὅ τε γὰρ ἁγιάζων καὶ οἱ ἁγιαζόμενοι, ἐξ ἑνὸς πάντες· δι' ἣν αἰτίαν οὐκ ἐπαισχύνεται ἀδελφοὺς αὐτοὺς καλεῖν, 12 λέγων, Ἀπαγγελῶ τὸ ὄνομά σου τοῖς ἀδελφοῖς μου, ἐν μέσῳ ἐκκλησίας ὑμνήσω σε. 13 Καὶ πάλιν, Ἐγὼ ἔσομαι πεποιθὼς ἐπ' αὐτῷ. Καὶ πάλιν, Ἰδοὺ ἐγὼ καὶ τὰ παιδία ἅ μοι ἔδωκεν ὁ θεός.

The Deliverance Effected by Christ

14 Ἐπεὶ οὖν τὰ παιδία κεκοινώνηκεν σαρκὸς καὶ αἵματος,[1] καὶ αὐτὸς παραπλησίως μετέσχεν τῶν αὐτῶν, ἵνα διὰ τοῦ θανάτου καταργήσῃ τὸν τὸ κράτος ἔχοντα τοῦ θανάτου, τοῦτ' ἔστιν τὸν διάβολον, 15 καὶ ἀπαλλάξῃ τούτους, ὅσοι φόβῳ θανάτου διὰ παντὸς τοῦ ζῆν ἔνοχοι ἦσαν δουλείας. 16 Οὐ γὰρ δήπου ἀγγέλων ἐπιλαμβάνεται, ἀλλὰ σπέρματος Ἀβραὰμ ἐπιλαμβάνεται. 17 Ὅθεν ὤφειλεν κατὰ πάντα τοῖς ἀδελφοῖς ὁμοιωθῆναι, ἵνα ἐλεήμων γένηται καὶ πιστὸς ἀρχιερεὺς τὰ πρὸς τὸν θεόν, εἰς τὸ ἱλάσκεσθαι τὰς ἁμαρτίας τοῦ λαοῦ. 18 Ἐν ᾧ γὰρ πέπονθεν αὐτὸς πειρασθείς, δύναται τοῖς πειραζομένοις βοηθῆσαι.

The Superiority of Christ over Moses

3 Ὅθεν, ἀδελφοὶ ἅγιοι, κλήσεως ἐπουρανίου μέτοχοι, κατανοήσατε τὸν ἀπόστολον καὶ ἀρχιερέα τῆς ὁμολογίας ἡμῶν Ἰησοῦν χριστόν,[2] 2 πιστὸν ὄντα τῷ ποιήσαντι αὐτόν, ὡς καὶ Μωϋσῆς ἐν ὅλῳ[3] τῷ οἴκῳ αὐτοῦ. 3 Πλείονος γὰρ δόξης οὗτος[4] παρὰ Μωϋσῆν ἠξίωται, καθ' ὅσον πλείονα τιμὴν ἔχει τοῦ οἴκου ὁ κατασκευάσας αὐτόν. 4 Πᾶς γὰρ οἶκος κατασκευάζεται ὑπό τινος· ὁ δὲ τὰ[5] πάντα κατασκευάσας θεός. 5 Καὶ Μωϋσῆς μὲν πιστὸς ἐν ὅλῳ τῷ οἴκῳ αὐτοῦ ὡς θεράπων, εἰς μαρτύριον τῶν λαληθησομένων· 6 χριστὸς δὲ

---

[1] σαρκὸς καὶ αἵματος • αἵματος καὶ σαρκός   [2] χριστόν • —   [3] ὅλῳ • [ὅλῳ]
[4] δόξης οὗτος • οὗτος δόξης   [5] τὰ • —

ὡς υἱὸς ἐπὶ τὸν οἶκον αὐτοῦ· οὗ οἶκός ἐσμεν ἡμεῖς, ἐάνπερ¹ τὴν παρρησίαν καὶ τὸ καύχημα τῆς ἐλπίδος μέχρι τέλους βεβαίαν² κατάσχωμεν. 7 Διό, καθὼς λέγει τὸ πνεῦμα τὸ ἅγιον, Σήμερον ἐὰν τῆς φωνῆς αὐτοῦ ἀκούσητε, 8 μὴ σκληρύνητε τὰς καρδίας ὑμῶν, ὡς ἐν τῷ παραπικρασμῷ, κατὰ τὴν ἡμέραν τοῦ πειρασμοῦ ἐν τῇ ἐρήμῳ, 9 οὗ ἐπείρασάν με οἱ³ πατέρες ὑμῶν, ἐδοκίμασάν με,⁴ καὶ εἶδον τὰ ἔργα μου τεσσαράκοντα⁵ ἔτη. 10 Διὸ προσώχθισα τῇ γενεᾷ ἐκείνῃ,⁶ καὶ εἶπον, Ἀεὶ πλανῶνται τῇ καρδίᾳ· αὐτοὶ δὲ οὐκ ἔγνωσαν τὰς ὁδούς μου· 11 ὡς ὤμοσα ἐν τῇ ὀργῇ μου, Εἰ εἰσελεύσονται εἰς τὴν κατάπαυσίν μου. 12 Βλέπετε, ἀδελφοί, μήποτε ἔσται ἔν τινι ὑμῶν καρδία πονηρὰ ἀπιστίας ἐν τῷ ἀποστῆναι ἀπὸ θεοῦ ζῶντος· 13 ἀλλὰ παρακαλεῖτε ἑαυτοὺς καθ᾽ ἑκάστην ἡμέραν, ἄχρι⁷ οὗ τὸ σήμερον καλεῖται, ἵνα μὴ σκληρυνθῇ ἐξ ὑμῶν τις⁸ ἀπάτῃ τῆς ἁμαρτίας· 14 μέτοχοι γὰρ γεγόναμεν τοῦ χριστοῦ,⁹ ἐάνπερ τὴν ἀρχὴν τῆς ὑποστάσεως μέχρι τέλους βεβαίαν κατάσχωμεν· 15 ἐν τῷ λέγεσθαι, Σήμερον ἐὰν τῆς φωνῆς αὐτοῦ ἀκούσητε, μὴ σκληρύνητε τὰς καρδίας ὑμῶν, ὡς ἐν τῷ παραπικρασμῷ. 16 Τινὲς ᵃ, ¹⁰ γὰρ ἀκούσαντες παρεπίκραναν, ἀλλ᾽ οὐ πάντες οἱ ἐξελθόντες ἐξ Αἰγύπτου διὰ Μωϋσέως. 17 Τίσιν δὲ προσώχθισεν τεσσαράκοντα¹¹ ἔτη; Οὐχὶ τοῖς ἁμαρτήσασιν, ὧν τὰ κῶλα ἔπεσεν ἐν τῇ ἐρήμῳ; 18 Τίσιν δὲ ὤμοσεν μὴ εἰσελεύσεσθαι εἰς τὴν κατάπαυσιν αὐτοῦ, εἰ μὴ τοῖς ἀπειθήσασιν; 19 Καὶ βλέπομεν ὅτι οὐκ ἠδυνήθησαν εἰσελθεῖν δι᾽ ἀπιστίαν.

A Further Warning against Unbelief

4 Φοβηθῶμεν οὖν μήποτε καταλειπομένης ἐπαγγελίας εἰσελθεῖν εἰς τὴν κατάπαυσιν αὐτοῦ, δοκῇ τις ἐξ ὑμῶν

ᵃ Τινὲς • Τίνες

¹ ἐάνπερ • ἐάν[περ] ² μέχρι τέλους βεβαίαν • — ³ με οἱ • οἱ ⁴ ἐδοκίμασάν με • ἐν δοκιμασίᾳ ⁵ τεσσαράκοντα • τεσσεράκοντα ⁶ ἐκείνῃ • ταύτῃ ⁷ ἄχρι • ἄχρις ⁸ ἐξ ὑμῶν τις • τις ἐξ ὑμῶν ⁹ γεγόναμεν τοῦ χριστοῦ • τοῦ χριστοῦ γεγόναμεν ¹⁰ Τινὲς • Τίνες ¹¹ τεσσαράκοντα • τεσσεράκοντα

ὑστερηκέναι. 2 Καὶ γάρ ἐσμεν εὐηγγελισμένοι, καθάπερ κἀκεῖνοι· ἀλλ' οὐκ ὠφέλησεν ὁ λόγος τῆς ἀκοῆς ἐκείνους, μὴ συγκεκραμένους¹ τῇ πίστει τοῖς ἀκούσασιν. 3 Εἰσερχόμεθα γὰρ εἰς τὴν² κατάπαυσιν οἱ πιστεύσαντες, καθὼς εἴρηκεν, Ὡς ὤμοσα ἐν τῇ ὀργῇ μου, Εἰ εἰσελεύσονται εἰς τὴν κατάπαυσίν μου· καίτοι τῶν ἔργων ἀπὸ καταβολῆς κόσμου γενηθέντων. 4 Εἴρηκεν γάρ που περὶ τῆς ἑβδόμης οὕτως, Καὶ κατέπαυσεν ὁ θεὸς ἐν τῇ ἡμέρᾳ τῇ ἑβδόμῃ ἀπὸ πάντων τῶν ἔργων αὐτοῦ· 5 καὶ ἐν τούτῳ πάλιν, Εἰ εἰσελεύσονται εἰς τὴν κατάπαυσίν μου. 6 Ἐπεὶ οὖν ἀπολείπεται τινὰς εἰσελθεῖν εἰς αὐτήν, καὶ οἱ πρότερον εὐαγγελισθέντες οὐκ εἰσῆλθον δι' ἀπείθειαν, 7 πάλιν τινὰ ὁρίζει ἡμέραν, Σήμερον, ἐν Δαυὶδ λέγων, μετὰ τοσοῦτον χρόνον, καθὼς εἴρηται,³ Σήμερον ἐὰν τῆς φωνῆς αὐτοῦ ἀκούσητε, μὴ σκληρύνητε τὰς καρδίας ὑμῶν. 8 Εἰ γὰρ αὐτοὺς Ἰησοῦς κατέπαυσεν, οὐκ ἂν περὶ ἄλλης ἐλάλει μετὰ ταῦτα ἡμέρας. 9 Ἄρα ἀπολείπεται σαββατισμὸς τῷ λαῷ τοῦ θεοῦ. 10 Ὁ γὰρ εἰσελθὼν εἰς τὴν κατάπαυσιν αὐτοῦ καὶ αὐτὸς κατέπαυσεν ἀπὸ τῶν ἔργων αὐτοῦ, ὥσπερ ἀπὸ τῶν ἰδίων ὁ θεός.

Boldness in Faith in Our High Priest

11 Σπουδάσωμεν οὖν εἰσελθεῖν εἰς ἐκείνην τὴν κατάπαυσιν, ἵνα μὴ ἐν τῷ αὐτῷ τις ὑποδείγματι πέσῃ τῆς ἀπειθείας. 12 Ζῶν γὰρ ὁ λόγος τοῦ θεοῦ, καὶ ἐνεργής, καὶ τομώτερος ὑπὲρ πᾶσαν μάχαιραν δίστομον, καὶ διϊκνούμενος ἄχρι μερισμοῦ ψυχῆς τε⁴ καὶ πνεύματος, ἁρμῶν τε καὶ μυελῶν, καὶ κριτικὸς ἐνθυμήσεων καὶ ἐννοιῶν καρδίας. 13 Καὶ οὐκ ἔστιν κτίσις ἀφανὴς ἐνώπιον αὐτοῦ· πάντα δὲ γυμνὰ καὶ τετραχηλισμένα τοῖς ὀφθαλμοῖς αὐτοῦ πρὸς ὃν ἡμῖν ὁ λόγος.

14 Ἔχοντες οὖν ἀρχιερέα μέγαν, διεληλυθότα τοὺς οὐρανούς, Ἰησοῦν τὸν υἱὸν τοῦ θεοῦ, κρατῶμεν τῆς ὁμολογίας. 15 Οὐ γὰρ ἔχομεν ἀρχιερέα μὴ δυνάμενον συμπαθῆσαι

---

¹ συγκεκραμένους • συγκεκερασμένους   ² γὰρ εἰς τὴν • γὰρ εἰς [τὴν]
³ εἴρηται • προείρηται   ⁴ ψυχῆς τε • ψυχῆς

ταῖς ἀσθενείαις ἡμῶν, πεπειραμένον¹ δὲ κατὰ πάντα καθ' ὁμοιότητα, χωρὶς ἁμαρτίας. 16 Προσερχώμεθα οὖν μετὰ παρρησίας τῷ θρόνῳ τῆς χάριτος, ἵνα λάβωμεν ἔλεον,² καὶ χάριν εὕρωμεν εἰς εὔκαιρον βοήθειαν.

The Authority of Christ, Our High Priest

5 Πᾶς γὰρ ἀρχιερεύς, ἐξ ἀνθρώπων λαμβανόμενος, ὑπὲρ ἀνθρώπων καθίσταται τὰ πρὸς τὸν θεόν, ἵνα προσφέρῃ δῶρά τε καὶ θυσίας ὑπὲρ ἁμαρτιῶν· 2 μετριοπαθεῖν δυνάμενος τοῖς ἀγνοοῦσιν καὶ πλανωμένοις, ἐπεὶ καὶ αὐτὸς περίκειται ἀσθένειαν· 3 καὶ διὰ ταύτην³ ὀφείλει, καθὼς περὶ τοῦ λαοῦ, οὕτως καὶ περὶ ἑαυτοῦ,⁴ προσφέρειν ὑπὲρ⁵ ἁμαρτιῶν. 4 Καὶ οὐχ ἑαυτῷ τις λαμβάνει τὴν τιμήν, ἀλλὰ καλούμενος ὑπὸ τοῦ θεοῦ, καθάπερ⁶ καὶ Ἀαρών. 5 Οὕτως καὶ ὁ χριστὸς οὐχ ἑαυτὸν ἐδόξασεν γενηθῆναι ἀρχιερέα, ἀλλ' ὁ λαλήσας πρὸς αὐτόν, Υἱός μου εἶ σύ, ἐγὼ σήμερον γεγέννηκά σε. 6 Καθὼς καὶ ἐν ἑτέρῳ λέγει, Σὺ ἱερεὺς εἰς τὸν αἰῶνα κατὰ τὴν τάξιν Μελχισεδέκ. 7 Ὃς ἐν ταῖς ἡμέραις τῆς σαρκὸς αὐτοῦ, δεήσεις τε καὶ ἱκετηρίας πρὸς τὸν δυνάμενον σῴζειν αὐτὸν ἐκ θανάτου μετὰ κραυγῆς ἰσχυρᾶς καὶ δακρύων προσενέγκας, καὶ εἰσακουσθεὶς ἀπὸ τῆς εὐλαβείας, 8 καίπερ ὢν υἱός, ἔμαθεν ἀφ' ὧν ἔπαθεν τὴν ὑπακοήν, 9 καὶ τελειωθεὶς ἐγένετο τοῖς ὑπακούουσιν αὐτῷ πᾶσιν⁷ αἴτιος σωτηρίας αἰωνίου· 10 προσαγορευθεὶς ὑπὸ τοῦ θεοῦ ἀρχιερεὺς κατὰ τὴν τάξιν Μελχισεδέκ.

A Reproof of Spiritual Ignorance

11 Περὶ οὗ πολὺς ἡμῖν ὁ λόγος καὶ δυσερμήνευτος λέγειν, ἐπεὶ νωθροὶ γεγόνατε ταῖς ἀκοαῖς. 12 Καὶ γὰρ ὀφείλοντες εἶναι διδάσκαλοι διὰ τὸν χρόνον, πάλιν χρείαν ἔχετε τοῦ διδάσκειν ὑμᾶς, τίνα⁸ τὰ στοιχεῖα τῆς ἀρχῆς τῶν λογίων τοῦ θεοῦ· καὶ γεγόνατε χρείαν ἔχοντες γάλακτος, καὶ οὐ⁹ στερεᾶς τροφῆς.

---

¹ πεπειραμένον • πεπειρασμένον ² ἔλεον • ἔλεος ³ διὰ ταύτην • δι' αὐτὴν ⁴ ἑαυτοῦ • αὐτοῦ ⁵ ὑπὲρ • περὶ ⁶ καθάπερ • καθώσπερ ⁷ τοῖς ὑπακούουσιν αὐτῷ πᾶσιν • πᾶσιν τοῖς ὑπακούουσιν αὐτῷ ⁸ τίνα • τινὰ ⁹ καὶ οὐ • [καὶ] οὐ

13 Πᾶς γὰρ ὁ μετέχων γάλακτος ἄπειρος λόγου δικαιοσύνης· νήπιος γάρ ἐστιν. 14 Τελείων δέ ἐστιν ἡ στερεὰ τροφή, τῶν διὰ τὴν ἕξιν τὰ αἰσθητήρια γεγυμνασμένα ἐχόντων πρὸς διάκρισιν καλοῦ τε καὶ κακοῦ.

An Exhortation to Progress and Steadfastness in the Faith

6 Διό, ἀφέντες τὸν τῆς ἀρχῆς τοῦ χριστοῦ λόγον, ἐπὶ τὴν τελειότητα φερώμεθα, μὴ πάλιν θεμέλιον καταβαλλόμενοι μετανοίας ἀπὸ νεκρῶν ἔργων, καὶ πίστεως ἐπὶ θεόν, 2 βαπτισμῶν διδαχῆς, ἐπιθέσεώς τε χειρῶν, ἀναστάσεώς τε νεκρῶν, καὶ κρίματος αἰωνίου. 3 Καὶ τοῦτο ποιήσωμεν,[1] ἐάνπερ ἐπιτρέπῃ ὁ θεός. 4 Ἀδύνατον γὰρ τοὺς ἅπαξ φωτισθέντας, γευσαμένους τε τῆς δωρεᾶς τῆς ἐπουρανίου, καὶ μετόχους γενηθέντας πνεύματος ἁγίου, 5 καὶ καλὸν γευσαμένους θεοῦ ῥῆμα, δυνάμεις τε μέλλοντος αἰῶνος, 6 καὶ παραπεσόντας, πάλιν ἀνακαινίζειν εἰς μετάνοιαν, ἀνασταυροῦντας ἑαυτοῖς τὸν υἱὸν τοῦ θεοῦ καὶ παραδειγματίζοντας. 7 Γῆ γὰρ ἡ πιοῦσα τὸν ἐπ᾽ αὐτῆς πολλάκις ἐρχόμενον[2] ὑετόν, καὶ τίκτουσα βοτάνην εὔθετον ἐκείνοις δι᾽ οὓς καὶ γεωργεῖται, μεταλαμβάνει εὐλογίας ἀπὸ τοῦ θεοῦ· 8 ἐκφέρουσα δὲ ἀκάνθας καὶ τριβόλους, ἀδόκιμος καὶ κατάρας ἐγγύς, ἧς τὸ τέλος εἰς καῦσιν.

9 Πεπείσμεθα δὲ περὶ ὑμῶν, ἀγαπητοί, τὰ κρείσσονα καὶ ἐχόμενα σωτηρίας, εἰ καὶ οὕτως λαλοῦμεν· 10 οὐ γὰρ ἄδικος ὁ θεὸς ἐπιλαθέσθαι τοῦ ἔργου ὑμῶν, καὶ τοῦ κόπου[3] τῆς ἀγάπης ἧς ἐνεδείξασθε εἰς τὸ ὄνομα αὐτοῦ, διακονήσαντες τοῖς ἁγίοις καὶ διακονοῦντες. 11 Ἐπιθυμοῦμεν δὲ ἕκαστον ὑμῶν τὴν αὐτὴν ἐνδείκνυσθαι σπουδὴν πρὸς τὴν πληροφορίαν τῆς ἐλπίδος ἄχρι τέλους· 12 ἵνα μὴ νωθροὶ γένησθε, μιμηταὶ δὲ τῶν διὰ πίστεως καὶ μακροθυμίας κληρονομούντων τὰς ἐπαγγελίας.

13 Τῷ γὰρ Ἀβραὰμ ἐπαγγειλάμενος ὁ θεός, ἐπεὶ κατ᾽ οὐδενὸς εἶχεν μείζονος ὀμόσαι, ὤμοσεν καθ᾽ ἑαυτοῦ, 14 λέγων, Ἦ[4] μὴν εὐλογῶν εὐλογήσω σε, καὶ πληθύνων πληθυνῶ

---

[1] ποιήσωμεν • ποιήσομεν [2] πολλάκις ἐρχόμενον • ἐρχόμενον πολλάκις [3] τοῦ κόπου • — [4] Ἦ • Εἰ

σε. 15 Καὶ οὕτως μακροθυμήσας ἐπέτυχεν τῆς ἐπαγγελίας. 16 Ἄνθρωποι μὲν¹ γὰρ κατὰ τοῦ μείζονος ὀμνύουσιν, καὶ πάσης αὐτοῖς ἀντιλογίας πέρας εἰς βεβαίωσιν ὁ ὅρκος. 17 Ἐν ᾧ περισσότερον βουλόμενος ὁ θεὸς ἐπιδεῖξαι τοῖς κληρονόμοις τῆς ἐπαγγελίας τὸ ἀμετάθετον τῆς βουλῆς αὐτοῦ, ἐμεσίτευσεν ὅρκῳ, 18 ἵνα διὰ δύο πραγμάτων ἀμεταθέτων, ἐν οἷς ἀδύνατον ψεύσασθαι θεόν,² ἰσχυρὰν παράκλησιν ἔχωμεν οἱ καταφυγόντες κρατῆσαι τῆς προκειμένης ἐλπίδος· 19 ἣν ὡς ἄγκυραν ἔχομεν τῆς ψυχῆς ἀσφαλῆ τε καὶ βεβαίαν, καὶ εἰσερχομένην εἰς τὸ ἐσώτερον τοῦ καταπετάσματος· 20 ὅπου πρόδρομος ὑπὲρ ἡμῶν εἰσῆλθεν Ἰησοῦς, κατὰ τὴν τάξιν Μελχισεδὲκ ἀρχιερεὺς γενόμενος εἰς τὸν αἰῶνα.

A Comparison between Christ and Melchizedek

7 Οὗτος γὰρ ὁ Μελχισεδέκ, βασιλεὺς Σαλήμ, ἱερεὺς τοῦ θεοῦ τοῦ ὑψίστου, ὁ συναντήσας Ἀβραὰμ ὑποστρέφοντι ἀπὸ τῆς κοπῆς τῶν βασιλέων καὶ εὐλογήσας αὐτόν, 2 ᾧ καὶ δεκάτην ἀπὸ πάντων ἐμέρισεν Ἀβραάμ—πρῶτον μὲν ἑρμηνευόμενος βασιλεὺς δικαιοσύνης, ἔπειτα δὲ καὶ βασιλεὺς Σαλήμ, ὅ ἐστιν βασιλεὺς εἰρήνης· 3 ἀπάτωρ, ἀμήτωρ, ἀγενεαλόγητος, μήτε ἀρχὴν ἡμερῶν μήτε ζωῆς τέλος ἔχων, ἀφωμοιωμένος δὲ τῷ υἱῷ τοῦ θεοῦ—μένει ἱερεὺς εἰς τὸ διηνεκές.

4 Θεωρεῖτε δὲ πηλίκος οὗτος, ᾧ καὶ³ δεκάτην Ἀβραὰμ ἔδωκεν ἐκ τῶν ἀκροθινίων ὁ πατριάρχης. 5 Καὶ οἱ μὲν ἐκ τῶν υἱῶν Λευῒ τὴν ἱερατείαν λαμβάνοντες ἐντολὴν ἔχουσιν ἀποδεκατοῦν τὸν λαὸν κατὰ τὸν νόμον, τοῦτ' ἔστιν τοὺς ἀδελφοὺς αὐτῶν, καίπερ ἐξεληλυθότας ἐκ τῆς ὀσφύος Ἀβραάμ· 6 ὁ δὲ μὴ γενεαλογούμενος ἐξ αὐτῶν δεδεκάτωκεν τὸν Ἀβραάμ,⁴ καὶ τὸν ἔχοντα τὰς ἐπαγγελίας εὐλόγηκεν. 7 Χωρὶς δὲ πάσης ἀντιλογίας, τὸ ἔλαττον ὑπὸ τοῦ κρείττονος εὐλογεῖται. 8 Καὶ ὧδε μὲν δεκάτας ἀποθνῄσκοντες ἄνθρωποι λαμβάνουσιν· ἐκεῖ δέ, μαρτυρούμενος ὅτι ζῇ. 9 Καί, ὡς ἔπος εἰπεῖν, διὰ⁵ Ἀβραὰμ καὶ Λευῒ ὁ δεκάτας λαμβάνων

---

¹ μὲν • — ² θεόν • [τὸν] θεόν ³ καὶ • [καὶ] ⁴ τὸν Ἀβραάμ • Ἀβραάμ ⁵ διὰ • δι᾽

δεδεκάτωται· 10 ἔτι γὰρ ἐν τῇ ὀσφύϊ τοῦ πατρὸς ἦν, ὅτε συνήντησεν αὐτῷ ὁ ¹ Μελχισεδέκ.

11 Εἰ μὲν οὖν τελείωσις διὰ τῆς Λευϊτικῆς ἱερωσύνης ἦν—ὁ λαὸς γὰρ ἐπ᾽ αὐτῇ νενομοθέτητο ²—τίς ἔτι χρεία, κατὰ τὴν τάξιν Μελχισεδὲκ ἕτερον ἀνίστασθαι ἱερέα, καὶ οὐ κατὰ τὴν τάξιν Ἀαρὼν λέγεσθαι; 12 Μετατιθεμένης γὰρ τῆς ἱερωσύνης, ἐξ ἀνάγκης καὶ νόμου μετάθεσις γίνεται. 13 Ἐφ᾽ ὃν γὰρ λέγεται ταῦτα, φυλῆς ἑτέρας μετέσχηκεν, ἀφ᾽ ἧς οὐδεὶς προσέσχηκεν τῷ θυσιαστηρίῳ. 14 Πρόδηλον γὰρ ὅτι ἐξ Ἰούδα ἀνατέταλκεν ὁ κύριος ἡμῶν, εἰς ἣν φυλὴν οὐδὲν περὶ ἱερωσύνης ³ Μωϋσῆς ἐλάλησεν. 15 Καὶ περισσότερον ἔτι κατάδηλόν ἐστιν, εἰ κατὰ τὴν ὁμοιότητα Μελχισεδὲκ ἀνίσταται ἱερεὺς ἕτερος, 16 ὃς οὐ κατὰ νόμον ἐντολῆς σαρκικῆς ⁴ γέγονεν, ἀλλὰ κατὰ δύναμιν ζωῆς ἀκαταλύτου· 17 μαρτυρεῖ ⁵ γὰρ ὅτι Σὺ ἱερεὺς εἰς τὸν αἰῶνα κατὰ τὴν τάξιν Μελχισεδέκ. 18 Ἀθέτησις μὲν γὰρ γίνεται προαγούσης ἐντολῆς, διὰ τὸ αὐτῆς ἀσθενὲς καὶ ἀνωφελές· 19 οὐδὲν γὰρ ἐτελείωσεν ὁ νόμος, ἐπεισαγωγὴ δὲ κρείττονος ἐλπίδος, δι᾽ ἧς ἐγγίζομεν τῷ θεῷ. 20 Καὶ καθ᾽ ὅσον οὐ χωρὶς ὁρκωμοσίας—οἱ μὲν γὰρ χωρὶς ὁρκωμοσίας εἰσὶν ἱερεῖς γεγονότες, 21 ὁ δὲ μετὰ ὁρκωμοσίας, διὰ τοῦ λέγοντος πρὸς αὐτόν, Ὤμοσεν κύριος καὶ οὐ μεταμεληθήσεται, Σὺ ἱερεὺς εἰς τὸν αἰῶνα κατὰ τὴν τάξιν Μελχισεδέκ ⁶— 22 κατὰ τοσοῦτον ⁷ κρείττονος διαθήκης γέγονεν ἔγγυος Ἰησοῦς. 23 Καὶ οἱ μὲν πλείονές εἰσιν γεγονότες ἱερεῖς, διὰ τὸ θανάτῳ κωλύεσθαι παραμένειν· 24 ὁ δέ, διὰ τὸ μένειν αὐτὸν εἰς τὸν αἰῶνα, ἀπαράβατον ἔχει τὴν ἱερωσύνην. 25 Ὅθεν καὶ σῴζειν εἰς τὸ παντελὲς δύναται τοὺς προσερχομένους δι᾽ αὐτοῦ τῷ θεῷ, πάντοτε ζῶν εἰς τὸ ἐντυγχάνειν ὑπὲρ αὐτῶν.

26 Τοιοῦτος γὰρ ἡμῖν ἔπρεπεν ⁸ ἀρχιερεύς, ὅσιος, ἄκακος, ἀμίαντος, κεχωρισμένος ἀπὸ τῶν ἁμαρτωλῶν, καὶ ὑψηλότερος

---

1 ὁ • —   2 αὐτῇ νενομοθέτητο • αὐτῆς νενομοθέτηται   3 οὐδὲν περὶ ἱερωσύνης • περὶ ἱερέων οὐδὲν   4 σαρκικῆς • σαρκίνης   5 μαρτυρεῖ • μαρτυρεῖται   6 κατὰ τὴν τάξιν Μελχισεδέκ • —   7 τοσοῦτον • τοσοῦτο [καὶ]   8 ἔπρεπεν • καὶ ἔπρεπεν

τῶν οὐρανῶν γενόμενος· 27 ὃς οὐκ ἔχει καθ' ἡμέραν ἀνάγκην, ὥσπερ οἱ ἀρχιερεῖς, πρότερον ὑπὲρ τῶν ἰδίων ἁμαρτιῶν θυσίας ἀναφέρειν, ἔπειτα τῶν τοῦ λαοῦ· τοῦτο γὰρ ἐποίησεν ἐφάπαξ, ἑαυτὸν ἀνενέγκας. 28 Ὁ νόμος γὰρ ἀνθρώπους καθίστησιν ἀρχιερεῖς, ἔχοντας ἀσθένειαν· ὁ λόγος δὲ τῆς ὁρκωμοσίας τῆς μετὰ τὸν νόμον, υἱὸν εἰς τὸν αἰῶνα τετελειωμένον.

Christ's Eternal Priesthood Supersedes the Temporary Priesthood of Aaron

8 Κεφάλαιον δὲ ἐπὶ τοῖς λεγομένοις· τοιοῦτον ἔχομεν ἀρχιερέα, ὃς ἐκάθισεν ἐν δεξιᾷ τοῦ θρόνου τῆς μεγαλωσύνης ἐν τοῖς οὐρανοῖς, 2 τῶν ἁγίων λειτουργός, καὶ τῆς σκηνῆς τῆς ἀληθινῆς, ἣν ἔπηξεν ὁ κύριος, καὶ οὐκ¹ ἄνθρωπος· 3 πᾶς γὰρ ἀρχιερεὺς εἰς τὸ προσφέρειν δῶρά τε καὶ θυσίας καθίσταται· ὅθεν ἀναγκαῖον ἔχειν τι καὶ τοῦτον ὃ προσενέγκῃ. 4 Εἰ μὲν γὰρ² ἦν ἐπὶ γῆς, οὐδ' ἂν ἦν ἱερεύς, ὄντων τῶν ἱερέων τῶν³ προσφερόντων κατὰ τὸν⁴ νόμον τὰ δῶρα, 5 οἵτινες ὑποδείγματι καὶ σκιᾷ λατρεύουσιν τῶν ἐπουρανίων, καθὼς κεχρημάτισται Μωϋσῆς μέλλων ἐπιτελεῖν τὴν σκηνήν, Ὅρα, γάρ φησιν, ποιήσεις πάντα κατὰ τὸν τύπον τὸν δειχθέντα σοι ἐν τῷ ὄρει. 6 Νυνὶ⁵ δὲ διαφορωτέρας τέτυχεν λειτουργίας, ὅσῳ καὶ κρείττονός ἐστιν διαθήκης μεσίτης, ἥτις ἐπὶ κρείττοσιν ἐπαγγελίαις νενομοθέτηται. 7 Εἰ γὰρ ἡ πρώτη ἐκείνη ἦν ἄμεμπτος, οὐκ ἂν δευτέρας ἐζητεῖτο τόπος. 8 Μεμφόμενος γὰρ αὐτοῖς⁶ λέγει, Ἰδού, ἡμέραι ἔρχονται, λέγει κύριος, καὶ συντελέσω ἐπὶ τὸν οἶκον Ἰσραὴλ καὶ ἐπὶ τὸν οἶκον Ἰούδα διαθήκην καινήν· 9 οὐ κατὰ τὴν διαθήκην ἣν ἐποίησα τοῖς πατράσιν αὐτῶν ἐν ἡμέρᾳ ἐπιλαβομένου μου τῆς χειρὸς αὐτῶν ἐξαγαγεῖν αὐτοὺς ἐκ γῆς Αἰγύπτου· ὅτι αὐτοὶ οὐκ ἐνέμειναν ἐν τῇ διαθήκῃ μου, κἀγὼ ἠμέλησα αὐτῶν, λέγει κύριος. 10 Ὅτι αὕτη ἡ διαθήκη ἣν διαθήσομαι τῷ οἴκῳ Ἰσραὴλ μετὰ τὰς ἡμέρας ἐκείνας, λέγει κύριος, διδοὺς νόμους μου εἰς τὴν διάνοιαν αὐτῶν, καὶ ἐπὶ καρδίας αὐτῶν ἐπιγράψω

---

[1] καὶ οὐκ • οὐκ [2] γὰρ • οὖν [3] ἱερέων τῶν • — [4] τὸν • — [5] Νυνὶ • Νυν[ὶ] [6] αὐτοῖς • αὐτοὺς

αὐτούς· καὶ ἔσομαι αὐτοῖς εἰς θεόν, καὶ αὐτοὶ ἔσονταί μοι εἰς λαόν. 11 Καὶ οὐ μὴ διδάξωσιν ἕκαστος τὸν πολίτην αὐτοῦ, καὶ ἕκαστος τὸν ἀδελφὸν αὐτοῦ, λέγων, Γνῶθι τὸν κύριον· ὅτι πάντες εἰδήσουσίν με, ἀπὸ μικροῦ αὐτῶν ¹ ἕως μεγάλου αὐτῶν. 12 Ὅτι ἵλεως ἔσομαι ταῖς ἀδικίαις αὐτῶν, καὶ τῶν ἁμαρτιῶν αὐτῶν καὶ τῶν ἀνομιῶν αὐτῶν ² οὐ μὴ μνησθῶ ἔτι. 13 Ἐν τῷ λέγειν, Καινήν, πεπαλαίωκεν τὴν πρώτην. Τὸ δὲ παλαιούμενον καὶ γηράσκον, ἐγγὺς ἀφανισμοῦ.

The Old Testament System Inferior to the Perfection of Christ's Sacrifice

9 Εἶχεν μὲν οὖν καὶ ³ ἡ πρώτη δικαιώματα λατρείας, τό τε ἅγιον κοσμικόν. 2 Σκηνὴ γὰρ κατεσκευάσθη ἡ πρώτη, ἐν ᾗ ἥ τε λυχνία καὶ ἡ τράπεζα καὶ ἡ πρόθεσις τῶν ἄρτων, ἥτις λέγεται ἅγια. 3 Μετὰ δὲ τὸ δεύτερον καταπέτασμα σκηνὴ ἡ λεγομένη ἅγια ἁγίων, 4 χρυσοῦν ἔχουσα θυμιατήριον, καὶ τὴν κιβωτὸν τῆς διαθήκης περικεκαλυμμένην πάντοθεν χρυσίῳ, ἐν ᾗ στάμνος χρυσῆ ἔχουσα τὸ μάννα, καὶ ἡ ῥάβδος Ἀαρὼν ἡ βλαστήσασα, καὶ αἱ πλάκες τῆς διαθήκης· 5 ὑπεράνω δὲ αὐτῆς Χερουβὶμ ⁴ δόξης κατασκιάζοντα τὸ ἱλαστήριον· περὶ ὧν οὐκ ἔστιν νῦν λέγειν κατὰ μέρος. 6 Τούτων δὲ οὕτως κατεσκευασμένων, εἰς μὲν τὴν πρώτην σκηνὴν διὰ παντὸς εἰσίασιν οἱ ἱερεῖς, τὰς λατρείας ἐπιτελοῦντες· 7 εἰς δὲ τὴν δευτέραν ἅπαξ τοῦ ἐνιαυτοῦ μόνος ὁ ἀρχιερεύς, οὐ χωρὶς αἵματος, ὃ προσφέρει ὑπὲρ ἑαυτοῦ καὶ τῶν τοῦ λαοῦ ἀγνοημάτων· 8 τοῦτο δηλοῦντος τοῦ πνεύματος τοῦ ἁγίου, μήπω πεφανερῶσθαι τὴν τῶν ἁγίων ὁδόν, ἔτι τῆς πρώτης σκηνῆς ἐχούσης στάσιν· 9 ἥτις παραβολὴ εἰς τὸν καιρὸν τὸν ἐνεστηκότα, καθ' ὃν ⁵ δῶρά τε καὶ θυσίαι προσφέρονται, μὴ δυνάμεναι κατὰ συνείδησιν τελειῶσαι τὸν λατρεύοντα, 10 μόνον ἐπὶ βρώμασιν καὶ πόμασιν καὶ διαφόροις βαπτισμοῖς

---

¹ μικροῦ αὐτῶν • μικροῦ   ² καὶ τῶν ἀνομιῶν αὐτῶν • —   ³ καὶ • [καὶ]
⁴ Χερουβὶμ • Χερουβὶν   ⁵ ὃν • ἦν

καὶ δικαιώμασιν¹ σαρκός, μέχρι καιροῦ διορθώσεως ἐπικείμενα.

11 Χριστὸς δὲ παραγενόμενος ἀρχιερεὺς τῶν μελλόντων² ἀγαθῶν, διὰ τῆς μείζονος καὶ τελειοτέρας σκηνῆς, οὐ χειροποιήτου, τοῦτ᾽ ἔστιν, οὐ ταύτης τῆς κτίσεως, 12 οὐδὲ δι᾽ αἵματος τράγων καὶ μόσχων, διὰ δὲ τοῦ ἰδίου αἵματος εἰσῆλθεν ἐφάπαξ εἰς τὰ ἅγια, αἰωνίαν λύτρωσιν εὑράμενος. 13 Εἰ γὰρ τὸ αἷμα ταύρων καὶ τράγων,³ καὶ σποδὸς δαμάλεως ῥαντίζουσα τοὺς κεκοινωμένους, ἁγιάζει πρὸς τὴν τῆς σαρκὸς καθαρότητα, 14 πόσῳ μᾶλλον τὸ αἷμα τοῦ χριστοῦ, ὃς διὰ πνεύματος αἰωνίου ἑαυτὸν προσήνεγκεν ἄμωμον τῷ θεῷ, καθαριεῖ τὴν συνείδησιν ὑμῶν⁴ ἀπὸ νεκρῶν ἔργων, εἰς τὸ λατρεύειν θεῷ ζῶντι; 15 Καὶ διὰ τοῦτο διαθήκης καινῆς μεσίτης ἐστίν, ὅπως, θανάτου γενομένου εἰς ἀπολύτρωσιν τῶν ἐπὶ τῇ πρώτῃ διαθήκῃ παραβάσεων, τὴν ἐπαγγελίαν λάβωσιν οἱ κεκλημένοι τῆς αἰωνίου κληρονομίας. 16 Ὅπου γὰρ διαθήκη, θάνατον ἀνάγκη φέρεσθαι τοῦ διαθεμένου. 17 Διαθήκη γὰρ ἐπὶ νεκροῖς βεβαία, ἐπεὶ μήποτε ἰσχύει ὅτε ζῇ ὁ διαθέμενος. 18 Ὅθεν οὐδ᾽⁵ ἡ πρώτη χωρὶς αἵματος ἐγκεκαίνισται. 19 Λαληθείσης γὰρ πάσης ἐντολῆς κατὰ νόμον⁶ ὑπὸ Μωϋσέως παντὶ τῷ λαῷ, λαβὼν τὸ αἷμα τῶν μόσχων καὶ τράνων,⁷ μετὰ ὕδατος καὶ ἐρίου κοκκίνου καὶ ὑσσώπου, αὐτό τε τὸ βιβλίον καὶ πάντα τὸν λαὸν ἐρράντισεν, 20 λέγων, Τοῦτο τὸ αἷμα τῆς διαθήκης ἧς ἐνετείλατο πρὸς ὑμᾶς ὁ θεός. 21 Καὶ τὴν σκηνὴν δὲ καὶ πάντα τὰ σκεύη τῆς λειτουργίας τῷ αἵματι ὁμοίως ἐρράντισεν. 22 Καὶ σχεδὸν ἐν αἵματι πάντα καθαρίζεται κατὰ τὸν νόμον, καὶ χωρὶς αἱματεκχυσίας οὐ γίνεται ἄφεσις.

23 Ἀνάγκη οὖν τὰ μὲν ὑποδείγματα τῶν ἐν τοῖς οὐρανοῖς, τούτοις καθαρίζεσθαι, αὐτὰ δὲ τὰ ἐπουράνια κρείττοσιν θυσίαις παρὰ ταύτας. 24 Οὐ γὰρ εἰς χειροποίητα ἅγια εἰσῆλθεν ὁ⁸ χριστός, ἀντίτυπα τῶν ἀληθινῶν, ἀλλ᾽ εἰς αὐτὸν τὸν

---

¹ καὶ δικαιώμασιν • δικαιώματα   ² μελλόντων • γενομένων   ³ ταύρων καὶ τράγων • τράγων καὶ ταύρων   ⁴ ὑμῶν • ἡμῶν   ⁵ οὐδ᾽ • οὐδὲ   ⁶ νόμον • τὸν νόμον   ⁷ καὶ τράγων • [καὶ τῶν τράγων]   ⁸ ἅγια εἰσῆλθεν ὁ • εἰσῆλθεν ἅγια

οὐρανόν, νῦν ἐμφανισθῆναι τῷ προσώπῳ τοῦ θεοῦ ὑπὲρ ἡμῶν· 25 οὐδ' ἵνα πολλάκις προσφέρῃ ἑαυτόν, ὥσπερ ὁ ἀρχιερεὺς εἰσέρχεται εἰς τὰ ἅγια κατ' ἐνιαυτὸν ἐν αἵματι ἀλλοτρίῳ· 26 ἐπεὶ ἔδει αὐτὸν πολλάκις παθεῖν ἀπὸ καταβολῆς κόσμου· νῦν¹ δὲ ἅπαξ ἐπὶ συντελείᾳ τῶν αἰώνων εἰς ἀθέτησιν ἁμαρτίας² διὰ τῆς θυσίας αὐτοῦ πεφανέρωται. 27 Καὶ καθ' ὅσον ἀπόκειται τοῖς ἀνθρώποις ἅπαξ ἀποθανεῖν, μετὰ δὲ τοῦτο κρίσις· 28 οὕτως καὶ ὁ χριστός, ἅπαξ προσενεχθεὶς εἰς τὸ πολλῶν ἀνενεγκεῖν ἁμαρτίας, ἐκ δευτέρου χωρὶς ἁμαρτίας ὀφθήσεται τοῖς αὐτὸν ἀπεκδεχομένοις, εἰς σωτηρίαν.

The Superiority of the One Perfect Offering of Christ

10 Σκιὰν γὰρ ἔχων ὁ νόμος τῶν μελλόντων ἀγαθῶν, οὐκ αὐτὴν τὴν εἰκόνα τῶν πραγμάτων, κατ' ἐνιαυτὸν ταῖς αὐταῖς θυσίαις ἃς προσφέρουσιν εἰς τὸ διηνεκές, οὐδέποτε δύνανται³ τοὺς προσερχομένους τελειῶσαι. 2 Ἐπεὶ οὐκ ἂν ἐπαύσαντο προσφερόμεναι, διὰ τὸ μηδεμίαν ἔχειν ἔτι συνείδησιν ἁμαρτιῶν τοὺς λατρεύοντας, ἅπαξ κεκαθαρμένους;⁴ 3 Ἀλλ' ἐν αὐταῖς ἀνάμνησις ἁμαρτιῶν κατ' ἐνιαυτόν· 4 ἀδύνατον γὰρ αἷμα ταύρων καὶ τράγων ἀφαιρεῖν ἁμαρτίας. 5 Διὸ εἰσερχόμενος εἰς τὸν κόσμον λέγει, Θυσίαν καὶ προσφορὰν οὐκ ἠθέλησας, σῶμα δὲ κατηρτίσω μοι· 6 ὁλοκαυτώματα καὶ περὶ ἁμαρτίας οὐκ εὐδόκησας· 7 τότε εἶπον, Ἰδού, ἥκω—ἐν κεφαλίδι βιβλίου γέγραπται περὶ ἐμοῦ—τοῦ ποιῆσαι, ὁ θεός, τὸ θέλημά σου. 8 Ἀνώτερον λέγων ὅτι Θυσίαν καὶ προσφορὰν⁵ καὶ ὁλοκαυτώματα καὶ περὶ ἁμαρτίας οὐκ ἠθέλησας, οὐδὲ εὐδόκησας—αἵτινες κατὰ τὸν⁶ νόμον προσφέρονται— 9 τότε εἴρηκεν, Ἰδού, ἥκω τοῦ ποιῆσαι, ὁ θεός,⁷ τὸ θέλημά σου. Ἀναιρεῖ τὸ πρῶτον, ἵνα τὸ δεύτερον στήσῃ. 10 Ἐν ᾧ θελήματι ἡγιασμένοι ἐσμέν, οἱ⁸ διὰ τῆς προσφορᾶς τοῦ σώματος Ἰησοῦ χριστοῦ ἐφάπαξ. 11 Καὶ πᾶς μὲν ἱερεὺς ἕστηκεν καθ' ἡμέραν λειτουργῶν, καὶ

---

¹ *νῦν* • *νυνὶ*   ² *ἁμαρτίας* • *[τῆς] ἁμαρτίας*   ³ *δύνανται* • *δύναται*
⁴ *κεκαθαρμένους* • *κεκαθαρισμένους*   ⁵ *Θυσίαν καὶ προσφορὰν* • *Θυσίας καὶ προσφορᾶς*   ⁶ *τὸν* • —   ⁷ *ὁ θεός* • —   ⁸ *οἱ* • —

τὰς αὐτὰς πολλάκις προσφέρων θυσίας, αἵτινες οὐδέποτε δύνανται περιελεῖν ἁμαρτίας· 12 αὐτὸς¹ δὲ μίαν ὑπὲρ ἁμαρτιῶν προσενέγκας θυσίαν εἰς τὸ διηνεκές, ἐκάθισεν ἐν δεξιᾷ τοῦ θεοῦ, 13 τὸ λοιπὸν ἐκδεχόμενος ἕως τεθῶσιν οἱ ἐχθροὶ αὐτοῦ ὑποπόδιον τῶν ποδῶν αὐτοῦ. 14 Μιᾷ γὰρ προσφορᾷ τετελείωκεν εἰς τὸ διηνεκὲς τοὺς ἁγιαζομένους. 15 Μαρτυρεῖ δὲ ἡμῖν καὶ τὸ πνεῦμα τὸ ἅγιον· μετὰ γὰρ τὸ προειρηκέναι,² 16 Αὕτη ἡ διαθήκη ἣν διαθήσομαι πρὸς αὐτοὺς μετὰ τὰς ἡμέρας ἐκείνας, λέγει κύριος, διδοὺς νόμους μου ἐπὶ καρδίας αὐτῶν, καὶ ἐπὶ τῶν διανοιῶν³ αὐτῶν ἐπιγράψω αὐτούς· 17 καὶ τῶν ἁμαρτιῶν αὐτῶν καὶ τῶν ἀνομιῶν αὐτῶν οὐ μὴ μνησθῶ⁴ ἔτι. 18 Ὅπου δὲ ἄφεσις τούτων, οὐκέτι προσφορὰ περὶ ἁμαρτίας.

Stand Firm in the Faith, with Patience and Thanksgiving

19 Ἔχοντες οὖν, ἀδελφοί, παρρησίαν εἰς τὴν εἴσοδον τῶν ἁγίων ἐν τῷ αἵματι Ἰησοῦ, 20 ἣν ἐνεκαίνισεν ἡμῖν ὁδὸν πρόσφατον καὶ ζῶσαν, διὰ τοῦ καταπετάσματος, τοῦτ' ἔστιν, τῆς σαρκὸς αὐτοῦ, 21 καὶ ἱερέα μέγαν ἐπὶ τὸν οἶκον τοῦ θεοῦ, 22 προσερχώμεθα μετὰ ἀληθινῆς καρδίας ἐν πληροφορίᾳ πίστεως, ἐρραντισμένοι⁵ τὰς καρδίας ἀπὸ συνειδήσεως πονηρᾶς, καὶ λελουμένοι⁶ τὸ σῶμα ὕδατι καθαρῷ· 23 κατέχωμεν τὴν ὁμολογίαν τῆς ἐλπίδος ἀκλινῆ, πιστὸς γὰρ ὁ ἐπαγγειλάμενος· 24 καὶ κατανοῶμεν ἀλλήλους εἰς παροξυσμὸν ἀγάπης καὶ καλῶν ἔργων, 25 μὴ ἐγκαταλείποντες τὴν ἐπισυναγωγὴν ἑαυτῶν, καθὼς ἔθος τισίν, ἀλλὰ παρακαλοῦντες, καὶ τοσούτῳ μᾶλλον, ὅσῳ βλέπετε ἐγγίζουσαν τὴν ἡμέραν.

26 Ἑκουσίως γὰρ ἁμαρτανόντων ἡμῶν μετὰ τὸ λαβεῖν τὴν ἐπίγνωσιν τῆς ἀληθείας, οὐκέτι περὶ ἁμαρτιῶν ἀπολείπεται θυσία, 27 φοβερὰ δέ τις ἐκδοχὴ κρίσεως, καὶ πυρὸς ζῆλος ἐσθίειν μέλλοντος τοὺς ὑπεναντίους. 28 Ἀθετήσας τις νόμον

---

¹ αὐτὸς • οὗτος ² προειρηκέναι • εἰρηκέναι ³ τῶν διανοιῶν • τὴν διάνοιαν
⁴ μνησθῶ • μνησθήσομαι ⁵ ἐρραντισμένοι • ῥεραντισμένοι ⁶ λελουμένοι • λελουσμένοι

Μωϋσέως ᵃ χωρὶς οἰκτιρμῶν ἐπὶ δυσὶν ἢ τρισὶν μάρτυσιν ἀποθνήσκει· 29 πόσῳ, δοκεῖτε, χείρονος ἀξιωθήσεται τιμωρίας ὁ τὸν υἱὸν τοῦ θεοῦ καταπατήσας, καὶ τὸ αἷμα τῆς διαθήκης κοινὸν ἡγησάμενος ἐν ᾧ ἡγιάσθη, καὶ τὸ πνεῦμα τῆς χάριτος ἐνυβρίσας; 30 Οἴδαμεν γὰρ τὸν εἰπόντα, Ἐμοὶ ἐκδίκησις, ἐγὼ ἀνταποδώσω, λέγει κύριος· [1] καὶ πάλιν, κύριος κρινεῖ [2] τὸν λαὸν αὐτοῦ. 31 Φοβερὸν τὸ ἐμπεσεῖν εἰς χεῖρας θεοῦ ζῶντος.

32 Ἀναμιμνήσκεσθε δὲ τὰς πρότερον ἡμέρας, ἐν αἷς φωτισθέντες πολλὴν ἄθλησιν ὑπεμείνατε παθημάτων· 33 τοῦτο μέν, ὀνειδισμοῖς τε καὶ θλίψεσιν θεατριζόμενοι· τοῦτο δέ, κοινωνοὶ τῶν οὕτως ἀναστρεφομένων γενηθέντες. 34 Καὶ γὰρ τοῖς δεσμοῖς μου [3] συνεπαθήσατε, καὶ τὴν ἁρπαγὴν τῶν ὑπαρχόντων ὑμῶν μετὰ χαρᾶς προσεδέξασθε, γινώσκοντες ἔχειν ἑαυτοῖς [4] κρείττονα ὕπαρξιν ἐν οὐρανοῖς [5] καὶ μένουσαν. 35 Μὴ ἀποβάλητε οὖν τὴν παρρησίαν ὑμῶν, ἥτις ἔχει μισθαποδοσίαν μεγάλην. [6] 36 Ὑπομονῆς γὰρ ἔχετε χρείαν, ἵνα τὸ θέλημα τοῦ θεοῦ ποιήσαντες κομίσησθε τὴν ἐπαγγελίαν. 37 Ἔτι γὰρ μικρὸν ὅσον ὅσον, Ὁ ἐρχόμενος ἥξει, καὶ οὐ χρονιεῖ. [7] 38 Ὁ δὲ δίκαιος [8] ἐκ πίστεως ζήσεται· καὶ ἐὰν ὑποστείληται, οὐκ εὐδοκεῖ ἡ ψυχή μου ἐν αὐτῷ. 39 Ἡμεῖς δὲ οὐκ ἐσμὲν ὑποστολῆς εἰς ἀπώλειαν, ἀλλὰ πίστεως εἰς περιποίησιν ψυχῆς.

A Wonderful Epic on the Power of Faith

11 Ἔστιν δὲ πίστις ἐλπιζομένων ὑπόστασις, πραγμάτων ἔλεγχος οὐ βλεπομένων. 2 Ἐν ταύτῃ γὰρ ἐμαρτυρήθησαν οἱ πρεσβύτεροι. 3 Πίστει νοοῦμεν κατηρτίσθαι τοὺς αἰῶνας ῥήματι θεοῦ, εἰς τὸ μὴ ἐκ φαινομένων τὰ βλεπόμενα [9] γεγονέναι. 4 Πίστει πλείονα θυσίαν Ἄβελ παρὰ Κάϊν προσήνεγκεν τῷ θεῷ, δι' ἧς ἐμαρτυρήθη εἶναι δίκαιος,

---

ᵃ Μωϋσέως • Μωσέως

[1] λέγει κύριος • — [2] κύριος κρινεῖ • κρινεῖ κύριος [3] δεσμοῖς μου • δεσμίοις [4] ἑαυτοῖς • ἑαυτοὺς [5] ἐν οὐρανοῖς • — [6] μισθαποδοσίαν μεγάλην • μεγάλην μισθαποδοσίαν [7] χρονιεῖ • χρονίσει [8] δίκαιος • δίκαιός μου [9] τὰ βλεπόμενα • τὸ βλεπόμενον

μαρτυροῦντος ἐπὶ τοῖς δώροις αὐτοῦ τοῦ θεοῦ· καὶ δι' αὐτῆς ἀποθανὼν ἔτι λαλεῖται.¹ 5 Πίστει Ἐνὼχ μετετέθη τοῦ μὴ ἰδεῖν θάνατον, καὶ οὐχ εὑρίσκετο,² διότι μετέθηκεν αὐτὸν ὁ θεός· πρὸ γὰρ τῆς μεταθέσεως αὐτοῦ³ μεμαρτύρηται εὐηρεστηκέναι⁴ τῷ θεῷ· 6 χωρὶς δὲ πίστεως ἀδύνατον εὐαρεστῆσαι· πιστεῦσαι γὰρ δεῖ τὸν προσερχόμενον τῷ θεῷ, ὅτι ἔστιν, καὶ τοῖς ἐκζητοῦσιν αὐτὸν μισθαποδότης γίνεται. 7 Πίστει χρηματισθεὶς Νῶε περὶ τῶν μηδέπω βλεπομένων, εὐλαβηθεὶς κατεσκεύασεν κιβωτὸν εἰς σωτηρίαν τοῦ οἴκου αὐτοῦ· δι' ἧς κατέκρινεν τὸν κόσμον, καὶ τῆς κατὰ πίστιν δικαιοσύνης ἐγένετο κληρονόμος. 8 Πίστει καλούμενος Ἀβραὰμ ὑπήκουσεν ἐξελθεῖν εἰς τὸν⁵ τόπον ὃν ἤμελλεν λαμβάνειν εἰς κληρονομίαν, καὶ ἐξῆλθεν μὴ ἐπιστάμενος ποῦ ἔρχεται. 9 Πίστει παρῴκησεν εἰς γῆν ᵃ τῆς ἐπαγγελίας, ὡς ἀλλοτρίαν, ἐν σκηναῖς κατοικήσας μετὰ Ἰσαὰκ καὶ Ἰακώβ, τῶν συγκληρονόμων τῆς ἐπαγγελίας τῆς αὐτῆς· 10 ἐξεδέχετο γὰρ τὴν τοὺς θεμελίους ἔχουσαν πόλιν, ἧς τεχνίτης καὶ δημιουργὸς ὁ θεός. 11 Πίστει καὶ αὐτὴ Σάρρα⁶ δύναμιν εἰς καταβολὴν σπέρματος ἔλαβεν, καὶ παρὰ καιρὸν ἡλικίας ἔτεκεν,⁷ ἐπεὶ πιστὸν ἡγήσατο τὸν ἐπαγγειλάμενον. 12 Διὸ καὶ ἀφ' ἑνὸς ἐγεννήθησαν, καὶ ταῦτα νενεκρωμένου, καθὼς τὰ ἄστρα τοῦ οὐρανοῦ τῷ πλήθει, καὶ ὡς ἡ ἄμμος ἡ παρὰ τὸ χεῖλος τῆς θαλάσσης ἡ ἀναρίθμητος.

13 Κατὰ πίστιν ἀπέθανον οὗτοι πάντες, μὴ λαβόντες τὰς ἐπαγγελίας, ἀλλὰ πόρρωθεν αὐτὰς ἰδόντες, καὶ ἀσπασάμενοι, καὶ ὁμολογήσαντες ὅτι ξένοι καὶ παρεπίδημοί εἰσιν ἐπὶ τῆς γῆς. 14 Οἱ γὰρ τοιαῦτα λέγοντες ἐμφανίζουσιν ὅτι πατρίδα ἐπιζητοῦσιν. 15 Καὶ εἰ μὲν ἐκείνης ἐμνημόνευον ἀφ' ἧς ἐξῆλθον,⁸ εἶχον ἂν καιρὸν ἀνακάμψαι. 16 Νῦν δὲ κρείττονος ὀρέγονται, τοῦτ' ἔστιν, ἐπουρανίου· διὸ οὐκ ἐπαισχύνεται

ᵃ γῆν • τὴν γῆν

---

¹ λαλεῖται • λαλεῖ   ² εὑρίσκετο • ηὑρίσκετο   ³ αὐτοῦ • —   ⁴ εὐηρεστηκέναι • εὐαρεστηκέναι   ⁵ τὸν • —   ⁶ Σάρρα • Σάρρα στεῖρα   ⁷ ἔτεκεν • —   ⁸ ἐξῆλθον • ἐξέβησαν

αὐτοὺς ὁ θεός, θεὸς ἐπικαλεῖσθαι αὐτῶν· ἡτοίμασεν γὰρ αὐτοῖς πόλιν.

17 Πίστει προσενήνοχεν Ἀβραὰμ τὸν Ἰσαὰκ πειραζόμενος, καὶ τὸν μονογενῆ προσέφερεν ὁ τὰς ἐπαγγελίας ἀναδεξάμενος, **18** πρὸς ὃν ἐλαλήθη, ὅτι Ἐν Ἰσαὰκ κληθήσεταί σοι σπέρμα· **19** λογισάμενος ὅτι καὶ ἐκ νεκρῶν ἐγείρειν δυνατὸς ὁ θεός· ὅθεν αὐτὸν καὶ ἐν παραβολῇ ἐκομίσατο. **20** Πίστει περὶ [1] μελλόντων εὐλόγησεν Ἰσαὰκ τὸν Ἰακὼβ καὶ τὸν Ἡσαῦ. **21** Πίστει Ἰακὼβ ἀποθνῄσκων ἕκαστον τῶν υἱῶν Ἰωσὴφ εὐλόγησεν, καὶ προσεκύνησεν ἐπὶ τὸ ἄκρον τῆς ῥάβδου αὐτοῦ. **22** Πίστει Ἰωσὴφ τελευτῶν περὶ τῆς ἐξόδου τῶν υἱῶν Ἰσραὴλ ἐμνημόνευσεν, καὶ περὶ τῶν ὀστέων αὐτοῦ ἐνετείλατο. **23** Πίστει Μωϋσῆς γεννηθεὶς ἐκρύβη τρίμηνον ὑπὸ τῶν πατέρων αὐτοῦ, διότι εἶδον ἀστεῖον τὸ παιδίον· καὶ οὐκ ἐφοβήθησαν τὸ διάταγμα τοῦ βασιλέως. **24** Πίστει Μωϋσῆς μέγας γενόμενος ἠρνήσατο λέγεσθαι υἱὸς θυγατρὸς Φαραώ, **25** μᾶλλον ἑλόμενος συγκακουχεῖσθαι τῷ λαῷ τοῦ θεοῦ ἢ πρόσκαιρον ἔχειν ἁμαρτίας ἀπόλαυσιν· **26** μείζονα πλοῦτον ἡγησάμενος τῶν Αἰγύπτου θησαυρῶν τὸν ὀνειδισμὸν τοῦ χριστοῦ· ἀπέβλεπεν γὰρ εἰς τὴν μισθαποδοσίαν. **27** Πίστει κατέλιπεν Αἴγυπτον, μὴ φοβηθεὶς τὸν θυμὸν τοῦ βασιλέως· τὸν γὰρ ἀόρατον ὡς ὁρῶν ἐκαρτέρησεν. **28** Πίστει πεποίηκεν τὸ Πάσχα καὶ τὴν πρόσχυσιν τοῦ αἵματος, ἵνα μὴ ὁ ὀλοθρεύων τὰ πρωτότοκα θίγῃ αὐτῶν. **29** Πίστει διέβησαν τὴν Ἐρυθρὰν θάλασσαν ὡς διὰ ξηρᾶς· ἧς [2] πεῖραν λαβόντες οἱ Αἰγύπτιοι κατεπόθησαν. **30** Πίστει τὰ τείχη Ἰεριχὼ ἔπεσεν, [3] κυκλωθέντα ἐπὶ ἑπτὰ ἡμέρας. **31** Πίστει Ῥαὰβ ἡ πόρνη οὐ συναπώλετο τοῖς ἀπειθήσασιν, δεξαμένη τοὺς κατασκόπους μετ' εἰρήνης. **32** Καὶ τί ἔτι λέγω; Ἐπιλείψει γάρ με [4] διηγούμενον ὁ χρόνος περὶ Γεδεών, Βαράκ τε καὶ Σαμψὼν καὶ [5] Ἰεφθάε, Δαυίδ τε καὶ Σαμουὴλ καὶ τῶν προφητῶν· **33** οἳ διὰ πίστεως κατηγωνίσαντο βασιλείας, εἰργάσαντο δικαιοσύνην, ἐπέτυχον

---

[1] περὶ • καὶ περὶ   [2] ἧς • γῆς ἧς   [3] ἔπεσεν • ἔπεσαν   [4] γάρ με • με γὰρ   [5] τε καὶ Σαμψὼν καὶ • Σαμψών

ἐπαγγελιῶν, ἔφραξαν στόματα λεόντων, 34 ἔσβεσαν δύναμιν πυρός, ἔφυγον στόματα μαχαίρας, ἐνεδυναμώθησαν [1] ἀπὸ ἀσθενείας, ἐγενήθησαν ἰσχυροὶ ἐν πολέμῳ, παρεμβολὰς ἔκλιναν ἀλλοτρίων. 35 Ἔλαβον γυναῖκες ἐξ ἀναστάσεως τοὺς νεκροὺς αὐτῶν· ἄλλοι δὲ ἐτυμπανίσθησαν, οὐ προσδεξάμενοι τὴν ἀπολύτρωσιν, ἵνα κρείττονος ἀναστάσεως τύχωσιν· 36 ἕτεροι δὲ ἐμπαιγμῶν καὶ μαστίγων πεῖραν ἔλαβον, ἔτι δὲ δεσμῶν καὶ φυλακῆς· 37 ἐλιθάσθησαν, ἐπρίσθησαν, ἐπειράσθησαν, [2] ἐν φόνῳ μαχαίρας [3] ἀπέθανον· περιῆλθον ἐν μηλωταῖς, ἐν αἰγείοις δέρμασιν, ὑστερούμενοι, θλιβόμενοι, κακουχούμενοι— 38 ὧν οὐκ ἦν ἄξιος ὁ κόσμος—ἐν [4] ἐρημίαις πλανώμενοι καὶ ὄρεσιν καὶ σπηλαίοις καὶ ταῖς ὀπαῖς τῆς γῆς. 39 Καὶ οὗτοι πάντες, μαρτυρηθέντες διὰ τῆς πίστεως, οὐκ ἐκομίσαντο τὴν ἐπαγγελίαν, 40 τοῦ θεοῦ περὶ ἡμῶν κρεῖττόν τι προβλεψαμένου, ἵνα μὴ χωρὶς ἡμῶν τελειωθῶσιν.

*Heed the Old Testament Examples
in View of God's Chastisement*

12 Τοιγαροῦν καὶ ἡμεῖς, τοσοῦτον ἔχοντες περικείμενον ἡμῖν νέφος μαρτύρων, ὄγκον ἀποθέμενοι πάντα καὶ τὴν εὐπερίστατον ἁμαρτίαν, δι' ὑπομονῆς τρέχωμεν τὸν προκείμενον ἡμῖν ἀγῶνα, 2 ἀφορῶντες εἰς τὸν τῆς πίστεως ἀρχηγὸν καὶ τελειωτὴν Ἰησοῦν, ὅς, ἀντὶ τῆς προκειμένης αὐτῷ χαρᾶς, ὑπέμεινεν σταυρόν, αἰσχύνης καταφρονήσας, ἐν δεξιᾷ τε τοῦ θρόνου τοῦ θεοῦ κεκάθικεν. 3 Ἀναλογίσασθε γὰρ τὸν τοιαύτην ὑπομεμενηκότα ὑπὸ τῶν ἁμαρτωλῶν εἰς αὐτὸν [5] ἀντιλογίαν, ἵνα μὴ κάμητε ταῖς ψυχαῖς ὑμῶν ἐκλυόμενοι. 4 Οὔπω μέχρι [6] αἵματος ἀντικατέστητε πρὸς τὴν ἁμαρτίαν ἀνταγωνιζόμενοι· 5 καὶ ἐκλέλησθε τῆς παρακλήσεως, ἥτις ὑμῖν ὡς υἱοῖς διαλέγεται, Υἱέ μου, μὴ ὀλιγώρει παιδείας κυρίου, μηδὲ ἐκλύου ὑπ' αὐτοῦ ἐλεγχόμενος· 6 ὃν γὰρ ἀγαπᾷ κύριος

---

[1] μαχαίρας ἐνεδυναμώθησαν • μαχαίρης ἐδυναμώθησαν   [2] ἐπειράσθησαν • —
[3] μαχαίρας • μαχαίρης   [4] ἐν • ἐπὶ   [5] αὐτὸν • ἑαυτὸν   [6] μέχρι • μέχρις

παιδεύει· μαστιγοῖ δὲ πάντα υἱὸν ὃν παραδέχεται. 7 Εἰς ᵃ παιδείαν ὑπομένετε, ὡς υἱοῖς ὑμῖν προσφέρεται ὁ θεός· τίς γὰρ ἐστιν ¹ υἱὸς ὃν οὐ παιδεύει πατήρ; 8 Εἰ δὲ χωρίς ἐστε παιδείας, ἧς μέτοχοι γεγόνασιν πάντες, ἄρα νόθοι ἐστὲ καὶ οὐχ υἱοί. ² 9 Εἶτα τοὺς μὲν τῆς σαρκὸς ἡμῶν πατέρας εἴχομεν παιδευτάς, καὶ ἐνετρεπόμεθα· οὐ πολλῷ ³ μᾶλλον ὑποταγησόμεθα τῷ πατρὶ τῶν πνευμάτων, καὶ ζήσομεν; 10 Οἱ μὲν γὰρ πρὸς ὀλίγας ἡμέρας κατὰ τὸ δοκοῦν αὐτοῖς ἐπαίδευον· ὁ δὲ ἐπὶ τὸ συμφέρον, εἰς τὸ μεταλαβεῖν τῆς ἁγιότητος αὐτοῦ. 11 Πᾶσα δὲ παιδεία πρὸς μὲν τὸ παρὸν οὐ δοκεῖ χαρᾶς εἶναι, ἀλλὰ λύπης· ὕστερον δὲ καρπὸν εἰρηνικὸν τοῖς δι᾽ αὐτῆς γεγυμνασμένοις ἀποδίδωσιν δικαιοσύνης. 12 Διὸ τὰς παρειμένας χεῖρας καὶ τὰ παραλελυμένα γόνατα ἀνορθώσατε· 13 καὶ τροχιὰς ὀρθὰς ποιήσατε ⁴ τοῖς ποσὶν ὑμῶν, ἵνα μὴ τὸ χωλὸν ἐκτραπῇ, ἰαθῇ δὲ μᾶλλον.

A Warning against Apostasy due to the Excellency of the New Covenant

14 Εἰρήνην διώκετε μετὰ πάντων, καὶ τὸν ἁγιασμόν, οὗ χωρὶς οὐδεὶς ὄψεται τὸν κύριον· 15 ἐπισκοποῦντες μή τις ὑστερῶν ἀπὸ τῆς χάριτος τοῦ θεοῦ· μή τις ῥίζα πικρίας ἄνω φύουσα ἐνοχλῇ, καὶ διὰ ταύτης ⁵ μιανθῶσιν πολλοί· 16 μή τις πόρνος, ἢ βέβηλος, ὡς Ἠσαῦ, ὃς ἀντὶ βρώσεως μιᾶς ἀπέδοτο ⁶ τὰ πρωτοτόκια αὐτοῦ. ⁷ 17 Ἴστε γὰρ ὅτι καὶ μετέπειτα, θέλων κληρονομῆσαι τὴν εὐλογίαν, ἀπεδοκιμάσθη· μετανοίας γὰρ τόπον οὐχ εὗρεν, καίπερ μετὰ δακρύων ἐκζητήσας αὐτήν.

18 Οὐ γὰρ προσεληλύθατε ψηλαφωμένῳ ὄρει, ⁸ καὶ κεκαυμένῳ πυρί, καὶ γνόφῳ, καὶ σκότῳ, ⁹ καὶ θυέλλῃ, 19 καὶ σάλπιγγος ἤχῳ, καὶ φωνῇ ῥημάτων, ἧς οἱ ἀκούσαντες παρῃτήσαντο μὴ προστεθῆναι αὐτοῖς λόγον· 20 οὐκ

ᵃ Εἰς • Εἰ

¹ ἐστιν • — ² ἐστὲ καὶ οὐχ υἱοί • καὶ οὐχ υἱοί ἐστε ³ πολλῷ • πολὺ [δὲ]
⁴ ποιήσατε • ποιεῖτε ⁵ διὰ ταύτης • δι᾽ αὐτῆς ⁶ ἀπέδοτο • ἀπέδετο ⁷ αὐτοῦ • ἑαυτοῦ ⁸ ὄρει • — ⁹ σκότῳ • ζόφῳ

ἔφερον γὰρ τὸ διαστελλόμενον, Κἂν θηρίον θίγῃ τοῦ ὄρους, λιθοβοληθήσεται· 21 καί, οὕτως¹ φοβερὸν ἦν τὸ φανταζόμενον, Μωϋσῆς εἶπεν, Ἔκφοβός εἰμι καὶ ἔντρομος. 22 Ἀλλὰ προσεληλύθατε Σιὼν ὄρει, καὶ πόλει θεοῦ ζῶντος, Ἱερουσαλὴμ ἐπουρανίῳ, καὶ μυριάσιν ἀγγέλων, 23 πανηγύρει καὶ ἐκκλησίᾳ πρωτοτόκων ἐν οὐρανοῖς ἀπογεγραμμένων,² καὶ κριτῇ θεῷ πάντων, καὶ πνεύμασιν δικαίων τετελειωμένων, 24 καὶ διαθήκης νέας μεσίτῃ Ἰησοῦ, καὶ αἵματι ῥαντισμοῦ κρεῖττον λαλοῦντι παρὰ τὸν Ἄβελ. 25 Βλέπετε μὴ παραιτήσησθε τὸν λαλοῦντα. Εἰ γὰρ ἐκεῖνοι οὐκ ἔφυγον,³ τὸν ἐπὶ γῆς παραιτησάμενοι⁴ χρηματίζοντα, πολλῷ⁵ μᾶλλον ἡμεῖς οἱ τὸν ἀπ' οὐρανῶν ἀποστρεφόμενοι· 26 οὗ ἡ φωνὴ τὴν γῆν ἐσάλευσεν τότε, νῦν δὲ ἐπήγγελται, λέγων, Ἔτι ἅπαξ ἐγὼ σείω⁶ οὐ μόνον τὴν γῆν, ἀλλὰ καὶ τὸν οὐρανόν. 27 Τὸ δέ, Ἔτι ἅπαξ, δηλοῖ τῶν σαλευομένων τὴν⁷ μετάθεσιν, ὡς πεποιημένων, ἵνα μείνῃ τὰ μὴ σαλευόμενα. 28 Διὸ βασιλείαν ἀσάλευτον παραλαμβάνοντες, ἔχωμεν χάριν, δι' ἧς λατρεύομεν⁸ εὐαρέστως τῷ θεῷ μετὰ αἰδοῦς καὶ εὐλαβείας·⁹ 29 καὶ γὰρ ὁ θεὸς ἡμῶν πῦρ καταναλίσκον.

Final Admonitions and Conclusion

13 Ἡ φιλαδελφία μενέτω. 2 Τῆς φιλοξενίας μὴ ἐπιλανθάνεσθε· διὰ ταύτης γὰρ ἔλαθόν τινες ξενίσαντες ἀγγέλους. 3 Μιμνήσκεσθε τῶν δεσμίων, ὡς συνδεδεμένοι· τῶν κακουχουμένων, ὡς καὶ αὐτοὶ ὄντες ἐν σώματι. 4 Τίμιος ὁ γάμος ἐν πᾶσιν, καὶ ἡ κοίτη ἀμίαντος· πόρνους δὲ¹⁰ καὶ μοιχοὺς κρινεῖ ὁ θεός. 5 Ἀφιλάργυρος ὁ τρόπος, ἀρκούμενοι τοῖς παροῦσιν· αὐτὸς γὰρ εἴρηκεν, Οὐ μή σε ἀνῶ, οὐδ' οὐ μή σε ἐγκαταλείπω.¹¹ 6 Ὥστε θαρροῦντας

---

¹ οὕτως • οὕτω ² ἐν οὐρανοῖς ἀπογεγραμμένων • ἀπογεγραμμένων ἐν οὐρανοῖς ³ ἔφυγον • ἐξέφυγον ⁴ τὸν ἐπὶ γῆς παραιτησάμενοι • ἐπὶ γῆς παραιτησάμενοι τὸν ⁵ πολλῷ • πολὺ ⁶ σείω • σείσω ⁷ τῶν σαλευομένων τὴν • [τὴν] τῶν σαλευομένων ⁸ λατρεύομεν • λατρεύωμεν ⁹ αἰδοῦς καὶ εὐλαβείας • εὐλαβείας καὶ δέους ¹⁰ δὲ • γὰρ ¹¹ ἐγκαταλείπω • ἐγκαταλίπω

ἡμᾶς λέγειν, Κύριος ἐμοὶ βοηθός, καὶ [1] οὐ φοβηθήσομαι τί ποιήσει μοι ἄνθρωπος.

7 Μνημονεύετε τῶν ἡγουμένων ὑμῶν, οἵτινες ἐλάλησαν ὑμῖν τὸν λόγον τοῦ θεοῦ· ὧν ἀναθεωροῦντες τὴν ἔκβασιν τῆς ἀναστροφῆς, μιμεῖσθε τὴν πίστιν. **8** Ἰησοῦς χριστὸς χθὲς [2] καὶ σήμερον ὁ αὐτός, καὶ εἰς τοὺς αἰῶνας. **9** Διδαχαῖς ποικίλαις καὶ ξέναις μὴ παραφέρεσθε· καλὸν γὰρ χάριτι βεβαιοῦσθαι τὴν καρδίαν, οὐ βρώμασιν, ἐν οἷς οὐκ ὠφελήθησαν οἱ περιπατήσαντες. [3] **10** Ἔχομεν θυσιαστήριον, ἐξ οὗ φαγεῖν οὐκ ἔχουσιν ἐξουσίαν οἱ τῇ σκηνῇ λατρεύοντες. **11** Ὧν γὰρ εἰσφέρεται ζῴων τὸ αἷμα περὶ ἁμαρτίας εἰς τὰ ἅγια διὰ τοῦ ἀρχιερέως, τούτων τὰ σώματα κατακαίεται ἔξω τῆς παρεμβολῆς. **12** Διὸ καὶ Ἰησοῦς, ἵνα ἁγιάσῃ διὰ τοῦ ἰδίου αἵματος τὸν λαόν, ἔξω τῆς πύλης ἔπαθεν. **13** Τοίνυν ἐξερχώμεθα πρὸς αὐτὸν ἔξω τῆς παρεμβολῆς, τὸν ὀνειδισμὸν αὐτοῦ φέροντες. **14** Οὐ γὰρ ἔχομεν ὧδε μένουσαν πόλιν, ἀλλὰ τὴν μέλλουσαν ἐπιζητοῦμεν. **15** Δι' αὐτοῦ οὖν [4] ἀναφέρωμεν θυσίαν αἰνέσεως διὰ παντὸς τῷ θεῷ, τοῦτ' ἔστιν, καρπὸν χειλέων ὁμολογούντων τῷ ὀνόματι αὐτοῦ. **16** Τῆς δὲ εὐποιΐας καὶ κοινωνίας μὴ ἐπιλανθάνεσθε· τοιαύταις γὰρ θυσίαις εὐαρεστεῖται ὁ θεός. **17** Πείθεσθε τοῖς ἡγουμένοις ὑμῶν, καὶ ὑπείκετε· αὐτοὶ γὰρ ἀγρυπνοῦσιν ὑπὲρ τῶν ψυχῶν ὑμῶν, ὡς λόγον ἀποδώσοντες· ἵνα μετὰ χαρᾶς τοῦτο ποιῶσιν, καὶ μὴ στενάζοντες· ἀλυσιτελὲς γὰρ ὑμῖν τοῦτο.

18 Προσεύχεσθε περὶ ἡμῶν· πεποίθαμεν [5] γὰρ ὅτι καλὴν συνείδησιν ἔχομεν, ἐν πᾶσιν καλῶς θέλοντες ἀναστρέφεσθαι. **19** Περισσοτέρως δὲ παρακαλῶ τοῦτο ποιῆσαι, ἵνα τάχιον ἀποκατασταθῶ ὑμῖν.

20 Ὁ δὲ θεὸς τῆς εἰρήνης, ὁ ἀναγαγὼν ἐκ νεκρῶν τὸν ποιμένα τῶν προβάτων τὸν μέγαν ἐν αἵματι διαθήκης αἰωνίου, τὸν κύριον ἡμῶν Ἰησοῦν, **21** καταρτίσαι ὑμᾶς ἐν παντὶ ἔργῳ [6] ἀγαθῷ εἰς τὸ ποιῆσαι τὸ θέλημα αὐτοῦ, ποιῶν ἐν ὑμῖν [7] τὸ

---

[1] καὶ • [καὶ]   [2] χθὲς • ἐχθὲς   [3] περιπατήσαντες • περιπατοῦντες   [4] οὖν • [οὖν]   [5] πεποίθαμεν • πειθόμεθα   [6] ἔργῳ • —   [7] ὑμῖν • ἡμῖν

εὐάρεστον ἐνώπιον αὐτοῦ, διὰ Ἰησοῦ χριστοῦ· ᾧ ἡ δόξα εἰς τοὺς αἰῶνας τῶν αἰώνων. ¹ Ἀμήν.

22 Παρακαλῶ δὲ ὑμᾶς, ἀδελφοί, ἀνέχεσθε τοῦ λόγου τῆς παρακλήσεως· καὶ γὰρ διὰ βραχέων ἐπέστειλα ὑμῖν. 23 Γινώσκετε τὸν ἀδελφὸν ² Τιμόθεον ἀπολελυμένον, μεθ᾽ οὗ, ἐὰν τάχιον ἔρχηται, ὄψομαι ὑμᾶς.

24 Ἀσπάσασθε πάντας τοὺς ἡγουμένους ὑμῶν, καὶ πάντας τοὺς ἁγίους. Ἀσπάζονται ὑμᾶς οἱ ἀπὸ τῆς Ἰταλίας. 25 Ἡ χάρις μετὰ πάντων ὑμῶν. Ἀμήν. ³

---

¹ τῶν αἰώνων • [τῶν αἰώνων]   ² ἀδελφὸν • ἀδελφὸν ἡμῶν   ³ Ἀμήν • —

ΠΡΟΣ ΤΙΜΟΘΕΟΝ Α
First to Timothy

Address and Greeting

Παῦλος ἀπόστολος Ἰησοῦ χριστοῦ κατ᾽ [1] ἐπιταγὴν θεοῦ σωτῆρος ἡμῶν, καὶ κυρίου Ἰησοῦ χριστοῦ [2] τῆς ἐλπίδος ἡμῶν, 2 Τιμοθέῳ γνησίῳ τέκνῳ ἐν πίστει· χάρις, ἔλεος, εἰρήνη ἀπὸ θεοῦ πατρὸς ἡμῶν καὶ [3] χριστοῦ Ἰησοῦ τοῦ κυρίου ἡμῶν.

Warning Against False Teachers

3 Καθὼς παρεκάλεσά σε προσμεῖναι ἐν Ἐφέσῳ, πορευόμενος εἰς Μακεδονίαν, ἵνα παραγγείλῃς τισὶν μὴ ἑτεροδιδασκαλεῖν, 4 μηδὲ προσέχειν μύθοις καὶ γενεαλογίαις ἀπεράντοις, αἵτινες ζητήσεις [4] παρέχουσιν μᾶλλον ἢ οἰκονομίαν θεοῦ τὴν ἐν πίστει. 5 Τὸ δὲ τέλος τῆς παραγγελίας ἐστὶν ἀγάπη ἐκ καθαρᾶς καρδίας καὶ συνειδήσεως ἀγαθῆς καὶ πίστεως ἀνυποκρίτου· 6 ὧν τινὲς ἀστοχήσαντες ἐξετράπησαν εἰς ματαιολογίαν, 7 θέλοντες εἶναι νομοδιδάσκαλοι, μὴ νοοῦντες μήτε ἃ λέγουσιν, μήτε περὶ τίνων διαβεβαιοῦνται.

The Real Purpose of the Law

8 Οἴδαμεν δὲ ὅτι καλὸς ὁ νόμος, ἐάν τις αὐτῷ νομίμως χρῆται, 9 εἰδὼς τοῦτο, ὅτι δικαίῳ νόμος οὐ κεῖται, ἀνόμοις δὲ καὶ ἀνυποτάκτοις, ἀσεβέσιν καὶ ἁμαρτωλοῖς, ἀνοσίοις

---

[1] Ἰησοῦ χριστοῦ κατ᾽ • χριστοῦ Ἰησοῦ κατ᾽   [2] κυρίου Ἰησοῦ χριστοῦ • χριστοῦ Ἰησοῦ   [3] ἡμῶν καὶ • καὶ   [4] ζητήσεις • ἐκζητήσεις

καὶ βεβήλοις, πατρολῴαις^a καὶ μητρολῴαις,^b ἀνδροφόνοις, 10 πόρνοις, ἀρσενοκοίταις, ἀνδραποδισταῖς, ψεύσταις, ἐπιόρκοις, καὶ εἴ τι ἕτερον τῇ ὑγιαινούσῃ διδασκαλίᾳ ἀντίκειται, 11 κατὰ τὸ εὐαγγέλιον τῆς δόξης τοῦ μακαρίου θεοῦ, ὃ ἐπιστεύθην ἐγώ.

Paul's Praise for the Grace which He has Experienced

12 Καὶ^1 χάριν ἔχω τῷ ἐνδυναμώσαντί με χριστῷ Ἰησοῦ τῷ κυρίῳ ἡμῶν, ὅτι πιστόν με ἡγήσατο, θέμενος εἰς διακονίαν, 13 τὸν^2 πρότερον ὄντα βλάσφημον καὶ διώκτην καὶ ὑβριστήν· ἀλλὰ ἠλεήθην, ὅτι ἀγνοῶν ἐποίησα ἐν ἀπιστίᾳ· 14 ὑπερεπλεόνασεν δὲ ἡ χάρις τοῦ κυρίου ἡμῶν μετὰ πίστεως καὶ ἀγάπης τῆς ἐν χριστῷ Ἰησοῦ. 15 Πιστὸς ὁ λόγος καὶ πάσης ἀποδοχῆς ἄξιος, ὅτι χριστὸς Ἰησοῦς ἦλθεν εἰς τὸν κόσμον ἁμαρτωλοὺς σῶσαι, ὧν πρῶτός εἰμι ἐγώ· 16 ἀλλὰ διὰ τοῦτο ἠλεήθην, ἵνα ἐν ἐμοὶ πρώτῳ ἐνδείξηται Ἰησοῦς χριστὸς τὴν πᾶσαν^3 μακροθυμίαν, πρὸς ὑποτύπωσιν τῶν μελλόντων πιστεύειν ἐπ' αὐτῷ εἰς ζωὴν αἰώνιον. 17 Τῷ δὲ βασιλεῖ τῶν αἰώνων, ἀφθάρτῳ, ἀοράτῳ, μόνῳ σοφῷ^4 θεῷ, τιμὴ καὶ δόξα εἰς τοὺς αἰῶνας τῶν αἰώνων. Ἀμήν.

A Warning against Apostasy

18 Ταύτην τὴν παραγγελίαν παρατίθεμαί σοι, τέκνον Τιμόθεε, κατὰ τὰς προαγούσας ἐπὶ σὲ προφητείας, ἵνα στρατεύῃ ἐν αὐταῖς τὴν καλὴν στρατείαν, 19 ἔχων πίστιν καὶ ἀγαθὴν συνείδησιν, ἥν τινες ἀπωσάμενοι περὶ τὴν πίστιν ἐναυάγησαν· 20 ὧν ἐστιν Ὑμέναιος καὶ Ἀλέξανδρος, οὓς παρέδωκα τῷ Σατανᾷ, ἵνα παιδευθῶσιν μὴ βλασφημεῖν.

---

^a πατρολῴαις • πατραλῴαις   ^b μητρολῴαις • μητραλῴαις

---

^1 Καὶ • —   ^2 τὸν • τὸ   ^3 Ἰησοῦς χριστὸς τὴν πᾶσαν • χριστὸς Ἰησοῦς τὴν ἅπασαν   ^4 σοφῷ • —

An Admonition to Pray for All Men
on the Basis of Christ's Atoning Death

2 Παρακαλῶ οὖν πρῶτον πάντων ποιεῖσθαι δεήσεις, προσευχάς, ἐντεύξεις, εὐχαριστίας, ὑπὲρ πάντων ἀνθρώπων· 2 ὑπὲρ βασιλέων καὶ πάντων τῶν ἐν ὑπεροχῇ ὄντων, ἵνα ἤρεμον καὶ ἡσύχιον βίον διάγωμεν ἐν πάσῃ εὐσεβείᾳ καὶ σεμνότητι. 3 Τοῦτο γὰρ¹ καλὸν καὶ ἀπόδεκτον ἐνώπιον τοῦ σωτῆρος ἡμῶν θεοῦ, 4 ὃς πάντας ἀνθρώπους θέλει σωθῆναι καὶ εἰς ἐπίγνωσιν ἀληθείας ἐλθεῖν. 5 Εἷς γὰρ θεός, εἷς καὶ μεσίτης θεοῦ καὶ ἀνθρώπων, ἄνθρωπος χριστὸς Ἰησοῦς, 6 ὁ δοὺς ἑαυτὸν ἀντίλυτρον ὑπὲρ πάντων, τὸ μαρτύριον καιροῖς ἰδίοις, 7 εἰς ὃ ἐτέθην ἐγὼ κῆρυξ καὶ ἀπόστολος· ἀλήθειαν λέγω ἐν χριστῷ,² οὐ ψεύδομαι· διδάσκαλος ἐθνῶν ἐν πίστει καὶ ἀληθείᾳ.

8 Βούλομαι οὖν προσεύχεσθαι τοὺς ἄνδρας ἐν παντὶ τόπῳ, ἐπαίροντας ὁσίους χεῖρας, χωρὶς ὀργῆς καὶ διαλογισμοῦ.

The Station and Calling of Christian Women

9 Ὡσαύτως καὶ τὰς γυναῖκας ἐν³ καταστολῇ κοσμίῳ, μετὰ αἰδοῦς καὶ σωφροσύνης, κοσμεῖν ἑαυτάς, μὴ ἐν πλέγμασιν, ἢ χρυσῷ,⁴ ἢ μαργαρίταις, ἢ ἱματισμῷ πολυτελεῖ, 10 ἀλλ᾽ ὃ πρέπει γυναιξὶν ἐπαγγελλομέναις θεοσέβειαν, δι᾽ ἔργων ἀγαθῶν. 11 Γυνὴ ἐν ἡσυχίᾳ μανθανέτω ἐν πάσῃ ὑποταγῇ. 12 Γυναικὶ δὲ διδάσκειν⁵ οὐκ ἐπιτρέπω, οὐδὲ αὐθεντεῖν ἀνδρός, ἀλλ᾽ εἶναι ἐν ἡσυχίᾳ. 13 Ἀδὰμ γὰρ πρῶτος ἐπλάσθη, εἶτα Εὔα· 14 καὶ Ἀδὰμ οὐκ ἠπατήθη, ἡ δὲ γυνὴ ἀπατηθεῖσα⁶ ἐν παραβάσει γέγονεν· 15 σωθήσεται δὲ διὰ τῆς τεκνογονίας, ἐὰν μείνωσιν ἐν πίστει καὶ ἀγάπῃ καὶ ἁγιασμῷ μετὰ σωφροσύνης.

The Office of a Bishop, or Overseer

3 Πιστὸς ὁ λόγος· εἴ τις ἐπισκοπῆς ὀρέγεται, καλοῦ ἔργου ἐπιθυμεῖ. 2 Δεῖ οὖν τὸν ἐπίσκοπον ἀνεπίληπτον⁷ εἶναι,

---

1 γὰρ • — *2 ἐν χριστῷ •* — *3 καὶ τὰς γυναῖκας ἐν • [καὶ] γυναῖκας ἐν*
4 ἢ χρυσῷ • καὶ χρυσίῳ *5 Γυναικὶ δὲ διδάσκειν • Διδάσκειν δὲ γυναικὶ*
6 ἀπατηθεῖσα • ἐξαπατηθεῖσα *7 ἀνεπίληπτον • ἀνεπίλημπτον*

μιᾶς γυναικὸς ἄνδρα, νηφάλεον,¹ σώφρονα, κόσμιον, φιλόξενον, διδακτικόν· 3 μὴ πάροινον, μὴ πλήκτην, μὴ αἰσχροκερδῆ, ἀλλ'² ἐπιεικῆ, ἄμαχον, ἀφιλάργυρον· 4 τοῦ ἰδίου οἴκου καλῶς προϊστάμενον, τέκνα ἔχοντα ἐν ὑποταγῇ μετὰ πάσης σεμνότητος. 5 Εἰ δέ τις τοῦ ἰδίου οἴκου προστῆναι οὐκ οἶδεν, πῶς ἐκκλησίας θεοῦ ἐπιμελήσεται; 6 Μὴ νεόφυτον, ἵνα μὴ τυφωθεὶς εἰς κρίμα ἐμπέσῃ τοῦ διαβόλου. 7 Δεῖ δὲ αὐτὸν³ καὶ μαρτυρίαν καλὴν ἔχειν ἀπὸ τῶν ἔξωθεν, ἵνα μὴ εἰς ὀνειδισμὸν ἐμπέσῃ καὶ παγίδα τοῦ διαβόλου.

The Office of Deacons

8 Διακόνους ὡσαύτως σεμνούς, μὴ διλόγους, μὴ οἴνῳ πολλῷ προσέχοντας, μὴ αἰσχροκερδεῖς, 9 ἔχοντας τὸ μυστήριον τῆς πίστεως ἐν καθαρᾷ συνειδήσει. 10 Καὶ οὗτοι δὲ δοκιμαζέσθωσαν πρῶτον, εἶτα διακονείτωσαν, ἀνέγκλητοι ὄντες. 11 Γυναῖκας ὡσαύτως σεμνάς, μὴ διαβόλους, νηφαλέους,⁴ πιστὰς ἐν πᾶσιν. 12 Διάκονοι ἔστωσαν μιᾶς γυναικὸς ἄνδρες, τέκνων καλῶς προϊστάμενοι καὶ τῶν ἰδίων οἴκων. 13 Οἱ γὰρ καλῶς διακονήσαντες βαθμὸν ἑαυτοῖς καλὸν περιποιοῦνται, καὶ πολλὴν παρρησίαν ἐν πίστει τῇ ἐν χριστῷ Ἰησοῦ.

The Purpose of Paul's Letter and a Doxology

14 Ταῦτά σοι γράφω, ἐλπίζων ἐλθεῖν πρός σε τάχιον·⁵ 15 ἐὰν δὲ βραδύνω, ἵνα εἰδῇς πῶς δεῖ ἐν οἴκῳ θεοῦ ἀναστρέφεσθαι, ἥτις ἐστὶν ἐκκλησία θεοῦ ζῶντος, στύλος καὶ ἑδραίωμα τῆς ἀληθείας. 16 Καὶ ὁμολογουμένως μέγα ἐστὶν τὸ τῆς εὐσεβείας μυστήριον· θεὸς⁶ ἐφανερώθη ἐν σαρκί, ἐδικαιώθη ἐν πνεύματι, ὤφθη ἀγγέλοις, ἐκηρύχθη ἐν ἔθνεσιν, ἐπιστεύθη ἐν κόσμῳ, ἀνελήφθη⁷ ἐν δόξῃ.

---

¹ νηφάλεον • νηφάλιον   ² μὴ αἰσχρcκερδῆ ἀλλ' • ἀλλὰ   ³ αὐτὸν • —
⁴ νηφαλέους • νηφαλίους   ⁵ τάχιον • ἐν τάχει   ⁶ θεὸς • ὃς   ⁷ ἀνελήφθη • ἀνελήμφθη

The False Doctrines of the Last Days and Their Refutation

4 Τὸ δὲ πνεῦμα ῥητῶς λέγει, ὅτι ἐν ὑστέροις καιροῖς ἀποστήσονταί τινες τῆς πίστεως, προσέχοντες πνεύμασιν πλάνοις καὶ διδασκαλίαις δαιμονίων, 2 ἐν ὑποκρίσει ψευδολόγων, κεκαυτηριασμένων [1] τὴν ἰδίαν συνείδησιν, 3 κωλυόντων γαμεῖν, ἀπέχεσθαι βρωμάτων, ἃ ὁ θεὸς ἔκτισεν εἰς μετάληψιν [2] μετὰ εὐχαριστίας τοῖς πιστοῖς καὶ ἐπεγνωκόσιν τὴν ἀλήθειαν. 4 Ὅτι πᾶν κτίσμα θεοῦ καλόν, καὶ οὐδὲν ἀπόβλητον, μετὰ εὐχαριστίας λαμβανόμενον· 5 ἁγιάζεται γὰρ διὰ λόγου θεοῦ καὶ ἐντεύξεως.

The Personal Conduct of Timothy

6 Ταῦτα ὑποτιθέμενος τοῖς ἀδελφοῖς καλὸς ἔσῃ διάκονος Ἰησοῦ χριστοῦ, [3] ἐντρεφόμενος τοῖς λόγοις τῆς πίστεως, καὶ τῆς καλῆς διδασκαλίας ᾗ παρηκολούθηκας. 7 Τοὺς δὲ βεβήλους καὶ γραώδεις μύθους παραιτοῦ. Γύμναζε δὲ σεαυτὸν πρὸς εὐσέβειαν· 8 ἡ γὰρ σωματικὴ γυμνασία πρὸς ὀλίγον ἐστὶν ὠφέλιμος· ἡ δὲ εὐσέβεια πρὸς πάντα ὠφέλιμός ἐστιν, ἐπαγγελίαν ἔχουσα ζωῆς τῆς νῦν καὶ τῆς μελλούσης. 9 Πιστὸς ὁ λόγος καὶ πάσης ἀποδοχῆς ἄξιος. 10 Εἰς τοῦτο γὰρ καὶ κοπιῶμεν καὶ ὀνειδιζόμεθα, [4] ὅτι ἠλπίκαμεν ἐπὶ θεῷ ζῶντι, ὅς ἐστιν σωτὴρ πάντων ἀνθρώπων, μάλιστα πιστῶν. 11 Παράγγελλε ταῦτα καὶ δίδασκε. 12 Μηδείς σου τῆς νεότητος καταφρονείτω, ἀλλὰ τύπος γίνου τῶν πιστῶν ἐν λόγῳ, ἐν ἀναστροφῇ, ἐν ἀγάπῃ, ἐν πνεύματι, ἐν [5] πίστει, ἐν ἁγνείᾳ. 13 Ἕως ἔρχομαι, πρόσεχε τῇ ἀναγνώσει, τῇ παρακλήσει, τῇ διδασκαλίᾳ. 14 Μὴ ἀμέλει τοῦ ἐν σοὶ χαρίσματος, ὃ ἐδόθη σοι διὰ προφητείας μετὰ ἐπιθέσεως τῶν χειρῶν τοῦ πρεσβυτερίου. 15 Ταῦτα μελέτα, ἐν τούτοις ἴσθι, ἵνα σου ἡ προκοπὴ φανερὰ ᾖ ἐν πᾶσιν. [6] 16 Ἔπεχε σεαυτῷ καὶ τῇ διδασκαλίᾳ. Ἐπίμενε

---

[1] κεκαυτηριασμένων • κεκαυστηριασμένων [2] μετάληψιν • μετάλημψιν
[3] Ἰησοῦ χριστοῦ • χριστοῦ Ἰησοῦ [4] καὶ κοπιῶμεν καὶ ὀνειδιζόμεθα • κοπιῶμεν καὶ ἀγωνιζόμεθα [5] πνεύματι ἐν • — [6] ἐν πᾶσιν • πᾶσιν

αὐτοῖς· τοῦτο γὰρ ποιῶν καὶ σεαυτὸν σώσεις καὶ τοὺς ἀκούοντάς σου.

The Pastoral Care of the Aged, the Young, the Widows

5 Πρεσβυτέρῳ μὴ ἐπιπλήξῃς, ἀλλὰ παρακάλει ὡς πατέρα· νεωτέρους, ὡς ἀδελφούς· 2 πρεσβυτέρας, ὡς μητέρας· νεωτέρας, ὡς ἀδελφάς, ἐν πάσῃ ἁγνείᾳ. 3 Χήρας τίμα τὰς ὄντως χήρας. 4 Εἰ δέ τις χήρα τέκνα ἢ ἔκγονα ἔχει, μανθανέτωσαν πρῶτον τὸν ἴδιον οἶκον εὐσεβεῖν, καὶ ἀμοιβὰς ἀποδιδόναι τοῖς προγόνοις· τοῦτο γάρ ἐστιν ἀπόδεκτον ἐνώπιον τοῦ θεοῦ. 5 Ἡ δὲ ὄντως χήρα καὶ μεμονωμένη ἤλπικεν ἐπὶ τὸν [1] θεόν, καὶ προσμένει ταῖς δεήσεσιν καὶ ταῖς προσευχαῖς νυκτὸς καὶ ἡμέρας. 6 Ἡ δὲ σπαταλῶσα, ζῶσα τέθνηκεν. 7 Καὶ ταῦτα παράγγελλε, ἵνα ἀνεπίληπτοι [2] ὦσιν. 8 Εἰ δέ τις τῶν ἰδίων καὶ μάλιστα τῶν οἰκείων [3] οὐ προνοεῖ, τὴν πίστιν ἤρνηται, καὶ ἔστιν ἀπίστου χείρων.

The Care of Widows on the Part of the Congregation

9 Χήρα καταλεγέσθω μὴ ἔλαττον ἐτῶν ἑξήκοντα, γεγονυῖα ἑνὸς ἀνδρὸς γυνή, 10 ἐν ἔργοις καλοῖς μαρτυρουμένη, εἰ ἐτεκνοτρόφησεν, εἰ ἐξενοδόχησεν, εἰ ἁγίων πόδας ἔνιψεν, εἰ θλιβομένοις ἐπήρκεσεν, εἰ παντὶ ἔργῳ ἀγαθῷ ἐπηκολούθησεν. 11 Νεωτέρας δὲ χήρας παραιτοῦ· ὅταν γὰρ καταστρηνιάσωσιν τοῦ χριστοῦ, γαμεῖν θέλουσιν, 12 ἔχουσαι κρίμα, ὅτι τὴν πρώτην πίστιν ἠθέτησαν. 13 Ἅμα δὲ καὶ ἀργαὶ μανθάνουσιν, περιερχόμεναι τὰς οἰκίας, οὐ μόνον δὲ ἀργαί, ἀλλὰ καὶ φλύαροι καὶ περίεργοι, λαλοῦσαι τὰ μὴ δέοντα. 14 Βούλομαι οὖν νεωτέρας γαμεῖν, τεκνογονεῖν, οἰκοδεσποτεῖν, μηδεμίαν ἀφορμὴν διδόναι τῷ ἀντικειμένῳ λοιδορίας χάριν. 15 Ἤδη γάρ τινες ἐξετράπησαν ὀπίσω τοῦ Σατανᾶ. 16 Εἴ τις πιστὸς ἢ [4] πιστὴ ἔχει χήρας, ἐπαρκείτω αὐταῖς, καὶ μὴ βαρείσθω ἡ ἐκκλησία, ἵνα ταῖς ὄντως χήραις ἐπαρκέσῃ.

---

[1] τὸν • —   [2] ἀνεπίληπτοι • ἀνεπίλημπτοι   [3] τῶν οἰκείων • οἰκείων   [4] πιστὸς ἢ • —

Rules of Conduct with Regard to the Elders of the Congregation

17 Οἱ καλῶς προεστῶτες πρεσβύτεροι διπλῆς τιμῆς ἀξιούσθωσαν, μάλιστα οἱ κοπιῶντες ἐν λόγῳ καὶ διδασκαλίᾳ. 18 Λέγει γὰρ ἡ γραφή, Βοῦν ἀλοῶντα οὐ φιμώσεις· καί, Ἄξιος ὁ ἐργάτης τοῦ μισθοῦ αὐτοῦ. 19 Κατὰ πρεσβυτέρου κατηγορίαν μὴ παραδέχου, ἐκτὸς εἰ μὴ ἐπὶ δύο ἢ τριῶν μαρτύρων. 20 Τοὺς ἁμαρτάνοντας ἐνώπιον πάντων ἔλεγχε, ἵνα καὶ οἱ λοιποὶ φόβον ἔχωσιν. 21 Διαμαρτύρομαι ἐνώπιον τοῦ θεοῦ καὶ κυρίου Ἰησοῦ χριστοῦ[1] καὶ τῶν ἐκλεκτῶν ἀγγέλων, ἵνα ταῦτα φυλάξῃς χωρὶς προκρίματος, μηδὲν ποιῶν κατὰ πρόσκλησιν.[2] 22 Χεῖρας ταχέως μηδενὶ ἐπιτίθει, μηδὲ κοινώνει ἁμαρτίαις ἀλλοτρίαις· σεαυτὸν ἁγνὸν τήρει. 23 Μηκέτι ὑδροπότει, ἀλλ᾽[3] οἴνῳ ὀλίγῳ χρῶ, διὰ τὸν στόμαχόν σου καὶ[4] τὰς πυκνάς σου ἀσθενείας. 24 Τινῶν ἀνθρώπων αἱ ἁμαρτίαι πρόδηλοί εἰσιν, προάγουσαι εἰς κρίσιν· τισὶν δὲ καὶ ἐπακολουθοῦσιν. 25 Ὡσαύτως καὶ τὰ καλὰ ἔργα πρόδηλά ἐστιν·[5] καὶ τὰ ἄλλως ἔχοντα κρυβῆναι οὐ δύνανται.

Regarding Bondservants Under the Yoke

6 Ὅσοι εἰσὶν ὑπὸ ζυγὸν δοῦλοι, τοὺς ἰδίους δεσπότας πάσης τιμῆς ἀξίους ἡγείσθωσαν, ἵνα μὴ τὸ ὄνομα τοῦ θεοῦ καὶ ἡ διδασκαλία βλασφημῆται. 2 Οἱ δὲ πιστοὺς ἔχοντες δεσπότας μὴ καταφρονείτωσαν, ὅτι ἀδελφοί εἰσιν· ἀλλὰ μᾶλλον δουλευέτωσαν, ὅτι πιστοί εἰσιν καὶ ἀγαπητοὶ οἱ τῆς εὐεργεσίας ἀντιλαμβανόμενοι. Ταῦτα δίδασκε καὶ παρακάλει.

A Description Characterizing the Errorists

3 Εἴ τις ἑτεροδιδασκαλεῖ, καὶ μὴ προσέρχεται ὑγιαίνουσιν λόγοις, τοῖς τοῦ κυρίου ἡμῶν Ἰησοῦ χριστοῦ, καὶ τῇ κατ᾽ εὐσέβειαν διδασκαλίᾳ, 4 τετύφωται, μηδὲν ἐπιστάμενος, ἀλλὰ νοσῶν περὶ ζητήσεις καὶ λογομαχίας, ἐξ ὧν γίνεται φθόνος, ἔρις, βλασφημίαι, ὑπόνοιαι πονηραί, 5 διαπαρατριβαὶ διεφθαρμένων ἀνθρώπων τὸν νοῦν, καὶ ἀπεστερημένων

---

[1] *κυρίου Ἰησοῦ χριστοῦ* • *χριστοῦ Ἰησοῦ*   [2] *πρόσκλησιν* • *πρόσκλισιν*   [3] *ἀλλ᾽* • *ἀλλὰ*   [4] *σου καὶ* • *καὶ*   [5] *καλὰ ἔργα πρόδηλά ἐστιν* • *ἔργα τὰ καλὰ πρόδηλα*

τῆς ἀληθείας, νομιζόντων πορισμὸν εἶναι τὴν εὐσέβειαν. Ἀφίστασο ἀπὸ τῶν τοιούτων.¹

The Sin of Avarice and Its Results

6 Ἔστιν δὲ πορισμὸς μέγας ἡ εὐσέβεια μετὰ αὐταρκείας· 7 οὐδὲν γὰρ εἰσηνέγκαμεν εἰς τὸν κόσμον, δῆλον² ὅτι οὐδὲ ἐξενεγκεῖν τι δυνάμεθα· 8 ἔχοντες δὲ διατροφὰς καὶ σκεπάσματα τούτοις ἀρκεσθησόμεθα. 9 Οἱ δὲ βουλόμενοι πλουτεῖν ἐμπίπτουσιν εἰς πειρασμὸν καὶ παγίδα καὶ ἐπιθυμίας πολλὰς ἀνοήτους καὶ βλαβεράς, αἵτινες βυθίζουσιν τοὺς ἀνθρώπους εἰς ὄλεθρον καὶ ἀπώλειαν. 10 Ῥίζα γὰρ πάντων τῶν κακῶν ἐστὶν ἡ φιλαργυρία· ἧς τινὲς ὀρεγόμενοι ἀπεπλανήθησαν ἀπὸ τῆς πίστεως, καὶ ἑαυτοὺς περιέπειραν ὀδύναις πολλαῖς.

The Conduct of the True Christian and Its Reward

11 Σὺ δέ, ὦ ἄνθρωπε τοῦ³ θεοῦ, ταῦτα φεῦγε· δίωκε δὲ δικαιοσύνην, εὐσέβειαν, πίστιν, ἀγάπην, ὑπομονήν, πραότητα.⁴ 12 Ἀγωνίζου τὸν καλὸν ἀγῶνα τῆς πίστεως, ἐπιλαβοῦ τῆς αἰωνίου ζωῆς, εἰς ἣν ἐκλήθης, καὶ ὡμολόγησας τὴν καλὴν ὁμολογίαν ἐνώπιον πολλῶν μαρτύρων. 13 Παραγγέλλω σοι⁵ ἐνώπιον τοῦ θεοῦ τοῦ ζωοποιοῦντος⁶ τὰ πάντα, καὶ χριστοῦ Ἰησοῦ τοῦ μαρτυρήσαντος ἐπὶ Ποντίου Πιλάτου τὴν καλὴν ὁμολογίαν, 14 τηρῆσαί σε τὴν ἐντολὴν ἄσπιλον, ἀνεπίληπτον,⁷ μέχρι τῆς ἐπιφανείας τοῦ κυρίου ἡμῶν Ἰησοῦ χριστοῦ, 15 ἣν καιροῖς ἰδίοις δείξει ὁ μακάριος καὶ μόνος δυνάστης, ὁ βασιλεὺς τῶν βασιλευόντων, καὶ κύριος τῶν κυριευόντων, 16 ὁ μόνος ἔχων ἀθανασίαν, φῶς οἰκῶν ἀπρόσιτον, ὃν εἶδεν οὐδεὶς ἀνθρώπων, οὐδὲ ἰδεῖν δύναται· ᾧ τιμὴ καὶ κράτος αἰώνιον. Ἀμήν.

---

¹ Ἀφίστασο ἀπὸ τῶν τοιούτων • — ² δῆλον • — ³ τοῦ • — ⁴ πραότητα • πραϋπαθίαν ⁵ σοι • [σοι] ⁶ ζωοποιοῦντος • ζωογονοῦντος ⁷ ἀνεπίληπτον • ἀνεπίλημπτον

Final Admonitions and Conclusion

17 Τοῖς πλουσίοις ἐν τῷ νῦν αἰῶνι παράγγελλε, μὴ ὑψηλοφρονεῖν, μηδὲ ἠλπικέναι ἐπὶ πλούτου ἀδηλότητι, ἀλλ᾽ ἐν τῷ θεῷ τῷ ζῶντι,¹ τῷ παρέχοντι ἡμῖν πάντα πλουσίως εἰς ἀπόλαυσιν· 18 ἀγαθοεργεῖν, πλουτεῖν ἐν ἔργοις καλοῖς, εὐμεταδότους εἶναι, κοινωνικούς, 19 ἀποθησαυρίζοντας ἑαυτοῖς θεμέλιον καλὸν εἰς τὸ μέλλον, ἵνα ἐπιλάβωνται τῆς αἰωνίου ² ζωῆς.

20 Ὦ Τιμόθεε, τὴν παραθήκην φύλαξον, ἐκτρεπόμενος τὰς βεβήλους κενοφωνίας καὶ ἀντιθέσεις τῆς ψευδωνύμου γνώσεως· 21 ἥν τινες ἐπαγγελλόμενοι περὶ τὴν πίστιν ἠστόχησαν.

Ἡ χάρις μετὰ σοῦ. Ἀμήν. ³

---

¹ ἐν τῷ θεῷ τῷ ζῶντι • ἐπὶ θεῷ   ² αἰωνίου • ὄντως   ³ μετὰ σοῦ. Ἀμήν. • μεθ᾽ ὑμῶν.

ΠΡΟΣ ΤΙΜΟΘΕΟΝ Β
Second to Timothy

Address and Salutation

Παῦλος, ἀπόστολος Ἰησοῦ χριστοῦ[1] διὰ θελήματος θεοῦ, κατ' ἐπαγγελίαν ζωῆς τῆς ἐν χριστῷ Ἰησοῦ, 2 Τιμοθέῳ ἀγαπητῷ τέκνῳ· χάρις, ἔλεος, εἰρήνη ἀπὸ θεοῦ πατρὸς καὶ χριστοῦ Ἰησοῦ τοῦ κυρίου ἡμῶν.

Paul Reminds Timothy of His Early Training and Its Obligations

3 Χάριν ἔχω τῷ θεῷ, ᾧ λατρεύω ἀπὸ προγόνων ἐν καθαρᾷ συνειδήσει, ὡς ἀδιάλειπτον ἔχω τὴν περὶ σοῦ μνείαν ἐν ταῖς δεήσεσίν μου νυκτὸς καὶ ἡμέρας, 4 ἐπιποθῶν σε ἰδεῖν, μεμνημένος σου τῶν δακρύων, ἵνα χαρᾶς πληρωθῶ,

An Admonition to Steadfastness

5 ὑπόμνησιν λαμβάνων[2] τῆς ἐν σοὶ ἀνυποκρίτου πίστεως, ἥτις ἐνῴκησεν πρῶτον ἐν τῇ μάμμῃ σου Λωΐδι καὶ τῇ μητρί σου Εὐνίκῃ, πέπεισμαι δὲ ὅτι καὶ ἐν σοί. 6 Δι' ἣν αἰτίαν ἀναμιμνήσκω σε ἀναζωπυρεῖν τὸ χάρισμα τοῦ θεοῦ, ὅ ἐστιν ἐν σοὶ διὰ τῆς ἐπιθέσεως τῶν χειρῶν μου. 7 Οὐ γὰρ ἔδωκεν ἡμῖν ὁ θεὸς πνεῦμα δειλίας, ἀλλὰ δυνάμεως καὶ ἀγάπης καὶ σωφρονισμοῦ. 8 Μὴ οὖν ἐπαισχυνθῇς τὸ μαρτύριον τοῦ κυρίου ἡμῶν, μηδὲ ἐμὲ τὸν δέσμιον αὐτοῦ· ἀλλὰ συγκακοπάθησον

---

[1] Ἰησοῦ χριστοῦ • χριστοῦ Ἰησοῦ [2] λαμβάνων • λαβὼν

τῷ εὐαγγελίῳ κατὰ δύναμιν θεοῦ, 9 τοῦ σώσαντος ἡμᾶς καὶ καλέσαντος κλήσει ἁγίᾳ, οὐ κατὰ τὰ ἔργα ἡμῶν, ἀλλὰ κατ' [1] ἰδίαν πρόθεσιν καὶ χάριν τὴν δοθεῖσαν ἡμῖν ἐν χριστῷ Ἰησοῦ πρὸ χρόνων αἰωνίων, 10 φανερωθεῖσαν δὲ νῦν διὰ τῆς ἐπιφανείας τοῦ σωτῆρος ἡμῶν Ἰησοῦ χριστοῦ,[2] καταργήσαντος μὲν τὸν θάνατον, φωτίσαντος δὲ ζωὴν καὶ ἀφθαρσίαν διὰ τοῦ εὐαγγελίου, 11 εἰς ὃ ἐτέθην ἐγὼ κῆρυξ καὶ ἀπόστολος καὶ διδάσκαλος ἐθνῶν.[3] 12 Δι' ἣν αἰτίαν καὶ ταῦτα πάσχω, ἀλλ' οὐκ ἐπαισχύνομαι· οἶδα γὰρ ᾧ πεπίστευκα, καὶ πέπεισμαι ὅτι δυνατός ἐστιν τὴν παραθήκην μου φυλάξαι εἰς ἐκείνην τὴν ἡμέραν. 13 Ὑποτύπωσιν ἔχε ὑγιαινόντων λόγων ὧν παρ' ἐμοῦ ἤκουσας, ἐν πίστει καὶ ἀγάπῃ τῇ ἐν χριστῷ Ἰησοῦ. 14 Τὴν καλὴν παραθήκην φύλαξον διὰ πνεύματος ἁγίου τοῦ ἐνοικοῦντος ἐν ἡμῖν.

Paul's Sorrowful and Cheerful Experiences

15 Οἶδας τοῦτο, ὅτι ἀπεστράφησάν με πάντες οἱ ἐν τῇ Ἀσίᾳ, ὧν ἐστὶν Φύγελος καὶ Ἑρμογένης. 16 Δῴη ἔλεος ὁ κύριος τῷ Ὀνησιφόρου οἴκῳ· ὅτι πολλάκις με ἀνέψυξεν, καὶ τὴν ἅλυσίν μου οὐκ ἐπαισχύνθη, 17 ἀλλὰ γενόμενος ἐν Ῥώμῃ, σπουδαιότερον[4] ἐζήτησέν με καὶ εὗρεν— 18 δῴη αὐτῷ ὁ κύριος εὑρεῖν ἔλεος παρὰ κυρίου ἐν ἐκείνῃ τῇ ἡμέρᾳ—καὶ ὅσα ἐν Ἐφέσῳ διηκόνησεν, βέλτιον σὺ γινώσκεις.

Admonition to Faithfulness in the Ministry

2 Σὺ οὖν, τέκνον μου, ἐνδυναμοῦ ἐν τῇ χάριτι τῇ ἐν χριστῷ Ἰησοῦ. 2 Καὶ ἃ ἤκουσας παρ' ἐμοῦ διὰ πολλῶν μαρτύρων, ταῦτα παράθου πιστοῖς ἀνθρώποις, οἵτινες ἱκανοὶ ἔσονται καὶ ἑτέρους διδάξαι. 3 Σὺ οὖν κακοπάθησον[5] ὡς καλὸς στρατιώτης Ἰησοῦ χριστοῦ.[6] 4 Οὐδεὶς στρατευόμενος ἐμπλέκεται ταῖς τοῦ βίου πραγματείαις, ἵνα τῷ στρατολογήσαντι ἀρέσῃ. 5 Ἐὰν δὲ καὶ ἀθλῇ τις, οὐ στεφανοῦται ἐὰν μὴ νομίμως ἀθλήσῃ. 6 Τὸν

---

[1] κατ' • κατὰ   [2] Ἰησοῦ χριστοῦ • χριστοῦ Ἰησοῦ   [3] ἐθνῶν • —
[4] σπουδαιότερον • σπουδαίως   [5] Σὺ οὖν κακοπάθησον • Συγκακοπάθησον
[6] Ἰησοῦ χριστοῦ • χριστοῦ Ἰησοῦ

κοπιῶντα γεωργὸν δεῖ πρῶτον τῶν καρπῶν μεταλαμβάνειν. 7 Νόει ἃ λέγω· δῴη ¹ γάρ σοι ὁ κύριος σύνεσιν ἐν πᾶσιν.

An Admonition to Faithfulness in Faith and Christian Conduct

8 Μνημόνευε Ἰησοῦν χριστὸν ἐγηγερμένον ἐκ νεκρῶν, ἐκ σπέρματος Δαυίδ, κατὰ τὸ εὐαγγέλιόν μου· 9 ἐν ᾧ κακοπαθῶ μέχρι δεσμῶν, ὡς κακοῦργος· ἀλλ᾽² ὁ λόγος τοῦ θεοῦ οὐ δέδεται. 10 Διὰ τοῦτο πάντα ὑπομένω διὰ τοὺς ἐκλεκτούς, ἵνα καὶ αὐτοὶ σωτηρίας τύχωσιν τῆς ἐν χριστῷ Ἰησοῦ, μετὰ δόξης αἰωνίου. 11 Πιστὸς ὁ λόγος· εἰ γὰρ συναπεθάνομεν, καὶ συζήσομεν· 12 εἰ ὑπομένομεν, καὶ συμβασιλεύσομεν· εἰ ἀρνούμεθα, ³ κἀκεῖνος ἀρνήσεται ἡμᾶς· 13 εἰ ἀπιστοῦμεν, ἐκεῖνος πιστὸς μένει· ἀρνήσασθαι ἑαυτὸν ⁴ οὐ δύναται.

The Proper Dividing of the Word of God

14 Ταῦτα ὑπομίμνησκε, διαμαρτυρόμενος ἐνώπιον τοῦ κυρίου⁵ μὴ λογομαχεῖν εἰς⁶ οὐδὲν χρήσιμον, ἐπὶ καταστροφῇ τῶν ἀκουόντων. 15 Σπούδασον σεαυτὸν δόκιμον παραστῆσαι τῷ θεῷ, ἐργάτην ἀνεπαίσχυντον, ὀρθοτομοῦντα τὸν λόγον τῆς ἀληθείας. 16 Τὰς δὲ βεβήλους κενοφωνίας περιΐστασο· ἐπὶ πλεῖον γὰρ προκόψουσιν ἀσεβείας, 17 καὶ ὁ λόγος αὐτῶν ὡς γάγγραινα νομὴν ἕξει· ὧν ἐστὶν Ὑμέναιος καὶ Φιλητός· 18 οἵτινες περὶ τὴν ἀλήθειαν ἠστόχησαν, λέγοντες τὴν ἀνάστασιν ⁷ ἤδη γεγονέναι, καὶ ἀνατρέπουσιν τήν τινων πίστιν.

Of Clean and Unclean Vessels

19 Ὁ μέντοι στερεὸς θεμέλιος τοῦ θεοῦ ἕστηκεν, ἔχων τὴν σφραγῖδα ταύτην, Ἔγνω κύριος τοὺς ὄντας αὐτοῦ, καί, Ἀποστήτω ἀπὸ ἀδικίας πᾶς ὁ ὀνομάζων τὸ ὄνομα κυρίου. 20 Ἐν μεγάλῃ δὲ οἰκίᾳ οὐκ ἔστιν μόνον σκεύη χρυσᾶ καὶ ἀργυρᾶ, ἀλλὰ καὶ ξύλινα καὶ ὀστράκινα, καὶ ἃ μὲν εἰς τιμήν, ἃ δὲ εἰς ἀτιμίαν. 21 Ἐὰν οὖν τις ἐκκαθάρῃ ἑαυτὸν ἀπὸ τούτων,

---

¹ ἃ λέγω δῴη • ὃ λέγω δώσει   ² ἀλλ᾽ • ἀλλὰ   ³ ἀρνούμεθα • ἀρνησόμεθα
⁴ ἑαυτὸν • γὰρ ἑαυτὸν   ⁵ κυρίου • θεοῦ   ⁶ εἰς • ἐπ᾽   ⁷ τὴν ἀνάστασιν • [τὴν] ἀνάστασιν

ἔσται σκεῦος εἰς τιμήν, ἡγιασμένον, καὶ¹ εὔχρηστον τῷ δεσπότῃ, εἰς πᾶν ἔργον ἀγαθὸν ἡτοιμασμένον.

The Minister's Personal Conduct

22 Τὰς δὲ νεωτερικὰς ἐπιθυμίας φεῦγε· δίωκε δὲ δικαιοσύνην, πίστιν, ἀγάπην, εἰρήνην, μετὰ τῶν ἐπικαλουμένων τὸν κύριον ἐκ καθαρᾶς καρδίας. 23 Τὰς δὲ μωρὰς καὶ ἀπαιδεύτους ζητήσεις παραιτοῦ, εἰδὼς ὅτι γεννῶσιν μάχας. 24 Δοῦλον δὲ κυρίου οὐ δεῖ μάχεσθαι, ἀλλ᾽² ἤπιον εἶναι πρὸς πάντας, διδακτικόν, ἀνεξίκακον, 25 ἐν πραότητι³ παιδεύοντα τοὺς ἀντιδιατιθεμένους· μήποτε δῷ⁴ αὐτοῖς ὁ θεὸς μετάνοιαν εἰς ἐπίγνωσιν ἀληθείας, 26 καὶ ἀνανήψωσιν ἐκ τῆς τοῦ διαβόλου παγίδος, ἐζωγρημένοι ὑπ᾽ αὐτοῦ εἰς τὸ ἐκείνου θέλημα.

The False Teachers and False Brethren of the Last Days

3 Τοῦτο δὲ γίνωσκε, ὅτι ἐν ἐσχάταις ἡμέραις ἐνστήσονται καιροὶ χαλεποί. 2 Ἔσονται γὰρ οἱ ἄνθρωποι φίλαυτοι, φιλάργυροι, ἀλαζόνες, ὑπερήφανοι, βλάσφημοι, γονεῦσιν ἀπειθεῖς, ἀχάριστοι, ἀνόσιοι, 3 ἄστοργοι, ἄσπονδοι, διάβολοι, ἀκρατεῖς, ἀνήμεροι, ἀφιλάγαθοι, 4 προδόται, προπετεῖς, τετυφωμένοι, φιλήδονοι μᾶλλον ἢ φιλόθεοι, 5 ἔχοντες μόρφωσιν εὐσεβείας, τὴν δὲ δύναμιν αὐτῆς ἠρνημένοι· καὶ τούτους ἀποτρέπου. 6 Ἐκ τούτων γάρ εἰσιν οἱ ἐνδύνοντες εἰς τὰς οἰκίας, καὶ αἰχμαλωτεύοντες⁵ γυναικάρια σεσωρευμένα ἁμαρτίαις, ἀγόμενα ἐπιθυμίαις ποικίλαις, 7 πάντοτε μανθάνοντα, καὶ μηδέποτε εἰς ἐπίγνωσιν ἀληθείας ἐλθεῖν δυνάμενα. 8 Ὃν τρόπον δὲ Ἰαννῆς καὶ Ἰαμβρῆς ἀντέστησαν Μωϋσῇ,⁶ οὕτως καὶ οὗτοι ἀνθίστανται τῇ ἀληθείᾳ, ἄνθρωποι κατεφθαρμένοι τὸν νοῦν, ἀδόκιμοι περὶ τὴν πίστιν. 9 Ἀλλ᾽ οὐ προκόψουσιν ἐπὶ πλεῖον· ἡ γὰρ ἄνοια αὐτῶν ἔκδηλος ἔσται πᾶσιν, ὡς καὶ ἡ ἐκείνων ἐγένετο.

---

¹ καὶ • —   ² ἀλλ᾽ • ἀλλὰ   ³ πραότητι • πραΰτητι   ⁴ δῷ • δώῃ
⁵ αἰχμαλωτεύοντες • αἰχμαλωτίζοντες   ⁶ Μωϋσῇ • Μωϋσεῖ

The Special Lessons of Paul's Afflictions

10 Σὺ δὲ παρηκολούθηκάς¹ μου τῇ διδασκαλίᾳ, τῇ ἀγωγῇ, τῇ προθέσει, τῇ πίστει, τῇ μακροθυμίᾳ, τῇ ἀγάπῃ, τῇ ὑπομονῇ, **11** τοῖς διωγμοῖς, τοῖς παθήμασιν, οἷά μοι ἐγένετο ἐν Ἀντιοχείᾳ, ἐν Ἰκονίῳ, ἐν Λύστροις, οἵους διωγμοὺς ὑπήνεγκα· καὶ ἐκ πάντων με ἐρρύσατο ὁ κύριος. **12** Καὶ πάντες δὲ οἱ θέλοντες εὐσεβῶς ζῆν ἐν χριστῷ Ἰησοῦ διωχθήσονται. **13** Πονηροὶ δὲ ἄνθρωποι καὶ γόητες προκόψουσιν ἐπὶ τὸ χεῖρον, πλανῶντες καὶ πλανώμενοι.

The Purpose of Holy Scriptures

14 Σὺ δὲ μένε ἐν οἷς ἔμαθες καὶ ἐπιστώθης, εἰδὼς παρὰ τίνος² ἔμαθες, **15** καὶ ὅτι ἀπὸ βρέφους τὰ ἱερὰ³ γράμματα οἶδας, τὰ δυνάμενά σε σοφίσαι εἰς σωτηρίαν διὰ πίστεως τῆς ἐν χριστῷ Ἰησοῦ. **16** Πᾶσα γραφὴ θεόπνευστος καὶ ὠφέλιμος πρὸς διδασκαλίαν, πρὸς ἔλεγχον,⁴ πρὸς ἐπανόρθωσιν, πρὸς παιδείαν τὴν ἐν δικαιοσύνῃ· **17** ἵνα ἄρτιος ᾖ ὁ τοῦ θεοῦ ἄνθρωπος, πρὸς πᾶν ἔργον ἀγαθὸν ἐξηρτισμένος.

Faithfulness in Office

4 Διαμαρτύρομαι οὖν ἐγὼ⁵ ἐνώπιον τοῦ θεοῦ, καὶ τοῦ κυρίου Ἰησοῦ χριστοῦ,⁶ τοῦ μέλλοντος κρίνειν ζῶντας καὶ νεκρούς, κατὰ⁷ τὴν ἐπιφάνειαν αὐτοῦ καὶ τὴν βασιλείαν αὐτοῦ, **2** κήρυξον τὸν λόγον, ἐπίστηθι εὐκαίρως, ἀκαίρως, ἔλεγξον, ἐπιτίμησον, παρακάλεσον, ἐν πάσῃ μακροθυμίᾳ καὶ διδαχῇ. **3** Ἔσται γὰρ καιρὸς ὅτε τῆς ὑγιαινούσης διδασκαλίας οὐκ ἀνέξονται, ἀλλὰ κατὰ τὰς ἐπιθυμίας τὰς ἰδίας⁸ ἑαυτοῖς ἐπισωρεύσουσιν διδασκάλους, κνηθόμενοι τὴν ἀκοήν· **4** καὶ ἀπὸ μὲν τῆς ἀληθείας τὴν ἀκοὴν ἀποστρέψουσιν, ἐπὶ δὲ τοὺς μύθους ἐκτραπήσονται. **5** Σὺ δὲ νῆφε ἐν πᾶσιν, κακοπάθησον, ἔργον ποίησον εὐαγγελιστοῦ, τὴν διακονίαν σου πληροφόρησον.

---

¹ παρηκολούθηκάς • παρηκολούθησάς   ² τίνος • τίνων   ³ τὰ ἱερὰ • [τὰ] ἱερὰ
⁴ ἔλεγχον • ἐλεγμόν   ⁵ οὖν ἐγὼ • —   ⁶ τοῦ κυρίου Ἰησοῦ χριστοῦ • χριστοῦ Ἰησοῦ   ⁷ κατὰ • καὶ   ⁸ ἐπιθυμίας τὰς ἰδίας • ἰδίας ἐπιθυμίας

Paul's Fight and Victory

6 Ἐγὼ γὰρ ἤδη σπένδομαι, καὶ ὁ καιρὸς τῆς ἐμῆς ἀναλύσεως [1] ἐφέστηκεν. 7 Τὸν ἀγῶνα τὸν καλὸν [2] ἠγώνισμαι, τὸν δρόμον τετέλεκα, τὴν πίστιν τετήρηκα· 8 λοιπόν, ἀπόκειταί μοι ὁ τῆς δικαιοσύνης στέφανος, ὃν ἀποδώσει μοι ὁ κύριος ἐν ἐκείνῃ τῇ ἡμέρᾳ, ὁ δίκαιος κριτής· οὐ μόνον δὲ ἐμοί, ἀλλὰ καὶ πᾶσιν τοῖς ἠγαπηκόσιν τὴν ἐπιφάνειαν αὐτοῦ.

A Report Concerning Various Acquaintances and the First Hearing

9 Σπούδασον ἐλθεῖν πρός με ταχέως· 10 Δημᾶς γάρ με ἐγκατέλιπεν, ἀγαπήσας τὸν νῦν αἰῶνα, καὶ ἐπορεύθη εἰς Θεσσαλονίκην· Κρήσκης εἰς Γαλατίαν, Τίτος εἰς Δαλματίαν. 11 Λουκᾶς ἐστὶν μόνος μετ᾽ ἐμοῦ. Μάρκον ἀναλαβὼν ἄγε μετὰ σεαυτοῦ· ἔστιν γάρ μοι εὔχρηστος εἰς διακονίαν. 12 Τυχικὸν δὲ ἀπέστειλα εἰς Ἔφεσον. 13 Τὸν φελόνην [a, 3] ὃν ἀπέλιπον ἐν Τρῳάδι παρὰ Κάρπῳ, ἐρχόμενος φέρε, καὶ τὰ βιβλία, μάλιστα τὰς μεμβράνας. 14 Ἀλέξανδρος ὁ χαλκεὺς πολλά μοι κακὰ ἐνεδείξατο· ἀποδῴη [4] αὐτῷ ὁ κύριος κατὰ τὰ ἔργα αὐτοῦ· 15 ὃν καὶ σὺ φυλάσσου, λίαν γὰρ ἀνθέστηκεν [5] τοῖς ἡμετέροις λόγοις. 16 Ἐν τῇ πρώτῃ μου ἀπολογίᾳ οὐδείς μοι συμπαρεγένετο, [6] ἀλλὰ πάντες με ἐγκατέλιπον· μὴ αὐτοῖς λογισθείη. 17 Ὁ δὲ κύριός μοι παρέστη, καὶ ἐνεδυνάμωσέν με, ἵνα δι᾽ ἐμοῦ τὸ κήρυγμα πληροφορηθῇ, καὶ ἀκούσῃ [7] πάντα τὰ ἔθνη· καὶ ἐρρύσθην ἐκ στόματος λέοντος. 18 Καὶ ῥύσεταί [8] με ὁ κύριος ἀπὸ παντὸς ἔργου πονηροῦ, καὶ σώσει εἰς τὴν βασιλείαν αὐτοῦ τὴν ἐπουράνιον· ᾧ ἡ δόξα εἰς τοὺς αἰῶνας τῶν αἰώνων. Ἀμήν.

Concluding Remarks and Greeting

19 Ἄσπασαι Πρίσκαν καὶ Ἀκύλαν, καὶ τὸν Ὀνησιφόρου οἶκον. 20 Ἔραστος ἔμεινεν ἐν Κορίνθῳ· Τρόφιμον δὲ ἀπέλιπον

---

[a] φελόνην • φαιλόνην

---

[1] ἐμῆς ἀναλύσεως • ἀναλύσεώς μου [2] ἀγῶνα τὸν καλὸν • καλὸν ἀγῶνα
[3] φελόνην • φαιλόνην [4] ἀποδῴη • ἀποδώσει [5] ἀνθέστηκεν • ἀντέστη
[6] συμπαρεγένετο • παρεγένετο [7] ἀκούσῃ • ἀκούσωσιν [8] Καὶ ῥύσεταί • Ῥύσεταί

ἐν Μιλήτῳ ἀσθενοῦντα. 21 Σπούδασον πρὸ χειμῶνος ἐλθεῖν. Ἀσπάζεταί σε Εὔβουλος, καὶ Πούδης, καὶ Λῖνος, καὶ Κλαυδία, καὶ οἱ ἀδελφοὶ πάντες.
22 Ὁ κύριος Ἰησοῦς χριστὸς *1* μετὰ τοῦ πνεύματός σου. Ἡ χάρις μεθ' ὑμῶν. Ἀμήν. *2*

---

1 Ἰησοῦς χριστὸς • —   *2* Ἀμήν • —

ΠΡΟΣ ΤΙΤΟΝ
To Titus

Address and Opening Salutation

Παῦλος, δοῦλος θεοῦ, ἀπόστολος δὲ Ἰησοῦ χριστοῦ, κατὰ πίστιν ἐκλεκτῶν θεοῦ καὶ ἐπίγνωσιν ἀληθείας τῆς κατ' εὐσέβειαν, 2 ἐπ' ἐλπίδι ζωῆς αἰωνίου, ἣν ἐπηγγείλατο ὁ ἀψευδὴς θεὸς πρὸ χρόνων αἰωνίων, 3 ἐφανέρωσεν δὲ καιροῖς ἰδίοις τὸν λόγον αὐτοῦ ἐν κηρύγματι ὃ ἐπιστεύθην ἐγὼ κατ' ἐπιταγὴν τοῦ σωτῆρος ἡμῶν θεοῦ, 4 Τίτῳ γνησίῳ τέκνῳ κατὰ κοινὴν πίστιν· χάρις, ἔλεος, εἰρήνη [1] ἀπὸ θεοῦ πατρός, καὶ κυρίου Ἰησοῦ χριστοῦ [2] τοῦ σωτῆρος ἡμῶν.

The Qualifications of Christian Pastors

5 Τούτου χάριν κατέλιπόν [3] σε ἐν Κρήτῃ, ἵνα τὰ λείποντα ἐπιδιορθώσῃ, καὶ καταστήσῃς κατὰ πόλιν πρεσβυτέρους, ὡς ἐγώ σοι διεταξάμην· 6 εἴ τίς ἐστιν ἀνέγκλητος, μιᾶς γυναικὸς ἀνήρ, τέκνα ἔχων πιστά, μὴ ἐν κατηγορίᾳ ἀσωτίας ἢ ἀνυπότακτα. 7 Δεῖ γὰρ τὸν ἐπίσκοπον ἀνέγκλητον εἶναι, ὡς θεοῦ οἰκονόμον· μὴ αὐθάδη, μὴ ὀργίλον, μὴ πάροινον, μὴ πλήκτην, μὴ αἰσχροκερδῆ, 8 ἀλλὰ φιλόξενον, φιλάγαθον, σώφρονα, δίκαιον, ὅσιον, ἐγκρατῆ, 9 ἀντεχόμενον τοῦ κατὰ τὴν διδαχὴν πιστοῦ λόγου, ἵνα δυνατὸς ᾖ καὶ παρακαλεῖν ἐν τῇ διδασκαλίᾳ τῇ ὑγιαινούσῃ, καὶ τοὺς ἀντιλέγοντας ἐλέγχειν.

---

[1] *ἔλεος εἰρήνη* • *καὶ εἰρήνη*   [2] *κυρίου Ἰησοῦ χριστοῦ* • *χριστοῦ Ἰησοῦ*
[3] *κατέλιπόν* • *ἀπέλιπόν*

The False Teachers Characterized and the Question of How to Deal with Them

10 Εἰσὶν γὰρ πολλοὶ καὶ ἀνυπότακτοι, ¹ ματαιολόγοι καὶ φρεναπάται, μάλιστα οἱ ἐκ περιτομῆς, ² 11 οὓς δεῖ ἐπιστομίζειν· οἵτινες ὅλους οἴκους ἀνατρέπουσιν, διδάσκοντες ἃ μὴ δεῖ, αἰσχροῦ κέρδους χάριν. 12 Εἶπέν τις ἐξ αὐτῶν, ἴδιος αὐτῶν προφήτης, Κρῆτες ἀεὶ ψεῦσται, κακὰ θηρία, γαστέρες ἀργαί. 13 Ἡ μαρτυρία αὕτη ἐστὶν ἀληθής. Δι' ἣν αἰτίαν ἔλεγχε αὐτοὺς ἀποτόμως, ἵνα ὑγιαίνωσιν ἐν τῇ πίστει, 14 μὴ προσέχοντες Ἰουδαϊκοῖς μύθοις, καὶ ἐντολαῖς ἀνθρώπων ἀποστρεφομένων τὴν ἀλήθειαν. 15 Πάντα μὲν ³ καθαρὰ τοῖς καθαροῖς· τοῖς δὲ μεμιασμένοις ⁴ καὶ ἀπίστοις οὐδὲν καθαρόν· ἀλλὰ μεμίανται αὐτῶν καὶ ὁ νοῦς καὶ ἡ συνείδησις. 16 Θεὸν ὁμολογοῦσιν εἰδέναι, τοῖς δὲ ἔργοις ἀρνοῦνται, βδελυκτοὶ ὄντες καὶ ἀπειθεῖς καὶ πρὸς πᾶν ἔργον ἀγαθὸν ἀδόκιμοι.

Admonitions concerning Various Stations

2 Σὺ δὲ λάλει ἃ πρέπει τῇ ὑγιαινούσῃ διδασκαλίᾳ· 2 πρεσβύτας νηφαλέους ᵃ,⁵ εἶναι, σεμνούς, σώφρονας, ὑγιαίνοντας τῇ πίστει, τῇ ἀγάπῃ, τῇ ὑπομονῇ· 3 πρεσβύτιδας ὡσαύτως ἐν καταστήματι ἱεροπρεπεῖς, μὴ διαβόλους, μὴ οἴνῳ πολλῷ δεδουλωμένας, καλοδιδασκάλους, 4 ἵνα σωφρονίζωσιν τὰς νέας φιλάνδρους εἶναι, φιλοτέκνους, 5 σώφρονας, ἁγνάς, οἰκουρούς, ⁶ ἀγαθάς, ὑποτασσομένας τοῖς ἰδίοις ἀνδράσιν, ἵνα μὴ ὁ λόγος τοῦ θεοῦ βλασφημῆται· 6 τοὺς νεωτέρους ὡσαύτως παρακάλει σωφρονεῖν· 7 περὶ πάντα σεαυτὸν παρεχόμενος τύπον καλῶν ἔργων, ἐν τῇ διδασκαλίᾳ ἀδιαφθορίαν, ⁷ σεμνότητα, ἀφθαρσίαν, ⁸ 8 λόγον ὑγιῆ, ἀκατάγνωστον, ἵνα ὁ ἐξ ἐναντίας ἐντραπῇ, μηδὲν ἔχων περὶ ἡμῶν λέγειν ⁹ φαῦλον. 9 Δούλους ἰδίοις δεσπόταις ὑποτάσσεσθαι, ἐν πᾶσιν

ᵃ νηφαλέους • νηφαλίους

---

¹ καὶ ἀνυπότακτοι • [καὶ] ἀνυπότακτοι   ² περιτομῆς • τῆς περιτομῆς   ³ μὲν •
— ⁴ μεμιασμένοις • μεμιαμμένοις   ⁵ νηφαλέους • νηφαλίους   ⁶ οἰκουρούς •
οἰκουργούς   ⁷ ἀδιαφθορίαν • ἀφθορίαν   ⁸ ἀφθαρσίαν • —   ⁹ περὶ ἡμῶν
λέγειν • λέγειν περὶ ἡμῶν

εὐαρέστους εἶναι, μὴ ἀντιλέγοντας, 10 μὴ νοσφιζομένους, ἀλλὰ πίστιν πᾶσαν¹ ἐνδεικνυμένους ἀγαθήν, ἵνα τὴν διδασκαλίαν τοῦ² σωτῆρος ἡμῶν θεοῦ κοσμῶσιν ἐν πᾶσιν.

The Grace of Salvation and Its Sanctifying Power

11 Ἐπεφάνη γὰρ ἡ χάρις τοῦ θεοῦ ἡ σωτήριος³ πᾶσιν ἀνθρώποις, 12 παιδεύουσα ἡμᾶς ἵνα, ἀρνησάμενοι τὴν ἀσέβειαν καὶ τὰς κοσμικὰς ἐπιθυμίας, σωφρόνως καὶ δικαίως καὶ εὐσεβῶς ζήσωμεν ἐν τῷ νῦν αἰῶνι, 13 προσδεχόμενοι τὴν μακαρίαν ἐλπίδα καὶ ἐπιφάνειαν τῆς δόξης τοῦ μεγάλου θεοῦ καὶ σωτῆρος ἡμῶν Ἰησοῦ χριστοῦ, 14 ὃς ἔδωκεν ἑαυτὸν ὑπὲρ ἡμῶν, ἵνα λυτρώσηται ἡμᾶς ἀπὸ πάσης ἀνομίας, καὶ καθαρίσῃ ἑαυτῷ λαὸν περιούσιον, ζηλωτὴν καλῶν ἔργων.

15 Ταῦτα λάλει, καὶ παρακάλει, καὶ ἔλεγχε μετὰ πάσης ἐπιταγῆς. Μηδείς σου περιφρονείτω.

An Admonition to Obedience and Meekness

3 Ὑπομίμνησκε αὐτοὺς ἀρχαῖς καὶ⁴ ἐξουσίαις ὑποτάσσεσθαι, πειθαρχεῖν, πρὸς πᾶν ἔργον ἀγαθὸν ἑτοίμους εἶναι, 2 μηδένα βλασφημεῖν, ἀμάχους εἶναι, ἐπιεικεῖς, πᾶσαν ἐνδεικνυμένους πραότητα⁵ πρὸς πάντας ἀνθρώπους. 3 Ἦμεν γάρ ποτε καὶ ἡμεῖς ἀνόητοι, ἀπειθεῖς, πλανώμενοι, δουλεύοντες ἐπιθυμίαις καὶ ἡδοναῖς ποικίλαις, ἐν κακίᾳ καὶ φθόνῳ διάγοντες, στυγητοί, μισοῦντες ἀλλήλους.

The Washing of Regeneration and Its Wonderful Power

4 Ὅτε δὲ ἡ χρηστότης καὶ ἡ φιλανθρωπία ἐπεφάνη τοῦ σωτῆρος ἡμῶν θεοῦ, 5 οὐκ ἐξ ἔργων τῶν ἐν δικαιοσύνῃ ὧν⁶ ἐποιήσαμεν ἡμεῖς, ἀλλὰ κατὰ τὸν αὐτοῦ ἔλεον⁷ ἔσωσεν ἡμᾶς, διὰ λουτροῦ παλιγγενεσίας καὶ ἀνακαινώσεως πνεύματος ἁγίου, 6 οὗ ἐξέχεεν ἐφ᾽ ἡμᾶς πλουσίως, διὰ Ἰησοῦ χριστοῦ τοῦ σωτῆρος ἡμῶν, 7 ἵνα δικαιωθέντες τῇ ἐκείνου χάριτι, κληρονόμοι γενώμεθα⁸ κατ᾽ ἐλπίδα ζωῆς αἰωνίου. 8 Πιστὸς

---

¹ πίστιν πᾶσαν • πᾶσαν πίστιν   ² τοῦ • τὴν τοῦ   ³ ἡ σωτήριος • σωτήριος
⁴ καὶ • —   ⁵ πραότητα • πραΰτητα   ⁶ ὧν • ἃ   ⁷ τὸν αὐτοῦ ἔλεον • τὸ αὐτοῦ ἔλεος   ⁸ γενώμεθα • γενηθῶμεν

ὁ λόγος, καὶ περὶ τούτων βούλομαί σε διαβεβαιοῦσθαι, ἵνα φροντίζωσιν καλῶν ἔργων προΐστασθαι οἱ πεπιστευκότες θεῷ. Ταῦτά ἐστιν τὰ[1] καλὰ καὶ ὠφέλιμα τοῖς ἀνθρώποις·

The Conduct of Titus toward False Teachers and Heretics

9 μωρὰς δὲ ζητήσεις καὶ γενεαλογίας καὶ ἔρεις καὶ μάχας νομικὰς περιΐστασο· εἰσὶν γὰρ ἀνωφελεῖς καὶ μάταιοι. 10 Αἱρετικὸν ἄνθρωπον μετὰ μίαν καὶ δευτέραν νουθεσίαν παραιτοῦ, 11 εἰδὼς ὅτι ἐξέστραπται ὁ τοιοῦτος, καὶ ἁμαρτάνει, ὢν αὐτοκατάκριτος.

Final Directions and Greetings

12 Ὅταν πέμψω Ἀρτεμᾶν πρός σε ἢ Τυχικόν, σπούδασον ἐλθεῖν πρός με εἰς Νικόπολιν· ἐκεῖ γὰρ κέκρικα παραχειμάσαι. 13 Ζηνᾶν τὸν νομικὸν καὶ Ἀπολλὼ[2] σπουδαίως πρόπεμψον, ἵνα μηδὲν αὐτοῖς λείπῃ. 14 Μανθανέτωσαν δὲ καὶ οἱ ἡμέτεροι καλῶν ἔργων προΐστασθαι εἰς τὰς ἀναγκαίας χρείας, ἵνα μὴ ὦσιν ἄκαρποι.

15 Ἀσπάζονταί σε οἱ μετ' ἐμοῦ πάντες. Ἄσπασαι τοὺς φιλοῦντας ἡμᾶς ἐν πίστει.

Ἡ χάρις μετὰ πάντων ὑμῶν. Ἀμήν.[3]

---

[1] τὰ • —   [2] Ἀπολλὼ • Ἀπολλῶν   [3] Ἀμήν • —

ΠΡΟΣ ΦΙΛΗΜΟΝΑ
To Philemon

Address and Salutation

Παῦλος δέσμιος χριστοῦ Ἰησοῦ, καὶ Τιμόθεος ὁ ἀδελφός, Φιλήμονι τῷ ἀγαπητῷ καὶ συνεργῷ ἡμῶν, 2 καὶ Ἀπφίᾳ τῇ ἀγαπητῇ,[1] καὶ Ἀρχίππῳ τῷ συστρατιώτῃ ἡμῶν, καὶ τῇ κατ' οἶκόν σου ἐκκλησίᾳ· 3 χάρις ὑμῖν καὶ εἰρήνη ἀπὸ θεοῦ πατρὸς ἡμῶν καὶ κυρίου Ἰησοῦ χριστοῦ.

Paul's Thankfulness and Sympathy due to Philemon's Christian State

4 Εὐχαριστῶ τῷ θεῷ μου, πάντοτε μνείαν σου ποιούμενος ἐπὶ τῶν προσευχῶν μου, 5 ἀκούων σου τὴν ἀγάπην, καὶ τὴν πίστιν ἣν ἔχεις πρὸς τὸν κύριον Ἰησοῦν καὶ εἰς πάντας τοὺς ἁγίους, 6 ὅπως ἡ κοινωνία τῆς πίστεώς σου ἐνεργὴς γένηται ἐν ἐπιγνώσει παντὸς ἀγαθοῦ τοῦ ἐν ἡμῖν εἰς χριστὸν Ἰησοῦν.[2] 7 Χάριν γὰρ ἔχομεν πολλὴν[3] καὶ παράκλησιν ἐπὶ τῇ ἀγάπῃ σου, ὅτι τὰ σπλάγχνα τῶν ἁγίων ἀναπέπαυται διὰ σοῦ, ἀδελφέ.

Paul's Intercession for Onesimus

8 Διὸ πολλὴν ἐν χριστῷ παρρησίαν ἔχων ἐπιτάσσειν σοι τὸ ἀνῆκον, 9 διὰ τὴν ἀγάπην μᾶλλον παρακαλῶ, τοιοῦτος ὢν ὡς Παῦλος πρεσβύτης, νυνὶ δὲ καὶ δέσμιος Ἰησοῦ χριστοῦ.[4]

---

[1] ἀγαπητῇ • ἀδελφῇ   [2] Ἰησοῦν • —   [3] Χάριν γὰρ ἔχομεν πολλὴν • Χαρὰν γὰρ πολλὴν ἔσχον   [4] Ἰησοῦ χριστοῦ • χριστοῦ Ἰησοῦ

10 Παρακαλῶ σε περὶ τοῦ ἐμοῦ τέκνου, ὃν ἐγέννησα ἐν τοῖς δεσμοῖς μου,[1] Ὀνήσιμον, **11** τόν ποτέ σοι ἄχρηστον, νυνὶ δὲ σοὶ[2] καὶ ἐμοὶ εὔχρηστον, ὃν ἀνέπεμψα· **12** σὺ δὲ[3] αὐτόν, τοῦτ' ἔστιν τὰ ἐμὰ σπλάγχνα, προσλαβοῦ·[4] **13** ὃν ἐγὼ ἐβουλόμην πρὸς ἐμαυτὸν κατέχειν, ἵνα ὑπὲρ σοῦ διακονῇ μοι[5] ἐν τοῖς δεσμοῖς τοῦ εὐαγγελίου· **14** χωρὶς δὲ τῆς σῆς γνώμης οὐδὲν ἠθέλησα ποιῆσαι, ἵνα μὴ ὡς κατὰ ἀνάγκην τὸ ἀγαθόν σου ᾖ, ἀλλὰ κατὰ ἑκούσιον.

Another Point Urged by the Apostle

15 Τάχα γὰρ διὰ τοῦτο ἐχωρίσθη πρὸς ὥραν, ἵνα αἰώνιον αὐτὸν ἀπέχῃς· **16** οὐκέτι ὡς δοῦλον, ἀλλ' ὑπὲρ δοῦλον, ἀδελφὸν ἀγαπητόν, μάλιστα ἐμοί, πόσῳ δὲ μᾶλλον σοὶ καὶ ἐν σαρκὶ καὶ ἐν κυρίῳ. **17** Εἰ οὖν με ἔχεις κοινωνόν, προσλαβοῦ αὐτὸν ὡς ἐμέ. **18** Εἰ δέ τι ἠδίκησέν σε ἢ ὀφείλει, τοῦτο ἐμοὶ ἐλλόγει·[6] **19** ἐγὼ Παῦλος ἔγραψα τῇ ἐμῇ χειρί, ἐγὼ ἀποτίσω· ἵνα μὴ λέγω σοι ὅτι καὶ σεαυτόν μοι προσοφείλεις. **20** Ναί, ἀδελφέ, ἐγώ σου ὀναίμην ἐν κυρίῳ· ἀνάπαυσόν μου τὰ σπλάγχνα ἐν κυρίῳ.[7]

Concluding Remarks and Greeting

21 Πεποιθὼς τῇ ὑπακοῇ σου ἔγραψά σοι, εἰδὼς ὅτι καὶ ὑπὲρ ὃ[8] λέγω ποιήσεις. **22** Ἅμα δὲ καὶ ἑτοίμαζέ μοι ξενίαν· ἐλπίζω γὰρ ὅτι διὰ τῶν προσευχῶν ὑμῶν χαρισθήσομαι ὑμῖν.

23 Ἀσπάζονταί[9] σε Ἐπαφρᾶς ὁ συναιχμάλωτός μου ἐν χριστῷ Ἰησοῦ, **24** Μάρκος, Ἀρίσταρχος, Δημᾶς, Λουκᾶς, οἱ συνεργοί μου.

25 Ἡ χάρις τοῦ κυρίου ἡμῶν[10] Ἰησοῦ χριστοῦ μετὰ τοῦ πνεύματος ὑμῶν. Ἀμήν.[11]

---

[1] μου • — [2] δὲ σοὶ • δὲ [καὶ] σοὶ [3] σὺ δὲ • σοι [4] προσλαβοῦ • — [5] διακονῇ μοι • μοι διακονῇ [6] ἐλλόγει • ἐλλόγα [7] σπλάγχνα ἐν κυρίῳ • σπλάγχνα ἐν χριστῷ [8] ὃ • ἃ [9] Ἀσπάζονταί • Ἀσπάζεται [10] ἡμῶν • — [11] Ἀμήν • —

Part IV

The Book of Revelation

ΑΠΟΚΑΛΥΨΙΣ ΙΩΑΝΝΟΥ
Revelation of John

The Mystery of the Seven Stars and the Seven Lampstands

Ἀποκάλυψις Ἰησοῦ χριστοῦ, ἣν ἔδωκεν αὐτῷ ὁ θεὸς δεῖξαι τοῖς δούλοις αὐτοῦ, ἃ δεῖ γενέσθαι ἐν τάχει, καὶ ἐσήμανεν ἀποστείλας διὰ τοῦ ἀγγέλου αὐτοῦ τῷ δούλῳ αὐτοῦ Ἰωάννῃ, 2 ὃς ἐμαρτύρησεν τὸν λόγον τοῦ θεοῦ καὶ τὴν μαρτυρίαν Ἰησοῦ χριστοῦ, ὅσα εἶδεν.[a] 3 Μακάριος ὁ ἀναγινώσκων, καὶ οἱ ἀκούοντες τοὺς λόγους τῆς προφητείας καὶ τηροῦντες τὰ ἐν αὐτῇ γεγραμμένα· ὁ γὰρ καιρὸς ἐγγύς.

4 Ἰωάννης ταῖς ἑπτὰ ἐκκλησίαις ταῖς ἐν τῇ Ἀσίᾳ· χάρις ὑμῖν καὶ εἰρήνη ἀπὸ θεοῦ[b, 1] ὁ ὢν καὶ ὁ ἦν καὶ ὁ ἐρχόμενος· καὶ ἀπὸ τῶν ἑπτὰ πνευμάτων ἃ[c] ἐνώπιον τοῦ θρόνου αὐτοῦ· 5 καὶ ἀπὸ Ἰησοῦ χριστοῦ, ὁ μάρτυς ὁ πιστός, ὁ πρωτότοκος τῶν νεκρῶν, καὶ ὁ ἄρχων τῶν βασιλέων τῆς γῆς. Τῷ ἀγαπῶντι[d] ἡμᾶς, καὶ λούσαντι ἡμᾶς ἀπὸ[2] τῶν ἁμαρτιῶν ἡμῶν ἐν τῷ αἵματι αὐτοῦ· 6 καὶ ἐποίησεν ἡμᾶς βασιλείαν, ἱερεῖς τῷ θεῷ καὶ πατρὶ αὐτοῦ· αὐτῷ ἡ δόξα καὶ τὸ κράτος εἰς τοὺς αἰῶνας τῶν αἰώνων.[3] Ἀμήν. 7 Ἰδού, ἔρχεται μετὰ τῶν νεφελῶν, καὶ ὄψεται αὐτὸν

---

[a] εἶδεν • εἶδεν καὶ ἅτινά εἰσιν καὶ ἅτινα χρὴ γενέσθαι μετὰ ταῦτα   [b] θεοῦ • —
[c] ἃ • ἅ ἐστιν   [d] ἀγαπῶντι • ἀγαπήσαντι

[1] θεοῦ • —   [2] λούσαντι ἡμᾶς ἀπὸ • λύσαντι ἡμᾶς ἐκ   [3] τῶν αἰώνων • [τῶν αἰώνων]

πᾶς ὀφθαλμός, καὶ οἵτινες αὐτὸν ἐξεκέντησαν· καὶ κόψονται ἐπ' αὐτὸν πᾶσαι αἱ φυλαὶ τῆς γῆς. Ναί, ἀμήν.

8 Ἐγώ εἰμι τὸ Ἄλφα καὶ τὸ Ὦ, λέγει κύριος ὁ θεός, ὁ ὢν καὶ ὁ ἦν καὶ ὁ ἐρχόμενος, ὁ παντοκράτωρ.

9 Ἐγὼ Ἰωάννης, ὁ ἀδελφὸς ὑμῶν καὶ κοινωνὸς [a, 1] ἐν τῇ θλίψει καὶ βασιλείᾳ καὶ ὑπομονῇ ἐν χριστῷ [2] Ἰησοῦ, ἐγενόμην ἐν τῇ νήσῳ τῇ καλουμένῃ Πάτμῳ, διὰ τὸν λόγον τοῦ θεοῦ καὶ διὰ τὴν [3] μαρτυρίαν Ἰησοῦ χριστοῦ. [4] **10** Ἐγενόμην ἐν πνεύματι ἐν τῇ κυριακῇ ἡμέρᾳ· καὶ ἤκουσα φωνὴν ὀπίσω μου [5] μεγάλην ὡς σάλπιγγος, **11** λεγούσης, Ὃ βλέπεις γράψον εἰς βιβλίον, καὶ πέμψον ταῖς ἑπτὰ ἐκκλησίαις, εἰς Ἔφεσον, καὶ εἰς Σμύρναν, καὶ εἰς Πέργαμον, καὶ εἰς Θυάτειρα, καὶ εἰς Σάρδεις, καὶ εἰς Φιλαδέλφειαν, καὶ εἰς Λαοδίκειαν. **12** Καὶ ἐκεῖ [b, 6] ἐπέστρεψα βλέπειν τὴν φωνὴν ἥτις ἐλάλει μετ' ἐμοῦ. Καὶ ἐπιστρέψας εἶδον ἑπτὰ λυχνίας χρυσᾶς, **13** καὶ ἐν μέσῳ τῶν ἑπτὰ [7] λυχνιῶν ὅμοιον υἱῷ [c, 8] ἀνθρώπου, ἐνδεδυμένον ποδήρη, καὶ περιεζωσμένον πρὸς τοῖς μαστοῖς ζώνην χρυσῆν. [9] **14** Ἡ δὲ κεφαλὴ αὐτοῦ καὶ αἱ τρίχες λευκαὶ ὡς ἔριον [d] λευκόν, ὡς χιών· καὶ οἱ ὀφθαλμοὶ αὐτοῦ ὡς φλὸξ πυρός· **15** καὶ οἱ πόδες αὐτοῦ ὅμοιοι χαλκολιβάνῳ, ὡς ἐν καμίνῳ πεπυρωμένοι· [10] καὶ ἡ φωνὴ αὐτοῦ ὡς φωνὴ ὑδάτων πολλῶν. **16** Καὶ ἔχων ἐν τῇ δεξιᾷ αὐτοῦ χειρὶ [e, 11] ἀστέρας ἑπτά· καὶ ἐκ τοῦ στόματος αὐτοῦ ῥομφαία δίστομος ὀξεῖα ἐκπορευομένη· καὶ ἡ ὄψις αὐτοῦ, ὡς ὁ ἥλιος φαίνει ἐν τῇ δυνάμει αὐτοῦ. **17** Καὶ ὅτε εἶδον αὐτόν, ἔπεσα πρὸς τοὺς πόδας αὐτοῦ ὡς νεκρός· καὶ ἔθηκεν [f] τὴν δεξιὰν αὐτοῦ [g] ἐπ' ἐμέ, λέγων, Μὴ φοβοῦ· ἐγώ εἰμι ὁ πρῶτος καὶ ὁ ἔσχατος, **18** καὶ ὁ ζῶν, καὶ ἐγενόμην νεκρός, καὶ ἰδού, ζῶν εἰμι

---

[a] κοινωνὸς • συγκοινωνὸς   [b] ἐκεῖ • —   [c] υἱῷ • υἱὸν   [d] ὡς ἔριον • ὡσεὶ ἔριον   [e] αὐτοῦ χειρὶ • χειρὶ αὐτοῦ   [f] ἔθηκεν • ἐπέθηκεν   [g] δεξιὰν αὐτοῦ • δεξιὰν αὐτοῦ χεῖρα

---

[1] κοινωνὸς • συγκοινωνὸς   [2] χριστῷ • —   [3] διὰ τὴν • τὴν   [4] χριστοῦ • —   [5] φωνὴν ὀπίσω μου • ὀπίσω μου φωνὴν   [6] ἐκεῖ • —   [7] ἑπτὰ • —   [8] υἱῷ • υἱὸν   [9] χρυσῆν • χρυσᾶν   [10] πεπυρωμένοι • πεπυρωμένης   [11] αὐτοῦ χειρὶ • χειρὶ αὐτοῦ

εἰς τοὺς αἰῶνας τῶν αἰώνων, ἀμήν·¹ καὶ ἔχω τὰς κλεῖς ᵃ τοῦ θανάτου καὶ τοῦ Ἅδου. 19 Γράψον οὖν ἃ εἶδες, καὶ ἅ εἰσιν, καὶ ἃ μέλλει γίνεσθαι² μετὰ ταῦτα· 20 τὸ μυστήριον τῶν ἑπτὰ ἀστέρων ὧν³ εἶδες ἐπὶ τῆς δεξιᾶς μου, καὶ τὰς ἑπτὰ λυχνίας τὰς χρυσᾶς. Οἱ ἑπτὰ ἀστέρες ἄγγελοι τῶν ἑπτὰ ἐκκλησιῶν εἰσίν· καὶ αἱ λυχνίαι αἱ ἑπτὰ ᵇ ἑπτὰ ἐκκλησίαι εἰσίν.

Congregational Letters to Ephesus, Smyrna, Pergamum, and Thyatira

2 Τῷ ἀγγέλῳ τῆς ἐν Ἐφέσῳ ἐκκλησίας γράψον, Τάδε λέγει ὁ κρατῶν τοὺς ἑπτὰ ἀστέρας ἐν τῇ δεξιᾷ αὐτοῦ, ὁ περιπατῶν ἐν μέσῳ τῶν ἑπτὰ λυχνιῶν τῶν χρυσῶν· 2 Οἶδα τὰ ἔργα σου, καὶ τὸν κόπον σου,⁴ καὶ τὴν ὑπομονήν σου, καὶ ὅτι οὐ δύνῃ βαστάσαι κακούς, καὶ ἐπείρασας τοὺς λέγοντας ἑαυτοὺς ἀποστόλους εἶναι⁵ καὶ οὐκ εἰσίν, καὶ εὗρες αὐτοὺς ψευδεῖς, 3 καὶ ὑπομονὴν ἔχεις καὶ ἐβάστασας ᶜ διὰ τὸ ὄνομά μου καὶ οὐκ ἐκοπίασας.⁶ 4 Ἀλλὰ ᵈ ἔχω κατὰ σοῦ, ὅτι τὴν ἀγάπην σου τὴν πρώτην ἀφῆκας.⁷ 5 Μνημόνευε οὖν πόθεν πέπτωκας,ᵉ καὶ μετανόησον, καὶ τὰ πρῶτα ἔργα ποίησον· εἰ δὲ μή, ἔρχομαί σοι ταχύ,⁸ καὶ κινήσω τὴν λυχνίαν σου ἐκ τοῦ τόπου αὐτῆς, ἐὰν μὴ μετανοήσῃς. 6 Ἀλλὰ τοῦτο ἔχεις, ὅτι μισεῖς τὰ ἔργα τῶν Νικολαϊτῶν, ἃ κἀγὼ μισῶ. 7 Ὁ ἔχων οὖς ἀκουσάτω τί τὸ πνεῦμα λέγει ταῖς ἐκκλησίαις. Τῷ νικῶντι δώσω αὐτῷ φαγεῖν ἐκ τοῦ ξύλου τῆς ζωῆς, ὅ ἐστιν ἐν τῷ παραδείσῳ ᶠ τοῦ θεοῦ μου.⁹

8 Καὶ τῷ ἀγγέλῳ τῆς ἐν Σμύρνῃ ἐκκλησίας γράψον,

Τάδε λέγει ὁ πρῶτος καὶ ὁ ἔσχατος, ὃς ἐγένετο νεκρὸς καὶ ἔζησεν· 9 Οἶδά σου τὰ ἔργα καὶ ¹⁰ τὴν θλῖψιν καὶ τὴν πτωχείαν,

---

ᵃ κλεῖς • κλεῖδας   ᵇ λυχνίαι αἱ ἑπτὰ • ἑπτὰ λυχνίαι ἃς εἶδες   ᶜ ὑπομονὴν ἔχεις καὶ ἐβάστασας • ἐβάστασας καὶ ὑπομονὴν ἔχεις   ᵈ Ἀλλὰ • Ἀλλ᾽   ᵉ πέπτωκας • ἐκπέπτωκας   ᶠ τῷ παραδείσῳ • μέσῳ τοῦ παραδείσου

---

1 ἀμήν • —   2 γίνεσθαι • γενέσθαι   3 ὧν • οὓς   4 κόπον σου • κόπον   5 εἶναι • —   6 οὐκ ἐκοπίασας • οὐ κεκοπίακες   7 ἀφῆκας • ἀφῆκες   8 ταχύ • —   9 μου • —   10 τὰ ἔργα καὶ • —

ἀλλὰ πλούσιος εἶ· καὶ τὴν βλασφημίαν ἐκ ᵃ τῶν λεγόντων Ἰουδαίους εἶναι ἑαυτούς, καὶ οὐκ εἰσίν, ἀλλὰ συναγωγὴ τοῦ Σατανᾶ. 10 Μηδὲν φοβοῦ ἃ μέλλεις παθεῖν· ᵇ·¹ ἰδοὺ δή, ᶜ·² μέλλει βαλεῖν³ ὁ διάβολος ἐξ ὑμῶν εἰς φυλακήν, ἵνα πειρασθῆτε· καὶ ἕξετε θλίψιν ἡμερῶν ᵈ δέκα. Γίνου πιστὸς ἄχρι θανάτου, καὶ δώσω σοι τὸν στέφανον τῆς ζωῆς. 11 Ὁ ἔχων οὖς ἀκουσάτω τί τὸ πνεῦμα λέγει ταῖς ἐκκλησίαις. Ὁ νικῶν οὐ μὴ ἀδικηθῇ ἐκ τοῦ θανάτου τοῦ δευτέρου.

12 Καὶ τῷ ἀγγέλῳ τῆς ἐν Περγάμῳ ἐκκλησίας γράψον,

Τάδε λέγει ὁ ἔχων τὴν ῥομφαίαν τὴν δίστομον τὴν ὀξεῖαν· 13 Οἶδα τὰ ἔργα σου καὶ⁴ ποῦ κατοικεῖς, ὅπου ὁ θρόνος τοῦ Σατανᾶ· καὶ κρατεῖς τὸ ὄνομά μου, καὶ οὐκ ἠρνήσω τὴν πίστιν μου ἐν ταῖς⁵ ἡμέραις ἐν αἷς ᵉ·⁶ Ἀντίπας ὁ μάρτυς μου, ὁ πιστός, ὃς⁷ ἀπεκτάνθη παρ' ὑμῖν, ὅπου ὁ Σατανᾶς κατοικεῖ. 14 Ἀλλ' ᶠ ἔχω κατὰ σοῦ ὀλίγα, ὅτι ἔχεις ἐκεῖ κρατοῦντας τὴν διδαχὴν Βαλαάμ, ὃς ἐδίδαξεν τὸν ⁸ Βαλὰκ βαλεῖν σκάνδαλον ἐνώπιον τῶν υἱῶν Ἰσραήλ, καὶ φαγεῖν ᵍ·⁹ εἰδωλόθυτα καὶ πορνεῦσαι. 15 Οὕτως ἔχεις καὶ σὺ κρατοῦντας τὴν διδαχὴν τῶν ʰ·¹⁰ Νικολαϊτῶν ὁμοίως. 16 Μετανόησον οὖν· ⁱ εἰ δὲ μή, ἔρχομαί σοι ταχύ, καὶ πολεμήσω μετ' αὐτῶν ἐν τῇ ῥομφαίᾳ τοῦ στόματός μου. 17 Ὁ ἔχων οὖς ἀκουσάτω τί τὸ πνεῦμα λέγει ταῖς ἐκκλησίαις. Τῷ νικῶντι δώσω αὐτῷ τοῦ ʲ μάννα τοῦ κεκρυμμένου, καὶ δώσω αὐτῷ ψῆφον λευκήν, καὶ ἐπὶ τὴν ψῆφον ὄνομα καινὸν γεγραμμένον, ὃ οὐδεὶς οἶδεν εἰ μὴ ὁ λαμβάνων.

18 Καὶ τῷ ἀγγέλῳ τῆς ἐν Θυατείροις ἐκκλησίας γράψον,

Τάδε λέγει ὁ υἱὸς τοῦ θεοῦ, ὁ ἔχων τοὺς ὀφθαλμοὺς αὐτοῦ ὡς φλόγα πυρός, καὶ οἱ πόδες αὐτοῦ ὅμοιοι χαλκολιβάνῳ·

ᵃ ἐκ • — ᵇ παθεῖν • πάσχειν ᶜ δή • — ᵈ ἡμερῶν • ἡμέρας ᵉ ἐν αἷς • αἷς ᶠ Ἀλλ' • Ἀλλὰ ᵍ καὶ φαγεῖν • φαγεῖν ʰ τῶν • — ⁱ οὖν • — ʲ τοῦ • φαγεῖν ἀπὸ τοῦ

---

¹ παθεῖν • πάσχειν ² δή • — ³ βαλεῖν • βάλλειν ⁴ τὰ ἔργα σου καὶ • — ⁵ ἐν ταῖς • καὶ ἐν ταῖς ⁶ ἐν αἷς • — ⁷ ὅς • μου ὅς ⁸ ἐδίδαξεν τὸν • ἐδίδασκεν τῷ ⁹ καὶ φαγεῖν • φαγεῖν ¹⁰ τῶν • [τῶν]

19 Οἶδά σου τὰ ἔργα, καὶ τὴν ἀγάπην καὶ τὴν πίστιν καὶ τὴν διακονίαν καὶ τὴν ὑπομονήν σου, καὶ τὰ ἔργα σου, τὰ ἔσχατα πλείονα τῶν πρώτων. 20 Ἀλλ᾽ [a,1] ἔχω κατὰ σοῦ ὅτι ἀφεῖς τὴν γυναῖκά σου Ἰεζάβελ, ἣ λέγει [2] ἑαυτὴν προφῆτιν, καὶ διδάσκει καὶ πλανᾷ τοὺς ἐμοὺς δούλους πορνεῦσαι καὶ φαγεῖν εἰδωλόθυτα. 21 Καὶ ἔδωκα αὐτῇ χρόνον ἵνα μετανοήσῃ, καὶ οὐ θέλει μετανοῆσαι ἐκ τῆς πορνείας αὐτῆς. 22 Ἰδού, βάλλω αὐτὴν εἰς κλίνην, καὶ τοὺς μοιχεύοντας μετ᾽ αὐτῆς εἰς θλίψιν μεγάλην, ἐὰν μὴ μετανοήσωσιν ἐκ τῶν ἔργων αὐτῆς. 23 Καὶ τὰ τέκνα αὐτῆς ἀποκτενῶ ἐν θανάτῳ· καὶ γνώσονται πᾶσαι αἱ ἐκκλησίαι ὅτι ἐγώ εἰμι ὁ ἐρευνῶν [3] νεφροὺς καὶ καρδίας· καὶ δώσω ὑμῖν ἑκάστῳ κατὰ τὰ ἔργα ὑμῶν. 24 Ὑμῖν δὲ λέγω, τοῖς λοιποῖς τοῖς ἐν Θυατείροις, ὅσοι οὐκ ἔχουσιν τὴν διδαχὴν ταύτην, οἵτινες οὐκ ἔγνωσαν τὰ βαθέα τοῦ Σατανᾶ, ὡς λέγουσιν, οὐ βάλλω ἐφ᾽ ὑμᾶς ἄλλο βάρος. 25 Πλὴν ὃ ἔχετε κρατήσατε, ἄχρι [4] οὗ ἂν ἥξω. 26 Καὶ ὁ νικῶν καὶ ὁ τηρῶν ἄχρι τέλους τὰ ἔργα μου, δώσω αὐτῷ ἐξουσίαν ἐπὶ τῶν ἐθνῶν· 27 καὶ ποιμανεῖ αὐτοὺς ἐν ῥάβδῳ σιδηρᾷ· ὡς τὰ σκεύη τὰ κεραμικά, συντριβήσεται· [5] ὡς κἀγὼ εἴληφα παρὰ τοῦ πατρός μου· 28 καὶ δώσω αὐτῷ τὸν ἀστέρα τὸν πρωϊνόν. 29 Ὁ ἔχων οὖς ἀκουσάτω τί τὸ πνεῦμα λέγει ταῖς ἐκκλησίαις.

Congregational Letters to Sardis, Philadelphia, and Laodicea

3 Καὶ τῷ ἀγγέλῳ τῆς ἐν Σάρδεσιν ἐκκλησίας γράψον, Τάδε λέγει ὁ ἔχων τὰ ἑπτὰ πνεύματα τοῦ θεοῦ καὶ τοὺς ἑπτὰ ἀστέρας· Οἶδά σου τὰ ἔργα, ὅτι ὄνομα ἔχεις ὅτι ζῇς, [b] καὶ νεκρὸς εἶ. 2 Γίνου γρηγορῶν, καὶ στήρισον [c] τὰ λοιπὰ ἃ ἔμελλες [d] ἀποβάλλειν· [6] οὐ γὰρ εὕρηκά σου τὰ ἔργα πεπληρωμένα ἐνώπιον τοῦ θεοῦ μου. 3 Μνημόνευε οὖν πῶς

---

[a] Ἀλλ᾽ • Ἀλλὰ   [b] ὅτι ζῇς • καὶ ζῇς   [c] στήρισον • στήριξον = τήρησον
[d] ἔμελλες • ἔμελλον = ἤμελλες

---

[1] Ἀλλ᾽ • Ἀλλὰ   [2] σου Ἰεζάβελ ἣ λέγει • Ἰεζάβελ ἡ λέγουσα   [3] ἐρευνῶν • ἐραυνῶν   [4] ἄχρι • ἄχρι[ς]   [5] συντριβήσεται • συντρίβεται   [6] ἔμελλες ἀποβάλλειν • ἔμελλον ἀποθανεῖν

εἴληφας καὶ ἤκουσας, καὶ τήρει,ᵃ καὶ μετανόησον. Ἐὰν οὖν μὴ γρηγορήσῃς, ἥξω ἐπί σε ὡς ¹ κλέπτης, καὶ οὐ μὴ γνῷς ᵇ ποίαν ὥραν ἥξω ἐπί σε. 4 Ἀλλ' ὀλίγα ἔχεις ² ὀνόματα ἐν Σάρδεσιν, ἃ οὐκ ἐμόλυναν τὰ ἱμάτια αὐτῶν· καὶ περιπατήσουσιν μετ' ἐμοῦ ἐν λευκοῖς, ὅτι ἄξιοί εἰσιν. 5 Ὁ νικῶν, οὗτος ³ περιβαλεῖται ἐν ἱματίοις λευκοῖς· καὶ οὐ μὴ ἐξαλείψω τὸ ὄνομα αὐτοῦ ἐκ τῆς βίβλου τῆς ζωῆς, καὶ ὁμολογήσω τὸ ὄνομα αὐτοῦ ἐνώπιον τοῦ πατρός μου, καὶ ἐνώπιον τῶν ἀγγέλων αὐτοῦ. 6 Ὁ ἔχων οὖς ἀκουσάτω τί τὸ πνεῦμα λέγει ταῖς ἐκκλησίαις.

7 Καὶ τῷ ἀγγέλῳ τῆς ἐν Φιλαδελφείᾳ ἐκκλησίας γράψον,

Τάδε λέγει ὁ ἅγιος, ὁ ἀληθινός, ὁ ἔχων τὴν κλεῖν τοῦ ⁴ Δαυίδ,ᶜ ὁ ἀνοίγων καὶ οὐδεὶς κλείσει αὐτήν, εἰ μὴ ὁ ἀνοίγων· ᵈ, ⁵ καὶ οὐδεὶς ἀνοίξει.⁶ 8 Οἶδά σου τὰ ἔργα· ἰδού, δέδωκα ἐνώπιόν σου θύραν ἀνεῳγμένην, ⁷ ἣν οὐδεὶς δύναται κλεῖσαι αὐτήν, ὅτι μικρὰν ἔχεις δύναμιν, καὶ ἐτήρησάς μου τὸν λόγον, καὶ οὐκ ἠρνήσω τὸ ὄνομά μου. 9 Ἰδού, δίδωμι⁸ ἐκ τῆς συναγωγῆς τοῦ Σατανᾶ, τῶν λεγόντων ἑαυτοὺς Ἰουδαίους εἶναι, καὶ οὐκ εἰσίν, ἀλλὰ ψεύδονται· ἰδού, ποιήσω αὐτοὺς ἵνα ἥξωσιν καὶ προσκυνήσωσιν⁹ ἐνώπιον τῶν ποδῶν σου, καὶ γνῶσιν ὅτιᵉ ἠγάπησά¹⁰ σε. 10 Ὅτι ἐτήρησας τὸν λόγον τῆς ὑπομονῆς μου, κἀγώ σε τηρήσω ἐκ τῆς ὥρας τοῦ πειρασμοῦ, τῆς μελλούσης ἔρχεσθαι ἐπὶ τῆς οἰκουμένης ὅλης, πειράσαι τοὺς κατοικοῦντας ἐπὶ τῆς γῆς. 11 Ἔρχομαι ταχύ· κράτει ὃ ἔχεις, ἵνα μηδεὶς λάβῃ τὸν στέφανόν σου. 12 Ὁ νικῶν, ποιήσω αὐτὸν στύλον ἐν τῷ ναῷ τοῦ θεοῦ μου, καὶ ἔξω οὐ μὴ ἐξέλθῃ ἔτι, καὶ γράψω ἐπ' αὐτὸν τὸ ὄνομα τοῦ θεοῦ μου, καὶ τὸ ὄνομα τῆς πόλεως τοῦ θεοῦ μου, τῆς καινῆς Ἰερουσαλήμ, ἣ

ᵃ καὶ ἤκουσας καὶ τήρει • — ᵇ γνῷς • γνώσῃ ᶜ Δαυίδ • $\overline{ΔΑΔ}$ ᵈ αὐτήν εἰ μὴ ὁ ἀνοίγων • καὶ κλείων ᵉ ὅτι • ὅτι ἐγὼ

---

¹ ἐπί σε ὡς • ὡς ² Ἀλλ' ὀλίγα ἔχεις • Ἀλλὰ ἔχεις ὀλίγα ³ οὗτος • οὕτως ⁴ τοῦ • — ⁵ αὐτήν εἰ μὴ ὁ ἀνοίγων • καὶ κλείων ⁶ ἀνοίξει • ἀνοίγει ⁷ ἀνεῳγμένην • ἠνεῳγμένην ⁸ δίδωμι • διδῶ ⁹ ἥξωσιν καὶ προσκυνήσωσιν • ἥξουσιν καὶ προσκυνήσουσιν ¹⁰ ἠγάπησά • ἐγὼ ἠγάπησά

καταβαίνει¹ ἐκᵃ τοῦ οὐρανοῦ ἀπὸ τοῦ θεοῦ μου, καὶ τὸ ὄνομά μου τὸ ᵇ καινόν. 13 Ὁ ἔχων οὖς ἀκουσάτω τί τὸ πνεῦμα λέγει ταῖς ἐκκλησίαις.

14 Καὶ τῷ ἀγγέλῳ τῆς ἐν Λαοδικείᾳ ἐκκλησίας γράψον, Τάδε λέγει ὁ Ἀμήν, ὁ μάρτυς ὁ πιστὸς καὶ ἀληθινός, ἡ ἀρχὴ τῆς κτίσεως τοῦ θεοῦ· 15 Οἶδά σου τὰ ἔργα, ὅτι οὔτε ψυχρὸς εἶ οὔτε ζεστός· ὄφελον ψυχρὸς ἦς ἢ ζεστός. 16 Οὕτως ὅτι χλιαρὸς εἶ, καὶ οὐ² ζεστὸς οὔτε ψυχρός, μέλλω σε ἐμέσαι ἐκ τοῦ στόματός μου. 17 Ὅτι λέγεις, Πλούσιός³ εἰμι, καὶ πεπλούτηκα, καὶ οὐδενὸς⁴ χρείαν ἔχω, καὶ οὐκ οἶδας ὅτι σὺ εἶ ὁ ταλαίπωρος καὶ ὁ ἐλεεινὸς⁵ καὶ πτωχὸς καὶ τυφλὸς καὶ γυμνός· 18 συμβουλεύω σοι ἀγοράσαι χρυσίον παρ' ἐμοῦ⁶ πεπυρωμένον ἐκ πυρός, ἵνα πλουτήσῃς, καὶ ἱμάτια λευκά, ἵνα περιβάλῃ, καὶ μὴ φανερωθῇ ἡ αἰσχύνη τῆς γυμνότητός σου· καὶ κολλύριον ᶜ, ⁷ ἵνα ἐγχρίσῃ ᵈ, ⁸ τοὺς ὀφθαλμούς σου, ἵνα βλέπῃς. 19 Ἐγὼ ὅσους ἐὰν φιλῶ, ἐλέγχω καὶ παιδεύω· ζήλωσον ᵉ, ⁹ οὖν καὶ μετανόησον. 20 Ἰδού, ἕστηκα ἐπὶ τὴν θύραν καὶ κρούω· ἐάν τις ἀκούσῃ τῆς φωνῆς μου, καὶ ἀνοίξῃ τὴν θύραν, καὶ εἰσελεύσομαι¹⁰ πρὸς αὐτόν, καὶ δειπνήσω μετ' αὐτοῦ, καὶ αὐτὸς μετ' ἐμοῦ. 21 Ὁ νικῶν, δώσω αὐτῷ καθίσαι μετ' ἐμοῦ ἐν τῷ θρόνῳ μου, ὡς κἀγὼ ἐνίκησα, καὶ ἐκάθισα μετὰ τοῦ πατρός μου ἐν τῷ θρόνῳ αὐτοῦ. 22 Ὁ ἔχων οὖς ἀκουσάτω τί τὸ πνεῦμα λέγει ταῖς ἐκκλησίαις.

The Vision of God's Throne of Majesty and Glory

4 Μετὰ ταῦτα εἶδον, καὶ ἰδού, θύρα ἀνεῳγμένη¹¹ ἐν τῷ οὐρανῷ, καὶ ἡ φωνὴ ἡ πρώτη ἣν ἤκουσα ὡς σάλπιγγος λαλούσης μετ' ἐμοῦ, λέγων,ᶠ Ἀνάβα ὧδε, καὶ δείξω σοι ἃ δεῖ

ᵃ ἐκ • ἀπό   ᵇ μου τὸ • τὸ   ᶜ κολλύριον • κολλούριον   ᵈ ἵνα ἐγχρίσῃ • ἔγχρισον
ᵉ ζήλωσον • ζήλευε   ᶠ λέγων • λέγουσα

¹ ἦ καταβαίνει • ἡ καταβαίνουσα   ² οὐ • οὔτε   ³ Πλούσιός • ὅτι Πλούσιός
⁴ οὐδενὸς • οὐδὲν   ⁵ ὁ ἐλεεινὸς • ἐλεεινὸς   ⁶ χρυσίον παρ' ἐμοῦ • παρ' ἐμοῦ χρυσίον   ⁷ κολλύριον • κολλ[ο]ύριον   ⁸ ἵνα ἐγχρίσῃ • ἐγχρῖσαι   ⁹ ζήλωσον • ζήλευε   ¹⁰ καὶ εἰσελεύσομαι • [καὶ] εἰσελεύσομαι   ¹¹ ἀνεῳγμένη • ἠνεῳγμένη

γενέσθαι μετὰ ταῦτα. 2 Καὶ ᵃ εὐθέως ¹ ἐγενόμην ἐν πνεύματι· καὶ ἰδού, θρόνος ἔκειτο ἐν τῷ οὐρανῷ, καὶ ἐπὶ τὸν θρόνον ᵇ καθήμενος, 3 ὅμοιος ² ὁράσει λίθῳ ἰάσπιδι καὶ σαρδίῳ· καὶ ἶρις κυκλόθεν τοῦ θρόνου ὁμοίως ᶜ, ³ ὅρασις σμαραγδίνων. ᵈ, ⁴ 4 Καὶ κυκλόθεν τοῦ θρόνου θρόνοι ⁵ εἴκοσι τέσσαρες· ᵉ καὶ ἐπὶ τοὺς θρόνους τοὺς ⁶ εἴκοσι τέσσαρας ᶠ πρεσβυτέρους καθημένους, περιβεβλημένους ἐν ἱματίοις λευκοῖς, καὶ ἐπὶ τὰς κεφαλὰς αὐτῶν στεφάνους χρυσοῦς. 5 Καὶ ἐκ τοῦ θρόνου ἐκπορεύονται ἀστραπαὶ καὶ φωναὶ καὶ βρονταί. Καὶ ἑπτὰ λαμπάδες πυρὸς καιόμεναι ἐνώπιον τοῦ θρόνου αὐτοῦ, αἵ εἰσιν ⁷ ἑπτὰ πνεύματα τοῦ θεοῦ· 6 καὶ ἐνώπιον τοῦ θρόνου ὡς θάλασσα ὑαλίνη, ὁμοία κρυστάλλῳ. Καὶ ἐν μέσῳ τοῦ θρόνου καὶ κύκλῳ τοῦ θρόνου τέσσαρα ζῷα γέμοντα ὀφθαλμῶν ἔμπροσθεν καὶ ὄπισθεν. 7 Καὶ τὸ ζῷον τὸ πρῶτον ὅμοιον λέοντι, καὶ τὸ δεύτερον ζῷον ὅμοιον μόσχῳ, καὶ τὸ τρίτον ζῷον ἔχον ⁸ πρόσωπον ἀνθρώπου, ᵍ, ⁹ καὶ τὸ τέταρτον ζῷον ʰ ὅμοιον ἀετῷ πετομένῳ. 8 Καὶ τὰ ⁱ τέσσαρα ζῷα, ἓν καθ᾽ ἓν ἔχον ʲ, ¹⁰ ἀνὰ πτέρυγας ἓξ κυκλόθεν, καὶ ἔσωθεν γέμουσιν ὀφθαλμῶν, καὶ ἀνάπαυσιν οὐκ ἔχουσιν ἡμέρας καὶ νυκτός, λέγοντες, Ἅγιος, ἅγιος, ἅγιος, ᵏ κύριος ὁ θεὸς ὁ παντοκράτωρ, ὁ ἦν καὶ ὁ ὢν καὶ ὁ ἐρχόμενος. 9 Καὶ ὅταν δῶσιν ¹¹ τὰ ζῷα δόξαν καὶ τιμὴν καὶ εὐχαριστίαν τῷ καθημένῳ ἐπὶ τοῦ θρόνου, ¹² τῷ ζῶντι εἰς τοὺς αἰῶνας τῶν αἰώνων, 10 πεσοῦνται οἱ εἴκοσι τέσσαρες ˡ πρεσβύτεροι ἐνώπιον τοῦ καθημένου ἐπὶ τοῦ θρόνου, καὶ προσκυνήσουσιν τῷ ζῶντι εἰς τοὺς αἰῶνας τῶν αἰώνων, καὶ βαλοῦσιν τοὺς

ᵃ Καὶ · — ᵇ τὸν θρόνον · τοῦ θρόνου ᶜ ὁμοίως · ὅμοιος = ὁμοία ᵈ ὅρασις σμαραγδίνων · ὁράσει σμαραγδίνῳ ᵉ εἴκοσι τέσσαρες · ΚΔ ᶠ εἴκοσι τέσσαρας · ΚΔ ᵍ πρόσωπον ἀνθρώπου · τὸ πρόσωπον ὡς ἄνθρωπος ʰ τέταρτον ζῷον · τέταρτον ⁱ τὰ · — ʲ ἔχον · αὐτῶν ἔχον ᵏ Ἅγιος ἅγιος ἅγιος · ἅγιος 9X ˡ εἴκοσι τέσσαρες · ΚΔ

---

1 Καὶ εὐθέως · Εὐθέως 2 ὅμοιος · καὶ ὁ καθήμενος ὅμοιος 3 ὁμοίως · ὅμοιος 4 ὅρασις σμαραγδίνων · ὁράσει σμαραγδίνῳ 5 θρόνοι · θρόνους 6 θρόνους τοὺς · θρόνους 7 αὐτοῦ αἵ εἰσιν · ἅ εἰσιν τὰ 8 ἔχον · ἔχων τὸ 9 ἀνθρώπου · ὡς ἀνθρώπου 10 ἔχον · αὐτῶν ἔχων 11 δῶσιν · δώσουσιν 12 τοῦ θρόνου · τῷ θρόνῳ

στεφάνους αὐτῶν ἐνώπιον τοῦ θρόνου, λέγοντες, 11 Ἄξιος εἶ, ὁ κύριος καὶ ὁ θεὸς ἡμῶν, ὁ ἅγιος,[1] λαβεῖν τὴν δόξαν καὶ τὴν τιμὴν καὶ τὴν δύναμιν· ὅτι σὺ ἔκτισας πάντα,[a,2] καὶ διὰ τὸ θέλημά σου ἦσαν[b] καὶ ἐκτίσθησαν.

Christ, the Lion and the Lamb, Praised with a New Song

5 Καὶ εἶδον ἐπὶ τὴν δεξιὰν τοῦ καθημένου ἐπὶ τοῦ θρόνου βιβλίον γεγραμμένον ἔσωθεν καὶ ἔξωθεν,[3] κατεσφραγισμένον σφραγῖσιν ἑπτά. 2 Καὶ εἶδον ἄγγελον ἰσχυρὸν κηρύσσοντα ἐν φωνῇ μεγάλῃ, Τίς ἄξιός ἐστιν[4] ἀνοῖξαι τὸ βιβλίον, καὶ λῦσαι τὰς σφραγῖδας αὐτοῦ; 3 Καὶ οὐδεὶς ἐδύνατο ἐν τῷ οὐρανῷ ἄνω,[c,5] οὔτε ἐπὶ[d,6] τῆς γῆς, οὔτε ὑποκάτω[e,7] τῆς γῆς, ἀνοῖξαι τὸ βιβλίον, οὔτε βλέπειν αὐτό. 4 Καὶ ἐγὼ[8] ἔκλαιον πολύ, ὅτι οὐδεὶς ἄξιος εὑρέθη ἀνοῖξαι τὸ βιβλίον, οὔτε βλέπειν αὐτό. 5 Καὶ εἷς ἐκ τῶν πρεσβυτέρων λέγει μοι, Μὴ κλαῖε· ἰδού, ἐνίκησεν ὁ λέων ὁ ἐκ τῆς φυλῆς Ἰούδα, ἡ ῥίζα Δαυίδ,[f] ὁ ἀνοίγων[g,9] τὸ βιβλίον καὶ τὰς ἑπτὰ σφραγῖδας αὐτοῦ. 6 Καὶ εἶδον ἐν μέσῳ τοῦ θρόνου καὶ τῶν τεσσάρων ζῴων, καὶ ἐν μέσῳ τῶν πρεσβυτέρων, ἀρνίον ἑστηκὸς ὡς ἐσφαγμένον, ἔχον[10] κέρατα ἑπτὰ καὶ ὀφθαλμοὺς ἑπτά, ἅ[11] εἰσιν τὰ ἑπτὰ[12] πνεύματα τοῦ θεοῦ ἀποστελλόμενα[13] εἰς πᾶσαν τὴν γῆν. 7 Καὶ ἦλθεν, καὶ εἴληφεν ἐκ τῆς δεξιᾶς τοῦ καθημένου ἐπὶ τοῦ θρόνου. 8 Καὶ ὅτε ἔλαβεν τὸ βιβλίον, τὰ τέσσαρα ζῷα καὶ οἱ εἴκοσι τέσσαρες[h] πρεσβύτεροι ἔπεσον[14] ἐνώπιον τοῦ ἀρνίου, ἔχοντες ἕκαστος κιθάραν,[i] καὶ φιάλας χρυσᾶς γεμούσας θυμιαμάτων, αἵ εἰσιν προσευχαὶ[j,15] τῶν ἁγίων. 9 Καὶ ᾄδουσιν ᾠδὴν καινήν, λέγοντες, Ἄξιος εἶ λαβεῖν

---

[a] πάντα • τὰ πάντα   [b] ἦσαν • εἰσὶν   [c] ἄνω • —   [d] οὔτε ἐπὶ • οὐδὲ ἐπὶ   [e] οὔτε ὑποκάτω • οὐδὲ ὑποκάτω   [f] Δαυίδ • ΔΑΔ   [g] ὁ ἀνοίγων • ἀνοῖξαι   [h] εἴκοσι τέσσαρες • ΚΔ   [i] κιθάραν • κιθάρας   [j] προσευχαὶ • αἱ προσευχαί

---

[1] ὁ ἅγιος • —   [2] πάντα • τὰ πάντα   [3] ἔξωθεν • ὄπισθεν   [4] ἐστιν • —   [5] ἄνω • —   [6] οὔτε ἐπὶ • οὐδὲ ἐπὶ   [7] οὔτε ὑποκάτω • οὐδὲ ὑποκάτω   [8] ἐγὼ • —   [9] ὁ ἀνοίγων • ἀνοῖξαι   [10] ἔχον • ἔχων   [11] ἅ • οἵ   [12] τὰ ἑπτὰ • τὰ [ἑπτὰ]   [13] ἀποστελλόμενα • ἀπεσταλμένοι   [14] ἔπεσον • ἔπεσαν   [15] προσευχαὶ • αἱ προσευχαί

τὸ βιβλίον, καὶ ἀνοῖξαι τὰς σφραγῖδας αὐτοῦ· ὅτι ἐσφάγης, καὶ ἠγόρασας τῷ θεῷ ἡμᾶς *1* ἐν τῷ αἵματί σου ἐκ πάσης φυλῆς καὶ γλώσσης καὶ λαοῦ καὶ ἔθνους, 10 καὶ ἐποίησας αὐτοὺς τῷ θεῷ ἡμῶν βασιλεῖς *2* καὶ ἱερεῖς, καὶ βασιλεύσουσιν *a* ἐπὶ τῆς γῆς. 11 Καὶ εἶδον, καὶ ἤκουσα ὡς *3* φωνὴν ἀγγέλων πολλῶν κύκλῳ τοῦ θρόνου καὶ τῶν ζῴων καὶ τῶν πρεσβυτέρων· καὶ ἦν ὁ ἀριθμὸς αὐτῶν μυριάδες μυριάδων, καὶ χιλιάδες χιλιάδων, 12 λέγοντες φωνῇ μεγάλῃ, Ἄξιόν ἐστιν τὸ ἀρνίον τὸ ἐσφαγμένον λαβεῖν τὴν δύναμιν καὶ τὸν *b, 4* πλοῦτον καὶ σοφίαν καὶ ἰσχὺν καὶ τιμὴν καὶ δόξαν καὶ εὐλογίαν. 13 Καὶ πᾶν κτίσμα ὃ *c* ἐν τῷ οὐρανῷ, καὶ ἐπὶ τῆς γῆς, καὶ ὑποκάτω τῆς γῆς, καὶ ἐπὶ τῆς θαλάσσης ἐστίν, *d, 5* καὶ τὰ ἐν αὐτοῖς, πάντας *6* ἤκουσα λέγοντας, Τῷ καθημένῳ ἐπὶ τοῦ θρόνου *7* καὶ τῷ ἀρνίῳ ἡ εὐλογία καὶ ἡ τιμὴ καὶ ἡ δόξα καὶ τὸ κράτος εἰς τοὺς αἰῶνας τῶν αἰώνων. Ἀμήν. *8* 14 Καὶ τὰ τέσσαρα ζῷα λέγοντα *e, 9* τὸ *10* Ἀμήν. Καὶ οἱ πρεσβύτεροι ἔπεσον, *11* καὶ προσεκύνησαν.

The Opening of Six Seals of the Scroll

6 Καὶ εἶδον ὅτι *12* ἤνοιξεν τὸ ἀρνίον μίαν ἐκ τῶν ἑπτὰ σφραγίδων, καὶ ἤκουσα ἑνὸς ἐκ τῶν τεσσάρων ζῴων λέγοντος, ὡς φωνὴ βροντῆς, Ἔρχου καὶ ἴδε. *f, 13* 2 Καὶ ἰδού, *g, 14* ἵππος λευκός, καὶ ὁ καθήμενος ἐπ᾽ αὐτὸν ἔχων τόξον· καὶ ἐδόθη αὐτῷ στέφανος, καὶ ἐξῆλθεν νικῶν, καὶ ἵνα νικήσῃ.

3 Καὶ ὅτε ἤνοιξεν τὴν δευτέραν σφραγῖδα, *15* ἤκουσα τοῦ δευτέρου ζῴου λέγοντος, Ἔρχου. 4 Καὶ ἐξῆλθεν ἄλλος ἵππος πυρός· *h, 16* καὶ τῷ καθημένῳ ἐπ᾽ αὐτὸν ἐδόθη αὐτῷ λαβεῖν τὴν

---

a βασιλεύσουσιν • βασιλεύουσιν   *b* τὸν • —   *c* ὃ • ὅ ἐστιν   *d* ἐστίν • ἅ ἐστιν
e λέγοντα • ἔλεγον   *f* καὶ ἴδε • —   *g* ἰδού • εἶδον καὶ ἰδού   *h* πυρός • πυρρός

---

1 ἡμᾶς • —   *2* βασιλεῖς • βασιλείαν   *3* ὡς • —   *4* τὸν • —   *5* ἐστίν • —
6 αὐτοῖς, πάντας • αὐτοῖς πάντα,   *7* τοῦ θρόνου • τῷ θρόνῳ   *8* Ἀμήν • —
9 λέγοντα • ἔλεγον   *10* τὸ • —   *11* ἔπεσον • ἔπεσαν   *12* ὅτι • ὅτε   *13* καὶ ἴδε •
— *14* ἰδού • εἶδον καὶ ἰδού   *15* δευτέραν σφραγῖδα • σφραγῖδα τὴν δευτέραν
16 πυρός • πυρρός

εἰρήνην ἐκ τῆς γῆς, ἵνα ¹ ἀλλήλους σφάξωσιν· ² καὶ ἐδόθη αὐτῷ μάχαιρα μεγάλη.

5 Καὶ ὅτε ἤνοιξεν τὴν σφραγῖδα τὴν τρίτην, ἤκουσα τοῦ τρίτου ζῴου λέγοντος, Ἔρχου καὶ ἴδε. ᵃ, ³ Καὶ ἰδού, ᵇ ἵππος μέλας, καὶ ὁ καθήμενος ἐπ' αὐτὸν ἔχων ζυγὸν ἐν τῇ χειρὶ αὐτοῦ. 6 Καὶ ἤκουσα φωνὴν ⁴ ἐν μέσῳ τῶν τεσσάρων ζῴων λέγουσαν, Χοῖνιξ σίτου δηναρίου, καὶ τρεῖς χοίνικες κριθῆς ⁵ δηναρίου· καὶ τὸ ἔλαιον καὶ τὸν οἶνον μὴ ἀδικήσῃς.

7 Καὶ ὅτε ἤνοιξεν τὴν σφραγῖδα τὴν τετάρτην, ἤκουσα τοῦ ⁶ τετάρτου ζῴου λέγοντος, Ἔρχου καὶ ἴδε. ᶜ, ⁷ 8 Καὶ ἰδού, ᵈ, ⁸ ἵππος χλωρός, καὶ ὁ καθήμενος ἐπάνω αὐτοῦ, ὄνομα αὐτῷ ὁ Θάνατος, ⁹ καὶ ὁ Ἅδης ἠκολούθει αὐτῷ. ᵉ, ¹⁰ Καὶ ἐδόθη αὐτῷ ¹¹ ἐξουσία ἐπὶ τὸ τέταρτον τῆς γῆς ἀποκτεῖναι ἐν ῥομφαίᾳ καὶ ἐν λιμῷ καὶ ἐν θανάτῳ, καὶ ὑπὸ τῶν θηρίων τῆς γῆς.

9 Καὶ ὅτε ἤνοιξεν τὴν πέμπτην σφραγῖδα, εἶδον ὑποκάτω τοῦ θυσιαστηρίου τὰς ψυχὰς ᶠ τῶν ἐσφαγμένων διὰ τὸν λόγον τοῦ θεοῦ, καὶ διὰ τὴν μαρτυρίαν τοῦ ἀρνίου ¹² ἣν εἶχον, 10 καὶ ἔκραξαν ᵍ φωνῇ μεγάλῃ, ʰ λέγοντες, Ἕως πότε, ὁ δεσπότης, ὁ ἅγιος καὶ ἀληθινός, οὐ κρίνεις καὶ ἐκδικεῖς τὸ αἷμα ἡμῶν ἐκ τῶν κατοικούντων ἐπὶ τῆς γῆς; 11 Καὶ ἐδόθη αὐτοῖς ἑκάστῳ ⁱ στολὴ λευκή, καὶ ἐρρέθη αὐτοῖς ἵνα ἀναπαύσωνται ¹³ ἔτι χρόνον, ¹⁴ ἕως ʲ πληρώσωσιν ¹⁵ καὶ οἱ σύνδουλοι αὐτῶν καὶ οἱ ἀδελφοὶ αὐτῶν καὶ οἱ μέλλοντες ᵏ, ¹⁶ ἀποκτένεσθαι ¹⁷ ὡς καὶ αὐτοί.

ᵃ καὶ ἴδε • — ᵇ ἰδού • εἶδον καὶ ἰδού ᶜ καὶ ἴδε • — ᵈ ἰδού • εἶδον καὶ ἰδού ᵉ ἠκολούθει αὐτῷ • ἠκολούθει μετ' αὐτοῦ ᶠ ψυχὰς • ψυχὰς τῶν ἀνθρώπων ᵍ ἔκραξαν • ἔκραζον ʰ φωνῇ μεγάλῃ • φωνὴν μεγάλην ⁱ ἑκάστῳ • — ʲ ἕως • ἕως οὗ ᵏ καὶ οἱ μέλλοντες • οἱ μέλλοντες

¹ ἵνα • καὶ ἵνα ² σφάξωσιν • σφάξουσιν ³ Ἔρχου καὶ ἴδε. • Ἔρχου. Καὶ εἶδον, ⁴ φωνὴν • ὡς φωνὴν ⁵ κριθῆς • κριθῶν ⁶ τοῦ • φωνὴν τοῦ ⁷ καὶ ἴδε • — ⁸ ἰδού • εἶδον καὶ ἰδού ⁹ ὁ Θάνατος • [ὁ] Θάνατος ¹⁰ ἠκολούθει αὐτῷ • ἠκολούθει μετ' αὐτοῦ ¹¹ ἐδόθη αὐτῷ • ἐδόθη αὐτοῖς ¹² τοῦ ἀρνίου • — ¹³ ἀναπαύσωνται • ἀναπαύσονται ¹⁴ χρόνον • χρόνον μικρόν ¹⁵ πληρώσωσιν • πληρωθῶσιν ¹⁶ καὶ οἱ μέλλοντες • οἱ μέλλοντες ¹⁷ ἀποκτένεσθαι • ἀποκτέννεσθαι

12 Καὶ εἶδον ὅτε ἤνοιξεν τὴν σφραγῖδα τὴν ἕκτην, καὶ σεισμὸς μέγας ἐγένετο, καὶ ὁ ἥλιος μέλας ἐγένετο [1] ὡς σάκκος τρίχινος, καὶ ἡ σελήνη ὅλη [a] ἐγένετο ὡς αἷμα, 13 καὶ οἱ ἀστέρες τοῦ οὐρανοῦ ἔπεσον [2] εἰς τὴν γῆν, ὡς συκῆ βαλοῦσα [b, 3] τοὺς ὀλύνθους αὐτῆς, ὑπὸ ἀνέμου μεγάλου σειομένη. 14 Καὶ ὁ οὐρανὸς ἀπεχωρίσθη ὡς βιβλίον ἑλισσόμενον, [c] καὶ πᾶν ὄρος καὶ νῆσος ἐκ τῶν τόπων αὐτῶν ἐκινήθησαν. 15 Καὶ οἱ βασιλεῖς τῆς γῆς, καὶ οἱ μεγιστᾶνες, καὶ οἱ χιλίαρχοι, καὶ οἱ πλούσιοι, καὶ οἱ ἰσχυροί, καὶ πᾶς δοῦλος καὶ ἐλεύθερος, [d] ἔκρυψαν ἑαυτοὺς εἰς τὰ σπήλαια καὶ εἰς τὰς πέτρας τῶν ὀρέων, 16 καὶ λέγουσιν τοῖς ὄρεσιν καὶ ταῖς πέτραις, Πέσετε ἐφ' ἡμᾶς, καὶ κρύψατε ἡμᾶς ἀπὸ προσώπου τοῦ καθημένου ἐπὶ τοῦ θρόνου, [e] καὶ ἀπὸ τῆς ὀργῆς τοῦ ἀρνίου· 17 ὅτι ἦλθεν ἡ ἡμέρα ἡ μεγάλη τῆς ὀργῆς αὐτοῦ, [4] καὶ τίς δύναται σταθῆναι;

The Comfort of the Church in Spiritual Afflictions

7 Καὶ [5] μετὰ τοῦτο εἶδον τέσσαρας ἀγγέλους ἑστῶτας ἐπὶ τὰς τέσσαρας γωνίας τῆς γῆς, κρατοῦντας τοὺς τέσσαρας ἀνέμους τῆς γῆς, ἵνα μὴ πνέῃ ἄνεμος ἐπὶ τῆς γῆς, μήτε ἐπὶ τῆς θαλάσσης, μήτε ἐπί τι [f, 6] δένδρον. 2 Καὶ εἶδον ἄλλον ἄγγελον ἀναβαίνοντα ἀπὸ ἀνατολῆς ἡλίου, ἔχοντα σφραγῖδα θεοῦ ζῶντος· καὶ ἔκραξεν φωνῇ μεγάλῃ τοῖς τέσσαρσιν ἀγγέλοις, οἷς ἐδόθη αὐτοῖς ἀδικῆσαι τὴν γῆν καὶ τὴν θάλασσαν, 3 λέγων, Μὴ ἀδικήσητε τὴν γῆν, μήτε τὴν θάλασσαν, μήτε τὰ δένδρα, ἄχρι οὗ [7] σφραγίσωμεν τοὺς δούλους τοῦ θεοῦ ἡμῶν ἐπὶ τῶν μετώπων αὐτῶν. 4 Καὶ ἤκουσα τὸν ἀριθμὸν τῶν ἐσφραγισμένων, ἑκατὸν καὶ τεσσαράκοντα [8] τέσσαρες χιλιάδες, ἐσφραγισμένων ἐκ [g, 9] πάσης φυλῆς υἱῶν Ἰσραήλ.

---

[a] *ὅλη* • — [b] *βαλοῦσα* • *βάλλει* [c] *ἑλισσόμενον* • *ἑλισσόμενος* [d] *ἐλεύθερος* • *πᾶς ἐλεύθερος* [e] *τοῦ θρόνου* • *τῷ θρόνῳ* [f] *τι* • *πᾶν* [g] *ἐσφραγισμένων ἐκ* • *ἐσφραγισμένοι ἐκ*

---

[1] *μέλας ἐγένετο* • *ἐγένετο μέλας* [2] *ἔπεσον* • *ἔπεσαν* [3] *βαλοῦσα* • *βάλλει* [4] *αὐτοῦ* • *αὐτῶν* [5] *Καὶ* • — [6] *τι* • *πᾶν* [7] *οὗ* • — [8] *καὶ τεσσαράκοντα* • *τεσσεράκοντα* [9] *ἐσφραγισμένων ἐκ* • *ἐσφραγισμένοι ἐκ*

5 Ἐκ φυλῆς Ἰούδα, δώδεκα ᵃ χιλιάδες ἐσφραγισμέναι· ᵇ, ¹
ἐκ φυλῆς Ῥουβίμ, ² δώδεκα ᶜ χιλιάδες·
ἐκ φυλῆς Γάδ, δώδεκα ᵈ χιλιάδες·
6 ἐκ φυλῆς Ἀσήρ, δώδεκα ᵉ χιλιάδες·
ἐκ φυλῆς Νεφθαλείμ, ³ δώδεκα ᶠ χιλιάδες·
ἐκ φυλῆς Μανασσῆ, δώδεκα ᵍ χιλιάδες·
7 ἐκ φυλῆς Συμεών, δώδεκα ʰ χιλιάδες·
ἐκ φυλῆς Λευΐ, δώδεκα ⁱ χιλιάδες·
ἐκ φυλῆς Ἰσαχάρ, ⁴ δώδεκα ʲ χιλιάδες·
8 ἐκ φυλῆς Ζαβουλών, δώδεκα ᵏ χιλιάδες·
ἐκ φυλῆς Ἰωσήφ, δώδεκα ˡ χιλιάδες·
ἐκ φυλῆς Βενιαμίν, δώδεκα ᵐ χιλιάδες ἐσφραγισμέναι. ⁿ, ⁵

9 Μετὰ ταῦτα εἶδον, καὶ ἰδού, ὄχλος πολύς, ὃν ἀριθμῆσαι οὐδεὶς ⁶ ἐδύνατο, ᵒ ἐκ παντὸς ἔθνους καὶ φυλῶν καὶ λαῶν καὶ γλωσσῶν, ἑστῶτας ᵖ, ⁷ ἐνώπιον τοῦ θρόνου καὶ ἐνώπιον τοῦ ἀρνίου, περιβεβλημένους ᵠ στολὰς λευκάς, καὶ φοίνικας ⁸ ἐν ταῖς χερσὶν αὐτῶν· 10 καὶ κράζουσιν φωνῇ μεγάλῃ, λέγοντες, Ἡ σωτηρία τῷ θεῷ ἡμῶν τῷ καθημένῳ ἐπὶ τῷ θρόνῳ, καὶ τῷ ἀρνίῳ. 11 Καὶ πάντες οἱ ἄγγελοι εἱστήκεισαν κύκλῳ τοῦ θρόνου καὶ τῶν πρεσβυτέρων καὶ τῶν τεσσάρων ζῴων, καὶ ἔπεσον ⁹ ἐνώπιον τοῦ θρόνου ἐπὶ ʳ τὰ πρόσωπα αὐτῶν, καὶ προσεκύνησαν τῷ θεῷ, 12 λέγοντες, Ἀμήν· ἡ εὐλογία καὶ ἡ δόξα καὶ ἡ σοφία καὶ ἡ εὐχαριστία καὶ ἡ τιμὴ καὶ ἡ δύναμις καὶ ἡ ἰσχὺς τῷ θεῷ ἡμῶν εἰς τοὺς αἰῶνας τῶν αἰώνων. Ἀμήν.

13 Καὶ ἀπεκρίθη εἷς ἐκ τῶν πρεσβυτέρων, λέγων μοι, Οὗτοι οἱ περιβεβλημένοι τὰς στολὰς τὰς λευκάς, τίνες εἰσίν,

---

ᵃ δώδεκα • ῑ̅β̅   ᵇ ἐσφραγισμέναι • — = ἐσφραγισμένοι   ᶜ δώδεκα • ῑ̅β̅
ᵈ δώδεκα • ῑ̅β̅   ᵉ δώδεκα • ῑ̅β̅   ᶠ δώδεκα • ῑ̅β̅   ᵍ δώδεκα • ῑ̅β̅   ʰ δώδεκα • ῑ̅β̅
ⁱ δώδεκα • ῑ̅β̅   ʲ δώδεκα • ῑ̅β̅   ᵏ δώδεκα • ῑ̅β̅   ˡ δώδεκα • ῑ̅β̅   ᵐ δώδεκα • ῑ̅β̅
ⁿ ἐσφραγισμέναι • ἐσφραγισμένοι   ᵒ ἐδύνατο • ἠδύνατο   ᵖ ἑστῶτας • ἑστῶτες
ᵠ περιβεβλημένους • περιβεβλημένοι   ʳ θρόνου ἐπὶ • θρόνου αὐτοῦ ἐπὶ

¹ ἐσφραγισμέναι • ἐσφραγισμένοι   ² Ῥουβίμ • Ῥουβήν   ³ Νεφθαλείμ • Νεφθαλίμ   ⁴ Ἰσαχάρ • Ἰσσαχάρ   ⁵ ἐσφραγισμέναι • ἐσφραγισμένοι   ⁶ οὐδεὶς • αὐτὸν οὐδεὶς   ⁷ ἑστῶτας • ἑστῶτες   ⁸ φοίνικας • φοίνικες   ⁹ ἔπεσον • ἔπεσαν

καὶ πόθεν ἦλθον; 14 Καὶ εἶπον¹ αὐτῷ, Κύριέ μου, σὺ οἶδας. Καὶ εἶπέν μοι, Οὗτοί εἰσιν οἱ ἐρχόμενοι ἐκ τῆς θλίψεως τῆς μεγάλης, καὶ ἔπλυναν τὰς στολὰς αὐτῶν, καὶ ἐλεύκαναν ᵃ' ² ἐν τῷ αἵματι τοῦ ἀρνίου. 15 Διὰ τοῦτό εἰσιν ἐνώπιον τοῦ θρόνου τοῦ θεοῦ, καὶ λατρεύουσιν αὐτῷ ἡμέρας καὶ νυκτὸς ἐν τῷ ναῷ αὐτοῦ· καὶ ὁ καθήμενος ἐπὶ τῷ θρόνῳ ᵇ' ³ σκηνώσει ἐπ' αὐτούς. 16 Οὐ πεινάσουσιν ἔτι, οὐδὲ διψήσουσιν ἔτι, οὐδ' οὐ⁴ μὴ πέσῃ ἐπ' αὐτοὺς ὁ ἥλιος, οὐδὲ πᾶν καῦμα· 17 ὅτι τὸ ἀρνίον τὸ ἀνὰ μέσον τοῦ θρόνου ποιμαίνει ᶜ' ⁵ αὐτούς, καὶ ὁδηγεῖ ᵈ' ⁶ αὐτοὺς ἐπὶ ζωῆς πηγὰς ὑδάτων, καὶ ἐξαλείψει ὁ θεὸς πᾶν δάκρυον ἐκ τῶν ὀφθαλμῶν αὐτῶν.

The Opening of the Seventh Seal

8 Καὶ ὅτε⁷ ἤνοιξεν τὴν σφραγῖδα τὴν ἑβδόμην, ἐγένετο σιγὴ ἐν τῷ οὐρανῷ ὡς ἡμιώριον. 2 Καὶ εἶδον τοὺς ἑπτὰ ἀγγέλους οἳ ἐνώπιον τοῦ θεοῦ ἑστήκασιν, καὶ ἐδόθησαν αὐτοῖς ἑπτὰ σάλπιγγες.

3 Καὶ ἄλλος ἄγγελος ἦλθεν, καὶ ἐστάθη ἐπὶ τοῦ θυσιαστηρίου, ἔχων λιβανωτὸν χρυσοῦν· καὶ ἐδόθη αὐτῷ θυμιάματα πολλά, ἵνα δώσῃ ᵉ' ⁸ ταῖς προσευχαῖς τῶν ἁγίων πάντων ἐπὶ τὸ θυσιαστήριον τὸ χρυσοῦν τὸ ἐνώπιον τοῦ θρόνου. 4 Καὶ ἀνέβη ὁ καπνὸς τῶν θυμιαμάτων ταῖς προσευχαῖς τῶν ἁγίων ἐκ χειρὸς τοῦ ἀγγέλου ἐνώπιον τοῦ θεοῦ. 5 Καὶ εἴληφεν ὁ ἄγγελος τὸν λιβανωτόν, καὶ ἐγέμισεν αὐτὸν ἐκ τοῦ πυρὸς τοῦ θυσιαστηρίου, καὶ ἔβαλεν εἰς τὴν γῆν· καὶ ἐγένοντο βρονταὶ καὶ φωναὶ ᶠ καὶ ἀστραπαὶ καὶ σεισμός.

6 Καὶ οἱ ἑπτὰ ἄγγελοι οἱ ἔχοντες τὰς ἑπτὰ σάλπιγγας ἡτοίμασαν ἑαυτοὺς⁹ ἵνα σαλπίσωσιν.

ᵃ ἐλεύκαναν • ἐλεύκαναν αὐτὰς   ᵇ τῷ θρόνῳ • τοῦ θρόνου   ᶜ ποιμαίνει • ποιμανεῖ   ᵈ ὁδηγεῖ • ὁδηγήσει   ᵉ δώσῃ • δώσει   ᶠ βρονταὶ καὶ φωναὶ • φωναὶ καὶ βρονταὶ

---

1 εἶπον • εἴρηκα   2 ἐλεύκαναν • ἐλεύκαναν αὐτὰς   3 τῷ θρόνῳ • τοῦ θρόνου
4 οὐδ' οὐ • οὐδὲ   5 ποιμαίνει • ποιμανεῖ   6 ὁδηγεῖ • ὁδηγήσει   7 ὅτε • ὅταν
8 δώσῃ • δώσει   9 ἑαυτοὺς • αὐτοὺς

7 Καὶ ὁ πρῶτος ἐσάλπισεν, καὶ ἐγένετο χάλαζα καὶ πῦρ μεμιγμένα ἐν αἵματι, καὶ ἐβλήθη εἰς τὴν γῆν· καὶ τὸ τρίτον τῆς γῆς κατεκάη, καὶ τὸ τρίτον τῶν δένδρων κατεκάη, καὶ πᾶς χόρτος χλωρὸς κατεκάη.

8 Καὶ ὁ δεύτερος ἄγγελος ἐσάλπισεν, καὶ ὡς ὄρος μέγα καιόμενον¹ ἐβλήθη εἰς τὴν θάλασσαν· καὶ ἐγένετο τὸ τρίτον τῆς θαλάσσης αἷμα· 9 καὶ ἀπέθανεν τὸ τρίτον τῶν κτισμάτων ἐν² τῇ θαλάσσῃ, τὰ ἔχοντα ψυχάς, καὶ τὸ τρίτον τῶν πλοίων διεφθάρη.³

10 Καὶ ὁ τρίτος ἄγγελος ἐσάλπισεν, καὶ ἔπεσεν ἐκ τοῦ οὐρανοῦ ἀστὴρ μέγας καιόμενος ὡς λαμπάς, καὶ ἔπεσεν ἐπὶ τὸ τρίτον τῶν ποταμῶν, καὶ ἐπὶ τὰς πηγὰς τῶν ὑδάτων. 11 Καὶ τὸ ὄνομα τοῦ ἀστέρος λέγεται ὁ Ἄψινθος· καὶ ἐγένετο τὸ τρίτον τῶν ὑδάτων εἰς ἄψινθον, καὶ πολλοὶ τῶν ἀνθρώπων ἀπέθανον ἐκ τῶν ὑδάτων, ὅτι ἐπικράνθησαν.

12 Καὶ ὁ τέταρτος ἄγγελος ἐσάλπισεν, καὶ ἐπλήγη τὸ τρίτον τοῦ ἡλίου καὶ τὸ τρίτον τῆς σελήνης καὶ τὸ τρίτον τῶν ἀστέρων, ἵνα σκοτισθῇ τὸ τρίτον αὐτῶν, καὶ τὸ τρίτον αὐτῆς μὴ φάνῃ ἡ ἡμέρα, ᵃ,⁴ καὶ ἡ νὺξ ὁμοίως.

13 Καὶ εἶδον, καὶ ἤκουσα ἑνὸς ἀετοῦ πετομένου ἐν μεσουρανήματι, λέγοντος φωνῇ μεγάλῃ, Οὐαί, οὐαί, οὐαὶ τοῖς κατοικοῦσιν ᵇ,⁵ ἐπὶ τῆς γῆς, ἐκ τῶν λοιπῶν φωνῶν τῆς σάλπιγγος τῶν τριῶν ἀγγέλων τῶν μελλόντων σαλπίζειν.

The Sounding of the Fifth and Sixth Trumpets

9 Καὶ ὁ πέμπτος ἄγγελος ἐσάλπισεν, καὶ εἶδον ἀστέρα ἐκ τοῦ οὐρανοῦ πεπτωκότα εἰς τὴν γῆν, καὶ ἐδόθη αὐτῷ ἡ κλεὶς τοῦ φρέατος τῆς ἀβύσσου. 2 Καὶ ἤνοιξεν τὸ φρέαρ τῆς ἀβύσσου, ᶜ καὶ ἀνέβη καπνὸς ἐκ τοῦ φρέατος ὡς καπνὸς

ᵃ τὸ τρίτον αὐτῆς μὴ φάνῃ ἡ ἡμέρα • ἡ ἡμέρα μὴ φαίνῃ τὸ τρίτον αὐτῆς   ᵇ τοῖς κατοικοῦσιν • τοὺς κατοικοῦντας   ᶜ Καὶ ἤνοιξεν τὸ φρέαρ τῆς ἀβύσσου • —

---

¹ καιόμενον • πυρὶ καιόμενον   ² ἐν • τῶν ἐν   ³ διεφθάρη • διεφθάρησαν
⁴ τὸ τρίτον αὐτῆς μὴ φάνῃ ἡ ἡμέρα • ἡ ἡμέρα μὴ φάνῃ τὸ τρίτον αὐτῆς   ⁵ τοῖς κατοικοῦσιν • τοὺς κατοικοῦντας

καμίνου καιομένης, καὶ ἐσκοτίσθη [1] ὁ ἥλιος καὶ ὁ ἀὴρ ἐκ τοῦ καπνοῦ τοῦ φρέατος. 3 Καὶ ἐκ τοῦ καπνοῦ ἐξῆλθον ἀκρίδες εἰς τὴν γῆν, καὶ ἐδόθη αὐταῖς ἐξουσία, ὡς ἔχουσιν ἐξουσίαν οἱ σκορπίοι τῆς γῆς. 4 Καὶ ἐρρέθη αὐταῖς ἵνα μὴ ἀδικήσωσιν [2] τὸν χόρτον τῆς γῆς, οὐδὲ πᾶν χλωρόν, οὐδὲ πᾶν δένδρον, εἰ μὴ τοὺς ἀνθρώπους οἵτινες οὐκ ἔχουσιν τὴν σφραγῖδα τοῦ θεοῦ ἐπὶ τῶν μετώπων αὐτῶν. [3] 5 Καὶ ἐδόθη αὐταῖς [4] ἵνα μὴ ἀποκτείνωσιν αὐτούς, ἀλλ᾽ ἵνα βασανισθῶσιν [5] μῆνας πέντε· καὶ ὁ βασανισμὸς αὐτῶν ὡς βασανισμὸς σκορπίου, ὅταν παίσῃ ἄνθρωπον. 6 Καὶ ἐν ταῖς ἡμέραις ἐκείναις ζητήσουσιν οἱ ἄνθρωποι τὸν θάνατον, καὶ οὐ μὴ εὑρήσουσιν αὐτόν· καὶ ἐπιθυμήσουσιν ἀποθανεῖν, καὶ φεύξεται ἀπ᾽ αὐτῶν ὁ θάνατος. [6] 7 Καὶ τὰ ὁμοιώματα τῶν ἀκρίδων ὅμοια ἵπποις ἡτοιμασμένοις εἰς πόλεμον, καὶ ἐπὶ τὰς κεφαλὰς αὐτῶν ὡς στέφανοι χρυσοῖ, [7] καὶ τὰ πρόσωπα αὐτῶν ὡς πρόσωπα ἀνθρώπων. 8 Καὶ εἶχον τρίχας ὡς τρίχας γυναικῶν, καὶ οἱ ὀδόντες αὐτῶν ὡς λεόντων ἦσαν. 9 Καὶ εἶχον θώρακας ὡς θώρακας σιδηροῦς, καὶ ἡ φωνὴ τῶν πτερύγων αὐτῶν ὡς φωνὴ ἁρμάτων ἵππων πολλῶν τρεχόντων εἰς πόλεμον. 10 Καὶ ἔχουσιν οὐρὰς ὁμοίας σκορπίοις, καὶ κέντρα. Καὶ ἐν [a] ταῖς οὐραῖς αὐτῶν ἐξουσίαν ἔχουσιν τοῦ [b, 8] ἀδικῆσαι τοὺς ἀνθρώπους μῆνας πέντε. 11 Ἔχουσαι βασιλέα ἐπ᾽ αὐτῶν [9] ἄγγελον τῆς ἀβύσσου· ὄνομα αὐτῷ Ἑβραϊστὶ Ἀββαδών, ἐν δὲ [10] τῇ Ἑλληνικῇ ὄνομα ἔχει Ἀπολλύων. 12 Ἡ οὐαὶ ἡ μία ἀπῆλθεν· ἰδού, ἔρχεται ἔτι δύο οὐαὶ μετὰ ταῦτα.

13 Καὶ ὁ ἕκτος ἄγγελος ἐσάλπισεν, καὶ ἤκουσα φωνὴν μίαν ἐκ τῶν τεσσάρων [11] κεράτων τοῦ θυσιαστηρίου τοῦ χρυσοῦ τοῦ

---

[a] Καὶ ἐν • Ἐν   [b] ἐξουσίαν ἔχουσιν τοῦ • ἡ ἐξουσία αὐτῶν

---

[1] καιομένης καὶ ἐσκοτίσθη • μεγάλης καὶ ἐσκοτώθη   [2] ἀδικήσωσιν • ἀδικήσουσιν   [3] αὐτῶν • —   [4] αὐταῖς • αὐτοῖς   [5] βασανισθῶσιν • βασανισθήσονται   [6] φεύξεται ἀπ᾽ αὐτῶν ὁ θάνατος • φεύγει ὁ θάνατος ἀπ᾽ αὐτῶν   [7] χρυσοῖ • ὅμοιοι χρυσῷ   [8] ἐξουσίαν ἔχουσιν τοῦ • ἡ ἐξουσία αὐτῶν   [9] Ἔχουσαι βασιλέα ἐπ᾽ αὐτῶν • Ἔχουσιν ἐπ᾽ αὐτῶν βασιλέα τὸν   [10] Ἀββαδών ἐν δὲ • Ἀβαδδών καὶ ἐν   [11] τεσσάρων • [τεσσάρων]

ἐνώπιον τοῦ θεοῦ, 14 λέγουσαν ᵃ, ¹ τῷ ἕκτῳ ἀγγέλῳ ὁ ἔχων τὴν σάλπιγγα, Λῦσον τοὺς τέσσαρας ἀγγέλους τοὺς δεδεμένους ἐπὶ τῷ ποταμῷ τῷ μεγάλῳ Εὐφράτῃ. 15 Καὶ ἐλύθησαν οἱ τέσσαρες ἄγγελοι οἱ ἡτοιμασμένοι εἰς τὴν ὥραν καὶ εἰς τὴν ἡμέραν ᵇ, ² καὶ μῆνα καὶ ἐνιαυτόν, ἵνα ἀποκτείνωσιν τὸ τρίτον τῶν ἀνθρώπων. 16 Καὶ ὁ ἀριθμὸς τῶν στρατευμάτων τοῦ ἵππου ᶜ μυριάδες³ μυριάδων· ἤκουσα τὸν ἀριθμὸν αὐτῶν. 17 Καὶ οὕτως εἶδον τοὺς ἵππους ἐν τῇ ὁράσει, καὶ τοὺς καθημένους ἐπ' αὐτῶν, ἔχοντας θώρακας πυρίνους καὶ ὑακινθίνους καὶ θειώδεις· καὶ αἱ κεφαλαὶ τῶν ἵππων ὡς κεφαλαὶ λεόντων, καὶ ἐκ τῶν στομάτων αὐτῶν ἐκπορεύεται πῦρ καὶ καπνὸς καὶ θεῖον. 18 Ἀπὸ τῶν τριῶν πληγῶν τούτων ἀπεκτάνθησαν τὸ τρίτον τῶν ἀνθρώπων, ἀπὸ ᵈ τοῦ ⁴ πυρὸς καὶ τοῦ καπνοῦ καὶ τοῦ θείου τοῦ ἐκπορευομένου ἐκ τῶν στομάτων αὐτῶν. 19 Ἡ γὰρ ἐξουσία τῶν ἵππων ἐν τῷ στόματι αὐτῶν ἐστίν, καὶ ἐν ταῖς οὐραῖς αὐτῶν· αἱ γὰρ οὐραὶ αὐτῶν ὅμοιαι ὄφεων, ᵉ, ⁵ ἔχουσαι κεφαλάς, καὶ ἐν αὐταῖς ἀδικοῦσιν. 20 Καὶ οἱ λοιποὶ τῶν ἀνθρώπων, οἳ οὐκ ἀπεκτάνθησαν ἐν ταῖς πληγαῖς ταύταις, οὐ ⁶ μετενόησαν ἐκ τῶν ἔργων τῶν χειρῶν αὐτῶν, ἵνα μὴ προσκυνήσωσιν ⁷ τὰ δαιμόνια, καὶ τὰ εἴδωλα τὰ χρυσᾶ καὶ τὰ ἀργυρᾶ καὶ τὰ χαλκᾶ ᶠ καὶ τὰ λίθινα καὶ τὰ ξύλινα, ἃ οὔτε βλέπειν δύναται, ᵍ, ⁸ οὔτε ἀκούειν, οὔτε περιπατεῖν· 21 καὶ οὐ μετενόησαν ἐκ τῶν φόνων αὐτῶν, οὔτε ἐκ τῶν φαρμακειῶν ʰ, ⁹ αὐτῶν, οὔτε ἐκ τῆς πορνείας αὐτῶν, οὔτε ἐκ τῶν κλεμμάτων αὐτῶν.

The Angel and the Little Scroll

10 Καὶ εἶδον ἄγγελον ¹⁰ ἰσχυρὸν καταβαίνοντα ἐκ τοῦ οὐρανοῦ, περιβεβλημένον νεφέλην, καὶ ἡ ἶρις ἐπὶ τῆς

ᵃ λέγουσαν • λέγοντος   ᵇ εἰς τὴν ἡμέραν • τὴν ἡμέραν   ᶜ ἵππου • ἱππικοῦ
ᵈ ἀπὸ • ἐκ   ᵉ ὄφεων • ὄφεσιν   ᶠ καὶ τὰ χαλκᾶ • —   ᵍ δύναται • δύνανται
ʰ φαρμακειῶν • φαρμάκων

---

¹ λέγουσαν • λέγοντα   ² εἰς τὴν ἡμέραν • ἡμέραν   ³ ἵππου μυριάδες • ἱππικοῦ δισμυριάδες   ⁴ ἀπὸ τοῦ • ἐκ τοῦ   ⁵ ὄφεων • ὄφεσιν   ⁶ οὐ • οὐδὲ
⁷ προσκυνήσωσιν • προσκυνήσουσιν   ⁸ δύναται • δύνανται   ⁹ φαρμακειῶν • φαρμάκων   ¹⁰ ἄγγελον • ἄλλον ἄγγελον

κεφαλῆς αὐτοῦ, καὶ τὸ πρόσωπον αὐτοῦ ὡς ὁ ἥλιος, καὶ οἱ πόδες αὐτοῦ ὡς στύλοι πυρός· 2 καὶ ἔχων ᵃ ἐν τῇ χειρὶ αὐτοῦ βιβλίον ᵇ ἀνεῳγμένον· ¹ καὶ ἔθηκεν τὸν πόδα αὐτοῦ τὸν δεξιὸν ἐπὶ τῆς θαλάσσης, τὸν δὲ εὐώνυμον ἐπὶ τῆς γῆς, 3 καὶ ἔκραξεν φωνῇ μεγάλῃ ὥσπερ λέων μυκᾶται· καὶ ὅτε ἔκραξεν, ἐλάλησαν αἱ ἑπτὰ βρονταὶ τὰς ἑαυτῶν φωνάς. 4 Καὶ ὅτε ἐλάλησαν αἱ ἑπτὰ βρονταί, ἔμελλον ² γράφειν· καὶ ἤκουσα φωνὴν ἐκ τοῦ οὐρανοῦ, λέγουσαν, Σφράγισον ἃ ἐλάλησαν αἱ ἑπτὰ βρονταί, καὶ μὴ αὐτὰ γράψῃς. 5 Καὶ ὁ ἄγγελος ὃν εἶδον ἑστῶτα ἐπὶ τῆς θαλάσσης καὶ ἐπὶ τῆς γῆς ἦρεν τὴν χεῖρα αὐτοῦ τὴν δεξιὰν εἰς τὸν οὐρανόν, 6 καὶ ὤμοσεν ᶜ τῷ ³ ζῶντι εἰς τοὺς αἰῶνας τῶν αἰώνων, ὃς ἔκτισεν τὸν οὐρανὸν καὶ τὰ ἐν αὐτῷ, καὶ τὴν γῆν καὶ τὰ ἐν αὐτῇ, καὶ τὴν θάλασσαν καὶ τὰ ἐν αὐτῇ, ὅτι χρόνος οὐκέτι ἔσται· 7 ἀλλ' ἐν ταῖς ἡμέραις τῆς φωνῆς τοῦ ἑβδόμου ἀγγέλου, ὅταν μέλλῃ σαλπίζειν, καὶ ἐτελέσθη ᵈ τὸ μυστήριον τοῦ θεοῦ, ὡς εὐηγγέλισεν τοὺς δούλους αὐτοῦ ⁴ τοὺς προφήτας. 8 Καὶ ἡ φωνὴ ἣν ἤκουσα ἐκ τοῦ οὐρανοῦ, πάλιν λαλοῦσα ⁵ μετ' ἐμοῦ, καὶ λέγουσα, ⁶ Ὕπαγε, λάβε τὸ βιβλιδάριον ⁷ τὸ ἀνεῳγμένον ⁸ ἐν τῇ χειρὶ τοῦ ἀγγέλου τοῦ ἑστῶτος ἐπὶ τῆς θαλάσσης καὶ ἐπὶ τῆς γῆς. 9 Καὶ ἀπῆλθον ⁹ πρὸς τὸν ἄγγελον, λέγων αὐτῷ δοῦναί ᵉ μοι τὸ βιβλιδάριον. ¹⁰ Καὶ λέγει μοι, Λάβε καὶ κατάφαγε αὐτό· καὶ πικρανεῖ σου τὴν κοιλίαν, ἀλλ' ἐν τῷ στόματί σου ἔσται γλυκὺ ὡς μέλι. 10 Καὶ ἔλαβον τὸ βιβλίον ᶠ, ¹¹ ἐκ τῆς χειρὸς τοῦ ἀγγέλου, καὶ κατέφαγον αὐτό, καὶ ἦν ἐν τῷ στόματί μου ὡς μέλι, γλυκύ· καὶ ὅτε ἔφαγον αὐτό, ἐπικράνθη ἡ κοιλία μου. 11 Καὶ λέγουσίν ᵍ

ᵃ ἔχων • εἶχεν ᵇ βιβλίον • βιβλιδάριον ᶜ ὤμοσεν • ὤμοσεν ἐν ᵈ ἐτελέσθη • τελεσθῇ ᵉ αὐτῷ δοῦναί • αὐτῷ, Δός ᶠ βιβλίον • βιβλιδάριον ᵍ λέγουσίν • λέγει

---

¹ βιβλίον ἀνεῳγμένον • βιβλαρίδιον ἠνεῳγμένον ² ἔμελλον • ἤμελλον ³ τῷ • ἐν τῷ ⁴ δούλους αὐτοῦ • ἑαυτοῦ δούλους ⁵ λαλοῦσα • λαλοῦσαν ⁶ λέγουσα • λέγουσαν ⁷ βιβλιδάριον • βιβλίον ⁸ ἀνεῳγμένον • ἠνεῳγμένον ⁹ ἀπῆλθον • ἀπῆλθα ¹⁰ βιβλιδάριον • βιβλαρίδιον ¹¹ βιβλίον • βιβλαρίδιον

μοι, Δεῖ σε πάλιν προφητεῦσαι ἐπὶ λαοῖς καὶ ἐπὶ ἔθνεσιν ¹ καὶ γλώσσαις καὶ βασιλεῦσιν πολλοῖς.

Of the Two Witnesses and the Sounding of the Seventh Trumpet

11 Καὶ ἐδόθη μοι κάλαμος ὅμοιος ῥάβδῳ, λέγων, Ἔγειραι, ᵃ· ² καὶ μέτρησον τὸν ναὸν τοῦ θεοῦ, καὶ τὸ θυσιαστήριον, καὶ τοὺς προσκυνοῦντας ἐν αὐτῷ. 2 Καὶ τὴν αὐλὴν τὴν ἔξωθεν τοῦ ναοῦ ἔκβαλε ἔξω, ᵇ· ³ καὶ μὴ αὐτὴν μετρήσῃς, ὅτι ἐδόθη τοῖς ἔθνεσιν· καὶ τὴν πόλιν τὴν ἁγίαν πατήσουσιν μῆνας τεσσαράκοντα καὶ ⁴ δύο. ᶜ 3 Καὶ δώσω τοῖς δυσὶν μάρτυσίν μου, καὶ προφητεύσουσιν ἡμέρας χιλίας διακοσίας ἑξήκοντα περιβεβλημένοι σάκκους. 4 Οὗτοί εἰσιν αἱ δύο ἐλαῖαι, καὶ αἱ δύο λυχνίαι αἱ ἐνώπιον τοῦ κυρίου τῆς γῆς ἑστῶσαι. ᵈ· ⁵ 5 Καὶ εἴ τις αὐτοὺς θέλει ἀδικῆσαι, πῦρ ἐκπορεύεται ἐκ τοῦ στόματος αὐτῶν, καὶ κατεσθίει τοὺς ἐχθροὺς αὐτῶν· καὶ εἴ τις θέλει αὐτοὺς ⁶ ἀδικῆσαι, οὕτως δεῖ αὐτὸν ἀποκτανθῆναι. 6 Οὗτοι ἔχουσιν τὸν οὐρανὸν ἐξουσίαν κλεῖσαι, ᵉ· ⁷ ἵνα μὴ ὑετὸς βρέχῃ τὰς ἡμέρας τῆς προφητείας αὐτῶν· καὶ ἐξουσίαν ἔχουσιν ἐπὶ τῶν ὑδάτων, στρέφειν αὐτὰ εἰς αἷμα, καὶ πατάξαι τὴν γῆν ὁσάκις ἐὰν θελήσωσιν ἐν πάσῃ πληγῇ. ᶠ· ⁸ 7 Καὶ ὅταν τελέσωσιν τὴν μαρτυρίαν αὐτῶν, τὸ θηρίον τὸ ἀναβαῖνον ἐκ τῆς ἀβύσσου ποιήσει μετ' αὐτῶν πόλεμον, καὶ νικήσει αὐτούς, καὶ ἀποκτενεῖ αὐτούς. 8 Καὶ τὸ πτῶμα ᵍ αὐτῶν ἐπὶ τῆς πλατείας τῆς πόλεως τῆς μεγάλης, ἥτις καλεῖται πνευματικῶς Σόδομα καὶ Αἴγυπτος, ὅπου καὶ ὁ κύριος αὐτῶν ἐσταυρώθη. 9 Καὶ βλέπουσιν ἐκ τῶν λαῶν

ᵃ Ἔγειραι • Ἔγειρε   ᵇ ἔξω • ἔξωθεν   ᶜ τεσσαράκοντα καὶ δύο • τεσσαράκοντα δύο = MB̄   ᵈ ἑστῶσαι • ἑστῶτες   ᵉ τὸν οὐρανὸν ἐξουσίαν κλεῖσαι • ἐξουσίαν κλεῖσαι τὸν οὐρανόν   ᶠ ὁσάκις ἐὰν θελήσωσιν ἐν πάσῃ πληγῇ • ἐν πάσῃ πληγῇ ὁσάκις ἐὰν θελήσωσιν   ᵍ τὸ πτῶμα • τὰ πτώματα

¹ ἐπὶ ἔθνεσιν • ἔθνεσιν   ² Ἔγειραι • Ἔγειρε   ³ ἔξω • ἔξωθεν   ⁴ τεσσαράκοντα καὶ • τεσσεράκοντα [καὶ]   ⁵ ἑστῶσαι • ἑστῶτες   ⁶ θέλει αὐτοὺς • θελήσῃ αὐτοὺς   ⁷ τὸν οὐρανὸν ἐξουσίαν κλεῖσαι • τὴν ἐξουσίαν κλεῖσαι τὸν οὐρανόν   ⁸ ὁσάκις ἐὰν θελήσωσιν ἐν πάσῃ πληγῇ • ἐν πάσῃ πληγῇ ὁσάκις ἐὰν θελήσωσιν

καὶ φυλῶν καὶ γλωσσῶν καὶ ἐθνῶν τὸ πτῶμα ᵃ αὐτῶν ἡμέρας τρεῖς ἥμισυ, ¹ καὶ τὰ πτώματα αὐτῶν οὐκ ἀφήσουσιν ² τεθῆναι εἰς μνῆμα. 10 Καὶ οἱ κατοικοῦντες ἐπὶ τῆς γῆς χαίρουσιν ἐπ' αὐτοῖς καὶ εὐφρανθήσονται, ³ καὶ δῶρα δώσουσιν ᵇ,⁴ ἀλλήλοις, ὅτι οὗτοι οἱ δύο προφῆται ἐβασάνισαν τοὺς κατοικοῦντας ἐπὶ τῆς γῆς. 11 Καὶ μετὰ τὰς ᶜ τρεῖς ἡμέρας καὶ ἥμισυ, πνεῦμα ζωῆς ἐκ τοῦ θεοῦ εἰσῆλθεν εἰς αὐτούς, ⁵ καὶ ἔστησαν ἐπὶ τοὺς πόδας αὐτῶν, καὶ φόβος μέγας ἔπεσεν ᵈ,⁶ ἐπὶ τοὺς θεωροῦντας αὐτούς. 12 Καὶ ἤκουσα ⁷ φωνὴν μεγάλην ᵉ,⁸ ἐκ τοῦ οὐρανοῦ, λέγουσαν ᶠ,⁹ αὐτοῖς, Ἀνάβητε ¹⁰ ὧδε. Καὶ ἀνέβησαν εἰς τὸν οὐρανὸν ἐν τῇ νεφέλῃ, καὶ ἐθεώρησαν αὐτοὺς οἱ ἐχθροὶ αὐτῶν. 13 Καὶ ἐν ᵍ ἐκείνῃ τῇ ἡμέρᾳ ¹¹ ἐγένετο σεισμὸς μέγας, καὶ τὸ δέκατον τῆς πόλεως ἔπεσεν, καὶ ἀπεκτάνθησαν ἐν τῷ σεισμῷ ὀνόματα ἀνθρώπων, χιλιάδες ἑπτά· καὶ οἱ λοιποὶ ἔμφοβοι ἐγένοντο, καὶ ἔδωκαν δόξαν τῷ θεῷ τοῦ οὐρανοῦ.

14 Ἡ οὐαὶ ἡ δευτέρα ἀπῆλθεν· ἡ οὐαὶ ἡ τρίτη, ἰδού, ¹² ἔρχεται ταχύ.

15 Καὶ ὁ ἕβδομος ἄγγελος ἐσάλπισεν, καὶ ἐγένοντο φωναὶ μεγάλαι ἐν τῷ οὐρανῷ, λέγουσαι, ¹³ Ἐγένετο ἡ βασιλεία τοῦ κόσμου τοῦ κυρίου ἡμῶν καὶ τοῦ χριστοῦ αὐτοῦ, καὶ βασιλεύσει εἰς τοὺς αἰῶνας τῶν αἰώνων. 16 Καὶ οἱ εἴκοσι τέσσαρες ʰ πρεσβύτεροι οἱ ἐνώπιον τοῦ θρόνου ⁱ,¹⁴ τοῦ θεοῦ καθήμενοι ʲ ἐπὶ τοὺς θρόνους αὐτῶν, ἔπεσον ¹⁵ ἐπὶ τὰ πρόσωπα αὐτῶν, καὶ προσεκύνησαν τῷ θεῷ, 17 λέγοντες, Εὐχαριστοῦμέν σοι, κύριε ὁ θεὸς ὁ παντοκράτωρ, ὁ ὢν καὶ ὁ ἦν, ὅτι εἴληφας

ᵃ τὸ πτῶμα • τὰ πτώματα   ᵇ δώσουσιν • πέμψουσιν   ᶜ τὰς • —   ᵈ ἔπεσεν • ἐπέπεσεν   ᵉ φωνὴν μεγάλην • φωνῆς μεγάλης   ᶠ λέγουσαν • λεγούσης   ᵍ Καὶ ἐν • Ἐν   ʰ εἴκοσι τέσσαρες • ΚΔ   ⁱ τοῦ θρόνου • —   ʲ καθήμενοι • οἳ κάθηνται

---

¹ ἥμισυ • καὶ ἥμισυ   ² ἀφήσουσιν • ἀφίουσιν   ³ εὐφρανθήσονται • εὐφραίνονται   ⁴ δώσουσιν • πέμψουσιν   ⁵ εἰς αὐτούς • ἐν αὐτοῖς   ⁶ ἔπεσεν • ἐπέπεσεν   ⁷ ἤκουσα • ἤκουσαν   ⁸ φωνὴν μεγάλην • φωνῆς μεγάλης   ⁹ λέγουσαν • λεγούσης   ¹⁰ Ἀνάβητε • Ἀνάβατε   ¹¹ ἡμέρᾳ • ὥρᾳ   ¹² ἡ οὐαὶ ἡ τρίτη ἰδού • ἰδού ἡ οὐαὶ ἡ τρίτη   ¹³ λέγουσαι • λέγοντες   ¹⁴ οἱ ἐνώπιον τοῦ θρόνου • [οἱ] ἐνώπιον   ¹⁵ ἔπεσον • ἔπεσαν

τὴν δύναμίν σου τὴν μεγάλην, καὶ ἐβασίλευσας. 18 Καὶ τὰ ἔθνη ὠργίσθησαν, καὶ ἦλθεν ἡ ὀργή σου, καὶ ὁ καιρὸς τῶν νεκρῶν κριθῆναι, καὶ δοῦναι τὸν μισθὸν τοῖς δούλοις σου τοῖς προφήταις καὶ τοῖς ἁγίοις καὶ τοῖς φοβουμένοις τὸ ὄνομά σου, τοῖς μικροῖς καὶ τοῖς μεγάλοις,¹ καὶ διαφθεῖραι τοὺς διαφθείροντας τὴν γῆν.

19 Καὶ ἠνοίγη ᵃ ὁ ναὸς τοῦ θεοῦ ² ἐν τῷ οὐρανῷ, καὶ ὤφθη ἡ κιβωτὸς τῆς διαθήκης τοῦ κυρίου ᵇ, ³ ἐν τῷ ναῷ αὐτοῦ· καὶ ἐγένοντο ἀστραπαὶ καὶ φωναὶ καὶ βρονταὶ ᶜ, ⁴ καὶ χάλαζα μεγάλη.

The Battle of Michael with the Dragon

12 Καὶ σημεῖον μέγα ὤφθη ἐν τῷ οὐρανῷ, γυνὴ περιβεβλημένη τὸν ἥλιον, καὶ ἡ σελήνη ὑποκάτω τῶν ποδῶν αὐτῆς, καὶ ἐπὶ τῆς κεφαλῆς αὐτῆς στέφανος ἀστέρων δώδεκα· 2 καὶ ἐν γαστρὶ ἔχουσα, ἔκραζεν ⁵ ὠδίνουσα, καὶ βασανιζομένη τεκεῖν. 3 Καὶ ὤφθη ἄλλο σημεῖον ἐν τῷ οὐρανῷ, καὶ ἰδού, δράκων πυρὸς μέγας, ᵈ, ⁶ ἔχων κεφαλὰς ἑπτὰ καὶ κέρατα δέκα, καὶ ἐπὶ τὰς κεφαλὰς αὐτοῦ ἑπτὰ διαδήματα. 4 Καὶ ἡ οὐρὰ αὐτοῦ σύρει τὸ τρίτον τῶν ἀστέρων τοῦ οὐρανοῦ, καὶ ἔβαλεν αὐτοὺς εἰς τὴν γῆν· καὶ ὁ δράκων ἕστηκεν ἐνώπιον τῆς γυναικὸς τῆς μελλούσης τεκεῖν, ἵνα, ὅταν τέκῃ, τὸ τέκνον αὐτῆς καταφάγῃ. 5 Καὶ ἔτεκεν υἱὸν ἄρρενα, ⁷ ὃς μέλλει ποιμαίνειν πάντα τὰ ἔθνη ἐν ῥάβδῳ σιδηρᾷ· καὶ ἡρπάσθη τὸ τέκνον αὐτῆς πρὸς τὸν θεὸν καὶ πρὸς τὸν θρόνον αὐτοῦ. 6 Καὶ ἡ γυνὴ ἔφυγεν εἰς τὴν ἔρημον, ὅπου ἔχει ἐκεῖ τόπον ἡτοιμασμένον ὑπὸ ᵉ, ⁸ τοῦ θεοῦ, ἵνα ἐκεῖ ἐκτρέφωσιν ᶠ, ⁹ αὐτὴν ἡμέρας χιλίας διακοσίας ἑξήκοντα.

ᵃ ἠνοίγη • ἠνοίχθη   ᵇ τοῦ κυρίου • αὐτοῦ   ᶜ βρονταὶ • βρονταὶ καὶ σεισμὸς
ᵈ πυρὸς μέγας • μέγας πυρός = μέγας πυρρός = πυρρὸς μέγας   ᵉ ὑπὸ • ἀπὸ
ᶠ ἐκτρέφωσιν • τρέφωσιν

---

¹ τοῖς μικροῖς καὶ τοῖς μεγάλοις • τοὺς μικροὺς καὶ τοὺς μεγάλους   ² θεοῦ • θεοῦ ὁ   ³ τοῦ κυρίου • αὐτοῦ   ⁴ βρονταὶ • βρονταὶ καὶ σεισμὸς   ⁵ ἔκραζεν • καὶ κράζει   ⁶ πυρὸς μέγας • μέγας πυρρός   ⁷ ἄρρενα • ἄρσεν   ⁸ ὑπὸ • ἀπὸ   ⁹ ἐκτρέφωσιν • τρέφωσιν

7 Καὶ ἐγένετο πόλεμος ἐν τῷ οὐρανῷ· ὁ Μιχαὴλ καὶ οἱ ἄγγελοι αὐτοῦ πολεμῆσαι¹ μετὰ τοῦ δράκοντος· καὶ ὁ δράκων ἐπολέμησεν, καὶ οἱ ἄγγελοι αὐτοῦ, **8** καὶ οὐκ ἴσχυσεν,ᵃ οὐδὲ τόπος εὑρέθη αὐτῷ² ἔτι ἐν τῷ οὐρανῷ. **9** Καὶ ἐβλήθη ὁ δράκων ὁ μέγας, ὁ ὄφις ὁ ἀρχαῖος, ὁ καλούμενος διάβολος καὶ Σατανᾶς,³ ὁ πλανῶν τὴν οἰκουμένην ὅλην· ἐβλήθη εἰς τὴν γῆν, καὶ οἱ ἄγγελοι αὐτοῦ μετ' αὐτοῦ ἐβλήθησαν. **10** Καὶ ἤκουσα φωνὴν μεγάλην ἐν τῷ οὐρανῷ, λέγουσαν, Ἄρτι ἐγένετο ἡ σωτηρία καὶ ἡ δύναμις καὶ ἡ βασιλεία τοῦ θεοῦ ἡμῶν, καὶ ἡ ἐξουσία τοῦ χριστοῦ αὐτοῦ· ὅτι ἐβλήθη ὁ κατήγορος⁴ τῶν ἀδελφῶν ἡμῶν, ὁ κατηγορῶν αὐτῶν⁵ ἐνώπιον τοῦ θεοῦ ἡμῶν ἡμέρας καὶ νυκτός. **11** Καὶ αὐτοὶ ἐνίκησαν αὐτὸν διὰ τὸ αἷμα τοῦ ἀρνίου, καὶ διὰ τὸν λόγον τῆς μαρτυρίας αὐτῶν, καὶ οὐκ ἠγάπησαν τὴν ψυχὴν αὐτῶν ἄχρι θανάτου. **12** Διὰ τοῦτο εὐφραίνεσθε, οὐρανοὶᵇ,⁶ καὶ οἱ ἐν αὐτοῖς σκηνοῦντες. Οὐαὶ τῇ γῇ καὶ τῇ θαλάσσῃ,⁷ ὅτι κατέβη ὁ διάβολος πρὸς ὑμᾶς ἔχων θυμὸν μέγαν, εἰδὼς ὅτι ὀλίγον καιρὸν ἔχει.

13 Καὶ ὅτε εἶδεν ὁ δράκων ὅτι ἐβλήθη εἰς τὴν γῆν, ἐδίωξεν τὴν γυναῖκα ἥτις ἔτεκεν τὸν ἄρρενα.⁸ **14** Καὶ ἐδόθησαν τῇ γυναικὶ δύο⁹ πτέρυγες τοῦ ἀετοῦ τοῦ μεγάλου, ἵνα πέτηται εἰς τὴν ἔρημον εἰς τὸν τόπον αὐτῆς, ὅπως τρέφηται¹⁰ ἐκεῖ καιρόν, καὶ καιρούς, καὶ ἥμισυ καιροῦ, ἀπὸ προσώπου τοῦ ὄφεως. **15** Καὶ ἔβαλεν ὁ ὄφις ἐκ τοῦ στόματος αὐτοῦ ὀπίσω τῆς γυναικὸς ὕδωρ ὡς ποταμόν, ἵνα αὐτὴν ποταμοφόρητον ποιήσῃ. **16** Καὶ ἐβοήθησεν ἡ γῆ τῇ γυναικί, καὶ ἤνοιξεν ἡ γῆ τὸ στόμα αὐτῆς, καὶ κατέπιεν τὸν ποταμὸν ὃν ἔβαλεν ὁ δράκων ἐκ τοῦ στόματος αὐτοῦ. **17** Καὶ ὠργίσθη ὁ δράκων ἐπὶ τῇ γυναικί, καὶ ἀπῆλθεν ποιῆσαι πόλεμον μετὰ τῶν λοιπῶν τοῦ σπέρματος

ᵃ ἴσχυσεν • ἴσχυσαν   ᵇ οὐρανοὶ • οἱ οὐρανοὶ

¹ πολεμῆσαι • τοῦ πολεμῆσαι   ² αὐτῷ • αὐτῶν   ³ Σατανᾶς • ὁ Σατανᾶς   ⁴ κατήγορος • κατήγωρ   ⁵ αὐτῶν • αὐτοὺς   ⁶ οὐρανοὶ • [οἱ] οὐρανοὶ   ⁷ τῇ γῇ καὶ τῇ θαλάσσῃ • τὴν γῆν καὶ τὴν θάλασσαν   ⁸ ἄρρενα • ἄρσενα   ⁹ δύο • αἱ δύο   ¹⁰ ὅπως τρέφηται • ὅπου τρέφεται

αὐτῆς, τῶν τηρούντων τὰς ἐντολὰς τοῦ θεοῦ καὶ ἐχόντων τὴν μαρτυρίαν Ἰησοῦ.

The Seven-Headed Beast of Blasphemy and the Two-Horned Beast of Deceit

13 Καὶ ἐστάθην¹ ἐπὶ τὴν ἄμμον τῆς θαλάσσης· καὶ εἶδον ἐκ τῆς θαλάσσης θηρίον ἀναβαῖνον, ἔχον κέρατα δέκα καὶ κεφαλὰς ἑπτά, καὶ ἐπὶ τῶν κεράτων αὐτοῦ δέκα διαδήματα, καὶ ἐπὶ τὰς κεφαλὰς αὐτοῦ ὀνόματα² βλασφημίας. 2 Καὶ τὸ θηρίον, ὃ εἶδον, ἦν ὅμοιον παρδάλει, καὶ οἱ πόδες αὐτοῦ ὡς ἄρκου, καὶ τὸ στόμα αὐτοῦ ὡς στόμα λέοντος· καὶ ἔδωκεν αὐτῷ ὁ δράκων τὴν δύναμιν αὐτοῦ, καὶ τὸν θρόνον αὐτοῦ, καὶ ἐξουσίαν μεγάλην. 3 Καὶ μίαν ἐκ τῶν κεφαλῶν αὐτοῦ ὡσεὶ ᵃ, ³ ἐσφαγμένην εἰς θάνατον· καὶ ἡ πληγὴ τοῦ θανάτου αὐτοῦ ἐθεραπεύθη· καὶ ἐθαύμασεν⁴ ὅλη ἡ γῆ ὀπίσω τοῦ θηρίου· 4 καὶ προσεκύνησαν τῷ δράκοντι τῷ δεδωκότι⁵ τὴν ἐξουσίαν τῷ θηρίῳ, καὶ προσεκύνησαν τῷ θηρίῳ, λέγοντες, Τίς ὅμοιος τῷ θηρίῳ; Καὶ ᵇ τίς δυνατὸς ᶜ, ⁶ πολεμῆσαι μετ' αὐτοῦ; 5 Καὶ ἐδόθη αὐτῷ στόμα λαλοῦν μεγάλα καὶ βλασφημίαν· ⁷ καὶ ἐδόθη αὐτῷ ἐξουσία πόλεμον⁸ ποιῆσαι μῆνας τεσσαράκοντα⁹ δύο. 6 Καὶ ἤνοιξεν τὸ στόμα αὐτοῦ εἰς βλασφημίαν¹⁰ πρὸς τὸν θεόν, βλασφημῆσαι τὸ ὄνομα αὐτοῦ, καὶ τὴν σκηνὴν αὐτοῦ, τοὺς ἐν τῷ οὐρανῷ σκηνοῦντας. 7 Καὶ ἐδόθη αὐτῷ ποιῆσαι πόλεμον μετὰ τῶν ἁγίων, καὶ νικῆσαι αὐτούς· καὶ ἐδόθη αὐτῷ ἐξουσία ἐπὶ πᾶσαν φυλὴν καὶ λαὸν καὶ γλῶσσαν καὶ ἔθνος. 8 Καὶ προσκυνήσουσιν αὐτῷ ᵈ, ¹¹ πάντες οἱ κατοικοῦντες ἐπὶ τῆς γῆς, ὧν¹² οὐ γέγραπται τὸ ὄνομα¹³ ἐν τῷ βιβλίῳ τῆς ζωῆς τοῦ ἀρνίου τοῦ ἐσφαγμένου ἀπὸ καταβολῆς κόσμου. 9 Εἴ τις ἔχει

ᵃ ὡσεὶ • ὡς   ᵇ Καὶ • —   ᶜ δυνατὸς • δύναται   ᵈ αὐτῷ • αὐτὸν

¹ ἐστάθην • ἐστάθη   ² ὀνόματα • ὄνομα[τα]   ³ ὡσεὶ • ὡς   ⁴ ἐθαύμασεν • ἐθαυμάσθη   ⁵ τῷ δεδωκότι • ὅτι ἔδωκεν   ⁶ δυνατὸς • δύναται   ⁷ βλασφημίαν • βλασφημίας   ⁸ πόλεμον • —   ⁹ τεσσαράκοντα • τεσσεράκοντα [καὶ]   ¹⁰ βλασφημίαν • βλασφημίας   ¹¹ αὐτῷ • αὐτὸν   ¹² ὧν • οὗ   ¹³ ὄνομα • ὄνομα αὐτοῦ

οὓς, ἀκουσάτω. 10 Εἴ τις ἔχει ᵃ αἰχμαλωσίαν, ¹ ὑπάγει· εἴ τις ἐν μαχαίρᾳ ἀποκτενεῖ, ² δεῖ³ αὐτὸν ἐν μαχαίρᾳ ᵇ ἀποκτανθῆναι. ⁴ Ὧδέ ἐστιν ἡ ὑπομονὴ καὶ ἡ πίστις τῶν ἁγίων. 11 Καὶ εἶδον ἄλλο θηρίον ἀναβαῖνον ἐκ τῆς γῆς, καὶ εἶχεν κέρατα δύο ὅμοια ἀρνίῳ, καὶ ἐλάλει ὡς δράκων. 12 Καὶ τὴν ἐξουσίαν τοῦ πρώτου θηρίου πᾶσαν ποιεῖ ἐνώπιον αὐτοῦ. Καὶ ἐποίει⁵ τὴν γῆν καὶ τοὺς ἐν αὐτῇ κατοικοῦντας ἵνα προσκυνήσωσιν⁶ τὸ θηρίον τὸ πρῶτον, οὗ ἐθεραπεύθη ἡ πληγὴ τοῦ θανάτου αὐτοῦ. 13 Καὶ ποιεῖ σημεῖα μεγάλα, καὶ πῦρ ἵνα⁷ ἐκ τοῦ οὐρανοῦ καταβαίνῃ ᶜ ἐπὶ ᵈ,⁸ τὴν γῆν ἐνώπιον τῶν ἀνθρώπων. 14 Καὶ πλανᾷ τοὺς ἐμοὺς ᵉ,⁹ τοὺς κατοικοῦντας ἐπὶ τῆς γῆς διὰ τὰ σημεῖα ἃ ἐδόθη αὐτῷ ποιῆσαι ἐνώπιον τοῦ θηρίου, λέγων τοῖς κατοικοῦσιν ἐπὶ τῆς γῆς ποιῆσαι εἰκόνα τῷ θηρίῳ ὃ εἶχεν ¹⁰ τὴν ᶠ πληγὴν καὶ ἔζησεν ἀπὸ τῆς μαχαίρας. ᵍ,¹¹ 15 Καὶ ἐδόθη αὐτῷ πνεῦμα δοῦναι ¹² τῇ εἰκόνι τοῦ θηρίου, ἵνα καὶ λαλήσῃ ἡ εἰκὼν τοῦ θηρίου, καὶ ποιήσῃ, ὅσοι ¹³ ἐὰν μὴ προσκυνήσωσιν τῇ εἰκόνι τοῦ θηρίου, ἀποκτανθῶσιν. 16 Καὶ ποιεῖ πάντας, τοὺς μικροὺς καὶ τοὺς μεγάλους, καὶ τοὺς πλουσίους καὶ τοὺς πτωχούς, καὶ τοὺς ἐλευθέρους καὶ τοὺς δούλους, ἵνα δώσωσιν ʰ,¹⁴ αὐτοῖς χαράγματα ⁱ,¹⁵ ἐπὶ τῆς χειρὸς αὐτῶν τῆς δεξιᾶς, ἢ ἐπὶ τὸ μέτωπον ʲ αὐτῶν, 17 καὶ ἵνα μή τις δύναται ᵏ,¹⁶ ἀγοράσαι ἢ πωλῆσαι, εἰ μὴ ὁ ἔχων τὸ χάραγμα, τὸ ὄνομα τοῦ θηρίου ἢ τὸν ἀριθμὸν τοῦ ὀνόματος αὐτοῦ.

ᵃ *ἔχει • εἰς*   ᵇ *ἀποκτενεῖ δεῖ αὐτὸν ἐν μαχαίρᾳ • δεῖ αὐτὸν*   ᶜ *καὶ πῦρ ἵνα ἐκ τοῦ οὐρανοῦ καταβαίνῃ • ἵνα καὶ πῦρ ποιῇ καταβαίνειν ἐκ τοῦ οὐρανοῦ*   ᵈ *ἐπὶ • εἰς*   ᵉ *τοὺς ἐμοὺς • —*   ᶠ *τὴν • *   ᵍ *καὶ ἔζησεν ἀπὸ τῆς μαχαίρας • τῆς μαχαίρας καὶ ἔζησεν*   ʰ *δώσωσιν • δῶσιν*   ⁱ *χαράγματα • χάραγμα*   ʲ *τὸ μέτωπον • τῶν μετώπων*   ᵏ *δύναται • δύνηται*

---

¹ *ἔχει αἰχμαλωσίαν • εἰς αἰχμαλωσίαν εἰς αἰχμαλωσίαν*   ² *μαχαίρᾳ ἀποκτενεῖ • μαχαίρῃ ἀποκτανθῆναι*   ³ *δεῖ • —*   ⁴ *μαχαίρᾳ ἀποκτανθῆναι • μαχαίρῃ ἀποκτανθῆναι*   ⁵ *ἐποίει • ποιεῖ*   ⁶ *προσκυνήσωσιν • προσκυνήσουσιν*   ⁷ *καὶ πῦρ ἵνα • ἵνα καὶ πῦρ ποιῇ*   ⁸ *καταβαίνῃ ἐπὶ • καταβαίνειν εἰς*   ⁹ *τοὺς ἐμοὺς • —*   10 *ὃ εἶχεν • ὃς ἔχει*   11 *καὶ ἔζησεν ἀπὸ τῆς μαχαίρας • τῆς μαχαίρης καὶ ἔζησεν*   12 *πνεῦμα δοῦναι • δοῦναι πνεῦμα*   13 *ὅσοι • [ἵνα] ὅσοι*   14 *δώσωσιν • δῶσιν*   15 *χαράγματα • χάραγμα*   16 *δύναται • δύνηται*

18 Ὧδε ἡ σοφία ἐστίν. Ὁ ἔχων νοῦν ψηφισάτω τὸν ἀριθμὸν τοῦ θηρίου· ἀριθμὸς γὰρ ἀνθρώπου ἐστίν, καὶ ᾋ ὁ ἀριθμὸς αὐτοῦ ἐστὶν ᵇ, ¹ ἑξακόσια ² ἑξήκοντα ἕξ. ᶜ

Of the 144,000 and the Fall of Spiritual Babylon

14 Καὶ εἶδον, καὶ ἰδού, τὸ ἀρνίον ᵈ ἑστηκὸς ᵉ, ³ ἐπὶ τὸ ὄρος Σιών, καὶ μετ' αὐτοῦ ἀριθμὸς ᶠ, ⁴ ἑκατὸν τεσσαράκοντα ⁵ τέσσαρες ᵍ χιλιάδες, ἔχουσαι τὸ ὄνομα αὐτοῦ καὶ τὸ ὄνομα τοῦ πατρὸς αὐτοῦ γεγραμμένον ἐπὶ τῶν μετώπων αὐτῶν. 2 Καὶ ἤκουσα φωνὴν ἐκ τοῦ οὐρανοῦ, ὡς φωνὴν ὑδάτων πολλῶν, καὶ ὡς φωνὴν βροντῆς μεγάλης· καὶ ἡ φωνὴ ἣν ἤκουσα ὡς κιθαρῳδῶν κιθαριζόντων ἐν ταῖς κιθάραις αὐτῶν. 3 Καὶ ᾄδουσιν ⁶ ᾠδὴν καινὴν ἐνώπιον τοῦ θρόνου, καὶ ἐνώπιον τῶν τεσσάρων ζῴων καὶ τῶν πρεσβυτέρων· καὶ οὐδεὶς ἐδύνατο ʰ μαθεῖν τὴν ᾠδήν, εἰ μὴ αἱ ἑκατὸν τεσσαράκοντα ⁷ τέσσαρες ⁱ χιλιάδες, οἱ ἠγορασμένοι ἀπὸ τῆς γῆς. 4 Οὗτοί εἰσιν οἳ μετὰ γυναικῶν οὐκ ἐμολύνθησαν· παρθένοι γάρ εἰσιν. Οὗτοί εἰσιν οἱ ἀκολουθοῦντες ⁸ τῷ ἀρνίῳ ὅπου ἂν ʲ ὑπάγῃ. Οὗτοι ὑπὸ Ἰησοῦ ᵏ, ⁹ ἠγοράσθησαν ἀπὸ τῶν ἀνθρώπων, ἀπαρχὴ τῷ θεῷ καὶ τῷ ἀρνίῳ. 5 Καὶ οὐχ εὑρέθη ἐν τῷ στόματι αὐτῶν ˡ, ¹⁰ ψεῦδος· ἄμωμοι γάρ ¹¹ εἰσιν.

6 Καὶ εἶδον ἄγγελον ᵐ, ¹² πετόμενον ἐν μεσουρανήματι, ἔχοντα εὐαγγέλιον αἰώνιον, εὐαγγελίσαι τοὺς ¹³ καθημένους ἐπὶ τῆς γῆς, καὶ ἐπὶ πᾶν ἔθνος καὶ φυλὴν καὶ γλῶσσαν καὶ

ᵃ καὶ • — ᵇ αὐτοῦ ἐστὶν • αὐτοῦ ᶜ ἑξακόσια ἑξήκοντα ἕξ • X̄Ξ̄Ϛ̄ ᵈ τὸ ἀρνίον • ἀρνίον ᵉ ἑστηκὸς • ἑστὼς ᶠ ἀριθμὸς • — ᵍ ἑκατὸν τεσσαράκοντα τέσσαρες • P̄M̄Δ̄ ʰ ἐδύνατο • ἠδύνατο ⁱ ἑκατὸν τεσσαράκοντα τέσσαρες • P̄M̄Δ̄ ʲ ἂν • ἐὰν ᵏ ὑπὸ Ἰησοῦ • — ˡ οὐχ εὑρέθη ἐν τῷ στόματι αὐτῶν • ἐν τῷ στόματι αὐτῶν οὐχ εὑρέθη ᵐ ἄγγελον • ἄλλον ἄγγελον

---

¹ αὐτοῦ ἐστὶν • αὐτοῦ ² ἑξακόσια • ἑξακόσιοι ³ ἑστηκὸς • ἑστὸς ⁴ ἀριθμὸς • — ⁵ τεσσαράκοντα • τεσσεράκοντα ⁶ ᾄδουσιν • ᾄδουσιν [ὡς] ⁷ τεσσαράκοντα • τεσσεράκοντα ⁸ εἰσιν οἱ ἀκολουθοῦντες • οἱ ἀκολουθοῦντες ⁹ ὑπὸ Ἰησοῦ • — ¹⁰ οὐχ εὑρέθη ἐν τῷ στόματι αὐτῶν • ἐν τῷ στόματι αὐτῶν οὐχ εὑρέθη ¹¹ γάρ • — ¹² ἄγγελον • ἄλλον ἄγγελον ¹³ τοὺς • ἐπὶ τοὺς

λαόν, 7 λέγων ἐν φωνῇ μεγάλῃ, Φοβήθητε τὸν κύριον,[a,1] καὶ δότε αὐτῷ δόξαν, ὅτι ἦλθεν ἡ ὥρα τῆς κρίσεως αὐτοῦ, καὶ προσκυνήσατε αὐτὸν τὸν ποιήσαντα[b,2] τὸν οὐρανὸν καὶ τὴν γῆν καὶ τὴν θάλασσαν[3] καὶ πηγὰς ὑδάτων.

8 Καὶ ἄλλος δεύτερος ἄγγελος[c,4] ἠκολούθησεν, λέγων, Ἔπεσεν[d,5] Βαβυλὼν ἡ μεγάλη, ἐκ[6] τοῦ οἴνου τοῦ θυμοῦ τῆς πορνείας αὐτῆς πεπότικεν πάντα τὰ ἔθνη.

9 Καὶ ἄλλος ἄγγελος τρίτος ἠκολούθησεν αὐτοῖς, λέγων ἐν φωνῇ μεγάλῃ, Εἴ τις προσκυνεῖ τὸ θηρίον καὶ τὴν εἰκόνα αὐτοῦ, καὶ λαμβάνει χάραγμα ἐπὶ τοῦ μετώπου αὐτοῦ, ἢ ἐπὶ τὴν χεῖρα αὐτοῦ, 10 καὶ αὐτὸς πίεται ἐκ τοῦ οἴνου τοῦ θυμοῦ τοῦ θεοῦ, τοῦ κεκερασμένου ἀκράτου ἐν τῷ ποτηρίῳ τῆς ὀργῆς αὐτοῦ, καὶ βασανισθήσεται ἐν πυρὶ καὶ θείῳ ἐνώπιον τῶν ἁγίων ἀγγέλων,[7] καὶ ἐνώπιον τοῦ ἀρνίου· 11 καὶ ὁ καπνὸς τοῦ βασανισμοῦ αὐτῶν εἰς αἰῶνας αἰώνων ἀναβαίνει· καὶ οὐκ ἔχουσιν ἀνάπαυσιν ἡμέρας καὶ νυκτὸς οἱ προσκυνοῦντες τὸ θηρίον καὶ τὴν εἰκόνα αὐτοῦ, καὶ εἴ τις λαμβάνει τὸ χάραγμα τοῦ ὀνόματος αὐτοῦ. 12 Ὧδε ἡ ὑπομονὴ τῶν ἁγίων ἐστίν· οἱ[e] τηροῦντες τὰς ἐντολὰς τοῦ θεοῦ καὶ τὴν πίστιν Ἰησοῦ.

13 Καὶ ἤκουσα φωνῆς ἐκ τοῦ οὐρανοῦ λεγούσης,[f] Γράψον, Μακάριοι οἱ νεκροὶ οἱ ἐν κυρίῳ ἀποθνῄσκοντες ἀπ' ἄρτι· λέγει Ναὶ[g,8] τὸ πνεῦμα, ἵνα ἀναπαύσωνται[9] ἐκ τῶν κόπων αὐτῶν· τὰ δὲ[10] ἔργα αὐτῶν ἀκολουθεῖ μετ' αὐτῶν.

14 Καὶ εἶδον, καὶ ἰδού, νεφέλη λευκή, καὶ ἐπὶ τὴν νεφέλην καθήμενον ὅμοιον υἱῷ[11] ἀνθρώπου, ἔχων ἐπὶ τῆς κεφαλῆς αὐτοῦ στέφανον χρυσοῦν, καὶ ἐν τῇ χειρὶ αὐτοῦ δρέπανον ὀξύ. 15 Καὶ ἄλλος ἄγγελος ἐξῆλθεν ἐκ τοῦ ναοῦ, κράζων ἐν φωνῇ

---

[a] κύριον • θεόν   [b] αὐτὸν τὸν ποιήσαντα • τῷ ποιήσαντι   [c] δεύτερος ἄγγελος • ἄγγελος δεύτερος   [d] Ἔπεσεν • Ἔπεσεν ἔπεσεν   [e] οἱ • ὧδε οἱ   [f] λεγούσης • λεγούσης μοι   [g] λέγει Ναὶ • Ναί, λέγει

---

[1] κύριον • θεόν   [2] αὐτὸν τὸν ποιήσαντα • τῷ ποιήσαντι   [3] τὴν θάλασσαν • θάλασσαν   [4] δεύτερος ἄγγελος • ἄγγελος δεύτερος   [5] Ἔπεσεν • Ἔπεσεν ἔπεσεν   [6] ἐκ • ἢ ἐκ   [7] τῶν ἁγίων ἀγγέλων • ἀγγέλων ἁγίων   [8] λέγει Ναὶ • Ναί, λέγει   [9] ἀναπαύσωνται • ἀναπαήσονται   [10] δὲ • γὰρ   [11] υἱῷ • υἱὸν

μεγάλῃ τῷ καθημένῳ ἐπὶ τῆς νεφέλης, Πέμψον τὸ δρέπανόν σου καὶ θέρισον· ὅτι ἦλθεν ἡ ὥρα θερίσαι,[a] ὅτι ἐξηράνθη ὁ θερισμὸς τῆς γῆς. 16 Καὶ ἔβαλεν ὁ καθήμενος ἐπὶ τὴν νεφέλην[1] τὸ δρέπανον αὐτοῦ ἐπὶ τὴν γῆν, καὶ ἐθερίσθη ἡ γῆ. 17 Καὶ ἄλλος ἄγγελος ἐξῆλθεν ἐκ τοῦ ναοῦ τοῦ ἐν τῷ οὐρανῷ, ἔχων καὶ αὐτὸς δρέπανον ὀξύ. 18 Καὶ ἄλλος ἄγγελος ἐξῆλθεν[2] ἐκ τοῦ θυσιαστηρίου, ἔχων[3] ἐξουσίαν ἐπὶ τοῦ πυρός, καὶ ἐφώνησεν[b] κραυγῇ[4] μεγάλῃ τῷ ἔχοντι τὸ δρέπανον τὸ ὀξύ, λέγων, Πέμψον σου τὸ δρέπανον τὸ ὀξὺ καὶ τρύγησον τοὺς βότρυας τῆς ἀμπέλου τῆς γῆς, ὅτι ἤκμασαν αἱ σταφυλαὶ αὐτῆς.[c] 19 Καὶ ἔβαλεν[d] ὁ ἄγγελος τὸ δρέπανον αὐτοῦ εἰς τὴν γῆν, καὶ ἐτρύγησεν τὴν ἄμπελον τῆς γῆς, καὶ ἔβαλεν εἰς τὴν ληνὸν τοῦ θυμοῦ τοῦ θεοῦ τὸν μέγαν.[e] 20 Καὶ ἐπατήθη ἡ ληνὸς ἔξωθεν τῆς πόλεως, καὶ ἐξῆλθεν αἷμα ἐκ τῆς ληνοῦ ἄχρι τῶν χαλινῶν τῶν ἵππων, ἀπὸ σταδίων χιλίων ἑξακοσίων.[f]

The Angels with the Seven Bowls and the Opening of the Temple

15 Καὶ εἶδον ἄλλο σημεῖον ἐν τῷ οὐρανῷ μέγα καὶ θαυμαστόν, ἀγγέλους ἑπτὰ ἔχοντας πληγὰς ἑπτὰ τὰς ἐσχάτας, ὅτι ἐν αὐταῖς ἐτελέσθη ὁ θυμὸς τοῦ θεοῦ.

2 Καὶ εἶδον ὡς θάλασσαν ὑαλίνην μεμιγμένην πυρί, καὶ τοὺς νικῶντας ἐκ τοῦ θηρίου καὶ ἐκ τῆς εἰκόνος[g] αὐτοῦ καὶ ἐκ τοῦ ἀριθμοῦ τοῦ ὀνόματος αὐτοῦ, ἑστῶτας ἐπὶ τὴν θάλασσαν τὴν ὑαλίνην, ἔχοντας[h] κιθάρας τοῦ θεοῦ. 3 Καὶ ᾄδουσιν τὴν ᾠδὴν Μωϋσέως τοῦ δούλου τοῦ θεοῦ, καὶ τὴν ᾠδὴν τοῦ ἀρνίου, λέγοντες, Μεγάλα καὶ θαυμαστὰ τὰ ἔργα σου, κύριε ὁ θεὸς ὁ παντοκράτωρ· δίκαιαι καὶ ἀληθιναὶ αἱ ὁδοί σου, ὁ βασιλεὺς τῶν ἐθνῶν. 4 Τίς οὐ μὴ φοβηθῇ σε,[5] κύριε,

---

[a] *θερίσαι* • *τοῦ θερίσαι*   [b] *ἐφώνησεν* • *ἐφώνησεν ἐν*   [c] *ἤκμασαν αἱ σταφυλαὶ αὐτῆς* • *ἤκμασεν ἡ σταφυλὴ τῆς γῆς*   [d] *Καὶ ἔβαλεν* • *Καὶ ἐξέβαλεν*   [e] *τὸν μέγαν* • *τὴν μεγάλην*   [f] *χιλίων ἑξακοσίων* • $\overline{AX}$ [g] *τοῦ θηρίου καὶ ἐκ τῆς εἰκόνος* • *τῆς εἰκόνος καὶ ἐκ τοῦ θηρίου*   [h] *ἔχοντας* • *ἔχοντας τὰς*

---

[1] *τὴν νεφέλην* • *τῆς νεφέλης*   [2] *ἐξῆλθεν* • *[ἐξῆλθεν]*   [3] *ἔχων* • *[ὁ] ἔχων*   [4] *κραυγῇ* • *φωνῇ*   [5] *σε* • —

καὶ δοξάσῃ^(a, 1) τὸ ὄνομά σου; Ὅτι μόνος ἅγιος·² ὅτι πάντα τὰ ἔθνη ^b ἥξουσιν καὶ προσκυνήσουσιν ἐνώπιόν σου, ὅτι τὰ δικαιώματά σου ἐφανερώθησαν.

5 Καὶ μετὰ ταῦτα εἶδον, καὶ ἠνοίγη ὁ ναὸς τῆς σκηνῆς τοῦ μαρτυρίου ἐν τῷ οὐρανῷ· 6 καὶ ἐξῆλθον οἱ ἑπτὰ ἄγγελοι οἱ ἔχοντες³ τὰς ἑπτὰ πληγὰς ἐκ τοῦ ναοῦ, ^c οἳ ἦσαν⁴ ἐνδεδυμένοι λίνον καθαρὸν λαμπρόν, καὶ περιεζωσμένοι περὶ τὰ στήθη ζώνας χρυσᾶς· 7 καὶ ἓν ἐκ τῶν τεσσάρων ζῴων ἔδωκεν τοῖς ἑπτὰ ἀγγέλοις ἑπτὰ φιάλας χρυσᾶς γεμούσας τοῦ θυμοῦ τοῦ θεοῦ τοῦ ζῶντος εἰς τοὺς αἰῶνας τῶν αἰώνων. 8 Καὶ ἐγεμίσθη ὁ ναὸς καπνοῦ ^d ἐκ τῆς δόξης τοῦ θεοῦ, καὶ ἐκ τῆς δυνάμεως αὐτοῦ· καὶ οὐδεὶς ἐδύνατο ^e εἰσελθεῖν εἰς τὸν ναόν, ἄχρι τελεσθῶσιν αἱ ἑπτὰ πληγαὶ τῶν ἑπτὰ ἀγγέλων.

The Seven Bowls of Wrath are Poured Out

16 Καὶ ἤκουσα φωνῆς μεγάλης⁵ ἐκ τοῦ ναοῦ,^f λεγούσης τοῖς ἑπτὰ ἀγγέλοις, Ὑπάγετε, καὶ^g ἐκχέατε⁶ τὰς ἑπτὰ φιάλας τοῦ θυμοῦ τοῦ θεοῦ εἰς τὴν γῆν.

2 Καὶ ἀπῆλθεν ὁ πρῶτος, καὶ ἐξέχεεν τὴν φιάλην αὐτοῦ εἰς ^h τὴν γῆν· καὶ ἐγένετο ἕλκος κακὸν καὶ πονηρὸν ἐπὶ τοὺς ἀνθρώπους τοὺς ἔχοντας τὸ χάραγμα τοῦ θηρίου, καὶ τοὺς προσκυνοῦντας τῇ εἰκόνι αὐτοῦ.

3 Καὶ ὁ δεύτερος ἄγγελος⁷ ἐξέχεεν τὴν φιάλην αὐτοῦ εἰς τὴν θάλασσαν· καὶ ἐγένετο αἷμα ὡς νεκροῦ, καὶ πᾶσα ψυχὴ ζῶσα ^i ἀπέθανεν⁸ ἐν τῇ θαλάσσῃ.

4 Καὶ ὁ τρίτος^j ἐξέχεεν τὴν φιάλην αὐτοῦ εἰς τοὺς ποταμοὺς καὶ εἰς τὰς⁹ πηγὰς τῶν ὑδάτων· καὶ ἐγένετο αἷμα. 5 Καὶ ἤκουσα τοῦ ἀγγέλου τῶν ὑδάτων λέγοντος, Δίκαιος εἶ, ὁ

---

^a δοξάσῃ • δοξάσει   ^b πάντα τὰ ἔθνη • πάντες   ^c ἐκ τοῦ ναοῦ • —   ^d καπνοῦ • ἐκ τοῦ καπνοῦ   ^e ἐδύνατο • ἠδύνατο   ^f ἐκ τοῦ ναοῦ • —   ^g καὶ • —   ^h εἰς • ἐπὶ   ^i ζῶσα • —   ^j τρίτος • τρίτος ἄγγελος

---

¹ δοξάσῃ • δοξάσει   ² ἅγιος • ὅσιος   ³ οἱ ἔχοντες • [οἱ] ἔχοντες   ⁴ οἳ ἦσαν • —   ⁵ φωνῆς μεγάλης • μεγάλης φωνῆς   ⁶ ἐκχέατε • ἐκχέετε   ⁷ ἄγγελος • —   ⁸ ζῶσα ἀπέθανεν • ζωῆς ἀπέθανεν τὰ   ⁹ εἰς τὰς • τὰς

ὧν καὶ ὁ ἦν, ὁ ὅσιος, ᵃ ὅτι ταῦτα ἔκρινας· 6 ὅτι αἷμα ἁγίων καὶ προφητῶν ἐξέχεαν, καὶ αἷμα αὐτοῖς ἔδωκας ¹ πιεῖν· ἄξιοί εἰσιν. 7 Καὶ ἤκουσα τοῦ θυσιαστηρίου λέγοντος, Ναί, κύριε ὁ θεὸς ὁ παντοκράτωρ, ἀληθιναὶ καὶ δίκαιαι αἱ κρίσεις σου.

8 Καὶ ὁ τέταρτος ἄγγελος ᵇ, ² ἐξέχεεν τὴν φιάλην αὐτοῦ ἐπὶ τὸν ἥλιον· καὶ ἐδόθη αὐτῷ καυματίσαι ἐν πυρὶ τοὺς ἀνθρώπους. ᶜ, ³ 9 Καὶ ἐκαυματίσθησαν οἱ ἄνθρωποι καῦμα μέγα, καὶ ἐβλασφήμησαν οἱ ἄνθρωποι τὸ ⁴ ὄνομα τοῦ θεοῦ τοῦ ἔχοντος ἐξουσίαν ⁵ ἐπὶ τὰς πληγὰς ταύτας, καὶ οὐ μετενόησαν δοῦναι αὐτῷ δόξαν.

10 Καὶ ὁ πέμπτος ᵈ ἐξέχεεν τὴν φιάλην αὐτοῦ ἐπὶ τὸν θρόνον τοῦ θηρίου· καὶ ἐγένετο ἡ βασιλεία αὐτοῦ ἐσκοτωμένη· καὶ ἐμασῶντο ᵉ τὰς γλώσσας αὐτῶν ἐκ τοῦ πόνου, 11 καὶ ἐβλασφήμησαν τὸν θεὸν τοῦ οὐρανοῦ ἐκ τῶν πόνων αὐτῶν καὶ ἐκ τῶν ἑλκῶν αὐτῶν, καὶ οὐ μετενόησαν ἐκ τῶν ἔργων αὐτῶν.

12 Καὶ ὁ ἕκτος ᶠ ἐξέχεεν τὴν φιάλην αὐτοῦ ἐπὶ τὸν ποταμὸν τὸν μέγαν Εὐφράτην· ⁶ καὶ ἐξηράνθη τὸ ὕδωρ αὐτοῦ, ἵνα ἑτοιμασθῇ ἡ ὁδὸς τῶν βασιλέων τῶν ἀπὸ ἀνατολῆς ᵍ ἡλίου. 13 Καὶ εἶδον ἐκ τοῦ στόματος τοῦ δράκοντος, καὶ ἐκ τοῦ στόματος τοῦ θηρίου, καὶ ἐκ τοῦ στόματος τοῦ ψευδοπροφήτου, πνεύματα ἀκάθαρτα τρία ʰ, ⁷ ὡς βάτραχοι· 14 εἰσὶν γὰρ πνεύματα δαιμονίων ⁱ ποιοῦντα σημεῖα, ἃ ἐκπορεύεται ἐπὶ τοὺς βασιλεῖς τῆς οἰκουμένης ὅλης, συναγαγεῖν αὐτοὺς εἰς τὸν πόλεμον τῆς ἡμέρας ἐκείνης ⁸ τῆς μεγάλης τοῦ θεοῦ τοῦ παντοκράτορος— 15 Ἰδού, ἔρχομαι ὡς κλέπτης. Μακάριος ὁ γρηγορῶν καὶ τηρῶν τὰ ἱμάτια αὐτοῦ, ἵνα μὴ γυμνὸς περιπατῇ, καὶ βλέπωσιν τὴν ἀσχημοσύνην αὐτοῦ—

ᵃ ὁ ὅσιος • ὅσιος ᵇ ἄγγελος • — ᶜ ἐν πυρὶ τοὺς ἀνθρώπους • τοὺς ἀνθρώπους ἐν πυρί ᵈ πέμπτος • πέμπτος ἄγγελος ᵉ ἐμασῶντο • ἐμασσῶντο ᶠ ἕκτος • ἕκτος ἄγγελος ᵍ ἀνατολῆς • ἀνατολῶν ʰ ἀκάθαρτα τρία • τρία ἀκάθαρτα ⁱ δαιμονίων • δαιμόνων

---

¹ ἔδωκας • [δ]έδωκας ² ἄγγελος • — ³ ἐν πυρὶ τοὺς ἀνθρώπους • τοὺς ἀνθρώπους ἐν πυρί ⁴ οἱ ἄνθρωποι τὸ • τὸ ⁵ ἐξουσίαν • τὴν ἐξουσίαν ⁶ Εὐφράτην • τὸν Εὐφράτην ⁷ ἀκάθαρτα τρία • τρία ἀκάθαρτα ⁸ ἐκείνης •

16 Καὶ συνήγαγεν αὐτοὺς εἰς τὸν τόπον τὸν καλούμενον Ἑβραϊστὶ Ἁρμαγεδών.ᵃ 17 Καὶ ὁ ἕβδομοςᵇ ἐξέχεεν τὴν φιάλην αὐτοῦ ἐπὶᶜ τὸν ἀέρα· καὶ ἐξῆλθεν φωνὴ μεγάλη ἀπὸ τοῦ ναοῦ ¹ τοῦ οὐρανοῦ,² ἀπὸ τοῦ θρόνου, λέγουσα, Γέγονεν. 18 Καὶ ἐγένοντο ἀστραπαὶ καὶ βρονταὶ καὶ φωναί,³ καὶ σεισμὸςᵈ,⁴ μέγας, οἷος οὐκ ἐγένετο ἀφ᾽ οὗ οἱ ἄνθρωποι ἐγένοντο⁵ ἐπὶ τῆς γῆς, τηλικοῦτος σεισμός, οὕτως⁶ μέγας. 19 Καὶ ἐγένετο ἡ πόλις ἡ μεγάλη εἰς τρία μέρη, καὶ αἱ πόλεις τῶν ἐθνῶν ἔπεσον· ⁷ καὶ Βαβυλὼν ἡ μεγάλη ἐμνήσθη ἐνώπιον τοῦ θεοῦ, δοῦναι αὐτῇ τὸ ποτήριον τοῦ οἴνου τοῦ θυμοῦ τῆς ὀργῆς αὐτοῦ. 20 Καὶ πᾶσα νῆσος ἔφυγεν, καὶ ὄρη οὐχ εὑρέθησαν. 21 Καὶ χάλαζα μεγάλη, ὡς ταλαντιαία, καταβαίνει ἐκ τοῦ οὐρανοῦ ἐπὶ τοὺς ἀνθρώπους· καὶ ἐβλασφήμησαν οἱ ἄνθρωποι τὸν θεὸν ἐκ τῆς πληγῆς τῆς χαλάζης· ὅτι μεγάλη ἐστὶν ἡ πληγὴ αὐτῆςᵉ σφόδρα.

The Kingdom of Antichrist Symbolized by the Great Harlot

17 Καὶ ἦλθεν εἷς ἐκ τῶν ἑπτὰ ἀγγέλων τῶν ἐχόντων τὰς ἑπτὰ φιάλας, καὶ ἐλάλησεν μετ᾽ ἐμοῦ, λέγων, Δεῦρο, δείξω σοι τὸ κρίμα τῆς πόρνης τῆς μεγάλης, τῆς καθημένης ἐπὶ τῶν ὑδάτων τῶν⁸ πολλῶν· 2 μεθ᾽ ἧς ἐπόρνευσαν οἱ βασιλεῖς τῆς γῆς, καὶ ἐμεθύσθησαν οἱ κατοικοῦντες τὴν γῆν ἐκ τοῦ οἴνου τῆς πορνείας αὐτῆς. 3 Καὶ ἀπήνεγκέν με εἰς ἔρημον ἐν πνεύματι· καὶ εἶδον γυναῖκα καθημένην ἐπὶ θηρίον κόκκινον, γέμον⁹ ὀνόματαᶠ βλασφημίας, ἔχον¹⁰ κεφαλὰς ἑπτὰ καὶ κέρατα δέκα. 4 Καὶ ἡ γυνὴ ἦν περιβεβλημένη πορφυροῦνᵍ καὶ κόκκινον, κεχρυσωμένη¹¹ χρυσίῳʰ καὶ λίθῳ τιμίῳ καὶ

ᵃ Ἁρμαγεδών • Μαγεδών   ᵇ ἕβδομος • ἕβδομος ἄγγελος   ᶜ ἐπὶ • εἰς
ᵈ σεισμὸς • σεισμὸς ἐγένετο   ᵉ αὐτῆς • αὕτη   ᶠ ὀνόματα • ὀνομάτων
ᵍ πορφυροῦν • πορφύραν   ʰ χρυσίῳ • χρυσῷ

---

¹ ἀπὸ τοῦ ναοῦ • ἐκ τοῦ ναοῦ   ² τοῦ οὐρανοῦ • —   ³ βρονταὶ καὶ φωναί • φωναὶ καὶ βρονταί   ⁴ καὶ σεισμὸς • καὶ σεισμὸς ἐγένετο   ⁵ οἱ ἄνθρωποι ἐγένοντο • ἄνθρωπος ἐγένετο   ⁶ οὕτως • οὕτω   ⁷ ἔπεσον • ἔπεσαν   ⁸ τῶν ὑδάτων τῶν • ὑδάτων   ⁹ γέμον • γέμον[τα]   ¹⁰ ἔχον • ἔχων   ¹¹ κεχρυσωμένη • καὶ κεχρυσωμένη

μαργαρίταις, ἔχουσα ποτήριον χρυσοῦν ᵃ ἐν τῇ χειρὶ αὐτῆς, γέμον βδελυγμάτων καὶ τὰ ἀκάθαρτα τῆς πορνείας αὐτῆς, ᵇ 5 καὶ ἐπὶ τὸ μέτωπον αὐτῆς ὄνομα γεγραμμένον, Μυστήριον, Βαβυλὼν ἡ μεγάλη, ἡ μήτηρ τῶν πορνῶν καὶ τῶν βδελυγμάτων τῆς γῆς. 6 Καὶ εἶδον τὴν γυναῖκα μεθύουσαν ἐκ ᶜ τοῦ αἵματος τῶν ἁγίων, ἐκ ᵈ,¹ τοῦ αἵματος τῶν μαρτύρων Ἰησοῦ. Καὶ ἐθαύμασα, ἰδὼν αὐτήν, θαῦμα μέγα. 7 Καὶ εἶπέν μοι ὁ ἄγγελος, Διὰ τί ἐθαύμασας; Ἐγὼ ἐρῶ σοι ᵉ τὸ μυστήριον τῆς γυναικός, καὶ τοῦ θηρίου τοῦ βαστάζοντος αὐτήν, τοῦ ἔχοντος τὰς ἑπτὰ κεφαλὰς καὶ τὰ δέκα κέρατα. 8 Τὸ θηρίον, ὃ εἶδες, ἦν, καὶ οὐκ ἔστιν, καὶ μέλλει ἀναβαίνειν ἐκ τῆς ἀβύσσου, καὶ εἰς ἀπώλειαν ὑπάγειν.² Καὶ θαυμάσονται³ οἱ κατοικοῦντες ἐπὶ τῆς γῆς,ᶠ ὧν οὐ γέγραπται τὰ ὀνόματα ᵍ,⁴ ἐπὶ τὸ βιβλίον ʰ τῆς ζωῆς ἀπὸ καταβολῆς κόσμου, βλεπόντων ὅτι ἦν τὸ θηρίον, ⁱ,⁵ καὶ οὐκ ἔστιν, καὶ παρέσται. 9 Ὧδε ὁ νοῦς ὁ ἔχων σοφίαν. Αἱ ἑπτὰ κεφαλαὶ ἑπτὰ ὄρη εἰσίν, ὅπου ἡ γυνὴ κάθηται ἐπ' αὐτῶν. 10 Καὶ βασιλεῖς εἰσιν ἑπτά· ʲ,⁶ οἱ πέντε ἔπεσον, ᵏ,⁷ ὁ εἷς ἔστιν, ὁ ἄλλος οὔπω ἦλθεν· καί, ὅταν ἔλθῃ, ὀλίγον δεῖ αὐτὸν ˡ,⁸ μεῖναι. 11 Καὶ τὸ θηρίον ὃ ἦν, καὶ οὐκ ἔστιν, καὶ αὐτὸς ᵐ ὄγδοός ἐστιν, καὶ ἐκ τῶν ἑπτά ἐστιν, καὶ εἰς ἀπώλειαν ὑπάγει. 12 Καὶ τὰ δέκα κέρατα, ἃ εἶδες, δέκα βασιλεῖς εἰσίν, οἵτινες βασιλείαν οὔπω ἔλαβον, ἀλλ'⁹ ἐξουσίαν ὡς βασιλεῖς μίαν ὥραν λαμβάνουσιν μετὰ τοῦ θηρίου. 13 Οὗτοι μίαν ἔχουσιν γνώμην, ⁿ,¹⁰ καὶ τὴν δύναμιν καὶ τὴν ἐξουσίαν ᵒ,¹¹ αὐτῶν τῷ θηρίῳ διδόασιν.

ᵃ ποτήριον χρυσοῦν • χρυσοῦν ποτήριον   ᵇ πορνείας αὐτῆς • πορνείας τῆς γῆς
ᶜ μεθύουσαν ἐκ • μεθύουσαν   ᵈ ἁγίων ἐκ • ἁγίων καὶ ἐκ   ᵉ ἐρῶ σοι • σοι ἐρῶ
ᶠ ἐπὶ τῆς γῆς • τὴν γῆν   ᵍ τὰ ὀνόματα • τὸ ὄνομα   ʰ τὸ βιβλίον • τοῦ βιβλίου
ⁱ ὅτι ἦν τὸ θηρίον • τὸ θηρίον ὅτι ἦν   ʲ εἰσιν ἑπτά • ἑπτά εἰσίν   ᵏ ἔπεσον •
ἔπεσαν   ˡ δεῖ αὐτὸν • αὐτὸν δεῖ   ᵐ αὐτός • οὗτος   ⁿ ἔχουσιν γνώμην • γνώμην
ἔχουσιν   ᵒ τὴν ἐξουσίαν • ἐξουσίαν

---

¹ ἁγίων ἐκ • ἁγίων καὶ ἐκ   ² ὑπάγειν • ὑπάγει   ³ θαυμάσονται •
θαυμασθήσονται   ⁴ τὰ ὀνόματα • τὸ ὄνομα   ⁵ ὅτι ἦν τὸ θηρίον • τὸ θηρίον
ὅτι ἦν   ⁶ εἰσιν ἑπτά • ἑπτά εἰσίν   ⁷ ἔπεσον • ἔπεσαν   ⁸ δεῖ αὐτὸν • αὐτὸν
δεῖ   ⁹ ἀλλ' • ἀλλὰ   ¹⁰ ἔχουσιν γνώμην • γνώμην ἔχουσιν   ¹¹ τὴν ἐξουσίαν •
ἐξουσίαν

14 Οὗτοι μετὰ τοῦ ἀρνίου πολεμήσουσιν, καὶ τὸ ἀρνίον νικήσει αὐτούς, ὅτι κύριος κυρίων ἐστὶν καὶ βασιλεὺς βασιλέων, καὶ οἱ μετ᾽ αὐτοῦ, κλητοὶ καὶ ἐκλεκτοὶ καὶ πιστοί. 15 Καὶ λέγει μοι, Τὰ ὕδατα, ἃ εἶδες, οὗ ἡ πόρνη κάθηται, λαοὶ καὶ ὄχλοι εἰσίν, καὶ ἔθνη καὶ γλῶσσαι. 16 Καὶ τὰ δέκα κέρατα, ἃ εἶδες, καὶ τὸ θηρίον, οὗτοι μισήσουσιν τὴν πόρνην, καὶ ἠρημωμένην ποιήσουσιν αὐτὴν καὶ γυμνὴν ποιήσουσιν αὐτήν, [a, 1] καὶ τὰς σάρκας αὐτῆς φάγονται, καὶ αὐτὴν κατακαύσουσιν ἐν πυρί. 17 Ὁ γὰρ θεὸς ἔδωκεν εἰς τὰς καρδίας αὐτῶν ποιῆσαι τὴν γνώμην αὐτοῦ, καὶ ποιῆσαι γνώμην μίαν, [2] καὶ δοῦναι τὴν βασιλείαν αὐτῶν τῷ θηρίῳ, ἄχρι τελεσθῶσιν [b, 3] οἱ λόγοι τοῦ θεοῦ. 18 Καὶ ἡ γυνή, ἣν εἶδες, ἐστὶν ἡ πόλις ἡ μεγάλη, ἡ ἔχουσα βασιλείαν ἐπὶ τῶν βασιλέων τῆς γῆς.

The Fall and Destruction of Antichrist's Kingdom

18 Μετὰ [c] ταῦτα εἶδον ἄλλον ἄγγελον καταβαίνοντα ἐκ τοῦ οὐρανοῦ, ἔχοντα ἐξουσίαν μεγάλην· καὶ ἡ γῆ ἐφωτίσθη ἐκ τῆς δόξης αὐτοῦ. 2 Καὶ ἔκραξεν [d, 4] ἰσχυρᾷ φωνῇ, λέγων, Ἔπεσεν [e, 5] Βαβυλὼν ἡ μεγάλη, καὶ ἐγένετο κατοικητήριον δαιμόνων, [6] καὶ φυλακὴ παντὸς πνεύματος ἀκαθάρτου, καὶ φυλακὴ παντὸς ὀρνέου ἀκαθάρτου καὶ μεμισημένου. [7] 3 Ὅτι ἐκ τοῦ οἴνου τοῦ θυμοῦ [f] τῆς πορνείας αὐτῆς πεπτώκασιν [g, 8] πάντα τὰ ἔθνη, καὶ οἱ βασιλεῖς τῆς γῆς μετ᾽ αὐτῆς ἐπόρνευσαν, καὶ οἱ ἔμποροι τῆς γῆς ἐκ τῆς δυνάμεως τοῦ στρήνους αὐτῆς ἐπλούτησαν.

---

[a] ποιήσουσιν αὐτήν • — [b] τελεσθῶσιν • τελεσθήσονται [c] Μετὰ • Καὶ μετὰ [d] ἔκραξεν • ἔκραξεν ἐν [e] Ἔπεσεν • Ἔπεσεν ἔπεσεν [f] οἴνου τοῦ θυμοῦ • θυμοῦ τοῦ οἴνου [g] πεπτώκασιν • πέπωκεν = πεπώκασιν

[1] γυμνὴν ποιήσουσιν αὐτήν • γυμνήν [2] γνώμην μίαν • μίαν γνώμην [3] τελεσθῶσιν • τελεσθήσονται [4] ἔκραξεν • ἔκραξεν ἐν [5] Ἔπεσεν • Ἔπεσεν ἔπεσεν [6] δαιμόνων • δαιμονίων [7] καὶ μεμισημένου • [καὶ φυλακὴ παντὸς θηρίου ἀκαθάρτου] καὶ μεμισημένου [8] πεπτώκασιν • πέπωκαν

4 Καὶ ἤκουσα ἄλλην φωνὴν ἐκ τοῦ οὐρανοῦ, λέγουσαν, Ἔξελθε ᵃ ἐξ αὐτῆς ὁ λαός μου, ¹ ἵνα μὴ συγκοινωνήσητε ταῖς ἁμαρτίαις αὐτῆς, καὶ ἐκ τῶν πληγῶν αὐτῆς ἵνα μὴ λάβητε· 5 ὅτι ἐκολλήθησαν αὐτῆς αἱ ἁμαρτίαι ἄχρι τοῦ οὐρανοῦ, καὶ ἐμνημόνευσεν ᵇ ὁ θεὸς τὰ ἀδικήματα αὐτῆς. 6 Ἀπόδοτε αὐτῇ ὡς καὶ αὐτὴ ἀπέδωκεν,ᶜ καὶ διπλώσατε αὐτῇ διπλᾶ ᵈ,² κατὰ ᵉ τὰ ἔργα αὐτῆς· ἐν τῷ ποτηρίῳ ᶠ ᾧ ἐκέρασεν κεράσατε αὐτῇ διπλοῦν. 7 Ὅσα ἐδόξασεν αὐτὴν ᵍ καὶ ἐστρηνίασεν, τοσοῦτον δότε αὐτῇ βασανισμὸν καὶ πένθος· ὅτι ἐν τῇ καρδίᾳ αὐτῆς λέγει ὅτι Κάθημαι βασίλισσα, καὶ χήρα οὐκ εἰμί, καὶ πένθος οὐ μὴ ἴδω. 8 Διὰ τοῦτο ἐν μιᾷ ἡμέρᾳ ἥξουσιν αἱ πληγαὶ αὐτῆς, θάνατος καὶ ʰ πένθος καὶ λιμός, καὶ ἐν πυρὶ κατακαυθήσεται, ὅτι ἰσχυρὸς κύριος ὁ θεὸς ὁ κρίνας αὐτήν. 9 Καὶ κλαύσουσιν καὶ κόψονται ἐπ᾽ αὐτὴν οἱ βασιλεῖς τῆς γῆς οἱ μετ᾽ αὐτῆς πορνεύσαντες καὶ στρηνιάσαντες, ὅταν βλέπωσιν τὸν καπνὸν τῆς πυρώσεως αὐτῆς, 10 ἀπὸ μακρόθεν ἑστηκότες διὰ τὸν φόβον τοῦ βασανισμοῦ αὐτῆς, λέγοντες, Οὐαί, οὐαί, ἡ πόλις ἡ μεγάλη Βαβυλών, ἡ πόλις ἡ ἰσχυρά, ὅτι μιᾷ ὥρᾳ ἦλθεν ἡ κρίσις σου. 11 Καὶ οἱ ἔμποροι τῆς γῆς κλαύσουσιν ⁱ,³ καὶ πενθήσουσιν ʲ,⁴ ἐπ᾽ αὐτῇ,⁵ ὅτι τὸν γόμον αὐτῶν οὐδεὶς ἀγοράζει οὐκέτι· 12 γόμον χρυσοῦ, καὶ ἀργύρου, καὶ λίθου τιμίου, καὶ μαργαρίτου,⁶ καὶ βυσσίνου, ᵏ καὶ πορφυροῦ, καὶ σηρικοῦ,⁷ καὶ κοκκίνου· καὶ πᾶν ξύλον θύϊνον, καὶ πᾶν σκεῦος ἐλεφάντινον, καὶ πᾶν σκεῦος ἐκ ξύλου τιμιωτάτου, καὶ χαλκοῦ, καὶ σιδήρου, καὶ μαρμάρου· 13 καὶ

ᵃ Ἔξελθε • Ἐξέλθετε   ᵇ ἐμνημόνευσεν • ἐμνημόνευσεν αὐτῆς   ᶜ ἀπέδωκεν • ἀπέδωκεν ὑμῖν   ᵈ αὐτῇ διπλᾶ • τὰ διπλᾶ   ᵉ κατὰ • ὡς καὶ αὐτὴ καὶ κατὰ   ᶠ ποτηρίῳ • ποτηρίῳ αὐτῆς   ᵍ αὐτὴν • ἑαυτὴν   ʰ θάνατος καὶ • θάνατος   ⁱ κλαύσουσιν • κλαίουσιν   ʲ πενθήσουσιν • πενθοῦσιν   ᵏ βυσσίνου • βύσσου

1 Ἔξελθε ἐξ αὐτῆς ὁ λαός μου • Ἐξέλθατε ὁ λαός μου ἐξ αὐτῆς   2 αὐτῇ διπλᾶ • τὰ διπλᾶ   3 κλαύσουσιν • κλαίουσιν   4 πενθήσουσιν • πενθοῦσιν   5 αὐτῇ • αὐτήν   6 μαργαρίτου • μαργαριτῶν   7 πορφυροῦ καὶ σηρικοῦ • πορφύρας καὶ σιρικοῦ

18.14–18.22 ΑΠΟΚΑΛΥΨΙΣ ΙΩΑΝΝΟΥ 620

κινάμωμον,¹ καὶ θυμιάματα,² καὶ μύρον, καὶ λίβανον, καὶ οἶνον,ᵃ καὶ ἔλαιον, καὶ σεμίδαλιν, καὶ σῖτον, καὶ πρόβατα, καὶ κτήνη·ᵇ,³ καὶ ἵππων, καὶ ῥαιδῶν,ᶜ,⁴ καὶ σωμάτων, καὶ ψυχὰς ἀνθρώπων. 14 Καὶ ἡ ὀπώρα⁵ τῆς ἐπιθυμίας τῆς ψυχῆς σου⁶ ἀπῆλθεν ἀπὸ σοῦ, καὶ πάντα τὰ λιπαρὰ καὶ τὰ λαμπρὰ ἀπώλετοᵈ ἀπὸ σοῦ, καὶ οὐκέτι αὐτὰ οὐ μὴ εὕρῃς.ᵉ,⁷ 15 Οἱ ἔμποροι τούτων, οἱ πλουτήσαντες ἀπ᾽ αὐτῆς, ἀπὸ μακρόθεν στήσονται διὰ τὸν φόβον τοῦ βασανισμοῦ αὐτῆς, κλαίοντες καὶ πενθοῦντες, 16 καὶ λέγοντες,ᶠ,⁸ Οὐαί, οὐαί,ᵍ ἡ πόλις ἡ μεγάλη, ἡ περιβεβλημένη βύσσινον καὶ πορφυροῦν καὶ κόκκινον, καὶ κεχρυσωμένη χρυσίῳʰ,⁹ καὶ λίθῳ τιμίῳ καὶ μαργαρίταις·¹⁰ 17 ὅτι μιᾷ ὥρᾳ ἠρημώθη ὁ τοσοῦτος πλοῦτος. Καὶ πᾶς κυβερνήτης, καὶ πᾶς ὁ ἐπὶ τόπονⁱ πλέων, καὶ ναῦται, καὶ ὅσοι τὴν θάλασσαν ἐργάζονται, ἀπὸ μακρόθεν ἔστησαν, 18 καὶ ἔκραζον, βλέποντες τὸν καπνὸν τῆς πυρώσεως αὐτῆς, λέγοντες, Τίς ὁμοία τῇ πόλει τῇ μεγάλῃ; 19 Καὶ ἔβαλον χοῦν ἐπὶ τὰς κεφαλὰς αὐτῶν, καὶ ἔκραζον κλαίοντες καὶ πενθοῦντες καὶ λέγοντες, ¹¹ Οὐαί, οὐαί, ἡ πόλις ἡ μεγάλη, ἐν ᾗ ἐπλούτησαν πάντες οἱ ἔχοντες τὰ πλοῖα ἐν τῇ θαλάσσῃ ἐκ τῆς τιμιότητος αὐτῆς, ὅτι μιᾷ ὥρᾳ ἠρημώθη. 20 Εὐφραίνου ἐπ᾽ αὐτῇ, οὐρανέ, καὶ οἱ ἅγιοι, καὶ οἱ ἀπόστολοι, καὶ οἱ προφῆται, ὅτι ἔκρινεν ὁ θεὸς τὸ κρίμα ὑμῶν ἐξ αὐτῆς.

21 Καὶ ἦρεν εἷς ἄγγελος ἰσχυρὸς λίθον ὡς μύλον¹² μέγαν, καὶ ἔβαλεν εἰς τὴν θάλασσαν, λέγων, Οὕτως ὁρμήματι βληθήσεται Βαβυλὼν ἡ μεγάλη πόλις, καὶ οὐ μὴ εὑρεθῇ ἔτι. 22 Καὶ φωνὴ κιθαρῳδῶν καὶ μουσικῶν καὶ αὐλητῶν

ᵃ καὶ οἶνον • — ᵇ πρόβατα καὶ κτήνη • κτήνη καὶ πρόβατα ᶜ ῥαιδῶν • ῥεδῶν ᵈ ἀπώλετο • ἀπῆλθεν ᵉ αὐτὰ οὐ μὴ εὕρῃς • οὐ μὴ εὑρή[σει]ς αὐτά ᶠ καὶ λέγοντες • λέγοντες ᵍ οὐαί • — ʰ χρυσίῳ • ἐν χρυσῷ ⁱ ὁ ἐπὶ τόπον • [ὁ] ἐπὶ τῶν πλοίων

---

¹ κινάμωμον • κιννάμωμον ² θυμιάματα • ἄμωμον καὶ θυμιάματα ³ πρόβατα καὶ κτήνη • κτήνη καὶ πρόβατα ⁴ ῥαιδῶν • ῥεδῶν ⁵ ὀπώρα • ὀπώρα σου ⁶ ψυχῆς σου • ψυχῆς ⁷ αὐτὰ οὐ μὴ εὕρῃς • οὐ μὴ αὐτὰ εὑρήσουσιν ⁸ καὶ λέγοντες • λέγοντες ⁹ χρυσίῳ • [ἐν] χρυσίῳ ¹⁰ μαργαρίταις • μαργαρίτῃ ¹¹ καὶ λέγοντες • λέγοντες ¹² μύλον • μύλινον

καὶ σαλπιστῶν οὐ μὴ ἀκουσθῇ ἐν σοὶ ἔτι, καὶ πᾶς τεχνίτης πάσης τέχνης οὐ μὴ εὑρεθῇ ἐν σοὶ ἔτι, καὶ φωνὴ μύλου οὐ μὴ ἀκουσθῇ ἐν σοὶ ἔτι, 23 καὶ φῶς λύχνου οὐ μὴ φανῇ¹ ἐν σοὶ ἔτι, καὶ φωνὴ νυμφίου καὶ νύμφης οὐ μὴ ἀκουσθῇ ἐν σοὶ ἔτι· ὅτι οἱ ἔμποροί σου ἦσαν οἱ μεγιστᾶνες τῆς γῆς· ὅτι ἐν τῇ φαρμακείᾳ σου ἐπλανήθησαν πάντα τὰ ἔθνη. 24 Καὶ ἐν αὐτῇ αἵματα² προφητῶν καὶ ἁγίων εὑρέθη, καὶ πάντων τῶν ἐσφαγμένων ἐπὶ τῆς γῆς.

The Triumph of the Elect in Heaven

19 Μετὰᵃ ταῦτα ἤκουσα ὡς φωνὴν μεγάλην ὄχλου πολλοῦ ἐν τῷ οὐρανῷ, λεγόντων, Ἁλληλούϊα· ἡ σωτηρία καὶ ἡ δύναμις καὶ ἡ δόξα³ τοῦ θεοῦ ἡμῶν· 2 ὅτι ἀληθιναὶ καὶ δίκαιαι αἱ κρίσεις αὐτοῦ· ὅτι ἔκρινεν τὴν πόρνην τὴν μεγάλην, ἥτις διέφθειρεν⁴ τὴν γῆν ἐν τῇ πορνείᾳ αὐτῆς, καὶ ἐξεδίκησεν τὸ αἷμα τῶν δούλων αὐτοῦ ἐκ χειρὸςᵇ αὐτῆς. 3 Καὶ δεύτερον εἴρηκεν,⁵ Ἁλληλούϊα· καὶ ὁ καπνὸς αὐτῆς ἀναβαίνει εἰς τοὺς αἰῶνας τῶν αἰώνων. 4 Καὶ ἔπεσονᶜ,⁶ οἱ πρεσβύτεροι οἱ εἴκοσι τέσσαρες,ᵈ καὶ τὰ τέσσαρα ζῷα, καὶ προσεκύνησαν τῷ θεῷ τῷ καθημένῳ ἐπὶ τοῦ θρόνου,ᵉ,⁷ λέγοντες, Ἀμήν· Ἁλληλούϊα. 5 Καὶ φωνὴ ἀπὸᶠ τοῦ θρόνου ἐξῆλθεν, λέγουσα, Αἰνεῖτε τὸν θεὸν⁸ ἡμῶν πάντες οἱ δοῦλοι αὐτοῦ, καὶ οἱ φοβούμενοι⁹ αὐτόν, οἱ μικροὶ καὶ οἱ μεγάλοι. 6 Καὶ ἤκουσα ὡς φωνὴν ὄχλου πολλοῦ, καὶ ὡς φωνὴν ὑδάτων πολλῶν, καὶ ὡς φωνὴν βροντῶν ἰσχυρῶν, λέγοντες,ᵍ,¹⁰ Ἁλληλούϊα· ὅτι ἐβασίλευσεν κύριος ὁ θεὸς ἡμῶν¹¹ ὁ παντοκράτωρ. 7 Χαίρωμεν καὶ ἀγαλλιώμεθα, καὶ δῶμεν¹² τὴν δόξαν αὐτῷ· ὅτι ἦλθεν ὁ γάμος

ᵃ Μετὰ • Καὶ μετὰ   ᵇ χειρὸς • τῆς χειρὸς   ᶜ ἔπεσον • ἔπεσαν   ᵈ εἴκοσι τέσσαρες • ΚΔ   ᵉ τοῦ θρόνου • τῷ θρόνῳ   ᶠ ἀπὸ • ἐκ   ᵍ λέγοντες • λεγόντων = λέγοντας

¹ φανῇ • φάνῃ   ² αἵματα • αἷμα   ³ δύναμις καὶ ἡ δόξα • δόξα καὶ ἡ δύναμις   ⁴ διέφθειρεν • ἔφθειρεν   ⁵ εἴρηκεν • εἴρηκαν   ⁶ ἔπεσον • ἔπεσαν   ⁷ τοῦ θρόνου • τῷ θρόνῳ   ⁸ τὸν θεὸν • τῷ θεῷ   ⁹ καὶ οἱ φοβούμενοι • [καὶ] οἱ φοβούμενοι   ¹⁰ λέγοντες • λεγόντων   ¹¹ ἡμῶν • [ἡμῶν]   ¹² ἀγαλλιώμεθα καὶ δῶμεν • ἀγαλλιῶμεν καὶ δώσωμεν

τοῦ ἀρνίου, καὶ ἡ γυνὴ αὐτοῦ ἡτοίμασεν ἑαυτήν. 8 Καὶ ἐδόθη αὐτῇ ἵνα περιβάληται βύσσινον λαμπρὸν καὶ καθαρόν·¹ τὸ γὰρ βύσσινον τὰ δικαιώματα τῶν ἁγίων ἐστίν. 9 Καὶ λέγει μοι, Γράψον, Μακάριοι οἱ εἰς τὸ δεῖπνον τοῦ γάμου τοῦ ἀρνίου κεκλημένοι. Καὶ λέγει μοι, Οὗτοι οἱ λόγοι ἀληθινοὶ τοῦ θεοῦ εἰσιν. ᵃ 10 Καὶ ἔπεσα ᵇ ἔμπροσθεν τῶν ποδῶν αὐτοῦ προσκυνῆσαι αὐτῷ· καὶ λέγει μοι, Ὅρα μή· σύνδουλός σου εἰμὶ καὶ τῶν ἀδελφῶν σου τῶν ἐχόντων τὴν μαρτυρίαν Ἰησοῦ· τῷ θεῷ προσκύνησον· ἡ γὰρ μαρτυρία τοῦ ² Ἰησοῦ ἐστὶν τὸ πνεῦμα τῆς προφητείας.

11 Καὶ εἶδον τὸν οὐρανὸν ἀνεῳγμένον, ³ καὶ ἰδού, ἵππος λευκός, καὶ ὁ καθήμενος ἐπ᾽ αὐτόν, καλούμενος ⁴ πιστὸς καὶ ἀληθινός, καὶ ἐν δικαιοσύνῃ κρίνει καὶ πολεμεῖ. 12 Οἱ δὲ ὀφθαλμοὶ αὐτοῦ φλὸξ ⁵ πυρός, καὶ ἐπὶ τὴν κεφαλὴν αὐτοῦ διαδήματα πολλά· ἔχων ὀνόματα γεγραμμένα καὶ ⁶ ὄνομα γεγραμμένον ὃ οὐδεὶς οἶδεν εἰ μὴ αὐτός, 13 καὶ περιβεβλημένος ἱμάτιον βεβαμμένον αἵματι· καὶ καλεῖται ᶜ, ⁷ τὸ ὄνομα αὐτοῦ, Ὁ λόγος τοῦ θεοῦ. 14 Καὶ τὰ στρατεύματα τὰ ἐν ᵈ, ⁸ τῷ οὐρανῷ ἠκολούθει αὐτῷ ἐπὶ ⁹ ἵπποις λευκοῖς, ἐνδεδυμένοι βύσσινον λευκὸν καθαρόν. 15 Καὶ ἐκ τοῦ στόματος αὐτοῦ ἐκπορεύεται ῥομφαία δίστομος ¹⁰ ὀξεῖα, ἵνα ἐν αὐτῇ πατάξῃ τὰ ἔθνη· καὶ αὐτὸς ποιμανεῖ αὐτοὺς ἐν ῥάβδῳ σιδηρᾷ· καὶ αὐτὸς πατεῖ τὴν ληνὸν τοῦ οἴνου τοῦ θυμοῦ τῆς ὀργῆς τοῦ θεοῦ τοῦ παντοκράτορος. 16 Καὶ ἔχει ἐπὶ τὸ ἱμάτιον καὶ ἐπὶ τὸν μηρὸν αὐτοῦ ὄνομα γεγραμμένον, Βασιλεὺς βασιλέων καὶ κύριος κυρίων.

17 Καὶ εἶδον ἄγγελον ᵉ, ¹¹ ἑστῶτα ἐν τῷ ἡλίῳ· καὶ ἔκραξεν φωνῇ ¹² μεγάλῃ, λέγων πᾶσιν τοῖς ὀρνέοις τοῖς πετομένοις ἐν

ᵃ τοῦ θεοῦ εἰσιν • εἰσιν τοῦ θεοῦ   ᵇ ἔπεσα • ἔπεσον   ᶜ καλεῖται • κέκληται
ᵈ τὰ ἐν • ἐν   ᵉ ἄγγελον • ἕνα ἄγγελον

---

¹ καὶ καθαρόν • καθαρόν   ² τοῦ • —   ³ ἀνεῳγμένον • ἠνεῳγμένον
⁴ καλούμενος • [καλούμενος]   ⁵ φλὸξ • [ὡς] φλὸξ   ⁶ ὀνόματα γεγραμμένα καὶ • —   ⁷ καλεῖται • κέκληται   ⁸ τὰ ἐν • [τὰ] ἐν   ⁹ ἐπὶ • ἐφ᾽   ¹⁰ δίστομος •
— 11 ἄγγελον • ἕνα ἄγγελον   ¹² φωνῇ • [ἐν] φωνῇ

μεσουρανήματι, Δεῦτε, συνάχθητε εἰς τὸ δεῖπνον τὸ μέγα τοῦ ᵃ θεοῦ, 18 ἵνα φάγητε σάρκας βασιλέων, καὶ σάρκας χιλιάρχων, καὶ σάρκας ἰσχυρῶν, καὶ σάρκας ἵππων καὶ τῶν καθημένων ἐπ' αὐτῶν, καὶ σάρκας πάντων, ἐλευθέρων τε καὶ δούλων, καὶ μικρῶν τε ᵇ, ¹ καὶ μεγάλων.

19 Καὶ εἶδον τὸ θηρίον, καὶ τοὺς βασιλεῖς τῆς γῆς, καὶ τὰ στρατεύματα αὐτῶν συνηγμένα ποιῆσαι πόλεμον ² μετὰ τοῦ καθημένου ἐπὶ τοῦ ἵππου, καὶ μετὰ τοῦ στρατεύματος αὐτοῦ. 20 Καὶ ἐπιάσθη τὸ θηρίον, καὶ ὁ μετ' αὐτοῦ ᶜ, ³ ψευδοπροφήτης ὁ ποιήσας τὰ σημεῖα ἐνώπιον αὐτοῦ, ἐν οἷς ἐπλάνησεν τοὺς λαβόντας τὸ χάραγμα τοῦ θηρίου, καὶ τοὺς προσκυνοῦντας τῇ εἰκόνι αὐτοῦ· ζῶντες ἐβλήθησαν οἱ δύο εἰς τὴν λίμνην τοῦ πυρὸς τὴν καιομένην ⁴ ἐν θείῳ· ᵈ 21 καὶ οἱ λοιποὶ ἀπεκτάνθησαν ἐν τῇ ῥομφαίᾳ τοῦ καθημένου ἐπὶ τοῦ ἵππου, τῇ ἐξελθούσῃ ἐκ τοῦ στόματος αὐτοῦ· καὶ πάντα τὰ ὄρνεα ἐχορτάσθησαν ἐκ τῶν σαρκῶν αὐτῶν.

The Dragon Bound and Loosed, Gog and Magog, and the Last Judgment

20 Καὶ εἶδον ἄγγελον καταβαίνοντα ἐκ τοῦ οὐρανοῦ, ἔχοντα τὴν κλεῖν τῆς ἀβύσσου, καὶ ἅλυσιν μεγάλην ἐπὶ τὴν χεῖρα αὐτοῦ. 2 Καὶ ἐκράτησεν τὸν δράκοντα, τὸν ὄφιν τὸν ἀρχαῖον, ⁵ ὅς ἐστιν διάβολος καὶ ὁ ᵉ Σατανᾶς, ὁ πλανῶν τὴν οἰκουμένην ὅλην, ⁶ καὶ ἔδησεν αὐτὸν χίλια ἔτη, 3 καὶ ἔβαλεν αὐτὸν εἰς τὴν ἄβυσσον, καὶ ἔκλεισεν καὶ ἐσφράγισεν ἐπάνω αὐτοῦ, ἵνα μὴ πλανᾷ ⁷ ἔτι τὰ ἔθνη, ἄχρι τελεσθῇ τὰ χίλια ἔτη· καὶ μετὰ ᶠ, ⁸ ταῦτα δεῖ αὐτὸν λυθῆναι ᵍ, ⁹ μικρὸν χρόνον.

ᵃ τὸ δεῖπνον τὸ μέγα τοῦ • τὸν δεῖπνον τὸν μέγαν τοῦ = τὸ δεῖπνον τοῦ μεγάλου ᵇ μικρῶν τε • μικρῶν ᶜ ὁ μετ' αὐτοῦ • μετ' αὐτοῦ ὁ ᵈ θείῳ • τῷ θείῳ ᵉ καὶ ὁ • καὶ ᶠ καὶ μετὰ • μετὰ ᵍ αὐτὸν λυθῆναι • λυθῆναι αὐτὸν

---

¹ μικρῶν τε • μικρῶν ² πόλεμον • τὸν πόλεμον ³ ὁ μετ' αὐτοῦ • μετ' αὐτοῦ ὁ ⁴ τὴν καιομένην • τῆς καιομένης ⁵ τὸν ὄφιν τὸν ἀρχαῖον • ὁ ὄφις ὁ ἀρχαῖος ⁶ ὁ πλανῶν τὴν οἰκουμένην ὅλην • — ⁷ πλανᾷ • πλανήσῃ ⁸ καὶ μετὰ • μετὰ ⁹ αὐτὸν λυθῆναι • λυθῆναι αὐτὸν

4 Καὶ εἶδον θρόνους, καὶ ἐκάθισαν ἐπ᾽ αὐτούς, καὶ κρίμα ἐδόθη αὐτοῖς· καὶ τὰς ψυχὰς τῶν πεπελεκισμένων διὰ τὴν μαρτυρίαν Ἰησοῦ, καὶ διὰ τὸν λόγον τοῦ θεοῦ, καὶ οἵτινες οὐ προσεκύνησαν τὸ θηρίον,[a] οὐδὲ[b] τὴν εἰκόνα αὐτοῦ, καὶ οὐκ ἔλαβον τὸ χάραγμα ἐπὶ τὸ μέτωπον,[c] καὶ ἐπὶ τὴν χεῖρα αὐτῶν· καὶ ἔζησαν, καὶ ἐβασίλευσαν μετὰ τοῦ χριστοῦ τὰ[d,1] χίλια ἔτη. 5 Καὶ[2] οἱ λοιποὶ τῶν νεκρῶν οὐκ ἔζησαν ἄχρι τελεσθῇ τὰ χίλια ἔτη. Αὕτη ἡ ἀνάστασις ἡ πρώτη. 6 Μακάριος καὶ ἅγιος ὁ ἔχων μέρος ἐν τῇ ἀναστάσει τῇ πρώτῃ· ἐπὶ τούτων ὁ δεύτερος θάνατος οὐκ ἔχει ἐξουσίαν, ἀλλ᾽ ἔσονται ἱερεῖς τοῦ θεοῦ καὶ τοῦ χριστοῦ, καὶ βασιλεύσουσιν μετ᾽ αὐτοῦ χίλια[3] ἔτη.

7 Καὶ ὅταν τελεσθῇ[e] τὰ χίλια ἔτη, λυθήσεται ὁ Σατανᾶς ἐκ τῆς φυλακῆς αὐτοῦ, 8 καὶ ἐξελεύσεται πλανῆσαι τὰ ἔθνη τὰ ἐν ταῖς τέσσαρσιν γωνίαις τῆς γῆς, τὸν Γὼγ καὶ τὸν Μαγώγ,[4] συναγαγεῖν αὐτοὺς εἰς τὸν πόλεμον· ὧν ὁ ἀριθμὸς[f,5] ὡς ἡ ἄμμος τῆς θαλάσσης. 9 Καὶ ἀνέβησαν ἐπὶ τὸ πλάτος τῆς γῆς, καὶ ἐκύκλωσαν[g,6] τὴν παρεμβολὴν τῶν ἁγίων καὶ τὴν πόλιν τὴν ἠγαπημένην· καὶ κατέβη πῦρ ἐκ τοῦ οὐρανοῦ ἀπὸ τοῦ θεοῦ,[7] καὶ κατέφαγεν αὐτούς. 10 Καὶ ὁ διάβολος ὁ πλανῶν αὐτοὺς ἐβλήθη εἰς τὴν λίμνην τοῦ πυρὸς καὶ θείου, ὅπου καὶ τὸ θηρίον καὶ ὁ ψευδοπροφήτης· καὶ βασανισθήσονται ἡμέρας καὶ νυκτὸς εἰς τοὺς αἰῶνας τῶν αἰώνων.

11 Καὶ εἶδον θρόνον μέγαν λευκόν,[h] καὶ τὸν καθήμενον ἐπ᾽ αὐτόν, οὗ ἀπὸ προσώπου[8] ἔφυγεν ἡ γῆ καὶ ὁ οὐρανός, καὶ τόπος οὐχ εὑρέθη αὐτοῖς. 12 Καὶ εἶδον τοὺς νεκρούς, τοὺς μεγάλους καὶ τοὺς μικρούς, ἑστῶτας ἐνώπιον τοῦ θρόνου, καὶ βιβλία ἠνεῴχθησαν·[i,9] καὶ ἄλλο βιβλίον ἠνεῴχθη,[10] ὅ ἐστιν

---

[a] τὸ θηρίον • τῷ θηρίῳ   [b] οὐδὲ • οὔτε   [c] μέτωπον • μέτωπον αὐτῶν   [d] τὰ • —
[e] ὅταν τελεσθῇ • μετὰ   [f] ἀριθμὸς • ἀριθμὸς αὐτῶν   [g] ἐκύκλωσαν • ἐκύκλευσαν
[h] μέγαν λευκόν • λευκὸν μέγαν   [i] ἠνεῴχθησαν • ἤνοιξαν

---

[1] τὰ • —   [2] Καὶ • —   [3] χίλια • [τὰ] χίλια   [4] τὸν Μαγώγ • Μαγώγ
[5] ἀριθμὸς • ἀριθμὸς αὐτῶν   [6] ἐκύκλωσαν • ἐκύκλευσαν   [7] ἀπὸ τοῦ θεοῦ • —
[8] προσώπου • τοῦ προσώπου   [9] ἠνεῴχθησαν • ἠνοίχθησαν   [10] ἠνεῴχθη • ἠνοίχθη

τῆς ζωῆς· καὶ ἐκρίθησαν οἱ νεκροὶ ἐκ τῶν γεγραμμένων ἐν τοῖς βιβλίοις, κατὰ τὰ ἔργα αὐτῶν. 13 Καὶ ἔδωκεν ἡ θάλασσα τοὺς νεκροὺς τοὺς ἐν αὐτῇ,^(a) καὶ ὁ Θάνατος καὶ ὁ Ἅδης ἔδωκαν τοὺς νεκροὺς τοὺς ἐν αὐτοῖς·^(b) καὶ ἐκρίθησαν ἕκαστος κατὰ τὰ ἔργα αὐτῶν. 14 Καὶ ὁ Θάνατος καὶ ὁ Ἅδης ἐβλήθησαν εἰς τὴν λίμνην τοῦ πυρός· οὗτος ὁ θάνατος ὁ δεύτερός ἐστιν, ἡ λίμνη τοῦ πυρός. 15 Καὶ εἴ τις οὐχ εὑρέθη ἐν τῷ βιβλίῳ^(c, 1) τῆς ζωῆς γεγραμμένος, ἐβλήθη εἰς τὴν λίμνην τοῦ πυρός.

The Vision of the Heavenly Jerusalem

21 Καὶ εἶδον οὐρανὸν καινὸν καὶ γῆν καινήν· ὁ γὰρ πρῶτος οὐρανὸς καὶ ἡ πρώτη γῆ ἀπῆλθον,^(d, 2) καὶ ἡ θάλασσα οὐκ ἔστιν ἔτι. 2 Καὶ τὴν πόλιν τὴν ἁγίαν, Ἱερουσαλὴμ καινήν, εἶδον καταβαίνουσαν ἐκ τοῦ οὐρανοῦ ἀπὸ τοῦ θεοῦ,^(e) ἡτοιμασμένην ὡς νύμφην κεκοσμημένην τῷ ἀνδρὶ αὐτῆς. 3 Καὶ ἤκουσα φωνῆς μεγάλης ἐκ τοῦ οὐρανοῦ,^(3) λεγούσης, Ἰδού, ἡ σκηνὴ τοῦ θεοῦ μετὰ τῶν ἀνθρώπων, καὶ σκηνώσει μετ' αὐτῶν, καὶ αὐτοὶ λαὸς^(4) αὐτοῦ ἔσονται, καὶ αὐτὸς ὁ θεὸς ἔσται μετ' αὐτῶν·^(f, 5) 4 καὶ ἐξαλείψει^(g) πᾶν δάκρυον ἀπὸ^(6) τῶν ὀφθαλμῶν αὐτῶν, καὶ ὁ θάνατος οὐκ ἔσται ἔτι· οὔτε πένθος, οὔτε κραυγή, οὔτε πόνος οὐκ ἔσται ἔτι· ὅτι^(7) τὰ πρῶτα ἀπῆλθον.^(h, 8) 5 Καὶ εἶπεν ὁ καθήμενος ἐπὶ τῷ θρόνῳ, Ἰδού, πάντα καινὰ ποιῶ.^(i, 9) Καὶ λέγει μοι,^(10) Γράψον· ὅτι οὗτοι οἱ λόγοι ἀληθινοὶ καὶ πιστοί^(j, 11) εἰσιν. 6 Καὶ εἶπέν μοι, Γέγονα^(12)

---

^(a) νεκροὺς τοὺς ἐν αὐτῇ • ἐν αὐτῇ νεκρούς ^(b) νεκροὺς τοὺς ἐν αὐτοῖς • ἐν αὐτοῖς νεκρούς ^(c) τῷ βιβλίῳ • τῇ βίβλῳ ^(d) ἀπῆλθον • παρῆλθεν ^(e) ἐκ τοῦ οὐρανοῦ ἀπὸ τοῦ θεοῦ • ἀπὸ τοῦ θεοῦ ἐκ τοῦ οὐρανοῦ ^(f) ἔσται μετ' αὐτῶν • μετ' αὐτῶν ἔσται ^(g) ἐξαλείψει • ἐξαλείψει ἀπ' αὐτῶν ^(h) ἀπῆλθον • ἀπῆλθεν ^(i) πάντα καινὰ ποιῶ • καινὰ ποιῶ πάντα ^(j) ἀληθινοὶ καὶ πιστοί • πιστοὶ καὶ ἀληθινοὶ τοῦ θεοῦ

---

^(1) τῷ βιβλίῳ • τῇ βίβλῳ ^(2) ἀπῆλθον • ἀπῆλθαν ^(3) οὐρανοῦ • θρόνου ^(4) λαὸς • λαοὶ ^(5) ἔσται μετ' αὐτῶν • μετ' αὐτῶν ἔσται [αὐτῶν θεός] ^(6) ἀπὸ • ἐκ ^(7) ὅτι [ὅτι] ^(8) ἀπῆλθον • ἀπῆλθαν ^(9) πάντα καινὰ ποιῶ • καινὰ ποιῶ πάντα ^(10) μοι • — ^(11) ἀληθινοὶ καὶ πιστοί • πιστοὶ καὶ ἀληθινοί ^(12) Γέγονα • Γέγοναν. Ἐγώ [εἰμι]

τὸ ᵃ Ἄλφα καὶ τὸ Ὦ, ἡ ἀρχὴ καὶ τὸ τέλος. ᵇ Ἐγὼ τῷ διψῶντι δώσω ᶜ ἐκ τῆς πηγῆς τοῦ ὕδατος τῆς ζωῆς δωρεάν. 7 Ὁ νικῶν κληρονομήσει ᵈ ταῦτα, καὶ ἔσομαι αὐτῷ θεός, καὶ αὐτὸς ἔσται μοι υἱός. 8 Τοῖς δὲ δειλοῖς καὶ ἀπίστοις καὶ ἁμαρτωλοῖς καὶ ¹ ἐβδελυγμένοις καὶ φονεῦσιν καὶ πόρνοις καὶ φαρμάκοις καὶ εἰδωλολάτραις, καὶ πᾶσιν τοῖς ψευδέσιν, τὸ μέρος αὐτῶν ἐν τῇ λίμνῃ τῇ καιομένῃ πυρὶ καὶ θείῳ, ὅ ἐστιν ὁ θάνατος ὁ δεύτερος.

9 Καὶ ἦλθεν εἷς ἐκ τῶν ἑπτὰ ἀγγέλων τῶν ἐχόντων τὰς ἑπτὰ φιάλας γεμούσας ² τῶν ἑπτὰ πληγῶν τῶν ἐσχάτων, καὶ ἐλάλησεν μετ' ἐμοῦ, λέγων, Δεῦρο, δείξω σοι τὴν γυναῖκα τὴν νύμφην ³ τοῦ ἀρνίου. 10 Καὶ ἀπήνεγκέν με ἐν πνεύματι ἐπ' ⁴ ὄρος μέγα καὶ ὑψηλόν, καὶ ἔδειξέν μοι τὴν πόλιν τὴν μεγάλην, ᵉ, ⁵ τὴν ἁγίαν Ἰερουσαλήμ, καταβαίνουσαν ἐκ τοῦ οὐρανοῦ ἀπὸ τοῦ θεοῦ, 11 ἔχουσαν τὴν δόξαν τοῦ θεοῦ· ὁ φωστὴρ αὐτῆς ὅμοιος λίθῳ τιμιωτάτῳ, ὡς λίθῳ ἰάσπιδι κρυσταλλίζοντι· ᶠ 12 ἔχουσα τεῖχος μέγα καὶ ὑψηλόν, ἔχουσα πυλῶνας δώδεκα, καὶ ἐπὶ τοῖς πυλῶσιν ἀγγέλους δώδεκα, καὶ ὀνόματα ἐπιγεγραμμένα, ἅ ἐστιν ὀνόματα ᵍ, ⁶ τῶν δώδεκα φυλῶν τῶν υἱῶν ʰ, ⁷ Ἰσραήλ. 13 Ἀπὸ ἀνατολῶν, ⁸ πυλῶνες τρεῖς· καὶ ἀπὸ βορρᾶ, πυλῶνες τρεῖς· καὶ ἀπὸ νότου, πυλῶνες τρεῖς· καὶ ἀπὸ δυσμῶν, πυλῶνες τρεῖς. 14 Καὶ τὸ τεῖχος τῆς πόλεως ἔχον ⁹ θεμελίους δώδεκα, καὶ ἐπ' αὐτῶν δώδεκα ὀνόματα τῶν δώδεκα ἀποστόλων τοῦ ἀρνίου. 15 Καὶ ὁ λαλῶν μετ' ἐμοῦ εἶχεν μέτρον κάλαμον χρυσοῦν, ἵνα μετρήσῃ τὴν πόλιν, καὶ τοὺς πυλῶνας αὐτῆς, καὶ τὸ τεῖχος αὐτῆς. ⁱ 16 Καὶ ἡ πόλις τετράγωνος κεῖται, καὶ τὸ μῆκος αὐτῆς ὅσον ¹⁰ τὸ

ᵃ Γέγονα τὸ • Γέγονα ἐγὼ τὸ   ᵇ ἡ ἀρχὴ καὶ τὸ τέλος • ἀρχὴ καὶ τέλος = καὶ ἡ ἀρχὴ καὶ τὸ τέλος   ᶜ δώσω • δώσω αὐτῷ   ᵈ κληρονομήσει • δώσω αὐτῷ   ᵉ τὴν μεγάλην • —   ᶠ κρυσταλλίζοντι • κρυσταλίζοντι   ᵍ ἐστιν ὀνόματα • ἐστιν   ʰ τῶν υἱῶν • υἱῶν   ⁱ καὶ τὸ τεῖχος αὐτῆς • —

---

1 ἁμαρτωλοῖς καὶ • —   2 γεμούσας • τῶν γεμόντων   3 γυναῖκα τὴν νύμφην • νύμφην τὴν γυναῖκα   4 ἐπ' • ἐπὶ   5 τὴν μεγάλην • —   6 ἐστιν ὀνόματα • ἐστιν [τὰ ὀνόματα]   7 τῶν υἱῶν • υἱῶν   8 ἀνατολῶν • ἀνατολῆς   9 ἔχον • ἔχων   10 ὅσον • ὅσον [καὶ]

πλάτος. Καὶ ἐμέτρησεν τὴν πόλιν τῷ καλάμῳ ἐπὶ σταδίους¹ δώδεκα ᵃ χιλιάδων· δώδεκα τὸ ᵇ,² μῆκος καὶ τὸ πλάτος καὶ τὸ ὕψος αὐτῆς ἴσα ἐστίν. 17 Καὶ ἐμέτρησεν ᶜ τὸ τεῖχος αὐτῆς ἑκατὸν τεσσαράκοντα³ τεσσάρων ᵈ πηχῶν, μέτρον ἀνθρώπου, ὅ ἐστιν ἀγγέλου. 18 Καὶ ἦν⁴ ἡ ἐνδόμησις⁵ τοῦ τείχους αὐτῆς, ἴασπις· καὶ ἡ πόλις χρυσίον καθαρόν, ὅμοιον ὑέλῳ ᵉ,⁶ καθαρῷ. 19 Οἱᶠ θεμέλιοι τοῦ τείχους τῆς πόλεως παντὶ λίθῳ τιμίῳ κεκοσμημένοι. Ὁ θεμέλιος ὁ πρῶτος, ἴασπις· ὁ δεύτερος, σάπφειρος·⁷ ὁ τρίτος, χαλκηδών· ὁ τέταρτος, σμάραγδος· 20 ὁ πέμπτος, σαρδόνυξ· ὁ ἕκτος, σάρδιον·ᵍ ὁ ἕβδομος, χρυσόλιθος· ὁ ὄγδοος, βήρυλλος· ὁ ἔνατος, τοπάζιον· ὁ δέκατος, χρυσόπρασος· ὁ ἑνδέκατος, ὑάκινθος· ὁ δωδέκατος, ἀμέθυσος.⁸ 21 Καὶ οἱ δώδεκα πυλῶνες, δώδεκα μαργαρῖται· ἀνὰ εἷς ἕκαστος τῶν πυλώνων ἦν ἐξ ἑνὸς μαργαρίτου· καὶ ἡ πλατεῖα τῆς πόλεως χρυσίον καθαρόν, ὡς ὕελος⁹ διαυγής. 22 Καὶ ναὸν οὐκ εἶδον ἐν αὐτῇ· ὁ γὰρ κύριος ὁ θεὸς ὁ παντοκράτωρ ναὸς αὐτῆς ἐστίν, καὶ τὸ ἀρνίον. 23 Καὶ ἡ πόλις οὐ χρείαν ἔχει τοῦ ἡλίου, οὐδὲ τῆς σελήνης, ἵνα φαίνωσιν αὐτῇ· ἡ γὰρ δόξα τοῦ θεοῦ ἐφώτισεν αὐτήν, καὶ ὁ λύχνος αὐτῆς τὸ ἀρνίον. 24 Καὶ περιπατήσουσιν τὰ ἔθνη διὰ τοῦ φωτὸς αὐτῆς· καὶ οἱ βασιλεῖς τῆς γῆς φέρουσιν αὐτῷ δόξαν καὶ τιμὴν τῶν ἐθνῶν ʰ,¹⁰ εἰς αὐτήν. 25 Καὶ οἱ πυλῶνες αὐτῆς οὐ μὴ κλεισθῶσιν ἡμέρας—νὺξ γὰρ οὐκ ἔσται ἐκεῖ— 26 καὶ οἴσουσιν τὴν δόξαν καὶ τὴν τιμὴν τῶν ἐθνῶν εἰς αὐτήν·ⁱ 27 καὶ οὐ μὴ εἰσέλθῃ εἰς αὐτὴν πᾶν κοινόν, καὶ ποιοῦν ʲ,¹¹ βδέλυγμα

ᵃ σταδίους δώδεκα • σταδίους δεκαδύο   ᵇ δώδεκα τὸ • τὸ   ᶜ ἐμέτρησεν • — ᵈ ἑκατὸν τεσσαράκοντα τεσσάρων • $\overline{PM\Delta}$ ᵉ ὑέλῳ • ὑάλῳ   ᶠ Οἱ • Καὶ οἱ ᵍ σάρδιον • σάρδιος   ʰ αὐτῷ δόξαν καὶ τιμὴν τῶν ἐθνῶν • τὴν δόξαν [καὶ τὴν τιμὴν] αὐτῶν   ⁱ αὐτήν • αὐτὴν ἵνα εἰσέλθωσιν   ʲ ποιοῦν • ὁ ποιῶν

1 σταδίους • σταδίων   2 δώδεκα τὸ • τὸ   3 τεσσαράκοντα • τεσσεράκοντα 4 ἦν • —   5 ἐνδόμησις • ἐνδώμησις   6 ὑέλῳ • ὑάλῳ   7 σάπφειρος • σάπφιρος 8 ἀμέθυσος • ἀμέθυστος   9 ὕελος • ὕαλος   10 αὐτῷ δόξαν καὶ τιμὴν τῶν ἐθνῶν • τὴν δόξαν αὐτῶν   11 ποιοῦν • [ὁ] ποιῶν

καὶ ψεῦδος· εἰ μὴ οἱ γεγραμμένοι ἐν τῷ βιβλίῳ τῆς ζωῆς τοῦ ἀρνίου.

On the Certain Bliss of Eternal Life

22 Καὶ ἔδειξέν μοι ποταμὸν καθαρὸν [a,1] ὕδατος ζωῆς, λαμπρὸν ὡς κρύσταλλον, ἐκπορευόμενον ἐκ τοῦ θρόνου τοῦ θεοῦ καὶ τοῦ ἀρνίου. 2 Ἐν μέσῳ τῆς πλατείας αὐτῆς, καὶ τοῦ ποταμοῦ ἐντεῦθεν καὶ ἐκεῖθεν, [b] ξύλον ζωῆς, ποιοῦν καρποὺς δώδεκα, κατὰ μῆνα ἕκαστον ἀποδιδοὺς [c,2] τὸν καρπὸν αὐτοῦ· καὶ τὰ φύλλα τοῦ ξύλου εἰς θεραπείαν τῶν ἐθνῶν. 3 Καὶ πᾶν κατάθεμα οὐκ ἔσται ἔτι· [d] καὶ ὁ θρόνος τοῦ θεοῦ καὶ τοῦ ἀρνίου ἐν αὐτῇ ἔσται· καὶ οἱ δοῦλοι αὐτοῦ λατρεύσουσιν αὐτῷ, 4 καὶ ὄψονται τὸ πρόσωπον αὐτοῦ· καὶ τὸ ὄνομα αὐτοῦ ἐπὶ τῶν μετώπων αὐτῶν. 5 Καὶ νὺξ οὐκ ἔσται ἐκεῖ, καὶ χρείαν οὐκ ἔχουσιν [e,3] λύχνου καὶ φωτὸς ἡλίου, ὅτι κύριος ὁ θεὸς φωτιεῖ [4] αὐτούς· καὶ βασιλεύσουσιν εἰς τοὺς αἰῶνας τῶν αἰώνων.

6 Καὶ λέγει [f,5] μοι, Οὗτοι οἱ λόγοι πιστοὶ καὶ ἀληθινοί· καὶ κύριος [6] ὁ θεὸς τῶν πνευμάτων τῶν προφητῶν ἀπέστειλεν τὸν ἄγγελον αὐτοῦ δεῖξαι τοῖς δούλοις αὐτοῦ ἃ δεῖ γενέσθαι ἐν τάχει. 7 Καὶ [g] ἰδού, ἔρχομαι ταχύ. Μακάριος ὁ τηρῶν τοὺς λόγους τῆς προφητείας τοῦ βιβλίου τούτου.

8 Κἀγὼ [h] Ἰωάννης ὁ ἀκούων καὶ βλέπων [i] ταῦτα. Καὶ ὅτε ἤκουσα καὶ ἔβλεψα, [j] ἔπεσον [7] προσκυνῆσαι ἔμπροσθεν τῶν ποδῶν τοῦ ἀγγέλου τοῦ δεικνύοντός [k] μοι ταῦτα. 9 Καὶ λέγει μοι, Ὅρα μή· σύνδουλός σού εἰμι, καὶ τῶν ἀδελφῶν σου τῶν προφητῶν, καὶ τῶν τηρούντων τοὺς λόγους τοῦ βιβλίου τούτου· τῷ θεῷ προσκύνησον.

---

[a] καθαρὸν • — [b] ἐκεῖθεν • ἐντεῦθεν [c] ἕκαστον ἀποδιδοὺς • ἀποδιδοὺς ἕκαστον [d] ἔτι • ἐκεῖ [e] χρείαν οὐκ ἔχουσιν • οὐ χρεία [f] λέγει • εἶπέν [g] Καὶ • — [h] Κἀγὼ • Καὶ ἐγὼ [i] ἀκούων καὶ βλέπων • βλέπων καὶ ἀκούων [j] ἔβλεψα • εἶδον [k] δεικνύοντός • δεικνύντος

---

[1] καθαρὸν • — [2] ἀποδιδοὺς • ἀποδιδοῦν [3] ἐκεῖ καὶ χρείαν οὐκ ἔχουσιν • ἔτι καὶ οὐκ ἔχουσιν χρείαν φωτὸς [4] φωτιεῖ • φωτίσει ἐπ' [5] λέγει • εἶπέν [6] κύριος • ὁ κύριος [7] ἔπεσον • ἔπεσα

10 Καὶ λέγει μοι, Μὴ σφραγίσῃς τοὺς λόγους τῆς προφητείας τοῦ βιβλίου τούτου· ὁ καιρὸς γὰρ^a ἐγγύς ἐστιν. 11 Ὁ ἀδικῶν ἀδικησάτω ἔτι· καὶ ὁ ῥυπαρὸς ῥυπαρευθήτω¹ ἔτι· καὶ ὁ δίκαιος δικαιοσύνην ποιησάτω ἔτι· καὶ ὁ ἅγιος ἁγιασθήτω ἔτι. 12 Ἰδού, ἔρχομαι ταχύ, καὶ ὁ μισθός μου μετ' ἐμοῦ, ἀποδοῦναι ἑκάστῳ ὡς τὸ ἔργον ἔσται² αὐτοῦ.^b 13 Ἐγὼ τὸ Ἄλφα^c καὶ τὸ Ὦ, ὁ πρῶτος καὶ ὁ ἔσχατος, ἡ ἀρχὴ καὶ τὸ τέλος.^d 14 Μακάριοι οἱ ποιοῦντες³ τὰς ἐντολὰς αὐτοῦ,⁴ ἵνα ἔσται ἡ ἐξουσία αὐτῶν ἐπὶ τὸ ξύλον τῆς ζωῆς, καὶ τοῖς πυλῶσιν εἰσέλθωσιν εἰς τὴν πόλιν. 15 Ἔξω οἱ κύνες καὶ οἱ φαρμακοὶ καὶ οἱ πόρνοι καὶ οἱ φονεῖς καὶ οἱ εἰδωλολάτραι, καὶ πᾶς φιλῶν^e καὶ ποιῶν ψεῦδος.

The Closing Testimony, Invitation, and Benediction

16 Ἐγὼ Ἰησοῦς ἔπεμψα τὸν ἄγγελόν μου μαρτυρῆσαι ὑμῖν ταῦτα ἐπὶ ταῖς ἐκκλησίαις. Ἐγώ εἰμι ἡ ῥίζα καὶ τὸ γένος Δαυίδ,^f ὁ ἀστὴρ ὁ λαμπρὸς ὁ πρωϊνός.

17 Καὶ τὸ πνεῦμα καὶ ἡ νύμφη λέγουσιν, Ἔρχου. Καὶ ὁ ἀκούων εἰπάτω, Ἔρχου. Καὶ ὁ διψῶν ἐρχέσθω· ὁ θέλων λαβέτω ὕδωρ ζωῆς δωρεάν.

18 Μαρτυρῶ ἐγὼ παντὶ τῷ ἀκούοντι τοὺς λόγους τῆς προφητείας τοῦ βιβλίου τούτου, ἐάν τις ἐπιθῇ ἐπ' αὐτά, ἐπιθήσαι^{g, 5} ὁ θεὸς ἐπ' αὐτὸν^h τὰς πληγὰςⁱ τὰς γεγραμμένας ἐν τῷ βιβλίῳ τούτῳ· 19 καὶ ἐάν τις ἀφέλῃ ἀπὸ τῶν λόγων τοῦ βιβλίου τῆς προφητείας ταύτης, ἀφέλοι^{j, 6} ὁ θεὸς τὸ μέρος αὐτοῦ ἀπὸ τοῦ ξύλου τῆς ζωῆς, καὶ ἐκ τῆς πόλεως τῆς ἁγίας, τῶν γεγραμμένων ἐν τῷ βιβλίῳ τούτῳ.

---

^a ὁ καιρὸς γὰρ • ὅτι ὁ καιρὸς   ^b ἔσται αὐτοῦ • αὐτοῦ ἔσται   ^c Ἄλφα • Ἄ   ^d ὁ πρῶτος καὶ ὁ ἔσχατος ἡ ἀρχὴ καὶ τὸ τέλος • ἀρχὴ καὶ τέλος, ὁ πρῶτος καὶ ὁ ἔσχατος   ^e φιλῶν • ὁ φιλῶν   ^f Δαυίδ • ΔΑΔ   ^g ἐπιθήσαι • ἐπιθήσει   ^h ὁ θεὸς ἐπ' αὐτὸν • ἐπ' αὐτὸν ὁ θεὸς   ⁱ πληγὰς • ἑπτὰ πληγὰς   ^j ἀφέλοι • ἀφελεῖ

---

¹ ῥυπαρευθήτω • ῥυπανθήτω   ² ἔσται • ἐστὶν   ³ ποιοῦντες • πλύνοντες   ⁴ ἐντολὰς αὐτοῦ • στολὰς αὐτῶν   ⁵ ἐπιθῆσαι • ἐπιθήσει   ⁶ ἀφέλοι • ἀφελεῖ

20 Λέγει ὁ μαρτυρῶν ταῦτα, Ναί, ἔρχομαι ταχύ. Ἀμήν. Ναί, ἔρχου, ¹ κύριε Ἰησοῦ. *ᵃ*

21 Ἡ χάρις τοῦ κυρίου Ἰησοῦ χριστοῦ ² μετὰ πάντων τῶν ἁγίων. Ἀμήν. ³

ᵃ Ἰησοῦ • Ἰησοῦ χριστέ

---

¹ Ναί ἔρχου • Ἔρχου   ² χριστοῦ • —   ³ τῶν ἁγίων Ἀμήν • —

www.ingramcontent.com/pod-product-compliance
Lightning Source LLC
Chambersburg PA
CBHW071956150426
43194CB00008B/892